黑龙江统计年鉴

HEILONGJIANG STATISTICAL YEARBOOK

2011

(总第25期NO.25)

黑 龙 江 省 统 计 局
国家统计局黑龙江调查总队 编

HEILONGJIANG PROVINCIAL BUREAU OF STATISTICS

SURVEY ORGANIZATION OF HEILONGJIANG OF NBS

中国统计出版社
China Statistics Press

（京）新登字 041 号

图书在版编目（CIP）数据

黑龙江统计年鉴. 2011 : 汉英对照 / 黑龙江省统计局, 国家统计局黑龙江调查总队编. -- 北京 : 中国统计出版社, 2011.8

ISBN 978-7-5037-6326-7

Ⅰ.黑...

Ⅱ.①黑…②国…

Ⅲ.①统计资料－黑龙江省－2011－年鉴－汉、英

Ⅳ.①C832.35-54

中国版本图书馆CIP数据核字(2011)第165254号

黑龙江统计年鉴—2011

作　　者/ 黑龙江省统计局、国家统计局黑龙江调查总队
责任编辑/ 佘竞雄　熊　威
责任校对/ 安　静
封面设计/ 哈尔滨雪枫林广告有限公司
出版发行/ 中国统计出版社
通信地址/ 北京市西城区月坛南街57号
邮　　编/ 100826
办公地址/ 北京市丰台区西三环南路甲6号
电　　话/ (010)63376907
E-mail / yearbook@gj.stats.cn
印　　刷/ 哈尔滨兰迪商务印刷有限公司
经　　销/ 新华书店
开　　本/ 890×1240 毫米　1/16
字　　数/ 1350 千字
印　　张/ 40.25
版　　别/ 2011 年 8 月第 1 版
版　　次/ 2011 年 8 月第 1 次印刷
书　　号/ ISBN 978-7-5037-6326-7/C·2545
定　　价/ 350.00 元

《黑龙江统计年鉴—2011》编委会和编辑工作人员

Heilongjiang Statisitcal Yearbook-2011 EDITORIAL BOARD AND STAFF

编 辑 说 明

一、《黑龙江统计年鉴—2011》是一部全面反映黑龙江省经济和社会发展状况的资料性工具书。本书系统收录了全省及各市（地）、县2010年经济和社会各方面的统计数据，以及历史重要年份的主要统计数据。

二、全书主体共分18部分：1.综合；2.国民经济核算；3.人口、就业人员和职工工资；4.固定资产投资和房地产开发；5.能源生产和消费；6.财政、金融和保险；7.物价指数；8.人民生活；9.城市概况；10.资源与环境；11.农业；12.工业；13.建筑业；14.交通运输、邮政和信息传输；15.国内贸易；16.对外贸易和旅游业；17.教育与科技；18.文化、体育、卫生及其他社会活动。同时附录三个部分：1.各县（市）主要指标；2.各类开发区情况；3.东北三省一区国民经济主要指标。各部分附有主要统计指标解释。

三、资料中使用的度量衡单位均采用国际统一标准的计量单位。

四、本年鉴的资料大部分来自年度统计报表，部分数据来自抽样调查和专业部门年报，部分专业历史数据和资料来源口径有调整，请留意表中注释。

五、附录中的县域经济指标为各县（市）上报数，未做逐级核对，仅供参考。

六、由于数据来源和计算方法不同，一些指标分地区数据相加不等于全省数，请使用时注意。部分合计数或相对数因单位取舍不同而产生的计算误差均未做调整。

七、本年鉴中的符号使用说明："空格"表示该项数据不详或数据太小，不足本表计量单位；"#"表示其中主要项。

PREFACE

Ⅰ. *Heilongjiang Statistical Yearbook—2011* is an annual statistics publication, which covers very comprehensive data in 2010 and some selected data series in historically important years at provincial levels and local levels of cities, regions, and counties directly under the provincial government and therefore, reflects various aspects of social and economic development of Heilongjiang.

Ⅱ. The book contains the following seventeen parts, 1. General Survey; 2. Nationd Accourts; 3. Population, Employment and Wages; 4. Investment in Fixed Assets And Real Estate Development; 5. Production and Consumption of Energy; 6. Finance, Banking and Insurance; 7. Price Indices; 8. People' s Livelihood; 9. General Survey of Cities; 10.Resouvces and Environment; 11. Agriculture; 12. Industry; 13. Construction; 14. Transportation,Post and Telecommunication Services; 15.Wholesale and Retail Trade, Catering Services; 16. Foreign Trade and Economic Cooperation, International Tourism; 17. Education, Sciences and Technology; 18. Culture, Sports, Public Health and Other Social Activities. Appendix: 1. Main Social and Economic Indicators of counties; 2. General Survey of all Development Areas; 3. Main Indicators of National Economic and Social Development Indicators of Liao ning, Jilin, Inner Mongolia and Heilongjiang Province. In addition, explanatory notes on main statistical indicators are provided at the end of each part.

Ⅲ. The units of measurement used in this book are internationally standard measurement units.

Ⅳ. The major data sources of this publication are obtained from annual statistical reports, and some from sample surveys and professional departments. Statistical coverage of some professional historical data has adjusted. Please attention to explanatory notes in charts.

Ⅴ. Some statistical data gathering from regions are not the same as total of province. Please attention to use. Statistical discrepancies due to rounding are not adjusted in this yearbook.

Ⅵ. Economic indicators in appendix are statistical data of county. The data are not checked from level. It is reference only.

Ⅶ. Notations used in this yearbook:

" (Blank) " indicates that the data not available or the figure is not large enough to be measured with the smallest unit in the table; " # " indicates the major items of the total.

篇目索引

SUBJECT INDEX

耕地

黑龙江省是中国耕地面积最大的省份，是世界著名的三大黑土带之一。

全省人均耕地面积居全国第一位。

- 耕地面积2007年1183.8万公顷
- 人均耕地面积2007年0.3公顷

Heilongjiang province has the largest area of cultivated land among the provinces in China,Heilongjiang province lies in one of the largest blackland of the world.The cultivated land per capita list the first in China.

粮食

黑龙江省粮食生产能力已突破5000万吨，居全国第二位，是中国重要的商品粮基地。

- 粮食产量2010年 5012.8万吨。

Heilongjiang province is also important base commercial grain,the production capacity of which was exceeded 50,000,000 tons and ranks second.

大豆

黑龙江省大豆种植面积和产量居全国首位。

- 大豆播种面积2010年447.9万公顷
- 大豆产量2010年585.0万吨

The sown areas and yidld of soybean in Heilongjiang are standing number one in China

绿色食品

黑龙江省绿色食品监控面积、获得标识认证的产品数量均居全国第一位。

- 绿色食品认证数量2010年1100个
- 绿色食品种植面积2010年6100万亩

The supervising area and the number of certificated products of green food in Heilongjiang also stand the first in China.

特色黑龙江

草原

黑龙江省草原面积约433万公顷，优质的牧草为畜牧业发展提供了丰厚的天然条件,全省牛奶和乳制品产量居全国第二位。

■ 奶牛数量2010年205.4万头

■ 乳制品产量2010年183.9万吨

■ 牛奶产量2010年552.5万吨

The provincial' s grassland area is about 4,330,000 hectares,and the high-quality grazing provide rich natural condition for the development of the stock raising.The prodction of milk and dairy products list the second in China.

旅游资源

黑龙江省冰雪旅游资源堪称中国之最。

■ 亚布力是亚洲最大的滑雪场。

■ 镜泊湖是中国最大的高山堰塞湖;

■ 五大连池被誉为“天然火山博物馆”

The resources of ice-and-snow in Heilongjiang are praised the best of all in China.Yabuli skiing site is the biggest in Asia.Jingpohu lake is the largest mountain-and-wei stuffing lake in China.Wudalianchi is praised as the natural volcano museum.

原油

黑龙江省原油产量居全国第一，大庆油田是全国最大的油田,累计提供原油20.7亿吨。

■ 原油产量2010年4004.9万吨

The Daqing Oil Field is the largest oil field in China and the production of crude oil list the first in China.

森林

黑龙江省境内大、小兴安岭是中国最大的林区，全省森林覆盖率45.2%。其中红松、落叶松是国内少有的珍贵树种。

■ 森林蓄积量2010年15.5亿立方米

■ 森林面积2010年2053万公顷

■ 2010年造林总面积23.4万公顷

The forest-coverage rate of Heilongjiang is 43.6%.The Daxinganling and Xiaoxinganling in this terrritory are the largest forest region.The red pine and larch which live in it are both rare tree species.

地区生产总值(亿元)
Gross Domestic Product (100 million yuan)

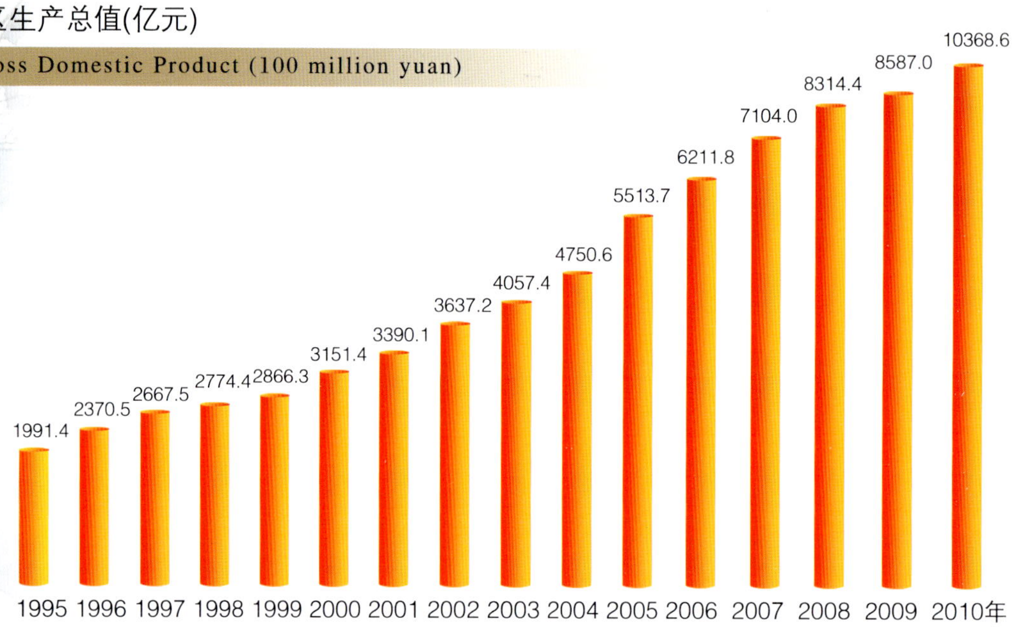

黑龙江的一天(2010年)
Selected Indicators Average daily Social and Economic Activities of Heilongjiang province (2010)

数字黑龙江

地区生产总值28.41亿元
GDP 2841 million yuan

粮食产量13.73万吨
Yield of Grain 137300 tons

原油产量10.97万吨
Yield of Crude Oil109723 tons

原煤产量25.38万吨
Yield of Coal 253800 tons

钢材产量1.55万吨
Yield of steel 15507 tons

汽车产量679辆
Yield of motor 679 unit

发电量2.12亿千瓦小时
Electricity 212million kwh

牛奶产量1.51万吨
Yield of milk 15137 tons

乳制品产量0.5万吨
Yield of dairy product 5038 tons

肉类产量0.54万吨
Yield of meat 5422 tons

全社会固定资产投资18.63亿元
Total investment in fixed assets 1863 million yuan

进出口总额6988万美元
Total exports and imports 69.88 million USD

进口总额4461万美元
Total imports 44.61 million USD

出口总额2527万美元
Total exports 25.27 million USD

社会消费品零售总额11.07亿元
Total retail sale of cunsumer goods 1107 million yuan

旅游收入2.42亿元
Earnings from tourism 242million yuan

邮电业务总量2.22亿元
Business volume of post and telecommunications service 222million yuan

财政收入4.74亿元
Financial revenue 474 million yuan

财政支出7.37亿元
Financial expenditures 737 million yuan

金融机构各项存款增加额4.97亿元
Every deposit total value of financial institution 497 million yuan

居民储蓄增加额2.26亿元
Savings deposit of rural and urban residents 226 million yuan

三项专利批准数18.6件
Number of three types of patent applications granted 18.6 units

出生人口772人
Born in people 772 persons

死亡人口528人
Dead population 528 persons

能源消费量26.5万吨标准煤
Energy consumption 264844 ton of SCE

人均地区生产总值(元)

Per capita GDP(yuan)

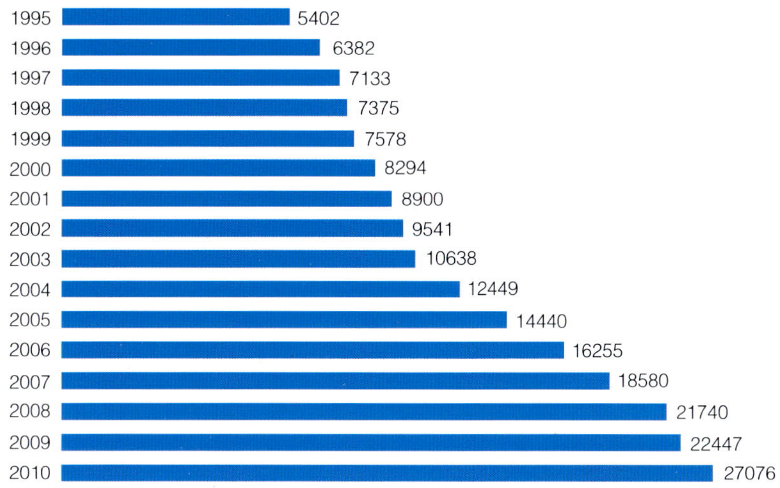

地区生产总值三次产业构成 (%)

Composition of GDP (%)

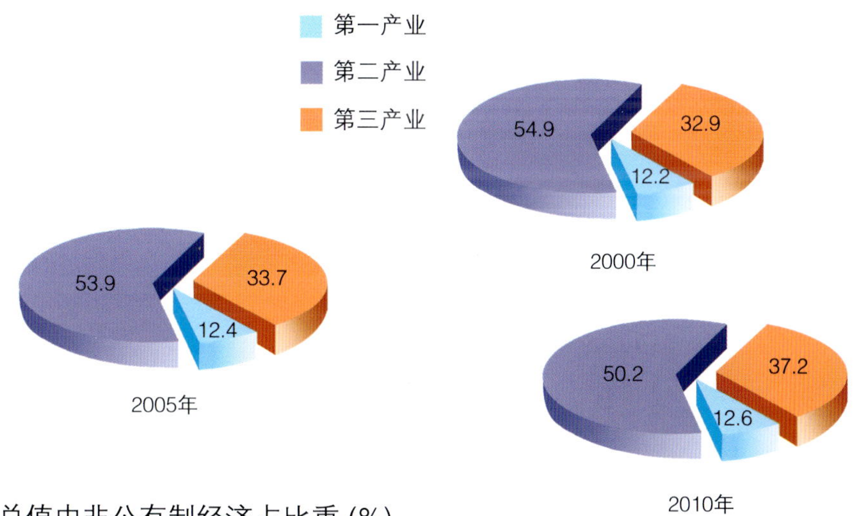

地区生产总值中非公有制经济占比重 (%)

Non-poblic economy take GDP proportion of the scale (%)

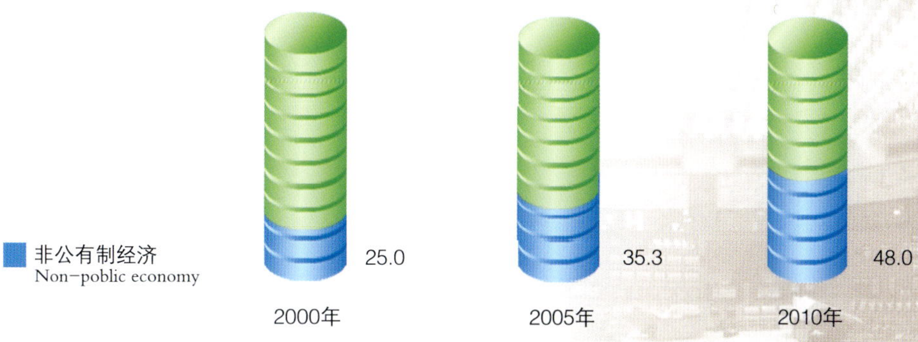

人口总数（万人）
Population (10000 persons)

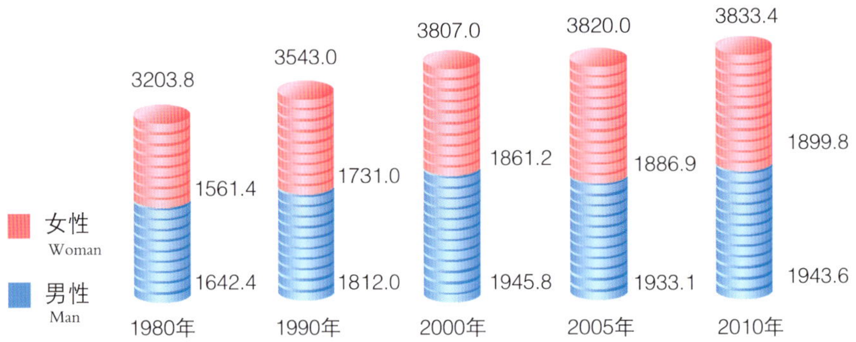

就业人数及三次产业构成(%)
Number of employees by industry(%)

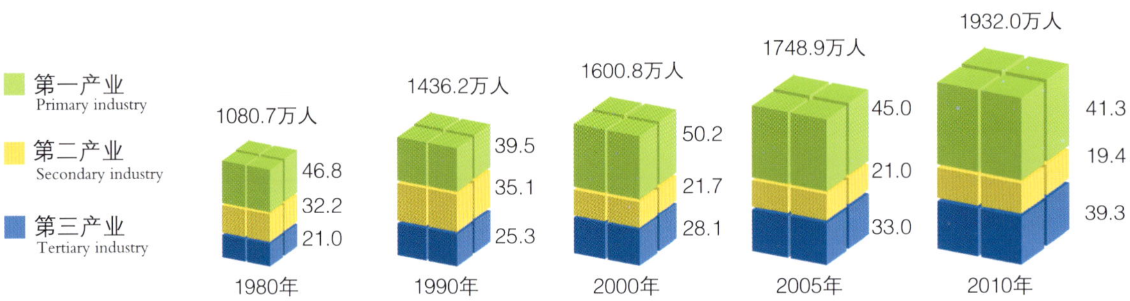

城镇单位在岗职工平均工资（元）
Average wage of staff and workers of urban units (yuan)

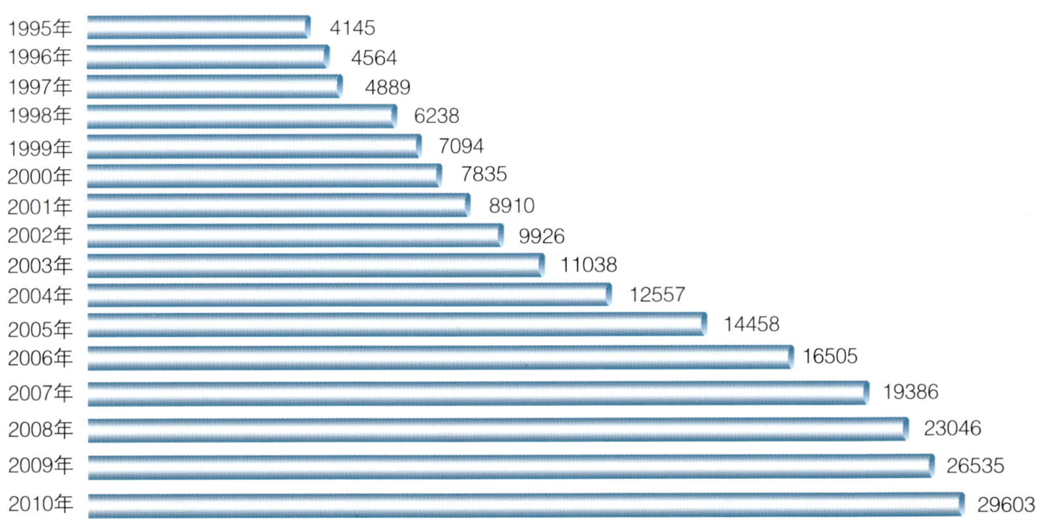

数字黑龙江

粮食产量（万吨）

Yield of grain (10000 tons)

畜牧业产值（亿元）

Gross output value of animal husbandry (100 million yuan)

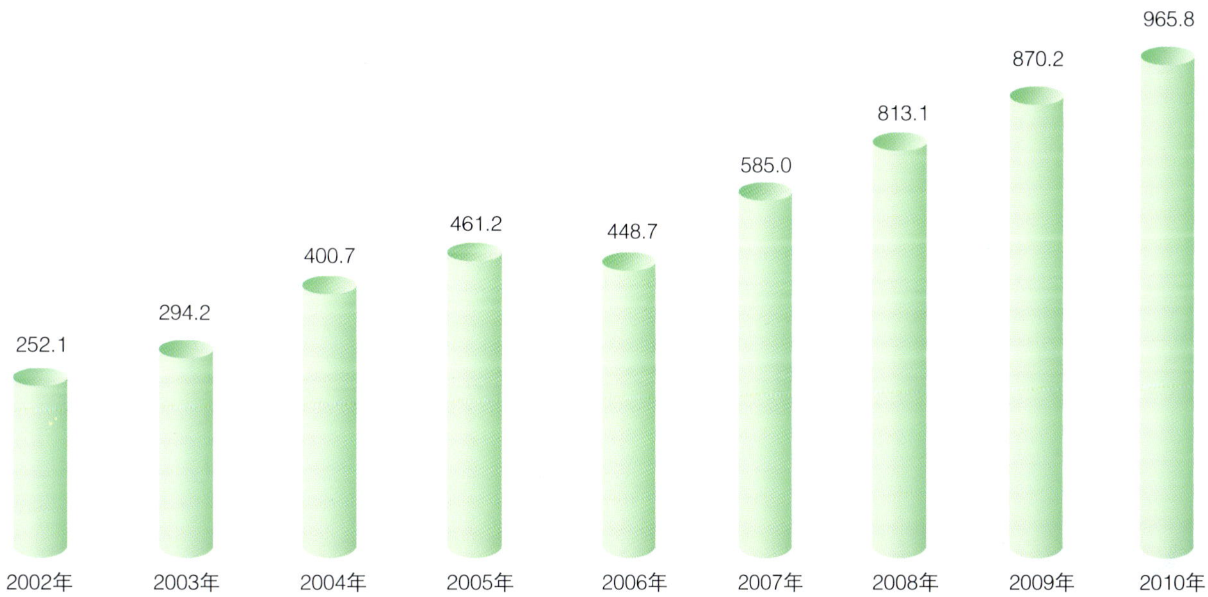

原油产量（万吨）

Yield of crude oil (10000 tons)

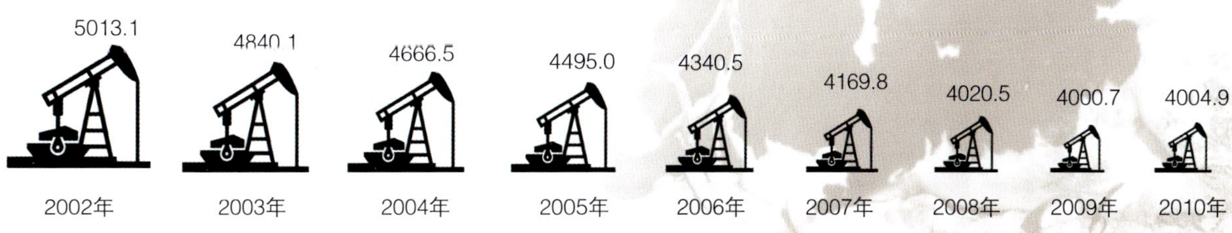

规模以上工业企业个数（个）

Number of industry enterprises above scale(unit)

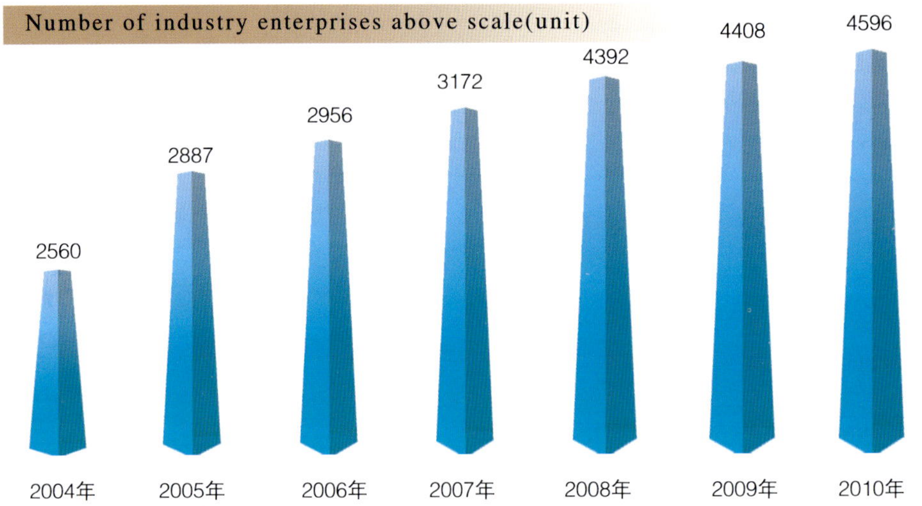

规模以上工业增加值(亿元)

Value-added of industry above scale (100 million yuan)

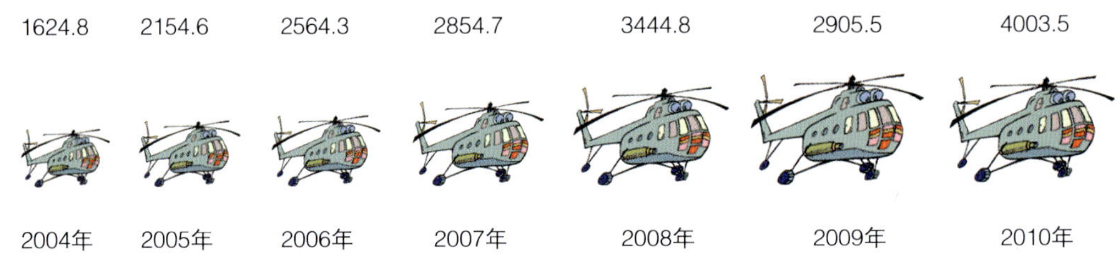

规模以上工业企业产值(亿元)

Gross industrial output value above scale (100 million yuan)

四大产业占规模以上工业总产值比重 (%)

Four major industries take the above total industrial output value proportion of the scale (%)

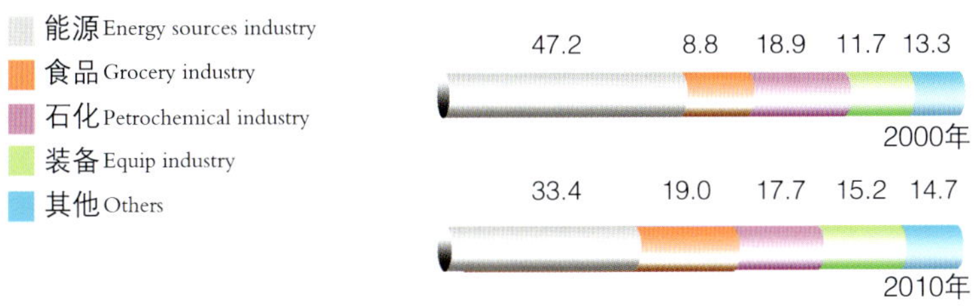

规模以上工业总产值轻重工业构成 (%)

Structure of gross output value of industry grouped by light & heavy industries (%)

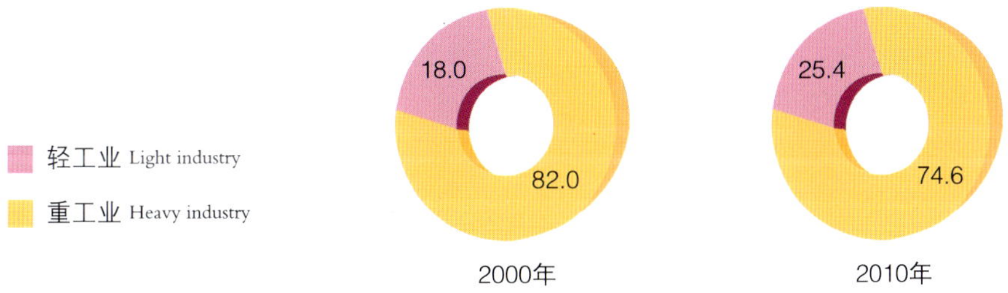

规模以上工业利税(亿元)

Total per-tax profits of industry enterprises above scale (100 million yuan)

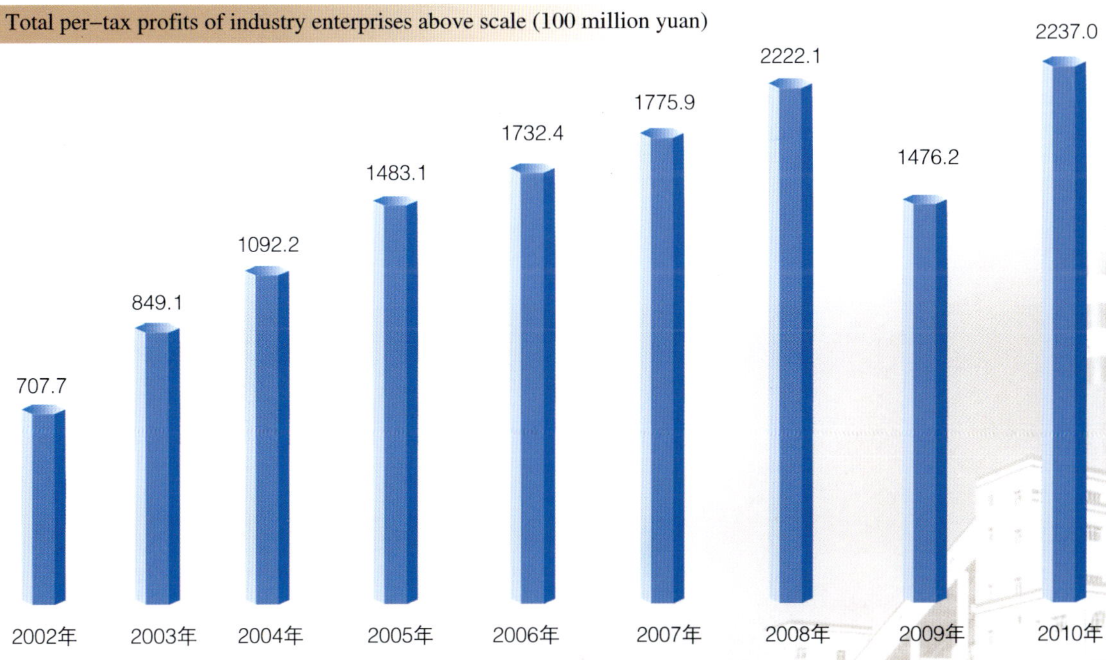

全社会固定资产投资总额(亿元)

Total investment in fixed assets (100 million yuan)

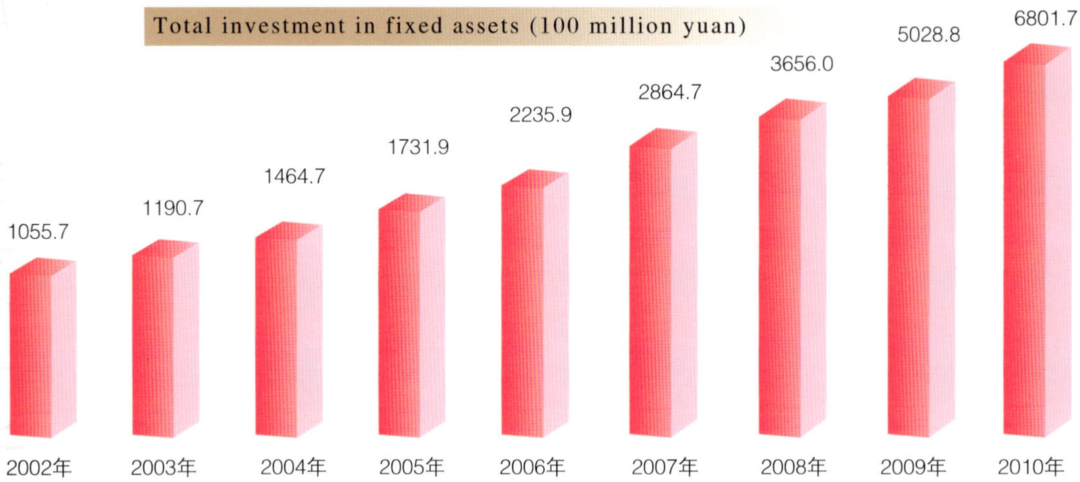

民间投资比重 (%)

Proportion of individual investment (%)

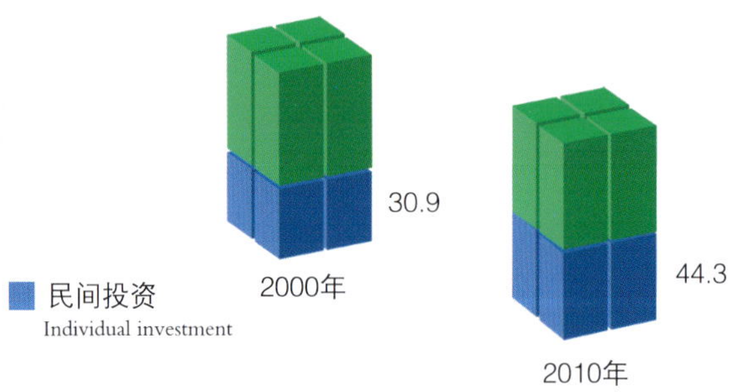

亿元以上投资项目数 (个)

Number of investment in fixed assets of the project of more than 100 million yuan (unit)

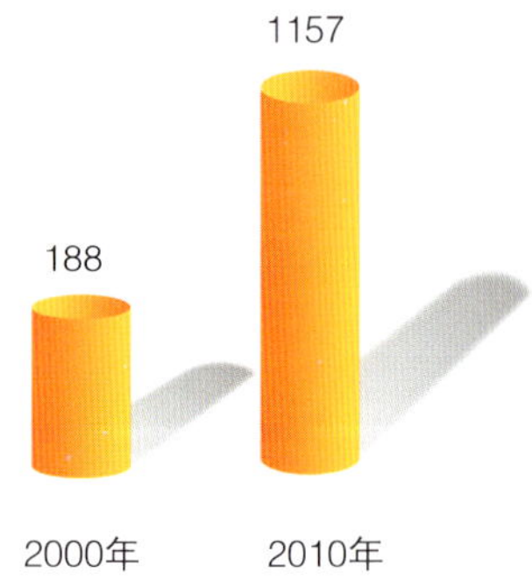

实际销售商品房面积 (万平方米)

Floor space sold (10000 sq.m)

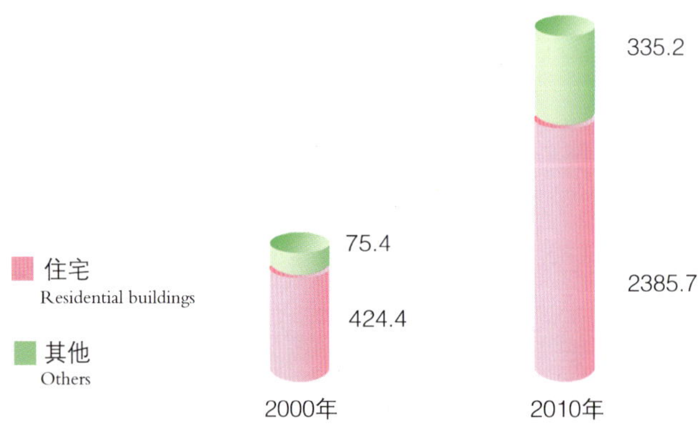

社会消费品零售总额（亿元）
Total retail sale of consumer goods (100 million yuan)

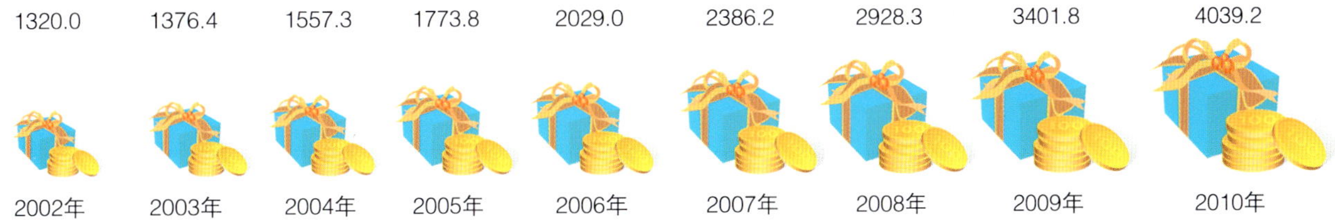

限额以上批零贸易企业热销商品零售量
Sales of hot goods of enterprise above designated size in whoiesale and retail trade

进出口总额（亿美元）
Total value of imports and exports (USD 100 million)

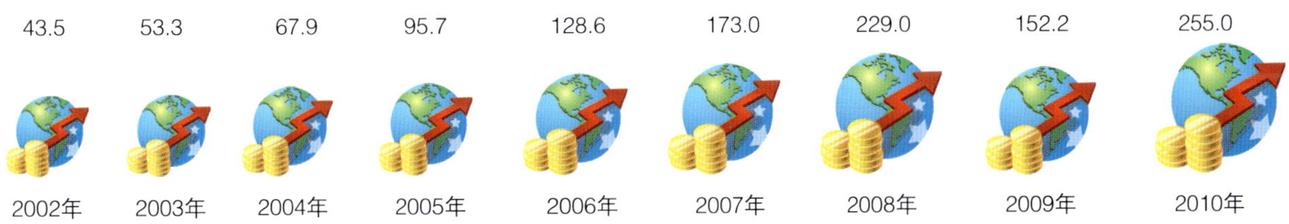

进出口构成 (%)
Structure of total imports and exports (%)

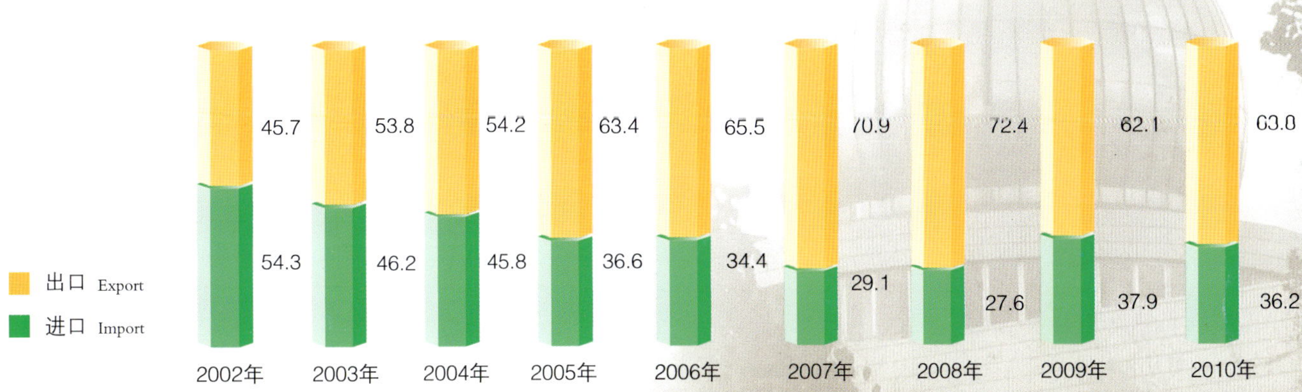

外贸依存度(%)

The foreign trade depending on degree (%)

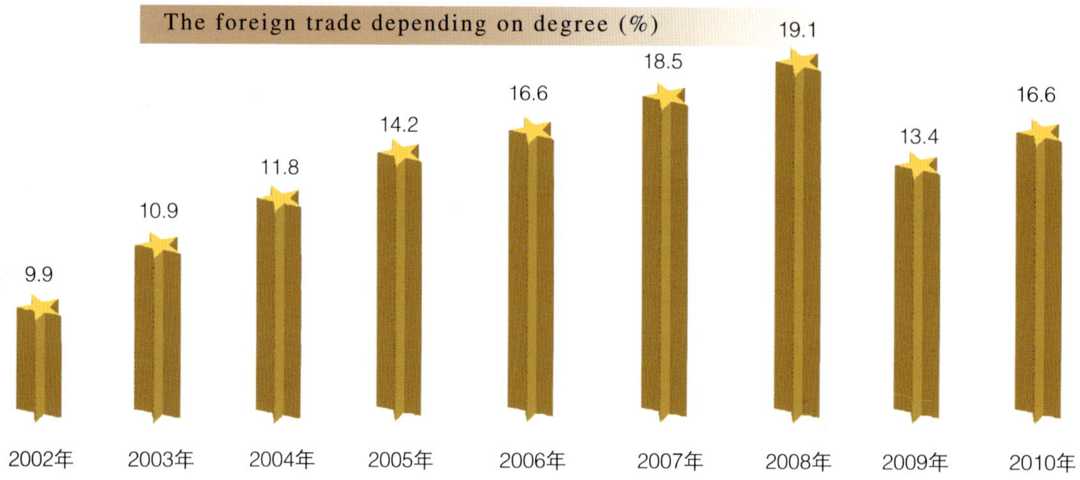

主要贸易伙伴占进出口总额的比重(%)

Proportion of principal prade partner to total exports (%)

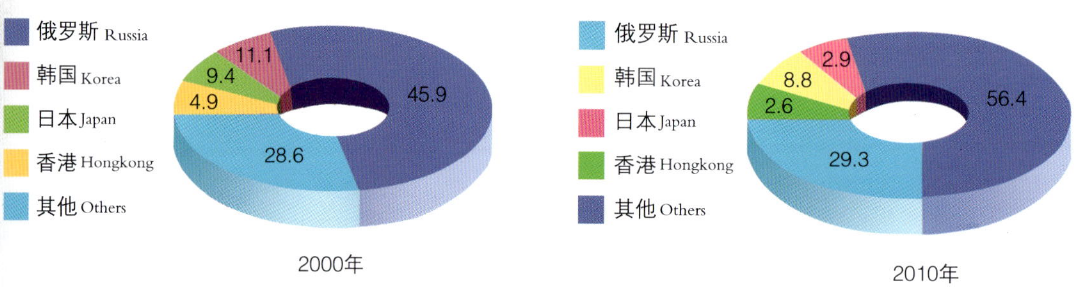

R&D经费内部支出总额(亿元)

Intramural expenditure on R&D (100 million yuan)

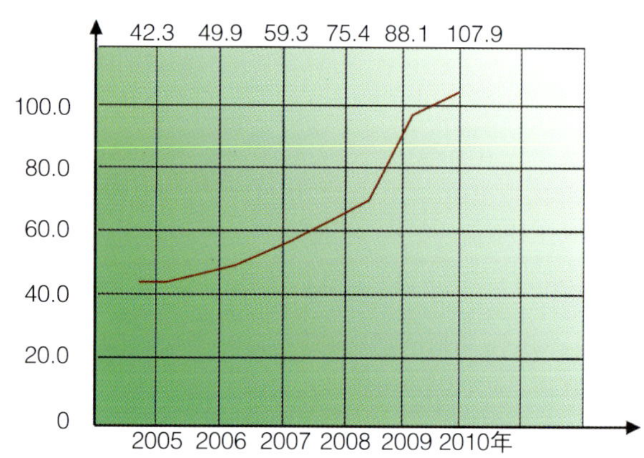

三项专利批准数(件)

Number of patent applications certified (item)

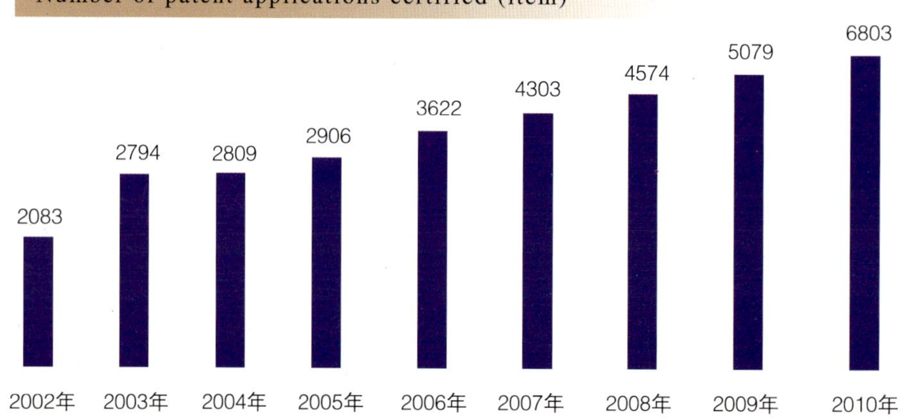

数字黑龙江

城镇居民人均可支配收入（元）

Annual per capita disposable income of urban households (yuan)

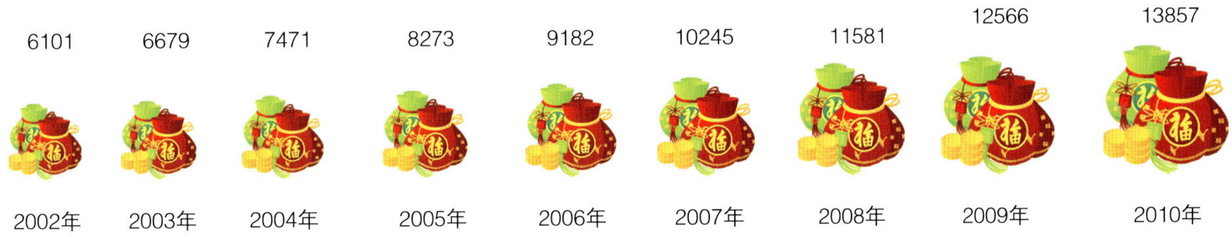

农村居民人均纯收入（元）

Annual per capita net income of rural households (yuan)

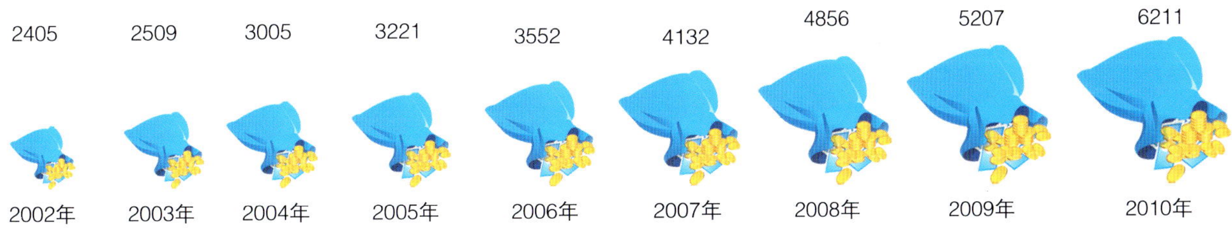

城镇居民消费结构 (%)

Urban Resident’s Consumption Composition (%)

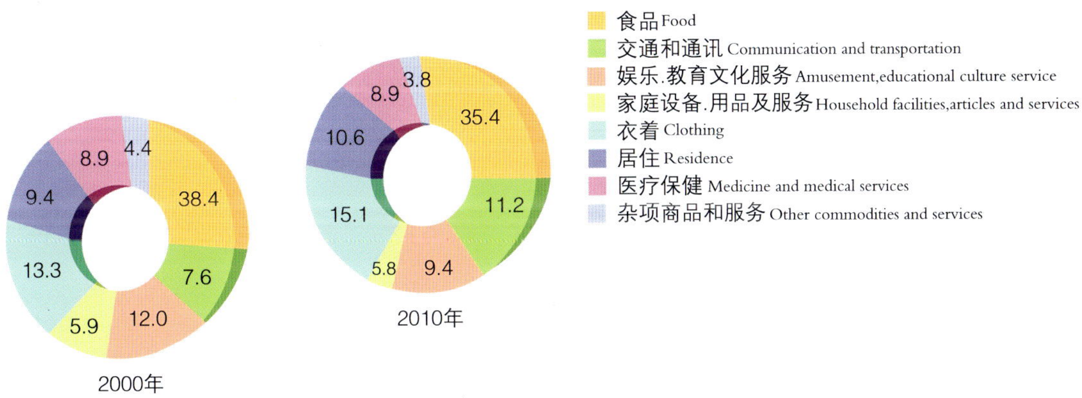

农村居民消费结构 (%)

Rural Resident’s Consumption Composition (%)

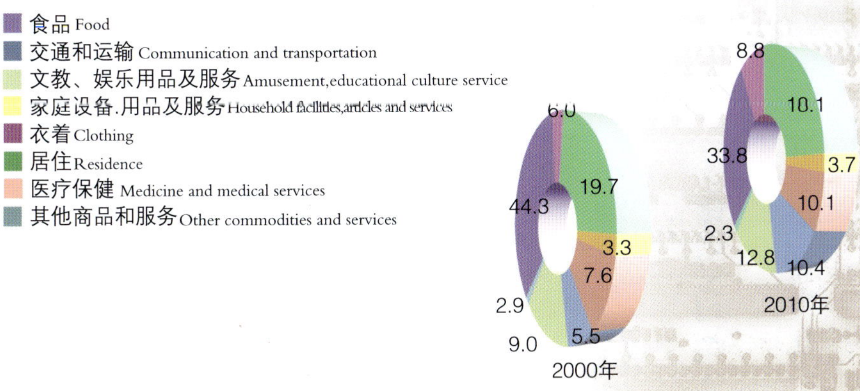

城镇居民恩格尔系数 (%)

Engle coefficient of urban households (%)

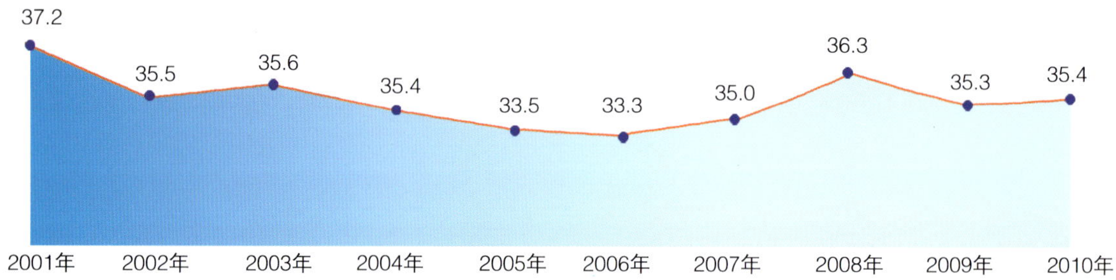

农村居民恩格尔系数 (%)

Engle coefficient of rural households (%)

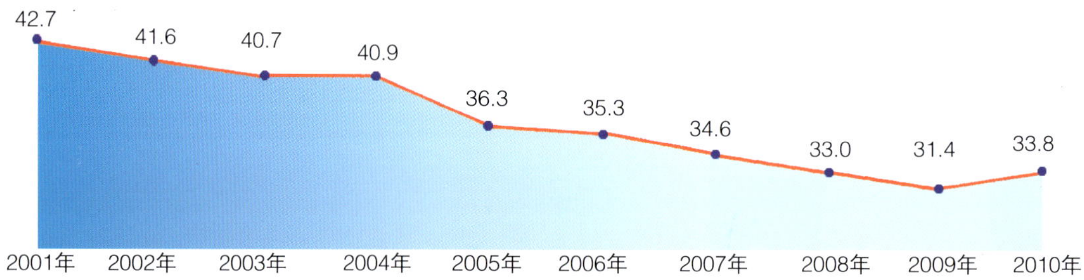

城镇居民人均住房建筑面积（平方米）

Per capita gross floor space of urban residents (sq.m)

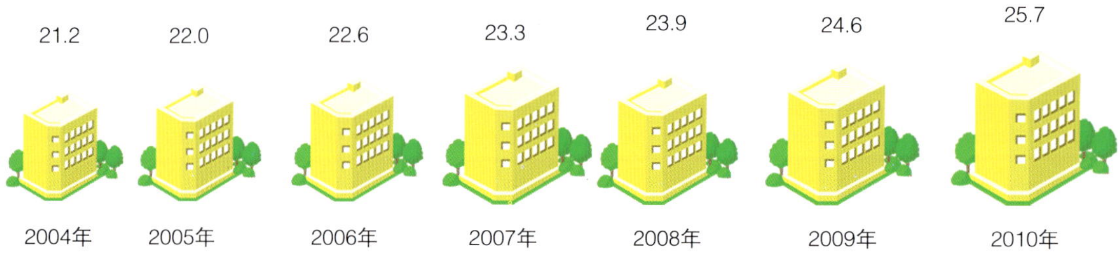

农村居民人均住房面积 (平方米)

Per capita gross floor space of rural residents (sq.m)

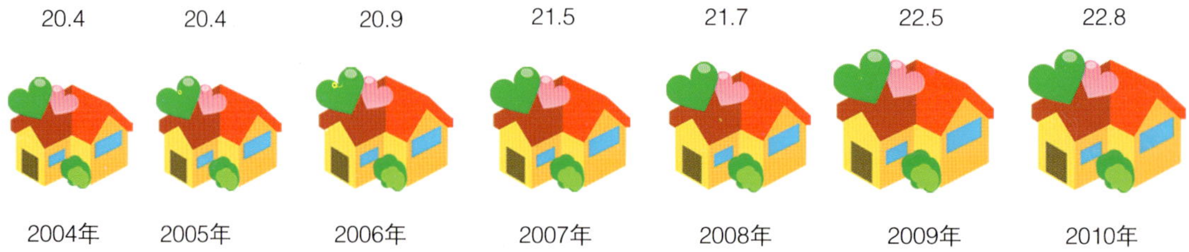

数字黑龙江

目　　录

CONTENTS

第一篇　综合

CHAPTER 1 GENERAL SURVERY

第二篇　国民经济核算

CHAPTER 2 NATIONAL ACCOUNTS

第三篇　人口、就业人员和职工工资

CHAPTER 3　POPULATION，　EMPLOYMENT AND WAGE

第四篇 固定资产投资和房地产开发

CHAPTER 4 INVESTMENT IN FIXED ASSETS AND REAL ESTATE DEVELOPMENT

第五篇　能源生产和消费

CHAPTER 5　PRODUCTION AND CONSUMPTION OF ENERGY

第六篇 财政、金融和保险

CHAPTER 6 FINANCE, BANKING AND INSURANCE

第七篇　物价指数

CHAPTER 7　PRICE INDICES

第八篇　人民生活

CHAPTER 8　PEOPLE'S LIVELIHOOD

第九篇　城市概况

CHAPTER 9　GENERAL SURVEY OF CITIES

第十篇 资源与环境

CHAPTER 10 RESOURCES AND ENVIRONMENT

第十一篇　农 业

CHAPTER 11 AGRICULTURE

第十二篇 工 业

CHAPTER 12 INDUSTRY

第十三篇 建 筑 业

CHAPTER 13 CONSTRUCTION

第十四篇　交通运输、邮政和信息传输

CHAPTER 14 TRANSPORTATION, POST AND TELECOMMUNICATION SERVICES

第十五篇　国内贸易

CHAPTER 15　DOMESTIC TRADE

第十六篇 对外贸易和旅游业

CHAPTER 16 FOREIGN TRADE AND ECONOMIC COOPERATION AND TOUR

第十七篇　教育与科技

CHAPTER 17　EDUCATION,　SCIENCE AND TECHNOLOGY

第十八篇　文化、体育、卫生和其他社会活动

CHAPTER 18 CULTURE, SPORTS,PUBLIC HEALTH AND OTHER SOCIAL ACTIVITIES

附录Ⅰ　各县、市主要指标（2010年）

附录Ⅱ　各类开发区情况

APPENDIX Ⅱ GENERAL SURVEY OF ALL DEVELOPMENT AREAS

附录Ⅲ　东北三省一区国民经济主要指标（2010年）

附录Ⅳ　2010年黑龙江省第六次全国人口普查主要数据公报

第一篇　综　合

CHAPTER 1 GENERAL SURVERY

1-1 行政区划(2010年)

DIVISIONS OF ADMINISTRATIVE AREAS (2010)

单位：个 (unit)

地 市	Prefecture and City at Prefecture Level	市、地辖区 Districts Under the Jurisdiction of Citities(Prefecture)	县级市 Cities at County Level	县、自治县 County, Autonomous Couties	镇 Towns	民族镇 Ethnic Towns	乡 Township	民族乡 Ethnic Community Township	城市街道办事处 Cities Street Communities	村民委员会 Village Board	自然屯 Natural Tun	社区居委会 Neighborhood community
合 计	**Total**	**68**	**18**	**46**	**462**	**11**	**356**	**58**	**382**	**9056**	**34885**	**2593**
哈尔滨	Harbin	8	3	7	109	3	56	17	104	1883	9494	744
齐齐哈尔	Qiqihar	7	1	8	59	3	54	7	37	1259	7350	258
鸡 西	Jixi	6	2	1	22		20	4	29	459	1928	142
鹤 岗	Hegang	6		2	9		10	2	32	218	328	115
双鸭山	Shuangyashan	4		4	21		19	2	24	482	690	125
大 庆	Daqing	5		4	30		25	3	29	481	2508	157
伊 春	Yichun	15	1	1	9		9	1	30	204	364	198
佳木斯	Jiamusi	4	2	4	38		29	4	28	957	1165	228
七台河	Qitaihe	3		1	9		6	2	22	220	130	91
牡丹江	Mudanjiang	4	4	2	40	2	9	3	24	887	1100	252
黑 河	Heihe	1	2	3	24		34	7	11	597	1369	63
绥 化	Suihua	1	3	6	68	3	85	4	6	1329	8393	179
大兴安岭	Daxinganling	4		3	24		9	2	6	80	66	41

1-1 续表1 CONTINUED

地 区	Region	县级市	City at County Level	县	County	区	District
哈尔滨市	**Harbin City**	双城市	Shuangcheng	宾 县	Binxian	道里区	Daoli
		尚志市	Shangzhi	方正县	Fangzheng	南岗区	Nangang
		五常市	Wuchang	依兰县	Yilan	道外区	Daowai
				巴彦县	Bayan	松北区	Songbei
				木兰县	Mulan	香坊区	Xiangfang
				通河县	Tonghe	平房区	Pingfang
				延寿县	Yanshou	呼兰区	Hulan
						阿城区	Acheng
齐齐哈尔市	**Qiqihar City**	讷河市	Nehe	龙江县	Longjiang	龙沙区	Longsha
				依安县	Yian	建华区	Jianhua
				泰来县	Tailai	铁锋区	Tiefeng
				甘南县	Gannan	昂昂溪区	Angangxi
				富裕县	Fuyu	富拉尔基区	Fularji
				克山县	Keshan	碾子山区	Nianzishan
				克东县	Kedong	梅里斯达斡尔族区	Meilisi Daur Nationality District
				拜泉县	Baiquan		
鸡西市	**Jixi City**	密山市	Mishan	鸡东县	Jidong	鸡冠区	Jiguan
		虎林市	Hulin			恒山区	Hengshan
						城子河区	Chengzihe
						滴道区	Didao
						梨树区	Lishu
						麻山区	Mashan
鹤岗市	**Hegang City**			绥滨县	Suibin	向阳区	Xiangyang
				萝北县	Luobei	工农区	Gongnong
						南山区	Nanshan
						兴安区	Xingan
						东山区	Dongshan
						兴山区	Xingshan

1-1 续表2 CONTINUED

地 区	Region	县级市	City at County Level	县	County	区	District
双鸭山市	**Shuangyashan City**			集贤县	Jixian	尖山区	Jianshan
				友谊县	Youyi	岭东区	Lingdong
				宝清县	Baoqing	宝山区	Baoshan
				饶河县	Raohe	四方台区	Sifangtai
大庆市	**Daqing City**			林甸县	Lindian	萨尔图区	Sartu
				肇源县	Zhaoyuan	龙凤区	Longfeng
				肇州县	Zhaozhou	让胡路区	Ranghulu
				杜尔伯特蒙古族自治县	Durbote Mongolia Natio-nality Autonomous	红岗区	Honggang
						大同区	Datong
伊春市	**Yichun City**	铁力市	Tieli	嘉荫县	Jiayin	伊春区	Yichun
						南岔区	Nancha
						友好区	Youhao
						西林区	Xilin
						翠峦区	Cuiluan
						新青区	Xinqing
						美溪区	Meixi
						金山屯区	Jinshantun
						乌马河区	Wumahe
						汤旺河区	Tangwanghe
						乌伊岭区	Wuyiling
						五营区	Wuying
						带岭区	Dailing
						上甘岭区	Shangganling
						红星区	Hongxing
佳木斯市	**Jiamusi City**	同江市	Tongjiang	桦南县	Huanan	向阳区	Xiangyang
		富锦市	Fujin	桦川县	Huachuan	前进区	Qianjin
				汤原县	Tangyuan	东风区	Dongfeng
				抚远县	Fuyuan	郊 区	Suburb
七台河市	**Qitaihe City**			勃利县	Boli	新兴区	Xinxing
						桃山区	Taoshan
						茄子河区	Qiezihe
牡丹江市	**Mudanjiang City**	绥芬河市	Suifenhe	东宁县	Dongning	东安区	Dongan
		海林市	Hailin	林口县	Linkou	阳明区	Yangming
		宁安市	Ningan			爱民区	Aimin
		穆棱市	Muling			西安区	Xian
黑河市	**Heihe City**	北安市	Beian	嫩江县	Nenjiang	爱辉区	Aihui
		五大连池市	Wudalianchi	逊克县	Xunke		
				孙吴县	Sunwu		
绥化市	**Suihua City**	安达市	Anda	望奎县	Wangkui	北林区	Beilin
		肇东市	Zhaodong	兰西县	Lanxi		
		海伦市	Hailin	青冈县	Qinggang		
				庆安县	Qingan		
				明水县	Mingshui		
				绥棱县	Suiling		
大兴安岭地区	**Daxinganling Prefecture**			呼玛县	Huma	新林区	Xinlin
				塔河县	Tahe	呼中区	Huzhong
				漠河县	Mohe	松岭区	Songling
						加格达奇区	Jiagedaqi

1-2 各部门机构数

GRASS-ROOTS UNIT IN VARIOUS SECTORS

单位：个　　(unit)

部　门	Sector	机构数 Grass-roots Units 2009	2010	2010年比上年增长（%） Growth Rate in 2010 over 2009 (%)
农村基层单位	**Rural Grassroots Units**			
乡政府	Township Governments	865	866	0.1
镇政府	Town Governments	442	446	0.9
村民委员会	Village Committees	9015	8991	-0.3
乡村户数（万户）	Numbers of Rural Households (10000 households)	509	509	-0.1
农垦系统农牧场	**Farms and Pastures of Land Reclamation System**	**113**	**113**	**持平**
国有及规模以上非国有工业企业	**State-owned and Non-state-owned above Designated Size Industrial Enterprises**	**4408**	**4596**	**4.3**
内资企业	Domestic Funded Enterprises	4112	4298	4.5
国有企业	State-owned Industry	263	261	-0.8
集体企业	Collective-owned Industry	204	154	-24.5
股份合作企业	Cooperative Enterprises	87	78	-10.3
联营企业	Joint Ownership Enterprises	4	4	持平
有限责任公司	Limited Liability Corporations	1111	1207	8.6
股份有限公司	Share Holding Enterprises	230	228	-0.9
私营企业	Private Enterprises	2213	2366	6.9
港、澳、台商投资企业	Enterprises with Funds from Hong Kong, Macao and Taiwan	98	95	-3.1
外商投资企业	Foreign Funded Enterprises	198	203	2.5
建筑企业	**Construction Enterprises and Units**	**1919**	**1945**	**1.4**
内资企业	Domestic Funded Enterprises	1914	1941	1.4
国有企业	State-owned Industry	177	169	-4.5
集体企业	Collective-owned Industry	157	148	-5.7
股份合作企业	Cooperative Enterprises	8	4	-50.0
联营企业	Joint Ownership Enterprises	3	2	-33.3
有限责任公司	Limited Liability Corporations	733	756	3.1
股份有限公司	Share Holding Enterprises	76	82	7.9
私营企业	Private Enterprises	759	779	2.6
港、澳、台商投资企业	Enterprises with Funds from Hong Kong, Macao and Taiwan	3	2	-33.3
外商投资企业	Foreign Funded Enterprises	2	2	持平
限上批零贸易业企业	**Enterprise above Designated Size in Wholesale and Retail Trade**	**1276**	**1547**	**21.2**
外商投资企业	**Enterprise of Foreign-Funded**	**5957**	**5814**	**-2.4**
中外合资	Joint Ventures	1003	798	-20.4
中外合作	Cooperative Operation	97	99	2.1
外资企业	Foreign Investment	145	150	3.4
教育（所）	**Education (unit)**			
普通高等学校	Regular Institutions of Higher Education	78	79	1.3
成人高等学校	Adult Education Schools	19	19	持平
中等专业学校	Specialized Secondary Schools	70	72	2.9
成人中等专业学校	Secondary Schools for Adults	163	162	-0.6
普通中学	Regular Secondary Schools	2248	2174	-3.3
#高　中	#Senior Secondary Schools	430	416	-3.3
职业中学	Vocational Secondary Schools	186	180	-3.2
技工学校	Vestibule Schools	130	133	2.3
小　学	Primary Schools	7202	6490	-9.9
幼儿园	Kingergartens	4092	3942	-3.7

1-2 续表 CONTINUED

单位：个 (unit)

部　门	Sector	机构数 Grass-roots Units 2009	机构数 Grass-roots Units 2010	2010年比上年增长（%） Growth Rate in 2010 over 2009 (%)
科学研究与开发机构数（个）	Number of R&D Institutions (unit)	228	228	持平
文化事业机构	**Cultural Establishments**	**1804**	**2338**	**29.6**
艺术事业	Art Institutions	139	138	-0.7
图书馆	Library	100	107	7.0
群众文化	Mass Cultural Establishments	1227	1654	34.8
艺术教育	Arts Education Establishments	7	7	持平
其他文化	Others	331	95	-71.3
博物馆	**Museums**	**71**	**76**	**7.0**
文物机构	**Cultural Relic Establishments**	**102**	**103**	**1.0**
广播、电视	**Broadcasting and Television**			
广播电台（座）	Radio Stations(unit)	14	14	持平
电视台（座）	Television Stations(unit)	14	15	7.1
出版、发行事业	**Publishing and Distribution Establishments**			
出版单位	Publishing Houses	423	422	-0.2
书刊印刷厂	Printing Houses	146	146	持平
书　店	Book Stores	98	99	1.0
卫生事业	**Health Care**			
#医　院	#Hospitals	918	917	-0.1
疗养院	Sanatoriums	4	4	持平
县（区）社区卫生服务站	Sanitation snd Service Agencies of Community of County	750	1041	38.8
卫生院	Health Cares	995	967	-2.8
县（区）卫生所、医务室	Institutions of Sanitation of County	1811	1782	-1.6
门诊部	Clinics	116	118	1.7
县（区）诊所	Cliniques of County	3401	3418	0.5
急救中心	First-aid Centers	14	13	-7.1
采供血机构	Institutions of Pick and Supply Blood	27	26	-3.7
妇幼保健院(所、站)	Institutes of Maternity and Child	142	147	3.5
专科疾病防治院(所、站)	Specialized Disease Prevention and Treatment Institutes	114	110	-3.5
疾病预防控制中心	Diseases Prevent and control Centers	189	188	-0.5
卫生监督所	Medical Supervise Institutions	147	154	4.8
医学科学研究机构	Research Institutes of Medical Sciences	12	12	持平
社会福利	**Social Welfare Establishments**			
社会福利事业单位	Social Welfare Institutions	787	755	-4.1
社会福利企业单位	Social Welfare Enterprises	690	609	-11.7
收容遣送站	Collecting and Repatriation Units	83	84	1.2
殡葬事业单位	Funeral and Interment Institutions	151	103	-31.8

1-3 法人单位数 (2010年)

NUMBER OF CORPORATE UNITS (2010)

单位：个 (unit)

地 区	Region	总 计 Total	农、林、牧、渔业 Agriculture, Forestry, Animal Husbandry and Fishery	采矿业 Mining	制造业 Manufacturing	电力、燃气及水的生产供应业 Production and Supply of Electricity, Gas and Water	建筑业 Construction	交通运输仓储及邮政业 Transport, Storage and Post
全 省	**Total**	**175818**	**4250**	**2365**	**30744**	**1124**	**7136**	**3812**
哈尔滨	Harbin	69611	1461	323	13148	269	3767	1511
齐齐哈尔	Qiqihar	15862	497	75	2751	140	413	385
鸡 西	Jixi	6203	128	452	820	44	182	91
鹤 岗	Hegang	3618	74	177	451	22	104	54
双鸭山	Shuangyashan	5870	138	288	777	42	208	98
大 庆	Daqing	17592	249	169	3209	99	715	327
伊 春	Yichun	4788	153	74	851	60	164	74
佳木斯	Jiamusi	11603	346	80	1545	82	364	301
七台河	Qitaihe	3299	15	352	395	23	70	38
牡丹江	Mudanjiang	14176	167	203	3202	156	577	285
黑 河	Heihe	5655	268	74	469	50	103	141
绥 化	Suihua	11429	263	30	2134	51	233	353
大兴安岭	Daxinganling	3506	352	50	380	22	86	91
农垦总局	ARB	2606	139	18	612	64	150	63

1-3 续表1 CONTINUED

单位：个 (unit)

地 区	Region	信息传输、计算机服务和软件业 Information Transmission, Computer Services and Software	批发和零售业 Wholesale and Retail Trades	住宿和餐饮业 Hotels and Catering Services	金融业 Financial Intermediation	房地产业 Real Estate	租赁和商务服务业 Leasing and Business Services	科学研究技术服务和地质勘查业 Scientific Research, Technical Service and Geologic Prospecting
全 省	**Total**	**3007**	**43777**	**2986**	**1244**	**5845**	**10156**	**6086**
哈尔滨	Harbin	1524	19764	1267	434	2556	5963	3008
齐齐哈尔	Qiqihar	197	3661	214	100	426	706	527
鸡 西	Jixi	21	1223	89	46	163	150	122
鹤 岗	Hegang	26	669	112	42	235	80	74
双鸭山	Shuangyashan	125	1016	74	42	191	186	147
大 庆	Daqing	516	6036	293	129	576	968	662
伊 春	Yichun	42	541	132	54	121	170	68
佳木斯	Jiamusi	79	3025	140	66	368	507	300
七台河	Qitaihe	28	462	34	45	79	104	88
牡丹江	Mudanjiang	157	3348	369	155	478	704	348
黑 河	Heihe	105	1260	105	45	184	152	136
绥 化	Suihua	24	1756	90	48	329	224	396
大兴安岭	Daxinganling	111	304	47	30	73	185	118
农垦总局	ARB	52	712	20	8	66	57	92

1-3 续表2 CONTINUED

单位：个 (unit)

地 区	Region	水利、环境和公共设施管理业 Management of Water Conservancy, Environment and Public Facilities	居民服务和其他服务业 Services to Households and Other Services	教 育 Education	卫生、社会保障和社会福利业 Sanitation, Social Security and Social Welfare	文化、体育和娱乐业 Culture, Sports and Entertainment	公共管理和社会组织 Public Management and Social Organization
全 省	**Total**	**1595**	**3427**	**7683**	**4831**	**1793**	**33957**
哈尔滨	Harbin	553	2111	2425	1099	736	7692
齐齐哈尔	Qiqihar	173	224	794	623	158	3798
鸡 西	Jixi	80	71	314	241	68	1898
鹤 岗	Hegang	28	52	189	119	33	1077
双鸭山	Shuangyashan	55	41	271	297	58	1816
大 庆	Daqing	140	330	704	300	119	2051
伊 春	Yichun	48	30	225	113	43	1825
佳木斯	Jiamusi	100	159	731	486	100	2824
七台河	Qitaihe	57	26	213	132	39	1099
牡丹江	Mudanjiang	127	184	479	355	123	2759
黑 河	Heihe	63	78	247	247	86	1842
绥 化	Suihua	119	68	735	578	125	3873
大兴安岭	Daxinganling	35	40	168	111	90	1213
农垦总局	ARB	17	13	188	130	15	190

1-4 按地区和行业门类分组的产业活动单位数 (2010年)

NUMBER OF INDUSTRIAL ACTIVITIES UNITS BY SECTOR AND REGION (2010)

单位：个 (unit)

地 区	Region	总 计 Total	农、林、牧、渔业 Agriculture, Forestry, Animal Husbandry and Fishery	采矿业 Mining	制造业 Manufacturing	电力、燃气及水的生产供应业 Production and Supply of Electricity, Gas and Water	建筑业 Construction	交通运输仓储及邮政业 Transport, Storage and Post
全 省	**Total**	**230260**	**6018**	**2551**	**31581**	**2805**	**8095**	**6379**
哈尔滨	Harbin	84022	1611	326	13439	768	4241	2115
齐齐哈尔	Qiqihar	22377	516	78	2848	324	473	757
鸡 西	Jixi	8692	213	486	874	119	229	281
鹤 岗	Hegang	5099	95	207	469	42	112	113
双鸭山	Shuangyashan	8254	190	299	825	192	273	233
大 庆	Daqing	20581	256	188	3274	156	795	451
伊 春	Yichun	6917	390	75	878	127	173	191
佳木斯	Jiamusi	16022	401	82	1568	159	441	513
七台河	Qitaihe	4295	16	424	405	68	73	74
牡丹江	Mudanjiang	18471	308	204	3251	276	639	503
黑 河	Heihe	8098	423	79	487	116	111	233
绥 化	Suihua	18028	271	30	2151	248	260	561
大兴安岭	Daxinganling	4620	475	53	405	36	93	169
农垦总局	ARB	4784	853	20	707	174	182	185

1-4 续表1 CONTINUED

单位：个 (unit)

地 区	Region	信息传输、计算机服务和软件业 Information Transmission, Computer Services and Software	批发和零售业 Wholesale and Retail Trades	住宿和餐饮业 Hotels and Catering Services	金融业 Financial Intermediation	房地产业 Real Estate	租赁和商务服务业 Leasing and Business Services	科学研究技术服务和地质勘查业 Scientific Research, Technical Service and Geologic Prospecting
全 省	**Total**	**5789**	**53827**	**3420**	**7147**	**6272**	**11041**	**7121**
哈尔滨	Harbin	2165	22981	1462	1971	2716	6241	3265
齐齐哈尔	Qiqihar	630	4468	237	863	480	786	596
鸡 西	Jixi	218	1768	110	442	189	190	154
鹤 岗	Hegang	95	1003	118	210	250	96	136
双鸭山	Shuangyashan	320	1474	96	341	213	211	174
大 庆	Daqing	601	6456	317	610	625	1047	712
伊 春	Yichun	154	743	152	301	142	212	131
佳木斯	Jiamusi	354	4146	157	412	378	588	405
七台河	Qitaihe	52	600	37	171	92	115	92
牡丹江	Mudanjiang	349	3837	394	616	511	768	477
黑 河	Heihe	230	1494	120	293	193	183	256
绥 化	Suihua	361	3321	101	673	333	270	462
大兴安岭	Daxinganling	171	523	67	185	75	218	141
农垦总局	ARB	89	1013	52	59	75	116	120

1-4 续表2 CONTINUED

单位：个 (unit)

地 区	Region	水利、环境和公共设施管理业 Management of Water Conservancy, Environment and Public Facilities	居民服务和其他服务业 Services to Households and Other Services	教 育 Education	卫生、社会保障和社会福利业 Sanitation, Social Security and Social Welfare	文化、体育和娱乐业 Culture, Sports and Entertainment	公共管理和社会组织 Public Management and Social Organization
全 省	**Total**	**2082**	**3713**	**14304**	**11477**	**2169**	**44469**
哈尔滨	Harbin	612	2213	4197	2659	803	10237
齐齐哈尔	Qiqihar	257	247	2302	1420	200	4895
鸡 西	Jixi	114	84	337	432	84	2368
鹤 岗	Hegang	50	54	222	277	47	1503
双鸭山	Shuangyashan	71	48	374	441	79	2400
大 庆	Daqing	169	354	1315	458	133	2664
伊 春	Yichun	79	44	273	489	75	2288
佳木斯	Jiamusi	134	166	972	1525	122	3499
七台河	Qitaihe	57	28	259	403	48	1281
牡丹江	Mudanjiang	169	215	906	1214	171	3663
黑 河	Heihe	104	85	455	462	115	2659
绥 化	Suihua	143	75	2307	1299	164	4998
大兴安岭	Daxinganling	42	50	173	155	96	1493
农垦总局	ARB	81	50	212	243	32	521

1-5 按地区和行业门类分组的单产业法人单位数(2010年)

NUMBER OF SINGLE INDUSTRIAL CORPORATE UNITS BY SECTOR AND REGION (2010)

单位：个 (unit)

地 区	Region	总 计 Total	农、林、牧、渔业 Agriculture, Forestry, Animal Husbandry and Fishery	采矿业 Mining	制造业 Manufa-cturing	电力、燃气及水的生产供应业 Production and Supply of Electricity, Gas and Water	建筑业 Construction	交通运输仓储及邮政业 Transport, Storage and Post
全 省	**Total**	**166612**	**4004**	**2309**	**30281**	**994**	**6868**	**3663**
哈尔滨	Harbin	67103	1441	321	12950	245	3598	1472
齐齐哈尔	Qiqihar	14518	476	73	2692	120	393	352
鸡 西	Jixi	5794	123	444	806	38	177	79
鹤 岗	Hegang	3327	70	172	442	18	101	52
双鸭山	Shuangyashan	5430	134	284	763	39	199	92
大 庆	Daqing	17028	245	165	3182	91	702	319
伊 春	Yichun	4307	128	73	828	47	162	67
佳木斯	Jiamusi	11072	338	80	1531	75	353	292
七台河	Qitaihe	3102	14	332	390	19	68	35
牡丹江	Mudanjiang	13407	155	201	3174	147	563	271
黑 河	Heihe	5120	261	69	445	39	99	137
绥 化	Suihua	10720	257	30	2117	40	225	348
大兴安岭	Daxinganling	3271	331	48	362	16	80	84
农垦总局	ARB	2413	31	17	599	60	148	63

1-5 续表1 CONTINUED

单位：个 (unit)

地 区	Region	信息传输、计算机服务和软件业 Information Transmission, Computer Services and Software	批发和零售业 Wholesale and Retail Trades	住宿和餐饮业 Hotels and Catering Services	金融业 Financial Intermediation	房地产业 Real Estate	租赁和商务服务业 Leasing and Business Services	科学研究技术服务和地质勘查业 Scientific Research, Technical Service and Geologic Prospecting
全 省	**Total**	**2916**	**42515**	**2919**	**884**	**5681**	**9965**	**5922**
哈尔滨	Harbin	1505	19392	1230	368	2478	5883	2959
齐齐哈尔	Qiqihar	186	3508	211	62	406	680	505
鸡 西	Jixi	15	1150	88	23	158	143	114
鹤 岗	Hegang	21	633	111	28	229	78	62
双鸭山	Shuangyashan	120	948	73	22	186	177	143
大 庆	Daqing	510	5970	285	95	561	943	657
伊 春	Yichun	36	497	131	28	114	159	63
佳木斯	Jiamusi	74	2921	136	49	364	503	290
七台河	Qitaihe	25	447	34	26	75	101	88
牡丹江	Mudanjiang	152	3266	364	123	466	690	322
黑 河	Heihe	101	1220	103	22	181	148	127
绥 化	Suihua	18	1594	90	20	326	223	391
大兴安岭	Daxinganling	103	275	43	14	71	180	111
农垦总局	ARB	50	694	20	4	66	57	90

1-5 续表2 CONTINUED

单位：个 (unit)

地 区	Region	水利、环境和公共设施管理业 Management of Water Conservancy, Environment and Public Facilities	居民服务和其他服务业 Services to Households and Other Services	教 育 Education	卫生、社会保障和社会福利业 Sanitation, Social Security and Social Welfare	文化、体育和娱乐业 Culture, Sports and Entertainment	公共管理和社会组织 Public Management and Social Organization
全 省	**Total**	**1522**	**3377**	**6980**	**4329**	**1739**	**29744**
哈尔滨	Harbin	541	2089	2230	988	723	6690
齐齐哈尔	Qiqihar	151	218	656	566	151	3112
鸡 西	Jixi	72	68	301	223	67	1705
鹤 岗	Hegang	25	52	176	100	31	926
双鸭山	Shuangyashan	50	41	255	285	56	1563
大 庆	Daqing	137	321	679	286	117	1763
伊 春	Yichun	44	29	215	92	41	1553
佳木斯	Jiamusi	96	157	675	427	97	2614
七台河	Qitaihe	56	26	201	114	38	1013
牡丹江	Mudanjiang	124	181	428	300	115	2365
黑 河	Heihe	61	77	217	232	79	1502
绥 化	Suihua	117	68	596	493	123	3644
大兴安岭	Daxinganling	32	38	166	100	86	1131
农垦总局	ARB	16	12	185	123	15	163

1-6 按地区和行业门类分组的多产业法人单位数(2010年)

NUMBER OF MULTI-INDUSTRIAL CORPORATE UNITS BY SECTOR AND REGION(2010)

单位：个 (unit)

地 区	Region	总 计 Total	农、林、牧、渔业 Agriculture, Forestry, Animal Husbandry and Fishery	采矿业 Mining	制造业 Manufacturing	电力、燃气及水的生产供应业 Production and Supply of Electricity, Gas and Water	建筑业 Construction	交通运输仓储及邮政业 Transport, Storage and Post
全 省	**Total**	**9206**	**246**	**56**	**463**	**130**	**268**	**149**
哈尔滨	Harbin	2508	20	2	198	24	169	39
齐齐哈尔	Qiqihar	1344	21	2	59	20	20	33
鸡 西	Jixi	409	5	8	14	6	5	12
鹤 岗	Hegang	291	4	5	9	4	3	2
双鸭山	Shuangyashan	440	4	4	14	3	9	6
大 庆	Daqing	564	4	4	27	8	13	8
伊 春	Yichun	481	25	1	23	13	2	7
佳木斯	Jiamusi	531	8		14	7	11	9
七台河	Qitaihe	197	1	20	5	4	2	3
牡丹江	Mudanjiang	769	12	2	28	9	14	14
黑 河	Heihe	535	7	5	24	11	4	4
绥 化	Suihua	709	6		17	11	8	5
大兴安岭	Daxinganling	235	21	2	18	6	6	7
农垦总局	ARB	193	108	1	13	4	2	

1-6 续表1 CONTINUED

单位：个 (unit)

地区	Region	信息传输、计算机服务和软件业 Information Transmission, Computer Services and Software	批发和零售业 Wholesale and Retail Trades	住宿和餐饮业 Hotels and Catering Services	金融业 Financial Intermediation	房地产业 Real Estate	租赁和商务服务业 Leasing and Business Services	科学研究技术服务和地质勘查业 Scientific Research, Technical Service and Geologic Prospecting
全省	**Total**	**91**	**1262**	**67**	**360**	**164**	**191**	**164**
哈尔滨	Harbin	19	372	37	66	78	80	49
齐齐哈尔	Qiqihar	11	153	3	38	20	26	22
鸡西	Jixi	6	73	1	23	5	7	8
鹤岗	Hegang	5	36	1	14	6	2	12
双鸭山	Shuangyashan	5	68	1	20	5	9	4
大庆	Daqing	6	66	8	34	15	25	5
伊春	Yichun	6	44	1	26	7	11	5
佳木斯	Jiamusi	5	104	4	17	4	4	10
七台河	Qitaihe	3	15		19	4	3	
牡丹江	Mudanjiang	5	82	5	32	12	14	26
黑河	Heihe	4	40	2	23	3	4	9
绥化	Suihua	6	162		28	3	1	5
大兴安岭	Daxinganling	8	29	4	16	2	5	7
农垦总局	ARB	2	18		4			2

1-6 续表2 CONTINUED

单位：个 (unit)

地区	Region	水利、环境和公共设施管理业 Management of Water Conservancy, Environment and Public Facilities	居民服务和其他服务业 Services to Households and Other Services	教育 Education	卫生、社会保障和社会福利业 Sanitation, Social Security and Social Welfare	文化、体育和娱乐业 Culture, Sports and Entertainment	公共管理和社会组织 Public Management and Social Organization
全省	**Total**	**73**	**50**	**703**	**502**	**54**	**4213**
哈尔滨	Harbin	12	22	195	111	13	1002
齐齐哈尔	Qiqihar	22	6	138	57	7	686
鸡西	Jixi	8	3	13	18	1	193
鹤岗	Hegang	3		13	19	2	151
双鸭山	Shuangyashan	5		16	12	2	253
大庆	Daqing	3	9	25	14	2	288
伊春	Yichun	4	1	10	21	2	272
佳木斯	Jiamusi	4	2	56	59	3	210
七台河	Qitaihe	1		12	18	1	86
牡丹江	Mudanjiang	3	3	51	55	8	394
黑河	Heihe	2	1	30	15	7	340
绥化	Suihua	2		139	85	2	229
大兴安岭	Daxinganling	3	2	2	11	4	82
农垦总局	ARB	1	1	3	7		27

1-7 按地区和行业门类分组的多产业法人所属产业活动单位数(2010年)

NUMBER OF MULTI-INDUSTRIAL ACTIVITIES UNITS OF CORPORATION BY SECTOR AND REGION (2010)

单位：个　　(unit)

地　区	Region	总　计 Total	农、林、牧、渔业 Agriculture, Forestry, Animal Husbandry and Fishery	采矿业 Mining	制造业 Manufacturing	电力、燃气及水的生产供应业 Production and Supply of Electricity, Gas and Water	建筑业 Construction	交通运输仓储及邮政业 Transport, Storage and Post
全　省	**Total**	**63648**	**2014**	**242**	**1300**	**1811**	**1227**	**2716**
哈尔滨	Harbin	16919	170	5	489	523	643	643
齐齐哈尔	Qiqihar	7859	40	5	156	204	80	405
鸡　西	Jixi	2898	90	42	68	81	52	202
鹤　岗	Hegang	1772	25	35	27	24	11	61
双鸭山	Shuangyashan	2824	56	15	62	153	74	141
大　庆	Daqing	3553	11	23	92	65	93	132
伊　春	Yichun	2610	262	2	50	80	11	124
佳木斯	Jiamusi	4950	63	2	37	84	88	221
七台河	Qitaihe	1193	2	92	15	49	5	39
牡丹江	Mudanjiang	5064	153	3	77	129	76	232
黑　河	Heihe	2978	162	10	42	77	12	96
绥　化	Suihua	7308	14		34	208	35	213
大兴安岭	Daxinganling	1349	144	5	43	20	13	85
农垦总局	ARB	2371	822	3	108	114	34	122

1-7 续表1　CONTINUED

单位：个　　(unit)

地　区	Region	信息传输、计算机服务和软件业 Information Transmission, Computer Services and Software	批发和零售业 Wholesale and Retail Trades	住宿和餐饮业 Hotels and Catering Services	金融业 Financial Intermediation	房地产业 Real Estate	租赁和商务服务业 Leasing and Business Services	科学研究技术服务和地质勘查业 Scientific Research, Technical Service and Geologic Prospecting
全　省	**Total**	**2873**	**11312**	**501**	**6263**	**591**	**1076**	**1199**
哈尔滨	Harbin	660	3589	232	1603	238	358	306
齐齐哈尔	Qiqihar	444	960	26	801	74	106	91
鸡　西	Jixi	203	618	22	419	31	47	40
鹤　岗	Hegang	74	370	7	182	21	18	74
双鸭山	Shuangyashan	200	526	23	319	27	34	31
大　庆	Daqing	91	486	32	515	64	104	55
伊　春	Yichun	118	246	21	273	28	53	68
佳木斯	Jiamusi	280	1225	21	363	14	85	115
七台河	Qitaihe	27	153	3	145	17	14	4
牡丹江	Mudanjiang	197	571	30	493	45	78	155
黑　河	Heihe	129	274	17	271	12	35	129
绥　化	Suihua	343	1727	11	653	7	47	71
大兴安岭	Daxinganling	68	248	24	171	4	38	30
农垦总局	ARB	39	319	32	55	9	59	30

1-7 续表2 CONTINUED

单位：个 (unit)

地 区	Region	水利、环境和公共设施管理业 Management of Water Conservancy, Environment and Public Facilities	居民服务和其他服务业 Services to Households and Other Services	教 育 Education	卫生、社会保障和社会福利业 Sanitation, Social Security and Social Welfare	文化、体育和娱乐业 Culture, Sports and Entertainment	公共管理和社会组织 Public Management and Social Organization
全 省	**Total**	**560**	**336**	**7324**	**7148**	**430**	**14725**
哈尔滨	Harbin	71	124	1967	1671	80	3547
齐齐哈尔	Qiqihar	106	29	1646	854	49	1783
鸡 西	Jixi	42	16	36	209	17	663
鹤 岗	Hegang	25	2	46	177	16	577
双鸭山	Shuangyashan	21	7	119	156	23	837
大 庆	Daqing	32	33	636	172	16	901
伊 春	Yichun	35	15	58	397	34	735
佳木斯	Jiamusi	38	9	297	1098	25	885
七台河	Qitaihe	1	2	58	289	10	268
牡丹江	Mudanjiang	45	34	478	914	56	1298
黑 河	Heihe	43	8	238	230	36	1157
绥 化	Suihua	26	7	1711	806	41	1354
大兴安岭	Daxinganling	10	12	7	55	10	362
农垦总局	ARB	65	38	27	120	17	358

1-8 按登记注册类型分组的法人单位数和产业活动单位数(2010年)

NUMBERS OF CORPORATE UNITS AND INDUSTRIAL ACTIVITIES UNITS OF BY REGISTER TYPE (2010)

单位：个 (unit)

项 目	Item	法人单位数 Unit Number of Legal Person	产业活动单位数 Unit Number of Industry Activity
合 计	**Total**	**175818**	**230260**
内资企业	**Domestic Funded Enterprises**	**174893**	**228501**
国有	State-owned Enterprises	37372	70164
集体	Collective-owned Enterprises	5115	10464
股份合作	Cooperative Enterprises	2075	3330
联营企业	Joint Ownership Enterprises	383	582
国有联营	State Joint Ownership Enterprises	47	97
集体联营	Collective Joint Ownership Enterprises	123	161
国有与集体联营	State-Collective Joint Ownership Enterprises	36	42
其他联营	Other Joint Ownership Enterprises	177	282
有限责任公司	Limited Liability Corporations	20877	24050
国有独资公司	State-owned Proprietorship	215	361
其他有限责任公司	Other Limited Liability Corporations	20662	23689
股份有限公司	Share Holding Enterprises	4248	7813
私营企业	Private Enterprises	76433	80213
私营独资	Private Proprietorship	27023	28466
私营合伙	Private Partnership	2915	2999
私营有限责任公司	Private Limited Liability Corporations	42001	43927
私营股份有限公司	Private Share Holding Enterprises	4494	4821
其他企业	Other	28390	31885
港澳台商投资企业	**Enterprises with Funds from Hong Kong,Macao and Taiwan**	**305**	**526**
与港澳台资合资经营	Joint Ventures with Hong Kong,Macao and Taiwan	146	203
与港澳台资合作经营	Cooperative Operation with Hong Kong,Macao and Taiwan	17	19
港澳台商独资经营	Individual Proprietorship of Hong Kong,Macao and Taiwan	119	239
港澳台商投资股份有限公司	Share Holding Enterprises with Funds from Hong Kong, Macao and Taiwan	23	65
外商投资	**Foreign Funded Enterprises**	**620**	**1233**
中外合资经营	Joint Ventures	281	409
中外合作经营	Cooperative Operation	35	41
外资企业	Foreign Investment	259	595
外商投资股份有限公司	Foreign Funded Share Holding Enterprises	45	188

1-9 按人口平均的主要工农业产品产量

PER CAPITA MAIN FARM PRODUCE AND INDUSTRIAL PRODUCTS

年 份 Year	粮豆薯（千克）Grain (kg)	油 料（千克）Oil-bearing Crops (kg)	猪牛羊肉（千克）Pork, Beef and Mutton (kg)	牛 奶（千克）Cow Milk (kg)	水产品（千克）Aquatic Products (kg)	木 材（立方米）Timber (cu. m)	钢（千克）Steel (kg)	原 煤（吨）Coal (ton)	原 油（吨）Crude Oil (ton)	发电量（千瓦时）Electricity (kwh)
1978	476.4	2.8	10.3	4.4	0.7	0.50	17.6	1.20	1.62	347
1980	459.0	7.5	11.6	3.9	0.6	0.51	16.5	1.33	1.62	405
1985	420.2	8.5	9.4	12.9	2.0	0.50	22.7	1.87	1.65	559
1990	655.7	4.9	13.0	28.8	4.2	0.43	27.0	2.34	1.58	837
1991	608.1	4.3	14.3	31.6	4.6	0.38	28.0	2.39	1.56	889
1992	658.9	6.1	14.8	33.5	5.0	0.35	32.7	2.34	1.55	966
1993	659.7	4.4	14.5	30.8	5.2	0.34	34.5	1.99	1.54	1027
1994	705.3	4.3	16.9	30.3	5.7	0.34	30.3	2.10	1.53	1044
1995	703.2	5.4	19.1	32.9	6.9	0.30	25.4	2.15	1.52	1052
1996	820.2	4.5	25.1	35.9	7.8	0.35	22.7	2.21	1.51	1105
1997	830.2	4.9	26.8	37.6	8.6	0.31	23.6	2.02	1.50	1158
1998	799.7	4.5	29.8	37.8	9.5	0.25	21.0	1.89	1.49	1127
1999	812.8	10.4	31.6	37.8	9.6	0.22	20.5	1.65	1.44	1088
2000	670.0	11.5	33.1	40.6	10.1	0.18	23.4	1.31	1.40	1123
2001	696.2	9.5	35.3	49.6	10.6	0.17	24.2	1.34	1.35	1150
2002	771.6	13.9	38.8	61.9	11.0	0.16	37.8	1.54	1.32	1205
2003	658.7	11.7	43.9	78.8	11.0	0.20	43.4	1.74	1.27	1277
2004	821.6	12.1	53.3	98.1	11.3	0.16	47.4	1.87	1.22	1295
2005	942.8	15.9	63.5	115.3	11.7	0.20	60.8	1.90	1.18	1561
2006	989.1	16.5	67.3	120.5	8.7	0.20	82.5	2.07	1.14	1654
2007	1037.1	13.1	49.4	123.9	9.0	0.20	114.1	2.09	1.09	1782
2008	1104.7	7.5	63.3	151.8	9.3	0.23	111.5	2.14	1.05	1881
2009	1137.9	7.4	40.9	138.2	10.0	0.20	147.9	2.29	1.05	1879
2010	1309.0	7.2	43.2	144.3	10.4	0.20	147.8	2.42	1.05	2022

注：2005、2006年钢产量为粗钢产量。
Note:In 2005,2006 the output of steel is crude steel.

1-10 国民经济和社会发展总量与速度指标

部门	Item	总量指标 1995
人口、就业（万人）	**Population and Employment (10000 persons)**	
总人口	Population at Year-end	3701.0
男性人口	Male	1887.5
女性人口	Female	1813.5
市镇人口	Urban	1985.9
乡村人口	Rural	1715.1
就业人员数	Employment	1543.1
#城镇就业人员	#Urban Employed Persons	969.6
城镇登记失业人数	Registered Unemployed in Urban Areas	26.0
国民核算（亿元）	**National Accounting (100 million yuan)**	
地区生产总值	Gross Domestic Product	1991.4
第一产业	Primary Industry	371.2
第二产业	Secondary Industry	1048.6
第三产业	Tertiary Industry	571.6
人均地区生产总值(元)	Per Capita GDP (yuan)	5402
固定资产投资（亿元）	**Investment in Fixed Assets (100 million yuan)**	
全社会固定资产投资	Total Investment in Fixed Assets	487.5
#国有单位	#State-Owned Units	379.9
集体单位	Collective-Owned Units	16.1
个体经济	Individuals	50.3
能源生产与消费（万吨标准煤）	**Production and Consumption of Energy (10000 tons of SCE)**	
能源生产总量	Total Energy Production	14014
能源消费总量	Total Energy Consumption	6261
财政、金融（亿元）	**Public Finance and Banking(100million yuan)**	
财政收入	Financial Revenue	182.9
#地方财政收入	#Local Financial Revenue	101.3
财政支出	Financial Expenditure	174.6
金融机构各项存款	Deposits of National Banking System	1555.9
金融机构各项贷款	Loans of National Banking System	1776.4
物价指数(上年=100)	**Price Indices (preceding year=100)**	
居民消费价格总指数	General Consumer Price Index	116.1
商品零售价格总指数	General Retail Price Index	114.3
农业生产资料价格指数	Price Indices of Agricultural Means of Production	123.1
工业品出厂价格指数	Ex-Factory Price Indices of Industrial Products	116.1
农 业	**Agriculture**	
乡村劳动力（万人）	Number of Rural Laborers (10000persons)	583.5
主要农产品产量（万吨）	Output of Major Farm Products (10000 tons)	
粮豆薯	Grain	2592.5
#水 稻	#Rice	469.9
玉 米	Corn	1219.1
大 豆	Soja	438.8
薯 类	Tubers	81.5

PRINCIPAL ECONOMIC AND SOCIAL INDICATORS AND THEIR GROWTH RATES

Aggregate Data				速度指标（%） Indices and Growth Rates (%)				
				指数（2010年为以下各年） Index(2010 as percentage of the following years)				年均增长 Average Annual Growth Rate
2000	2005	2009	2010	1995	2000	2005	2009	1996-2010
3807.0	3820.0	3826.0	3833.4	103.6	100.7	100.4	100.2	0.2
1945.8	1933.1	1943.6	1943.6	103.0	99.9	100.5	100.0	0.2
1861.2	1886.9	1882.4	1889.8	104.2	101.5	100.2	100.4	0.3
1977.4	2028.4	2123.4	2133.7	107.4	107.9	105.2	100.5	0.5
1829.6	1791.6	1702.6	1699.7	99.1	92.9	94.9	99.8	-0.1
1600.8	1748.9	1877.0	1932.0	125.2	120.7	110.5	102.9	1.5
722.8	799.9	898.8	942.6	97.2	130.4	117.8	104.9	-0.2
25.3	31.3	31.4	36.2	139.4	143.2	115.8	115.4	2.2
3151.4	5513.7	8587.0	10368.6	445.2	291.6	176.2	112.7	10.5
383.2	684.6	1154.3	1302.9	227.1	195.5	136.6	106.2	5.6
1731.7	2971.7	4060.7	5204.1	503.6	318.5	183.5	114.5	11.4
1036.6	1857.4	3372.0	3861.6	484.8	287.3	179.8	111.8	11.1
8294	14440	22447	27076	428.8	289.6	175.8	112.6	10.2
859.2	1731.7	5028.8	6801.7	1395.2	791.6	392.8	135.3	19.2
449.8	754.6	2068.9	2660.6	700.3	591.5	352.6	128.6	13.9
35.9	21.1	47.9	115.1	714.9	320.6	545.5	240.3	14.0
90.8	288.6	390.6	454.7	904.0	500.8	157.6	116.4	15.8
11494	11944	13140	12960	92.5	112.8	108.5	98.6	-0.5
5663	7582	8465	9667	154.4	170.7	127.5	114.2	2.9
372.6	738.3	1439.5	1730.7	946.3	464.5	234.4	120.2	16.2
213.9	392.6	885.5	1223.3	1207.6	571.9	311.6	138.1	18.1
408.7	861.4	2094.5	2690.7	1541.1	658.4	312.4	128.5	20.0
3333.4	6135.1	11022.8	12835.7	825.0	385.1	209.2	116.4	15.1
3145.1	3658.5	5988.3	7230.5	407.0	229.9	197.6	120.7	9.8
98.3	101.2	100.2	103.9					
97.8	100.4	98.9	103.1					
98.6	108.6	94.2	105.6					
122.9	116.7	87.4	115.0					
913.2	950.1	978.2	989.4	169.6	108.3	104.1	101.2	3.6
2545.5	3600.0	4353.0	5012.8	193.4	196.9	139.2	115.2	4.5
1042.2	1172.5	1574.5	1843.9	392.4	176.9	157.3	117.1	9.5
790.8	1379.5	1920.2	2324.4	190.7	293.9	168.5	121.0	4.4
450.1	748.0	591.9	585.0	133.3	130.0	78.2	98.8	1.9
81.8	85.3	92.9	126.2	154.8	154.3	147.9	135.9	3.0

1-10 续表1

部　门	Item	总量指标 1995
油　料	Oil-bearing Crops	20.1
麻　类	Fiber Crops	32.2
甜　菜	Beet roots	500.8
烟　叶	Tobacco	11.2
瓜　果	Fruits	126.6
奶　类	Milk	121.2
水产品	Aquatic Products	25.3
木材（万立方米）	Timber (10000 cu.m)	1123.6
工　业	**Industry**	
工业总产值（亿元）	Gross Industrial Output Value (100 million yuan)	
轻工业	Light Industry	
重工业	Heavy Industry	
工业增加值	Value-added of Industry	
利税总额（亿元）	Total Per-tax Profits(100 million yuan)	
#利润总额	#Profits	
主要工业产品产量	Output of Major Industrial Products	
原煤（万吨）	Coal (10000 tons)	7937.6
原油（万吨）	Crude Oil (10000 tons)	5601.5
天然气（亿立方米）	Natural Gas (100 million cu.m)	25.9
水泥（万吨）	Cement (10000 tons)	667.8
成品钢材（万吨）	Steel Products (10000 tons)	87.4
汽车（万辆）	Automobile (10000 unit)	5.9
发电量（亿千瓦时）	Electricity (100 million kwh)	388.0
建筑业	**Construction**	
建筑业总产值（亿元）	Gross Output Value (100 million yuan)	205.6
房屋建筑施工面积（万平方米）	Floor Space of Buildings under Construction (10000 sq.m)	2317.5
房屋建筑竣工面积（万平方米）	Floor Space of Buildings Completed (10000 sq.m)	1192.7
交通运输和邮政	**Transportation**	
货运量（万吨）	Freight Traffic (10000 tons)	37739
铁　路	Railways	13607
公　路	Highways	19281
水　运	Waterways	626
空　运	Civil Aviation	1.0
管　道	Pipelines	4224
客运量（万人）	Passenger Traffic (10000 persons)	23499
铁　路	Railways	11881
公　路	Highways	11506
水　运	Waterways	37
空　运	Civil Aviation	75
邮政业务总量（亿元）	Business Volume of Post(100 million yuan)	
函件（万件）	Number of Letters Delivered (10000 pieces)	15525
报刊期发数（万份）	Number of Newspapers and Magazines (10000 pieces)	865
信息传输	**Post and Telecommunication Services**	
电信业务总量（亿元）	Business Volume of Telecommunications(100 million yuan)	
年末市内电话（万户）	Local (Urban) Telephone Subscribers at Year-end (10000 subscribers)	142.0
年末乡村电话（万户）	Number of Rural Telephones Subscribers at Year-end (10000 subscribers)	14.8
移动电话用户（万户）	Number of Mobile Telephone Subscribers (10000 subscribers)	13.2

CONTINUED

Aggregate Data				速度指标（%） Indices and Growth Rates (%)				
2000	2005	2009	2010	指数（2010年为以下各年） Index(2010 as percentage of the following years)				年均增长 Average Annual Growth Rate
				1995	2000	2005	2009	1996-2010
43.8	60.6	28.2	27.5	136.8	62.8	45.4	97.5	2.1
18.7	36.1	4.5	2.2	6.8	11.8	6.1	48.9	-16.4
254.8	155.0	110.0	175.0	34.9	68.7	112.9	159.1	-6.8
9.6	7.4	8.3	9.6	85.7	100.0	129.7	115.7	-1.0
319.4	306.4	218.3	233.0	184.0	72.9	76.0	106.7	4.2
156.5	444.2	649.5	558.8	461.1	357.1	125.8	86.0	10.7
38.2	44.6	38.1	40.0	158.0	104.6	89.6	105.0	3.1
691.5	764.1	751.4	770.0	68.5	111.4	100.8	102.5	-2.5
2460.9	4714.9	7301.6	9535.1		387.5	202.2	130.6	
442.5	842.4	1798.7	2421.5		547.3	287.4	134.6	
2018.4	3872.5	5503.0	7113.6		352.4	183.7	129.3	
1213.0	2154.6	2905.5	4003.5		330.0	185.8	137.8	
835.4	1483.1	1476.2	2237.0		267.8	150.8	151.5	
564.9	1067.1	872.6	1248.8		221.1	117.0	143.1	
4974.4	7253.4	8748.7	9265.5	116.7	186.3	127.7	105.9	1.0
5306.7	4495.0	4000.7	4004.9	71.5	75.5	89.1	100.1	-2.2
23.0	24.4	30.0	30.0	115.8	130.4	123.0	100.0	1.0
903.7	1113.3	2598.0	3507.2	525.2	388.1	315.0	135.0	11.7
76.3	232.3	505.0	566.0	647.6	741.8	243.7	112.1	13.3
13.4	26.6	28.4	24.8	420.2	184.9	93.1	87.3	10.0
426.7	596.0	718.9	774.5	199.6	181.5	129.9	107.7	4.7
334.1	572.9	1342.4	1769.7	860.7	529.7	308.9	131.8	15.4
2962.6	4467.7	5001.4	7171.0	309.4	242.1	160.5	143.4	7.8
1886.9	2249.7	3420.0	3620.0	303.5	191.8	160.9	105.8	7.7
57213	64612	57046	61950	164.2	108.3	95.9	108.6	3.4
12959	15959	16558	17463	128.3	134.8	109.4	105.5	1.7
39685	44376	36486	40582	210.5	102.3	91.5	111.2	5.1
788	1301	978	1015	162.1	128.8	78.0	103.8	3.3
1.7	4.2	6.8	7.6	760.0	447.1	181.0	111.1	14.5
3779	2972	3017	2883	68.3	76.3	97.0	95.6	-2.5
49806	55619	43971	47612	202.6	95.6	85.6	108.3	4.8
9819	8251	10000	10468	88.1	106.6	126.9	104.7	-0.8
39864	46808	32947	36001	312.9	90.3	76.9	109.3	7.9
45	240	285	292	789.2	648.9	121.7	102.5	14.8
78	320	739	851	1134.7	1091.0	266.4	115.1	17.6
10.5	23.7	39.7	34.6		329.5	146.0	87.2	
9114	13010	8668	9305.1	59.9	102.1	71.5	107.4	-3.4
240	386	377	367.7	42.5	153.2	95.3	97.5	-5.5
156.6	323.1	657.6	776.4		495.8	240.3	118.1	
387.9	810.2	659.1	620.4	436.9	159.9	76.6	94.1	10.3
99.0	271.9	211.1	193.1	1304.7	195.1	71.0	91.5	18.7
315.8	1132.3	1990.1	2243.0	16992.4	710.3	198.1	112.7	40.8

1-10 续表2

部 门	Item	总量指标 1995
国内贸易	**Domestic Trade**	
社会消费品零售总额（亿元）	Total Retail Sales of Consumer Goods (100 million yuan)	682.7
对外经济贸易和旅游	**Foreign Trade and International Tourism**	
进出口总额（万美元）	Total Exports and Imports (USD 10000)	238645
出口额	Exports	116641
进口额	Imports	122004
实际利用外资额（万美元）	Total Amount of Foreign Capital Actually Used (USD 10000)	74994
#外商直接投资	#Direct Foreign Investments	44868
国际旅游人数（人）	Number of Tourists from Abroad (person)	162271
国际旅游外汇收入（万美元）	Foreign Exchange Earnings from Tourism (USD 10000)	6062
教育、科技、文化	**Education, Science and Technology and Culture**	
在校学生数（万人）	Students Enrollment (10000 persons)	
普通高等学校	Institutions of Higher Education	11.4
中等专业学校	Specialized Secondary Schools	10.0
普通中学	Regular Secondary Schools	179.1
小 学	Primary Schools	372.9
专任教师数（万人）	Full-time Teachers (10000 persons)	
普通高等学校	Institutions of Higher Education	1.65
中等专业学校	Specialized Secondary Schools	0.78
普通中学	Regular Secondary Schools	12.93
小 学	Primary Schools	21.5
研究与发展经费支出（亿元）	Expenditures on Research and Development (100 million yuan)	4.2
授权专利数（件）	Total Patent Applications Certified (item)	1403
技术市场成交额（亿元）	Volume of Transaction in Technical Markets (100 million yuan)	11.1
电视节目制作时间（小时）	Time for TV Programs Production (hour)	9190
出版图书（万册）	Number of Books Published (10000 copies)	11342
出版杂志（万册）	Number of Magazines Issued (10000 copies)	6718
出版报纸（万份）	Number of Newspapers Issued (10000 copies)	69115
生 活	**People's Livelihood**	
职工平均货币工资（元）	Average Wage of Staff and Workers (yuan)	4145
城镇居民人均可支配收入（元）	Per Capita Annual Disposable Income of Urban Households (yuan)	3375
农民人均纯收入（元）	Per Capita Net Income of Rural Residents (yuan)	1766
城乡居民储蓄存款余额（亿元）	Outstanding Amount of Saving Deposits in Urban and Rural Areas (100 million yuan)	1091
人均储蓄存款（元）	Per Capita Balance of Saving Deposit (yuan)	2948
城市人均住房建筑面积（平方米）	Per Capita Gross Floor Space of Urban Residents (sq.m)	
农村人均住房面积（平方米）	Per Capita Gross Floor Space of Rural Residents (sq.m)	16.5
卫 生	**Public Health**	
卫生机构（个）	Health Institutions (unit)	7637
卫生机构床位（万张）	Beds of Health Institutions (10000 unit)	12.6
卫生技术人员（万人）	Medical Technical Personnel (10000 persons)	17.9
市政建设	**City Construction**	
自来水供应量（亿立方米）	Volume of Tap Water Supply (100 million cu.m)	14.3
下水道长度（公里）	Length of Sewer Pipelines (km)	4326
人工煤气供气量（亿立方米）	Volume of Coal Gas Supply (100 million cu.m)	1.8
液化石油气供应量（万吨）	Volume of Liquefied Petroleum Gas Supply (10000 tons)	25.6
公共交通车辆总数（辆）	Total Number of Public Buses and Trolley Buses (unit)	4759
铺装道路长度（公里）	Length of Paved Roads (km)	9337
园林绿地面积（公顷）	Green Areas (hectare)	30682
清运垃圾（万吨）	Volume of Garbage Disposal (10000 tons)	991

CONTINUED

Aggregate Data				速度指标（%） Indices and Growth Rates (%)				
				指数（2010年为以下各年） Index(2010 as percentage of the following years)				年均增长 Average Annual Growth Rate
2000	2005	2009	2010	1995	2000	2005	2009	1996-2010
1094.0	1773.8	3401.8	4039.2	591.7	369.2	227.7	118.7	12.6
298620	957216	1622107	2550382	1068.7	854.1	266.4	157.2	17.1
145101	607202	1007614	1628176	1395.9	1122.1	268.1	161.6	19.2
153519	350014	614493	922207	755.9	600.7	263.5	150.1	14.4
110359	152202	250900	275851	367.8	250.0	181.2	109.9	9.1
83085	144690	236200	266151	593.2	320.3	183.9	112.7	12.6
551658	821532	1425122	1724238	1062.6	312.6	209.9	121.0	17.1
18905	34043	63868	76250	1257.8	403.3	224.0	119.4	18.4
20.0	54.0	70.9	71.9	633.5	358.9	133.2	101.4	13.1
11.5	9.8	11.6	11.9	119.0	103.0	121.4	102.6	1.2
248.7	228.0	194.7	190.8	106.5	76.7	83.7	98.0	0.4
283.1	220.4	190.4	188.0	50.4	66.4	85.3	98.7	-4.5
1.62	3.51	4.31	4.42	267.2	273.4	125.9	102.6	6.8
0.74	0.32	0.44	0.42	54.1	57.1	129.3	96.4	-4.0
14.44	14.32	14.28	14.22	110.0	98.4	99.3	99.5	0.6
19.3	16.3	15.5	15.1	70.4	78.4	92.7	97.6	-2.3
13.6	42.3	179.3						
2252	2906	5079	6803	484.9	302.1	234.1	133.9	11.1
15.2	14.3	50.1	53.4	483.0	350.3	374.3	106.7	11.1
21266	47647	72778	81482	886.6	383.2	171.0	112.0	15.7
9944	5938	6114	7420	65.4	74.6	125.0	121.4	-2.8
7919	3503	5210	5253	78.2	66.3	150.0	100.8	-1.6
73571	71410	75726	78219	113.2	106.3	109.5	103.3	0.8
7835	14458	26535	29603	714.2	377.8	204.8	111.6	14.0
4913	8273	12566	13857	410.6	282.0	167.5	110.3	9.9
2148	3221	5207	6211	351.7	289.2	192.8	119.3	8.7
2286	4079	6430	7255	664.9	317.4	177.9	112.8	13.5
6003	10677	16806	18944	642.6	315.6	177.4	112.7	13.2
17.2	22.0	24.6	25.7		149.4	116.8	104.5	
18.3	20.4	22.5	22.8	138.2	124.6	111.8	101.4	2.2
8038	8326	8678	8938	117.0	111.2	107.4	103.0	1.1
12.0	12.0	14.7	16.0	126.5	132.8	133.5	109.1	1.6
17.1	15.1	17.2	18.9	105.5	110.1	125.2	109.6	0.4
15.4	12.0	16.5	16.4	114.5	106.3	136.7	99.4	0.9
4877	5918	7445	7504	173.5	153.9	126.8	100.8	3.7
3.0	4.1	2.6	0.8	44.9	26.4	19.5	30.8	-5.2
19.9	22.9	19.6	22.0	85.9	110.6	96.1	112.2	-1.0
9314	10648	13401	16939	355.9	181.9	159.1	126.4	8.8
8286	9318	9866	10090	108.1	121.8	108.3	102.3	0.5
33768	51415	64234	69581	226.8	206.1	135.3	108.3	5.6
918	1027	912	782	79.0	85.3	76.2	85.8	-1.6

1-11 国民经济和社会发展结构指标

STRUCTURAL INDICATORS ON NATIONAL ECONOMIC AND SOCIAL DEVELOPMENT

单位：%　　(%)

指　标	Item	2000	2005	2009	2010
人口、就业	**Population and Employment**				
人口性别结构	Sexual Structure				
男	Male	51.1	50.6	50.8	50.7
女	Female	48.9	49.4	49.2	49.3
人口城乡结构	Structure of Urban and Rural Population				
城　镇	Urban	51.9	53.1	55.5	55.7
乡　村	Rural	48.1	46.9	44.5	44.3
就业人员产业结构	Industrial Structure of Employment				
第一产业	Primary Industry	50.2	46.0	43.2	41.3
第二产业	Secondary Industry	21.7	21.0	20.6	19.4
第三产业	Tertiary Industry	28.1	33.0	36.2	39.3
国民核算	**National Accounting**				
地区生产总值产业结构	Structure of Gross Domestic Product				
第一产业	Primary Industry	12.2	12.4	13.4	12.6
第二产业	Secondary Industry	55.0	53.9	47.3	50.2
第三产业	Tertiary Industry	32.9	33.7	39.3	37.2
固定资产投资	**Investment in Fixed Assets**				
城乡结构	Structure of Urban and Rural				
城镇投资	Urban		91.0	93.4	92.4
农村投资	Rural		9.0	6.6	7.6
登记注册类型结构	Structure of Registration Status				
国　有	State-Owned	52.4	43.6	41.1	39.1
集　体	Collective-Owned	4.2	1.2	1.0	1.7
个　体	Individuals	9.8	16.7	7.8	6.7
其　他	Others	33.6	38.5	50.1	52.5
资金来源结构	Structure of Source of Funds				
国家预算内投资	State Budgetary Appropriation	4.7	5.6	7.1	5.4
国内贷款	Domestic Loans	17.3	9.3	7.5	7.8
债　券	Bonds	2.5	0.5	0.1	0.3
利用外资	Foreign Investment	2.5	1.1	1.0	0.5
自　筹	Fundraising	57.1	68.1	72.9	76.5
其他投资	Others	16.0	15.4	11.4	9.5
能源生产与消费	**Energy Production and Consumption**				
能源生产总量结构	Structure of Total Energy Production				
原　煤	Coal	30.9	43.4	52.9	51.1
原　油	Petroleum Crude Oil	66.0	53.8	43.6	44.1
天然气	Natural Gas	2.7	2.7	3.0	3.1
水　电	Hydropower	0.4	0.1	0.5	0.6
风　电	Wind Power				1.1
能源消费总量结构	Structure of Total Energy Consumption				
原　煤	Coal	57.8	64.7	67.0	67.4
原　油	Petroleum Crude Oil	37.0	30.9	27.9	26.2
天然气	Natural Gas	4.3	4.2	4.3	4.1
水　电	Hydropower	0.9	0.2	0.8	0.9
风　电	Wind Power				1.4

1-11 续表1 CONTINUED

单位：% (%)

指 标	Item	2000	2005	2009	2010
金 融	**Finance**				
金融机构资金来源结构	Structure of Sources of Funds in State Banks				
各项存款	Deposits		103.0	114.4	107.5
金融债券	Bonds			0.1	0.1
所有者权益	Creditors' Equity		-1.0	2.1	2.4
其 他	Others		-2.0	-21.3	-13.9
金融机构资金运用结构	Structure of Fund Uses in State Banks				
各项贷款	Loans		61.4	62.2	60.6
有价证券及投资	Securities & Investment		4.7	3.1	3.7
库存现金	Storage Cash		0.8	0.9	0.9
其 他	Others		33.1	33.8	34.8
农 业	**Agriculture**				
农林牧渔业总产值结构	Structure of Gross Output Value of Farming, Forestry, Animal Husbandry and Fishery				
农 业	Farming	66.3	55.5	53.6	54.0
林 业	Forestry	2.9	5.2	3.8	3.8
牧 业	Animal Husbandry	28.1	35.6	38.7	38.1
渔 业	Fishery	2.7	2.1	2.0	2.1
农林牧渔服务业	Svice Industry of Farming,Forestry,Animal Husbandry and Fishery		1.5	1.9	2.1
工 业	**Industry**				
工业总产值结构	Structure of Gross Output Value of Industry				
国有及国有控股工业	State-owned and State Holding Majority Shares Enterprises	84.2	76.5	59.7	57.9
其他工业	Others	15.8	23.5	40.3	42.1
工业总产值轻重工业结构	Structure of Gross Output Value of Industry Grouped by Light & Heavy Industry				
轻工业	Light Industry	18.0	17.9	24.6	25.4
重工业	Heavy Industry	82.0	82.1	75.4	74.6
交通运输业	**Transportation**				
货运量结构	Structure of Freight Traffic				
铁 路	Railways	22.7	24.7	29.0	28.2
公 路	Highways	69.4	68.7	64.0	65.5
水 运	Waterways	1.4	2.0	1.7	1.6
管道输油(气)	Pipelines	6.6	4.6	5.3	4.7
客运量结构	Structure of Passenger Traffic				
铁 路	Railways	19.7	14.8	22.7	22.0
公 路	Highways	80.0	84.2	74.9	75.6
水 运	Waterways	0.1	0.4	0.6	0.6
民用航空	Civil Aviation	0.1	0.6	1.7	1.8

注：2003年起执行新的国民经济行业分类标准，农林牧渔业新增加了农林牧渔服务业，林业中新增加了林木采伐（下同）。
Note: Since 2003, the new category standard of national economy industry is implemented, the relative service industry is newly added to farming,forestry,annimal husbandry and fishery, forest-cutting is newly added to forestry .

1-11 续表2 CONTINUED

单位：%　　　　(%)

指　标	Item	2000	2005	2009	2010
国内贸易	**Domestic Trade**				
社会消费品零售总额	Total Retail Sale of Consumer Goods				
地区结构	Structure of Location of Retailers				
城　镇	City				88.8
乡　村	Under County Level				11.2
行业结构	Structure of Sector				
批发零售贸易业	Wholesale and Retail Trade		86.3	86.0	87.7
餐饮业	Catering Trade		11.6	12.6	12.3
其　他	Others		2.2	1.3	
商品类别结构	Structure of Type of Goods				
食品类	Food	44.4	41.0	38.5	38.8
衣着类	Clothing	21.2	20.7	19.9	19.5
用品类	Articles	30.2	32.3	34.9	35.7
燃料类	Fuels	4.2	6.1	6.7	5.9
对外经济贸易	**Foreign Trade**				
进出口总额结构	Structure of Total Exports and Imports				
出　口	Exports	48.6	63.4	62.1	63.8
进　口	Imports	51.4	36.6	37.9	36.2
国际旅游	**International Tourism**				
国际游客人数结构	Structure of Tourists				
外国人	Foreigners	91.5	93.0	94.8	95.6
港澳台同胞	Compatriots form Hong Kong, Macao and Taiwan	8.5	7.0	5.2	4.4
教　育	**Education**				
在校学生结构	Structure of Students Enrollment				
大学生	College and University Students	3.5	13.3	18.2	18.7
中学生	Secondary School Students	47.2	46.7	45.9	45.7
小学生	Primary School Students	49.3	40.0	35.9	35.6
专任教师结构	Full-time Teachers by Type				
普通高等学校	College and Universities	4.4	10.0	11.5	12.1
中等学校	Secondary Schools	43.4	43.7	46.9	46.6
小　学	Primary Schools	52.3	46.3	41.6	41.3
生　活	**People's Lifelihood**				
城镇居民消费结构	Consumption Structure of Urban Residents				
食品类	Food	38.4	33.5	35.3	35.4
衣着类	Clothing	13.3	14.2	14.6	15.1
居　住	Residence	9.4	11.3	10.7	10.6
用品及其他	Articles for Daily Use and Others	38.9	41.0	39.5	39.0
农村居民消费结构	Consumption Structure of Rural Residents				
食品类	Food	44.3	36.3	31.4	33.8
衣着类	Clothing	6.8	7.2	8.2	8.8
居　住	Residence	19.7	20.7	22.3	18.1
用品及其他	Articles for Daily Use and Others	29.1	35.8	38.1	39.3

注：自2010年起社会消费品零售总额按地区结构执行新分组。
Note: Since 2010, Total Retail Sale of Consumer Goods implement the new group by region.

1-12 国民经济和社会发展比例与效益指标

INDICATORS ON PROPORTIONS AND EFFICIENCY IN NATIONAL ECONOMIC AND SOCIAL DEVELOPMENT

指 标	Item	2000	2005	2009	2010
人口、就业	**Population and Employment**				
出生率（‰）	Birth Rate (‰)	9.43	7.87	7.48	7.35
死亡率（‰）	Death Rate (‰)	5.50	5.20	5.42	5.03
自然增长率（‰）	Natural Growth Rate (‰)	3.93	2.67	2.06	2.32
每一就业人员负担人口（含本人）(人)	Dependency Ratio (including the labour self)(person)	2.38	2.18	2.04	1.98
三次产业就业人员比例（第一产业=100）	Employment Ratio by Type of Industry (Employment in primary industry=100)				
第二产业	Secondary Industry	43.2	45.6	47.6	46.9
第三产业	Tertiary Industry	56.0	71.8	83.6	95.0
城镇登记失业率(%)	Unemployment Rate in Urban Areas (%)	3.30	4.40	4.27	4.27
国民核算	**National Accounting**				
三次产业增加值比例（第一产业=100）	Ratio of Value-added by Type of Industry (Value added in primary industry=100)				
第二产业	Secondary Industry	451.9	434.1	351.8	399.4
第三产业	Tertiary Industry	270.5	271.3	292.1	296.4
全社会劳动生产率(元/人)	Overall Labor Productivity (yuan/person)	19363	32150	44447	54443
第一产业	Primary Industry	4756	8470	14290	16182
第二产业	Secondary Industry	47890	82239	101617	136788
第三产业	Tertiary Industry	22530	34056	47881	54001
固定资产投资	**Investment in Fixed Assets**				
全社会固定资产投资相当于GDP比例(%)	Proportion of Investment in Fixed Assets to GDP (%)	27.3	31.4	58.6	65.6
全社会固定资产交付使用率(%)	Rate of Fixed Assets Completed and Put Into Use (%)	82.5	73.3	75.5	71.1
全社会房屋建筑竣工率(%)	Rate of Total Floor Space of Buildings Completed in Construction (%)	73.3	58.6	53.1	48.0
能 源	**Energy**				
能源生产弹性系数	Elasticity Ratio of Energy Production	-1.05	0.08	0.05	0.01
能源消费弹性系数	Elasticity Ratio of Energy Consumption	-1.35	0.80	0.41	0.55
财 政	**Public Finance**				
人均地方财政收入(元/人)	Per Capita Local Financial Revenue (yuan/person)	563	1028	2315	3194
地方财政收入相当于GDP比例(%)	Proportion of Local Financial Revenue to GDP (%)	6.8	7.1	10.3	11.8
财政支出相当于GDP比例(%)	Proportion of Financial Expenditure to GDP (%)	13.0	15.6	24.4	26.0
金 融	**Finance**				
金融机构存款增加额相当于GDP比例(%)	Increaseing Deposits as Percentage of GDP (%)	10.0	14.90	23.63	17.48
金融机构贷款增加额相当于GDP比例(%)	Increaseing Loans as Percentage of GDP (%)	1.3	-8.01	16.95	11.98
百元存款相应的贷款（元）	Loans to Per 100 yuan Deposits (yuan)	94.4	59.6	54.3	56.3
金融机构现金支出相当于现金收入比例(%)	Proportion of Cash Outlay to Cash Receipt in Bank (%)	100.9	100.4	100.0	100.8
农 业	**Agriculture**				
农业从业者人均农产品产量(千克)	Per Capita Agricultural Output of Agricultural practitioners (kg)				
粮豆薯	Grain	3420	5133	6392	7363
油 料	Oil-bearing Crops	58.8	86.4	41.4	40.4
亚 麻	Flax	24.2	49.5	6.5	3.2
甜 菜	Beet Roots	342.3	222.5	161.5	257.0
烤 烟	Flue-Cured Tobacco	10.9	10.6	10.7	12.5
水产品	Aquatic Products	51.3	63.6	55.9	58.7

1-12 续表 CONTINUED

指　标	Item	2000	2005	2009	2010
工　业	**Industry**				
资产负债率(%)	Assets-Liability Ratio (%)	58.1	56.1	56.9	55.2
成本费用利润率(%)	Ratio of Profits to Industrial Cost (%)	31.4	29.6	13.1	15.2
流动资产周转率(次/年)	Number of Times of Annual of Turnover Circulating Funds (times/year)	1.60	2.30	2.26	2.57
产品销售率(%)	Proportion of Products Sold (%)	98.1	97.3	97.9	97.2
建筑业	**Construction**				
技术装备率(元/人)	Value of Machinery per Laborer (yuan/person)	10478	15771	8303	7771
动力装备率(千瓦/人)	Power of Machines per Laborer (kw/person)	7.1	7.9	3.9	3.4
产值利税率(%)	Ratio of Pre-tax Profit to Gross Output Value (%)	4.0	4.3	9.9	10.1
全员劳动生产率(按增加值计算，元/人)	Overall Labor Productivity (in terms of value-added per employee, yuan/person)	13950	17863	42281	54218
交通运输、信息传输	**Transportation**				
货运量弹性系数	Elasticity of Freight Traffic	0.14	0.66	0.66	0.96
客运量弹性系数	Elasticity of Passenger Traffic	0.32	0.24	0.57	0.96
铁路网密度(公里/万平方公里)	Railway Density (km/10000 sq.km)	120.4	121.1	124.1	124.3
公路网密度(公里/万平方公里)	Highway Density (km/10000 sq.km)	1108	1477	3330	3347
铁路货运密度(万吨公里/公里)	Railway Freight Traffic Density (10000 ton/km)	1315	1634	1707	1821
公路货运密度(万吨公里/公里)	Highway Freight Traffic Density (10000 ton/km)	32.2	33.9	43.5	50.2
电话普及率（部/百人）	Access to Telephones (set/100 persons)	22.0	58.0	74.7	80.0
国内商业	**Domestic Trade**				
人均消费品零售额(元)	Per Capita Retail Sales of Consumer Goods (yuan)	2879	4645	8892	10548
对外经济贸易	**Foreign Trade**				
进出口总额相当于国内生产总值比例(%)	Proportion of Total Imports & Exports to GDP (%)	7.8	14.2	12.9	16.6
实际利用外资占签订利用外资额比例(%)	Proportion of Foreign Capital for Utilization by Signed Contracts or Agreements (%)	101.7	70.5	75.6	93.4
每一国际游客花费（美元）	Per Capita Expenditure of International Tourists(USD)	342.7	414.4	448.2	442.2
教育、科技、文化	**Education, Science and Technology and Culture**				
学龄儿童入学率(%)	Rate of School-age Children Enrollment (%)	98.8	98.4	99.5	99.1
小学升学率（%）	Rate of Graduates of Primary Schools Entering Junior Secondary Schools (%)	95.9	98.2	99.9	99.9
学校教师负担系数(%)	Student-teacher Ratio (in percentage) (%)				
高等学校	Colleges and Universities	12.4	15.4	16.5	16.3
中等学校	Secondary Schools	16.9	16.1	14.2	13.9
小　学	Primary Schools	14.7	13.5	12.3	12.4
教育支出相当于国内生产总值比例(%)	Expenditures for Operating Expenses of Education as Percentage of GDP (%)	1.6	1.9	3.1	2.9
研究与发展经费相当于国内生产总值比例(%)	R&D Expenditures as Percentage of GDP (%)	0.43	0.77	1.03	1.05
生　活	**People's Livelihood**				
城镇居民家庭恩格尔系数(%)	Engel's Coefficient of Urban Households (%)	38.4	33.5	35.3	35.4
农村居民家庭恩格尔系数(%)	Engel's Coefficient of Rural Households (%)	44.3	36.3	31.4	33.8
卫生及其他	**Health Care and Others**				
每万人拥有卫生技术人员(人)	Number of Doctors per 10000 Persons (person)	45.0	39.5	45.0	49.3
每万人拥有卫生机构床位(张)	Number of Hospital Beds per 10000 Persons (unit)	31.6	31.4	38.3	41.8
离婚率(‰)	Divorce Rate (‰)	3.9	5.0	6.7	7.3
城市人口用水普及率（%）	Percentage of Households with Access to Tap Water(%)	74.7	79.6	86.6	89.1
燃气普及率（%）	Percentage of Households with Access to Tap Gas (%)	59.3	71.0	83.8	88.8
人均公共绿地（平方米）	Per Capita Public Green Areas (sq.m)	5.4	7.4	10.5	11.8

1-13 平均每天主要社会经济活动
SELECTED INDICATORS ON AVERAGE DAILY SOCIAL AND ECONOMIC ACTIVITIES

指 标	Item	2000	2005	2008	2009	2010
每天创造的财富	**Daily Production**					
地区生产总值（亿元）	Gross Domestic Product (100 million yuan)	8.63	15.11	22.78	23.53	28.41
第一产业	Primary Industry	1.05	1.88	2.98	3.16	3.57
第二产业	Secondary Industry	4.74	8.14	11.84	11.13	14.26
#工 业	#Industry	4.29	7.39	10.59	9.73	12.63
建筑业	Construction	0.45	0.75	1.24	1.40	1.63
第三产业	Tertiary Industry	2.84	5.09	7.96	9.24	10.58
财政收入（亿元）	Government Revenue (100 million yuan)	1.02	2.02	3.55	3.94	4.74
财政支出（亿元）	Government Expenditures (100 million yuan)	1.12	2.36	4.71	5.74	7.37
粮豆薯（万吨）	Grain (10000 tons)	6.97	9.86	11.58	11.93	13.73
#水 稻	#Rice	2.86	3.21	4.16	4.31	5.05
玉 米	Corn	2.17	3.78	4.99	5.26	6.37
大 豆	Soja	1.23	2.05	1.70	1.62	1.60
薯 类	Tuber	0.22	0.23	0.15	0.25	0.35
油料（吨）	Oil-bearing Crops (ton)	1200	1660	781	773	753
麻类（吨）	Fiber Crops (ton)	512	989	452	123	60
甜菜（吨）	Beet roots (ton)	6981	4247	7123	3014	4795
烟叶（吨）	Tobacco (ton)	263	203	214	227	263
瓜类（吨）	Melon and Fruits (ton)	8751	8395	8444	5981	6384
水产品（吨）	Aquatic Products (ton)	1047	1222	975	1043	1095
原煤（万吨）	Coal (10000 tons)	13.63	19.87	22.43	23.97	25.38
原油（万吨）	Crude Oil (10000 tons)	14.54	12.32	11.01	10.96	10.97
天然气（亿立方米）	Natural Gas (100 million cu.m)	0.06	0.07	0.07	0.08	0.08
水泥（万吨）	Cement (10000 tons)	2.48	3.05	5.39	7.12	9.61
粗钢(万吨)	Crude Steel (10000 tons)	0.24	0.68	1.30	1.55	1.79
成品钢材（万吨）	Steel Products (10000 tons)	0.21	0.64	1.17	1.38	1.55
汽车（辆）	Automobile (unit)	367	729	581	777	679
发电量（亿千瓦时）	Electricity (100 million kwh)	1.17	1.63	1.97	1.97	2.12
个体工商户营业收入（亿元）	Individual Industry and Commerce Operating Revenue (100 million yuan)	2.46	0.60	2.34	2.67	0.76
每天消费量	**Daily National Consumption**					
最终消费（亿元）	Final Consumption Expenditure (100 million yuan)	4.33	7.29	11.67	13.09	15.07
居民消费	Resident Consumption	3.23	5.04	7.38	8.11	9.34
政府消费	Government Consumption Expenditure	1.10	2.25	4.30	4.99	5.73
一次能源消费量(万吨标准煤)	Energy Consumption (10000 tons of SCE)	15.52	20.77	22.87	23.19	26.48
社会消费品零售总额（亿元）	Total Retail Sales of Consumer Goods (100 million yuan)	3.00	4.86	8.02	9.32	11.07

1-13 续表 CONTINUED

指　标	Item	2000	2005	2008	2009	2010
每天其他经济活动	**Other Daily Economic Activities**					
资本形成总额（亿元）	Gross Capital Formation (100 million yuan)	2.71	5.37	10.55	12.37	15.43
固定资本形成	Fixed Capital Formation	2.53	4.90	10.01	12.28	14.82
存货增加	Changes in Stock	0.18	0.47	0.53	0.09	0.60
竣工住宅面积(万平方米)	Floor Space Completed of Residential Buildings (10000 sq.m)	7.07	7.35	8.83	10.47	14.18
农村个人住宅竣工面积(万平方米)	Private Buildings Completed in Rural Areas(10000 sq.m)	1.75	1.70	2.88	2.62	2.66
客运量(万人)	Passenger Traffic (10000 persons)	136.5	152.4	115.0	120.5	130.4
货运量（万吨）	Freight Traffic (10000 tons)	156.7	177.0	155.6	156.3	169.7
居民新增储蓄额（亿元）	Outstanding Amount of Savings Deposit(100 million yuan)	0.46	1.35	2.92	2.42	2.26
进出口额（万美元）	Total Value of Imports and Exports (USD 10000)	818	2623	6274	4444	6988
出　口	Total Exports	398	1664	4540	2761	4461
进　口	Total Imports	421	959	1732	1684	2527
实际利用外资额（万美元）	Foreign Capital Actually Used (USD 10000)	302	417	698	687	756
国际旅游人数（人）	Number of Tourists from Abroad (person)	1511	2251	5496	3904	4724
国际旅游外汇收入（万美元）	Foreign Exchange Earnings (USD 10000)	51.8	93.3	238.3	175.0	208.9
人口和社会活动	**Population and Social Activities**					
出生人口（人）	Births (person)	982	823	829	784	772
死亡人口（人）	Deaths(person)	573	544	595	568	528
结婚（对）	Marriages (couple)	597	626	775	832	846
离婚（对）	Divorces (couple)	205	263	327	835	383
发表科技论文（篇）	Scientific and Technological Papers (piece)		7.6	9.5	10.2	10.3
出版科技著作（种）	Scientific and Technological Composing(kind)		0.2	0.2	0.3	0.2
成交技术合同（件）	Number of Technical Contracts Completed (piece)	27.08	5.59	4.68	5.67	5.44
技术市场成交额（万元）	Transaction Value on Technical Market (10000 yuan)	417	391	1144	1371	1462
批准专利（件）	Number of Patent Applications Certified(item)	6.17	7.96	12.53	13.92	18.64
公共图书馆流通人次（万人次）	Circulation of Public Libraries(10000 person-times)	1.67	1.38	1.68	1.69	1.70
印刷图书（万册）	Printed Copies of Books(10000 copies)	27.2	16.3	16.9	16.8	20.3
印刷杂志（万册）	Printed Copies of Magazines(10000 copies)	21.7	9.6	14.5	14.3	14.4
印刷报纸（万份）	Printed Copies of Newspaper(10000 copies)	201.6	195.6	196.3	207.5	214.3
诊疗人次（万人次）	Total Number of Patients Treated (10000 person-times)	12.09	12.02	17.21	19.13	20.35
入院人数（万人）	Hospital Admissions (10000 patients)	0.41	0.55	0.82	0.94	1.02
工业废水排放量（万吨）	Volume of Industry Waste Water Discharged(10000 tons)	144	124	107	94	107
废气排放量（亿标立方米）	Total Volume of Waste Gas Emission (100 million cu.m)	11.9	14.4	21.4	27.3	27.7
工业固体废物产生量（万吨）	Volume of Industrial Solid Wastes Produced(10000 tons)	7.38	8.79	12.25	14.45	14.81
清运垃圾（万吨）	Volume of Garbage Disposal (10000 tons)	2.51	3.08	2.46	2.50	2.14
受理劳动争议案件（件）	Number of Labor Dispute Cases Accepted (piece)	7.81	16.81	30.69	29.80	24.99
劳动争议结案案件（件）	Number of Labor Dispute Cases Settled (piece)	7.99	16.63	30.44	26.90	24.75

主要统计指标解释

行政区划　指国家对行政区域的划分。根据有关法规规定，我国的行政区域划分如下：(1)全国分为省、自治区、直辖市；(2)省、自治区分为自治州、县、自治县、市；(3)自治州分为县、自治县、市；(4)县、自治县分为乡、民族乡、镇；　(5)直辖市和较大的市分为区、县；(6)国家在必要时设立的特别行政区。

平均增长速度　平均增长速度表明社会经济现象在一个较长的时期内逐期平均增长变化的程度，它不能根据各个环比增长速度直接求得，但与平均发展速度之间存在着一定的数量关系：平均增长速度＝平均发展速度－1。

平均发展速度是一种根据环比发展速度计算的序时平均数，由于各时期对比的基础不同，所以计算平均发展速度不能采用一般的序时平均数的计算方法，计算方法分为水平法和累计法。水平法，又称几何平均法，即将环比发展速度按连乘法用几何平均数公式计算。累计法，也称方程法，根据一段时期内各年发展水平总和与基期水平的关系，列出方程式计算平均发展速度。水平法着重考虑最后一年所达到的发展水平；累计法着重考虑整个时期累计发展水平的总量。

本《年鉴》内所列的平均增长速度，除固定资产投资用“累计法”计算外，其余均用“水平法”计算。从某年到某年平均增长速度的年份，均不包括基期年在内。如建国四十三年以来的平均增长速度是以1949年为基期计算的，则写为1950-1992年平均增长速度，其余类推。

国民经济行业分类　自2003年定期报表开始使用新的《国民经济行业分类》（GB/T4754-2002）。该分类是由国家统计局组织修订，经国家质量监督检验检疫总局批准，于2002年5月10日发布实施。这次修订是在1994年分类标准的基础上，参照联合国《全部经济活动的国际标准产业分类》（ISIC/Rev.3）进行的。修订后的《国民经济行业分类》（GB/T4754-2002）共有门类20个，大类95个，中类396个，小类913个。新增门类4个，大类增加3个，中类增加28个，小类增加67个。

企业(单位)登记注册类型　是以在工商行政管理机关登记注册的各类企业为划分对象，以工商行政管理部门对企业登记注册的类型为依据，将企业登记注册类型分为内资企业、港澳台商投资企业和外商投资企业三大类。内资企业包括国有企业、集体企业、股份合作企业、联营企业、有限责任公司、股份有限公司、私营公司和其他企业；港澳台商投资企业和外商投资企业分别包括合资经营企业、合作经营企业、独资经营企业和股份有限公司。对不在工商行政管理部门进行登记注册的行政机关、事业单位和社会团体，主要按其经费来源和管理方式进行划分。

国有企业　指企业全部资产归国家所有，并按《中华人民共和国企业法人登记管理条例》规定登记注册的非公司制的经济组织。不包括有限责任公司中的国有独资公司。

集体企业　指企业资产归集体所有，并按《中华人民共和国企业法人登记管理条例》规定登记注册的经济组织。

股份合作企业　指以合作制为基础，由企业职工共同出资入股，吸收一定比例的社会资产投资组建，实行自主经营，自负盈亏，共同劳动，民主管理，按劳分配与按股分红相结合的一种集体经济组织。

联营企业　指两个及两个以上相同或不同所有制性质的企业法人或事业单位法人，按自愿、平等、互利的原则，共同投资组成的经济组织。联营企业包括国有联营企业、集体联营企业、国有与集体联营企业和其他联营企业。

有限责任公司　指根据《中华人民共和国公司登记管理条例》规定登记注册，由两个以上、五十个以下的股东共同出资，每个股东以其所认缴的出资额对公司承担有限责任，公司以其全部资产对其债务承担责任的经济组织。有限责任公司包括国有独资公司以及其他有限责任公司。

股份有限公司　指根据《中华人民共和国公司登记管理条例》规定登记注册，其全部注册资本由等额股份构成并通过发行股票筹集资本，股东以其认购的股份对公司承担有限责任，公司以其全部资产对其债务承担责任的经济组织。

私营企业　指由自然人投资设立或由自然人控股，以雇佣劳动为基础的营利性经济组织。包括按照《公司法》、《合伙企业法》、《私营企业暂行条例》规定登记注册的私营有限责任公司、私营股份有限公司、私营合伙企业和私营独资企业。

其他企业 指上述企业之外的其他内资经济组织。

与港澳台商合资经营企业 指港澳台地区投资者与内地企业依照《中华人民共和国中外合资经营企业法》及有关法律的规定，按合同规定的比例投资设立、分享利润和分担风险的企业。

与港澳台商合作经营企业 指港澳台地区投资者与内地企业依照《中华人民共和国中外合作经营企业法》及有关法律的规定，依照合作合同的约定进行投资或提供条件设立、分配利润和分担风险的企业。

港澳台商独资经营企业 指依照《中华人民共和国外资企业法》及有关法律的规定，在内地由港澳台地区投资者全额投资设立的企业。

港澳台商投资股份有限公司 指根据国家有关规定，经原外经贸部依法批准设立，其中港、澳、台商的股本占公司注册资本的比例达25% 以上的股份有限公司。凡其中港、澳、台商的股本占公司注册资本的比例小于25%的，属于内资企业中的股份有限公司。

中外合资经营企业 指外国企业或外国人与中国内地企业依照《中华人民共和国中外合资经营企业法》及有关法律的规定，按合同规定的比例投资设立、分享利润和分担风险的企业。

中外合作经营企业 指外国企业或外国人与中国内地企业依照《中华人民共和国中外合作经营企业法》及有关法律的规定，依照合作合同的约定进行投资或提供条件设立、分配利润和分担风险的企业。

外资企业 指依照《中华人民共和国外资企业法》及有关法律的规定，在中国内地由外国投资者全额投资设立的企业。

外商投资股份有限公司 指根据国家有关规定，经原外经贸部依法批准设立，其中外资的股本占公司注册资本的比例达25%以上的股份有限公司。凡其中外资股本占公司注册资本的比例小于25%的，属于内资企业中的股份有限公司。

行政机关、事业单位和社会团体 参照企业登记注册类型，主要按其经费来源和管理方式划分。具体规定如下：

⑴行政机关：包括国家机关和政党机关，原则上均列为“国有”。但有特殊规定的，如供销社等，则列为“集体”。

⑵事业单位：包括经国家机构编制部门和有关业务主管部门批准成立的各类事业单位，不包括实行企业化管理的事业单位。事业单位的划分办法如下：

①由国家财政预算拨款或列入财政预算外资金管理以及经费主要来源于国有主管部门或国有上级单位的事业单位，列为“国有”。

②经费主要来源于集体单位的事业单位，列为“集体”。

③公民个人(或个人合伙)开办的事业单位，列为“私营”。

④上述以外的其他事业单位，如果其经费来源不明确，按管理方式进行归类。

⑶社会团体：包括经民政部门批准成立以及未纳入社会团体管理条例范围的工会、妇联等各类社会团体。社会团体的划分办法如下：

①未纳入民政部社会团体管理条例范围的工会、妇联、共青团、青联、工商联、科协、侨联等社会团体，国家拨款设立的基金会或基金管理组织以及经费主要来源于国有业务主管部门或国有上级单位的社会团体，列为“国有”。

②经费主要来源于集体单位的社会团体，列为“集体”。

③公民个人(或个人合伙)开办的社会团体，划为“私营”。

④上述以外的其他社会团体，如果其经费来源不明确，改按管理方式进行归类。

Explanatory Notes on Main Statistical Indicators

Divisions of Administrative Areas refers to the division of administrative areas by the State. The relative laws stipulate that 1) the whole country is divided into provinces, autonomous regions and municipalities directly under the Central Government; 2) provinces and autonomous regions are further divided into autonomous prefectures, counties, autonomous counties and cities; 3) autonomous prefectures are further divided into counties, autonomous counties and cities; 4) counties and autonomous counties are further divided into townships, ethnic townships and towns; 5) municipalities directly under the Central Government and large cities are divided into districts and counties, 6) the State shall, when necessary, establish special administrative regions.

Average Annual Growth Rate shows the average growth rate of social and economic development during a longer period. It can not be directly calculated by chain based growth rate. The relation is:

Average Annual Growth Rate = Average Speed of Development - 1

Average speed of development is the time series average of speed which calculated by chain based. Because the reference bases during the different periods are not same, average speed of development can not be calculated by the general method. Level approach and accumulative approach for calculating average speed of development rate are applied. The "level approach", or the method of calculating the geometric average, is derived by the formula of geometric average of the chain-based speeds of development, or comparing the level of the last year of the interval with that of the beginning year; the other is called the "accumulative approach" or the "algebraic average", "equation" method, which is derived by the summation of the actual figure of each year in the interval divided by the figure in the base year. The level approach focuses on the level of the last year, while the accumulative approach emphasizes the aggregate development in the duration.

The average annual growth rates listed in the Yearbook are calculated by the level approach except for the growth rate of investment in fixed assets. The base year is not listed in the duration for which average annual growth rates are computed. For instance, the average annual growth rate of the 43 years since 1949 is shown as the average annual growth rate of 1950-1992 without showing the base year 1949.

Industrial Classification of the National Economy The new Industrial Classification of the National Economy (GB/T 4754-2002) is introduced starting from the compilation of 2003 annual statistics. The revision, based on the 1994 classification, was organized by the National Bureau of Statistics taking into consideration of the International Standards of the Industrial Classification of All Economic Activities (ISIC/Rev.3) of the United Nations. The new Classification was promulgated by the National Administration of Quality Supervision, Inspection and Quarantine on May 10, 2002. The revised version of the Industrial Classification of the National Economy (GB/T 4754-2002) is composed of 20 major divisions, 95 divisions, 396 major groups and 913 groups, of which 4 major divisions, 3 divisions, 28 major groups and 67 groups are new respectively.

Registration Status of Enterprises Enterprises are classified into 3 categories, namely domestic-funded enterprises, enterprises with investment from Hong Kong, Macau and Taiwan, and enterprises with foreign investment, according to the registration status of an enterprise in industrial and commercial administration agencies. Domestic-funded enterprises include State-owned enterprises, collective-owned enterprises, cooperative enterprises, joint ownership enterprises, limited liability corporations, share-holding corporations Ltd., private enterprises and other enterprises. Included in the enterprises with investment from Hong Kong, Macau and Taiwan and enterprises with foreign investment are joint-venture enterprises, cooperative enterprises, sole investment enterprises and share-holding corporations Ltd. For government agencies, institutions and social organizations which are not registered in industrial and commercial administration agencies, they are classified mainly by their sources of funding and manner of management.

State-owned Enterprises refer to non-corporation economic units where the entire assets are owned by the State and which have been registered in accordance with the Regulation of the People' s Republic of China on the Management of Registration of Corporate Enterprises. Not included from this category are solely State-funded corporations in the limited liability corporations.

Collective-owned Enterprises refer to economic units where the assets are owned collectively and which have been registered in accordance with the Regulation of the People' s Republic of China on the Management of Registration of Corporate Enterprises.

Cooperative Enterprises refer to a form of collective economic units (enterprises) where capitals come mainly from employees as their shares, with certain proportion of capital from the outside, where production is organized on the basis of independent operation, independent accounting for profits and losses, joint work, democratic management, and a distribution system that integrates remuneration according to work with dividend according to capital share.

Joint Ownership Enterprises refer to economic units established by two or more corporate enterprises or corporate institutions of the same or different ownership, through joint investment on the basis of voluntary participation, equality, and mutual benefits. They include State joint ownership enterprises; collective joint ownership enterprises; joint State-collective enterprises; and other joint ownership enterprises.

Limited Liability Corporations refer to economic units established with investment from 2-50 investors and registered in accordance with the Regulation of the People' s Republic of China on the Management of Registration of Corporations, each investor bearing limited liability to the corporation depending on its share of investment, and the corporation bearing liability to its debt to the maximum of its total assets. Limited liability corporations include solely State-funded limited liability corporations and other limited liability corporations.

Share-holding Corporations Ltd. refer to economic units registered in accordance with the Regulation of the People' s Republic of China on the Management of Registration of Corporations, with total registered capital divided into equal shares and raised through issuing stocks. Each investor bears limited liability to the corporation depending on the holding of shares, and the corporation bears liability to its debt to the maximum of its total assets.

Private Enterprises refer to profit-making economic units invested and established by natural persons, or controlled by natural persons using employed labour. Included in this category are private limited liability corporations, private share-holding corporations Ltd., private partnership enterprises and private-funded enterprises registered in accordance with the Company Law, the Law on Partnership Business and Interim Regulations on Private Enterprises .

Other Domestic-funded Enterprises refer to domestic-funded economic units other than those mentioned above.

Joint Venture Enterprises with Funds from Hong Kong, Macau and Taiwan are enterprises established by investors from Hong Kong, Macau and Taiwan with enterprises in the mainland of China in accordance with the Law of the People' s Republic of China on Sino-foreign Equity Joint Ventures and other relevant laws, where the establishment of the investment and the sharing of profits and risks are stipulated under joint venture contracts.

Cooperative Enterprises with Funds from Hong Kong, Macau and Taiwan established by investors from Hong Kong, Macau and Taiwan with enterprises in the mainland of China in accordance with the Law of the People' s Republic of China on Sino-foreign Contractual Joint Venture and other relevant laws, where the investment or provision of facilities and the sharing of profits and risks are stipulated under cooperative contracts.

Enterprises with Sole (exclusive) Investment from Hong Kong, Macau and Taiwan refer to enterprises established in the mainland of China with exclusive investment from investors from Hong Kong, Macau and Taiwan in accordance with the Law of the People' s Republic of China on Wholly Foreign-owned Enterprises and other relevant laws.

Share-holding Corporations Ltd. with Investment from Hong Kong, Macau and Taiwan refer to share-holding corporations Ltd. established with the approval from the former Ministry of Foreign Trade and Economic Relations in line with relevant State regulations, where the share of investment from Hong Kong, Macau or Taiwan businessmen exceeds 25% of the total registered capital of the corporation. In case the share of investment from Hong Kong, Macau or Taiwan is less than 25% of the total registered capital, the enterprise is to be classified as domestic-funded share-holding corporation Ltd.

Joint Venture Enterprises with Foreign Investment refer to enterprises jointly established by foreign enterprises or foreigners with enterprises in the mainland of China in accordance with the Law of the People' s Republic of China on Sino-foreign Equity Joint Ventures and other relevant laws, where the sharing of investment, profits and risks is stipulated under contract.

Cooperative Enterprises with Foreign Investment refer to enterprises jointly established by foreign enterprises or foreigners with enterprises in the mainland of China in accordance with the Law of the People' s Republic of China on Sino-foreign Contractual Joint Venture and other relevant laws, where the investment or provision of facilities and the sharing of profits and risks are stipulated under cooperative contracts.

Enterprises with Sole (exclusive) Foreign Investment refer to enterprises established in the mainland of China with exclusive investment from foreign investors in accordance with the Law of the People' s Republic of China on Wholly Foreign-owned Enterprises and other relevant laws.

Share-holding Corporations Ltd. with Foreign Investment refer to share-holding corporations Ltd.

established with the approval from the former Ministry of Foreign Trade and Economic Relations in line with relevant State regulations, where the share of investment from foreign investors exceeds 25% of the total registered capital of the corporation. In case the share of foreign investment is less than 25% of the total registered capital, the enterprise is to be classified as domestic-funded share-holding corporation Ltd.

Government Agencies, Institutions and Social Organizations are classified into the following categories by source of funds and manner of management taking reference of the registration status of enterprises:

(1) Government agencies: include State and party agencies, classified in principle as State-owned. There are exceptions, such as supply and marketing cooperatives which are classified as collective-owned.

(2) Institutions: include institutions of various types established with the approval by organization and staffing departments of the government, but exclude institutions where enterprise management system is introduced. Institutions are further classified as follows:

(a) Institutions for which their main budgets are from government budget appropriations or extra-budget funds, or allocated from the budget of their competent government agencies. Such institutions are classified as state-owned.

(b) Institutions for which their budget mainly come from collective units. Such institutions are classified as collective-owned.

(c) Social institutions established by individual or a group of citizens, which are classified as private.

(d) Institutions other than those mentioned above for which their sources of budget are not clear. Such institutions are classified by the manner of management.

(3) Social organizations: include social organizations established with the approval from the Ministry of Civil Affairs, and organizations that are not covered by social organization management regulations such as trade unions, women' s federations etc.. Social organizations are further classified as follows:

(a) Social organizations that are not covered by social organization management regulations of the Ministry of Civil Affairs such as trade unions, women federations, communist youth leagues, youth associations, industrial and commerce associations, scientist associations, overseas Chinese associations, etc., foundations and fund management organizations established with funds from the state, and social organizations whose funds mainly come from the budget of their competent government agencies. Such institutions are classified as State-owned.

(b) Social organizations for which their budget mainly come from collective units. Such institutions are classified as collective-owned.

(c) Social organizations established by individual or a group of citizens, which are classified as private.

(d) Social organizations other than those mentioned above for which their sources of budget are not clear. Such organizations are classified by the manner of management.

第二篇　国民经济核算

CHAPTER 2 NATIDNAL ACCOUNTS

2–1 地区生产总值

GROSS DOMESTIC PRODUCT

年 份 Year	地 区 生产总值 (亿元) Gross Domestic Product (100 million yuan)	第一产业 Primary Industry	第二产业 Secondary Industry	工 业 Industry	建筑业 Construction	第三产业 Tertiary Industry	#交通运输仓储邮电通信业 Transport, Post & Telecommunication Services	#批发零售贸易餐饮业 Wholesale, Retail Trade & Catering Services	人均地区生产总值 (元) Per Capita GDP (yuan)
1952	26.0	11.9	7.9	7.0	0.9	6.2	1.6	2.5	238
1953	32.0	12.9	10.7	9.3	1.4	8.4	2.1	3.4	278
1954	36.7	15.0	13.1	11.5	1.6	8.5	2.1	3.1	300
1955	38.2	16.6	12.1	10.6	1.6	9.4	2.3	3.7	297
1956	42.2	18.0	13.2	11.4	1.8	11.1	2.5	4.2	308
1957	44.4	17.2	15.0	13.4	1.6	12.3	2.7	4.4	307
1958	61.6	18.2	29.7	26.9	2.9	13.7	3.5	5.4	405
1959	73.5	17.4	38.1	34.7	3.4	18.0	5.3	6.5	453
1960	80.5	11.7	48.1	43.6	4.5	20.7	6.5	6.6	461
1961	54.2	10.9	25.5	23.3	2.1	17.8	4.7	5.0	292
1962	54.6	14.5	23.1	21.2	1.9	17.0	4.5	4.8	288
1963	61.8	17.9	28.1	25.2	3.0	15.8	3.6	4.1	320
1964	68.2	16.8	33.0	29.4	3.6	18.3	4.4	5.4	339
1965	78.9	19.6	40.1	36.4	3.7	19.1	4.8	5.5	377
1966	92.1	23.3	48.6	44.1	4.5	20.2	5.6	5.6	426
1967	90.9	26.0	45.1	41.0	4.1	19.9	5.3	5.5	409
1968	88.9	25.2	44.5	40.6	3.9	19.2	5.3	5.4	386
1969	101.0	24.4	55.9	51.0	4.9	20.7	6.4	5.7	422
1970	111.2	25.6	64.0	58.5	5.6	21.6	6.9	5.7	448
1971	115.6	25.9	66.7	60.9	5.8	23.0	7.4	5.6	449
1972	115.7	27.5	64.6	59.1	5.5	23.6	7.1	5.5	433
1973	123.5	30.1	69.3	63.9	5.4	24.1	7.2	5.5	446
1974	131.4	32.6	73.6	67.8	5.8	25.3	7.6	5.7	460
1975	141.5	33.4	81.6	74.8	6.8	26.5	8.5	6.2	484
1976	144.2	33.9	85.0	79.2	5.8	25.3	7.6	5.6	482
1977	155.7	38.0	92.1	86.2	5.9	25.7	7.7	5.7	511
1978	174.8	41.0	106.6	100.6	6.1	27.2	9.6	5.0	564
1979	187.2	44.3	113.9	107.3	6.6	29.0	11.0	5.7	594
1980	221.0	55.3	131.1	122.5	8.6	34.7	12.2	6.5	694
1981	228.3	57.8	132.4	122.6	9.8	38.1	11.9	8.5	709
1982	248.4	63.8	140.8	127.3	13.5	43.9	13.4	7.2	762
1983	276.9	78.9	150.7	135.4	15.3	47.3	14.9	7.2	841
1984	318.3	86.0	175.0	154.9	20.1	57.3	16.9	9.9	959
1985	355.0	77.1	205.1	180.9	24.2	72.9	20.1	15.3	1062
1986	400.8	92.7	212.6	187.0	25.6	95.5	24.7	17.8	1189
1987	454.6	90.7	261.6	231.9	29.7	102.3	26.4	20.7	1335
1988	552.0	94.3	295.7	258.6	37.1	162.1	36.3	47.4	1602
1989	630.6	93.9	345.5	307.0	38.5	191.2	40.5	50.4	1808
1990	715.2	160.3	362.7	323.9	38.8	192.2	34.5	48.0	2028
1991	822.3	148.3	413.3	369.5	43.8	260.7	46.0	79.9	2310
1992	959.7	167.0	493.1	440.0	53.1	299.6	49.2	97.4	2672
1993	1198.4	198.4	649.7	580.4	69.3	350.2	56.9	113.6	3306
1994	1604.9	305.2	850.4	764.3	86.1	449.3	70.7	144.8	4390
1995	1991.4	371.2	1048.6	949.1	99.5	571.6	86.4	174.6	5402
1996	2370.5	444.2	1270.5	1160.0	110.5	655.8	104.1	197.3	6382
1997	2667.5	460.2	1432.9	1304.9	128.0	774.4	143.2	231.1	7133
1998	2774.4	429.1	1482.3	1332.0	150.3	863.0	160.1	246.6	7375
1999	2866.3	377.2	1556.7	1399.9	156.8	932.4	170.0	255.7	7578
2000	3151.4	383.2	1731.7	1566.4	165.3	1036.6	213.3	317.4	8294
2001	3390.1	435.6	1773.4	1592.0	181.3	1181.2	262.8	344.8	8900
2002	3637.2	474.2	1843.6	1650.8	192.8	1319.4	302.4	377.1	9541
2003	4057.4	504.8	2084.7	1874.8	209.9	1467.9	330.5	412.3	10638
2004	4750.6	593.3	2487.0	2242.3	244.7	1670.3	377.1	462.9	12449
2005	5513.7	684.6	2971.7	2696.3	275.4	1857.4	331.6	509.7	14440
2006	6211.8	750.1	3365.3	3049.0	316.3	2096.4	352.0	561.9	16255
2007	7104.0	915.4	3695.6	3326.9	368.7	2493.0	412.1	635.4	18580
2008	8314.4	1088.9	4319.8	3866.5	453.3	2905.7	434.0	778.4	21740
2009	8587.0	1154.3	4060.7	3549.7	511.0	3372.0	433.6	968.4	22447
2010	10368.6	1302.9	5204.1	4608.3	595.8	3861.6	469.3	1121.0	27076

注：1. 本表按当年价格计算。
2. 2005年数据执行新的国民经济行业分类，第一产业中增加了农、林、牧、渔服务业，交通运输仓储邮电通信业改为交通运输、仓储和邮政业，批发零售贸易餐饮业调整为批发和零售业、住宿和餐饮业（下同）。
3. 表中数据为全国第二次经济普查衔接修订后的数据（下同）。

Note: a) Data in value terms in this table are calculated at current prices.
b) Since 2005, the new category standard of national economy industry is implemented, the relative service industry is newly added to farming, forestry, annimal husbandry and fishery, transport, storage, post & telecommunication services industry is changed transport, storage and post, the accommadition is changed to wholesale, retail trade & catering services (the same as following tables).
c) Data in the table have been adjusted according to the results of the second national economic census (the same as following tables).

2-2 地区生产总值构成
COMPOSITION OF GROSS DOMESTIC PRODUCT

单位：%　　　　(%)

年份 Year	地区生产总值 Gross Domestic Product	第一产业 Primary Industry	第二产业 Secondary Industry	工业 Industry	建筑业 Construction	第三产业 Tertiary Industry	#交通运输仓储邮电通信业 Transport, Post & Telecommunication Services	#批发零售贸易餐饮业 Wholesale, Retail Trade & Catering Services
1952	100.0	45.8	30.4	26.9	3.5	23.8	6.2	9.6
1953	100.0	40.3	33.4	29.1	4.4	26.3	6.6	10.6
1954	100.0	40.9	35.7	31.3	4.4	23.2	5.7	8.4
1955	100.0	43.5	31.7	27.7	4.2	24.6	6.0	9.7
1956	100.0	42.7	31.3	27.0	4.3	26.3	5.9	10.0
1957	100.0	38.7	33.8	30.2	3.6	27.7	6.1	9.9
1958	100.0	29.5	48.2	43.7	4.7	22.2	5.7	8.8
1959	100.0	23.7	51.8	47.2	4.6	24.5	7.2	8.8
1960	100.0	14.5	59.8	54.2	5.6	25.7	8.1	8.2
1961	100.0	20.1	47.0	43.0	3.9	32.8	8.7	9.2
1962	100.0	26.6	42.3	38.8	3.5	31.1	8.2	8.8
1963	100.0	29.0	45.5	40.8	4.9	25.6	5.8	6.6
1964	100.0	24.6	48.4	43.1	5.3	26.8	6.5	7.9
1965	100.0	24.8	50.8	46.1	4.7	24.2	6.1	7.0
1966	100.0	25.3	52.8	47.9	4.9	21.9	6.1	6.1
1967	100.0	28.6	49.6	45.1	4.5	21.9	5.8	6.1
1968	100.0	28.3	50.1	45.7	4.4	21.6	6.0	6.1
1969	100.0	24.2	55.3	50.5	4.9	20.5	6.3	5.6
1970	100.0	23.0	57.6	52.6	5.0	19.4	6.2	5.1
1971	100.0	22.4	57.7	52.7	5.0	19.9	6.4	4.8
1972	100.0	23.8	55.8	51.1	4.8	20.4	6.1	4.8
1973	100.0	24.4	56.1	51.7	4.4	19.5	5.8	4.5
1974	100.0	24.8	56.0	51.6	4.4	19.3	5.8	4.3
1975	100.0	23.6	57.7	52.9	4.8	18.7	6.0	4.4
1976	100.0	23.5	58.9	54.9	4.0	17.5	5.3	3.9
1977	100.0	24.4	59.2	55.4	3.8	16.5	4.9	3.7
1978	100.0	23.5	61.0	57.6	3.5	15.6	5.5	2.9
1979	100.0	23.7	60.8	57.3	3.5	15.5	5.9	3.0
1980	100.0	25.0	59.3	55.4	3.9	15.7	5.5	2.9
1981	100.0	25.3	58.0	53.7	4.3	16.7	5.2	3.7
1982	100.0	25.7	56.7	51.2	5.4	17.7	5.4	2.9
1983	100.0	28.5	54.4	48.9	5.5	17.1	5.4	2.6
1984	100.0	27.0	55.0	48.7	6.3	18.0	5.3	3.1
1985	100.0	21.7	57.8	51.0	6.8	20.5	5.7	4.3
1986	100.0	23.1	53.0	46.7	6.4	23.8	6.2	4.4
1987	100.0	20.0	57.5	51.0	6.5	22.5	5.8	4.6
1988	100.0	17.1	53.6	46.8	6.7	29.4	6.6	8.6
1989	100.0	14.9	54.8	48.7	6.1	30.3	6.4	8.0
1990	100.0	22.4	50.7	45.3	5.4	26.9	4.8	6.7
1991	100.0	18.0	50.3	44.9	5.3	31.7	5.6	9.7
1992	100.0	17.4	51.4	45.8	5.5	31.2	5.1	10.1
1993	100.0	16.6	54.2	48.4	5.8	29.2	4.7	9.5
1994	100.0	19.0	53.0	47.6	5.4	28.0	4.4	9.0
1995	100.0	18.6	52.7	47.7	5.0	28.7	4.3	8.8
1996	100.0	18.7	53.6	48.9	4.7	27.7	4.4	8.3
1997	100.0	17.3	53.7	48.9	4.8	29.0	5.4	8.7
1998	100.0	15.5	53.4	48.0	5.4	31.1	5.8	8.9
1999	100.0	13.2	54.3	48.8	5.5	32.5	5.9	8.9
2000	100.0	12.2	55.0	49.7	5.2	32.9	6.8	10.1
2001	100.0	12.8	52.3	47.0	5.3	34.8	7.8	10.2
2002	100.0	13.0	50.7	45.4	5.3	36.3	8.3	10.4
2003	100.0	12.4	51.4	46.2	5.2	36.2	8.1	10.2
2004	100.0	12.5	52.4	47.2	5.2	35.2	7.9	9.7
2005	100.0	12.4	53.9	48.9	5.0	33.7	6.0	9.2
2006	100.0	12.1	54.2	49.1	5.1	33.7	5.7	9.0
2007	100.0	12.9	52.0	46.8	5.2	35.1	5.8	8.9
2008	100.0	13.1	52.0	46.5	5.5	34.9	5.2	9.4
2009	100.0	13.4	47.3	41.3	6.0	39.3	5.0	11.3
2010	100.0	12.6	50.2	44.4	5.7	37.2	4.5	10.8

2-3 地区生产总值指数(上年=100)

INDICES OF GROSS DOMESTIC PRODUCT (PRECEDING YEAR=100)

年份 Year	地区生产总值 Gross Domestic Product	第一产业 Primary Industry	第二产业 Secondary Industry	工业 Industry	建筑业 Construction	第三产业 Tertiary Industry	人均地区生产总值 Per Capita GDP
1953	110.3	98.4	137.1	133.9	161.4	120.8	104.6
1954	110.4	106.1	128.6	130.3	118.6	102.9	104.1
1955	106.7	111.1	95.9	94.8	103.6	109.0	101.3
1956	106.5	95.8	122.3	122.1	123.6	115.7	100.0
1957	108.5	106.8	110.8	114.7	113.5	109.1	102.6
1958	140.5	133.4	175.9	178.7	153.7	114.1	133.7
1959	119.0	93.3	125.0	126.1	115.0	128.9	104.5
1960	108.2	66.1	123.9	123.3	130.6	113.3	92.6
1961	58.3	74.8	43.4	43.9	38.2	70.4	54.9
1962	98.0	120.6	89.1	101.5	106.5	93.2	102.8
1963	115.2	121.9	117.4	113.6	157.0	103.6	113.0
1964	114.6	100.5	115.4	116.1	109.3	115.2	110.2
1965	115.4	116.7	121.5	123.8	102.9	104.6	110.8
1966	116.6	118.7	121.1	121.1	120.6	105.7	113.1
1967	101.4	111.6	92.6	92.9	91.1	97.9	98.5
1968	97.5	96.9	98.7	98.9	96.5	96.9	94.3
1969	109.5	96.9	125.6	125.7	124.5	107.3	105.3
1970	110.1	110.9	121.4	121.5	120.9	108.5	110.7
1971	102.5	100.3	103.0	102.9	103.6	105.7	98.8
1972	99.1	85.8	106.0	106.3	103.3	108.4	95.4
1973	106.3	109.3	107.4	108.1	99.8	99.4	102.7
1974	106.6	108.2	106.1	106.1	106.6	104.9	103.4
1975	107.6	110.2	109.4	110.3	99.1	98.6	105.0
1976	101.0	94.5	105.5	105.9	100.2	101.3	98.9
1977	108.2	111.9	108.3	108.8	101.3	101.6	106.1
1978	111.1	105.3	118.2	119.1	105.2	100.6	109.2
1979	103.0	92.9	108.6	108.5	110.9	103.7	101.4
1980	110.0	112.1	108.1	107.2	122.8	113.3	108.7
1981	103.8	102.8	103.8	102.9	117.1	105.3	102.7
1982	106.6	107.8	104.8	102.4	135.3	111.0	105.3
1983	108.6	124.5	102.1	101.4	108.1	102.8	107.5
1984	111.1	102.0	116.2	114.5	131.2	113.7	110.3
1985	106.0	87.4	112.3	111.9	115.3	120.0	105.2
1986	103.5	117.9	91.9	91.6	94.1	120.5	102.7
1987	108.6	95.5	114.3	115.2	107.6	112.6	107.5
1988	108.6	97.6	101.6	100.2	112.3	138.5	107.4
1989	106.3	89.6	111.2	112.6	101.4	110.8	105.0
1990	105.8	141.8	97.4	97.7	94.7	97.7	104.6
1991	106.6	91.9	110.7	111.6	103.7	113.1	105.6
1992	106.5	105.8	106.4	106.4	107.3	107.0	105.5
1993	107.4	104.3	108.7	108.3	111.7	107.6	106.5
1994	108.4	107.2	108.8	109.0	107.7	108.6	107.5
1995	109.2	106.8	110.2	110.0	111.9	109.0	108.3
1996	110.2	110.8	110.5	110.2	112.3	109.3	109.4
1997	110.0	106.2	110.1	109.5	115.0	112.7	109.3
1998	108.3	99.0	110.0	108.6	120.1	111.5	107.6
1999	107.5	103.0	107.6	107.5	107.9	109.9	106.9
2000	108.2	96.8	109.8	110.0	109.0	111.8	107.7
2001	109.3	106.9	110.0	109.8	112.6	108.8	109.0
2002	110.2	107.2	110.9	111.2	108.5	110.2	110.2
2003	110.2	102.4	111.9	112.2	109.2	110.1	110.1
2004	111.7	112.2	112.9	113.0	112.1	109.3	111.6
2005	111.6	108.7	112.6	112.9	110.1	110.8	111.5
2006	112.1	108.5	112.9	112.9	112.4	112.4	112.1
2007	112.0	104.1	112.0	112.2	110.5	114.8	111.9
2008	111.8	108.2	111.9	112.2	109.8	112.6	111.7
2009	111.4	105.2	113.1	112.5	118.9	110.7	111.4
2010	112.7	106.2	114.5	115.0	109.3	111.8	112.6

注：本表按可比价格计算。
Note: The indices in this table are calculated at constant prices.

2-4 地区生产总值指数(1978=100)

INDICES OF GROSS DOMESTIC PRODUCT (1978=100)

年份 Year	地区生产总值 Gross Domestic Product	第一产业 Primary Industry	第二产业 Secondary Industry	工业 Industry	建筑业 Construction	第三产业 Tertiary Industry	人均地区生产总值 Per Capita GDP
1952	20.2	46.1	8.1	6.6	11.3	30.1	59.6
1953	22.3	45.4	11.1	8.9	18.2	36.3	62.4
1954	24.6	48.1	14.3	11.5	21.6	37.4	64.9
1955	26.3	53.5	13.7	10.9	22.4	40.8	65.8
1956	28.0	51.2	16.8	13.4	27.6	47.2	65.8
1957	30.4	54.7	18.6	15.3	31.4	51.5	67.5
1958	42.7	73.0	32.7	27.4	48.2	58.7	90.2
1959	50.8	68.1	40.9	34.5	55.4	75.7	94.2
1960	55.0	45.0	50.6	42.6	72.4	85.7	87.3
1961	32.0	33.7	22.0	18.7	27.7	60.4	47.9
1962	31.4	40.6	19.6	19.0	29.5	56.3	49.2
1963	36.2	49.5	23.0	21.6	46.2	58.3	55.7
1964	41.5	49.7	26.5	25.0	50.5	67.1	61.3
1965	47.9	58.0	32.2	31.0	52.0	70.2	67.9
1966	55.8	68.9	39.0	37.5	62.7	74.2	76.8
1967	56.6	76.9	36.1	34.9	57.1	72.7	75.7
1968	55.2	74.5	35.7	34.5	55.1	70.4	71.3
1969	60.4	72.2	44.8	43.3	68.7	75.6	75.1
1970	66.5	80.1	54.4	52.7	83.0	82.0	83.1
1971	68.2	80.3	56.0	54.2	86.0	86.7	82.1
1972	67.6	68.9	59.4	57.6	88.8	93.9	78.3
1973	71.8	75.3	63.8	62.3	88.6	93.4	80.4
1974	76.5	81.5	67.7	66.1	94.5	98.0	83.1
1975	82.4	89.8	74.0	72.9	93.6	96.6	87.3
1976	83.2	84.9	78.1	77.2	93.8	97.8	86.3
1977	90.0	95.0	84.6	84.0	95.1	99.4	91.6
1978	100.0	100.0	100.0	100.0	100.0	100.0	100.0
1979	103.0	92.9	108.6	108.5	110.9	103.7	101.4
1980	113.3	104.1	117.4	116.3	136.2	117.5	110.3
1981	117.6	107.1	121.9	119.7	159.5	123.7	113.2
1982	125.4	115.4	127.7	122.6	215.8	137.3	119.2
1983	136.1	143.7	130.4	124.3	233.2	141.2	128.2
1984	151.3	146.6	151.5	142.3	306.0	160.5	141.4
1985	160.3	128.1	170.1	159.2	352.8	192.6	148.8
1986	165.9	151.0	156.4	145.9	332.0	232.1	152.7
1987	180.2	144.2	178.7	168.0	357.3	261.3	164.2
1988	195.7	140.8	181.6	168.4	401.2	362.0	176.3
1989	208.0	126.1	201.9	189.6	406.8	401.1	185.1
1990	220.1	178.8	196.7	185.2	385.3	391.8	193.7
1991	234.6	164.3	217.7	206.7	399.5	443.2	206.1
1992	249.8	173.8	231.7	219.9	428.7	474.2	217.3
1993	268.3	181.3	251.8	238.2	478.8	510.2	231.5
1994	290.9	194.4	274.0	259.6	515.7	554.1	248.7
1995	317.5	207.6	301.9	285.6	577.1	604.0	269.2
1996	350.0	230.1	333.6	314.7	648.0	660.1	294.5
1997	385.1	244.3	367.3	344.6	745.2	743.9	321.9
1998	416.8	241.9	404.0	374.2	895.0	829.4	346.3
1999	448.1	249.2	434.7	402.3	965.7	911.5	370.2
2000	484.7	241.2	477.3	442.4	1052.5	1019.1	398.6
2001	529.8	257.8	525.0	485.8	1185.1	1108.8	434.6
2002	583.8	276.4	582.3	540.2	1285.8	1221.9	478.9
2003	643.4	283.0	651.5	606.1	1404.1	1345.3	527.7
2004	718.7	317.5	735.6	684.8	1574.0	1470.4	588.9
2005	802.1	345.2	828.5	773.1	1733.1	1628.6	656.6
2006	899.2	374.5	935.4	872.8	1948.0	1830.5	736.0
2007	1007.1	390.0	1047.8	979.0	2152.5	2101.0	823.9
2008	1125.9	422.0	1172.5	1098.4	2363.4	2365.7	920.3
2009	1254.3	443.8	1325.7	1235.7	2810.1	2619.8	1025.2
2010	1413.6	471.5	1517.6	1421.1	3070.8	2928.2	1154.4

注：本表按可比价格计算。
Note: The indices in this table are calculated at constant prices.

2-5 全省三次产业对经济增长贡献率

SHARE OF THE CONTRIBUTIONS OF THE THREE STRATA OF INDUSTRY TO THE INCREASE OF THE GDP

单位：%　　(%)

年 份 Year	地区生产总值 Gross Domestic Product	第一产业 Primary Industry	第二产业 Secondary Industry			第三产业 Tertiary Industry
				工 业 Industry	建筑业 Construction	
2000	100.0	-5.1	74.6	66.8	7.8	30.5
2001	100.0	11.7	59.3	50.2	9.1	29.0
2002	100.0	10.9	58.6	52.8	5.8	30.5
2003	100.0	3.6	65.5	59.2	6.3	30.9
2004	100.0	14.4	61.5	54.5	7.0	24.1
2005	100.0	8.3	62.1	57.5	4.6	29.6
2006	100.0	8.7	57.0	51.9	5.1	34.3
2007	100.0	4.1	54.3	49.9	4.4	41.6
2008	100.0	7.8	55.1	51.0	4.1	37.1
2009	100.0	4.9	62.3	54.2	8.1	32.8
2010	100.0	5.0	62.9	59.1	3.8	32.1

2-6 居民消费水平

HOUSEHOLD CONSUMPTION

年 份 Year	绝对数（元） Value (yuan)			城乡居民水平对比（农村居民=1） Urban/Rural Consumption Ratio (Rural Households=1)	指数（上年=100） Index (preceding year=100)			指数 Index (1978=100)		
	全省居民 All Households	农村居民 Rural Households	城镇居民 Urban Households		全省居民 All Households	农村居民 Rural Households	城镇居民 Urban Households	全省居民 All Households	农村居民 Rural Households	城镇居民 Urban Households
1978	302	177	534	3.02				100.0	100.0	100.0
1980	375	249	591	2.38	109.9	121.9	101.8	114.7	133.5	101.9
1985	569	372	866	2.33	113.3	102.4	119.3	152.6	172.2	131.5
1990	952	621	1319	2.12	105.2	101.5	109.2	172.8	190.3	155.1
1991	1037	664	1434	2.16	104.9	104.0	104.1	181.3	197.9	161.5
1992	1152	701	1610	2.30	106.4	107.3	104.7	192.9	212.3	169.1
1993	1367	779	1939	2.49	102.6	103.4	101.0	197.9	219.5	170.8
1994	1823	1065	2528	2.37	106.8	108.8	104.7	211.4	238.8	178.8
1995	2429	1509	3243	2.15	113.7	115.7	111.5	240.4	276.3	199.4
1996	2682	1619	3597	2.22	104.4	105.9	103.1	251.0	292.6	205.6
1997	2735	1599	3709	2.32	100.1	97.7	101.1	251.3	285.9	207.9
1998	2753	1510	3813	2.53	101.1	98.4	102.2	254.1	281.3	212.5
1999	2824	1412	4021	2.85	105.8	96.7	109.5	268.8	272.0	232.7
2000	3105	1594	4504	2.83	108.6	102.9	113.5	291.9	279.9	264.1
2001	3333	1661	4867	2.93	106.4	102.8	107.2	310.6	287.7	283.1
2002	3516	1713	5149	3.01	106.5	105.0	106.5	330.8	302.1	301.5
2003	3919	1720	5903	3.43	109.9	95.6	114.0	363.5	288.8	343.7
2004	4212	1864	6321	3.39	104.8	106.5	104.3	380.9	307.6	358.5
2005	4822	2419	6958	2.88	112.1	121.2	109.4	427.0	372.8	392.2
2006	5141	2552	7410	2.90	104.5	102.9	104.6	446.2	383.6	410.2
2007	5986	3053	8515	2.79	110.6	112.8	109.3	493.5	432.7	448.3
2008	7039	3781	9743	2.58	111.9	116.3	109.3	552.2	503.2	490.0
2009	7737	4183	10592	2.53	109.9	111.2	108.5	606.9	559.6	531.7
2010	8906	4536	12402	2.73	112.4	104.2	114.8	682.1	583.1	610.3

注：2003年起计算居民消费水平用的分城乡人口数为抽样调查数据，以前为公安部门的户籍人口数。

Note:The data of population are obtained from police annual report forms in the calculation of household consumption before 2003. From 2003 the data of population are obtained by spot check.

2-7 各地区生产总值、构成和指数(2010年)
GROSS DOMESTIC PRODUCT AND ITS COMPOSITION AND ITS INDICES BY REGION (2010)

项目 地区	Item Region	地区生产总值 Gross Domestic Product	第一产业 Primary Industry	第二产业 Secondary Industry	工业 Industry	建筑业 Construction	第三产业 Tertiary Industry	#交通运输仓储和邮政业 Transport, Post and Telecommunication Services	#批发和零售业、住宿和餐饮业 Wholesale, Retail Trade & Catering Services	人均地区生产总值(元) Per Capita GDP (yuan)
绝对数(亿元)	**Absolute Figure (100 million yuan)**									
哈尔滨	Harbin	3664.9	412.7	1384.6	1021.6	363.0	1867.6	239.5	544.4	36951
齐齐哈尔	Qiqihar	880.5	192.1	357.7	336.7	21.0	330.6	50.0	110.2	16309
鸡西	Jixi	419.5	107.2	177.5	170.3	7.2	134.8	24.3	34.1	22083
鹤岗	Hegang	251.0	66.4	117.0	112.1	4.9	67.6	6.2	19.5	23044
双鸭山	Shuangyashan	396.4	120.3	177.5	163.4	14.0	98.6	16.0	23.2	26215
大庆	Daqing	2900.1	95.0	2385.1	2320.0	65.1	420.0	24.7	130.4	103576
伊春	Yichun	202.4	61.4	79.5	67.4	12.1	61.6	7.6	12.9	15924
佳木斯	Jiamusi	512.5	146.4	133.9	113.0	20.9	232.1	39.8	71.7	20254
七台河	Qitaihe	305.2	22.4	202.0	198.2	3.8	80.8	11.8	26.1	32891
牡丹江	Mudanjiang	765.0	122.6	303.1	268.2	35.0	339.3	43.4	132.3	27545
黑河	Heihe	261.1	116.9	44.7	35.6	9.1	99.5	10.1	19.2	14994
绥化	Suihua	733.4	267.1	181.5	150.2	31.2	284.9	59.9	82.1	12576
大兴安岭	Daxinganling	99.2	39.4	23.5	18.8	4.8	36.3	7.8	8.8	18964
构成(%)	**Composition (%)**									
哈尔滨	Harbin	100.0	11.3	37.8	27.9	9.9	51.0	6.5	14.9	
齐齐哈尔	Qiqihar	100.0	21.8	40.6	38.2	2.4	37.6	5.7	12.5	
鸡西	Jixi	100.0	25.5	42.3	40.6	1.7	32.1	5.8	8.1	
鹤岗	Hegang	100.0	26.4	46.6	44.7	1.9	27.0	2.5	7.8	
双鸭山	Shuangyashan	100.0	30.3	44.8	41.2	3.5	24.9	4.0	5.8	
大庆	Daqing	100.0	3.3	82.2	80.0	2.2	14.5	0.9	4.5	
伊春	Yichun	100.0	30.3	39.3	33.3	6.0	30.4	3.8	6.4	
佳木斯	Jiamusi	100.0	28.6	26.1	22.0	4.1	45.3	7.8	14.0	
七台河	Qitaihe	100.0	7.3	66.2	64.9	1.2	26.5	3.9	8.6	
牡丹江	Mudanjiang	100.0	16.0	39.6	35.1	4.6	44.3	5.7	17.3	
黑河	Heihe	100.0	44.8	17.1	13.6	3.5	38.1	3.9	7.4	
绥化	Suihua	100.0	36.4	24.7	20.5	4.3	38.8	8.2	11.2	
大兴安岭	Daxinganling	100.0	39.7	23.7	18.9	4.8	36.6	7.9	8.8	
指数(上年=100)	**Indices (preceding year=100)**									
哈尔滨	Harbin	114.0	107.3	117.1	117.1	116.8	113.5	114.2	113.7	113.9
齐齐哈尔	Qiqihar	118.5	110.6	127.2	128.4	110.8	115.2	113.2	117.7	119.2
鸡西	Jixi	116.1	110.8	125.5	126.2	110.4	110.2	107.3	110.5	116.6
鹤岗	Hegang	116.1	119.7	116.7	117.1	108.5	112.3	112.8	107.8	116.5
双鸭山	Shuangyashan	125.1	119.2	130.4	132.5	109.1	121.3	128.4	109.1	124.6
大庆	Daqing	112.0	110.0	111.2	111.3	109.3	116.3	119.7	126.9	111.4
伊春	Yichun	115.7	111.6	122.9	126.1	104.6	110.1	107.7	112.9	116.0
佳木斯	Jiamusi	118.9	112.0	132.5	138.4	109.5	117.3	110.8	116.1	118.4
七台河	Qitaihe	125.1	107.3	131.2	131.7	107.7	116.9	108.1	116.7	123.4
牡丹江	Mudanjiang	116.2	114.9	122.3	124.2	108.9	111.8	113.3	118.5	116.1
黑河	Heihe	112.1	111.7	117.2	119.4	109.0	110.4	106.5	109.7	112.0
绥化	Suihua	114.8	114.2	119.5	121.7	110.7	112.6	104.9	110.7	114.0
大兴安岭	Daxinganling	116.1	112.3	136.5	131.0	158.9	110.8	110.6	112.5	117.0

注：本表绝对数按当年价格计算，指数按可比价格计算。
Note: Absolute Figure in this table are calculated at current prices, the indices are calculated at constant prices.

2-8 支出法地区生产总值

GROSS DOMESTIC PRODUCT BY EXPENDITURE APPROACH

单位：亿元　　　　　　　　　　　　　　　　　　　　　　　　　　　　　(100 million yuan)

年 份 Year	地 区 生产总值 Gross Domestic Product by Expenditure Approach	#最终消费 Final Consumption Expenditure	居民消费 Households Consumption Expenditure	农村居民 Rural Households	城镇居民 Urban Households	政府消费 Government Consumption Expenditure	#资本形成总额 Gross Capital Formation	固定资本形成总额 Gross Fixed Capital Formation	存货增加 Changes in Inventories
1978	174.8	103.2	93.8	35.5	58.3	9.4	41.2	26.9	14.3
1979	187.2	112.2	101.4	39.5	61.8	10.8	45.2	28.6	16.6
1980	221.0	132.3	119.5	50.0	69.6	12.7	48.0	38.0	10.0
1981	228.3	140.7	131.7	56.9	74.8	9.0	57.2	46.6	10.6
1982	248.4	145.3	135.6	59.4	76.2	9.7	77.3	62.1	15.2
1983	276.9	157.9	145.7	65.6	80.1	12.2	93.5	70.8	22.6
1984	318.3	180.3	164.7	69.6	95.1	15.7	108.9	87.0	21.8
1985	355.0	209.2	190.4	74.7	115.7	18.8	136.2	109.9	26.3
1986	400.8	227.2	205.2	80.1	125.0	22.0	164.2	121.6	42.6
1987	454.6	261.6	229.8	91.3	138.5	31.8	181.8	138.6	43.2
1988	552.0	331.2	284.9	103.7	181.2	46.2	209.8	159.5	50.2
1989	630.6	390.0	328.1	116.2	211.9	61.9	235.4	157.0	78.3
1990	715.2	405.5	335.7	115.1	220.7	69.8	272.8	169.3	103.6
1991	822.3	450.4	369.2	121.7	247.5	81.2	280.1	196.2	83.9
1992	959.7	501.2	413.6	126.9	286.7	87.6	338.6	246.2	92.4
1993	1198.4	603.9	495.5	139.2	356.3	108.4	431.4	335.0	96.4
1994	1604.9	805.4	666.6	187.5	479.1	138.8	566.2	435.7	130.5
1995	1991.4	1081.3	895.3	261.2	634.1	185.9	724.5	558.8	165.7
1996	2370.5	1245.4	996.2	278.0	718.2	249.1	867.0	653.6	213.4
1997	2667.5	1313.6	1022.9	275.7	747.1	290.8	918.3	724.4	193.9
1998	2774.4	1364.1	1035.6	261.6	773.9	328.5	1097.4	865.3	232.0
1999	2866.3	1431.2	1068.1	245.2	822.9	363.0	961.2	859.1	102.1
2000	3151.4	1580.0	1179.9	291.1	888.8	400.1	989.2	922.4	66.8
2001	3390.1	1752.3	1269.6	302.6	967.1	482.7	1125.7	1046.8	78.9
2002	3637.2	1872.3	1340.4	310.4	1030.0	531.9	1316.9	1152.9	164.0
2003	4057.4	2076.3	1494.9	311.0	1183.9	581.4	1312.4	1261.3	51.1
2004	4750.6	2304.1	1604.1	336.5	1267.6	700.0	1669.6	1509.9	159.7
2005	5513.7	2660.8	1841.3	434.7	1406.6	819.5	1958.7	1788.7	170.0
2006	6211.8	2961.2	1964.8	455.5	1509.3	996.4	2334.8	2232.0	102.8
2007	7104.0	3514.3	2288.7	540.5	1748.2	1225.6	3036.9	2877.8	159.1
2008	8314.4	4261.0	2692.2	655.8	2036.4	1568.8	3849.1	3655.3	193.8
2009	8587.0	4779.6	2959.7	712.9	2246.8	1819.8	4516.3	4483.5	32.8
2010	10368.6	5502.4	3409.6	772.0	2637.6	2092.8	5630.8	5410.5	220.3

2-9 支出法地区生产总值构成

COMPOSITION OF GROSS DOMESTIC PRODUCT BY EXPENDITURE APPROACH

单位：% (%)

年 份 Year	地 区 生产总值 Gross Domestic Product by Expenditure Approach	#最终消费 Final Consumption Expenditure	居民消费 Households Consumption Expenditure	农村居民 Rural Households	城镇居民 Urban Households	政府消费 Government Consumption Expenditure	#资本形成总 额 Gross Capital Formation	固定资本形成总额 Gross Fixed Capital Formation	存货增加 Changes in Inventories
1978	100.0	59.0	53.7	20.3	33.4	5.4	23.6	15.4	8.2
1979	100.0	59.9	54.2	21.1	33.0	5.8	24.1	15.3	8.9
1980	100.0	59.9	54.1	22.6	31.5	5.8	21.7	17.2	4.5
1981	100.0	61.6	57.7	24.9	32.8	3.9	25.1	20.4	4.6
1982	100.0	58.5	54.6	23.9	30.7	3.9	31.1	25.0	6.1
1983	100.0	57.0	52.6	23.7	28.9	4.4	33.8	25.6	8.2
1984	100.0	56.6	51.7	21.9	29.9	4.9	34.2	27.3	6.8
1985	100.0	58.9	53.6	21.0	32.6	5.3	38.4	31.0	7.4
1986	100.0	56.7	51.2	20.0	31.2	5.5	41.0	30.3	10.6
1987	100.0	57.5	50.5	20.1	30.5	7.0	40.0	30.5	9.5
1988	100.0	60.0	51.6	18.8	32.8	8.4	38.0	28.9	9.1
1989	100.0	61.8	52.0	18.4	33.6	9.8	37.3	24.9	12.4
1990	100.0	56.7	46.9	16.1	30.9	9.8	38.1	23.7	14.5
1991	100.0	54.8	44.9	14.8	30.1	9.9	34.1	23.9	10.2
1992	100.0	52.2	43.1	13.2	29.9	9.1	35.3	25.7	9.6
1993	100.0	50.4	41.3	11.6	29.7	9.0	36.0	28.0	8.0
1994	100.0	50.2	41.5	11.7	29.9	8.6	35.3	27.1	8.1
1995	100.0	54.3	45.0	13.1	31.8	9.3	36.4	28.1	8.3
1996	100.0	52.5	42.0	11.7	30.3	10.5	36.6	27.6	9.0
1997	100.0	49.2	38.3	10.3	28.0	10.9	34.4	27.2	7.3
1998	100.0	49.2	37.3	9.4	27.9	11.8	39.6	31.2	8.4
1999	100.0	49.9	37.3	8.6	28.7	12.7	33.5	30.0	3.6
2000	100.0	50.1	37.4	9.2	28.2	12.7	31.4	29.3	2.1
2001	100.0	51.7	37.5	8.9	28.5	14.2	33.2	30.9	2.3
2002	100.0	51.5	36.9	8.5	28.3	14.6	36.2	31.7	4.5
2003	100.0	51.2	36.8	7.7	29.2	14.3	32.3	31.1	1.3
2004	100.0	48.5	33.8	7.1	26.7	14.7	35.1	31.8	3.4
2005	100.0	48.3	33.4	7.9	25.5	14.9	35.5	32.5	3.0
2006	100.0	47.7	31.7	7.4	24.4	16.0	37.6	35.9	1.7
2007	100.0	49.5	32.3	7.7	24.6	17.2	42.7	40.5	2.2
2008	100.0	51.2	32.4	7.9	24.5	18.8	46.3	44.0	2.3
2009	100.0	55.7	34.5	8.3	26.2	21.2	52.6	52.2	0.4
2010	100.0	53.1	32.9	7.5	25.4	20.2	54.3	52.2	2.1

2-10 最终消费和资本形成总额指数(上年=100)

INDICES OF FINAL CONSUMPTION EXPENDITURE AND GROSS CAPITAL FORMATION (PRECEDING YEAR=100)

年 份 Year	最终消费 Final Consumption Expenditure	居民消费 Households Consumption Expenditure	农业居民 Rural Households	非农业居民 Urban Households	政府消费 Government Consumption Expenditure	资本形成总额 Gross Capital Formation	#固定资本形成总额 Gross Fixed Capital Formation
1978	99.8	99.8	99.8	99.8	99.8	99.8	99.8
1979	106.6	106.6	106.6	106.6	106.6	106.6	106.6
1980	111.3	111.3	111.3	111.3	111.3	111.3	111.3
1981	104.3	104.3	104.3	104.3	104.3	104.3	104.3
1982	100.4	100.4	100.4	100.4	100.4	100.4	100.4
1983	106.5	106.5	106.5	106.5	106.5	106.5	106.5
1984	109.3	109.3	109.3	109.3	109.3	109.3	109.3
1985	104.3	104.3	104.3	104.3	104.3	104.3	104.3
1986	105.5	105.5	105.5	105.5	105.5	105.5	105.5
1987	104.7	104.7	104.7	104.7	104.7	104.7	104.7
1988	105.4	105.4	105.4	105.4	105.4	105.4	105.4
1989	106.3	106.3	106.3	106.3	106.3	106.3	106.3
1990	106.6	106.6	106.6	106.6	106.6	106.6	106.6
1991	106.6	106.6	106.6	106.6	106.6	106.6	106.6
1992	105.6	105.6	105.6	105.6	105.6	105.6	105.6
1993	104.6	104.6	104.6	104.6	104.6	104.6	104.6
1994	106.9	106.9	106.9	106.9	106.9	106.9	106.9
1995	123.5	123.5	123.5	123.5	123.5	123.5	123.5
1996	107.1	107.1	107.1	107.1	107.1	107.1	107.1
1997	103.3	103.3	103.3	103.3	103.3	103.3	103.3
1998	104.1	104.1	104.1	104.1	104.1	104.1	104.1
1999	108.3	108.3	108.3	108.3	108.3	108.3	108.3
2000	112.7	112.7	112.7	112.7	112.7	112.7	112.7
2001	109.1	109.1	109.1	109.1	109.1	109.1	109.1
2002	107.6	107.6	107.6	107.6	107.6	107.6	107.6
2003	109.4	109.4	109.4	109.4	109.4	109.4	109.4
2004	108.0	108.0	108.0	108.0	108.0	108.0	108.0
2005	113.2	113.2	113.2	113.2	113.2	113.2	113.2
2006	109.2	109.2	109.2	109.2	109.2	109.2	109.2
2007	112.7	112.7	112.7	112.7	112.7	112.7	112.7
2008	115.1	115.1	115.1	115.1	115.1	115.1	115.1
2009	112.1	109.9	109.3	110.1	115.9	120.0	125.6
2010	111.8	112.5	104.0	115.1	110.6	118.5	114.7

注：本表按可比价格计算。
Note: The indices in this table are calculated at constant prices.

2-11 最终消费和资本形成总额指数(1978=100)

INDICES OF FINAL CONSUMPTION EXPENDITURE AND GROSS CAPITAL FORMATION (1978=100)

年 份 Year	最终消费 Final Consumption Expenditure	居民消费 Households Consumption Expenditure	农业居民 Rural Households	非农业居民 Urban Households	政府消费 Government Consumption Expenditure	资本形成总额 Gross Capital Formation	#固定资本形成总额 Gross Fixed Capital Formation
1979	106.6	105.9	110.2	103.4	113.3	108.2	105.0
1980	118.6	117.9	133.9	108.5	126.1	114.6	138.5
1981	123.7	127.3	149.6	114.2	87.5	134.1	167.4
1982	124.2	127.6	152.4	113.0	91.5	179.1	220.5
1983	132.3	134.3	165.7	115.9	112.8	210.3	245.9
1984	144.6	144.2	169.0	129.6	150.0	243.3	289.4
1985	150.8	150.0	172.2	137.5	172.0	273.9	326.2
1986	159.1	158.1	178.7	145.9	170.2	311.7	341.8
1987	166.6	162.2	182.7	152.0	218.8	343.9	389.7
1988	175.6	166.8	184.8	160.2	273.5	383.1	432.5
1989	185.3	171.6	187.6	166.1	293.2	415.6	410.0
1990	197.5	182.6	197.3	178.3	316.1	438.1	418.2
1991	210.5	193.2	202.9	191.4	347.0	423.2	450.9
1992	222.3	207.3	215.0	206.8	340.1	462.9	496.4
1993	232.5	214.6	219.3	215.4	374.1	492.6	547.5
1994	248.6	231.1	235.1	232.7	385.3	533.0	602.3
1995	307.0	287.9	267.6	267.6	456.6	597.4	670.3
1996	328.8	302.9	281.2	281.8	529.7	679.3	758.1
1997	339.6	305.3	275.9	287.4	603.8	740.4	871.8
1998	353.6	310.5	272.6	296.0	682.9	867.8	1033.1
1999	382.9	330.4	264.1	326.8	785.4	764.5	1029.0
2000	431.5	360.5	286.0	357.5	880.4	756.2	1088.6
2001	470.8	384.3	293.5	386.1	1023.9	860.6	1234.5
2002	506.6	409.6	306.1	414.3	1131.4	1007.7	1356.7
2003	554.2	450.2	313.1	473.6	1221.9	978.5	1450.4
2004	598.6	472.2	332.8	495.3	1418.6	1194.7	1667.9
2005	677.6	529.3	401.4	544.8	1641.3	1364.3	1924.8
2006	739.9	553.6	410.2	574.2	1958.1	1590.8	2352.1
2007	833.9	612.3	459.0	632.8	2285.1	1979.0	2900.1
2008	959.8	685.1	523.2	704.3	2767.2	2305.5	3381.5
2009	1075.9	752.9	571.9	775.4	3207.2	2766.6	4247.2
2010	1202.9	847.0	594.7	892.5	3547.1	3278.4	4871.5

注：本表按可比价格计算。
Note: The indices in this table are calculated at comparable prices.

2-12 各地区最终消费、资本形成总额和指数(2010年)

FINAL CONSUMPTION EXPENDITURE,GROSS CAPITAL FORMATION AND THEIR INDICES BY REGION (2010)

项　目 地　区	Item Region	最终消费 Final Consumption Expenditure	居民消费 Households Consumption Expenditure	农业居民 Rural Households	非农业居民 Urban Households	政府消费 Government Consumption Expenditure	资本形成总额 Gross Capital Formation	#固定资本形成总额 Gross Fixed Capital Formation
绝对数	**Absolute Figure**							
(亿元)	**(100 million yuan)**							
哈尔滨	Harbin	1655.8	997.1	247.9	749.3	658.6	1999.4	1688.9
齐齐哈尔	Qiqihar	530.7	438.5	190.0	248.5	92.2	391.5	378.0
鸡　西	Jixi	239.1	204.9	54.0	151.0	34.2	199.8	155.5
鹤　岗	Hegang	131.1	102.0	10.2	91.8	29.2	118.1	105.0
双鸭山	Shuangyashan	171.2	133.1	26.0	107.0	38.2	236.0	222.4
大　庆	Daqing	417.8	316.1	61.9	254.2	101.6	1159.6	1045.0
伊　春	Yichun	144.2	117.3	6.5	110.8	26.9	157.3	153.6
佳木斯	Jiamusi	271.3	192.5	64.3	128.3	78.7	240.9	218.8
七台河	Qitaihe	113.7	80.9	19.5	61.4	32.8	166.2	164.0
牡丹江	Mudanjiang	354.6	251.0	74.0	177.0	103.6	491.7	512.5
黑　河	Heihe	144.3	95.8	29.8	66.1	48.5	137.0	129.6
绥　化	Suihua	411.4	325.4	197.0	128.5	85.9	319.5	277.5
大兴安岭	Daxinganling	55.5	43.2	3.2	40.1	12.2	45.2	45.7
指数	**Indices**							
(上年=100)	**(preceding year=100)**							
哈尔滨	Harbin	113.9	114.8	115.0	114.7	112.5	118.2	110.9
齐齐哈尔	Qiqihar	111.3	113.0	115.6	111.2	104.6	128.3	131.2
鸡　西	Jixi	113.0	112.5	119.0	110.5	115.9	121.5	125.9
鹤　岗	Hegang	107.6	104.9	112.0	104.2	117.7	128.4	122.2
双鸭山	Shuangyashan	118.4	119.1	116.9	119.6	116.4	127.3	128.0
大　庆	Daqing	116.2	117.1	119.0	116.6	113.8	131.5	126.6
伊　春	Yichun	110.3	107.6	107.1	107.6	124.2	165.0	160.4
佳木斯	Jiamusi	112.5	107.9	113.3	105.0	124.5	127.1	126.3
七台河	Qitaihe	122.7	121.9	119.8	122.6	124.8	115.7	115.8
牡丹江	Mudanjiang	107.0	101.3	115.1	96.5	124.9	117.2	135.3
黑　河	Heihe	107.0	106.8	106.0	107.2	107.5	123.1	124.2
绥　化	Suihua	118.0	119.3	117.6	121.8	113.4	117.2	117.3
大兴安岭	Daxinganling	107.0	104.6	114.2	103.9	117.0	135.5	146.1

2-13 第三产业增加值、构成和指数

VALUE-ADDED AND ITS COMPOSITION AND ITS INDICES OF THE TERTIARY INDUSTRY

指　标	Item	2006	2007	2008	2009	2010
增加值(亿元)	**Value-added(100 million yuan)**					
第三产业	Tertiary Industry	2096.4	2493.0	2905.7	3372.0	3861.6
#交通运输、仓储和邮政业	#Transport, Storage and Post	352.0	412.1	434.0	433.6	469.3
批发和零售业	Wholesale and Retail Trades	439.9	494.2	610.5	757.4	880.8
住宿和餐饮业	Hotels and Catering Services	122.0	141.2	167.9	211.0	240.1
金融业	Financial Intermediation	74.2	155.5	177.4	227.5	288.2
房地产业	Real Estate	194.7	225.8	244.5	301.2	370.8
构成(%)	**Composition (%)**					
第三产业	Tertiary Industry	100.0	100.0	100.0	100.0	100.0
#交通运输、仓储和邮政业	#Transport, Storage and Post	16.8	16.5	14.9	12.9	12.2
批发和零售业	Wholesale and Retail Trades	21.0	19.8	21.0	22.5	22.8
住宿和餐饮业	Hotels and Catering Services	5.8	5.7	5.8	6.3	6.2
金融业	Financial Intermediation	3.5	6.2	6.1	6.7	7.5
房地产业	Real Estate	9.3	9.1	8.4	8.9	9.6
指数	**Indices**					
(上年=100)	**(preceding year=100)**					
第三产业	Tertiary Industry					
#交通运输、仓储和邮政业	#Transport, Storage and Post	107.5	112.7	104.0	101.7	108.3
批发和零售业	Wholesale and Retail Trades	109.9	108.9	119.5	116.5	112.6
住宿和餐饮业	Hotels and Catering Services	112.0	105.5	106.2	113.5	113.0
金融业	Financial Intermediation	198.4	190.7	106.1	123.6	121.3
房地产业	Real Estate	116.2	110.7	101.8	109.8	117.5

2-14 全省非公有制经济主要指标 (2010年)

PRINCIPAL GROSS INDICES OF NON-PUBLIC ECONOMIC (2010)

单位：亿元、个、人 (100 million yuan, unit, person)

地区	Region	总产出 Total Output	增加值 Value Added	第一产业 Primary Industry	第二产业 Secondary Industry	第三产业 Tertiary Industry	单位数 Number of Units	从业人员数 Employed Persons
全省	**Total**	**14294.4**	**4972.2**	**545.9**	**2230.0**	**2196.3**	**2076690**	**7154627**
哈尔滨	Harbin	5638.1	1904.3	136.1	777.4	990.8	359573	1904981
齐齐哈尔	Qiqihar	1011.3	428.9	65.4	188.5	175.1	225100	657833
鸡西	Jixi	413.9	150.0	13.3	79.9	56.8	92352	287895
鹤岗	Hegang	199.9	63.2	2.1	35.3	25.7	30400	130175
双鸭山	Shuangyashan	422.5	135.7	4.9	100.3	30.5	46034	146871
大庆	Daqing	1871.3	575.8	30.6	316.4	228.8	332109	871700
伊春	Yichun	323.4	107.5	15.0	69.7	22.8	79280	313737
佳木斯	Jiamusi	594.1	181.4	32.8	65.6	83.0	193284	600642
七台河	Qitaihe	480.2	185.9	7.8	125.8	52.3	39649	142046
牡丹江	Mudanjiang	1263.6	484.0	18.2	225.3	240.5	150439	650854
黑河	Heihe	154.1	60.7	7.2	18.4	35.1	108561	204003
绥化	Suihua	1007.5	369.2	116.2	116.4	136.6	262479	869767
大兴安岭	Daxinganling	82.1	34.1	1.9	14.1	18.1	15996	54829
农垦总局	ARB	832.4	291.5	94.4	96.9	100.2	141434	319294

注:非公有制统计范围为私营企业、个体经营户、非国有和非国有控股及非集体经济的各类企业、公司，以及港澳台商投资企业和外商投资企业。

Note:Non-public ownership system statistics scope for private enterprise, individual dealer, non-state-owned and non-state-owned holding and non-collective economy each kind of enterprise, company, as well as Hong-Kong, Macao and Taiwan business investment enterprise and foreign investment enterprise.

主要统计指标解释

地区生产总值(GDP)　指按市场价格计算的一个国家(或地区)所有常住单位在一定时期内生产活动的最终成果。地区生产总值有三种表现形态，即价值形态、收入形态和产品形态。从价值形态看，它是所有常住单位在一定时期内生产的全部货物和服务价值超过同期投入的全部非固定资产货物和服务价值的差额，即所有常住单位的增加值之和；从收入形态看，它是所有常住单位在一定时期内创造并分配给常住单位和非常住单位的初次收入之和；从产品形态看，它是所有常住单位在一定时期内最终使用的货物和服务价值减去货物和服务进口价值。在实际核算中，地区生产总值有三种计算方法，即生产法、收入法和支出法。三种方法分别从不同的方面反映地区生产总值及其构成。

三次产业　三产业的划分是世界上较为常用的产业结构分类，但各国的划分不尽一致。我国的三次产业划分是：

第一产业是指农业、林业、畜牧业、渔业和农林牧渔服务业。

第二产业是指采矿业，制造业，电力、煤气及水的生产和供应业，建筑业。

第三产业是指除第一、二产业以外的其他行业。

支出法地区生产总值　是从最终使用的角度反映一个国家(或地区)一定时期内生产活动最终成果的一种方法，包括最终消费支出、资本形成总额及货物和服务净出口三部分。计算公式为：

支出法地区生产总值=最终消费支出+资本形成总额+货物和服务净出口

最终消费支出　指常住单位为满足物质、文化和精神生活的需要，从本国经济领土和国外购买的货物和服务的支出。它不包括非常住单位在本国经济领土内的消费支出。最终消费支出分为居民消费支出和政府消费支出。

居民消费支出　指常住住户在一定时期内对于货物和服务的全部最终消费支出。居民消费支出除了直接以货币形式购买的货物和服务的消费支出外，还包括以其他方式获得的货物和服务的消费支出，即所谓的虚拟消费支出。居民虚拟消费支出包括如下几种类型：单位以实物报酬及实物转移的形式提供给劳动者的货物和服务；住户生产并由本住户消费了的货物和服务，其中的服务仅指住户的自有住房服务和付酬的家庭雇员提供的家庭和个人服务；金融机构提供的金融媒介服务。

政府消费支出　指政府部门为全社会提供的公共服务的消费支出和免费或以较低的价格向居民住户提供的货物和服务的净支出，前者等于政府服务的产出价值减去政府单位所获得的经营收入的价值，后者等于政府部门免费或以较低价格向居民住户提供的货物和服务的市场价值减去向住户收取的价值。

资本形成总额　指常住单位在一定时期内获得减去处置的固定资产和存货的净额，包括固定资本形成总额和存货增加两部分。

固定资本形成总额　指常住单位在一定时期内获得的固定资产减处置的固定资产的价值总额。固定资产是通过生产活动生产出来的，且其使用年限在一年以上、单位价值在规定标准以上的资产，不包括自然资产。可分为有形固定资本形成总额和无形固定资本形成总额。有形固定资本形成总额包括一定时期内完成的建筑工程、安装工程和设备工器具购置(减处置)价值，以及土地改良、新增役、种、奶、毛、娱乐用牲畜和新增经济林木价值。无形固定资本形成总额包括矿藏的勘探、计算机软件等获得减处置。

Explanatory Notes on Main Statistical Indicators

Gross Domestic Product (GDP) refers to the final products at market prices produced by all resident units in a country (or a region) during a certain period of time. Gross domestic product is expressed in three different perspectives, namely value, income, and products respectively. GDP in its value perspective refers to the total value of all goods and services produced by all resident units during a certain period of time, minus the total value of input of goods and services of the nature of non-fixed assets; in other words, it is the sum of the value-added of all resident units. GDP from the perspective of income includes the primary income created by all resident units and distributed to resident and non-resident units. GDP from the perspective of products refers to the value of all goods and services for final demand by all resident units minus the imports of goods and services during a given period of time. In the practice of national accounting, gross domestic product is calculated from three approaches, namely production approach, income approach and expenditure approach, which reflect gross domestic product and its composition from different angles.

Three Strata of Industry Classification of economic activities into three strata of industry is a common practice in the world, although the grouping varies to some extent from country to country. In China economic activities are categorized into the following three strata of industry:

Primary industry refers to agriculture, forestry, animal husbandry and fishery and services in support of these industries.

Secondary industry refers to mining and quarrying, manufacturing, production and supply of electricity, water and gas, and construction.

Tertiary industry refers to all other economic activities not included in the primary or secondary industries.

GDP by Expenditure Approach refers to the method of measuring the final results of production activities of a country (region) during a given period from the perspective of final uses. It includes final consumption expenditure, gross capital formation and net export of goods and services. The formula for computation is.:

GDP by expenditure approach = final consumption expenditure + gross capital formation + net export of goods and services

Final Consumption Expenditure refers to the total expenditure of resident units for purchases of goods and services from both the domestic economic territory and abroad to meet the needs of material, cultural and spiritual life. It does not include the expenditure of non-resident units on consumption in the economic territory of the country. The final consumption expenditure is broken down into household consumption expenditure and government consumption expenditure.

Household Consumption Expenditure refers to the total expenditure of resident households on the final consumption of goods and services. In addition to the consumption of goods and services bought by the households directly with money, the household consumption expenditure also includes expenditure on goods and services obtained by the households in other ways, i.e. the so-called imputed consumption expenditure, which includes the following: (a) the goods and services provided to households by employers in the form of payment in kind and transfer in kind; (b) goods and services produced and consumed by the households themselves, in which the services refer to the owner-occupied housing and services offered by payed family employees; (c) financial intermediate services provided by financial institution.

Government Consumption Expenditure refers to the consumption expenditure spent for the provision of public services provided by the government to the whole country and the net expenditure on the goods and services provided by the government to households free of charge or at reduced prices. The former equals to the output value of the government services minus the value of operating income obtained by the government departments. The latter equals to the market value of the goods and services provided by the government free of charge or at reduced prices to the households minus the value received by the government from the households.

Gross Capital Formation refers to the fixed assets acquired less disposals and the net value of inventory, thus including gross fixed capital formation and changes in inventories.

Gross Fixed Capital Formation refers to the value of acquisitions less those disposals of fixed assets during a given period. Fixed assets are the assets produced through production activities with unit value above a specified amount and which could be used for over one year. Natural assets are not included. Gross fixed capital formation can be categorized into total tangible fixed capital formation and total intangible fixed capital formation. Total tangible fixed capital formation includes the value of the construction projects and installation projects completed and the equipment, apparatus and instruments purchased (less those disposed) as well as the value of land improved, the value of draught animals, breeding stock and animals for milk, for wool and for recreational purposes and the newly increased forest with economic value. Total intangible fixed capital formation includes the prospecting of minerals and the acquisition of computer software minus the disposal of them.

第三篇　人口、就业人员和职工工资

CHAPTER 3 POPULATION.EMPLOYMENT AND WAGE

黑龙江统计年鉴

HEILONGJIANG STATISTICAL YEARBOOK

3-1 人口和就业基本情况
POPULATION AND EMPLOYMENT

指　标	Item	2006	2007	2008	2009	2010
人口	**Population**					
总人口(万人)	Total Population (10000 persons)	3823.0	3824.0	3825.0	3826.0	3833.4
男	Male	1942.5	1931.1	1933.2	1943.6	1943.6
女	Female	1880.5	1892.9	1891.8	1882.4	1889.8
市　镇	Urban	2045.3	2061.1	2119.0	2123.4	2133.7
乡　村	Rural	1777.7	1762.9	1706.0	1702.6	1699.7
性别比(女性=100)	Sex Ratio (Female=100)	103.3	102.0	102.2	103.3	102.8
出生率(‰)	Birth Rate (‰)	7.57	7.88	7.91	7.48	7.35
死亡率(‰)	Death Rate (‰)	5.18	5.39	5.68	5.42	5.03
自然增长率(‰)	Natural Growth Rate (‰)	2.39	2.49	2.23	2.06	2.32
就业	**Employment**					
就业人员合计(万人)	Total Number of Employed Persons (10000 persons)	1784.1	1827.6	1852.4	1877.0	1932.0
第一产业	Primary Industry	806.1	798.7	803.8	811.7	798.6
第二产业	Secondary Industry	374.9	395.2	385.1	386.5	374.4
第三产业	Tertiary Industry	603.1	633.7	663.5	678.7	759.0
就业人员构成(%)	Composition of Employed Persons (%)					
第一产业	Primary Industry	45.2	43.7	43.4	43.2	41.3
第二产业	Secondary Industry	21.0	21.6	20.8	20.6	19.4
第三产业	Tertiary Industry	33.8	34.7	35.8	36.2	39.3
按城乡分就业人员(万人)	Number of Employed Persons by Urban and Rural Areas (10000 persons)					
城镇就业人员	Urban Employed Persons	839.7	878.2	886.1	898.8	942.6
国有单位	State-owned Units	313.6	319.0	318.3	334.4	332.4
集体单位	Collective-owned Units	36.5	32.9	30.6	29.1	22.0
其他单位	Units of Other Types of Ownership	146.4	150.6	126.2	105.6	105.6
私营单位	Private Units	82.8	92.5	108.5	112.0	147.7
个　体	Self-employed Individuals	260.4	283.2	302.6	317.7	334.9
乡村就业人员	Rural Employed Persons	944.3	949.4	966.3	978.2	989.4
女性单位就业人员(万人)	Number of Female Employment in Units (10000 persons)	175.0	172.8	167.5	168.4	162.3
城镇登记失业人数(万人)	Number of Registered Unemployed Persons in Urban Areas (10000 persons)	31.2	31.5	32.1	31.4	36.2
城镇登记失业率(%)	Registered Unemployment Rate in Urban Areas(%)	4.4	4.3	4.23	4.27	4.27
就业人员平均工资(元)	Average Wage of Employment (yuan)	16505	19386	23046	26535	29603
国有单位	State-owned Units	16374	19635	23230	27842	30675
集体单位	Collective-owned Units	9182	10779	13198	16425	19971
私营单位	Private Units				15367	16924
其他单位	Other Units	18696	20907	25083	25628	28519

3-2 年末人口数

TOTAL POPULATION AT YEAR-END

单位：万人、%　　　　(10000 persons,%)

年 份 Year	总人口 Total Population	按性别分 By Sex				按城乡分 By Residence			
		男 Male		女 Female		城镇 Urban		乡村 Rural	
		人口数 Population	比 重 Proportion	人口数 Population	比 重 Proportion	人口数 Population	比 重 Proportion	人口数 Population	比 重 Proportion
1952	1110.5	599.5	54.0	511.0	46.0	319.8	28.8	790.7	71.2
1953	1189.7	646.4	54.3	543.3	45.7	378.9	31.8	810.8	68.2
1954	1250.2	676.2	54.1	574.0	45.9	416.7	33.3	833.5	66.7
1955	1321.2	714.2	54.1	607.0	45.9	433.8	32.8	887.4	67.2
1956	1418.2	770.9	54.4	647.3	45.6	496.0	35.0	922.2	65.0
1957	1478.5	796.8	53.9	681.7	46.1	545.1	36.9	933.4	63.1
1958	1563.7	842.2	53.9	721.5	46.1	587.1	37.5	976.6	62.5
1959	1682.0	908.1	54.0	773.9	46.0	741.9	44.1	940.1	55.9
1960	1807.1	973.4	53.9	833.7	46.1	877.6	48.6	929.5	51.4
1961	1897.1	1018.4	53.7	878.7	46.3	900.1	47.4	997.0	52.6
1962	1893.5	1001.8	52.9	891.7	47.1	811.2	42.8	1082.3	57.2
1963	1972.0	1041.0	52.8	931.0	47.2	796.0	40.4	1176.0	59.6
1964	2053.3	1078.7	52.5	974.6	47.5	811.5	39.5	1241.8	60.5
1965	2133.9	1116.8	52.3	1017.1	47.7	805.6	37.8	1328.3	62.2
1966	2188.6	1143.9	52.3	1044.7	47.7	822.2	37.6	1366.4	62.4
1967	2258.9	1179.6	52.2	1079.3	47.8	842.0	37.3	1416.9	62.7
1968	2343.4	1218.8	52.0	1124.6	48.0	867.2	37.0	1476.2	63.0
1969	2440.8	1264.7	51.8	1176.1	48.2	865.9	35.5	1574.9	64.5
1970	2522.6	1306.9	51.8	1215.7	48.2	907.3	36.0	1615.3	64.0
1971	2627.2	1361.6	51.8	1265.6	48.2	936.7	35.7	1690.5	64.3
1972	2723.4	1409.7	51.8	1313.7	48.2	1007.3	37.0	1716.1	63.0
1973	2818.6	1459.4	51.8	1359.2	48.2	1034.0	36.7	1784.6	63.3
1974	2894.0	1496.6	51.7	1397.4	48.3	1059.1	36.6	1834.9	63.4
1975	2958.1	1528.7	51.7	1429.4	48.3	1078.8	36.5	1879.3	63.5
1976	3019.4	1558.3	51.6	1461.1	48.4	1093.7	36.2	1925.7	63.8
1977	3072.5	1585.3	51.6	1487.2	48.4	1118.2	36.4	1954.3	63.6
1978	3129.6	1614.2	51.6	1515.4	48.4	1122.9	35.9	2006.7	64.1
1979	3168.7	1629.2	51.4	1539.5	48.6	1181.4	37.3	1987.3	62.7
1980	3203.8	1642.4	51.3	1561.4	48.7	1232.7	38.5	1971.1	61.5
1981	3239.3	1660.3	51.3	1579.0	48.7	1275.3	39.4	1964.0	60.6
1982	3281.1	1677.9	51.1	1603.2	48.9	1309.4	39.9	1971.7	60.1
1983	3306.0	1692.0	51.2	1614.0	48.8	1356.8	41.0	1949.2	59.0
1984	3331.0	1706.0	51.2	1625.0	48.8	1398.0	42.0	1933.0	58.0
1985	3357.0	1718.2	51.2	1638.8	48.8	1440.5	42.9	1916.5	57.1
1986	3385.0	1733.6	51.2	1651.4	48.8	1485.3	43.9	1899.7	56.1
1987	3424.0	1753.0	51.2	1671.0	48.8	1536.0	44.9	1888.0	55.1
1988	3466.0	1774.4	51.2	1691.6	48.8	1589.9	45.9	1876.1	54.1
1989	3510.0	1796.6	51.2	1713.4	48.8	1646.5	46.9	1863.5	53.1
1990	3543.0	1812.0	51.1	1731.0	48.9	1699.2	48.0	1843.8	52.0
1991	3575.0	1827.5	51.1	1747.5	48.9	1753.2	49.0	1821.8	51.0
1992	3608.0	1844.0	51.1	1764.0	48.9	1809.1	50.1	1798.9	49.9
1993	3640.0	1861.1	51.1	1778.9	48.9	1866.2	51.3	1773.8	48.7
1994	3672.0	1873.0	51.0	1799.0	49.0	1924.9	52.4	1747.1	47.6
1995	3701.0	1887.5	51.0	1813.5	49.0	1985.9	53.7	1715.1	46.3
1996	3728.0	1901.3	51.0	1826.7	49.0	2007.5	53.8	1720.5	46.2
1997	3751.0	1912.0	51.0	1839.0	49.0	2021.8	53.9	1729.2	46.1
1998	3773.0	1923.5	51.0	1849.5	49.0	2037.4	54.0	1735.6	46.0
1999	3792.0	1933.2	51.0	1858.8	49.0	2055.3	54.2	1736.7	45.8
2000	3807.0	1945.8	51.1	1861.2	48.9	1977.4	51.9	1829.6	48.1
2001	3811.0	1948.2	51.1	1862.8	48.9	1996.2	52.4	1814.8	47.6
2002	3813.0	1953.0	51.2	1860.0	48.8	2004.5	52.6	1808.5	47.4
2003	3815.0	1940.4	50.9	1874.6	49.1	2006.3	52.6	1808.7	47.4
2004	3816.8	1937.8	50.8	1879.0	49.2	2014.5	52.8	1802.3	47.2
2005	3820.0	1933.1	50.6	1886.9	49.4	2028.4	53.1	1791.6	46.9
2006	3823.0	1942.5	50.8	1880.5	49.2	2045.3	53.5	1777.7	46.5
2007	3824.0	1931.1	50.5	1892.9	49.5	2061.1	53.9	1762.9	46.1
2008	3825.0	1933.2	50.5	1891.8	49.5	2119.0	55.4	1706.0	44.6
2009	3826.0	1943.6	50.8	1882.4	49.2	2123.4	55.5	1702.6	44.5
2010	3833.4	1943.6	50.7	1889.8	48.3	2133.7	55.7	1699.7	44.3

3-3 人口出生率、死亡率、自然增长率

BIRTH RATE, DEATH RATE AND NATURAL GROWTH RATE OF POPULATION

单位：‰　　(‰)

年份 Year	全省 Provincial 出生率 Birth Rate	全省 Provincial 死亡率 Death Rate	全省 Provincial 自然增长率 Natural Growth Rate	市 City 出生率 Birth Rate	市 City 死亡率 Death Rate	市 City 自然增长率 Natural Growth Rate	县 County 出生率 Birth Rate	县 County 死亡率 Death Rate	县 County 自然增长率 Natural Growth Rate
1957	36.59	10.45	26.14	48.33	9.50	38.83	33.01	10.74	22.27
1962	35.46	8.62	26.84	38.94	8.08	30.86	33.79	8.87	24.92
1965	40.38	8.00	32.38	40.11	6.08	34.03	40.47	8.67	31.80
1970	34.80	5.81	28.99	30.78	5.21	25.57	36.04	6.00	30.04
1975	21.98	5.43	16.55	16.21	5.11	11.10	23.70	5.53	18.17
1978	16.84	4.68	12.16	14.12	4.91	9.21	17.64	4.61	13.03
1980	13.49	4.86	8.63	11.74	4.77	6.97	14.07	4.89	9.18
1985	15.04	4.76	10.28	13.39	5.22	8.17	16.86	3.86	13.00
1990	18.11	6.35	11.76	15.43	5.92	9.51	20.71	6.79	13.92
1991	15.89	5.70	10.19	12.30	5.42	6.88	17.05	5.73	11.32
1992	16.25	6.12	10.13	12.88	5.40	7.48	17.65	6.55	11.10
1993	15.90	5.52	10.38	15.37	5.88	9.49	16.10	5.65	10.45
1994	15.15	5.47	9.68	14.91	5.06	9.85	15.39	6.18	9.21
1995	13.23	5.33	7.90	12.09	5.30	6.79	13.72	5.34	8.38
1996	12.40	5.05	7.35	12.28	5.02	7.26	12.43	5.06	7.37
1997	12.02	5.17	6.85	11.46	5.02	6.44	12.91	5.35	7.56
1998	11.68	5.32	6.36	10.24	4.67	5.57	13.31	6.07	7.25
1999	10.55	5.49	5.06	9.56	4.68	4.87	11.23	5.86	5.37
2000	9.43	5.50	3.93	8.76	4.94	3.82	10.11	6.10	4.01
2001	8.48	5.49	2.99	7.56	5.31	2.25	9.44	5.82	3.62
2002	7.98	5.44	2.54	7.30	5.29	2.01	9.12	5.61	3.51
2003	7.48	5.45	2.03	5.80	4.60	1.20	9.30	6.40	2.90
2004	7.27	5.45	1.82	5.15	3.97	1.18	9.53	7.02	2.51
2005	7.87	5.20	2.67	5.81	4.74	1.07	10.57	5.80	4.77
2006	7.57	5.18	2.39	5.82	4.86	0.96	9.18	4.90	4.28
2007	7.88	5.39	2.49	6.25	4.89	1.36	9.85	6.02	3.83
2008	7.91	5.68	2.23	6.94	5.77	1.17	9.21	5.55	3.66
2009	7.48	5.42	2.06	6.55	5.40	1.15	8.76	5.54	3.22
2010	7.35	5.03	2.32						

3-4 人口年龄构成和抚养比
AGE COMPOSITION AND DEPENDENCY RATIO OF POPULATION

年 份 Year	人口数 （万人） Total Population (10000 persons)	0-14岁 Aged 0-14	15-64岁 Aged 15-64	65岁及以上 Aged 65 and over	总抚养比（%） Gross Dependency Ratio(%)	少年儿童抚养比 Children Dependency Ratio	老人人口抚养比 Old Dependency Ratio
1985	3357.0	1053.8	2175.1	128.0	54.3	48.5	5.9
1986	3385.0	1020.7	2230.6	133.7	51.8	45.8	6.0
1987	3424.0	993.4	2305.5	125.0	48.5	43.1	5.4
1988	3466.0	931.3	2403.4	131.3	44.2	38.7	5.5
1989	3510.0	957.1	2412.1	140.9	45.5	39.7	5.8
1990	3543.0	944.3	2463.7	135.0	43.8	38.3	5.5
1991	3575.0	990.9	2438.9	145.2	46.6	40.6	6.0
1992	3608.0	984.6	2474.0	149.4	45.8	39.8	6.0
1993	3640.0	881.6	2613.3	145.1	39.3	33.8	5.6
1994	3672.0	869.1	2649.9	153.1	38.6	32.8	5.8
1995	3701.0	868.1	2663.5	169.5	38.9	32.6	6.4
1996	3728.0	802.0	2732.5	193.5	36.4	29.4	7.1
1997	3751.0	798.9	2757.0	195.1	36.1	29.0	7.1
1998	3773.0	776.0	2800.5	196.5	34.7	27.7	7.0
1999	3792.0	778.1	2808.5	205.3	35.0	27.7	7.3
2000	3807.0	719.1	2876.0	211.7	32.4	25.0	7.4
2001	3811.0	699.0	2882.0	230.0	32.2	24.3	8.0
2002	3813.0	648.2	2922.3	242.5	30.5	22.2	8.3
2003	3815.0	604.3	2957.1	253.6	29.0	20.4	8.6
2004	3816.8	555.0	3002.6	259.2	27.1	18.5	8.6
2005	3820.0	563.7	2966.5	289.8	28.8	19.0	9.8
2006	3823.0	536.4	2979.3	307.4	28.3	18.0	10.3
2007	3824.0	501.3	2978.5	344.2	28.4	16.8	11.6
2008	3825.0	481.6	2990.4	353.0	27.9	16.1	11.8
2009	3826.0	464.1	2999.2	362.7	27.6	15.5	12.1
2010	3833.4	458.5	3056.0	318.9	25.4	15.0	10.4

3-5 按年龄和性别分人口数

POPULATION BY AGE AND SEX

年龄	Age	合计 Total			男 Male			女 Female		
		1995	2005	2010	1995	2005	2010	1995	2005	2010
人口数（万人）	**Population (10000 persons)**									
总 计	**Total**	**3701.0**	**3820.0**	**3833.4**	**1887.5**	**1932.9**	**1943.6**	**1813.5**	**1887.1**	**1889.8**
0-4岁	Age 0-4	217.9	151.3	137.4	113.1	79.5	72.1	104.8	71.8	65.3
5-9岁	Age 5-9	336.5	178.8	149.1	173.3	92.4	77.8	163.3	86.4	71.3
10-14岁	Age 10-14	313.6	233.8	169.1	160.8	121.1	87.8	152.9	112.7	81.3
15-19岁	Age 15-19	297.6	280.4	225.1	152.6	144.8	114.6	145.0	135.6	110.5
20-24岁	Age 20-24	371.0	234.5	332.0	188.7	117.7	166.6	182.3	116.8	165.4
25-29岁	Age 25-29	396.0	276.6	281.8	202.3	140.2	142.0	193.7	136.4	139.7
30-34岁	Age 30-34	369.8	388.9	306.7	188.0	196.6	156.6	181.8	192.3	150.0
35-39岁	Age 35-39	320.0	413.3	395.1	161.0	210.5	202.7	159.0	202.8	192.3
40-44岁	Age 40-44	298.1	391.2	400.6	150.2	197.5	206.3	147.9	193.7	194.3
45-49岁	Age 45-49	208.3	324.3	366.5	103.8	163.9	186.7	104.5	160.4	179.9
50-54岁	Age 50-54	148.3	301.8	302.7	72.9	150.4	153.2	75.4	151.4	149.5
55-59岁	Age 55-59	142.6	212.4	268.2	72.3	103.5	132.9	70.3	108.9	135.2
60-64岁	Age 60-64	111.8	142.9	182.1	59.4	68.8	89.3	52.4	74.1	92.8
65-69岁	Age 65-69	79.5	126.4	115.5	42.6	63.0	55.4	36.9	63.4	60.1
70-74岁	Age 70-74	49.2	87.1	97.5	26.3	44.3	47.7	22.9	42.8	49.8
75-79岁	Age 75-79	23.5	47.4	59.3	12.2	25.2	29.8	11.3	22.2	29.5
80-84岁	Age 80-84	12.4	21.4	30.1	6.0	10.2	15.2	6.4	11.2	14.9
85-89岁	Age 85-89	3.9	5.8	11.0	1.7	2.6	5.3	2.1	3.2	5.7
90岁及以上	Age 90 and Over	1.0	1.7	3.8	0.4	0.7	1.7	0.6	1.0	2.1
构成（%）	**Composition(%)**									
总 计	**Total**	**100.0**	**100.0**	**100.0**	**100.0**	**100.0**	**100.0**	**100.0**	**100.0**	**100.0**
0-4岁	Age 0-4	5.9	4.0	3.6	6.0	4.1	3.7	5.8	3.8	3.5
5-9岁	Age 5-9	9.1	4.7	3.9	9.2	4.8	4.0	9.0	4.6	3.8
10-14岁	Age 10-14	8.5	6.1	4.4	8.5	6.2	4.5	8.4	6.0	4.3
15-19岁	Age 15-19	8.0	7.3	5.9	8.1	7.5	5.9	8.0	7.2	5.8
20-24岁	Age 20-24	10.0	6.1	8.7	10.0	6.1	8.6	10.1	6.2	8.8
25-29岁	Age 25-29	10.7	7.3	7.4	10.7	7.2	7.3	10.7	7.2	7.4
30-34岁	Age 30-34	10.0	10.2	8.0	10.0	10.2	8.1	10.0	10.2	7.9
35-39岁	Age 35-39	8.6	10.8	10.3	8.5	10.9	10.4	8.8	10.7	10.2
40-44岁	Age 40-44	8.1	10.2	10.5	8.0	10.2	10.6	8.2	10.2	10.3
45-49岁	Age 45-49	5.6	8.5	9.6	5.5	8.5	9.6	5.8	8.5	9.5
50-54岁	Age 50-54	4.0	7.9	7.9	3.9	7.8	7.9	4.2	8.0	7.9
55-59岁	Age 55-59	3.9	5.6	7.0	3.8	5.4	6.8	3.9	5.8	7.2
60-64岁	Age 60-64	3.0	3.7	4.7	3.1	3.6	4.6	2.9	3.9	4.9
65-69岁	Age 65-69	2.1	3.3	3.0	2.3	3.3	2.8	2.0	3.4	3.2
70-74岁	Age 70-74	1.3	2.3	2.5	1.4	2.3	2.5	1.3	2.2	2.6
75-79岁	Age 75-79	0.6	1.2	1.5	0.6	1.3	1.6	0.6	1.2	1.6
80-84岁	Age 80-84	0.3	0.6	0.8	0.3	0.5	0.8	0.4	0.6	0.8
85-89岁	Age 85-89	0.1	0.2	0.3	0.1	0.1	0.3	0.1	0.2	0.3
90岁及以上	Age 90 and Over			0.1			0.1		0.1	0.1

注：2010年按年龄和性别分人口数为快速汇总推算数。
Note:Population in 2010 was the quick summary.

3-6 各地区年末人口数 (2010年)

POPULATION AT YEAR-END BY REGION (2010)

单位：万人，%　　(10000 persons,%)

地　区	Region	总人口 Total Population	按性别分 By Sex 男 Male 人口数 Population	比重 Proportion	女 Female 人口数 Population	比重 Proportion	非农业人口 Non-agricultural Population 人口数 Population	比重 Proportion	农业人口 Agricultural Population 人口数 Population	比重 Proportion
哈尔滨	Harbin	992.0	500.9	50.5	491.1	49.5	475.8	48.0	516.2	52.0
齐齐哈尔	Qiqihar	568.1	288.0	50.7	280.1	49.3	203.6	35.8	364.5	64.2
鸡　西	Jixi	189.2	95.5	50.5	93.7	49.5	119.7	63.3	69.5	36.7
鹤　岗	Hegang	109.1	54.7	50.1	54.4	49.9	88.3	80.9	20.8	19.1
双鸭山	Shuangyashan	151.6	76.7	50.6	74.9	49.4	96.7	63.8	54.9	36.2
大　庆	Daqing	279.8	140.4	50.2	139.4	49.8	141.0	50.4	138.8	49.6
伊　春	Yichun	127.0	63.6	50.1	63.4	49.9	109.1	85.9	17.9	14.1
佳木斯	Jiamusi	252.7	128.1	50.7	124.6	49.3	126.3	50.0	126.4	50.0
七台河	Qitaihe	92.9	47.9	51.6	44.9	48.4	53.8	57.9	39.1	42.1
牡丹江	Mudanjiang	268.9	135.2	50.3	133.7	49.7	147.4	54.8	121.5	45.2
黑　河	Heihe	173.3	88.1	50.8	85.2	49.2	98.0	56.5	75.4	43.5
绥　化	Suihua	586.2	298.0	50.8	288.2	49.2	154.3	26.3	431.9	73.7
大兴安岭	Daxinganling	52.0	26.5	51.0	25.5	49.0	45.5	87.4	6.6	12.6

注：本表根据公安年报计算(下表同)。
Note: Data in this table are calculated in accordance with police annual report forms. The same as next table.

3-7 各地区人口出生率、死亡率、自然增长率

BIRTH RATE, DEATH RATE AND NATURAL GROWTH RATE BY REGION

单位：‰　　(‰)

地　区	Region	出生率 Birth Rate 2000	2008	2009	死亡率 Death Rate 2000	2008	2009	自然增长率 Natural Growth Rate 2000	2008	2009
哈尔滨	Harbin	9.61	9.64	8.47	6.28	4.52	4.35	3.33	5.12	4.12
齐齐哈尔	Qiqihar	10.70	9.54	9.51	5.45	6.15	4.45	5.24	3.39	5.06
鸡　西	Jixi	8.76	6.97	6.55	4.57	5.72	5.29	4.19	1.25	1.26
鹤　岗	Hegang	9.95	6.20	5.99	6.47	5.76	6.17	3.48	0.44	-0.17
双鸭山	Shuangyashan	11.75	7.43	7.01	5.11	5.72	6.72	6.64	1.71	0.29
大　庆	Daqing	9.65	9.79	9.53	5.26	2.95	3.38	4.39	6.84	6.15
伊　春	Yichun	12.91	5.64	5.51	5.50	6.11	6.85	7.40	-0.47	-1.34
佳木斯	Jiamusi	11.37	9.72	8.93	5.69	4.70	4.68	5.68	5.02	4.24
七台河	Qitaihe	18.97	9.65	11.14	6.57	5.02	4.85	12.40	4.63	6.29
牡丹江	Mudanjiang	9.17	6.92	5.53	5.40	4.15	3.55	3.77	2.77	1.99
黑　河	Heihe	9.91	7.94	8.05	5.35	5.67	5.38	4.56	2.27	2.67
绥　化	Suihua	9.91	12.10	10.12	4.42	6.14	4.66	5.50	5.96	5.46
大兴安岭	Daxinganling	10.74	6.20	5.37	4.10	5.89	6.28	6.64	0.31	-0.92

注：暂无2010年数据。
Note:No 2010 data.

3-8 各行业年末就业人数

NUMBER OF EMPLOYED PERSONS AT YEAR-END BY SECTOR

单位：万人、人 (10000 persons, person)

年份 地区	Year Region	总计 Total	农、林、牧、渔业 Agriculture, Forestry, Animal Husbandry and Fishery	采矿业 Mining	制造业 Manufacturing	电力、燃气及水的生产供应业 Production and Supply of Electricity, Gas and Water	建筑业 Construction	交通运输仓储及邮政业 Transport, Storage and Post
	2003	1614.0	827.7	39.1	181.7	15.6	80.4	69.3
	2004	1681.1	812.1	45.4	191.2	17.7	101.7	69.2
	2005	1748.9	804.4	50.3	189.4	19.0	108.0	69.5
	2006	1784.1	806.1	55.4	189.0	18.1	112.5	70.8
	2007	1827.6	798.7	56.1	199.3	18.5	121.3	72.5
	2008	1852.4	803.8	54.3	192.4	18.7	119.7	75.8
	2009	1877.0	811.7	51.8	187.1	18.7	128.9	74.5
	2010	1932.0	798.6	50.7	173.8	20.5	129.4	75.2
哈尔滨	Harbin	4749847	1510887	8404	592555	41064	405459	181759
齐齐哈尔	Qiqihar	2636868	1358462	5776	230554	17834	212735	67820
鸡西	Jixi	781532	280589	90974	60635	11131	33843	33004
鹤岗	Hegang	435235	101289	89396	41150	4627	13581	13296
双鸭山	Shuangyashan	592977	216084	55514	40347	9336	35085	24535
大庆	Daqing	1626873	517144	123898	147815	23638	142747	50372
伊春	Yichun	496444	183070	6890	71053	13044	23392	16890
佳木斯	Jiamusi	1152562	562800	7495	80846	14150	46845	31196
七台河	Qitaihe	447608	110512	92280	37119	2871	17107	13435
牡丹江	Mudanjiang	1563220	516314	17051	146957	31675	91187	69602
黑河	Heihe	641102	324839	4653	32562	7302	30799	26132
绥化	Suihua	2596526	1550450	1018	182679	15043	189123	96419
大兴安岭	Daxinganling	537401	107090	2693	15928	5787	16464	6770
农垦总局	ARB	887282	645628	1312	54822	7792	24026	6913
其他	Others	174960	535		3233		11580	114262

3-8 续表1 CONTINUED

单位：万人、人 (10000 persons, person)

年份 地区	Year Region	信息传输、计算机服务和软件业 Information Transmission, Computer Services and Software	批发和零售业 Wholesale and Retail Trades	住宿和餐饮业 Hotels and Catering Services	金融业 Financial Intermediation	房地产业 Real Estate	租赁和商务服务业 Leasing and Business Services	科学研究技术服务和地质勘查业 Scientific Research, Technical Service and Geologic Prospecting
	2003	6.3	133.5	34.0	12.2	4.6	6.4	9.2
	2004	9.9	150.6	56.8	12.4	6.7	19.3	10.4
	2005	11.2	158.2	60.9	14.4	7.7	28.8	11.0
	2006	15.6	167.5	62.0	15.1	13.1	17.1	11.3
	2007	17.5	183.0	66.2	15.3	10.8	19.8	12.1
	2008	17.4	190.9	76.3	14.7	9.4	22.0	13.9
	2009	21.1	192.1	73.8	16.0	11.8	24.0	15.1
	2010	24.1	203.9	80.2	17.2	12.2	30.8	17.7
哈尔滨	Harbin	81995	658988	216496	50044	39643	109780	76483
齐齐哈尔	Qiqihar	24082	258190	96166	16401	6441	23439	6812
鸡西	Jixi	6990	88199	44969	7972	5314	11259	3421
鹤岗	Hegang	4377	52167	14081	5328	7298	10957	1715
双鸭山	Shuangyashan	9008	47007	21932	4952	5578	8938	1809
大庆	Daqing	18637	204916	71908	13795	9493	19692	58025
伊春	Yichun	6158	48284	23762	7917	11200	7173	4549
佳木斯	Jiamusi	15489	133754	51924	14688	5966	16395	8473
七台河	Qitaihe	7465	51277	31887	4303	4667	3632	1633
牡丹江	Mudanjiang	33048	216879	99139	23663	9201	37488	3064
黑河	Heihe	6632	72821	29030	5563	2872	6711	2450
绥化	Suihua	18995	149017	69262	13623	8576	23832	3838
大兴安岭	Daxinganling	2836	24654	16672	2415	1905	3296	1601
农垦总局	ARB	4569	29973	9369	1219	1438	7542	2064
其他	Others	494	3017	5509	55	2687	18161	1268

3-8 续表2 CONTINUED

单位：万人、人 (10000 persons, person)

年 份 地 区	Year Region	水利、环境和公共设施管理业 Management of Water Conservancy, Environment and Public Facilities	居民服务和其他服务业 Services to Households and Other Services	教 育 Education	卫生、社会保障和社会福利业 Sanitation, Social Security and Social Welfare	文化、体育和娱乐业 Culture, Sports and Entertainment	公共管理和社会组织 Public Management and Social Organization
	2003	8.0	58.4	60.4	22.8	6.3	38.1
	2004	13.9	35.7	57.0	24.5	7.2	39.3
	2005	10.0	62.5	71.2	23.1	7.0	42.3
	2006	11.4	45.8	86.1	35.7	8.0	43.6
	2007	11.8	50.7	85.6	36.2	8.6	43.6
	2008	11.7	59.9	79.9	36.9	9.4	45.3
	2009	12.8	61.2	84.2	38.9	9.1	44.2
	2010	15.6	96.8	88.5	42.2	9.1	45.5
哈尔滨	Harbin	34508	200410	281751	114130	25979	119512
齐齐哈尔	Qiqihar	14810	62525	131102	58046	7084	38589
鸡 西	Jixi	5106	26206	31852	14408	3079	22581
鹤 岗	Hegang	9331	16555	18493	10208	6306	15080
双鸭山	Shuangyashan	8017	22219	38224	19039	2004	23349
大 庆	Daqing	5813	89290	59170	28182	6400	35938
伊 春	Yichun	5708	17176	14508	14869	4693	16108
佳木斯	Jiamusi	10607	31923	49822	28167	10857	31165
七台河	Qitaihe	5606	27566	16329	6515	2187	11217
牡丹江	Mudanjiang	28261	81116	63809	53732	7528	33506
黑 河	Heihe	5249	18824	24777	12717	3081	24088
绥 化	Suihua	7720	49135	122272	41516	8307	45701
大兴安岭	Daxinganling	1544	304840	5898	3980	1835	11193
农垦总局	ARB	13278	14035	26850	16272	869	19311
其 他	Others		6411	586	329	301	6532

3-9 各行业年末就业人数(2000－2002年)
NUMBER OF EMPLOYED PERSONS AT YEAR-END BY SECTOR (2000－2002)

单位：万人 (10000 persons)

行 业	Sectors	2000	2001	2002
总 计	**Total**	**1600.8**	**1592.6**	**1603.1**
农林牧渔业	Agriculture, Forestry, Animal Husbandry and Fishery	808.5	808.3	811.0
采掘业	Mining and Quarrying	77.5	73.9	70.2
制造业	Manufacturing	185.7	181.5	178.8
电力、煤气及水的生产和供应业	Production and Supply of Electricity, Gas and Water	14.4	14.6	15.5
建筑业	Construction	69.6	68.7	74.0
地质勘查和水利管理业	Geological Prospecting and Water Conservancy	5.7	5.4	5.7
交通运输、仓储及邮电通信业	Transport, Storage, Postal and Telecommunication Services	67.8	67.3	67.5
批发零售贸易餐饮业	Wholesale and Retail Trades and Catering Services	164.5	169.0	165.4
金融保险业	Finance and surance	11.5	11.6	11.8
房地产业	Real Estate	4.8	5.1	6.1
社会服务业	Social Services	43.3	41.5	56.5
卫生体育和社会福利事业	Health Care, Sports and Social Welfare	18.8	18.7	18.5
教育、文化艺术和广播电视业	Education, Culture and Arts, Radio, Film and Television	51.1	50.9	50.3
科学研究和综合技术服务业	Scientific Research and Polytechnic Services	4.4	4.5	4.5
国家机关、政党机关和社会团体	Government Agencies, Party Agencies and Social Organizations	39.1	38.0	35.1
其他行业	Others	33.9	33.6	32.3

注：2003年起执行新的国民经济行业分类，故2003年以后数据在另表列示。
Note:Since 2003, the new category standard of national economy industry is implemented, so the data after 2003 are listed on another table.

3-10 三次产业年末就业人数

NUMBER OF EMPLOYED PERSONS AT YEAR-END BY THREE STRATA OF INDUSTRY

地　区	Region	就业人员数（万人，人） Number of Employed Persons (10000 persons, person)					构　成（%） Composition (%)			
		合　计 Total	第一产业 Primary Industry	第二产业 Secondary Industry	#工业 Industry	第三产业 Tertiary Industry	第一产业 Primary Industry	第二产业 Secondary Industry	#工业 Industry	第三产业 Tertiary Industry
1952		376.8	279.0	53.1	44.8	44.7	74.0	14.1	11.9	11.9
1957		449.9	302.2	80.3	67.1	67.4	67.2	17.8	14.9	15.0
1962		543.3	326.2	118.6	101.2	98.5	60.0	21.8	18.6	18.1
1965		598.8	348.3	129.8	105.9	120.7	58.2	21.7	17.7	20.2
1970		725.4	416.2	184.8	163.7	124.4	57.4	25.5	22.6	17.1
1975		881.4	491.3	244.0	213.9	146.1	55.7	27.7	24.3	16.6
1978		1006.9	530.0	294.5	253.6	182.4	52.6	29.2	25.2	18.1
1980		1080.7	505.6	348.0	304.6	227.1	46.8	32.2	28.2	21.0
1985		1289.6	531.5	451.9	373.6	306.2	41.2	35.0	29.0	23.7
1990		1436.2	568.7	504.7	437.8	362.8	39.6	35.1	30.5	25.3
1991		1481.9	565.8	530.0	458.6	386.1	38.2	35.8	30.9	26.1
1992		1483.4	545.5	540.1	464.4	397.8	36.8	36.4	31.3	26.8
1993		1500.2	572.6	535.2	460.4	392.4	38.2	35.7	30.7	26.2
1994		1515.2	557.5	535.9	459.8	421.8	36.8	35.4	30.3	27.8
1995		1543.1	567.5	529.8	453.9	445.8	36.8	34.3	29.4	28.9
1996		1557.8	559.3	534.8	455.9	463.7	35.9	34.3	29.3	29.8
1997		1647.6	582.0	511.5	433.8	554.1	35.3	31.0	26.3	33.6
1998		1700.0	826.5	386.7	316.3	486.8	48.6	22.7	18.6	28.6
1999		1654.2	807.9	375.9	305.7	470.4	48.8	22.7	18.5	28.4
2000		1600.8	803.7	347.3	277.7	449.8	50.2	21.7	17.3	28.1
2001		1592.6	804.6	338.7	270.0	449.3	50.5	21.3	17.0	28.2
2002		1603.1	807.6	338.5	264.4	456.9	50.4	21.1	16.5	28.5
2003		1614.0	827.7	316.9	236.5	469.4	51.3	19.6	14.7	29.1
2004		1681.1	812.1	356.0	236.6	513.0	48.3	21.2	14.1	30.5
2005		1748.9	804.4	366.7	258.7	577.8	46.0	21.0	14.8	33.0
2006		1784.1	806.1	374.9	262.4	603.1	45.2	21.0	14.7	33.8
2007		1827.6	798.7	395.2	273.8	633.7	43.7	21.6	15.0	34.7
2008		1852.4	803.8	385.1	265.3	663.5	43.4	20.8	14.3	35.8
2009		1877.0	811.7	386.5	257.6	678.7	43.2	20.6	13.7	36.2
2010		1932.0	798.6	374.4	245.1	759.0	41.3	19.4	12.7	39.3
哈尔滨	Harbin	4749847	1510887	1047482	642023	2191478	31.8	22.1	13.5	46.1
齐齐哈尔	Qiqihar	2636868	1358462	466899	254164	811507	51.5	17.7	9.6	30.8
鸡　西	Jixi	781532	280589	196583	162740	304360	35.9	25.2	20.8	38.9
鹤　岗	Hegang	435235	101289	148754	135173	185192	23.3	34.2	31.1	42.5
双鸭山	Shuangyashan	592977	216084	140282	105197	236611	36.4	23.7	17.7	39.9
大　庆	Daqing	1626873	517144	438098	295351	671631	31.8	26.9	18.2	41.3
伊　春	Yichun	496444	183070	114379	90987	198995	36.9	23.0	18.3	40.1
佳木斯	Jiamusi	1152562	562800	149336	102491	440426	48.8	13.0	8.9	38.2
七台河	Qitaihe	447608	110512	149377	132270	187719	24.7	33.4	29.6	41.9
牡丹江	Mudanjiang	1563220	516314	286870	195683	760036	33.0	18.4	12.5	48.6
黑　河	Heihe	641102	324839	75316	44517	240947	50.7	11.7	6.9	37.6
绥　化	Suihua	2596526	1550450	387863	198740	658213	59.7	14.9	7.7	25.4
大兴安岭	Daxinganling	537401	107090	40872	24408	389439	19.9	7.6	4.5	72.5
农垦总局	ARB	887282	645628	87952	63926	153702	72.8	9.9	7.2	17.3
其　他	Others	174960	535	14813	3233	159612	0.3	8.5	1.8	91.2

注：1. 1998年起从业人员中不含城镇单位离岗职工；乡村劳动力与农业普查数据衔接后，第一产业变化较大，故与以前年份不可比。
2. 2003年起执行新的国民经济行业分类标准，三次产业的划分有所调整，相关的历史数据未作调整。

Note: a) Since 1998, the number of employed persons has excluded off-post staff and workers in urban units; rural employed persons has been adjusted in accordance with the data obtained from general investigation of agriculture, as a result, the data of primary industry employed persons are not comparable with the data of the previous years

b) From 2003, the new criteria for classification of national economy trade will be performed, accordingly the division of industry will change, the relevant historical data have not been ajusted.

3-11 分城乡就业人数

单位：万人、人

行　业 地　区	Sector Region	合计 Total
	2004	1681.1
	2005	1748.9
	2006	1784.1
	2007	1827.6
	2008	1852.4
	2009	1877.0
	2010	1932.0
按行业分	**By Sector**	
农、林、牧、渔业	Agriculture, Forestry, Animal Husbandry and Fishery	7985693
采矿业	Mining	507354
制造业	Manufacturing	1738255
电力、燃气及水的生产供应业	Production and Supply of Electricity, Gas and Water	205294
建筑业	Construction	1293973
交通运输、仓储及邮政业	Transport, Storage and Post	752405
信息传输、计算机服务和软件业	Information Transmission, Computer Services and Software	240775
批发和零售业	Wholesale and Retail Trade	2039143
住宿和餐饮业	Hotels and Catering Services	802106
金融业	Financial Intermediation	171938
房地产业	Real Estate	122279
租赁和商务服务业	Leasing and Business Services	308296
科学研究、技术服务和地质勘查业	Scientific Research, Technical Service and Geologic Prospecting	177205
水利、环境和公共设施管理业	Management of Water Conservancy, Environment and Public Facilities	155558
居民服务和其他服务业	Services to Households and Other Services	968229
教　育	Education	885443
卫生、社会保障和社会福利业	Health, Social Security and Social Welfare	422111
文化、体育和娱乐业	Culture, Sports and Entertainment	90510
公共管理和社会组织	Public Management and Social Organization	453870
国际组织	International Organizations	
按地区分	**By Region**	
哈尔滨	Harbin	4749847
齐齐哈尔	Qiqihar	2636868
鸡　西	Jixi	781532
鹤　岗	Hegang	435235
双鸭山	Shuangyashan	592977
大　庆	Daqing	1626873
伊　春	Yichun	496444
佳木斯	Jiamusi	1152562
七台河	Qitaihe	447608
牡丹江	Mudanjiang	1563220
黑　河	Heihe	641102
绥　化	Suihua	2596526
大兴安岭	Daxinganling	537401
农垦总局	ARB	887282
其　他	Others	174960

注：1.按地区分组的“其他”是指哈尔滨铁路局和军队中地方从业人员。
　　2.2004年起城镇就业人员中增加灵活就业人员。

Note:a) The "others" in grouped data by region means the local employed persons in Harbin Railway Bureau and the army.
　　b) Urban employed persons included the person who obtain employment flexibly.

NUMBER EMPLOYED PERSONS AT YEAR-END IN URBAN AND RURAL AREAS

（10000 persons, person）

城镇 Urban Areas							乡村 Rural Areas
小计 Subtotal	国有单位 State-owned Units	集体单位 Collective-owned Units	私营单位 Private Enterprises	城镇个体 Urban Self-employed Individuals	#灵活就业 Obtain Employment Flexibly	其他单位 Units of Other Types of Ownership	
777.7	328.5	47.1	68.2	203.3	97.7	130.6	903.3
799.9	314.1	38.4	77.5	232.0	123.0	137.8	949.0
839.7	313.6	36.5	82.8	260.4	149.1	146.4	944.3
878.2	319.0	32.9	92.5	283.2	167.7	150.6	949.4
886.1	318.3	30.6	108.5	302.6	182.2	126.1	966.3
898.8	334.4	29.1	112.0	317.7	189.6	105.6	978.2
942.6	332.4	22.0	147.7	334.9	188.7	105.6	989.4
1210490	921774	990	25595	255696	237782	6435	6775203
507354	188458	16630	16945	68085	66226	217236	
1097929	194034	80362	230196	200067	88509	393270	640326
205294	113057	950	9559	52259	51913	29469	
522134	110508	43441	83652	168223	164358	116310	771839
463823	229725	5657	25596	186387	98673	16458	288582
167225	27745	262	50588	60808	44541	27822	73550
1611963	62480	14218	424744	1010194	268819	100327	427180
490841	20134	3492	42659	411515	170375	13041	311265
171938	50760	19512	3696	26519	26516	71451	
122279	26374	1543	49772	23328	22187	21262	
276967	36955	5476	100172	117539	91492	16825	31329
177205	108474	1216	46453	10694	10483	10368	
155558	89895	3621	4337	54064	53478	3641	
933725	46013	12860	351074	517622	324174	6156	34504
495852	455568	2377	1028	33371	31115	3508	389591
270997	188768	6684	2102	72280	68128	1163	151114
90510	37754	211	8293	42759	30247	1493	
453870	415280	467		38123	38123		
2297684	701081	125266	383951	689752	254964	397634	2452163
738354	211604	20189	59955	365761	185212	80845	1898514
433482	85165	6346	36822	207369	138897	97780	348050
319072	108512	13110	60180	116660	71278	20610	116163
310453	74921	5469	27131	144422	96216	58510	282524
885943	461461	8849	172630	194454	69596	48549	740930
404102	150736	9265	62799	159106	104962	22196	92342
460602	127243	7248	62932	233496	130157	29683	691960
301412	39730	5528	51810	115286	56975	89058	146196
898806	148855	6026	158928	510014	410244	74983	664414
284773	97146	2947	39634	132143	68995	12903	356329
519234	189719	9103	23636	241133	113923	55643	2077292
509795	82311	467	315011	107922	79102	4084	27606
887282	670312	156	21042	132015	106618	63757	
174960	174960						

3-12 年末城镇私营和个体就业人数

NUMBER OF EMPLOYED PERSONS IN URBAN PRIVATE ENTERPRISES AND SELF-EMPLOYED INDIVIDUALS AT YEAR-END

单位：人 (person)

年份 地区	Year Region	总计 Total	农、林、牧、渔业 Agriculture, Forestry, Animal Husbandry and Fishery	采矿业 Mining	制造业 Manufacturing	电力、燃气及水的生产供应业 Production and Supply of Electricity, Gas and Water	建筑业 Construction	交通运输仓储及邮政业 Transport, Storage and Post
	2003	1733958	32033	4061	276205		41354	146296
	2004	2715308	164858	25793	346931	22051	164712	166767
	2005	3095124	189589	51405	361642	36231	185781	181292
	2006	3432168	259472	65720	369697	28354	199552	204682
	2007	3756505	278903	72584	426557	35052	232259	203536
	2008	4109863	313663	102635	488437	41033	233173	238346
	2009	4297162	347440	90286	468913	39460	288019	207527
	2010	4825994	281291	85030	430263	61818	251875	211983
哈尔滨	Harbin	1073703	17883	1342	84863	3218	39954	35228
齐齐哈尔	Qiqihar	425716	18924	5600	45140	3161	26274	12314
鸡西	Jixi	244191	21265	13869	18446	3385	13333	15780
鹤岗	Hegang	176840	1040	10469	32757	1870	9448	7969
双鸭山	Shuangyashan	171553	15392	6988	11229	2306	15373	5895
大庆	Daqing	367084	10125	5456	31923	292	16395	12110
伊春	Yichun	221905	16704	4308	43354	6602	12995	9838
佳木斯	Jiamusi	296428	4809	7013	31857	6845	10755	10921
七台河	Qitaihe	167096	1332	15224	19552	1286	6168	7679
牡丹江	Mudanjiang	668942	41742	12061	41648	20976	52558	37327
黑河	Heihe	171777	8277	1464	14896	1867	11036	11813
绥化	Suihua	264769	9181	142	29725	8054	15642	37246
大兴安岭	Daxinganling	422933	33498	950	12740	1202	14412	4698
农垦总局	ARB	153057	81119	144	12133	754	7532	3165

3-12 续表1 CONTINUED

单位：人 (person)

年份 地区	Year Region	信息传输、计算机服务和软件业 Information Transmission, Computer Services and Software	批发和零售业 Wholesale and Retail Trades	住宿和餐饮业 Hotels and Catering Services	金融业 Financial Intermediation	房地产业 Real Estate	租赁和商务服务业 Leasing and Business Services	科学研究技术服务和地质勘查业 Scientific Research, Technical Service and Geologic Prospecting
	2003	23171	665665	280420	5317	2017	2237	4016
	2004	24366	888759	300229	11250	22837	129386	14004
	2005	36761	1004973	325868	29417	34439	138876	16054
	2006	69141	1081132	321859	35500	81657	92247	15415
	2007	71985	1219751	335654	36460	56400	122315	16904
	2008	62993	1303914	369643	25199	50318	146283	26974
	2009	94818	1329250	410900	25454	74824	165286	36428
	2010	111396	1434938	454174	30215	73100	217711	57147
哈尔滨	Harbin	34579	426027	96699	3312	16661	71970	34556
齐齐哈尔	Qiqihar	5878	175563	42372	1371	2021	17056	793
鸡西	Jixi	2497	68528	34500	1589	4624	10444	2148
鹤岗	Hegang	2864	45515	11579	1852	6766	10686	1138
双鸭山	Shuangyashan	5430	31911	14146	120	4684	6550	677
大庆	Daqing	9072	158275	40383	270	4761	18721	7422
伊春	Yichun	3189	42719	19812	3891	10328	6534	2999
佳木斯	Jiamusi	8584	97471	29548	7002	4951	12815	5506
七台河	Qitaihe	3757	45535	27128	609	4142	1106	308
牡丹江	Mudanjiang	25994	177460	76828	5117	6173	31750	148
黑河	Heihe	5492	59068	20436	957	2350	5652	530
绥化	Suihua	1554	63348	17435	3645	2836	18840	242
大兴安岭	Daxinganling	1016	22727	15472	371	1890	2223	544
农垦总局	ARB	1490	20791	7836	109	913	3364	136

3-12 续表2 CONTINUED

单位：人 (person)

年 份 地 区	Year Region	水利、环境和公共设施管理业 Management of Water Conservancy, Environment and Public Facilities	居民服务和其他服务业 Services to Households and Other Services	教 育 Education	卫生、社会保障和社会福利业 Sanitation, Social Security and Social Welfare	文化、体育和娱乐业 Culture, Sports and Entertainment	公共管理和社会组织 Public Management and Social Organization
	2003	3479	169471	40274	12615	25327	
	2004	63567	291349	11029	30215	34142	3063
	2005	20957	351000	44130	21794	33809	31106
	2006	33735	365985	83968	43836	42448	37769
	2007	35434	397829	82479	48269	48347	35787
	2008	31807	497497	27155	50435	55564	44794
	2009	36040	506040	33605	58181	51734	32957
	2010	58401	868696	34399	74382	51052	38123
哈尔滨	Harbin	5603	165270	1466	7812	8860	18400
齐齐哈尔	Qiqihar	1523	59882	1470	2753	3353	268
鸡 西	Jixi	1036	25803	1074	3476	1568	826
鹤 岗	Hegang	4929	16291	1226	3140	5038	2263
双鸭山	Shuangyashan	3783	21829	12652	9844	536	2208
大 庆	Daqing	2387	45367	77	537	2916	595
伊 春	Yichun	3601	16934	3660	8040	3709	2688
佳木斯	Jiamusi	5384	31450	4350	6504	9077	1586
七台河	Qitaihe	3810	27260		915	1285	
牡丹江	Mudanjiang	23084	79653	3656	23143	5490	4134
黑 河	Heihe	2193	17882	3523	1942	1553	846
绥 化	Suihua	462	47565	345	1784	6177	546
大兴安岭	Daxinganling	485	304814	325	1950	1278	2338
农垦总局	ARB	121	8696	575	2542	212	1425

3-13 年末城镇私营和个体就业人数(2000－2002年)

NUMBER OF EMPLOYED PERSONS IN URBAN PRIVATE ENTERPRISES AND SELF-EMPLOYED INDIVIDUALS AT YEAR-END (2000-2002)

单位：人 (person)

行 业	Sectors	2000	2001	2002
总 计	**Total**	**1674998**	**1783302**	**1744785**
农林牧渔业	Agriculture, Forestry, Animal Husbandry and Fishery	48303	40837	45239
采掘业	Mining and Quarrying	2548	3457	3711
制造业	Manufacturing	254686	270801	255701
电力、煤气及水的生产和供应业	Production and Supply of Electricity, Gas and Water			
建筑业	Construction	27062	36034	40939
地质勘查和水利管理业	Geological Prospecting and Water Conservancy			
交通运输、仓储及邮电通信业	Transport, Storage, Postal and Telecommunication Services	139582	147793	132395
批发零售贸易餐饮业	Wholesale and Retail Trades and Catering Services	964827	1017873	983776
金融保险业	Finance and surance			
房地产业	Real Estate			
社会服务业	Social Services	194246	217186	221200
卫生体育和社会福利事业	Health Care, Sports and Social Welfare	6332	6332	4782
教育、文化艺术和广播电视业	Education, Culture and Arts, Radio, Film and Television	4365	7659	17787
科学研究和综合技术服务业	Scientific Research and Polytechnic Services			
国家机关、政党机关和社会团体	Government Agencies, Party Agencies and Social Organizations			
其他行业	Others	33047	35330	39255

注：2003年起执行新的国民经济行业分类，故2003年以后数据在另表列示。
Note:Since 2003, the new category standard of national economy industry is implemented, so the data after 2003 are listed on another table.

3-14 各地区年末城镇单位就业人数

NUMBER OF EMPLOYMENT IN URBAN UNITS AT YEAR-END BY REGION

单位：人 (person)

年 份 地 区	Year Region	总 计 Total	农、林、牧、渔业 Agriculture, Forestry, Animal Husbandry and Fishery	采矿业 Mining	制造业 Manufacturing	电力、燃气及水的生产供应业 Production and Supply of Electricity, Gas and Water	建筑业 Construction	交通运输仓储及邮政业 Transport, Storage and Post
	2009	5810957	952151	443983	1053876	156686	370885	290151
	2010	6076421	954794	439269	897862	153035	353911	277436
哈尔滨	Harbin	1607932	58363	7303	359095	38567	130987	57563
齐齐哈尔	Qiqihar	372593	6956	366	105823	15121	19370	11387
鸡 西	Jixi	226113	14228	77203	18788	8071	11091	6326
鹤 岗	Hegang	202412	10108	80540	27952	3899	5782	3999
双鸭山	Shuangyashan	166031	9654	48641	10733	7349	4350	7430
大 庆	Daqing	691489	5273	118691	96979	23611	72302	18896
伊 春	Yichun	244996	106030	4580	54067	7103	9894	5077
佳木斯	Jiamusi	227106	23615	891	29447	7695	13271	9978
七台河	Qitaihe	186126	6841	86468	16471	2505	7140	3084
牡丹江	Mudanjiang	388792	50913	6777	56198	12508	16031	11895
黑 河	Heihe	152630	29651	3592	11352	5620	5164	9621
绥 化	Suihua	278101	13078	876	47830	8264	22669	11335
大兴安岭	Daxinganling	401873	54331	2033	7846	4983	3853	2266
农垦总局	ARB	755267	565218	1308	52048	7739	20427	4317
其 他	Others	174960	535		3233		11580	114262

3-14 续表1 CONTINUED

单位：人 (person)

年 份 地 区	Year Region	信息传输、计算机服务和软件业 Information Transmission, Computer Services and Software	批发和零售业 Wholesale and Retail Trades	住宿和餐饮业 Hotels and Catering Services	金融业 Financial Intermediation	房地产业 Real Estate	租赁和商务服务业 Leasing and Business Services	科学研究技术服务和地质勘查业 Scientific Research, Technical Service and Geologic Prospecting
	2009	88183	621329	72480	137313	81622	119725	140896
	2010	106417	601769	79326	145419	98951	159428	166511
哈尔滨	Harbin	45874	244897	28009	48496	35810	67879	75620
齐齐哈尔	Qiqihar	7430	29323	11733	15037	6325	4050	6339
鸡 西	Jixi	3024	22005	870	6550	2538	1858	1766
鹤 岗	Hegang	2141	20045	808	4258	5404	1366	891
双鸭山	Shuangyashan	2697	12234	579	4930	5434	2962	1790
大 庆	Daqing	13333	91665	5240	13795	9052	12275	57998
伊 春	Yichun	3704	11700	1372	4072	2654	2958	2039
佳木斯	Jiamusi	2333	35087	3974	7876	3165	5269	4574
七台河	Qitaihe	2977	12209	8172	3740	4366	2216	1633
牡丹江	Mudanjiang	11585	68897	6983	18557	8884	27744	3005
黑 河	Heihe	1675	19191	1157	4737	2347	3473	2337
绥 化	Suihua	3739	13927	2254	9978	7143	2634	3610
大兴安岭	Daxinganling	2266	5081	1009	2119	1756	2197	1587
农垦总局	ARB	3145	12491	1657	1219	1386	4386	2054
其 他	Others	494	3017	5509	55	2687	18161	1268

注:2009年始，城镇单位就业人数含城镇私营单位,和往年不可比(下同）。
Note: Starting in 2009, number of employment in urban units include private units. Therefore, it is not comparable with previous years (the same below).

3-14 续表2　CONTINUED

单位：人　　　　　　　　　　　　　　　　　　　　　　　　　　　　(person)

年份 地区	Year Region	水利、环境和公共设施管理业 Management of Water Conservancy, Environment and Public Facilities	居民服务和其他服务业 Services to Households and Other Services	教育 Education	卫生、社会保障和社会福利业 Sanitation, Social Security and Social Welfare	文化、体育和娱乐业 Culture, Sports and Entertainment	公共管理和社会组织 Public Management and Social Organization
2009		95020	92972	452378	186617	45521	409169
2010		101494	416103	462481	198717	47751	415747
哈尔滨	Harbin	30924	35910	159120	62254	20149	101112
齐齐哈尔	Qiqihar	13302	5843	48562	22584	4721	38321
鸡西	Jixi	4146	1818	16413	6121	1542	21755
鹤岗	Hegang	4613	962	10842	4694	1291	12817
双鸭山	Shuangyashan	4427	599	14134	5451	1496	21141
大庆	Daqing	3854	48252	41015	19538	4377	35343
伊春	Yichun	2334	2137	6509	4295	1051	13420
佳木斯	Jiamusi	5584	3141	26730	12877	2020	29579
七台河	Qitaihe	2394	2556	8038	2941	1158	11217
牡丹江	Mudanjiang	5183	5625	28453	15730	4452	29372
黑河	Heihe	3115	2628	14416	7587	1725	23242
绥化	Suihua	7265	1583	56217	18414	2130	45155
大兴安岭	Daxinganling	1113	292773	5171	1964	670	8855
农垦总局	ARB	13240	5865	26275	13938	668	17886
其他	Others		6411	586	329	301	6532

3-15 各地区年末国有单位就业人数

NUMBER OF EMPLOYMENT IN STATE-OWNED UNITS AT YEAR-END BY REGION

单位：人　　　　　　　　　　　　　　　　　　　　　　　　　　　　(person)

年份 地区	Year Region	总计 Total	农、林、牧、渔业 Agriculture, Forestry, Animal Husbandry and Fishery	采矿业 Mining	制造业 Manufacturing	电力、燃气及水的生产供应业 Production and Supply of Electricity, Gas and Water	建筑业 Construction
2009		3343865	921453	190074	239913	115041	119125
2010		3323756	921774	188458	194034	113057	110508
哈尔滨	Harbin	701081	53931	5568	88149	31664	29152
齐齐哈尔	Qiqihar	211604	4264		40588	8777	2222
鸡西	Jixi	85165	13538	4116	432	6445	828
鹤岗	Hegang	108512	9074	55000	326	2046	136
双鸭山	Shuangyashan	74921	9147	2790	732	4164	247
大庆	Daqing	461461	3189	115654	41676	21409	53908
伊春	Yichun	150736	102041	2187	3122	5414	2246
佳木斯	Jiamusi	127243	22415	49	2360	5596	2612
七台河	Qitaihe	39730	5509	522	662	966	320
牡丹江	Mudanjiang	148855	45443	165	1838	6419	705
黑河	Heihe	97146	23229	452	1787	3915	422
绥化	Suihua	189719	12621	381	5302	6820	3775
大兴安岭	Daxinganling	82311	52329	1574	80	4252	292
农垦总局	ARB	670312	564509		3747	5170	2063
其他	Others	174960	535		3233		11580

3-15 续表1 CONTINUED

单位：人 (person)

年 份 地 区	Year Region	交通运输仓储及邮政业 Transport, Storage and Post	信息传输、计算机服务和软件业 Information Transmission, Computer Services and Software	批发和零售业 Wholesale and Retail Trades	住宿和餐饮业 Hotels and Catering Services	金融业 Financial Intermediation	房地产业 Real Estate	租赁和商务服务业 Leasing and Business Services
	2009	238506	28311	74221	18236	48213	21880	20533
	2010	229725	27745	62480	20134	50760	26374	36955
哈尔滨	Harbin	37759	7353	17306	7088	18738	14274	5153
齐齐哈尔	Qiqihar	8296	2743	4777	219	5673	2142	2188
鸡 西	Jixi	3786	35	2973	135	956	638	348
鹤 岗	Hegang	2867	1025	1509	122	2265	443	89
双鸭山	Shuangyashan	6150	372	1489	189	1397	421	534
大 庆	Daqing	15560	5362	11744	1949	5924	2632	437
伊 春	Yichun	3061	1119	485	103	1929	36	300
佳木斯	Jiamusi	6572	772	4048	670	1270	766	1225
七台河	Qitaihe	2052	353	1215	137	1093	305	480
牡丹江	Mudanjiang	5354	701	2330	981	1262	211	1209
黑 河	Heihe	8235	529	2045	443	3514	295	458
绥 化	Suihua	10500	3377	5063	645	5403	1317	1616
大兴安岭	Daxinganling	1538	1197	434	411	1159	3	670
农垦总局	ARB	3733	2313	4045	1533	122	204	4087
其 他	Others	114262	494	3017	5509	55	2687	18161

3-15 续表2 CONTINUED

单位：人 (person)

年 份 地 区	Year Region	科学研究技术服务和地质勘查业 Scientific Research, Technical Service and Geologic Prospecting	水利、环境和公共设施管理业 Management of Water Conservancy, Environment and Public Facilities	居民服务和其他服务业 Services to Households and Other Services	教 育 Education	卫生、社会保障和社会福利业 Sanitation, Social Security and Social Welfare	文化、体育和娱乐业 Culture, Sports and Entertainment	公共管理和社会组织 Public Management and Social Organization
	2009	105671	85204	43123	448463	179034	37982	408882
	2010	108474	89895	46013	455568	188768	37754	415280
哈尔滨	Harbin	32047	24341	1449	153402	57387	15424	100896
齐齐哈尔	Qiqihar	5336	11374	664	48426	21896	3731	38288
鸡 西	Jixi	1060	4070	242	16398	5987	1511	21667
鹤 岗	Hegang	577	4402	154	10619	3773	1268	12817
双鸭山	Shuangyashan	1124	3771	234	14124	5427	1468	21141
大 庆	Daqing	50477	3357	29755	40948	18695	3484	35301
伊 春	Yichun	1467	2107	82	6505	4128	984	13420
佳木斯	Jiamusi	2932	5223	301	26392	12721	1780	29539
七台河	Qitaihe	1271	1796	132	8038	2760	902	11217
牡丹江	Mudanjiang	2776	4958	345	28214	14588	2032	29324
黑 河	Heihe	1872	3046	219	14392	7523	1528	23242
绥 化	Suihua	3496	7258	663	56166	18034	2127	45155
大兴安岭	Daxinganling	1005	1059	23	5083	1790	557	8855
农垦总局	ARB	1766	13133	5339	26275	13730	657	17886
其 他	Others	1268		6411	586	329	301	6532

3-16 各地区年末城镇集体单位就业人数

NUMBER OF EMPLOYMENT IN URBAN COLLECTIVE-OWNED UNITS AT YEAR-END BY REGION

单位：人　　　　　　　　　　　　　　　　　　　　　　　　　　(person)

年 份 地 区	Year Region	总 计 Total	农、林、牧、渔业 Agriculture, Forestry, Animal Husbandry and Fishery	采矿业 Mining	制造业 Manufa-cturing	电力、燃气及水的生产供应业 Production and Supply of Electricity, Gas and Water	建筑业 Construction	交通运输仓储及邮政业 Transport, Storage and Post
2009		290962	781	15729	105725	1127	77071	8287
2010		219969	990	16630	80362	950	43441	5657
哈尔滨	Harbin	125266	29		59399	608	23897	2208
齐齐哈尔	Qiqihar	20189	13	40	5706	29	6187	737
鸡　西	Jixi	6346	74	2950	781		238	347
鹤　岗	Hegang	13110	283	9496	671		519	258
双鸭山	Shuangyashan	5469	11		1043	94	1048	38
大　庆	Daqing	8849	17		2806		2663	
伊　春	Yichun	9265	283	79	6521		1150	203
佳木斯	Jiamusi	7248	77	57	694		2213	1251
七台河	Qitaihe	5528		3231	32		604	238
牡丹江	Mudanjiang	6026		777	795	88	885	369
黑　河	Heihe	2947	12		289		741	8
绥　化	Suihua	9103	191		1381	131	3187	
大兴安岭	Daxinganling	467			102		95	
农垦总局	ARB	156			142		14	
其　他	Others							

3-16 续表1　CONTINUED

单位：人　　　　　　　　　　　　　　　　　　　　　　　　　　(person)

年 份 地 区	Year Region	信息传输、计算机服务和软件业 Information Transmission, Computer Services and Software	批发和零售业 Wholesale and Retail Trades	住宿和餐饮业 Hotels and Catering Services	金融业 Financial Intermediation	房地产业 Real Estate	租赁和商务服务业 Leasing and Business Services	科学研究技术服务和地质勘查业 Scientific Rese-arch, Technical Service and Geologic Prospecting
2009		174	22269	3104	19457	3307	9552	1091
2010		262	14218	3492	19512	1543	5476	1216
哈尔滨	Harbin	142	8005	3156	4346	607	1753	1144
齐齐哈尔	Qiqihar		1486	154	3310	67	152	
鸡　西	Jixi		409	12	1328	3	33	3
鹤　岗	Hegang		230	6	883	9	34	
双鸭山	Shuangyashan		225	5	1513	469	571	8
大　庆	Daqing		878	15	1560	127	1	
伊　春	Yichun	120	105	73	573		75	
佳木斯	Jiamusi		845	25	1340	9	674	13
七台河	Qitaihe		81		405	62	745	18
牡丹江	Mudanjiang		578	8	1286	31	628	
黑　河	Heihe		237	25	794	58	220	
绥　化	Suihua		1139	13	1912	101	584	30
大兴安岭	Daxinganling				262		6	
农垦总局	ARB							
其　他	Others							

3-16 续表2 CONTINUED

单位：人 (person)

年 份 地 区	Year Region	水利、环境和公共设施管理业 Management of Water Conservancy, Environment and Public Facilities	居民服务和其他服务业 Services to Households and Other Services	教 育 Education	卫生、社会保障和社会福利业 Sanitation, Social Security and Social Welfare	文化、体育和娱乐业 Culture, Sports and Entertainment	公共管理和社会组织 Public Management and Social Organization
	2009	3584	13037	1320	5015	45	287
	2010	3621	12860	2377	6684	211	467
哈尔滨	Harbin	1743	11959	2201	3645	208	216
齐齐哈尔	Qiqihar	1435	272		568		33
鸡 西	Jixi				80		88
鹤 岗	Hegang		15	21	685		
双鸭山	Shuangyashan	443			1		
大 庆	Daqing		48		692		42
伊 春	Yichun				83		
佳木斯	Jiamusi		10				40
七台河	Qitaihe				112		
牡丹江	Mudanjiang		10	104	419		48
黑 河	Heihe		546		17		
绥 化	Suihua			51	380	3	
大兴安岭	Daxinganling				2		
农垦总局	ARB						
其 他	Others						

3-17 各地区年末其他单位就业人数

NUMBER OF EMPLOYMENT IN URBAN OTHER UNITS AT YEAR-END BY REGION

单位：人 (person)

年 份 地 区	Year Region	总 计 Total	农、林、牧、渔业 Agriculture, Forestry, Animal Husbandry and Fishery	采矿业 Mining	制造业 Manufacturing	电力、燃气及水的生产供应业 Production and Supply of Electricity, Gas and Water	建筑业 Construction
	2009	1055774	6698	222253	440668	31541	102939
	2010	1056235	6435	217236	393270	29469	116310
哈尔滨	Harbin	397634	507	1494	163258	5574	49685
齐齐哈尔	Qiqihar	80845	308	136	48334	5867	9572
鸡 西	Jixi	97780		70039	9289	1301	7224
鹤 岗	Hegang	20610		14431	1718	711	1025
双鸭山	Shuangyashan	58510		45736	3210	2772	828
大 庆	Daqing	48549	183	2788	27314	1937	3278
伊 春	Yichun	22196		316	13167	1028	2814
佳木斯	Jiamusi	29683	71	376	12908	1709	4851
七台河	Qitaihe	89058		73303	5151	619	5830
牡丹江	Mudanjiang	74983		4048	35662	4192	2865
黑 河	Heihe	12903	5366	2737	1921	1520	96
绥 化	Suihua	55643		495	31052	38	13253
大兴安岭	Daxinganling	4084		169	1486	333	572
农垦总局	ARB	63757		1168	38800	1868	14417
其 他	Others						

3-17 续表1 CONTINUED

单位：人 (person)

年 份 地 区	Year Region	交通运输仓储及邮政业 Transport, Storage and Post	信息传输、计算机服务和软件业 Information Transmission, Computer Services and Software	批发和零售业 Wholesale and Retail Trades	住宿和餐饮业 Hotels and Catering Services	金融业 Financial Intermediation	房地产业 Real Estate	租赁和商务服务业 Leasing and Business Services
2009		14704	24772	86955	11373	67151	17547	11575
2010		16458	27822	100327	13041	71451	21262	16825
哈尔滨	Harbin	10432	15142	70935	10608	23648	8101	15162
齐齐哈尔	Qiqihar	1224	2285	3191	134	6047	2211	96
鸡 西	Jixi	1214	1670	2503	160	4099	49	19
鹤 岗	Hegang	19	169	2129		328	80	
双鸭山	Shuangyashan	557	1596	1697		1922	4	168
大 庆	Daqing	123	223	4390	58	6041	1973	17
伊 春	Yichun	48	1326	829	140	1524	836	85
佳木斯	Jiamusi	190	1163	2466	577	5076	240	34
七台河	Qitaihe	493	853	419		2196	158	
牡丹江	Mudanjiang	1927	2044	2979	937	15998	2786	824
黑 河	Heihe	115	26	456	92	298	169	32
绥 化	Suihua		278	3033	312	2663	4322	28
大兴安岭	Daxinganling	101	281	163	23	623	12	269
农垦总局	ARB	15	766	5137		988	321	91
其 他	Others							

3-17 续表2 CONTINUED

单位：人 (person)

年 份 地 区	Year Region	科学研究技术服务和地质勘查业 Scientific Research, Technical Service and Geologic Prospecting	水利、环境和公共设施管理业 Management of Water Conservancy, Environment and Public Facilities	居民服务和其他服务业 Services to Households and Other Services	教 育 Education	卫生、社会保障和社会福利业 Sanitation, Social Security and Social Welfare	文化、体育和娱乐业 Culture, Sports and Entertainment	公共管理和社会组织 Public Management and Social Organization
2009		7643	3608	2755	1792	1018	782	
2010		10368	3641	6156	3508	1163	1493	
哈尔滨	Harbin	8736	2821	5901	3307	836	1487	
齐齐哈尔	Qiqihar	683	478	102	106	71		
鸡 西	Jixi	210		3				
鹤 岗	Hegang							
双鸭山	Shuangyashan		20					
大 庆	Daqing	126	69	29				
伊 春	Yichun	83						
佳木斯	Jiamusi	22						
七台河	Qitaihe	36						
牡丹江	Mudanjiang	140	219	5	95	256	6	
黑 河	Heihe	48	10	17				
绥 化	Suihua	70		99				
大兴安岭	Daxinganling	52						
农垦总局	ARB	162	24					
其 他	Others							

3-18 各地区年末按登记注册类型分城镇单位就业人数

NUMBER OF EMPLOYMENT IN URBAN UNITS AT YEAR-END BY REGISTRATION STATUS

单位：人 (person)

年份 地区	Year Region	城镇单位就业人数 Number of Urban Employed Persons	国有单位 State-owned Units	集体单位 Urban Collective-owned Units	其他单位 Units of Other Types of Ownership	内资 Domestic Funded Units	股份合作 Cooperative Units
2009		5810957	3343865	290962	1055774	951624	142653
2010		6076421	3323756	219969	1056235	958378	111942
哈尔滨	Harbin	1607932	701081	125266	397634	358994	90385
齐齐哈尔	Qiqihar	372593	211604	20189	80845	76084	3526
鸡西	Jixi	226113	85165	6346	97780	94708	187
鹤岗	Hegang	202412	108512	13110	20610	19426	468
双鸭山	Shuangyashan	166031	74921	5469	58510	58510	391
大庆	Daqing	691489	461461	8849	48549	44673	3354
伊春	Yichun	244996	150736	9265	22196	19467	688
佳木斯	Jiamusi	227106	127243	7248	29683	23572	2975
七台河	Qitaihe	186126	39730	5528	89058	88870	256
牡丹江	Mudanjiang	388792	148855	6026	74983	61772	3195
黑河	Heihe	152630	97146	2947	12903	12784	404
绥化	Suihua	278101	189719	9103	55643	49996	1387
大兴安岭	Daxinganling	401873	82311	467	4084	3474	479
农垦总局	ARB	755267	670312	156	63757	46048	4247
其他	Others	174960	174960				

3-18 续表 CONTINUED

单位：人 (person)

年份 地区	Year Region	联营 Joint Ownership Units	有限责任公司 Limited Liability Corporations	股份有限公司 Share-Holding Corporations Ltd.	其他 Others	港澳台商投资 Units of Funds from Hong Kong, Macao & Taiwan	外商投资 Foreign Funded Units	私营单位 Private Units
2009		6725	510977	289256	2013	36865	67285	1120356
2010		7724	578861	258805	1046	29393	68464	1476461
哈尔滨	Harbin	6858	162293	99458		17719	20921	383951
齐齐哈尔	Qiqihar	161	55072	17121	204	569	4192	59955
鸡西	Jixi		85319	9202		1027	2045	36822
鹤岗	Hegang		18453	505		843	341	60180
双鸭山	Shuangyashan		5509	52610				27131
大庆	Daqing		12311	29008		1844	2032	172630
伊春	Yichun	360	15666	2750	3	661	2068	62799
佳木斯	Jiamusi	217	14517	5774	89	970	5141	62932
七台河	Qitaihe		84962	3652		57	131	51810
牡丹江	Mudanjiang	19	39047	19039	472	4346	8865	158928
黑河	Heihe	93	10577	1700	10	14	105	39634
绥化	Suihua	1	38652	9922	34	758	4889	23636
大兴安岭	Daxinganling	15	1650	1217	113	198	412	315011
农垦总局	ARB		34833	6847	121	387	17322	21042
其他	Others							

3-19 年末分行业女性单位就业人员 (2010年,不含私营单位)

NUMBER OF FEMALE EMPLOYED PERSONS AT YEAR-END BY SCTOR (2010,Excluding Private)

行　业	Sectors	女性单位就业人员（万人）Number of Female Employed Persons (10000 persons)	占单位就业人员比重（%）Proportion of Female Employed Persons to Total (%)
总　计	**Total**	**162.3**	**35.3**
农、林、牧、渔业	Agriculture, Forestry, Animal Husbandry and Fishery	33.4	36.0
采矿业	Mining	8.5	20.1
制造业	Manufacturing	23.6	35.3
电力、燃气及水的生产供应业	Production and Supply of Electricity, Gas and Water	4.2	29.5
建筑业	Construction	5.5	20.3
交通运输、仓储及邮政业	Transport, Storage and Post	4.6	18.4
信息传输、计算机服务和软件业	Information Transmission, Computer Services and Software	2.2	39.7
批发和零售业	Wholesale and Retail Trade	7.8	44.0
住宿和餐饮业	Hotels and Catering Services	1.7	47.2
金融业	Financial Intermediation	6.6	46.4
房地产业	Real Estate	1.6	32.5
租赁和商务服务业	Leasing and Business Services	1.6	27.5
科学研究、技术服务和地质勘查业	Scientific Research, Technical Service and Geologic Prospecting	3.3	27.4
水利、环境和公共设施管理业	Management of Water Conservancy, Environment and Public Facilities	3.8	39.0
居民服务和其他服务业	Services to Households and Other Services	2.8	42.8
教　育	Education	25.2	54.6
卫生、社会保障和社会福利业	Health, Social Security and Social Welfare	12.1	61.6
文化、体育和娱乐业	Culture, Sports and Entertainment	1.6	40.5
公共管理和社会组织	Public Management and Social Organization	12.1	29.1
国际组织	International Organizations		

3-20 年末分行业女性单位就业人员 (2000-2002年,不含私营单位)

NUMBER OF FEMALE EMPLOYED PERSONS AT YEAR-END BY SCTOR (2000-2002,Excluding Private)

行 业	Sectors	2000	2001	2002
女性单位就业人员(万人)	**Number of Female Employed Persons(10000 persons)**	**200.6**	**191.4**	**191.9**
农林牧渔业	Agriculture, Forestry, Animal Husbandry and Fishery	22.2	22.9	22.1
采掘业	Mining and Quarrying	19.3	17.9	17.4
制造业	Manufacturing	49.6	45.1	45.1
电力、煤气及水的生产和供应业	Production and Supply of Electricity, Gas and Water	4.7	4.5	4.8
建筑业	Construction	10.4	9.8	11.2
地质勘查和水利管理业	Geological Prospecting and Water Conservancy	1.4	1.2	1.5
交通运输、仓储及邮电通信业	Transport, Storage, Postal and Telecommunication Services	9.9	9.0	9.4
批发零售贸易餐饮业	Wholesale and Retail Trades and Catering Services	17.5	16.4	15.5
金融保险业	Finance and surance	4.8	5.0	5.3
房地产业	Real Estate	1.4	1.4	1.8
社会服务业	Social Services	10.2	8.7	8.6
卫生体育和社会福利事业	Health Care, Sports and Social Welfare	10.8	10.9	10.9
教育、文化艺术和广播电视业	Education, Culture and Arts, Radio, Film and Television	25.4	25.6	25.4
科学研究和综合技术服务业	Scientific Research and Polytechnic Services	1.5	1.4	1.5
国家机关、政党机关和社会团体	Government Agencies, Party Agencies and Social Organizations	9.9	9.9	9.3
其他行业	Others	1.7	1.7	2.1
占单位就业人员比重(%)	**Proportion of Female Employed Persons to Total (%)**	**36.1**	**35.8**	**36.6**
农林牧渔业	Agriculture, Forestry, Animal Husbandry and Fishery	37.2	37.0	36.6
采掘业	Mining and Quarrying	24.9	24.4	24.8
制造业	Manufacturing	40.0	38.2	39.2
电力、煤气及水的生产和供应业	Production and Supply of Electricity, Gas and Water	32.3	31.2	31.4
建筑业	Construction	25.5	25.8	28.4
地质勘查和水利管理业	Geological Prospecting and Water Conservancy	24.7	23.1	25.8
交通运输、仓储及邮电通信业	Transport, Storage, Postal and Telecommunication Services	27.8	27.1	28.1
批发零售贸易餐饮业	Wholesale and Retail Trades and Catering Services	42.6	41.5	42.9
金融保险业	Finance and surance	41.6	42.9	45.1
房地产业	Real Estate	28.5	27.7	30.1
社会服务业	Social Services	42.7	44.0	43.0
卫生体育和社会福利事业	Health Care, Sports and Social Welfare	59.1	60.0	60.7
教育、文化艺术和广播电视业	Education, Culture and Arts, Radio, Film and Television	50.2	51.0	52.3
科学研究和综合技术服务业	Scientific Research and Polytechnic Services	33.0	31.6	33.5
国家机关、政党机关和社会团体	Government Agencies, Party Agencies and Social Organizations	25.4	25.9	26.5
其他行业	Others	40.2	40.3	38.4

注：2003年起执行新的国民经济行业分类，故2003年以后数据在另表列示。
Note:Since 2003, the new category standard of national economy industry is implemented, so the data after 2003 are listed on another table.

3-21 按行业分城镇非私营单位在岗职工工资总额

TOTAL WAGES BILL OF STAFF AND WORKERS IN URBAN NON-PRIVATE UNITS BY SECTOR

单位：亿元、万元 (100 million yuan, 10000 yuan)

年 份 地 区	Year Region	总 计 Total	农、林、牧、渔业 Agriculture, Forestry, Animal Husbandry and Fishery	采矿业 Mining	制造业 Manufa-cturing	电力、燃气及水的生产供应业 Production and Supply of Electricity, Gas and Water	建筑业 Construction	交通运输仓储及邮政业 Transport, Storage and Post
2009		1098.3	64.9	143.2	183.3	47.5	61.7	71.4
2010		1200.6	76.1	168.5	172.5	51.6	62.6	75.5
哈尔滨	Harbin	3743402	62956	13244	832191	154355	242832	127182
齐齐哈尔	Qiqihar	822523	7834	254	239741	50324	34874	20052
鸡 西	Jixi	527511	17984	240670	20513	26495	22339	10386
鹤 岗	Hegang	432866	11094	267867	3285	13698	3436	5581
双鸭山	Shuangyashan	372385	12198	158158	6821	23054	4687	10214
大 庆	Daqing	2270716	5759	737333	329412	109028	180477	45931
伊 春	Yichun	269688	101786	5086	40377	8517	7716	4683
佳木斯	Jiamusi	420363	31683	640	39345	27054	17419	13533
七台河	Qitaihe	371907	7101	225760	9190	7225	15867	5649
牡丹江	Mudanjiang	570883	50761	17785	80081	38108	8897	18125
黑 河	Heihe	266214	27469	9012	7103	19498	2556	19022
绥 化	Suihua	495283	12180	3769	48973	10373	29651	14296
大兴安岭	Daxinganling	169536	72553	4801	2333	12769	1946	2970
农垦总局	ARB	607636	337076	868	56137	15515	12964	4231
其 他	Others	664719	1886		9750		39916	452924

3-21 续表1 CONTINUED

单位：亿元、万元 (100 million yuan, 10000 yuan)

年 份 地 区	Year Region	信息传输、计算机服务和软件业 Information Transmission, Computer Services and Software	批发和零售业 Wholesale and Retail Trades	住宿和餐饮业 Hotels and Catering Services	金融业 Financial Intermediation	房地产业 Real Estate	租赁和商务服务业 Leasing and Business Services	科学研究技术服务和地质勘查业 Scientific Rese-arch, Technical Service and Geologic Prospecting
2009		19.5	38.6	6.2	42.8	8.0	8.5	47.3
2010		22.0	44.0	7.1	54.6	9.3	15.2	46.9
哈尔滨	Harbin	102038	272428	40163	256874	52283	56850	160567
齐齐哈尔	Qiqihar	18707	16615	682	44254	8100	4868	20241
鸡 西	Jixi	6415	8338	348	19254	1719	613	3299
鹤 岗	Hegang	2764	8834	185	15190	1577	234	1755
双鸭山	Shuangyashan	5007	7090	356	17697	2356	2266	3754
大 庆	Daqing	28572	46478	6825	45780	5285	944	224380
伊 春	Yichun	5788	2491	358	12997	640	606	4575
佳木斯	Jiamusi	8707	13771	1958	21641	2306	4396	9637
七台河	Qitaihe	4569	4089	196	10958	911	2213	3313
牡丹江	Mudanjiang	11717	15848	3208	44904	5270	6523	9093
黑 河	Heihe	1370	4962	622	18693	797	1500	5357
绥 化	Suihua	10243	12090	1101	27451	5465	3513	7894
大兴安岭	Daxinganling	4138	1859	413	7505	10	2491	2670
农垦总局	ARB	7451	13746	1723	2632	639	6524	7278
其 他	Others	2141	11137	12728	504	5776	58902	5574

3-21 续表2 CONTINUED

单位：亿元、万元 (100 million yuan, 10000 yuan)

年份 地区	Year Region	水利、环境和公共设施管理业 Management of Water Conservancy, Environment and Public Facilities	居民服务和其他服务业 Services to Households and Other Services	教育 Education	卫生、社会保障和社会福利业 Sanitation, Social Security and Social Welfare	文化、体育和娱乐业 Culture, Sports and Entertainment	公共管理和社会组织 Public Management and Social Organization
	2009	14.1	14.6	139.0	53.1	10.8	123.6
	2010	16.8	18.7	157.8	61.6	11.6	128.2
哈尔滨	Harbin	693745	379685	6317429	2268236	518107	3517187
齐齐哈尔	Qiqihar	218167	19075	1488046	574938	103460	1156088
鸡西	Jixi	72441	7440	540339	196043	40971	634167
鹤岗	Hegang	58659	4464	353003	136613	31134	389791
双鸭山	Shuangyashan	67227	6116	443885	133764	39465	496804
大庆	Daqing	80589	1167569	1556494	784250	124093	1332119
伊春	Yichun	35648	1675	198133	114178	27853	363213
佳木斯	Jiamusi	92126	8572	873390	413359	48982	846290
七台河	Qitaihe	33782	2511	275857	71036	23330	342140
牡丹江	Mudanjiang	91927	9526	965284	469592	62080	1007234
黑河	Heihe	50828	5448	479370	220904	43847	682138
绥化	Suihua	102102	13127	1465806	416576	43221	1042031
大兴安岭	Daxinganling	12608	580	167048	55810	17887	276851
农垦总局	ARB	69920	28490	631831	285012	18598	374672
其他	Others		218877	26236	15747	16170	357802

3-22 各地区城镇非私营单位在岗职工平均工资

AVERAGE WAGE OF STAFF AND WORKERS IN URBAN NON-PRIVATE UNITS BY REGION

单位：元 (yuan)

年份 地区	Year Region	总计 Total	农、林、牧、渔业 Agriculture, Forestry, Animal Husbandry and Fishery	采矿业 Mining	制造业 Manufacturing	电力、燃气及水的生产供应业 Production and Supply of Electricity, Gas and Water	建筑业 Construction
	2009	26535	11338	33479	24661	33277	21633
	2010	29603	13085	39970	27315	37299	24310
哈尔滨	Harbin	31776	12381	20975	27636	41870	24346
齐齐哈尔	Qiqihar	26770	17104	14367	25611	35612	16772
鸡西	Jixi	28837	14533	31624	19492	35435	27757
鹤岗	Hegang	29372	11846	31270	12831	49865	22843
双鸭山	Shuangyashan	29515	13084	33256	15284	36698	22610
大庆	Daqing	45679	17698	62852	49684	47819	30168
伊春	Yichun	15985	10517	20190	18497	13465	17086
佳木斯	Jiamusi	27028	15220	13278	26281	37373	20368
七台河	Qitaihe	28714	12963	30313	15527	45816	23514
牡丹江	Mudanjiang	27291	12797	37969	21369	36235	19749
黑河	Heihe	24439	10515	29126	17819	36431	14051
绥化	Suihua	20408	11218	43026	13508	16559	14339
大兴安岭	Daxinganling	20630	14633	25869	14645	27807	13166
农垦总局	ARB	16911	13960	17020	19858	25113	29604
其他	Others	41389	35125		35505		31490

3-22 续表1　CONTINUED

单位：元　(yuan)

年份 地区	Year Region	交通运输仓储及邮政业 Transport, Storage and Post	信息传输、计算机服务和软件业 Information Transmission, Computer Services and Software	批发和零售业 Wholesale and Retail Trades	住宿和餐饮业 Hotels and Catering Services	卫生、社会保障和社会福利业 Sanitation, Social Security and Social Welfare	文化、体育和娱乐业 Culture, Sports and Entertainment	租赁和商务服务业 Leasing and Business Services
	2009	28513	39024	22324	20608	41879	22094	22481
	2010	31895	41546	26351	21663	47891	23204	29638
哈尔滨	Harbin	26970	45784	29204	20774	57193	24583	27820
齐齐哈尔	Qiqihar	20260	37899	18572	12971	40103	18712	20224
鸡西	Jixi	20305	37668	19390	11286	41247	25064	15277
鹤岗	Hegang	18660	27390	24270	14659	47231	20094	19057
双鸭山	Shuangyashan	18275	39797	30261	18841	43914	34247	19985
大庆	Daqing	28635	51639	28369	33939	53426	34116	23841
伊春	Yichun	18708	28736	18009	11505	36133	15243	13936
佳木斯	Jiamusi	17534	45090	19999	15692	36923	23154	22897
七台河	Qitaihe	20408	38618	23609	14826	43640	17352	18010
牡丹江	Mudanjiang	24880	42934	26466	18902	48445	17840	25125
黑河	Heihe	22909	26863	18726	11801	41857	14377	21489
绥化	Suihua	14357	30667	14297	12044	29721	14947	16033
大兴安岭	Daxinganling	23800	34341	32059	19937	44538	15833	27898
农垦总局	ARB	17240	26376	18132	12848	27621	25142	18716
其他	Others	42087	53513	40631	33127	73014	39372	44991

3-22 续表2　CONTINUED

单位：元　(yuan)

年份 地区	Year Region	科学研究技术服务和地质勘查业 Scientific Rese-arch, Technical Service and Geologic Prospecting	水利、环境和公共设施管理业 Management of Water Conservancy, Environment and Public Facilities	居民服务和其他服务业 Services to Households and Other Services	金融业 Financial Intermediation	房地产业 Real Estate	租赁和商务服务业 Leasing and Business Services	公共管理和社会组织 Public Management and Social Organization
	2009	43199	18202	26784	31773	29920	28622	31445
	2010	40283	20614	31121	35066	32674	30492	32360
哈尔滨	Harbin	40933	25609	20388	40634	37903	31492	35962
齐齐哈尔	Qiqihar	33758	16701	19248	30780	26288	28431	30435
鸡西	Jixi	26079	17953	31931	32800	32345	27479	29277
鹤岗	Hegang	30412	14111	26414	33527	31485	24670	30899
双鸭山	Shuangyashan	34411	23588	28714	33131	27978	28765	28334
大庆	Daqing	44053	23978	39496	39383	42449	37879	41634
伊春	Yichun	29903	27634	28390	31839	31725	31190	29094
佳木斯	Jiamusi	32747	19197	27652	34505	32987	27472	28950
七台河	Qitaihe	25081	18582	19023	35092	25663	26724	32681
牡丹江	Mudanjiang	31882	20050	27854	35814	32002	30901	35461
黑河	Heihe	27701	19886	18594	33569	30149	28771	29744
绥化	Suihua	22835	16513	18646	26350	23318	21654	23590
大兴安岭	Daxinganling	32440	29527	25217	33184	31746	32056	32080
农垦总局	ARB	41374	13260	16151	25776	23471	33034	27547
其他	Others	68473		32321	49973	42217	49754	54171

3-23 城镇非私营单位在岗职工平均工资(2010年)

AVERAGE WAGE OF STAFF AND WORKERS IN URBAN NON-PRIVATE UNITS (2010)

单位：元 (yuan)

行　业	Sectors	全部单位 Total	国有单位 State-owned Units	集体单位 Urban Collective-owned Units	其他单位 Others
总　计	**Total**	**29603**	**30675**	**19969**	**28519**
按隶属关系分组	**Grouped by Jurisdiction of Management**				
中　央	Central		43889		
省	Provincial		22158		
地　区	Prefectural(Cities at Prefectural level)		31622		
县及县以下	County and Under County level		26832		
其　他	Others		26715		
按企业、事业、机关分组	**Grouped by Enterprises,Institutions and Agencies**				
企　业	Enterprises	28824	30127	19738	28492
#地　方	#Local		19216		
事　业	Institutions	31006	31082	23480	36773
#地　方	#Local		30621		
机　关	Agencies & Organizations	32208	32208	32174	
#地　方	#Local		32111		
按行业分组	Grouped by Sector				
农、林、牧、渔业	Agriculture, Forestry, Animal Husbandry and Fishery	13085	13119	13717	9940
采矿业	Mining	39970	50329	22949	31673
制造业	Manufacturing	27315	33381	17239	26309
电力、燃气及水的生产供应业	Production and Supply of Electricity, Gas and Water	37299	38686	24757	32338
建筑业	Construction	24310	28365	21715	21138
交通运输、仓储及邮政业	Transport, Storage and Post	31895	32514	13540	29343
信息传输、计算机服务和软件业	Information Transmission, Computer Services and Software	41546	38718	14000	44701
批发和零售业	Wholesale and Retail Trade	26351	28126	16829	26639
住宿和餐饮业	Hotels and Catering Services	21663	23528	16590	20497
金融业	Financial Intermediation	47891	53649	27070	50243
房地产业	Real Estate	23204	25882	25576	19305
租赁和商务服务业	Leasing and Business Services	29638	33651	17333	26041
科学研究、技术服务和地质勘查业	Scientific Research, Technical Service and Geologic Prospecting	40283	41169	26646	32687
水利、环境和公共设施管理业	Management of Water Conservancy, Environment and Public Facilities	20614	20688	15308	26589
居民服务和其他服务业	Services to Households and Other Services	31121	36054	21116	15975
教　育	Education	35066	35130	28065	30094
卫生、社会保障和社会福利业	Health, Social Security and Social Welfare	32674	33021	24114	26237
文化、体育和娱乐业	Culture, Sports and Entertainment	30492	30699	16340	27276
公共管理和社会组织	Public Management and Social Organization	32360	32362	30624	
国际组织	International Organizations				

3-24 各地区国有单位在岗职工平均工资

AVERAGE WAGE OF STAFF AND WORKERS IN STATE-OWNED UNITS BY REGION

单位：元　　　　　　　　　　　　　　　　　　　　　　　　　　　　　　(yuan)

年 份 地 区	Year Region	总 计 Total	农、林、牧、渔业 Agriculture, Forestry, Animal Husbandry and Fishery	采矿业 Mining	制造业 Manufa-cturing	电力、燃气及水的生产供应业 Production and Supply of Electricity, Gas and Water	建筑业 Construction	交通运输仓储及邮政业 Transport, Storage and Post
2009		27842	11359	44835	28305	34276	21475	29236
2010		30675	13119	50329	33381	38686	28365	32514
哈尔滨	Harbin	33822	12322	21832	27067	43375	24219	24667
齐齐哈尔	Qiqihar	29723	17368		32415	41096	21416	20798
鸡 西	Jixi	27298	14553	27101	16783	37878	17532	24729
鹤 岗	Hegang	30539	11409	33252	9464	39335	19596	19551
双鸭山	Shuangyashan	26314	13083	24701	12304	29110	24260	19023
大 庆	Daqing	46773	17662	63636	54121	47753	32495	28619
伊 春	Yichun	15391	10528	21096	15288	13784	15709	19806
佳木斯	Jiamusi	28049	15234	9714	36794	41232	23413	18477
七台河	Qitaihe	27460	12963	12069	21045	22065	18620	22415
牡丹江	Mudanjiang	28166	12797	30738	17176	46794	15929	28376
黑 河	Heihe	25537	11027	21898	21610	37734	15033	23068
绥 化	Suihua	22327	11249	44360	12766	16819	15600	14357
大兴安岭	Daxinganling	20734	14633	26188	18190	28779	13021	25064
农垦总局	ARB	16401	13960		19709	27169	22422	17268
其 他	Others	41389	35125		35505		31490	42087

3-24 续表1　CONTINUED

单位：元　　　　　　　　　　　　　　　　　　　　　　　　　　　　　　(yuan)

年 份 地 区	Year Region	信息传输、计算机服务和软件业 Information Transmission, Computer Services and Software	批发和零售业 Wholesale and Retail Trades	住宿和餐饮业 Hotels and Catering Services	金融业 Financial Intermediation	房地产业 Real Estate	租赁和商务服务业 Leasing and Business Services	科学研究技术服务和地质勘查业 Scientific Rese-arch, Technical Service and Geologic Prospecting
2009		40628	25694	19998	48593	25148	26252	44615
2010		38718	28126	23528	53649	25882	33651	41169
哈尔滨	Harbin	41180	36365	21265	63087	24972	34383	43315
齐齐哈尔	Qiqihar	34769	22225	14956	47536	20604	20434	34700
鸡 西	Jixi	28286	19226	14816	42514	25562	14693	27972
鹤 岗	Hegang	26344	30957	15083	58744	23581	19573	30412
双鸭山	Shuangyashan	22389	30277	19087	40058	29100	24902	34614
大 庆	Daqing	51351	26061	34681	61893	45493	23503	44095
伊 春	Yichun	31369	33763	15643	40865	28778	15534	30764
佳木斯	Jiamusi	77787	24558	13104	40136	22713	28166	32919
七台河	Qitaihe	30739	26565	14826	50177	19439	27090	25242
牡丹江	Mudanjiang	30577	43210	18767	55110	31136	26081	32589
黑 河	Heihe	27764	18652	11682	46392	20620	24016	28255
绥 化	Suihua	29210	13610	11516	34673	18993	16873	22861
大兴安岭	Daxinganling	28737	38547	21646	51032	16667	34481	32469
农垦总局	ARB	24199	16882	12848	21869	28358	17873	42943
其 他	Others	53513	40631	33127	73014	39372	44991	68473

3-24 续表2 CONTINUED

单位：元 (yuan)

年份 地区	Year Region	水利、环境和公共设施管理业 Management of Water Conservancy, Environment and Public Facilities	居民服务和其他服务业 Services to Households and Other Services	教育 Education	卫生、社会保障和社会福利业 Sanitation, Social Security and Social Welfare	文化、体育和娱乐业 Culture, Sports and Entertainment	公共管理和社会组织 Public Management and Social Organization
	2009	18835	31271	31799	30289	28790	31440
	2010	20688	36054	35130	33021	30699	32362
哈尔滨	Harbin	25545	29042	40958	38656	32096	35985
齐齐哈尔	Qiqihar	17946	21718	30826	26759	28431	30440
鸡西	Jixi	17953	32243	32800	32463	27479	29257
鹤岗	Hegang	14111	28519	33568	33209	24670	30899
双鸭山	Shuangyashan	24315	28714	33131	27981	28765	28334
大庆	Daqing	24135	39549	39383	43322	37879	41618
伊春	Yichun	27634	28390	31839	31885	31190	29094
佳木斯	Jiamusi	19197	28210	34505	32987	27472	28938
七台河	Qitaihe	18582	19023	35092	25730	26724	32681
牡丹江	Mudanjiang	20190	28554	35893	32375	30961	35476
黑河	Heihe	19931	21779	33569	30173	28771	29744
绥化	Suihua	16513	20127	26358	23416	21654	23590
大兴安岭	Daxinganling	29527	25217	33184	31751	32056	32080
农垦总局	ARB	13225	16151	25776	23471	33034	27547
其他	Others		32321	49973	42217	49754	54171

3-25 各地区城镇集体单位在岗职工平均工资

AVERAGE WAGE OF STAFF AND WORKERS IN URBAN COLLECTIVE-OWNED UNITS BY REGION

单位：元 (yuan)

年份 地区	Year Region	总计 Total	农、林、牧、渔业 Agriculture, Forestry, Animal Husbandry and Fishery	采矿业 Mining	制造业 Manufacturing	电力、燃气及水的生产供应业 Production and Supply of Electricity, Gas and Water	建筑业 Construction
	2009	16425	13024	19627	14773	21919	17938
	2010	19969	13717	22949	17239	24757	21715
哈尔滨	Harbin	21760	8931		18278	29082	28115
齐齐哈尔	Qiqihar	14438	10692	11659	12751	19448	13738
鸡西	Jixi	18430	11364	19856	10460		17425
鹤岗	Hegang	21982	25922	22710	14632		27137
双鸭山	Shuangyashan	25717	14333		20740	18198	20361
大庆	Daqing	18606	17412		28463		11769
伊春	Yichun	14689	6696	19213	13058		23927
佳木斯	Jiamusi	15683	6325	9456	11525		17368
七台河	Qitaihe	20116		21264	19281		19344
牡丹江	Mudanjiang	24092		51228	13400	30932	20819
黑河	Heihe	16770	31667		5744		12180
绥化	Suihua	13738	9476		11403	5802	12129
大兴安岭	Daxinganling	13258			10925		12941
农垦总局	ARB	12675			12275		16923

3-25 续表1 CONTINUED

单位：元　　　　(yuan)

年份 地区	Year Region	交通运输仓储及邮政业 Transport, Storage and Post	信息传输、计算机服务和软件业 Information Transmission, Computer Services and Software	批发和零售业 Wholesale and Retail Trades	住宿和餐饮业 Hotels and Catering Services	卫生、社会保障和社会福利业 Sanitation, Social Security and Social Welfare	文化、体育和娱乐业 Culture, Sports and Entertainment	租赁和商务服务业 Leasing and Business Services
	2009	15130	9329	14772	12007	20453	25762	13560
	2010	13540	14000	16829	16590	27070	25576	17333
哈尔滨	Harbin	15291	17727	21942	17282	32565	24956	19870
齐齐哈尔	Qiqihar	15318		9034	9422	25266	20138	18928
鸡西	Jixi	9745		10101	9583	24457	6000	15636
鹤岗	Hegang	9690		10251	6167	21805	36000	17706
双鸭山	Shuangyashan	12143		9498	9800	37572	42765	17775
大庆	Daqing			16139	17100	23509	12129	16000
伊春	Yichun	8498	9900	9950	8726	21884		9773
佳木斯	Jiamusi	12609		9005	12040	21936	10444	13648
七台河	Qitaihe	22244		12123		27440	7742	12211
牡丹江	Mudanjiang	5960		7067	18625	32556	9323	23692
黑河	Heihe	9250		14835	15750	26731	11155	17318
绥化	Suihua			8973	15692	20632	21376	14166
大兴安岭	Daxinganling			9000		14504		33200
农垦总局	ARB							

3-25 续表2 CONTINUED

单位：元　　　　(yuan)

年份 地区	Year Region	科学研究技术服务和地质勘查业 Scientific Rese-arch, Technical Service and Geologic Prospecting	水利、环境和公共设施管理业 Management of Water Conservancy, Environment and Public Facilities	居民服务和其他服务业 Services to Households and Other Services	金融业 Financial Intermediation	房地产业 Real Estate	租赁和商务服务业 Leasing and Business Services	公共管理和社会组织 Public Management and Social Organization
	2009	33006	12080	13233	26201	18957	9980	38289
	2010	26646	15308	21116	28065	24114	16340	30624
哈尔滨	Harbin	27240	20315	21433	28613	28938	16264	25169
齐齐哈尔	Qiqihar		8359	10938		8852		23788
鸡西	Jixi	12333				23929		34357
鹤岗	Hegang			4800	12952	22129		
双鸭山	Shuangyashan	6875	18117			15000		
大庆	Daqing			24479		16885		53442
伊春	Yichun					22136		
佳木斯	Jiamusi	10692		10900				37325
七台河	Qitaihe	22833				24080		
牡丹江	Mudanjiang			12900	35750	21655		26000
黑河	Heihe			11853		19882		
绥化	Suihua	21900			17333	18824		
大兴安岭	Daxinganling					28000	21667	
农垦总局	ARB							

3-26 各地区城镇其他单位在岗职工平均工资

AVERAGE WAGE OF STAFF AND WORKERS IN URBAN OTHER UNITS BY REGION

单位：元 (yuan)

年 份 地 区	Year Region	总 计 Total	农、林、牧、渔业 Agriculture, Forestry, Animal Husbandry and Fishery	采矿业 Mining	制造业 Manufacturing	电力、燃气及水的生产供应业 Production and Supply of Electricity, Gas and Water	建筑业 Construction	交通运输仓储及邮政业 Transport, Storage and Post
2009		25628	9413	25022	25199	30100	24781	24194
2010		28519	9940	31673	26309	32338	21138	29343
哈尔滨	Harbin	31250	18787	18166	31303	34968	22687	37353
齐齐哈尔	Qiqihar	22064	13690	15184	21482	27159	17441	19380
鸡西	Jixi	30955		32381	20381	20663	29716	10584
鹤岗	Hegang	27179		27628	12903	80540	20739	13158
双鸭山	Shuangyashan	33691		33788	14205	48104	24407	12148
大庆	Daqing	38819	18322	27802	43733	48526	14996	30699
伊春	Yichun	20788		14354	21841	11797	13732	10396
佳木斯	Jiamusi	25343	21203	14322	25133	23715	20091	10747
七台河	Qitaihe	29855		30880	14805	82870	24214	11407
牡丹江	Mudanjiang	25700		36012	21710	20351	20365	18741
黑河	Heihe	17878	8509	30359	16327	32976	21365	12082
绥化	Suihua	14978		42000	13729	12000	14657	
大兴安岭	Daxinganling	19971		21035	14788	14655	13319	9446
农垦总局	ARB	21361		17020	19917	19190	31205	10500

3-26 续表1 CONTINUED

单位：元 (yuan)

年 份 地 区	Year Region	信息传输、计算机服务和软件业 Information Transmission, Computer Services and Software	批发和零售业 Wholesale and Retail Trades	住宿和餐饮业 Hotels and Catering Services	金融业 Financial Intermediation	房地产业 Real Estate	租赁和商务服务业 Leasing and Business Services	科学研究技术服务和地质勘查业 Scientific Rese-arch, Technical Service and Geologic Prospecting
2009		37362	21544	24014	44396	16821	24621	23213
2010		44701	26639	20497	50243	19305	26041	32687
哈尔滨	Harbin	48245	28336	21475	56978	23816	26577	34491
齐齐哈尔	Qiqihar	41616	17695	13864	42311	16764	17563	26430
鸡西	Jixi	37865	24125	8413	49913	19667	25368	16688
鹤岗	Hegang	32592	21792		34117	15000		
双鸭山	Shuangyashan	46776	37198		52343	15800	13890	
大庆	Daqing	58523	36788	10296	51536	20308	31824	27962
伊春	Yichun	27782	10067	10057	35743	13974	12117	14892
佳木斯	Jiamusi	23452	16133	18930	41584	24947	19000	22955
七台河	Qitaihe	41915	17070		43057	17095		20556
牡丹江	Mudanjiang	47100	17591	19070	49902	16887	24802	15368
黑河	Heihe	10077	21852	11425	24573	6144	13259	11785
绥化	Suihua	48000	17972	12888	24995	12283	7500	21986
大兴安岭	Daxinganling	93673	14144	8038	46232	15000	10215	26500
农垦总局	ARB	33351	19030		28466	18272	54136	25256

3-26 续表2 CONTINUED

单位：元 (yuan)

年份 地区	Year Region	水利、环境和公共设施管理业 Management of Water Conservancy, Environment and Public Facilities	居民服务和其他服务业 Services to Households and Other Services	教育 Education	卫生、社会保障和社会福利业 Sanitation, Social Security and Social Welfare	文化、体育和娱乐业 Culture, Sports and Entertainment	公共管理和社会组织 Public Management and Social Organization
	2009	11440	15685	27080	18892	21756	
	2010	26589	15975	30094	26237	27276	
哈尔滨	Harbin	33645	15956	31226	26593	27347	
齐齐哈尔	Qiqihar	12699	26892	9783	22652		
鸡西	Jixi		8000				
鹤岗	Hegang						
双鸭山	Shuangyashan	29833					
大庆	Daqing	20243	9966				
伊春	Yichun						
佳木斯	Jiamusi						
七台河	Qitaihe						
牡丹江	Mudanjiang	17247	12000	13305	26004	11000	
黑河	Heihe	8300	6588				
绥化	Suihua		9596				
大兴安岭	Daxinganling						
农垦总局	ARB	21000					

3-27 各地区城镇私营单位就业人员平均工资

AVERAGE WAGE OF EMPLOYMENT IN URBAN PRIVATE UNITS BY REGION

单位：元 (yuan)

年份 地区	Year Region	总计 Total	农、林、牧、渔业 Agriculture, Forestry, Animal Husbandry and Fishery	采矿业 Mining	制造业 Manufacturing	电力、燃气及水的生产供应业 Production and Supply of Electricity, Gas and Water	建筑业 Construction
	2009	15367	14452	21285	14131	15647	14648
	2010	16924	14598	21760	15741	16017	17988
哈尔滨	Harbin	18022	13550	12144	15866	19285	19545
齐齐哈尔	Qiqihar	13844	10884	16933	14726	12434	15802
鸡西	Jixi	15992	16703	21387	14665	13290	13722
鹤岗	Hegang	18087		25768	11522	19517	34524
双鸭山	Shuangyashan	18924	12800	23147	18610	19170	22103
大庆	Daqing	16788	10366	20016	17738	20784	15048
伊春	Yichun	12867	15172	15037	12346	11375	15489
佳木斯	Jiamusi	16723		14829	17168	18159	18105
七台河	Qitaihe	15461	8889	19612	14165		17524
牡丹江	Mudanjiang	17063	18824	24192	16302	14181	20902
黑河	Heihe	13141	10915	13625	15871	4616	9664
绥化	Suihua	14150		17929	14039		15609
大兴安岭	Daxinganling	12245	7859	17503	10749	12189	18556
农垦总局	ARB	18169	20919	35080	16150	14213	19425

3-27 续表1 CONTINUED

单位：元 (yuan)

年 份 Year 地 区 Region		交通运输仓储及邮政业 Transport, Storage and Post	信息传输、计算机服务和软件业 Information Transmission, Computer Services and Software	批发和零售业 Wholesale and Retail Trades	住宿和餐饮业 Hotels and Catering Services	卫生、社会保障和社会福利业 Sanitation, Social Security and Social Welfare	文化、体育和娱乐业 Culture, Sports and Entertainment	租赁和商务服务业 Leasing and Business Services
	2009	18346	22167	14978	14589	19605	14902	12748
	2010	16737	23068	16355	14986	24602	17772	14961
哈尔滨	Harbin	16883	24609	17793	16324	28504	19579	14560
齐齐哈尔	Qiqihar	14247	8492	11881	13294	16385	16398	12979
鸡　西	Jixi	13954	12396	13311	12885	11857	13293	12756
鹤　岗	Hegang	12992	7308	11790	10000		20730	13889
双鸭山	Shuangyashan	14008	15431	13921	12685	19340	14208	13465
大　庆	Daqing	18098	19892	14740	16742	23672	18179	17707
伊　春	Yichun	24700	13273	13212	11057		12160	11462
佳木斯	Jiamusi	18378	18100	15350	16992	18185	16131	17801
七台河	Qitaihe	12164	14882	13226	9652	14186	11411	11307
牡丹江	Mudanjiang	19304	17402	16607	14392	19957	17051	15385
黑　河	Heihe	10016	9325	11388	12173			14361
绥　化	Suihua	12068	9917	11276	10343	13400	13790	12003
大兴安岭	Daxinganling	15317	8634	11165	11944	9500	14893	12025
农垦总局	ARB	14594		17634	20203		21777	24895

3-27 续表2 CONTINUED

单位：元 (yuan)

年 份 Year 地 区 Region		科学研究技术服务和地质勘查业 Scientific Rese-arch, Technical Service and Geologic Prospecting	水利、环境和公共设施管理业 Management of Water Conservancy, Environment and Public Facilities	居民服务和其他服务业 Services to Households and Other Services	金融业 Financial Intermediation	房地产业 Real Estate	租赁和商务服务业 Leasing and Business Services	公共管理和社会组织 Public Management and Social Organization
	2009	24330	15354	16076	16948	16607	14817	
	2010	24792	14994	12624	18353	16120	13992	
哈尔滨	Harbin	25089	14756	11875	19383	16037	14241	
齐齐哈尔	Qiqihar	14936	15837	10962	15218	11655	11462	
鸡　西	Jixi	11839		12674	16499	12341	11368	
鹤　岗	Hegang			14864	15818			
双鸭山	Shuangyashan	17230	24000	14538	20229	15623	10769	
大　庆	Daqing	24334	14536	15378	18723	19912	11724	
伊　春	Yichun	14350	5600	10883	16294	13885	12000	
佳木斯	Jiamusi	12897	20000	15553	16223	16081	20308	
七台河	Qitaihe	14429		15146	16762	14495	14527	
牡丹江	Mudanjiang	23783	18310	15375	26094	23188	20972	
黑　河	Heihe	17667	12048	10357	14868	12000		
绥　化	Suihua	11281	12000	11804	19486	16000		
大兴安岭	Daxinganling	16438	12333	13972	12453	12750	13600	
农垦总局	ARB	54137	24342	12000	12167			

主要统计指标解释

人口数　指一定时点、一定地区范围内有生命的个人总和。

年度统计的年末人口数指每年12月31日24时的常住人口数。年度统计的全国人口总数内未包括香港、澳门特别行政区和台湾省以及海外华侨人数。

城镇人口和乡村人口　城镇人口是指居住在城镇范围内的全部常住人口；乡村人口是除上述人口以外的全部常住人口。

出生率(又称粗出生率)　指在一定时期内(通常为一年)一定地区的出生人数与同期内平均人数(或期中人数)之比，用千分率表示。本资料中的出生率指年出生率，其计算公式为：

$$出生率=\frac{年出生人数}{年平均人数}\times1000‰$$

式中：出生人数指活产婴儿，即胎儿脱离母体时(不管怀孕月数)，有过呼吸或其他生命现象。年平均人数指年初、年底人口数的平均数，也可用年中人口数代替。

死亡率(又称粗死亡率)　指在一定时期内(通常为一年)一定地区的死亡人数与同期内平均人数(或期中人数)之比，用千分率表示。本资料中的死亡率指年死亡率，其计算公式为：

$$死亡率=\frac{年死亡人数}{年平均人数}\times1000‰$$

人口自然增长率　指在一定时期内(通常为一年)人口自然增加数(出生人数减死亡人数)与该时期内平均人数(或期中人数)之比，用千分率表示。计算公式为：

$$人口自然增长率=\frac{本年出生人数-本年死亡人数}{年平均人数}\times100\%\quad=人口出生率-人口死亡率$$

总抚养比　也称总负担系数。指人口总体中非劳动年龄人口数与劳动年龄人口数之比。通常用百分比表示。说明每100名劳动年龄人口大致要负担多少名非劳动年龄人口。用于从人口角度反映人口与经济发展的基本关系。计算公式为：

$$GDR=\frac{P_{0\sim14}+P_{65^+}}{P_{15\sim64}}\times100\%$$

其中：GDR为总抚养比；

$P_{0\sim14}$为0～14岁少年儿童人口数；

P_{65+}为65岁及65岁以上的老年人口数；

$P_{15\sim64}$为15～64岁劳动年龄人口数。

老年人口抚养比　也称老年人口抚养系数。指某一人口中老年人口数与劳动年龄人口数之比。通常用百分比表示。用以表明每100名劳动年龄人口要负担多少名老年人。老年人口抚养比是从经济角度反映人口老化社会后果的指标之一。计算公式为：

$$ODR=\frac{P_{65^+}}{P_{15\sim64}}\times100\%$$

其中：ODR为老年人口抚养比；

P_{65+}为65岁及65岁以上的老年人口数；

$P_{15\sim64}$为15～64岁的劳动年龄人口数。

少年儿童抚养比　也称少年儿童抚养系数。指某一人口中少年儿童人口数与劳动年龄人口数之比。通常用百分比表示。以反映每100名劳动年龄人口要负担多少名少年儿童。计算公式为：

$$CDR=\frac{P_{0\sim14}}{P_{15\sim64}}\times100\%$$

其中：CDR为少年儿童抚养比；

$P_{0\sim14}$为0～14岁少年儿童人口数；

$P_{15\sim64}$为15～64岁劳动年龄人口数。

经济活动人口　指在16周岁及以上，有劳动能力，参加或要求参加社会经济活动的人口。包括就业人员和失业人员。

就业人员　指在16周岁及以上，从事一定社会劳动并取得劳动报酬或经营收入的人员。这一指标反映了一定时期内全部劳动力资源的实际利用情况，是研究我国基本国情国力的重要指标。

单位就业人员　指在各级国家机关、政党机关、社会团体及企业、事业单位中工作，取得工资或其他形式的劳动报酬的全部人员。包括在岗职工、再就业的离退休人员、民办教师以及在各单位中工作的外方人员和港澳台方人员、兼职人员、借用的外单位人员和第二职业者。不包括离开本单位仍保留劳动关系的职工。各单位的就业人员反映了各单位实际参加生产或工作的全部劳动力。

城镇私营和个体就业人员　城镇私营就业人员指在工商管理部门注册登记，其经营地址设在县城关镇(含县城关镇)以上的私营企业就业人员，包括私营企业投资者和雇工。城镇个体就业人员指在工商管理部门注册登记，并持有城镇户口或在城镇长期居住，经批准从事个体工商经营的就业人员，包括个体经营者和在个体工商户劳动的家庭帮工和雇工。

职工　指在国有、城镇集体、联营、股份制、外商和港、澳、台投资、其他单位及其附属机构工作，并由其支付工资的各类人员。不包括下列人员：(1)乡镇企业就业人员；(2)私营企业就业人员；(3)城镇个体劳动者；(4)离休、退休、退职人员；(5)再就业的离、退休人员；(6)民办教师；(7)在城镇单位中工作的外方及港、澳、台人员；(8)其他按有关规定不列入职工统计范围的人员。(1998年及以后的数据均为在岗职工数据，其他相关指标如职工工资总额，职工平均工资等指标也从1998年按此口径进行了相应调整)。

国有单位　指资产归国家所有的经济组织。包括按《中华人民共和国企业法人登记管理条例》规定登记注册的非公司制的经济组织，以及中央、地方各级国家机关、事业单位和社会团体。

集体单位　指生产资料归集体所有，并按《中华人民共和国企业法人登记管理条例》规定登记注册的经济组织。

其他单位　包括股份合作单位、联营单位、有限责任公司、股份有限公司、港澳台商投资单位以及外商投资单位等其他登记注册类型单位。

在岗职工　指在本单位工作并由单位支付工资的人员，以及有工作岗位，但由于学习、病伤产假等原因暂未工作，仍由单位支付工资的人员。

工资总额　指各单位在一定时期内直接支付给本单位全部职工的劳动报酬总额。工资总额的计算原则应以直接支付给职工的全部劳动报酬为根据。各单位支付给职工的劳动报酬以及其他根据有关规定支付的工资，不论是计入成本的还是不计入成本的，不论是按国家规定列入计征奖金税项目的，还是未列入计征奖金税项目的，不论是以货币形式支付的还是以实物形式支付的，均包括在工资总额内。

平均工资　指企业、事业、机关单位的职工在一定时期内平均每人所得的货币工资额。它表明一定时期职工工资收入的高低程度，是反映职工工资水平的主要指标。计算公式为：

$$\text{平均工资}=\frac{\text{报告期实际支付的全部职工工资总额}}{\text{报告期全部职工平均人数}}$$

专业技术人员　指从事专业技术工作的人员以及从事专业技术管理工作且已在1983年以前评定了专业技术职称或在1984年以后聘任了专业技术职务的人员。

专业技术人员具体指工程技术人员、农业技术人员、科研人员(自然科学研究、社会科学研究及实验技术人员)、卫生技术人员、教学人员(含高等院校、中等专业学校、技工学校、中学、小学)、民用航空飞行技术人员、船舶技术人员、经济人员、会计人员、统计人员、翻译人员、图书资料、档案、文博人员、新闻、出版人员、律师、公证人员、广播电视播音人员、工艺美术人员、体育人员、艺术人员及政工人员。

专业技术管理人员具体指企业、事业单位的领导；企业、事业单位下设的职能机构、企业的生产车间和辅助车间(或附属辅助生产单位)中从事生产、技术、经济管理和政治工作人员。

按照公务员管理或参照公务员管理的人员不统计为专业技术人员。

城镇登记失业人员　指有非农业户口，在一定的劳动年龄内(16周岁至退休年龄)，有劳动能力，无业而要求就业，并在当地就业服务机构进行求职登记的人员。

城镇登记失业率　城镇登记失业人员与城镇单位就业人员(扣除使用的农村劳动力、聘用的离退休人员、港澳台及外方人员)、城镇单位中的不在岗职工、城镇私营业主、个体户主、城镇私营企业和个体就业人员、城镇登记失业人员之和的比。计算公式为：

$$\text{城镇登记失业率}=\frac{\text{城镇登记失业人数}}{[（\text{城镇单位就业人员}-\text{使用的农村劳动力}-\text{聘用的离退休人员}-\text{聘用的港澳台及外方人员}）+\text{不在岗职工}+\text{城镇私营业主}+\text{城镇个体户主}+\text{城镇私营企业及个体就业人员}+\text{城镇登记失业人数}]\times 100\%}\times 100\%$$

Explanatory Notes on Main Statistical Indicators

Total Population refers to the total number of people alive at a certain point of time within a given area.

The annual statistics on total population is taken at midnight, the 31st of December, not including residents in Taiwan province, Hong Kong and Macao and Chinese national residing abroad.

Urban Population and Rural Population Urban population refers to all people residing in cities and towns, while rural population refers to population other than urban population.

Birth Rate (or Crude Birth Rate) refers to the ratio of the number of births to the average population (or mid-period population) during a certain period of time (usually a year), expressed in ‰. Birth rate in the chapter refers to annual birth rate. The following formula is used:

$$\text{Birth Rate} = \frac{\text{Number of Births}}{\text{Annual Average Population}} \times 1000‰$$

Number of births in the formula refers to live births, i.e. when a baby has breathed or showed any vital phenomena regardless of the length of pregnancy.

Annual average population is the average of the number of population at the beginning of the year and that at the end of the year. Sometimes it is substituted by the mid-year population.

Death Rate (or Crude Death Rate) refers to the ratio of the number of deaths to the average population (or mid-period population) during a certain period of time (usually a year), expressed in ‰. Death rate in the chapter refers to annual death rate. The following formula is used:

$$\text{Death Rate} = \frac{\text{Number of Deaths}}{\text{Annual Average Population}} \times 1000‰$$

Natural Growth Rate of Population refers to the ratio of natural increase in population (number of births minus number of deaths) in a certain period of time (usually a year) to the average population (or mid-period population) of the same period, expressed in ‰. The following formula is applied:

$$\frac{\text{Natural Growth}}{\text{Rate of Population}} = \frac{\text{Number of Births - Number of Deaths}}{\text{Annual Average Population}} \times 1000‰$$

Natural Growth Rate of Population = Birth Rate-Death Rate

Gross Dependency Ratio also called gross dependency coefficient, refers to the ratio of non-working-age population to the working-age population, express in %. Describing in general the number of non-working-age population that every 100 people at working ages will take care of, this indicator reflects the basic relation between population and economic development from the demographic perspective. The gross dependency ratio is calculated with the following formula:

$$GDR = \frac{P_{0\text{-}14} + P_{65^+}}{P_{15\text{-}64}} \times 100\%$$

Where: GDR is the gross dependency ratio,

P0-14 is the population of children aged 0-14,

P65+ is the elderly population aged 65 and over, and

P15-64 is the working-age population aged 15-64.

Old Dependency Ratio also called old dependency coefficient, refers to the ratio of the elderly population to the working-age population, express in %. It describes the number of the elderly population that every 100 people at working ages will take care of. Old dependency ratio is one of the indicators reflecting the social implication of population aging from the economic perspective. The old dependency ratio is calculated with the following formula:

$$ODR=\frac{P_{65^+}}{P_{15\text{-}64}}\times 100\%$$

Where: ODR is the old dependency ratio,

P65+ is the elderly population aged 65 and over, and

P15-64 is the working-age population aged 15-64.

Children Dependency Ratio also called children dependency coefficient, refers to the ratio of the children population to the working-age population, express in %. It describes the number of children population that every 100 people at working ages will take care of. The children dependency ratio is calculated with the following formula:

$$CDR=\frac{P_{0\text{-}14}}{P_{15\text{-}64}}\times 100\%$$

Where: CDR is the children dependency ratio,

P0-14 is the children population aged 0-14, and

P15-64 is the working-age population aged 15-64

Economically Active Population refers to the population aged 16 and over who are capable of working, are participating in or willing to participate in economic activities, including employed persons and unemployed persons.

Employed Persons refer to persons aged 16 and over who are engaged in gainful employment and thus receive remuneration payment or earn business income. This indicator reflects the actual utilization of total labour force during a certain period of time and is often used for the research on China' s economic situation and national power.

Persons Employed in Various Units refer to all the persons working in government agencies of various levels, political and party organizations, social organizations, enterprises and institutions, and receiving wages or other forms of payment. They include fully-employed staff and workers, re-employed retirees, teachers in the schools run by the local people, foreigners and Chinese compatriots from Hong Kong, Macao, and Taiwan working in various units, part-time employees, employees of other units working temporarily at current posts, and employees holding the second job, but do not include persons who have left their working units while keeping their labour contract (employment relation) unchanged. This indicator reflects the total number of laborers actually engaged in production or other operations in various units.

Persons Employed in Private Enterprises and Self-Employed Individuals in Urban Areas Persons employed in private enterprises refer to the persons employed in the private enterprises which have been registered at the departments of industrial and commercial administration for which the business operation are situated at a county town (i.e. a town where the county government is located), or at urban areas with administrative hierarchy higher than a county town. The self-employed individuals in urban areas refer to persons who hold the certificates of residence in urban areas or have resided in the urban areas for a long time and have been registered at the departments of industrial and commercial administration and approved to be engaged in individual industrial or commercial business, including self-employed persons as well as helpers and hired labourers who work in individual households.

Staff and Workers refer to persons working in, and receive payment from units of state ownership, collective ownership, joint ownership, share holding ownership, foreign ownership, and ownership by entrepreneurs from Hong Kong, Macao, and Taiwan, and other types of ownership and their affiliated units. They do not include 1) persons employed in township enterprises, 2) persons employed in private enterprises, 3) urban self-employed persons, 4) retirees, 5) re-employed retirees, 6) teachers in the schools run by the local people, 7) foreigners and persons from Hong Kong, Macao and Taiwan who work in urban units, and 8) other persons not to be included by relevant regulations. (Data since 1998 refer to fully employed staff and workers. Other related statistics indicators, such as total wage bill and average wage are adjusted since 1998 accordingly).

State-owned Units refer to economic units whose assets are owned by the state, including non-corporation units registered according to Regulation of the People' s Republic of China on the Registration of Enterprises and Corporations, state organs, institutions and social organizations at the central-level and local levels.

Collective-owned Units refer to economic units registered according to Regulation of the People' s Republic of China on the Registration of Enterprises and Corporations where the means of production are collectively owned.

Units of Other Types of Ownership refer to units registered with other types of ownership, including cooperative units, joint ownership units, limited liability corporations, share holding corporations, units funded by entrepreneurs from Hong Kong, Macao, and Taiwan, and foreign- funded units.

Employed Staff and Workers refer to persons who work in, and receive wages from their working units, including persons who have their work posts but are temporarily absent from work for reasons of study or on sick, injury or maternal leave and still receive wages from their working units.

Total Wage Bill refers to the total remuneration payment to staff and workers in various units during a certain period of time. The calculation of total wage bill is based on the total remuneration payment to the staff and workers. Therefore, all the wages and salaries and other payments to staff and workers are included in the total wage bill regardless of sources, reckoning the cost of production or not, category, listing as items of premium taxation or not, and forms, paying in cash or in kind.

Average Wage refers to the average wage in money terms per person during a certain period of time for staff and workers in enterprises, institutions, and government agencies, which reflects the general level of wage income during a certain period of time and is calculated as follows:

$$\text{Average Wage} = \frac{\text{Total Wage Bill of Staff and Workers at Reference Time}}{\text{Average Number of Staff and Workers at Reference Time}}$$

Professional Personnel refers to the persons who are engaged in special professional work or in professional management who got the titles of a professional post before 1983 or who were appointed to professional positions since 1984.

Professional personnel specifically refers to engineering professionals, agricultural professionals, scientific research professionals (natural science researchers, social science researchers and laboratory technicians), health professionals, teaching professionals (including institutions of higher education, specialized secondary schools, technical schools, regular secondary schools, and primary schools), civil aviation professionals, nautical professionals, economic professionals, accounting professionals, statistical professionals, interpretation professionals, library professionals, archives professionals, professionals of culture, arts and cultural relics, newsman and publishing professionals, lawyers, notary professionals, radio and television announcers, industrial arts professionals, sports professionals, artists and political professionals.

Professional management personnel specifically refers to the managers of enterprises and institutions, the personnel engaged in the management of production, technical, economic management and political aspects in the functional departments under the enterprise and institution, production workshops and accessorial workshops (or accessorial production units) under the enterprises.

Professional personnel do not include personnel under or managed according to the system of civil servants.

Registered Unemployed Persons in Urban Areas refer to the persons with non-agricultural household registration at certain working ages (16 years old to retirement age), who are capable of working, unemployed and willing to work, and have been registered at the local employment service agencies to apply for a job.

Registered Unemployment Rate in Urban Areas refers to the ratio of the number of the registered unemployed persons to the sum of the number of persons employed in various units (minus the employed rural labour force, re-employed retirees, and Hong Kong, Macao, Taiwan or foreign employees), laid-off staff and workers in urban units, owners of private enterprises in urban areas, owners of self-employed individuals in urban areas, employees of private enterprises in urban areas, employee of self-employed individuals in urban areas, and the registered unemployed persons in urban areas. The formula is as follows:

$$\text{Registered unemployment rate in urban areas} = \frac{\text{number of registered urban unemployed persons}}{\begin{array}{c}\text{number of persons employed in urban units - employed rural labour force}\\ \text{re - employed retirees - Hong Kong, Macao, Taiwan or foreign employees}\\ \text{+ laid - off staff and workers + owners of urban private enterprises + owners of}\\ \text{urban self - employed individuals + employees of urban private enterprises + employees of}\\ \text{urban self - employed individuals + registered unemployed persons in urban areas}\end{array}} \times 100\%$$

第四篇　固定资产投资和房地产开发

CHAPTER 4 INVESTMENT IN FIXED ASSETS AND REAL ESTATE DEVELOPMENT

4-1 全社会固定资产投资

TOTAL INVESTMENT IN FIXED ASSETS

单位：亿元 (100 million yuan)

年 份 Year	投资总额 Total Investment	国有经济 State-owned Units	集体经济 Collective-owned Units	个体经济 Self-employed Individual	其他经济 Others	城镇投资 Urban Investment	#房地产开发 Real Estate Development	农村投资 Rural Investment
1978	27.0	25.5	0.2	1.3		27.0		
1979	26.9	26.6	0.3			26.9		
1980	38.5	37.9	0.6			38.5		
“六五”时期合计	**382.1**	**321.3**	**23.2**	**37.7**		**338.2**		**43.9**
The Period of Sixth Five-Year Plan								
1981	47.0	39.3	3.6	4.2		42.6		4.4
1982	62.9	53.5	5.8	3.6		56.2		6.7
1983	71.9	65.4	4.6	1.9		68.7		3.2
1984	88.5	73.9	3.5	11.1		76.7		11.8
1985	111.8	89.2	5.7	16.9		94.0		17.8
“七五”时期合计	**745.4**	**612.9**	**34.2**	**98.1**		**652.8**		**92.6**
The Period of Seventh Five-Year Plan								
1986	123.6	101.5	7.2	14.8		107.6		16.0
1987	140.3	115.5	7.9	16.9		123.2		17.1
1988	160.6	132.1	8.0	20.4		142.1		18.5
1989	158.0	129.2	5.6	23.2		138.7		19.3
1990	162.9	134.6	5.5	22.8		141.2	6.3	21.7
“八五”时期合计	**1655.2**	**1384.3**	**52.8**	**142.2**	**76.0**	**1513.2**	**113.7**	**142.0**
The Period of Eighth Five-Year Plan								
1991	189.6	162.6	5.9	21.2		168.2	8.9	21.4
1992	244.2	215.9	6.8	21.6		223.3	19.9	20.9
1993	328.6	290.7	9.3	19.8	8.7	308.1	31.5	20.5
1994	405.3	335.2	14.7	29.3	26.1	374.1	26.3	31.2
1995	487.5	379.9	16.1	50.3	41.2	439.5	27.1	48.0
“九五”时期合计	**3685.2**	**2577.8**	**150.9**	**404.0**	**552.6**	**3292.0**	**319.3**	**393.2**
The Period of Ninth Five-Year Plan								
1996	568.6	427.6	32.3	59.5	49.3	501.7	29.3	66.9
1997	669.9	531.0	23.3	69.0	46.6	601.1	45.2	68.8
1998	801.6	606.5	28.1	95.2	71.8	712.8	58.7	88.8
1999	785.9	562.9	31.3	89.5	102.2	702.1	82.0	83.8
2000	859.2	449.8	35.9	90.8	282.7	774.3	104.1	84.9
“十五”时期合计	**6415.9**	**2983.7**	**216.8**	**838.0**	**2377.4**	**5716.9**	**937.9**	**699.0**
The Period of Tenth Five-Year Plan								
2001	972.9	524.7	42.1	110.1	296.0	881.9	147.1	91.0
2002	1055.7	531.2	47.7	99.7	377.1	928.2	145.8	127.5
2003	1190.7	563.0	49.9	125.2	452.6	1055.0	163.3	135.7
2004	1464.7	610.2	56.0	214.4	584.1	1275.9	214.1	188.8
2005	1731.9	754.6	21.1	288.6	667.6	1575.9	267.6	156.0
“十一五”时期合计	**20586.6**	**8339.3**	**263.3**	**1687.2**	**10296.8**	**18994.4**	**2550.5**	**1592.2**
The Period of Eleventh Five-Year Plan								
2006	2235.9	910.5	20.5	216.8	1088.1	2040.3	321.3	195.6
2007	2864.2	1177.6	34.5	277.4	1374.7	2621.8	382.3	242.4
2008	3656.0	1521.7	45.3	347.7	1741.3	3354.8	439.9	301.2
2009	5028.8	2068.9	47.9	390.6	2521.4	4695.8	563.9	333.0
2010	6801.7	2660.6	115.1	454.7	3571.3	6281.7	843.1	520.0

4-2 固定资产投资资金来源

SOURCES OF FUNDS OF TOTAL INVESTMENT IN FIXED ASSETS

指 标	Item	投资额（万元） Investment (10000 yuan)			构成（%） Percentage (%)		
		2005	2009	2010	2005	2009	2010
本年资金来源合计	**Total Sources of Fund**	**17726039**	**48734229**	**69693869**	**100.0**	**100.0**	**100.0**
国家预算内资金	State Budget	993050	3446766	3774658	5.6	7.1	5.4
国内贷款	Domestic Loans	1645324	3654141	5309293	9.3	7.5	7.8
债 券	Bonds	86555	38783	191900	0.5	0.1	0.3
利用外资	Foreign Investment	191960	501598	358841	1.1	1.0	0.5
自筹资金	Self-raising Fund	12079871	35523483	53351581	68.1	72.9	76.5
其他资金	Others	2729279	5569458	6707596	15.4	11.4	9.5

4-3 全社会固定资产投资和房屋建筑面积

TOTAL INVESTMENT IN FIXED ASSETS AND FLOOR SPACE OF BUILDINGS

指 标	Item	2006	2007	2008	2009	2010
投资总额(亿元)	**Total Investment (100 million yuan)**	**2235.9**	**2864.2**	**3656.0**	**5028.8**	**6801.7**
#住 宅	#Residential Buildings	328.8	404.2	578.5	729.1	981.6
按登记注册类型分	**Grouped by Registration Status**					
国 有	State-Owned Units	910.5	1177.6	1521.7	2062.5	2660.6
集 体	Collective-Owned Units	20.5	34.5	45.4	47.9	115.1
#农 村	#Rural	13.4	15.3	17.8		12.4
个 体	Self-employed Individual	216.8	277.4	347.7	390.6	454.7
#农 村	#Rural	182.2	227.1	283.4	317.7	348.9
股份合作	Cooperative	5.9	9.5	7.1	17.7	19.6
联 营	Joint	3.8	1.4	1.8	1.7	4.7
有限责任公司	Limited Liability	467.4	542.5	763.1	1165.6	1747.1
股份有限公司	Share-holding	364.2	404.5	516.1	560.2	562.0
港澳台商投资	Funds from Hong Kong, Macao and Taiwan	20.6	28.5	36.9	44.7	43.8
外商投资	Foreign Funded	36.9	46.7	63.9	92.1	120.3
其 他	Others	189.3	341.6	352.3	645.8	1073.9
按构成分	**Grouped by Compositipon of Funds**					
建筑安装工程	Construction and Installation	1371.7	1785.8	2196.4	3151.1	4344.2
设备工器具购置	Purchase of Equipment and Instruments	592.1	716.7	973.9	1274.6	1643.0
其他费用	Others	272.1	361.7	485.7	603.1	814.6
按隶属关系分	**Grouped By Jurisdiction of Management**					
中 央	Central Investment	488.6	581.4	769.4	679.2	735.7
地 方	Local Investment	1747.3	2282.8	2886.6	4349.6	6066.0
按建设性质分	**Grouped by Type of Construction**					
#新 建	#New Construction	1248.1	771.2	1459.0	1542.9	1839.2
扩 建	Expansion	346.9	439.9	565.0	834.0	1194.0
改 建	Reconstruction	278.1	769.0	1022.6	1355.7	2056.8
新增固定资产(亿元)	**Newly Increased Fixed Assets (100 million yuan)**	**1613.2**	**2127.9**	**2558.6**	**3794.6**	**4835.9**
固定资产交付使用率(%)	**Rate of Projects of Fixed Assets Completed and Put Into Use** (%)	**72.1**	**74.2**	**70.0**	**75.5**	**71.1**
施工房屋面积(万平方米)	**Floor Space of Buildings under Construction (10000 sq.m)**	**7573.2**	**7910.7**	**9056.1**	**10976.6**	**17579.7**
#住 宅	#Residential Buildings	4402.6	4723.5	5769.9	6683.7	10725.5
竣工房屋面积(万平方米)	**Floor Space of Buildings Completed (10000 sq.m)**	**4103.9**	**4732.5**	**4889.0**	**5825.6**	**8433.2**
#住 宅	#Residential Buildings	2650.9	2940.7	3222.8	3822.6	5176.1
竣工房屋价值(亿元)	**Cost of Buildings Completed (100 million yuan)**	**418.5**	**545.8**	**571.2**	**836.6**	**1267.7**
#住 宅	#Residential Buildings	455.4	323.9	356.4	466.6	665.5

4-4 国有单位固定资产投资

INVESTMENT IN FIXED ASSETS OF STATE-OWNED UNITS

指　标	Item	2006	2007	2008	2009	2010
投资总额(亿元)	**Total Investment (100 million yuan)**	**910.5**	**1177.6**	**1521.7**	**2062.5**	**2637.9**
#住　宅	#Residential Buildings	40.3	87.1	156.5	253.7	237.3
按构成分	**Grouped by Compositipon of Funds**					
建筑安装工程	Construction and Installation	592.0	783.7	1023.6	1503.9	1938.1
设备、工器具购置	Purchase of Equipment and Instruments	205.9	255.1	291.5	318.7	360.2
其他费用	Others	112.6	138.8	206.6	239.8	339.6
按隶属关系分	**Grouped By Jurisdiction of Management**					
中　央	Central Investment	258.8	365.3	452.5	394.2	543.3
地　方	Local Investment	651.7	812.3	1069.2	1668.3	2094.6
按建设性质分	**Grouped by Type of Construction**					
#新　建	#New Construction	370.9	372.4	458.7	711.0	817.6
扩　建	Expansion	240.2	271.2	315.2	412.0	422.5
改　建	Reconstruction	190.8	360.9	525.5	713.8	1136.1
按行业分	**Grouped by Sector**					
农、林、牧、渔业	Agriculture, Forestry, Animal Husbandry and Fishery	42.3	42.8	66.6	127.6	137.7
采矿业	Mining	24.4	35.5	77.5	138.0	352.5
制造业	Manufacturing	82.3	106.7	115.2	166.1	183.3
电力、燃气及水的生产供应业	Production and Supply of Electricity, Gas and Water	107.6	129.7	174.4	147.7	225.8
建筑业	Construction	21.5	16.1	20.1	25.6	77.7
交通运输、仓储及邮政业	Transport, Storage and Post	225.0	276.1	339.4	548.1	528.9
信息传输、计算机服务和软件业	Information Transmission, Computer Services and Software	99.2	119.3	146.6	117.5	46.7
批发和零售业	Wholesale and Retail Trade	6.9	7.9	8.1	11.7	8.5
住宿和餐饮业	Hotels and Catering Services	1.8	2.7	3.6	7.1	4.8
金融业	Financial Intermediation	0.7	1.0	0.5	2.6	2.8
房地产业	Real Estate	27.8	35.4	113.4	166.9	229.4
租赁和商务服务业	Leasing and Business Services	2.4	1.4	1.1	3.2	22.8
科学研究、技术服务和地质勘查业	Scientific Research, Technical Service and Geologic Prospecting	3.8	9.3	21.8	53.6	17.3
水利、环境和公共设施管理业	Management of Water Conservancy, Environment and Public Facilities	103.9	169.8	201.7	266.6	491.8
居民服务和其他服务业	Services to Households and Other Services	4.5	13.0	2.6	3.5	4.0
教　育	Education	52.5	70.6	53.1	72.3	59.6
卫生、社会保障和社会福利业	Health, Social Security and Social Welfare	21.0	28.1	50.0	50.7	51.1
文化、体育和娱乐业	Culture, Sports and Entertainment	13.2	28.6	23.1	13.5	13.9
公共管理和社会组织	Public Management and Social Organization	69.7	83.6	102.9	140.0	179.3
国际组织	International Organizations					
新增固定资产(亿元)	**Newly Increased Fixed Assets (100 million yuan)**	**635.3**	**794.8**	**987.0**	**1347.5**	**1659.7**
固定资产交付使用率(%)	**Rate of Projects of Fixed Assets Completed and Put Into Use** (%)	**69.8**	**67.5**	**64.9**	**65.3**	**62.9**
房屋建筑面积(万平方米)	**Floor Space of Buildings (10000 sq.m)**					
施工面积	Floor Space under Construction	1446.6	1780.8	2397.5	3870.2	5117.6
竣工面积	Floor Space Completed	825.6	1092.7	1288.4	2162.4	1989.0
#住　宅	#Residential Buildings	333.3	584.0	708.4	1444.7	1068.1

4-5 按构成和建设性质分的国有单位固定资产投资

INVESTMENT IN FIXED ASSETS OF STATE-OWNED UNITS BY COMPOSITION OF FUNDS AND TYPE OF CONSTRUCTION

单位：亿元 (100 million yuan)

年份 地区	Year Region	投资总额 Total Investment	#住宅 Residential Buildings	按构成分 By Compositipon of Funds 建筑安装工程 Construction and Installation	设备、工器具购置 Purchase of Equipment and Instruments	其他费用 Others	按建设性质分 By Type of Construction #新建 New Construction	#扩建 Expansion	#改建 Reconstruction
	1981	40.6	7.9	29.1	10.2	1.3	14.3	13.4	11.9
	1982	53.5	9.0	39.0	11.5	3.0	13.0	16.3	23.7
	1983	65.4	8.7	43.8	17.2	4.4	20.4	27.3	17.1
	1984	72.7	8.5	48.9	19.6	4.2	17.0	39.3	12.4
	1985	89.2	12.4	58.8	25.1	5.3	18.6	52.2	10.5
	1986	101.1	11.6	63.0	30.2	7.9	24.3	55.6	14.9
	1987	115.5	11.4	72.1	34.0	9.5	28.7	15.4	64.5
	1988	132.1	11.8	82.2	37.4	12.5	29.0	76.5	20.7
	1989	129.2	12.0	85.0	35.3	8.9	23.4	81.0	18.3
	1990	134.6	14.8	93.2	32.3	9.1	19.7	85.7	17.7
	1991	162.6	19.9	109.2	39.0	14.4	20.3	104.1	22.9
	1992	215.9	33.9	144.2	49.9	21.8	38.5	121.6	27.6
	1993	290.7	54.9	209.1	53.1	28.6	52.5	164.0	30.9
	1994	335.2	56.0	233.5	69.8	32.0	60.7	199.8	32.5
	1995	379.9	59.9	249.2	99.5	31.2	72.1	226.5	37.6
	1996	427.6	57.6	280.6	107.1	39.8	91.9	239.3	39.9
	1997	531.0	63.9	355.4	127.0	48.6	143.5	299.4	38.4
	1998	606.5	91.9	399.3	154.8	52.4	137.6	354.7	41.2
	1999	562.9	90.4	397.8	118.9	46.2	128.9	296.9	53.1
	2000	449.8	98.1	311.2	92.3	46.3	186.0	142.5	45.2
	2001	524.7	88.6	380.4	87.0	57.3	169.7	220.1	60.8
	2002	531.2	46.7	341.4	134.5	55.2	208.0	180.7	65.9
	2003	563.0	56.1	371.0	129.5	62.5	243.5	186.2	60.6
	2004	610.2	50.3	400.9	130.9	78.4	235.2	209.1	84.3
	2005	754.6	52.7	458.3	189.0	107.3	289.4	182.8	187.5
	2006	910.5	40.3	592.0	205.9	112.6	370.9	240.2	190.8
	2007	1177.6	87.1	783.7	255.1	138.8	372.4	271.2	360.9
	2008	1521.7	156.5	1023.6	291.5	206.6	401.6	231.5	371.0
	2009	2062.5	253.7	1503.9	318.7	239.8	711.0	412.0	713.8
	2010	2637.9	237.3	1938.1	360.2	339.6	817.6	422.5	1136.1
哈尔滨	Harbin	899.2	63.1	600.8	93.4	205.1	298.7	111.0	370.5
齐齐哈尔	Qiqihar	158.0	28.6	122.3	26.1	9.6	20.3	70.9	56.3
鸡西	Jixi	90.0	4.9	58.7	23.1	8.2	38.1	4.7	43.2
鹤岗	Hegang	56.4	11.5	37.4	13.5	5.5	19.9	8.2	28.1
双鸭山	Shuangyashan	56.4	15.9	49.7	4.3	2.4	34.9	9.2	6.0
大庆	Daqing	612.0	24.7	488.2	84.6	39.3	106.2	44.6	401.5
伊春	Yichun	77.8	20.1	62.8	9.7	5.2	41.1	8.3	9.4
佳木斯	Jiamusi	105.2	6.3	88.4	11.7	5.1	49.9	32.8	15.4
七台河	Qitaihe	49.7	1.2	37.8	7.5	4.4	20.2	0.9	25.7
牡丹江	Mudanjiang	143.9	4.6	102.0	21.5	20.3	24.7	34.5	78.9
黑河	Heihe	82.3	3.4	58.7	17.0	6.7	46.1	5.9	24.9
绥化	Suihua	69.3	1.5	44.8	20.1	4.3	23.4	43.3	1.2
大兴安岭	Daxinganling	35.6	11.6	29.7	3.7	2.2	8.7	3.6	12.4
不分地区	Not Classified by Region	202.2	40.0	156.9	24.0	21.3	85.4	44.5	62.5

4-6 城镇集体单位固定资产投资

INVESTMENT IN FIXED ASSETS OF URBAN COLLECTIVE-OWNED UNITS

指 标	Item	2006	2007	2008	2009	2010
投资总额(万元)	**Total Investment (10000 yuan)**	**71040**	**192067**	**275238**	**479053**	**422206**
#住 宅	#Residential Buildings	14750	82785	43097	73830	91221
按构成分	**Grouped by Compositipon of Funds**					
建筑安装工程	Construction and Installation	50788	140448	179763	317242	313016
设备、工器具购置	Purchase of Equipment and Instruments	14093	34904	81853	138840	83883
其他费用	Others	6159	16715	13622	22971	25307
按建设性质分	**Grouped by Type of Construction**					
#新 建	#New Construction	30097	42494	56502	159600	43043
扩 建	Expansion	10123	51436	64989	70535	113269
改 建	Reconstruction	14104	19953	93440	186485	154326
按行业分	**Grouped by Sector**					
农、林、牧、渔业	Agriculture, Forestry, Animal Husbandry and Fishery	7202	15348	19180	52334	64272
采矿业	Mining	2195	2233	11164	18220	22380
制造业	Manufacturing	27250	55034	97359	118895	98478
电力、燃气及水的生产供应业	Production and Supply of Electricity, Gas and Water	101	1200	3970	43637	20343
建筑业	Construction	7233	16098	20976	2820	18044
交通运输、仓储及邮政业	Transport, Storage and Post	5458	13687	15418	39721	49147
信息传输、计算机服务和软件业	Information Transmission, Computer Services and Software				410	5640
批发和零售业	Wholesale and Retail Trade	6205	7515	26315	39888	8100
住宿和餐饮业	Hotels and Catering Services	1100	100		4600	
金融业	Financial Intermediation	1043	4606	1650	1250	2255
房地产业	Real Estate	7732	56449	13134	57705	93445
租赁和商务服务业	Leasing and Business Services	951			11480	
科学研究、技术服务和地质勘查业	Scientific Research, Technical Service and Geologic Prospecting				9800	
水利、环境和公共设施管理业	Management of Water Conservancy, Environment and Public Facilities	1018	1790	1716	15605	17960
居民服务和其他服务业	Services to Households and Other Services	65		700	950	3870
教 育	Education				3971	4218
卫生、社会保障和社会福利业	Health, Social Security and Social Welfare			1690	4152	
文化、体育和娱乐业	Culture, Sports and Entertainment	315		5932	1146	736
公共管理和社会组织	Public Management and Social Organization	3172	18007	56034	52469	13318
国际组织	International Organizations					
新增固定资产(万元)	**Newly Increased Fixed Assets (100 million yuan)**	**51236**	**183250**	**269423**	**434886**	**341886**
固定资产交付使用率(%)	**Rate of Projects of Fixed Assets Completed and Put Into Use(%)**	**72.1**	**95.4**	**97.9**	**90.8**	**81.0**
房屋建筑面积(万平方米)	**Floor Space of Buildings (10000 sq.m)**					
施工面积	Floor Space under Construction	47	89	68	119	104
竣工面积	Floor Space Completed	31	69	51	85	40
#住 宅	#Residential Buildings	15	60	25	42	16

4-7 城镇集体单位固定资产投资和房屋建筑面积

INVESTMENT IN FIXED ASSETS OF URBAN COLLECTIVE-OWNED UNITS AND FLOOR SPACE OF BUILDINGS

年份 Year 地区 Region	投资总额（万元）Total Investment (10000 yuan)	#住宅 Residential Buildings	按构成分 By Compositipon of Funds			房屋建筑面积（万平方米）Floor Space of Buildings(10000 sq.m)			
			建筑安装工程 Construction and Installation	设备、工器具购置 Purchase of Equipment and Instruments	其他费用 Others	施工面积 Floor Space under Construction	#住宅 Residential Buildings	竣工面积 Floor Space Completed	#住宅 Residential Buildings
1985	24422	3624	14081	9734	607	84.4		49.1	17.2
1986	26286	4844	13478	11347	1461	69.6		48.5	21.6
1987	31009	3478	16844	12961	1204	71.3		42.1	14.6
1988	38470	4295	23509	13610	1351	77.3		50.7	14.5
1989	27443	3215	16000	10383	1060	48.7		36.4	8.0
1990	14901	3355	9200	5050	651	32.2		23.4	9.6
1991	19644	4326	13226	5628	790	33.2		23.2	7.7
1992	27348	3809	18066	7725	1557	39.2		12.4	8.4
1993	36234	8505	25263	9270	1701	45.9	16.8	30.6	12.4
1994	37943	9674	24876	11235	1832	46.1	23.0	22.2	12.2
1995	80383	42731	69568	7811	3004	110.4	75.9	48.7	33.4
1996	153184	26079	89305	46887	16992	117.0	64.9	58.8	31.6
1997	71734	32817	52749	9503	9482	112.1	63.5	59.2	38.8
1998	73167	27470	59595	8791	4781	114.7	65.1	58.2	38.0
1999	94523	41077	65603	17196	11724	118.5	79.3	67.5	46.6
2000	123128	56958	97651	12918	12559	177.4	111.4	112.3	70.7
2001	170679	101806	137620	11670	21389	177.9	123.7	59.8	38.9
2002	74493	25653	59986	9416	5091	80.7	42.9	66.6	35.4
2003	70587	33098	50088	12004	8495	89.1	43.3	68.0	45.1
2004	65462	22744	57315	5372	2775	64.9	38.0	35.9	19.9
2005	58472	9614	39072	16380	3020	37.0	13.9	21.0	8.0
2006	71040	14750	50788	14093	6159	46.7	22.1	30.6	14.8
2007	192067	82785	140448	34904	16715	88.5	77.1	68.6	59.8
2008	275238	43097	179763	81853	13622	67.8	38.0	51.0	25.4
2009	479053	73830	317242	138840	22971	119.1	60.3	85.0	41.6
2010	422206	91221	313016	83883	25307	103.6	71.5	40.3	15.9
哈尔滨 Harbin	220397	39600	174862	27873	17662	19.0	6.6	15.3	3.1
齐齐哈尔 Qiqihar	44734	12755	29355	14357	1022	3.9	3.2	3.5	3.2
鸡西 Jixi	1505	932	1505			1.5	1.1	0.1	
鹤岗 Hegang	27680		7921	19759		2.4			
双鸭山 Shuangyashan	3042	2392	2370		672	5.4	3.8		
大庆 Daqing	39277		33611	5022	644	6.7		5.7	
伊春 Yichun	21483	20430	20183	500	800	40.5	40.5		
佳木斯 Jiamusi	6200	4920	5820	115	265	5.5	4.5	5.5	4.5
七台河 Qitaihe	8000		5860	1490	650				
牡丹江 Mudanjiang	39968	4773	23769	13117	3082	12.2	6.8	9.3	5.0
黑河 Heihe	6270	4100	5610	150	510	3.8	3.0	0.8	
绥化 Suihua									
大兴安岭 Daxinganling	3650	1319	2150	1500		2.7	1.9		
不分地区 Not Classified by Region									

4-8 农村非农户固定资产投资

INVESTMENT IN FIXED ASSETS OF RURAL NON-PEASANT HOUSEHOLD

年份 Year	投资额（万元） Total Investment (10000 yuan)	农、林、牧、渔业 Agriculture, Forestry, Animal Husbandry and Fishery	工业 Industry	建筑业 Construction	地质勘查业、水利管理业 Geological Prospecting and Management of Water Conservancy	运输邮电业 Transport, Post & Telecommunications	批发和零售贸易、餐饮业 Wholesale and Retail Trades & Catering Services	卫生、社会福利业 Health, Social Welfare
1990	40278	13283	8663	112		857		1584
1991	39782	15782	7994	75		168		1267
1992	40719	10491	14650	167		316		56
1993	56893	14665	20469	233		442		118
1994	70239	12137	34131	387	3470	2436	5015	1364
1995	80187	13872	38987	441	3881	2782	5725	1556
1996	169329	29294	82294	847	8128	5757	12530	3217
1997	161008	38400	77360		7376	1680	5002	2980
1998	208056	49621	99964		9531	2171	6465	3851
1999	218100	55613	96017	5541	9500	3010	6635	2425
2000	236000	6723	123417	48178		3331	593	3253
2001	250000	29857	96248	26743	7297	5387	9409	5749
2002	402000	48010	154767	43003	11734	8662	15130	9244
2003	428000	51838	265687	24722	3686	10090	2571	10000
2004	495000	54892	310000	18783	16275	10419	5419	3240
2005	152692	21990	87909	28	5217	4524	9651	5679
2006	134057	10894	49050	8831	295	19136	2345	1043
2007	153093	23024	74310	1521		7925	2465	1841
2008	177562	27947	53904	27489		27178	2200	
2009	165403	47821	41822	16412		27390	1705	1600
2010	2033621	488758	377532	135761	156317	254894	42895	2275

4-8 续表　CONTINUED

年份 Year	文化、教育事业 Education, Culture and Arts	社会服务业 Social Services	科学研究和综合技术服务业 Scientific Research and Polytechnic Services	其他行业 Others	新增固定资产（万元） Newly Increased Fixed Assets (10000 yuan)	房屋建筑面积（万平方米）Floor Space of Buildings (10000 sq.m) 施工面积 Floor Space under Construction	竣工面积 Floor Space Completed	#住宅 Residential Buildings
1990	12966			2813	40278	112	75	
1991	6876			7620	39782	56	56	
1992	7780			7259	40719	84	51	
1993	10870			10096	56893	37	18	
1994	10276	332		691	66769	59	58	
1995	11731	379		833	76226	65	63	
1996	24722		847	1693	149259	128	112	20
1997	25778		810	1622	141924	126	121	23
1998	33310		1047	2096	183396	163	157	29
1999	36004	258	989	2108	199259	172	160	30
2000	8914	4754		36837	215600	186	173	39
2001	26288	5731	139	37152	230000	190	180	42
2002	42271	9215	224	59740	369840	310	270	65
2003	2956	1038	19	55393	413000	230	225	61
2004	50046	3080	2	22844	494120	266	260	70
2005	10410	44		7240	146195	95	93	15
2006	13981	200	570	27712	139435	66	59	40
2007	1590	100		40317	120674	35	22	8
2008	300		1000	37544	110721	50	42	28
2009	1473			27180	144349	56	36	24
2010	29372	7728	1100	538089	1794136	8315194	7327320	4728547

注：非农户投资2010年以前先试点后，2010年全省推开，所以增加较多，与历史不可比。

Note:Non-peasant household investment were the experiment site before 2010, the province opened in 2010, therefore, increasing more inconsistent with the history.

4-9 农村农户固定资产投资和建房情况

INDIVIDUAL INVESTMENT IN FIXED ASSETS AND BUILDINGS CONSTRUCTION IN RURAL PEASANT HOUSEHOLDS

年 份 Year	投资额（万元） Total Investment (10000 yuan)	#竣工房屋投资 Investment in Buildings Completed	#住 宅 Residential Buildings	#购置生产性固定资产投资 Investment In Productive Fixed Assets	竣工房屋建筑面积（万平方米） Floor Space of Buildings Completed (10000 sq. m)	#住 宅 Residential Buildings	竣工房屋造 价（元/平方米） Cost of Buildings Completed (yuan/sq. m)	#住 宅 Residential Buildings
1985	145350	58235	58209	87115	865.3	865.3	67.3	67.3
1986	113848	49658	24832	64190	684.0	570.3	72.6	43.5
1987	123706	46499	37711	77207	633.5	549.0	73.4	68.7
1988	143122	56196	44660	86926	670.6	527.9	83.8	84.6
1989	164362	59644	54720	104718	625.2	570.0	95.6	96.0
1990	176780	107240	99670	69540	1006.0	931.5	106.6	107.0
1991	175187	106282	78296	68905	1043.0	689.0	101.9	113.6
1992	168431	73315	68145	95116	613.0	501.0	119.6	136.0
1993	147695	48258	43922	99437	314.0	259.0	153.7	169.6
1994	241567	83780	75021	143886	496.6	391.7	168.7	191.5
1995	400000	141183	137985	237412	819.4	646.3	172.3	213.5
1996	499293	321333	317260	144447	1078.3	969.9	298.0	327.1
1997	526784	270961	267301	163526	826.1	719.4	328.0	371.6
1998	680000	349770	345046	211088	982.5	795.4	356.0	433.8
1999	620000	318908	314109	192462	816.8	675.2	390.4	465.2
2000	613000	315407	297884	259000	801.6	637.6	393.8	497.2
2001	660000	320000	305000	260000	803.1	638.2	398.5	477.9
2002	873000	423000	403000	344000	998.2	790.1	396.6	488.2
2003	929000	429000	405000	367000	1000.2	810.1	428.9	499.9
2004	1393000	445389	414680	450870	1038.2	819.5	429.0	506.0
2005	1407874	300538	293445	637090	788.7	620.1	381.1	473.2
2006	1821789	524740	471127	817732	756.1	673.4	694.0	699.6
2007	2270526	645255	574562	865642	892.0	720.0	723.0	798.0
2008	2833858	811558	747667	969793	1052.1	937.4	771.0	798.0
2009	3165470	861177	767915	1300581	1076.9	955.9	799.7	803.3
2010	3167097	892971	818479	1365179	1086.0	969.6	822.3	844.1

4-10 按资金来源分城镇固定资产投资

INVESTMENT IN FIXED ASSETS IN URBAN AREA BY SOURCES OF FUNDS

单位：亿元　　　　(100 million yuan)

年份 Year 地区 Region	合计 Total	按资金来源分 By Sources of Funds 国家预算内资金 State Budget	国内贷款 Domestic Loans	债券 Bond	利用外资 Foreign Investment	自筹资金 Self-raising Funds	其他资金 Others
2004	1042.7	79.4	137.3	3.9	8.2	742.1	71.8
2005	1559.7	96.3	160.0	8.7	19.0	1067.8	207.9
2006	2063.6	117.8	215.6	4.2	30.3	1403.4	292.3
2007	2642.8	150.7	180.7	3.7	37.7	1911.6	358.4
2008	3417.1	219.1	226.6	12.8	36.1	2512.2	410.4
2009	4873.4	344.7	365.4	3.9	50.2	3552.3	556.9
2010	6762.4	363.0	526.9	19.2	35.9	5172.0	645.4
哈尔滨 Harbin	2504.9	112.8	190.7		15.4	1925.3	260.7
齐齐哈尔 Qiqihar	523.6	20.3	49.7		7.2	400.9	45.6
鸡西 Jixi	153.6	14.5	28.8	0.1	0.4	92.9	16.9
鹤岗 Hegang	156.5	6.7	17.2			123.7	8.9
双鸭山 Shuangyashan	308.6	8.2	7.4			275.3	17.7
大庆 Daqing	1059.7	5.5	41.0	2.1	0.4	926.1	84.7
伊春 Yichun	172.3	13.0	11.8	1.6		133.3	12.6
佳木斯 Jiamusi	263.8	53.5	41.6		2.2	141.9	24.5
七台河 Qitaihe	192.0	10.5	8.3		0.4	166.5	6.3
牡丹江 Mudanjiang	490.6	27.0	48.5	2.3	3.9	348.3	60.6
黑河 Heihe	166.6	23.5	7.3		5.2	104.2	26.4
绥化 Suihua	380.4	6.7	6.4		0.8	322.2	44.3
大兴安岭 Daxinganling	58.3	7.6	7.8		0.1	34.2	8.6
不分地区 Not Classified by Region	331.4	53.2	60.6	13.0		177.0	27.6

4-11 按构成和建设性质分城镇固定资产投资

INVESTMENT IN FIXED ASSETS IN URBAN AREA BY COMPOSITION OF FUNDS AND TYPE OF CONSTRUCTION

单位：亿元 (100 million yuan)

年份 Year 地区 Region	投资额 Total Investment	按构成分 By Composition of Funds			按建设性质分 By Type of Construction		
		建筑安装工程 Construction and Installation	设备、工器具购置 Purchase of Equipment and Instruments	其他费用 Others	#新建 New Construction	#扩建 Expansion	#改建 Reconstruction
2004	1275.9	807.7	298.7	169.5	786.7	302.1	118.8
2005	1575.9	1015.5	361.3	199.1	965.1	260.5	258.4
2006	2040.3	1304.1	497.3	238.9	1240.7	344.4	276.6
2007	2621.8	1709.9	610.5	301.4	771.2	439.9	769.0
2008	3354.8	2083.3	857.9	413.6	921.6	544.5	1115.7
2009	4695.8	3047.6	1140.6	507.6	1535.9	832.3	1350.4
2010	6281.7	4115.1	1452.8	713.8	1781.1	1149.8	1994.2
哈尔滨 Harbin	2295.6	1441.0	485.4	369.1	527.5	355.9	735.1
齐齐哈尔 Qiqihar	483.5	320.4	130.2	32.9	105.2	177.0	137.1
鸡西 Jixi	155.5	97.1	42.1	16.3	67.9	10.9	54.3
鹤岗 Hegang	149.1	76.2	58.6	14.3	41.0	27.3	69.2
双鸭山 Shuangyashan	271.7	156.9	79.4	35.4	143.9	75.4	20.4
大庆 Daqing	994.8	739.8	182.6	72.4	216.6	117.8	501.5
伊春 Yichun	148.6	108.6	30.5	9.4	75.3	11.3	27.5
佳木斯 Jiamusi	242.9	172.5	50.4	20.0	102.1	38.2	43.1
七台河 Qitaihe	188.5	117.5	62.4	8.6	41.8	10.5	111.2
牡丹江 Mudanjiang	491.6	279.8	154.0	57.8	108.3	106.9	175.8
黑河 Heihe	138.4	94.9	26.4	17.1	72.9	10.3	28.1
绥化 Suihua	342.6	208.5	114.0	20.1	64.2	155.5	8.5
大兴安岭 Daxinganling	50.7	40.1	7.3	3.4	12.7	7.6	16.2
不分地区 Not Classified by Region	328.1	261.7	29.6	36.9	201.9	45.4	66.1

4-12 按行业分城镇固定资产投资及新增固定资产 (2010年)

INVESTMENT IN FIXED ASSETS AND NEWLY INCREASED FIXED ASSETS IN URBAN AREA BY SECTOR (2010)

单位：万元　　(10000 yuan)

指　标	Item	投资额 Investment	新增固定资产 Newly Increased Fixed Assets	固定资产交付使用率(%) Rate of Projects of Fixed Assets Completed and Put into Use(%)
总　计	**Total**	**62816722**	**43368377**	**69.0**
农、林、牧、渔业	**Agriculture, Forestry, Animal Husbandry and Fishery**	**2360927**	**1737626**	**73.6**
农业	Farming	921632	508686	55.2
林业	Forestry	198325	154133	77.7
畜牧业	Animal Husbandry	539632	485016	89.9
渔业	Fishery	42032	42032	100.0
农、林、牧、渔服务业	Services in Support of Agriculture	659306	547759	83.1
采矿业	**Mining**	**5816703**	**5162061**	**88.7**
煤炭开采和洗选业	Mining and Washing of Coal	1992545	1436546	72.1
石油和天然气开采业	Extraction of Petroleum and Natural Gas	3399004	3399004	100.0
黑色金属矿采选业	Mining of Ferrous Metal Ores	106093	54297	51.2
有色金属矿采选业	Mining of Non-ferrous Metal Ores	128202	96859	75.6
非金属矿采选业	Mining and Processing of Nonmetal Ores	179609	164105	91.4
其他采矿业	Mining of Other Ores	11250	11250	100.0
制造业	**Manufacturing**	**17212977**	**13384918**	**77.8**
农副食品加工业	Processing of Food from Agricultural Products	2657176	2097110	78.9
食品制造业	Manufacture of Foods	881001	712917	80.9
饮料制造业	Manufacture of Beverage	631728	452725	71.7
烟草制品业	Manufacture of Tobacco	53708	25094	46.7
纺织业	Manufacture of Textile	163202	163202	100.0
纺织服装、鞋、帽制造业	Manufacture of Textile Wearing Apparel, Footware and Caps	50431	47651	94.5
皮革毛皮羽毛(绒)及其制品业	Manufacture of Leather, Fur, feather and Its Products	15526	15526	100.0
木材加工及木竹藤棕草制品业	Processing of Timbers, Manufacture of Wood, Bamboo, Rattan, Palm, and Straw Products	1064235	1056207	99.2
家具制造业	Manufacture of Furniture	326607	276622	84.7
造纸及纸制品业	Manufacture of Paper and Paper Products	217946	144537	66.3
印刷业和记录媒介的复制	Printing, Reproduction of Recording Media	160196	156811	97.9
文教体育用品制造业	Manufacture of Articles for Culture, Education and Sport Activities	68780	67161	97.6
石油加工、炼焦及核燃料加工业	Processing of Petroleum, Coking, Processing of Nuclear Fuel	1006845	424484	42.2
化学原料及化学制品制造业	Manufacture of Chemical Raw Material and Chemical Products	1200250	739392	61.6
医药制造业	Manufacture of Medicines	640051	491809	76.8
化学纤维制造业	Manufacture of Chemical Fiber	5750	530	9.2
橡胶制品业	Manufacture of Rubber	31932	26585	83.3
塑料制品业	Manufacture of Plastic	365622	341241	93.3
非金属矿物制品业	Manufacture of Non-metallic Mineral Products	1984703	1644603	82.9
黑色金属冶炼及压延加工业	Manufacture and Processing of Ferrous Metals	331145	83530	25.2
有色金属冶炼及压延加工业	Manufacture & Processing of Non-ferrous Metals	254448	159911	62.8
金属制品业	Manufacture of Metal Products	600164	502721	83.8
通用设备制造业	Manufacture of General Purpose Machinery	1605167	1525489	95.0
专用设备制造业	Manufacture of Special Purpose Machinery	933914	812888	87.0
交通运输设备制造业	Manufacture of Transport Equipment	930084	642458	69.1
电气机械及器材制造业	Manufacture of Electrical Machinery & Equipment	679840	506365	74.5
通信设备、计算机及其他电子设备制造业	Manufacture of Communication Equipment, Computer and Other Electronic Equipment	123326	81890	66.4
仪器仪表文化办公用机械制造业	Manufacture of Measuring Instrument and Machinery for Cultural Activity & Office Work	46790	35325	75.5
工艺品及其他制造业	Manufacture of Artwork, Other Manufacture	115697	105957	91.6
废弃资源和废旧材料回收加工业	Recycling and Disposal of Waste	66713	44177	66.2

4-12 续表1 CONTINUED

单位：万元 (10000 yuan)

指 标	Item	投资额 Investment	新增固定资产 Newly Increased Fixed Assets	固定资产交付使用率(%) Rate of Projects of Fixed Assets Completed and Put into Use(%)
电力燃气水的生产供应业	**Production and Distribution of Electricity,Gas and Water**	**4334455**	**2881657**	**66.5**
电力、热力的生产和供应业	Production and Supply of Electric Power and Heat Power	3486071	2247629	64.5
燃气生产和供应业	Production and Distribution of Gas	208840	176944	84.7
水的生产和供应业	Production and Distribution of Water	639544	457084	71.5
建筑业	**Construction**	**1516254**	**1107727**	**73.1**
房屋和土木工程建筑业	Construction of Building & Civil Engineering	1194725	799217	66.9
建筑安装业	Architectural Installation	102202	89183	87.3
建筑装饰业	Architectural Decoration	69457	69457	100.0
其他建筑业	Other Construction	149870	211817	141.3
交通运输、仓储和邮政业	**Traffic, Transport, Storage and Post**	**7340584**	**149870**	**100.0**
铁路运输业	Transport Via Railway	1482545	119344	8.0
道路运输业	Transport Via Road	5019543	1678823	33.4
城市公共交通业	Urban Public Traffic	15665	12265	78.3
水上运输业	Water Transport	9960	400	4.0
航空运输业	Air Transport	44301	14400	32.5
管道运输业	Transport Via Pipeline	10409	10409	100.0
装卸搬运和其他运输服务业	Loading, Unloading, Portage and Other Transport Services	111922	92882	83.0
仓储业	Storage	635041	592114	93.2
邮政业	Post	11198	6700	59.8
信息传输、计算机服务和软件业	**Information Transmission, Computer Services and Software**	**640180**	**451391**	**70.5**
电信和其他信息传输服务业	Telecom & Other Information Transmission Services	419377	280983	67.0
计算机服务业	Computer Services	35694	29180	81.8
软件业	Software Industry	185109	141228	76.3
批发和零售业	**Wholesale and Retail Trades**	**1681507**	**1414222**	**84.1**
批发业	Wholesale Trade	926446	728301	78.6
零售业	Retail Trade	755061	685921	90.8
住宿和餐饮业	**Hotels and Catering Services**	**522772**	**471747**	**90.2**
住宿业	Hotels	365826	316971	86.6
餐饮业	Catering Services	156946	154776	98.6
金融业	**Financial Intermediation**	**92745**	**92745**	**100.0**
银行业	Bank	61239	61239	100.0
证券业	Security Activities	6620	6620	100.0
保险业	Insurance	1472	1472	100.0
其他金融活动	Other Financial Activities	23414	22764	97.2
房地产业	**Real Estate**	**11045841**	**7359489**	**66.6**

4-12 续表2 CONTINUED

单位：万元　　　　(10000 yuan)

指　标	Item	投资额 Investment	新增固定资产 Newly Increased Fixed Assets	固定资产交付使用率(%) Rate of Projects of Fixed Assets Completed and Put into Use(%)
租赁和商务服务业	**Leasing and Business Services**	**560373**	**298192**	**53.2**
租赁业	Leasing	33299	15731	47.2
商务服务业	Business Services	527074	282461	53.6
科学研究、技术服务和地质勘查业	**Scientific Research, Technical Service and Geologic Prospecting**	**353512**	**283827**	**80.3**
研究与试验发展	Research and Experimental Development	119078	78778	66.2
专业技术服务业	Professional Technical Services	70042	60355	86.2
科技交流和推广服务业	Services of Science and Technology Exchanges and Promotion	142399	124199	87.2
地质勘查业	Geologic Prospecting	21993	20495	93.2
水利、环境和公共设施管理业	**Management of Water Conservancy, Environment and Public Facilities**	**5553528**	**3346238**	**60.3**
水利管理业	Management of Water Conservancy	690738	315494	45.7
环境管理业	Environmental Management	286867	238762	83.2
公共设施管理业	Management of Public Facilities	4575923	2791982	61.0
居民服务和其他服务业	**Services to Households and Other Services**	**145469**	**135507**	**93.2**
居民服务业	Services to Households	70133	70133	100.0
其他服务业	Other Services	75336	65374	86.8
教育	**Education**	710127	611201	86.1
卫生、社会保障和社会福利业	**Health, Social Security and Social Welfare**	**633086**	**370012**	**58.4**
卫生	Health	573916	316750	55.2
社会保障业	Social Security	3035	2345	77.3
社会福利业	Social Welfare	56135	50917	90.7
文化、体育和娱乐业	**Culture, Sports and Entertainment**	**379558**	**205192**	**54.1**
新闻出版业	Journalism and Publishing Activities	6759	6759	100.0
广播、电视、电影和音像业	Broadcasting, Movies, Television and Audiovisual Activities	28528	21600	75.7
文化艺术业	Cultural and Art Activities	70711	56750	80.3
体育	Sports Activities	67327	37577	55.8
娱乐业	Entertainment	206233	82506	40.0
公共管理和社会组织	**Public Management and Social Organization**	**1916124**	**1443624**	**75.3**
中国共产党机关	Organs of Communist Party of China	1000	1000	100.0
国家机构	Government Agencies	1798302	1355099	75.4
人民政协和民主党派	People's Political Consultative Conference and Democratic Parties			
群众团体、社会团体和宗教组织	Non-Governmental Organizations, Social Organizations and Religion Organizations	50308	38860	77.2
基层群众自治组织	Grass Roots Self-governing Organizations	66514	48665	73.2
国际组织	**International Organizations**			

4-13 按行业分城镇固定资产投资 (2010年)

单位：万元

指　标	Item	投资额 Investment
总 计	**Total**	**62816722**
农、林、牧、渔业	**Agriculture, Forestry, Animal Husbandry and Fishery**	**2360927**
农业	Farming	921632
林业	Forestry	198325
畜牧业	Animal Husbandry	539632
渔业	Fishery	42032
农、林、牧、渔服务业	Services in Support of Agriculture	659306
采矿业	**Mining**	**5816703**
煤炭开采和洗选业	Mining and Washing of Coal	1992545
石油和天然气开采业	Extraction of Petroleum and Natural Gas	3399004
黑色金属矿采选业	Mining of Ferrous Metal Ores	106093
有色金属矿采选业	Mining of Non-ferrous Metal Ores	128202
非金属矿采选业	Mining and Processing of Nonmetal Ores	179609
其他采矿业	Mining of Other Ores	11250
制造业	**Manufacturing**	**17212977**
农副食品加工业	Processing of Food from Agricultural Products	2657176
食品制造业	Manufacture of Foods	881001
饮料制造业	Manufacture of Beverage	631728
烟草制品业	Manufacture of Tobacco	53708
纺织业	Manufacture of Textile	163202
纺织服装、鞋、帽制造业	Manufacture of Textile Wearing Apparel, Footware and Caps	50431
皮革毛皮羽毛(绒)及其制品业	Manufacture of Leather, Fur, feather and Its Products	15526
木材加工及木竹藤棕草制品业	Processing of Timbers, Manufacture of Wood, Bamboo, Rattan, Palm, and Straw Products	1064235
家具制造业	Manufacture of Furniture	326607
造纸及纸制品业	Manufacture of Paper and Paper Products	217946
印刷业和记录媒介的复制	Printing, Reproduction of Recording Media	160196
文教体育用品制造业	Manufacture of Articles for Culture, Education and Sport Activities	68780
石油加工、炼焦及核燃料加工业	Processing of Petroleum, Coking, Processing of Nuclear Fuel	1006845
化学原料及化学制品制造业	Manufacture of Chemical Raw Material and Chemical Products	1200250
医药制造业	Manufacture of Medicines	640051
化学纤维制造业	Manufacture of Chemical Fiber	5750
橡胶制品业	Manufacture of Rubber	31932
塑料制品业	Manufacture of Plastic	365622
非金属矿物制品业	Manufacture of Non-metallic Mineral Products	1984703
黑色金属冶炼及压延加工业	Manufacture and Processing of Ferrous Metals	331145
有色金属冶炼及压延加工业	Manufacture & Processing of Non-ferrous Metals	254448
金属制品业	Manufacture of Metal Products	600164
通用设备制造业	Manufacture of General Purpose Machinery	1605167
专用设备制造业	Manufacture of Special Purpose Machinery	933914
交通运输设备制造业	Manufacture of Transport Equipment	930084
电气机械及器材制造业	Manufacture of Electrical Machinery & Equipment	679840
通信设备、计算机及其他电子设备制造业	Manufacture of Communication Equipment, Computer and Other Electronic Equipment	123326
仪器仪表文化办公用机械制造业	Manufacture of Measuring Instrument and Machinery for Cultural Activity & Office Work	46790
工艺品及其他制造业	Manufacture of Artwork, Other Manufacture	115697
废弃资源和废旧材料回收加工业	Recycling and Disposal of Waste	66713
电力燃气水的生产供应业	**Production and Distribution of Electricity,Gas and Water**	**4334455**
电力、热力的生产和供应业	Production and Supply of Electric Power and Heat Power	3486071
燃气生产和供应业	Production and Distribution of Gas	208840
水的生产和供应业	Production and Distribution of Water	639544
建筑业	**Construction**	**1516254**
房屋和土木工程建筑业	Construction of Building & Civil Engineering	1194725
建筑安装业	Architectural Installation	102202
建筑装饰业	Architectural Decoration	69457
其他建筑业	Other Construction	149870

INVESTMENT IN FIXED ASSETS IN URBAN AREA BY SECTOR (2010)

(10000 yuan)

#新　建 New Construction	#扩　建 Expansion	#改　建 Reconstruction	建筑安装工程投资 Construction and Installation	设备工器具购置 Purchase of Equipment and Instruments	其他费用 Others
17810776	**11498238**	**19941634**	**41150817**	**14527531**	**7138374**
676291	**512092**	**815837**	**1571712**	**552175**	**237040**
240261	100684	471194	798668	55182	67782
49600	42085	77139	133858	20545	43922
259982	189180	84752	302997	168016	68619
9550	18982	13500	23822	12765	5445
116898	161161	169252	312367	295667	51272
505396	**663609**	**4349949**	**4253120**	**1290684**	**272899**
358866	344170	1188806	1174049	676482	142014
2500	167135	3056121	2890444	420767	87793
36402	32501	34410	68447	33166	4480
53140	17023	53039	61208	51139	15855
43238	102780	17573	53100	104582	21927
11250			5872	4548	830
4851379	**4796897**	**5958789**	**8026189**	**7853403**	**1333385**
953641	980044	573949	1230362	1183987	242827
311496	288181	184494	362471	465293	53237
165555	252103	189571	263119	327031	41578
10000		24928	15240	36454	2014
36600	38895	68487	59243	95776	8183
6900	38450	3301	24347	20659	5425
6850	6800		7845	6396	1285
217037	403470	346658	489825	541318	33092
75356	172403	49058	195396	112367	18844
59350	96318	51368	83680	123311	10955
21298	42802	57847	103038	48803	8355
23480	36720	7790	48160	12145	8475
151158	201744	653943	484152	381166	141527
355762	248910	537842	485513	595662	119075
89557	227296	258452	296083	296660	47308
	5220		4020	1330	400
4850		18832	5879	25124	929
86534	172574	72396	171141	177393	17088
575659	495898	694047	1059449	755220	170034
108469	67376	140530	180584	131636	18925
148200	18590	65589	61757	133736	58955
200998	195349	131705	321914	239266	38984
300696	272488	818875	842876	669822	92469
343881	240032	185048	395146	467832	70936
227148	68482	500541	296941	573040	60103
221559	113324	270536	322027	319055	38758
61859	42344	13246	76111	33749	13466
9596	13989	15510	33139	10296	3355
40154	39218	13446	69789	42376	3532
37736	17877	10800	36942	26500	3271
2270953	**1067916**	**912549**	**2041102**	**1927488**	**365865**
1974972	837565	602119	1406388	1764176	315507
74069	69810	63334	113681	86049	9110
221912	160541	247096	521033	77263	41248
394432	**278000**	**551032**	**1150709**	**237490**	**128055**
352264	208457	449198	971322	102176	121227
7412	1500	31021	36329	62591	3282
2500	10432	29863	32810	36201	446
32256	57611	40950	110248	36522	3100

4-13 续表

单位：万元

指　标	Item	投资额 Investment
交通运输、仓储和邮政业	**Traffic, Transport, Storage and Post**	**7340584**
铁路运输业	Transport Via Railway	1482545
道路运输业	Transport Via Road	5019543
城市公共交通业	Urban Public Traffic	15665
水上运输业	Water Transport	9960
航空运输业	Air Transport	44301
管道运输业	Transport Via Pipeline	10409
装卸搬运和其他运输服务业	Loading, Unloading, Portage and Other Transport Services	111922
仓储业	Storage	635041
邮政业	Post	11198
信息传输、计算机服务和软件业	**Information Transmission, Computer Services and Software**	**640180**
电信和其他信息传输服务业	Telecom & Other Information Transmission Services	419377
计算机服务业	Computer Services	35694
软件业	Software Industry	185109
批发和零售业	**Wholesale and Retail Trades**	**1681507**
批发业	Wholesale Trade	926446
零售业	Retail Trade	755061
住宿和餐饮业	**Hotels and Catering Services**	**522772**
住宿业	Hotels	365826
餐饮业	Catering Services	156946
金融业	**Financial Intermediation**	**92745**
银行业	Bank	61239
证券业	Security Activities	6620
保险业	Insurance	1472
其他金融活动	Other Financial Activities	23414
房地产业	**Real Estate**	**11045841**
租赁和商务服务业	**Leasing and Business Services**	**560373**
租赁业	Leasing	33299
商务服务业	Business Services	527074
科学研究、技术服务和地质勘查业	**Scientific Research, Technical Service and Geologic Prospecting**	**353512**
研究与试验发展	Research and Experimental Development	119078
专业技术服务业	Professional Technical Services	70042
科技交流和推广服务业	Services of Science and Technology Exchanges and Promotion	142399
地质勘查业	Geologic Prospecting	21993
管理业水利、环境和公共设施	**Management of Water Conservancy, Environment and Public Facilities**	**5553528**
水利管理业	Management of Water Conservancy	690738
环境管理业	Environmental Management	286867
公共设施管理业	Management of Public Facilities	4575923
居民服务和其他服务业	**Services to Households and Other Services**	**145469**
居民服务业	Services to Households	70133
其他服务业	Other Services	75336
教育	**Education**	**710127**
卫生、社会保障和社会福利业	**Health, Social Security and Social Welfare**	**633086**
卫生	Health	573916
社会保障业	Social Security	3035
社会福利业	Social Welfare	56135
文化、体育和娱乐业	**Culture, Sports and Entertainment**	**379558**
新闻出版业	Journalism and Publishing Activities	6759
广播、电视、电影和音像业	Broadcasting, Movies, Television and Audiovisual Activities	28528
文化艺术业	Cultural and Art Activities	70711
体育	Sports Activities	67327
娱乐业	Entertainment	206233
公共管理和社会组织	**Public Management and Social Organization**	**1916124**
中国共产党机关	Organs of Communist Party of China	1000
国家机构	Government Agencies	1798302
人民政协和民主党派	People's Political Consultative Conference and Democratic Parties	
群众团体、社会团体和宗教组织	Non-Governmental Organizations, Social Organizations and Religion Organizations	50308
基层群众自治组织	Grass Roots Self-governing Organizations	66514
国际组织	**International Organizations**	

CONTINUED

(10000 yuan)

#新 建 New Construction	#扩 建 Expansion	#改 建 Reconstruction	建筑安装工程投资 Construction and Installation	设备工器具购置 Purchase of Equipment and Instruments	其他费用 Others
3774933	**1391659**	**1886389**	**5812930**	**564077**	**963577**
1302731	37191	140311	1240909	80280	161356
2239414	1044277	1527301	4024376	261280	733887
		155	155	15510	
3700	1260	5000	9910		50
		36401	34691	7900	1710
	4609	5800	10409		
42787	32890	16908	65796	39363	6763
181803	271432	152813	424509	154744	55788
4498		1700	2175	5000	4023
64030	**204275**	**325810**	**326051**	**280081**	**34048**
4518	198975	198784	236013	181147	2217
5003	300	25126	14900	19604	1190
54509	5000	101900	75138	79330	30641
454275	377313	561359	1036594	518379	126534
228916	193810	281509	487755	366094	72597
225359	183503	279850	548839	152285	53937
229589	74328	176387	375593	108312	38867
192442	66368	87339	282672	57792	25362
37147	7960	89048	92921	50520	13505
3346	8101	63148	48211	30668	13866
3046	1831	54362	41730	10133	9376
300	1300	5020	3665	2955	
		246	246	1226	
	4970	3520	2570	16354	4490
780508	**207828**	**564755**	**9109298**	**137287**	**1799256**
353594	31399	115492	393680	83390	83303
17268	9221		11682	8083	13534
336326	22178	115492	381998	75307	69769
104687	**30660**	**79158**	**153584**	**171546**	**28382**
75893	11400	9900	75653	24885	18540
11696	6220	23499	33679	32545	3818
600	13040	42254	24764	113243	4392
16498		3505	19488	873	1632
1948538	**1166081**	**2382460**	**4227325**	**302300**	**1023903**
114776	223605	350957	519275	69393	102070
88912	77445	110027	201972	67763	17132
1744850	865031	1921476	3506078	165144	904701
20731	**27826**	**62499**	**84191**	**51241**	**10037**
5331	15366	35147	42684	24976	2473
15400	12460	27352	41507	26265	7564
329983	**150257**	**110177**	**540899**	**139548**	**29680**
277368	**217824**	**80188**	**483933**	**107466**	**41687**
252292	194057	71261	437072	103341	33503
2786		249	2428		607
22290	23767	8678	44433	4125	7577
251330	**60980**	**61036**	**274122**	**32551**	**72885**
4000		2759	4780	1979	
15186	5705	7369	20323	5862	2343
40480	20584	7155	54515	4423	11773
48740	3579	14383	63615	2900	812
142924	31112	29370	130889	17387	57957
519413	**231193**	**884620**	**1241574**	**139445**	**535105**
		1000	1000		
458780	212442	849392	1148999	123194	526109
21197	11501	14950	31634	14670	4004
39436	7250	19278			
			59941	1581	4992

4-14 按行业、隶属关系、注册类型和控股情况分城镇固定资产投资(2010年)

单位：万元

指　标	Item	投资额 Investment
总　计	**Total**	**62816722**
农、林、牧、渔业	**Agriculture, Forestry, Animal Husbandry and Fishery**	**2360927**
农业	Farming	921632
林业	Forestry	198325
畜牧业	Animal Husbandry	539632
渔业	Fishery	42032
农、林、牧、渔服务业	Services in Support of Agriculture	659306
采矿业	**Mining**	**5816703**
煤炭开采和洗选业	Mining and Washing of Coal	1992545
石油和天然气开采业	Extraction of Petroleum and Natural Gas	3399004
黑色金属矿采选业	Mining of Ferrous Metal Ores	106093
有色金属矿采选业	Mining of Non-ferrous Metal Ores	128202
非金属矿采选业	Mining and Processing of Nonmetal Ores	179609
其他采矿业	Mining of Other Ores	11250
制造业	**Manufacturing**	**17212977**
农副食品加工业	Processing of Food from Agricultural Products	2657176
食品制造业	Manufacture of Foods	881001
饮料制造业	Manufacture of Beverage	631728
烟草制品业	Manufacture of Tobacco	53708
纺织业	Manufacture of Textile	163202
纺织服装、鞋、帽制造业	Manufacture of Textile Wearing Apparel, Footware and Caps	50431
皮革毛皮羽毛(绒)及其制品业	Manufacture of Leather, Fur, feather and Its Products	15526
木材加工及木竹藤棕草制品业	Processing of Timbers, Manufacture of Wood, Bamboo, Rattan, Palm, and Straw Products	1064235
家具制造业	Manufacture of Furniture	326607
造纸及纸制品业	Manufacture of Paper and Paper Products	217946
印刷业和记录媒介的复制	Printing, Reproduction of Recording Media	160196
文教体育用品制造业	Manufacture of Articles for Culture, Education and Sport Activities	68780
石油加工、炼焦及核燃料加工业	Processing of Petroleum, Coking, Processing of Nuclear Fuel	1006845
化学原料及化学制品制造业	Manufacture of Chemical Raw Material and Chemical Products	1200250
医药制造业	Manufacture of Medicines	640051
化学纤维制造业	Manufacture of Chemical Fiber	5750
橡胶制品业	Manufacture of Rubber	31932
塑料制品业	Manufacture of Plastic	365622
非金属矿物制品业	Manufacture of Non-metallic Mineral Products	1984703
黑色金属冶炼及压延加工业	Manufacture and Processing of Ferrous Metals	331145
有色金属冶炼及压延加工业	Manufacture & Processing of Non-ferrous Metals	254448
金属制品业	Manufacture of Metal Products	600164
通用设备制造业	Manufacture of General Purpose Machinery	1605167
专用设备制造业	Manufacture of Special Purpose Machinery	933914
交通运输设备制造业	Manufacture of Transport Equipment	930084
电气机械及器材制造业	Manufacture of Electrical Machinery & Equipment	679840
通信设备、计算机及其他电子设备制造业	Manufacture of Communication Equipment, Computer and Other Electronic Equipment	123326
仪器仪表文化办公用机械制造业	Manufacture of Measuring Instrument and Machinery for Cultural Activity & Office Work	46790
工艺品及其他制造业	Manufacture of Artwork, Other Manufacture	115697
废弃资源和废旧材料回收加工业	Recycling and Disposal of Waste	66713
电力燃气水的生产供应业	**Production and Distribution of Electricity,Gas and Water**	**4334455**
电力、热力的生产和供应业	Production and Supply of Electric Power and Heat Power	3486071
燃气生产和供应业	Production and Distribution of Gas	208840
水的生产和供应业	Production and Distribution of Water	639544
建筑业	**Construction**	**1516254**
房屋和土木工程建筑业	Construction of Building & Civil Engineering	1194725
建筑安装业	Architectural Installation	102202
建筑装饰业	Architectural Decoration	69457
其他建筑业	Other Construction	149870

INVESTMENT IN FIXED ASSETS IN URBAN AREA BY SECTOR ,JURISDICTION OF MANAGEMENT AND REGISTRATION STATUS (2010)

(10000 yuan)

中　央 Central Investment	地　方 Local Investment	内　资 Domestic Funds	港澳台商投资 Funds from Hong Kong, Macao and Taiwan	外商投资 Foreign Funded	个体经营 Individuals Economy	#国有控股 State-holding	#集体控股 Collective-holding
7352423	**55464299**	**60120552**	**436567**	**1201552**	**1058051**	**30933216**	**2148851**
23010	**2337917**	**2105954**	**9595**	**1200**	**244178**	**1420254**	**89865**
9580	912052	908698			12934	690926	27952
13430	184895	198325				179455	5065
	539632	475221	595	1200	62616	171206	36513
	42032	27382	9000		5650	13847	2965
	659306	496328			162978	364820	17370
3125346	**2691357**	**5787962**	**9690**		**19051**	**3915327**	**79081**
2518	1990027	1980263	7000		5282	596292	73746
3122828	276176	3396314	2690			3270369	
	106093	106093				14297	1995
	128202	128202				34369	
	179609	165840			13769		3340
	11250	11250					
1374984	**15837993**	**16265448**	**188370**	**685525**	**73634**	**3488983**	**738039**
1800	2655376	2486962	26608	124073	19533	208384	85420
1376	879625	746644	1570	132787		145899	95906
4000	627728	548292		83436		48305	12225
25094	28614	53708				53708	
	163202	158902			4300	95	1000
	50431	50431					5450
	15526	15526					
505	1063730	1050793	10842	800	1800	52210	35350
	326607	307739		23	18845	14109	960
	217946	212696	250		5000	34181	8160
	160196	160111			85	9068	3518
	68780	61080		7550	150		
561282	445563	1006845				593298	66969
119968	1080282	1118072	53165	28013	1000	312683	58800
6545	633506	617343	2468	20240		138994	46851
	5750	5750					
	31932	29085		2847			
	365622	363022			2600	16290	25366
	1984703	1969207	2400	3096	10000	285069	72867
	331145	331145				19400	11130
36766	217682	227347		27101		139029	
32109	568055	595456	1200		3508	105257	25165
164287	1440880	1601773	1400		1994	415147	62954
50784	883130	854078	73276	5500	1060	126363	47109
366418	563666	676015	13791	239978	300	583790	20228
	679840	678701		1139		122903	32168
50	123276	112984	1400	8942		23070	7729
	46790	46790				6222	1972
4000	111697	112238			3459	23532	4442
	66713	66713				11977	6300
621808	**3712647**	**4172774**	**29330**	**130277**	**2074**	**2751760**	**344223**
597636	2888435	3326464	29330	130277		2182249	283811
22683	186157	206766			2074	73316	28259
1489	638055	639544				496196	32153
134461	**1381793**	**1499904**		**4137**	**12213**	**867425**	**28956**
128968	1065757	1178375		4137	12213	763251	17734
5493	96709	102202				28882	3832
	69457	69457				10655	210
	149870	149870				64637	7180

4-14 续表

单位：万元

指 标	Item	投资额 Investment
交通运输、仓储和邮政业	**Traffic, Transport, Storage and Post**	**7340584**
铁路运输业	Transport Via Railway	1482545
道路运输业	Transport Via Road	5019543
城市公共交通业	Urban Public Traffic	15665
水上运输业	Water Transport	9960
航空运输业	Air Transport	44301
管道运输业	Transport Via Pipeline	10409
装卸搬运和其他运输服务业	Loading, Unloading, Portage and Other Transport Services	111922
仓储业	Storage	635041
邮政业	Post	11198
信息传输、计算机服务和软件业	**Information Transmission, Computer Services and Software**	**640180**
电信和其他信息传输服务业	Telecom & Other Information Transmission Services	419377
计算机服务业	Computer Services	35694
软件业	Software Industry	185109
批发和零售业	**Wholesale and Retail Trades**	**1681507**
批发业	Wholesale Trade	926446
零售业	Retail Trade	755061
住宿和餐饮业	**Hotels and Catering Services**	**522772**
住宿业	Hotels	365826
餐饮业	Catering Services	156946
金融业	**Financial Intermediation**	**92745**
银行业	Bank	61239
证券业	Security Activities	6620
保险业	Insurance	1472
其他金融活动	Other Financial Activities	23414
房地产业	**Real Estate**	**11045841**
租赁和商务服务业	**Leasing and Business Services**	**560373**
租赁业	Leasing	33299
商务服务业	Business Services	527074
科学研究、技术服务和地质勘查业	**Scientific Research, Technical Service and Geologic Prospecting**	**353512**
研究与试验发展	Research and Experimental Development	119078
专业技术服务业	Professional Technical Services	70042
科技交流和推广服务业	Services of Science and Technology Exchanges and Promotion	142399
地质勘查业	Geologic Prospecting	21993
管理业水利、环境和公共设施	**Management of Water Conservancy, Environment and Public Facilities**	**5553528**
水利管理业	Management of Water Conservancy	690738
环境管理业	Environmental Management	286867
公共设施管理业	Management of Public Facilities	4575923
居民服务和其他服务业	**Services to Households and Other Services**	**145469**
居民服务业	Services to Households	70133
其他服务业	Other Services	75336
教育	**Education**	**710127**
卫生、社会保障和社会福利业	**Health, Social Security and Social Welfare**	**633086**
卫生	Health	573916
社会保障业	Social Security	3035
社会福利业	Social Welfare	56135
文化、体育和娱乐业	**Culture, Sports and Entertainment**	**379558**
新闻出版业	Journalism and Publishing Activities	6759
广播、电视、电影和音像业	Broadcasting, Movies, Television and Audiovisual Activities	28528
文化艺术业	Cultural and Art Activities	70711
体育	Sports Activities	67327
娱乐业	Entertainment	206233
公共管理和社会组织	**Public Management and Social Organization**	**1916124**
中国共产党机关	Organs of Communist Party of China	1000
国家机构	Government Agencies	1798302
人民政协和民主党派	People's Political Consultative Conference and Democratic Parties	
群众团体、社会团体和宗教组织	Non-Governmental Organizations, Social Organizations and Religion Organizations	50308
基层群众自治组织	Grass Roots Self-governing Organizations	66514
国际组织	**International Organizations**	

CONTINUED

(10000 yuan)

中央 Central Investment	地方 Local Investment	内资 Domestic Funds	港澳台商投资 Funds from Hong Kong, Macao and Taiwan	外商投资 Foreign Funded	个体经营 Individuals Economy	#国有控股 State-holding	#集体控股 Collective-holding
1471440	**5869144**	**7254314**	**3000**	**4210**	**79060**	**6439582**	**194583**
1255217	227328	1482545				1459293	
123226	4896317	5003983			15560	4608618	164926
	15665	15665				10915	
	9960	9960				4960	
2430	41871	36401			7900	36401	
	10409	10409				10409	
	111922	111122			800	19498	
90567	544474	573031	3000	4210	54800	279990	29657
	11198	11198				9498	
209751	**430429**	**598750**	**951**	**40479**		**495626**	**10840**
209751	209626	377947	951	40479		372980	1200
	35694	35694				5003	4640
	185109	185109				102643	5000
13328	**1668179**	**1555688**	**34516**	**63608**	**27695**	**114534**	**39096**
13328	913118	877257	15000	14158	20031	73707	11025
	755061	678431	19516	49450	7664	40827	28071
	522772	**478207**	**17420**	**2500**	**24645**	**58035**	**3300**
	365826	333866	17000	2500	12460	55835	1170
	156946	144341	420		12185	2200	2130
818	**91927**	**92745**				**43206**	**8033**
818	60421	61239				38950	5547
	6620	6620					1300
	1472	1472				246	536
	23414	23414				4010	650
254824	**10791017**	**10254466**	**106645**	**164780**	**519950**	**2583302**	**404954**
	560373	**558952**		**200**	**1221**	**236093**	**102225**
	33299	33299				20889	
	527074	525653		200	1221	215204	102225
21796	**331716**	**348590**		**4922**		**175416**	
15748	103330	119078				74083	
5138	64904	70042				38803	
910	141489	137477		4922		40537	
	21993	21993	**4000**			21993	
3400	**5550128**	**5547520**		**297**	**1711**	**5255036**	**24100**
	690738	690738				680322	8700
400	286467	286867	4000			264308	1320
3000	4572923	4569915		297	1711	4310406	14080
460	**145009**	**137619**			**7850**	**39643**	**5370**
	70133	64283			5850	28731	3870
460	74876	73336			2000	10912	1500
79166	**630961**	**706477**	**33050**		**3650**	**596130**	**9768**
	633086	**598236**	33050		**1800**	**516852**	**25530**
	573916	539066			1800	466682	25530
	3035	3035				3035	
	56135	56135				47135	
846	**378712**	**276171**		**99417**	**3970**	**139670**	**736**
	6759	6759				6209	
	28528	28528				17174	
846	69865	70711				46196	
	67327	67327				63677	
	206233	102846		99417	3970	6414	736
16985	**1899139**	**1880775**			**35349**	**1796342**	**40152**
	1000	1000				1000	
8985	1789317	1779603			18699	1759033	10150
8000	42308	43358			6950	11820	2177
	66514	56814			9700	24489	27825

4-15 各地区按行业分城镇固定资产投资

INVESTMENT IN FIXED ASSETS IN URBAN AREA BY REGION AND SECTOR

单位：万元 (10000 yuan)

年份 地区	Year Region	合计 Total	农、林、牧、渔业 Agriculture, Forestry, Animal Husbandry and Fishery	采矿业 Mining	制造业 Manufacturing	电力、燃气及水的生产供应业 Production and Supply of Electricity, Gas and Water	建筑业 Construction	交通运输仓储及邮政业 Transport, Storage and Post
	2004	12758739	511326	1508638	2295032	971167	225920	1377781
	2005	15759404	423250	2168082	3361509	1274051	207038	1643059
	2006	20403122	596144	2685689	4160720	1654734	350579	2460061
	2007	26217860	722119	3573315	5403393	2027585	356227	3094896
	2008	33548229	1217918	4598254	7259509	2644671	508120	3899856
	2009	46957822	2195049	5037197	10938113	3625858	532171	6254168
	2010	62816722	2360927	5816703	17212977	4334455	1516254	7340584
哈尔滨	Harbin	22955556	672166	139920	6149264	1052814	573734	1872510
齐齐哈尔	Qiqihar	4835283	169092	60600	2615819	215235	9091	419932
鸡西	Jixi	1554903	23246	205713	294726	308156	54756	330813
鹤岗	Hegang	1491000	7721	389986	517291	62541	35466	83922
双鸭山	Shuangyashan	2717338	24275	696176	779489	406978	93430	48070
大庆	Daqing	9948379	178032	3323904	2270851	394126	142527	633193
伊春	Yichun	1485606	56577	44328	321585	249650	35533	160362
佳木斯	Jiamusi	2429100	58105	31557	399689	549136	20003	412284
七台河	Qitaihe	1885000	19902	643015	547298	110018	19517	174446
牡丹江	Mudanjiang	4916017	173767	192499	1639138	483733	248025	584573
黑河	Heihe	1383988	173229	52847	237194	101464	159288	270776
绥化	Suihua	3426026	159399	6720	1305455	212631	117893	203476
大兴安岭	Daxinganling	507157	17184	29438	72323	68986	5540	96606
不分地区	Not Classified by Region	3281369	628232		62855	118987	1451	2049621

4-15 续表 1 CONTINUED

单位：万元 (10000 yuan)

年份 地区	Year Region	信息传输、计算机服务和软件业 Information Transmission, Computer Services and Software	批发和零售业 Wholesale and Retail Trades	住宿和餐饮业 Hotels and Catering Services	金融业 Financial Intermediation	房地产业 Real Estate	租赁和商务服务业 Leasing and Business Services	科学研究技术服务和地质勘查业 Scientific Research, Technical Service and Geologic Prospecting
	2004	806690	300778	53013	22984	2271010	51472	28652
	2005	864187	358066	37451	2255	2816512	94372	54580
	2006	1039815	428003	93648	8400	3604484	102653	50767
	2007	1323205	618935	192066	25134	4279761	72076	196238
	2008	1578266	911981	300142	10704	5211122	101572	361461
	2009	1463048	1366207	457152	64985	7384133	272254	730503
	2010	640180	1681507	522772	92745	11045841	560373	353512
哈尔滨	Harbin	309620	911147	239458	70783	4634641	289637	269499
齐齐哈尔	Qiqihar	10951	96129	4950	142	921590		5301
鸡西	Jixi	7417	20077	1400	781	250389		600
鹤岗	Hegang	8323	60356	1370	970	194557	498	3430
双鸭山	Shuangyashan	520	74422	26493	4300	346549		15300
大庆	Daqing	79200	155951	39708	2706	1606688	163405	16640
伊春	Yichun	18100	13160	58869	743	371639	1000	2820
佳木斯	Jiamusi	4213	55118	18360	7624	485182	868	2420
七台河	Qitaihe	16635	63789	17600	1300	54377		
牡丹江	Mudanjiang	19161	176254	57056	1136	673764	45800	16406
黑河	Heihe		6600	20020		261809	11445	6488
绥化	Suihua	5000	39290	22500	1300	1046139	34732	11450
大兴安岭	Daxinganling	2930	514	14250	960	144857	12448	8
不分地区	Not Classified by Region	158110	8700	738		53660	540	3150

4-15　续表 2 CONTINUED

单位：万元 (10000 yuan)

年份 地区	Year Region	水利、环境和公共设施管理业 Management of Water Conservancy, Environment and Public Facilities	居民服务和其他服务业 Services to Households and Other Services	教育 Education	卫生、社会保障和社会福利业 Sanitation, Social Security and Social Welfare	文化、体育和娱乐业 Culture, Sports and Entertainment	公共管理和社会组织 Public Management and Social Organization
	2004	648671	189116	467328	106124	170929	752108
	2005	883575	55109	462207	162388	176725	714988
	2006	1170495	107477	578082	224610	191608	895153
	2007	1861662	175453	760902	292306	324780	917807
	2008	2255861	123773	584460	562743	282566	1135250
	2009	3057968	132906	901169	560573	219248	1765120
	2010	5553528	145469	710127	633086	379558	1916124
哈尔滨	Harbin	3559756	80961	462276	371479	106385	1189506
齐齐哈尔	Qiqihar	111026	2276	33176	90229	4949	64795
鸡西	Jixi	23769	260	5117	13195	5089	9399
鹤岗	Hegang	77225	992	10979	1701	10650	23022
双鸭山	Shuangyashan	67215	1221	5642	10689	11342	105227
大庆	Daqing	489343	3000	103240	17151	153589	175125
伊春	Yichun	99625		5194	9849	10766	25806
佳木斯	Jiamusi	195519	952	24001	21508	24199	118362
七台河	Qitaihe	91734	11292	3440	12255	10774	87608
牡丹江	Mudanjiang	444732	29395	21041	36570	26613	46354
黑河	Heihe	30134		7782	6270	4112	34530
绥化	Suihua	163274	14430	18836	27878	3660	31963
大兴安岭	Daxinganling	22686	460	3946	8022	2561	3438
不分地区	Not Classified by Region	177490	230	5457	6290	4869	989

4-16 按用途分商品房屋销售额

TOTAL SALE OF COMMERCIALIZED BUILDINGS BY USE

单位：万元 (10000 yuan)

年份 地区	Year Region	商品房屋销售额 Total Sale of Commercialized Buildings	住宅 Residential Buildings	#别墅、高档公寓 Villas, High-grade Apartments	#经济适用房屋 Economically Affordable Housing	办公楼 Office Buildings	商业营业用房 Houses for Business Use	其他 Others
	2004	1873625	1315782	12204	277166	36577	450912	70354
	2005	2608815	1963185	30667	229615	119489	452856	73285
	2006	3255377	2642682	58552	222936	70609	473964	68122
	2007	4224086	3575076	143480	261027	29895	511022	108093
	2008	4209652	3399086	139762	133547	25092	689934	95540
	2009	6536890	5370482	323094	131450	80446	875396	210566
	2010	10119482	8330469	318940	100942	35809	1367963	385241
哈尔滨	Harbin	4701947	4208234	298271	51044	16520	364228	112965
齐齐哈尔	Qiqihar	708876	539759		613	536	131494	37087
鸡西	Jixi	200521	125935		8868	215	48292	26079
鹤岗	Hegang	171724	146098				24117	1509
双鸭山	Shuangyashan	95992	76349		6597		16536	3107
大庆	Daqing	1288387	1062313	13340		1085	197612	27377
伊春	Yichun	133194	122456		23486	449	4870	5419
佳木斯	Jiamusi	666220	491185				140616	34419
七台河	Qitaihe	104690	93758	1749			6285	4647
牡丹江	Mudanjiang	806784	558998	843	4470	7489	168638	71659
黑河	Heihe	189008	138690		2010	625	37521	12172
绥化	Suihua	969163	699063	4737	3685	7950	217656	44494
大兴安岭	Daxinganling	18101	11407		169		4861	1833

4-17 新增主要产品生产能力

NEWLY INCREASED PRODUCTION CAPACITY OF MAJOR PRODUCTION

指　标	Item	2007	2008	2009	2010
原煤开采（万吨／年）	Coal Mining (10000 tons/year)	573.3	439.0	716.0	1279.1
洗煤（万吨／年）	Coal Washing (10000 tons/year)	731	1773	3697	1244
焦炭（万吨／年）	Coke (10000 tons/year)	576	60	438	405
天然原油开采（万吨／年）	Petroleum Extraction(10000 tons/year)	249.9	274.6	384.1	572.5
天然气开采（亿立方米／年）	Extraction of Petroleum and Natural Gas(100 million cu.m/year)	10.0		1.8	1.0
石油加工：	Oil processing				11.5
蒸馏设备能力（处理万吨／年）	Power of Distillation Equipment (treatment 10000 tons/year)		0.1	0.2	
裂化设备能力（处理万吨／年）	Power of Cracking Equipment((treatment 10000 tons/year)	52.0		20.0	2.0
催化重整设备能力（万吨／年）	Power of Catalytic Reforming Equipment(10000 tons/year)	1.2			
加氢精制设备能力（处理万吨／年）	Power of Hydrotreating Equipment((treatment 10000 tons/year)	0.3		86.5	0.6
铁矿开采(原矿)（万吨／年）	Iron Ore Mining(10000 tons/year)	432.2	247.1	119.0	240.0
生铁（万吨／年）	Pig Iron(10000 tons/year)	24.0	61.8	54.4	48.0
炼钢（万吨／年）	Steel-making(10000 tons/year)		227.0	0.3	
连铸坯（万吨/年）	Casting Billet(10000 tons/year)				
铁合金（折标万吨／年）	Iron Alloy(standard 10000 tons/year)				
铜采矿(原矿)（万吨／年）	Copper Ore Mining(10000 tons/year)		770.0		
铜冶炼（吨／年）	Copper Smelting(ton/year)	42000		6000	
铅锌采矿(原矿)（万吨／年）	Plumbum/Zinc Ore Mining (10000 tons/year)	3.0			3.0
铝加工（吨／年）	Aluminum Fabrication(ton/year)			53.0	512.8
黄金（公斤／年）	Gold(kg/year)	300.0			350.0
发电机组容量（万千瓦）	Dynamotor Capacities(10000 kw)	428.7		257.4	196.5
水力发电（万千瓦）	Hydraulic Power(10000 kw)	1.2	0.3	0.2	4.8
火力发电（万千瓦）	Fire Power(10000 kw)	332.5	98.5	65.1	71.0
其他发电（万千瓦）	Other Power(10000 kw)	95.0		192.1	120.7
输电线路长度(11万伏及以上)（公里）	Length of Transmission Line (110000 volts and over) (km)	1267.0	479.0	455.1	673.0
水泥（万吨／年）	Cement(10 000 tons/year)	919.5	783.0	462.0	494.3
平板玻璃（万重量箱／年）	Plate Glass(10 000 Weight-box/year)	85	11		51
石墨及炭素制品（吨／年）	Graphite and Carbon Products(ton/year)	7280		4072	5955
木材（万立方米/年）	Wood(10000 cu.m/year)				

4-17 续表 CONTINUED

指　标	Item	2007	2008	2009	2010
农用氮、磷、钾化学肥料（吨 / 年）	Nitrogen, Phosphate and Potash Fertilizer (ton/year)	108800		327200	455700
氮肥（吨 / 年）	Nitrogen Fertilizer(ton/year)	73800	49740	198250	263050
磷肥（吨 / 年）	Phosphate Fertilizer(ton/year)	33500	20	96950	102300
钾肥（吨 / 年）	Potash Fertilizer(ton/year)	1500		32000	90350
化学农药原药（吨 / 年）	Chemical Pesticides(ton/year)	6230		7557	11588
乙　烯（吨 / 年）	Ethylene(ton/year)	2000			
塑料树脂及共聚物（吨 / 年）	Plastic Colophony and Polymer(ton/year)	272350	11901	59602	83001
轮胎外胎（万条 / 年）	Inner Tube(10 000 units/year)	100.0	137.0	1.2	
轿车制造（万辆 / 年）	Cars(10 000 units/year)			3	10
化学纤维（万吨 / 年）	Chemical Fiber(10 000 tons/year)	0.40	0.80	0.06	0.40
#合成纤维	#Synthesis Fiber	0.4			0.1
毛纺锭（锭）	Wool Spindles(10 000 units)	0.8			
酒（万吨 / 年）	Liquor(10 000 tons/year)	60.55	32.58	20.57	30.45
啤　酒	Beer	53.0	10.8	5.3	21.4
白　酒	Distilled Spirit	6.92	21.73	15.00	9.05
其他酒	Other Alcohols	0.70	0.05	0.27	
卷烟（万箱 / 年）	Cigarettes(10 000 boxes/year)				
机制纸浆（万吨 / 年）	Machine-made Pulp(10 000tons/year)	15.0	1.0	2.1	11.4
房间空气调节器（万台 / 年）	Air-conditioner(10 000units/year)	2.2			
新建铁路主线正线交付运营里程（公里）	Main Line Length of Newly-built and Operating Railway (km)	62.6	58.7	38.6	28.1
新建公路（公里）	Length of New Highways(km)	4255.4	4802.0	4545.5	2068.1
#高速公路	#Expressway		133.0	168.7	30.0
改建公路（公里）	Length of Reconstructed Highways(km)	10949.9	11007.0	16262.6	9432.2
#高速公路	#Expressway			288.2	64.3
新建独立公路桥梁（延长米）	Newly-built Highway Bridge(meter)	1620.0	3211.8	24760.0	27425.0
新建独立公路桥梁（座）	Newly-built Highway Bridge(unit)	10	39	22	53
新(扩)建港口码头（年吞吐量:万吨）	Newly-built or Expanded Ports(Annual Handling Capacity:10 000tons)	1035	100	10	300
新(扩)建客、货运站（个）	Newly-built or expanded conveyance station(unit)	6	14	27	17
新(扩)建客、货运站（平方米）	Newly-built or expanded conveyance station (sq.m)	12975	54523	55465	39467
城市自来水供水能力（万吨/日）	Tap Water Supply Capacity (10 000 tons/day)	178.8	53.7	192.3	22.0
城市污水处理能力（万吨 / 日）	Sewage Treatment Capacity(10 000 tons/day)	15.6	87.8	118.6	266.6

4-18 房地产开发企业个数

NUMBER OF ENTERPRISES FOR REAL ESTATE DEVELOPMENT

单位：个 (unit)

年份 地区	Year Region	合计 Total	国有 State-owned Enterprises	集体 Collective-owned Enterprises	股份有限公司 Share-holding Corporations Ltd.	港澳台商投资 Enterprises with Funds from Hong Kong, Macao and Taiwan	外商投资 Foreign Funded Enterprises	其他 Others
	1995	295	183	24	44	30	9	5
	2000	439	170	32	71	25	9	132
	2001	483	152	32	79	23	8	189
	2002	606	142	24	111	23	18	288
	2003	776	144	21	131	25	17	438
	2004	1009	118	15	137	23	12	704
	2005	1050	124	7	170	21	17	711
	2006	1214	127	6	144	24	18	895
	2007	1320	117	7	137	25	18	1016
	2008	1589	102	11	145	23	19	1289
	2009	1576	101	7	133	25	17	1293
	2010	1890	97	9	164	23	19	1578
哈尔滨	Harbin	803	59	2	39	15	14	674
齐齐哈尔	Qiqihar	165	8		6	1		150
鸡西	Jixi	93	6	1	8			78
鹤岗	Hegang	78	1		4		1	72
双鸭山	Shuangyashan	57		1	3	1		52
大庆	Daqing	113	5		6		1	101
伊春	Yichun	43		1	1			41
佳木斯	Jiamusi	93	6	1	1		1	84
七台河	Qitaihe	26	1		1			24
牡丹江	Mudanjiang	192	5	2	43	5	2	135
黑河	Heihe	53	2		9	1		41
绥化	Suihua	137	3		39			95
大兴安岭	Daxinganling	18		1	2			15

4-19 房地产开发企业从业人员数

NUMBER OF EMPLOYED PERSONS IN ENTERPRISES FOR REAL ESTATE DEVELOPMENT

单位：人　　(person)

年份 地区	Year Region	合计 Total	国有 State-owned Enterprises	集体 Collective-owned Enterprises	股份有限公司 Share-holding Corporations Ltd.	港澳台商投资 Enterprises with Funds from Hong Kong, Macao and Taiwan	外商投资 Foreign Funded Enterprises	其他 Others
	1995	15473	11541	724	1005	785	320	1098
	2000	23058	10756	858	5055	504	229	5656
	2001	23792	9752	997	3624	521	198	8700
	2002	25486	4710	623	5085	568	457	14043
	2003	27465	4029	679	4302	307	385	17763
	2004	33076	4199	403	5489	379	472	22134
	2005	30169	4253	90	4278	318	611	20619
	2006	29933	3554	151	3323	389	597	21919
	2007	33353	3258	153	3097	414	562	25869
	2008	35664	3195	211	3098	313	533	28314
	2009	33929	2932	354	3402	366	388	26487
	2010	40308	3420	398	3223	359	463	32445
哈尔滨	Harbin	15831	1589	28	615	161	313	13125
齐齐哈尔	Qiqihar	3268	274		204	13		2777
鸡　西	Jixi	1357	189	11	116			1041
鹤　岗	Hegang	1805	81		53		10	1661
双鸭山	Shuangyashan	1418		41	73	20		1284
大　庆	Daqing	4092	930		86		60	3016
伊　春	Yichun	1218		228	15			975
佳木斯	Jiamusi	2352	157	12	2		13	2168
七台河	Qitaihe	609	9		21			579
牡丹江	Mudanjiang	3878	142	66	926	135	67	2542
黑　河	Heihe	1044	16		212	30		786
绥　化	Suihua	2959	20		872			2067
大兴安岭	Daxinganling	158		12	21			125

4-20 房地产开发企业的土地开发、购置及投资规模

LAND DEVELOPMENT,PURCHASE AND INVESTMENT SCALE OF ENTERPRISES FOR REAL ESTATE DEVELOPMENT

年 份 地 区	Year Region	本年购置土地面积（平方米） Land Space Purchased This Year (sq. m)	实际需要的总投资（万元） Total Investment Actually Needed (10000 yuan)	开始建设累计完成投资（万元） Accumulative Investment Actually Completed Since Starting of Construction (10000 yuan)	全部建成尚需投资（万元） Further Investment Required for the Completion of Construction (10000 yuan)
	1995	2064	1366222	754008	612214
	2000	2564674	2202002	1575893	626109
	2001	2177103	2861880	2024592	837288
	2002	3892116	3543170	2102119	1441051
	2003	4943627	3903147	2447840	1455307
	2004	5691027	5892072	3350300	2541772
	2005	6925485	6823703	4089993	2733710
	2006	6197941	8014573	5415257	2599316
	2007	7043255	9580358	6590127	2990231
	2008	8709744	11266041	7434679	3831362
	2009	8333122	15162888	10451311	4711577
	2010	11743040	23411233	14348207	9063026
哈尔滨	Harbin	3885761	13168022	7770878	5397144
齐齐哈尔	Qiqihar	1170479	1197842	939083	258759
鸡 西	Jixi	432320	426514	275933	150581
鹤 岗	Hegang	146585	320697	182652	138045
双鸭山	Shuangyashan	84508	561253	324970	236283
大 庆	Daqing	1541241	2414832	1438283	976549
伊 春	Yichun		332177	189701	142476
佳木斯	Jiamusi	1667065	1147871	620175	527696
七台河	Qitaihe	5094	176413	133065	43348
牡丹江	Mudanjiang	1783007	1875220	1103705	771515
黑 河	Heihe	672906	282167	229522	52645
绥 化	Suihua	324892	1392412	1051620	340792
大兴安岭	Daxinganling		54730	32560	22170

4-21 房地产开发完成投资额

ACTUALLY COMPLETED INVESTMENT OF ENTERPRISES FOR REAL ESTATE

单位：万元　　(10000 yuan)

年份 地区	Year Region	本年完成投资额 Investment Completed This Year	按构成分 By Use of Funds 建筑安装工程 Construction and Installation	设备、工器具购置 Purchase of Equipment and Instrument	其他费用 Others	#土地购置 Land Purchase
	1995	473651	417508	8318	47825	30988
	2000	1040979	782764	14412	243803	83939
	2001	1470839	1173669	25869	271301	109197
	2002	1457937	1021700	23967	412270	238993
	2003	1632806	1140727		461438	265734
	2004	2140702	1589430	66980	484292	302887
	2005	2676332	2106481	47981	521870	324360
	2006	3213152	2607672	32091	573389	220157
	2007	3823651	2838824	56278	928549	466463
	2008	4398563	3041451	57241	1299871	896126
	2009	5639170	4272536	63859	1302775	743112
	2010	8431198	6752877	88864	1589457	906816
哈尔滨	Harbin	3607358	2589096	79090	939172	540974
齐齐哈尔	Qiqihar	587472	507066	1197	79209	47907
鸡西	Jixi	172670	134916	1015	36739	26627
鹤岗	Hegang	82720	74340	230	8150	4905
双鸭山	Shuangyashan	228038	213022		15016	8425
大庆	Daqing	1195043	1001658	100	193285	147140
伊春	Yichun	110433	102973		7460	200
佳木斯	Jiamusi	477482	402073	1200	74209	38092
七台河	Qitaihe	54377	52027		2350	786
牡丹江	Mudanjiang	637032	509639	1041	126352	71321
黑河	Heihe	189599	161950	2586	25063	12685
绥化	Suihua	1004904	930326	2313	72265	4029
大兴安岭	Daxinganling	30410	25484		4926	1186

4-22 房地产开发建设按工程用途分的投资和新增固定资产

ACTUALLY COMPLETED INVESTMENT OF ENTERPRISES FOR REAL ESTATE BY USE AND NEWLY INCREASED FIXED ASSETS

单位：万元 (10000 yuan)

年份 地区	Year Region	按工程用途分的投资额 By Use of Projects					新增固定资产
		住宅 Residential Buildings	#经济适用房 Economically Affordable Housing	办公楼 Office Buildings	商品营业用房 House for Business Use	其他 Others	Newly Increased Fixed Assets
	1999	532679	210191	49827	145167	91880	679863
	2000	712644	351905	35691	162186	130458	961671
	2001	1016457	381565	42330	254384	157668	1274384
	2002	771661	262677	76021	276203	334052	904095
	2003	886210	259567	63710	351126	331760	1067546
	2004	1397332	258546	80734	451728	262031	1351368
	2005	1748422	144341	82290	461665	383955	1572296
	2006	2476493	148499	59546	472631	204482	1907823
	2007	2796442	164722	64450	505361	457398	2426086
	2008	3065870	324518	35325	566332	731036	2052819
	2009	4425157	302376	91569	699868	422576	3657239
	2010	6575367	122816	109197	1053409	693225	5517655
哈尔滨	Harbin	2884105	12329	38250	369904	315099	2228058
齐齐哈尔	Qiqihar	475190	64857	2029	77566	32687	462424
鸡西	Jixi	124961	14538	3201	27327	17181	99624
鹤岗	Hegang	60369		401	16439	5511	98160
双鸭山	Shuangyashan	175287	1318	500	48198	4053	78620
大庆	Daqing	846940		46466	124720	176917	597453
伊春	Yichun	101034	9759	10	6817	2572	64306
佳木斯	Jiamusi	368907		3450	82734	22391	381064
七台河	Qitaihe	49298		1750	1975	1354	39214
牡丹江	Mudanjiang	428554	4715	7593	124928	75957	399797
黑河	Heihe	142996	9321	916	34912	10775	208305
绥化	Suihua	845028	5979	4505	131344	24027	795792
大兴安岭	Daxinganling	24341		24	3766	2279	14580

4-23 房地产开发企业的资金来源

CAPITAL SOURCE OF ENTERPRISES FOR REAL ESTATE DEVELOPMENT

单位：万元　　(10000 yuan)

年 份 地 区	Year Region	本年资金来源合计 Total Funds the Year	上年末结余资金 A Balance at End of Previous Year	本年资金来源 Sources of Funds				
				国家预算内资金 State Budget	国内贷款 Domestic Loans	利用外资 Foreign Investment	自筹资金 Self-raising Fund	其他资金 Others
	1999	752630	39319	4021	147930	3010	276685	281665
	2000	957753	38734	1000	182528	10543	362915	362033
	2001	1385794	60016		159546	420	566232	599580
	2002	1415734	97988	4570	236117	6233	618710	452116
	2003	1721670	113689	350	260166	4050	870635	472780
	2004	2246559	151780	2300	183776	54912	1092193	761598
	2005	2844133	163416		178057	35300	1362272	1105088
	2006	3585481	148891		331881	39073	1859085	1206551
	2007	4288367	220609		261860	18718	2436261	1350919
	2008	5009858	385031		294758	13771	3145679	1170619
	2009	7271208	480773		737899	25877	3605959	2420700
	2010	11430442	926816		488956	15000	6513529	3486141
哈尔滨	Harbin	5413447	745644		355793		2364445	1947565
齐齐哈尔	Qiqihar	725336	55034		31648		306764	331890
鸡　西	Jixi	202997	24293		4863		94978	78863
鹤　岗	Hegang	140793	21166		2440		68371	48816
双鸭山	Shuangyashan	292453	19815		2562		237336	32740
大　庆	Daqing	1349482	30665		12222		1115140	191455
伊　春	Yichun	182194	3457		3103		153555	22079
佳木斯	Jiamusi	529385	3215		4200	15000	379023	127947
七台河	Qitaihe	71130	1610		250		44659	24611
牡丹江	Mudanjiang	850461	16603		64455		417818	351585
黑　河	Heihe	396929	293		6680		188070	201886
绥　化	Suihua	1197331	3056				1091150	103125
大兴安岭	Daxinganling	25689			200		25300	189

4-24 房地产开发建设房屋施工面积

FLOOR SPACE OF BUILDINGS UNDER CONSTRUCTION OF REAL ESTATE DEVELOPMENT

单位：平方米 (sq. m)

年份 地区	Year Region	施工房屋建筑面积 Floor Space of Buildings Under Construction	#新开工 Started This Year	住宅 Residential Buildings	#经济适用房 Economically Affordable Housing	办公楼 Office Buildings	商业营业用房 House for Business Use	其他 Others
	1999	11187155	7273868	8268285	2903837	630728	2065737	222405
	2000	14513563	8473110	10995283	5171422	535182	2640151	342947
	2001	17685892	9172691	13612689	5388079	611730	3164906	296567
	2002	15895856	8685336	11647486	4394874	812504	2924268	511598
	2003	19000320	11104078	13111334	3938712	792962	4154636	941388
	2004	22550629	11931656	15830527	3099605	800083	5014827	905192
	2005	26304651	14851141	19226052	2073001	934958	4894991	1248650
	2006	31064526	17477365	24271325	2033634	711888	4622027	1459286
	2007	33017345	18340732	26363154	1253110	437141	4780785	1436265
	2008	36111387	22410734	29066535	2329182	401381	4528881	2114590
	2009	45213490	29955500	36926884	2183697	586070	5078374	2622162
	2010	75328812	50214326	61074452	1451231	752647	8622671	4879042
哈尔滨	Harbin	29390427	16012106	24359373	305463	283719	2590350	2156985
齐齐哈尔	Qiqihar	5759230	4233862	4714340	430138	53177	674197	317516
鸡西	Jixi	1822430	1059810	1349577	213240	45093	270716	157044
鹤岗	Hegang	1957114	877023	1657567		4053	236174	59320
双鸭山	Shuangyashan	2360418	1451446	1791101	13731	642	518069	50606
大庆	Daqing	7900840	6408664	5859042		124431	1129439	787928
伊春	Yichun	1548861	1245620	1446957	261865	2734	53746	45424
佳木斯	Jiamusi	5818942	4249103	4562532		40005	892204	324201
七台河	Qitaihe	603508	571098	543603		19362	24209	16334
牡丹江	Mudanjiang	6350239	3197795	4886467	84581	85413	871942	506417
黑河	Heihe	1726325	1603076	1381930	84419	9756	224096	110543
绥化	Suihua	9443545	8691369	7981203	57794	83487	1069820	309035
大兴安岭	Daxinganling	287126	253547	219741		274	44514	22597

4-25 房地产开发建设房屋建筑面积和造价

FLOOR SPACE OF BUILDINGS AND THEIR COST IN REAL ESTATE DEVELOPMENT

年份 Year 地区 Region		竣工房屋建筑面积（平方米）Floor Space of Buildings Completed (sq. m)	住宅 Residential Buildings	办公楼 Office Buildings	商业营业用房 House for Bussiness Use	其他 Others	竣工房屋造价（元/平方米）Cost of Buildings Completed (yuan/sq. m)	#住宅 Residential Buildings
	1999	5474196	4288778	195416	889600	100402	897	820
	2000	8278630	6293041	365015	1428150	192424	905	819
	2001	10138189	8283706	218061	1472774	163648	944	914
	2002	8035908	6398979	229070	1209003	198856	929	873
	2003	8834762	6590471	257897	1573139	413255	984	906
	2004	11132574	8323312	231200	2222841	355221	1051	956
	2005	13050250	10394472	272514	1847289	535975	1089	1044
	2006	13981158	11535031	305411	1619101	521615	1230	1184
	2007	15956174	12448764	272726	2540478	694206	1404	1034
	2008	14047031	11600798	126015	1773934	546284	1195	1122
	2009	18882802	15754595	181325	1942761	1004121	1548	1495
	2010	26458267	21989911	242769	3032968	1192619	1718	1677
哈尔滨	Harbin	7498883	6420184	52566	656279	369854	2304	2283
齐齐哈尔	Qiqihar	3011984	2497533	26249	350931	137271	1407	1387
鸡西	Jixi	450934	270841	8766	115495	55832	1660	1523
鹤岗	Hegang	557750	513603	1242	35787	7118	1564	1549
双鸭山	Shuangyashan	598321	530487		64764	3070	1195	1194
大庆	Daqing	2537189	1900997	55271	411283	169638	1986	1819
伊春	Yichun	494252	449780		20773	23699	1166	1141
佳木斯	Jiamusi	2536756	1894483	24957	483307	134009	1188	1168
七台河	Qitaihe	279575	268537		6165	4873	1134	1118
牡丹江	Mudanjiang	1459563	1169328	26605	175183	88447	1786	1584
黑河	Heihe	1024623	844763	9756	114133	55971	1877	1758
绥化	Suihua	5615124	4891019	37357	558705	128043	1344	1348
大兴安岭	Daxinganling	65849	46179		16968	2702	1667	1615

4-26 按用途分商品房屋销售面积

FL;OOR SPACE OF COMMERCIALIZED BUILDINGS SOLD BY USE

单位：平方米 (sq. m)

年份 地区	Year Region	商品房屋销售面积 Floor Space of Commercialized Buildings Sold	住宅 Residential Buildings	#别墅、高档公寓 Villas, High-grade Apartments	#经济适用房屋 Economically Affordable Housing	办公楼 Office Buildings	商业营业用房 House for Business Use	其他 Others
	1999	3513834	2946888	11621	1154870	94633	430949	41364
	2000	4998452	4244271	156915	2056348	106813	585997	61371
	2001	5946410	4906264	84552	2222464	182549	763290	94307
	2002	6924691	5743325	99919	2664338	131366	968783	81217
	2003	8146447	6731129	22275	2320070	146593	1154425	114300
	2004	9846508	7900508	46261	1966795	127929	1562776	255295
	2005	12428124	10482603	72356	1519837	290082	1382206	273233
	2006	14827148	12985068	180519	1317505	204711	1411379	225990
	2007	17092455	15185671	837951	580064	114405	1436368	356011
	2008	14865665	12866198	258154	748025	89502	1593543	316422
	2009	20169765	17512157	575101	692975	194221	1922128	541259
	2010	27209459	23856799	518243	517057	83786	2347388	921486
哈尔滨	Harbin	8817489	8099117	476940	187741	25425	494676	198271
齐齐哈尔	Qiqihar	2413605	1979690		2921	2000	303313	128602
鸡西	Jixi	609945	475737		56391	1066	77628	55514
鹤岗	Hegang	795729	738365				50549	6815
双鸭山	Shuangyashan	377896	332121		54981		33409	12366
大庆	Daqing	3052700	2832734	20955		2264	161617	56085
伊春	Yichun	772316	724356		154325	2364	21732	23864
佳木斯	Jiamusi	2403519	2017579				300596	85344
七台河	Qitaihe	392946	354157	2332			23402	15387
牡丹江	Mudanjiang	2461895	2019965	3519	23968	19876	278100	143954
黑河	Heihe	713034	593367		12830	3293	76592	39782
绥化	Suihua	4044622	3386163	14497	22694	22372	495884	140203
大兴安岭	Daxinganling	63291	45190		1206		12427	5674

4-27 各地区房地产开发企业主要经济指标

MAIN INDICATORS OF REAL ESTATE DEVELOPMENT BY REGION

单位：万元 (10000 yuan)

年份 地区	Year Region	资产总计 Total Assets	负债合计 Total Liabilities	所有者权益合计 Owners' Equity	主营业务收入 Revenue from Principal Business	主营业务成本 Cost of Principal Business	利润总额 Total Profits
	2005	7638744	5708433	1930311	1935485	1653916	31628
	2006	9346277	6663943	2682334	2519647	2013278	320243
	2007	11532354	8641649	2890705	3224432	2563256	259949
	2008	14624206	9494495	5129711	3439803	2739794	258924
	2009	18613889	12677221	5936668	5149500	4093066	453941
	2010	25874201	18398317	7475884	6755674	5322608	649961
哈尔滨	Harbin	16501510	12296474	4205035	2318031	1760984	241880
齐齐哈尔	Qiqihar	1101170	686951	414218	572669	447137	65623
鸡西	Jixi	467964	251040	216924	164058	133401	5502
鹤岗	Hegang	371035	208167	162868	141020	108924	11723
双鸭山	Shuangyashan	285916	127511	158406	82191	62767	4198
大庆	Daqing	3739437	2873436	866000	1059311	812331	95112
伊春	Yichun	192166	102234	89933	124509	107317	4758
佳木斯	Jiamusi	637307	338294	299012	574651	450302	64967
七台河	Qitaihe	178195	107568	70628	79128	64412	6566
牡丹江	Mudanjiang	1583701	1032285	551416	486919	372906	54356
黑河	Heihe	213428	76097	137331	186924	148954	20512
绥化	Suihua	476989	224565	252424	908547	804387	72311
大兴安岭	Daxinganling	45664	11377	34287	11321	8938	888

4-28 按不同分组分房地产开发企业投资完成情况 (2010年)

单位：万元

项 目	Item	计划总投资 Total Investment Planed	累计完成投资 Accumulated Investment Completed	本年完成投资 Investment Completed This Year
总 计	**Total**	**23411233**	**14348207**	**8431198**
按登记注册类型分组	**By Status of Registration**			
内资企业	Domestic Funded	21558539	13529675	8159773
#国有企业	#State-owned Enterprises	2268446	1211263	764486
集体企业	Collective-owned Enterprises	135882	100591	79645
股份合作企业	Cooperative Enterprises	40295	38195	38195
国有联营企业	State Joint Ownership Enterprises			
国有独资公司	State Sole funded Corporations	580431	336864	121758
其他有限责任公司	Other Limited Liability Corporations	9962975	6003851	3821192
股份有限公司	Share-holding Corporations Limited	1732904	1349408	619848
私营独资企业	Private-funded Enterprises	311950	122313	67819
私营合伙企业	Private Partnership Enterprises	63334	48240	40250
私营有限责任公司	Private Limited Liability Corporations	5838233	3924939	2388607
私营股份有限公司	Private Share-holding Corporations Limited	461786	295398	148855
其他企业	Other Enterprises	111467	86277	56782
港澳台商投资企业	Enterprises with Funds from Hong Kong, Macao and Taiwan	355194	147668	106645
与港澳台商合资经营企业	Joint-ventures Enterprises	77000	47000	39000
与港澳台商合资合作经营企业	Cooperative Enterprises			
港澳台商独资经营企业	Enterprises with Sole Investment	214194	40034	30464
港澳台商投资股份有限公司	Share-holding Corporations Ltd.	64000	60634	37181
外商投资企业	Foreign Funded Enterprises	1497500	670864	164780
中外合资经营企业	Joint-venture Enterprises	325500	235857	48466
中外合作经营企业	Cooperation Enterprises	30000	26087	18203
外资企业	Enterprises with Sole Funds	1142000	408920	98111
外商投资股份有限公司	Share-holding Corporations Ltd.			
按控股情况分组	**By Share-holding**			
国有控股	State-owned Enterprises	3687641	1905738	1048399
集体控股	Collective-owned Enterprises	635371	494921	383674
私人控股	Private Share-holding	15904289	10298519	6172392
港澳台商控股	Enterprise swith Funds from Hong Kong, Macao and Taiwan	355194	147668	106645
外商控股	Foreign Funded Enterprises	1532160	704088	171188
其他	Others	1296578	797273	548900
按资质等级分组	**By Qualification Grade**			
一级	First Grade	1582255	768414	398890
二级	Second Grade	6225180	3940041	2019797
三级	Third Grade	9915219	6562095	3911732
四级	Fourth Grade	774507	612424	478824
暂定	Interim	4036533	2032714	1390961
其他	Others	877539	432519	230994
按隶属关系分组	**By Jurisdiction of Management**			
中央	Central	638464	275947	200040
省	Province	1862772	1112388	448023
地区	District	4650117	2552719	1458826
县及县以下	County and Under County Level	2890958	1961216	1537060
其他	Others	13368922	8445937	4787249

INVESTMENT ACTUALLY COMPLETED BY ENTERPRISES FOR REAL ESTATE DEVELOPMENT BY DIFFERENT GROUPING (2010)

(10000 yuan)

住宅 Residential Buildings	#别墅、高档公寓 Villas, High-grade Apartments	#经济适用房 Economically Affordable Housing	办公楼 Office Buildings	商业营业用房 Houses for Business Use	其他 Others	本年新增固定资产 Newly Increased Fixed Assets This Year	本年资金小计 Total Funds
6575367	**99469**	**122816**	**109197**	**1053409**	**693225**	**5517655**	**10503626**
6364753	33460	122816	109197	1003002	682821	5377005	10117756
514171	6722	59952	44986	74203	131126	354020	890458
73966		800	1564	3297	818	24003	80998
37621				116	458	38895	41835
105476		9422	8566	4367	3349	238641	116847
3014610	21776	26351	20441	504464	281677	2694784	4835759
493525	550	2941	3459	92865	29999	486682	813245
49402		3950	1523	12021	4873	49304	136969
33044			300	5772	1134	29947	56014
1874249	4107	13511	27490	281137	205731	1247660	2881236
124705	305	5889	868	14682	8600	142623	206292
40294				9298	7190	51739	45767
74360	5500			30327	1958	62768	124026
39000	5500					20400	39000
28060				446	1958	9516	31726
7300				29881		32852	53300
136254	60509			20080	8446	77882	261844
46339	34781			1342	785	19752	117622
13920				2283	2000	29990	30257
75995	25728			16455	5661	28140	113965
746645	6722	70891	57971	98412	145371	736364	1254069
321180		1066	2192	45336	14966	303633	461771
4859889	21210	50859	47615	808401	456487	3957197	7707187
74360	5500			30327	1958	62768	124026
141790	63072			20674	8724	102387	277421
431503	2965		1419	50259	65719	355306	679152
348738	13550		2200	9794	38158	61372	428879
1609006	63006	8907	16433	188223	206135	1021950	2521501
3008776	17950	44421	74607	498627	329722	3000917	4799439
349115		9989	3882	99570	26257	438331	602962
1090672	4963	4314	8487	206420	85382	816726	1839526
169060		55185	3588	50775	7571	178359	311319
167001			382	3093	29564	3000	239470
368150	48331	2098	921	46804	32148	282983	589357
1076062	11677	70171	58470	169567	154727	956766	1820223
1195523		15614	8427	265210	67900	1312410	2008051
3768631	39461	34933	40997	568735	408886	2962496	5846525

4-29 按不同分组分房地产开发企业商品房销售情况 (2010年)

项 目	Item	商品房销售面积(平方米) Floor Space of Commercialized Buildings Sold (sq. m)	住 宅 Residential Buildings	#经济适用房 屋 Economically Affordable Housing
总 计	**Total**	**27209459**	**23856799**	**517057**
按登记注册类型分组	**By Status of Registration**			
内资企业	Domestic Funded	26861788	23558439	517057
#国有企业	#State-owned Enterprises	1458531	1360190	49115
集体企业	Collective-owned Enterprises	332772	319758	
股份合作企业	Cooperative Enterprises	253286	252206	
国有联营企业	State Joint Ownership Enterprises			
国有独资公司	State Sole funded Corporations	38820	38070	
其他有限责任公司	Other Limited Liability Corporations	13006629	11332947	227153
股份有限公司	Share-holding Corporations Limited	2845384	2513051	70751
私营独资企业	Private-funded Enterprises	453937	367370	2484
私营合伙企业	Private Partnership Enterprises	207094	167062	
私营有限责任公司	Private Limited Liability Corporations	7276587	6341128	140504
私营股份有限公司	Private Share-holding Corporations Limited	831825	722814	27050
其他企业	Other Enterprises			
港澳台商投资企业	Enterprises with Funds from Hong Kong, Macao and Taiwan			
与港澳台商合资经营企业	Joint-ventures Enterprises			
与港澳台商合资合作经营企业	Cooperative Enterprises			
港澳台商独资经营企业	Enterprises with Sole Investment			
港澳台商投资股份有限公司	Share-holding Corporations Ltd.			
外商投资企业	Foreign Funded Enterprises	241670	225770	
中外合资经营企业	Joint-venture Enterprises	121077	105177	
中外合作经营企业	Cooperation Enterprises	58047	58047	
外资企业	Enterprises with Sole Funds	62546	62546	
外商投资股份有限公司	Share-holding Corporations Ltd.			
按控股情况分组	**By Share-holding**			
国有控股	State-owned Enterprises	1941354	1768823	139268
集体控股	Collective-owned Enterprises	2024621	1800651	10482
私人控股	Private Share-holding	21814141	19051622	363061
港澳台商控股	Enterprise swith Funds from Hong Kong, Macao and Taiwan	106001	72590	
外商控股	Foreign Funded Enterprises	271710	248936	
其他	Others	1051632	914177	4246
按资质等级分组	**By Qualification Grade**			
一级	First Grade	725456	667514	3070
二级	Second Grade	5645205	4995233	80935
三级	Third Grade	14132388	12363394	353602
四级	Fourth Grade	2236738	1851598	58999
暂定	Interim	3892345	3480973	20451
其他	Others	577327	498087	
按隶属关系分组	**By Jurisdiction of Management**			
中央	Central	181446	176905	
省	Province	1447394	1326000	60380
地区	District	4378106	3820363	133980
县及县以下	County and Under County Level	6058141	5223964	54399
其他	Others	15144372	13309567	268298

SALE OF COMMERCIALIZED BUILDINGS BY ENTERPRISES FOR REAL ESTATE DEVELOPMENT BY DIFFERENT GROUPING (2010)

办公楼 Office Buildings	商业营业用房 Houses for Business Use	其他 Others	商品房销售额（万元）Total Sale of Commercialized Buildings Sold (10000 yuan)	住宅 Residential Buildings	#经济适用房屋 Economically Affordable Housing	办公楼 Office Buildings	商业营业用房 Houses for Business Use	其他 Others
83786	**2347388**	**921486**	**10119482**	**8330469**	**100942**	**35809**	**1367963**	**385241**
83786	2300535	919028	9877193	8124388	100942	35809	1332909	384087
5126	72884	20331	649925	601567	10775	940	34847	12571
	8285	4729	77702	68902			7417	1383
	360	720	41595	41339			83	173
		750	19016	18799				217
29051	1212764	431867	4783650	3954083	43617	12615	658566	158386
13940	253618	64775	805522	643966	19722	4550	127670	29336
227	62526	23814	239908	153394	447	99	73655	12760
	23404	16628	55258	42081			6887	6290
35442	593907	306110	2895488	2357761	22337	17605	374941	145181
	61162	47849	247765	184947	4044		45174	17644
	15900		205873	185997			19876	
	15900		123035	103159			19876	
			39046	39046				
			43792	43792				
9041	131212	32278	846648	752262	27023	3876	73103	17407
2364	183623	37983	550882	445978	1951	449	89598	14857
68433	1899343	794743	8072190	6576883	69876	30160	1130906	334241
	30953	2458	36416	20084			15178	1154
	21517	1257	215566	192781			22345	440
3948	80740	52767	397780	342481	2092	1324	36833	17142
	51599	6343	367679	319309	611		40657	7713
9761	352871	287340	2524935	2160771	21603	1964	218422	143778
61097	1277409	430488	4876956	3946159	66110	30485	738068	162244
5591	288351	91198	536111	384492	9031	1293	121079	29247
7337	321961	82074	1621482	1365913	3587	2067	221703	31799
	55197	24043	192319	153825			28034	10460
	2820	1721	71340	69988			922	430
9041	90793	21560	733378	661573	17311	3876	58520	9409
15272	421961	120510	1854509	1542745	26640	7778	239897	64089
6386	599496	228295	1612400	1194416	8493	2157	338038	77789
53087	1232318	549400	5847855	4861747	48498	21998	730586	233524

4-30 按不同分组分房地产开发企业主要财务指标 (2010年)

单位：万元

项 目	Item	资产总计 Total Assets	流动资产合计 Total Working Capitals	固定资产原价 Original Value of Fixed Assets	累计折旧 Accumulated depreciation
总 计	**Total**	**25874201**	**22397361**	**1111370**	**254246**
按登记注册类型分组	**By Status of Registration**				
内资企业	Domestic Funded	24391958	21191985	1031640	236486
#国有企业	#State-owned Enterprises	2304406	2113475	67971	24523
集体企业	Collective-owned Enterprises	26333	21496	3989	989
股份合作企业	Cooperative Enterprises	7413	2154	2728	763
国有联营企业	State Joint Ownership Enterprises				
国有独资公司	State Sole funded Corporations	641531	530630	72119	46594
其他有限责任公司	Other Limited Liability Corporations	11117748	9753787	423209	73649
股份有限公司	Share-holding Corporations Limited	1539727	1190184	114126	24930
私营独资企业	Private-funded Enterprises	486783	454149	6012	1773
私营合伙企业	Private Partnership Enterprises	219756	171208	2967	506
私营有限责任公司	Private Limited Liability Corporations	7370962	6341791	312490	57660
私营股份有限公司	Private Share-holding Corporations Limited	528851	483972	16255	2812
其他企业	Other Enterprises	117566	99305	9524	2265
港澳台商投资企业	Enterprises with Funds from Hong Kong, Macao and Taiwan	410998	320022	37838	6707
与港澳台商合资经营企业	Joint-ventures Enterprises	231065	206407	11506	5345
与港澳台商合资合作经营企业	Cooperative Enterprises	1000	807	102	59
港澳台商独资经营企业	Enterprises with Sole Investment	139146	104950	2268	1047
港澳台商投资股份有限公司	Share-holding Corporations Ltd.	39786	7857	23961	256
外商投资企业	Foreign Funded Enterprises	1071245	885354	41893	11053
中外合资经营企业	Joint-venture Enterprises	441366	393911	6770	1343
中外合作经营企业	Cooperation Enterprises	71784	71652	177	50
外资企业	Enterprises with Sole Funds	558095	419791	34946	9660
外商投资股份有限公司	Share-holding Corporations Ltd.				
按控股情况分组	**By Share-holding**				
国有控股	State-owned Enterprises	3954982	3558935	171325	75485
集体控股	Collective-owned Enterprises	682105	398045	79106	14122
私人控股	Private Share-holding	17348929	15084666	751251	141942
港澳台商控股	Enterprise swith Funds from Hong Kong, Macao and Taiwan	410998	320022	37838	6707
外商控股	Foreign Funded Enterprises	1341472	1155408	42078	11091
其他	Others	2135715	1880285	29773	4900
按资质等级分组	**By Qualification Grade**				
一级	First Grade	810674	771667	29834	12203
二级	Second Grade	9073024	7683657	436138	127444
三级	Third Grade	10555455	9012898	511748	96201
四级	Fourth Grade	429554	334603	27326	2926
暂定	Interim	4630062	4264746	86316	11854
其他	Others	375432	329791	20009	3619
按隶属关系分组	**By Jurisdiction of Management**				
中央	Central	579739	528493	38494	8774
省	Province	1560695	1391907	35542	9876
地区	District	6048263	5139476	304236	91701
县及县以下	County and Under County Level	1374112	1119532	155022	31538
其他	Others	16311392	14217953	578076	112358

MAIN FINANCIAL INDICATORS BY ENTERPRISES OF REAL ESTATE DEVELOPMENT BY DIFFERENT GROUPING (2010)

(10000 yuan)

负债合计 Total Liabilities	实收资本 Paidin Capital	主营业务收入 Revenue from Principal Business	土地转让收入 Land Transferred Revenue	商品房屋销售收入 Sales Revenue of Commercial Houses	房屋出租收入 Revenue from Houses Leasing	其他收入 Other Revenue	主营业务成本 Cost of Principal Business	主营业务税金及附加 Taxes and Other Charges on Principal Business	主营业务利润 Profits of Principal Business	利润总额 Total Profits
18398317	**5469819**	**6755674**	**11039**	**6653499**	**14**	**91121**	**5322608**	**422980**	**1030522**	**649961**
17369346	5047852	6427089	10241	6327892	14	88942	5082353	405987	962447	610121
1927465	304114	683988		679655		4333	559017	41453	68216	39691
8599	18105	44450		44450			38186	2742	2903	2444
2921	4163	6410	88	6322			4102	475	1504	791
504833	75876	46683		46634		49	35565	2735	7657	6446
7784073	2367080	2767167	5803	2744398		16967	2194658	173617	447601	276988
1041215	438840	613990	3000	606821		4169	500077	35133	76885	45005
363458	99417	81020		81005	10	5	60856	4702	14557	3903
148537	23452	83418		80455		2963	68632	6239	8531	7148
5145102	1556324	1873398	1350	1811682		60366	1444109	122759	300617	207874
316495	144411	169806		169711	4	91	135844	12475	22683	12586
98407	13431	35309		35309			26584	2151	6072	2955
204608	183903	32001		29822		2179	23645	1491	6549	1828
107282	120749	3745		3066		679	1521	255	1654	321
	1000									-3
70896	49510	10424		8924		1500	6974	586	2864	406
26430	12644	17832		17832			15151	650	2031	1104
824362	238063	296584	799	295785			216610	15503	61525	38012
344715	84642	81642		81642			53954	8291	18996	15105
71518	8087								-2544	-3170
408129	145335	214942	799	214144			162657	7212	45074	26077
3264728	546422	930122		924319		5803	738756	59241	116062	73761
377629	214606	354189	88	349752		4350	279027	18233	53990	31954
11992754	3855184	4894636	10153	4806064	14	78404	3870598	313978	761662	493838
204608	183903	32001		29822		2179	23645	1491	6549	1828
992649	252063	307976	799	307178			225268	16478	60178	36378
1565948	417640	236750		236365		384	185315	13560	32082	12203
660428	132759	161828		161825		3	189467	14066	11355	-4070
6828256	1405037	1966150	4350	1943887	10	17904	1521480	121590	317524	214116
7052108	2622850	3036091	6208	2957887	4	71991	2373798	189670	468202	289838
232886	150079	460281		459159		1121	372771	33279	54213	31551
3322371	1084326	1026298	481	1025785		31	791770	59208	153147	96408
302267	74768	105026		104956		70	73321	5168	26082	22117
485967	71251	119054		119054			95059	7462	1959	-7205
1220517	285909	438405		437318		1087	393107	34541	83304	64302
4617644	1119584	910131		898746		11386	673340	57713	169209	95270
781632	469773	1205040	88	1199126		5825	961782	75635	162044	96501
11292557	3523301	4083044	10951	3999256	14	72823	3199320	247629	614007	401093

4-31 按不同分组分房地产开发企业土地购置及建设房屋面积（2010年）

单位：平方米

项　目	Item	企业数（个）Number of Enterprises (unit)	本年购置土地面积 Land Space Pending Development
总　计		**1890**	**11743040**
按登记注册类型分组	**By Status of Registration**		
内资企业	Domestic Funded	1848	11340254
#国有企业	#State-owned Enterprises	97	672314
集体企业	Collective-owned Enterprises	9	53360
股份合作企业	Cooperative Enterprises	6	29319
国有联营企业	State Joint Ownership Enterprises		
国有独资公司	State Sole funded Corporations	9	
其他有限责任公司	Other Limited Liability Corporations	877	4769927
股份有限公司	Share-holding Corporations Limited	164	459080
私营独资企业	Private-funded Enterprises	25	100466
私营合伙企业	Private Partnership Enterprises	11	54003
私营有限责任公司	Private Limited Liability Corporations	570	4768015
私营股份有限公司	Private Share-holding Corporations Limited	74	190739
其他企业	Other Enterprises	5	89494
港澳台商投资企业	Enterprises with Funds from Hong Kong,Macao and Taiwan	23	339263
与港澳台商合资经营企业	Joint-ventures Enterprises	11	
与港澳台商合资合作经营企业	Cooperative Enterprises	1	
港澳台商独资经营企业	Enterprises with Sole Investment	9	306198
港澳台商投资股份有限公司	Share-holding Corporations Ltd.	2	33065
外商投资企业	Foreign Funded Enterprises	19	63523
中外合资经营企业	Joint-venture Enterprises	10	63523
中外合作经营企业	Cooperation Enterprises	2	
外资企业	Enterprises with Sole Funds	7	
外商投资股份有限公司	Share-holding Corporations Ltd.		
按控股情况分组	**By Share-holding**		
国有控股	State-owned Enterprises	154	823466
集体控股	Collective-owned Enterprises	94	473964
私人控股	Private Share-holding	1479	9368200
港澳台商控股	Enterprise swith Funds from Hong Kong, Macao and Taiwan	23	
外商控股	Foreign Funded Enterprises	21	63523
其他	Others	119	
按资质等级分组	**By Qualification Grade**		
一级	First Grade	14	394699
二级	Second Grade	269	3056025
三级	Third Grade	1055	5154783
四级	Fourth Grade	149	1023937
暂定	Interim	364	1998298
其他	Others	39	115298
按隶属关系分组	**By Jurisdiction of Management**		
中央	Central	13	357917
省	Province	87	111625
地区	District	329	1410486
县及县以下	County and Under County Level	278	1968608
其他	Others	1183	7894404

LAND PURCHASE AND FLOOR SPACE OF BUIDINGS DEVELOPED BY ENTERPRISES FOR REAL ESTATE DEVELOPMENT BY DIFFERENT GROUPING (2010)

(sq. m)

施工房屋面　积 Floor Space of Buildings under Construction	本年新开工面积 Floor Space Started This Year	竣工房屋面　积 Floor Space of Buildings Completed	竣工房屋价值（万元） Value of Buildings Completed (10000 yuan)	年末从业人数(人) Annual Average Employed Persons (person)
75328812	**50214326**	**26458267**	**4545274**	**40308**
73285571	48880109	26001627	4404624	39486
4866778	3323462	1485333	280023	3420
697310	651816	142766	22169	398
263156	263156	252756	38855	78
1213839	506607	401242	122345	275
35885733	24197159	13005238	2241452	18491
6783407	4632679	2780949	414746	3223
1317381	1029201	309667	41592	690
292705	216606	164149	23149	209
19169039	12427431	6342980	1041360	11109
2131032	1161046	794164	108487	1344
				125
				359
				133
				13
				167
				46
1425377	876837	246836	77882	463
384903	216160	70743	19752	181
75593		75593	29990	70
964881	660677	100500	28140	212
7811242	4907817	2347832	543849	4887
3355930	2731569	1815006	270225	2059
58337502	39338760	20633132	3297311	30214
617864	457380	209804	62768	359
1587577	896466	338441	94022	557
3618697	1882334	1114052	277099	2232
2507385	1727115	272985	59402	1136
15582786	9198318	4541117	894969	8872
36327294	24401992	14178527	2385494	20265
4574600	3492991	2600440	380770	3191
14265642	9875633	3785256	648410	6192
2071105	1518277	1079942	176229	652
1349604	1115619	17281	2960	931
5062677	3212324	868449	174519	1786
12613232	7403768	3040973	601062	8133
14384076	12043568	8322026	1239079	5979
41919223	26439047	14209538	2527654	23479

4-32 四大主导产业建设施工项目个数 (2010年)

NUMBER OF CONSTRUCTION PROJECTS UNDER CONSTRUCTION OF FOUR LEADING INDUSTRY (2010)

单位：个 (unit)

指　标	Item	合计 Total	国有 State-Owned Units	外资 Foreign Funded Enterprises	其他 Others
总　计	**Total**	**3120**	**457**	**58**	**2605**
装备工业	Equipment Industry	1019	69	11	939
金属制品业	Manufacture of Metal Products	137	16		121
通用设备制造业	Manufacture of General Purpose Machinery	366	16		350
专用设备制造业	Manufacture of Special Purpose Machinery	188	7		181
交通运输设备制造业	Manufacture of Transport Equipment	173	22	7	144
电气机械及器材制造业	Manufacture of Electrical Machinery & Equipment	118	3	1	114
通用设备、计算机及其他电子设备制造业	Manufacture of Communication Equipment,Computer and Other Electronic Equipment	24	3	3	18
仪器仪表及文化办公用机械制造业	Manufacture of Measuring Instrument and Machinery for Cultural Activity & Office Work	13	2		11
石化工业	Petrochemical Industry	343	30	6	307
石油加工、炼焦及核燃料加工业	Processing of Petroleum, Coking, Processing of Nuclear Fuel	59	16		43
化学原料及化学制品制造业	Manufacture of Chemical Raw Material and Chemical Products	176	8	4	164
化学纤维制造业	Manufacture of Chemical Fiber	2			2
橡胶制品业	Manufacture of Rubber	8		2	6
塑料制品业	Manufacture of Plastic	98	6		92
能源工业	Energy Industry	869	306	5	558
煤炭开采和洗选业	Mining and Washing of Coal	398	52		346
石油和天然气开采业	Extraction of Petroleum and Natural Gas	47	12		35
电力、热力的生产和供应业	Production and Supply of Electric Power and Heat Power	364	215	5	144
燃气生产和供应业	Production and Distribution of Gas	60	27		33
食品工业	Food Industry	889	52	36	801
农副食品加工业	Processing of Food from Agricultural Products	599	34	15	550
食品制造业	Manufacture of Foods	163	11	14	138
饮料制造业	Manufacture of Beverage	127	7	7	113

4-33 四大主导产业建设投产项目个数(2010年)

NUMBER OF CONSTRUCTION PROJECTS PUT INTO USE OF FOUR LEADING INDUSTRY(2010)

单位：个　　　　(unit)

指　标	Item	合计 Total	国有 State-Owned Units	外资 Foreign Funded Enterprises	其他 Others
总　计	**Total**	**2291**	**311**	**29**	**1951**
装备工业	Equipment Industry	729	37	6	686
金属制品业	Manufacture of Metal Products	102	11		91
通用设备制造业	Manufacture of General Purpose Machinery	311	11		300
专用设备制造业	Manufacture of Special Purpose Machinery	145	4		141
交通运输设备制造业	Manufacture of Transport Equipment	65	6	5	54
电气机械及器材制造业	Manufacture of Electrical Machinery & Equipment	84	2		82
通用设备、计算机及其他电子设备制造业	Manufacture of Communication Equipment,Computer and Other Electronic Equipment	14	1	1	12
仪器仪表及文化办公用机械制造业	Manufacture of Measuring Instrument and Machinery for Cultural Activity & Office Work	8	2		6
石化工业	Petrochemical Industry	264	22	4	238
石油加工、炼焦及核燃料加工业	Processing of Petroleum, Coking, Processing of Nuclear Fuel	35	11		24
化学原料及化学制品制造业	Manufacture of Chemical Raw Material and Chemical Products	140	5	3	132
化学纤维制造业	Manufacture of Chemical Fiber				
橡胶制品业	Manufacture of Rubber	5		1	4
塑料制品业	Manufacture of Plastic	84	6		78
能源工业	Energy Industry	623	222	1	400
煤炭开采和洗选业	Mining and Washing of Coal	300	43		257
石油和天然气开采业	Extraction of Petroleum and Natural Gas	43	11		32
电力、热力的生产和供应业	Production and Supply of Electric Power and Heat Power	231	144	1	86
燃气生产和供应业	Production and Distribution of Gas	49	24		25
食品工业	Food Industry	675	30	18	627
农副食品加工业	Processing of Food from Agricultural Products	464	19	6	439
食品制造业	Manufacture of Foods	121	8	10	103
饮料制造业	Manufacture of Beverage	90	3	2	85

4-34 四大主导产业建设本年完成投资(2010年)

ACTUALLY COMPLETED INVESTMENT OF FOUR LEADING INDUSTRY(2010)

单位：万元　　(10000 yuan)

指　标	Item	合计 Total	国有 State-Owned Units	外资 Foreign Funded Enterprises	其他 Others
总　计	**Total**	**20786049**	**6730037**	**756992**	**13299020**
装备工业	Equipment Industry	4919285	768145	255559	3895581
金属制品业	Manufacture of Metal Products	600164	74257		525907
通用设备制造业	Manufacture of General Purpose Machinery	1605167	305938		1299229
专用设备制造业	Manufacture of Special Purpose Machinery	933914	72309	5500	856105
交通运输设备制造业	Manufacture of Transport Equipment	930084	247896	239978	442210
电气机械及器材制造业	Manufacture of Electrical Machinery & Equipment	679840	44953	1139	633748
通用设备、计算机及其他电子设备制造业	Manufacture of Communication Equipment,Computer and Other Electronic Equipment	123326	16570	8942	97814
仪器仪表及文化办公用机械制造业	Manufacture of Measuring Instrument and Machinery for Cultural Activity & Office Work	46790	6222		40568
石化工业	Petrochemical Industry	2610399	486547	30860	2092992
石油加工、炼焦及核燃料加工业	Processing of Petroleum, Coking, Processing of Nuclear Fuel	1006845	270282		736563
化学原料及化学制品制造业	Manufacture of Chemical Raw Material and Chemical Products	1200250	201975	28013	970262
化学纤维制造业	Manufacture of Chemical Fiber	5750			5750
橡胶制品业	Manufacture of Rubber	31932		2847	29085
塑料制品业	Manufacture of Plastic	365622	14290		351332
能源工业	Energy Industry	9086460	5265539	130277	3690644
煤炭开采和洗选业	Mining and Washing of Coal	1992545	230331		1762214
石油和天然气开采业	Extraction of Petroleum and Natural Gas	3399004	3255769		143235
电力、热力的生产和供应业	Production and Supply of Electric Power and Heat Power	3486071	1738374	130277	1617420
燃气生产和供应业	Production and Distribution of Gas	208840	41065		167775
食品工业	Food Industry	4169905	209806	340296	3619803
农副食品加工业	Processing of Food from Agricultural Products	2657176	156371	124073	2376732
食品制造业	Manufacture of Foods	881001	32260	132787	715954
饮料制造业	Manufacture of Beverage	631728	21175	83436	527117

4-35 四大主导产业新增固定资产(2010年)

NEWLY INCREASED FIXED ASSETS OF FOUR LEADING INDUSTRY(2010)

单位：万元　　　　(10000 yuan)

指　标	Item	合计 Total	国有 State-Owned Units	外资 Foreign Funded Enterprises	其他 Others
总　计	**Total**	**16241614**	**5595728**	**423088**	**10222798**
装备工业	Equipment Industry	4107136	545797	147526	3413813
金属制品业	Manufacture of Metal Products	502721	56560		446161
通用设备制造业	Manufacture of General Purpose Machinery	1525489	293564		1231925
专用设备制造业	Manufacture of Special Purpose Machinery	812888	81005		731883
交通运输设备制造业	Manufacture of Transport Equipment	642458	86497	146401	409560
电气机械及器材制造业	Manufacture of Electrical Machinery & Equipment	506365	20337		486028
通用设备、计算机及其他电子设备制造业	Manufacture of Communication Equipment,Computer and Other Electronic Equipment	81890	1612	1125	79153
仪器仪表及文化办公用机械制造业	Manufacture of Measuring Instrument and Machinery for Cultural Activity & Office Work	35325	6222		29103
石化工业	Petrochemical Industry	1532232	306816	19899	1205517
石油加工、炼焦及核燃料加工业	Processing of Petroleum, Coking, Processing of Nuclear Fuel	424484	213070		211414
化学原料及化学制品制造业	Manufacture of Chemical Raw Material and Chemical Products	739392	79456	19399	640537
化学纤维制造业	Manufacture of Chemical Fiber	530			530
橡胶制品业	Manufacture of Rubber	26585		500	26085
塑料制品业	Manufacture of Plastic	341241	14290		326951
能源工业	Energy Industry	7339494	4603223	4327	2731944
煤炭开采和洗选业	Mining and Washing of Coal	1436546	57081		1379465
石油和天然气开采业	Extraction of Petroleum and Natural Gas	3478375	3337640		140735
电力、热力的生产和供应业	Production and Supply of Electric Power and Heat Power	2247629	1171936	4327	1071366
燃气生产和供应业	Production and Distribution of Gas	176944	36566		140378
食品工业	Food Industry	3262752	139892	251336	2871524
农副食品加工业	Processing of Food from Agricultural Products	2097110	109812	73550	1913748
食品制造业	Manufacture of Foods	712917	23984	157201	531732
饮料制造业	Manufacture of Beverage	452725	6096	20585	426044

主要统计指标解释

全社会固定资产投资　是以货币形式表现的在一定时期内全社会建造和购置固定资产的工作量以及与此有关的费用的总称。该指标是反映固定资产投资规模、结构和发展速度的综合性指标，又是观察工程进度和考核投资效果的重要依据。全社会固定资产投资按登记注册类型可分为国有、集体、个体、联营、股份制、外商、港澳台商、其他等。

城镇固定资产投资　指城镇各种登记注册类型的企业、事业、行政单位及个体户进行的计划总投资(或实际需要总投资)50万元及50万元以上的建设项目投资、房地产开发投资、城镇和工矿区私人建房投资。县城及以上区域内发生的投资，县及县以上各级政府及主管部门直接领导、管理的建设项目和企业事业单位的投资均为城镇固定资产投资。

房地产开发投资　指各种登记注册类型的房地产开发公司、商品房建设公司及其他房地产开发法人单位和附属于其他法人单位实际从事房地产开发或经营活动的单位统一开发的包括统代建、拆迁还建的住宅、厂房、仓库、饭店、宾馆、度假村、写字楼、办公楼等房屋建筑物和配套的服务设施，土地开发工程（如道路、给水、排水、供电、供热、通讯、平整场地等基础设施工程）的投资；不包括单纯的土地交易活动。

农村投资　包括在农村区域范围内进行固定资产投资活动的企业、事业、行政单位及农村个人投资。

固定资产投资的资金来源　根据固定资产投资的资金来源不同，分为国家预算内资金、国内贷款、利用外资、自筹资金和其他资金。

(1)国家预算内资金：分为财政拨款和财政安排的贷款两部分。包括中央财政的基本建设基金(分经营性基金和非经营性基金两部分)、专项支出(如煤代油专项等)、收回再贷、贴息资金，财政安排的挖潜改造和新产品试制支出、城建支出、商业部门简易建筑支出、不发达地区发展基金等资金中用于固定资产投资的资金；地方财政中由国家统筹安排的资金等。

(2)国内贷款：指报告期固定资产投资单位向银行及非银行金融机构借入的用于固定资产投资的各种国内借款，包括银行利用自有资金及吸收的存款发放的贷款、上级主管部门拨入的国内贷款、国家专项贷款、地方财政专项资金安排的贷款、国内储备贷款、周转贷款等。

(3)利用外资：指报告期收到的用于固定资产建造和购置的国外资金(包括设备、材料、技术在内)。包括对外借款(外国政府、国际金融组织贷款、出口信贷、外国银行商业贷款、对外发行债券和股票)、外商直接投资及外商其他投资。不包括我国自有外汇资金(国家外汇、地方外汇、留成外汇、调剂外汇和中国银行自有资金发行的外汇贷款等)。计算利用外资时，需要折算成人民币，折算中所使用的外汇汇率按现汇计算，即按使用外汇时的汇率计算。

(4)自筹资金：指固定资产投资单位报告期收到的，由各地区、各部门及企、事业单位筹集用于固定资产投资的预算外资金，包括中央各部门、各级地方和企、事业单位的自筹资金。

(5)其他资金：指在报告期收到的除以上各种资金之外其他用于固定资产投资的资金，包括企业或金融机构通过发行各种债券筹集到的资金、群众集资、个人资金、无偿捐赠的资金及其他单位拨入的资金等。

固定资产投资按国民经济行业分　根据建设项目建成投产后的主要产品或主要用途及社会经济活动性质来确定国民经济行业。一般情况下，一个建设项目或一个企业、事业单位只能属于一种国民经济行业。

固定资产投资按隶属关系分　是按建设单位或企业、事业、行政单位的主管上级机关确定的。

（1）中央：是指中共中央、人大常委会和国务院各部、委、局、总公司以及直属机构直接领导的建设项目和企业、事业、行政单位。这些单位的固定资产投资计划由国务院各部门直接编制和下达，建设中所需物资、主要设备以及建设中的问题都由中央有关部门安排和解决。

（2）地方：是由省（自治区、直辖市）、地区（州、盟、省辖市）、县（旗、县级市）三级政府及业务主管部门直接领导和管理的建设项目、企业、事业、行政单位。地方项目还包括不隶属以上各级政府及主管部门的建设项目和企业、事业单位，如外商投资企业和无主管部门的企业等。

固定资产投资按建设性质分　根据整个建设项目情况来确定。建设项目的性质一般分为新建、扩建、改建和技术改造、迁建、恢复。房地产开发单位、农村投资、城镇工矿区私人建房投资不划分建设性质。

(1)新建：一般指从无到有开始建设的企业、事业和行政单位或建设项目。现有企业、事业、行政单位一般不属于新建。但如有的单位原有基础很小，经过建设后新增的固定资产价值超过该企、事业、行政单位原有固定资产价值(原值)三倍以上的也应作为新建。

(2)扩建：指在厂内或其他地点，为扩大原有产品的生产能力(或效益)或增加新的产品生产能力，而增建主要的生产车间(或主要工程)、分厂、独立的生产线。行政、事业单位在原单位增建业务用房(如学校增建教学用房、医院增建门诊部、病房等)也作为扩建。

现有企、事业单位为扩大原有主要产品生产能力或增加新的产品生产能力，增建一个或几个主要生产车间(或主要工程)、分厂，同时进行一些更新改造工程的，也应作为扩建。

(3)改建和技术改造：指现有企业、事业单位，对原有设施进行技术改造或更新(包括相应配套的辅助性生产、生活福利设施) 的建设项目。现有企业、事业单位为适应市场变化的需要，而改变企业的主要产品种类(如军工企业转产民用品等) 的建设项目，应作为改建。原有产品生产作业线由于各工序(车间)之间能力不平衡，为填平补齐充分发挥原有生产能力而增建不增加本企业主要产品设计能力的车间，也应作为改建。技术改造是指企业、事业单位在现有基础上，用先进的技术代替落后的技术，用先进的工艺和装备代替落后的工艺和装备，以改变企业落后的技术经济面貌，实现以内涵为主的扩大再生产，达到提高产品质量、促进产品更新换代、节约能源、降低消耗、扩大生产规模、全面提高社会经济效益的目的。技术改造具体包括以下内容：机器设备和工具的更新改造；生产工艺改革、节约能源和原材料的改造；厂房建筑和公共设施的改造；劳动条件和生产环境的改造等。

固定资产投资按构成分　固定资产投资活动按其工作内容和实现方式分为建筑安装工程，设备、工具、器具购置，其他费用三个部分。

(1)建筑安装工程(建筑安装工作量)：指各种房屋、建筑物的建造工程和各种设备、装置的安装工程。包括各种房屋建造工程；各种用途设备基础和各种工业窑炉的砌筑工程及金属结构工程；为施工而进行的各种准备工作和临时工程以及完工后的清理工作等；铁路、道路的铺设，矿井的开凿及石油管道的架设等；水利工程；防空地下建筑等特殊工程；列入房屋工程预算内的暖气、卫生、通风、照明、煤气等设备的价值及装设油饰工程；列入建筑工程预算内的各种管道(蒸汽、压缩空气、石油、给排水等管道)、电力、电讯电缆导线等的敷设工程；以及各种机械设备的安装工程；为测定安装工程质量，对设备进行的试运工作；房地产开发单位进行的商品房屋开发建设工程、土地开发工程。

在安装工程中，不包括被安装设备本身的价值。

(2)设备、工具、器具购置：指建设单位或企、事业单位购置或自制的，达到固定资产标准的设备、工具、器具的价值。新建单位及扩建单位的新建车间，按照设计或计划要求购置或自制的全部设备、工具、器具，不论是否达到固定资产标准均计入“设备、工具、器具购置”中。

(3)其他费用：指在固定资产建造和购置过程中发生的，除上述几项内容以外的各种应分摊计入固定资产的费用。

施工项目　指报告期内进行过建筑或安装施工活动的项目。凡是报告期内施过工的建设项目，不论施工时间长短，均作为施工项目统计。施工项目个数可以反映一定时期固定资产投资的实际规模，与同期全部建成投产项目个数相比，可以从建设速度的角度反映固定资产投资的效果。根据建设项目施工活动的不同性质，施工项目又分为：本年正式施工项目、本年收尾项目和以前年度全部停缓建项目。

全部建成投产项目　工业项目指设计文件规定形成生产能力的主体工程及其相应配套的辅助设施全部建成，经负荷试运转，证明具备生产设计规定合格产品的条件，并经过验收鉴定合格或达到竣工验收标准，与生产性工程配套的生活福利设施可以满足近期正常生产的需要，正式移交生产的建设项目。非工业项目指设计文件规定的主体工程和相应的配套工程全部建成，能够发挥设计规定的全部效益，经验收鉴定合格或达到竣工验收标准，正式移交使用的建设项目。

新增生产能力(或工程效益)　指通过固定资产投资活动而增加的设计能力(或工程效益)，该指标是以实物形态表现的反映固定资产投资成果的指标，也是考核投资经济效果的重要依据之一。

新增生产能力(或工程效益)一般有以下几种表现形式：

(1)用产品数量表示，以工程在单位时间内(一般是一年)所能生产的产品数量(即年产量)表示。如原煤开采用万吨/年表示，化学农药用吨/年表示，拖拉机制造用台/年表示等。某些化工产品由于含量差别较大，按其设计含量计算折合量表示，如硫酸、纯碱、烧碱等。

(2)用单位时间内所能处理的原料数量表示，以工程每天(或小时)所能处理原料的数量表示。如机制糖工程日处理原料吨，食用植物油日处理原料吨，城市污水处理能力用万吨/日表示等。

(3)用新增加的主要设备的数量或容量表示，如新增棉布织机、丝织机等台数，毛纺锭等锭数，发电厂新增发电机组容量用千瓦表示等。

(4)用建筑物容积、容量、面积、长度表示，是非工业项目或工程新增效益的一种表现形式。如铁路投产里程、新建公路、水库容量、粮食仓库、学校学生席位、医院病床、有效灌溉面积等。

根据工程的特点，有时需要用两种或两种以上的复合计量单位表示新增生产能力(或工程效益)，如新增内燃机生产能力同时用年产台数、千瓦数表示等。

为了规范新增生产能力(或工程效益)的名称和计算单位，国家统计局制订了《新增生产能力(或工程效益)目录及代码》。各固定资产投资单位在统计新增生产能力(或工程效益)时，必须按目录中规定的名称、计量单位和代码填报。

房屋建筑面积　指房屋建筑物勒脚以上外墙外围的水平截面面积，包括房屋建筑物的有效面积和结构面积。该指标是从实物形态上反映建设规模和建设成果的重要指标之一，也是检查工程形象进度、计算工程造价、分析投资效果、研究施工任务和建筑材料之间平衡情况的重要依据。

住宅建筑面积　指施工和竣工房屋建筑面积中供居住用的房屋建筑面积。

施工面积　指报告期内施工的全部房屋建筑面积。包括本期新开工的面积和上期开工跨入本期继续施工的房屋面积，以及上期已停建在本期恢复施工的房屋面积。本期竣工和本期施工后又停缓建的房屋，其建筑面积仍计入本期房屋施工面积中。

竣工面积　指在报告期内房屋建筑按照设计要求已经全部完工，达到住人和使用条件，经验收鉴定合格(或达到竣工验收标准)，正式移交使用单位的各栋房屋建筑面积的总和。

房屋建筑面积竣工率　指一定时期内房屋竣工面积占同期房屋施工面积的比率。

新增固定资产　指报告期内已经完成建造和购置过程，并已交付生产或使用单位的固定资产价值。该指标是表示固定资产投资成果的价值指标，也是反映建设进度，计算固定资产投资效果的重要指标。

项目建成投产率　指一定时期内全部建成投产项目个数与同期施工项目个数的比率。该指标是从建设单位建设速度的角度反映投资效果的指标。

固定资产交付使用率　指一定时期新增固定资产与同期完成投资额的比率。该指标是反映固定资产动用速度，衡量建设过程中宏观投资效果的综合指标。由于新增固定资产是较长时期内形成的结果，而投资额则是当年完成的，因此，该指标一般适宜于反映较长时期内固定资产的动用情况。

商品房销售面积　指报告期内出售商品房屋的合同总面积(即双方签署的正式买卖合同中所确定的建筑面积)。由现房销售建筑面积和期房销售建筑面积两部分组成。

商品房销售额　指报告期内出售商品房屋的合同总价款(即双方签署的正式买卖合同中所确定的合同总价)。该指标与商品房销售面积同口径，由现房销售额和期房销售额两部分组成。

经济适用房　指根据经济适用房计划安排建设的政策性住宅。经济是指房屋建筑造价和销售价格低于一般商品住宅；适用是指适合中低收入家庭购买使用。经济适用房主要是由国家统一下达投资计划，房地产公司开发，对外销售；用地一般采用行政划拨或招标投标方式，免收土地出让金；对各种经批准的收费减半征收，开发利润不超过3%；销售价格实行政府指导价。该指标可以分析房地产投资结构，反映中低收入家庭商品住宅的供求平衡情况。

Explanatory Notes on Main Statistical Indicators

Total Investment in Fixed Assets in the Whole Country refers to the volume of activities in construction and purchases of fixed assets of the whole country and related fees, expressed in monetary terms during the reference period. It is a comprehensive indicator which shows the size, structure and growth of the investment in fixed assets, providing a basis for observing the progress of construction projects and evaluating results of investment. Total investment in fixed assets in the whole country includes, by type of ownership, the investment by State-owned units, collective-owned units, individuals, joint ownership units, share-holding units, as well as investments by entrepreneurs from foreign countries and from Hong Kong, Macao and Taiwan, and by other units.

Urban Investment in Fixed Assets refers to construction projects involving a total planned (or required) investment of 500,000 yuan and over by enterprises of various types of ownership, institutions, administrative units and individuals in urban areas, investment in real estate development, and private investment in housing construction in urban areas and industrial and mining areas. In other words, all investments that take place in county towns and urban areas, investment in construction projects under the direct leadership and management of government agencies at and above county levels and investments by enterprises and institutions at and above county levels are covered in urban investment in fixed assets.

Investment in Real Estate Development refers to investment by real estate development companies, commercialized buildings construction companies and other real estate development units of various types of ownership in the construction of buildings, such as residential buildings, factory buildings, warehouses, hotels, guesthouses, holiday villages, office buildings, and the complementary service facilities and land development projects, such as roads, water supply, water drainage, power supply, heating supply, telecommunications, land leveling and other infrastructural projects. It does not include activities in pure land transactions.

Investment in Rural Areas refers to investment in fixed assets by enterprises, institutions, administrative units and individuals in rural areas.

Sources of Funds for Investment in Fixed Assets are categorized as funds from the State budget, domestic loans, foreign investment, self-raised funds, and others, depending on the sources of investment.

(1) Fund from the State budget consists of budgetary appropriation and loans from the State budget. More specifically, it includes, from the budget of the central government, capital construction fund (operation fund and non-operational fund), special expenses (e.g. expenses on substituting petroleum with coal), loans from repayment, discount fund, expenses on innovation and trial production of new products, expenses on urban construction, expenses on temporary construction from business departments, development fund for less developed areas, as well as local budgetary fund transferred from the central budget.

(2) Domestic loans refer to loans of various forms borrowed by investing units from banks and non-bank financial institutions during the reference period for the purpose of investment in fixed assets, including loans issued by banks from their self-owned funds and deposit, loans appropriated by higher authorities,

special loans by government, loans arranged by local government from special funds, domestic reserve loan, and working loan.

(3) Foreign investment refers to foreign funds received during the reference period for the construction and purchase of investment in fixed assets (covering equipment, materials and technology), including foreign borrowings (loans from foreign governments and international financial institutions, export credit, commercial loans from foreign banks, issue of bonds and stocks overseas), foreign direct investment and other foreign investments. Excluded from this category is capital in foreign exchanges owned by China (foreign exchanges owned by the central and local governments, foreign exchanges retained by enterprises, foreign exchanges by enterprises through the regulating mechanism, loans in foreign exchanges issued by the Bank of China with its own fund, etc.). In calculating the utilization of foreign capital, foreign currencies are converted into Chinese Renminbi applying the current exchange rate when the foreign capitals are actually used.

(4) Self-raised funds refer to extra-budgetary funds for investment in fixed assets received during the reference period by investing units from central government ministries, local governments, enterprises and institutions, including their self-raised funds.

(5) Others refer to funds for investment in fixed assets received from sources other than those listed above, including capital raised through issuing bonds by enterprises or financial institutions, funds raised from individuals and through donations, and funds transferred from other units.

Investment in Fixed Assets by Sector The classification of construction projects by sector is determined by the major products or the purpose of the projects when they are put into production or use, and by the nature of their social economic activities. In general, one project or one enterprise or institution can only be classified into one sector.

Investment in Fixed Assets by Jurisdiction of Management refers to the classification of investment by the competent authorities under which investment is made by construction units, enterprises, institutions or administrative units.

(1) Central investment refers to the investment in projects or by enterprises, institutions or administrative units which are under the direct leadership and management of the State Council and of the national commissions, ministries, agencies and State-owned large corporations. Various ministries and departments of the State Council prepare and implement plans for investment in fixed assets by those departments, and arrange and ensure the supply of materials and key equipment required for the projects.

(2) Local investment refers to the investment in projects or by enterprises, institutions or administrative units which are under the direct leadership and management of departments under the provincial, prefecture and county governments. Also included are projects by foreign-invested enterprises and enterprises without competent managing authorities.

Investment in Fixed Assets by Type of Construction Construction projects in general can be classified, by the type of construction, into new construction, expansion, reconstruction and technical transformation, moving and restoration. However, investment by type of construction is not applied to investment by real-estate development units, investment in rural areas and private investment in housing construction in urban areas and in industrial and mining areas.

(1) New construction in general refers to construction projects, which start from scratch, of enterprises, institutions, administrative agencies. Construction in existing enterprises, institutions or agencies is generally not considered as new construction. In case the size of the existing unit is quite small, and the value of newly added fixed assets is more than three times of the the original value, the expansion will be considered as new construction.

(2) Expansion refers to construction of new major production workshop, branch factory or independent production line within a factory or in other locations, for the purpose of increasing the production capacity (or improving efficiency) or adding new production capacity. Newly constructed accommodation for the operation of institutions and administrative organizations (such as newly constructed buildings for teaching in schools, buildings for clinics or wards in hospitals, etc.) are also classified as expansion.

Also included in expansion are investments by existing enterprises or institutions in building major production line(s) or branch factory(ies) along with some work on innovation, for the purpose of expanding the production capacity of original products or producing new products.

(3) Reconstruction and technical transformation refers to construction projects by existing enterprises or institutions in innovation or technical transformation of the old facilities (including auxiliary production equipment and welfare facilities). Also considered as reconstruction is the construction of new workshops by the existing enterprises or institutions to change the variety of products to meet the market demand (such as the production of civil products by defence industries), or to bring the designed production capacity into full play through a more balanced production process on production lines. Technical transformation refers to replacement of old technology or equipment by new technology or equipment, in order to expand the reproduction through improvement of technology contents in production, to improve product quality, to promote new products, to save energy, to reduce consumption, to expand the production scale and to improve overall social-economic efficiency. Contents of technical transformation include: updating of machinery, equipment and tools; reforming production process by using energy or materials saving technology; construction of factory workshops and transformation of public facilities; improvement of working conditions and environment, etc.

Investment in Fixed Assets by Structure By their contents and the mode of implementation, investment activities are classified into 3 categories, i.e. construction and installation, purchase of equipment and instrument, and other expenses.

(1) Construction and installation (work volume of construction and installation) refers to the construction of houses and buildings and the installation of various kinds of equipment and instruments. They include construction of houses; equipment foundations, industrial kilns and stoves, and metal structure work; preparation works and temporary works for project construction, and clearing up works post project construction; pavement of railways and roads, drilling of mines and putting up of oil pipes; construction of water conservancy; construction of underground air-raid shelters and construction of other special projects; value of equipment for heating, sanitation, ventilation, lighting, gas, painting, etc. that are covered by the budget of housing projects; laying out of various pipelines (for steam, compressed air, petroleum, tap water and sewage) and wiring and cabling for electric power and for communications; installation of various machinery and equipment; testing operation for pre-testing the

quality of installation projects, and land and other development work conducted by real estate developers for commercialized housing. The value of equipment installed is itself not included in the value of installation projects.

(2) Purchase of equipment and instruments refers to the total value of equipment, tools, and instruments purchased or self-produced which come up to the cut-off point for fixed assets by the construction units or investing enterprises or institutions. Equipment, tools and instruments purchased or self-produced for new workshops by newly established or expanded units are categorized as "purchase of equipment and instruments" no matter whether they come up to the cut-off point for fixed assets.

(3) Other expenses refer to expenses arising during the construction or purchase of fixed assets other than those mentioned above.

Projects under Construction refer to projects with construction and installation activities undertaken in the reference period. All projects that have construction activities undertaken during the reference period are reported as projects under construction irrespective of the length of construction work. The number of projects under construction can reflect the actual size of investment in fixed assets during a given period, and when compared with the number of projects completed and put into use during the same period, it demonstrates the results of investment in fixed assets from the angle of the speed of the construction. Depending on the nature of construction activities, projects under construction can also be classified into projects beginning construction in current year, winding-up projects in current year and stopped or suspended projects in previous years (with resumption of work in current year).

Projects Completed and Put into Use Industrial projects refer to the major projects and anxilliary facilities having been completed in accordance with the design documents, resulting in forming production capacity and having checked and accepted after relevant tests, while the living and welfare facilities having been completed and being capable of ensuring normal production. Non-industrial projects refer to the major projects and anxilliary facilities which have been completed in accordance with the design documents ; have been checked, accepted after relevant examination; and have been formally delivered for use..

Newly Increased Production Capacity (or Project Efficiency) refers to the increase in design capacity (or project efficiency) through investment in fixed assets, which reflects the accomplishment of investment in fixed assets in physical form and serves as an important basis for evaluating the economic efficiency of investment.

The newly increased production capacity (project efficiency) are usually expressed in one of the following forms:

(1) volume of output of products, i.e. the volume of output that the project can produce during a given period (usually a year). For instance, the capacity in coal mining is expressed in 10,000 tons/year, the capacity in producing chemical pesticides expressed in ton/year, the capacity in producing tractors in tractor/year, etc. For some chemical products where the effective contents differ significantly, the production capacity is expressed as the designed effective content equivalent, such as in the case of sulphuric acid, soda ash, caustic soda, etc;

(2) volume of raw materials processed per unit of time, i.e. the volume of raw materials that could

be processed by the project per day (or per hour), such as tons of materials processed per day by a sugar refining project or edible vegetable oil project, or tons of urban sewage processed per day;

(3) number or capacity of major equipment increased, such as number of cotton or silk looms increased, wool spindles increased, or capacity (in kilowatts) of power generators increased; and

(4) physical measures (volume, capacity, area, and length) of construction, which is typical for non-industrial projects, for instance, the length of railways put into operation, the length of highways, the capacity of reservoirs, the capacity of warehouses, the floor space of housing projects, capacity for new students in schools or beds in hospitals, areas under new irrigation project, etc.

The special features of projects may sometimes call for the combined use of two or more measurements to reflect the increase in production capacity (or project efficiency); for instance, the new capacity for the production of internal combustion engines is expressed in sets per year and kilowatts per year simultaneously.

To standardize the nomenclature and unit of measurement for newly increased production capacity (or project efficiency), the National Bureau of Statistics has developed the Nomenclature and Codes for New Production Capacity (Project Efficiency). All reporting units with investment activities are required to follow these two nomenclatures in reporting statistics on new production capacity (project efficiency).

Floor Space of Buildings under Construction refers to the total floor space of the horizontal section of outer walls above the plinth of the building, including the effective area and the area occupied by the structure. This indicator is one of the important indicators in physical terms to reflect the scale and accomplishment of the construction industry and also an important basis for monitoring the progress, calculating the cost, analyzing the efficiency and studying the supply of building materials in relation to the construction projects.

Floor Space of Residential Buildings refers to the floor space of the residential buildings among the total space of buildings under construction or completed.

Floor Space under Construction refers to total floor space of all buildings under construction during the reference period, including floor space of newly started buildings during the reference period, floor space of construction extended from the previous period to the current period, and floor space of construction suspended during the previous period and resumed in the current period. Floor space of construction completed in the current period, and floor space of construction started and then suspended in the current period are also included in the floor space under construction of the current year.

Floor Space Completed refers to the floor space of all buildings completed in the reference period, which have been appraised and accepted (or come up to the designed standards) and have been transferred to owner units.

Completion Rate of Floor Space of Buildings refers to the ratio of the floor space of buildings completed in a certain period of time to the floor space of buildings under construction in the same period.

Newly Increased Fixed Assets refer to the newly increased value of fixed assets, constructed or purchased, that have been transferred to the investors. This is an indicator that demonstrates the results of investment in fixed assets in monetary terms, and an important indicator to reflect the speed of construction and to calculate the efficiency of investment.

Rate of Construction Projects Completed and Put into Use refers to the ratio of the number of construction projects completed and put into use in a certain period of time to the number of projects under construction in the same period. This reflects the investment efficiency from the perspective of the speed of projects construction.

Rate of Projects of Fixed Assets Completed and Put into Operation refers to the ratio of the newly increased fixed assets to the total investment made in the same period. This is a comprehensive indicator reflecting the speed of the employment of fixed assets and the investment efficiency at the macro-level. As the newly increase fixed assets is the result of a long period while the investment is completed in the current year, this indicator is expected to be used to reflect the employment of fixed assets over a long period of time.

Area of Commercialized Housing Sold refers to total contracted area of commercialized housing (i.e. area of floor space as designated in the formal contracts signed by both sides) during the reference time. It constitutes floor space of completed housing and floor space of future housing.

Value of Commercialized Housing Sold refers to the total contracted value (i.e. value of sales/purchase for selling/purchase of commercialized housing as designated in the contract signed by both sides) during the reference time. This indicator has the same coverage as the area of commercialized housing sold, which constitutes floor space of completed housing and floor space of housing yet to be completed

Economically Affordable Housing refers to housing constructed according to the State Plan for economically affordable housing. The features of houses of this category are low cost of construction and low prices, and therefore are affordable to mid-income and low income households. Economically affordable housing projects are developed by real estate companies under the State Investment Plan, with the land provided through government allocation or tendering procedures. Developers are exempted from land utilization fees and enjoy another 50% exemption of all other legitimate fees, while their profits are limited to less than 3%, and the completed houses are sold under government-guided prices. This indicator helps to analyze the investment structure of the real estate industry and the demand and supply of housing for mid-income and low income households.

第五篇　能源生产和消费

CHAPTER 5 PRODUCTION AND CONSUMPTION OF ENERGY

5-1 一次能源生产总量和构成

TOTAL PRODUCTION OF PRIMARY ENERGY AND ITS COMPOSITION

年 份 Year	能源生产总量 Total Energy Production	原 煤 Coal	原 油 Crude Oil	天然气 Natural Gas	水 电 Hydro-power	风 电 Wind Power
绝对数(万吨标准煤) Aggregate Data (10000 tons of SCE)						
1952	443.1	439.1			4.0	
1957	957.1	946.7			10.4	
1962	1917.6	1367.3	508.0	31.9	10.4	
1965	2748.3	1462.9	1192.2	82.5	10.8	
1970	5116.0	1877.8	3026.6	203.5	8.1	
1975	9009.6	2094.2	6610.6	293.9	10.9	
1978	10286.5	2648.9	7198.6	434.9	4.1	
1980	10855.9	3030.9	7359.3	452.2	13.5	
1985	12708.8	4459.6	7900.9	332.5	15.8	
1990	13615.8	5357.9	7946.2	290.5	21.2	
1995	14014.0	5669.8	8002.6	314.6	27.0	
1996	14163.6	5855.7	8002.6	283.1	22.2	
1997	12803.0	4473.2	8001.0	285.0	43.8	
1998	13389.4	5061.1	7966.7	308.0	53.6	
1999	12572.0	4450.5	7782.1	289.1	50.3	
2000	11494.0	3551.6	7586.0	310.3	46.1	
2001	11374.8	3657.6	7373.1	293.0	51.1	
2002	11716.6	4201.9	7185.0	268.7	61.0	
2003	11991.3	4751.9	6914.4	279.3	45.7	
2004	13625.0	6635.9	6666.6	270.0	52.5	
2005	13755.6	6955.3	6421.6	324.6	54.1	
2006	13922.4	7344.4	6200.8	326.2	51.0	
2007	13542.2	7189.5	5957.0	339.2	56.5	
2008	13058.4	6911.6	5743.6	361.7	41.5	
2009	13139.9	6954.3	5715.4	399.5	70.7	
2010	12959.7	6618.3	5721.4	399.0	87.3	133.7
构成(%) Composition (%)						
1952	100.0	99.1			0.9	
1957	100.0	98.9			1.1	
1962	100.0	71.3	26.5	1.7	0.5	
1965	100.0	53.2	43.4	3.0	0.4	
1970	100.0	36.7	59.2	4.0	0.2	
1975	100.0	23.2	73.4	3.3	0.1	
1978	100.0	25.8	70.0	4.2		
1980	100.0	27.9	67.8	4.2	0.1	
1985	100.0	35.1	62.2	2.6	0.1	
1990	100.0	39.4	58.4	2.1	0.2	
1995	100.0	40.5	57.2	2.2	0.1	
1996	100.0	41.3	56.6	2.0	0.1	
1997	100.0	35.2	62.5	2.0	0.3	
1998	100.0	37.8	59.5	2.3	0.4	
1999	100.0	35.4	61.9	2.3	0.4	
2000	100.0	30.9	66.0	2.7	0.4	
2001	100.0	32.2	64.8	2.6	0.4	
2002	100.0	35.9	61.3	2.3	0.5	
2003	100.0	39.6	57.7	2.3	0.4	
2004	100.0	48.7	48.9	2.0	0.4	
2005	100.0	50.6	46.7	2.3	0.4	
2006	100.0	52.8	44.5	2.3	0.4	
2007	100.0	53.1	44.0	2.5	0.4	
2008	100.0	52.9	44.0	2.8	0.3	
2009	100.0	52.9	43.6	3.0	0.5	
2010	100.0	51.1	44.1	3.1	0.6	1.1

5-2 一次能源消费总量和构成

TOTAL CONSUMPTION OF PRIMARY ENERGY AND ITS COMPOSITION

年份 Year	能源消费总量 Total Energy Consumption	原煤 Coal	原油 Crude Oil	天然气 Natural Gas	水电 Hydro-power	风电 Wind Power
绝对数(万吨标准煤) Aggregate Data (10000 tons of SCE)						
1952	374.9	370.9			4.0	
1957	641.6	631.2			10.4	
1962	1050.8	979.6	28.9	31.9	10.4	
1965	1354.4	1002.8	258.3	82.5	10.8	
1970	2047.0	1102.6	732.8	203.5	8.1	
1975	2611.6	1454.1	852.7	293.9	10.9	
1978	3338.7	1843.1	1056.6	434.9	4.1	
1980	3716.4	2005.8	1244.9	452.2	13.5	
1985	4581.0	2936.6	1296.1	332.5	15.8	
1990	5539.7	3803.5	1424.5	290.5	21.2	
1995	6261.3	4213.4	1706.3	314.6	27.0	
1996	6270.5	4205.2	1729.7	313.4	22.2	
1997	6635.5	4402.9	1931.8	257.0	43.8	
1998	6702.1	4298.4	2062.2	287.9	53.6	
1999	6390.0	3967.1	2079.2	293.4	50.3	
2000	5663.1	3276.1	2097.2	243.7	46.1	
2001	5830.8	3294.1	2219.6	266.0	51.1	
2002	6204.2	3715.8	2180.0	247.4	61.0	
2003	6309.8	3800.0	2230.0	234.1	45.7	
2004	7515.0	4931.5	2294.3	236.7	52.5	
2005	7619.6	4909.7	2340.6	315.2	54.1	
2006	7657.3	4991.9	2297.3	317.1	51.0	
2007	7957.9	5250.5	2340.5	328.5	38.4	
2008	8347.8	5734.3	2234.2	337.8	41.5	
2009	8465.2	5672.2	2357.9	364.4	70.7	
2010	9666.8	6513.7	2533.1	399.0	87.3	133.7
构成(%) Composition (%)						
1952	100.0	98.5			1.5	
1957	100.0	98.4			1.6	
1962	100.0	93.2	2.8	3.0	1.0	
1965	100.0	74.1	19.1	6.1	0.7	
1970	100.0	53.9	35.8	9.9	0.3	
1975	100.0	55.7	32.7	11.3	0.3	
1978	100.0	55.2	31.7	13.0	0.1	
1980	100.0	54.0	33.5	12.2	0.3	
1985	100.0	64.1	28.3	7.3	0.3	
1990	100.0	68.7	25.7	5.2	0.4	
1995	100.0	67.4	27.2	5.0	0.4	
1996	100.0	67.2	27.5	5.0	0.4	
1997	100.0	66.5	29.1	3.8	0.6	
1998	100.0	64.1	30.8	4.3	0.8	
1999	100.0	62.1	32.5	4.6	0.8	
2000	100.0	57.8	37.0	4.3	0.9	
2001	100.0	56.5	38.1	4.6	0.8	
2002	100.0	59.9	35.1	4.0	1.0	
2003	100.0	60.2	35.3	3.7	0.8	
2004	100.0	65.6	30.5	3.1	0.8	
2005	100.0	64.4	30.7	4.2	0.7	
2006	100.0	65.2	30.0	4.1	0.7	
2007	100.0	66.0	29.4	4.1	0.5	
2008	100.0	68.7	26.8	4.0	0.5	
2009	100.0	67.0	27.9	4.3	0.8	
2010	100.0	67.4	26.2	4.1	0.9	1.4

5-3 综合能源平衡表

OVERALL ENERGY BALANCE SHEET

单位：万吨标准煤 (10000 tons of SCE)

指 标	Item	2007	2008	2009	2010
可供消费的能源总量	**Total Energy Available for Consumption**	**7810.3**	**7555.9**	**8713.3**	**11032.5**
一次能源生产量	Primary Energy Output	13502.8	13048.4	13126.2	13093.9
外省（区、市）调入量	Inflow from Other Provinces (Regions,Cities)	1125.0	864.7	1431.7	3911.7
进口量	Imports	336.4	411.3	558.2	1078.5
本省（区、市）调出量（—）	Outflow to Other Provinces (Regions,Cities) (—)	7028.4	6559.7	6419.9	7154.3
出口量（—）	Exports (—)	6.8	92.7	4.3	0.2
年初年末库存差额	Stock Changes in the Year	-118.7	-116.2	21.4	102.9
年初库存量	Stocks	703.2	821.9	911.6	897.5
年末库存量（—）	Stock Changes in the Year (—)	821.9	938.1	890.3	794.6
能源消费总量	**Total Energy Consumption**	**9532.1**	**10097.0**	**10455.2**	**11032.5**
在总量中：	Consumption by Sector				
农、林、牧、渔、水利业	Agriculture,Forestry,Animal Husbandry,Fishery and Water Conservancy	290.4	249.2	290.3	304.2
工 业	Industry	7409.7	7989.9	8013.2	8168.7
建筑业	Construction	8.0	9.5	11.4	16.2
交通运输、仓储和邮政业	Transport, Storage and Post	513.9	450.3	512.9	512.1
批发、零售业和住宿、餐饮业	Wholesale and Retail Trade , Hotels and Catering Services	288.8	291.5	292.4	306.6
其他	Others	113.7	112.2	118.6	132.0
生活消费	Household Consumption	1907.6	1994.4	1216.5	1592.7
在总量中：	Consumption by Usage				
终端消费	End-use Consumption	6030.0	5988.9	6574.8	6938.7
#工业	#Industry	3907.7	3881.8	4132.8	4074.9
加工转换损失量	Losses During the Process of Energy Conversion	3398.6	4003.1	3767.7	3985.8
火力发电	Fuel Power Generation	1961.2	2052.4	2004.1	2038.7
供热	Heating	457.4	708.1	539.0	591.5
洗选煤	Coal Washing and Dressing	670.8	885.8	891.4	1213.9
炼焦	Coking	197.3	260.9	243.0	182.7
炼油	Petroleum Refining	41.1	39.7	20.7	9.9
制气	Gas Production	69.2	56.2	10.7	3.8
损失量	Energy Losses	103.4	105.0	112.7	108.0

注：电力、热力按当量热值折算。
Note: Electric power and heat are converted on the basis of equal caloric value.

5-4 能源加工转换效率

EFFICIENCY OF ENERGY CONVERSION

单位：% (%)

年 份 Year	总效率 Total Efficiency	发电及电站供热 Electricity Generation and Heating by Power Stations	炼 焦 Coking	炼 油 Petroleum Refining
2004	66.18	35.62	80.65	98.72
2005	65.88	35.13	70.04	98.73
2006	65.21	35.14	78.89	98.74
2007	67.44	35.70	77.72	98.13
2008	66.26	35.91	74.79	98.17
2009	69.84	38.09	80.06	99.91
2010	71.67	40.35	86.68	98.08

5-5 能源平衡表 (2010年)

项目	Item	煤合计（万吨） Total Coal (10000 tons)	原煤（万吨） Raw Coal (10000 tons)	洗精煤（万吨） Fancy Coal (10000 tons)
可供本地区消费的能源量	**Total Energy Available for Consumption**	**12198.90**	**14962.83**	**-1926.45**
年初库存量	Stock at The Early Year	1156.44	1091.70	57.59
一次能源生产量	Primary Energy Output	9706.57	9706.57	
回收能	Recovery of Energy			
外省（区、市）调入量	Inflow from Other Provinces (Regions, Cities)	5066.53	5036.40	
进口量	Imports	35.30	35.30	
本省（区、市）调出量（－）	Outflow to Other Provinces (Regions, Cities)（－）	-2775.42		-1913.42
出口量（－）	Exports（－）	-0.26	-0.26	
年末库存量（－）	Stock at The Year-end（－）	-990.27	-906.88	-70.62
加工转换投入(-)产出(+)量	**Input(-) or Output(+) in Processing and Transformation**	**-9530.44**	**-13839.12**	**2585.45**
火力发电	Fuel Power Generation	-4117.40	-3865.59	
供热	Heating	-1697.37	-1585.81	
煤炭洗选	Coal Washing and Dressing	-2023.47	-8201.99	4091.92
炼焦	Coking	-1538.82	-70.22	-1468.60
炼油	Petroleum Refining			
制气	Gas Production	-153.38	-115.51	-37.87
#焦炭再投入量（－）	#Reinputs of Coke（－）			
煤制品加工	Coal Products processing			
损失量	**Losses**			
#运输和输配损失	#Losses for Transport			
终端消费量	**Total End-use Energy Consumption**	**2668.45**	**1123.71**	**659.00**
第一产业	Primary Industry	25.70	25.70	
农、林、牧、渔业	Agriculture, Forestry, Animal Husbandry, Fishery and Water Conservancy	25.70	25.70	
第二产业	Secondary Industry	2301.05	836.31	659.00
工业	Industry	2301.05	836.31	659.00
#用作原料、材料	#for Raw and Processed Materials	62.90	18.96	30.23
建筑业	Construction			
第三产业	Tertiary Industry	98.78	98.78	
交通运输、仓储和邮政业	Transport, Storage and Post	78.78	78.78	
批发、零售业和住宿、餐饮业	Wholesale and Retail Trade, Hotels and Catering Services	20.00	20.00	
其他	Others			
生活消费	Household Consumption	242.92	162.92	
城镇	Urban	197.61	117.61	
乡村	Rural	45.31	45.31	
消费量合计	**Total Consumption**	**12198.89**	**14962.83**	**2165.47**

ENERGY BALANCE SHEET (2010)

其它洗煤（万吨） Other Washed Coal (10000 tons)	煤制品（万吨） Coal Products (10000 tons)	焦炭（万吨） Coke (10000 tons)	焦炉煤气（亿立方米） Coking Gas (100 million cu. m)	其它煤气（亿立方米） Others Gas (100 million cu. m)	石油合计（万吨） Total Oil (10000 tons)	原油（万吨） Crude Oil (10000 tons)	汽油（万吨） Gasoline (10000 tons)
-865.70	**28.21**	**-809.66**			**1891.85**	**2106.53**	**-98.97**
6.10	1.05	6.54			41.06	25.01	4.40
					4004.90	4004.90	
	30.13						
					724.95	494.60	9.70
-862.00		-808.00			-2828.39	-2382.25	-52.96
					0.02		
-9.80	-2.97	-8.20			-50.70	-35.73	-0.11
1729.62	**-6.39**	**1078.86**	**7.03**	**23.59**	**-160.67**	**-1658.08**	**462.76**
-250.66	-1.15		-3.88		-7.66		
-106.32	-5.24		-2.38		-70.65		
2086.60							
		1080.99	13.29				
					-9.30	-1658.08	462.76
				23.59			
		-2.13					
					48.00	48.00	
863.92	**21.82**	**269.20**	**7.03**	**23.59**	**1683.17**	**400.45**	**363.79**
					170.96		20.90
					170.96		20.90
783.92	21.82	269.20	7.03	23.59	670.35	400.45	12.39
783.92	21.82	269.20	7.03	23.59	666.80	400.45	12.39
	13.71	2.70	0.98		28.44	26.00	
					3.55		
					461.70		247.55
					302.20		143.05
					145.54		90.54
					13.96		13.96
80.00					380.16		82.95
80.00					343.15		69.44
					37.01		13.51
1220.90	**28.21**	**271.33**	**13.29**	**23.59**	**1891.84**	**2106.53**	**363.79**

5-5 续表

项　目	Item	煤油（万吨） Kerosene (10000 tons)	柴油（万吨） Diesel Oil (10000 tons)
可供本地区消费的能源量	**Total Energy Available for Consumption**	**-14.02**	**-16.24**
年初库存量	Stock at The Early Year	0.03	7.30
一次能源生产量	Primary Energy Output		
回收能	Recovery of Energy		
外省（区、市）调入量	Inflow from Other Provinces (Regions, Cities)		
进口量	Imports		180.65
本省（区、市）调出量（－）	Outflow to Other Provinces (Regions, Cities)（－）	-14.00	-194.32
出口量（－）	Exports（－）		
年末库存量（－）	Stock at The Year-end（－）	-0.05	-9.87
加工转换投入(－)产出(+)量	**Input(－) or Output(+) in Processing and Transformation**	**38.08**	**614.15**
火力发电	Fuel Power Generation		-0.34
供　热	Heating		-0.13
煤炭洗选	Coal Washing and Dressing		
炼　焦	Coking		
炼　油	Petroleum Refining	38.08	614.62
制　气	Gas Production		
#焦炭再投入量（－）	#Reinputs of Coke（－）		
煤制品加工	Coal Products processing		
损失量	**Losses**		
#运输和输配损失	#Losses for Transport		
终端消费量	**Total End-use Energy Consumption**	**24.06**	**597.91**
第一产业	Primary Industry		150.06
农、林、牧、渔业	Agriculture, Forestry, Animal Husbandry, Fishery and Water Conservancy		150.06
第二产业	Secondary Industry	0.47	48.33
工　业	Industry	0.47	44.78
#用作原料、材料	#for Raw and Processed Materials		
建筑业	Construction		3.55
第三产业	Tertiary Industry	23.59	190.41
交通运输、仓储和邮政业	Transport, Storage and Post	23.59	135.41
批发、零售业和住宿、餐饮业	Wholesale and Retail Trade, Hotels and Catering Services		55.00
其　他	Others		
生活消费	Household Consumption		209.11
城　镇	Urban		185.61
乡　村	Rural		23.50
消费量合计	**Total Consumption**	**24.06**	**598.38**

CONTINUED

燃料油 (万吨) Fuel Oil (10000 tons)	液化石油气 (万吨) Liquefied Petroleum Gas (10000 tons)	炼厂干气 (万吨) Net Gas of Plant (10000 tons)	天然气 (亿立方米) Natural Gas (100 million cu. m)	其它石油制品 (万吨) Other Oil Products (10000 tons)	其它焦化产品 (万吨) Other Coked Products (10000 tons)	热力 (万百万千焦) Heat Power (10 billion kilo-joule)	电力 (亿千瓦时) Electricity (100 million kwh)	其它能源 (万吨标煤) Others (10000 tons of SCE)
38.69	**0.02**		**29.90**	**-28.21**			**37.96**	**232.18**
3.44				0.88				2.33
			29.90				61.05	
							137.15	232.18
40.00							9.84	
				-29.00			-170.08	
	0.02							
-4.75				-0.09				-0.68
23.17	**145.83**	**32.33**	**-5.36**	**80.24**		**24227.85**	**724.68**	**-85.77**
-1.40		-5.92	-1.89				724.68	-62.95
-25.64		-44.88	-3.47			24227.85		-29.77
50.21	151.31	83.13		147.82				
			1.60				14.80	
							14.80	
61.86	**145.85**	**32.33**	**22.94**	**52.03**		**24227.85**	**747.84**	**148.06**
						7.46	25.04	
						7.46	25.04	
61.86	57.60	32.33	19.45	52.03		5381.99	514.74	59.78
61.86	57.60	32.33	19.45	52.03		5307.56	507.83	59.78
2.44			5.93					
						74.43	6.91	
	0.15					3300.68	77.28	
	0.15					139.30	10.04	
						1559.92	20.99	
						1601.46	46.25	
	88.10		3.49			15537.72	130.79	88.28
	88.10		3.49			15537.72	84.75	88.28
							46.04	
88.90	**151.33**	**83.13**	**29.90**	**119.61**		**24227.85**	**762.64**	**152.50**

5-6 石油平衡表

PETROLEUM BALANCE SHEET

单位：万吨 (10000 tons)

指 标	Item	2006	2007	2008	2009	2010
可供量	**Total Energy Available for Consumption**	**1432.9**	**1577.7**	**1389.8**	**1744.3**	**1891.9**
生产量	Output	4340.5	4169.8	4020.0	4000.7	4004.9
进口量	Imports	149.0	177.2	201.5	373.8	725.0
出口量（－）	Exports（－）	66.1		54.1	0.9	0.0
年初年末库存差额	Stock Changes in the Year	23.0	12.3	5.6	13.8	-9.6
消费量	**Total Energy Consumption**	**1621.3**	**1592.9**	**1394.3**	**1744.3**	**1891.9**
在消费量中:	Consumption by Sector					
农、林、牧、渔、水利业	Agriculture, Forestry, Animal Husbandry, Fishery and Water Conservancy	161.5	163.8	130.7	146.7	171.0
工 业	Industry	755.1	644.8	650.3	875.8	875.5
建筑业	Construction	1.2		1.2	1.4	3.6
交通运输、仓储和邮政业	Transport, Storage and Post	318.4	282.0	230.6	286.9	302.2
批发、零售业和住宿、餐饮业	Wholesale and Retail Trade , Hotels and Catering Services	160.1	184.5	168.3	165.3	145.5
其 他	Others	45.8	46.0	42.0	45.0	14.0
生活消费	Household Consumption	179.3	221.8	171.3	223.2	380.2
在消费量中:	Consumption by Usage					
终端消费	End-use Consumption	1449.6	1542.8	1394.3	1581.0	1683.2
#工 业	#Industry	634.5	644.8	650.3	712.5	666.8
中间消费(用于加工转换)	Intermediate Consumption (Consumed in Conversion)	120.6	117.0	137.2	115.3	160.7
发 电	Power Generation	6.0		5.4	5.0	7.7
供 热	Heating	81.7		74.5	73.4	70.7
制 气	Gas Production					
炼油损失量	Losses in Petroleum Refining	33.0	34.6	57.3	36.9	82.4
损失量	Other Losses	51.1	50.0	48.2	48.0	48.0

注：1. 生产量为原油产量。
2. 进口量包括我国飞机、轮船在国外加油量；出口量包括外国飞机、轮船在我国加油量。

Note: a) Data on output refer to the output of crude oil.
b) The refueling by Chinese ships and airplanes abroad is included in imports. The refueling by foreign ships and airplanes in China is included in exports.

5-7 煤炭平衡表

COAL BALANCE SHEET

单位：万吨　(10000 tons)

指　标	Item	2006	2007	2008	2009	2010
可供量	**Total Energy Available for Consumption**	**7934.4**	**8038.1**	**8009.4**	**9051.8**	**12202.2**
生产量	Output	10282.0	10065.1	9676.0	9735.8	9706.6
进口量	Imports	1.7	1.4	2.5	18.7	35.3
出口量（－）	Exports（－）	7.8	9.5	13.2	4.3	0.3
年初年末库存差额	Stock Changes in the Year	26.7	185.1	151.9	9.6	166.2
消费量	**Total Energy Consumption**	**9025.0**	**9862.7**	**11203.9**	**11050.1**	**12198.9**
在消费量中:	Consumption by Sector					
农、林、牧、渔、水利业	Agriculture, Forestry, Animal Husbandry, Fishery and Water Conservancy	33.9	56.5	40.9	65.5	25.7
工　业	Industry	1958.9	2184.3	10896.2	10706.2	11831.5
建筑业	Construction	4.6	4.9	5.0	5.0	
交通运输、仓储和邮政业	Transport, Storage and Post	145.6	125.8	121.3	115.4	78.8
批发、零售业和住宿、餐饮业	Wholesale and Retail Trade , Hotels and Catering Services					20.0
其　他	Others					
生活消费	Household Consumption	180.5	159.1	105.6	120.4	242.9
在消费量中:	Consumption by Usage					
终端消费	End-use Consumption	2219.7	2518.7	2761.3	2639.8	2668.5
#工　业	#Industry	1931.2	2184.3	2453.7	2295.8	2301.1
中间消费(用于加工转换)	Intermediate Consumption (Consumed in Conversion)	6789.9	7342.4	8442.5	8410.4	9530.4
发　电	Power Generation	3588.1	3842.9	3986.4	3791.9	4117.4
供　热	Heating	1256.9	1100.2	1624.6	1456.0	1697.4
炼　焦	Coking	752.6	1189.3	1169.7	1366.6	1538.8
制　气	Gas Production	117.2	1026.9	194.9	193.5	153.4

注：生产量为原煤产量。
Note: Data on output refer to the output of raw coal.

5-8 电力平衡表

ELECTRICITY BALANCE SHEET

单位：亿千瓦小时　(100 million kwh)

指　标	Item	2006	2007	2008	2009	2010
可供量	**Total Energy Available for Consumption**	**723.7**	**780.2**	**697.1**	**688.7**	**762.6**
生产量	Output	655.0	713.3	766.7	731.6	785.7
水　电	Hydropower	12.6	14.0	27.2	46.8	61.1
火　电	Thermal Power	642.3	699.3	739.5	684.7	724.7
核　电	Nuclear Power					
进口量	Imports	68.8	66.9	99.0	8.5	9.8
出口量（－）	Exports（－）					
消费量	**Total Energy Consumption**	**596.9**	**642.9**	**697.1**	**688.7**	**762.6**
在消费量中:	Consumption by Sector					
农、林、牧、渔、水利业	Agriculture, Forestry, Animal Husbandry, Fishery and Water Conservancy	16.2	16.2	24.1	24.2	25.0
工　业	Industry	419.6	443.0	465.4	472.8	522.6
建筑业	Construction	3.2	3.6	3.5	4.7	6.9
交通运输、仓储和邮政业	Transport, Storage and Post	9.6	8.8	21.1	8.7	10.0
批发、零售业和住宿、餐饮业	Wholesale and Retail Trade , Hotels and Catering Services	12.1	15.0	16.3	18.2	21.0
其　他	Others	36.1	37.5	41.0	42.6	46.3
生活消费	Household Consumption	100.1	104.8	125.7	117.4	130.8
在消费量中:	Consumption by Usage					
终端消费	End-use Consumption	576.1	628.9	697.1	669.9	747.8
#工　业	#Industry	398.8	443.0	451.7	454.0	507.8
输配电损失量	Losses in Transmission	20.8	14.0	13.7	18.8	14.8

5-9 分行业能源终端消费量(2010年)

行　业	Sector	煤合计（万吨）Total coal (10000 tons)	原煤（万吨）Raw coal (10000 tons)
消费总计	**Total Consumption**	**2668.45**	**1123.71**
农、林、牧、渔业	**Agriculture, Forestry, Animal Husbandry and Fishery**	**25.70**	**25.70**
工业合计	**Industry**	**2301.05**	**836.31**
轻工业	Light Industry	323.10	233.42
重工业	Heavy Industry	1977.95	602.89
采矿业	**Mining**	**270.37**	**104.37**
煤炭开采和洗选业	Mining and Washing of Coal	258.44	92.69
石油和天然气开采业	Extraction of Petroleum and Natural Gas	2.13	2.13
黑色金属矿采选业	Mining of Ferrous Metal Ores	0.75	0.75
有色金属矿采选业	Mining of Non-ferrous Metal Ores	2.21	2.00
非金属矿采选业	Mining and Processing of Nonmetal Ores	6.84	6.80
其他采矿业	Mining of Other Ores		
制造业	**Manufacturing**	**1620.93**	**619.65**
农副食品加工业	Processing of Food from Agricultural Products	113.05	29.63
食品制造业	Manufacture of Foods	24.44	20.48
饮料制造业	Manufacture of Beverage	15.68	15.68
烟草制品业	Manufacture of Tobacco	5.63	5.63
纺织业	Manufacture of Textile	18.14	17.89
纺织服装、鞋、帽制造业	Manufacture of Textile Wearing Apparel, Footware and Caps	0.25	0.25
皮革、毛皮、羽毛(绒)及其制品业	Manufacture of Leather, Fur, feather and Its Products	0.29	0.29
木材加工及木、竹、藤、棕、草制品业	Processing of Timbers, Manufacture of Wood, Bamboo, Rattan, Palm, and Straw Products	20.36	20.36
家具制造业	Manufacture of Furniture	2.37	2.36
造纸及纸制品业	Manufacture of Paper and Paper Products	40.51	40.23
印刷业和记录媒介的复制	Printing, Reproduction of Recording Media	1.68	1.63
文教体育用品制造业	Manufacture of Articles for Culture, Education and Sport Activities	0.50	0.50
石油加工、炼焦及核燃料加工业	Processing of Petroleum, Coking, Processing of Nuclear Fuel	600.99	105.47
化学原料及化学制品制造业	Manufacture of Chemical Raw Material and Chemical Products	139.95	75.76
医药制造业	Manufacture of Medicines	82.05	80.36
化学纤维制造业	Manufacture of Chemical Fiber	17.71	17.69
橡胶制品业	Manufacture of Rubber	15.72	15.68
塑料制品业	Manufacture of Plastic	1.36	1.36
非金属矿物制品业	Manufacture of Non-metallic Mineral Products	78.18	8.96
黑色金属冶炼及压延加工业	Manufacture and Processing of Ferrous Metals	273.62	66.98
有色金属冶炼及压延加工业	Manufacture & Processing of Non-ferrous Metals	3.65	3.65
金属制品业	Manufacture of Metal Products	15.39	15.39

CONSUMPTION OF ENERGY BY SECTOR (2010)

洗精煤（万吨） Fancy Coal (10000 tons)	其它洗煤（万吨） Other Washed Coal (10000 tons)	煤制品（万吨） Coal Products (10000 tons)	焦炭（万吨） Coke (10000 tons)	焦炉煤气（亿立方米） Coking Gas (100 million cu. m)	其它煤气（亿立方米） Others Gas (100 million cu. m)	石油合计（万吨） Total Oil (10000 tons)	原油（万吨） Crude Oil (10000 tons)	汽油（万吨） Gasoline (10000 tons)
659.00	**863.92**	**21.82**	**269.20**	**7.03**	**23.59**	**1743.17**	**400.45**	**423.79**
						170.96		**20.90**
659.00	**783.92**	**21.82**	**269.20**	**7.03**	**23.59**	**666.80**	**400.45**	**12.39**
4.67	84.72	0.29	1.36	1.42		5.07		1.62
654.33	699.20	21.53	267.84	5.61	23.59	661.73	400.45	10.77
57.89	**108.07**	**0.04**				**72.18**	**49.54**	**5.09**
57.89	107.86					9.02		1.38
						61.68	49.54	3.67
						0.72		0.00
	0.21					0.13		0.02
		0.04				0.63		0.02
590.95	**391.09**	**19.24**	**269.20**	**7.03**	**23.59**	**570.64**	**350.91**	**4.64**
0.75	82.55	0.12	1.36			0.99		0.47
3.92		0.04				2.11		0.41
				1.42		0.31		0.18
						0.48		0.01
	0.25					0.05		0.03
						0.01		0.01
						0.53		0.21
		0.01				0.17		0.10
	0.28					0.25		0.05
		0.05				0.08		0.05
						0.01		0.01
327.14	164.42	3.96	0.75	2.66	23.59	484.03	310.88	0.26
30.23	20.22	13.74	3.83	0.03		69.21	40.00	0.40
	1.64	0.05				0.51		0.29
		0.02				0.00		0.00
		0.04				0.10		0.05
						0.14		0.11
67.88	0.67	0.67	5.55	0.03		3.07		0.29
85.95	120.69		247.97	2.87		4.75		0.07
			2.20			0.28		0.03
			0.02			0.40		0.16

5-9 续表1

行业	Sector	煤合计（万吨） Total coal (10000 tons)	原煤（万吨） Raw coal (10000 tons)
通用设备制造业	Manufacture of General Purpose Machinery	20.81	20.69
专用设备制造业	Manufacture of Special Purpose Machinery	97.33	21.65
交通运输设备制造业	Manufacture of Transport Equipment	20.96	20.96
电气机械及器材制造业	Manufacture of Electrical Machinery & Equipment	6.51	6.32
通信设备、计算机及其他电子设备制造业	Manufacture of Communication Equipment,Computer and Other Electronic Equipment	0.30	0.30
仪器仪表及文化、办公用机械制造业	Manufacture of Measuring Instrument and Machinery for Cultural Activity & Office Work	2.69	2.69
工艺品及其他制造业	Manufacture of Artwork, Other Manufacture	0.80	0.80
废弃资源和废旧材料回收加工业	Recycling and Disposal of Waste	0.01	0.01
电力、燃气及水的生产和供应业	**Production and Distribution of Electricity,Gas and Water**	**409.75**	**112.29**
电力、热力的生产和供应业	Production and Supply of Electric Power and Heat Power	287.08	74.99
燃气生产和供应业	Production and Distribution of Gas	120.29	35.00
水的生产和供应业	Production and Distribution of Water	2.38	2.30
建筑业	**Construction**		
房屋和土木工程建筑业	Construction of Building & Civil Engineering		
建筑安装业	Architectural Installation		
建筑装饰业	Architectural Decoration		
其它建筑业	Other Construction		
交通运输储运业和邮政业	**Traffic, Transport, Storage and Post**	**78.78**	**78.78**
铁路运输业	Transport Via Railway	78.78	78.78
道路运输业	Transport Via Road		
城市公共交通业	Urban Public Traffic		
水上运输业	Water Transport		
航空运输业	Air Transport		
管道运输业	Transport Via Pipeline		
装卸搬运及其他运输服务业	Loading, Unloading, Portage and Other Transport Services		
仓储业	Storage		
邮政业	Post		
批发、零售业和住宿、餐饮业	**Wholesale, Retail Trades and Hotels ,Catering Services**	**20.00**	**20.00**
其他行业	**Others**		
城乡居民生活	**Household Consumption**	**242.92**	**162.92**

CONTINUED

洗精煤（万吨） Fancy Coal (10000 tons)	其它洗煤（万吨） Other Washed Coal (10000 tons)	煤制品（万吨） Coal Products (10000 tons)	焦炭（万吨） Coke (10000 tons)	焦炉煤气（亿立方米） Coking Gas (100 million cu. m)	其它煤气（亿立方米） Others Gas (100 million cu. m)	石油合计（万吨） Total Oil (10000 tons)	原油（万吨） Crude Oil (10000 tons)	汽油（万吨） Gasoline (10000 tons)
		0.12	6.92			0.60	0.01	0.31
75.08	0.25	0.35	0.37	0.02		0.74	0.02	0.32
			0.21			1.12		0.41
	0.12	0.07	0.02			0.37		0.26
						0.06		0.05
						0.17		0.10
						0.11		0.01
						0.02		0.01
10.16	**284.76**	**2.54**				**23.98**		**2.65**
	209.63	2.46				23.65		2.43
10.16	75.13					0.07		0.06
		0.08				0.27		0.16
						3.55		
						3.55		
						302.20		**143.05**
						68.85		0.78
						86.67		44.98
						52.78		26.98
						6.98		6.98
						72.55		48.96
						9.68		9.68
						4.69		4.69
						145.54		**90.54**
						13.96		**13.96**
	80.00					**440.16**		**142.95**

5-9 续表2

行 业	Sector	煤油（万吨） Kerosene (10000 tons)	柴油（万吨） Diesel Oil (10000 tons)
消费总计	**Total Consumption**	**24.06**	**597.91**
农、林、牧、渔业	**Agriculture, Forestry, Animal Husbandry and Fishery**		**150.06**
工业合计	**Industry**	**0.47**	**44.78**
轻工业	Light Industry	0.01	2.62
重工业	Heavy Industry	0.46	42.16
采矿业	**Mining**	**0.12**	**17.44**
煤炭开采和洗选业	Mining and Washing of Coal	0.06	7.58
石油和天然气开采业	Extraction of Petroleum and Natural Gas		8.46
黑色金属矿采选业	Mining of Ferrous Metal Ores		0.72
有色金属矿采选业	Mining of Non-ferrous Metal Ores	0.02	0.09
非金属矿采选业	Mining and Processing of Nonmetal Ores	0.03	0.58
其他采矿业	Mining of Other Ores		
制造业	**Manufacturing**	**0.35**	**13.74**
农副食品加工业	Processing of Food from Agricultural Products		0.51
食品制造业	Manufacture of Foods		0.94
饮料制造业	Manufacture of Beverage		0.12
烟草制品业	Manufacture of Tobacco		0.47
纺织业	Manufacture of Textile		0.02
纺织服装、鞋、帽制造业	Manufacture of Textile Wearing Apparel, Footware and Caps		
皮革、毛皮、羽毛(绒)及其制品业	Manufacture of Leather, Fur, feather and Its Products		
木材加工及木、竹、藤、棕、草制品业	Processing of Timbers, Manufacture of Wood, Bamboo, Rattan, Palm, and Straw Products		0.31
家具制造业	Manufacture of Furniture		0.07
造纸及纸制品业	Manufacture of Paper and Paper Products		0.15
印刷业和记录媒介的复制	Printing, Reproduction of Recording Media		0.01
文教体育用品制造业	Manufacture of Articles for Culture, Education and Sport Activities		0.01
石油加工、炼焦及核燃料加工业	Processing of Petroleum, Coking, Processing of Nuclear Fuel	0.03	1.20
化学原料及化学制品制造业	Manufacture of Chemical Raw Material and Chemical Products	0.02	0.76
医药制造业	Manufacture of Medicines		0.21
化学纤维制造业	Manufacture of Chemical Fiber		
橡胶制品业	Manufacture of Rubber		0.04
塑料制品业	Manufacture of Plastic		0.03
非金属矿物制品业	Manufacture of Non-metallic Mineral Products	0.01	2.72
黑色金属冶炼及压延加工业	Manufacture and Processing of Ferrous Metals	0.01	4.68
有色金属冶炼及压延加工业	Manufacture & Processing of Non-ferrous Metals		0.04
金属制品业	Manufacture of Metal Products		0.24

CONTINUED

燃料油 （万吨） Fuel Oil (10000 tons)	液化石油气 （万吨） Liquefied Petroleum Gas (10000 tons)	炼厂干气 （万吨） Net Gas of Plant (10000 tons)	天然气 （亿立方米） Natural Gas (100 million cu.m)	其它石油制品 （万吨） Other Oil Products (10000 tons)	其它焦化产品 （万吨） Other Coked Products (10000 tons)	热力 （万百万千焦） Heat Power (10 billion kilo-joule)	电力 （亿千瓦时） Electricity (100 million kwh)	其它能源 （万吨标煤） Others (10000 tons of SCE)
61.86	**145.85**	**32.33**	**22.94**	**52.03**		**24227.85**	**747.84**	**59.78**
						7.46	**25.04**	
61.86	**57.60**	**32.33**	**19.45**	**52.03**		**5307.56**	**507.83**	**59.78**
0.74	0.08		0.41			828.01	54.16	
61.12	57.52	32.33	19.04	52.03		4479.55	453.67	59.78
			0.41			**31.20**	**148.01**	
			0.41			31.20	40.49	
							102.49	
							1.74	
							1.19	
							2.11	
54.13	**57.60**	**32.33**	**17.57**	**52.03**		**4522.37**	**232.62**	
0.01			0.29			468.43	19.49	
0.69	0.07					84.90	7.05	
						37.18	9.44	
						0.83	0.59	
						3.24	3.18	
						0.42	0.06	
							0.32	
						13.65	8.06	
							1.19	
0.05						173.80	4.78	
	0.02					1.15	0.40	
						0.41	0.18	
34.27	51.80	28.68	12.27	52.03		755.04	39.45	
18.90	5.48	3.65	2.84			698.17	26.61	
			0.12			57.60	7.20	
							0.02	
						0.22	1.20	
						6.28	2.15	
	0.05		0.44			62.93	31.40	
						1721.55	27.74	
0.21			0.31			0.81	14.68	
						31.49	1.14	

5-9 续表3

行 业	Sector	煤油（万吨） Kerosene (10000 tons)	柴油（万吨） Diesel Oil (10000 tons)
通用设备制造业	Manufacture of General Purpose Machinery	0.01	0.27
专用设备制造业	Manufacture of Special Purpose Machinery		0.39
交通运输设备制造业	Manufacture of Transport Equipment	0.26	0.24
电气机械及器材制造业	Manufacture of Electrical Machinery & Equipment		0.11
通信设备、计算机及其他电子设备制造业	Manufacture of Communication Equipment,Computer and Other Electronic Equipment		0.01
仪器仪表及文化、办公用机械制造业	Manufacture of Measuring Instrument and Machinery for Cultural Activity & Office Work		0.07
工艺品及其他制造业	Manufacture of Artwork, Other Manufacture		0.10
废弃资源和废旧材料回收加工业	Recycling and Disposal of Waste		0.01
电力、燃气及水的生产和供应业	**Production and Distribution of Electricity,Gas and Water**		**13.60**
电力、热力的生产和供应业	Production and Supply of Electric Power and Heat Power		13.49
燃气生产和供应业	Production and Distribution of Gas		
水的生产和供应业	Production and Distribution of Water		0.10
建筑业	**Construction**		3.55
房屋和土木工程建筑业	Construction of Building & Civil Engineering		3.55
建筑安装业	Architectural Installation		
建筑装饰业	Architectural Decoration		
其它建筑业	Other Construction		
交通运输储运业和邮政业	**Traffic, Transport, Storage and Post**	**23.59**	**135.41**
铁路运输业	Transport Via Railway		67.92
道路运输业	Transport Via Road		41.69
城市公共交通业	Urban Public Traffic		25.80
水上运输业	Water Transport		
航空运输业	Air Transport	23.59	
管道运输业	Transport Via Pipeline		
装卸搬运及其他运输服务业	Loading, Unloading, Portage and Other Transport Services		
仓储业	Storage		
邮政业	Post		
批发、零售业和住宿、餐饮业	**Wholesale, Retail Trades and Hotels ,Catering Services**		**55.00**
其他行业	**Others**		
城乡居民生活	**Household Consumption**		**209.11**

CONTINUED

燃料油（万吨） Fuel Oil (10000 tons)	液化石油气（万吨） Liquefied Petroleum Gas (10000 tons)	炼厂干气（万吨） Net Gas of Plant (10000 tons)	天然气（亿立方米） Natural Gas (100 million cu. m)	其它石油制品（万吨） Other Oil Products (10000 tons)	其它焦化产品（万吨） Other Coked Products (10000 tons)	热力（万百万千焦） Heat Power (10 billion kilo-joule)	电力（亿千瓦时） Electricity (100 million kwh)	其它能源（万吨标煤） Others (10000 tons of SCE)
			0.18			68.44	4.96	
			0.90			200.78	9.47	
0.01	0.19		0.13			86.77	7.33	
			0.05			31.69	3.40	
						1.74	0.49	
			0.04			12.77	0.30	
						0.04	0.25	
						2.03	0.10	
7.73			**1.47**			**753.99**	**127.19**	**59.78**
7.73			1.47			751.47	124.10	59.78
							0.24	
						2.51	2.85	
						74.43	6.91	
						39.43	6.91	
						20.00		
						10.00		
						5.00		
	0.15					**139.30**	**10.04**	
	0.15					23.62	10.04	
						75.00		
						40.68		
						1559.92	**20.99**	
						1601.46	**46.25**	
	88.10		**3.49**			**15537.72**	**130.79**	

5-10 能源生产和消费弹性系数

ELASTICITY RATIO OF ENERGY PRODUCTION AND CONSUMPTION

年 份 Year	能源生产比上年增长（%） Growth Rate of Energy Production over Preceding Year (%)	能源消费比上年增长（%） Growth Rate of Energy Consumption over Preceding Year (%)	地区生产总值比上年增长（%） Growth Rate of Gross Domestic Product over Preceding Year (%)	能源生产弹性系数 Elasticity Ratio of Energy Production	能源消费弹性系数 Elasticity Ratio of Energy Consumption
1957	20.60	7.30	8.50	2.42	0.86
1962	-1.70	-18.80	-2.00	0.85	9.40
1965	15.80	-6.60	15.40	1.03	-0.43
1970	26.80	28.90	10.10	2.65	2.86
1975	11.60	3.00	7.60	1.53	0.39
1978	4.30	9.30	11.10	0.39	0.83
1980	1.50	4.30	10.00	0.15	0.43
1985	5.10	0.50	6.00	0.85	0.08
1990	2.70	3.10	5.80	0.47	0.53
1995	1.30	8.50	9.20	0.14	0.92
1996	1.10	0.10	10.20	0.11	0.01
1997	-9.60	5.90	10.00	-0.96	0.59
1998	4.50	0.90	8.30	0.54	0.11
1999	-6.10	-4.70	7.50	-0.81	-0.63
2000	-8.60	-11.10	8.20	-1.05	-1.35
2001	-1.00	2.90	9.30	-0.11	0.31
2002	3.00	6.40	10.30	0.29	0.62
2003	2.30	12.40	10.30	0.22	1.20
2004	13.60	11.90	11.70	1.16	1.02
2005	0.90	9.30	11.60	0.08	0.80
2006	1.20	8.60	12.00	0.10	0.72
2007	-2.70	7.50	12.00	-0.23	0.63
2008	-3.60	6.50	11.80	-0.31	0.55
2009	0.62	4.60	11.10	0.05	0.41
2010	0.02	6.98	12.60	0.01	0.55

5-11 工业企业水消费（2010年）

WATER CONSUMPTION OF INDUSTRY ENTERPRISE (2010)

项 目	Item	取水量（万立方米） Quantity of Water (10000 cu.m)	水费金额（万元） Amount of Water (10000 yuan)
总 计	**Total**	**226506**	**127571**
地表水	Surface Water	155359	17303
地下水	Ground Water	43916	9544
自来水	Tap Water	21711	96344
其他水	Other Water	5519	4379
#雨水收集利用	#Rainwater Harvesting	1	
再生水（中水）	Recycled Water	723	466
重复用水量	Duplicated Use	311376	
河湖海冷却水用量	Consumption of Rivers and lakes and Sea Cooling Water	143750	
废水排放量	Volume of Waste Water Discharged	25447	

5-12 规模以上工业企业分品种能源购进、消费及库存(2010年)

PURCHASE, CONSUME, AND STOCK OF ENERGY IN ABOVE DESIGNATED SIZE INDUSTRIAL ENTERPRISES BY CATALOG (2010)

指标	Item	年初库存 Stock of Year Beginning	购进量 Purchase Capacity		消费量 Total Energy Consumption			年末库存 Stock of Year End
			实物量 Material Object Capacity	金额(亿元) Amount of Money (10000 yuan)		工业生产消费 Consumption of Industry Production	非工业生产消费 Consumptin of Industry Nonindustry Production	
原煤(万吨)	Coal (10000 tons)	703.1	11657.0	480.8	15234.9	15006.4	228.5	913.8
#炼焦烟煤	Coking Bituminous Coal		49.9	2.5	49.8	49.8		0.2
一般烟煤	General Bituminous Coal	679.7	10961.1	464.9	14541.6	14313.1	228.5	892.2
褐煤	Brown Coal	17.9	646.0	13.4	643.6	643.6		14.5
洗精煤(万吨)	Clean Coal (10000 tons)	63.8	926.3	99.5	1556.9	1549.3	7.6	70.6
其它洗煤(万吨)	Other Clean Coal (10000 tons)	5.5	318.8	10.1	366.8	363.0	3.8	9.8
煤制品(万吨)	Coal Products (10000 tons)	0.1	24.7	1.1	21.8	21.5	0.3	3.0
焦炭(万吨)	Coke (10000 tons)	6.5	233.0	38.1	268.6	267.1	1.4	8.2
其他焦化产品(万吨)	Other Coking Products (10000 tons)		2.3	0.4	2.3	2.3		0.1
焦炉煤气(亿立方米)	Coking Gas (100 million cu.m)		3.5	0.9	12.4	12.3	0.1	
高炉煤气(亿立方米)	Blast furnace Gas (100 million cu.m)		8.3	4.2	43.3	43.3		
转炉煤气(亿立方米)	Converter Gas (100 million cu.m)				1.5	1.5		
发生炉煤气(亿立方米)	Producer Gas (100 million cu.m)		2.1	1.1	18.0	18.0		
天然气(亿立方米)	Natural Gas (100 million cu.m)		14.0	18.0	28.2	28.2		
液化天然气(万吨)	Liquefied Gas (10000 tons)							
原油(万吨)	Crude Oil (10000 tons)	17.8	1687.6	643.6	1757.0	1757.0		18.5
汽油(万吨)	Gasoline (10000 tons)	0.1	12.3	8.6	12.4	8.4	4.0	0.1
煤油(万吨)	Kerosene (10000 tons)		0.5	0.3	0.5	0.4		
柴油(万吨)	Diesel Fuel Oil (10000 tons)	0.8	40.6	25.7	40.8	35.7	5.1	0.9
燃料油(万吨)	Fuel Oil (10000 tons)	1.1	38.2	17.3	61.9	61.9		1.0
液化石油气(万吨)	Liquefied Petroleum Gas (10000 tons)		5.8	2.4	57.6	55.2	2.4	
炼厂干气(万吨)	Net Gas of Plant (10000 tons)		0.1		79.5	79.5		
润滑油(万吨)	Lubricating Oil (10000 tons)							
溶剂油(万吨)	Solvent Oil (10000 tons)		0.2	0.2	0.2	0.2		
石油焦(万吨)	Petroleum Coke (10000 tons)	0.6	1.3	0.2	1.8	1.8		0.1
其他石油制品(万吨)	Other Petroleum Products (10000 tons)	0.2	106.2	44.3	115.2	115.2		0.1
热力(万百万千焦)	Heat (10 billion kilo-joule)		3098.7	12.9	5307.6	4539.4	768.2	
电力(亿千瓦时)	Power (100 millin kwh)		356.4	219.3	505.5	496.1	9.4	
煤矸石用于燃料(万吨)	Coal Waste for Fuel (10000 tons)		143.0	1.2	320.5	320.5		
生物质废料用于燃料(万吨)	Biomass Waste for Fuel (10000 tons)		47.8	1.4	67.9	67.9		
其它工业废料用于燃料(万吨)	Other Industrial Wastes for Fuel (10000 tons)				1.1	1.1		
其他燃料(万吨标准煤)	Other Fuel (10000 tons of SCE)	0.5	52.9	2.0	52.9	52.9		0.7
能源合计(万吨标准煤)	Total Energy (10000 tons of SCE)				16343.8	16137.8	206.0	

5-13 全社会用电量（2010）

ELECTRICITY CONSUMPTION (2010)

单位：亿千瓦时 (100 millin kwh)

行 业	Sector	2010
全社会用电量	**Electricity Consumption**	**747.84**
居民生活用电	**Electricity Consumption for Households**	**130.79**
城镇居民	Urban	84.75
乡村居民	Rural	46.04
行业用电	**Electricity Consumption for Sector**	**617.05**
第一产业	Primary Industry	25.04
第二产业	Secondary Industry	514.74
工业	Industry	507.83
轻工业	Light Industry	46.74
重工业	Heavy Industry	461.09
建筑业	Construction	6.91
第三产业	Tertiary Industry	77.28
交通运输、仓储和邮政业	Traffic, Transport, Storage and Post	10.04
信息传输、计算机服务和软件业	Information Transfer, Computer Services and Software	6.24
批发和零售业	Wholesale and Retail Trade	13.97
住宿和餐饮业	Accommodation and Restaurants	7.02
金融业	Finance	1.89
房地产业	Real estate	5.52
租赁和商务服务业、居民服务和其他服务业	Tenancy and Business Services, Resident Services and Other Services	9.96
科学研究、技术服务和地质勘查业	Scientific Research, Technical Service and Geologic Perambulation	0.93
水利、环境和公共管理业	Management of Water Conservancy, Environment and Public Establishment	3.48
教育	Education	4.86
卫生、社会保障和社会福利业	Sanitation, Social Security and Social Welfare	3.06
文化、体育和娱乐业	Culture, Sports and Entertainment	1.87
公共管理和社会组织	Public Management and Social Organization	8.43

5-14 工业用电量（2010）

ELECTRICITY CONSUMPTION OF INDUSTRY (2010)

单位：亿千瓦时 (100 millin kwh)

行业	Sector	2010
工业合计	**Total**	**507.83**
采矿业	**Mining**	**171.73**
煤炭开采和洗选业	Mining and Washing of Coal	47.50
石油和天然气开采业	Extraction of Petroleum and Natural Gas	118.60
黑色金属矿采选业	Mining of Ferrous Metal Ores	0.30
有色金属矿采选业	Mining of Non-ferrous Metal Ores	2.89
非金属矿采选业	Mining and Processing of Nonmetal Ores	2.06
其他采矿业	Mining of Other Ores n.e.c	0.38
制造业	**Manufaturing**	**200.46**
食品、饮料和烟草制造业	Manufacture of Foods,Beverage and Tobacco	23.59
纺织业	Manufacture of Textile	3.00
服装鞋帽、皮革羽绒及其制品业	Manufacture of Textile Wearing Apparel, Footware, Caps and Leather	0.58
木材加工及制品和家具制品业	Processing of Timbers, Manufacture of Furniture	8.72
造纸及纸制品业	Manufacture of Paper and Paper Products	5.12
印刷业和记录媒介的复制	Printing,Reproduction of Recording Media	1.05
文体用品制造业	Manufacture of Articles for Culture, Education and Sport Activity	0.18
石油加工、炼焦及核燃料加工业	Processing of Petroleum ,Coking, Processing of Nucleus Fuel	10.55
化学原料及化学制品制造业	Manufacture of Chemical Raw Material and Chemical Products	28.07
医药制造业	Manufacture of Medicines	6.84
化学纤维制造业	Manufacture of Chemical Fiber	0.05
橡胶和塑料制品业	Manufacture of Rubber and Plastic	4.20
非金属矿物制品业	Manufacture of Non-metallic Mineral Products	45.37
黑色金属冶炼及压延加工业	Manufacture and Processing of Ferrous Metals	28.52
有色金属冶炼及压延加工业	Manufacture and Processing of Non-ferrous Metals	3.68
金属制品业	Manufacture of Metal Products	6.94
通用及专用设备制造业	Manufacture of General Purpose Machinery and Special Purpose Machinery	10.71
交通运输、电气、电子设备制造业	Manufacture of Transport Equipment and Electronic Equipment	12.47
工艺品及其他制造业	Manufacture of Artwork,Other Manufacture n.e.c	0.60
废弃资源和废旧材料回收加工业	Recycling and Disposal of Waste	0.22
电力、燃气、及水的生产和供应业	**Production and Supply of Electric Power 、Gas and Water**	**135.64**
电力、热力的生产和供应业	Production and Supply of Electric Power and Heat Power	126.43
煤气生产和供应业	Production and Distribution of Gas	3.95
水的生产和供应业	Production and Distribution of Water	5.26

5-15 各地区单位地区生产总值电耗

ELECTRICITY CONSUMPTION PER UNIT OF GDP BY REGION

单位：千瓦时/万元 (kw. h/10 000yuan)

地　区	Region	2006	2007	2008	2009	2010
全　省	**Total**	**965.9**	**908.5**	**865.9**	**801.1**	**772.7**
哈尔滨	Harbin	816.0	769.0	706.3	633.9	614.9
齐齐哈尔	Qiqihar	1144.0	1052.4	952.5	945.9	880.5
鸡　西	Jixi	1271.8	1172.6	1086.5	1137.9	1050.3
鹤　岗	Hegang	889.6	814.9	733.8	691.9	677.9
双鸭山	Shuangyashan	1362.1	1305.2	1206.8	1011.4	917.3
大　庆	Daqing	1626.6	1536.2	1431.7	1323.5	1226.9
伊　春	Yichun	1327.7	1259.9	1192.8	1270.9	1154.0
佳木斯	Jiamusi	1105.9	1116.4	1057.6	891.6	823.9
七台河	Qitaihe	1282.2	1195.4	1085.4	1103.8	992.5
牡丹江	Mudanjiang	1311.4	1200.0	1100.7	894.6	794.5
黑　河	Heihe	519.5	548.4	651.4	535.7	613.3
绥　化	Suihua	1226.9	1206.6	1158.4	1219.6	1219.6
大兴安岭	Daxinganling	714.8	643.4	585.1	599.9	569.3

5-16 各地区规模以上工业企业综合能源消费量

ENERGY CONSUMPTION OF INDUSTRY ENTERPRISE ABOVE DESIGNATED SIZE BY REGION

单位：万吨标准煤 (10000 tons of SCE)

地　区	Region	2006	2007	2008	2009	2010
全　省	**Total**	**5166.5**	**5202.4**	**5444.4**	**5356.7**	**5791.0**
哈尔滨	Harbin	868.7	917.7	878.1	752.2	765.8
齐齐哈尔	Qiqihar	440.4	506.0	561.6	528.1	556.9
鸡　西	Jixi	430.0	439.8	458.5	401.5	456.5
鹤　岗	Hegang	269.2	286.2	311.3	338.8	387.8
双鸭山	Shuangyashan	245.9	327.4	433.9	416.6	474.0
大　庆	Daqing	1287.7	1416.3	1335.0	1353.9	1393.8
伊　春	Yichun	128.1	134.2	139.9	173.3	177.5
佳木斯	Jiamusi	227.6	190.4	175.5	169.1	178.4
七台河	Qitaihe	341.0	350.6	486.8	548.5	645.5
牡丹江	Mudanjiang	308.8	308.4	299.1	296.6	300.6
黑　河	Heihe	48.2	53.1	58.9	62.4	69.5
绥　化	Suihua	75.9	94.9	118.6	129.6	141.6
大兴安岭	Daxinganling	30.3	16.5	19.9	23.0	24.7
农垦总局	ARB	139.1	111.6	111.1	107.9	160.2

5-17　各地区单位地区生产总值能耗

UNIT GDP ENERGY CONSUMPTION PER UNIT OF GDP BY REGION

单位：吨标准煤/万元　　(ton of SCE/10000 yuan)

地　区	Region	2006	2007	2008	2009	2010
全　省	**Total**	**1.41**	**1.35**	**1.29**	**1.22**	**1.16**
哈尔滨	Harbin	1.45	1.39	1.32	1.24	1.18
齐齐哈尔	Qiqihar	1.77	1.70	1.59	1.48	1.39
鸡　西	Jixi	2.38	2.27	2.14	1.96	1.84
鹤　岗	Hegang	2.63	2.53	2.34	2.14	1.99
双鸭山	Shuangyashan	2.00	1.91	1.81	1.70	1.59
大　庆	Daqing	1.52	1.46	1.38	1.31	1.26
伊　春	Yichun	2.20	2.10	2.00	1.92	1.77
佳木斯	Jiamusi	1.42	1.35	1.28	1.21	1.15
七台河	Qitaihe	3.36	3.17	2.94	2.73	2.55
牡丹江	Mudanjiang	1.48	1.42	1.33	1.26	1.18
黑　河	Heihe	1.22	1.18	1.13	1.06	1.02
绥　化	Suihua	1.07	1.03	0.99	0.96	0.93
大兴安岭	Daxinganling	1.43	1.36	1.28	1.21	1.16

5-18　各地区单位地区生产总值能耗下降率

DECLINE RATE OF ENERGY CONSUMPTION PER UNIT OF GDP BY REGION

单位：%　　(%)

地　区	Region	2006	2007	2008	2009	2010
全　省	**Total**	**-3.04**	**-4.09**	**-4.75**	**-5.61**	**-5.00**
哈尔滨	Harbin	-3.52	-4.20	-5.05	-5.72	-5.20
齐齐哈尔	Qiqihar	-2.00	-4.00	-6.20	-7.20	-5.80
鸡　西	Jixi	-0.71	-5.00	-5.40	-8.30	-6.30
鹤　岗	Hegang	-1.10	-4.06	-7.20	-8.50	-7.10
双鸭山	Shuangyashan	-2.50	-4.40	-5.40	-5.81	-6.60
大　庆	Daqing	-3.90	-4.20	-5.04	-4.90	-4.50
伊　春	Yichun	-2.20	-4.26	-4.85	-4.00	-7.70
佳木斯	Jiamusi	-2.11	-4.60	-5.47	-5.23	-4.80
七台河	Qitaihe	-2.46	-5.70	-7.30	-7.13	-6.80
牡丹江	Mudanjiang	-3.20	-4.20	-5.85	-5.82	-6.10
黑　河	Heihe	-1.29	-4.00	-3.73	-6.04	-4.50
绥　化	Suihua	-2.50	-4.00	-3.60	-3.17	-3.00
大兴安岭	Daxinganling	0.50	-4.91	-5.69	-5.09	-4.50

5-19 各地区单位工业增加值能耗下降率

DECLINE RATE OF ENERGY CONSUMPTION PER UNIT OF INDUSTRIAL VALUE-ADDED BY REGION

单位：%　　　　(%)

地　区	Region	2006	2007	2008	2009	2010
全　省	**Total**	**-5.91**	**-5.90**	**-6.63**	**-9.60**	**-6.35**
哈尔滨	Harbin	-5.23	-6.68	-10.72	-11.00	-7.40
齐齐哈尔	Qiqihar	-2.50	-10.01	-11.06	-19.45	-18.26
鸡　西	Jixi	-5.08	-6.54	-8.33	-25.00	-14.72
鹤　岗	Hegang	-0.69	-13.54	-11.19	-17.48	-21.63
双鸭山	Shuangyashan	-3.65	-5.18	-8.22	-8.39	-17.50
大　庆	Daqing	-6.75	-7.00	-13.72	-8.90	-6.71
伊　春	Yichun	-5.16	-8.37	-7.77	4.16	-23.90
佳木斯	Jiamusi	-13.80	-11.22	-16.92	-11.85	-19.36
七台河	Qitaihe	-2.66	-6.41	-10.20	-9.98	-17.90
牡丹江	Mudanjiang	-8.50	-11.81	-19.70	-15.41	-23.20
黑　河	Heihe	-5.30	-4.76	-21.06	-9.90	-16.10
绥　化	Suihua	-4.55	-7.32	-7.96	-14.15	-10.97
大兴安岭	Daxinganling	0.28	-9.32	-10.79	-18.79	-17.85

主要统计指标解释

能源生产总量　指一定时期内，全省一次能源生产量的总和。该指标是观察全省能源生产水平、规模、构成和发展速度的总量指标。一次能源生产量包括原煤、原油、天然气、水电、核能及其他动力能(如风能、地热能等)发电量，不包括低热值燃料生产量、生物质能、太阳能等的利用和由一次能源加工转换而成的二次能源产量。

能源消费总量　指一定时期内，全省各行业和居民生活消费的各种能源的总和。该指标是观察能源消费水平、构成和增长速度的总量指标。能源消费总量包括原煤和原油及其制品、天然气、电力，不包括低热值燃料、生物质能和太阳能等的利用。能源消费总量分为终端能源消费量、能源加工转换损失量和能源损失量三部分。

(1)终端能源消费量：指一定时期内，全省生产和生活消费的各种能源在扣除了用于加工转换二次能源消费量和损失量以后的数量。

(2)能源加工转换损失量：指一定时期内，全省投入加工转换的各种能源数量之和与产出各种能源产品之和的差额。该指标是观察能源在加工转换过程中损失量变化的指标。

(3)能源损失量：指一定时期内，能源在输送、分配、储存过程中发生的损失和由客观原因造成的各种损失量，不包括各种气体能源放空、放散量。

能源生产弹性系数　是研究能源生产增长速度与国民经济增长速度之间关系的指标。计算公式：

$$能源生产弹性系数=\frac{能源生产总量年平均增长速度}{国民经济年平均增长速度}$$

国民经济年平均增长速度，可根据不同的目的或需要，用国民生产总值、地区生产总值等指标来计算，本年鉴是采用地区生产总值指标计算的。

电力生产弹性系数　是研究电力生产增长速度与国民经济增长速度之间关系的指标。一般来说，电力的发展应当快于国民经济的发展，也就是说电力应超前发展。计算公式为：

$$电力生产弹性系数=\frac{电力生产量年平均增长速度}{国民经济年平均增长速度}$$

能源消费弹性系数　反映能源消费增长速度与国民经济增长速度之间比例关系的指标。计算公式为：

$$电力生产弹性系数=\frac{电力生产量年平均增长速度}{国民经济年平均增长速度}$$

电力消费弹性系数　反映电力消费增长速度与国民经济增长速度之间比例关系的指标。计算公式为：

$$电力消费弹性系数=\frac{电力消费量年平均增长速度}{国民经济年平均增长速度}$$

能源加工转换效率　指一定时期内，能源经过加工、转换后，产出的各种能源产品的数量与同期内投入加工转换的各种能源数量的比率。该指标是观察能源加工转换装置和生产工艺先进与落后、管理水平高低等的重要指标。计算公式为：

$$能源加工转换效率=\frac{能源加工转换产出量}{能源加工转换投入量}\times 100\%$$

单位地区生产总值能耗　指一定时期内，一个国家或地区每生产一个单位的地区生产总值所消耗的能源。计算公式为：

$$单位地区生产总值能源=\frac{能源消费总量}{地区生产总值}$$

单位地区生产总值电耗 指一定时期内，一个国家或地区每生产一个单位的地区生产总值所消耗的电力。计算公式为：

$$单位地区生产总值电耗=\frac{全社会用电量}{地区生产总值}$$

单位工业增加值能耗 指一定时期内，一个国家或地区每生产一个单位的工业增加值所消耗的能源。计算公式为：

$$单位工业增加值能耗=\frac{工业能源消费量}{工业增加值}$$

Explanatory Notes on Main Statistical Indicators

Total Energy Production refers to the total production of primary energy by all energy producing enterprises in the country in a given period of time. It is a comprehensive indicator to show the level, scale, composition and pace of development of energy production of the country. The production of primary energy includes that of coal, crude oil, natural gas, hydro-power and electricity generated by nuclear energy and other means such as wind power and geothermal power. However, it does not include the production of fuels of low calorific value, bio-energy, solar energy and secondary energy converted from primary energy.

Total Energy Consumption refers to the total consumption of energy of various kinds by the production sectors and the households in the country in a given period of time. It is a comprehensive indicator to show the scale, composition and pace of increase of energy consumption. Total energy consumption includes that of coal, crude oil and their products, natural gas and electricity. However, it does not include the consumption of fuel of low calorific value, bio-energy and solar energy. Total energy consumption can be divided into three parts: end-use energy consumption; loss during the process of energy conversion; and energy loss.

(1)End-use Energy Consumption: It refers to the total energy consumption by the production sectors and the households in the country (region) in a given period of time. It does not include the consumption during the conversion of primary energy into secondary energy and the loss in the process of energy conversion.

(2)Loss During the Process of Energy Conversion: It refers to the total input of various kinds of energy for conversion, minus the total output of various kinds of energy in the country in a given period of time. It is an indicator to show the loss that occurs during the process of energy conversion.

(3)Energy Loss: It refers to the total of the loss of energy during the course of energy transport, distribution and storage and the loss caused by any objective reason in a given period of time. The loss of various kinds of gas due to gas discharges and stocktaking is not included.

Elasticity Ratio of Energy Production is an indicator to show the relationship between the growth rate of energy production and the growth rate of the national economy. The formula is:

$$\text{Elasticity Ratio of Energy Production} = \frac{\text{Average Annual Growth Rate of Energy Production}}{\text{Average Annual Growth Rate of National Economy}}$$

The average annual growth rate of the national economy can be measured by indicators such as the Gross National Product and the Gross Domestic Product, depending on the purposes or needs. The Gross Domestic Product has been used in the calculation of the ratio in this Yearbook.

Elasticity Ratio of Electricity Production is an indicator to show the relationship between the growth rate of electricity production and the growth rate of the national economy. Generally speaking, the growth rate of electricity production should be higher than that of the national economy.

Its formula is:

$$\text{Elasticity Ratio of Electricity Production} = \frac{\text{Average Annual Growth Rate of Electricity Production}}{\text{Average Annual Growth Rate of National Economy}}$$

Elasticity Ratio of Energy Consumption is an indicator to show the relationship between the growth rate of energy consumption and the growth rate of the national economy. The formula is:

$$\text{Elasticity Ratio of Energy Consumption} = \frac{\text{Average Annual Growth Rate of Energy Consumption}}{\text{Average Annual Growth Rate of National Economy}}$$

Elasticity Ratio of Electricity Consumption is an indicator to show the relationship between the growth rate of electricity consumption and the growth rate of the national economy. The formula is:

$$\text{Elasticity Ratio of Electricity Consumption} = \frac{\text{Average Annual Growth Rate of Electricity Consumption}}{\text{Average Annual Growth Rate of National Economy}}$$

Efficiency of Energy Processing and Conversion refers to the ratio of the total output of energy products of various kinds after processing and conversion to the total input of energy of various kinds for processing and conversion in the same reference period. It is an important indicator to show the current conditions of energy processing and conversion equipment, production technique and management. The formula is:

$$\text{Efficiency of Energy Processing \& Conversion} = \frac{\text{Output of Energy After Processing \& Conversion}}{\text{Input of Energy for Processing \& Conversion}} \times 100\%$$

Energy Consumption per Unit of GDP refers to the energy consumption per unit of Gross Domestic Product in a country or the Gross Regional Product in a region in the same reference period. The formula is:

$$\text{Energy Consumption per Unit of GDP} = \frac{\text{Total Energy Consumption}}{\text{Gross Domestic Product}}$$

Electricity Consumption per Unit of GDP refers to the electricity consumption per unit of Gross Domestic Product in a country or the Gross Regional Product in a region in the same reference period. The formula is:

$$\text{Electricity Consumption per Unit of GDP} = \frac{\text{Total Electricity Consumption}}{\text{Gross Domestic Product}}$$

Energy Consumption per Unit of Industrial Value-added refers to the energy consumption per unit of industrial value-added in a country or region in the same reference period. The formula is:

$$\text{Energy Consumption per Unit of Industrial Value-added} = \frac{\text{Total Energy Consumption}}{\text{Industrial Value-added.}}$$

第六篇　财政、金融和保险

CHAPTER 6　FINANCE, BANKING AND INSURANCE

6-1 财政收支及增长

GOVERNMENT REVENUE AND EXPENDITURE AND GROWTH RATE

单位：亿元　　(100 million yuan)

年　份 Year	财政收入 Government Revenue	#地　方 财政收入 Local Financial Revenue	财政支出 Government Expenditure	增长速度 Increase Rate (%) 地　方 财政收入 Local Financial Revenue	财政支出 Government Expenditure
1952		4.7	1.6		
1953		5.7	2.3	19.5	44.5
1954		6.6	2.6	17.2	12.0
1955		6.5	2.5	-2.6	-3.8
1956		7.3	4.6	13.7	84.1
1957		8.2	4.3	12.0	-7.8
1958		18.4	11.9	124.4	177.1
1959		21.5	12.3	16.8	3.3
1960		23.1	16.9	7.2	38.3
1961		9.3	6.7	-59.7	-60.6
1962		7.2	5.3	-23.1	-20.4
1963		8.1	7.2	13.6	34.4
1964		9.7	7.5	19.6	4.5
1965		9.9	8.0	2.1	6.6
1966		12.5	8.6	26.5	7.5
1967		10.9	7.9	12.9	-8.2
1968		10.9	7.6	-0.5	-3.4
1969		12.4	12.8	13.9	68.4
1970		14.4	15.4	16.4	20.1
1971		40.3	14.4	79.7	-5.9
1972		37.5	16.2	-7.0	12.3
1973		37.6	19.7	0.4	21.7
1974		44.3	20.8	17.6	5.4
1975		50.6	20.3	14.2	-2.5
1976		51.0	21.3	1.0	5.1
1977		52.5	21.3	2.8	-0.2
1978		63.3	31.5	20.5	48.3
1979		54.1	28.3	-14.5	-10.3
1980		17.1	25.8	-68.4	-8.9
1981		15.6	25.9	-8.3	0.4
1982		17.3	28.0	10.7	8.3
1983		21.6	30.7	24.6	9.6
1984		26.7	36.1	24.0	17.6
1985		37.4	44.6	39.9	23.6
1986		47.4	61.3	26.6	37.3
1987		53.8	66.0	13.5	7.7
1988		62.6	74.1	16.4	12.2
1989		72.3	85.4	15.6	15.3
1990		76.6	92.7	5.9	8.6
1991		94.7	110.1	23.7	18.7
1992		84.6	102.5	-10.8	-6.9
1993		108.1	124.9	27.9	21.9
1994		84.7	142.4	-21.7	14.0
1995	182.9	101.3	174.6	19.7	22.6
1996	242.6	126.9	208.9	25.2	19.6
1997	276.9	150.6	233.6	18.7	11.8
1998	314.2	179.3	280.8	19.1	20.2
1999	328.8	190.9	359.7	6.5	28.1
2000	372.6	213.9	408.7	12.1	13.6
2001	429.2	248.5	513.4	16.1	25.6
2002	461.6	267.1	565.9	7.5	10.2
2003	531.8	293.4	606.2	9.8	7.1
2004	648.5	349.3	758.5	19.1	25.1
2005	738.3	392.6	861.4	12.4	13.6
2006	881.5	479.8	1064.8	22.2	23.6
2007	1009.7	579.3	1325.6	21.9	25.0
2008	1295.4	767.1	1717.7	32.4	29.6
2009	1439.5	885.5	2094.5	15.5	21.9
2010	1730.7	1223.3	2690.7	38.1	28.5

注：1.本表增长速度按自然口径计算。
　　2.财政收入从2003年起包括上划中央所得税收入。

Note:a) Data of financial revenue and expenditures of each year are not adjusted.
　　b) The total revenue includes the income tax turned over to central government since 2003.

6-2 地方财政收入

LOCAL FINANCIAL REVENUE

单位：万元 (10000 yuan)

指　标	Item	2007	2008	2009	2010
合　计	**Total**	**5792504**	**7670705**	**8855555**	**12232807**
一般预算收入	General Budgetary Financial Revenue	4402315	5783579	6416150	7555788
税收收入	Tax Revenue				5569664
#国内增值税	#Domestic Value-added Tax	1059445	1294131	1043412	1235226
营业税	Business Tax	858457	999033	1258847	1657993
企业所得税	Company Income Tax	306357	460366	510823	615951
所得税退税	Tax Rebate for Company Income Tax	-164	-135		
个人所得税	Individual Income Tax	203395	222266	207316	250728
资源税	Resources Tax	153694	140502	153136	153364
固定资产投资方向调节税	Fixed Assets Investment Adjustment Tax		477		
城市维护建设税	Tax on City Maintenance and Construction	342113	422162	374664	438912
房产税	Tax on Real Estates	126832	124555	154630	180292
印花税	Stamp Tax	31954	41019	57862	71927
城镇土地使用税	Tax on the Use of Urban Land	70431	205046	273625	289131
土地增值税	Land Value Added Tax	19138	35736	49735	86428
车船税	Tax on Vehicles and Ships	13482	32157	48915	65992
耕地占用税	Tax on the Occupancy of Cultivated Land	14806	18610	52242	157595
契　税	Contract Tax	137784	187692	236591	344562
烟叶税	Tax on Tobacco Leaf				21563
其他税收收入	Others				
非税收收入	Non-Tax Revenue				1986124
专项收入	Special Proram Receipts	337143	822515	499200	364937
行政事业性收费收入	Planning Subsidies to Loss-suffering Stated-owned Enterprises	243007	251852	620415	688415
罚没收入	Penalty Receipts	169419	192029	226895	257068
国有资本经营收入	Operation Income of Stated-owned Assets				384247
国有资源（资产）有偿使用收入	Income from Use of Stated-owned Resources				248146
其他收入	Other Income	45133	16479	106693	43311
基金收入	Fund Income	1390189	1887126	2439405	

6-3 各级地方财政一般预算收入(2010年)

ORDINARY BUDGET FINANCIAL REVENUE OF THE LOCAL GOVERNMENT BY RATING (2010)

单位：万元　　　　(10000 yuan)

项　目	Item	合计 Total	省级 Province	地级 City	县级 County	乡镇级 Town & Township
收入合计	**Total Revenue**	**7555788**	**1640563**	**3117797**	**2689551**	**107877**
税收收入	Tax Revenue	5569664				
增值税	Value-added Tax	1235226	474392	395411	345413	20010
营业税	Sales Tax	1657993	476041	564468	591767	25717
企业所得税	Enterprises' Income Tax	615951	73580	282246	248085	12040
企业所得税退税	Drawback of Enterprise Income Tax					
个人所得税	Individual Income Tax	250728	4904	120983	121430	3411
资源税	Resources Tax	153364	100509	22039	30255	561
固定资产投资方向调节税	Regulatory taxes on investment in fixed assets					
城市维护建设税	Tax on Urban Maintenance and Construction	438912		304746	127674	6492
房产税	Tax on Real Estates	180292		63045	114592	2655
印花税	Stamp Tax	71927		25943	44770	1214
城镇土地使用税	Tax on the Use of Urban Land	289131		195670	90005	3456
土地增值税	Land Value Added Tax	86428	20176	46865	18791	596
车船税	Tax on Vehicles and Ships	65992		22310	43160	522
耕地占用税	Tax on The Occupancy of Cultivated Land	157595	11482	44866	95252	5995
契税	Contract Tax	344562		231775	107022	5765
烟叶税	Tax on Tobacco Leaf	21563		65	15331	6167
其他税收收入	Others					
非税收入	Non-Tax Revenue	1986124				
专项收入	Expert Project Income	364937	70578	213680	78243	2436
行政事业性收费收入	Income from Adiministrative Fees	688415	306990	253020	125927	2478
罚没收入	Penalty and Confiscator Income	257068	19185	96940	140650	293
国有资本经营收入	Stated-owned Assets Profit	384247	17293	163124	199947	3883
国有资源(资产)有偿使用收入	Revenue from using Stated-owned Assets Profit	248146	63509	51298	129153	4186
其他收入	Other	43311	1924	19303	22084	

6-4 地方财政支出

FINANCIAL EXPENDITURE OF THE LOCAL GOVERNMENT

单位：万元 (10000 yuan)

指　标	Item	2008	2009	2010
地方财政支出	**Local Financial Expenditure**	**17176928**	**20944855**	**26907437**
一般预算支出	**General Budgetary Expenditure**	**15423004**	**18777377**	**22532694**
一般公共服务	Expenditure for General Public Services	2404474	2293054	2225718
人大事务	Affairs of People' s Congress	43287	47577	51354
政协事务	Affairs of People' s Political Consultative Conference	33291	32815	36249
政府办公厅（室）及相关机构事务	Affairs of Government General Office and Relative Institutions	552892	610598	715845
发展与改革事务	Affairs of Development and Reform	54878	63049	74046
统计信息事务	Affairs of Statistics	20372	21831	30051
财政事务	Affairs of Finance	140110	189865	202682
税收事务	Affairs of Taxation	215222	210571	241902
审计事务	Affairs of Audit	29076	28152	31828
人力资源事务	Affairs of human resources and social security	46444	55504	63409
纪检监察事务	Affairs of Discipline Inspection and Supervision	32937	36602	48973
人口与计划生育事务	Affairs of Population and Family planning	75132	91120	106375
商贸事务	Affairs of Commerce and Trade	64297	72621	97941
知识产权事务	Affairs of Intellectual Property	488	1017	1351
工商行政管理事务	Affairs of Administration for Industry and Commerce	112026	116533	125976
食品和药品监督管理事务	Affairs of Food and Drug Regulatory	32515		
质量技术监督与检验检疫事务	Affairs of Quality Technical Supervision and Inspection	53961	57169	63168
国土资源事务	Affairs of Land and Resources	632650	351745	
测绘事务	Affairs of Surveying and Mapping	1391	1300	
地震事务	Affairs of Earthquake	2346	2492	
气象事务	Weather Affairs	6641	8390	
民族事务	Ethnic affairs	4412	5045	5396
宗教事务	Religious Affairs	747	811	691
港澳台侨事务	Affairs of Hong Kong, Macao, Taiwan, and Overseas Chinese	1539	1548	2038
档案事务	Affairs of Archives Administration	13168	12922	15268
共产党事务	Affairs of Chinese Communist Party	164656	189967	213503
民主党派及工商联事务	Affairs of Democratic Parties and Federation of Industry and Commerce	7979	10285	9448
群众团体事务	Affairs of Mass Organizations	35567	39154	42491
其他一般公共服务支出	Other General Public Services	26450	33784	45710
外交	Expenditure for Foreign Affairs		592	551
国防	Expenditure for National Defense	27653	34688	49205
公共安全	Expenditure for Public Security	924984	1091058	1348488
教育	Expenditure for Education	2565057	2666094	2991445
科学技术	Expenditure for Science and Technology	200885	199580	276916
文化体育与传媒	Expenditure for Culture, Sport and Media	239637	334589	394962
社会保障和就业	Expenditure for Social Safety Net and Employment Effort	2286251	3396439	3060615
医疗卫生	Expenditure for Medical and Health Care	716986	1355026	1351796
环境保护	Expenditure for Environment Protection	481159	590692	889983
城乡社区事务	Expenditure for Urban and Rural Community Affairs	985381	1041708	1411336
农林水事务	Expenditure for Agriculture, Forestry and Water Conservancy	1482656	1924196	3380638
交通运输	Expenditure for Transportation	523279	1037815	1477156
工业商业金融等事务	Expenditure for Industry, Commerce and Banking	2228055		
其他支出	Other Expenditure	355572	517140	403761
政府性基金支出	**Fund Income of Government**	**1753924**	**2167478**	

6-5 各级地方财政一般预算支出(2010年)

ORDINARY BUDGET FINANCIAL EXPENDITURE OF THE LOCAL GOVERNMENT BY RATING (2010)

单位：万元　　(10000 yuan)

项　目	Item	合计 Total	省级 Province	地级 City	县级 County	乡镇级 Town & Township
支出合计	**Total Expenditure**	**22532694**	**5527313**	**6194837**	**9925956**	**884588**
一般公共服务	Commonly Public servings	2225718	422383	599956	952267	251112
外交	Diplomacy	551	1		550	
国防	National Defense	49205	17601	26173	5431	
公共安全	Public security	1348488	244526	511840	591470	652
教育	Education	2991445	515986	633872	1840809	778
科学技术	Technology	276916	102154	104793	69357	612
文化体育与传媒	Culture Sport and Medium	394962	147782	113658	125450	8072
社会保障和就业	Social Security and Obtain employment	3060615	1100907	871461	1043591	44656
医疗卫生	Medical Treatment and Public Health	1351796	196045	339687	807775	8289
环境保护	Environment Protection	889983	217999	289322	376665	5997
城乡社区事务	Urban and Rural Area Community Operating	1411336	6140	753070	616102	36024
农林水事务	Farming Forestry and Water Conservancy Operating	3380638	598909	419995	1911631	450103
交通运输	Traffic and Transport	1477156	877691	256525	336715	6225
资源勘探电力信息等事务	Exploration and Information of Power and Other Matters	733386	97335	408575	215684	11792
商业服务业等事务	Business Services	356961	46217	86681	207804	16259
金融监管等事务支出	Financial Supervision Services Expenditure	126453	104217	2677	19559	
地震灾后恢复重建支出	Expenses after the Earthquake Reconstruction	5802	5802			
	Debt servicing expenditure					
国土资源气象等事务	Land Resources Meteorological Services	305961	111371	125747	68816	27
住房保障支出	Expenditure on Housing Support	1089425	386192	402301	296263	4669
粮油物资储备管理事务	Oil Material Reserves Management Services	639311	243849	27711	332901	34850
国债还本付息支出	Debt Service Payments	12825	8140	4449	236	
其他支出	Others	403761	76066	216344	106880	4471

6-6 各地区财政收支（2010年）

GOVERNMENT REVENUE AND EXPENDITURE BY REGION (2010)

单位：万元 (10000 yuan)

地 区 Region	财政收入 Total Revenue	#地方财政收入 Local Financial Revenue	#一般预算收入 General Budgetary Financial Revenue	财政支出 Expenditure	#一般预算支出 General Budgetary Financial Expenditure
哈尔滨 Harbin	5503236	4899185	2381428	6986284	4529706
齐齐哈尔 Qiqihar	989293	787391	513609	2345769	2080881
鸡 西 Jixi	556690	513420	259769	1095244	855626
鹤 岗 Hegang	352434	256212	154864	626066	512758
双鸭山 Shuangyashan	390144	267542	206147	782300	706680
大 庆 Daqing	1805547	991475	958964	1682547	1642238
伊 春 Yichun	187392	117589	83204	664709	637255
佳木斯 Jiamusi	419713	237248	208509	1244858	1218078
七台河 Qitaihe	493614	317577	233225	574205	485020
牡丹江 Mudanjiang	1033255	472908	428230	1422162	1360930
黑 河 Heihe	292010	554292	150426	1352005	931076
绥 化 Suihua	610820	292949	285289	1679566	1671812
大兴安岭 Daxinganling	93187	252502	51561	580773	373321

6-7 各地区财政一般预算收入(2010年)

ORDINARY BUDGET FINANCIAL REVENUE OF THE LOCAL GOVERNMENT BY REGION (2010)

单位：万元 (10000 yuan)

地区	Region	一般预算收入 General Budgetary Financial Revenue	税收收入 Tax Revenue	#增值税 Value-added Tax	#营业税 Operation Tax	#企业所得税 Corporate Income Tax	#个人所得税 Individual Income Tax
哈尔滨	Harbin	2381428	1874671	257215	714290	242888	97552
齐齐哈尔	Qiqihar	513609	274017	54895	61151	35931	15116
鸡西	Jixi	259769	180089	67075	28814	13817	9958
鹤岗	Hegang	154864	119109	41197	19547	14107	9110
双鸭山	Shuangyashan	206147	154236	33334	28978	17829	8452
大庆	Daqing	958964	775947	98203	113422	56889	52202
伊春	Yichun	83204	61744	15441	14661	5072	2528
佳木斯	Jiamusi	208509	167054	24326	48124	29929	10972
七台河	Qitaihe	233225	176628	56634	20835	26579	5957
牡丹江	Mudanjiang	428230	300788	58303	59434	51554	18670
黑河	Heihe	150426	94739	12832	22559	14381	6830
绥化	Suihua	285289	190014	35009	43041	30820	6528
大兴安岭	Daxinganling	51561	39544	6370	7096	2575	1949

6-7 续表　CONTINUED

单位：万元 (10000 yuan)

地区	Region	#城市维护建设税 Tax on Town Maintenance and Construction	#耕地占用税 Tax on Occupation of Cultivated Land	#契税 Deed Tax	非税收入 Non-Tax Revenue	#专项收入 Expert Project Income	#行政事业性收费收入 Income from Adiministrative Fees
哈尔滨	Harbin	104359	27033	188397	506757	58893	139690
齐齐哈尔	Qiqihar	19815	5686	24032	239592	14541	75269
鸡西	Jixi	20863	5421	8222	79680	16945	15318
鹤岗	Hegang	11271	2760	4583	35755	9859	13172
双鸭山	Shuangyashan	21972	5696	9578	51911	13936	9426
大庆	Daqing	174677	21793	33840	183017	118278	22961
伊春	Yichun	6250	3965	4873	21460	4241	9170
佳木斯	Jiamusi	9697	6658	13566	41455	7872	8589
七台河	Qitaihe	20172	13170	6627	56597	12279	14904
牡丹江	Mudanjiang	27656	15353	24713	127442	15400	39415
黑河	Heihe	4454	13108	6721	55687	8779	9723
绥化	Suihua	15749	13370	18886	95275	10802	18731
大兴安岭	Daxinganling	1977	12100	524	12017	2534	5057

6-8 各地区财政一般预算支出(2010年)

ORDINARY BUDGET FINANCIAL EXPENDITURE OF THE LOCAL GOVERNMENT BY REGION (2010)

单位：万元 (10000 yuan)

地 区	Region	支出合计 Payout	一般公共服务 Commonly Public servings	公共安全 Public security	教育 Education	科学技术 Technology	文化体育与传媒 Culture Sport and Medium
哈尔滨	Harbin	4529706	500040	328127	693036	89360	67798
齐齐哈尔	Qiqihar	2080881	195556	127488	337536	14807	27479
鸡 西	Jixi	855626	103715	51254	134437	6119	11804
鹤 岗	Hegang	512758	67025	34796	81102	4610	8753
双鸭山	Shuangyashan	706680	67980	46908	99959	3377	13942
大 庆	Daqing	1642238	193020	138505	258891	14434	17283
伊 春	Yichun	637255	50278	44757	72774	3432	8601
佳木斯	Jiamusi	1218078	100880	76222	165208	4213	24613
七台河	Qitaihe	485020	62963	27361	73002	1110	7479
牡丹江	Mudanjiang	1360930	174388	73208	163839	20693	16448
黑 河	Heihe	931076	90868	45115	111144	5043	17959
绥 化	Suihua	1671812	157400	87719	262555	6391	18151
大兴安岭	Daxinganling	373321	39222	22502	21976	1173	6870

6-8 续表 CONTINUED

单位：万元 (10000 yuan)

地 区	Region	社会保障和就业 Social Security and Obtain employment	医疗卫生 Medical Treatment and Public Health	环境保护 Environment Protection	城乡社区事务 Urban and Rural Area Community Operating	农林水事务 Farming Forestry and Water Conservancy Operating	其他支出 Other Expenditure
哈尔滨	Harbin	424142	309963	147916	576279	628429	393
齐齐哈尔	Qiqihar	289868	139352	74040	146846	419859	5364
鸡 西	Jixi	134878	52909	40720	37939	122218	8601
鹤 岗	Hegang	51547	38275	29024	18074	64429	4579
双鸭山	Shuangyashan	109068	52118	25269	55908	111947	4719
大 庆	Daqing	155304	106140	43235	155139	168646	220718
伊 春	Yichun	137546	33315	25894	58163	109540	3069
佳木斯	Jiamusi	149723	87164	59368	60688	269916	10182
七台河	Qitaihe	47097	29104	13470	76592	48766	4993
牡丹江	Mudanjiang	153963	76081	76710	103350	170831	40999
黑 河	Heihe	81988	64593	37701	37691	226909	10466
绥 化	Suihua	192394	135893	87310	55385	391988	4927
大兴安岭	Daxinganling	32190	30844	11327	23142	48251	8685

6-9 地方财政预算外收支情况

EXTRA-BUDGETARY REVENUE AND EXPENDITURE OF THE LOCAL GOVERNMENT

单位：万元 (10000 yuan)

指 标	Item	2009	2010
地方财政预算外收入	**Local Financial Extra-budgetary Revenue**	**1168007**	**877208**
行政事业性收费收入	Charges of Administrative and Institutional Units	1066711	783919
国有资源(资产)有偿使用收入	State-owned Resources (Assets) Paid Income	31304	38508
其他收入	Others Revenue	69992	54781
#主管部门集中收入	#Revenue of Governing Departments	20480	6428
乡镇自筹和统筹收入	Revenue from Fundraising Programs of Township Governments	1765	
彩票发行机构和彩票销售机构的业务费用	Lottery Ticket Sales Agencies and Institutions Operating Expenses	15098	6006
地方财政预算外支出	**Local Financial Extra-budgetary Expenditure**	**1227216**	**906375**
一般公共服务	Expenditure for General Public Services	48610	24980
外交	Expenditure for Foreign Affairs		
国防	Expenditure for National Defense	441	45
公共安全	Expenditure for Public Security	13367	10711
教育	Expenditure for Education	590411	598568
科学技术	Expenditure for Science and Technology	1218	10029
文化体育与传媒	Expenditure for Culture, Sport and Media	73665	27354
社会保障和就业	Expenditure for Social Safety Net and Employment Effort	38410	24468
医疗卫生	Expenditure for Medical and Health Care	28515	27586
环境保护	Expenditure for Environment Protection	2324	2507
城乡社区事务	Expenditure for Urban and Rural Community Affairs	102230	36129
农林水事务	Expenditure for Agriculture, Forestry and Water Conservancy	27719	22346
交通运输	Expenditure for Transportation	106647	8521
采掘电力信息等事务	Expenditure for Mining the Power of Information and Other Matters	4766	
粮油物资储备管理等事务	Expenditure for Grain Material Reserve Management Services	1077	
金融监管支出	Expenditure for Financial Regulation	317	
地震灾后恢复重建支出	Expenditure for Post-earthquake Reconstruction		
国债还本付息支出	Expenditure for Debt Service		
其他支出	Other Expenditure	187499	83518

6-10 金融机构信贷资金平衡表 (年末数)

BALANCE SHEET OF CREDIT FUNDS OF FINANCIAL INSTITUTIONS AT YEAR-END

单位：亿元 (100 million yuan)

指　标	Item	2007	2008	2009	2010
资金来源合计	**Funds Sources**	**6843.8**	**7972.3**	**9633.8**	**11937.4**
各项存款	Total Deposits	7559.7	8993.8	11022.8	12835.7
企业存款	Deposits by Enterprises	1947.4	2092.6	2852.0	3552.9
活期存款	Demand Deposits	1568.2	1547.8	2145.1	2772.0
定期存款	Time Deposits	379.2	544.8	707.0	780.9
财政存款	Fiscal Deposits	191.9	165.4	284.3	168.7
机关团体存款	Deposits of Government Departments and Organizations	386.8	467.4	544.9	933.0
城乡储蓄存款	Urban and Rural Houshold Savings Deposits	4478.2	5545.1	6430.1	7254.7
#定期存款	#Time Deposits	2913.0	3678.7	4025.4	
城镇储蓄存款	Saving Deposits of Urban Residents	3982.4	4884.0	5680.8	
#定期存款	#Time Deposits	2554.7	3207.8	3536.6	
农户储蓄存款	Saving Deposits of Rural Residents	495.8	661.1	749.3	
#定期存款	#Time Deposits	358.3	470.9	488.8	
农业存款	Agricultural Deposits	136.3	150.4	224.8	245.8
信托存款	Trusted Deposits				
委托存款	Commission Deposits	48.8	104.1	74.3	97.5
其他存款	Other Deposits	370.3	468.8	612.4	582.9
金融债券	Fanancial Bond	9.0	8.0	10.0	10.0
所有者权益	Creditors' Equity	120.3	162.8	205.9	288.5
#当年结益	#Settlement Equity of the Year	43.5	71.8		
其　他	Others	-845.1	-1552.4	-2051.2	-1662.4
资金运用合计	**Fund Uses**	**6843.8**	**7972.3**	**9633.8**	**11937.4**
各项贷款	Total Loans	4256.4	4532.7	5988.3	7230.5
短期贷款	Short-term Loans	2258.5	2151.3	2485.1	2905.9
个人贷款及透支	Personal Loans and Overdrafts				774.8
个人消费贷款	Consumer Loans				40.9
单位普通贷款及透支	General Loans and Overdrafts of Units				2028.2
经营性贷款	Business Loans				1973.6
固定资产贷款	Fixed Asset Loans				52.9
普通并购贷款	General M & Loans				
银团贷款	Syndicated Loans				8.6
贸易融资	Trade Finance				94.3
中长期贷款	Long-term Loans	1752.7	1953.2	2952.8	4036.0
个人贷款及透支	Personal Loans and Overdrafts				1260.3
个人消费贷款	Consumer Loans				813.1
单位普通贷款及透支	General Loans and Overdrafts of Units				2540.9
经营性贷款	Business Loans				597.3
固定资产贷款	Fixed Asset Loans				1943.4
普通并购贷款	General M & Loans				
银团贷款	Syndicated Loans				191.7
贸易融资	Trade Finance				43.1
信托贷款	Trust Loans				
融资租赁	Finance Lease				
委托贷款	Entrusted Loan			2.5	2.7
票据融资	Financing Instruments		427.7	545.9	284.1
各项垫款	Advances		0.5	2.0	1.7
国家投资债券	Loans to Nation Investment Bonds				
有价证券及投资	Portfolio Investment		414.6	296.1	439.0
证券业务占款	Purchase of Securities' Operation				
委托投资	Commission Investment				
金银占款	Position for Bullion & Silver Purchase				
外汇占款	Position for Foreign ExchangesPurchase	1.9	0.8	0.9	-1.7
库存现金	Storage Cash	79.9	74.7	89.7	112.3
其　他	Others	2505.6	2949.6	3258.8	

6-11 各地区金融机构存贷款年底余额（2010年）

DEPOSITS AND LOANS OF FINANCIAL INSTITUTIONS BY REGION (2010)

单位：万元 (10000 yuan)

地 区	Region	存款余额 Deposits	#企业存款 Deposits of Enterprises	#财政存款 Treasury Deposits	#农业存款 Agricultural Deposits	贷款余额 Loans	短期贷款 Short-term Loans	中长期贷款 Long-term Loans
哈尔滨	Harbin	5956.4	2286.9	91.2	89.4	4127.0	1241.4	2741.4
齐齐哈尔	Qiqihar	877.0	167.3	9.1	9.0	540.4	317.6	208.4
鸡 西	Jixi	556.7	88.3	3.6	23.3	225.0	114.7	95.0
鹤 岗	Hegang	325.9	56.3	3.3	7.1	226.7	111.9	69.0
双鸭山	Shuangyashan	423.3	77.1	3.0	5.7	276.9	135.5	130.7
大 庆	Daqing	1560.9	428.1	5.3	26.7	409.8	174.2	231.5
伊 春	Yichun	336.7	45.3	4.7	10.8	104.1	51.2	42.3
佳木斯	Jiamusi	631.1	90.1	8.0	25.5	342.3	204.7	132.1
七台河	Qitaihe	257.3	30.3	5.5	5.3	161.5	56.7	79.9
牡丹江	Mudanjiang	811.5	130.6	11.3	25.9	304.9	157.4	142.7
黑 河	Heihe	380.3	62.9	5.8	6.1	174.8	117.2	54.2
绥 化	Suihua	554.3	55.3	16.9	8.6	301.9	208.3	90.3
大兴安岭	Daxinganling	164.4	34.4	1.0	2.6	35.4	15.1	18.7

6-12 金融机构现金投放回笼差额

CASH STATISTICS OF FINANCIAL INSTITUTIONS

单位：亿元 (100 million yuan)

年 份 Year	现金收入 Cash Income	现金支出 Cash Expenditure	货币投放（+）或回笼（-） Monetary Issues(+) Cash Withdrawn(-)	年 份 Year	现金收入 Cash Income	现金支出 Cash Expenditure	货币投放（+）或回笼（-） Monetary Issues(+) Cash Withdrawn(-)
1952	6.1	7.3	1.2	1993	1908.9	2044.7	135.8
1957	21.6	22.1	0.5	1994	2585.9	2744.0	158.1
1962	30.8	31.3	0.5	1995	3783.5	3892.6	109.1
1965	33.5	34.6	1.1	1996	4419.9	4478.9	59.0
1970	42.4	43.6	1.2	1997	5504.4	5639.8	135.4
1975	58.9	61.1	2.3	1998	7137.2	7268.3	131.1
1980	106.1	110.1	3.9	1999	8325.0	8518.6	193.6
1981	128.7	134.5	5.8	2000	9907.5	9996.0	88.5
1982	143.8	148.9	5.2	2001	11271.3	11361.8	90.5
1983	170.9	181.6	10.8	2002	13241.6	13313.6	72.0
1984	217.4	234.4	17.1	2003	16782.5	16848.2	65.7
1985	265.0	278.3	13.3	2004	19179.9	19210.6	30.7
1986	314.5	339.5	25.0	2005	20655.9	20732.6	76.6
1987	401.9	415.1	13.2	2006	22032.2	22129.7	97.5
1988	597.7	648.1	50.4	2007	26229.4	26265.1	35.7
1989	706.1	747.3	41.2	2008	25663.4	25812.7	149.3
1990	755.3	801.0	45.7	2009	27738.1	27738.1	97.3
1991	944.7	1020.1	75.4	2010	31558.5	31807.8	249.3
1992	1287.2	1407.2	120.0				

6-13 金融机构现金分项收支情况(年末数)

CASH RECEIPTS AND EXPENDITURE OF FINANCIAL INSTITUTION AT YEAR-END

单位：亿元 (100 million yuan)

指　标	Item	2007	2008	2009	2009
收入合计	**Total Income**	**26229.4**	**25663.5**	**27738.1**	**31558.5**
商品销售收入	Income from Commodity Sales	1754.1	1693.0	1645.5	1633.2
服务业收入	Income from Service Trade	807.5	806.5	750.9	823.7
行政税费收入	Income from Administrative Taxes	106.1	126.3	157.2	157.9
城乡个体经营收入	Income from Urban and Rural Individual Business	398.7	322.8	245.5	230.5
储蓄存款收入	Income from Savings Deposits	19141.4	19423.1	21802.9	25118.3
其他金融机构收入	Income from Other Financial Institutions	80.8	82.4	46.6	48.3
居民归还贷款收入	Income from Repayment of Loans by Residents	550.0	615.8	793.7	992.5
汇兑收入	Income from Remittances	263.0	221.0	221.0	297.6
有价证券收入	Income from Securities	26.3	23.1	32.8	56.6
农村信用社收入	Income from Rural Credit Cooperative				
乡镇企事业收入	Income from Township Enterprises				
其他收入	Other Income	3101.5	2349.5	2041.9	2199.8
支出合计	**Total Expenditure**	**26265.1**	**25812.7**	**27738.1**	**31807.8**
工资性支出	Wages	961.8	1008.9	980.5	953.9
农副产品采购支出	Purchases of Agricultural and Sideline Products	708.6	952.7	781.9	604.2
工矿及其他产品采购支出	Expenditure for Purchases of Industrial and Mineral Products	220.9	237.4	233.1	211.5
行政企事业管理费支出	Government and Enterprises Overhead	845.7	819.7	841.1	845.4
城乡个体经营支出	Expenditure for Individual Business	671.7	469.3	458.4	481.5
储蓄存款支出	Expenditure for Savings Deposits	18647.0	18785.9	21384.1	25585.5
其他金融机构支出	Expenditure for Other Financial Institutions	94.8	132.3	56.7	49.7
居民提取贷款支出	Expenditure for Loans by Residents	478.6	638.0	865.6	754.6
汇兑支出	Expenditure for Remittances	291.1	214.8	70.5	67.4
有价证券支出	Expenditure for Securities	43.1	36.4	48.1	78.7
农村信用社支出	Expenditure for Rural Credit Cooperative				
乡镇企事业支出	Expenditure for Township Enterprises				
其他支出	Other Expenditure	3301.7	2517.3	2018.0	2175.5

6-14 金融机构人员数（2010年）

INSTITUTIONS OF FINANCIAL INSTITUTIONS AND STUFF (2010)

项 目	Item	机构总数(个) Number of Institutions (unit)	从业人员数(人) Number of Employees (person)
金融机构合计	**Total**	**6037**	**106997**
大型商业银行	**State－owned Commercial Bank**	**2030**	**56026**
中国工商银行黑龙江省分行	Industrial and Commercial Bank	593	16877
中国农业银行黑龙江省分行	Agriculture Bank	665	18314
中国银行黑龙江省分行	Bank of China	249	7041
中国建设银行黑龙江省分行	Bank of Construction	436	11607
交通银行黑龙江省分行	Bank of Communication	87	2187
政策性银行及国家开发银行	**Policy Bank**	90	2514
国家开发银行黑龙江省分行	The Bank of State Development	1	135
中国进出口银行黑龙江省分行	Export-Import Bank	1	44
中国农业发展银行黑龙江省分行	The Bank of Agricultural Development	88	2335
股份制商业银行	**Shareholding System Bank**	**67**	**2140**
中信银行哈尔滨分行	China Citic Bank	3	140
中国光大银行黑龙江分行	Ever Bright Bank	26	693
广东发展银行大庆支行	Development Bank of Guangdong	5	163
招商银行哈尔滨分行	Merchants Bank	14	552
上海浦东发展银行哈尔滨分行	Pudong Development Bank	12	324
兴业银行哈尔滨分行	Industrial Bank	7	268
城市商业银行	**City Commercial Bank**	**289**	**7485**
哈尔滨银行	Harbin Bank	160	4073
龙江银行	Longjiang Bank	126	3305
锦州银行哈尔滨分行	Jinzhou Bank Harbin Branch	2	42
昆仑银行大庆分行	Kunlun Bank Daqing Branch	1	65
农村合作金融机构	**Rural Cooperative Financial Institutions**	**1956**	**23428**
农村信用社	Rural Credit Coorpertive	1917	23037
农村商业银行	Rural Commercial Bank	8	108
农村合作银行	Rural Coorpertive Bank	31	283
新型农村金融机构	**New-type Rural Financial Institutions**	**14**	**334**
村镇银行	Village Bank	10	308
农村资金互助社	Rural Credit Union Funds	4	26
资产管理公司	**Asset Management**	**4**	**286**
中国华融资产管理公司哈尔滨办事处	HuaRong Assets Management Corporation	1	95
中国长城资产管理公司哈尔滨办事处	Great Wall Asset Management Corporation	1	96
中国东方资产管理公司哈尔滨办事处	Orient Asset Management Corporation	1	37
中国信达资产管理公司黑龙江省分公司	Cinda Asset Management Corporation	1	58
非银行金融机构	**Non-bank Financial Institutions**	**4**	**1242**
中融国际信托	International Trust in the Financial	1	1173
东方集团财务公司	Orient Finance Company	1	21
哈尔滨电气集团财务公司	Harbin Electric Group Finance Company	1	36
中油财务公司大庆分公司	Petroleum Finance Company Daqing Branch	1	12
外资银行	**Foreign funded Banks**	**4**	**42**
韩国国民银行哈尔滨分行	Kookmin Bank Harbin Branch	1	
韩亚银行哈尔滨分行	Hana Bank Harbin Branch	1	
俄罗斯巴克莱银行哈尔滨代表处	Russia Barclays Bank Harbin Representative Office	1	
奥地利中央合作银行哈尔滨代表处	Austrian Central Cooperative Bank Harbin Representative Office	1	
邮政储蓄银行	**Postal Deposit and Remittance**	**1579**	**13500**

6-15 保险业务情况

MAJOR INDICATORS OF INSURANCE BUSINESS

单位：万元 (10000 yuan)

指　标	Item	2005	2006	2007	2008	2009	2010
保费收入	**Premium Income**	**1396455**	**1571835**	**1555230**	**2511965**	**2783743**	**3432220**
企业财产险	Enterprise Property Insurance	29329	30523	29972	30961	33147	42647
家庭财产险	Family Property Insurance	2350	3445	4407	5168	4197	3330
机动车辆险	Motor Vehicle Insurance	137413	200103	248564	277359	363341	488430
船舶险	Ships Insurance	35	32	77	53	65	90
货物运输险	Freight Transport Insurance	5069	5154	5879	5034	5517	7948
及责任保险	Insurance						
责任险	Liability Insurance	6953	9011	11183	12289	14351	16094
保证保险	Guarantee Insurance	1918	1022	1688	2032	2960	4507
农业险	Agriculture Insurance	22402	22971	33362	137497	129176	139893
其他保险	Other Insurance	2781	4142	7045	9109	14468	15635
寿　险	Life Insurance	1100688	1193534	1108241	1908660	2074353	2544900
健康险	Health Insurance	59923	69863	70516	88892	102900	119460
人身意外伤害险	Person Accident Insurance	27594	32036	34296	34911	39266	49287
赔款及给付	**Claim and Payment**	**251986**	**344421**	**822025**	**1030382**	**966555**	**775511**
企业财产险	Enterprise Property Insurance	20620	15204	19224	22258	20032	13472
家庭财产险	Family Property Insurance	1193	1367	1765	2424	2629	1273
机动车辆险	Motor Vehicle Insurance	88797	92138	120135	179391	221861	220272
船舶险	Ships Insurance	2	6	9	21	7	9
货物运输险	Freight Transport Insurance	3566	3043	3853	4671	4070	3142
及责任保险	Insurance						
责任险	Liability Insurance	3765	6851	5599	9795	11783	8034
保证保险	Guarantee Insurance	3301	3485	2287	3033	2572	912
农业险	Agriculture Insurance	16450	19364	354	105514	106393	82376
其他保险	Other Insurance	337	836	8183	1635	6813	992
寿　险	Life Insurance	83433	167410	632632	658544	537474	388290
健康险	Health Insurance	22872	25496	22265	30805	41180	43910
人身意外伤害险	Person Accident Insurance	7650	9221	5719	12291	11742	12831

注：其他保险=建筑安装工程保险及责任保险+出口信用险+其他险
Note: Other Insurance = construction and installation insurance and export credit insurance liability insurance + insurance + other

6-16 保险公司机构数 (2010年)

NUMBER OF INSTITUTION OF INSURANCE COMPANY (2010)

单位:个 (unit)

机构名称	Organization Name	合计 Total	机构类别 Organization Type 总公司 Company	分公司 Branch	中心支公司 Center Support Company
全省合计	**Total**	**2732**	**1**	**28**	**247**
寿险公司小计	**Life Insurance Companies Subtotal**	**1452**		**15**	**125**
中国人寿保险股份有限公司	China Life Insurance Co., Ltd.	756		1	13
中国太平洋人寿保险股份有限公司	China Pacific Life Insurance Co., Ltd.	146		1	13
中国平安人寿保险股份有限公司	China Ping An Life Insurance Co., Ltd.	79		1	10
新华人寿保险股份有限公司	China Life Insurance Co., Ltd.	69		1	11
泰康人寿保险股份有限公司	Tai Kang Life Insurance Co., Ltd.	150		1	11
太平人寿保险有限公司	Taiping Life Insurance Co., Ltd.	49		1	10
民生人寿保险股份有限公司	Minsheng Life Insurance Co., Ltd.	15		1	5
生命人寿保险股份有限公司	Life Insurance Co., Ltd.	31		1	9
平安养老保险股份有限公司	Ping An Annuity Insurance Company	2		1	1
合众人寿保险股份有限公司	Union Life Insurance Co.	27		1	9
正德人寿保险股份有限公司	Masanori Life Insurance Co., Ltd.	20		1	8
信泰人寿保险股份有限公司	Xintai Life Insurance Co., Ltd.	14		1	4
中国人民人寿保险股份有限公司	Chinese People's Life Insurance Co., Ltd.	62		1	12
阳光人寿保险股份有限公司	Sun Life Insurance Co., Ltd.	29		1	7
百年人寿保险股份有限公司	Century Life Insurance Co., Ltd.	3		1	2
财险公司小计	**Insurance Company Subtotal**	**1280**	**1**	**13**	**122**
中国人民财产保险股份有限公司	China PICC	672		1	13
中国大地财产保险股份有限公司	China Continent Property & Casualty Insurance Co., Ltd.	62		1	12
中国出口信用保险公司	China Export & Credit Insurance Corporation	1			
中国太平洋财产保险股份有限公司	China Pacific Property Insurance Co., Ltd.	74		1	12
中国平安财产保险股份有限公司	China Ping An Insurance Company	51		1	11
天安保险股份有限公司	Tian An Insurance Co., Ltd.	33		1	11
华安财产保险股份有限公司	Hua An Property Insurance Co., Ltd.	29		1	10
太平财产保险有限公司	Pacific Property Insurance Co., Ltd.	1		1	
永诚财产保险股份有限公司	Yongcheng Property Insurance Co., Ltd.	8		1	4
安邦财产保险股份有限公司	Anbang Property Insurance Co., Ltd.	40		1	11
阳光财产保险股份有限公司	Sunshine Property and Casualty Insurance Co., Ltd.	57		1	10
阳光农业相互保险公司	Sunshine Agriculture Mutual Insurance Company	180	1		12
都邦财产保险股份有限公司	Du Bang Property Insurance Company	8		1	5
中国人寿财产保险股份有限公司	China Life Insurance Company	63		1	11
中意财产保险有限公司	China Insurance Co., Ltd.	1		1	

6-16 续表1 CONTINUED

单位:个 (unit)

机构名称	Organization Name	支公司 Support Company	营业部 Sales Department	营销服务部 Marketing Services Division
全省合计	**Total**	**663**	**48**	**1745**
寿险公司小计	**Life Insurance Companies Subtotal**	**342**	**5**	**965**
中国人寿保险股份有限公司	China Life Insurance Co., Ltd.	91	5	646
中国太平洋人寿保险股份有限公司	China Pacific Life Insurance Co., Ltd.	92		40
中国平安人寿保险股份有限公司	China Ping An Life Insurance Co., Ltd.	10		58
新华人寿保险股份有限公司	China Life Insurance Co., Ltd.	1		56
泰康人寿保险股份有限公司	Tai Kang Life Insurance Co., Ltd.	31		107
太平人寿保险有限公司	Taiping Life Insurance Co., Ltd.	19		19
民生人寿保险股份有限公司	Minsheng Life Insurance Co., Ltd.	5		4
生命人寿保险股份有限公司	Life Insurance Co., Ltd.	10		11
平安养老保险股份有限公司	Ping An Annuity Insurance Company			
合众人寿保险股份有限公司	Union Life Insurance Co.	4		13
正德人寿保险股份有限公司	Masanori Life Insurance Co., Ltd.	2		9
信泰人寿保险股份有限公司	Xintai Life Insurance Co., Ltd.	7		2
中国人民人寿保险股份有限公司	Chinese People's Life Insurance Co., Ltd.	49		
阳光人寿保险股份有限公司	Sun Life Insurance Co., Ltd.	21		
百年人寿保险股份有限公司	Century Life Insurance Co., Ltd.			
财险公司小计	**Insurance Company Subtotal**	**321**	**43**	**780**
中国人民财产保险股份有限公司	China PICC	144	42	472
中国大地财产保险股份有限公司	China Continent Property & Casualty Insurance Co., Ltd.	34		15
中国出口信用保险公司	China Export & Credit Insurance Corporation		1	
中国太平洋财产保险股份有限公司	China Pacific Property Insurance Co., Ltd.	19		42
中国平安财产保险股份有限公司	China Ping An Insurance Company	11		28
天安保险股份有限公司	Tian An Insurance Co., Ltd.			21
华安财产保险股份有限公司	Hua An Property Insurance Co., Ltd.			18
太平财产保险有限公司	Pacific Property Insurance Co., Ltd.			
永诚财产保险股份有限公司	Yongcheng Property Insurance Co., Ltd.			3
安邦财产保险股份有限公司	Anbang Property Insurance Co., Ltd.	13		15
阳光财产保险股份有限公司	Sunshine Property and Casualty Insurance Co., Ltd.	1		45
阳光农业相互保险公司	Sunshine Agriculture Mutual Insurance Company	99		68
都邦财产保险股份有限公司	Du Bang Property Insurance Company			2
中国人寿财产保险股份有限公司	China Life Insurance Company			51
中意财产保险有限公司	China Insurance Co., Ltd.			

6-17 黑龙江A股股票发行情况

ISSUANCE OF SHARES

公司名称	Company Name	证券代码 Securities Code	上市时间 Listed Time	募集资金总额（万元） Floated Raised Funds（10000 yuan）				2010年末股本（万股） Stock Capital by 2010(10000 share)	
				首发 Initial Issue	配股 Rationed Shares	增发 Issue Additional	可转债 Transferable Bond	总股本 Total Capital Stock	流通股本 Circulating Capital Stock
S*ST光明	Guangming Group	000587	1996	3000	18335			18571	8348
天伦置业	Talent Investment	000711	1997	5988	5962			10727	10727
航天科技	Aerospace Hi-Tech Holding GroupCo., Ltd.	000901	1999	18600				25036	22176
*ST阿继	Acheng Relay Co., Ltd.	000922	1999	36300				29844	17190
大庆华科	Daqing Huake Co., Ltd.	000985	2000	25020				12964	12964
哈飞股份	Harbin Aircraft Industry Group Co., Ltd.	600038	2000	47100	26263			33735	16849
哈高科	Harbin High-Tech Group Co., Ltd.	600095	1997	28900	19843			36126	36126
东安动力	Harbin Dongan Automotive Powertrain Co., Ltd.	600178	1998	57400	28782			46208	46208
*ST黑化	Heilongjiang Heihua Holding Co., Ltd.	600179	1998	39100				39000	19522
S佳通	Jiatong Tyre Holding Co., Ltd.	600182	1999	40320				34000	17000
ST国中	ST States	600187	1998	4500	6500			42723	9750
哈空调	Harbin Air Conditioning Co., Ltd.	600202	1999	18240				38334	38334
亿阳信通	Bright Oceans Corporation	600289	2000	72960				56315	56315
恒丰纸业	Mudanjiang Hengfeng Paper Co., Ltd	600356	2001	28360		28938	45000	23160	23160
万向德农	Wan Xiang Doneed Co., Ltd.	600371	2002	13880				17050	17050
北大荒	Heilongjiang Bei Da Huang Agriculture Co., Ltd	600598	2002	161400			150000	177768	177768
哈药股份	Harbin Pharmaceutical Group Holding Co., Ltd.	600664	1993	6500	150173			124201	81030
工大高新	Harbin Industry University High-tech Industry Development Holding Co., Ltd.	600701	1996	13500	29610			49878	49878
华电能源	Huadian Energy Co., Ltd.	600726	1996	26197		124450	77605	196668	72058
东方集团	Orient Group Co., Ltd.	600811	1994	26760	123777			166681	124107
三精制药	San Chine Pharmaceutical	600829	1994	13000				38659	38659
龙建股份	Long Jian Holding Co., Ltd.	600853	1994	29400				53681	53681
哈投股份	Harbin Investment Co., Ltd.	600864	1994	11500	7992			54638	54638
SST秋林	Harbin Qiulin Group Co., Ltd.	600891	1996	18360	14074			32553	19413

主要统计指标解释

财政收入 指国家财政参与社会产品分配所取得的收入，是实现国家职能的财力保证。财政收入所包括的内容几经变化，目前主要包括：

(1)各项税收：包括增值税、营业税、消费税、土地增值税、城市维护建设税、资源税、城市土地使用税、企业所得税、个人所得税、关税、证券交易印花税、车辆购置税、农牧业税和耕地占用税等。

(2)专项收入：包括排污费收入、城市水资源费收入、矿产资源补偿费收入、教育费附加收入等。

(3)其他收入：包括利息收入、基本建设贷款归还收入、基本建设收入、捐赠收入等。

(4)国有企业亏损补贴：此项为负收入，冲减财政收入。主要包括对工业企业、商业企业、粮食企业的补贴。

财政支出 指国家财政将筹集起来的资金进行分配使用，以满足经济建设和各项事业的需要。主要包括：

（1）一般公共服务：指政府提供基本公共管理与服务的支出，包括人大事务、政协事务、政府办公厅（室）及相关机构事务、发展与改革事务、统计信息事务、财政事务、税收事务、审计事务、海关事务、人力资源事务、纪检监察事务、人口与计划生育事务、商贸事务、知识产权事务、工商行政管理事务、国土资源事务、海洋管理事务、测绘事务、地震事务、气象事务、民族事务、宗教事务、港澳台侨事务、档案事务、共产党事务、民主党派事务及工商联事务、群众团体事务、彩票事务等。

（2）外交：指政府外交事务支出，包括外交行政管理、驻外机构、对外援助、国际组织、对外合作与交流、边界勘界联检等方面的支出。

（3）国防：指政府用于国防方面的支出，包括用于现役部队、预备役部队、民兵、国防科研事业、专项工程、国防动员等方面的支出。

（4）公共安全：指政府维护社会公共安全方面的支出，包括武装警察、公安、国家安全、检察、法院、司法行政、监狱、劳教、国家保密、缉私警察等。

（5）教育：指政府教育事务支出，包括教育行政管理、学前教育、小学教育、初中教育、普通高中教育、普通高等教育、初等职业教育、中专教育、技校教育、职业高中教育、高等职业教育、广播电视教育、留学生教育、特殊教育、干部继续教育、教育机关服务等。

（6）科学技术：指用于科学技术方面的支出，包括科学技术管理事务、基础研究、应用研究、技术研究与开发、科技条件与服务、社会科学、科学技术普及、科技交流与合作等。

（7）文化教育与传媒：指政府在文化、文物、体育、广播影视、新闻出版等方面的支出。

（8）社会保障和就业：指政府在社会保障与就业方面的支出，包括社会保障和就业管理事务、民政管理事务、财政对社会保险基金的补助、补充全国社会保障基金、行政事业单位离退休、企业改革补助、就业补助、抚恤、退役安置、社会福利、残疾人事业、城市居民最低生活保障、其他城镇社会救济、农村社会救济、自然灾害生活救助、红十字事务等。

（9）医疗卫生：指政府医疗卫生方面的支出，包括医疗卫生管理事务支出、医疗服务支出、医疗保障支出、疾病预防控制支出、卫生监督支出、妇幼保健支出、农村卫生支出等。

（10）环境保护：指政府环境保护支出，包括环境保护管理事务支出、环境监测与监察支出、污染治理支出、自然生态保护支出、天然林保护工程支出、退耕还林支出、风沙荒漠治理支出、退牧还草支出、已垦草原退耕还草、能源节约利用、污染减排、可再生能源和资源综合利用等支出。

（11）城乡社区事务：指政府城乡社区事务支出，包括城乡社区管理事务支出、城乡社区规划与管理支出、城乡社区公共设施支出、城乡社区住宅支出、城乡社区环境卫生支出、建设市场管理与监督支出等。

（12）农林水事务：指政府农林水事务支出，包括农业支出、林业支出、水利支出、扶贫支出、农业综合开发支出等。

（13）交通运输：指政府交通运输和邮政业方面的支出，包括公路运输支出、水路运输支出、铁路运输支出、民用航空运输支出、邮政业支出等。

（14）工业商业金融等事务：指政府对工业、商业及金融等方面的支出，包括采掘业支出、制造业支出、建筑业支出、工业和信息产业监管支出、国有资产监管支出、商业流通事务支出、金融业监管支出、旅游业管理与服务支出等。

地方财政收入　包括营业税（不含铁道部门、各银行总行、各保险公司总公司集中交纳的营业税），地方企业上交利润，城市维护建设税（不含铁道部门、各银行总行、各保险公司总公司集中交纳的部分），房产税，城镇土地使用税，土地增值税，车船税，耕地占用税，契税，烟叶税，印花税，增值税25%部分，纳入共享范围的企业所得税40%部分，个人所得税40%部分，证券交易印花税3%部分，海洋石油资源税以外的其他资源税，地方非税收入等。

地方财政支出　包括一般公共服务，公共安全支出，地方统筹的各项社会事业支出等。

存款　指金融机构接受客户存入的货币款项，存款人可随时或按约定时间支取款项的信用业务。包括活期存款、定期存款、住户储蓄存款、财政存款、外汇存款和其他存款等。

贷款　指金融机构将其所吸收的资金，按一定的利率贷放给客户并约期归还的信用业务。包括短期贷款、中长期贷款、财政贷款、外汇贷款和其他贷款。

保险公司　在中国境内的、经过保险监督管理部门批准设立，并依法登记注册的各类商业保险公司。

保险金额　指保险人承担赔偿或者给付保险金责任的最高限额。

保费　指投保人为取得保险人在约定范围内所承担赔偿责任而支付给保险人的费用。

赔款　指保险人根据保险合同的规定，向被保险人支付的赔偿保险责任损失的金额。

给付　包括死伤医疗给付和满期给付。死伤医疗给付是指保险人根据人寿保险及长期健康保险合同的规定，因被保险人在保险期内发生保险责任范围内的保险事故支付给被保险人(或受益人)的金额。满期给付是指被保险人生存期满，保险人按人寿保险合同规定支付给被保险人的满期保险金额。

Explanatory Notes on Main Statistical Indicators

Government Revenue refers to income for the government finance through participating in the distribution of social products. It is the financial guarantee to ensure government functioning. The contents of government revenue have changed several times. Now it includes the following main items:

(1) Various tax revenues, including value added tax, business tax, consumption tax, land value added tax, tax on city maintenance and construction, resources tax, tax on use of urban land, enterprise income tax, personal income tax, tariff, stamp tax on security transactions, tax on purchase of motor vehicles, tax on agriculture and animal husbandry and tax on occupancy of cultivated land, etc.

(2) Special revenues, including revenues from the fee on sewage treatment, fee on urban water resources, fee for the compensation of mineral resources and extra-charges for education, etc.

(3) Other revenues, including revenue from interest, revenue from the repayment of capital construction loan, revenue from capital construction projects, and donations and grants.

(4) Subsidies for the losses of State-owned enterprises. This is an item of negative revenue, counteracting revenues and consisting of subsidies to industrial, commercial and grain purchasing and supply enterprises.

Government Expenditure refers to the distribution and use of the funds which the government finance has raised, so as to meet the needs of economic construction and various causes. It includes the following main items:

(1) Expenditure for general public services: It refers to the spending on the basic public management and services which provided by governments, including the expense on affairs of People' s Congress, affairs of People' s Political Consultative Conference, affairs of government general office and relative institutions, affairs of development and reform, affairs of statistics, affairs of finance, affairs of taxation, affairs of audit, affairs of customs, affairs of human resources and social security, affairs of discipline inspection and supervision, affairs of population and family planning, affairs of commerce and trade, affairs of intellectual property, affairs of administration for industry and commerce, affairs of land and resources, affairs of oceanic administration, affairs of surveying and mapping, affairs of earthquake, ethnic affairs, religious affairs, affairs of Hong Kong, Macao, Taiwan, and Overseas Chinese, affairs of archives administration, affairs of Chinese Communist Party, affairs of democratic parties and federation of industry and commerce, affairs of mass organization, and affairs of lottery, etc.

(2) Expenditure for foreign affairs: It refers to the spending of government on foreign affairs, including the expense on administration of foreign affairs, missions overseas, external assistance, international organizations, foreign cooperation and communication, surveying and joint inspection on borderline, etc.

(3) Expenditure for national defence: It refers to the spending of government on national defence, including the expense on active force, reserve force, militia, scientific research on national defence, special projects, mobilization of national defence, etc.

(4) Expenditure for public security: It refers to the spending of government on maintaining social and public security, including the expense on armed police force, public security, state security, prosecution,

courts, justice, prison, labour education and rehabilitation, protection of state secrecy, anti-smuggling police, etc.

(5) Expenditure for education: It refers to the spending of government on education, including the expense on the administration of education, pre-primary education, primary education, secondary education, high school education, regular higher education, primary vocational education, secondary vocational education, technical school education, vocational high school education and higher vocational education, radio and television education, student abroad education, special education, on the job training of cadres, education authorities services, etc.

(6) Expenditure for science and technology: It refers to the spending of government on science and technology (S&T), including the expense on the administration of S&T, basic research, applied research, research and development, conditions and services of S&T, popularization of social science, science and technology, exchanges and cooperation of S&T, etc.

(7) Expenditure for culture, sport and media: It refers to the spending of government on culture, cultural heritage, sports, radio, film, television, press and publication, etc.

(8) Expenditure for social safety net and employment effort: It refers to the spending of government on social safety net and employment, including the expense on administration of social safety net and employment, civil affairs, budgetary subsidy on the social insurance funds, subsidy on National Social Security Fund, retirees of administrative units and institutions, subsidy on enterprise reform, subsidy on employment effort, pension, placement of ex-serviceman, social welfare, the handicapped undertakings, the system of cost of living allowances for urban residents, other urban social relief, rural social relief, living relief of natural disasters, affairs of Red Cross Society, etc.

(9) Expenditure for medical and health care: It refers to the spending of government on medical and health care, including the expense on administration of medical and health care, medical services, health care, disease prevention and control, health inspection and supervision, women and children's health, rural health care, etc.

(10) Expenditure for environment protection: It refers to the spending of government on environment protection, including the expense on administration of environment protection, environment monitoring and supervision, pollution control, natural ecology protection, project of virgin forests protection, reforesting farmland, controlling the sources of dust storms, returning pastureland to grassland, returning pastureland to grassland, returning cultivated land to grassland, energy conservation, emissions reduction, comprehensive utilization of renewable energy and resources, etc.

(11) Expenditure for urban and rural community affairs: It refers to the spending of government on urban and rural community affairs, including the expense on administration of urban and rural community, planning and management of urban and rural community, public facilities of urban and rural community, housing of urban and rural community, sanitation of urban and rural community, management and supervision on the construction market, etc.

(12) Expenditure for agriculture, forestry and water conservancy: It refers to the spending of government on agriculture, forestry and water conservancy, including the expense on agriculture, forestry, water conservancy, poverty alleviation, comprehensive agricultural development, etc.

(13) Expenditure for transportation: It refers to the spending of government on transportation and postal services, including the expense on road transportation, waterway transportation, railway

transportation, civil aviation transportation, and postal services.

(14) Expenditure for industry, commerce and banking: It refers to the spending of government on industry, commerce and banking, including the expense on mining, manufacturing, construction, industry and information technology supervision and administration, State-owned assets supervision and administration, commerce and circulation affairs, financial intermediation supervision and administration, tourism administration and service, etc.

Revenue of the Local Governments The revenue of the local governments includes business tax (excluding the part of the Ministry of Railways, head offices of banks, head offices of insurance company, which are handed over to the government in a centralized way), profit handed in by the local enterprises, city maintenance and construct tax (excluding the part of the Ministry of Railways, head offices of banks, head offices of insurance company, which are handed over to the government in a centralized way), house property tax, urban land use tax, land appreciation tax, tax on vehicles and boat operation, farm land occupation tax, deed tax, and tobacco leaf tax, stamp tax, 25% of the value added tax, 40% the share part of the corporate income tax, 40% of individual income tax, 3% of stamp tax on securities transactions, resource tax other than the tax on offshore petroleum resources, local non-tax revenue, etc.

Expenditure of the Local Governments The expenditure of the Central Government includes the expenditure for general public services, expenditure for foreign affairs, expenditure for public security, and the expenditure of the Central Government for adjusting the national economic structure; coordinating the development among different regions; and exercising macroeconomic regulation. The expenditure of the local governments includes mainly the expenditure for general public services, expenditure for public security, and expenditures for social development which are planed by local governments, etc.

Deposits refer to credit transactions by which financial institutions accept deposits from clients who could withdraw their deposit at any time or by an agreed time frame. They include demand deposit, time deposit, savings deposit, fiscal deposit, foreign exchange deposit and other deposits.

Loans refer to credit transactions by which financial institutions lend their capital to clients at certain level of interest rates, which the latter will repay by an agreed time frame. They include short-term loan, medium- and long-term loan, fiscal loan, foreign exchange loan and other loans.

Insurance Companies refer to commercial insurance companies of various forms registered by law and established in China with the approval of insurance regulatory agencies.

Amount Insured refers to the maximum that the insurant will get for the claim of the case insured.

Premium is the fee paid by the insurant to the insurer to obtain the obligation of compensation from the insurance within the agreed terms.

Settled Claim is the compensation paid by the insurer to the insurant in accordance with the insurance contract.

Payment includes payment for death, injury or medical treatment and payment at maturity. Payment for death, injury or medical treatment refers to the money paid to the insurant (or the beneficiary) in accordance with the life or health insurance contract when the insurant encounters accidents within the insured period covered in the contract. Payment at maturity refers to the payment to the insurant in accordance with the life insurance contract at the end of the insured period

第七篇　物价指数

CHAPTER 7　PRICE INDICES

7-1 各种物价总指数

PRICE INDICES

年 份 Year	商品零售价格指数 Retail Price Index	居民消费价格指数 Consumer Price Index	城市 Urban Areas	农村 Rural Areas	建筑安装工程价格指数 Construction and Installation	固定资产投资价格指数 Investment In Fixed Assets Price Indice	农业生产资料价格指数 Price Indices of Agricultural Means of Production	原材料、燃料、动力购进价格指数 Purchasing Price Indices of Raw Material Fuels and Power	工业品出厂价格指数 Ex-Factory Price Indices of Industrial Products
上年=100 **(preceding year=100)**									
1978	100.2		100.5						
1980	105.6		107.3						
1985	111.7	111.8	111.9	110.0					
1986	105.9	106.2	106.0	107.5					
1987	109.6	109.4	109.7	106.6					
1988	117.8	118.0	118.6	116.1			114.9		
1989	114.0	114.6	114.6	114.6			111.9		
1990	104.9	105.7	105.6	106.3	103.4		104.3		
1991	106.5	107.4	108.2	105.3	109.0	107.5	105.4		
1992	108.5	109.2	109.7	105.9	112.0	113.5	109.6	112.9	111.6
1993	114.6	114.8	115.2	113.7	132.9	128.0	124.6	139.6	141.3
1994	120.7	121.9	122.0	121.3	107.2	109.0	125.9	119.3	129.0
1995	114.3	116.1	115.9	116.2	104.8	106.5	123.1	112.7	116.1
1996	105.1	107.1	107.6	105.8	103.3	103.4	110.3	103.4	104.6
1997	102.2	104.4	104.5	103.8	103.8	102.7	100.6	104.4	102.3
1998	98.4	100.4	100.9	99.7	101.6	100.8	96.0	97.7	97.8
1999	96.1	96.8	97.0	96.3	99.7	99.7	96.5	98.2	107.4
2000	97.8	98.3	98.7	97.2	103.1	101.5	98.6	108.6	122.9
2001	100.4	100.8	100.8	100.4	100.6	100.1	98.9	99.5	96.0
2002	98.5	99.3	99.3	99.5	101.1	100.2	99.7	99.3	97.8
2003	99.7	100.9	100.8	101.2	102.7	102.3	101.8	107.6	111.9
2004	102.8	103.8	103.5	105.2	106.1	104.6	112.0	115.2	113.1
2005	100.4	101.2	100.8	102.3	102.2	102.2	108.6	111.8	116.7
2006	101.5	101.9	101.8	102.4	102.2	102.1	101.9	105.6	109.9
2007	105.6	105.4	105.4	105.4	105.5	104.5	109.4	105.0	105.3
2008	105.8	105.6	105.0	107.2	111.9	109.0	122.7	114.1	114.0
2009	98.9	100.2	99.8	101.2	94.8	97.6	94.2	93.4	87.4
2010	103.1	103.9	103.6	104.9	106.7	105.2	105.6	114.5	115.0
1978=100									
1980	107.5		110.0						
1985	134.6	100.0	138.6	100.0					
1986	142.5	106.2	146.9	107.5					
1987	156.2	116.2	161.1	114.6					
1988	184.0	137.1	191.1	133.1					
1989	209.8	157.1	219.0	152.5					
1990	220.1	166.1	231.3	162.1	100.0	100.0	100.0		
1991	234.4	178.4	250.3	170.7	109.0	107.5	105.4		
1992	254.3	194.8	274.6	180.8	122.1	122.0	115.5		
1993	291.5	223.6	316.3	205.6	162.2	156.2	143.9		
1994	351.8	272.6	385.9	249.4	173.9	170.2	181.2		
1995	402.1	316.5	447.3	289.8	182.3	181.3	223.1	100.0	100.0
1996	422.6	339.0	481.3	306.6	188.3	187.5	246.1	103.4	104.6
1997	431.9	353.9	503.0	318.3	195.4	192.5	247.5	107.9	107.0
1998	425.0	355.3	507.5	317.3	198.6	194.1	237.6	105.5	104.7
1999	408.0	343.8	491.8	305.4	198.0	193.5	229.3	103.6	112.4
2000	399.0	337.9	485.4	296.8	204.1	196.4	226.1	112.5	138.1
2001	400.6	340.6	489.3	298.0	205.3	196.6	223.6	111.9	132.6
2002	394.6	338.2	485.9	296.5	207.6	197.0	222.9	111.1	129.7
2003	393.4	341.2	489.8	300.1	213.2	201.5	226.9	119.5	145.1
2004	404.4	354.2	506.9	315.7	226.2	210.8	254.1	137.7	164.1
2005	406.0	358.5	510.9	322.9	231.2	215.4	276.0	153.9	191.5
2006	412.1	365.3	520.1	330.6	236.3	219.9	281.2	162.5	210.5
2007	435.2	385.0	548.2	348.5	249.3	229.8	307.6	170.6	221.7
2008	460.4	406.6	575.6	373.6	279.0	250.5	377.4	194.7	252.7
2009	455.3	407.4	574.4	378.1	264.5	244.5	355.5	181.8	220.9
2010	469.4	423.3	595.1	396.6	282.2	257.2	375.4	208.2	254.0

注：1. 1994年后商品零售价格指数不包括农业生产资料。
2. 居民消费价格总指数及农村居民消费价格指数以1985年为基期，农业生产资料、建筑安装工程价格指数和固定资产投资价格指数以 1990年为基期，主要工业产品出厂价格指数和主要原材料、燃料、动力购进价格指数以1995年为100。

Note: a) Since 1994, Retail Price Indices Exclude Agricultural Means of Production.
b) The index of year 1985 is defined as 100 in consumer price indices and rural consumer price indices, the index of year 1990 is defined as 100 in consumer price indices, build-in project price index and Price Indices of Investment In Fixed Assets, the index of year 1995 is defined as 100 in Ex-Factory Price Indices of MajorIndustrial Products and Price Indices of Major Raw and Processed Materials, Fuels and Motive Power.

7-2 商品零售价格分类指数 (上年=100)

RETAIL PRICE INDICES BY CATEGORY OF COMMODITIES (PRECEDING YEAR=100)

类别	Category	全省 Total		城市 Urban		农村 Rural	
		2009	2010	2009	2010	2009	2010
商品零售价格总指数	**Retail Price Index**	**98.9**	**103.1**	**98.6**	**102.5**	**100.7**	**105.5**
食品类	**Food**	**100.5**	**108.3**	**100.8**	**107.9**	**101.2**	**109.9**
粮　食	Grain	109.8	112.2	108.3	111.7	114.5	113.5
淀粉及薯类	Starches and Tubers	100.2	109.5	99.6	109.3	101.5	110.0
干豆类及豆制品	Bean and Its Products	91.9	110.7	93.1	110.0	86.4	113.4
油　脂	Oil or Fat	74.0	106.1	73.9	105.9	73.7	106.4
肉禽及其制品	Meal, Poultry and Their Products	91.4	101.3	91.9	101.2	91.1	102.3
蛋	Eggs	101.6	110.2	101.9	109.2	100.9	113.2
水产品	Aquatic Products	95.6	105.1	95.5	104.6	95.6	106.9
菜	Vegetables	114.1	120.4	116.7	121.4	109.9	118.1
调味品	Flavoring	102.0	105.5	101.4	105.9	103.5	104.0
糖	Sugar	100.9	110.8	99.4	112.4	102.7	107.4
干鲜瓜果	Dried and Fresh Melons and Fruits	108.6	111.5	109.7	109.6	108.5	119.6
糕点饼干面包	Cake, Biscuit and Bread	101.3	105.1	101.5	105.4	100.5	104.1
奶及奶制品	Milk and Its Products	101.9	103.3	101.3	103.4	104.7	102.8
在外用膳食品	Outward Dinner Food	101.8	101.0	101.9	100.8	102.1	102.1
其它食品	Other Foods	104.2	102.1	104.9	102.3	101.3	101.4
饮料、烟酒	**Beverage, Tobacco and Liquor**	**101.7**	**102.2**	**101.8**	**102.5**	**100.9**	**100.7**
茶及饮料	Tea and Beverages	102.5	101.7	102.8	101.8	100.6	101.5
烟　草	Tobacco	100.8	101.2	100.9	101.5	100.3	99.7
酒	Liquor	102.0	103.2	102.1	103.7	101.6	101.2
服装、鞋帽类	**Garments, Shoes and Hats**	**97.3**	**98.2**	**96.9**	**97.7**	**99.4**	**100.7**
服　装	Garments	96.0	96.3	95.3	95.2	99.8	101.1
鞋袜帽	Footgear and Hats	100.2	102.3	100.8	103.0	98.7	100.0
其　它	Others	96.3	99.4	96.3	99.5	100.0	100.0
纺织品类	**Textiles**	**98.5**	**100.1**	**98.1**	**99.7**	**100.3**	**101.3**
衣着材料	Cotton Cloth	100.6	101.9	100.5	101.8	100.6	101.8
床上用品	Blend Cloth	96.1	98.1	95.5	97.4	99.9	100.6

7-2 续表 CONTINUED

类别	Category	全省 Total 2009	全省 Total 2010	城市 Urban 2009	城市 Urban 2010	农村 Rural 2009	农村 Rural 2010
家用电器及音像器材	**Household Appliances and Music and Video Equipment**	**91.0**	**93.6**	**89.7**	**92.9**	**98.2**	**97.4**
家庭设备	Household Facilities	96.1	96.7	95.5	96.4	98.8	97.9
文娱用耐用消费品	Durable Consumer Goods for Recreational Use	83.8	89.0	81.4	87.5	97.3	96.6
音像器材类	Sound and Video Equipment	96.1	99.7	95.7	99.9	98.2	98.1
文化办公用品	**Cultural and Official Appliances**	**95.1**	**95.5**	**94.1**	**94.5**	**99.1**	**99.1**
日用品	**Articles for Daily Use**	**103.0**	**100.5**	**103.2**	**100.5**	**103.2**	**100.4**
日用百货	General Merchandise for Daily Use	102.2	101.4	101.9	101.7	104.0	100.3
日用杂品	Sundries for Daily Use	104.8	104.1	106.0	104.6	100.5	102.1
洗涤用品	Articles for Washing	104.1	99.1	103.7	99.0	105.7	99.4
其它日用品	Others	100.5	97.7	101.2	96.6	100.5	100.7
体育娱乐用品	**Sports and Recreation Articles**	**98.2**	**98.4**	**97.1**	**98.1**	**99.9**	**98.9**
体育用品	Sports Goods	101.7	99.8	101.0	99.4	99.9	99.9
娱乐用品	Amusement Goods	95.4	97.3	94.4	97.2	100.0	97.5
交通、通信用品	**Transportation and Communication Articles**	**90.6**	**90.7**	**88.8**	**88.6**	**97.7**	**98.0**
交通运输机械	Transportation Facility	100.1	99.6	100.4	99.7	99.4	99.5
通讯器材类	Communication Facility	83.8	84.4	80.3	80.5	96.7	97.0
家　具	**Furniture**	**98.6**	**99.4**	**98.6**	**99.2**	**100.4**	**100.4**
化妆品类	**Cosmetics**	**100.9**	**101.4**	**101.1**	**101.6**	**99.5**	**100.7**
金银珠宝类	**Gold,Silver and Jewelry**	**91.4**	**115.5**	**92.3**	**115.2**	**85.4**	**116.7**
中西药品及医疗保健用品	**Medicines and Health Cares Articles**	**102.7**	**108.1**	**103.6**	**108.7**	**100.5**	**106.6**
医疗器具及用品	Medical Treatment Appliance Articals	102.8	107.3	104.0	108.6	102.4	105.6
中药材及中成药	Chinese Traditional Medicines	105.9	116.9	108.0	118.6	99.8	112.6
西　药	Western Medicine	100.6	103.0	100.5	102.7	100.9	103.6
保健器具及用品	Health Care Appliances and Articles	102.1	101.6	103.1	101.1	99.7	101.9
书报杂志及电子出版物	**Newspapers , Magazines and E-journal**	**103.3**	**101.1**	**105.0**	**101.1**	**99.8**	**101.0**
教材及参考书	Teaching Materials and Reference Books	102.0	102.9	105.2	103.5	96.9	101.9
书报杂志	Newspapers and Magazines	107.3	100.6	109.1	100.7	103.5	100.3
电子音像制品	E-journal	99.2	99.0	98.3	98.4	100.0	100.0
燃料类	**Fuels**	**101.1**	**113.9**	**100.1**	**111.7**	**103.8**	**119.3**
煤炭及制品类	Coal and Their Products	113.7	114.9	110.4	110.2	120.8	125.2
石油及制品类	Oil and Their Products	90.7	113.0	92.1	112.8	87.4	113.7
建筑材料及五金电料类	**Building Materials, Hardware and Electric Materials**	**99.9**	**102.8**	**99.1**	**101.9**	**103.7**	**106.4**
建筑装潢材料	Building Decoration Materials	100.8	104.0	99.9	102.9	104.9	108.3
五金电料类	Hardware and Electric Materials	97.9	100.0	97.2	99.6	100.5	101.6

7-3 居民消费价格分类指数 (上年=100)

CONSUMER PRICE INDICES BY CATEGORY (PRECEDING YEAR=100)

类别	Category	全省 Total		城市 Urban		农村 Rural	
		2009	2010	2009	2010	2009	2010
居民消费价格总指数	**General Consumer Price Index**	**100.2**	**103.9**	**99.8**	**103.6**	**101.2**	**104.9**
食品	**Food**	**101.2**	**108.1**	**101.3**	**107.7**	**100.8**	**109.2**
粮食	Grain	110.7	113.6	108.6	113.1	115.1	114.5
淀粉及薯类	Starches and Tubers	100.8	109.6	99.7	107.7	101.8	111.6
干豆类及豆制品	Bean and Its Products	91.0	112.8	92.4	110.0	86.0	122.8
油脂	Oil or Fat	74.0	107.0	74.1	106.3	73.9	108.0
肉禽及其制品	Meal, Poultry and Their Products	92.4	101.2	91.8	100.8	94.0	102.2
蛋	Eggs	101.8	110.4	102.1	109.5	100.9	113.1
水产品	Aquatic Products	96.7	105.4	96.7	105.2	96.8	105.9
菜	Vegetables	114.5	119.7	116.6	120.8	107.3	115.4
调味品	Flavoring	102.5	107.2	101.7	108.1	104.3	105.4
糖	Carbohydrate	102.1	108.6	101.9	109.3	102.9	106.3
茶及饮料	Tea and Beverage	101.5	101.7	101.9	101.6	100.4	102.0
干鲜瓜果	Dried and Fresh Melons and Fruits	109.8	112.7	110.7	110.3	106.9	120.9
糕点饼干面包	Cake, Biscuit and Bread	101.9	105.0	101.9	104.9	101.5	105.3
奶及奶制品	Milk and Its Products	101.4	103.0	100.5	103.3	104.9	101.5
在外用膳食品	Outward Dinner	102.4	101.7	102.3	101.5	102.5	102.5
其它食品及食品加工服务	Other Foods and Manufacturing Services	103.5	101.2	104.1	101.1	101.6	101.7
烟酒及用品	**Tobacco,Liquor and Articles**	**101.0**	**101.2**	**100.9**	**101.6**	**101.1**	**100.2**
烟草	Tobacco	100.9	100.8	100.9	101.6	100.7	99.3
酒	Liquor	101.8	102.4	101.9	103.2	101.6	101.2
吸烟饮酒用品	Articles for Smoking and Drinking	99.2	99.0	99.2	99.0	100.0	100.0
衣着	**Clothing**	**96.8**	**98.0**	**96.1**	**97.2**	**99.7**	**100.8**
服装	Garments	95.7	96.6	94.5	95.4	99.9	100.9
衣着材料	Clothing Material	100.0	101.2	99.7	101.4	100.6	100.9
鞋袜帽	Footgear, Hats	99.4	101.2	99.6	101.4	99.0	100.1
衣着加工服务	Clothing Manufacturing Services	104.7	106.4	105.1	106.8	100.1	101.2
家庭设备用品及维修服务	**Household Facilities, Articles and Services**	**99.3**	**100.0**	**98.8**	**100.0**	**100.5**	**99.8**
耐用消费品	Durable Consumer Goods	97.5	97.5	96.4	97.0	99.4	98.5
室内装饰品	Interior Decorations	100.2	100.0	100.1	99.7	101.3	102.6
床上用品	Bed Articles	95.6	98.0	94.8	97.6	99.9	100.5
家庭日用杂品	Daily Use Household Articles	101.2	100.9	100.7	100.8	102.0	101.1
家庭服务及加工维修服务	Other Household Service and Maintenance and Renovation	105.1	109.8	104.9	109.9	107.2	107.7
医疗保健和个人用品	**Health Cares & Personal Articles**	**102.4**	**106.5**	**102.8**	**107.0**	**101.3**	**105.2**
医疗保健	Health Care	102.6	107.2	103.0	107.8	101.6	105.5
个人用品及服务	Personal Articles and Services	101.6	104.6	102.1	104.8	99.9	103.9
交通和通信	**Transportation and Communication**	**99.0**	**99.8**	**98.7**	**99.5**	**99.6**	**100.4**
交通	Transportation	99.9	101.5	99.4	101.4	100.9	101.7
通信	Communication	97.5	97.3	97.5	96.8	97.5	98.6
娱乐教育文化用品及服务	**Recreation, Education and Culture Articlesand Services**	**99.4**	**98.8**	**99.3**	**98.6**	**99.9**	**99.6**
文娱用耐用消费品及服务	Durable Consumer Goods for Recreation	88.3	90.9	85.2	89.0	97.3	96.6
教育	Education	101.6	100.7	102.0	100.9	100.3	100.1
文化娱乐用品	Culture and Recreation Articles	102.5	102.0	102.7	102.1	101.2	101.1
旅游及外出	Touring and Outgoing	99.5	95.5	99.4	95.3	102.3	102.8
居住	**Residence**	**101.0**	**105.6**	**99.0**	**104.7**	**105.5**	**107.6**
建房及装修材料	Building and Building Decoration Materials	103.1	105.6	101.5	102.8	104.3	107.5
租房	Rent	110.9	103.9	111.0	104.0	108.9	101.4
自有住房	Private Housing	91.7	101.9	87.2	101.9	101.6	102.0
水、电、燃料	Water, Electricity and Fuels	101.3	107.1	99.4	106.2	110.6	112.1

7-4 建筑安装工程价格指数 (上年=100)

BUILD-IN PROJECT PRICE INDEX (PRECEDING YEAR=100)

年　份 Year	总指数 General Index	人工费 Manpower Cost Price Index	材料费 Material Price Index	钢　材 Steel Products	木　材 Timber
1995	104.8	111.0	103.4	92.7	98.0
1996	103.3	115.0	102.8	98.9	100.0
1997	103.8	107.5	99.5	98.1	102.6
1998	101.6	103.4	101.4	99.0	100.0
1999	99.7	103.3	99.0	97.4	100.7
2000	103.1	104.1	103.0	104.6	101.5
2001	100.6	105.2	99.1	98.9	101.0
2002	101.1	101.5	101.2	99.2	107.9
2003	102.7	103.6	102.8	109.1	100.8
2004	106.1	104.0	107.4	114.7	103.6
2005	102.2	105.6	101.5	101.4	105.8
2006	102.2	108.7	100.6	98.5	103.7
2007	105.5	113.3	103.5	104.2	107.7
2008	111.9	115.5	110.7	116.5	112.7
2009	94.8	111.7	90.8	82.5	104.8
2010	106.7	111.1	105.1	105.0	107.8

7-4 续表 CONTINUED

年　份 Year	水　泥 Cement	地方材料 Local Materials	化工材料 Chemical Materials	电　料 Electrical Materials	其它材料 Other Material	机械使用费 Machinery Price Index
1995	106.2	111.6				
1996	102.5	104.8				107.6
1997	102.2	102.0	105.7	100.5		131.5
1998	103.4	103.8	100.1	98.0		99.6
1999	99.4	99.6	101.9	99.4		100.5
2000	102.3	103.1	109.6	103.9		102.2
2001	99.6	99.1	98.5	98.7		99.0
2002	101.1	102.8	99.3	100.1		100.1
2003	99.1	99.6	100.2	100.3	101.5	100.8
2004	99.5	103.8	102.8	102.5	103.8	100.5
2005	100.5	101.8	104.5	102.1	101.4	101.5
2006	100.2	104.1	102.0	101.4	99.9	102.6
2007	102.4	102.9	101.8	103.6	103.5	102.9
2008	102.6	106.7	107.1	106.5	105.2	106.5
2009	102.4	103.4	100.8	100.6	93.2	105.3
2010	104.7	105.8	103.5	102.2	104.2	103.7

注：从2003年起建筑安装工程价格指数取消了直接费用价格指数和间接费用价格指数的分组，在材料费中新增加了“其它材料”指标。
Note:Since 2003,the build-in project price index no longger be classified the direct cost price index and indirect cost price index,the other material priceindex is added to material price index.

7-5 固定资产投资价格指数 (上年=100)

PRICE INDICES OF INVESTMENT IN FIXED ASSETS (PRECEDING YEAR=100)

年　份 Year	总指数 General Index	建筑安装工程 Construction and Installation	设备、工器具购置 Purchase of Equipments and Instruments	其他费用 Other Expenses
1995	106.5	106.7	108.3	101.3
1996	103.4	103.3	105.0	101.3
1997	102.7	103.8	100.2	100.2
1998	100.8	101.6	98.9	100.9
1999	99.7	99.7	99.8	99.4
2000	101.5	103.1	97.3	100.7
2001	100.1	100.6	98.6	100.2
2002	100.2	101.1	96.9	101.5
2003	102.3	102.7	100.8	103.0
2004	104.6	106.1	101.4	102.0
2005	102.2	102.2	101.8	102.9
2006	102.1	102.2	101.3	103.4
2007	104.5	105.5	99.9	109.1
2008	109.0	111.9	100.6	110.9
2009	97.6	94.8	97.8	112.0
2010	105.2	106.7	100.4	107.6

7-6 农业生产资料价格分类指数(上年=100)

PRICE INDICES OF MEANS OF AGRICULTURAL PRODUCTION BY CATEGORY (PRECEDING YEAR=100)

指标	Item	2006	2007	2008	2009	2010
总指数	**General Indice**	**101.9**	**109.4**	**122.7**	**94.2**	**105.6**
农用手工工具	Farm Handtools	102.3	104.6	119.5	100.4	100.9
饲料	Forage	100.0	115.1	125.0	102.2	107.0
产品畜	Commodity Animals	78.7	153.3	130.5	83.6	101.9
半机械化农具	Semi-mechanized Farm Tools	102.9	100.7	123.2	102.4	101.0
机械化农具	Mechanized Farm Machinery	103.2	101.5	117.7	100.8	100.8
化学肥料	Chemical Fertilizer	102.8	101.5	130.5	92.8	97.7
农药及农药械	Pesticide & Its Appliances	97.6	97.5	102.3	100.1	98.5
化学农药	Chemical Pesticide	96.9	97.3	100.6	99.7	98.4
农药械	Pesticide Appliances	103.2	99.6	115.4	102.5	99.5
农机用油	Oil for Farm Machinery	116.6	106.8	111.3	85.8	110.2
其他农业生产资料	Others Means of Agricultural Production	98.4	116.4	112.0	90.7	126.0
农业生产服务	Service for Agricultural Production			102.2	106.6	117.4

7-7 主要原材料、燃料、动力购进价格指数(上年=100)

PRICE INDICES OF MAJOR RAW AND PROCESSED MATEREALS, FUELS AND MOTIVE POWER (PRECEDING YEAR=100)

指标	Item	2006	2007	2008	2009	2010
总指数	**General Indice**	**105.6**	**105.0**	**114.1**	**93.4**	**114.5**
燃料、动力类	Fuels and Motive Power	110.6	104.2	118.4	94.7	119.0
黑色金属材料类	Ferrous Metals Materials	96.7	108.8	117.0	85.7	103.8
#钢材	#Steel Products	96.7	108.6	115.7	85.9	102.9
其他	Others	95.7	113.4	134.8	82.4	109.5
有色金属材料和电线类	Nonferrous Metals Materials and Electric Wire	128.3	120.3	99.8	80.3	108.4
化工原料类	Chemical Raw Materials	104.9	106.8	106.5	86.6	121.5
木材及纸浆类	Logging and Paper Pulp	102.1	104.5	101.7	100.1	106.7
建筑材料类及非金属矿类	Building Materials and Nonmetal Minerals	100.1	100.8	106.6	103.1	105.5
其他工业原料及半成品	Others Industry Materials & Semi Finished Articles	107.8	105.5	114.4	97.5	105.3
农副产品类	Farm Products	102.7	103.3	109.3	95.0	115.1
纺织原料类	Textile Raw Materials	100.6	97.6	100.0	97.4	107.5

7-8 农产品生产价格指数(上年=100)

PRODUCERS' PRICE INDICES FOR FARM PRODUCTS (PRECEDING YEAR=100)

指标	Item	2007	2008	2009	2010
总指数	**General Indice**	**119.9**	**117.0**	**98.1**	**110.0**
种植业产品	Planting Products	116.7	114.8	99.5	109.6
林业产品	Forestry Products				
畜牧业产品	Animal Husbandry Products	133.7	126.6	92.2	105.7
渔业产品	Fishery Products	112.8	128.0	75.9	108.6

7-9 按工业部门分工业品出厂价格指数(上年=100)

PRODUCER PRICE INDICES OF MANUFACTURED GOODS BY SECTOR (PRECEDING YEAR=100)

指 标	Item	2006	2007	2008	2009	2010
总指数	**General Index**	**109.9**	**105.3**	**114.0**	**87.4**	**115.0**
轻工业	Light Industry	100.3	110.2	109.4	97.2	106.4
以农产品为原料	Using Farm Products as Raw Materials	100.0	113.1	111.5	95.7	107.3
以非农产品为原料	Using Non-Farm Products as Raw Materials	101.0	102.3	103.5	101.1	103.8
重工业	Heavy Industry	112.5	103.9	115.3	84.8	117.9
采掘工业	Mining & Quarrying Industry	119.6	104.7	123.8	69.5	130.9
原料工业	Raw Materials Industry	110.8	104.3	111.7	96.2	113.1
加工工业	Manufacturing Industry	100.9	100.8	103.9	96.1	101.3
生产资料	Means of Production	111.9	103.9	114.9	85.6	116.9
采 掘	Mining & Quarrying Industry	119.2	104.8	123.9	70.2	129.7
原 料	Raw Materials Industry	110.8	104.3	111.1	96.2	113.2
加 工	Manufacturing Industry	101.0	101.5	105.2	96.7	102.2
生活资料	Consumer Goods	99.8	112.2	109.4	96.5	106.7
食 品	Food	99.8	114.2	112.2	95.7	107.7
衣 着	Clothing	100.4	102.5	100.8	96.6	108.7
一般日用品	Articles for Daily Use	101.0	101.7	100.5	99.1	100.9
耐用消费品	Durable Consumer Goods	99.7	101.8	93.8	101.7	100.1
冶金工业	Metallurgical Industry	101.0	107.5	120.2	83.2	105.0
电力工业	Power Industry	103.8	103.3	101.6	103.4	103.9
煤炭及炼焦工业	Coal and coking Industry	110.3	103.5	123.0	100.1	109.7
石油工业	Petroleum Industry	120.8	104.7	122.8	74.8	130.8
化学工业	Chemical Industry	101.4	104.0	104.7	90.9	109.9
机械工业	Machine Building Industry	100.9	99.9	100.7	98.6	101.0
建筑材料工业	Building Materials Industry	101.0	101.9	103.2	104.5	107.5
森林工业	Timber Industry	101.4	103.9	105.7	100.7	101.1
食品工业	Food Industry	99.5	116.0	114.7	94.9	108.5
纺织工业	Textile Industry	100.5	99.8	99.5	91.6	102.3
缝纫工业	Tailoring Industry	100.3	102.6	100.6	97.0	101.2
皮革工业	Leather Industry	99.3	101.5	100.5	96.2	123.6
造纸工业	Paper Industry	104.4	104.2	102.5	97.7	101.9
文教艺术用品工业	Cultural, Educational & Handicrafts Articles	100.4	99.8	102.6	100.9	101.4
其他工业	Others	101.3	102.8	105.5	104.4	106.0

7-10 按工业行业分工业品出厂价格指数(上年=100)

PRODUCER PRICE INDICES OF MANUFACTURED GOODS BY SECTOR (PRECEDING YEAR=100)

指　标	Item	2006	2007	2008	2009	2010
采矿业	**Mining**					
煤炭开采和洗选业	Mining and Washing of Coal	112.9	102.7	116.7	102.7	108.2
石油和天然气开采业	Extraction of Petroleum and Natural Gas	120.2	105.0	125.0	65.6	135.1
黑色金属矿采选业	Mining of Ferrous Metal Ores	98.7	107.6	125.7	78.4	111.3
有色金属矿采选业	Mining of Non-ferrous Metal Ores	161.3	159.2	102.4	77.3	124.1
非金属矿采选业	Mining and Processing of Nonmetal Ores	96.9	100.0	104.6	97.6	97.9
其他采矿业	Mining of Other Ores n.e.c					
制造业	**Manufacturing**					
农副食品加工业	Processing of Food from Agricultural Products	99.2	125.2	118.1	90.1	109.7
食品制造业	Manufacture of Foods	100.1	105.3	114.7	101.8	109.9
饮料制造业	Manufacture of Beverage	100.4	100.0	103.3	102.3	103.0
烟草制品业	Manufacture of Tobacco	99.4	100.0	99.8	97.5	98.1
纺织业	Manufacture of Textile	100.5	99.8	99.5	91.6	102.3
纺织服装、鞋、帽制造业	Manufacture of Textile Wearing Apparel, Footware, and Caps	100.2	100.7	99.7	88.8	101.1
皮革、毛皮、羽毛（绒）及其制品业	Manufacture of Leather, Fur, feather and Its Products	100.0	104.6	101.7	104.7	120.8
木材加工及木、竹、藤、棕草制品业	Processing of Timbers, Manufacture of Wood, Bamboo, Rattan, Palm, and Straw Products	101.6	104.3	106.9	100.5	101.6
家具制造业	Manufacture of Furniture	100.5	102.1	101.1	101.5	99.2
造纸及纸制品业	Manufacture of Paper and Paper Products	104.4	104.2	102.5	97.7	101.9
印刷业和记录媒介的复制	Printing,Reproduction of Recording Media	100.2	99.6	102.9	100.7	102.1
文教体育用品制造业	Manufacture of Articles for Culture,Education and Sport Activity	102.3	100.5	101.4	101.8	100.5
石油加工、炼焦及核燃料加工业	Processing of Petroleum ,Coking,Processing of Nucleus Fuel	121.0	104.0	119.8	96.5	121.0
化学原料及化学制品制造业	Manufacture of Chemical Raw Material and Chemical Products	101.5	105.1	106.7	85.7	116.8
医药制造业	Manufacture of Medicines	100.4	101.4	100.2	100.0	100.0
化学纤维制造业	Manufacture of Chemical Fiber	101.8	104.0	103.3	96.4	116.6
橡胶制品业	Manufacture of Rubber	103.6	102.6	106.4	97.0	108.3
塑料制品业	Manufacture of Plastic	100.4	101.7	100.4	101.6	100.6
非金属矿物制品业	Manufacture of Non-metallic Mineral Products	102.0	102.3	103.1	105.6	109.0
黑色金属冶炼及压延加工业	Manufacture and Processing of Ferrous Metals	97.8	108.2	129.0	80.1	105.8
有色金属冶炼及压延加工业	Manufacture and Processing of Non-ferrous Metals	111.3	102.1	96.2	84.7	98.8
金属制品业	Manufacture of Metal Products	101.3	105.3	106.2	95.2	100.4
通用设备制造业	Manufacture of General Purpose Machinery	100.2	100.1	100.8	97.5	101.6
专用设备制造业	Manufacture of Dpecial Purpose Machinery	109.6	97.4	105.3	100.5	102.0
交通运输设备制造业	Manufacture of Transport Equipment	98.4	99.7	98.4	100.5	99.2
电气机械及器材制造业	Manufacture of Electrical Machinery and Equipment	102.3	105.1	105.1	92.5	102.7
通信设备、计算机及其他电子设备制造业	Manufacture of Communication Equipment ,Computer and Other Electronic Equipment	100.9	96.6	98.3	99.1	94.5
仪器仪表及文化、办公用机械制造业	Manufacture of Measuring Instrument and Machinery for Cultural Activity and Office Work	100.0	107.1	100.7	100.0	99.2
工艺品及其他制造业	Manufacture of Artwork and Other Manufacturing	102.9	100.6	110.4	103.9	113.9
废弃资源和废旧材料回收加工业	Recycling and Disposal of Waste					106.4
电力、燃气及水的生产和供应业	**Production and Distribution of Electricity,Gas and Water**					
电力、热力的生产和供应业	Recycling and Supply of Electric Power and Heat Power	103.8	103.3	101.6	103.4	103.9
燃气生产和供应业	Production and Distribution of Gas	106.6	104.1	119.2	97.2	107.8
水的生产和供应业	Production and Distribution of Water	100.6	102.6	105.1	104.4	107.5

主要统计指标解释

居民消费价格指数 是反映一定时期内城乡居民所购买的生活消费品价格和服务项目价格变动趋势和程度的相对数，是对城市居民消费价格指数和农村居民消费价格指数进行综合汇总计算的结果。该指数可以观察和分析消费品的零售价格和服务项目价格变动对城乡居民实际生活费支出的影响程度。

城市居民消费价格指数 是反映一定时期内城市居民家庭所购买的生活消费品价格和服务项目价格变动趋势和程度的相对数。该指数可以观察和分析消费品的零售价格和服务项目价格变动对城镇职工货币工资的影响，作为研究职工生活和确定工资政策的依据。

农村居民消费价格指数 是反映一定时期内农村居民家庭所购买的生活消费品价格和服务项目价格变动趋势和程度的相对数。该指数可以观察农村消费品的零售价格和服务项目价格变动对农村居民生活消费支出的影响，直接反映农民生活水平的实际变化情况，为分析和研究农村居民生活问题提供依据。

商品零售价格指数 是反映一定时期内城乡商品零售价格变动趋势和程度的相对数。商品零售价格的变动直接影响到城乡居民的生活支出和国家的财政收入，影响居民购买力和市场供需的平衡，影响到消费与积累的比例关系。因此，该指数可以从一个侧面对上述经济活动进行观察和分析。

农业生产资料价格指数 指反映一定时期内农业生产资料价格变动趋势和程度的相对数。.其编制目的是了解农业生产中物质资料投入价格的变动状况，服务于国民经济核算。1994年以前，农业生产资料价格指数仅仅是商品零售价格指数的一个类别，此后，从商品零售价格指数中分离出来，单独编制。

农产品生产价格指数 是反映一定时期内，农产品生产者出售农产品价格水平变动趋势及幅度的相对数。该指数可以客观反映全国农产品生产价格水平和结构变动情况，满足农业与国民经济核算需要。其中某代表品生产价格指数是通过对全部有出售该产品行为的调查单位的个体指数进行几何平均求得的，类价格指数是通过对其所属的类（或代表品）的价格指数进行加权平均求得的。季度累计价格指数的计算方法与分季指数的计算方法相同。

工业品出厂价格指数 是反映一定时期内全部工业产品出厂价格总水平的变动趋势和程度的相对数，包括工业企业售给本企业以外所有单位的各种产品和直接售给居民用于生活消费的产品。该指数可以观察出厂价格变动对工业总产值及增加值的影响。

原材料、燃料和动力购进价格指数 是反映工业企业作为生产投入，而从物资交易市场和能源、原材料生产企业购买原材料、燃料和动力产品时，所支付的价格水平变动趋势和程度的统计指标，是扣除工业企业物质消耗成本中的价格变动影响的重要依据。

目前，我国编制的原材料、燃料和动力购进价格指数所调查的产品包括燃料动力、黑色金属、有色金属、化工、建材等九大类的近1800种产品。

固定资产投资价格指数 是反映一定时期内固定资产投资品及项目的价格变动趋势和程度的相对数。固定资产投资额是由建筑安装工程投资完成额、设备工器具购置投资完成额和其他费用投资完成额三部分组成的。编制固定资产投资价格指数应首先分别编制上述三部分投资的价格指数，然后采用加权算术平均法求出固定资产投资价格总指数。

该指数可以准确地反映固定资产投资中涉及的各类投资品和取费项目价格变动趋势和变动幅度，消除按现价计算的固定资产投资指标中的价格变动因素，真实地反映固定资产投资的规模、速度、结构和效益，为国家科学地制定、检查固定资产投资计划并提高宏观调控水平，为完善国民经济核算体系提供科学的、可靠的依据。

Explanatory Notes on Main Statistical Indicators

Consumer Price Indices reflect the trend and degree of changes in prices of consumer goods and services purchased by urban and rural households during a given period. They are obtained by combining the Urban Consumer Price Indices and the Rural Consumer Price Indices. The Indices enable the observation and analysis of the degree of impact of the changes in the prices of retailed goods and services on the actual living expenses of urban and rural residents.

Urban Consumer Price Indices reflect the trend and degree of changes in prices of consumer goods and services purchased by urban households during a given period. It can be used to observe and analyze the impact of price changes in consumer goods and services on wages (in monetary terms) of urban staff and workers, and provide a basis for research on the livelihood of staff and workers and policy-making concerning wages.

Rural Consumer Price Indices reflect the trend and degree of changes in prices of consumer goods and services purchased by rural households during a given period. It can be used to observe the impact of change in retail prices of consumer goods and service prices in rural areas on living expenditure of rural households, and to show the changes in the living standard of peasants. It provides a basis for analysis and research on the condition of life in rural areas.

Retail Price Indices reflect the trend and degree of change in retail prices of commodities during a given period. The change in retail prices of commodities directly affect the living expenses of urban and rural residents, government revenue, purchasing power of residents and the equilibrium of market supply and demand, and the ratio of consumption to accumulation. Therefore, the retail price indices are useful from an oblique perspective for observing and analyzing the changes of the above economic activities.

Price Indices of Agricultural Means of Production reflect the trend and degree of changes in the prices of the means of agricultural production during a given period. Compilation of these indices helps to understand the changes in prices of input into agricultural production and facilitate the compilation of national accounts statistics. Before 1994, price indices of means of agricultural production were a sub-category in the retail price indices of commodities, and it has been compiled separately since 1994.

Producers' Prices Indices of Farm Products reflect the trend and degree of changes in producers' prices received by farmers when they sell farm products during a given period. These indices depict the change in the level and structure of producers' prices of farm products of the country and meet the needs of agricultural statistics and national accounts statistics. The producers' price index of a given product is calculated as the geometrical mean of individual indices of all surveyed units which sell such product, and the indices of a product category is obtained as the weighted mean of price indices of all products in the category. Method for calculating accumulative quarterly indices is the same as for calculating the individual quarterly indices.

Ex-factory Price Indices of Industrial Products reflect the trend and degree of changes in general ex-factory prices of all industrial products during a given period, including sales of industrial products by an industrial enterprise to all units outside the enterprise, as well as sales of consumer goods to residents. It can be used to analyze the impact of ex-factory prices on gross output value and value-added of the industrial sector.

Purchasing Prices Indices of Raw Materials, Fuels and Power reflect changes in the level and degree of prices paid by industrial enterprises when they purchase production input such as raw materials, fuels and power from the market or from other energy or raw materials producing enterprises. These indices provide an important basis for measuring the material consumption of industrial enterprises after removing the influence of price changes.

At present, close to 1,800 products in 9 categories, including fuels and power, ferrous metals, non-ferrous metals, chemicals, building materials, are covered in China for the survey to produce indices of purchasing prices of raw materials, fuels and power.

Price Indices of Investment in Fixed Assets reflect the trend and degree of changes in prices of investment goods and projects in fixed assets during a given period. The investment in fixed assets consists of three components, namely the investment in construction and installation, the investment in purchases of equipment and instrument, and the investment in other items. Price indices of investment in fixed assets are calculated as the weighted arithmetic mean of the price indices of the three components of investment in fixed assets.

Removing the factor of price change in the aggregates of investment at current prices, this indicator shows the changes in the prices of commodities and fees involved in the investment of fixed assets, and can be used to observe the actual size, growth, structure, and efficiency of investment in fixed assets and provides reliable and scientific data for government planning, management, decision-making, and further improving the current national accounting system.

第八篇　人民生活

CHAPTER 8　PEOPLE'S LIVELIHOOD

8-1 人民物质文化生活状况

PEOPLE'S MATERIAL AND CULTURAL LIFE

项　目	Item	2007	2008	2009	2010
就　业	**Employment**				
每一农村劳动力负担人数（人）	Number of Dependents per Rural Laborer(person)	1.4	1.3	1.4	1.4
每一城镇就业者负担人数（人）	Number of Dependents per Urban Employee (person)	2.0	2.1	2.1	2.1
城镇登记失业率（%）	Urban Registered Unemployment Rate (%)	4.30	4.23	4.27	4.27
收　入	**Income** of Rural and Urban Residents				
农村居民人均纯收入（元）	Annual Per Capita Net Income of Rural Households (yuan)	4132	4856	5207	6211
指数(1985年=100)	Indices (1985=100)	357.0	391.3	414.8	471.7
城镇居民人均可支配收入（元）	Annual Per Capita Disposable Income of Urban Households(yuan)	10245	11581	12566	13857
指数(1985年=100)	Indices (1985=100)	349.8	375.2	408.2	434.3
职工年平均工资（元）	Annual Average Wages of Staff and Workers (yuan)	19386	23046	26535	29603
消　费	**Consumption**				
居民年消费水平（元）	Annual Per Capita Consumption of residents (yuan)	5986	7039	7737	8906
农村居民	Rural Residents	3053	3781	4183	4536
城镇居民	Urban Residents	8515	9743	10592	12402
农村居民家庭人均生活消费支出（元）	Per Capita Annual Living Expenditure of Rural Households(yuan)	3117	3845	4241	4391
农村居民家庭恩格尔系数（%）	Engel's Coefficient of Rural Households (%)	34.6	33.0	31.4	33.8
城镇居民家庭人均消费性支出（元）	Per Capita Annual Living Expenditure of Urban Households(yuan)	7519	8623	9630	10684
城镇居民家庭恩格尔系数（%）	Engel's Coefficient of Urban Households (%)	35.0	36.3	35.3	35.4
储　蓄	**Savings**				
城乡居民年底储蓄存款余额（亿元）	Balance of Savings Deposit of Rural and Urban Residents at Year end (100 million yuan)	4478	5545	6430	7255
平均每人储蓄存款余额（元）	Per Capita Balance of Saving Deposit (yuan)	11712	14497	16806	18944
住房面积（平方米）	**Floor Space (sq.m)**				
农村平均每人住房面积	Per Capita Gross Floor Space of Rural Residents	21.5	21.7	22.5	22.8
城市平均每人建筑面积	Per Capita Gross Floor Space of Urban Residents	23.3	23.9	24.6	25.7
城市公用事业	**Public Utilities in Urban Areas**				
城市人口用水普及率（%）	Percentage of Households with Access to Tap Water(%)	81.9	84.2	86.6	89.1
燃气普及率（%）	Percentage of Households with Access to Tap Gas (%)	74.5	79.5	83.8	88.8
城市每万人拥有公共车（标台）	Number of Utility Car per 10000 Persons in Cities (unit)	9.0	9.7	10.4	13.1
人均公共绿地（平方米）	Per Capita Public Green Areas (sq.m)	8.2	9.5	10.5	11.8
教育、文化、卫生	**Education,Culture and Public Health**				
学龄儿童入学率（%）	Enrollment Ratio of School-Age Children (%)	98.7	99.4	99.5	99.1
每万人口在校大学生数（人）	Number of University Students per 10000 Persons (person)	226.5	242.7	253.0	257.1
城镇每百户拥有彩色电视机（台）	Number of Color TV Sets per 100 Households in Urban Areas(unit)	111	107	108	109
农村每百户拥有彩色电视机（台）	Number of TV Sets per 100 Households in Rural Areas(unit)	105	106	107	109
每万人拥有卫生机构病床数（张）	Number of Hospital Beds per 10000 Persons(unit)	33.0	35.6	38.3	41.8
每万人拥有卫生技术人员数（人）	Number of Medical Personnel per 10000 Persons (person)	41.6	42.3	45.0	49.3

8-2 城乡居民人均收入和恩格尔系数

PER CAPITA ANNUAL INCOME AND ENGEL 'S COEFFICIENT OF URBAN AND RURAL HOUSEHOLDS

年份 Year	农村居民人均纯收入 Per Capital Annual Net Income of Rural Households		城镇居民人均可支配收入 Per Capital Annual Disposable Income of Urban Households		农村居民家庭恩格尔系数（%） Engel's Coefficient of Rural Households (%)	城镇居民家庭恩格尔系数（%） Engel's Coefficient of Urban Households (%)
	绝对数（元） Value (yuan)	指数 Index (1985=100)	绝对数（元） Value (yuan)	指数 Index (1985=100)		
1978	172	56.3			61.8	42.9
1980	208	61.7			57.7	56.7
1985	398	100.0	742	100.0	57.7	52.8
1990	760	144.3	1211	97.7	56.6	51.1
1991	735	135.5	1389	103.6	57.7	50.6
1992	949	160.5	1630	110.9	62.0	49.9
1993	1028	163.8	1960	115.7	61.0	49.2
1994	1394	175.6	2597	125.6	64.4	50.8
1995	1766	199.9	3375	140.9	55.0	48.2
1996	2182	213.1	3768	146.2	55.5	46.2
1997	2308	219.1	4091	151.9	54.8	45.9
1998	2253	217.1	4269	157.1	55.0	43.5
1999	2166	211.9	4595	174.2	52.8	40.5
2000	2148	213.6	4913	188.9	44.3	38.4
2001	2280	226.2	5426	207.0	42.7	37.2
2002	2405	239.3	6101	241.8	41.6	35.5
2003	2509	248.9	6679	255.0	40.7	35.6
2004	3005	287.0	7471	275.7	40.9	35.4
2005	3221	299.9	8273	303.0	36.3	33.5
2006	3552	325.4	9182	330.4	35.3	33.3
2007	4132	357.0	10245	349.8	34.6	35.0
2008	4856	391.3	11581	375.2	33.0	36.3
2009	5207	414.8	12566	408.2	31.4	35.3
2010	6211	471.7	13857	434.3	33.8	35.4

8-3 年末城乡储蓄存款余额

BALANCE OF SAVINGS DEPOSIT IN URBAN AND RURAL AREAS AT YEAR-END

年份 Year	城乡储蓄存款余额（亿元） Balance of Savings Deposit of Rural and Urban Residents (100 million yuan)	城镇 Urban Areas	乡村 Rural Areas	全省人均储蓄存款（元） Per Capita Balance of Saving Deposit (yuan)	城镇 Urban Areas	乡村 Rural Areas
1978	9.2	7.3	2.0	30	65	10
1980	18.8	14.9	3.9	59	121	20
1985	70.1	57.4	12.7	209	398	67
1990	308.8	269.7	39.1	872	1587	212
1991	388.8	340.8	48.1	1088	1944	264
1992	475.9	419.3	56.7	1319	2318	315
1993	582.9	515.7	67.3	1602	2763	379
1994	790.5	706.4	84.2	2153	3670	482
1995	1091.1	982.0	109.1	2948	4945	636
1996	1418.9	1288.6	130.4	3806	6419	758
1997	1689.7	1528.1	161.6	4505	7558	935
1998	1906.7	1730.2	176.5	5054	8492	1017
1999	2119.2	1928.5	190.7	5589	9383	1081
2000	2285.5	2071.6	213.9	6003	10476	1169
2001	2578.4	2341.2	237.2	6766	11728	1307
2002	2915.7	2654.6	261.1	7649	13216	1448
2003	3342.4	3033.1	309.3	8761	15120	1710
2004	3585.7	3269.1	316.6	9395	16228	1757
2005	4078.6	3709.7	368.9	10677	18289	2059
2006	4373.6	3967.2	406.4	11445	19480	2277
2007	4478.2	3982.4	495.8	11712	19398	2800
2008	5545.1	4709.1	836.0	14497	22223	4900
2009	6430.1	5680.8	749.3	16806	29228	3981
2010	7254.7			18944		

8-4 城镇居民家庭基本情况

BASIC CONDITIONS OF URBAN HOUSEHOLDS

单位：元 (yuan)

项　目	Item	2007	2008	2009	2010
调查户数（户）	**Number of Households Surveyed (household)**	**2250**	**2250**	**2250**	**2250**
平均每户家庭人口（人）	Average Household Size(person)	2.7	2.7	2.7	2.7
平均每户就业人口（人）	Average Number of Employed Persons per Household (person)	1.3	1.3	1.3	1.3
平均每户就业面（%）	Percentage of Employment per Household (%)	49.1	47.6	48.1	48.1
平均每一就业者负担人数	Number of Dependents Per Employee	2.0	2.1	2.1	2.1
期初人均手存现金	**Per Capita Cash Available at the Year-beginning**	**532.6**	**341.2**	**767.7**	**1024.3**
家庭人均总收入	**Per Capita Annual Income**	**11063.0**	**12264.0**	**13689.9**	**15095.6**
#人均可支配收入	#Per Capita Disposable Income	10245.0	11581.0	12566.0	13856.5
工资性收入	Income from Wage and Salaries	6946.0	7393.4	8356.7	9087.6
经营性收入	Net Business Income	1100.3	1241.4	1224.3	1266.7
财产性收入	Income from Properties	98.2	122.8	88.9	102.1
转移性收入	Income from Transfer	2918.3	3506.5	4020.0	4639.2
#养老金或离退休金	#Pension	2605.6	2890.7	3406.4	4050.7
赡养收入	Income from Support	48.2	117.4	108.5	84.7
捐赠收入	Income from Donation and Presentation	178.6	228.9	296.4	277.2
人均出售财物收入	**Income from Sale of Property**	**48.2**	**87.0**	**135.1**	**114.0**
人均借贷收入	**Loan Income**	**1986.2**	**1667.2**	**2181.7**	**6861.2**
#提取储蓄存款	#Saving Withdrawal	1852.3	1535.0	1953.5	6683.2
借入款	Borrowing	87.2	75.4	151.1	130.3
家庭人均总支出	**Per Capita Household Total Expenditure**	**10237.0**	**10903.5**	**12869.8**	**14172.8**
消费支出	Expenditure for Consumption	7519.0	8623.0	9629.6	10683.9
购房与建房支出	Housing Expenditure for Purchasing and Construction	526.2	204.7	460.9	537.2
转移性支出	Transfer Income	1416.0	1480.8	1760.7	1841.9
#赡养支出	#Expenditure for Support	323.3	340.5	357.6	341.4
捐赠支出	Expenditure for Presentation	1008.0	1053.9	1298.3	1390.4
财产性支出	Property Expenditure	12.4	8.0	25.7	24.1
社会保障支出	Social Security Expenditure	528.6	587.1	993.0	1085.7
借贷支出	**Expenditure for Debit and Credit**	**2547.5**	**2495.5**	**2629.3**	**7512.3**
#存入储蓄款	#Deposit	2277.1	2260.2	2407.3	7235.8
借出款	Loan	6.8	12.9	14.6	15.9
购买有价证券	Securities Purchasing	33.4	29.7	13.5	38.2
期末人均手存现金	**Per Capita Cash Available at the Year-end**	**863.7**	**965.5**	**1281.3**	**1413.7**

8-5 城镇居民家庭基本情况(2010年，按收入等级分组)

单位：元

指　标	Item	总平均 Average
调查户数(户)	**Number of Households Surveyed (household)**	**2250**
平均每户家庭人口(人)	Average Household Size (person)	2.7
平均每户就业人口(人)	Average Number of Employees per Household (person)	1.3
平均每户就业面(%)	Percentage of Employed Persons per Household (%)	48.1
平均每一就业者负担人数	Number of Dependents Per Employee	2.1
(包括就业者本人)(人)	(including the employee himself or herself)(person)	
期初人均手存现金	**Per Capita Cash Available at the Year-beginning**	**1024.3**
家庭人均总收入	**Per Capita Household Total Income**	**15095.6**
#人均可支配收入	#Per Capita Disposable Income	13856.5
工资性收入	Income from Wage and Salaries	9087.6
经营性收入	Net Business Income	1266.7
财产性收入	Income from Properties	120.1
转移性收入	Income from Transfer	4639.2
#养老金或离退休金	#Pension	4050.7
赡养收入	Income from Support	84.7
捐赠收入	Income from Presentation	277.2
人均出售财物收入	**Income from Sold Property**	**114.0**
人均借贷收入	**Loan Income**	**6861.2**
#提取储蓄存款	#Saving Withdrawal	6683.2
借入款	from Lending	130.3
家庭人均总支出	**Per Capita Household Total Expenditure**	**14172.8**
消费支出	Living Expenditure for Consumption	10683.9
购房与建房支出	Housing Expenditure for Purchasing and Construction	537.2
转移性支出	Transfer Income	1841.9
#赡养支出	#Expenditure for Support	341.4
捐赠支出	Expenditure for Presentation	1390.4
财产性支出	Property Expenditure	24.1
社会保障支出	Social Security Expenditure	1085.7
借贷支出	**Expenditure for Debit and Credit**	**7512.3**
#存入储蓄款	#Deposit	7235.8
借出款	Loan	15.9
购买有价证券	Securities Purchasing	38.2
期末人均手存现金	**Per Capita Cash Available at the Year-end**	**1413.7**

BASIC CONDITIONS OF URBAN HOUSEHOLDS
(2010,BY LEVEL OF INCOME)

(yuan)

最　低 收入户 Lowest Income Households	低收入户 Low Income Households	中等偏下 收 入 户 Lower Middle Income Households	中　等 收入户 Middle Income Households	中等偏上 收 入 户 Upper Middle Income Households	高收入户 High Income Households	最　高 收入户 Highest Income Households
225	**225**	**450**	**450**	**450**	**225**	**225**
3.0	3.0	2.9	2.6	2.5	2.3	2.2
1.1	1.3	1.4	1.3	1.3	1.2	1.1
36.7	42.7	49.3	50.6	53.4	49.4	50.0
2.7	2.3	2.0	2.0	1.9	2.0	2.0
594.3	**679.2**	**768.9**	**858.8**	**1286.0**	**1579.2**	**2214.7**
4893.5	**7658.8**	**10636.8**	**14095.3**	**18465.6**	**24349.7**	**41243.1**
4296.3	7021.1	9649.7	12906.9	16898.7	22318.1	38791.3
3080.2	4877.1	7250.6	9028.2	11959.2	13683.0	19167.7
502.9	660.8	717.2	1009.7	1053.1	1629.3	5967.2
11.0	7.1	21.9	59.2	95.9	252.6	607.5
1299.4	2113.8	2647.1	3998.2	5357.4	8784.8	15500.7
800.7	1751.0	2360.8	3693.5	4851.2	8167.1	12565.8
71.7	104.0	45.4	56.9	101.4	86.3	224.2
72.2	80.0	79.8	97.8	267.4	344.3	1957.6
778.2	**0.7**	**0.5**	**73.0**	**1.4**		**2.7**
2709.6	**2781.9**	**4202.1**	**5719.3**	**8295.3**	**12125.4**	**21830.5**
2377.2	2637.3	4119.1	5562.1	8101.2	11986.1	21529.0
320.9	117.4	57.4	82.6	164.7	88.9	126.4
6705.7	**8003.7**	**10640.4**	**13212.8**	**16736.1**	**20829.2**	**35738.1**
4865.1	6566.6	8272.6	10124.1	12439.2	15518.7	25897.8
785.5		254.0	319.0	480.2	531.5	2523.4
546.0	899.5	1219.1	1698.9	2378.6	2922.0	5200.6
79.5	197.4	181.6	322.8	444.7	650.5	931.1
450.6	673.0	980.4	1281.6	1801.2	2101.0	3796.5
2.0	3.0	24.3	13.8	36.2	65.4	47.1
507.1	534.6	870.4	1057.1	1402.0	1791.5	2069.2
1714.6	**2350.6**	**4004.0**	**6244.0**	**9553.9**	**14802.9**	**26051.5**
1646.1	2266.6	3871.8	6057.9	9257.3	14215.7	24840.7
0.7	0.5	1.9	22.9	22.3	16.9	69.8
			0.8		23.8	489.7
551.3	**770.2**	**958.6**	**1298.2**	**1730.5**	**2422.6**	**3639.2**

8-6 城镇居民人均全年消费性支出(2010年，按收入等级分组)

单位：元

指　标	Item	总平均 Average	最低收入户 Lowest Income Households
消费支出总计	**Total Living Expenditures**	**10683.9**	**4865.1**
食　品	**Food**	**3784.7**	**2141.1**
粮　食	Grain	429.7	319.3
淀粉及薯类	Starches and Tubers	65.0	45.2
干豆类及豆制品	Beans and Bean Products	66.1	44.2
油脂类	Oil and Fats	109.6	78.4
肉禽及其制品	Meat,Poultry and Related Product	693.0	407.1
蛋　类	Eggs	94.9	65.5
水产品类	Aquatic Products	185.6	100.9
菜　类	Vegetables	420.3	253.9
调味品	Condiments	65.2	40.3
糖　类	Sugar	36.3	21.4
烟草类	Tobacco	128.3	82.2
酒和饮料	Liquor and Beverages	89.9	59.2
干鲜瓜果类	Dried and Fresh Melons and Fruits	395.0	224.5
糕点类	Cake	68.2	38.8
奶及奶制品	Milk and Dairy Products	137.0	82.7
其他食品	Other Food	64.4	38.1
在外用餐	Dining Out	670.8	204.0
食品加工服务费	Food Processing Service Fees	0.6	0.1
衣　着	**Clothing**	**1608.4**	**490.9**
服　装	Garments	1106.5	315.2
衣着材料	Clothing Materials	5.2	2.6
鞋类及其他衣着	Foot and Other Clothing	485.9	169.8
衣着加工服务费	Tailoring and Laundering Service Fees	10.8	3.4
家庭设备、用品及服务	**Household Facilities,Articles and Service**	**618.8**	**209.5**
耐用消费品	Durable Consumer Goods	228.4	34.2
室内装饰品	Room Decorations	14.4	2.3
床上用品	Bed Articles	52.2	10.5
家庭日用杂品	Household Articles for Daily Use	284.2	150.9
家具材料	Furniture Materials	11.3	0.1
家庭服务	Households Services	28.2	11.5
医疗保健	**Health Care and Medical Services**	**948.4**	**401.5**
交通和通讯	**Transport and Communication Services**	**1191.3**	**321.0**
交　通	Transport	619.7	106.5
通　讯	Communication Services	571.6	214.5
娱乐、教育文化服务	**Education, Cultural and Recreation Services**	**1001.5**	**481.5**
文化娱乐用品	Recreational Durable Consumer Goods	229.5	109.5
教　育	Education	528.5	316.8
文化娱乐	Recreation	243.5	55.3
居　住	**Residence**	**1128.1**	**698.6**
住　房	Housing	264.4	213.3
水、电、燃料及其他	Water,Electricity,Fuels and Others	816.7	471.9
居住服务费	Living Service charges	47.0	13.4
其它商品和服务	**Other Commodities and Services**	**402.7**	**121.0**
其它商品	Other Commodities	242.3	65.6
服　务	Services	160.4	55.3

COMPOSITION OF PER CAPITA ANNUAL LIVING EXPENDITURE OF URBAN HOUSEHOLDS (2010,BY LEVEL OF INCOME)

(yuan)

低收入户 Low Income Households	中等偏下收入户 Lower Middle Income Households	中等收入户 Middle Income Households	中等偏上收入户 Upper Middle Income Households	高收入户 High Income Households	最高收入户 Highest Income Households
6566.6	**8272.6**	**10124.1**	**12439.2**	**15518.7**	**25897.8**
2719.2	**3232.2**	**3764.9**	**4460.5**	**5106.2**	**6769.1**
374.2	393.9	416.1	479.6	538.7	602.5
57.7	59.7	66.0	72.9	85.1	80.7
55.7	59.0	67.9	76.7	85.9	87.8
88.6	101.2	106.2	119.4	142.8	168.3
502.5	601.6	695.3	840.2	928.8	1109.4
74.4	85.8	93.9	108.8	119.9	143.9
133.5	150.2	200.6	215.6	250.8	325.5
320.6	370.6	423.1	494.0	560.4	658.0
49.1	56.4	65.9	76.8	88.8	101.5
27.4	30.5	37.9	41.9	51.1	57.5
96.3	110.4	131.5	140.9	200.5	189.6
62.7	79.4	89.8	107.2	118.9	140.8
282.2	331.2	397.1	476.9	528.7	689.8
49.1	57.8	69.7	79.0	93.5	119.9
98.8	122.1	136.5	160.0	182.0	227.4
42.1	53.9	72.0	78.4	81.9	98.7
357.5	515.2	628.9	809.9	960.1	1858.8
0.5	0.5	0.4	0.7	2.0	0.8
876.2	**1188.2**	**1457.1**	**2032.9**	**2488.7**	**4269.4**
565.3	773.9	972.3	1409.2	1725.9	**3201.5**
2.3	4.1	5.4	3.8	12.2	12.8
301.2	400.9	466.9	608.7	735.2	1032.0
7.3	9.2	12.5	11.2	15.3	23.1
337.0	455.8	617.8	758.4	970.4	1497.2
84.0	144.2	244.8	312.0	390.9	596.9
6.5	5.6	14.4	21.2	22.6	47.7
36.2	41.1	47.5	61.7	76.2	144.1
201.3	247.8	292.8	329.6	405.7	475.9
1.7	7.1	2.4	2.8	0.6	115.0
7.4	10.1	16.0	31.1	74.5	117.6
553.2	**809.2**	**832.9**	**1005.2**	**1417.7**	**2567.4**
575.5	**717.7**	**880.9**	**1341.3**	**1768.1**	**4868.4**
238.4	241.6	315.6	618.4	905.6	3724.7
337.0	476.1	565.3	722.9	862.5	1143.8
609.1	**814.6**	1074.3	1111.3	1448.2	2076.4
128.7	158.4	224.7	283.5	433.2	452.8
399.7	532.3	602.9	557.9	651.5	665.2
80.7	123.9	246.7	269.9	363.6	958.5
674.9	**820.3**	**1137.7**	**1295.6**	**1702.1**	**2385.5**
72.6	108.2	185.9	246.5	557.6	1045.5
581.0	683.8	910.5	983.4	1073.3	1199.5
21.4	28.3	41.4	65.7	71.3	140.5
221.5	234.5	358.5	433.9	617.4	1464.5
120.6	**115.4**	**211.1**	**255.1**	**425.8**	**955.5**
101.0	119.1	147.4	178.8	191.6	508.9

8-7 城镇居民人均全年消费性支出

COMPOSITION OF PER CAPITA ANNUAL LIVING EXPENDITURE OF URBAN HOUSEHOLDS

项 目	Item	2007	2008	2009	2010
消费性支出(元)	**Total Living Expenditure (yuan)**	**7519.3**	**8623.0**	**9629.6**	**10683.9**
食 品	Food	2633.2	3128.1	3397.4	3784.7
#粮 食	#Grain	278.5	339.2	359.2	429.7
肉禽及其制品	Meat, Poultry and Related Products	479.8	623.8	642.2	693.0
蛋 类	Eggs	74.2	86.5	85.4	94.9
水产品	Aquatic Products	121.7	148.2	159.8	185.6
奶及奶制品	Milk and Dairy Products	112.5	129.6	135.2	137.0
衣 着	Clothing	1021.5	1217.0	1403.7	1608.4
#服 装	#Garments	684.7	830.5	949.0	1106.5
家庭设备、用品及服务	Household Facilities, Articles and Services	355.7	494.5	547.9	618.8
#耐用消费品	#Durable Consumer Goods	139.4	192.9	228.7	228.4
医疗保健	Health Care and Medical Services	729.6	864.9	978.8	948.4
交通和通讯	Transport, Post and Communication Services	746.0	749.1	922.8	1191.3
娱乐、教育、文化服务	Education, Cultural and Recreation Services	938.2	906.2	956.9	1001.5
#文化娱乐用品	#Durable Consumer Goods for Recreational Use	222.9	186.6	229.6	229.5
居 住	Residence	784.5	941.3	1026.8	1128.1
#住 房	#Housing	169.9	173.1	210.1	264.4
杂项商品	Miscellaneous Goods and Services	310.6	322.0	395.4	402.7
消费支出构成(%)	**Composition of Living Expenditure (%)**	**100.0**	**100.0**	**100.0**	**100.0**
食 品	Food	35.0	36.3	35.3	35.4
#粮 食	#Grain	3.7	3.9	3.7	4.0
肉禽及其制品	Meat, Poultry and Related Products	6.4	7.2	6.7	6.5
蛋 类	Eggs	1.0	1.0	0.9	0.9
水产品	Aquatic Products	1.6	1.7	1.7	1.7
奶及奶制品	Milk and Dairy Products	1.5	1.5	1.4	1.3
衣 着	Clothing	13.6	14.1	14.6	15.1
#服 装	#Garments	9.1	9.6	9.9	10.4
家庭设备、用品及服务	Household Facilities, Articles and Services	4.7	5.7	5.7	5.8
#耐用消费品	#Durable Consumer Goods	1.9	2.2	2.4	2.1
医疗保健	Health Care and Medical Services	9.7	10.0	10.2	8.9
交通和通讯	Transport, Post and Communication Services	9.9	8.7	9.6	11.2
娱乐、教育、文化服务	Education, Cultural and Recreation Services	12.5	10.5	9.9	9.4
#文化娱乐用品	#Durable Consumer Goods for Recreational Use	3.0	2.2	2.4	2.1
居 住	Residence	10.4	10.9	10.7	10.6
#住 房	#Housing	2.3	2.0	2.2	2.5
其它商品	Other Commodities	4.2	3.7	4.1	3.8

8-8 城镇居民人均全年购买的主要商品数量

PER CAPITA ANNUAL PURCHASES OF MAJOR COMMODITIES IN URBAN HOUSEHOLDS

项　目	Item	2007	2008	2009	2010
粮食（千克）	Grain (kg)	66.0	75.2	61.4	95.1
鲜菜（千克）	Fresh Vegetables (kg)	128.5	138.3	116.2	118.4
食用植物油（千克）	Edible Vegetable Oil (kg)	12.9	15.5	11.7	11.0
猪肉（千克）	Pork (kg)	13.7	14.4	14.9	15.3
牛羊肉（千克）	Beef and Mutton (kg)	5.4	4.7	4.6	4.6
禽及禽制品（千克）	Poultry and Related Products (kg)	3.0	3.6	3.2	5.8
鲜蛋（千克）	Fresh Eggs (kg)	11.9	13.7	11.8	11.7
鱼虾（千克）	Fish and Shrimps (kg)	10.2	10.5	9.4	9.7
白酒（千克）	Liquor (kg)	2.9	3.0	2.4	2.6
果酒（千克）	Fruit Wine (kg)	0.3	0.2	0.2	0.2
啤酒（千克）	Beer (kg)	11.6	10.7	11.2	12.6
碳酸饮料（千克）	Carbonated Drinks and Coke (kg)	2.9	1.7	1.8	1.5
瓶装饮用水（千克）	Drinkable Water Bottled (kg)	13.8	10.3	7.3	8.0
干鲜瓜果类（千克）	Dried and Fresh Melons and Fruits (kg)	68.5	64.0	53.4	59.1
糕点（千克）	Cake (kg)	4.5	4.2	4.4	4.7
鲜乳品（千克）	Fresh Dairy Products (kg)	17.0	12.1	12.3	11.5
奶粉（千克）	Milk Powder (kg)	0.5	0.7	0.4	0.4
煤炭（千克）	Coal (kg)	105.2	101.3	99.3	61.5

注：本表中的粮食为大米和面粉之和；禽及禽制品为鸡和鸭之和；干鲜瓜果类为鲜瓜和鲜果之和。

Note:The purchases of grain is the sum of rice and flour;The purchases of poultry and related products is the sum of chook and duck;The purchases of dried and fresh melons and fruits is the sum of fresh melon and fresh fruit in this table

8-9 城镇居民家庭平均每百户年末主要消费品拥有量

NUMBER OF MAIN CONSUMER GOODS PER 100 URBAN HOUSEHOLDS AT YEAR-END

项　目	Item	2007	2008	2009	2010
摩托车（辆）	Motorcycle (unit)	8	7	8	8
家用汽车（辆）	Automobile (unit)	2	2	3	4
洗衣机（台）	Washing Machine (set)	93	89	92	94
家用电冰箱（台）	Refrigerator (set)	86	82	84	86
彩色电视机（台）	Color TV Set (set)	111	107	108	109
家用电脑（台）	Computer (set)	34	38	42	47
组合音响（套）	HI-Fi Stereo Component System (set)	14	12	12	13
摄像机（架）	Pickup Camera (set)	5	5	6	6
照相机（架）	Camera (set)	31	22	22	25
其他中高档乐器（件）	Other Medium and Top Grade Musical Instrument (unit)	7	2	2	3
微波炉（台）	Microwave Oven (set)	33	31	33	36
空调器（台）	Air Conditioner (set)	7	8	8	9
淋浴热水器（台）	Shower (set)	36	32	33	36
消毒碗柜（台）	Disinfectant Cupboard (set)	4	4	4	4
健身器材（套）	Healthy Equipment (set)	2	2	2	2
移动电话（部）	Mobile Telephone (unit)	134	149	158	171

8-10 城镇居民人均全年购买的主要商品数量 (2010年，按收入等级分组)

PER CAPITA ANNUAL PURCHASES OF MAJOR COMMODITIES OF URBAN HOUSEHOLDS (2010, BY LEVEL OF INCOME)

项目	Item	总平均 Average	最低收入户 Lowest Income Households	低收入户 Low Income Households	中等偏下收入户 Lower Middle Income Households
粮食（千克）	Grain (kg)	95.1	74.8	85.1	88.6
鲜菜（千克）	Fresh Vegetables (kg)	118.4	79.1	97.0	109.0
食用植物油（千克）	Edible Vegetable Oil (kg)	11.0	8.4	9.4	10.5
猪肉（千克）	Pork (kg)	15.3	9.9	12.0	13.7
牛羊肉（千克）	Beef and Mutton (kg)	4.6	2.5	3.0	3.9
禽及禽制品（千克）	Poultry and Poultry Products (kg)	5.8	3.7	4.6	5.2
鲜蛋（千克）	Fresh Eggs (kg)	11.7	8.4	9.3	10.6
鱼虾（千克）	Fish and Shrimps (kg)	9.7	6.0	7.9	8.4
白酒（千克）	Liquor (kg)	2.6	2.3	2.2	2.5
果酒（千克）	Fruit Wine (kg)	0.2	0.1	0.1	0.1
啤酒（千克）	Beer (kg)	12.6	10.0	9.2	11.8
碳酸饮料（千克）	Carbonated Drinks and Coke (kg)	1.5	0.9	1.4	1.4
瓶装饮用水（千克）	Drinkable Water Bottled (kg)	8.0	3.9	6.2	6.8
干鲜瓜果类（千克）	Dried and Fresh Melons and Fruits (kg)	59.1	37.4	46.0	53.1
糕点（千克）	Cake (kg)	4.7	2.8	3.6	4.1
鲜乳品（千克）	Fresh Dairy Products (kg)	11.5	6.0	8.8	10.1
奶粉（千克）	Milk Powder (kg)	0.4	0.3	0.3	0.3
煤炭（千克）	Coal (kg)	61.5	102.0	68.0	63.9

8-10 续表 CONTINUED

项目	Item	中等收入户 Middle Income Households	中等偏上收入户 Upper Middle Income Households	高收入户 High Income Households	最高收入户 Highest Income Households
粮食（千克）	Grain (kg)	92.0	103.9	116.1	128.3
鲜菜（千克）	Fresh Vegetables (kg)	116.4	134.9	154.2	170.8
食用植物油（千克）	Edible Vegetable Oil (kg)	10.8	11.8	13.6	15.0
猪肉（千克）	Pork (kg)	15.1	18.4	19.3	22.4
牛羊肉（千克）	Beef and Mutton (kg)	4.5	5.8	6.9	7.7
禽及禽制品（千克）	Poultry and Poultry Products (kg)	5.8	6.8	7.5	9.1
鲜蛋（千克）	Fresh Eggs (kg)	11.5	13.0	14.7	17.5
鱼虾（千克）	Fish and Shrimps (kg)	10.1	11.2	12.8	14.5
白酒（千克）	Liquor (kg)	2.5	2.9	2.8	3.4
果酒（千克）	Fruit Wine (kg)	0.2	0.2	0.3	0.6
啤酒（千克）	Beer (kg)	12.8	14.7	15.1	15.8
碳酸饮料（千克）	Carbonated Drinks and Coke (kg)	1.6	1.6	1.8	1.9
瓶装饮用水（千克）	Drinkable Water Bottled (kg)	8.1	10.9	10.1	11.9
干鲜瓜果类（千克）	Dried and Fresh Melons and Fruits (kg)	59.3	70.2	74.0	88.9
糕点（千克）	Cake (kg)	4.8	5.4	6.2	7.6
鲜乳品（千克）	Fresh Dairy Products (kg)	11.8	13.9	14.8	18.7
奶粉（千克）	Milk Powder (kg)	0.3	0.4	0.4	0.6
煤炭（千克）	Coal (kg)	52.8	35.6	57.1	68.4

注：本表中的粮食为大米和面粉之和；禽及禽制品为鸡和鸭之和；干鲜瓜果类为鲜瓜和鲜果之和。

Note:The purchases of grain is the sum of rice and flour;The purchases of poultry and related products is the sum of chook and duck;The purchases of dried and fresh melons and fruits is the sum of fresh melon and fresh fruit in this table

8-11 城镇居民家庭平均每百户年末主要消费品拥有量(2010年，按收入等级分组)

POSSESSION OF CONSUMER GOODS PER 100 URBAN HOUSEHOLDS AT YEAR-END (2010, BY LEVEL OF INCOME)

项 目	Item	总平均 Average	最 低 收入户 Lowest Income Households	低收入户 Low Income Households	中等偏下 收 入 户 Lower Middle Income Households
摩托车（辆）	Motorcycle (unit)	8	6	11	10
家用汽车（辆）	Automobile (unit)	4	1	2	1
洗衣机（台）	Washing Machine (set)	94	88	90	93
家用电冰箱（台）	Refrigerator (set)	86	67	72	83
彩色电视机（台）	Color TV Set (set)	109	105	104	107
家用电脑（台）	Computer (set)	47	23	29	41
组合音响（套）	HI-Fi Stereo Component System (set)	13	5	5	10
摄像机（架）	Pickup Camera (set)	6	1	0	2
照相机（架）	Camera (set)	25	9	14	16
其他中高档乐器（件）	Other Medium and Top Grade Musical Instrument (unit)	3	2	3	2
微波炉（台）	Microwave Oven (set)	36	17	19	27
空调器（台）	Air Conditioner (set)	9	2	3	5
淋浴热水器（台）	Shower (unit)	36	12	18	28
消毒碗柜（台）	Disinfectant Cupboard (set)	4	1	1	1
健身器材（套）	Healthy Equipment (set)	2		0	1
移动电话（部）	Mobile Telephone (unit)	171	128	154	178
接入互联网移动电话(部)	Mobile Telephone Accessed the Internet (unit)	5	4	2	3
接入有线电视网络电视(台)	Network Television Accessed Cable Television (unit)	88	79	81	85
接入互联网计算机(台)	Computers Accessed the Internet (unit)	34	18	19	27

8-11 续表 CONTINUED

项 目	Item	中 等 收入户 Middle Income Households	中等偏上 收 入 户 Upper Middle Income Households	高收入户 High Income Households	最 高 收入户 Highest Income Households
摩托车（辆）	Motorcycle (unit)	9	6	11	5
家用汽车（辆）	Automobile (unit)	2	3	8	16
洗衣机（台）	Washing Machine (set)	93	96	98	99
家用电冰箱（台）	Refrigerator (set)	90	92	99	100
彩色电视机（台）	Color TV Set (set)	108	111	114	119
家用电脑（台）	Computer (set)	49	59	63	67
组合音响（套）	HI-Fi Stereo Component System (set)	15	14	21	23
摄像机（架）	Pickup Camera (set)	5	6	16	20
照相机（架）	Camera (set)	23	28	45	53
其他中高档乐器（件）	Other Medium and Top Grade Musical Instrument (unit)	2	2	5	4
微波炉（台）	Microwave Oven (set)	35	43	57	64
空调器（台）	Air Conditioner (set)	7	9	17	29
淋浴热水器（台）	Shower (unit)	34	46	53	70
消毒碗柜（台）	Disinfectant Cupboard (set)	4	5	5	14
健身器材（套）	Healthy Equipment (set)	1	1	3	6
移动电话（部）	Mobile Telephone (unit)	169	188	187	175
接入互联网移动电话(部)	Mobile Telephone Accessed the Internet (unit)	4	7	10	11
接入有线电视网络电视(台)	Network Television Accessed Cable Television (unit)	90	92	98	92
接入互联网计算机(台)	Computers Accessed the Internet (unit)	36	42	46	47

8-12 城镇居民家庭居住情况

LIVING CONDITION OF URBAN HOUSEHOLDS

项 目	Item	2007	2008	2009	2010
居住面积（平方米）	**Per Capita Net Living Space (sq.m)**				
人均现住房建筑面积	Built Space Prensently Per Capita	24.1	23.8	24.1	24.6
居住条件	**Living Condition**				
按房屋产权分(%)	Grouped by Property of Dwelling(%)				
租赁公房	Rent Public Housing	5.7	4.8	4.9	4.7
租赁私房	Rent Private Housing	1.9	4.5	4.8	5.2
自有私房	Self-owned Private Housing	90.7	90.1	89.7	89.6
其 他	Others	1.7	0.6	0.6	0.5
按自来水使用情况分(%)	Grouped by Using of Tap Water(%)				
无自来水	No Tap Water		0.4	0.3	0.5
独用自来水	Private Tap Water	99.9	98.4	98.4	98.3
公用自来水	Public shared Tap Water	0.1	1.2	1.3	1.2
按卫生设备拥有情况分(%)	Grouped by Sanitary Equipment(%)				
无卫生设备	No Sanitary Equipment	14.0	16.6	14.7	14.1
有浴室厕所	With Shower Room and Toilet	41.5	39.4	40.2	42.4
有厕所无浴室	With Toilet No Shower Room	43.1	42.2	43.4	41.5
公用卫生设备	Public Sanitary Equipment	1.4	1.8	1.8	2.0
按取暖设备拥有情况分(%)	Grouped by Possession of Heating Installation(%)				
无取暖设备	No Heating Installation	0.1	0.2	0.3	0.9
空调设备	Air Conditioner				
暖 气	Flue	87.0	81.9	84.0	85.4
其 他	Others	12.9	17.9	15.7	13.7
按燃料使用情况分(%)	Grouped by Using of Fuel(%)				
管道煤气	Pipeline Coal Gas	39.3	25.7	20.9	11.5
液化石油气	Liquefied Petroleum Gas	31.5	26.2	25.1	22.5
煤	Coal	15.0	11.6	11.2	11.0
其 他	Others	14.2	36.4	42.9	55.0
按住宅建筑式样分(%)	Grouped by Types of House Constructions(%)				
家庭单栋配套住宅	Independent House	0.1	0.3	0.2	0.1
单元式配套住宅	Flat	80.9	77.9	79.6	79.7
一居室	Single Room	8.3	9.2	9.6	9.3
二居室	Two Rooms	58.8	57.8	59.2	59.9
三居室	Three Rooms	12.5	10.2	10.1	9.9
四居室及以上	Four and more than Four Rooms	1.3	0.8	0.7	0.6
普通楼房	Ordinary Multi Storey Building	1.3	2.2	2.8	3.4
普通平房	Ordinary Single Storey Building	17.7	19.5	17.4	16.9

注：1. 2008年燃料使用情况指标有所调整，其中“液化石油气”分为“罐装液化石油气”和“管道液化石油气”，增加“管道天然气”和“柴油”两项指标。
2. “家庭单栋配套住宅”现为“单栋住宅”，“四居室及以上”现为“四居室”，“普通平房”现为“平房及其它”。

Note: a) In 2008 ,the fuel service condition target has been adjusted, “the liquified petroleum gas” divided into “the canned liquified petroleum gas” and “the pipeline liquified petroleum gas” and added “the pipeline natural gas” and “the diesel oil” two targets.
b) "Supporting the family single-family residential" is a "single house"; "four bedroom and above" is a "four-bedroom"; "ordinary cottage" is a "cottage and other."

8-13 农村居民家庭基本情况

BASIC CONDITIONS OF RURAL HOUSEHOLDS

项　目	Item	2007	2008	2009	2010
调查户数（户）	**Number of Households Surveyed (household)**	**2240**	**2240**	**2240**	**2240**
调查户人口（人）	**Number of Residents Surveyed (person)**				
常住人口	Number of Permanent Residents in the Households Surveyed	8056	8032	7885	7842
平均每户常住人口	Average Number of Permanent Residents per Household	3.6	3.6	3.5	3.5
平均每户整、半劳动力	Average Number of Full/Semi Labour Force (including the laborer himself or herself)	2.7	2.7	2.6	2.6
平均每个劳动力负担人口	Average Number of Dependents per Laborer Force	1.4	1.3	1.4	1.4
平均每户经营耕地面积（公顷）	Area of Cultivated Land under Management each Household (hectare)	2.7	2.7	2.8	2.7
平均每人全年总收支（元）	**Per Capita Annual Income and Expenditure(yuan)**				
总收入	**Total Income**	**7732.4**	**9545.5**	**9385.2**	**11526.8**
#纯收入	#Net Income	4132.3	4855.6	5206.8	6210.7
工资性收入	Income from Wage and Salaries	773.9	916.8	1019.6	1241.6
家庭经营收入	Income from Household Operations	6399.2	7786.6	7406.0	9175.4
#农业收入	#Farming	5133.0	6134.4	5943.1	7622.1
#种植业	#Planting	4991.0	5998.1	5778.7	7452.3
牧业收入	Animal Husbandry	1046.1	1368.0	1146.9	1131.1
财产性收入	Income from Properties	196.1	243.6	241.0	344.1
转移性收入	Income from Transfers	363.2	598.5	718.5	765.7
#家庭非常驻人口	#Sent Back or Taken Back by Non-permanent	14.5	10.4	8.8	12.7
亲友赠送	Presented by Relatives	54.6	74.5	112.2	118.1
总支出	**Total Expenditure**	**7631.6**	**9593.4**	**9729.2**	**10982.0**
家庭经营费用支出	Expenditure for Household Operations	3282.9	4309.0	3756.1	4877.0
#农业生产	#Farming	2477.4	3221.6	2810.5	3809.9
牧业生产	Animal Husbandry	730.2	992.7	849.4	920.4
购置生产性固定资产支出	Purchase of Productive Fixed Assets	413.7	438.4	613.6	626.8
建造生产性固定资产雇工支出	Employe Expenditure for Constructing Productive Fixed Assets	2.0	1.5	2.6	3.2
税费支出	Taxes and Fees	7.6	8.0	4.8	7.5
#缴纳生产税	#Tax Paid for Production	0.5	0.6	0.3	0.1
生活消费支出	Expenses on Household Consumption	3117.4	3844.7	4241.3	4391.2
财产性支出	Expenses on Properties	235.2	302.7	453.1	561.7
转移性支出	Expenses on Transfers	572.9	689.2	657.8	514.6
#赠送亲友	#Presented to Relatives	475.4	565.9	537.1	360.9

8-14 按农村居民家庭人均纯收入等级分组家庭基本情况 (2010年)

指　标	Item	总平均 Average
调查户数（户）	**Number of Households Surveyed (household)**	**2240**
调查户人口（人）	**Number of Residents Surveyed (person)**	
常住人口	Number of Permanent Residents in the Households Surveyed	7842
平均每户常住人口	Average Number of Permanent Residents per Household	3.5
平均每户整、半劳动力	Average Number of Full/Semi Labour Force (including the laborer himself or herself)	2.6
平均每个劳动力负担人口	Average Number of Dependents per Laborer Force	1.4
平均每户经营耕地面积（公顷）	Area of Cultivated Land under Management each Household (hectare)	2.7
平均每人全年总收支（元）	**Per Capita Annual Income and Expenditure(yuan)**	
总收入	**Total Income**	**11526.8**
#纯收入	#Net Income	6210.7
工资性收入	Income from Wage and Salaries	1241.6
家庭经营收入	Income from Household Operations	9175.4
农业收入	Farming	7622.1
林业收入	Forestry	27.1
牧业收入	Animal Husbandry	1131.1
渔业收入	Fishery	5.2
财产性收入	Income from Properties	344.1
转移性收入	Income from Transfers	765.7
#家庭非常驻人口寄回或带回	#Sent Back or Taken Back by Non-permanent Residents in Households	12.7
亲友赠送	Presented by Relatives	118.1
总支出	**Total Expenditure**	**10982.0**
家庭经营费用支出	Expenditure for Household Operations	4877.0
农业支出	Farming	3809.9
林业支出	Forestry	14.9
牧业支出	Animal Husbandry	920.4
渔业支出	Fishery	2.5
购置生产性固定资产支出	Purchase of Productive Fixed Assets	626.8
建造生产性固定资产雇工支出	Employe Expenditure for Constructing Productive Fixed Assets	3.2
税费支出	Taxes and Fees	7.5
生活消费支出	Expenses on Household Consumption	4391.2
财产性支出	Expenses on Properties	561.7
转移性支出	Expenses on Transfers	514.6
#赠送亲友	#Presented to Relatives	360.9

BASIC CONDITIONS OF RURAL HOUSEHOLDS
(2009,BY LEVEL OF NET INCOME)

最 低 收入户 Lowest Income Households	中等偏下 收 入 户 Lower Middle Income Households	中 等 收入户 Middle Income Households	中等偏上 收 入 户 Upper Middle Income Households	最 高 收入户 Highest Income Households
448	**448**	**448**	**448**	**448**
1710	1680	1590	1525	1337
3.8	3.8	3.5	3.4	3.0
2.8	2.8	2.6	2.5	2.3
1.4	1.4	1.4	1.4	1.3
1.9	2.6	2.5	3.0	3.5
6120.8	**8319.2**	**10117.8**	**13076.4**	**22379.5**
1911.6	3830.4	5581.5	7710.3	13738.2
293.8	601.1	1239.9	1879.5	2532.9
5147.8	6900.9	7924.2	9866.7	17884.1
3861.6	6018.7	6893.4	9041.1	13694.4
16.7	27.5	35.0	20.7	37.6
1188.4	693.5	813.5	481.0	2726.8
5.1	8.9	6.1	4.1	1.0
141.5	202.2	294.7	456.2	712.4
537.7	614.9	659.0	874.0	1250.2
0.3	0.0	6.3	12.9	51.8
73.4	81.2	86.3	184.8	183.5
7973.3	**8806.1**	**9568.3**	**11560.4**	**18585.8**
3801.5	4094.0	4207.2	4874.5	8035.8
2472.5	3387.5	3521.3	4424.5	5693.3
13.8	11.9	21.7	12.3	14.7
1288.0	644.4	623.8	371.0	1776.4
0.5	4.9	0.6	4.8	1.4
373.4	641.8	228.3	692.3	1331.5
3.9	0.2	5.6	1.9	4.9
12.6	5.0	2.9	7.3	9.6
3160.3	3475.5	4128.9	4812.3	6947.6
281.9	182.5	515.0	593.9	1414.9
339.7	407.2	480.5	578.2	841.4
249.5	304.7	355.9	379.6	558.8

8-15 农村居民家庭人均全年纯收入

PER CAPITA ANNUAL NET INCOME OF RURAL HOUSEHOLDS

单位：元 (yuan)

项 目	Item	2007	2008	2009	2010
纯收入	**Net Income**	**4132.3**	**4855.6**	**5206.8**	**6210.7**
工资性收入	Income from Wage and Salaries	773.9	916.8	1019.6	1241.6
家庭经营收入	Income from Household Business	2848.9	3163.7	3326.7	3941.6
农业收入	Farming	2449.0	2674.1	2895.6	3545.2
林业收入	Forestry	14.2	15.2	21.5	12.0
牧业收入	Animal Husbandry	270.3	319.8	244.8	153.6
渔业收入	Fishery	3.3	9.9	6.1	2.5
工业收入	Industry	3.8	3.1	-4.6	-3.5
建筑业收入	Construction	0.6	15.6	28.1	31.2
运输业收入	Transportation	49.0	69.0	69.6	109.4
批零贸易.餐饮业	Wholesale and Retail Trades,Hotels and Catering Services	29.1	36.4	30.6	59.2
社会服务业收入	Social Services	5.5	1.1	2.5	10.0
文教卫生收入	Culture, Education and Medicine	8.3	5.2	10.2	10.7
其他收入	Others	15.8	14.5	22.3	11.4
财产性收入	Income from Properties	196.1	243.6	241.0	344.1
#利息收入	#Interest	0.6	4.4	1.5	2.2
租金收入	Rental	8.8	5.6	7.3	13.9
转移性收入	Income from Transfer	313.4	531.6	619.4	683.4
#在外人口寄回和带回	#Sent Back or Taken Back by Outsiders	14.5	10.4	8.8	12.7
城市亲友赠送收入	Presented by Relatives and Friends in City	3.5	6.5	9.8	12.9
按收入性质分	**Grouped by Type of Income**				
生产性收入	Productive Income	3622.8	4080.5	4346.3	5183.2
第一产业收入	Primary Industry	2736.8	3018.9	3168.0	3713.3
第二产业收入	Secondary Industry	4.4	18.7	23.5	27.7
第三产业收入	Tertiary Industry	107.7	126.1	135.2	200.6
工资性收入	Laborer' s Reward	773.9	916.8	1019.6	1241.6
非生产性收入	Non-productive Income	509.5	775.1	860.5	1027.5
按纯收入分组户数占调查户比重(%)	**Grouped by Net Income Proportion**(%)				
100元以下	Below 100 yuan	2.1	1.8	1.4	0.8
100-200（元）	100-200 yuan	0.4	0.3	0.4	0.1
200-300（元）	200-300 yuan	0.4	0.2	0.3	
300-400（元）	300-400 yuan	0.3	0.2	0.2	
400-500（元）	400-500 yuan	0.5	0.2	0.5	0.1
500-600（元）	500-600 yuan	0.6	0.2	0.3	0.2
600-800（元）	600-800 yuan	1.3	0.8	0.4	0.3
800-1000（元）	600-800 yuan	1.2	0.7	1.7	0.8
1000-1200（元）	1000-1200 yuan	2.0	1.7	1.3	0.9
1200-1300（元）	1200-1300 yuan	1.1	0.8	0.7	0.8
1300-1500（元）	1300-1500 yuan	2.3	1.9	2.5	1.5
1500-1700（元）	1500-1700 yuan	3.4	1.6	2.1	1.3
1700-2000（元）	1700-2000 yuan	5.0	3.1	3.2	2.5
2000-2500（元）	2000-2500 yuan	10.2	7.0	5.1	4.3
2500-3000（元）	2500-3000 yuan	8.4	7.5	7.1	5.6
3000-3500（元）	3000-3500 yuan	9.0	7.3	6.4	6.6
3500-4000（元）	3500-4000 yuan	8.6	9.5	6.5	6.6
4000-4500（元）	4000-4500 yuan	6.5	7.9	6.6	5.9
4500-5000（元）	4500-5000 yuan	6.5	7.8	6.3	5.7
5000元以上	Above 5000 yuan	30.3	39.6	47.0	56.1

8-16 农村居民家庭人均全年现金收入和支出

PER CAPITA CASH INCOME AND EXPENDITURE OF RURAL HOUSEHOLDS

单位：元 (yuan)

项　目	Item	2007	2008	2009	2010
期内现金收入	**Cash Income**	**6675.2**	**8419.6**	**8779.9**	**10431.0**
工资性收入	Wages Income	773.9	911.4	1012.7	1237.9
家庭经营收入	Net Income from Household Business	5456.1	6822.2	6903.6	8219.3
#出售产品收入	#from Sale of Farming Products	5129.5	6439.5	6470.6	7651.5
#农 业	#Farming	4228.6	5220.6	5489.6	6706.9
牧 业	Animal Husbandry	1004.6	1317.4	1098.0	1090.2
财产性收入	Property Income	82.4	89.4	146.6	216.1
转移性收入	Transfer Income	362.9	596.6	717.0	757.8
#亲友赠送	#Presented by Relatives and Friends	54.2	72.7	110.6	110.2
非收入所得	**Got Except Earnings**	**2552.2**	**2993.0**	**3821.2**	**3561.3**
#借入款	#from Lending	827.1	927.0	986.7	960.8
收回借出款	from Payback	557.3	594.8	613.5	506.3
期内现金支出	**Cash Expenditure**	**7149.7**	**8966.1**	**9265.5**	**10535.6**
生产费用支出	Expenditure on Production	3483.2	4473.8	4174.2	5290.9
家庭经营费用支出	Expenditure for Household Business	3067.5	4033.9	3558.0	4660.8
#农业生产	#Farming	2426.2	3123.1	2758.0	3772.6
牧业生产	Animal Husbandry	567.8	817.1	704.3	741.5
购置生产性固定资产	Productive Fixed Assets Purchasing	413.7	438.3	613.6	626.8
#农林牧渔业机械	#Farming, Forestry, Animal Husbandry and Fishery Machinery	262.1	306.8	303.0	434.5
运输机械	Transportation Machinery	50.7	43.0	128.3	33.0
役 畜	Livestock	43.2	32.3	17.3	39.2
税费支出	Expenditure for Tax	7.2	8.0	4.8	7.5
#缴纳生产税	#Tax Paid for Production	0.1	0.6	0.3	0.1
#第一产业	#Primary Industry		0.1		
生活消费支出	Expenditure for Consumption	2851.4	3493.0	3992.8	4161.1
财产性支出	Property Expenditure	235.2	302.6	453.1	561.7
转移性支出	Transfer Expenditure	572.9	688.6	640.5	514.4
#赠送亲友	#Presented to Relatives	475.4	565.3	519.8	360.7
非消费性现金支出	**Expenditure for Non-Consumption**	**1918.5**	**2592.6**	**2974.9**	**3635.9**
#归还银行信用社贷款	#Return Banks' Loans	339.4	425.2	514.7	751.8
借出款	Lendings	160.7	232.9	150.2	156.0
归还借款	Payback	641.7	737.5	650.5	651.2
存入银行信用社	Savings	629.4	977.4	1259.0	1535.5
期末金融资产金额	**Balance of Financial Assets at Year-end**	**3176.4**	**3941.6**	**4786.7**	**5244.9**
#银行存款	#Deposits	769.1	1279.2	1677.7	2032.7
手存现金	Cash	2407.2	2662.4	3108.3	3209.2
期末债务余额	**Debt Balance at the Year-end**	**838.0**	**912.8**	**1243.2**	**1349.5**
#银行信用社贷款	#Loans to Bank and Credit Union	273.8	388.2	530.4	531.0
乡村集体组织、企业借款	Loans to Collective Organization and Enterprises	46.4			
个人借(欠)款	Individual Loans	516.4	505.6	679.4	797.3

8-17 按农村居民家庭人均纯收入等级分组人均全年纯收入 (2010年)

单位：元

指　标	Item	总平均 Average
纯收入	**Net Income**	**6210.7**
工资性收入	Income from Labour Reward	1241.6
家庭经营收入	Income from Household Business	3941.6
第一产业收入	Primary Industry	3713.3
农业收入	Farming	3545.2
林业收入	Forestry	12.0
牧业收入	Animal Husbandry	153.6
渔业收入	Fishery	2.5
第二产业	Secondary Industry	27.7
工业收入	Industry	-3.5
建筑业收入	Construction	31.2
第三产业收入	Tertiary Industry	200.6
交通运输、邮电业收入	Transport and post	109.4
批零贸易.餐饮业	Wholesale and Retail Trades, Hotels and Catering Services	59.2
社会服务业收入	Social Services	10.0
文教卫生收入	Culture, Education and Medicine	10.7
其他收入	Others	11.4
财产性收入	Property Income	344.1
#利息收入	#Interest	2.2
租金收入	Rental	13.9
转移性收入	Transfer Income	683.4
#在外人口寄回和带回	#Sent Back or Taken Back by Outsiders	12.7
城市亲友赠送收入	Presented by Relatives and Friends in City	12.9
按收入性质分	**Grouped by Type of Income**	
生产性收入	Productive Income	5183.2
非生产性收入	Non-productive Income	1027.5

PER CAPITA ANNUAL NET INCOME OF RURAL HOUSEHOLDS (2010,BY LEVEL OF NET INCOME)

(yuan)

最　低 收入户 Lowest Income Households	中等偏下 收 入 户 Lower Middle Income Households	中　等 收入户 Middle Income Households	中等偏上 收 入 户 Upper Middle Income Households	最　高 收入户 Highest Income Households
1911.6	**3830.4**	**5581.5**	**7710.3**	**13738.2**
293.8	601.1	1239.9	1879.5	2532.9
1009.0	2478.7	3457.9	4659.0	9287.7
976.1	2380.7	3330.6	4417.9	8540.1
1146.4	2365.4	3165.0	4339.9	7641.3
2.8	15.2	13.3	8.2	22.7
-177.2	-3.4	146.8	70.6	876.5
4.1	3.4	5.5	-0.9	-0.4
2.1	12.4	5.6	46.5	84.8
0.6	-0.4	7.7	-2.7	-27.0
1.5	12.8	-2.1	49.1	111.8
30.8	85.7	121.7	194.7	662.8
-2.6	44.7	31.9	61.8	480.2
23.9	20.2	58.0	100.7	107.4
2.8	1.4	17.0	8.6	23.3
-0.2	5.7	6.8		47.5
6.9	13.7	8.0	23.6	4.4
141.5	202.2	294.7	456.2	712.4
	4.8			6.7
0.3		12.6	6.7	58.5
467.3	548.3	589.0	715.5	1205.2
0.3		6.3	12.9	51.8
2.4	9.4	3.4	19.8	34.3
1302.8	3079.9	4697.7	6538.6	11820.7
608.8	750.5	883.7	1171.7	1917.6

8-18 按农村居民家庭人均纯收入等级分组人均全年现金收入和支出(2010年)

单位：元

指 标	Item	总平均 Average
期内现金收入	**Cash Income**	**10431.0**
工资性收入	Wages Income	1237.9
家庭经营收入	Net Income from Household Business	8219.3
#出售产品收入	#from Sale of Farming Products	7651.5
#农 业	#Farming	6706.9
牧 业	Animal Husbandry	1090.2
财产性收入	Property Income	216.1
转移性收入	Transfer Income	757.8
#亲友赠送	#Presented by Relatives and Friends	110.2
非收入所得	**Got Except Earnings**	**3561.3**
#借入款	#from Lending	960.8
收回借出款	from Payback	506.3
期内现金支出	**Cash Expenditure**	**10535.6**
生产费用支出	Expenditure on Production	5290.9
家庭经营费用支出	Expenditure for Household Business	4660.8
#农业生产	#Farming	3772.6
牧业生产	Animal Husbandry	741.5
购置生产性固定资产	Productive Fixed Assets Purchasing	626.8
#农林牧渔业机械	#Farming, Forestry, Animal Husbandry and Fishery Machinery	434.5
运输机械	Transportation Machinery	33.0
役畜产品畜	Livestock	39.2
税费支出	Expenditure for Tax	7.5
生活消费支出	Expenditure for Consumption	4161.1
财产性支出	Property Expenditure	561.7
转移性支出	Transfer Expenditure	514.4
#赠送亲友	#Presented to Relatives	360.7
非消费性现金支出	**Expenditure for Non-Consumption**	**3635.9**
#归还银行信用社贷款	#Return Banks' Loans	751.8
借出款	Lendings	156.0
归还借款	Payback	651.2
存入银行信用社	Savings	1535.5
期末金融资产金额	**Balance of Financial Assets at the Year-end**	**5244.9**
#银行存款	#Deposits	2032.7
手存现金	Cash	3209.2
期末债务余额	**Debt Balance at the Year-end**	**1349.5**
#银行信用社贷款	#Loans to Bank and Credit Union	531.0
乡村集体组织、企业借款	Loans to Collective Organization and Enterprises	
个人借(欠)款	Individual Loans	797.3

PER CAPITA CASH INCOME AND EXPENDITURE OF RURAL HOUSEHOLDS (2010,BY LEVEL OF NET INCOME)

(yuan)

最低收入户 Lowest Income Households	中等偏下收入户 Lower Middle Income Households	中等收入户 Middle Income Households	中等偏上收入户 Upper Middle Income Households	最高收入户 Highest Income Households
5653.5	**7480.1**	**9051.9**	**11661.4**	**20486.3**
293.8	601.1	1232.2	1875.9	2524.8
4718.4	6149.4	6991.6	8679.1	16233.2
4555.3	5886.0	6703.3	8120.5	14422.7
3474.8	5310.4	5999.1	7898.1	12078.6
1145.8	650.4	775.4	436.5	2691.8
111.2	120.1	171.6	253.5	481.3
530.2	609.5	656.5	852.9	1247.0
65.8	75.9	83.7	163.7	180.3
2860.6	**2845.6**	**3070.4**	**3682.2**	**5802.7**
1221.9	935.5	686.5	729.6	1248.5
476.1	491.1	516.5	589.7	457.0
7522.3	**8405.9**	**9127.4**	**11177.3**	**18008.3**
3936.9	4554.9	4223.6	5441.7	9044.7
3559.6	3912.9	3989.7	4747.6	7708.3
2444.6	3359.2	3468.9	4382.8	5655.9
1074.0	491.7	458.7	285.8	1486.2
373.4	641.8	228.3	692.3	1331.5
250.0	513.5	159.8	522.8	797.2
	60.8			117.4
13.8	9.6	19.4	9.1	166.7
12.6	5.0	2.9	7.3	9.6
2951.2	3256.3	3905.8	4556.5	6698.3
281.9	182.5	515.0	593.9	1414.9
339.6	407.2	480.2	577.8	840.8
249.4	304.7	355.6	379.3	558.2
1880.1	**2317.9**	**3005.6**	**4222.0**	**7618.8**
498.7	490.9	714.1	910.8	1266.5
67.0	47.8	155.4	179.4	379.8
402.4	587.8	542.1	768.3	1045.5
516.1	663.6	1032.9	1887.4	4131.0
2709.8	**3811.5**	**4794.4**	**6154.9**	**9786.3**
698.5	950.0	1948.1	2468.5	4703.1
1999.6	2861.5	2844.6	3686.4	5082.8
1355.8	**1391.2**	**1169.8**	**1020.9**	**1877.8**
332.9	531.8	468.7	477.3	918.5
972.5	823.2	701.1	543.5	944.3

8-19 农村居民家庭人均全年生活消费支出

PER CAPITA ANNUAL PURCHASES OF MAJOR COMMODITIES IN URBAN HOUSEHOLDS

项 目	Item	2007	2008	2009	2010
生活消费支出（元）	**Total Living Expenditures (yuan)**	**3117.4**	**3844.7**	**4241.3**	**4391.2**
食 品	Food	1077.3	1267.7	1331.1	1483.9
衣 着	Clothing	254.0	308.5	345.7	387.2
居 住	Residence	691.0	871.5	946.8	793.8
家庭设备、用品及服务	Household Facilities, Articles and Services	105.0	130.0	161.0	164.6
医疗保健	Medicine and Medical Services	272.5	351.0	434.3	443.2
交通和运输	Communication and Transportation	335.3	395.0	427.4	455.9
文化教育、娱乐用品及服务	Culture, Educational and Recreational Articles and Services	312.3	437.6	496.4	560.7
其他商品和服务	Other Commodities and Services	70.0	83.4	98.6	101.9
生活消费支出构成(%)	**Composition of Living Expenditures**(%)	**100.0**	**100.0**	**100.0**	**100.0**
食 品	Food	34.6	33.0	31.4	33.8
衣 着	Clothing	8.1	8.0	8.2	8.8
居 住	Residence	22.2	22.7	22.3	18.1
家庭设备、用品及服务	Household Facilities, Articles and Services	3.4	3.4	3.8	3.7
医疗保健	Medicine and Medical Services	8.7	9.1	10.2	10.1
交通和运输	Communication and Transportation	10.8	10.3	10.1	10.4
文化教育、娱乐用品及服务	Culture, Educational and Recreational Articles and Services	10.0	11.4	11.7	12.8
其他商品和服务	Other Commodities and Services	2.2	2.2	2.3	2.3

8-20 农村居民家庭人均主要食品消费量

PER CAPITA CONSUMPTION OF MAIN FOOD IN RURAL HOUSEHOLDS

单位：千克 (kg)

项 目	Item	2007	2008	2009	2010
粮 食	Grain	159.9	167.3	157.1	143.7
豆类及豆制品	Beans and Related Products	7.8	9.3	8.3	6.8
#大 豆	#Soybean	5.2	6.6	5.6	3.7
蔬菜及菜制品	Fresh Vegetable and Related Products	105.4	95.7	83.7	80.9
油脂类	Oil and Fats	10.8	11.2	10.4	10.6
#植物油	#Vegetable Oil	10.7	11.1	10.3	10.5
肉禽及其制品	Meats, Poultry and Related Products	12.2	13.1	15.1	15.0
#猪 肉	#Pork	6.6	7.1	9.3	9.3
家 禽	Poultry	3.3	3.7	3.4	2.9
蛋类及蛋制品	Eggs and Related Products	5.6	6.9	6.2	6.0
奶及奶制品	Milk and Dairy Products	3.2	2.9	2.9	3.2
水产品	Aquatic Products	4.2	4.2	4.3	4.1
#鱼 类	#Fish	4.0	4.0	4.1	3.8
食 糖	Sugar	0.8	0.9	1.0	0.9
酒和饮料	Liquor and Beverages	19.0	18.2	19.7	19.8
#白 酒	#Liquor	5.2	5.1	5.3	5.2
水果及水果制品	Fruits and Related Products	17.0	18.1	19.7	17.7

注：1. 2003年开始酒和饮料中只包括酒，不包括饮料。
2. 2003年开始水果及水果制品中只包括水果，不包括水果制品。

Note:a)The wine only included the wine of the the beverage , did not include beverages since 2003
b)The fruit and fruit products only included the fruit, did not include the fruit products since 2003.

8-21 按农村居民家庭人均纯收入等级分组人均全年生活消费支出 (2010年)

PER CAPITA ANNUAL LIVING EXPENDITURE OF RURAL HOUSEHOLDS (2010,BY LEVEL OF NET INCOME)

项 目	Item	总平均 Average	最 低 收入户 Lowest Income Households	中等偏下 收 入 户 Lower Middle Income Households
生活消费支出（元）	**Total Living Expenditures（yuan）**	**4391.2**	**3160.3**	**3475.5**
食 品	Food	1483.9	1232.8	1325.8
衣 着	Clothing	387.2	276.2	334.5
居 住	Residence	793.8	579.3	486.7
家庭设备、用品及服务	Household Facilities, Articles and Services	164.6	119.6	130.8
医疗保健	Medicine and Medical Services	443.2	288.5	357.8
交通和运输	Communication and Transportation	455.9	259.2	340.3
文化教育、娱乐用品及服务	Culture, Educational and Recreational Articles and Services	560.7	336.4	419.2
其他商品和服务	Other Commodities and Services	101.9	68.3	80.3
生活消费支出构成(%)	**Composition of Living Expenditures**(%)	**100.0**	**100.0**	**100.0**
食 品	Food	33.8	39.0	38.1
衣 着	Clothing	8.8	8.7	9.6
居 住	Residence	18.1	18.3	14.0
家庭设备、用品及服务	Household Facilities, Articles and Services	3.7	3.8	3.8
医疗保健	Medicine and Medical Services	10.1	9.1	10.3
交通和运输	Communication and Transportation	10.4	8.2	9.8
文化教育、娱乐用品及服务	Culture, Educational and Recreational Articles and Services	12.8	10.6	12.1
其他商品和服务	Other Commodities and Services	2.3	2.2	2.3

8-21 续 表 CONTINUED

项 目	Item	中 等 收入户 Middle Income Households	中等偏上 收 入 户 Upper Middle Income Households	最 高 收入户 Highest Income Households
生活消费支出（元）	**Total Living Expenditures（yuan）**	**4128.9**	**4812.3**	**6947.6**
食 品	Food	1450.1	1588.5	1924.9
衣 着	Clothing	376.8	433.8	554.3
居 住	Residence	712.4	920.1	1406.9
家庭设备、用品及服务	Household Facilities, Articles and Services	161.5	193.8	235.1
医疗保健	Medicine and Medical Services	407.1	461.5	770.2
交通和运输	Communication and Transportation	356.8	468.2	956.4
文化教育、娱乐用品及服务	Culture, Educational and Recreational Articles and Services	567.2	637.6	930.0
其他商品和服务	Other Commodities and Services	97.0	108.8	169.7
生活消费支出构成(%)	**Composition of Living Expenditures**(%)	**100.0**	**100.0**	**100.0**
食 品	Food	35.1	33.0	27.7
衣 着	Clothing	9.1	9.0	8.0
居 住	Residence	17.3	19.1	20.3
家庭设备、用品及服务	Household Facilities, Articles and Services	3.9	4.0	3.4
医疗保健	Medicine and Medical Services	9.9	9.6	11.1
交通和运输	Communication and Transportation	8.6	9.7	13.8
文化教育、娱乐用品及服务	Culture, Educational and Recreational Articles and Services	13.7	13.2	13.4
其他商品和服务	Other Commodities and Services	2.3	2.3	2.4

8-22 按农村居民家庭人均纯收入等级分组人均主要食品消费量(2010年)

PER CAPITA CONSUMPTION OF MAIN FOOD IN RURAL HOUSEHOLDS (2010,BY LEVEL OF NET INCOME)

单位：千克 (kg)

项　目	Item	总平均 Average	最　低收入户 Lowest Income Households	中等偏下收入户 Lower Middle Income Households
粮　食	Grain	143.7	142.7	148.4
谷　物	Cereal	138.2	137.2	143.3
薯　类	Tuber	1.1	0.8	1.1
豆　类	Soybean	4.5	4.7	4.1
油　脂	Oil and Fats	10.6	9.3	10.4
烟　叶	Tobacco	0.1	0.1	0.1
豆制品	Bean product	2.3	1.6	1.7
蔬菜及菜制品消费量	Vegetables and Vegetable Product Consumption Quantity	80.9	76.6	71.6
瓜　类	Melon	12.6	9.5	10.2
水果类	Fruits	17.7	15.1	15.9
消费茶叶	Tea Consumption	0.1	0.0	0.1
坚果消费量	Consumption Quantity of Nuts	0.9	0.9	0.8
肉禽及其制品	Meats, Poultry and Processed Products	15.0	12.8	13.2
猪　肉	Pork	9.3	7.3	8.4
牛　肉	Beef	0.7	0.5	0.4
羊　肉	Mutton	0.3	0.2	0.2
家　禽	Poultry	2.9	3.1	2.7
其他肉禽及制品	Others	1.9	1.6	1.6
蛋类及蛋制品	Eggs and Processed Products	6.0	5.1	5.5
奶和奶制品	Milk and Processed Products	3.2	2.5	2.4
水产品	Aquatic Products	4.1	3.2	3.8
食　糖	Sugar	0.9	0.8	0.9
酒	Liquor	19.8	16.7	18.1

8-22 续 表 CONTINUED

单位：千克 (kg)

项　目	Item	中　等收入户 Middle Income Households	中等偏上收入户 Upper Middle Income Households	最　高收入户 Highest Income Households
粮　食	Grain	133.4	140.5	155.3
谷　物	Cereal	128.0	133.9	150.0
薯　类	Tuber	1.0	1.3	1.2
豆　类	Soybean	4.4	5.2	4.0
油　脂	Oil and Fats	10.5	11.0	12.0
烟　叶	Tobacco	0.1	0.1	0.1
豆制品	Bean product	2.4	2.5	3.4
蔬菜及菜制品消费量	Vegetables and Vegetable Product Consumption Quantity	74.1	86.7	99.6
瓜　类	Melon	11.5	18.0	14.6
水果类	Fruits	17.6	18.7	22.4
消费茶叶	Tea Consumption	0.1	0.1	0.1
坚果消费量	Consumption Quantity of Nuts	0.9	0.9	1.3
肉禽及其制品	Meats, Poultry and Processed Products	15.4	15.1	19.5
猪　肉	Pork	9.9	9.3	12.1
牛　肉	Beef	0.5	0.8	1.1
羊　肉	Mutton	0.3	0.4	0.6
家　禽	Poultry	2.8	2.8	3.0
其他肉禽及制品	Others	1.9	1.9	2.6
蛋类及蛋制品	Eggs and Processed Products	6.0	6.9	6.9
奶和奶制品	Milk and Processed Products	3.6	3.4	4.2
水产品	Aquatic Products	4.1	4.3	5.2
食　糖	Sugar	0.9	1.0	1.2
酒	Liquor	20.7	19.9	24.7

8-23 农村居民家庭平均每百户耐用消费品拥有量

NUMBER OF DURABLE CONSUMER GOODS OWNED PER 100 RURAL HOUSEHOLDS

项目	Item	2007	2008	2009	2010
洗衣机（台）	Washing Machine(unit)	73.2	75.6	80.8	82.6
电冰箱（台）	Refrigerator(unit)	25.8	35.2	45.8	54.0
抽油烟机（台）	Smoke Absorber(unit)	6.0	6.3	7.4	9.0
微波炉（台）	Microwave Oven(unit)	3.2	4.4	4.6	5.2
热水器（台）	Shower(unit)	2.4	2.9	4.6	5.0
摩托车（辆）	Motorcycle(unit)	40.7	45.5	50.3	52.9
电话机（部）	Telephone(unit)	69.7	63.9	60.8	58.8
移动电话（部）	Mobile Telephone(unit)	93.6	112.5	127.1	140.4
彩色电视机（台）	Color TV Set(unit)	105.0	106.2	107.1	109.4
黑白电视机（台）	Black and White TV Set(unit)	4.0	2.9	2.1	1.3
影碟机（台）	Video Disc Player(unit)	49.1	49.2	48.8	49.2
照相机（台）	Camera(unit)	2.7	2.4	2.4	2.5

8-24 农村居民家庭居住情况

HOUSE CONDITION OF RURAL HOUSEHOLDS

项目	Item	2007	2008	2009	2010
住房情况	**House Conditions**				
住房面积（平方米/人）	Floor Space(sq.m/person)	21.5	21.7	22.5	22.8
#砖瓦平房面积	#Tile Single Storey Building	16.4	16.6	17.6	18.3
#钢筋混凝土结构	#Reinforced Concrete Structure	1.0	1.6	1.4	1.3
砖木结构	Brick and Wood Structure	16.0	15.7	16.8	17.7
住房价值（元/平方米）	Value of House (yuan/sq.m)	399.6	424.4	466.4	473.3
本年新建（购）住房情况	**House Newly Built Within the Year**				
新建（购）住房面积（平方米/人）	Floor Space of Newly Built House(sq.m/person)	0.6	0.6	0.5	0.3
#砖瓦平房面积	#Tile Single Storey Building	0.6	0.6	0.5	0.3
砖木结构面积	Brick and Wood Structure	0.6	0.5	0.4	0.2
新建（购）住房价值（元/平方米）	Value of Newly Built House (yuan/sq.m)	614.5	800.0	829.4	957.7

8-25 按农村居民家庭人均纯收入等级分组平均每百户耐用消费品拥有量(2010年)

NUMBER OF DURABLE CONSUMER GOODS OWNED PER 100 RURAL HOUSEHOLDS (2010,BY LEVEL OF NET INCOME)

项 目	Item	总平均 Average	最 低 收入户 Lowest Income Households	中等偏下 收 入 户 Lower Middle Income Households
洗衣机（台）	Washing Machine (unit)	82.6	78.1	83.5
空调机（台）	Air Conditioner (unit)	0.5	0.7	0.4
电冰箱（台）	Refrigerator (unit)	54.0	48.0	52.0
抽油烟机（台）	Exhaust Fan (unit)	9.0	7.8	4.9
微波炉（台）	Microwave Oven (unit)	5.2	3.1	3.1
热水器（台）	Shower (unit)	5.0	4.9	4.7
摩托车（辆）	Motorcycle (unit)	52.9	47.5	54.2
电话机（部）	Telephone (unit)	58.8	56.0	56.0
移动电话（部）	Mobile Telephone (unit)	140.4	119.4	137.3
彩色电视机（台）	Color TV Set (unit)	109.4	107.1	110.5
黑白电视机（台）	Black and White TV Set (unit)	1.3	2.9	1.3
影碟机（台）	Video Disc Player (unit)	49.2	41.7	50.0
照相机（台）	Camera (unit)	2.5	0.9	2.0

8-25 续 表 CONTINUED

项 目	Item	中 等 收入户 Middle Income Households	中等偏上 收 入 户 Upper Middle Income Households	最 高 收入户 Highest Income Households
洗衣机（台）	Washing Machine (unit)	82.1	84.2	85.3
空调机（台）	Air Conditioner (unit)	0.7	0.2	0.4
电冰箱（台）	Refrigerator (unit)	50.2	57.6	62.1
抽油烟机（台）	Exhaust Fan (unit)	6.9	9.6	15.6
微波炉（台）	Microwave Oven (unit)	3.8	6.9	9.2
热水器（台）	Shower (unit)	2.7	4.0	8.5
摩托车（辆）	Motorcycle (unit)	49.3	57.4	55.8
电话机（部）	Telephone (unit)	60.0	55.6	66.1
移动电话（部）	Mobile Telephone (unit)	137.5	153.6	154.0
彩色电视机（台）	Color TV Set (unit)	110.7	111.8	106.9
黑白电视机（台）	Black and White TV Set (unit)	0.7	1.1	0.2
影碟机（台）	Video Disc Player (unit)	49.3	53.1	51.8
照相机（台）	Camera (unit)	2.0	3.1	4.5

8-26 按农村居民家庭人均纯收入等级分组家庭居住情况 (2010年)

HOUSE CONDITION OF RURAL HOUSEHOLDS (2010,BY LEVEL OF NET INCOME)

项　目	Item	总平均 Average	最　低 收入户 Lowest Income Households	中等偏下 收入户 Lower Middle Income Households
住房情况	**House Conditions**			
住房面积（平方米/人）	Floor Space(sq. m/person)	22.8	20.2	21.1
#砖瓦平房面积	#Tile Single Storey Building	18.3	15.5	16.5
#钢筋混凝土结构	#Reinforced Concrete Structure	1.3	1.3	1.1
砖木结构	Brick and Wood Structure	17.7	14.7	15.5
住房价值（元/平方米）	Value of House (yuan/sq. m)	473.3	422.8	452.9
本年新建（购）住房情况	**House Newly Built Within the Year**			
新建（购）住房面积（平方米/人）	Floor Space of Newly Built House(sq. m/person)	0.3	0.3	0.1
#砖瓦平房面积	#Tile Single Storey Building	0.3	0.3	0.1
#砖木结构	#Brick and Wood Structure	0.2	0.1	0.1
新建（购）住房价值（元/平方米）	Value of Newly Built House (yuan/sq. m)	957.7	824.0	574.1

8-26 续 表 CONTINUED

项　目	Item	中　等 收入户 Middle Income Households	中等偏上 收入户 Upper Middle Income Households	最　高 收入户 Highest Income Households
住房情况	**House Conditions**			
住房面积（平方米/人）	Floor Space(sq. m/person)	22.3	23.1	28.3
#砖瓦平房面积	#Tile Single Storey Building	18.1	18.9	23.6
#钢筋混凝土结构	#Reinforced Concrete Structure	1.0	1.2	1.8
砖木结构	Brick and Wood Structure	17.6	18.4	23.6
住房价值（元/平方米）	Value of House (yuan/sq. m)	470.0	492.7	523.6
本年新建（购）住房情况	**House Newly Built Within the Year**			
新建（购）住房面积（平方米/人）	Floor Space of Newly Built House(sq. m/person)	0.2	0.4	0.5
#砖瓦平房面积	#Tile Single Storey Building	0.2	0.4	0.4
#砖木结构	#Brick and Wood Structure	0.2	0.4	0.4
新建（购）住房价值（元/平方米）	Value of Newly Built House (yuan/sq. m)	1109.7	924.1	1074.2

8-27 按农村居民家庭人均纯收入等级分组每百户居住条件 (2010年)

单位:户

项　目	Item	总平均 Average
住房卫生设备使用情况	**Usage of Housing Sanitation**	
使用水冲式厕所的户数	Number of Households Using Flush Toilets	1.6
使用旱厕的户数	Number of Households Using Toilets	97.9
无厕所的户数	Number of Households Without Toilets	0.5
取暖设备使用情况	**Usage of Heating Equipment**	
使用空调的户数	Number of Households Using Air Conditioning	
使用暖气的户数	Number of Households Using Heating	40.9
使用火炕的户数	Number of Households Using the Heated Kang	58.5
使用其他暖设备的户数	Number of Households Using Other Heating Equipment	0.5
炊事使用的主要能源	**Primary Energy Used For Cooking**	
使用沼气的户数	Number of Households Using Biogas	
使用其他燃气的户数	Number of Households Using Other Gas	6.1
使用燃油的户数	Number of Households Using Fuel	0.4
使用电的户数	Number of Households Using Electricity	1.0
使用太阳能的户数	Number of Households Using Solar Energy	
使用煤炭的户数	Number of Households Using Coal	4.1
使用柴草的户数	Number of Households Using Firewood	88.4
饮用水来源情况	**The Situation Of Drinking Water Sources**	
饮用自来水的户数	Number of Households Drinking Running Water	50.4
饮用深井水的户数	Number of Households Drinking Water From Deep Wells	37.8
饮用浅井水的户数	Number of Households Drinking Water From Shallow Wells	11.9
饮用江河湖泊水的户数	Number of Households Drinking Water From Rivers And Lakes	
饮用塘水的户数	Number of Households Drinking Pond Water	
饮用其他水源的户数	Number of Households Drinking Other Water	
住宅外道路路面状况	**Housing Outside The Road Surface Conditions**	
水泥或柏油路面的户数	Number of Households Cement or Asphalt	41.6
沙石或石板等硬质路面的户数	Number of Households Sand or Other Hard Stone Pavement	45.8
其他路面的户数	Number of Households Other Road	12.6

HOUSING CONDITION OF PER 100 RURAL HOUSEHOLDS (2010,BY LEVEL OF NET INCOME)

(household)

最 低 收入户 Lowest Income Households	中等偏下 收 入 户 Lower Middle Income Households	中 等 收入户 Middle Income Households	中等偏上 收 入 户 Upper Middle Income Households	最 高 收入户 Highest Income Households
0.2	0.4	1.1	2.0	4.2
98.9	99.3	98.9	97.1	95.1
0.9	0.2	0.0	0.9	0.7
39.5	44.2	36.8	40.0	44.0
59.6	54.9	62.5	59.8	55.8
0.7	0.9	0.7	0.2	0.2
2.2	2.7	6.9	8.3	10.3
0.0	0.2	0.2	0.7	1.1
0.0	0.0	0.4	1.6	2.9
3.8	2.7	2.9	6.0	5.1
94.0	94.4	89.5	83.5	80.6
47.1	45.1	51.1	53.6	54.9
35.3	40.6	40.0	38.4	34.6
17.6	14.3	8.9	8.0	10.5
40.0	44.4	42.0	39.5	42.2
41.7	43.1	46.0	51.8	46.4
18.3	12.5	12.1	8.7	11.4

8-28 农村居民家庭每百户居住条件(2010年)

HOUSING CONDITION OF PER 100 RURAL HOUSEHOLDS (2010)

单位:户 (household)

指 标	Item	2008	2009	2010
住房卫生设备使用情况	**Usage of Housing Sanitation**			
使用水冲式厕所的户数	Number of Households Using Flush Toilets	1.0	1.5	1.6
使用旱厕的户数	Number of Households Using Toilets	97.5	97.5	97.9
无厕所的户数	Number of Households Without Toilets	1.5	1.0	0.5
取暖设备使用情况	**Usage of Heating Equipment**			
使用空调的户数	Number of Households Using Air Conditioning			
使用暖气的户数	Number of Households Using Heating	37.7	37.3	40.9
使用火炕的户数	Number of Households Using the Heated Kang	60.4	61.9	58.5
使用其他暖设备的户数	Number of Households Using Other Heating Equipment	1.9	0.8	0.5
炊事使用的主要能源	**Primary Energy Used For Cooking**			
使用沼气的户数	Number of Households Using Biogas			
使用其他燃气的户数	Number of Households Using Other Gas	7.5	6.8	6.1
使用燃油的户数	Number of Households Using Fuel			0.4
使用电的户数	Number of Households Using Electricity	1.3	1.1	1.0
使用太阳能的户数	Number of Households Using Solar Energy			
使用煤炭的户数	Number of Households Using Coal	2.2	3.8	4.1
使用柴草的户数	Number of Households Using Firewood	89.0	88.3	88.4
饮用水来源情况	**The Situation Of Drinking Water Sources**			
饮用自来水的户数	Number of Households Drinking Running Water	41.6	44.3	50.4
饮用深井水的户数	Number of Households Drinking Water From Deep Wells	43.6	41.2	37.8
饮用浅井水的户数	Number of Households Drinking Water From Shallow Wells	14.8	14.5	11.9
饮用江河湖泊水的户数	Number of Households Drinking Water From Rivers And Lakes			
饮用塘水的户数	Number of Households Drinking Pond Water			
饮用其他水源的户数	Number of Households Drinking Other Water			
住宅外道路路面状况	**Housing Outside The Road Surface Conditions**			
水泥或柏油路面的户数	Number of Households Cement or Asphalt	27.3	37.6	41.6
沙石或石板等硬质路面的户数	Number of Households Sand or Other Hard Stone Pavement	54.7	49.7	45.8
其他路面的户数	Number of Households Other Road	18.0	12.7	12.6

主要统计指标解释

一、城镇住户

城镇家庭人口　指居住在一起，经济上合在一起共同生活的家庭成员。凡计算为家庭人口的成员其全部收支都包括在本家庭中。

城镇就业面　指就业人口占家庭人口的百分比。

城镇就业者负担人数　指家庭人口与就业人口之比。

城镇家庭总收入　指家庭成员得到的工薪收入、经营净收入、财产性收入、转移性收入之和，不包括出售财物收入和借贷收入。

城镇家庭可支配收入　指家庭成员得到可用于最终消费支出和其它非义务性支出以及储蓄的总和，即居民家庭可以用来自由支配的收入。它是家庭总收入扣除交纳的所得税、个人交纳的社会保障支出以及记账补贴后的收入。计算公式为：

可支配收入=家庭总收入-交纳所得税-个人交纳的社会保障支出-记账补贴

城镇家庭总支出　指除借贷支出以外的全部家庭支出。包括消费性支出、购房建房支出、转移性支出、财产性支出、社会保障支出。

城镇家庭消费性支出　指家庭用于日常生活的支出，包括食品、衣着、家庭设备用品及服务、医疗保健、交通和通信、娱乐教育文化服务、居住、杂项商品和服务等八大类支出。

城镇家庭服务性消费支出　指家庭用于支付社会提供的各种非商品性服务费用。

城镇家庭收入分组方法　是将所有调查户按户人均可支配收入由低到高排队，按10%，10%，20%，20%，20%，10%，10%的比例依次分成：最低收入户、低收入户、中等偏下收入户、中等收入户、中等偏上收入户、高收入户、最高收入户等七组。总体中最低5%的户为困难户。

恩格尔系数　指食物支出金额在消费性总支出金额中所占的比例。计算公式为：

$$\text{恩格尔系数}=\frac{\text{食品支出金额}}{\text{消费性总支出金额}}\times 100\%$$

二、农村住户

农村住户　指农村常住户。农村常住户指长期(一年以上)居住在乡镇(不包括城关镇)行政管理区域内的住户，以及长期居住在城关镇所辖行政村范围内的农村住户。户口不在本地而在本地居住一年及以上的住户也包括在本地农村常住户范围内；有本地户口，但举家外出谋生一年以上的住户，无论是否保留承包耕地都不包括在本地农村住户范围内。

常住人口　指全年经常在家或在家居住6个月以上，而且经济和生活与本户连成一体的人口。外出从业人员在外居住时间虽然在6个月以上，但收入主要带回家中，经济与本户连为一体，仍视为家庭常住人口；在家居住，生活和本户连成一体的国家职工、退休人员也为家庭常住人口。但是现役军人、中专及以上(走读生除外)的在校学生、以及常年在外(不包括探亲、看病等)且已有稳定的职业与居住场所的外出从业人员，不算家庭常住人口。家庭常住人口主要作为计算农村住户平均每人收入、消费和积累水平及分析家庭人口状况的依据。

整、半劳动力　整劳动力指男子18周岁到50周岁，女子18周岁到45周岁；半劳动力指男子16周岁到17周岁，51周岁到60周岁；女子16周岁到17周岁，46周岁到55周岁，同时具有劳动能力的人。虽然在劳动年龄之内，但已丧失劳动能力的人，不应算为劳动力；超过劳动年龄，但能经常参加劳动，计入半劳动力数内。常住人口中的职工，若这些职工为劳动力，就包括在本户的整半劳动力中。

总收入　指调查期内农村住户和住户成员从各种来源渠道得到的收入总和。按收入的性质划分为工资性收入、家庭经营收入、财产性收入和转移性收入。

工资性收入 指农村住户成员受雇于单位或个人，靠出卖劳动而获得的收入。

家庭经营收入 指农村住户以家庭为生产经营单位进行生产筹划和管理而获得的收入。农村住户家庭经营活动按行业划分为农业、林业、牧业、渔业、工业、建筑业、交通运输业邮电业、批发和零售贸易餐饮业、社会服务业、文教卫生业和其他家庭经营。

财产性收入 指金融资产或有形非生产性资产的所有者向其他机构单位提供资金或将有形非生产性资产供其支配，作为回报而从中获得的收入。

转移性收入 指农村住户和住户成员无须付出任何对应物而获得的货物、服务、资金或资产所有权等，不包括无偿提供的用于固定资本形成的资金。一般情况下，是指农村住户在二次分配中的所有收入。

现金收入 指农村住户和住户成员在调查期内得到以现金形态表现的收入。按来源分成工资性收入、家庭经营现金收入、财产性收入、转移性收入。

纯收入 指农村住户当年从各个来源得到的总收入相应地扣除所发生的费用后的收入总和。计算方法：

纯收入=总收入-税费支出-家庭经营费用支出-生产性固定资产折旧-赠送农村亲友支出

纯收入主要用于再生产投入和当年生活消费支出，也可用于储蓄和各种非义务性支出。“农民人均纯收入”按人口平均的纯收入水平，反映的是一个地区或一个农户农村居民的平均收入水平。

总支出 指农村住户用于生产、生活和再分配的全部支出。家庭经营费用支出、购置生产性固定资产支出、生产性固定资产折旧、税费支出、生活消费支出、财产性支出和转移性支出。

Explanatory Notes on Main Statistical Indicators

I. Urban Households

Population of Urban Households refer to members of households living and sharing economically together in the urban areas. All the income and expenditure of all the members of such households are included in the income and expenditure of the household.

Proportion of Urban Employment refers to the proportion of employed population to the population of urban households.

Number of Dependents per Urban Employee refers to the ratio between number of persons in an urban household and the number of employed persons.

Total Income of Urban Households refers to the sum of wage and salary; net business income; income from properties; and income from transfers of members of the households. Income from selling of properties and income from borrowing are not included..

Disposable Income of Urban Households refers to the actual income at the disposal of members of the households which can be used for final consumption, other non-compulsory expenditure and savings. This equals to total income minus income tax, personal contribution to social security and subsidy for keeping diaries in being a sample household. The following formula is used:

Disposable income = total household income - income tax - personal contribution to social security - subsidy for keeping diaries for a sampled household

Total Expenditure of Urban Households refers to all expenditure of households except expenditure on lending. It includes expenditure on consumption; on purchasing or building houses; on transfers; on properties; and on social security.

Consumption Expenditure of Urban Households refers to total expenditure of households for consumption in daily life, including expenditure on the eight categories of food; clothing; household appliances and services; health care and medical services; transport and communications; recreation, education and cultural services; housing; and miscellaneous goods and services.

Expenditure of Urban Households on Consumption of Services refers to expenditure of households on various kinds of non-commercial services provided by society.

Urban Households by Income Group All households in the sample are grouped, by per capita disposable income of the household, into groups of lowest income, low income, lower middle income, middle income, upper middle income, high income and highest income, each group consisting of 10%, 10%, 20%, 20%, 20%, 10% and 10% of all households respectively. The lowest 5% of households are also referred to as poor households.

Engel' s Coefficient refers to the percentage of expenditure on food in the total consumption expenditure, using the following formula:

$$\text{Engel Coefficient} = \frac{\text{expenditure on food}}{\text{total consumption expenditure}} \times 100\%$$

II. Rural Household

Rural Households refer to usual resident households in rural areas. Usual resident households in rural areas are households residing on a long term basis(for more than one year) in the areas under the administration of township governments (not including county towns), and in the areas under the administration of villages in county towns. Households residing in the current addresses for over one year with their household registration in other places are still considered as resident households of the locality. For households with their household registration in one place but all members of the households having moved away to make a living in another place for over one year, they will not be included in the rural households of the area where they are registered, irrespective of whether they still keep their contracted land.

Usual Resident Population refers to persons staying at home regularly or for over 6 months during a year and integrated with the household economically and in terms of living.. Members of the household staying away from the household for over 6 months but keeping a close economic relation with the household by sending the majority of income to the household are regarded as usual resident of the household. Government staff and workers or retirees living as close members of the household are also considered as usual resident. However, servicemen, students of secondary technical schools or schools of higher education and persons with stable jobs and residence outside the household (excluding those visiting relatives or seeking medical service) are not included as resident population of the household. Resident population is used in calculating income, consumption, accumulation on per capita basis of rural households and in analyzing composition of rural households.

Full/Semi Labour Force Full labour force refers to persons capable of work, aged 18-50 for males and 18-45 for females. Semi labour force refers to persons capable of work, aged 16-17 and 51-60 for males and 16-17 and 46-55 for females. Persons at their working ages but not capable of work are not to be included as labour force. Persons not at working ages but participating regularly in work are included in semi labour force. For staff and workers who are usual residents, are included as full or semi labour force of the household if they are in the labour force.

Total Income refers to the sum of income earned from various sources by the rural households and their members during the reference period, and is classified as income from wages and salaries, income from household operations, income from properties and income from transfers.

Income from Wages and Salaries refers to income from labour earned by the members of rural households employed by other units or individuals.

Income from Household Operations refers to income by the rural households as units of production and operation. Operations by rural households are classified according to their economic activities namely agriculture, forestry, animal husbandry, fishery, manufacturing, construction, transportation, post and telecommunications, wholesale, retail and catering, social service, culture, education, health, and other household operations.

Income from Properties refers to the income received as returns by owners of financial assets or tangible non-productive assets by providing capitals or tangible non-productive assets to other institutional units.

Income from Transfers refers to the receipt by rural households and their members of goods, services, capital or rights of assets without giving or repaying accordingly, excluding capital provided to them for the formation of fixed assets. In general, it refers to all income received by rural households through redistribution.

Cash Income refers to income received by rural households and their members in the form of cash during the reference period. It is classified, by source of income, into income from wages and salaries, cash income from household operations, income from properties and income from transfers.

Net Income refers to the total income of rural households from all sources minus all corresponding expenses. The formula for calculation is as follows:

Net income = total income - taxes and fees paid - household operation expenses - taxes and fees depreciation of fixed assets for production - gifts to non-rural relatives

Net income is mainly used as input for reinvestment in production and as consumption expenditure of the year, and also used for savings and non-compulsory expenses of various forms. "Per capita net income of farmers" is the level of net income averaged by population, reflecting the average income level of rural households in a given area.

Total Expenditure refers to total expenses of rural households on production, consumption and redistribution, including expenditure on household operations, ; purchase of productive fixed assets; depreciation of productive fixed assets; taxes and fees; expenses on household consumption; expenses on properties; and expenses on transfers.

第九篇 城市概况

CHAPTER 9 GENERAL SURVEY OF CITIES

9-1 城市公用事业基本情况

BASIC STATISTICS ON URBAN PUBLIC UTILITIES

指　　标	Item	2006	2007	2008	2009	2010
城市供水	**Water Supply of City**					
自来水全年供水总量（亿立方米）	Annual Supply of Tap Water (100 million cu.m)	9.6	17.3	16.9	16.5	16.4
#生活用水量	#Water Consumption for Residential use	3.4	4.4	4.3	3.9	3.9
平均每人日生活用水（升）	Per Capita Water Consumption for Residential Daily Use (liter)	139.0	143.5	142.1	129.7	123.9
城市人口用水普及率（%）	Percentage of Population of City with Access to Tap Water(%)	83.4	81.9	84.2	86.6	89.1
公共交通	**Public Transportation**					
公共交通车辆总数（辆）	Number of Public Transportation Vehicles (unit)	11645	12460	12746	13401	16939
平均每万人拥有（标台）	Number of Public vehicles Per 10000 Persons (unit)	9.2	9.0	9.7	10.4	13.1
出租汽车数量（万辆）	Number of Taxi (10000 unit)	6.4	5.5	5.6	6.2	10.3
市政工程	**Municipal Engineering**					
铺装道路长度（公里）	Length of Paved Roads (km)	9369	9553	9728	9866	10090
平均每万人拥有道路长度（公里）	Length of Paved Roads per 10000 Persons (km)	7.2	7.4	7.5	7.6	7.8
铺装道路面积（万平方米）	Area of Paved Roads (10000 sq.m)	11685	12047	12453	12720	13569
人均拥有道路面积（平方米）	Per Capita Area of Paved Roads (sq.m)	8.9	8.7	9.3	9.4	10.5
下水道长度（公里）	Length of Sewer Pipelines (km)	6051	6245	6629	7445	7504
平均每万人拥有（公里）	Length of Sewer Pipelines per 10000 Population (km)	4.6	4.8	5.1	5.7	5.8
煤气、液化石油气	**Coal Gas and Liquefied Petroleum Gas**					
煤气全年供气量(亿立方米)	Annual Supply of Coal Gas (100 million cu.m)	3.9	3.9	4.2	2.6	0.8
#家庭用量	#Consumption for Residential Use	2.2	2.1	2.0	1.2	0.4
供气管道长度（公里）	Length of Gas Pipelines (km)	2595	2605	1780	669	594
液化气全年供气量（万吨）	Annual Supply of LPG (10000 tons)	29.2	24.4	19.9	19.6	22.0
#家庭用量	#Consumption for Residential Use	17.9	16.4	11.7	10.9	11.3
燃气普及率（%）	Percentage of Households with Access to Tap Gas (%)	74.5	74.5	79.5	83.8	88.8
集中供热总量	**Total Number of Heated Area**					
蒸气（万吉焦）	Steam (10000 gigajoules)	2010	1935	1941	1995	2020
热水（万吉焦）	Hot Water (10000 gigajoules)	24576	28380	30092	23379	26805
集中供热面积（万平方米）	Heated Area (10000 sq.m)	26057	28967	31482	34942	37513
城市绿化	**Afforestation in Cities**					
绿地面积（公顷）	Public Green Areas (hectare)	36771	220137	68024	64234	69581
人均公共绿地面积（平方米）	Per Capita Public Green Areas (sq.m)	7.7	8.2	9.5	10.5	11.8
公园、动物园个数（个）	Number of Parks and Zoos (unit)	172	188	216	262	285
公园、动物园面积（公顷）	Area of Parks and Zoos (hectare)	5725	6526	7402	8009	9066
清洁卫生	**Cleaning Program**					
清运垃圾（万吨）	Volume of Garbage Disposal (10000 tons)	1006	963	899	912	782
清运粪便（万吨）	Volume of Excrement and Urine Disposal (10000 tons)	208	190	184	180	167
每万人拥有公共厕所（座）	Number of Public Lavatories per 10000 Persons (unit)	8.1	8.3	8.1	8.0	6.9

9-2 12个省辖城市社会经济主要指标(2009年,不含所辖县及县级市)

项　目	Item	哈尔滨市 Harbin	齐齐哈尔市 Qiqihar
人口、就业	**Population,Employment**		
年末总人口(万人)	Total Population at the Year-end (10000 persons)	474.7	142.0
年平均人口(万人)	Annual Mean Population (10000 persons)	474.9	141.9
常住人口(万人)	Resident Population (10000 persons)		142.0
年出生人口(人)	Annual Birth Population (person)	33312	8854
年死亡人口(人)	Annual Death Population (person)	26736	10071
年末总户数(万户)	Total Households at the Year-end (10000 households)	168.2	55.6
年末单位从业人员数(万人)	Total Number of Employed Persons at the Year-end (10000 persons)	118.9	22.4
#第一产业	#Primary Industry	1.2	0.1
第二产业	Secondary Industry	57.2	10.2
第三产业	Tertiary Industry	60.5	12.1
城镇私营和个体从业人员(人)	Number of Employed Persons of Private and Individuals (person)	612077	131303
年末城镇登记失业人员数(人)	Number of Registered Unemployed Persons in Urban Areas at Year-end (person)	53684	24562
土地面积	**Land Areas**		
行政区域土地面积(平方公里)	Total Area of Administration Region (sq.km)	7086	4365
#建成区面积	#Developed Areas	345	115
城市建设用地面积(平方公里)	Urban Construction Land Areas (sq.km)	345	140
#居住用地面积	#Land Areas of Living	104	44
公共设施用地面积(平方公里)	Land Areas of Public Facilities (sq.km)	48	11
工业用地面积(平方公里)	Land Areas of Industry (sq.km)	80	40
综合经济	**Total Economy**		
地区生产总值(当年价格)(万元)	Gross Domestic Product (10000 yuan)	22722616	3412886
第一产业	Primary Industry	1222082	147612
第二产业	Secondary Industry	9184148	1516426
#制造业	#Industry	5813318	1283436
第三产业	Tertiary Industry	12316386	1748848
#交通运输仓储及邮政业	#Transport, Storage and Post	1648391	259449
信息传输、计算机服务和软件业	Information Transmission, Computer Services and Software	886691	102052
金融业	Financial Intermediation	1329926	91480
房地产业	Real Estate	810045	119069
科学研究、综合技术服务和地质勘查业	Scientific Research, Technical Service and Geologic Prospecting	446333	20740
人均地区生产总值(元)	Per Capita GDP (yuan)	47847	25154
地区生产总值增长率(%)	Growth Rate of GDP (%)	14.0	11.2
地方财政一般预算内收入(万元)	Local Budgetary Revenue (10000 yuan)	1703015	268103
#各项税收	#Taxes	1341898	164402
地方财政一般预算内支出(万元)	Local Budgetary Expenditure (10000 yuan)	2433726	472632
年末金融机构存款余额(万元)	Balance of Deposits of National Banking System at the Year-end (10000 yuan)	45633035	4954221
#城乡居民储蓄年末余额	#Balance of Deposits of Urban and Rural Residence	18876631	3299905
年末金融机构各项贷款余额(万元)	Balance of Loans of National Banking System at the Year-end (10000 yuan)	32139668	3030875
工业	**Industry**		
工业企业数(个)	Number of Industrial Enterprises (unit)	967	200
内资企业	Domestic Funded Enterprises	860	191
#国有企业	#State-Owned Enterprises	53	6
私营企业	Private Enterprises	355	84
港、澳、台商投资企业	Enterprises with Funds from Hong Kong, Macao and Taiwan	34	3
外商投资企业	Foreign Funded Enterprises	73	6
工业总产值(当年价)(万元)	Gross Industrial Output Value (10000 yuan)	15414727	4399698
内资企业	Domestic Funded Enterprises	12006558	3985892
#国有企业	#State-Owned Enterprises	3128466	155461
私营企业	Private Enterprises	1222129	738035
港、澳、台商投资企业	Enterprises with Funds from Hong Kong, Macao and Taiwan	205758	31113
外商投资企业	Foreign Funded Enterprises	3202411	382693

MAJOR SOCIAL AND ECONOMIC INDICATORS OF 12 PROVINCIAL CAPITALS
(2009, NOT INCLUDING THE CITIES AT COUNTY LEVEL AND COUNTIES)

鸡西市 Jixi	鹤岗市 Hegang	双鸭山市 Shuangyashan	大庆市 Daqing	伊春市 Yichun	佳木斯市 Jiamusi	七台河市 Qitaihe	牡丹江市 Mudanjiang	黑河市 Heihe	绥化市 Suihua
88.1	67.9	50.2	132.5	81.0	81.5	55.3	79.9	19.2	89.9
88.1	67.9	50.1	130.6	81.1	82.0	54.4	79.7	19.2	89.8
88.1	67.9	50.2	131.5	81.0	81.5	49.2	79.9	19.2	88.9
5340	3949	3109	9947	3954	6221	5202	3932	1364	7810
5100	4603	3431	5359	6046	5017	2251	3887	1074	3165
43.5	32.6	20.9	47.5	32.4	31.4	20.1	29.2	7.3	29.5
13.8	12.1	9.0	46.9	14.3	10.2	11.5	9.8	2.7	2.2
0.1	0.2	0.3	0.1	7.7	0.5	0.4	0.1	0.3	0.1
9.5	8.5	5.6	26.5	3.6	3.2	8.4	3.3	0.3	0.6
4.2	3.5	3.1	20.2	3.0	6.5	2.7	6.4	2.1	1.6
71100	76298	29211	247123	90485	87196	77502	148957	30298	24150
10785	14222	6920	23549	19973	10279	4071	8477	1582	2561
2300	4551	1760	5107	19567	1875	3646	2464	14444	2756
79	43	65	207	161	64	76	65	19	28
97	70	55	278	156	64	74	64	28	27
48	39	30	67	62	22	28	23	7	11
4	5	4	40	15	4	7	6	5	1
10	12	10	66	19	16	16	15	4	4
1395130	1340706	1095218	19289942	1151356	2097714	1874330	2012961	394194	573104
62078	75716	29925	112618	271157	93707	103251	46008	39214	311315
815323	863626	704550	15892174	497087	715272	1250243	925045	126798	55803
133989	134969	204835	4399113	377578	470872	237596	602711	40006	50553
517729	401364	360743	3285150	383112	1288735	520836	1041908	228182	205986
112361	36377	35393	194872	48954	322463	87819	123942	35724	39954
73288	22361	6587	173215	24616	54269	27612	61282	10713	329
26503	36583	21728	194162	23802	60712	26602	102730	14567	527
33043	28979	12694	685615	36870	105780	48592	147724	9537	24741
8881	2460	2853	211334	6913	15830	4371	20901	4147	1541
15112	19724	21904	146324	14203	25599	12582	24227	20531	11949
16.2	15.3	17.6	10.5	13.8	14.3	28.3	27.9	18.2	14.6
136635	102805	119991	747413	45586	63492	143303	142854	38433	18038
99018	80391	98334	610448	36518	46992	120709	127019	26692	14363
224965	312479	317122	975333	375162	289600	324847	418087	176547	80190
2900357	2143867	1739100	12387833	2178534	2952567	1791626	3647190	992095	1309397
2041815	1356980	1238677	7476956	1520823	2166114	1314380	2629108	650808	990450
920023	1519925	1048638	2567858	630525	919498	1043416	1092100	288728	458231
90	104	94	640	116	106	88	166	36	16
85	103	94	621	104	96	86	147	34	13
8	7	3	12	9	2	4	9	6	
48	34	69	418	61	68	60	68	13	2
3			5	5	3	1	7		1
2	1		14	7	7	1	12	2	2
1278067	1678692	1811468	23551078	1048817	1214280	2427100	1398847	198586	141353
1038294	1668646	1811468	23293751	988352	813323	2424900	964491	192947	136339
558941	650418	525923	2882086	43979	10203	27700	215866	31555	3651
307944	400556	274448	1291964	268221	395437	986800	192917	48200	19584
236321			25026	19794	38869	1700	61747		2129
3452	10046		232301	40671	362088	500	372609	5639	2885

9-2 续表1

项 目	Item	哈尔滨市 Harbin	齐齐哈尔市 Qiqihar
从业人员年平均人数(万人)	Annual Average Number of persons Employed(10000 persons)	27.3	9.0
流动资产年平均余额(万元)	Annual Average Balance of Circulating Funds(10000 yuan)	14042929	2628320
固定资产净值年平均余额(万元)	Annual Average Balance of Net Value of Fixed Assets(10000 yuan)	6320935	2154781
主营业务收入(万元)	Revenue from Principal Business (10000 yuan)	16056681	4349950
主营业务税金及附加(万元)	Tax and Extra Charges from Principal Business(10000 yuan)	572023	23116
本年应交增值税(万元)	Value-added Tax Payable in the Current Year (10000 yuan)	508037	209365
利润总额(万元)	Total Profits (10000 yuan)	834917	306300
邮电通讯	**Post and Telecommunication**		
年末邮政局(所)数(处)	Number of Post and Telecommunications Offices (unit)	122	74
邮政业务收入(万元)	Business Volume of Post (10000 yuan)		
电信业务收入(万元)	Business Volume of Telecommunication Services (10000 yuan)		
年末固定电话用户数(万户)	Local Telephone Subscribers at Year-end (10000 subscribers)		43.6
年末移动电话用户数(户)	Mobil Telephone Subscribers at Year-end (subscriber)		103.5
国际互联网用户数(户)	Internet Subscribers (subscriber)		150865
能源消费	**Energy Consumption**		
能源消费量(万吨/标准煤)	Total Energy Consumption (10000 tons of SCE)		460
全年用电量(万千瓦时)	Annual Consumption of Electricity (10000 kwh)	1212452	440021
#工业用电	#Industry	677576	336211
居民生活用电	Resident life	211809	86000
贸易、外经	**Domestic and Foreign Trade**		
限额以上批发零售贸易业商品销售总额(万元)	Total Sales of Wholesale and Retail Trade Above Designated Size(10000 yuan)	12048851	7336032
社会消费品零售总额(万元)	Total Retail Sale of Consumer Goods (10000 yuan)	12249136	210009
限额以上批发零售企业数(法人数)(个)	Number of Corporation Enterprises of of Wholesale and Retail Trade Above Designated Size(unit)	575	29
#零售业	#Retail Trade		
当年新签项目(合同)个数(个)	Number of Newly Signed items (Contracts)(unit)	228	15
当年合同外资金额(万美元)	Contracted Value (USD 10000)	82	1
当年实际使用外资金额(万美元)	Foreign Capital Actual Used (USD 10000)	53233	952
固定资产投资	**Total Investment in Fixed Assets**		
全社会固定资产投资总额(万元)	Total Investment in Fixed Assets (10000 yuan)	14757477	1814852
#城镇固定资产投资额	#Total Investment in Fixed Assets of Urban Area	14068195	1812462
#房地产开发投资额	#Real Estate Development	2645969	333936
#住宅	#Residential Buildings	2098086	279705
全年新增固定资产(万元)	Newly Increased Fixed Assets (10000 yuan)	10164426	1403179
商品房屋销售面积(万平方米)	Floor Space of Commercialized Buildings Sold (10000 sq.m)	635.7	101.0
#住宅	#Residential Buildings	570.2	85.0
商品房屋销售额(万元)	Total Sale of Commercialized Buildings(10000 yuan)	2834310	346213
#住宅	#Residential Buildings	2492733	287685
商品房屋空置面积(万平方米)	Floor Space of Commercialized Buildings Unused (10000 sq.m)	390.10	38.05
教育、科技、文化、卫生	**Education,Science and Technology ,Health**		
普通高等学校数(所)	Number of Regular Institutions of Higher Education (unit)	46	5
中等职业教育学校数(所)	Number of Specialized Secondary Schools (unit)	99	37
普通中学学校数(所)	Number of Regular Secondary Schools (unit)	283	102
小学学校数(所)	Number of Primary Schools (unit)	504	185
普通高等学校教师数(人)	Number of Full-time Teachers of Regular Institutions of Higher Education (person)	29308	2855
中等职业教育学校教师数(人)	Number of Full-time Teachers of Specialized Secondary Schools (person)	5123	2318
普通中学教师数(人)	Number of Full-time Teachers of Regular Secondary Schools (person)	21044	5814
小学教师数(人)	Number of Full-time Teachers of Primary Schools (person)	15151	4573
普通高等学校学生数(人)	Student Enrollment of Regular Institutions of Higher Education (person)	459122	44018
高中阶段在校学生数(人)	Student Enrollment of Senior Secondary Education (person)	186387	50950
中等职业教育学校学生数(人)	Student Enrollment of Specialized Secondary Schools (person)	104411	10722
普通中学学生数(万人)	Student Enrollment of Regular Secondary Schools (10000 persons)	23.9	12.8
小学学生数(万人)	Student Enrollment of Primary Schools (10000 persons)	19.4	6.9
初中毕业生升学率(%)	Proportion of Junior Secondary Graduates Entering into Senior Secondary Schools (%)	58	95
成人高等学校在校学生数(人)	Student Enrollment in Adult Education Schools (person)	21017	10042

COUNTINUED

鸡西市 Jixi	鹤岗市 Hegang	双鸭山市 Shuangyashan	大庆市 Daqing	伊春市 Yichun	佳木斯市 Jiamusi	七台河市 Qitaihe	牡丹江市 Mudanjiang	黑河市 Heihe	绥化市 Suihua
8.4	8.7	0.7	29.0	3.6	3.1	9.9	3.9	0.8	0.3
831420	493340	746689	6552237	611149	690553	998700	784213	112755	58087
905037	1089068	1593220	21569134	639952	608296	1546400	1176556	202700	52295
1604865	1707436	1756033	27520972	967459	1227082	2227300	1363545	202692	128625
16488	42502	24292	1411352	7596	6956	26000	34756	1957	1112
104047	94384	109412	1701514	44178	32254	194000	58082	13844	1640
1620	53990	86179	6490836	49270	56501	99200	36179	13002	12194
56	34	81	101	59	89	23	54	16	34
21.1	14.5	10.2	70.8	26.3	28.3	10.0	30.5	9.3	14.6
56.7	47.0	39.9	145.9	43.3	101.3	40.3	39.7	32.1	16.2
77451	57225	47427	379825	81614	130621	52121	101514	21278	48465
415		360	1331	254	260	420	343	17	2
284762	151593	206322	1629960	140800	123041	219976	294117	59152	47537
235267	117885	181283	1499374	103700	79977	133747	239026	40851	14090
21534	23596	13358	69963	37100	38695	10034	13202	8351	33447
252297	268057	226068	5225108	167342	445270	212811	631130	42583	83183
644255	519149	334341	4645365	342824	1065296	430019	1227983	44897	358023
22	36	10	163	5	24	11	31	9	6
14	23	8	84	1	19	6	18	4	3
3	2	1	7	1			11	1	1
824		439	13159	2069	4254	407	3684	350	340
792795	917984	768245	6739862	659961	375284	1189609	1174446	195332	301391
764543	917984	768245	6739862	659961	330228	1185538	1157288	195332	293991
119252	67076	39836	739409	66938	155056	37881	172872	21181	44332
68622	57521	36934	698622	57931	123316		129361	21180	32122
466400	537551	444539	6176123	350834	520015	662528	536196	29355	293991
28.1	50.7	13.0	281.2	36.8	82.1	38.5	82.3	11.5	35.3
22.7	48.3	12.0	249.8	33.3	72.8	36.3	73.8	7.6	27.4
90116	92986	30590	1066057	59410	212906	80682	236452	44932	77585
45510	83776	28943	911132	52651	180734	74661	197593	19424	61210
22.42	47.88	10.00	72.34	14.43	22.68	18.31	46.50	0.05	
1	1	1	6	1	2	1	6	1	1
22	5	5	6	17	11	4	19	4	3
44	31	38	88	44	41	35	35	5	42
35	50	38	191	60	84	54	49	7	221
383	221	154	3288	209	1419	112	2308	447	457
1037	281	270	565	498	524	142	875	209	131
3808	2669	2283	7735	3425	3288	2597	2983	928	2701
5116	2195	1915	5675	3161	3858	2018	2795	818	4125
10335	2977	2164	64851	2402	32472	2424	46177	8657	9401
17425	16986	16059	36959	14809	17834	10859	27669	4598	2954
22115	2412	5418	5829	9236	5586	1287	10399	2358	225
2.3	3.8	2.9	11.0	3.5	3.4	2.5	4.1	1.1	3.4
3.0	2.6	2.4	7.6	2.8	5.5	2.7	3.9	1.2	4.2
86	88	100	100	82	64	85	85	99	99
1553	2792	951	11539	1242	14500	2500	7038	1501	6115

9-2 续表2

项 目	Item	哈尔滨市 Harbin	齐齐哈尔市 Qiqihar
从事科技活动人员数(人)	Number of Specialized Personnel (person)		
专利申请受理量(项)	Number of Patents Application Accepted (unit)		
专利申请授权量(项)	Number of Patents Application Granted (unit)		
#发明	#Inventions		
体育场馆数(个)	Number of Public Stadiums and Gymnasiums (unit)	82	8
剧场、影剧院数(个)	Number of Theaters ,Music Halls and Cinemas (unit)	43	3
公共图书馆图书总藏量(千册、件)	Total Collections of Public Libraries (1000 volumes)	6118	1255
医院、卫生院数(个)	Number of Hospitals (unit)	282	387
医院、卫生院床位数(张)	Number of Beds in Health Institutions (unit)	40189	10059
医生数（执业医师+执业助理医师）(人)	Number of Doctors (Certified (assistant)Doctors) (person)	14066	11761
注册护士(人)	Registered Nurses (person)	13661	3728
人民生活	**People's Livelihood**		
在岗职工平均人数(万人)	Number of Staff and Workers (10000 persons)	111.2	22.5
在岗职工工资总额(万人)	Total Wages Bill of Staff and Workers (10000 persons)	3503570	605702
城镇居民人均可支配收入(元)	Annual Per Capita Disposable Income of Urban Households (yuan)	15887	11987
城镇居民人均消费支出(元)	Annual Per Capita Consumption Expenditure of Urban Households (yuan)	12358	9344
每百户居民家庭拥有家用汽车(辆)	Number of Automobile Per 100 Urban Households(unit)	7	2
每百户居民家庭拥有家用电脑(台)	Number of Computer Per 100 Urban Households(unit)	58	38
人均住房使用面积(平方米)	Per Capita Housing Usable Area in Urban Areas (sq.m)	20.8	25.0
居民消费价格指数(上年为100)(%)	Consumer Price Indices (preceding year=100)(%)	100.2	100.3
社会保障	**Social Security**		
基本养老保险参保人数(人)	Active Contributors of Basic Endowment Insurance (persons)	784087	250529
基本医疗保险参保人数(人)	Active Contributors of Basic Medical Treatment Insurance (persons)	1285744	364550
失业保险参保人数(人)	Active Contributors of Unempolyment Insurance (persons)	1166661	351595
社会福利院数(个)	Number of Social Welfare Institutions (unit)	46	105
社会福利院床位数(张)	Number of Beds in Social Welfare Institutions (unit)	7401	6089
社区服务设施数(个)	Number of Community Services Facilities (unit)	698	108
城镇居民最低生活保障人数(人)	Number of Minimum Living Guarantee of Urban Residents (person)	102544	85653
社会治安	**Public Order**		
交通事故死亡人数(人)	Number of Deaths of Traffic Accidents (person)	329	100
交通事故损失额(万元)	Amount of Loss of Traffic Accidents (10000 yuan)	148	163
火灾事故死亡人数(人)	Number of Deaths of Fire Accidents (person)	3	
火灾事故损失额(万元)	Amount of Loss of Fire Accidents (10000 yuan)	480	250
刑事案件立案数(件)	Number of Criminal Cases Registered (unit)	22533	1639
犯罪人数(人)	Number of Criminals (person)	8441	1300
#青少年人数（年龄25周岁及以下）	#Young Offenders (Age 25 years old and below)	2189	420
市政公用事业	**Municipal Utilities**		
城市维护建设资金支出(万元)	Fund Expenditures on Urban Maintenance Construction (10000 yuan)		15055
年末实有城市道路面积(万平方米)	Area of Paved Roads at Year-end (10000 sq.m)	2931	855
排水管道长度(公里)	Length of City Sewage Pipes (km)	1666	1029
供水综合生产能力(包括自备水源)(万立方米/日)	Production Capacity of Tap Water Supply (10000 cu.m/day)	197.0	34.8
供水总量(万吨)	Total Annual Volume of Water Supply (10000 tons)	39223	7002
#居民家庭用水量	#For Residential Use	15701	2268
用水人口(万人)	Number of Residents with Access to Tap Water(10000 persons)	353.0	104.9
供气总量（人工、天然气）(万立方米)	Volume of Gas Supply (Coal Gas and Natural Gas)(10000 tons)	31383	9876
#家庭用量	#For Residential Use	14605	3032
用气人口(人)	Population with Access to Gas (person)	3969900	704679
液化石油气供气总量(吨)	Volume of Liquefied Petroleum Gas Supply (ton)	86400	6930
#家庭用量	#For Residential Use	24900	5400
用液化气人口(人)	Population with Access to Liquefied Petroleum Gas (person)	820000	182001
年末实有公共汽(电)车营运车辆数(辆)	Number of Public Vehicles under Operation at Year-end (Buses and Trolley Buses, etc.)(unit)	5010	1027
全年公共汽(电)车客运总量(万人次)	Number of Passengers Carried of Bus, Trolley Bus (10000 person-times)	107492	9288
年末实有出租汽车数(辆)	Number of Taxi (unit)	13636	3159
绿地面积(公顷)	Area of Urban Green Areas(hectare)	12174	168027
#公园绿地面积	#Area of Parks Green Areas	3909	969
建成区绿化覆盖面积(公顷)	Green Covered Area of Completed Area(hectare)	13504	4084

COUNTINUED

鸡西市 Jixi	鹤岗市 Hegang	双鸭山市 Shuangyashan	大庆市 Daqing	伊春市 Yichun	佳木斯市 Jiamusi	七台河市 Qitaihe	牡丹江市 Mudanjiang	黑河市 Heihe	绥化市 Suihua
31602	479	2373	145059		40235	2785	12530		25
1	3	4	29	2	7	2	5	1	9
1	1	1	11	6	4	2	2	1	1
160	176	187	2190	508	440	141	385	42	151
54	39	35	82	42	86	26	37	15	23
5390	4152	2631	8417	4664	5051	2432	6359	683	791
2035	1843	1321	5119	3071	2709	1140	2141	723	818
1723	1742	1273	4306	2075	2680	1010	2564	297	213
13.9	12.2	8.1	44.4	13.4	8.4	11.5	8.9	2.6	2.2
335599	323662	224703	1968684	202646	232655	298715	256130	78159	38203
11613	10847	12754	18181	9453	11021	13696	11660	13291	9442
8489	8282	9436	11540	7529	10108	6730	9794	9688	5797
3	2	1	6		3		3	6	3
24	24	18	63	37	52	21	44	48	42
22.0	22.2	21.3	26.7	24.0	26.2	24.7	25.0	26.1	17.9
99.5	99.4	99.8	100.7	100.0	100.1	100.2	99.9	101.0	102.3
98903	138765	41610	197000	246817	184013	133044	176328	22850	31141
251623	252603	338600	558000	325800	234046	132843	455233	46831	40365
157741	89337	76886	153000	114622	132542	71568	140311	15220	36043
1	115	34	30	58	11	10	66	5	5
416	2677	1704	2625	1372	845	1010	5135	252	465
50	87	381	850	212	305	84	198	15	21
93846	82087	61243	12844	102217	69890	48254	68796	11510	21145
36	19	17	231	34	34	25	50	6	42
18	18	1	97	49	20	39	31	3	22
			1						
60	28	23	538	109	20	53	86	1200	195
620	411	316	1718	608	625	571	661	148	310
833	600	470	2644	797	827	618	976	254	430
201	173	216	531	131	184	50	170	13	45
10820	13870	9672	315390	41518	24665	1356	27988	6069	7800
539	312	311	2602	683	374	392	872	152	2160
289	255	298	1197	239	335	142	387	98	151
29.0	26.0	21.4	203.0	23.4	45.4	36.1	135.9	7.0	34.2
7610	4550	2554	39972	3840	7732	5349	43361	578	2415
5590	899	1352	4052	1251	3186	783	1589	195	961
73.6	47.7	47.0	103.3	50.8	72.6	44.5	65.0	11.0	43.1
821	1382	693	17105		2031	3657			1500
440	1073	597	5100		629	2281			1300
452872	135800	81000	900000		230500	143000			180000
3504	2719	1964	13735	6545	3100	2300	20005	1200	1500
3000	2379	1191	9045	5772	2000	1130	14000	800	1300
156000	123000	160000	378200	554800	205800	183000	520000	115000	180000
706	410	364	2100	235	523	398	680	71	271
7341	9820	4900	17977	2560	11026	1221	13320	59	2842
3103	1773	1100	5456	2831	6316	1000	2619	1043	2612
2460	2179	2337	20053	4289	2475	2174	5062	425	654
675	839	734	1765	1462	666	448	560	139	142
3328	1687	2513	7770	4187	2578	2421	2911	479	1015

9-3 各地区城市建设情况 (2010年)

STATISTICS ON CITY CONSTRUCTION BY REGION (2010)

地　区	Region	城区面积 (平方公里) Urban Area (sq. km)	建成区面积 (平方公里) Area of Built Districts (sq. km)	城市建设用地面积 (平方公里) Area of Land Used for Urban Construction (sq. km)	征用土地面积 (平方公里) Land Put in Requisition for State Construction Projects (sq. km)	城市人口密度 (人/平方公里) Population Density of Urban Area (persons/sq. km)
总　计	**Total**	**2589.5**	**1638.0**	**1737.5**	**28.3**	**5239**
地级市合计	**Total Number of Cities at Prefectural Level**	**1560.1**	**1332.6**	**1435.8**	**23.9**	**6711**
哈尔滨	Harbin	359.2	359.2	359.2	13.9	11603
齐齐哈尔	Qiqihar	139.6	134.7	139.6		7852
鸡　西	Jixi	79.2	79.2	79.2		9424
鹤　岗	Hegang	85.0	43.5	70.8	0.7	6652
双鸭山	Shuangyashan	118.0	58.8	54.9		3907
大　庆	Daqing	285.8	213.3	285.8	6.7	4620
伊　春	Yichun	171.4	161.2	156.8		4391
佳木斯	Jiamusi	93.5	93.5	93.5		6655
七台河	Qitaihe	62.4	62.4	62.4		6181
牡丹江	Mudanjiang	86.3	76.1	75.1	2.6	8180
黑　河	Heihe	27.9	20.0	27.9		5057
绥　化	Suihua	51.8	30.7	30.7		6015
县级市合计	**Total Number of Cities at County Level**	**1029.4**	**305.4**	**301.7**	**4.5**	**4234**
双　城	Shuangcheng	53.2	27.7	26.7		3555
尚　志	Shangzhi	152.0	18.3	18.3	1.0	836
五　常	Wuchang	100.6	21.5	12.5		1398
讷　河	Nehe	20.0	11.1	11.1	0.4	4885
密　山	Mishan	91.0	22.0	20.2	0.6	1036
虎　林	Hulin	128.7	10.8	10.8		560
铁　力	Tieli	21.4	16.5	16.3		6121
同　江	Tongjiang	15.0	10.0	10.0		4207
富　锦	Fujin	16.2	16.2	16.2		7449
绥芬河	Suifenhe	24.5	20.0	20.0	1.9	4057
海　林	Hailin	24.3	13.6	24.2	0.3	4132
宁　安	Ningan	13.5	8.4	9.2		5556
穆　棱	Muling	10.8	10.8	10.1		6870
北　安	Beian	33.3	19.8	23.8	0.3	4159
五大连池	Wudalianchi	10.0	5.6	5.6		4530
安　达	Anda	25.0	18.4	18.4		9280
肇　东	Zhaodong	50.0	34.2	34.2		7004
海　伦	Hailun	240.0	20.6	14.2		578

9-4 各地区城市供水情况 (2010年)

BASIC STATISTICS ON TAP WATER SUPPLY IN CITIES BY REGION (2010)

地 区	Region	年末供水综合生产能力 (万立方米/日) Production Capacity of Tap Water Supply (year-end) (10000 cu. m/day)	年末供水管道长度 (公里) Length of Water Supply Pipelines (year-end) (km)	全年供水总量 (万立方米) Total Annual Volume of Water Supply (10000 cu. m)	#生活用水 For Residential Use	#生产用水 For Productive Use	用水人口 (万人) Number of Residents with Access to Tap Water (10000 persons)	人均日生活用水量 (升) Per Capita Daily Consumption of Tap Water for Residential Use (liter)
总 计	**Total**	**830.2**	**11413.0**	**164235**	**39448**	**78654**	**1199.6**	**123.9**
地级市合计	**Total Number of Cities at Prefectural Level**	**767.5**	**9129.4**	**151923**	**34174**	**74851**	**1004.3**	**111.7**
哈尔滨	Harbin	223.4	1611.5	37652	14162	7397	371.7	147.7
齐齐哈尔	Qiqihar	34.9	1029.8	7462	2446	848	107.1	99.1
鸡 西	Jixi	29.0	629.0	7880	3150	2900	72.6	164.2
鹤 岗	Hegang	26.0	541.7	4768	944	1889	48.9	87.3
双鸭山	Shuangyashan	26.5	362.7	2837	1113	678	46.0	104.8
大 庆	Daqing	167.7	1500.2	28390	5488	16424	109.8	169.3
伊 春	Yichun	23.9	1026.5	4270	1335	2021	52.3	90.5
佳木斯	Jiamusi	44.5	577.6	7805	1807	2997	56.1	124.4
七台河	Qitaihe	34.1	691.8	5237	729	2625	33.3	79.9
牡丹江	Mudanjiang	130.2	592.0	43592	1715	36624	65.0	94.2
黑 河	Heihe	7.5	182.5	659	225	279	11.5	72.7
绥 化	Suihua	19.9	384.0	1371	1060	170	30.0	106.0
县级市合计	**Total Number of Cities at County Level**	**62.7**	**2283.6**	**12312**	**5274**	**3803**	**195.2**	**98.4**
双 城	Shuangcheng	3.5	187.5	1612	714	806	18.0	117.5
尚 志	Shangzhi	4.6	148.0	1168	264	465	12.3	145.3
五 常	Wuchang	4.0	118.3	511	312	98	12.9	75.8
讷 河	Nehe	1.9	66.0	314	190		8.8	68.3
密 山	Mishan	2.5	174.0	502	256	125	9.4	99.1
虎 林	Hulin	1.3	196.0	409	183	81	7.1	88.1
铁 力	Tieli	5.1	185.0	910	706	43	10.0	196.8
同 江	Tongjiang	0.7	117.0	176	93	20	4.1	86.4
富 锦	Fujin	4.0	69.1	776	108	425	9.3	77.7
绥芬河	Suifenhe	2.7	109.1	430	120	159	5.9	79.1
海 林	Hailin	2.8	60.0	601	177	316	10.0	62.1
宁 安	Ningan	3.0	117.0	790	305	320	7.0	138.9
穆 棱	Muling	2.4	127.3	510	245	44	7.4	125.7
北 安	Beian	5.4	109.7	623	350	90	10.3	114.5
五大连池	Wudalianchi	0.5	101.3	105	69	3	2.6	79.0
安 达	Anda	5.7	63.0	858	615	167	19.4	90.6
肇 东	Zhaodong	6.1	169.0	1518	357	509	28.0	74.7
海 伦	Hailun	6.6	166.3	499	210	132	12.9	52.2

9-5 各地区城市燃气情况 (2010年)

BASIC STATISTICS ON SUPPLY OF GAS IN CITIES BY REGION (2010)

地　区	Region	人工煤气生产能力(万立方米/日)(万立方米/日) Production Capacity of Gaswork Gas (10000 cu. m/day)	管道长度（公里） Length of Gas Pipelines (km)			全年供气总量(万立方米) Volume of Gas Supply (10000 cu. m)			用气人口（万人） Population with Access to Gas (10000 persons)		
			人工煤气 Coal Gas	液化石油气 Liquefied Petroleum Gas	天然气 Natural Gas	人工煤气 Coal Gas	液化石油气(吨) Liquefied Petroleum Gas (ton)	天然气 Natural Gas	人工煤气 Coal Gas	液化石油气 Liquefied Petroleum Gas	天然气 Natural Gas
总　计	**Total**	**67.4**	**594**	**22**	**6032**	**7587**	**219784**	**72497**	**74.1**	**506.7**	**567.5**
地级市合计	**Total Number of Cities at Prefectural Level**	**67.4**	**59**	**8**	**5998**		**175966**	**72496**	**74.1**	**347.8**	**566.6**
哈尔滨	Harbin				2542		82800	29083		76.0	330.7
齐齐哈尔	Qiqihar				832		6070	18090		10.4	94.1
鸡　西	Jixi	6.9	255			1055	3994		42.5	15.8	
鹤　岗	Hegang				116		2612	1046		13.5	14.0
双鸭山	Shuangyashan	13.0	76			693	3888		5.8	33.5	
大　庆	Daqing			8	2135		13246	22035		27.0	102.0
伊　春	Yichun						6850			55.9	
佳木斯	Jiamusi				373		9100	2243		19.7	25.7
七台河	Qitaihe	44.5	132			4089	22200		17.5	16.0	
牡丹江	Mudanjiang	3.0	131			1750	20005		8.6	52.0	
黑　河	Heihe						1200			10.0	
绥　化	Suihua						4000			18.0	
县级市合计	**Total Number of Cities at County Level**			**14**	**34**		**43818**	**1**		**158.9**	**1.0**
双　城	Shuangcheng						5910			16.0	
尚　志	Shangzhi						1360			9.0	
五　常	Wuchang			1			6650	1		13.0	
讷　河	Nehe				28		2200			8.1	1.0
密　山	Mishan						398			6.9	
虎　林	Hulin						750			4.0	
铁　力	Tieli						2680			7.0	
同　江	Tongjiang						330			3.4	
富　锦	Fujin						600			6.0	
绥芬河	Suifenhe						1200			5.1	
海　林	Hailin						2130			8.8	
宁　安	Ningan				6		1000			7.0	
穆　棱	Muling						490			4.6	
北　安	Beian						2950			6.0	
五大连池	Wudalianchi						70			1.0	
安　达	Anda						6000			19.0	
肇　东	Zhaodong			13			7100			26.0	
海　伦	Hailun						2000			8.0	

9-6 各地区城市集中供热情况 (2010年)

BASIC STATISTICS ON HEATING IN CITIES BY REGION (2010)

地　区	Region	供应能力 Heating Capacity		供热总量 Quantity of Heat Supplied		管道长度 Length of Heating Pipelines		供热面积 (万平方米)
		蒸　汽 (吨/小时) Steam (ton/hour)	热　水 (兆瓦) Hot Water (Mega Watts)	蒸　汽 (万吉焦) Steam (10000 gigajoules)	热　水 (万吉焦) Hot Water (10000 gigajoules)	蒸　汽 (公里) Steam (km)	热　水 (公里) Hot Water (km)	Area of Centralized Heating (10000 sq. m)
总　计	**Total**	**4411**	**32052**	**2020**	**26805**	**453**	**13800**	**37513**
地级市合计	**Total Number of Cities at Prefectural Level**	**4229**	**27963**	**2012**	**23158**	**437**	**12285**	**33235**
哈尔滨	Harbin	2439	9967	1196	8745	208	2158	13058
齐齐哈尔	Qiqihar	150	2856	136	2546	10	825	3187
鸡　西	Jixi	200	258	65	450	93	420	910
鹤　岗	Hegang		1348		1205		462	1143
双鸭山	Shuangyashan	60	1685	56	2187	31	203	650
大　庆	Daqing		5300		2700		6100	6050
伊　春	Yichun	95	1222	23	1072	10	543	1200
佳木斯	Jiamusi		1650		1250		461	2300
七台河	Qitaihe		627		546		237	870
牡丹江	Mudanjiang	885	2280	286	1687	25	582	2413
黑　河	Heihe		770		770		294	652
绥　化	Suihua	400		250		60		804
县级市合计	**Total Number of Cities at County Level**	**182**	**4089**	**8**	**3647**	**16**	**1515**	**4278**
双　城	Shuangcheng		100		60		73	378
尚　志	Shangzhi		92		110		22	111
五　常	Wuchang		232		60		45	279
讷　河	Nehe		186		110		49	250
密　山	Mishan	162	133		152	1	66	162
虎　林	Hulin		190		182		100	232
铁　力	Tieli	20	240	8	149	15	96	240
同　江	Tongjiang		72		88		49	77
富　锦	Fujin		140		216		31	243
绥芬河	Suifenhe		547		286		145	432
海　林	Hailin		332		224		118	410
宁　安	Ningan		239		552		58	237
穆　棱	Muling		144		137		107	147
北　安	Beian		682		341		280	311
五大连池	Wudalianchi		125		510		52	122
安　达	Anda		180		160		33	177
肇　东	Zhaodong		235		140		71	235
海　伦	Hailun		220		170		120	235

9-7 各地区城市市政设施 (2010年)

BASIC STATISTICS ON MUNICIPAL INFRASTRUCTURE IN CITIES BY REGION (2010)

地区	Region	年末实有道路长度(公里) Length of Paved Roads (year-end) (km)	年末实有道路面积(万平方米) Area of Paved Roads (year-end) (10000 sq.m)	城市桥梁(座) Number of City Bridges (unit)	城市排水管道长度(公里) Length of City Sewage Pipes (km)	城市污水日处理能力(万立方米) Daily Disposal Capacity of City Sewage (10000 cu.m)	城市道路照明灯(千盏) Number of Street Lights (1000 units)
总 计	**Total**	**10090.7**	**13568.7**	**767**	**7504**	**244.1**	**526.9**
地级市合计	**Total Number of Cities at Prefectural Level**	**7900.1**	**10945.4**	**648**	**5968**	**216.6**	**454.8**
哈尔滨	Harbin	1427.0	3296.0	258	1796	73.4	86.9
齐齐哈尔	Qiqihar	527.5	875.2	35	693	45.0	35.0
鸡西	Jixi	363.0	543.0	73	289	5.0	21.5
鹤岗	Hegang	321.6	353.4	25	266	5.0	83.7
双鸭山	Shuangyashan	361.0	314.0	16	238	5.0	9.1
大庆	Daqing	2276.4	2696.5	53	1297	43.7	69.5
伊春	Yichun	788.7	734.1	71	266	7.0	20.8
佳木斯	Jiamusi	291.4	468.1	25	346	10.0	23.7
七台河	Qitaihe	528.3	423.0	14	141	5.0	49.8
牡丹江	Mudanjiang	762.0	874.1	75	387	10.0	34.8
黑河	Heihe	81.2	155.0	3	98	2.5	15.7
绥化	Suihua	172.0	213.0		151	5.0	4.3
县级市合计	**Total Number of Cities at County Level**	**2190.6**	**2623.3**	**119**	**1536**	**27.5**	**72.1**
双城	Shuangcheng	118.8	171.6	7	96	3.0	9.3
尚志	Shangzhi	110.0	122.4	14	70		1.9
五常	Wuchang	101.9	125.9	5	89		2.3
讷河	Nehe	69.5	118.2	5	71	2.0	6.1
密山	Mishan	199.9	197.0	4	91		1.8
虎林	Hulin	69.7	93.6		41	2.0	5.3
铁力	Tieli	228.0	185.0	10	75		4.0
同江	Tongjiang	88.0	96.0		30	2.0	1.9
富锦	Fujin	205.8	185.0		94	1.5	2.6
绥芬河	Suifenhe	88.6	131.3	17	85	2.0	7.5
海林	Hailin	172.0	230.0	12	113	2.0	6.9
宁安	Ningan	75.5	67.5	4	85	2.0	2.5
穆棱	Muling	120.0	98.4	19	64	2.0	4.0
北安	Beian	105.0	244.0	11	75	3.0	5.1
五大连池	Wudalianchi	28.0	32.0	1	31	1.0	1.6
安达	Anda	150.9	179.4	3	115		1.9
肇东	Zhaodong	201.0	275.0	6	244	5.0	3.6
海伦	Hailun	58.0	71.0	1	67		3.9

9-8 各地区城市公共交通情况 (2010年)

BASIC STATISTICS ON PUBLIC TRANSPORTTATION IN CITIES BY REGION (2010)

地 区	Region	年末公共交通运营数(辆) Number of Public Vehicles under Operation at Year-end (unit)	#公共汽、电车 Bus and Trolley Bus	运营线路网长度(公里) Network Length (km)	#公共汽、电车 Bus and Trolley Bus	公共交通客运总量(万人次) Passengers Transported by Public Vehicles (10000 person-times)	#公共汽、电车 Bus and Trolley Bus	出租汽车(辆) Number of Taxi (unit)
总 计	**Total**	**16939**	**16939**	**17009**	**17009**	**242271**	**242271**	**103373**
地级市合计	**Total Number of Cities at Prefectural Level**	**15066**	**15066**	**14780**	**14780**	**224126**	**224126**	**83918**
哈尔滨	Harbin	6205	6205	5091	5091	118518	118518	22762
齐齐哈尔	Qiqihar	1075	1075	1083	1083	13867	13867	9043
鸡 西	Jixi	926	926	1502	1502	10425	10425	4658
鹤 岗	Hegang	478	478	313	313	9849	9849	2232
双鸭山	Shuangyashan	575	575	687	687	6118	6118	2425
大 庆	Daqing	2187	2187	1400	1400	18165	18165	7046
伊 春	Yichun	378	378	341	341	3458	3458	4347
佳木斯	Jiamusi	647	647	504	504	10996	10996	6483
七台河	Qitaihe	426	426	440	440	5696	5696	1872
牡丹江	Mudanjiang	1087	1087	1320	1320	16298	16298	6495
黑 河	Heihe	280	280	415	415	3595	3595	5437
绥 化	Suihua	802	802	1684	1684	7141	7141	11118
县级市合计	**Total Number of Cities at County Level**	**1873**	**1873**	**2229**	**2229**	**18145**	**18145**	**19455**
双 城	Shuangcheng	62	62	58	58	950	950	1698
尚 志	Shangzhi	480	480	246	246	3736	3736	890
五 常	Wuchang	106	106	193	193	1334	1334	920
讷 河	Nehe	40	40	58	58	832	832	1206
密 山	Mishan	194	194	51	51	976	976	773
虎 林	Hulin	26	26	21	21	394	394	580
铁 力	Tieli	82	82	98	98	1260	1260	897
同 江	Tongjiang							493
富 锦	Fujin	95	95	76	76	990	990	2200
绥芬河	Suifenhe	39	39	64	64	682	682	1181
海 林	Hailin	36	36	44	44	457	457	986
宁 安	Ningan	72	72	177	177	714	714	353
穆 棱	Muling	162	162	241	241	1077	1077	275
北 安	Beian	99	99	192	192	686	686	1393
五大连池	Wudalianchi	40	40	114	114	1339	1339	891
安 达	Anda	55	55	124	124	378	378	659
肇 东	Zhaodong	207	207	429	429	1843	1843	2075
海 伦	Hailun	78	78	43	43	495	495	1985

9-9 各地区城市绿地和园林 (2010年)

BASIC STATISTICS ON PARKS AND GREEN AREAS IN CITIES BY REGION (2010)

地区	Region	城市园林绿地面积（公顷） Area of Parks and Green Land (hectare)	#公园绿地 Park Green Areas	公园（个） Number of Parks (unit)	公园面积（公顷） Area of Parks (hectare)	建成区绿化覆盖率（%） Green Covered Area as % of Completed Area (%)
总计	**Total**	**69581**	**15284**	**285**	**9066**	**34.9**
地级市合计	**Total Number of Cities at Prefectural Level**	**63026**	**13169**	**217**	**7807**	**36.4**
哈尔滨	Harbin	12805	4198	82	1764	38.4
齐齐哈尔	Qiqihar	6096	1091	19	615	40.0
鸡西	Jixi	2480	695	3	522	39.1
鹤岗	Hegang	2314	842	6	702	41.9
双鸭山	Shuangyashan	2342	739	15	284	42.7
大庆	Daqing	20535	1779	13	599	38.4
伊春	Yichun	4381	1518	29	1373	26.7
佳木斯	Jiamusi	3618	740	18	740	40.3
七台河	Qitaihe	2228	457	16	365	40.8
牡丹江	Mudanjiang	5084	739	12	580	38.6
黑河	Heihe	426	236	3	230	24.0
绥化	Suihua	717	135	1	33	26.3
县级市合计	**Total Number of Cities at County Level**	**6555**	**2115**	**68**	**1259**	**25.1**
双城	Shuangcheng	440	230	3	47	15.3
尚志	Shangzhi	266	144	3	112	14.8
五常	Wuchang	306	116	4	105	20.6
讷河	Nehe	345	123	1	60	32.7
密山	Mishan	477	136	3	59	20.1
虎林	Hulin	259	99	6	41	36.1
铁力	Tieli	545	108	5	37	33.0
同江	Tongjiang	189	78	4	64	37.0
富锦	Fujin	144	90	4	24	26.1
绥芬河	Suifenhe	524	50	12	50	31.4
海林	Hailin	535	158	10	119	37.5
宁安	Ningan	196	52	2	43	25.1
穆棱	Muling	197	80	1	39	24.3
北安	Beian	409	117	2	30	21.0
五大连池	Wudalianchi	57	45	1	45	12.3
安达	Anda	292	75	4	23	17.3
肇东	Zhaodong	1090	340	2	340	32.2
海伦	Hailun	284	74	1	21	15.3

9-10 各地区城市市容环境卫生情况 (2010年)

BASIC STATISTICS ON URBAN SANITATION IN CITIES BY REGION (2010)

地 区	Region	清扫保洁面积(万平方米) Area under Cleaning Program (10000 sq.m)	生活垃圾清运量(万吨) Volume of Garbage Disposal (10000 tons)	粪便清运量(万吨) Volume of Excrement and Urine Disposal (10000 tons)	市容环卫专用车辆设备总数(台) Number of Special Vehicles for Environmental Sanitation (unit)	公共厕所(座) Number of Public Lavatories (unit)	#三类以上 Third Grade and Above
总 计	**Total**	**14937**	**782.4**	**166.7**	**3814**	**8893**	**1587**
地级市合计	**Total Number of Cities at Prefectural Level**	**12456**	**567.0**	**117.0**	**3032**	**6945**	**1028**
哈尔滨	Harbin	4835	119.3	21.6	1020	550	385
齐齐哈尔	Qiqihar	1018	56.9	26.2	266	840	8
鸡 西	Jixi	314	27.1	7.5	200	1700	
鹤 岗	Hegang	302	70.6	6.4	128	515	15
双鸭山	Shuangyashan	199	47.5	5.0	119	369	162
大 庆	Daqing	2200	28.0		483	268	64
伊 春	Yichun	848	86.3	16.1	298	583	50
佳木斯	Jiamusi	842	46.7	12.8	98	810	123
七台河	Qitaihe	389	25.5	0.8	200	240	171
牡丹江	Mudanjiang	891	31.7	10.9	146	794	32
黑 河	Heihe	309	8.5	4.0	32	87	10
绥 化	Suihua	309	19.0	5.6	42	189	8
县级市合计	**Total Number of Cities at County Level**	**2481**	**215.4**	**49.7**	**782**	**1948**	**559**
双 城	Shuangcheng	164	17.0	4.0	45	220	3
尚 志	Shangzhi	170	5.3	1.9	45	42	14
五 常	Wuchang	121	10.5	4.8	27	24	
讷 河	Nehe	118	3.8	2.0	62	172	
密 山	Mishan	60	9.8	1.2	39	93	13
虎 林	Hulin	94	8.4	1.2	46	54	5
铁 力	Tieli	95	6.0	3.0	33	47	9
同 江	Tongjiang	40	10.0	1.3	52	36	3
富 锦	Fujin	410	18.0	2.4	97	95	95
绥芬河	Suifenhe	212	15.0	1.9	30	41	5
海 林	Hailin	207	10.0	2.0	15	48	5
宁 安	Ningan	120	3.0	0.9	24	65	
穆 棱	Muling	70	6.5	1.5	15	73	15
北 安	Beian	104	12.0	4.2	35	320	
五大连池	Wudalianchi	34	4.3	1.4	36	43	
安 达	Anda	165	9.3	4.0	73	113	14
肇 东	Zhaodong	230	57.0	10.0	100	402	370
海 伦	Hailun	67	9.5	2.0	8	60	8

9-11 各地区城市设施水平 (2010年)

LEVEL OF PUBLIC FACILITIES IN CITIES BY REGION (2010)

地　区	Region	城市用水普及率 (%) Coverage Rate of Urban Population with Access to Tap Water (%)	城市燃气普及率 (%) Coverage Rate of Urban Population with Access to Gas (%)	每万人拥有公共交通车辆 (标台) Number of Public Transportation Vehicles Per 10000 Population (unit)	人均城市道路面积 (平方米) Per Capita Area of Paved Roads (sq. m)	人均公园绿地面积 (平方米) Per Capita Public Green Areas (sq. m)	每万人拥有公共厕所 (座) Number of Public Lavatories Per 10000 Population (unit)
总　计	**Total**	**88.4**	**84.7**	**13.1**	**10.0**	**11.3**	**6.9**
地级市合计	**Total Number of Cities at Prefectural Level**	**89.1**	**79.3**	**14.0**	**9.6**	**12.4**	**6.5**
哈尔滨	Harbin	89.2	97.6	15.6	7.9	10.1	1.4
齐齐哈尔	Qiqihar	97.7	95.3	9.9	8.0	10.0	7.7
鸡　西	Jixi	97.2	78.1	12.5	7.3	9.3	22.9
鹤　岗	Hegang	86.5	48.7	8.5	6.3	14.9	9.2
双鸭山	Shuangyashan	99.8	85.2	12.6	6.8	16.0	8.1
大　庆	Daqing	83.2	97.7	20.4	20.4	13.5	2.5
伊　春	Yichun	69.5	74.3	5.1	9.8	20.2	7.8
佳木斯	Jiamusi	90.2	73.0	10.5	7.5	11.9	13.1
七台河	Qitaihe	86.4	86.9	11.9	11.0	11.9	6.7
牡丹江	Mudanjiang	92.1	85.9	15.5	12.4	10.5	11.3
黑　河	Heihe	81.6	70.9	20.6	11.0	16.7	6.4
绥　化	Suihua	96.3	57.8	26.2	6.8	4.3	6.2
县级市合计	**Total Number of Cities at County Level**	**84.9**	**66.7**	8.6	**12.3**	**9.8**	**9.0**
双　城	Shuangcheng	95.0	84.6	3.3	9.1	12.2	11.7
尚　志	Shangzhi	96.5	70.9	38.1	9.7	11.3	3.3
五　常	Wuchang	91.8	92.5	7.6	9.0	8.3	1.7
讷　河	Nehe	90.0	92.7	4.1	12.2	12.6	17.8
密　山	Mishan	99.4	73.5	20.8	21.1	14.4	10.0
虎　林	Hulin	98.5	55.4	3.7	13.2	13.8	7.6
铁　力	Tieli	76.1	53.5	6.3	14.2	8.2	3.6
同　江	Tongjiang	64.3	53.9		18.1	12.4	6.8
富　锦	Fujin	77.5	49.8	7.9	15.4	7.5	7.9
绥芬河	Suifenhe	58.9	51.3	7.2	24.1	5.0	7.5
海　林	Hailin	99.8	87.8	3.6	23.0	15.8	4.8
宁　安	Ningan	93.3	93.3	10.0	9.4	6.9	9.0
穆　棱	Muling	99.2	61.8	22.0	13.3	10.8	9.9
北　安	Beian	74.7	43.4	7.2	17.7	8.5	23.2
五大连池	Wudalianchi	57.4	22.1	9.2	7.4	9.9	9.9
安　达	Anda	83.8	81.9	2.4	7.9	3.2	5.0
肇　东	Zhaodong	80.0	74.2	6.7	8.9	9.7	13.0
海　伦	Hailun	92.7	57.7	5.8	5.3	5.3	4.4

主要统计指标解释

供水综合生产能力　指按供水设施取水、净化、送水、出厂输水干管等环节设计能力计算的综合生产能力。包括在原设计能力的基础上，经挖、革、改增加的生产能力。计算时，以四个环节中最薄弱的环节为主确定能力。

年末供水管道长度　指从送水泵至用户水表之间所有管道的长度。不包括新安装尚未使用、水厂内以及用户建筑物内的管道。

全年供水总量　指报告期供水企业(单位)供出的全部水量。包括有效供水量和漏损水量。

生活用水量　包括公共服务用水和居民家庭用水。公共服务用水指为城市社会公共生活服务的用水。包括行政事业单位、部队营区和公共设施服务、社会服务业、批发零售贸易业、旅馆饮食业以及其他公共服务业等单位的用水。居民家庭用水指城市范围内所有居民家庭的日常生活用水。包括城市居民、农民家庭、公共供水站用水。

用水普及率　指城市用水人口数与城市人口总数的比率。计算公式:

$$用水普及率=\frac{城市用水人口数}{城市人口总数}\times100\%$$

人工煤气生产能力　指报告期末人工煤气生产厂制气、净化、输送等环节的综合生产能力，不包括备用设备能力。一般按设计能力计算，如果实际生产能力大于设计能力时，应按实际测定的生产能力计算。测定时应以制气、净化、输送三个环节中最薄弱的环节为主。

供气管道长度　指报告期末从气源厂压缩机的出口或门站出口至各类用户引入管之间的全部已经通气投入使用的管道长度。不包括煤气生产厂、输配站、液化气储存站、灌瓶站、储配站、气化站、混气站、供应站等厂(站)内的管道。

全年供气总量　指全年燃气企业(单位)向用户供应的燃气数量。包括销售量和损失量。

燃气普及率　指报告期末使用燃气的城市人口数与城市人口总数的比率。计算公式为:

$$燃气普及率=\frac{城市用气人口数}{城市人口总数}\times100\%$$

城市供热能力　指供热企业(单位)向城市热用户输送热能的设计能力。

城市供热总量　指在报告期供热企业(单位)向城市热用户输送全部蒸汽和热水的总热量。

城市供热管道长度　指从各类热源到热用户建筑物接入口之间的全部蒸汽和热水的管道长度。不包括各类热源厂内部的管道长度。

年末道路长度　指年末道路长度和与道路相通的桥梁、隧道的长度，按车行道中心线计算。在统计时只统计路面宽度在3.5米(含3.5米)以上的各种铺装道路，包括开放型工业区和住宅区道路在内。

城市桥梁　指为跨越天然或人工障碍物而修建的构筑物。包括跨河桥、立交桥、人行天桥以及人行地下通道等。按使用年限分为永久性桥和半永久性桥。

城市排水管道长度　指所有排水总管、干管、支管、检查井及连接井进出口等长度之和。

城市污水日处理能力　指污水处理厂(或污水处理装置)每昼夜处理污水量的设计能力。

年末运营车数　指年末城市用于公共交通运营业务的全部车辆数。新购、新制和调入的运营车辆，自投入之日起开始计算；调出、报废和调作他用的运营车辆，自上级主管机关批准之日起不再计入。

城市绿地面积　指报告期末用作园林和绿化的各种绿地面积。包括公园绿地、生产绿地、防护绿地、附属绿地和其他绿地的面积。

公园绿地　城市中向公众开放的以游憩为主要功能，有一定的游憩设施和服务设施，同时兼有健全生态、美化景观，防灾减灾等综合作用的绿化用地。包括综合公园，社区公园、专类公园、带状公园和街旁绿地。其中综合公园、专类公园和带状公园面积之和为公园面积。

清扫保洁面积 指报告期末对城市道路和公共场所（主要包括城市行车道、人行道、车行隧道、人行过街地下通道、道路附属绿地、地铁站、高架路、人行过街天桥、立交桥、广场、停车场及其他设施等）进行清扫保洁的面积。一天清扫多次的，按清扫保洁面积最大的一次计算。

市容环卫专用车辆 指用于环境卫生作业、监察的专用车辆和设备，包括用于道路清扫、冲洗、洒水、除雪、垃圾粪便清运、市容监察以及与其配套使用的车辆和设备。

每万人拥有公共交通车辆 指报告期末城区内每万人平均拥有的公共交通车辆标台数。计算公式：

$$\text{每万人拥有公共交通车辆}=\frac{\text{公共交通运营车标台数}}{\text{城市人口总数}}$$

生活垃圾清运量 指报告期内收集和运送到垃圾处理厂(场)的生活垃圾数量。生活垃圾指城市日常生活或为城市日常生活提供服务的活动中产生的固体废物以及法律行政规定的视为城市生活垃圾的固体废物。包括：居民生活垃圾、商业垃圾、集市贸易市场垃圾、街道清扫垃圾、公共场所垃圾和机关、学校、厂矿等单位的生活垃圾。

生活垃圾无害化处理率 指报告期生活垃圾无害化处理量与生活垃圾产生量比率。在统计上，由于生活垃圾产生量不易取得，可用清运量代替。计算公式为：

$$\text{生活垃圾无害化处理率}=\frac{\text{生活垃圾无害化处理量}}{\text{生活垃圾产生量}}\times 100\%$$

Explanatory Notes on Main Statistical Indicators

Production Capacity of Water Supply refers to the designed overall production capacity of water facilities, covering the four segments of water collection, purification, conveyance, and outflow through trunk pipelines. Increased capacity through transformation and innovation projects is included as well. The capacity is determined mainly on the weakest of the above-mentioned four segments.

Length of Water Supply Pipelines at the Year-end refers to the total length of all the pipelines between the water pumps and the user water meters, excluding pipelines newly installed but not used yet, pipeline in the water factory, and pipeline in the user's buildings.

Annual Volume of Water Supply refers to the total volume of water supplied by water-works (units) during the reference period, including both the effective water supply and loss during the water supply.

Consumption of Water for Residential Use refers to water consumption of households for daily life and water consumption of public service facilities. The latter refers to water consumption for urban public services, including the consumption of government agencies and public institutions, military barracks, public facilities, wholesale and retail outlets, restaurants, hotels, and other units providing public services. Household water consumption refers to consumption of water for daily life of all households within the boundary of cities, including households of urban residents and farmers, and public water supply stations.

Coverage Rate of Urban Population with Access to Tap Water refers to the ratio of the urban population with access to tap water to the total urban population. The formula is:

$$\text{Coverage of urban population with access to tap water} = \frac{\text{Urban population with access to tap water}}{\text{Urban population}} \times 100\%$$

Production Capacity of Gaswork Gas refers to the overall production capacity of the urban gasworks in gas generation, purification and delivery at the end of the reference period, excluding capacity of the reserved facilities. In general, it is determined by the designed capacity, and when actual production capacity is larger than the designed capacity, the capacity is determined by the actual measurement on the weakest segment in the production, purification and delivery.

Length of Gas Pipelines refers to the total length of pipelines in use between the outlet of the compressor of gas-work or outlet of gas stations and the leading pipe of users, excluding pipelines within gasworks, delivery stations, LPG storage stations, refilling stations, gas-mixing stations and supply stations.

Volume of Gas Supply refers to the total volume of gas provided to users by gas-producing enterprises (units) in a year, including the volume sold and the volume lost.

Coverage Rate of Urban Population with Access to Gas refers to the ratio of the urban population with access to gas to the total urban population at the end of the reference period. The formula is:

$$\text{Coverage rate of urban population with access to gas} = \frac{\text{Urban population with access to gas}}{\text{Urban population}} \times 100\%$$

Heating Capacity in Urban Areas refers to the designed capacity of heating enterprises (units) in supplying heating energy to urban users during the reference period.

Quantity of Heat Supplied in Urban Areas refers to the total quantity of heat from steam and hot water supplied to urban users by heating enterprises (units) during the reference period.

Length of Heating Pipelines refers to the total length of steam or hot water pipelines for sources of heat to the leading pipelines of the buildings of the users, excluding internal pipelines in heat generating enterprises.

Length of Paved Roads at Year-end refers to the length of roads with paved surface including bridges and tunnels connected with roads by the end of the year. Length of the roads is measured by the central lines for vehicles for paved roads with a width of 3.5 meters and over, including roads in open-ended factory compounds and residential quarters.

Urban Bridges refer to bridges built to cross over natural or man-made barriers, including bridges over rivers, overpasses for traffic and for pedestrians, underpasses for pedestrians, etc. Both permanent and semi-permanent bridges are included.

Length of Urban Sewage Pipes refers to the total length of general drainage, trunks, branch and inspection wells, connection wells, inlets and outlets, etc.

Daily Disposal Capacity of Urban Sewage refers to the designed 24-hour capacity of sewage disposal by the sewage treatment works or facilities.

Number of Vehicles under Operation at Year-end refers to the total number of vehicles under operation by public transport enterprises (units) at the end of the year, based on the records of operational vehicles by the enterprises (units).

Area of Urban Green Areas refers to the total area occupied for green projects at the end of the reference period, including park green land, production green land, protection green land, green land attached to institutions, and other green areas.

Park Green Area refers to green areas open to the public for amusement and rest with the facilities of amusement, rest and services. Its function includes perfecting ecology, beautifying landscape, and preventing and reducing disaster. Park green areas include comprehensive park, community park, topic park, belt-shaped park and green area nearby street. Total areas of comprehensive park, topic park and belt-shaped is the area of park.

Area Cleaned refers to the area which are regularly cleaned, as at the end of the reference period, at urban roads and public places (mainly including urban roadways, pedestrian walkways, vehicular tunnels, pedestrian underpasses, underground railway stations, lifted roads, pedestrians walk bridges, overpasses, plazas, carparks and other facilities). If there are several times of cleaning in a day at a location, the area of that time of cleaning with the largest area cleaned will be taken.

Vehicles Dedicated to Urban Cleanliness and Environmental Sanitation refer to vehicles and facilities dedicated for use in the operation, management and monitoring of environmental hygiene work. They include vehicles for road cleaning, washing, showering, ice removal, disposal of garbage and human wastes, cleanliness monitoring and related activities.

Public Transportation Vehicles per 10000 Population refers to the number of public transportation vehicles, at the end of the reference period, per 10000 population in the city district. The formula for calculation is:

$$\text{Public Transportation Vehicles per 10000 Population} = \frac{\text{Number of Public Transportation Vehicles}}{\text{City District Population}}$$

第十篇 资源与环境

CHAPTER 10 RESOURCES AND ENVIRONMENT

10-1 自然状况

NATURAL CONDITIONS

指　标	Item	2007	2008	2009	2010
土地状况	**Territory**				
土地总面积（万平方公里）	Total Land Area(10000 sq. km)	45.4	45.4	45.4	45.4
土地总面积构成（%）	Structure of Total Land Area(%)				
山　地	Mountains	24.7	24.7	24.7	24.7
丘　陵	Hills	35.8	35.8	35.8	35.8
平　原	Plains	37.0	37.0	37.0	37.0
水面及其他	Water-area and Others	2.5	2.5	2.5	2.5
林木资源情况	**Forest Resources**				
森林面积（万公顷）	Forest Area(10000 hectares)		2053	2053	2053
森林覆盖率（%）	Forest-coverage Rate(%)		45.2	45.2	45.2
活立木总蓄积量（亿立方米）	Total Standing Stock Volume(100 million cu. m)		16.5	16.5	16.5
森林蓄积量（亿立方米）	Stock Volume of the Forest(100 million cu. m)		15.5	15.5	15.5
造林总面积（万公顷）	Total Area of Afforestation(10000 hectares)		11.9	21.3	23.4
水利资源（亿立方米）	**Water Resources (100 million cu.m)**				
水资源总量	Total Amount of Water Resources	491.9	462.0	989.6	853.5
#地表水资源量	#Surface Water Resources	374.1	341.9	845.6	725.3
地下水资源量	Groundwater Resources	232.8	247.8	313.5	277.9
地表水与地下水资源不重复量	Unduplicated Measurement Between Surface Water and Groundwater	117.8	120.0	144.0	128.2
人均水资源量(立方米/人)	Per Capita Water Resources (cu. m/person)	1286.2	1207.7	2586.5	2228.0
气　候	**Climate**				
年平均气压（百帕）	Annual Average Atmospheric Pressure (hPa)				989.2
年平均气温（摄氏度）	Annual Average Temperature (℃)	4.9	4.8	3.0	3.0
年平均相对湿度（%）	Annual Average Relative Humidity (%)	60.9	60.2	63.8	67.8
年降水量（毫米）	Annual Precipitation (mm)	433.1	479.8	653.8	610.9
年平均风速（m/s）	Annual Average Wind Velocity(m/s)				2.3
年日照时数（小时）	Annual Sunshine Hours (hours)	2621.4	2490.7	2411.0	2383.0
自然保护区个数（个）	Reserve Number (unit)		190	197	201
#国家级	#National		20	23	23
自然保护区面积(万公顷)	Nature Reserve area (10000 hectares)		617.5	620.0	636.0

注：气候数据来自省气象台；林业数据来自省林业厅；水利数据来自省水文局；矿产资源数据来自省国土资源厅。
Note:The data of climate come from Observatory of Herlongjiang Province, the data of forest come from Forest Department of Herlongjiang resources come from Hydrographic Department of Herlongjiang Province, the data of mineral resources come from Heilongjiang Provincial Department of Land & Resources.

10-2 主要矿产资源
MAJOR MINERAL RESOURCES

指 标	Item	2007	2008	2009	2010
矿产资源储量	**Reserves of Mineral Resources**				
煤炭（亿吨）	Coal(100 million tons)	218.3	217.9	217.0	217.8
铁矿（矿石亿吨）	Iron(Ore,100 million tons)	3.60	3.60	3.73	3.72
铜矿（铜万吨）	Copper(Metal,10000 tons)	375.8	375.4	377.9	379.2
铅矿（万吨）	Lead(Metal,10000 tons)	50.1	52.7	51.9	57.9
锌矿（万吨）	Zinc(Metal,10000 tons)	164.6	169.3	165.2	180.1
镁矿（万吨）	Magnesium(10000 tons)	891.3	891.3	891.3	891.3
镍矿（吨）	Nickel(ton)	20319	20319	20319	20319
钨矿(WO3)（万吨）	Tungsten(WO3,10000 tons)	19.46	19.46	19.46	19.46
矽线石（万吨）	Fibrolite(100 million tons)	716.0	715.5	715.5	757.7
熔剂用灰岩（万吨）	Limestone for Flux(10000 tons)	2875.0	2831.5	2779.5	2719.6
冶金用白云岩（万吨）	Dolomite for Metallurgy(10000 tons)	3653	3653	3653	3653
铸型用砂（万吨）	Placer for Mould(10000 tons)	1039.9	1039.9	1039.9	1039.9
耐火粘土（万吨）	Refractory Clay(10000 tons)	1534	1534	1534	1534
硫铁矿（万吨）	Pyrite Ore(10000 tons)	260	325	325	325
化肥用蛇纹岩（万吨）	Serpentinite for Chemical Fertilizer(10000 tons)	7880	7880	7880	7880
泥炭（万吨）	Peat(10000 tons)	2877	2877	2877	2877
磷矿石（万吨）	Phosphorite(10000 tons)	4305	4305	4305	4305
长石（万吨）	Feldspar(10000 tons)	17558	17558	17558	17558
陶瓷土（万吨）	Pottery Clay(10000 tons)	3612	3612	3612	3612
玻璃用砂（万吨）	Gritstone for Glass(10000 tons)	1592	1591	1591	1591
玻璃用脉石英（万吨）	Vein Quartz for Glass(10000 tons)	709.6	709.6	709.6	709.6
玻璃用大理岩（万吨）	Marble for Glass(10000 tons)	2820	2820	2820	2820
水泥配料用粘土（万吨）	Clay for Cement Industry(10000 tons)	11214.0	11212.5	11212.5	11212.5
水泥用大理岩（亿吨）	Marble for Cement(100 million tons)	15.9	15.9	14.6	15.6
膨润土（万吨）	Bentonite(10000 tons)	14595	14595	14595	14595
饰面用花岗岩（万立方米）	Granite for Facing(10000 cu.m)	5287	5288	5285	5284
火山灰（万吨）	Pozzolana(10000 tons)	4948	4948	4948	4948
饰面用大理岩（万立方米）	Marble for Facing(10000 cu.m)	668	668	668	668
石墨（万吨）	Graphite(10000 tons)	11369.0	11359.7	11353.6	11356.6
沸石（万吨）	Zeolite(10000 tons)	11908	11908	11908	11908
颜料黄土（万吨）	Sienna(10000 tons)	192	192	192	192
铸石用玄武岩（万吨）	Basalt for Casting(10000 tons)	11112	11112	11112	11112
岩棉用玄武岩（万吨）	Basalt for Artificial Asbestos(10000 tons)	7274	7274	7274	7274
珍珠岩（万吨）	Perlite(10000 tons)	2940	2938	2938	2938

10-3 主要城市（区）平均气压（2010年）

MONTHLY AVERAGE ATMOSPHERIC PRESSURE OF MAJOR CITIES (2010)

单位：百帕 (hPa)

月份	Month	哈尔滨 Harbin	齐齐哈尔 Qiqihar	北林 Beilin	大庆 Daqing	加格达奇 Jiagedaqi	爱辉 Aihui	伊春 Yichun	佳木斯 Jiamusi	鸡西 Jixi	牡丹江 Mudan-jiang	鹤岗 Hegang	双鸭山 Shuang-yashan	七台河 Qitaihe
年平均	**Annual Average**	**997.2**	**996.1**	**992.4**	**996.1**	**968.3**	**992.8**	**983.9**	**1003.7**	**980.0**	**985.6**	**985.4**	**991.8**	**986.5**
1 月	Jan.	1005.2	1003.8	999.5	1003.7	973.3	999.0	989.2	1010.0	984.2	991.3	989.7	996.6	991.3
2 月	Feb.	1005.0	1004.0	999.6	1003.8	973.4	999.4	989.8	1011.1	985.3	991.6	990.9	997.7	992.2
3 月	Mar.	1001.3	999.9	995.8	999.9	970.9	996.0	986.3	1007.2	982.9	989.1	987.8	994.5	989.4
4 月	Apr.	996.5	995.3	991.6	995.3	967.8	992.2	983.1	1002.9	979.7	985.1	984.8	991.2	986.0
5 月	May	990.7	990.0	986.6	989.8	964.3	988.5	979.5	998.5	975.7	980.1	981.7	987.5	982.0
6 月	June	990.6	989.1	986.3	989.5	963.1	986.0	978.7	997.0	975.2	980.2	980.5	986.3	981.3
7 月	July	988.3	987.2	984.2	987.4	961.7	984.7	977.1	995.5	973.3	978.0	979.2	984.9	979.6
8 月	Aug.	991.6	990.2	987.3	990.4	964.5	987.5	979.8	998.5	976.6	981.6	981.7	987.7	982.8
9 月	Sept.	997.0	996.1	992.7	996.2	969.6	993.0	985.0	1003.6	980.8	986.1	986.3	992.3	987.1
10月	Oct.	1002.0	1000.6	997.1	1000.7	972.4	996.6	988.6	1008.3	985.2	990.6	990.1	996.6	991.5
11月	Nov.	1000.1	998.9	994.9	998.8	970.3	995.7	986.2	1006.7	982.6	988.4	987.8	994.3	989.0
12月	Dec.	998.3	998.1	992.9	997.4	968.7	994.7	983.7	1004.8	978.7	985.2	984.7	991.4	985.7
春季	Spring	996.2	995.1	991.3	995.0	967.7	992.2	983.0	1002.9	979.4	984.8	984.8	991.1	985.8
夏季	Summer	990.2	988.8	985.9	989.1	963.1	986.1	978.5	997.0	975.0	979.9	980.5	986.3	981.2
秋季	Fall	999.7	998.5	994.9	998.6	970.8	995.1	986.6	1006.2	982.9	988.4	988.1	994.4	989.2
冬季	Winter	1002.8	1002.0	997.3	1001.6	971.8	997.7	987.6	1008.6	982.7	989.4	988.4	995.2	989.7
最高	Highest	1000.0	998.8	995.1	998.9	971.0	995.5	986.7	1006.5	982.8	988.3	988.1	994.9	989.2
最低	Lowest	994.2	993.2	989.5	993.2	965.6	990.1	981.1	1000.7	977.1	982.5	982.7	989.0	983.7

10-4 主要城市(区)平均气温(2010年)

MONTHLY AVERAGE TEMPERATURE OF MAJOR CITIES (2010)

单位：摄氏度 (℃)

月份	Month	哈尔滨 Harbin	齐齐哈尔 Qiqihar	北林 Beilin	大庆 Daqing	加格达奇 Jiagedaqi	爱辉 Aihui	伊春 Yichun	佳木斯 Jiamusi	鸡西 Jixi	牡丹江 Mudan-jiang	鹤岗 Hegang	双鸭山 Shuang-yashan	七台河 Qitaihe
年平均	**AnnualAverage**	**4.5**	**3.4**	**2.9**	**4.1**	**−0.6**	**0.9**	**1.5**	**3.2**	**4.0**	**4.3**	**3.3**	**4.3**	**3.6**
1 月	Jan.	-17.1	-19.3	-20.5	-17.6	-22.4	-21.5	-20.5	-18.4	-15.9	-16.3	-16.6	-16.2	-17.1
2 月	Feb.	-15.5	-17.8	-18.3	-15.9	-21.8	-20.9	-18.8	-16.9	-15.2	-14.0	-15.9	-14.8	-16.0
3 月	Mar.	-7.2	-7.9	-9.6	-7.4	-12.0	-11.0	-9.9	-8.5	-7.6	-7.2	-8.1	-6.9	-7.8
4 月	Apr.	4.0	3.7	2.5	3.7	0.2	2.1	1.8	3.5	3.3	3.8	2.8	3.9	3.3
5 月	May	16.0	15.6	15.0	15.5	13.1	14.6	13.8	15.0	14.5	15.4	14.3	15.3	14.7
6 月	June	25.5	25.1	25.0	25.0	20.7	22.9	22.2	23.8	23.2	23.7	23.3	24.2	22.9
7 月	July	23.4	23.8	23.0	23.8	19.6	21.6	20.7	22.2	22.2	22.9	21.5	22.5	22.2
8 月	Aug.	22.0	21.1	20.7	21.4	16.6	18.6	19.1	20.9	21.7	22.1	20.6	21.9	21.4
9 月	Sept.	16.5	16.5	15.7	16.5	10.5	12.4	12.3	14.3	15.5	15.3	14.7	15.5	14.8
10月	Oct.	6.4	5.6	5.2	6.0	0.7	2.9	3.6	5.7	6.1	5.8	5.4	6.7	5.4
11月	Nov.	-3.6	-5.5	-5.3	-4.6	-9.9	-8.8	-6.7	-5.0	-4.1	-4.2	-5.7	-3.4	-4.2
12月	Dec.	-16.3	-19.6	-18.3	-17.6	-22.0	-22.0	-19.6	-17.9	-15.8	-15.3	-17.3	-16.8	-16.9
春季	Spring	-6.2	-7.3	-8.5	-6.5	-11.2	-9.9	-9.0	-7.3	-6.5	-5.8	-7.1	-5.9	-6.8
夏季	Summer	21.6	21.5	21.0	21.4	17.8	19.7	18.9	20.3	20.0	20.7	19.7	20.7	19.9
秋季	Fall	15.0	14.4	13.9	14.6	9.3	11.3	11.7	13.6	14.4	14.4	13.6	14.7	13.9
冬季	Winter	-5.4	-7.1	-7.6	-6.0	-11.0	-9.8	-8.6	-6.7	-5.3	-5.4	-6.3	-5.1	-5.9
最高	Highest	9.5	8.8	8.0	8.9	6.5	6.8	8.3	8.7	9.2	10.3	8.1	8.9	8.8
最低	Lowest	-0.4	-1.8	-1.8	-0.4	-6.8	-4.5	-4.7	-2.3	-0.6	-0.9	-1.0	0.3	-1.4

10-5 主要城市（区）平均相对湿度（2010年）

MONTHLY AVERAGE RELATIVE HUMIDITY OF MAJOR CITIES (2010)

单位：%　　　　(%)

月份	Month	哈尔滨 Harbin	齐齐哈尔 Qiqihar	北林 Beilin	大庆 Daqing	加格达奇 Jiagedaqi	爱辉 Aihui	伊春 Yichun	佳木斯 Jiamusi	鸡西 Jixi	牡丹江 Mudanjiang	鹤岗 Hegang	双鸭山 Shuangyashan	七台河 Qitaihe
合计	**Total**	**70**	**63**	**70**	**64**	**63**	**67**	**72**	**66**	**72**	**70**	**66**	**67**	**72**
1 月	Jan.	74	67	70	64	61	60	69	67	71	68	67	70	74
2 月	Feb.	69	61	67	57	57	57	63	63	68	65	62	64	69
3 月	Mar.	70	57	66	56	50	53	61	60	66	64	59	59	64
4 月	Apr.	63	49	62	50	49	48	61	60	64	62	60	59	62
5 月	May	68	63	62	66	51	51	66	63	69	63	64	65	68
6 月	June	55	57	55	57	61	65	70	62	69	61	63	63	70
7 月	July	83	74	82	76	79	86	86	78	87	80	79	80	84
8 月	Aug.	81	76	84	76	81	87	87	78	84	80	78	78	84
9 月	Sept.	65	56	62	58	71	74	76	67	68	71	62	65	70
10月	Oct.	66	58	68	63	61	66	71	62	68	72	61	60	70
11月	Nov.	72	68	76	70	69	78	76	67	73	74	68	65	72
12月	Dec.	79	75	82	75	68	80	76	70	78	75	71	74	80
春季	Spring	67	56	65	54	52	53	62	61	66	64	60	61	65
夏季	Summer	69	65	66	66	64	67	74	68	75	68	69	69	74
秋季	Fall	71	63	71	66	71	76	78	69	73	74	67	68	75
冬季	Winter	48	43	46	40	39	39	44	43	46	44	43	45	48

10-6 主要城市（区）降水量（2010年）

MONTHLY PRECIPITATION OF MAJOR CITIES (2010)

单位：毫米 (millimeters)

月份	Month	哈尔滨 Harbin	齐齐哈尔 Qiqihar	北林 Beilin	大庆 Daqing	加格达奇 Jiagedaqi	爱辉 Aihui	伊春 Yichun	佳木斯 Jiamusi	鸡西 Jixi	牡丹江 Mudan-jiang	鹤岗 Hegang	双鸭山 Shuang-yashan	七台河 Qitaihe
合计	**Total**	**590.0**	**512.0**	**552.5**	**465.6**	**636.0**	**628.0**	**620.7**	**741.9**	**554.5**	**503.2**	**863.5**	**719.1**	**555.0**
1 月	Jan.	4.6	2.4	3.0	2.7	6.2	4.0	12.9	8.7	4.2	5.0	9.3	8.2	6.9
2 月	Feb.	17.6	3.7	9.0	1.9	6.1	4.8	7.3	21.7	12.6	14.8	13.2	15.0	15.0
3 月	Mar.	26.8	7.0	37.3	23.4	2.9	3.5	23.4	32.8	15.4	21.9	25.5	24.5	14.1
4 月	Apr.	44.4	34.5	44.4	20.9	28.6	16.9	37.8	35.4	24.8	26.7	70.0	28.6	25.1
5 月	May	114.3	83.3	92.0	102.6	48.9	19.5	92.7	112.1	74.6	57.0	130.1	100.5	67.5
6 月	June	68.3	42.2	65.5	45.0	35.2	86.2	31.3	56.2	101.8	33.6	58.7	83.0	37.6
7 月	July	184.7	127.7	89.0	120.3	247.2	263.1	173.3	153.6	116.7	116.9	213.9	166.2	154.0
8 月	Aug.	57.8	165.6	127.0	98.4	170.5	160.8	153.3	178.3	95.8	132.9	247.5	180.4	125.9
9 月	Sept.	16.5	16.8	29.4	7.4	51.8	17.6	8.8	58.5	3.0	4.7	23.4	47.4	13.4
10月	Oct.	13.9	6.6	15.2	22.1	8.1	15.0	17.3	20.2	60.4	38.8	15.3	18.1	48.8
11月	Nov.	22.2	8.6	18.3	6.1	7.3	16.7	29.7	17.1	23.5	26.5	15.3	8.8	17.0
12月	Dec.	18.9	13.6	22.4	14.8	23.2	19.9	32.9	47.3	21.7	24.4	41.3	38.4	29.7
春季	Spring	88.8	45.2	90.7	46.2	37.6	25.2	68.5	89.9	52.8	63.4	108.7	68.1	54.2
夏季	Summer	367.3	253.2	246.5	267.9	331.3	368.8	297.3	321.9	293.1	207.5	402.7	349.7	259.1
秋季	Fall	88.2	189.0	171.6	127.9	230.4	193.4	179.4	257.0	159.2	176.4	286.2	245.9	188.1
冬季	Winter	45.7	24.6	43.7	23.6	36.7	40.6	75.5	73.1	49.4	55.9	65.9	55.4	53.6

10-7 主要城市（区）平均风速（2010年）

MONTHLY AVERAGE WIND VELOCITY OF MAJOR CITIES (2010)

单位：m/s　　　　(m/s)

月份	Month	哈尔滨 Harbin	齐齐哈尔 Qiqihar	北林 Beilin	大庆 Daqing	加格达奇 Jiagedaqi	爱辉 Aihui	伊春 Yichun	佳木斯 Jiamusi	鸡西 Jixi	牡丹江 Mudan-jiang	鹤岗 Hegang	双鸭山 Shuang-yashan	七台河 Qitaihe
年平均	**AnnualAverage**	**2.1**	**2.6**	**2.2**	**2.2**	**2.0**	**2.4**	**1.7**	**2.8**	**3.7**	**1.8**	**2.3**	**1.8**	**1.8**
1 月	Jan.	2.0	2.1	1.8	2.2	1.8	2.3	1.6	2.7	4.5	1.8	2.4	1.9	1.8
2 月	Feb.	1.9	2.1	1.8	2.5	1.8	2.3	1.8	2.7	3.9	2.0	2.6	1.7	2.0
3 月	Mar.	2.3	3.0	2.2	2.9	2.3	2.9	1.9	3.3	4.4	2.1	2.8	2.1	2.0
4 月	Apr.	2.6	3.2	2.9	2.7	2.8	3.0	2.3	3.9	5.0	2.7	3.3	2.6	2.9
5 月	May	2.4	3.2	2.7	2.6	2.5	2.8	1.7	3.3	3.8	1.9	2.4	1.9	2.1
6 月	June	1.9	2.8	2.1	2.1	1.9	2.2	1.6	2.3	3.0	1.6	1.9	1.5	1.3
7 月	July	1.7	2.5	2.0	1.9	1.9	1.9	1.2	2.1	2.5	1.6	1.7	1.2	1.3
8 月	Aug.	1.9	2.2	2.0	1.7	2.0	2.1	1.6	2.2	2.7	1.5	2.1	1.5	1.5
9 月	Sept.	1.7	2.8	2.1	1.8	2.1	2.4	1.3	2.3	3.2	1.6	2.1	1.5	1.5
10 月	Oct.	2.2	2.7	2.3	2.0	2.0	2.5	1.7	2.8	3.4	1.8	2.1	1.8	1.2
11 月	Nov.	2.5	2.4	2.3	2.1	1.3	2.2	1.7	2.9	3.9	1.8	2.3	1.9	1.4
12 月	Dec.	2.1	2.4	1.8	1.9	2.1	2.7	1.7	3.2	4.1	1.6	2.4	1.7	2.3
春季	Spring	2.3	2.8	2.3	2.7	2.3	2.7	2.0	3.3	4.4	2.3	2.9	2.1	2.3
夏季	Summer	2.0	2.8	2.3	2.2	2.1	2.3	1.5	2.6	3.1	1.7	2.0	1.5	1.6
秋季	Fall	1.9	2.6	2.1	1.8	2.0	2.3	1.5	2.4	3.1	1.6	2.1	1.6	1.4
冬季	Winter	2.2	2.3	2.0	2.1	1.7	2.4	1.7	2.9	4.2	1.7	2.4	1.8	1.8
最人	Maximum	11.5	10.8	13.2	9.9	10.1	11.5	10.1	14.3	16.5	11.7	11.6	12.4	11.1
风向	Wind direction	SW	2个	SW	NNW	SE	SW	SW	SW	2个	WNW	W	WSW	E

10-8 主要城市（区）日照时数（2010年）

SUNSHINE HOURS OF MAJOR CITIES (2010)

单位：小时 (hours)

月份	Month	哈尔滨 Harbin	齐齐哈尔 Qiqihar	北林 Beilin	大庆 Daqing	加格达奇 Jiagedaqi	爱辉 Aihui	伊春 Yichun	佳木斯 Jiamusi	鸡西 Jixi	牡丹江 Mudan-jiang	鹤岗 Hegang	双鸭山 Shuang-yashan	七台河 Qitaihe
合计	**Total**	**2152.1**	**2745.4**	**2395.0**	**2274.1**	**2588.0**	**2541.8**	**2198.4**	**2359.0**	**2463.0**	**2214.1**	**2354.5**	**2699.7**	**1994.5**
1 月	Jan.	105.0	177.9	162.6	179.3	168.6	151.7	135.0	137.0	171.3	179.6	136.4	166.7	96.2
2 月	Feb.	157.0	203.0	179.6	191.1	201.3	194.2	178.6	160.3	174.4	165.4	177.6	181.1	121.3
3 月	Mar.	177.1	242.7	213.6	225.8	261.7	237.5	204.7	198.4	220.6	209.1	226.9	244.0	177.5
4 月	Apr.	195.1	241.4	212.5	188.6	233.4	233.8	191.0	231.9	227.1	182.8	231.6	259.9	190.3
5 月	May	198.1	219.2	231.8	205.4	267.2	276.7	212.8	211.0	203.4	212.5	220.4	249.7	186.7
6 月	June	287.4	326.8	308.9	251.2	324.7	315.6	284.3	296.1	296.8	276.0	282.4	333.4	263.7
7 月	July	178.7	288.7	222.7	169.8	210.8	231.8	177.9	215.1	215.5	191.3	188.6	259.0	176.0
8 月	Aug.	203.1	241.6	180.5	163.8	224.2	219.7	195.5	221.0	229.2	199.9	198.7	262.6	183.0
9 月	Sept.	264.5	313.8	289.2	288.8	254.0	260.1	262.8	260.2	249.3	198.3	258.8	276.3	220.8
10月	Oct.	176.8	224.1	187.7	185.9	227.4	184.8	176.4	206.9	216.0	186.2	206.6	203.0	174.7
11月	Nov.	133.4	143.2	117.7	109.9	133.1	131.6	96.7	121.7	145.6	119.2	122.9	153.8	117.5
12月	Dec.	75.9	123.0	88.2	114.5	81.6	104.3	82.7	99.4	113.8	93.8	103.6	110.2	86.8
春季	Spring	570.3	703.3	657.9	619.8	762.3	748.0	608.5	641.3	651.1	604.4	678.9	753.6	554.5
夏季	Summer	669.2	857.1	712.1	584.8	759.7	767.1	657.7	732.2	741.5	667.2	669.7	855.0	622.7
秋季	Fall	574.7	681.1	594.6	584.6	614.5	576.5	535.9	588.8	610.9	503.7	588.3	633.1	513.0
冬季	Winter	337.9	503.9	430.4	484.9	451.5	450.2	396.3	396.7	459.5	438.8	417.6	458.0	304.3

10-9 主要河流基本情况（2010年）

MAJOR RIVERS (2010)

名 称	River	流域面积 （平方公里） Drainage Area (sq. km)	河长 （公里） Length (km)	年径流量 （亿立方米） Annual Flow (100 million cu. m)
呼玛河	Humahe River	31197	524	60.45
逊毕拉河	Xunbilahe River	15739	279	15.31
穆棱河	Mulinghe River	18136	834	19.31
挠力河	Naolihe River	22495	596	18.07
呼兰河	Hulanhe River	31424	523	36.80
蚂蚁河	Ant River	10547	341	18.38
汤旺河	Tangwanghe River	20557	509	53.49

10-10 各地区水资源状况(2010年)

WATER RESOURCES BY DIVISIONS OF ADMINISTRATIVE AREAS (2010)

单位：百万立方米 (1000000 cu. m)

地 区	Region	总面积（平方公里） Total Land Area (sq. km)	水资源总量 Total Water Resources Volume	地表水天然年径流量 Natural Annual Flow of Surface Water	山丘区地下水资源量 Ground Water Volume in Hills	山丘区河川基流量 General Runoff of Rivers in Hills	平原区降水入渗补给量 Supply from Precipitation Seeping on Plains	平原区降水入渗形成的河道排泄量 Drainage in River from Precipitation Seeping on Plains	地下水资源与地表水资源不重复量 Unduplicated Measurement Volume of Surface Water and Ground Water
全 省	**Total**	**454817**	**85348.4**	**72524.8**	**12493.2**	**11027.2**	**12648.0**	**1290.4**	**12823.6**
哈尔滨	Harbin	53068	15591.1	13484.7	1368.5	1331.6	2344.2	274.7	2106.4
齐齐哈尔	Qiqihar	42469	3225.1	1100.2	290.9	54.9	2188.2	299.3	2124.9
鸡 西	Jixi	22488	4349.2	3928.2	471.9	300.4	314.8	65.3	421.0
鹤 岗	Hegang	14680	4168.4	3448.6	444.1	313.9	654.9	65.3	719.8
双鸭山	Shuang-yashan	22036	3908.5	3450.6	526.5	391.9	388.6	65.3	457.9
大 庆	Daqing	21219	1324.8	277.1			1107.1	59.4	1047.7
伊 春	Yichun	32760	8252.4	8060.5	1775.2	1706.6	142.8	19.5	191.9
佳木斯	Jiamusi	32704	5956.5	4281.3	329.4	273.0	1791.0	172.1	1675.2
七台河	Qitaihe	6222	979.6	851.0	228.2	175.0	75.3		128.6
牡丹江	Mudan-jiang	40583	11038.8	10907.4	1914.6	1783.2			131.4
黑 河	Heihe	66802	9051.5	7633.1	1855.7	1666.2	1296.0	67.0	1418.4
绥 化	Suihua	34964	5096.5	2835.1	377.4	258.6	2345.3	202.6	2261.4
大兴安岭	Daxing-anling	64822	12406.0	12267.2	2910.7	2771.9			138.8

10-11 供水用水情况

WATER SUPPLY AND WATER USE

项 目 Item	供水总量 (亿立方米) Water Supply (100 million cu.m)	地表水 Surface Water	地下水 Ground-water	用水总量 (亿立方米) Water Use (100 million cu.m)	农 业 Agricul-ture	工 业 Industry	生 活 Consump-tion	生 态 Ecological Protection	人均用水量 (立方米/人) Per Capita Water Use (cu.m/person)
2003	240.6	146.8	93.8	240.6	160.9	47.3	11.7	3.0	630.8
2004	259.4	155.5	104.0	259.4	172.5	53.0	11.8	1.0	679.7
2005	271.5	158.4	113.1	271.5	178.4	55.5	11.9	3.7	710.8
2006	286.2	172.0	114.2	286.2	194.3	57.5	11.9	0.4	748.7
2007	291.4	166.8	124.6	291.4	208.8	57.5	12.0	0.5	762.0
2008	297.0	169.6	127.4	297.0	212.1	57.6	12.0	2.5	776.5
2009	316.3	180.2	136.0	316.3	231.3	55.7	12.1	4.4	826.6
2010	325.0	178.9	146.1	325.0	240.9	56.0	12.1	1.8	848.3

10-12 各地区生活污染排放情况

POLLUTION EMISSION FROM CONSUMPTION BY REGION

单位：万吨 (10000 tons)

项 目 Item	化学需氧量排放量 COD Discharge	二氧化硫排放量 Volume of Sulphur Dioxide Emission	生活污水排放量 Consumption Waste Water Discharge	生活污水中化学需氧量排放量 COD Discharge from Consumption Waste Water	生活污水中氨氮排放量 Ammonia Nitrogen Discharge from Consumption Waste Water	生活二氧化硫排放量 Volume of Sulphur Dioxide Emission by Consumption	生活烟尘排放量 Volume of Consumption Soot Emission
2000	52.22	29.66					
2001	52.70	29.20					
2002	51.40	28.70					
2003	51.05	35.59	68461	37.65	4.42	7.06	9.13
2004	50.46	37.30	69150	37.68	4.39	7.80	9.90
2005	50.37	50.80	68883	36.69	4.23	7.70	9.40
2006	49.80	51.80	70857	35.63	4.26	7.80	9.60
2007	48.80	51.54	70584	34.54	4.12	7.50	9.88
2008	47.62	50.63	72086	34.45	4.05	6.51	9.80
2009	46.20	49.00	76320	35.01	4.08	7.15	11.36
2010	44.44	49.02	79654	33.20	3.81	7.31	12.48
哈尔滨 Harbin	7.90	7.63	21832	6.81	0.58	2.24	4.45
齐齐哈尔 Qiqihar	4.03	5.49	8123	3.01	0.42	0.82	0.90
鸡 西 Jixi	2.86	2.38	4391	2.40	0.28	0.40	0.19
鹤 岗 Hegang	2.68	3.56	2920	1.33	0.18	0.29	0.48
双鸭山 Shuangyashan	1.64	4.22	3439	1.57	0.24	0.62	1.19
大 庆 Daqing	3.57	6.51	8651	2.47	0.28	0.46	0.86
伊 春 Yichun	2.62	1.12	4230	2.54	0.30	0.07	0.14
佳木斯 Jiamusi	3.73	4.21	4883	2.21	0.24	0.48	0.67
七台河 Qitaihe	2.44	3.71	1922	1.09	0.13	0.34	0.34
牡丹江 Mudanjiang	4.07	4.53	6670	2.25	0.29	0.27	1.77
黑 河 Heihe	1.73	1.95	2587	1.69	0.18	0.29	0.12
绥 化 Suihua	3.29	1.95	5619	3.08	0.38	0.64	0.74
大兴安岭 Daxinganling	1.13	0.47	1447	0.99	0.11	0.04	0.21
农垦总局 ARB	2.76	1.28	2940	1.76	0.21	0.35	0.42

10-13 “三废”排放治理情况

DISCHARGE AND TREATMENT OF WASTE WATER, WASTE GAS AND SOLID WASTES

项 目	Item	2007	2008	2009	2010
废 水	**Waste Water**				
工业废水排放量（万吨）	Volume of Industrial Waste Water Discharged (10000 tons)	38388	38910	34188	38921
工业废水排放达标量（万吨）	Volume of Industrial Waste Water up to the Discharge Standards (10000 tons)	32780	33768	31379	36073
工业废水排放达标率（%）	Percentage of Industrial Waste Water up to the Discharge Standards (%)	85.4	86.8	91.8	92.7
废 气	**Waste Gas**				
废气排放量（亿标立方米）	Volume of Waste Gas Emission (100 million cu.m)	7283	7796	9977	10111
燃料燃烧过程中排放	Volume of Waste Gas in the Process of Fuel Burning	5981	6265	8260	8304
生产工艺过程中排放	Volume of Waste Gas from the Process of Production	1302	1531	1717	1807
二氧化硫去除量（万吨）	Volume of Sulphur Dioxide Removed (10000 tons)	4.1	4.1	7.4	11.0
二氧化硫排放量（万吨）	Volume of Sulphur Dioxide Emission (10000 tons)	44.0	44.1	41.9	41.7
工业烟尘去除量（万吨）	Volume of Industrial Soot Removed (10000 tons)	847.1	1133.3	1058.7	1306.2
工业烟尘排放量（万吨）	Volume of Industrial Soot Emission (10000 tons)	42.2	37.1	31.9	29.7
工业粉尘去除量（万吨）	Volume of Industrial dust Removed (10000 tons)	94.6	107.0	79.8	108.6
工业粉尘排放量（万吨）	Volume of Industrial dust Emission (10000 tons)	12.9	12.0	10.1	5.7
工业粉尘回收量（万吨）	Volume of Industrial dust Removed (10000 tons)				
废 物	**Solid Wastes**				
工业固体废物产生量（万吨）	Volume of Industrial Solid Wastes Produced (10000 tons)	4130	4472	5275	5405
工业固体废物处置量（万吨）	Volume of Industrial Solid Wastes Treated (10000 tons)	617	425	513	445
工业固体废物贮存量（万吨）	Volume of Industrial Solid Wastes Accumulated (10000 tons)	612	825	994	835
工业固体废物综合利用量（万吨）	Volume of Industrial Solid Wastes Utilized (10000 tons)	2962	3299	3810	4169
三废综合利用产品产值（万元）	Output Value of Products made from of Waste Water, Waste Gas and Solid Wastes (10000 yuan)	175739	189109	247210	323471
工业污染治理	**Pollution Treatment**				
投资来源总额（万元）	Total Funds Grouped by Source (10000 yuan)	102110	95079	99318	49494
排污费补助	Subsidy of Pollution Charges	838	1355	984	40
政府其他补助	Other Government Subsidy	6664	4126	3704	3865
企业自筹	Enterprise Self-provides	94609	89598	94631	45589
#银行贷款	#Bank loan	1651	1000	28547	
投资完成总额（万元）	Total Funds by Use (10000 yuan)	102110	95079	99318	49494
治理废水	Treatment of Waste Water	70109	44717	45333	25339
治理废气	Treatment of Waste Gas	26390	34658	50109	16884
治理固体废物	Treatment of Solid Wastes	5538	1192	755	
治理噪声	Noise Abatement	8	2		
治理其他	Others	65	14511	3121	7272
本年竣工项目数（个）	Number of Complwted Projects in The Year (unit)		123	117	49

10-14 各地区工业污染排放和处理利用情况 (2010年)

DISCHARGE AND TREATMENT OF INDUSTRIAL POLLUTION BY REGION (2010)

类 别	Category	汇总工业企业数（个）Number of Industrial Enterprises (unit)	"三废"综合利用产品产值（万元）Output Value of Productsmade from of Waste Water, Waste Gas and Solid Wastes (10000 yuan)	废水排放总量（万吨）Total Volume of Waste Water Discharged (10000 tons)	废水排放达标量（万吨）Volume of Waste Water up to the Discharge Standards (10000 tons)	废水排放达标率（%）Percentage of Waste Water up to the Discharge Standards (%)	烟尘去除量（万吨）Volume of Industrial Soot Removed (10000 tons)
合 计	**Total**	**1556**	**323471**	**38921**	**36073**	**92.7**	**1306.2**
哈尔滨	Harbin	289	67589	3283	3216	98.0	164.0
齐齐哈尔	Qiqihar	301	16336	6090	5464	89.7	119.6
鸡 西	Jixi	76	5368	3057	2565	83.9	86.7
鹤 岗	Hegang	80	7022	2705	2558	94.6	17.7
双鸭山	Shuangyashan	42	3551	3597	3337	92.8	117.2
大 庆	Daqing	143	76559	8788	8787	100.0	422.5
伊 春	Yichun	76	26345	813	804	98.8	34.6
佳木斯	Jiamusi	77	506	3185	2989	93.8	75.7
七台河	Qitaihe	47	34113	1408	1306	92.7	133.0
牡丹江	Mudanjiang	81	5477	2793	2762	98.9	34.9
黑 河	Heihe	75	1760	161	150	93.2	42.2
绥 化	Suihua	104	74772	1173	979	83.5	45.6
大兴安岭	Daxinganling	66	2766	599	435	72.7	6.1
农垦总局	ARB	99	1312	1269	720	56.8	6.3

10-14 续表1 CONTINUED

类 别	Category	废气排放总量（亿标立方米）Total Volume of Waste Gas Emission (100 million cu.m)	燃料燃烧 from Process of Fuel Burning	生产工艺 from Process of Production	工业二氧化硫去除量（吨）Volume of Sulphur Dioxide Removed (ton)	燃料燃烧 from Process of Fuel Burning	生产工艺 from Process of Production
合 计	**Total**	**10111**	**8304**	**1807**	**110038**	**91425**	**18614**
哈尔滨	Harbin	1181	876	305	29844	20343	9500
齐齐哈尔	Qiqihar	940	709	232	15245	15245	
鸡 西	Jixi	386	294	91	3878	3878	
鹤 岗	Hegang	339	327	12	7055	7055	
双鸭山	Shuangyashan	2748	2413	335	10307	10307	
大 庆	Daqing	1503	1318	185	14876	9603	5272
伊 春	Yichun	323	116	207	395	8	386
佳木斯	Jiamusi	429	359	70			
七台河	Qitaihe	800	632	169	12782	9625	3157
牡丹江	Mudanjiang	852	783	69	3035	2999	37
黑 河	Heihe	287	161	126	9378	9378	
绥 化	Suihua	168	168		6	6	
大兴安岭	Daxinganling	65	65		2835	2835	
农垦总局	ARB	90	83	7	402	141	261

10-14 续表 2 CONTINUED

单位：吨 (ton)

类 别	Category	烟 尘 排放量 Volume of Industrial Soot Emission	二氧化硫 排 放 量 Volume of Sulphur Dioxide Emission	#燃料燃烧 from Process of Fuel Burning	#生产工艺 from Process of Production	粉 尘 排放量 Volume of dust Emission	#达标量 Volume of dust up to the Discharge Standards
合 计	**Total**	**296834**	**417051**	**380998**	**35870**	**57099**	**46383**
哈 尔 滨	Harbin	29515	53941	51962	1805	5794	5753
齐齐哈尔	Qiqihar	25809	46730	46458	269	4489	3457
鸡　　西	Jixi	23695	19762	16798	2964	1168	1157
鹤　　岗	Hegang	14739	32703	32371	332	3568	3568
双 鸭 山	Shuangyashan	19249	35957	34213	1744	7082	5106
大　　庆	Daqing	29717	60517	58881	1637	1700	1700
伊　　春	Yichun	27137	10515	6752	3763	6086	6086
佳 木 斯	Jiamusi	15900	37268	36178	1089	2857	2651
七 台 河	Qitaihe	20555	33657	12093	21564	7958	7147
牡 丹 江	Mudanjiang	29471	42691	42495	196	2767	2767
黑　　河	Heihe	5238	16626	16566	60	1698	1698
绥　　化	Suihua	30820	13118	13118		490	484
大兴安岭	Daxinganling	8811	4331	4331		16	15
农垦总局	ARB	16178	9234	8782	448	11426	4795

10-14 续表 3 CONTINUED

类 别	Category	粉 尘 去除量 (吨) Volume of dust Removed (ton)	固体废物 产 生 量 (万吨) Volume of Industrial Solid Wastes Produced (10000 tons)	固体废物 综合利用量 (万吨) Volume of Solid Wastes Utilized (10000 tons)	固体废物 综合利用率 (%) Percentage of Solid Wastes Utilized (%)	固体废物 贮 存 量 (万吨) Volume of Industrial Solid Wastes Accumulated (10000 tons)	固体废物 处 置 量 (万吨) Volume of Industrial Solid Wastes Treated (10000 tons)
合 计	**Total**	**1086197**	**5405**	**4169**	**76.5**	**835.0**	**445.0**
哈 尔 滨	Harbin	210801	1443	1294	89.7	24.3	124.4
齐齐哈尔	Qiqihar	129789	302	226	74.5	65.7	11.5
鸡　　西	Jixi	68478	945	612	64.8	214.6	118.0
鹤　　岗	Hegang	15250	376	314	83.7		61.3
双 鸭 山	Shuangyashan	160965	587	268	44.4	335.1	
大　　庆	Daqing	5157	313	237	70.8	5.7	92.2
伊　　春	Yichun	130663	232	187	80.5	45.3	
佳 木 斯	Jiamusi	115529	134	98	70.5	40.7	0.2
七 台 河	Qitaihe	18003	582	477	81.9	75.8	28.8
牡 丹 江	Mudanjiang	57711	266	256	96.4	9.4	0.2
黑　　河	Heihe	162345	86	83	96.1		4.2
绥　　化	Suihua	5333	63	63	100.0		
大兴安岭	Daxinganling	119	23	19	82.4		4.1
农垦总局	ARB	6053	53	34	64.5	18.5	

10-15 工业污染排放和处理利用情况 (2010年)

DISCHARGE AND TREATMENT OF INDUSTRIAL POLLUTION (2010)

类　别	Category	汇总工业企业数（个）Number of Industrial Enterprises (unit)	"三废"综合利用产品产值（万元）Output Value of Products made from of Waste Water, Waste Gas and Solid Wastes (10000 yuan)	废　水排放总量（万吨）Total Volume of Waste Water Discharged (10000 tons)	废水排放达标量（万吨）Volume of Waste Water Meeting Discharge Standards (10000 tons)
重点调查企业	**Key Survey Enterprises**	**1516**	**298411**	**34719**	**32374**
皮革、毛皮、羽毛（绒）及制品业	Manufacture of Leather, Fur, Feather and Related Products	3	6	20	20
纺织业	Manufacture of Textile	27	226	218	170
烟草制品业	Manufacture of Tobacco	6	3	29	26
饮料制造业	Manufacture of Beverages	94	54272	1631	1370
黑色金属矿采选业	Mining and Processing of Ferrous Metal Ores	7		37	37
石油和天然气开采业	Extraction of Petroleum and Natural Gas	29	45395	889	889
煤炭开采和洗选业	Mining and Washing of Coal	70	3776	8250	7755
农、林、牧、渔服务业	Agricultural, Forestry, Animal Husbandry and Fishery Services				
林业	Forestry				
黑色金属冶炼及压延加工业	Smelting and Pressing of Ferrous Metals	24	6011	1570	1569
家具制造业	Manufacture of Furniture	13	10	20	14
木材加工及木、竹、藤、棕草制品业	Processing of Timber, Manufacture of Wood, Bamboo, Rattan, Palm, and Straw Products	55	1399	222	99
食品制造业	Manufacture of Foods	147	6608	1286	1180
农副食品加工业	Processing of Food from Agricultural Products	198	20671	1657	979
非金属矿采选业	Mining and Processing of Nonmetal Ores	27	328	62	40
有色金属矿采选业	Mining and Processing of Non-Ferrous Metal Ores	11	6	123	122
交通运输设备制造业	Manufacture of Transport Equipment	21	337	396	396
通信设备、计算机及其他电子设备制造业	Manufacture of Communication Equipment, Computers and Other Electronic Equipment	4		4	4
金属制品业	Manufacture of Metal Products	17	1	8	8
有色金属冶炼及压延加工业	Smelting and Pressing of Non-ferrous Metals	3		179	179
专业技术服务业	Professional Technique Services				
水泥制造业	Cement Products				
公共设施管理业	Management of Public Establishment				
化学原料及化学制品制造业	Manufacture of Raw Chemical Materials and Chemical Products	91	15325	4357	4326
石油加工、炼焦及核燃料加工业	Processing of Petroleum, Coking, Processing of Nuclear Fuel	39	60879	2567	2522
文教体育用品制造业	Cultural, Educational and Sports Goods	3		3	3
电力、热力的生产和供应业	Production and Supply of Electric Power and Heat Power	216	26424	1384	1333

10-15 续表1 CONTINUED

类 别	Category	汇总工业企业数（个）Number of Industrial Enterprises (unit)	"三废"综合利用产品产值（万元）Output Value of Products made from of Waste Water, Waste Gas and Solid Wastes (10000 yuan)	废水排放总量（万吨）Total Volume of Waste Water Discharged (10000 tons)	废水排放达标量（万吨）Volume of Waste Water Meeting Discharge Standards (10000 tons)
电气机械及器材制造业	Manufacture of Electrical Machinery and Equipment	12		29	21
研究与实验发展	Research and Experimental Development (R&D)				
专用设备制造业	Manufacture of Special Purpose Machinery	26	692	134	113
火力发电	Thermal Power				
非金属矿物制品业	Manufacture of Non-metallic Mineral Products	146	53466	172	144
塑料制品业	Manufacture of Plastics	12		1	1
橡胶制品业	Manufacture of Rubber	4		184	184
化学纤维制造业	Manufacture of Chemical Fibers	1	30	36	36
印刷业和记录媒介的复制	Printing, Reproduction of Recording Media	11	70	6	1
造纸及纸制品业	Manufacture of Paper and Paper Products	56	1737	5585	5201
医药制造业	Manufacture of Medicines	73	734	841	821
农业	Farming				
商业服务业	Business Service				
道路运输业	Road Transport				
铁路运输业	Railway TransportRailway				
其他建筑业	Other Construction				
建筑装饰业	Architectural Decoration				
废弃资源和废旧材料回收加工业	Recycling and Disposal of Waste				
工艺品及其他制造业	Manufacture of Artwork and Other Manufacturing	3		2	2
仪器仪表及文化、办公用机械制造业	Manufacture of Measuring Instruments and Machinery for Cultural Activity and Office Work	2		2	2
通用设备制造业	Manufacture of General Purpose Machinery	48	7	1889	1885
卫生	Sanitation				
教育	Education				
其他服务业	Other Services				
房地产业	Real Estate				
零售业	Retail Trade				
电信和其他信息传输服务业	Telecom and Other Information Transfor Services				
房屋和土木工程建筑业	Construction of Building and Civil Engineering				
仓储业	Storage				
水的生产和供应业	Production and Supply of Water	15		919	919
燃气生产和供应业	Production and Supply of Gas	2		5	2

10-15 续表2 CONTINUED

类 别	Category	废水排放达标率（%）Percentage of Waste Water up to the Discharge Standards (%)	废气排放总量（亿标立方米）Total Volume of Waste Gas Emission (100 million cu.m)	燃料燃烧 from Process of Fuel Burning	生产工艺 from Process of Production
重点调查企业	**Key Survey Enterprises**	**93.3**	**10016.6**	**8209.9**	**1806.7**
皮革、毛皮、羽毛（绒）及制品业	Manufacture of Leather, Fur, Feather and Related Products	100.0	0.4	0.4	
纺织业	Manufacture of Textile	78.2	18.7	18.7	
烟草制品业	Manufacture of Tobacco	89.5	3.7	3.3	0.4
饮料制造业	Manufacture of Beverages	84.0	87.2	87.2	
黑色金属矿采选业	Mining and Processing of Ferrous Metal Ores	100.0	1.3	0.8	0.4
石油和天然气开采业	Extraction of Petroleum and Natural Gas	100.0	192.7	189.7	3.0
煤炭开采和洗选业	Mining and Washing of Coal	94.0	232.3	187.8	44.6
农、林、牧、渔服务业	Agricultural, Forestry, Animal Husbandry and Fishery Services				
林业	Forestry				
黑色金属冶炼及压延加工业	Smelting and Pressing of Ferrous Metals	99.9	842.9	169.4	673.5
家具制造业	Manufacture of Furniture	69.1	1.2	1.2	
木材加工及木、竹、藤、棕草制品业	Processing of Timber, Manufacture of Wood, Bamboo, Rattan, Palm, and Straw Products	44.6	21.4	12.8	8.6
食品制造业	Manufacture of Foods	91.8	51.3	51.3	
农副食品加工业	Processing of Food from Agricultural Products	59.1	93.4	92.9	0.5
非金属矿采选业	Mining and Processing of Nonmetal Ores	64.5	3.4	2.5	0.9
有色金属矿采选业	Mining and Processing of Non-Ferrous Metal Ores	98.8	2.8	2.8	
交通运输设备制造业	Manufacture of Transport Equipment	100.0	41.4	32.9	8.5
通信设备、计算机及其他电子设备制造业	Manufacture of Communication Equipment, Computers and Other Electronic Equipment	100.0	0.2	0.1	0.1
金属制品业	Manufacture of Metal Products	95.3	0.5	0.5	
有色金属冶炼及压延加工业	Smelting and Pressing of Non-ferrous Metals	100.0	27.6	4.4	23.2
专业技术服务业	Professional Technique Services				
水泥制造业	Cement Products				
公共设施管理业	Management of Public Establishment				
化学原料及化学制品制造业	Manufacture of Raw Chemical Materials and Chemical Products	99.3	323.0	234.9	88.2
石油加工、炼焦及核燃料加工业	Processing of Petroleum, Coking, Processing of Nuclear Fuel	98.3	553.0	244.1	308.8
文教体育用品制造业	Cultural, Educational and Sports Goods	100.0	0.7	0.7	
电力、热力的生产和供应业	Production and Supply of Electric Power and Heat Power	96.2	6193.8	6193.8	

10-15 续表3 CONTINUED

类 别	Category	废水排放达标率(%) Percentage of Waste Water up to the Discharge Standards (%)	废气排放总量(亿标立方米) Total Volume of Waste Gas Emission (100 million cu.m)	燃料燃烧 from Process of Fuel Burning	生产工艺 from Process of Production
电气机械及器材制造业	Manufacture of Electrical Machinery and Equipment	74.5	4.3	2.1	2.2
研究与实验发展	Research and Experimental Development(R&D)				
专用设备制造业	Manufacture of Special Purpose Machinery	84.6	11.6	9.1	2.5
火力发电	Thermal Power				
非金属矿物制品业	Manufacture of Non-metallic Mineral Products	83.7	743.5	184.0	559.5
塑料制品业	Manufacture of Plastics	82.9	1.0	1.0	
橡胶制品业	Manufacture of Rubber	100.0	8.5	8.5	
化学纤维制造业	Manufacture of Chemical Fibers	100.0	6.7	6.7	
印刷业和记录媒介的复制	Printing,Reproduction of Recording Media	11.5	1.1	1.1	
造纸及纸制品业	Manufacture of Paper and Paper Products	93.1	380.9	370.9	10.0
医药制造业	Manufacture of Medicines	97.6	64.2	64.2	
农业	Farming				
商业服务业	Business Service				
道路运输业	Road Transport				
铁路运输业	Railway TransportRailway				
其他建筑业	Other Construction				
建筑装饰业	Architectural Decoration				
废弃资源和废旧材料回收加工业	Recycling and Disposal of Waste				
工艺品及其他制造业	Manufacture of Artwork and Other Manufacturing	100.0			
仪器仪表及文化、办公用机械制造业	Manufacture of Measuring Instruments and Machinery for Cultural Activity and Office Work	100.0			
通用设备制造业	Manufacture of General Purpose Machinery	99.8	95.5	27.1	68.4
卫生	Sanitation				
教育	Education				
其他服务业	Other Services				
房地产业	Real Estate				
零售业	Retail Trade				
电信和其他信息传输服务业	Telecom and Other Information Transfer Services				
房屋和土木工程建筑业	Construction of Building and Civil Engineering				
仓储业	Storage				
水的生产和供应业	Production and Supply of Water	100.0	1.5	1.5	
燃气生产和供应业	Production and Supply of Gas	42.6	5.1	1.6	3.5

10-15 续表4 CONTINUED

类 别	Category	工业二氧化硫去除量（吨） Volume of Sulphur Dioxide Removed (ton)	燃料燃烧 from Process of Fuel Burning	生产工艺 from Process of Production	烟 尘去除量（吨） Volume of Industrial Soot Removed (ton)
重点调查企业	**Key Survey Enterprises**	**109979**	**91365**	**18614**	**13048084**
皮革、毛皮、羽毛（绒）及制品业	Manufacture of Leather, Fur, Feather and Related Products				93
纺织业	Manufacture of Textile	2	2		10953
烟草制品业	Manufacture of Tobacco	19	19		953
饮料制造业	Manufacture of Beverages	1391	1391		48488
黑色金属矿采选业	Mining and Processing of Ferrous Metal Ores				469
石油和天然气开采业	Extraction of Petroleum and Natural Gas	1896	1896		13355
煤炭开采和洗选业	Mining and Washing of Coal	1650	50	1600	39924
农、林、牧、渔服务业	Agricultural,Forestry,Animal Husbandry and Fishery Services				
林业	Forestry				
黑色金属冶炼及压延加工业	Smelting and Pressing of Ferrous Metals	395	8	386	132395
家具制造业	Manufacture of Furniture	6	6		536
木材加工及木、竹、藤、棕草制品业	Processing of Timber,Manufacture of Wood, Bamboo,Rattan,Palm, and Straw Products	16	16		6577
食品制造业	Manufacture of Foods	292	292		25494
农副食品加工业	Processing of Food from Agricultural Products	563	563		34667
非金属矿采选业	Mining and Processing of Nonmetal Ores				1909
有色金属矿采选业	Mining and Processing of Non-Ferrous Metal Ores				1677
交通运输设备制造业	Manufacture of Transport Equipment	452	452		24209
通信设备、计算机及其他电子设备制造业	Manufacture of Communication Equipment, Computers and Other Electronic Equipment				17
金属制品业	Manufacture of Metal Products	4	4		280
有色金属冶炼及压延加工业	Smelting and Pressing of Non-ferrous Metals	52	52		2296
专业技术服务业	Professional Technique Services				
水泥制造业	Cement Products				
公共设施管理业	Management of Public Establishment				
化学原料及化学制品制造业	Manufacture of Raw Chemical Materials and Chemical Products	3627	3627		431667
石油加工、炼焦及核燃料加工业	Processing of Petroleum, Coking, Processing of Nuclear Fuel	13368	903	12466	26233
文教体育用品制造业	Cultural, Educational and Sports Goods				70
电力、热力的生产和供应业	Production and Supply of Electric Power and Heat Power	77389	77389		11381112

10-15 续表5 CONTINUED

类 别	Category	工业二氧化硫去除量(吨) Volume of Sulphur Dioxide Removed (ton)	燃料燃烧 from Process of Fuel Burning	生产工艺 from Process of Production	烟 尘去除量(吨) Volume of Industrial Soot Removed (ton)
电气机械及器材制造业	Manufacture of Electrical Machinery and Equipment	1	1		3204
研究与实验发展	Research and Experimental Development(R&D)				
专用设备制造业	Manufacture of Special Purpose Machinery	41	41		3860
火力发电	Thermal Power				
非金属矿物制品业	Manufacture of Non-metallic Mineral Products	4270	108	4162	712153
塑料制品业	Manufacture of Plastics	2	2		105
橡胶制品业	Manufacture of Rubber	568	568		24317
化学纤维制造业	Manufacture of Chemical Fibers	335	335		1263
印刷业和记录媒介的复制	Printing,Reproduction of Recording Media				319
造纸及纸制品业	Manufacture of Paper and Paper Products	1277	1277		25340
医药制造业	Manufacture of Medicines	2314	2314		83734
农业	Farming				
商业服务业	Business Service				
道路运输业	Road Transport				
铁路运输业	Railway TransportRailway				
其他建筑业	Other Construction				
建筑装饰业	Architectural Decoration				
废弃资源和废旧材料回收加工业	Recycling and Disposal of Waste				
工艺品及其他制造业	Manufacture of Artwork and Other Manufacturing				24
仪器仪表及文化、办公用机械制造业	Manufacture of Measuring Instruments and Machinery for Cultural Activity and Office Work				10
通用设备制造业	Manufacture of General Purpose Machinery	49	49		9539
卫生	Sanitation				
教育	Education				
其他服务业	Other Services				
房地产业	Real Estate				
零售业	Retail Trade				
电信和其他信息传输服务业	Telecom and Other Information Transfer Services				
房屋和土木工程建筑业	Construction of Building and Civil Engineering				
仓储业	Storage				
水的生产和供应业	Production and Supply of Water	2	2		430
燃气生产和供应业	Production and Supply of Gas				411

10-15 续表6 CONTINUED

类别	Category	烟尘排放量(吨) Volume of Industrial Soot Emission (ton)	二氧化硫排放量(吨) Volume of Sulphur Dioxide Emission (ton)	燃料燃烧 from Process of Fuel Burning	生产工艺 from Process of Production
重点调查企业	**Key Survey Enterprises**	**267726**	**375469**	**340389**	**35080**
皮革、毛皮、羽毛（绒）及制品业	Manufacture of Leather, Fur, Feather and Related Products	13	19	19	
纺织业	Manufacture of Textile	1281	1194	1194	
烟草制品业	Manufacture of Tobacco	134	235	235	
饮料制造业	Manufacture of Beverages	6116	4555	4555	
黑色金属矿采选业	Mining and Processing of Ferrous Metal Ores	122	79	77	2
石油和天然气开采业	Extraction of Petroleum and Natural Gas	1068	1887	1887	
煤炭开采和洗选业	Mining and Washing of Coal	16033	13986	9641	4345
农、林、牧、渔服务业	Agricultural, Forestry, Animal Husbandry and Fishery Services				
林业	Forestry				
黑色金属冶炼及压延加工业	Smelting and Pressing of Ferrous Metals	5528	8751	4003	4748
家具制造业	Manufacture of Furniture	170	87	87	
木材加工及木、竹、藤、棕草制品业	Processing of Timber, Manufacture of Wood, Bamboo, Rattan, Palm, and Straw Products	1463	705	703	2
食品制造业	Manufacture of Foods	4519	3211	3211	
农副食品加工业	Processing of Food from Agricultural Products	5657	5578	5532	46
非金属矿采选业	Mining and Processing of Nonmetal Ores	979	230	166	64
有色金属矿采选业	Mining and Processing of Non-Ferrous Metal Ores	308	279	270	9
交通运输设备制造业	Manufacture of Transport Equipment	2688	1752	1746	6
通信设备、计算机及其他电子设备制造业	Manufacture of Communication Equipment, Computers and Other Electronic Equipment	5	1	1	
金属制品业	Manufacture of Metal Products	69	33	33	
有色金属冶炼及压延加工业	Smelting and Pressing of Non-ferrous Metals	415	263	213	50
专业技术服务业	Professional Technique Services				
水泥制造业	Cement Products				
公共设施管理业	Management of Public Establishment				
化学原料及化学制品制造业	Manufacture of Raw Chemical Materials and Chemical Products	7081	8002	6953	1049
石油加工、炼焦及核燃料加工业	Processing of Petroleum, Coking, Processing of Nuclear Fuel	7649	31309	9856	21453
文教体育用品制造业	Cultural, Educational and Sports Goods	12	5	5	
电力、热力的生产和供应业	Production and Supply of Electric Power and Heat Power	192347	276074	276074	

10-15 续表7 CONTINUED

类 别	Category	烟 尘 排放量（吨） Volume of Industrial Soot Emission (ton)	二氧化硫 排 放 量（吨） Volume of Sulphur Dioxide Emission (ton)		
				燃料燃烧 from Process of Fuel Burning	生产工艺 from Process of Production
电气机械及器材制造业	Manufacture of Electrical Machinery and Equipment	181	249	249	
研究与实验发展	Research and Experimental Development(R&D)				
专用设备制造业	Manufacture of Special Purpose Machinery	610	542	542	
火力发电	Thermal Power				
非金属矿物制品业	Manufacture of Non-metallic Mineral Products	5607	9040	5991	3049
塑料制品业	Manufacture of Plastics	66	40	40	
橡胶制品业	Manufacture of Rubber	624	528	528	
化学纤维制造业	Manufacture of Chemical Fibers	39	59	59	
印刷业和记录媒介的复制	Printing, Reproduction of Recording Media	136	46	46	
造纸及纸制品业	Manufacture of Paper and Paper Products	2419	2503	2503	
医药制造业	Manufacture of Medicines	2453	1774	1774	
农业	Farming				
商业服务业	Business Service				
道路运输业	Road Transport				
铁路运输业	Railway TransportRailway				
其他建筑业	Other Construction				
建筑装饰业	Architectural Decoration				
废弃资源和废旧材料回收加工业	Recycling and Disposal of Waste				
工艺品及其他制造业	Manufacture of Artwork and Other Manufacturing	6	3	3	
仪器仪表及文化、办公用机械制造业	Manufacture of Measuring Instruments and Machinery for Cultural Activity and Office Work	7	1	1	
通用设备制造业	Manufacture of General Purpose Machinery	1440	2021	2006	15
卫生	Sanitation				
教育	Education				
其他服务业	Other Services				
房地产业	Real Estate				
零售业	Retail Trade				
电信和其他信息传输服务业	Telecom and Other Information Transfer Services				
房屋和土木工程建筑业	Construction of Building and Civil Engineering				
仓储业	Storage				
水的生产和供应业	Production and Supply of Water	175	65	65	
燃气生产和供应业	Production and Supply of Gas	305	362	119	243

10-15 续表8 CONTINUED

类　别	Category	粉　尘去除量（吨）Volume of Dust Removed (ton)	粉　尘排放量（吨）Volume of Dust Emission (ton)	#达标量 Volume of Dust up to the Discharge Standards	固体废物产生量（万吨）Volume of Industrial Solid Wastes Produced (10000 tons)
重点调查企业	**Key Survey Enterprises**	**1086197**	**53451**	**44064**	**5173.1**
皮革、毛皮、羽毛（绒）及制品业	Manufacture of Leather, Fur, Feather and Related Products				0.2
纺织业	Manufacture of Textile				5.2
烟草制品业	Manufacture of Tobacco	940	10	10	1.2
饮料制造业	Manufacture of Beverages				29.5
黑色金属矿采选业	Mining and Processing of Ferrous Metal Ores	5642	1977	1	179.2
石油和天然气开采业	Extraction of Petroleum and Natural Gas	6	6	6	84.4
煤炭开采和洗选业	Mining and Washing of Coal		638	634	2139.2
农、林、牧、渔服务业	Agricultural, Forestry, Animal Husbandry and Fishery Services				
林业	Forestry				
黑色金属冶炼及压延加工业	Smelting and Pressing of Ferrous Metals	336257	11478	11448	270.2
家具制造业	Manufacture of Furniture				0.4
木材加工及木、竹、藤、棕草制品业	Processing of Timber, Manufacture of Wood, Bamboo, Rattan, Palm, and Straw Products	6485	73	69	4.7
食品制造业	Manufacture of Foods	6	8	8	21.8
农副食品加工业	Processing of Food from Agricultural Products	2692	135	135	52.4
非金属矿采选业	Mining and Processing of Nonmetal Ores	3847	168	168	155.6
有色金属矿采选业	Mining and Processing of Non-Ferrous Metal Ores				91.9
交通运输设备制造业	Manufacture of Transport Equipment	1905	222	222	22.5
通信设备、计算机及其他电子设备制造业	Manufacture of Communication Equipment, Computers and Other Electronic Equipment				
金属制品业	Manufacture of Metal Products		3	3	0.2
有色金属冶炼及压延加工业	Smelting and Pressing of Non-ferrous Metals	36	26	26	1.8
专业技术服务业	Professional Technique Services				
水泥制造业	Cement Products				
公共设施管理业	Management of Public Establishment				
化学原料及化学制品制造业	Manufacture of Raw Chemical Materials and Chemical Products	31	1115	1115	206.6
石油加工、炼焦及核燃料加工业	Processing of Petroleum, Coking, Processing of Nuclear Fuel	22482	3336	3294	146.9
文教体育用品制造业	Cultural, Educational and Sports Goods				
电力、热力的生产和供应业	Production and Supply of Electric Power and Heat Power				1630.2

10-15 续表9 CONTINUED

类 别	Category	粉 尘 去除量（吨） Volume of Dust Removed (ton)	粉 尘 排放量（吨） Volume of Dust Emission (ton)	#达标量 Volume of Dust up to the Discharge Standards	固体废物 产 生 量（万吨） Volume of Industrial Solid Wastes Produced (10000 tons)
电气机械及器材制造业	Manufacture of Electrical Machinery and Equipment				1.0
研究与实验发展	Research and Experimental Development(R&D)				
专用设备制造业	Manufacture of Special Purpose Machinery		2	2	2.5
火力发电	Thermal Power				
非金属矿物制品业	Manufacture of Non-metallic Mineral Products	704954	31578	24906	33.6
塑料制品业	Manufacture of Plastics				0.2
橡胶制品业	Manufacture of Rubber				4.5
化学纤维制造业	Manufacture of Chemical Fibers				2.0
印刷业和记录媒介的复制	Printing,Reproduction of Recording Media				0.3
造纸及纸制品业	Manufacture of Paper and Paper Products				23.9
医药制造业	Manufacture of Medicines	3	1	1	13.9
农业	Farming				
商业服务业	Business Service				
道路运输业	Road Transport				
铁路运输业	Railway TransportRailway				
其他建筑业	Other Construction				
建筑装饰业	Architectural Decoration				
废弃资源和废旧材料回收加工业	Recycling and Disposal of Waste				
工艺品及其他制造业	Manufacture of Artwork and Other Manufacturing				
仪器仪表及文化、办公用机械制造业	Manufacture of Measuring Instruments and Machinery for Cultural Activity and Office Work				
通用设备制造业	Manufacture of General Purpose Machinery	909	2678	2018	46.2
卫生	Sanitation				
教育	Education				
其他服务业	Other Services				
房地产业	Real Estate				
零售业	Retail Trade				
电信和其他信息传输服务业	Telecom and Other Information Transfer Services				
房屋和土木工程建筑业	Construction of Building and Civil Engineering				
仓储业	Storage				
水的生产和供应业	Production and Supply of Water				0.3
燃气生产和供应业	Production and Supply of Gas				0.6

10-15 续表10 CONTINUED

类别	Category	固体废物综合利用量（万吨）Volume of Solid Wastes Utilized (10000 tons)	固体废物综合利用率（%）Percentage of Solid Wastes Utilized (%)	固体废物贮存量（万吨）Volume of Industrial Solid Wastes Accumulated (10000 tons)	固体废物处置量（万吨）Volume of Industrial Solid Wastes Treated (10000 tons)
重点调查企业	**Key Survey Enterprises**	**3964.4**	**76.0**	**818.2**	**433.4**
皮革、毛皮、羽毛（绒）及制品业	Manufacture of Leather, Fur, Feather and Related Products	0.1	75.8		
纺织业	Manufacture of Textile	5.2	100.0		
烟草制品业	Manufacture of Tobacco	1.2	100.0		
饮料制造业	Manufacture of Beverages	29.2	97.5		0.6
黑色金属矿采选业	Mining and Processing of Ferrous Metal Ores	24.2	13.5	155.0	
石油和天然气开采业	Extraction of Petroleum and Natural Gas	3.0	3.5		81.8
煤炭开采和洗选业	Mining and Washing of Coal	1745.2	81.6	243.5	149.6
农、林、牧、渔服务业	Agricultural, Forestry, Animal Husbandry and Fishery Services				
林业	Forestry				
黑色金属冶炼及压延加工业	Smelting and Pressing of Ferrous Metals	254.0	94.0	16.0	0.2
家具制造业	Manufacture of Furniture	0.3	82.8		0.1
木材加工及木、竹、藤、棕草制品业	Processing of Timber, Manufacture of Wood, Bamboo, Rattan, Palm, and Straw Products	4.6	97.7		0.1
食品制造业	Manufacture of Foods	21.8	99.9		
农副食品加工业	Processing of Food from Agricultural Products	48.3	92.2	4.1	
非金属矿采选业	Mining and Processing of Nonmetal Ores	30.6	19.7	15.8	109.2
有色金属矿采选业	Mining and Processing of Non-Ferrous Metal Ores	34.9	37.9	20.0	37.0
交通运输设备制造业	Manufacture of Transport Equipment	20.6	91.4		1.5
通信设备、计算机及其他电子设备制造业	Manufacture of Communication Equipment, Computers and Other Electronic Equipment		100.0		
金属制品业	Manufacture of Metal Products	0.2	99.9		
有色金属冶炼及压延加工业	Smelting and Pressing of Non-ferrous Metals	1.5	80.1		0.4
专业技术服务业	Professional Technique Services				
水泥制造业	Cement Products				
公共设施管理业	Management of Public Establishment				
化学原料及化学制品制造业	Manufacture of Raw Chemical Materials and Chemical Products	184.1	89.0	6.6	16.3
石油加工、炼焦及核燃料加工业	Processing of Petroleum, Coking, Processing of Nuclear Fuel	146.5	99.8	0.1	0.3
文教体育用品制造业	Cultural, Educational and Sports Goods		100.0		
电力、热力的生产和供应业	Production and Supply of Electric Power and Heat Power	1273.8	77.1	352.2	24.9

10-15 续表11 CONTINUED

类 别	Category	固体废物综合利用量（万吨）Volume of Solid Wastes Utilized (10000 tons)	固体废物综合利用率（%）Percentage of Solid Wastes Utilized (%)	固体废物贮存量（万吨）Volume of Industrial Solid Wastes Accumulated (10000 tons)	固体废物处置量（万吨）Volume of Industrial Solid Wastes Treated (10000 tons)
电气机械及器材制造业	Manufacture of Electrical Machinery and Equipment	1.0	100.0		
研究与实验发展	Research and Experimental Development (R&D)				
专用设备制造业	Manufacture of Special Purpose Machinery	2.4	97.0		0.1
火力发电	Thermal Power				
非金属矿物制品业	Manufacture of Non-metallic Mineral Products	49.6	99.9		0.1
塑料制品业	Manufacture of Plastics	0.2	100.0		
橡胶制品业	Manufacture of Rubber	4.5	99.9		
化学纤维制造业	Manufacture of Chemical Fibers	2.0	100.0		
印刷业和记录媒介的复制	Printing, Reproduction of Recording Media	0.3	100.0		
造纸及纸制品业	Manufacture of Paper and Paper Products	25.2	83.0	4.9	0.3
医药制造业	Manufacture of Medicines	13.9	100.0		
农业	Farming				
商业服务业	Business Service				
道路运输业	Road Transport				
铁路运输业	Railway TransportRailway				
其他建筑业	Other Construction				
建筑装饰业	Architectural Decoration				
废弃资源和废旧材料回收加工业	Recycling and Disposal of Waste				
工艺品及其他制造业	Manufacture of Artwork and Other Manufacturing		100.0		
仪器仪表及文化、办公用机械制造业	Manufacture of Measuring Instruments and Machinery for Cultural Activity and Office Work		100.0		
通用设备制造业	Manufacture of General Purpose Machinery	35.0	75.8		11.2
卫生	Sanitation				
教育	Education				
其他服务业	Other Services				
房地产业	Real Estate				
零售业	Retail Trade				
电信和其他信息传输服务业	Tolocom and Other Information Transfer Services				
房屋和土木工程建筑业	Construction of Building and Civil Engineering				
仓储业	Storage				
水的生产和供应业	Production and Supply of Water	0.3	100.0		
燃气生产和供应业	Production and Supply of Gas	0.6	100.0		

10-15 续表12 CONTINUED

类 别	Category	工业废水中化学需氧量排放量(吨) COD Discharge from Consumption Waste Water (ton)	工业废水中氨氮排放量(吨) Ammonia Nitrogen Discharge from Consumption Waste Water (ton)	工业固体废物排放量(万吨) Volume of Industrial Solid Wastes Discharged (10 000 tons)
重点调查企业	**Key Survey Enterprises**	**88989.1**	**4732.7**	**1.85**
皮革、毛皮、羽毛（绒）及制品业	Manufacture of Leather, Fur, Feather and Related Products	20.8	3.0	
纺织业	Manufacture of Textile	532.7	32.0	
烟草制品业	Manufacture of Tobacco	67.7	2.9	
饮料制造业	Manufacture of Beverages	6684.4	155.3	0.14
黑色金属矿采选业	Mining and Processing of Ferrous Metal Ores	10.6	0.6	
石油和天然气开采业	Extraction of Petroleum and Natural Gas	1001.5	53.0	
煤炭开采和洗选业	Mining and Washing of Coal	12997.3	719.8	0.91
农、林、牧、渔服务业	Agricultural, Forestry, Animal Husbandry and Fishery Services			
林业	Forestry			
黑色金属冶炼及压延加工业	Smelting and Pressing of Ferrous Metals	842.0	520.8	
家具制造业	Manufacture of Furniture	20.8	0.5	
木材加工及木、竹、藤、棕草制品业	Processing of Timber, Manufacture of Wood, Bamboo, Rattan, Palm, and Straw Products	283.9	0.7	
食品制造业	Manufacture of Foods	6598.6	260.7	
农副食品加工业	Processing of Food from Agricultural Products	14765.1	657.5	
非金属矿采选业	Mining and Processing of Nonmetal Ores	75.3	4.8	
有色金属矿采选业	Mining and Processing of Non-Ferrous Metal Ores	429.5		
交通运输设备制造业	Manufacture of Transport Equipment	547.3	13.9	0.47
通信设备、计算机及其他电子设备制造业	Manufacture of Communication Equipment, Computers and Other Electronic Equipment	2.6	0.1	
金属制品业	Manufacture of Metal Products	2.3	0.1	
有色金属冶炼及压延加工业	Smelting and Pressing of Non-ferrous Metals	92.0	6.7	
专业技术服务业	Professional Technique Services			
水泥制造业	Cement Products			
公共设施管理业	Management of Public Establishment			
化学原料及化学制品制造业	Manufacture of Raw Chemical Materials and Chemical Products	12240.4	745.3	
石油加工、炼焦及核燃料加工业	Processing of Petroleum, Coking, Processing of Nuclear Fuel	6529.4	942.7	
文教体育用品制造业	Cultural, Educational and Sports Goods	5.5	0.6	
电力、热力的生产和供应业	Production and Supply of Electric Power and Heat Power	1643.0	37.8	0.32

10-15 续表13 CONTINUED

类 别	Category	工业废水中化学需氧量排放量(吨) COD Discharge from Consumption Waste Water (ton)	工业废水中氨氮排放量(吨) Ammonia Nitrogen Discharge from Consumption Waste Water (ton)	工业固体废物排放量(万吨) Volume of Industrial Solid Wastes Discharged (10 000 tons)
电气机械及器材制造业	Manufacture of Electrical Machinery and Equipment	36.7	1.5	
研究与实验发展	Research and Experimental Development(R&D)			
专用设备制造业	Manufacture of Special Purpose Machinery	168.2	8.8	
火力发电	Thermal Power			
非金属矿物制品业	Manufacture of Non-metallic Mineral Products	291.8	16.2	
塑料制品业	Manufacture of Plastics	5.1	0.2	
橡胶制品业	Manufacture of Rubber	1134.6	15.7	
化学纤维制造业	Manufacture of Chemical Fibers	23.4		
印刷业和记录媒介的复制	Printing,Reproduction of Recording Media	105.1	1.4	
造纸及纸制品业	Manufacture of Paper and Paper Products	14891.6	247.0	
医药制造业	Manufacture of Medicines	3559.2	109.8	
农业	Farming			
商业服务业	Business Service			
道路运输业	Road Transport			
铁路运输业	Railway TransportRailway			
其他建筑业	Other Construction			
建筑装饰业	Architectural Decoration			
废弃资源和废旧材料回收加工业	Recycling and Disposal of Waste			
工艺品及其他制造业	Manufacture of Artwork and Other Manufacturing	1.6	0.1	
仪器仪表及文化、办公用机械制造业	Manufacture of Measuring Instruments and Machinery for Cultural Activity and Office Work	3.5		
通用设备制造业	Manufacture of General Purpose Machinery	2585.9	52.9	
卫生	Sanitation			
教育	Education			
其他服务业	Other Services			
房地产业	Real Estate			
零售业	Retail Trade			
电信和其他信息传输服务业	Telecom and Other Information Transfer Services			
房屋和土木工程建筑业	Construction of Building and Civil Engineering			
仓储业	Storage			
水的生产和供应业	Production and Supply of Water	752.0	105.4	
燃气生产和供应业	Production and Supply of Gas	38.0	15.0	

主要统计指标解释

气候　指地球与大气之间长期能量交换与质量交换所形成的一种自然环境状态，它是多种因素综合作用的结果。气候既是人类生活和生产的环境要素之一，又是供给人类生活和生产的重要资源。气温、降水、湿度等气象要素的多年平均值是用来描述一个地区气候状况的主要参数，而各种气象要素某年、某月的平均值(或总量)则可以反映出该时期天气气候状况的重要特征。

自然资源　指人类可以直接从自然界获得，并用于生产和生活的物质资源。自然资源一般可以分成可再生资源和非再生资源两大类。可再生资源指在较短时间内可以再生、可以循环利用的资源，包括土地资源、水资源、气候资源、生物资源和海洋资源等。非再生资源指在使用后不能再生的资源，包括矿产资源和地热能源。

土地资源　土地指陆地的表层部分，它主要由岩石、岩石的风化物和土壤构成。土地资源按利用类型可以分为农用地、建筑用地和未利用地。农用地包括耕地、园地、林地、牧草地和水面。建筑用地包括居民点及工矿用地、交通用地和水利设施用地。未利用地指农用地和建筑用地以外的土地，包括滩涂、荒漠、戈壁、冰川和石山等。

耕地面积　指经过开垦用以种植农作物并经常进行耕耘的土地面积。包括种有作物的土地面积、休闲地、新开荒地和抛荒未满三年的土地面积。

林业用地面积　指生长乔木、竹类、灌木、沿海红树林等林木的土地面积，包括有林地、灌木林、疏林地、未成林造林地、迹地、苗圃等。

径流　指陆地上接受降水后扣除损耗外，从地表和地下向流域出口断面汇集的水流。径流可分为地表径流、地下径流和壤中流。地表径流指沿地表向河流、湖泊、沼泽、海洋等汇集的水流；地下径流指沿潜水层或隔水层间的含水层，向河流、湖泊、沼泽、海洋等汇集的地下水水流。

径流量　指在一定时段内通过河流某一过水断面的水量，用以反映一个国家或地区水资源的丰歉程度。计算公式为：

径流量=降水量-蒸发量

流域　每条河流都有自己的干流和支流，干支流共同组成这条河流的水系。每条河流都有自己的集水区域，这个集水区域就称为该河流的流域。

矿产资源　矿产资源指由地质作用形成的，具有利用价值的，呈固态、液态、气态的自然资源，是社会生产发展的重要物质基础。目前我国已发现矿种有170多种，按其特点和用途，可分为能源矿产(如煤炭、石油、天然气、地热)、金属矿产(如铁矿、锰矿、铜矿、铅矿、铝土矿)、非金属矿产(如金刚石、石灰岩、粘土)和水气矿产(如地下水、矿泉水、二氧化碳气)四大类。其中：金属矿产按其物质成份和性质又可分为：黑色金属矿产、有色金属矿产、贵金属矿产、稀有金属矿产、稀土金属矿产、分散元素金属矿产六类。

矿产基础储量　基础储量是查明矿产资源的一部分。它能满足现行采矿和生产所需的指标要求，是控制的、探明的并通过可行性或预可行性研究认为属于经济的、边界经济的部分，用未扣除设计、采矿损失的数量表示。

气温　指空气的温度，我国一般以摄氏度(℃)为单位表示。气象观测的温度表是放在离地面约1.5米处通风良好的百叶箱里测量的，因此，通常说的气温指的是离地面1.5米处百叶箱中的温度。其统计计算方法为：

月平均气温是将全月各日的平均气温相加，除以该月的天数而得。

年平均气温是将12个月的月平均气温累加后除以12而得。

相对湿度　指空气中实际所含水蒸气密度和同温度下饱和水蒸气密度的百分比值。其统计方法与气温相同。

降水量　指从天空降落到地面的液态或固态(经融化后)水，未经蒸发、渗透、流失而在地面上积聚的深度。其统计计算方法为：

月降水量是将全月各日的降水量累加而得。

年降水量是将12个月的月降水量累加而得。

日照时数　指太阳实际照射地面的时间。其统计方法与降水量相同。

水资源总量　指评价区内降水形成的地表和地下产水总量，即地表产流量与降水入渗补给地下水量之和，不包括过境水量。

地表水资源量　指评价区内河流、湖泊、冰川等地表水体中可以逐年更新的动态水量，即当地天然河川径流量。

地下水资源量　指评价区内降水和地表水对饱水岩土层的补给量，包括降水入渗补给量和河道、湖库、渠系、渠灌田间等地表水体的入渗补给量。

地表水与地下水资源重复量　指地表水和地下水相互转化的部分，即天然河川径流量中的地下水排泄量和地下水补给量中来源于地表水的入渗补给量。

供水总量　指各种水源工程为用户提供的包括输水损失在内的毛供水量之和，不包括海水直接利用量。

地表水源供水量　指地表水体工程的取水量，按蓄、引、提、调四种形式统计。从水库、塘坝中引水或提水，均属蓄水工程供水量；从河道或湖泊中自流引水的，无论有闸或无闸，均属引水工程供水量；利用扬水站从河道或湖泊中直接取水的，属提水工程供水量；跨流域调水指水资源一级区或独立流域之间的跨流域调配水量，不包括在蓄、引、提水量中。

地下水源供水量　指水井工程的开采量，按浅层淡水、深层承压水和微咸水分别统计。城市地下水源供水量包括自来水厂的开采量和工矿企业自备井的开采量。

其他水源供水量　包括污水处理再利用、集雨工程、海水淡化等水源工程的供水量。

用水总量　指分配给各类用户的包括输水损失在内的毛用水量之和，不包括海水直接利用量。

农业用水　指农田灌溉用水、林果地灌溉用水、草地灌溉用水和鱼塘补水。

工业用水　指工矿企业在生产过程中用于制造、加工、冷却、空调、净化、洗涤等方面的用水，按新水取用量计，不包括企业内部的重复利用水量。

生活用水　包括城镇生活用水和农村生活用水。城镇生活用水由居民用水和公共用水（含第三产业及建筑业等用水）组成；农村生活用水除居民生活用水外，还包括牲畜用水在内。

生态补水　仅包括人为措施供给的城镇环境用水和部分河湖、湿地补水，而不包括降水、径流自然满足的水量。

工业废水排放量　指经过企业厂区所有排放口排到企业外部的工业废水量。包括生产废水、外排的直接冷却水、超标排放的矿井地下水和与工业废水混排的厂区生活污水，不包括外排的间接冷却水(清污不分流的间接冷却水应计算在内)。

工业废水排放达标量　指报告期内废水中各项污染物指标都达到国家或地方排放标准的外排工业废水量，包括未经处理外排达标的，经废水处理设施处理后达标排放的，以及经污水处理厂处理后达标排放的。

工业废水排放达标率　指工业废水排放达标量占工业废水排放量的百分率，计算公式为：

$$工业废水排放达标率=\frac{工业废水排放达标量}{工业废水排放量}\times 100\%$$

生活污水排放量　指城镇居民每年排放的生活污水。用人均系数法测算。测算公式为：

$$\frac{生活污水}{排放量}=\frac{城镇生活污水}{排放系数}\times\frac{市镇非}{农业人口}\times 365$$

生活污水中化学需氧量(COD)排放量　指城镇居民每年排放的生活污水中的COD的量。用人均系数法测算。测算公式为：

$$\frac{城镇生活污水}{中COD排放量}=\frac{城镇生活污水中}{COD产生系数}\times\frac{市镇非}{农业人口}\times 365$$

化学需氧量(COD)　指用化学氧化剂氧化水中有机污染物时所需的氧量。COD值越高，表示水中有机污染物污染越重。

工业废气排放量　指报告期内企业厂区内燃料燃烧和生产工艺过程中产生的各种排入大气的含有污染物的气体的总

量，以标准状态(273K，101325Pa)计算。测算公式为：

$$\frac{\text{工业废气}}{\text{排放量}}=\frac{\text{燃料燃烧过程}}{\text{中废气排放量}}+\frac{\text{生产工艺过程}}{\text{中废气排放量}}$$

生活及其他SO_2排放量　以生活及其他煤炭消费量和其含硫量为基础，根据以下公式计算：

$$\frac{\text{生活及其他}}{SO_2\text{排放量}}=\frac{\text{生活及其他}}{\text{煤炭消费量}}\times\text{含硫量}\times0.8\times2$$

工业SO_2排放量　指报告期内企业在燃料燃烧和生产工艺过程中排入大气的SO2总量，计算公式为：

$$\frac{\text{工业}SO_2}{\text{排放量}}=\frac{\text{燃料燃烧过程}}{\text{中}SO_2\text{排放量}}+\frac{\text{生产工艺过程}}{\text{中}SO_2\text{排放量}}$$

工业烟尘排放量　指企业厂区内燃料燃烧过程中产生的烟气中夹带的颗粒物排放量。

生活及其他烟尘排放量　指除工业生产活动以外的所有社会、经济活动及公共设施的经营活动中燃烧所排放的烟尘纯重量。以生活及其他煤炭消费量为基础进行测算。

工业粉尘排放量　指企业在生产工艺过程中排放的能在空气中悬浮一定时间的固体颗粒物排放量。如钢铁企业的耐火材料粉尘、焦化企业的筛焦系统粉尘、烧结机的粉尘、石灰窑的粉尘、建材企业的水泥粉尘等。不包括电厂排入大气的烟尘。

工业固体废物产生量　指报告期内企业在生产过程中产生的固体状、半固体状和高浓度液体状废弃物的总量，包括危险废物、冶炼废渣、粉煤灰、炉渣、煤矸石、尾矿、放射性废物和其他废物等；不包括矿山开采的剥离废石和掘进废石(煤矸石和呈酸性或碱性的废石除外)。酸性或碱性废石指采掘的废石其流经水、雨淋水的pH值小于4或pH值大于10.5者。

工业固体废物综合利用量　指报告期内企业通过回收、加工、循环、交换等方式，从固体废物中提取或者使其转化为可以利用的资源、能源和其他原材料的固体废物量(包括当年利用往年的工业固体废物贮存量)，如用作农业肥料、生产建筑材料、筑路等。综合利用量由原产生固体废物的单位统计。

工业固体废物综合利用率　指工业固体废物综合利用量占工业固体废物产生量(包括综合利用往年贮存量)的百分率。计算公式为：

$$\frac{\text{工业固体废物}}{\text{综合利用率}}=\frac{\begin{matrix}\text{工业固体废物}\\\text{综合利用量}\end{matrix}}{\begin{matrix}\text{工业固体废物产生量}+\\\text{综合利用往年贮存量}\end{matrix}}\times100\%$$

工业固体废物贮存量　指报告期内企业以综合利用或处置为目的，将固体废物暂时贮存或堆存在专设的贮存设施或专设的集中堆存场所内的数量。专设的固体废物贮存场所或贮存设施必须有防扩散、防流失、防渗漏、防止污染大气、水体的措施。

工业固体废物处置量　指报告期内企业将固体废物焚烧或者最终置于符合环境保护规定要求的场所，并不再回取的工业固体废物量(包括当年处置往年的工业固体废物贮存量)。处置方式有填埋(其中危险废物应安全填埋)、焚烧、专业贮存场(库)封场处理、深层灌注、回填矿井及海洋处置(经海洋管理部门同意投海处置)等。

工业固体废物排放量　指报告期内企业将所产生的固体废物排到固体废物污染防治设施、场所以外的数量，不包括矿山开采的剥离废石和掘进废石(煤矸石和呈酸性或碱性的废石除外)。

“三废”综合利用产品产值　指报告期内利用“三废” 作为主要原料生产的产品价值(现行价)；已经销售或准备销售的应计算产品价值，留作生产自用的不应计算产品价值。

生活垃圾清运量　指报告期内收集和运送到各生活垃圾处理厂(场)和生活垃圾最终消纳点的生活垃圾数量。生活垃圾指城市日常生活或为城市日常生活提供服务的活动中产生的固体废物以及法律行政规定的视为城市生活垃圾的固体废物。包括：居民生活垃圾、商业垃圾、集市贸易市场垃圾、街道清扫垃圾、公共场所垃圾和机关、学校、厂矿等单位的生活垃圾。

生活垃圾无害化处理率　指报告期生活垃圾无害化处理量与生活垃圾产生量比率。在统计上，由于生活垃圾产生量不易取得，可用清运量代替。计算公式为：

$$\text{生活垃圾无害化处理率}=\frac{\text{生活垃圾无害化处理量}}{\text{生活垃圾产生量}}\times 100\%$$

土地调查面积　指行政区域内的土地调查总面积，包括农用地、建设用地和未利用地。

农用地　指直接用于农业生产的土地，包括耕地、园地、林地、牧草地及其他农用地。

森林资源　指森林、林木、林地以及依托森林、林木、林地生存的野生动物、植物和微生物。林木指树木和竹子。森林指以乔木为主体的植物群落，是集生的乔木及与共同作用的植物、动物、微生物和土壤、气候等的总体。

森林面积　指由乔木树种构成，郁闭度0.2以上(含0.2)的林地或冠幅宽度10米以上的林带的面积，即有林地面积。森林面积包括天然起源和人工起源的针叶林面积、阔叶林面积、针阔混交林面积和竹林面积，不包括灌木林地面积和疏林地面积。

人工林面积　指由人工播种、植苗或扦插造林形成的生长稳定，(一般造林3-5年后或飞机播种5-7年后)每公顷保存株数大于或等于造林设计植树株数80%或郁闭度0.20以上(含0.20)的林分面积。

森林覆盖率　指一个国家或地区森林面积占土地总面积的百分比。森林覆盖率是反映森林资源的丰富程度和生态平衡状况的重要指标。在计算森林覆盖率时，森林面积包括郁闭度0.2以上的乔木林地面积和竹林地面积，国家特别规定的灌木林地面积、农田林网以及四旁(村旁、路旁、水旁、宅旁)林木的覆盖面积。计算公式为：

$$\text{森林覆盖率}(\%)=\frac{\text{森林面积}}{\text{土地总面积}}\times 100\%$$

活立木总蓄积量　指一定范围内土地上全部树木蓄积的总量，包括森林蓄积、疏林蓄积、散生木蓄积和四旁树蓄积。

森林蓄积量　指一定森林面积上存在着的林木树干部分的总材积。它是反映一个国家或地区森林资源总规模和水平的基本指标之一，也是反映森林资源的丰富程度、衡量森林生态环境优劣的重要依据。

造林总面积　指在宜林荒山荒地、宜林沙荒地、无立木林地、疏林地和退耕地等其它宜林地上通过人工措施形成或恢复森林、林木、灌木林的过程。

人工造林　指在宜林荒山荒地、宜林沙荒地、无立木林地、疏林地和退耕地等其它宜林地上通过播种、植苗和分植来提高森林植被覆被率的技术措施。

湿地　指天然或人工、长久或暂时性的沼泽地、泥炭地或水域地带，包括静止或流动、淡水、半咸水、咸水体，低潮时水深不超过6米的水域以及海岸地带地区的珊瑚滩和海草床、滩涂、红树林、河口、河流、淡水沼泽、沼泽森林、湖泊、盐沼及盐湖。

自然保护区　指为了保护自然环境和自然资源，促进国民经济的持续发展，将一定面积的陆地和水体划分出来，并经各级人民政府批准而进行特殊保护和管理的区域个数。根据保护对象，自然保护区分为自然生态系统类、野生生物类、自然遗迹类。风景名胜区、文物保护区不计在内。

Explanatory Notes on Main Statistical Indicators

Climate refers to the natural environmental status formed by the long-term exchange of energy and mass between the earth and the atmosphere, and is the result of interaction of many factors. Climate is both one of the environment factors and also the important resources for living and production activities of the human being. The average values across several years of meteorological factors such as temperature, rainfall and humidity are used as important parameters to describe the climate of a region, while the average values (or total values) of a given year or month of meteorological factors reflect the key characteristics of climate for that period of time.

Natural Resources refer to material resources that could be obtained from the nature by human being and used for production and living. Natural resources in general can be classified as renewable resources and non-renewable resources. Renewable resources refer to resources that could be renewed and recycled during a relatively short period of time, including land resource, water resource, climate resource, biology resource and marine resource. Non-renewable resources include resources that could not be renewed, such as minerals and geothermal resource.

Land Resource Land refers to the surface of the earth, consisting of mainly rocks and its weathering and earth. Land resource can be classified, by its utilization, as land for agriculture, land for construction and unused land. Land for agriculture includes cultivated land, plantation land, forestland, grassland and waters. Land for construction includes land for residential purpose, for manufacturing and mining, for transportation and for water-conservancy projects. Unused land refers to land other than land for agriculture and construction, including beaches, deserts, Gobi, glaciers and rock mountains.

Area of Cultivated Land refers to area of land reclaimed for the regular cultivation of various farm crops, including crop-cover land, fallow, newly reclaimed land and land laid idle for less than 3 years.

Area of Afforested Land refers to area for land for trees bamboo, bushes and mangrove, including forest-covered land, bush-covered land, sparse forest land, land planned for afforestation and nurseries of young trees.

Runoff refers to the water gathered at the way out of the cross section of drainage area either from the surface or underground after deducting the wastage of the precipitation on the land. Runoff can be divided into surface runoff, underground runoff and within soil runoff. Surface runoff refers to water flowing to the rivers, lakes, swamps, and seas on the surface of the earth. Underground runoff refers to water flow to rivers, lakes, swamps, and seas through the water-bearing stratum of confined layer or unconfined layer.

Volume of Runoff refers to the total volume of water running through a certain cross section of a river during a certain period of time, reflecting the water resource condition in a country or a region. The formula for calculating volume of runoff is as follows:

Runoff =Precipitation-Evaporation

Drainage Area Each river has its own main stream and branches to form the water system of the river.

Each river has its own catchment' s area, which is also called as the drainage area of the river.

Mineral Resources refer to useful minerals, with solid state, liquid state, gaseity, due to the geological process. Minerals are important natural resources, and important material base for social development. At present, there are more than 170 types of minerals discovered in China. They can be categorized into four groups: energy producing minerals (including coal, petroleum, natural gas and terrestrial heat), metallic minerals (including iron, manganese, copper, lead and bauxite), non metallic minerals (including diamond, limestone and clay), and water/gas related minerals (including ground water, mineral water and carbon dioxide). Metallic minerals can be further classified as ferrous, non-ferrous, noble metal, rare metal, rare earth metal and dispersed metals.

Ensured Mineral Reserves refer to the actual mineral reserves, which equal to the proven mineral reserves (including industrial reserves and prospective reserves) minus extracted parts and underground losses.

Temperature refers to the air temperature. China uses centigrade as the unit. The thermometry used for weather observation is put in a breezy shutter, which is 1.5 meters high from the ground. Therefore, the commonly used temperature refers to the temperature in the breezy shutter 1.5 meters away from the ground. The calculation method is as follows:

Monthly average temperature is the summation of average daily temperature of one month divided by the actual days of that particular month.

Annual average temperature is the summation of monthly average of a year divided by 12 months.

Relative Humidity refers to the ratio of actual water vapour pressure to the saturation water vapour density under the current temperature. The calculation method is the same as that of temperature.

Volume of Precipitation refers to the deepness of liquid state or solid state (thawed) water falling from the sky to the ground that has not been evaporated, infiltrated or run off. The calculation method is as follows:

Monthly precipitation is the summation of daily precipitation of a month.

Annual precipitation is the summation of 12 months precipitation of a year.

Sunshine Hours refer to the actual hours of sun irradiating the earth. The calculation method is the same as that of the precipitation.

Total Water Resources refers to total volume of water resources measured as run-off for surface water from rainfall and recharge for groundwater in a given area, excluding transit water.

Surface Water Resources refers to total renewable resources which exist in rivers, lakes, glaciers and other collectors from rainfall and are measured as run-off of rivers.

Groundwater Resources refers to replenishment of aquifers with rainfall and surface water.

Duplicated Measurement between Surface Water and Groundwater refers to mutual exchange between surface water and groundwater, i.e. run-off of rivers includes some depletion into groundwater while groundwater includes some replenishment from surface water.

Water Supply refers to gross water supply by supply systems from sources to consumers, including losses during distribution.

Surface Water Supply refers to withdrawals by surface water supply system, broken down with storage, flow, pumping and transfer. Supply from storage projects includes withdrawals from reservoirs; supply from flow includes withdrawals from rivers and lakes with natural flows no matter if there are locks or not; supply from pumping projects includes withdrawals from rivers or lakes with pumping stations; and supply from transfer refers to water supplies transferred from first-level regions of water resources or independent river drainage areas to others, and should not be covered under supplies of storage, flow and pumping.

Groundwater Supply refers to withdrawals from supplying wells, broken down with shallow layer freshwater, deep layer freshwater and slightly brackish water. Groundwater supply for urban areas includes water mining by both waterworks and own wells of enterprises.

Other Water Supply Sources include supplies by waste-water treatment, rain collection, seawater desalinization and other water projects.

Water Use refers to gross water use distributed to users, including loss during transportation, broken down into use by agriculture, industry, living consumption and ecological protection.

Water Use by Agriculture includes uses of water by irrigation of farming fields and by forestry, animal husbandry and fishing. Water use by forestry, animal husbandry and fishery includes irrigation of forestry and orchards, irrigation of grassland and replenishment of fishing farms.

Water Use by Industry refers to new withdrawals of water, excluding reuse of water within enterprises.

Water Use by Living Consumption includes use of water for living consumption in both urban and rural areas. Urban water use by living consumption is composed of household use and public use (including services, commerce, restaurants, cargo transportation, posts, telecommunications and construction). Rural water use by living consumption includes both households and animals.

Waste Water Discharged by Industry refers to the volume of waste water discharged by industrial enterprises through all their outlets, including waste water from production process, directly cooled water, groundwater from mining wells which does not meet discharge standards and sewage from households mixed with waste water produced by industrial activities, but excluding indirectly cooled water discharged (It should be included if the discharge is not separated from waste water).

Industrial Waste Water Meeting Discharge Standards refers to volume of industrial waste water discharge which, with or without treatment, reaches national or local standards with regard to all pollutants.

Ratio of Industrial Waste Water Meeting Discharge Standards refers to percentage of industrial waste water meeting discharge standards over total industrial waste water discharge. It is calculated as:

$$\frac{\text{Ratio of industrial waste water}}{\text{meeting discharge standards}} = \frac{\text{industrial waste water meeting discharge standards}}{\text{total industrial waste water discharge}}$$

Urban Non-industrial Waste Water Discharge refers to annual discharge of non-industrial waste water by urban households. It is estimated by per capita coefficient using the formula:

$$\frac{\text{Urban non-industrial}}{\text{waste water discharge}} = \frac{\text{urban non-industrial waste}}{\text{water discharge coefficient}} \times \frac{\text{urban non-agricultural}}{\text{population}} \times 365$$

Volume of Chemical Oxygen Demand (COD) Generated by Urban Non-industrial Waster Water refers to chemical oxygen demand generated through the annual discharge of non-industrial waste water by urban households. It is estimated as:

$$\begin{matrix}\text{Volume of chemical oxygen}\\ \text{demand (cod) generated}\\ \text{by urban non-industrial}\\ \text{waster water}\end{matrix} = \begin{matrix}\text{Coefficient of COD}\\ \text{generated through urban}\\ \text{non-industrial waste water}\end{matrix} \times \begin{matrix}\text{urban}\\ \text{non-agricultural}\\ \text{population}\end{matrix} \times 365$$

Chemical Oxygen Demand (COD) refers to the amount of oxygen required when chemical oxidants are used to oxidize organic pollutants in water. A higher value of COD corresponds to more serious pollution by organic pollutants.

Industrial Waste Air Emission refers to the discharge into atmosphere of waste air containing pollutants generated from fuel burning and production processes in enterprises within a given period of time. It is calculated at standard status (273K, 101325Pa) as:

$$\begin{matrix}\text{Industrial waste}\\ \text{air emission}\end{matrix} = \begin{matrix}\text{emission through}\\ \text{fuel burning}\end{matrix} + \begin{matrix}\text{emission through}\\ \text{production process}\end{matrix}$$

SO_2 Emission through Non-industrial and Other Activities is calculated on the basis of consumption of coal by households and other activities and the sulphur content of coal with the following formula:

$$\begin{matrix}SO_2\text{ emission}\\ \text{through non-}\\ \text{industrial and}\\ \text{other activities}\end{matrix} = \begin{matrix}\text{of coal by}\\ \text{households}\\ \text{and other}\\ \text{activities}\end{matrix} \times \begin{matrix}\text{sulphur}\\ \text{content}\end{matrix} \times 0.8 \times 2$$

SO_2 Emission through Industrial Activities refers to volume of sulphur dioxide emission from fuel burning and production process by enterprises during a given period of time. It is calculated as:

$$\begin{matrix}SO_2\text{ emission}\\ \text{through industrial}\\ \text{activities}\end{matrix} = \begin{matrix}SO_2\text{ emission from}\\ \text{fuel burning}\end{matrix} + \begin{matrix}SO_2\text{ emission from}\\ \text{production process}\end{matrix}$$

Industrial Soot Emission refers to the volume of soot in smoke emitted in the process of fuel burning in the premises of enterprises.

Soot Emission by Consumption and Others refers to the net volume of soot emitted by fuel burning from all social and economic activities and operations of public facilities other than industrial activities. It is calculated on the basis of coal consumption by households and others.

Industrial Dust Emission refers to volume of dust emitted by production process of enterprises and suspended in the air for a given period of time, including dust from refractory material of iron and steel works, dust from coke-screening systems and sintering machines of coke plants, dust from lime kilns and dust from cement production in building material enterprises, but excluding soot and dust emitted from power plants.

Industrial Solid Wastes Produced refers to total volume of solid, semi-solid and high concentration liquid residues produced by industrial enterprises from production process in a given period of time, including hazardous wastes, slag, coal ash, gangue, tailings, radioactive residues and other wastes, but excluding stones stripped or dug out in mining - gangue and acid or alkaline stones not included (a stone is acid or alkaline according to the pH value of the water being below 4 or above 10.5 when the stone is in, or soaked by water).

Industrial Solid Wastes Utilized refers to volume of solid wastes from which useful materials can be extracted or which can be converted into usable resources, energy or other materials by means of reclamation, processing, recycling and exchange (including utilizing in the year the stocks of industrial solid wastes of the previous year). Examples of such utilizations include fertilizers, building materials and road materials. The information shall be collected by the producing units of the wastes.

Rate of Utilization of Industrial Solid Wastes refers to the percentage of industrial solid wastes utilized over industrial solid wastes produced (including stocks of the previous years). It is calculated as:

$$\text{Rate of utilization of industrial solid wastes} = \frac{\text{volume of industrial solid wastes utilized}}{\text{industrial solid wastes produced + stock of previous years}} \times 100\%$$

Stock of Industrial Solid Wastes refers to the volume of solid wastes placed in special facilities or special sites for purposes of utilization or disposal. The sites or facilities should take measures against dispersion, loss, seepage, and air and water contamination.

Industrial Solid Wastes Disposed refers to the quantity of industrial solid wastes which are burnt or placed ultimately in the sites meeting the requirements for environmental protection and not salvaged or recycled (including disposition in the year of those wastes of previous years). The disposition includes landfill (Safe landfills should be conducted for hazardous wastes), incineration, containment spaces, deep underground disposal, backfill in mining pits and disposal at sea.

Industrial Solid Wastes Discharged refers to the volume of industrial solid wastes discharged by producing enterprises to disposal facilities or to other sites. The wastes exclude stones stripped or dug from mining (gangue and acid or alkaline waste stones not included).

Output Value of Products Made from Waste Gas, Waste Water and Solid Wastes refers to the current value of products with waste gas, waste water and solid wastes as main materials of production. Products sold and ready to sell shall be included while those produced for own use shall not be included.

Consumption Wastes Transported refers to volume of consumption wastes collected and transported to disposal factories or sites. Consumption wastes are solid wastes produced from urban households or from service activities for urban households, and solid wastes regarded by laws and regulations as urban consumption wastes, including those from households, commercial activities, markets, cleaning of streets, public sites, offices, schools, factories, mining units and other sources.

Ratio of Consumption Wastes Treated refers to consumption wastes treated over that produced. In practical statistics, as it is difficult to estimate, the volume of consumption wastes produced is replaced with that transported. It is calculated as:

$$\text{Ratio of consumption wastes treated} = \frac{\text{consumption wastes treated}}{\text{consumption wastes produced}} \times 100\%$$

Area under Land Survey refers to the total area of land, under the land survey, within the jurisdiction of the administrative region, including land for agriculture use, land for construction and unused land.

Land for Agriculture Use refers to land directly used for agriculture production, including land for cultivation, gardening, forests, herbage and other agriculture activities.

Forest Resource refers to forests, trees, forestland and wild animals, plants and microorganism that live on forest and trees. Trees include trees and bamboo. Forest refers to the population of clusters of trees and other plants, animals and microorganism as well as the earth and climate that have interactions with the trees.

Forest Area refers to the area of forest where trees and bamboo grow with canopy density above 0.2, including land of natural woods and planted woods, but excluding bush land and thin forest land. It reflects the total areas of afforestation.

Area of Man-made Forests refer to the area of stable growing forests, planted manually or by airplanes, with a survival rate of 80% or higher of the designed number of trees per hectare, or with a canopy density of 0.20 or above after 3-5 years of manual planting or 5-7 years of airplane planting.

Forest Coverage Rate refers to the ratio of area of afforested land to total land area. It is a very important indicator that reflects the status of abundance of forest resource and balance of the ecosystem. Forest area includes the area of trees and bamboo grow with canopy density above 0.2, the area of shrubby tree according to regulations of the government, the area of forest land inside farm land and the area of trees planted by the side of villages, farm houses and along roads and rivers. The formula for calculating forest coverage rate is as follows:

$$\text{Forestry coverage rate (\%)} = \frac{\text{Area of Afforested Land}}{\text{Area of Total Land}} \times 100\%$$

Total Standing Stock Volume refers to the total stock volume of trees growing in land, including trees in forest, trees in sparse forest, scattered trees and trees planted by the side of villages, farm houses and along roads and rivers.

Stock Volume of Forest refers to total stock volume of wood growing in forest area, which shows the total size and level of forest resources of a country or a region. It is also an important indicator illustrating the richness of forest resource and the status of forest ecological environment.

Total Area of Afforestation refers to the total area of land suitable for afforestation, including barren hills, idle land, sand dunes, non-timber forest land, woodland and "grain for green" land, on which acres of forests, trees and shrubs are planted through manual planting.

Manual Planting refers to technical measures of sowing, planting seedlings and divided transplanting on land suitable for afforestation, including barren hills, idle land, sand dunes, non-timber forest land, woodland and "grain for green" land to increase vegetation coverage rate of forests.

Wetlands refer to marshland and peat bog, whether natural or man-made, permanent or temporary; water covered areas, whether stagnant or flowing, with fresh or semi-fresh or salty water that is less than 6 meters deep at low tide; as well as coral beach, weed beach, mud beach, mangrove, river outlet, rivers, fresh-water marshland, marshland forests, lakes, salty bog and salt lakes along the coastal areas.

Natural Reserves refer to certain areas of land, waters or sea demarked and approved by relevant governments at all levels to put under special protection and management in order to protect the natural environment and natural resources and to promote the sustainable development of the national economy. According to the objects be protected, the natural reserves are classified into classes of natural ecosystem, wild life and natural heritage. Scenic spots and cultural preservation zones are not included.

第十一篇 农业

CHAPTER 11 AGRICULTURE

11-1 乡村户数和劳动力

NUMBER OF RURAL HOUSEHOLDS AND LABOR FORCE

单位：万人、人　　(10000 persons, person)

年份 地区	Year Region	乡村户数（万户、户） Number of Rural Households (10000 housholds, houshold)	乡村劳动力 Number of Rural Laborers	男 Male	女 Female	农林牧渔业 Agriculture, Forestry, Animal Husbandry & Fishery	工业 Industry
	2005	493.5	950.1	545.1	405.1	696.7	50.7
	2006	498.3	944.3	541.3	403.0	689.6	52.6
	2007	493.9	949.4	543.1	406.3	675.1	57.9
	2008	504.9	966.3	554.0	412.4	678.0	59.2
	2009	509.5	978.2	557.7	420.5	684.1	61.5
	2010	509.1	989.4	564.2	425.3	677.5	64.0
哈尔滨	Harbin	1336897	2452163	1406104	1046059	1438537	196886
齐齐哈尔	Qiqihar	937373	1898514	1059517	838997	1334953	90786
鸡西	Jixi	193799	348050	207233	140817	245712	31687
鹤岗	Hegang	66019	116163	69025	47138	90892	5678
双鸭山	Shuangyashan	140817	282524	160525	121999	191534	24133
大庆	Daqing	368209	740930	409582	331348	503630	44096
伊春	Yichun	49323	92342	52931	39411	64042	4889
佳木斯	Jiamusi	359566	691960	405093	286867	535428	33027
七台河	Qitaihe	95993	146196	91213	54983	103671	11722
牡丹江	Mudanjiang	305515	664414	364784	299630	429129	67014
黑河	Heihe	217459	356329	206530	149799	287955	13669
绥化	Suihua	1002631	2077292	1194029	883263	1528457	115219
大兴安岭	Daxinganling	17882	27606	15042	12564	21263	1520

11-1 续表 CONTINUED

单位：万人、人　　(10000 persons, person)

年份 地区	Year Region	建筑业 Construction	交通仓储和邮政业 Traffic, Transport, Storage & Post	信息传输、计算机服务和软件业 Information Transfer, Computer Services and Software	批发与零售业 Wholesale and Retail Trade	住宿和餐饮业 Accommodation and Catering	其他非农行业 Other Non-agricultural Trades
	2005	53.2	23.5	3.4	36.1	24.6	61.8
	2006	56.4	22.8	4.2	36.8	26.0	55.9
	2007	62.9	24.8	5.3	39.7	28.9	54.7
	2008	66.3	26.0	5.6	41.2	36.1	54.0
	2009	70.2	27.6	6.2	40.8	29.5	58.2
	2010	77.2	28.9	7.4	42.7	31.1	60.7
哈尔滨	Harbin	262771	96132	24779	136715	98945	197398
齐齐哈尔	Qiqihar	168480	45249	13176	73173	53287	119410
鸡西	Jixi	12220	11877	2788	13786	10162	19818
鹤岗	Hegang	2453	2183	319	2784	2374	9480
双鸭山	Shuangyashan	17589	11895	1610	11685	7592	16486
大庆	Daqing	66503	22579	3980	29629	29503	41010
伊春	Yichun	4187	3740	404	4146	3634	7300
佳木斯	Jiamusi	26414	12262	4970	28924	21104	29831
七台河	Qitaihe	4185	2973	2502	4027	4622	12494
牡丹江	Mudanjiang	34174	24625	4309	33532	20385	51246
黑河	Heihe	18504	5961	585	11015	8034	10606
绥化	Suihua	153266	48673	13786	76434	50857	90600
大兴安岭	Daxinganling	1093	433	342	1330	766	859

11-2 农林牧渔业总产值和指数

GROSS OUTPUT VALUE OF FARMING,FORESTRY,ANIMAL HUSBANDRY AND FISHERY AND RELATED INDICES

年份 Year 地区 Region	绝对数（亿元、万元）Gross Output Value of Farming, Forestry, Animal Husbandry and Fishery (100 million yuan, 10000 yuan)					指数（上年=100）Indices (preceding year=100)				
	总产值 Total	#农业 Farming	#林业 Forestry	#牧业 Animal Husbandry	#渔业 Fishery	总产值 Total	#农业 Farming	#林业 Forestry	#牧业 Animal Husbandry	#渔业 Fishery
1978	60.9	51.0	2.6	7.2	0.1	120.2	126.3	81.3	99.0	90.0
1980	85.6	69.6	3.5	12.2	0.3	108.6	110.5	113.6	94.8	119.0
1985	114.3	84.6	7.0	21.5	1.2	92.7	91.1	89.0	110.4	137.3
1990	245.4	183.7	7.6	49.3	4.7	125.1	127.6	101.2	121.1	106.5
1991	244.3	175.0	8.2	55.9	5.2	99.5	93.6	100.7	122.0	110.9
1992	278.0	204.3	10.3	57.1	6.3	105.6	108.6	107.8	95.2	108.8
1993	318.0	235.4	10.2	64.5	7.9	102.2	100.9	98.0	106.5	103.9
1994	509.6	381.5	12.4	106.0	9.7	112.5	109.7	113.8	121.7	115.2
1995	623.6	462.2	14.7	134.3	12.4	106.3	100.7	118.9	125.0	124.1
1996	740.8	558.7	16.8	151.5	13.8	110.6	111.0	110.0	109.3	115.8
1997	772.3	571.1	17.1	168.7	15.4	107.1	107.9	101.9	105.3	111.6
1998	736.3	517.6	17.7	184.5	16.5	100.1	96.1	97.8	109.9	115.7
1999	660.5	459.9	18.3	165.9	16.4	103.0	102.6	107.0	103.0	106.3
2000	625.1	414.4	18.3	175.7	16.8	99.3	95.3	100.0	108.2	103.2
2001	711.0	450.6	15.7	224.6	20.1	106.5	106.5	97.9	109.9	105.0
2002	776.7	487.5	16.2	252.1	20.9	108.1	107.5	102.2	110.5	104.0
2003	903.3	502.9	59.1	294.2	23.1	103.0	96.5	102.5	115.4	106.0
2004	1136.6	620.2	65.8	400.7	25.0	119.3	122.7	111.4	117.7	103.5
2005	1294.4	718.6	67.3	461.2	27.4	110.2	109.0	100.6	115.8	105.6
2006	1391.1	817.5	68.0	448.7	21.1	106.4	106.5	101.0	106.8	108.8
2007	1700.6	971.9	79.1	585.0	25.1	103.9	103.1	105.9	104.7	106.4
2008	2123.4	1143.3	89.6	813.1	35.0	109.5	107.5	108.0	113.0	115.2
2009	2251.1	1206.8	85.2	870.2	45.2	105.4	103.0	100.7	109.2	115.2
2010	2536.3	1369.2	95.5	965.8	53.7	105.8	107.2	109.3	103.2	106.2
哈尔滨 Harbin	7490612	4252458	225004	2748963	123055	108.6	109.7	108.7	107.1	107.3
齐齐哈尔 Qiqihar	3623450	2202406	41407	1304066	64057	110.0	108.9	107.0	112.2	105.5
鸡西 Jixi	1064509	716631	64607	241305	34487	110.5	113.1	101.4	107.0	107.5
鹤岗 Hegang	354811	203348	29504	111080	5932	109.5	111.6	115.0	105.2	98.9
双鸭山 Shuangyashan	1157187	651226	15967	478995	7349	112.0	116.6	113.5	106.5	108.3
大庆 Daqing	2123490	1013740	17541	1035051	45817	110.1	110.7	100.5	110.1	104.1
伊春 Yichun	1036916	561253	224276	244789	4050	107.0	113.1	96.4	105.6	96.4
佳木斯 Jiamusi	2284462	1524316	24845	645083	85098	112.1	113.1	96.7	112.1	101.7
七台河 Qitaihe	326182	195048	17513	99083	4796	104.9	98.7	100.6	115.3	68.5
牡丹江 Mudanjiang	2017927	1477109	110777	354948	22399	115.7	121.2	89.4	105.8	107.4
黑河 Heihe	1258244	993036	51765	187447	9459	111.9	112.6	106.8	108.0	130.9
绥化 Suihua	4759407	2477736	44360	2117329	99707	114.0	114.3	98.9	114.3	109.2
大兴安岭 Daxinganling	604683	251829	252219	68496	8908	114.0	118.8	106.2	118.9	231.6
农垦总局 ARB	6577324	4606664	56838	1784021	34972	106.5	105.4	140.6	107.9	116.8

注：a)2003年起执行新的国民经济行业分类标准，农林牧渔业新增加了农林牧渔服务业，林业中新增加了林木采伐（下同）。

b)2006、2007年数据是与第二次农业普查衔接后数据。

Note: a)Since 2003, the new category standard of national economy industry is implemented, the relative service industry is newly added to farming, forestry, annimal husbandry and fishery, forest-cutting is newly added to forestry .

b)Data from 2006 to 2007 on national accounts have been adjusted according to the results of the second national agricultural census.

11-3 农林牧渔业增加值

VALUE-ADDED OF FARMING,FORESTRY,ANIMAL HUSBANDRY AND FISHERY

单位：亿元、万元 (100 million yuan, 10000 yuan)

年 份 Year 地 区 Region	增加值 Value-added	农 业 Farming	林 业 Forestry	牧 业 Animal Husbandry	渔 业 Fishery	农林牧渔服务业 Svice Industry of Farming, Forestry, Animal Husbandry and Fishery
1990	160.3	128.1	4.8	23.7	3.7	
1995	371.2	308.7	7.4	49.2	5.9	
1996	444.1	378.9	7.9	50.7	6.6	
1997	460.2	387.1	8.1	57.5	7.5	
1998	429.1	351.9	7.8	62.4	7.0	
1999	377.2	304.8	7.6	57.9	6.9	
2000	353.6	271.6	7.7	67.0	7.3	
2001	409.3	306.8	5.9	88.0	8.6	
2002	447.0	331.0	6.1	101.0	8.9	
2003	512.8	340.2	30.3	120.1	10.2	12.0
2004	600.2	405.1	30.9	140.7	11.0	12.5
2005	684.6	472.4	30.3	160.2	11.7	10.0
2006	750.1	542.1	32.0	148.7	9.1	18.3
2007	915.4	650.7	36.9	194.9	12.7	20.2
2008	1089.1	738.1	41.8	274.4	13.1	21.6
2009	1154.3	772.9	39.8	302.5	16.9	22.3
2010	1302.9	876.3	44.3	335.7	20.2	26.5
哈尔滨 Harbin	4127158	2410378	126073	1447895	65001	77811
齐齐哈尔 Qiqihar	1740778	1086509	27341	573322	42919	10687
鸡西 Jixi	617896	447130	37536	110340	18379	4511
鹤岗 Hegang	173230	111659	7985	47939	2076	3571
双鸭山 Shuangyashan	601316	352415	8014	234546	3536	2805
大庆 Daqing	950089	450093	9530	462450	21981	6035
伊春 Yichun	631052	360762	149329	116744	2598	1619
佳木斯 Jiamusi	1157248	829343	15285	261637	47384	3599
七台河 Qitaihe	178710	102669	9897	58371	2711	5062
牡丹江 Mudanjiang	1178018	931234	55562	141946	12977	36299
黑河 Heihe	688343	558512	28536	86347	6094	8854
绥化 Suihua	2583044	1421215	26681	1057895	58246	19007
大兴安岭 Daxinganling	393699	148071	181301	35177	5919	23231
农垦总局 ARB	3617839	2671734	30702	843076	17776	54551

注:2006、2007年数据是与第二次农业普查衔接后数据。
Note:Data from 2006 to 2007 on national accounts have been adjusted according to the results of the second national agricultural census.

11-4 农村居民家庭平均每人经营耕地情况

PER CAPITA AREA OF CULTIVATED LAND UNDER MANAGEMENT OF HOUSEHOLDS

单位：亩 (mu)

指 标	Item	2006	2007	2008	2009	2010
经营耕地情况	**Cultivated Land under Management**					
耕地面积	Cultivated Area	10.40	11.18	11.16	11.73	11.68
山地面积	Hilly Area	0.05	0.03	0.03	0.01	0.01
园地面积	Area of Garden	0.01	0.01	0.01	0.01	0.01
牧草地面积	Area of Grassland		0.02	0.02	0.02	0.02
养殖水面面积	Water Area for Breeding Aquatics					
耕地流转情况	**Transfer of Cultivated Land**					
年初经营耕地面积	Area of Cultivated Land under Management at the Year-beginning	9.51	9.73	10.14	10.57	10.28
年内增加耕地面积	Increases the Cultivated Area in Current Year	1.74	2.22	1.99	2.22	2.76
年内减少耕地面积	Reduces the Cultivated Area in Current Year	0.85	0.76	0.98	1.06	1.36
年末经营耕地面积	Area of Cultivated Land under Management at the Year-end	10.40	11.18	11.16	11.73	11.68

11-5 农业机械和农产品加工机械拥有量

POSSESSION OF AGRICULTURAL MACHINERY AND MACHINERY FOR PROCESSING FARM

年份 Year 地区 Region		农业机械总动力（万千瓦）Total Power of Agriculture Machinery (10000 kw)	农用大中型拖拉机 Large and Medium Agriculture Tractors		小型拖拉机 Mini-Tractors		大中型拖拉机配套农具（万台、台）Number of Large and Medium Tractor Towing Farm Machinery (10000 units ,unit)	小型拖拉机配套农具（万台、台）Number of Mini-Tractor Towing Farm Machinery (10000 units ,unit)
			台 unit	万千瓦 10000 kw	万台、台 10000 units, unit	万千瓦 10000 kw		
	1980	709.3	68473	272.1	3.1	28.7	24.6	0.8
	1981	760.4	78268	316.5	4.2	38.5	27.2	1.8
	1982	814.1	82895	332.6	4.9	43.2	28.6	2.5
	1983	861.6	88485	349.9	7.9	70.0	27.7	3.4
	1984	901.7	92080	350.7	11.8	104.6	24.5	4.6
	1985	949.5	90306	354.0	15.0	134.0	26.9	6.3
	1986	935.2	91590	334.0	19.8	185.0	21.2	8.6
	1987	1093.5	82159	371.0	27.0	243.0	25.4	14.0
	1988	1105.2	90106	366.2	31.7	286.5	19.3	18.2
	1989	1162.8	91770	367.8	35.7	320.0	21.8	24.2
	1990	1173.4	88942	359.6	36.8	324.4	20.1	26.6
	1991	1179.5	88602	357.1	37.7	333.1	19.8	29.4
	1992	1172.6	87634	352.3	37.8	334.5	19.7	29.6
	1993	1185.3	84816	348.3	38.7	337.0	19.6	31.4
	1994	1190.0	82028	341.6	40.5	359.5	17.5	33.9
	1995	1226.1	79356	332.6	44.4	395.7	17.1	38.1
	1996	1254.8	73000	308.1	44.4	408.1	18.6	40.1
	1997	1285.4	71440	303.9	45.0	422.5	19.2	49.3
	1998	1454.5	69905	304.7	63.3	583.8	17.2	51.4
	1999	1559.7	74801	326.8	65.1	610.5	18.2	58.9
	2000	1613.8	75553	322.8	65.2	624.6	19.2	62.8
	2001	1648.3	78177	324.9	65.3	627.8	18.9	64.6
	2002	1741.8	85266	330.3	68.0	668.9	19.4	69.4
	2003	1807.7	99462	351.8	69.5	691.3	20.1	76.3
	2004	1952.2	127795	415.5	71.6	734.7	22.2	83.6
	2005	2234.0	217275	578.9	74.4	790.6	31.9	87.7
	2006	2570.6	323087	797.1	75.5	815.0	40.9	104.5
	2007	2785.3	381813	927.3	75.7	820.3	47.2	110.3
	2008	3018.4	481795	1145.9	71.4	771.4	59.3	113.2
	2009	3401.3	583015	1416.0	71.1	766.1	67.4	117.0
	2010	3736.3	654789	1623.3	69.3	740.9	75.9	118.1
哈尔滨	Harbin	753.2	97020	250.2	207678	213.9	117442	268487
齐齐哈尔	Qiqihar	592.6	149753	305.6	105143	124.8	95085	192917
鸡西	Jixi	162.5	24420	56.6	29336	29.1	39436	69497
鹤岗	Hegang	65.0	10792	27.3	11509	14.3	14343	30815
双鸭山	Shuangyashan	124.8	35752	71.8	16770	18.5	47336	30331
大庆	Daqing	267.3	56339	111.3	68842	73.3	60826	107732
伊春	Yichun	59.5	12468	32.2	9358	8.8	6599	19009
佳木斯	Jiamusi	285.9	83688	174.8	24687	29.1	85617	47286
七台河	Qitaihe	45.6	5901	15.7	8481	10.3	4785	11584
牡丹江	Mudanjiang	164.7	17948	48.1	71574	54.5	17914	94051
黑河	Heihe	213.9	39643	102.6	47260	54.5	49605	134281
绥化	Suihua	345.9	48009	122.7	74233	90.6	84356	130511
大兴安岭	Daxinganling	33.3	4831	17.1	5259	6.0	6482	4935
农垦总局	ARB	622.2	68225	287.4	12527	13.2	129373	39221

11-5 续表1 CONTINUED

年份 Year 地区 Region	农用排灌动力机械 Draining Machinery for Agricultural Use					
	柴油机 Diesel Engines		电动机 Electromotors		农用水泵 Pumps	节水灌溉机械 Irrigation Equipment
	台 unit	万千瓦 10000 kw	台 unit	万千瓦 10000 kw	万台、台 10000 units, unit	台（套） unit
1980	30523	37.7	32501	36.9	5.8	
1981	29337	36.8	30317	36.3	6.9	
1982	32011	41.2	31347	37.5	6.2	
1983	31711	44.7	33081	40.2	5.1	
1984	27421	40.4	35165	36.3	4.5	
1985	27067	36.8	28180	32.5	4.2	
1986	41562	47.7	28384	39.8	5.4	
1987	54629	55.9	27234	34.5	6.9	
1988	52232	51.8	33333	38.9	6.8	
1989	81375	71.3	34407	37.8	9.5	
1990	117600	100.3	33700	34.2	12.8	
1991	122000	105.4	33000	34.3	13.0	
1992	122400	94.8	38000	36.1	13.0	
1993	120305	100.0	32371	32.5	14.2	
1994	122805	102.7	31140	31.3	14.5	
1995	123370	103.7	31961	31.8	13.8	
1996	136712	111.2	33984	35.0	16.6	
1997	147558	123.3	43676	38.3	18.6	
1998	139453	116.7	37645	31.9	29.3	
1999	152488	136.3	41924	39.5	29.1	
2000	166961	149.1	44471	41.6	29.7	
2001	171142	156.4	49918	42.4	30.8	
2002	185881	170.5	51443	45.5	31.6	
2003	188788	171.6	51363	44.9	32.3	15307
2004	189953	171.5	53727	45.2	32.0	16733
2005	196996	174.3	57032	46.9	32.9	15722
2006	202461	189.5	62582	54.7	33.7	14871
2007	202567	193.2	70376	61.9	34.7	16082
2008	207032	195.3	77105	68.3	35.6	18010
2009	216162	219.4	84614	75.6	40.8	23818
2010	224920	237.9	97177	84.8	43.3	30065
哈尔滨 Harbin	60471	59.4	21710	18.8	88320	1301
齐齐哈尔 Qiqihar	28086	31.0	16353	12.2	102508	5723
鸡西 Jixi	9055	8.5	6654	3.9	15749	419
鹤岗 Hegang	2972	2.7	1679	2.0	10624	2455
双鸭山 Shuangyashan	3617	3.6	636	0.5	7221	39
大庆 Daqing	17417	18.7	5784	4.9	34251	2848
伊春 Yichun	2968	3.0	782	0.6	3071	53
佳木斯 Jiamusi	12567	11.8	3226	3.8	18233	256
七台河 Qitaihe	1253	1.1	981	0.5	1983	76
牡丹江 Mudanjiang	2830	2.8	2356	1.9	10833	1669
黑河 Heihe	1842	2.1	389	0.3	2488	435
绥化 Suihua	32377	29.4	15712	11.3	63796	594
大兴安岭 Daxinganling	54	0.1	179	0.0	268	167
农垦总局 ARB	49411	63.8	20736	24.0	73351	14030

11-5 续表2 CONTINUED

年 份 地 区	Year Region	联合收割机 Combine Harvester 台 unit	万千瓦 10000 kw	自走式机动割晒机(台) Self-propelled Flexible Swather (unit)	机动脱粒机(台) Motorized Threshing Machines (unit)	农用运输车 Tracks for Agricultural Use 台 unit	万千瓦 10000 kw	推土机(台) Bulldozer (unit)
	1980	14081	61.8	781	3807			234
	1981	17924	89.9	980				5115
	1982	19483	99.9	7343	20346			1738
	1983	20740	99.4	7085	22776			2568
	1984	21130	103.2	6120	30257			2445
	1985	20311	105.6	5368	36802			2256
	1986	16970	83.6	7542	53367			1701
	1987	18853	107.4	6814	63057	150	0.5	1270
	1988	17442	100.8	6870	60045	455	1.3	1765
	1989	16930	103.5	6249	67189	587	1.1	1791
	1990	15910	104.0	7008	73581	2874	4.3	2240
	1991	15191	106.7	6934	77447	2279	4.1	2054
	1992	14818	108.8	7405	76417	2393	3.6	3510
	1993	14564	108.1	650	77440	3735	13.9	3405
	1994	13679	105.6	689	81273	4618	17.1	3900
	1995	13366	105.2	547	82268	11821	13.1	3053
	1996	12430	102.0	177	77604	15625	19.7	1614
	1997	11920	97.5	538	83052	12177	19.4	3450
	1998	15005	104.3	814	112459	29491	45.2	2469
	1999	12889	102.5	1729	115579	31612	51.8	2905
	2000	13306	107.9	1886	119231	31837	53.8	3378
	2001	12615	76.7	2020	125170	137188	154.0	2125
	2002	16835	123.2	3701	128232	144299	160.6	2295
	2003	17756	128.0	3808	133809	153215	175.7	2131
	2004	20171	144.6	4391	140969	165948	197.8	2040
	2005	25823	170.9	5078	148068	178318	225.6	1932
	2006	31591	207.2	5578	150713	188023	239.8	1935
	2007	36968	239.0	5886	149530	190534	247.9	1587
	2008	42187	282.1	6606	160221	186672	255.0	1630
	2009	48780	336.5	5164	163616	185679	262.3	1706
	2010	60276	429.4	3635	164679	184568	263.0	1789
哈尔滨	Harbin	6843	39.6	1859	41251	57479	75.9	
齐齐哈尔	Qiqihar	6268	42.4	54	24657	26613	40.4	
鸡 西	Jixi	5210	24.6	105	6949	14050	20.6	127
鹤 岗	Hegang	1512	11.2	25	2180	2267	3.3	40
双鸭山	Shuangyashan	2367	17.5		3180	6464	6.8	113
大 庆	Daqing	1474	13.2	58	17072	18900	25.3	82
伊 春	Yichun	981	5.0	370	3053	2000	2.5	53
佳木斯	Jiamusi	5929	43.2	125	8057	5688	7.6	118
七台河	Qitaihe	556	4.7	87	2007	5707	9.0	49
牡丹江	Mudanjiang	1672	9.2	127	9962	14026	20.2	378
黑 河	Heihe	3738	40.5		14962	2000	3.3	72
绥 化	Suihua	3947	25.8	83	27207	25308	36.5	67
大兴安岭	Daxinganling	635	4.5	10	131	1169	2.9	5
农垦总局	ARB	19144	148.1	732	4011	2897	8.9	685

11-6 农业生产条件

CONDITION FOR AGRICULTURAL PRODUCTION

指 标	Item	2006	2007	2008	2009	2010
农村基层单位（个）	Basic Unit in Rural (unit)					
乡镇数	Township and Towns	1161	875	869	865	866
#镇数	#Towns	437	448	444	442	446
村民委员会	Villagers Committee	14206	8952	8968	9015	8991
化肥施用量（万吨）	Consumption of Chemical Fertilizers (10000 tons)	121.6	150.9	180.7	198.9	214.9
氮 肥	Nitrogenous Fertilizer	52.4	57.5	66.6	72.2	77.4
磷 肥	Phosphate Fertilizer	28.7	33.8	40.3	43.9	47.4
钾 肥	Potash Fertilizer	10.5	17.6	24.7	27.7	30.8
复合肥	Compound Fertilizer	29.9	42.0	49.1	55.0	59.4
农村用电量（亿千瓦时）	Electricity Consumed in Rural Areas (10000 million kwh)	27.5	36.3	44.3	48.4	52.7
乡村办水电站（个）	Hydropower Station in Rural Areas (unit)	15	14	14	12	12
装机容量（万千瓦）	Capacity of Power Generating Sets (10000 kw)	1.0	1.4	1.4	1.3	1.3
发电量（万千瓦时）	Generating Capacity (10000 kwh)	4600	4676	4831	4864	4880
农用塑料薄膜使用量（万吨）	Consumption of Agricultural Films (10000 tons)	5.3	5.7	6.6	6.5	6.9
#地膜使用量	#Consumption of Ground Films	2.2	2.3	2.7	2.6	2.8
地膜覆盖面积（千公顷）	Ground Film Covered Areas (1000 hectares)	265.8	325.7	317.6	288.5	315.9
农用柴油使用量（万吨）	Consumption of Agricultural Diesel Oil (10000 tons)	79.9	99.7	110.2	118.6	127.9
农药使用量（万吨）	Consumption of Pesticide (10000 tons)	2.9	4.8	6.2	6.7	7.4
有效灌溉面积（万公顷）	Effective Irrigated Area (10000 hectares)	203.2	239.4	312.3	340.6	387.5
机电排灌面积（万公顷）	Drainage and Irrigation Areas of Electrical and Mechanical Devices (10000 hectares)	221.3	257.6	322.8	350.7	397.8
666.7公顷(万亩)以上灌区（处）	Number of Irrigated region 666.7 hectares and over(unit)	321	320	318	335	335
666.7公顷以上灌区	Irrigated Area of Irrigated Region					
有效灌溉面积（万公顷）	Region 666.7 hectares and over (10000 hectares)	47.4	56.1	65.3	66.0	72.4
水库（座）	Number of Reservoirs (unit)	609	628	694	737	913
大型水库(1亿立方米以上)	Large (above 100 million cu.m)	17	17	22	26	26
中型水库(1千万-1亿立方米)	Medium-sized (10 million-100 million cu.m)	59	63	78	91	97
小型水库(10万-1千万立方米)	Small (100000-10 million cu.m)	533	548	594	620	790
水库库容量（亿立方米）	Capacity of Reservoirs (100 million cu.m)	84.2	87.7	157.6	175.1	178.7
大型水库	Large	52.5	53.9	117.2	129.5	129.5
中型水库	Medium-sized	18.6	20.2	26.0	30.7	32.5
小型水库	Small	13.2	13.6	14.4	14.9	16.7
机电井数（万眼）	Number of Electrical and Mechanical Well (10000 unit)	17.1	21.0	28.1	29.9	32.2
机电井灌溉面积（万公顷）	Irrigated Area of Electrical and Mechanical Well (10000 hectares)	101.8	107.3	141.0	153.3	181.6
易涝面积（万公顷）	Area Liable to Flooding or Water Logging (10000 hectares)	428.0	428.6	446.4	446.4	446.4
除涝面积（万公顷）	Area with Flood Prevention Measures (10000 hectares)	313.8	325.9	330.5	331.6	333.5
占易涝面积比重（%）	Proportion to Flooding or Water Logging (%)	73.3	76.0	74.0	74.3	74.7
水土流失面积（万公顷）	Area of Soil Erosion (10000 hectares)	1345.4	1345.4	1378.2	1378.3	1378.3
治理水土流失面积（万公顷）	Area of Soil Erosion under Control (10000 hectares)	322.7	412.4	447.1	459.5	469.1
占流失面积比重（%）	Proportion to Area of Soil Erosion (%)	24.0	30.7	32.4	33.3	34.0
盐碱耕地面积（万公顷）	Area of Saline-Alkaline Land (10000 hectares)	56.7	56.7	57.2	57.2	57.2
治碱面积（万公顷）	Improved Area of Saline-Alkaline Land (10000 hectares)	19.7	19.7	19.7	19.7	19.7
占盐碱耕地面积比重（%）	Proportion to Area of Saline-Alkaline Land (%)	34.7	34.7	34.4	34.4	34.4
堤防长度（公里）	Total Length of Dikes (km)	11748	12127	12508	12532	12585
堤防保护面积（万公顷）	Area of Land Protected by Dikes (10000 hectares)	262.7	278.5	293.4	329.1	330.3

11-7 各地区农村用电量和农用化肥施用量 (2010年)

ELECTRICITY CONSUMED IN RURAL AREAS AND CONSUMPTION OF CHEMICAL FERTILIZERS IN AGRICULTURE BY REGION (2010)

地 区	Region	农村用电量（万千瓦时）Electricity Consumed in Rural Areas (10000 kwh)	化肥施用量（实物量，吨）Consumption of Chemical Fertilizers (ton)	化肥施用折纯量（吨）Consumption of Chemical Fertilizers (ton Converting the Gross Weight into Weight Containing 100% Efficacious Component)				
				合 计 Total	氮 肥 Nitrogenous Fertilizer	磷 肥 Phosphate Fertilizer	钾 肥 Potash Fertilizer	复合肥 Compound Fertilizer
全 省	**Total**	557278	5138394	2148852	773541	474006	307803	593502
哈尔滨	Harbin	150807	1083444	436298	161617	67130	67441	140110
齐齐哈尔	Qiqihar	56266	711469	250452	88054	46032	28347	88019
鸡 西	Jixi	22709	106432	43346	16159	13111	4787	9289
鹤 岗	Hegang	4017	79952	36128	12101	8482	7121	8424
双鸭山	Shuangyashan	17835	119737	55272	17961	11183	6896	19232
大 庆	Daqing	35403	300792	111360	48625	17981	9468	35286
伊 春	Yichun	6025	55167	19570	5589	6600	2534	4847
佳木斯	Jiamusi	40798	398292	185550	70726	47644	27305	39875
七台河	Qitaihe	6864	62449	14473	7759	3450	1087	2177
牡丹江	Mudanjiang	39530	170417	76107	25431	11028	9147	30501
黑 河	Heihe	16360	238443	117225	26077	39934	13126	38088
绥 化	Suihua	115461	789261	311028	105018	70995	38615	96400
大兴安岭	Daxinganling	1394	16363	8501	3411	2234	1035	1821
农垦总局	ARB	43809	1006176	483542	185013	128202	90894	79433

11-8 各地区除涝、治碱面积和农田水利情况 (2010年)

FLOOD PREVENTION,IMPROVEMENT OF SALINE-ALKALINE LADN AND WATER CONSERVANCY FACILITIES BY REGION (2010)

地 区	Region	水库数（座）Number of Reservoirs (unit)	水库库容量（万立方米）Capacity of Reservoirs (10000 cu.m)	除涝面积（万公顷）Area with Flood Prevention Measures (10000 hectares)	除涝面积占易涝面积(%) Percentage of Area with Flood Prevention Measures (%)	治碱面积（万公顷）Improved Area of Saline-Alkaline Land (10000 hectares)	治碱面积占盐碱地面积(%) Percentage of Improved Area of Saline-Alkaline Land (%)
全 省	**Total**	913	1787011	333.5	74.7	19.7	34.0
哈尔滨	Harbin	200	237918	32.3	80.2	2.6	67.1
齐齐哈尔	Qiqihar	130	109262	30.9	68.3	1.7	17.0
鸡 西	Jixi	53	81514	4.1	56.8		
鹤 岗	Hegang	15	10733	9.4	80.7		
双鸭山	Shuangyashan	9	12480	13.9	70.8		
大 庆	Daqing	24	83126	11.7	66.9	4.4	30.6
伊 春	Yichun	24	6529	2.7	77.3		
佳木斯	Jiamusi	40	25398	24.2	50.0		
七台河	Qitaihe	18	8830	2.2	61.8		
牡丹江	Mudanjiang	43	40340	4.2	60.4		
黑 河	Heihe	53	244165	7.0	46.1		
绥 化	Suihua	100	82845	42.0	82.0	10.7	42.4
大兴安岭	Daxinganling	5	15985	1.1	60.9		
农垦总局	ARB	190	112018	142.1	85.2	0.3	9.1
省 直	Directly under Province	9	715868	5.7	75.3		

11-9 农村居民家庭人均期末生产性固定资产原值

ORIGINAL VALUE OF PRODUCTIVE FIXED ASSETS OF RURAL HOUSEHOLDS AT YEAR-END

单位：元 (yuan)

项 目	Item	2008	2009	2010
生产性固定资产原值	Possession of Major Productive Fixed Assets	4588.4	4776.3	5239.2
农 业	Agriculture	3491.0	3493.4	3905.1
林 业	Forestry	1.2	2.3	2.3
牧 业	Animal Husbandry	814.7	782.9	848.9
渔 业	Fishery	2.8	3.8	3.8
采矿业	Mining and Quarrying	2.5		
制造业	Manufacturing	14.1	90.2	90.7
电力煤气与水的生产及供应	Production and Supply of Electric Power, Gas and Water			
建筑业	Construction	11.5	11.7	12.4
交通运输业、仓储和邮政业	Transport, Storage and Post	186.3	317.5	300.4
批发和零售贸易业	Wholesale and Retail Trade	45.0	34.6	55.0
住宿和餐饮业	Hotels and Catering Services	0.2	16.7	6.6
居民服务与其他服务业	Services to Households and Other Services	11.6	11.5	11.6
教 育	Education			
卫生、社会保障和福利业	Health, Social Security and Social Welfare	2.2	2.3	2.3
文化、体育和娱乐业	Culture, Sports and Entertainment			
其 他	Others	5.3	9.4	0.1

11-10 农村居民家庭每百户主要生产性固定资产拥有量

POSSESSION OF MAJOR PRODUCTIVE FIXED ASSETS PER 100 RURAL HOUSEHOLDS AT YEAR-END

项 目	Item	2008	2009	2010
房屋及建筑物(平方米)	Housing and Building (sq m)	3077.4	3005.2	2996.1
汽 车(辆)	Motor Vehicles (set)	0.9	1.5	2.3
大中型拖拉机(台)	Large and Medium Tractors (set)	17.7	17.9	18.3
小型和手扶拖拉机(台)	Small and Walking Tractor (set)	47.1	53.1	51.3
动力三轮车辆(台)	Dynamic Three Vehicles (set)	3.1	2.9	3.3
机动脱粒机(台)	Motorized Threshing Machines (set)	3.4	3.8	3.9
收割机(台)	Harvester (set)	2.3	3.2	3.5
农用动力机械(台)	Agricultural Power Machinery (set)	9.6	9.8	10.1
胶轮大车(架)	Rubber Wheel Cart (rack)	3.2	3.8	3.8
水 泵(台)	Pumps (unit)	24.8	26.9	29.7
役 畜(头)	Draught Animals (head)	13.5	11.7	10.1
产品畜(头)	Commodity Animals (head)	82.3	45.1	52.3

11-11 按农村居民家庭人均纯收入等级分组期末生产性固定资产原值(2010年)

ORIGINAL VALUE OF PRODUCTIVE FIXED ASSETS OF RURAL HOUSEHOLDS AT YEAR-END (2010,BY LEVEL OF NET INCOME)

单位：元　　　　(yuan)

项　目	Item	总平均 Average	最　低 收入户 Lowest Income Households	中等偏下 收入户 Lower Middle Income Households
生产性固定资产原值	**Possession of Major Productive Fixed Assets**	**5239.2**	**4871.3**	**4848.2**
农　业	Agriculture	3905.1	3485.6	3912.9
林　业	Forestry	2.3		6.0
牧　业	Animal Husbandry	848.9	1134.6	785.3
渔　业	Fishery	3.8	6.1	8.6
采矿业	Mining and Quarrying			
制造业	Manufacturing	90.7	31.3	
电力煤气与水的生产及供应	Production and Supply of Electric Power, Gas and Water			
建筑业	Construction	12.4		
交通运输业、仓储和邮政业	Transport, Storage and Post	300.4	197.7	126.5
批发和零售贸易业	Wholesale and Retail Trade	55.0	10.2	3.0
住宿和餐饮业	Hotels and Catering Services	6.6	5.8	
居民服务与其他服务业	Services to Households and Other Services	11.6		6.0
教育	Education			
卫生、社会保障和福利业	Health, Social Security and Social Welfare	2.3		
文化、体育和娱乐业	Culture, Sports and Entertainment			
其　他	Others	0.1		

11-11 续 表　CONTINUED

单位：元　　　　(yuan)

项　目	Item	中　等 收入户 Middle Income Households	中等偏上 收 入 户 Upper Middle Income Households	最　高 收入户 Highest Income Households
生产性固定资产原值	**Possession of Major Productive Fixed Assets**	**3843.9**	**4885.9**	**8263.2**
农　业	Agriculture	3066.2	4057.0	5256.2
林　业	Forestry		2.6	3.0
牧　业	Animal Husbandry	641.6	589.1	1106.1
渔　业	Fishery		3.3	
采矿业	Mining and Quarrying			
制造业	Manufacturing	1.3	39.3	445.8
电力煤气与水的生产及供应	Production and Supply of Electric Power, Gas and Water			
建筑业	Construction	3.1		68.8
交通运输业、仓储和邮政业	Transport, Storage and Post	78.9	86.7	1157.7
批发和零售贸易业	Wholesale and Retail Trade	6.9	74.8	212.2
住宿和餐饮业	Hotels and Catering Services		27.5	
居民服务与其他服务业	Services to Households and Other Services	45.9	5.2	
教育	Education			
卫生、社会保障和福利业	Health, Social Security and Social Welfare			13.5
文化、体育和娱乐业	Culture, Sports and Entertainment			
其　他	Others		0.3	

11-12 按农村居民家庭人均纯收入等级分组每百户主要生产性固定资产拥有量(2010年)

POSSESSION OF MAJOR PRODUCTIVE FIXED ASSETS PER 100 RURAL HOUSEHOLDS (2010,BY LEVEL OF NET INCOME)

单位：元　(yuan)

项　目	Item	总平均 Average	最低收入户 Lowest Income Households	中等偏下收入户 Lower Middle Income Households
房屋及建筑物(平方米)	Housing and Building (sq m)	2996.1	3261.8	3101.3
汽　车(辆)	Motor Vehicles (unit)	2.3	1.1	2.0
大中型拖拉机(台)	Large and Medium Tractors (unit)	18.3	14.7	15.6
小型和手扶拖拉机(台)	Small and Walking Tractor (unit)	51.3	47.7	54.9
动力三轮车辆(台)	Dynamic Three Vehicles (unit)	3.3	2.7	2.5
机动脱粒机(台)	Motorized Thresher (unit)	3.9	5.6	3.6
收割机(台)	Harvester (unit)	3.5	4.0	6.0
农用动力机械(台)	Agricultural Power Machinery (unit)	10.1	6.9	10.5
胶轮大车(架)	Rubber Wheel Cart (rack)	3.8	3.8	3.6
水　泵(台)	Pump(unit)	29.7	28.3	25.9
役　畜(头)	Draft Animals (head)	10.1	8.0	12.1
产品畜(头)	Product Livestock (head)	52.3	75.9	32.4

11-12 续 表　CONTINUED

单位：元　(yuan)

项　目	Item	中等收入户 Middle Income Households	中等偏上收入户 Upper Middle Income Households	最高收入户 Highest Income Households
房屋及建筑物(平方米)	Housing and Building (sq m)	2372.2	2914.7	3330.6
汽　车(辆)	Motor Vehicles (unit)	0.9	2.2	5.4
大中型拖拉机(台)	Large and Medium Tractors (unit)	17.9	20.8	22.8
小型和手扶拖拉机(台)	Small and Walking Tractor (unit)	47.7	54.5	51.7
动力三轮车辆(台)	Dynamic Three Vehicles (unit)	3.1	4.2	4.0
机动脱粒机(台)	Motorized Thresher (unit)	5.4	3.1	1.8
收割机(台)	Harvester (unit)	1.6	2.7	3.5
农用动力机械(台)	Agricultural Power Machinery (unit)	10.9	9.2	13.2
胶轮大车(架)	Rubber Wheel Cart (rack)	4.7	2.7	4.2
水　泵(台)	Pump(unit)	30.0	31.1	33.0
役　畜(头)	Draft Animals (head)	14.7	7.1	8.5
产品畜(头)	Product Livestock (head)	38.8	33.5	80.8

11-13 主要农作物播种面积

SOWN AREAS OF MAJOR FARM CROPS

单位：万公顷、公顷 (10000 hectares,hectare)

年份 Year 地区 Region	农作物总播种面积 Total Sown Areas of Farm Crops	粮食作物播种面积 Total Sown Areas of Grain crops	谷物 Cereal	#水稻 Rice	#小麦 Wheat	#玉米 Corn	#谷子 Millet	#高粱 Jowar
1980	872.4	731.8		21.0	210.5	188.4	76.9	27.1
1981	872.7	728.2		22.4	219.0	157.7	76.9	29.5
1982	847.9	708.9		23.9	190.4	136.3	72.3	29.0
1983	860.7	723.5		24.6	209.6	164.2	74.8	31.4
1984	862.2	735.5		27.8	198.0	192.0	63.3	29.3
1985	858.2	721.6		39.0	203.8	157.7	49.3	14.5
1986	846.3	571.5		50.7	196.9	168.9	41.0	17.5
1987	851.5	741.2		58.1	158.7	197.6	30.8	17.3
1988	823.3	688.6		55.3	123.9	182.8	24.5	17.2
1989	845.3	726.2		60.4	168.2	190.4	21.3	17.5
1990	855.9	742.0		67.4	178.1	216.9	17.5	15.9
1991	861.5	742.7	507.0	74.7	173.7	223.0	14.0	13.6
1992	848.0	734.8	491.3	77.8	161.5	216.6	13.2	14.1
1993	864.7	755.8	425.1	73.6	133.7	177.7	12.6	16.6
1994	867.0	750.1	433.1	74.8	119.5	196.4	10.8	16.2
1995	864.7	750.0	467.6	83.5	111.6	241.1	8.8	13.4
1996	888.4	779.6	534.0	110.9	123.7	266.6	7.3	17.1
1997	903.5	799.5	529.9	139.7	107.4	254.5	6.7	13.5
1998	919.4	808.3	526.8	156.3	95.9	248.6	7.0	11.7
1999	926.2	809.9	549.1	161.5	95.3	265.2	7.1	12.4
2000	932.9	785.2	427.9	160.6	59.0	180.1	8.2	11.6
2001	941.2	795.7	434.9	157.7	38.3	211.0	7.0	11.0
2002	940.0	783.3	439.4	157.1	24.5	223.7	7.4	11.6
2003	955.1	786.3	381.4	129.5	21.4	203.5	5.6	9.2
2004	964.7	821.6	423.3	167.5	24.7	214.2	4.1	6.3
2005	1132.2	988.9	503.3	185.0	25.9	273.0	4.2	7.9
2006	1167.8	1052.6	577.2	199.2	24.4	330.5	3.5	7.3
2007	1189.9	1082.1	650.6	225.3	23.3	388.4	2.9	4.9
2008	1208.7	1098.8	649.3	245.2	26.6	364.7	2.5	5.1
2009	1387.1	1313.3	788.4	263.6	33.7	485.4	1.5	3.3
2010	1425.0	1354.9	863.3	297.5	37.8	523.2	1.4	2.9
哈尔滨 Harbin	1983488	1900348	1485021	486504		995038	2027	991
齐齐哈尔 Qiqihar	2287338	2144927	1182221	199240	5294	963535	3767	9306
鸡西 Jixi	476164	459201	288573	151292	104	137019	111	27
鹤岗 Hegang	194295	190326	129021	67037	50	61917		17
双鸭山 Shuangyashan	419130	390001	247944	47576	125	200243		
大庆 Daqing	724415	654348	582684	64714	381	495983	4603	16348
伊春 Yichun	240693	228168	67955	32312	1094	34528		
佳木斯 Jiamusi	1255495	1201016	610594	296815	35	312396	333	548
七台河 Qitaihe	175181	161013	88016	17774	50	70058	20	61
牡丹江 Mudanjiang	588192	498116	245050	45125	1199	198569	52	85
黑河 Heihe	1141542	1114964	278964	9809	202374	64778		
绥化 Suihua	1785166	1736013	1354024	274447	2071	1072922	2618	1306
大兴安岭 Daxinganling	174466	167019	53761		52566	1149		
农垦总局 ARB	2801189	2702869	2017606	1282393	112860	621620	128	560

注:2006、2007年数据是与第二次农业普查衔接后数据。

Note:Data from 2006 to 2007 on national accounts have been adjusted according to the results of the second national agricultural census.

11-13 续表1 CONTINUED

单位：万公顷、公顷 (10000 hectares, hectare)

年份 地区	Year Region	豆类 Soybean	#大豆 Soja	薯类 Tuber	油料 Oil-bearing Crops	#油菜籽 Rapeseeds	#葵花籽 Helianthus	#白瓜籽 Pumpkin Seeds	甜菜 Beetsroots
1980		173.6	163.0	23.7	24.4	0.4	19.2		24.3
1981		190.4	180.0	21.9	31.5	0.2	26.7		23.4
1982		224.0	213.6	22.6	26.5	0.7	21.7		24.4
1983		181.1	169.3	26.1	22.5	0.8	19.0		33.7
1984		182.1	179.5	23.5	22.4	0.9	20.7		30.5
1985		226.0	216.7	22.2	39.2	2.0	33.8		29.2
1986		220.7	219.7	20.9	18.3	3.0	13.8		30.6
1987		240.9	240.0	21.4	16.9	5.4	10.6		26.3
1988		244.9	242.9	24.7	16.5	8.1	7.4		42.7
1989		229.1	226.4	23.3	13.4	5.8	6.2		31.4
1990		216.2	207.9	21.8	14.2	6.6	6.5		35.8
1991		215.4	209.4	20.3	13.7	6.5	6.5		41.6
1992		221.2	216.0	22.3	18.3	9.8	7.4		33.2
1993		307.2	297.9	23.5	15.5	6.6	7.3		28.4
1994		294.8	279.6	22.2	17.4	5.5	7.4		34.4
1995		258.9	251.3	23.5	14.7	4.5	6.8		32.8
1996		221.9	216.1	23.7	12.8	3.1	7.6		29.1
1997		245.4	239.4	24.2	14.2	2.1	8.8		25.1
1998		254.7	246.0	26.8	20.9	3.4	11.2		23.1
1999		229.2	215.3	31.6	29.3	7.2	13.9		12.4
2000		317.8	286.8	39.5	36.3	8.0	18.3		14.6
2001		319.6	287.4	41.2	30.2	1.3	18.0		18.2
2002		300.6	263.1	43.3	37.4	0.4	23.4	10.7	19.9
2003		366.1	324.2	38.8	46.3	0.2	25.7	15.1	11.9
2004		367.4	340.1	30.9	41.1	0.3	17.1	13.0	7.6
2005		452.4	421.5	33.2	41.0	0.2	20.7	16.0	8.0
2006		454.8	424.6	20.3	33.9	0.1	20.3	10.0	5.8
2007		409.9	380.9	21.5	27.7	0.1	14.1	10.0	7.9
2008		419.8	397.2	29.1	21.9	0.4	10.7	6.9	9.0
2009		502.9	486.3	22.0	20.3	0.2	8.7	7.9	6.4
2010		467.5	447.9	24.0	16.7	0.1	5.7	8.6	7.8
哈尔滨	Harbin	391521	386813	23806	4511	620	1572	1724	504
齐齐哈尔	Qiqihar	885152	839234	77554	51301		32459	7669	40089
鸡西	Jixi	170002	166064	626	7777		247	7488	55
鹤岗	Hegang	60610	59618	695	437		67	340	63
双鸭山	Shuangyashan	139741	137252	2316	13261		873	12388	3130
大庆	Daqing	64724	49258	6940	13403		4194		2217
伊春	Yichun	159070	158781	1143	728		22	706	33
佳木斯	Jiamusi	574069	557435	16353	15026		1371	13637	5290
七台河	Qitaihe	70540	69116	2457	4756		375	4367	20
牡丹江	Mudanjiang	246262	243420	6804	37503		10524	26882	2356
黑河	Heihe	802294	745925	33706	478	200	243	35	1333
绥化	Suihua	346599	340025	35390	3440		3410	30	10386
大兴安岭	Daxinganling	106888	103384	6370	180		180		
农垦总局	ARB	658930	624125	26333	14543		1293	10852	12375

11-13 续表2 CONTINUED

单位：万公顷、公顷 (10000 hectares, hectare)

年份 地区 Year Region	麻类 Fiber Crops	#亚麻 Flax	药材 Herb	烟叶 Tobacco	#烤烟 Flue-cured	蔬菜、食用菌 Vegetables Mushroom	瓜果类 Melon	饲料作物 Feed Crops
1980	13.7	8.9		1.0		33.0	6.6	
1981	11.4	8.0			1.7	29.5	7.8	
1982	7.8	5.3			4.0	31.0	5.8	
1983	6.2	5.3		3.2	2.8	29.6	6.0	
1984	7.1	6.5		3.4	3.1	27.3	5.9	
1985	7.8	7.4		5.0	4.3	24.9	7.7	
1986	8.2	7.9		5.0	4.2	25.1	7.7	
1987	12.3	12.1		5.9	5.1	22.8	7.6	
1988	14.1	13.9		8.3	7.6	24.8	7.1	
1989	8.9	8.8		13.8	13.0	24.5	7.6	
1990	8.2	8.1		12.5	11.6	23.0	3.4	
1991	9.8	9.7		13.2	12.3	21.8	3.1	
1992	7.1	7.0		9.7	9.2	23.4	3.8	
1993	6.5	6.4		8.4	7.8	26.3	5.0	
1994	8.3	8.2		7.1	6.6	26.3	5.0	
1995	10.1	10.0		6.8	6.5	29.3	5.0	
1996	8.5	8.4		10.2	9.8	29.4	5.0	
1997	5.5	5.4		10.8	10.3	29.9	6.0	
1998	3.6	3.5		5.9	5.4	35.4	7.8	
1999	5.0	4.9		6.4	6.1	44.6	8.2	
2000	9.5	8.8		4.9	4.5	44.6	12.6	
2001	12.9	12.4		4.6	4.1	42.7	13.0	
2002	10.3	10.1	2.4	4.5	4.0	43.2	14.1	14.9
2003	11.3	11.1	3.3	3.7	3.3	40.0	13.4	29.7
2004	9.8	8.9	3.5	3.2	2.8	29.2	9.5	29.9
2005	8.5	8.2	4.8	4.2	4.0	33.3	11.0	22.6
2006	5.6	4.8	2.6	1.9	1.7	31.3	12.2	23.4
2007	5.1	4.1	5.5	3.2	2.8	29.1	10.6	18.9
2008	4.1	3.6	5.2	3.3	3.3	28.8	10.1	19.4
2009	1.2	1.1	3.1	3.7	3.2	18.8	7.4	10.3
2010	0.5	0.5	3.7	3.7	3.2	18.4	6.9	8.4
哈尔滨 Harbin			4737	4037	3702	43266	13828	3419
齐齐哈尔 Qiqihar	3		3	356	4	21629	6295	17969
鸡西 Jixi			80	2200	1970	3464	1029	1532
鹤岗 Hegang			344	569	569	1878	304	50
双鸭山 Shuangyashan			174	2602	2602	5553	3869	210
大庆 Daqing	100	100	5138	1823	1823	15881	11901	18368
伊春 Yichun			3233			7282	591	297
佳木斯 Jiamusi			1046	4376	3960	19199	6413	1433
七台河 Qitaihe			228	2802	2702	3048	1352	270
牡丹江 Mudanjiang	180	180	2022	12738	9914	17158	5900	1082
黑河 Heihe	1905	1905	8142	74		9063	3281	782
绥化 Suihua	1946	1813	244	5580	5384	17234	7725	919
大兴安岭 Daxinganling			2801			3362	347	458
农垦总局 ARB	1250	1250	8470	239	239	6808	7057	37507

11-14 主要农产品产量

YIELD OF MAJOR FARM CROPS

单位：万吨、吨 (10000 tons, tons)

年份 地区	Year Region	粮食 Grain	谷物 Cereal	#水稻 Rice	#小麦 Wheat	#玉米 Corn	#谷子 Millet	#高粱 Jowar
1980		1462.4	1085.9	79.6	394.6	520.0	103.6	63.1
1981		1250.0	969.7	55.7	314.1	455.0	99.7	64.9
1982		1150.0	819.2	70.9	268.2	352.6	87.6	54.2
1983		1549.0	1228.8	91.5	451.0	463.5	125.7	76.9
1984		1757.5	1402.0	124.0	382.5	642.0	115.5	100.5
1985		1405.0	1035.6	162.9	376.8	386.8	63.2	34.0
1986		1776.3	1169.5	220.8	355.9	632.0	60.1	55.1
1987		1737.6	1373.3	225.7	299.8	646.1	40.2	48.0
1988		1768.0	1282.1	243.5	250.4	700.6	35.5	55.2
1989		1668.9	1292.2	231.7	367.3	615.2	22.7	43.8
1990		2312.5	1901.0	314.4	474.8	1008.3	31.3	53.3
1991		2164.3	1789.6	316.2	381.1	1007.5	23.7	45.8
1992		2366.3	1936.6	376.6	424.8	1042.8	24.3	51.4
1993		2390.8	1799.5	388.3	340.0	956.6	27.2	73.3
1994		2578.7	1971.3	410.4	275.3	1146.4	24.3	86.4
1995		2592.5	2062.8	469.9	293.4	1219.1	20.9	47.9
1996		3046.5	2512.4	636.0	329.5	1445.0	21.5	65.5
1997		3104.5	2434.9	860.9	328.4	1165.9	14.4	48.3
1998		3008.5	2483.4	925.8	285.2	1199.7	9.0	51.7
1999		3074.6	2524.8	944.3	284.2	1228.4	13.6	39.6
2000		2545.5	1974.1	1042.2	95.8	790.8	8.7	26.0
2001		2651.7	1989.1	1016.3	93.8	819.5	10.3	28.5
2002		2941.2	2195.5	921.0	89.4	1070.5	16.2	52.3
2003		2512.3	1792.0	842.8	39.7	830.9	12.9	39.8
2004		3135.0	2302.5	1120.0	83.0	1050.0	8.6	24.7
2005		3600.0	2714.0	1172.5	97.0	1379.5	7.4	25.6
2006		3780.0	2986.7	1360.0	93.0	1453.5	7.3	24.5
2007		3965.5	3349.3	1658.5	77.0	1568.5	4.9	15.9
2008		4225.0	3502.0	1518.0	89.5	1822.0	5.0	17.0
2009		4353.0	3641.7	1574.5	116.3	1920.2	4.5	21.6
2010		5012.8	4284.8	1843.9	92.5	2324.4	4.1	17.8
哈尔滨	Harbin	14493875	13339905	4301730		9021207	8018	6799
齐齐哈尔	Qiqihar	9879469	7675936	1339964	18765	6248741	9810	56206
鸡西	Jixi	2554994	2160161	1174624	218	984582	451	202
鹤岗	Hegang	785821	702378	372155	116	330045		62
双鸭山	Shuangyashan	2268475	1963190	360055	379	1602756		
大庆	Daqing	5057278	4895002	588525	748	4161752	13640	129114
伊春	Yichun	803147	465657	259997	2225	203394		
佳木斯	Jiamusi	5755961	4582823	2231382	146	2345271	1265	3331
七台河	Qitaihe	722106	557435	136138	150	420599	92	250
牡丹江	Mudanjiang	2545312	1917975	353763	3303	1560207	195	447
黑河	Heihe	2634362	965962	52846	668651	236454		
绥化	Suihua	13456914	12436318	2459004	9407	9941024	14034	9413
大兴安岭	Daxinganling	420782	148872		142151	6680		
农垦总局	ARB	18179839	16330285	10943942	565399	4816312	726	3656

注：因资料来源不同，粮食产量地区汇总数不等于全省数。

Note: The data of grain by region unequal to that by province, for the sources of data are difference.

11-14 续表1 CONTINUED

单位：万吨、吨 (10000 tons, tons)

年份 Year 地区 Region	豆类 Soybean	#大豆 Mung Bean	薯类 Tuber	油料 Oil-bearing Crops	#油菜籽 Rapeseeds	#葵花籽 Helianthus	#白瓜籽 Pumpkin Seeds
1980	325.5	220.5	51.0	23.9		22.6	
1981	235.4	188.3	44.9	37.4		40.0	
1982	330.8	245.5	43.3	34.4		41.3	
1983	258.7	238.5	61.5	32.2		28.9	
1984	293.0	290.5	62.5	26.0		24.6	
1985	325.6	313.7	43.8	28.4		25.2	
1986	306.0	378.0	47.5	19.0		16.4	
1987	397.1	383.5	67.2	12.6		6.5	
1988	285.7	384.4	71.0	13.0		7.0	
1989	303.3	291.8	73.4	13.1		6.5	
1990	337.4	325.8	74.1	17.2	7.0	8.1	
1991	317.4	309.8	57.3	15.2	7.0	6.6	
1992	354.0	349.1	75.7	21.9	9.9	10.3	
1993	505.3	491.5	86.0	16.1	4.3	9.5	
1994	532.8	513.6	74.6	15.6	4.0	9.4	
1995	448.2	438.8	81.5	20.1	5.3	9.0	
1996	435.6	413.5	98.5	16.8	3.3	10.5	
1997	588.7	576.2	80.9	18.2	2.9	11.6	
1998	458.6	444.6	66.5	16.9	3.2	7.6	
1999	474.1	446.6	75.7	39.3	7.7	22.6	
2000	489.6	450.1	81.8	43.8	6.8	26.0	
2001	537.5	496.2	125.1	36.3	1.5	20.8	
2002	610.7	556.3	135.0	52.8	0.5	36.8	10.9
2003	616.1	560.8	104.1	44.7	0.3	21.0	15.2
2004	727.5	675.0	105.0	46.0	0.4	24.2	15.1
2005	800.7	748.0	85.3	60.6	0.3	33.2	20.0
2006	689.3	652.5	104.0	63.1	0.1	32.1	23.6
2007	527.3	491.0	89.0	50.1	0.1	24.4	18.3
2008	667.0	620.5	56.5	28.5	0.1	12.8	9.5
2009	618.5	591.9	92.9	28.2	0.3	11.8	9.8
2010	601.9	585.0	126.2	27.5	0.2	10.5	11.2
哈尔滨 Harbin	996583	986734	157387	11598	1566	3874	4383
齐齐哈尔 Qiqihar	1811971	1730593	391562	87756		56840	5074
鸡西 Jixi	390733	383242	4100	7083		417	6599
鹤岗 Hegang	80300	79091	3143	602		139	403
双鸭山 Shuangyashan	295756	289956	9529	18790		2031	16759
大庆 Daqing	124683	107597	37593	30844		9077	
伊春 Yichun	329031	328430	8459	1122		29	1093
佳木斯 Jiamusi	1088407	1050332	84731	19697		2907	16765
七台河 Qitaihe	156527	154014	8144	7794		801	6971
牡丹江 Mudanjiang	588404	582888	38933	60949		19924	40680
黑河 Heihe	1522344	1416745	146056	817	280	479	58
绥化 Suihua	812607	801727	207989	5679		5644	35
大兴安岭 Daxinganling	242798	235817	29112	280		280	
农垦总局 ARB	1710548	1622101	139006	22313		2428	13053

11-14 续表2 CONTINUED

单位：万吨、吨 (10000 tons, tons)

年 份 地 区	Year Region	麻 类 Fiber Crops	#亚麻 Flax	甜 菜 Beetsroots	烟 叶 Tobacco	#烤烟 Flue-cured Tobacco	蔬菜、食用菌 Vegetables Mushroom	瓜果类 Melon
1980		19.0	17.5	287.6	2.8	2.2	523.6	
1981		19.2	18.3	312.7	4.4	3.4		
1982		6.5	5.9	274.3	8.0	6.9		
1983		13.5	13.1	515.2	5.7	4.4		
1984		19.0	18.6	422.8	7.1	6.1		
1985		15.0	14.8	315.2	8.9	7.0	485.1	
1986		20.7	20.4	389.8	10.5	8.1	585.0	
1987		31.2	31.1	330.4	10.4	8.8	463.9	
1988		35.4	35.5	555.1	14.0	12.4	526.5	
1989		22.4	22.3	397.5	23.1	12.4	526.1	
1990		22.4	22.3	632.0	21.9	19.3	563.7	76.5
1991		26.8	26.7	620.3	18.5	16.8	484.0	46.5
1992		19.6	19.5	539.8	13.6	12.6	578.1	72.4
1993		17.2	17.0	298.7	13.1	11.6	672.3	94.9
1994		21.7	21.7	322.7	10.0	8.9	679.6	104.0
1995		32.2	32.0	500.8	11.2	10.1	883.6	126.6
1996		23.7	23.6	491.9	18.1	16.9	916.7	129.1
1997		13.3	13.1	447.7	17.5	16.3	990.0	158.7
1998		9.1	9.0	310.2	9.4	8.3	998.5	160.0
1999		14.8	14.6	203.6	11.2	10.3	1187.3	221.9
2000		18.7	18.0	254.8	9.6	8.1	1325.6	319.4
2001		29.8	28.1	329.8	8.4	7.3	1250.2	335.9
2002		36.2	35.7	437.6	7.4	6.3	1324.7	353.2
2003		28.3	26.7	71.4	4.6	4.5	1198.3	316.5
2004		39.3	31.0	96.0	5.6	5.6	1061.6	273.1
2005		36.1	34.5	155.0	7.4	7.4	1153.5	306.4
2006		29.4	20.5	205.0	5.6	5.6	1135.6	366.6
2007		18.0	15.4	237.2	6.9	6.9	1058.5	321.5
2008		16.5	15.0	260.0	7.8	7.8	1057.9	308.2
2009		4.5	4.4	110.0	8.3	7.3	701.2	218.3
2010		2.2	2.2	175.0	9.6	8.5	723.8	233.0
哈尔滨	Harbin			12523	11639	10436	1508462	386494
齐齐哈尔	Qiqihar	14		1260233	677	24	923601	246752
鸡 西	Jixi			1340	4634	4083	165149	22989
鹤 岗	Hegang			2586	1212	1212	56514	9956
双鸭山	Shuangyashan			101381	6111	6111	231967	109974
大 庆	Daqing	285	285	69260	6475	6475	730023	418086
伊 春	Yichun			1000			316765	11137
佳木斯	Jiamusi			190590	9779	8982	577464	220905
七台河	Qitaihe			768	5629	5629	124856	33184
牡丹江	Mudanjiang	630	630	100683	33662	26639	1011486	161809
黑 河	Heihe	8573	8573	31944	135		304003	111113
绥 化	Suihua	6982	6982	350649	15033	14537	787356	265924
大兴安岭	Daxinganling						174049	9112
农垦总局	ARB	5258	5258	533580	817	817	326573	322631

11-15 主要农产品单位面积产量
YIELD OF MAJOR FARM CROPS PER HECTARE

单位：千克/公顷 (kg/hectare)

年份 地区	Year Region	粮食 Grain	水稻 Rice	小麦 Wheat	玉米 Corn	大豆 Soybean	薯类 Tuber	亚麻 Flax	甜菜 Beetsroots	烤烟 Flue-cured Tobacco
	1980	1998	3803	1868	2768	1350	2160	1980	11813	2678
	1981	1717	2498	1440	2453	1058	2048	2273	13343	2003
	1982	1622	2970	1418	2183	1148	1913		11228	1755
	1983	2141	3713	2138	2835	1418	2363	2475	15278	1598
	1984	2390	4478	1935	2533	1620	2655	1148	13860	2025
	1985	1947	4185	1845	2610	1463	1980	2003	10800	1598
	1986	3108	4343	1823	3758	1733	2273	2565	12713	1913
	1987	2344	3893	1890	3780	1598	3128	2588	12578	1733
	1988	2568	4410	2025	3848	1643	2880	2543	13028	1643
	1989	2298	3825	2183	3218	1283	3150	2543	12668	1643
	1990	3117	4658	2678	4658	1575	3398	2745	17663	1665
	1991	2914	4230	2183	4523	1485	2835	2768	14918	1373
	1992	3220	4838	2631	4815	1616	3690	2790	16268	1373
	1993	3163	5279	2543	5384	1650	3646	2676	10512	1500
	1994	3438	5485	2304	5836	1837	3679	2634	9390	1354
	1995	3457	5626	2628	5056	1746	3468	3205	15246	1567
	1996	3908	5739	2665	5421	1914	4155	3557	16922	1735
	1997	3883	6163	3075	4581	2408	3345	2447	17808	1583
	1998	3722	5909	2967	4823	1808	2479	2558	13450	1550
	1999	3796	5851	2982	4632	2074	2396	3013	16421	1696
	2000	3242	6489	1623	4390	1569	2071	2039	17482	1810
	2001	3333	6444	2450	3884	1726	3039	2262	18112	1769
	2002	3755	5861	3643	4785	2115	3116	3516	21999	1585
	2003	3195	6510	1854	4083	1730	2685	2416	6011	1379
	2004	3816	6687	3360	4902	1985	3398	3478	12710	2019
	2005	3640	6338	3744	5053	1775	2567	4190	19264	1850
	2006	3714	6511	3750	4908	1657	3128	4852	18457	2201
	2007	3790	7020	3244	4508	1390	2555	3734	26359	2429
	2008	3845	6191	3365	4496	1562	1942	4167	28889	2364
	2009	3821	6313	3969	4685	1477	4220	3915	17222	2265
	2010	4376	6659	3303	5321	1649	5163	4138	22476	2622
哈尔滨	Harbin	7627	8842		9066	2551	6611		24847	2819
齐齐哈尔	Qiqihar	4606	6725	3545	6485	2062	5049		31436	6000
鸡西	Jixi	5564	7764	2096	7186	2308	6550		24364	2073
鹤岗	Hegang	4129	5551	2320	5330	1327	4522		41048	2130
双鸭山	Shuangyashan	5817	7568	3032	8004	2113	4114		32390	2349
大庆	Daqing	7729	9094	1963	8391	2184	5417	2850	31240	3552
伊春	Yichun	3520	8046	2034	5891	2068	7401		30303	
佳木斯	Jiamusi	4793	7518	4171	7507	1884	5181		36028	2268
七台河	Qitaihe	4485	7659	3000	6004	2228	3315		38400	2083
牡丹江	Mudanjiang	5110	7840	2755	7857	2395	5722	3500	42735	2687
黑河	Heihe	2363	5388	3304	3650	1899	4333	4500	23964	
绥化	Suihua	7752	8960	4542	9265	2358	5877	3851	33762	2700
大兴安岭	Daxinganling	2519		2704	5814	2281	4570			
农垦总局	ARB	6726	8534	5010	7748	2599	5279	4206	43118	3418

注:全省粮食、水稻、小麦、玉米和大豆的单位面积产量为国家统计局黑龙江调查总队抽样调查数。

Note:The per hectare yield of grain , rice , wheet , corn and . soybeen come from Survey Organization of Hei Long Jiang of NBS .

11–16 水果生产情况

YIELD OF FRUITS

年 份 Year 地 区 Region	果园面积（公顷）Area of Orchards (hectare)				水果产量（吨）Yield of Fruits (ton)			
	总 计 Total	#苹果 Apples	#梨 Pears	#葡萄 Grapes	总计 Total	#苹果 Apples	#梨 Pears	#葡萄 Grapes
2001	40666	25198	5269	1643	212484	109689	27965	10513
2002	48719	28826	6809	1587	319708	183067	44863	14506
2003	41443	18366	5709	2099	401839	169115	35379	19122
2004	39500	16077	5379	1627	424322	160003	45079	27404
2005	39488	15488	5345	1708	461974	177432	48422	20720
2006	37593	13334	4919	1632	471209	159759	49124	22728
2007	40901	13166	5128	1781	517659	150534	46524	21847
2008	40960	11950	5250	2730	593539	138330	47078	45062
2009	35340	12000	4230	2480	493241	140670	41164	42206
2010	36153	11419	4836	2991	466371	117019	37648	56732
哈 尔 滨 Harbin	8519	927	619	776	115860	11018	5145	10968
齐齐哈尔 Qiqihar	3118	283	79	370	23551	3139	1102	4626
鸡 西 Jixi	2898	1017	488	130	73375	19828	12026	1199
鹤 岗 Hegang	33	27		2	1250	990		90
双 鸭 山 Shuangyashan	1746	441	133	56	11883	2489	736	1195
大 庆 Daqing	3100	118		1165	67259	3702		28540
伊 春 Yichun	228	1		2	3072	118	100	220
佳 木 斯 Jiamusi	855	105	81	30	8422	1781	1209	273
七 台 河 Qitaihe	362	190	80	27	4285	2784	1101	141
牡 丹 江 Mudanjiang	11185	6186	3313	179	85459	54153	15681	906
黑 河 Heihe	1				20			
绥 化 Suihua	1232	25		170	36556	374		7799
大兴安岭 Daxinganling	347				9112			
农垦总局 ARB	2529	2099	43	84	26267	16643	548	775

11–17 蔬菜、食用菌生产情况

YIELD OF VEGETABLE AND MUSHROOM

年 份 Year 地 区 Region	播种面积（公顷）Sown Area (hectare)				产量（吨）Yield (ton)			
	总 计 Total	#白菜 Chinese Cabbage	#黄瓜 Cucumber	#萝卜 Radish	总计 Total	#白菜 Chinese Cabbage	#黄瓜 Cucumber	#萝卜 Radish
2001	426965	157154	24260	21267	12501911	5818029	812675	654831
2002	431951	158559	26675	21602	13247433	5890257	864482	666935
2003	399586	133553	24965	19853	11982711	4968835	808441	626513
2004	291600	86810	20873	15042	10616456	4461670	692685	526779
2005	333390	111305	23399	9078	11535465	4961917	777779	501397
2006	331094	113435	21731	14886	11327103	4888475	695098	487233
2007	291100	90206	20486	14041	10187924	3981792	698375	487481
2008	287700	86730	20330	14490	10578998	4094636	714842	492696
2009	187580	57040	15250	10590	7011518	2583124	589175	353666
2010	184480	53888	14407	9531	7238268	2647390	566848	357713
哈 尔 滨 Harbin	43266	11997	3191	2396	1508462	599167	117826	70448
齐齐哈尔 Qiqihar	21629	6975	1348	1006	923601	349067	51285	36708
鸡 西 Jixi	3464	1007	280	235	165149	66284	17456	8138
鹤 岗 Hegang	1878	544	104	91	56514	25076	2545	1604
双 鸭 山 Shuangyashan	5553	1939	440	480	231967	99262	19714	20881
大 庆 Daqing	15881	6331	834	937	730023	355551	43200	46407
伊 春 Yichun	7282	1846	315	469	316765	96654	15657	21411
佳 木 斯 Jiamusi	19199	5789	1910	1535	577464	236180	54037	60913
七 台 河 Qitaihe	3048	1216	228	178	124856	67376	13470	4138
牡 丹 江 Mudanjiang	17158	2536	1309	712	1011486	120695	55664	30231
黑 河 Heihe	9063	3282	815	530	304003	137619	25662	11490
绥 化 Suihua	17234	5962	2912	531	787356	273344	115969	27164
大兴安岭 Daxinganling	3362	1544	153	253	174049	83290	7426	12487
农垦总局 ARB	6808	2920	568	178	326573	137825	26937	5693

11-18 畜牧业生产情况

NUMBER OF LIVESTOCK

单位：万头、头 (10000 heads, head)

年份 Year 地区 Region	大牲畜数量 Large Animals	#农役畜 Dtaught Animals	黄牛及肉牛 Oxes	奶牛 Milk Cow	马 Horses	驴 Donkeys	骡 Mules
1978	286.9	170.9	105.1	6.2	164.5	4.8	6.3
1980	257.8	149.0	95.6	7.8	143.6	4.6	6.2
1985	305.5	195.1	149.9	25.8	117.9	6.4	5.5
1986	314.0	191.9	156.7	31.9	113.3	6.5	5.6
1987	314.6	183.3	155.9	40.3	106.5	6.4	5.5
1988	318.1	183.4	157.7	47.0	101.3	6.6	5.5
1989	324.1	183.8	165.0	49.2	98.0	6.2	5.7
1990	348.2	193.7	182.8	54.0	99.2	6.3	5.9
1991	358.7	191.3	192.4	57.9	95.7	6.4	6.3
1992	365.3	186.8	200.6	61.1	90.1	7.0	6.5
1993	376.4	190.0	221.2	55.1	86.7	7.2	6.3
1994	420.2	193.4	265.9	56.4	83.4	8.2	6.5
1995	485.7	223.6	326.6	61.7	81.9	8.9	6.8
1996	540.6	220.6	376.7	65.8	81.2	9.8	7.1
1997	545.3	201.5	383.1	67.2	78.7	9.3	6.9
1998	549.5	213.5	388.1	68.5	77.8	8.9	6.3
1999	549.0	216.1	389.6	68.6	76.6	8.3	5.9
2000	547.7	209.6	391.5	69.8	72.8	7.9	5.6
2001	558.3	206.5	400.4	77.8	66.6	8.1	5.3
2002	598.3	195.2	432.3	93.3	60.0	7.6	5.1
2003	690.3	177.6	506.8	117.6	53.0	7.7	5.1
2004	773.0	174.2	573.9	141.0	45.5	7.7	4.8
2005	840.2	164.5	622.3	164.3	41.2	7.6	4.8
2006	541.2	77.7	343.1	161.7	26.6	6.4	3.3
2007	587.7	66.5	367.0	181.4	28.5	7.5	3.2
2008	776.5	92.9	378.8	221.5	28.2	8.1	3.7
2009	567.4	94.9	354.2	197.0	26.8	8.3	3.7
2010	573.3	47.7	328.3	205.4	27.6	8.8	3.5
哈尔滨 Harbin	2033866	269586	1466723	464083	76015	17018	10027
齐齐哈尔 Qiqihar	1444950	66271	780925	583237	43799	31947	5042
鸡西 Jixi	139323	18977	106144	25319	5405	1305	1150
鹤岗 Hegang	49196	1451	26424	22527	186	59	
双鸭山 Shuangyashan	388890	11425	363259	22869	2110	398	254
大庆 Daqing	784314	13148	246884	485404	34757	14533	2736
伊春 Yichun	114375	4754	72918	37381	3008	976	92
佳木斯 Jiamusi	551086	58466	494353	49664	5574	756	739
七台河 Qitaihe	47781	280	44055	2512	906	241	67
牡丹江 Mudanjiang	406606	163994	365886	8241	20428	1952	10099
黑河 Heihe	377425	1779	287406	77827	11643	505	44
绥化 Suihua	1878155	217092	1272994	517626	66022	17154	4359
大兴安岭 Daxinganling	33560	3879	26509	2171	4129	743	8
农垦总局 ARB	892342	402	494529	394938	1886	958	31

注:1.2006、2007年数据是与第二次农业普查衔接后数据,

2.2009年起，全省畜牧业数据为国家统计局反馈数据，其中奶类产量除外(下同）。

Note:a) Data from 2006 to 2007 on national accounts have been adjusted according to the results of the second national agricultural census.

b) In 2009, entire province animal husbandry data was State Statistical Bureau feedback data, milk class output exception (the same as following tables).

11-18 续表 CONTINUED

年份 Year 地区 Region	肉猪出栏数量（万头、头）Slaughtered Fattened Hogs (10000 heads, head)	猪年末数量（万头、头）Hogs (10000 heads, head)	羊年末数量（万只、只）Sheep and Goats (10000 heads, head)	山羊 Goats	绵羊 Sheep	家禽（万只、只）Poultry (10000 heads, head)
1978	403.7	835.0	218.7	11.7	207.0	1899.7
1980	446.0	716.7	303.0	32.6	270.4	2238.7
1985	383.5	592.9	229.6	30.8	198.8	5947.5
1986	392.4	564.8	210.4	25.1	185.3	5081.9
1987	371.6	438.4	218.5	23.5	195.0	5507.4
1988	334.8	486.8	236.7	24.5	212.2	6531.4
1989	350.5	548.7	264.3	28.1	236.2	7027.2
1990	458.6	654.9	283.3	34.2	249.1	7791.1
1991	511.7	683.7	291.0	35.8	255.2	9398.4
1992	524.4	678.6	281.7	35.6	246.1	10280.4
1993	509.4	665.0	279.8	45.0	234.8	11284.4
1994	573.8	719.0	326.0	61.3	264.7	13302.5
1995	672.4	855.9	389.2	94.7	294.5	16530.6
1996	882.4	900.7	431.6	124.0	307.6	18297.3
1997	936.5	932.2	440.5	122.1	318.4	18580.7
1998	1063.1	958.1	462.8	121.5	341.3	12028.6
1999	1123.2	1014.4	481.1	120.2	360.9	12878.2
2000	1206.6	1085.4	507.4	123.8	383.6	13144.5
2001	1300.2	1123.0	567.8	147.3	420.4	13739.4
2002	1395.4	1163.0	749.1	228.7	520.4	14783.4
2003	1599.6	1326.4	1029.5	403.0	626.5	15987.7
2004	1905.4	1532.1	1153.6	448.2	705.4	16691.5
2005	2238.0	1670.4	1180.3	408.9	771.4	16680.8
2006	1670.1	1209.8	777.6	298.8	478.7	11985.9
2007	1868.6	1318.2	820.0	316.2	503.8	12515.5
2008	2350.2	1788.1	1010.8	352.9	657.9	16625.2
2009	1512.6	1356.7	897.7	338.3	559.4	12886.5
2010	1601.8	1360.8	893.4	331.6	561.6	13079.8
哈尔滨 Harbin	5271659	3977122	724822	310164	414658	59141345
齐齐哈尔 Qiqihar	3861287	3107128	2128023	339933	1788090	20852920
鸡西 Jixi	614490	473151	241017	103363	137654	4308999
鹤岗 Hegang	417838	361755	75046	30267	44779	1676797
双鸭山 Shuangyashan	1805138	1225176	590828	312809	278019	8392711
大庆 Daqing	1631306	1299639	1088805	93726	995079	15975812
伊春 Yichun	469774	305021	309678	284022	25656	6019237
佳木斯 Jiamusi	2459154	1934359	720034	233262	486772	10431092
七台河 Qitaihc	303643	221839	120460	37533	82927	2568438
牡丹江 Mudanjiang	1110439	908189	403664	163217	240447	7189349
黑河 Heihe	336091	323199	747930	382208	365722	2009411
绥化 Suihua	7532556	6061009	1659721	266965	1392756	49456474
大兴安岭 Daxinganling	87935	81670	127707	100366	27341	689366
农垦总局 ARB	3993523	2313802	1674043	954058	719985	15227533

11-19 畜产品产量

OUTPUT OF LIVESTOCK PRODUCTS

单位：万吨、吨　　（年末数 ,at the Year-end）　　(10000 tons,ton)

年份 地区	Year Region	肉类产量 Output of Meat	#猪牛羊肉产量 Output of Pork,Beef and Mutton	猪肉 Pork	牛肉 Beef	羊肉 Mutton	#禽肉 Meat of Poultry	奶类 Milk	#牛奶 Cow Milk
	1978		31.9						
	1980		37.1	34.8	1.6	0.7		13.9	12.4
	1985	34.9	31.5	29.7	1.0	0.8	3.4	45.5	43.0
	1986	36.4	33.1	31.1	1.5	0.5	3.3	56.3	53.8
	1987	36.3	32.1	29.1	2.4	0.6	4.2	68.1	66.3
	1988	37.9	32.0	28.6	2.7	0.7	5.9	83.1	81.8
	1989	40.9	33.2	29.5	2.9	0.7	7.4	88.2	87.1
	1990	55.9	46.0	39.5	5.2	1.3	9.7	102.7	101.7
	1991	62.7	50.9	43.4	6.1	1.4	11.3	114.2	112.6
	1992	66.3	53.2	44.4	7.3	1.5	12.4	122.5	120.4
	1993	65.4	52.4	42.6	8.4	1.4	12.3	113.3	111.6
	1994	77.7	61.7	47.5	12.4	1.8	14.9	113.1	110.8
	1995	90.3	70.3	53.4	15.0	1.9	18.8	121.2	121.2
	1996	116.0	93.2	68.9	21.9	2.5	21.4	136.2	133.3
	1997	125.9	100.1	74.1	23.5	2.6	25.9	143.0	140.5
	1998	142.7	112.2	83.5	25.7	3.0	29.0	144.5	142.1
	1999	150.9	119.5	89.0	27.3	3.2	30.0	145.0	142.8
	2000	159.9	125.9	95.4	27.1	3.5	32.4	156.5	154.3
	2001	171.2	134.4	101.4	29.0	3.9	34.5	192.4	189.0
	2002	190.0	147.9	110.9	32.3	4.7	40.0	239.8	235.8
	2003	217.2	167.5	125.0	35.8	6.7	47.7	304.0	300.5
	2004	260.5	203.4	149.5	44.9	9.0	54.7	378.1	374.5
	2005	306.3	242.5	177.1	54.1	11.3	61.4	444.2	440.2
	2006	218.5	172.8	131.1	32.0	9.7	43.0	438.3	432.6
	2007	234.2	188.8	144.5	34.4	9.9	42.8	478.4	473.6
	2008	303.3	242.2	182.7	47.5	12.0	58.7	585.1	580.6
	2009	187.6	156.6	108.2	36.8	11.6	28.9	649.5	528.7
	2010	197.9	165.6	114.5	39.0	12.1	30.1	558.8	552.5
哈尔滨	Harbin	750488	552073	408005	136111	7957	195265	1431173	1400595
齐齐哈尔	Qiqihar	494250	417969	306782	88772	22415	72709	1161849	1155605
鸡西	Jixi	81249	67294	48233	14490	4571	12890	70623	69989
鹤岗	Hegang	39535	34881	31338	2266	1277	4616	51563	51563
双鸭山	Shuangyashan	186700	158237	117111	30935	10191	27983	50370	50370
大庆	Daqing	276352	191621	142040	37122	12459	81421	1501436	1501436
伊春	Yichun	95716	49207	36309	8353	4545	44671	78074	70449
佳木斯	Jiamusi	262095	226247	183860	33877	8510	33126	115071	112606
七台河	Qitaihe	55494	46633	26698	18135	1800	8811	7228	7228
牡丹江	Mudanjiang	136415	114179	85221	24285	4673	20412	20233	19809
黑河	Heihe	57967	52426	24936	20982	6508	5422	168606	166314
绥化	Suihua	928894	754483	589242	143669	21572	171430	1303448	1290978
大兴安岭	Daxinganling	14003	10660	7372	1829	1459	2030	5315	5257
农垦总局	ARB	535701	454709	319481	104414	30814	77665	1192211	1192151

注:2006、2007年数据是与第二次农业普查衔接后数据。

Note:Data from 2006 to 2007 on national accounts have been adjusted according to the results of the second national agricultural census.

11-19 续表 CONTINUED

单位：吨 (ton)

年 份 Year 地 区 Region	绵羊毛 Sheep Wool	#细羊毛 Fine Wool	#半细羊毛 Semi-Fine Wool	山羊毛 Goat Wool	羊 绒（吨、公斤） Cashmere (ton, kg)	禽 蛋（万吨、吨） Poultry Eggs (10000 tons, ton)	蜂 蜜（吨、公斤） Honey (ton, kg)	蚕 茧（吨、公斤） Silkworm Cocoons (ton, kg)
1978							4770	2079
1980	9635	4409	5043	102	4		5290	2469
1985	7564	3476	3992	57	5	20.5	5458	1069
1986	6542	2830	3593	30	11	18.6	3932	1197
1987	7086	3019	4002	26	19	20.5	4933	683
1988	7474	3295	4067	68	15	23.8	4529	779
1989	8503	3390	4942	125	11	24.3	4012	1052
1990	9614	3672	5852	93	4	30.9	3052	1451
1991	9737	3980	5757	75	4	36.8	2640	1427
1992	9330	3503	5827	92	2	37.8	2600	1069
1993	8329	3192	5137	112	1	36.8	2899	1021
1994	8817	3399	5418	99	2	40.8	2801	1052
1995	9751	3114	6637	96	6	48.6	3038	863
1996	11847	4004	7843	115	12	62.4	2964	879
1997	13014	3820	9194	91	18	67.5	2934	843
1998	12921	3956	8965	91	19	71.2	2678	1049
1999	12793	3548	9245	108	17	74.9	2956	1395
2000	13550	4365	9185	62	22	75.3	3765	1382
2001	14540	4423	10117	182	58	80.3	7331	1923
2002	17505	4576	12212	251	181	84.6	7781	2670
2003	20606	6107	13154	713	393	90.3	7016	3112
2004	24391	6297	16817	712	691	98.3	11884	3270
2005	25734	5296	17769	874	793	102.7	11286	3370
2006	19691	6022	13224	921	732	90.4	12716	3030
2007	20862	6064	12632	1044	772	94.8	10751	3365
2008	23449	4222	17366	1350	688	109.3	12281	3564
2009	25309	4611	20689	1152	770	101.9	15168	3018
2010	27058	5574	19399	1724	819	105.3	16402	3062
哈尔滨 Harbin	1218	357	861	109	3365	345268	1581743	2500
齐齐哈尔 Qiqihar	7409	3032	4377	317	11161	140857	214619	300000
鸡 西 Jixi	690	41	38	86	24613	42578	1048667	279061
鹤 岗 Hegang	185		185	1	5032	11828	123340	
双鸭山 Shuangyashan	1130		1130		213991	28160	3422018	113980
大 庆 Daqing	5065	1431	3462	541	3509	80006	1300	
伊 春 Yichun	62	1	17	19	73067	42166	3118377	
佳木斯 Jiamusi	2013	39	1337	739	29584	69544	115073	499941
七台河 Qitaihe	167		38	102	4161	16102	4640	
牡丹江 Mudanjiang	1031		1031	153	21405	38682	4911614	1401277
黑 河 Heihe	1447		964	9	84130	14721	150270	313500
绥 化 Suihua	4335	30	4305	99	2000	397272	41374	
大兴安岭 Daxinganling	32		13	15	26837	4983	223707	101950
农垦总局 ARB	2284	643	1641	34	315838	74770	1445089	50000

11-20 林业生产情况

BASIC STATISTICS ON FORESTRY

指　标	Item	2006	2007	2008	2009	2010
营林情况（千公顷）	**Area of Afforestation (1000 hectares)**					
荒山荒沙地造林面积	Area of Afforestation in Current Year	43.1	88.3	122.9	216.2	235.2
#人工造林	#Artifical Afforestation	43.1	88.3	83.2	190.2	167.9
按用途分	Grouped by Use					
用材林	Timber Forest	10.0	17.2	26.3	22.2	16.1
经济林	Economic Forest	0.1	0.6	1.2	1.9	0.8
防护林	Shelter-forest	32.8	69.8	91.0	187.7	210.7
薪炭林	Charcoal Forest			0.1		
特种用途林	Special Use Forest	0.1	0.2	1.7	4.4	6.8
更新面积	Reforestation Areas	50.8	36.3	17.0	21.9	8.8
育苗面积	Grow Seedlings Areas	15.0	9.4	9.7	12	12.1
幼林抚育作业面积（千公顷次）	Working Area of Tending Young Forest (1000 hectare-times)	584.3	594.1	650.8	714.5	766.2
成林抚育面积	Mature Timber Fostering Areas	323.5	308.5	329.7	344.3	427.7
零星植树（万株）	Oddly Tree Planting (10000 roots)	2843.0	1516.6	255.8	2494.8	2246.2
林木采伐（万立方米）	**Forest Cutting (10000 cu.m)**	749.7	758.4	880.4	751.4	770.0

11-21 水产品产量

OUTPUT OF AQUATIC PRODUCTS

单位：吨　　(ton)

年份 Year 地区 Region	总产量 Total	#鱼类 Fish	#虾蟹类 Shrimps	#贝类 Shell-fish	#人工养殖 Artificially Cultured	#鱼类 Fish
1980	20172	20122	31	19	8953	8953
1985	66389	65527	759	103	38205	38205
1990	147869	146916	892	52	99929	99929
1995	252900	251536	1253	108	200688	200676
1996	290209	287973	2164	67	238313	238281
1997	323450	321708	1419	71	274878	274588
1998	357033	351773	5221	37	283922	281916
1999	364998	362808	2151	37	312753	312418
2000	382153	380586	1522	43	324516	324230
2001	401892	399823	2019	47	364882	364586
2002	417786	416256	1121	48	365589	365031
2003	418915	415578	3229	99	371105	368678
2004	430066	425003	4637	397	376498	372885
2005	445970	438486	5936	451	395208	389532
2006	330852	324237	5308	390	292050	286638
2007	342505	335676	5525	372	303769	298143
2008	355800	350628	4784	367	314005	309927
2009	380700	375354	4943	377	337551	333096
2010	399700	394052	5323	284	352815	347952
哈尔滨 Harbin	78804	78368	388	14	73879	73467
齐齐哈尔 Qiqihar	49977	48366	1606		36044	34478
鸡　西 Jixi	32372	31847	525		29372	28907
鹤　岗 Hegang	5900	5870	30		5580	5550
双鸭山 Shuangyashan	5509	5509			4693	4693
大　庆 Daqing	53600	52045	1285	270	39020	38121
伊　春 Yichun	3273	3273			2902	2902
佳木斯 Jiamusi	44669	44467	202		41884	41682
七台河 Qitaihe	3900	3900			3900	3900
牡丹江 Mudanjiang	16680	16630	50		15815	15765
黑　河 Heihe	7302	7193	109		6228	6119
绥　化 Suihua	96829	95699	1128		92918	91788
大兴安岭 Daxinganling	885	885			580	580

注:2006、2007年数据是与第二次农业普查衔接后数据。

Note:Data from 2006 to 2007 on national accounts have been adjusted according to the results of the second national agricultural census.

11-22 特种作物生产情况

PRODUCTION OF SPECIAL CROPS

指　标	Item	播种面积（公顷）Sown Area(hectare)				产量（吨）Yield(ton)			
		2007	2008	2009	2010	2007	2008	2009	2010
药　材	Herb	55300	49402	31776	36600				
#人　参	#Panax	1939	1614	1629	1350	2375	2151	3178	2836
甘　草	Liquorice	864	848	1531	2029	1898	1484	1297	438
枸　杞	Medlar	178	237	129	346	249	352	442	1117
龙胆草	Gentian	186	235	86	53	245	334	72	48
月苋草	Evening Primrose	13497	8883	2369	814	18427	11629	3252	1525
白瓜籽	Pumpkin seeds	159439	150165	78951	89483	180050	175507	97926	110984
万寿菊	Marigold	17716	11852	6637	6844	238464	198177	121034	93076
甜叶菊	Stevia Rebaudiana	2085	2883	2159	5257	4182	10591	6213	17572
甜葫芦	Sweet Calabash	2438	1955	4330	644	3198	3171	535	1280
花　卉	Flower	766	867	1930	986				

11-22 续表　CONTINUED

指　标	Item	产量（吨）Yield(ton)				
		2006	2007	2008	2009	2010
食用菌（吨）	Edible Mushroom (ton)	112899	136147	236496	323365	491123
黑木耳（干品）	Jew's-ear (dry)	49524	62318	103631	149105	169604
香菇（干品）	Lentinus Eddoes (dry)	2116	3024	2737	3428	13159
蘑菇类（鲜品）	Others(fresh)	61114	70677	130128	170832	308360
鲜切花（万枝）	Fresh Flower and Ikebana (10000 branch)	218	171	214	148	270
盆栽观赏植物（包括盆景）（万盆）	Potted Ornamental (include bonsai)(10000 basin)	208	200	231	357	336

11-23 特色养殖生产情况

PRODUCTION OF CHARACTERISTIC BREEDING

指　标	Item	年末存栏 Stock at Year-end			指　标	Item	出栏数量和产量 Output		
		2008	2009	2010			2008	2009	2010
熊（只）	Beer (head)	2547	2539	2740	熊胆汁（千克）	Beer Bile (kg)	17880	17825	18087
鹿（只）	Deer (head)	88915	83984	84839	鹿茸（千克）	Deer horn (kg)	82377	75795	66967
鸵鸟（只）	Ostrich (head)	419	342	246	出栏山鸡（只）	Wild Chicken (head)	404583	209718	162107
山鸡（只）	Wild Chicken (head)	212175	278201	209995	出栏笨鸡（万只）	Domestic Chicken (10000 heads)	2584	2804	2655
貉子（只）	Racoon Dog (head)	1102667	917239	1251003					
鹧鸪（只）	Francolin (head)	7230	7044	24589	出栏肉犬（只）	Slaughtered Dog(head)	286723	322801	273181
狐（只）	Fox (head)	590551	610036	604872	林蛙（千克）	Rana Japonoca Guenlher(kg)	419786	348493	339804
笨鸡（万只）	Domestic Chicken (10000 heads)	2463	2590	2602					
					蚕茧（吨）	Pod (ton)	2564	3018	3062

11-24 绿色食品种植业和山特产品情况 (2010年)

BASIC STATISTICS ON GREEN FOOD AND SPECIAL MOUNTAIN-PRODUCTS (2010)

单位：万公顷，万吨　　(10000 hectares, 10000 tons)

指　标	Item	A级 Grade A		有机食品 Organic Food	
		面积	产量	面积	产量
种植业合计	**Total Crops**	**378.7**		**28.0**	
水　稻	Rice	146.4	978.4	5.7	32.3
小　麦	Wheat	5.9	21.6	2.6	9.4
玉　米	Corn	89.7	434.1	2.9	13.9
谷　子	Millet	2.4	7.2	0.3	0.9
大　豆	Soja	114.9	189.6	9.9	16.1
绿　豆	Mung bean	2.1	2.7	0.3	0.4
马铃薯	Tubers	5.6	107.0	0.2	3.3
甜　菜	Beetroots	5.3	153.7		0.8
蔬　菜	Vegetables	1.6	45.9	0.1	1.1
其　它	Others	4.8	12.0	6.0	12.2
山特产品合计	**Total Special Mountain-Product**		3.9		0.7
山野菜	Potherb		0.2		
食用菌	Edible Mushroom		3.2		0.3
其　它	Others		0.5		0.3

注:2007年AA级与有机食品合并。
Note:In 2007, the data of AA level and organic food are merged.

11-25 绿色食品养殖业情况

BREED AQUATICS OF GREEN FOOD

指　标	Item	2006	2007	2008	2009	2010
牵动农户（户）	Number of Affected Households (household)	144481	151468	148618	131383	144556
生猪存栏（头）	Hogs in Stock (head)	7300	13000	14060	15200	17520
生猪出栏（头）	Slaughtered Fattened Hogs (head)	15000	20000	19300	20030	22450
猪肉产量（吨）	Output of Porks (ton)	950	1300	1399	1338	1527
肉牛存栏（头）	Oxes in Stock (head)	3894	76000	50800	43200	51200
肉牛出栏（头）	Slaughtered Fattened Beef (head)	4123	107000	80900	85300	87650
牛肉产量（吨）	Output of Beef (ton)	600	16050	12135	12795	13586
奶牛存栏（头）	Milch Cow in Stock (head)	594247	612000	581187	539200	557600
牛奶产量（吨）	Output of Milk (ton)	1662226	2087160	1801680	1671520	1728560
鹅存栏（只）	Goose in Stock (head)	871592	884560	420000	452100	431800
鹅出栏（只）	Slaughtered Fattened Goose (head)	2732160	2842000	874540	870230	854300

注：2005年起数据不包括无公害部分。
Note:From 2005, the statistics exclude the data of Non-environmental damage food.

11-26 绿色食品加工企业情况

BASIC STATISTICS ON GREEN FOOD PROCESSING

指标	Item	2006	2007	2008	2009	2010
企业个数（个）	Number of Enterprises (unit)	294	489	492	500	521
职工人数（万人）	Number of Staff and Workers (10000 persons)	7.0	10.5	13.2	14.9	15.9
#技术人员	#Technicians	1.5	1.1	1.4	1.5	1.4
#中级职称以上	#the Secondary Title and Above	0.5	0.6	0.7	0.7	0.7
资产总额（亿元）	Total Assets (100 million yuan)	285.8	281.2	297.8	304.8	331.2
流动资产（亿元）	Circulating Funds (100 million yuan)	145.9	141.0	155.9	152.1	163.0
固定资产（亿元）	Fixed Assets (100 million yuan)	111.3	132.5	135.7	139.2	135.3
投资额度（亿元）	Investment Amount (100 million yuan)	81.0	76.8	78.0	78.3	91.7
国家预算内投资	State Budgetary Approriation	3.2	4.5	5.1	5.1	3.5
国内贷款	Domestic Loans	32.9	8.9	13.1	10.3	11.0
利用外资	Foreign Investment	3.8	17.7	4.0	2.8	8.4
自筹资金	Fundraising	32.4	42.3	47.8	52.5	62.6
其他投资	Others	8.7	3.4	7.8	7.6	6.1
产品产量（万吨）	Yield of Products (10000 tons)	539.7	853.7	730.0	768.0	800.0
产值（亿元）	Output Value (100 million yuan)	182.3	235.9	232.6	241.4	300.4
利税（亿元）	Profit and Revenue (100 million yuan)	14.6	22.6	31.4	32.6	35.3
定单数量（万吨）	Amount of Orders (10000 tons)	272.2	278.1	291.0	306.9	310.4
#省 内	#Inside the Province	96.2	92.1	96.5	100.8	100.1
省 外	Outside the Province	141.6	176.4	189.4	202.1	205.7
国 外	at Abroad	34.4	9.6	5.1	4.0	4.6

注：2007年数据不包括无公害部分。
Note:In 2007, the statistics exclude the data of Non-environmental damage food.

11-27 受灾面积

AREAS COVERED BY NATURAL DISASTER

单位：千公顷 (1000 hectares)

地区	Region	2004	2005	2006	2007	2008	2009	2010
全 省	**Total**	**4978.0**	**3486.0**	**5098.2**	**6652.6**	**4933.8**	**6867.6**	**5225.6**
哈尔滨	Harbin	424.3	285.8	613.8	1083.8	723.2	774.7	136.4
齐齐哈尔	Qiqihar	1632.5	968.4	1484.5	1903.0	1293.1	1680.9	2266.3
鸡 西	Jixi	86.4	107.5	55.7	207.2	137.0	180.4	34.9
鹤 岗	Hegang	30.7	41.1	37.8	159.9	70.5	148.5	81.4
双鸭山	Shuangyashan	128.2	128.4	159.5	393.9	168.8	239.1	107.0
大 庆	Daqing	466.3	123.7	267.8	499.2	284.9	453.0	352.4
伊 春	Yichun	30.0	82.4	153.0	131.6	110.6	164.1	158.3
佳木斯	Jiamusi	427.3	301.3	463.8	870.2	657.6	920.6	428.6
七台河	Qitaihe	22.6	11.6	18.8	122.3	71.0	77.0	80.2
牡丹江	Mudanjiang	148.4	39.5	46.4	236.6	151.0	209.9	66.3
黑 河	Heihe	267.1	439.6	623.3	688.8	289.8	663.3	465.2
绥 化	Suihua	1300.0	926.9	1138.0	1333.8	939.7	1317.0	1034.9
大兴安岭	Daxinganling	14.3	29.8	35.9	35.6	36.7	39.2	13.6

注：2007年受灾面积为国家认定数据，不等于各地市之和。
Note:In 2007 the disaster area recognizes the data for the country, is not equal to sum of

11-28 农垦系统农牧场基本情况

BASIC STATISTICS ON LAND RECLAMATION SYSTEM

指　标	Item	2006	2007	2008	2009	2010
农牧场数（个）	Number of Farms and Pastures (unit)	103	113	113	113	113
职工人数（万人）	Number of Staff and Workers (10000 persons)	43.8	44.8	44.4	45.1	46.4
耕地面积（万公顷）	Cultivated Area (10000 hectares)	233.7	239.1	253.6	265.0	280.1
农业机械总动力（万千瓦）	Total Power of Agricultural Machinery (10000 kw)	472.3	519.3	564.3	604.5	671.6
大中型农用拖拉机（万台）	Large and Medium Agricultural Tractors (10000 units)	3.4	3.9	4.4	4.8	5.3
小型拖拉机（万台）	Mini Tractors (10000 units)	7.0	7.7	7.3	7.2	7.0
联合收割机（台）	Combine Harvesters (unit)	13107	14992	16429	17874	19802
农用载重汽车（辆）	Trucks for Agricultural Use (unit)	1049	904	965	973	775
农用化肥施用折纯量(万吨)	Consumption of Chemical Fertilizers (10000 tons, Converting the gross weight into weight containing 100% effective component)	33.9	37.9	39.5	43.7	48.4
农业总产值(亿元)	Gross Agricultural Output Value (100 million yuan)	296.4	359.7	464.5	555.7	693.0
农林牧渔业增加值（亿元）	Value-added of Farming, Forestry, Animal Husbandry and Fishery (100 million yuan)	157.9	189.2	245.0	292.2	365.6
农林牧渔业商品产值（亿元）	Commodity Output Value of Farming, Forestry, Animal Husbandry and Fishery (100 million yuan)	255.1	316.2	415.7	500.2	626.2
商品率（%）	Commodity Ratio (%)	86.1	87.9	91.5	92.5	93.2
粮食交售量（万吨）	Sale Amount of Grain (10000 tons)	1009.0	1135.5	1299.5	1528.7	1694.0
肥猪交售量（万吨）	Sale Amount of Hogs (10000 tons)	19.2	21.5	29.5	31.0	38.1
农作物总播种面积（千公顷）	Sown Area of Farm Crops (1000 hectares)	2349.2	2396.8	2502.0	2643.9	2801.2
#粮　食	#Grain	2083.7	2151.5	2296.4	2544.2	2702.9
甜　菜	Beetroots	18.8	22.6	21.8	12.7	12.4
油　料	Oil-bearing Crops	88.5	70.0	67.6	21.2	14.5
烤烟（公顷）	Flue-cured Tobacco (hectare)	44.0	54.0	157.0	203.0	239.0
亚麻（公顷）	Flax (hectare)	25663	22821	18338	3778	1250
主要农产品产量	Yield of Major Farm Crops					
粮食（万吨）	Grain (10000 tons)	1132.2	1246.4	1420.6	1652.6	1818.0
#大　豆	#Soja	130.1	110.0	140.2	171.9	162.2
油料（万吨）	Oil-bearing Crops (10000 tons)	12.0	9.0	10.4	3.3	2.2
甜菜（万吨）	Beetroots (10000 tons)	75.9	85.1	79.1	46.2	53.4
亚麻（吨）	Flax (ton)	129171	82395	74010	17798	5258
烤烟（吨）	Flue-cured Tobacco (ton)	81	89	496	809	817
畜牧业生产情况	Production of Animal Husbandry					
大牲畜年底头数（万头）	Number of Large Animals at the Year-end (10000 heads)	79.1	83.0	86.2	89.2	89.2
猪年底头数（万头）	Number of Hogs (10000 heads)	189.2	194.9	218.2	232.6	231.4
羊年底只数（万只）	Number of Sheep and Goats (10000 heads)	149.2	168.1	173.4	171.4	167.4
#绵　羊	#Sheep	53.2	57.8	68.2	70.3	72.0
猪牛羊肉产量（万吨）	Pork, Beef and Mutton (10000 tons)	27.3	30.6	40.3	45.0	45.5
#猪肉产量	#Pork	20.5	22.4	29.5	32.3	31.9
牛奶产量（万吨）	Milk (10000 tons)	85.4	87.6	101.8	115.3	119.2
禽蛋产量（万吨）	Poultry Eggs (10000 tons)	4.2	4.1	5.9	7.1	7.5
绵羊毛产量（吨）	Sheep Wool (ton)	1561	1642	2042	2148	2284
水产品产量（吨）	Output of Aquatic Products (ton)	12819	14752	22609	23555	25805

注：2006、2007年粮食播种面积、畜牧业、水产品、产值均是农业普查后衔接数据。

Note: Data from 2006 to 2007 of grain sown area, animal husbandry, aquatic products and the output value have been adjusted according to the results of the second national agricultural census.

11-29 黑龙江省第二次全国农业普查资料 全省登记乡镇数量和登记村数量（2006年）

HEILONGJIANG PROVINCE, THE SECOND NATIONAL AGRICULTURAL CENSUS DATA REGISTRATION NUMBER OF PROVINCE'S TOWNS AND VILLAGES (2006)

单位：个 (unit)

指标	Item	所有乡镇行政单位 All Township Administrative Unit	#乡镇 Township and Town	指标	Item	所有村级行政单位 All Township Administrative Unit	#农村 Village
合 计	**Total**	**1637**	**904**	**合 计**	**Total**	**11169**	**9073**
按类型分	By type			按社区类型分	By Community Type		
乡	Township	434	434	村委会	Village	9043	9043
镇	Town	470	470	居委会	Neighborhood	402	30
街道	Street	214		农 场	Farm	1724	
农场	Farm	519		按地势分	By the Terrain		
县政府驻地	County Government Resident	163	79	平原	Plain	6139	5344
				丘陵	Hills	2812	2293
按地势分	By the Terrain			山区	Mountain	2149	1367
平原	Plain	809	531	未回答	No answer	69	69
丘陵	Hills	378	228	按是否少数民族聚居村分	By Whether Minority Inhabited Village		
山区	Mountain	450	145				
民族乡镇	Ethnic Township	77	76	是	Be	705	685
				否	No	10393	8319
				未回答	No answer	71	69

11-30 黑龙江省第二次全国农业普查资料 全省登记住户数量和登记住户的人口数量（2006年）

HEILONGJIANG PROVINCE, THE SECOND NATIONAL AGRICULTURAL CENSUS DATA PROVINCIAL REGISTRATION NUMBER OF HOUSEHOLDS AND ITS POPULATION (2006)

地区	Region	合计 Total	农村 Village	其他涉农区域 Other Agriculture-Related Areas	地区	Region	合计 Total	农村 Village	其他涉农区域 Other Agriculture-Related Areas
登记户数（户）	Registration Number of Households (household)	4337993	4221275	116718	登记住户人口（人）	Registration Household Population (people)	15467115	15133991	333124
集体户	Collective Households	2339	2301	38					
家庭户	Households	4335654	4218974	116680	#常住人口	#Resident population	14466998	14150511	316487
#常住户	#Normal	4304573	4189298	115275					
#农业生产经营户	#Agricultural Production	3758923	3657993	100930	#住户中的本村户籍人口	#The Village Household	14374461	14083003	291458

11-31 黑龙江省第二次全国农业普查资料 全省登记劳动力和从业人员数量（2006年）

HEILONGJIANG PROVINCE, THE SECOND NATIONAL AGRICULTURAL CENSUS DATA NUMBER OF REGISTERED LABOR FORCE AND EMPLOYEES(2006)

单位：人 (people)

地区	Region	合计 Total	农村 Village	其他涉农区域 Other Agriculture-Related Areas
常住劳动力资源数量	Number of Usual Labor Resources	11038981	10792934	246047
#从业人员数量	#Employees	10008323	9793795	214528
#农业从业人员数量	#Agricultural Employees	8633369	8483598	149771
住户中的户籍劳动力资源数量	Number of Household Labor Resources	11110306	10883209	227097
#从业人员数量	#Employees	10149322	9953429	195893
#外出从业人员数量	#Out Employees	966002	957154	8848

11-32 黑龙江省第二次全国农业普查资料各地区普查对象基本情况（2006年）

地　区	Region	合　计 Total	哈尔滨市 Harbin	齐齐哈尔市 Qiqihar
乡镇个数(个)	**Number of Township And Town(unit)**	**904**	**189**	**127**
乡	Township	434	77	61
镇	Town	470	112	66
县政府驻地	County Government	79	11	10
民族乡镇	Ethnic Township	76	21	10
村个数(个)	**Number of Township(unit)**			
行政村	Administrative Village	9073	1886	1260
村委会所辖地区	Village Committee Under The Jurisdiction of Region	9043	1882	1260
居委会所辖地区	Committees Under The Jurisdiction of Region	30	4	
自然村	Natural Village	36425	9677	7745
平原村	Plain Village	5344	1127	788
丘陵村	Hills Village	2293	442	454
山区村	Mountain Village	1367	317	18
少数民族聚居村	Ethnic Minority Villages	685	244	76
农村住户数量（户）	**Number of Rural Household (household)**			
登记户数	Registered Enterprise	4221275	1105152	715071
集体户	Collective Household	2301	670	284
家庭户	Household	4218974	1104482	714787
#常住户	#Normal household	4189298	1095984	710967
家庭户按住户户籍所在地分	Household Divided By Household Domicile			
本村户	Village Household	3954240	1044292	682125
村外乡内户	Household Within the Village	109036	22659	18694
乡外县内户	Rural Household Outside the County	57603	12186	6967
县外（地）市内户	Household Outside the County	40244	10968	4899
市外省内户	Household Outside The City	45419	11579	1047
外省户	From Other Province	11944	2691	1022
其他户	Other Household	488	107	33
按经营情况分的农村常住户数量（户）	**Number of Rural Regular Household By Operating Conditions(Household)**	**4189298**	**1095984**	**710967**
农业生产经营户	Agricultural Production	3639150	957248	634947
#从事2种及以上农业行业的户	#Engaged in Two Kinds or More	1691870	388386	366414
非农生产经营户	Non-agricultural Production Household	386907	104904	53017
#从事2种及以上非农业行业的户	#Engaged in Two Kinds or More	14873	4219	1893
兼营农业和非农业的户	Concurrently Agriculture and Non-agricultural Household	220827	64196	27443
无经营行业的户	Households Without Business Sector	384068	98028	50446
按经营主要农业行业分的农村常住户数量（户）	**Number of Rural Regular Household By Agricultural Industry(Household)**	**3639150**	**957248**	**634947**
农作物种植业	Crop Farming	3392322	879054	599385
林　业	Forestry	6914	1999	754
畜牧业	Animal Husbandry	225820	72710	33549
渔　业	Fisheries	6062	1090	361
农林牧渔服务业	Animal Husbandry and Fishery Services	8032	2395	898

注：1. 乡镇个数范围包括乡＋镇

2. 村个数范围包括全部村＋农村普查区居委会

Note:a) Number of township and town includes the township and town.

b) Number of villages covered all villages and rural census area neighborhood.

HEILONGJIANG PROVINCE, THE SECOND NATIONAL AGRICULTURAL CENSUS DATA
BASIC STATISTICS ON CENSUS BY REGION (2006)

鸡西市 Jixi	鹤岗市 Hegang	双鸭山市 Shuangyashan	大庆市 Daqing	伊春市 Yichun	佳木斯市 Jiamusi	七台河市 Qitaihe	牡丹江市 Mudanjiang	黑河市 Heihe	绥化市 Suihua	大兴安岭地区 Daxinganling
49	**21**	**31**	**58**	**19**	**78**	**17**	**56**	**64**	**160**	**35**
25	12	14	32	10	40	8	14	41	88	12
24	9	17	26	9	38	9	42	23	72	23
7	2	5	6	2	8	1	7	4	10	6
4	2	2	9	1	4	2	5	7	7	2
459	211	486	484	214	978	220	887	557	1336	95
459	211	486	483	211	978	220	887	557	1329	80
			1	3					7	15
1621	331	606	2493	419	1606	334	1631	1301	8495	166
205	160	278	483	73	778	71	117	189	1075	
196	37	50	1	56	152	121	365	171	247	1
58	14	89		85	48	28	405	197	14	94
43	12	10	44	11	47	13	83	33	67	2
164978	50528	118081	341646	40746	297068	81578	279356	173577	817232	36262
88	40	80	271	19	97	140	303	82	137	90
164890	50488	118001	341375	40727	296971	81438	279053	173495	817095	36172
164030	49394	117008	337409	39775	295143	79096	277969	172159	814607	35757
152141	44501	105610	302851	37514	281664	65742	259610	158201	789670	30319
5359	1870	5311	10873	1019	7217	5539	9238	5130	14821	1306
2972	856	2979	6484	554	3021	3646	3225	3910	9713	1090
1440	1809	1329	8872	198	2430	2372	2262	1316	1723	626
2191	1051	1896	10554	1284	1984	2997	3312	4332	888	2304
778	351	847	1730	148	582	1114	1324	581	263	513
9	50	29	11	10	73	28	82	25	17	14
164030	**49394**	**117008**	**337409**	**39775**	**295143**	**79096**	**277969**	**172159**	**814607**	**35757**
137168	37511	92835	286213	33400	252893	51783	231180	148467	751968	23537
33966	9471	14115	170839	15714	97408	8779	88465	43333	446200	8780
14890	4466	13950	35824	3000	30650	11092	34872	14404	62026	3812
554	207	425	1557	102	1494	407	1893	515	1490	117
8531	2243	7044	17215	1860	17318	4364	21310	7865	39448	1990
20503	9660	17267	32587	5235	28918	20585	33227	17153	40061	10398
137168	**37511**	**92835**	**286213**	**33400**	**252893**	**51783**	**231180**	**148467**	**751968**	**23537**
132413	35415	89947	247719	30337	237985	50049	222107	142686	705034	20191
252	146	233	536	194	201	260	1031	97	441	770
3438	1731	2410	36784	2606	11729	1331	7311	5249	44616	2356
371	83	78	738	195	1567	54	370	113	881	161
694	136	167	436	68	1411	89	361	322	996	59

11-32 续 表

指　标	Item	合　计 Total	哈尔滨市 Harbin	齐齐哈尔市 Qiqihar
按经营主要非农行业分的农村常住户数量（户）	**Number of Rural Regular Households By Major non-farm business sector (household)**	**386907**	**104904**	**53017**
采矿业	Mining	5122	911	254
制造业	Manufacturing	16579	4920	1859
电力、燃气、水生产业	Production and Supply of Electricity, Gas and Water	2312	603	318
建筑业	Construction	22998	5700	2972
交通运输、仓储和邮政业	Transport, Storage and Post	69563	21153	7395
批发零售业	Wholesale and Retail Trade	98520	26456	14172
住宿餐饮业	Accommodation and Catering	21499	5274	2628
居民服务及其他服务业	Resident Services and Other Services	72985	19328	10027
其他行业	Other	77329	20559	13392
按兼业情况分的农村常住户数量（户）	**Number of Rural Regular Households By Concurrently Industry Situation (household)**	**4189298**	**1095984**	**710967**
纯农户	Pure Peasant Household	3418323	893052	607504
农业兼业户	Agricultural Concurrently Owner	132968	34715	17766
非农业兼业户	Non-agricultural Households and Industry	87859	29481	9677
非农业生产经营户	Non-agricultural Production Household	166080	40708	25574
非经营户	Non-operating Household	384068	98028	50446
农村常住人口数量（人）	**Rural Resident Population (person)**	**14150511**	**3800156**	**2370300**
男	Male	7222694	1937177	1207962
女	Female	6927817	1862979	1162338
集体户常住人口	Resident Population of Collective Household	23819	7563	4251
家庭户常住人口	Resident Population of Households	14126692	3792593	2366049
#常住户常住人口	#Resident Population of Usually Household	14106065	3787202	2363498
按户籍所在地分的农村常住人口数量（人）	**Rural Resident Population By Household Register Locus(person)**	**14150511**	**3800156**	**2370300**
本村人口	Village population	13204332	3570912	2249620
村外乡内人口	Village Population In The Other Place	372998	78990	65834
乡外县内人口	County Population Outside The Rural	207956	48170	25947
县外（地）市内人口（人）	**The City's Population of Outside the County (person)**	**138918**	**40552**	**17085**
市外省内人口	Population of The Province Outside The City	157621	42977	4621
外省人口	Other Provincial Population	54944	13238	5867
其　他	Other	13742	5317	1326
按性别分的农村住户中本村户籍人口数量（人）	**Village Household Population in Rural Households By Sex (person)**	**14083003**	**3808857**	**2393969**
男	Male	7277403	1969355	1235234
女	Female	6805600	1839502	1158735
农村全家外出户数及人口	**Number of Family Households And Population Outside**			
全家外出户数（户）	Number of Household Outside(household)	1360400	302843	312200
全家外出人口数（人）	Population outside(person)	4177976	932316	978972

COUNTINUED

鸡西市 Jixi	鹤岗市 Hegang	双鸭山市 Shuangyashan	大庆市 Daqing	伊春市 Yichun	佳木斯市 Jiamusi	七台河市 Qitaihe	牡丹江市 Mudanjiang	黑河市 Heihe	绥化市 Suihua	大兴安岭地区 Daxinganling
14890	**4466**	**13950**	**35824**	**3000**	**30650**	**11092**	**34872**	**14404**	**62026**	**3812**
725	78	778	164	20	353	370	878	270	305	16
663	107	429	1442	244	1342	370	2152	589	2264	198
57	32	91	233	22	183	57	241	122	349	4
468	127	576	1919	96	2502	656	1731	905	5314	32
3767	941	2608	7877	745	4391	1832	6553	1899	9580	822
3491	1175	3002	10654	824	6132	2572	8131	3312	17347	1252
989	322	677	2092	185	1819	768	2409	997	2886	453
2804	742	2302	7032	587	6931	2045	6882	2890	10412	1003
1926	942	3487	4411	277	6997	2422	5895	3420	13569	32
164030	**49394**	**117008**	**337409**	**39775**	**295143**	**79096**	**277969**	**172159**	**814607**	**35757**
128637	35268	85791	268998	31540	235575	47419	209870	140602	712520	21547
4139	1584	4688	9298	1196	12356	2684	12861	5634	25522	525
4392	659	2356	7917	664	4962	1680	8449	2231	13926	1465
6359	2223	6906	18609	1140	13332	6728	13562	6539	22578	1822
20503	9660	17267	32587	5235	28918	20585	33227	17153	40061	10398
529991	**157311**	**388890**	**1114760**	**124170**	**1008386**	**252854**	**874741**	**555440**	**2873890**	**99622**
274017	81073	200297	566150	63744	518710	130396	450687	285149	1455878	51454
255974	76238	188593	548610	60426	489676	122458	424054	270291	1418012	48168
667	193	548	2336	160	860	645	1323	718	4206	349
529324	157118	388342	1112424	124010	1007526	252209	873418	554722	2869684	99273
528767	156473	387319	1108600	123593	1006281	250606	872541	554000	2868234	98951
529991	**157311**	**388890**	**1114760**	**124170**	**1008386**	**252854**	**874741**	**555440**	**2873890**	**99622**
484857	136612	345631	994351	110771	952625	201687	801951	500685	2775087	79543
17559	6064	17710	34933	3808	25393	17077	31811	18030	51806	3983
10936	3046	10487	20464	2292	11150	11859	13054	14222	32735	3594
5522	**5658**	**4656**	**27122**	**785**	**8387**	**7580**	**8649**	**4609**	**6181**	**2132**
7628	3902	6729	30854	5442	7145	9918	11857	14848	3750	7950
3244	1566	3296	6187	821	2847	4135	6192	2684	2736	2131
245	463	381	849	251	839	598	1227	362	1595	289
510554	**146391**	**363199**	**1057509**	**120668**	**1001570**	**216736**	**871862**	**531676**	**2974440**	**85572**
264062	75878	187773	543889	62911	517583	112657	452632	276027	1534790	44612
246492	70513	175426	513620	57757	483987	104079	419230	255649	1439650	40960
33147	10260	28655	80790	20529	69679	31161	94024	59567	299159	18386
96229	26107	81372	252279	53100	202539	92524	261639	160810	994337	45752

11-33 黑龙江省第二次全国农业普查资料 全省农业生产经营单位基本情况（2006年）

指　标	Item	单位数（个） Number of Enterprises (unit)	年末从业人员数（人） Employmee at Year_end (person)
按单位类型分	**By Unit Type**	**7883**	**1113002**
单产业法人单位	Single-industry Corporate Units	2349	171127
多产业法人单位的产业活动单位	Units of Multi-industry Corporate Industrial Units	4356	920376
未注册单位	Unregistered Units	1178	21499
按主营农业行业分	**By Main Agricultural Sector**	**7883**	**1113002**
农作物种植业	Crop Farming	1990	661278
林　业	Forestry	1703	346804
畜牧业	Animal Husbandry	1036	51864
渔　业	Fisheries	184	7025
农林牧渔服务业	Animal Husbandry and Fishery Services	2970	46031
#农　业	#Agriculture	1250	21929
林　业	Forestry	432	15935
牧　业	Animal Husbandry	1238	7754
渔　业	Fisheries	49	384
未回答	No answer	1	29
按机构类型分	**By Institution Type**	**6705**	**1091503**
（不包括未注册单位）	**(not including unregistered units)**		
企　业	Enterprise	3147	949638
事业单位	Institutions	2514	125763
机　关	Agencies & Organizations	446	6230
社会团体	Social Groups	53	764
民办非企业	Private Non-enterprise	57	840
其他法人单位	Other Legal Entities	488	8268
未回答	No Answer		
按所属系统分	**By Their system**	**6705**	**1091503**
（不包括未注册单位）	**(not including unregistered units)**		
#农　垦	#ARB	895	551233
林　业	Forestry	1558	353052
按所有制分	**By Ownership**	**6705**	**1091503**
（不包括未注册单位）	**(not including unregistered units)**		
国　有	State-owned	5018	1053426
集　体	Collective	285	8775
内资私营	Domestic Private	507	10570
内资合作、合资	Domestic Partnership, Joint Venture	554	13273
港澳台独资	Hong Kong, Macao, and Taiwan-owned	3	110
与港澳台合资	Joint Venture With Hong Kong, Macao, Taiwan	1	8
外商独资	Foreign-owned	24	286
与外商合资	Joint Ventures With Foreign	8	358
未答复	Unanswered	305	4697

HEILONGJIANG PROVINCE, THE SECOND NATIONAL AGRICULTURAL CENSUS DATA
BASIC STATISTICS ON AGRICULTURAL PRODUCTION AND MANAGEMENT UNIT (2006)

年末农业技术人员数（人） Number of Agricultural technicians (person)	企业单位全年经营总收入（万元） Revenue from Principal Business (10000 yuan)	#农林牧渔服务业 Agriculture, Forestry, Animal Husbandry and Fishery Services	事业单位全年农林牧渔服务业总支出（万元） Expenditure on Agriculture, Forestry, Animal Husbandry and Fishery Services (10000 yuan)
60793	**4882520**	**3985209**	**74165**
17846	492761	63105	38524
41710	3908296	3908296	35641
1237	481463	13808	
60793	**4882520**	**3985209**	**74165**
20779	3243560	3098918	4114
21638	648894	544505	9077
3498	350036	236086	7761
862	330005	12154	395
14016	310025	93546	52818
7447	65776	50450	20828
2482	21115	20700	4740
3954	222891	22202	26903
108	242	193	346
25	1	1	1
59556	**4401057**	**3971401**	**74165**
36749	4152002	3859453	
19853	200603	78329	74165
2252	12356	12356	
120	9636	1503	
186	781	97	
396	25679	19663	
59556	**4401057**	**3971401**	**74165**
11962	3185956	3174786	876
22652	675987	572530	10353
59556	**4401057**	**3971401**	**74165**
56009	4199791	3861852	52883
603	28615	20397	1223
910	64520	21696	566
1374	80507	44437	18861
8	1258	928	
1	13		
28	9940	9795	
47	10177	6060	
576	6236	6236	629

11-34 黑龙江省第二次全国农业普查资料 各地区农业生产者和农业从业人员（2006年）

		合　计 Total	哈尔滨市 Harbin	齐齐哈尔市 Qiqihar
农业生产经营户数量（户）	**Number of Agricultural Production Households (households)**	**3758923**	**969251**	**644326**
农作物种植业	Crop Farming	3470522	887098	602796
林　业	Forestry	9633	2094	855
畜牧业	Animal Husbandry	263386	76472	39285
渔　业	Fisheries	6588	1160	418
农林牧渔服务业	Animal Husbandry and Fishery Services	8794	2427	972
按经营主要农业行业分的农业生产经营单位数量（个）	**Number of Agricultural Production Unit By Agricultural Industry(unit)**	**7883**	**1464**	**925**
农作物种植业	Crop Farming	1990	190	248
林　业	Forestry	1703	254	86
畜牧业	Animal Husbandry	1036	260	74
渔　业	Fisheries	184	42	25
农林牧渔服务业	Animal Husbandry and Fishery Services	2970	718	492
按所在法人单位类型分的农业生产经营单位数量（个）	**Number of Agricultural Production Unit By Type of Legal Entities(unit)**	**7883**	**1464**	**925**
多产业法人单位的产业活动单位	Single-industry Corporate Units	4356	606	495
单产业法人单位	Units of Multi-industry Corporate Industrial Units	2349	688	285
未注册单位	Unregistered Units	1178	170	145
按机构类型分的农业生产经营单位数量（不含未注册单位）（个）	**Number of Agricultural Production Unit By Body Type(unit)**	6705	1294	780
企　业	Enterprise	3147	370	368
事　业	Institutions	2514	665	252
机　关	Agencies & Organizations	446	115	114
按所有制分的农业生产经营单位数量（不含未注册单位）（个）	**Number of Agricultural Production Unit By Ownership(unit)**	**6705**	**1294**	**780**
国　有	State	5018	891	519
集　体	Collective	285	33	50
内资私营	Domestic Private	507	209	64
内资合作、合资	Domestic Partnership, Joint Venture	554	92	86
农业从业人员数量（人）	Number of agricultural employees (people)			
农业从业人员	Agricultural Employees	8639209	2236230	1564236
住户农业从业人员	Agricultural Employees of Households	8633369	2236230	1564236
单位农业从业人员	Agricultural Employees of Unit	1113002	95097	102466
按主要行业分的住户农业从业人员数量（人）	Number of Agricultural Employees of Households By Major Agriculture Sector(person)	8633369	2236230	1564236
农作物种植业	Crop Farming	7891378	2032113	1465855
林　业	Forestry	35934	3706	739
畜牧业	Animal Husbandry	666766	191443	94178
渔　业	Fisheries	14167	2588	1016
农林牧渔服务业	Animal Husbandry and Fishery Services	25124	6380	2448
按性别分的住户农业从业人员数量（人）	**Number of Agricultural Employees of Households By Sex(person)**	**8633369**	**2236230**	**1564236**
男	Male	4441073	1134201	808052
女	Female	4192296	1102029	756184
按主要农业行业分的农业生产经营单位从业人员数量（人）	**Number of Employees of Agricultural Production Units By Major Agriculture Sector(person)**	**1113002**	**95097**	**102466**
农作物种植业	Crop Farming	661278	21110	90376
林　业	Forestry	346804	57309	4673
畜牧业	Animal Husbandry	51864	6540	2994
渔　业	Fisheries	7025	907	787
农林牧渔服务业	Animal Husbandry and Fishery Services	46031	9231	3636
农业技术人员数量（人）	**Number of Agricultural Technician(person)**			
全　省	Total	97876	17883	8676
村　内	In Village	37083	6127	2486
初　级	Junior	22696	4420	1621
中　级	Intermediate	9426	1510	662
高　级	Senior	4961	197	203
农业生产经营单位	Agricultural Production Unit	60793	11756	6190

HEILONGJIANG PROVINCE, THE SECOND NATIONAL AGRICULTURAL CENSUS DATA AGRICULTURAL PRODUCERS AND AGRICULTURAL PROFESSIONALS BY REGION（2006）

鸡西市 Jixi	鹤岗市 Hegang	双鸭山市 Shuangyashan	大庆市 Daqing	伊春市 Yichun	佳木斯市 Jiamusi	七台河市 Qitaihe	牡丹江市 Mudanjiang	黑河市 Heihe	绥化市 Suihua	大兴安岭地区 Daxinganling	农垦总局 ARB
139596	**42082**	**96647**	**294410**	**70487**	**254803**	**54096**	**233126**	**152100**	**762264**	**45735**	
133303	37933	91699	249455	57875	239205	51026	222862	145554	712371	39345	
265	182	281	588	2117	216	274	1065	97	543	1056	
4937	3710	4375	43162	10004	12338	2638	8443	5994	47424	4604	
383	116	104	750	382	1615	62	392	123	901	182	
708	141	188	455	109	1429	96	364	332	1025	548	
475	**191**	**515**	**538**	**381**	**689**	**91**	**752**	**702**	**788**	**335**	**37**
172	92	178	103	52	320	27	109	326	102	53	18
89	47	46	37	266	90	17	396	108	167	99	1
26	20	206	129	26	53	14	53	53	79	35	8
14	3	11	21	3	17	6	12	11	18	1	
174	29	74	248	34	209	27	182	204	422	147	10
475	**191**	**515**	**538**	**381**	**689**	**91**	**752**	**702**	**788**	**335**	**37**
342	117	225	189	326	379	19	591	525	287	240	15
111	39	90	220	37	205	63	128	125	257	79	22
22	35	200	129	18	105	9	33	52	244	16	
453	**156**	**315**	**409**	**363**	**584**	**82**	**719**	**650**	**544**	**319**	**37**
219	100	203	236	329	303	26	262	362	124	217	28
140	53	100	98	30	244	55	267	267	255	81	7
94	2	5	23	1	14		20	15	27	15	1
453	**156**	**315**	**409**	**363**	**584**	**82**	**719**	**650**	**544**	**319**	**37**
422	118	290	181	327	534	69	449	575	343	266	34
13	29	1	34	7	3		86	3	25	1	
9		12	95	7	16	8	26	4	36	20	1
8	4	11	83	20	28	4	29	18	139	30	2
306266	90153	216399	654875	127703	603932	113274	511776	351116	1801387	56022	5840
306266	90153	216399	654875	127703	603932	113274	511776	351116	1801387	56022	
74381	76201	159667	41324	125157	100458	8106	79117	158339	33067	53782	5840
306266	90153	216399	654875	127703	603932	113274	511776	351116	1801387	56022	
288847	81097	206142	542078	95306	568411	108071	493143	333482	1644438	32395	
293	822	256	411	15344	182	234	649	162	1190	11946	
14793	7486	8642	109280	16105	29595	4554	16333	15492	151319	7546	
839	214	251	1709	656	3432	149	749	337	1992	235	
1494	534	1108	1397	292	2312	266	902	1643	2448	3900	
306266	**90153**	**216399**	**654875**	**127703**	**603932**	**113274**	**511776**	**351116**	**1801387**	**56022**	
159976	48639	115136	330124	66967	321876	59714	270101	185922	910063	30302	
146290	41514	101263	324751	60736	282056	53560	241675	165194	891324	25720	
74381	**76201**	**159667**	**41324**	**125157**	**100458**	**8106**	**79117**	**158339**	**33067**	**53782**	5840
62884	65742	144437	21587	10518	83603	5414	13504	121710	12427	3398	4568
6211	5950	8429	4089	110989	9603	1871	62389	23703	13129	38432	27
2231	4163	5599	11778	1313	4175	554	1742	5810	3392	810	763
1302	74	312	1257	83	1017	104	349	309	519	5	
1753	272	890	2613	2254	2060	163	1133	6807	3600	11137	482
3870	2317	4831	3647	4350	4996	761	7829	17428	4982	4620	11686
670	521	574	641	385	1469	266	3555	6501	1896	670	11322
543	259	314	462	205	1084	193	2462	2380	1306	454	6993
110	159	202	152	172	321	64	1009	1829	468	178	2590
17	103	58	27	8	64	9	84	2292	122	38	1739
3200	1796	4257	3006	3965	3527	495	4274	10927	3086	3950	364

11-35 黑龙江省第二次全国农业普查资料各地区农业生产条件（2006年）

指　　标	Item	合　计 Total	哈尔滨市 Harbin	齐齐哈尔市 Qiqihar
年末拥有农业生产用房面积	**Agricultural Production Space Area In Year-end**			
温室面积(公顷)	Greenhouse Area (hectare)	30697	9460	2406
大棚面积(公顷)	Big Awning Area (hectare)	168087	34071	17130
农业生产用房面积(亿平方米)	Agricultural Production Building(100 million sq.m)	11783	2262	2224
#畜牧养殖用房	#Livestock Building	5785	1278	955
渔业养殖用房(万平方米)	Fish Farming Space (10000 sq.m)	447431	60543	130378
农户年末拥有生产用房面积	**Agricultural Production Space Area of Farmers**			
温室面积(公顷)	Greenhouse Area (hectare)	23903	7258	2308
大棚面积(公顷)	Big Awning Area (hectare)	115702	31394	16598
农业生产用房面积(亿平方米)	Agricultural Production Building(100 million sq.m)	10413	2156	2101
#畜牧养殖用房	#Livestock Building	4908	1195	898
渔业养殖用房(万平方米)	Fish Farming Space (10000 sq.m)	245052	43867	35890
单位年末拥有农业生产用房面积	**Agricultural Production Space Area of Unit**			
温室面积(公顷)	Greenhouse Area (hectare)	6794	2202	98
大棚面积(公顷)	Big Awning Area (hectare)	52385	2677	532
农业生产用房面积(亿平方米)	Agricultural Production Building(100 million sq.m)	1370	106	123
#畜牧养殖用房	#Livestock Building	877	83	57
渔业养殖用房(万平方米)	Fish Farming Space (10000 sq.m)	202379	16676	94488
农业技术措施应用情况	**Agricultural Application of Technical Measures**			
占耕地面积比重（%）	Proportion of Total Cultivated Area (%)			
机耕面积比重	Mechanized Farming Area	89	83	91
机电灌溉面积比重	Electromechanical Irrigated Area	12	8	9
喷灌面积比重	Irrigation Area	1		6
滴灌渗灌面积比重	Drip Irrigation Area			
占播种面积比重(%)	Proportion of Total Sown Area (%)			
机播面积比重	Machine Sowing Area	78	65	84
机收面积比重	Machine Receives the Area	43	12	24
农用薄膜、化肥、农药使用情况	**Agricultural Film, Chemical Fertilizer, Pesticide Use**			
地膜覆盖面积(千亩)	Mulching Area (1000 acre)	1173	123	85
中小棚覆盖面积(千亩)	In the Shed Covered Area (1000 acre)	205	60	11
化肥购买量(吨)	Fertilizer Purchases (ton)	3593134	751983	503373
农药购买量(吨)	Pesticide Purchases (ton)	46035	8133	4777
农户农用薄膜、化肥、农药使用情况	**Agricultural Film, Chemical Fertilizer, Pesticide Use of Farmers**			
地膜覆盖面积(千亩)	Mulching Area (1000 acre)	553	117	82
中小棚覆盖面积(千亩)	In the Shed Covered Area (1000 acre)	130	58	7
化肥购买量(吨)	Fertilizer Purchases (ton)	2763765	733165	480043
农药购买量(吨)	Pesticide Purchases (ton)	31429	7663	4423
单位农用薄膜、化肥、农药使用情况	**Agricultural Film, Chemical Fertilizer, Pesticide Use of Unit**			
地膜覆盖面积(亩)	Mulching Area (1000 acre)	620026	6379	3281
中小棚覆盖面积(亩)	In the Shed Covered Area (1000 acre)	74801	1437	3433
化肥购买量(吨)	Fertilizer Purchases (ton)	829370	18818	23330
农药购买量(吨)	Pesticide Purchases (ton)	14606	470	354

HEILONGJIANG PROVINCE, THE SECOND NATIONAL AGRICULTURAL CENSUS DATA
AGRICULTURAL PRODUCTION CONDITIONS BY REGION (2006)

鸡西市 Jixi	鹤岗市 Hegang	双鸭山市 Shuangyashan	大庆市 Daqing	伊春市 Yichun	佳木斯市 Jiamusi	七台河市 Qitaihe	牡丹江市 Mudanjiang	黑河市 Heihe	绥化市 Suihua	大兴安岭地区 Daxinganling	农垦总局 ARB
850	384	876	5433	252	2098	1275	3594	945	2145	333	646
4645	2522	4529	7247	3151	13844	2981	19580	2610	14766	3305	37707
365	134	442	1168	169	686	125	591	338	2571	133	581
109	52	256	660	110	309	35	237	94	1278	80	341
23578	3311	4242	43409	18237	19376	4132	31858	9445	89695	1819	7408
806	365	727	2282	236	2071	1235	3218	939	2138	320	
4559	2462	4526	4746	2933	8004	2959	18507	2595	14747	1673	
348	117	268	1088	135	636	116	509	319	2539	81	
99	45	93	606	81	285	29	193	88	1259	37	
18312	1184	2674	27878	6504	10778	2692	26613	8248	58765	1647	
44	19	149	3151	16	27	40	376	6	7	13	646
86	60	3	2501	218	5840	22	1073	15	19	1632	37707
17	18	174	80	33	50	9	82	19	33	52	581
10	7	163	54	29	24	6	44	6	19	43	341
5266	2127	1568	15531	11733	8598	1440	5245	1197	30930	172	7408
87	95	92	93	92	90	91	48	96	85	94	99
13	9	3	6	7	8	2	2		8		35
			1								2
80	94	90	38	85	87	82	48	97	63	90	92
52	74	62	5	54	71	56	14	79	11	68	88
13	6	58	43	3	77	8	102	6	81	2	565
10	2	2	3		13		3	1	34		67
105198	47741	81236	179339	48744	261707	35929	151795	152283	572093	9920	692136
1773	570	1286	1869	932	3533	623	2573	2122	6406	414	11024
10	5	49	39	3	57	8	94	6	81	2	
8	1	2	2		13		3	1	34		
97704	44283	68909	172513	38095	242549	35093	140031	133675	568610	9094	
1611	516	940	1668	558	2980	550	2248	1769	6284	219	
2386	300	9110	4669	209	19684		8160			935	564913
1822	60		585		204		35		88	41	67096
7494	3458	12327	6826	10649	19157	836	11764	18608	3483	826	692136
162	54	346	200	375	553	74	325	353	121	194	11024

11-36 黑龙江省第二次全国农业普查资料 全省主营农业法人单位基本情况（2006年）

单位：万元

指　　标	Item	单位数（个） Number of Enterprises (unit)	年末从业人员数（人） Employmee at Year_end (person)
按单位类型分	**By Unit Type**	**3810**	**1286514**
单产业法人单位	Single-industry Corporate Units	2349	171127
多产业法人单位的产业活动单位	Units of Multi-industry Corporate Industrial Units	283	1093888
未注册单位	Unregistered Units	1178	21499
按主营农业行业分	**By Main Agricultural Sector**	**3810**	**1286514**
农作物种植业	Crop Farming	877	825946
林　业	Forestry	570	391729
畜牧业	Animal Husbandry	845	43513
渔　业	Fisheries	139	5498
农林牧渔服务业	Animal Husbandry and Fishery Services	1379	19828
#农　业	#Agriculture	645	12367
林　业	Forestry	85	2668
牧　业	Animal Husbandry	627	4428
渔　业	Fisheries	21	336
未回答	No answer		
按机构类型分（不包括未注册单位）	**By Institution Type (not including unregistered units)**	**2632**	**1265015**
企　业	Enterprise	1021	1133749
事业单位	Institutions	1310	124226
机　关	Agencies & Organizations	24	487
社会团体	Social Groups	23	507
民办非企业	Private Non-enterprise	57	840
其他法人单位	Other Legal Entities	197	5206
未回答	No Answer		
按所属系统分（不包括未注册单位）	**By Their system (not including unregistered units)**	**646**	**1099315**
#农　垦	#ARB	143	700992
林　业	Forestry	503	398323
按所有制分（不包括未注册单位）	**By ownership (not including unregistered units)**	**2632**	**1265015**
国　有	State-owned	1769	1239922
集　体	Collective	96	4725
内资私营	Domestic Private	475	9513
内资合作、合资	Domestic Partnership, Joint Venture	284	10591
港澳台独资	Hong Kong, Macao, and Taiwan-owned	3	110
与港澳台合资	Joint Venture With Hong Kong, Macao, Taiwan	1	8
外商独资	Foreign-owned	1	8
与外商合资	Joint Ventures With Foreign	3	138

HEILONGJIANG PROVINCE, THE SECOND NATIONAL AGRICULTURAL CENSUS DATA STATISTICS ON PRINCIPAL AGRICULTURAL LEGAL ENTITIES (2006)

(10000 yuan)

年末农业技术人员数（人） Number of Agricultural technicians (person)	年末固定资产原值 Original Value of Fixed Assets at Year_end	全年固定资产投资完成额 Annual amount of investment in fixed assets	年末贷款余额 loans at Year_end	全年经营总收入 Annual Revenue from Business	全年营业税金 Annual Sales tax	全年劳动报酬 Annual remuneration
63193	**4624357**	**511807**	**1000620**	**6320710**	**40299**	**958552**
17846	1207399	57174	44559	492761	2401	89241
44110	2605988	430643	846110	5346486	36151	856197
1237	810970	23990	109951	481463	1747	13114
63193	**4624357**	**511807**	**1000620**	**6320710**	**40299**	958552
24978	1538567	330582	474321	4779630	30143	721373
27992	1228980	111310	375047	686462	5395	192467
2622	360713	49673	35873	223211	2933	27249
743	142064	5203	7680	320128	226	3723
6858	1354033	15039	107699	311279	1602	13740
3820	96773	11815	6225	51744	324	6287
854	1960	337	8	1147	2	638
2090	668080	2851	101466	258215	1276	6733
69	587198	36		172		82
61956	**3813387**	**487817**	**890669**	**5839247**	**38552**	945438
42780	3511699	473350	873703	5632778	37419	877379
18567	290510	13313	14624	189740	935	66185
81	191		4	430	1	226
90	1928	140	60	8591	2	139
186	1509	477	47	781	2	78
252	7550	537	2231	6927	193	1431
41423	**2588959**	**429617**	**827183**	**5335146**	**35591**	868332
11807	1351517	312552	442615	4610824	30007	666982
29616	1237442	117065	384568	724322	5584	201350
61956	**3813387**	**487817**	**890669**	**5839247**	**38552**	945438
59855	3538895	447671	859553	5646775	36379	930417
210	18723	1704	2934	16494	71	2263
833	134107	24795	14440	59841	551	5985
1028	117937	12615	13382	110549	1551	6572
8	404	80		1258		80
1	442	400		13		9
3	360	360	40	150		7
18	2519	192	320	4167		105

11-37 黑龙江省第二次全国农业普查资料
全省主营农业法人单位农林牧渔服务业收支情况（2006年）

单位：万元

指　　标	Item	企业单位全年农林牧渔服务业经营总收入 Revenue from Principal Business
按单位类型分	**By Unit Type**	**131769**
单产业法人单位	Single-industry Corporate Units	61893
多产业法人单位的产业活动单位	Units of Multi-industry Corporate Industrial Units	56068
未注册单位	Unregistered Units	13808
按主营农业行业分	**By Main Agricultural Sector**	**131769**
农作物种植业	Crop Farming	13320
林　业	Forestry	18702
畜牧业	Animal Husbandry	11958
渔　业	Fisheries	561
农林牧渔服务业	Animal Husbandry and Fishery Services	87228
#农　业	#Agriculture	29723
林　业	Forestry	432
牧　业	Animal Husbandry	56949
渔　业	Fisheries	123
未回答	No answer	
按机构类型分	**By Institution Type**	**117961**
（不包括未注册单位）	**(not including unregistered units)**	
企　业	Enterprise	80101
事业单位	Institutions	36471
机　关	Agencies & Organizations	40
社会团体	Social Groups	458
民办非企业	Private Non-enterprise	97
其他法人单位	Other Legal Entities	794
未回答	No Answer	
按所属系统分	**By Their system**	**17640**
（不包括未注册单位）	**(not including unregistered units)**	
#农　垦	#ARB	304
林　业	Forestry	17336
按所有制分	**By ownership**	**117961**
（不包括未注册单位）	**(not including unregistered units)**	
国　有	State-owned	50794
集　体	Collective	1734
内资私营	Domestic Private	13642
内资合作、合资	Domestic Partnership, Joint Venture	50808
港澳台独资	Hong Kong, Macao, and Taiwan-owned	928
与港澳台合资	Joint Venture With Hong Kong, Macao, Taiwan	
外商独资	Foreign-owned	5
与外商合资	Joint Ventures With Foreign	50

HEILONGJIANG PROVINCE, THE SECOND NATIONAL AGRICULTURAL CENSUS DATA STATISTICS ON ANIMAL HUSBANDRY AND FISHERY SERVICES INCOME AND EXPENDITURE OF PRINCIPAL AGRICULTURAL LEGAL ENTITIES (2006)

(10000 yuan)

#种植业服务业 Crop Farming	林业服务业 Forestry	畜牧业服务业 Animal Husbandry	渔业服务业 Fisheries	事业单位全年农林牧渔服务业总支出 Expenditure of Institutions
42682	**16090**	**71778**	**1219**	**42918**
36175	9815	14969	934	38276
3183	6240	46457	188	4642
3324	35	10352	97	
42682	**16090**	**71778**	**1219**	**42918**
	196	3553	423	3623
3093	15322	240	47	6638
567	106	11107	178	7043
66		54	441	220
29808	466	56824	130	25394
29311	62	310	40	18125
53	373	6		3417
394	31	56507	17	3552
50			73	299
39358	**16055**	**61426**	**1122**	**42918**
	6625	58907	789	
24625	9388	2127	331	42918
35		5		
458				
27		70		
433	42	317	2	
4042	**13280**	**267**	**51**	**8319**
287		12	5	236
3755	13280	255	46	8083
39358	**16055**	**61426**	**1122**	**42918**
28219	15790	5795	990	22614
	182	277	25	1066
5071	65	8414	92	300
3840	18	46935	15	18938
928				
		5		
50				

11-38 黑龙江省第二次全国农业普查资料 各地区主营农业法人单位情况（2006年）

		合 计 Total	哈尔滨市 Harbin	齐齐哈尔市 Qiqihar
按经营农业行业分的主营农业法人单位个数(个)	**Number OF Main Agricultural Legal Entitie By Operating Agriculture Industry (unit)**	**3810**	**889**	**454**
种植业	Crop Farming	877	129	149
林 业	Forestry	570	151	36
畜牧业	Animal Husbandry	845	234	60
渔 业	Fisheries	139	34	18
农林牧渔服务业	Animal Husbandry and Fishery Services	1379	341	191
按法人单位类别分的主营农业法人单位个数(个)	**Number OF Main Agricultural Legal Entitie By Category (unit)**	**3810**	**889**	**454**
单产业法人单位数	Single-industry Corporate Units	2349	687	285
多产业法人单位数	Units of Multi-industry Corporate Industrial Units	283	32	24
未注册单位数	Unregistered Units	1178	170	145
按主要行业分的主营农业法人单位从业人员数量(人)	**Number of Employees of Main Agricultural Legal Entitie By Industry(person)**	**1286514**	**76998**	**59298**
#种植业	#Crop Farming	611011	22761	40555
林 业	Forestry	218502	31930	3065
畜牧业	Animal Husbandry	149231	10366	6745
渔 业	Fisheries	9409	891	902
农林牧渔服务业	Animal Husbandry and Fishery Services	39277	6277	4697
其他行业	Others	259084	4773	3334
主营农业法人单位企业财务情况（万元）	**Financial Situation of Main Agricultural Legal Entitie Enterprises(10000 yuan)**			
年末固定资产原值	Original Value of Fixed Assets at Year_end	4624357	267117	93012
全年固定资产投资完成额	Annual amount of investment in fixed assets	511807	41436	9833
年末贷款余额	loans at Year_end	1000620	37859	23646
全年经营总收入	Annual Revenue from Business	6320710	153955	110805
全年营业税金	Annual Sales tax	40299	2084	278
全年劳动报酬	Annual remuneration	958552	30544	27764
主营农业法人单位农林牧渔服务业收支情况（万元）	**Animal Husbandry and Fishery Service Income and Expenditure (10000 yuan)**			
全年农林牧渔服务业经营总收入	Revenue from Principal Business	176072	13633	5906
#种植业	#Crop Farming	74082	5691	2799
林 业	Forestry	17074	5107	231
畜牧业	Animal Husbandry	83440	2650	2864
渔 业	Fisheries	1476	185	12
事业单位全年农林牧渔服务业总支出	Expenditure of Institutions	43166	23533	2497

HEILONGJIANG PROVINCE, THE SECOND NATIONAL AGRICULTURAL CENSUS DATA
STATISTICS ON PRINCIPAL AGRICULTURAL LEGAL ENTITIE BY REGION (2006)

鸡西市 Jixi	鹤岗市 Hegang	双鸭山市 Shuangyashan	大庆市 Daqing	伊春市 Yichun	佳木斯市 Jiamusi	七台河市 Qitaihe	牡丹江市 Mudanjiang	黑河市 Heihe	绥化市 Suihua	大兴安岭地区 Daxinganling	农垦总局 ARB
139	**77**	**298**	**357**	**75**	**326**	**73**	**179**	**192**	**508**	**116**	**127**
26	24	31	70	19	136	12	47	43	66	15	110
40	38	25	32	31	36	17	53	57	39	14	1
15	7	190	115	12	46	12	35	27	65	21	6
9	2	8	16	2	12	6	6	7	18	1	
49	6	44	124	11	96	26	38	58	320	65	10
139	**77**	**298**	**357**	**75**	**326**	**73**	**179**	**192**	**508**	**116**	**127**
111	39	90	220	37	205	63	128	125	257	79	22
6	3	8	8	20	16	1	18	15	7	21	105
22	35	200	129	18	105	9	33	52	244	16	
18326	**7850**	**17020**	**29563**	**138528**	**28549**	**7119**	**83986**	**41091**	**18090**	**54436**	**705660**
7045	2186	7342	12275	28667	16969	4635	28563	17666	7117	2513	412717
5383	4922	1771	1701	71979	3734	1774	33731	9695	4347	39130	5340
1114	270	4823	9745	4814	2276	378	9115	1687	3501	1678	92719
517	125	135	1610	408	488	116	642	417	354	13	2791
1078	249	729	2235	3462	1523	142	972	2388	2354	6985	6186
3189	98	2220	1997	29198	3559	74	10963	9238	417	4117	185907
80222	26854	53765	87431	338689	95150	21445	192121	784978	813966	410617	1358990
8811	1145	9027	12887	39641	6989	960	13652	10306	6954	33852	316356
13521	1751	6721	7388	212453	12530	1301	40389	134795	10627	50605	452241
53604	16402	58965	112246	213596	83709	13436	112241	260028	344290	150473	4646273
356	33	1472	1583	1015	239	6	428	408	294	1973	30175
13352	3930	18352	14410	57948	16423	2785	42486	13260	6820	38481	672664
8387	2508	1651	69503	824	2515	42	507	3149	19017	4127	44303
5140	1121	1379	7647	263	2271	23	341	1835	13272	900	31400
2752	1329	144	563	450	26		91	1258	1029	3110	984
490	58	113	60583	109	181	19	75	51	4492	93	11662
5		15	710	2	37			5	224	24	257
1762	2072	1323	1592	716	2031	288	525	1769	1696	3114	248

11-39 黑龙江省第二次全国农业普查资料
各地区乡镇基础设施和基本社会服务（2006年）

单位：个

指 标	Item	合 计 Total	哈尔滨市 Harbin	齐齐哈尔市 Qiqihar
交通和农村电网改造	**Transport and Countryside Electrical Network Transform**			
有火车站的乡镇	Having Railway Station	201	34	25
有码头的乡镇	Having Wharf	33	12	1
有二级公路通过的乡镇	Having Secondary Roads Through the Township	361	85	38
离一级公路或高速公路出入口的距离小于50公里的乡镇	Less Than 50 Kilometers From First-level Road or Highway Entrance and Exit	462	159	38
能在1小时内到达县政府的乡镇	To Reach the County Government In 1 Hour	771	162	115
完成农村电网改造的乡镇	Completing the Countryside Electrical Network Transform	858	186	124
基本社会服务机构	**Basic Social Services**			
有邮电所的乡镇	Having Post and Telecommunication	803	177	119
有储蓄所的乡镇	Having Savings Bank	826	184	120
有影剧院的乡镇	Having Theater	61	16	7
有图书室（文化站）的乡镇	Having Library (Cultural Center)	468	102	56
有体育场馆的乡镇	Having Stadium	101	26	13
有广播电视站的乡镇	Having Radio and Television Station	595	124	93
有公园的乡镇	Having Park	90	17	16
有小学的乡镇数	Having Primary School	893	189	127
有中学的乡镇数	Having Secondary School	838	187	124
有职业技术学校的乡镇数	Having Vocational-technical School	90	21	33
有医院、卫生院的乡镇数	Having Hospitals, Health Center	872	188	120
有敬老院的乡镇数	Having Nursing Home	573	175	102
有农技推广服务机构的乡镇数	Having Agricultural Extension Service Agency	852	185	119
市场建设	Market Building			
有综合市场的乡镇	Having Comprehensive Market	542	138	81
有专业市场的乡镇数	Having Professional Market	160	35	23
有农产品专业市场的乡镇	Having Agricultural Product Professional Market	109	25	16
有粮油专业市场的乡镇	Having Grain and Oil Professional Market	30	7	5
有蔬菜专业市场的乡镇	Having Vegetable Professional Market	67	16	11
有水果专业市场的乡镇	Having Fruit Professional Market	18	10	2
农业专业合作经济组织和企业	**Agricultural Cooperative Economic Organizations and Enterprises**			
年末有农业专业合作经济组织的乡镇	Having Agriculture Specialized Cooperative Economic Organization	343	73	45
有实体型农业专业合作经济组织的乡镇数	Having Physical Type of Agricultural Cooperative Economic Organization	155	35	21
年末有企业的乡镇	Having the Township-owned Enterprises	833	183	121
有工业企业的乡镇	Having Industrial Enterprises	771	171	110
有卫生处理设施的镇	**Having Health Treatment Facilities**			
集中供水的镇	Centralized Water Supply	320	85	47
生活污水经过处理的镇	Having Sewage Treatment	61	17	9
有垃圾处理站的镇	Having Waste Disposal Station	91	27	12
乡镇小学情况	**Primary School Situation**			
学校总数（个）	Number of Schools (unit)	7901	2045	1573
教师总数（人）	Number of Teachers (person)	121054	33767	17837
在校学生总数（人）	Number of Student Enrollment (person)	1273989	342905	206800
#女生	#Female Student	604336	167086	100011
乡镇中学情况	**Secondary Schools Situation**			
学校总数（个）	Number of Schools(unit)	1473	340	246
教师总数（人）	Number of Teachers (person)	77685	20905	13563
在校学生总数（人）	Number of Student Enrollment (person)	905109	236334	157044
#女生	#Female Student	441364	116705	76389

HEILONGJIANG PROVINCE, THE SECOND NATIONAL AGRICULTURAL CENSUS DATA
STATISTICS ON TOWNSHIP INFRASTRUCTURE AND BASIC SOCIAL SEVICES BY REGION (2006)

(unit)

鸡西市 Jixi	鹤岗市 Hegang	双鸭山市 Shuangyashan	大庆市 Daqing	伊春市 Yichun	佳木斯市 Jiamusi	七台河市 Qitaihe	牡丹江市 Mudanjiang	黑河市 Heihe	绥化市 Suihua	大兴安岭地区 Daxinganling
19	2	5	9	7	14	4	29	13	18	22
	4		3	2	9		1	1		
17	9	16	17	7	37	10	37	21	58	9
16	5	17	32	1	40	13	40	14	87	
46	20	27	52	12	67	17	39	47	145	22
47	19	31	57	18	75	17	56	62	156	10
41	17	27	43	13	66	14	52	58	144	32
45	20	28	53	13	63	15	55	51	151	28
3	2	3	7	3	4	1	4	1	8	2
29	11	20	36	7	46	8	40	23	66	24
5	3	6	5	3	7	1	8		16	8
33	2	25	35	9	59	10	47	28	99	31
4	4	3	4	7	5	2	7	2	10	9
48	20	29	58	18	72	17	56	64	160	35
42	20	28	58	9	66	16	54	56	157	21
4	2	3	2	2	4		5	1	6	7
43	21	30	57	17	70	15	56	64	158	33
32	8	17	39	6	29	6	28	18	107	6
49	21	31	52	19	71	17	56	64	151	17
29	7	16	43	8	44	10	36	22	86	22
9	4	9	10	4	11	1	19	5	28	2
8	1	8	6	1	7	1	13	3	18	2
3		2	1	1			6	1	4	
4	1	6	4		3		8	2	10	2
1		3							2	
22	7	19	25	7	39	4	29	17	53	3
6	4	8	13	1	20	3	11	8	24	1
44	18	29	52	18	63	14	56	57	149	29
40	17	29	48	18	57	12	52	48	142	27
18	5	12	20	7	21	7	38	19	35	6
4		1	5	1	3	3	9	1	3	5
7	3	2	3	4	7	2	9	2	5	8
139	55	184	643	64	451	95	481	319	1761	91
3363	1602	2683	10272	2113	8453	1509	9954	5041	22155	2305
31757	16003	33997	97091	18168	87735	17641	97892	53882	250156	19962
15426	7819	16426	45548	9188	40802	8646	45319	25565	112772	9728
59	28	42	78	21	95	90	98	80	264	32
2529	1451	1521	6301	1386	4095	928	6307	3127	14061	1511
30190	13407	18683	73143	13558	49590	10735	78152	31406	177172	15695
15148	6846	9165	36295	7087	23291	5243	37150	15086	84964	7995

11-39 续 表

指　　标	Item	合　计 Total	哈尔滨市 Harbin	齐齐哈尔市 Qiqihar
乡镇职业技术学校情况	**Vocational and Technical Schools of the Township**			
学校总数（个）	Total Number of school (unit)	110	29	35
教师总数（人）	Total Number of teacher (person)	4616	1812	674
在校学生总数（人）	Total Number of Student Enrollment (person)	55043	18527	6835
#女生	#Female Student	25303	8617	3402
乡镇医院、卫生院、敬老院情况	**Situation of Township Hospitals, Health Centers, Nursing Home**			
医院、卫生院（个）	Hospitals, Health Centers (unit)	1312	276	172
病床数（张）	Number of Beds (unit)	35131	9127	5013
医生数（人）	Number of Doctors (person)	30575	9656	5287
敬老院、福利院（个）	Nursing Home, Welfare (unit)	633	180	124
现收养人数（人）	Number of Adoptions(person)	21371	6183	4694
乡镇农技推广服务机构情况	**Township Agricultural Extension Services**			
农技推广服务机构（个）	Number of Agricultural Extension Services (unit)	976	204	147
农技推广服务机构从业人数（人）	Number of Practitioners (person)	7005	1497	1441
在乡镇的各类市场个数	**Number of The Various Markets In Town**			
综合市场（个）	Comprehensive Market(unit)	809	213	134
#年交易额超过1000万元以上的市场	#Annual Turnover More Than 10 Million Yuan	131	39	19
专业市场（个）	Professional Market (unit)	352	65	39
#年交易额超过1000万元以上的市场	#Annual Turnover More Than 10 Million Yuan	100	18	11
农产品专业市场（个）	Agricultural Products Professional Market(unit)	159	36	26
#年交易额超过1000万元以上的市场	#Annual Turnover More Than 10 Million Yuan	39	11	6
粮食专业市场（个）	Food Professional Market(unit)	31	7	5
#年交易额超过1000万元以上的市场	#Annual Turnover More Than 10 Million Yuan	10	3	1
蔬菜专业市场（个）	Vegetable Market(unit)	78	16	14
#年交易额超过1000万元以上的市场	#Annual Turnover More Than 10 Million Yuan	18	4	3
水果专业市场（个）	Fruit Professional Market (unit)	23	10	3
#年交易额超过1000万元以上的市场	#Annual Turnover More Than 10 Million Yuan	6	2	1
乡镇企业情况	**Situation of Township Enterprises**			
年末企业个数（个）	Number of Enterprises(unit)	33857	6669	3824
#工业企业个数	#Industrial Enterprises	15025	4045	1330
年末企业从业人员数（人）	Number of Employees In Enterprises (person)	576799	169355	54341
#工业企业从业人员数	#Employees In Industrial Enterprises	355766	133366	27147
全年企业实缴税金总额（万元）	Total Tax Paid Throughout The Year (10000 yuan)	201562	102778	12988
乡镇财务情况	**Financial Situation of The Township**			
全年财政总收入(万元/每个乡镇)	Annual Fiscal Revenue (10000 yuan /per township)	406.6	502.8	377.1
全年财政支出(万元/每个乡镇)	Annual Expenditure (10000 yuan /per township)	391.8	453.8	395.1
年末资产总额(万元/每个乡镇)	Year-end Total Assets (10000 yuan /per township)	446.1	520.0	422.0
乡镇投资情况	**Township Investment**			
全年固定资产投资完成额（万元/每个乡镇）	Annual Amount of Fixed Assets Investment Completed (10000 yuan /per township)	233.8	783.3	123.5
#农业投资完成额	#Agricultural Investment	31.2	71.1	29.5
基础设施投资完成额(万元/每个乡镇)	Amount of Infrastructure Investment Completed (10000 yuan /per township)	96.1	358.2	22.5
公益事业投资完成额(万元/每个乡镇)	Amount of Public Welfare Investment Completed (10000 yuan /per township)	20.7	47.9	14.8
建制镇镇区情况	**Township Situation of Organic Towns**			
镇区平均规划面积（平方公里/每镇）	Average Planning Area (km /per town)	11.9	11.4	6.4
建成区平均面积（平方公里/每镇）	Average Area of Built-up Areas (km /per town)	6.5	6.9	3.6
镇区平均绿化面积（公顷/每镇）	Green Township Average Area (ha /per town)	16.0	14.9	18.2
平均公交车通车线路（条/每镇）	Average Bus Traffic Lines (item/per town)	1.4	1.6	2.0

COUNTINUED

鸡西市 Jixi	鹤岗市 Hegang	双鸭山市 Shuangyashan	大庆市 Daqing	伊春市 Yichun	佳木斯市 Jiamusi	七台河市 Qitaihe	牡丹江市 Mudanjiang	黑河市 Heihe	绥化市 Suihua	大兴安岭地区 Daxinganling
4	2	4	2	2	5		7	2	10	8
70	115	83	168	35	283		646	70	385	275
1238	776	658	1495	473	3353		14157	1673	3705	2153
286	392	285	740	127	1434		6711	1000	1436	873
70	29	37	106	30	99	18	101	80	240	54
1471	569	559	2068	1247	1578	259	3760	1397	6656	1427
728	513	513	2221	944	1228	174	3294	1220	3995	802
36	9	18	39	14	30	7	37	18	114	7
544	239	509	1707	168	926	203	967	478	4673	80
52	26	33	61	19	82	18	72	74	168	20
363	213	163	606	80	304	72	364	428	1374	100
33	8	23	63	13	64	23	57	36	111	31
6	2	10	8	6	5		13	3	17	3
27	4	17	10	4	62	1	68	8	45	2
2	1	7	3	2			43	4	9	
22	1	13	6	1	9	1	17	3	22	2
1		6	2	1			5	1	6	
4		2	1	1			6	1	4	
		1	1	1			2		1	
11	1	6	4		4		8	2	10	2
1		3	1				2	1	3	
4		4							2	
		1							2	
1512	1188	1763	2202	595	3726	650	1799	1494	7737	698
573	269	855	1060	449	1097	376	1052	492	3159	268
36979	17415	18539	42386	14542	37564	9424	37472	11434	84279	43069
18569	11354	9170	28384	9273	15848	5957	26941	4583	50650	14524
9114	6492	7229	14886	1686	8214	8971	12256	1167	9238	6543
386.8	403.6	360.2	407.2	256.2	325.6	377.1	699.9	237.2	397.3	222.5
348.7	297.2	392.6	408.0	245.0	338.7	392.5	541.5	237.8	427.5	209.1
191.0	158.5	304.8	619.6	136.8	317.5	369.9	661.1	169.1	467.2	1054.7
51.7	18.9	44.3	153.9	19.8	155.3	77.1	73.1	80.5	68.7	5.8
13.1	1.4	1.6	60.4	3.0	57.4	20.4	8.4	11.4	5.5	
13.9	10.4	4.5	49.5	9.6	52.2	17.0	43.1	31.1	20.6	1.4
12.3	1.8	5.7	36.2	2.4	29.2	15.4	5.5	6.7	10.1	0.5
10.0	14.6	15.2	7.8	11.5	44.3	15.5	15.2	5.0	3.2	7.7
4.5	10.5	9.6	5.7	9.7	13.7	13.4	8.6	7.0	2.1	6.4
44.1	3.6	5.2	6.4	31.3	10.6	30.9	28.1	10.3	5.9	21.4
1.4	1.8	0.8	2.5	0.7	1.8	1.4	0.8	2.0	0.5	0.6

11-40 黑龙江省第二次全国农业普查资料各地区村基础设施和基本社会服务（2006年）

单位：个

指标	Item	合计 Total	哈尔滨市 Harbin	齐齐哈尔市 Qiqihar
交通、通讯和电力	**Transportation, communication and power**			
通公路的村	Accessible By Road	8572	1812	1200
通公路的自然村	Natural Village Accessible By Road	31476	8423	6561
村内主要道路有路灯的村	Main Road Having Street Light	1001	207	80
按进村道路路面材料分的村个数	By Entering the Village Road Surface Material	9004	1886	1260
水泥	Cement	2229	558	219
柏油	Tar	589	76	96
沙石	Sand	5178	1200	827
砖石、板	Brick, board	327	7	1
其他	Other	681	45	117
按村内主要道路路面材料分的村个数	By the Main Village Road Surface Material	9004	1886	1260
水泥	Cement	1066	244	113
柏油	Tar	163	20	16
沙石	Sand	6125	1415	892
砖石、板	Brick, board	381	53	4
其他	Other	1269	154	235
通电的村	Energized Village	8968	1880	1260
#自然村	#Natural Village	36275	9639	7735
通电话的村	Telephone Conversation	8902	1878	1255
#自然村	#Natural Village	35497	9567	7514
文教、医疗	**Culture, Education, Health care**			
有幼儿园、托儿所的村	Having Kindergartens, Nurseries	3415	926	415
有体育健身场所的村	Having Fitness venues	555	155	41
有图书室、文化站的村	Having Library, Cultural Center	922	221	106
能够接收电视节目的村	Able to Receive TV Programs	8925	1875	1254
安装了有线电视的村	Installed Cable Television	7159	1418	805
有农民业余文化组织的村	Having Farmers Amateur Cultural Organization	910	201	60
能接受电视节目的自然村	Natural Village Can Receive TV Programs	35767	9532	7613
安装了有线电视的自然村	Natural Village Installed Cable Television	21110	5119	3552
有卫生室的村	Having Clinic	7516	1733	930
有行医资格证书医生的村	Having Doctor With Practice Qualification Certificates	8180	1792	1204
有行医资格证书接生员的村	Having Midwife With Practice Qualification Certificates	2506	550	497
环境卫生	**Environmental Health**			
饮用水经过集中净化处理的村	Purified Drinking Water Through Centralized	2183	461	184
实施垃圾集中处理的村	Focus on The Implementation of Garbage	1009	228	50
有沼气池的村	Having Digester	559	141	67
完成改厕的村	Completion of Toilet	993	208	87
完成改厕的自然村	Natural Village Completed Toilet	2699	555	354
有畜禽集中养殖区的村数	Having Concentrated Livestock Farming Area	415	98	24
养殖区有畜禽粪便无害化处理设施的村数	Breeding Area Has Facilities For Safe Disposal of Animal Manure	39	7	1
旅游、市场	**Tourism,Market**			
有开展旅游接待服务的本村居民的村	Carry Out Tourist Service	108	25	10
村内有50平方米以上的综合商店或超市的村	Having 50 Square Meters Shop or Supermarket	5144	1252	636
村内能买到化肥的村	Being Able To Buy Fertilizer In Village	3729	774	493
农田水利设施	**Irrigation facilities**			
在正常年景下用水有保障的村	Protected the Village Under water In NormalTimes	7686	1688	1197
有机电井的村	Having Electromechanical	5920	1458	957
有能够使用的灌溉用水塘和水库的村	Be Used Able to Use the Irrigation Pond and Reservoir	1683	521	254
有排灌站的村	Having Irrigation And Drainage Station	613	196	51
有农业技术人员的村数	Having Agricultural Technician	2987	613	489
村干部基本情况	**Basic Condition of Village Cadres**			
年末村干部人数（人）	Namber of the Village Cadres (person)	47862	10129	7736
#女干部	#women cadres	9662	1961	1398
女干部人数的比重（%）	Proportion of Women cadres (%)	20	19	18
年末平均每个村的村干部人数（人/村）	The Average Number of Village Cadres In Each Village (people / village)	5	5	6

HEILONGJIANG PROVINCE, THE SECOND NATIONAL AGRICULTURAL CENSUS DATA STATISTICS ON RURAL INFRASTRUCTURE AND BASIC SOCIAL SEVICES BY REGION (2006)

(unit)

鸡西市 Jixi	鹤岗市 Hegang	双鸭山市 Shuangyashan	大庆市 Daqing	伊春市 Yichun	佳木斯市 Jiamusi	七台河市 Qitaihe	牡丹江市 Mudanjiang	黑河市 Heihe	绥化市 Suihua	大兴安岭地区 Daxinganling
432	209	409	448	213	932	199	860	505	1259	94
1427	320	582	1843	400	1461	299	1496	1114	7390	160
41	29	42	45	63	81	36	286	38	32	21
459	211	417	484	214	978	220	887	557	1336	95
146	81	91	50	76	258	73	313	132	211	21
2		26	176	29	9	6	63	3	91	12
305	127	300	6	108	684	140	499	403	517	62
			218	1					100	
6	3		34		27	1	12	19	417	
459	211	417	484	214	978	220	887	557	1336	95
57	32	37	30	54	96	35	169	88	103	8
1		4	72	3	2	2	9		31	3
385	174	373	8	155	817	178	691	426	527	84
			216		4				104	
16	5	3	158	2	59	5	18	43	571	
459	211	417	483	214	978	209	887	557	1336	77
1619	330	605	2486	415	1599	323	1626	1294	8464	140
459	208	413	482	213	963	209	884	520	1330	88
1608	318	583	2383	406	1557	322	1572	1203	8305	159
185	44	207	198	31	326	92	247	156	559	29
47	11	36	21	32	43	22	69	16	53	9
94	17	34	109	20	62	17	100	33	91	18
459	210	413	481	213	972	209	886	542	1323	88
457	193	364	320	176	889	200	871	472	915	79
81	18	43	43	21	119	19	146	52	81	26
1608	327	595	2465	411	1581	321	1592	1255	8310	157
1570	293	479	1167	312	1397	299	1466	1006	4334	116
430	167	365	400	142	827	191	801	433	1050	57
438	170	378	469	145	861	193	813	430	1225	62
89	40	150	99	22	255	49	227	109	403	16
90	78	188	127	77	278	153	414	70	60	3
52	17	105	27	43	98	31	227	31	30	70
48	14	25	34	22	63	12	58	11	62	2
76	19	49	34	32	173	22	136	21	135	1
225	24	63	118	49	240	37	209	38	786	1
30	11	48	22	23	44	22	41	12	31	9
1	1	6			10	3	5		5	
7	5	5	6	4	6	1	16	8	12	3
281	90	266	277	86	645	144	568	229	634	36
178	48	155	155	65	489	97	528	297	425	25
385	190	352	455	204	874	156	709	267	1179	30
279	163	227	469	73	585	122	341	145	1097	4
107	19	43	44	25	95	35	154	63	320	3
54	10	22	35	6	95	7	72	4	60	1
172	47	141	100	26	366	104	334	191	386	18
2353	1345	1972	2605	906	5126	919	4714	2822	6794	441
507	249	493	502	198	1076	234	997	558	1385	104
22	19	25	19	22	21	25	21	20	20	24
5	6	5	5	4	5	4	5	5	5	5

11-41 黑龙江省第二次全国农业普查资料全省乡镇基本情况（2006年）

HEILONGJIANG PROVINCE, THE SECOND NATIONAL AGRICULTURAL CENSUS DATA BASIC STATISTICS ON PROVINCIAL TOWNS（2006）

指　　标	Item	乡镇个数(个) Number of towns (unit)	比重（%） Proportion(%)
交通和农村电网改造	**Transport and Countryside Electrical Network Transform**		
有火车站的乡镇	Having Railway Station	201	22.23
有码头的乡镇	Having Wharf	33	3.65
有二级公路通过的乡镇	Having Secondary Roads Through the Township	361	39.93
离一级公路或高速公路出入口的距离小于50公里的乡镇	Less Than 50 Kilometers From First-level Road or Highway Entrance and Exit	462	51.11
能在1小时内到达县政府的乡镇	To Reach the County Government In 1 Hour	771	85.29
完成农村电网改造的乡镇	Completing the Countryside Electrical Network Transform	858	94.91
基本社会服务机构	**Basic Social Services**		
有邮电所的乡镇	Having Post and Telecommunication	803	88.83
有储蓄所的乡镇	Having Savings Bank	826	91.37
有影剧院的乡镇	Having Theater	61	6.75
有图书室（文化站）的乡镇	Having Library (Cultural Center)	468	51.77
有体育场馆的乡镇	Having Stadium	101	11.17
有广播电视站的乡镇	Having Radio and Television Station	595	65.82
有公园的乡镇	Having Park	90	9.96
有小学的乡镇数	Having Several Primary School	893	98.78
有中学的乡镇数	Having Secondary School	838	92.7
有职业技术学校的乡镇数	Having Vocational-technical School	90	9.96
有医院、卫生院的乡镇数	Having Hospitals, Health Center	872	96.46
有敬老院的乡镇数	Having Nursing Home	573	63.38
有农技推广服务机构的乡镇数	Having Agricultural Extension Service Agency	852	94.25
市场建设	**Market Building**		
有综合市场的乡镇	Having Comprehensive Market	542	59.96
有专业市场的乡镇数	Having Professional Market	160	17.7
有农产品专业市场的乡镇	Having Agricultural Product Professional Market	109	12.06
有粮油专业市场的乡镇	Having Grain and Oil Professional Market	30	3.32
有蔬菜专业市场的乡镇	Having Vegetable Professional Market	67	7.41
有水果专业市场的乡镇	Having Fruit Professional Market	18	1.99
农业专业合作经济组织和企业	**Agricultural Cooperative Economic Organizations and Enterprises**		
年末有农业专业合作经济组织的乡镇	Having Agriculture Specialized Cooperative Economic Organization	343	37.94
有实体型农业专业合作经济组织的乡镇数	Having Physical Type of Agricultural Cooperative Economic Organization	155	17.15
年末有企业的乡镇	Having the Township-owned Enterprises	833	92.15
有工业企业的乡镇	Having Industrial Enterprises	771	85.29

11-42 黑龙江省第二次全国农业普查资料全省建制镇镇区基本情况（2006年）

HEILONGJIANG PROVINCE, THE SECOND NATIONAL AGRICULTURAL CENSUS DATA BASIC STATISTICS ON TOWNSHIP OF PROVINCIAL ORGANIC TOWN (2006）

指　　标	Item	数　量 Number of
镇区年末总户数(户)	The Total Number of Households at the Year-end (household)	1853669
镇区年末总人口(人)	Total Population (person)	5516440
镇区平均规划面积(平方公里/每镇)	Average Planning Area (km / per town)	11.9
建成区平均面积(平方公里/每镇)	Average Area of Built-up Areas (km / per town)	6.5
集中供水的镇区(个)	Centralized Water Supply of the Township (unit)	320
生活污水经过处理的镇区(个)	Township Sewage Treated (unit)	61
有垃圾处理站的镇区(个)	Having Waste Disposal Site of the Township(unit)	91
镇区平均绿化面积(公顷/每镇)	Average Green Area (hectare / per town)	16.0
平均公交车通车线路(条/每镇)	Average Bus Traffic Lines (item / per town)	1.4

11-43 黑龙江省第二次全国农业普查资料 全省农村居民生活质量基本情况（2006年）

HEILONGJIANG PROVINCE, THE SECOND NATIONAL AGRICULTURAL CENSUS DATA BASIC CONDITIONS OF LIFE QUALITY OF RURAL RESIDENT（2006）

单位：% (%)

指　　标	Item	全 省 Total
住宅情况	**Housing Situation**	
拥有住宅的户比重	Proportion of Households With Housing	97.81
#拥有两处以上住宅的户比重	#With Two or More	2.23
户均拥有住宅建筑面积（平方米）	Housing Area Per household(square meter)	75.49
按住宅建筑材料结构分的住户构成	Composition of Households By Housing Construction Material	
钢筋混凝土	Reinforced Concrete	0.95
砖混	Brick	21.03
砖（石）木	Brick (stone) Wood	43.87
竹草土坯	Bamboo Grass Adobe	33.84
其他（帐蓬、船屋等）	Other (tents, houseboats, etc.)	0.3
饮用水情况	**Drinking Water Situation**	
获取饮用水困难的户比重	Proportion of Households Access to Potable Water Difficult	1.34
使用入户管道水的户比重	Proportion of Households with Water Pipes	42.79
使用净化处理水的户比重	Proportion of Households Using the Purification Water	16.89
按主要生活用燃料类型分的住户比重	**Proportion of Households By Type of Fuel Used**	
柴草	Firewood	89.14
煤	Coal	7.77
煤气、天然气	Gas, natural gas	2.73
沼气	Biogas	0.02
电	Electricity	0.33
太阳能	Solar	
其他能源	Other energy	
按口粮来源分的住户比重	**Proportion of Households by Ration source**	
自产户	Produce Self	20.15
购粮户	Purchase	79.59
救济及其他户	Relief and Other Household	0.26
每百户拥有耐用消费品数量	**Number of Durable Consumer Goods Per 100 Households**	
彩电(台)	Color TV Set (set)	95.29
汽车(辆)	Automobile (unit)	2.2
固定电话(部)	Fixed Telephone (set)	58.21
手机(部)	Phone (set)	62.93
电脑(部)	Computer (set)	0.95
参加农村新型合作医疗人口比重	**Proportion of Population Participate In New-type rural Cooperative Medical Care**	34.48

11-44 黑龙江省第二次全国农业普查资料各地区农村居民生活质量（2006年）

单位：户

指标	Item	合计 Total	哈尔滨市 Harbin	齐齐哈尔市 Qiqihar
按拥有住宅处数分的农村常住户户数	**Number of Rural Regular Households by Number of House**	**4189298**	**1095984**	**710967**
没有	No	91805	25553	11403
1处	1	4004174	1037398	687038
2处	2	88453	30898	12041
3处以上	3 or more	4866	2135	485
农村常住户拥有住宅面积和居住住宅面积	**Residential Area and Residential Area of Living**			
人均拥有住宅面积（平方米/人）	Per capita housing area (sq.m / person)	21.05	21.82	21.02
人均居住住宅面积（平方米/人）	per capita living area (sq.m / person)	19.74	19.85	19.79
按居住住房性质分的农村常住户户数	**By Residential Housing Property**	4189298	1095984	710967
自有	Own	4054036	1058976	693742
租住	Rental	107245	31841	10912
其他	Other	28017	5167	6313
按居住住房类型分的农村常住户户数	**By the Residential Housing Type**	**4189298**	**1095984**	**710967**
楼房	Building	47460	23476	3173
平房	Bungalow	4117505	1066643	702029
其他	Other	24333	5865	5765
按居住住房结构分的农村常住户户数	**By Residential Housing Structure**	**4189298**	**1095984**	**710967**
钢筋混凝土	Reinforced Concrete	39975	15035	4614
砖混	Brick	880955	382672	82340
砖（石）木	Brick (stone) Wood	1838035	434296	330646
竹草土坯结构	Bamboo Grass Adobe Structure	1417645	260877	290431
其它	Other	12688	3104	2936
按饮用水源分的农村常住户户数	**By Source of Drinking Water**	**4189298**	**1095984**	**710967**
净化处理水	Water Purification	707715	195618	74627
深井水	Deep Well	3317314	858377	611582
浅井水	Shallow Water	158106	41028	24270
江河湖水	River and Lake	2960	403	262
池塘水	Pond Water	488	145	71
雨水	Rainwater	259	77	53
其他来源水	Other	2456	336	102
按主要炊事用能源分的农村常住户户数	**By the Main Cooking Energy**	**4189298**	**1095984**	**710967**
柴草	Firewood	3734505	972302	664270
煤	Coal	325469	54568	34956
煤气、天然气	Gas, Natural Gas	114356	63750	8602
沼气	Biogas	1042	61	600
电	Electricity	13706	5231	2511
太阳能	Solar	51	20	7
其他能源	Other energy	169	52	21
按取暖制冷设施分的农村常住户户数	**By Heating & Refrigeration Facility**	**4189298**	**1095984**	**710967**
没有	No	1110	312	162
空调	Air Conditioning	2263	695	315
暖气	Heating	1161842	367093	136293
火炕	Kang	2942875	682457	570900
其他	Other	81208	45427	3297
农村常住户登记人口参加社会保障的比重(%)	**Proportion of Registered Population of Rural Regular Households Participate in Social Security (%)**			
参加农村社会养老保险	Participate in Rural Social Pension Insurance	1.08	0.68	1.69
参加农村新型合作医疗	Participate in New-type Rural Cooperative Medical Care	34.48	29.48	33.79
参加城镇基本养老保险	Participated in Urban Basic Old-age Insurance	0.44	0.30	0.28
得到过集体养老金	Get Over the Collective Pension	0.18	0.19	0.14
农村常住户承包经营耕地的户数	**Rural Regular Households Contracted Cultivated Land**			
从户籍所在村集体承包过耕地的户	Contract from Household's village	3762036	979178	663455
有自留地、开荒地的户	Having Private Plots, Wasteland	182089	54636	5930
有经营耕地的户	Having Cultivated Land	3563519	943369	619095
农村常住户参与耕地流转的户数	**Rural Regular Households involved in Land Transferred**			
租出、包出过耕地的户	Leased, Package Out Over Farmland	312654	53806	59567
租入、包入、转入耕地的户	Rental income, Package In, Transferred the land	946478	189831	235489
租入或租出耕地的户	Leased or rented land	1237970	241013	291016

HEILONGJIANG PROVINCE, THE SECOND NATIONAL AGRICULTURAL CENSUS DATA QUALITY OF LIFE FOR RURAL RESIDENTS BY REGION (2006)

(household)

鸡西市 Jixi	鹤岗市 Hegang	双鸭山市 Shuangyashan	大庆市 Daqing	伊春市 Yichun	佳木斯市 Jiamusi	七台河市 Qitaihe	牡丹江市 Mudanjiang	黑河市 Heihe	绥化市 Suihua	大兴安岭地区 Daxinganling
164030	**49394**	**117008**	**337409**	**39775**	**295143**	**79096**	**277969**	**172159**	**814607**	**35757**
3276	1639	4661	12530	812	6850	7052	6771	4351	6063	844
156405	46301	109068	319250	37884	282652	69196	259314	164505	801668	33495
4165	1404	3146	5344	1050	5439	2566	11308	3151	6623	1318
184	50	133	285	29	202	282	576	152	253	100
22.23	22.14	20.93	21.29	20.80	21.03	20.92	23.40	20.30	19.26	18.47
21.21	20.22	20.00	20.23	19.80	19.90	20.28	20.85	19.34	18.76	17.50
164030	**49394**	**117008**	**337409**	**39775**	**295143**	**79096**	**277969**	**172159**	**814607**	**35757**
158927	47418	110993	318642	38539	284922	70754	268238	165554	803032	34299
4078	1348	4494	16916	901	7830	7114	7254	4675	9072	810
1025	628	1521	1851	335	2391	1228	2477	1930	2503	648
164030	**49394**	**117008**	**337409**	**39775**	**295143**	**79096**	**277969**	**172159**	**814607**	**35757**
1097	226	979	3414	161	2935	698	4330	921	5916	134
161900	49068	115297	332547	39360	290276	78159	272230	170158	804229	35609
1033	100	732	1448	254	1932	239	1409	1080	4462	14
164030	**49394**	**117008**	**337409**	**39775**	**295143**	**79096**	**277969**	**172159**	**814607**	**35757**
1329	196	1648	2913	65	2681	366	3786	1016	6282	44
51080	10623	16735	28913	9687	62419	2144	44438	25423	164263	218
70655	22145	47680	145140	16783	125244	51241	188270	73013	307811	25111
40325	16347	50347	160021	13044	104036	25200	40406	72242	334006	10363
641	83	598	422	196	763	145	1069	465	2245	21
164030	**49394**	**117008**	**337409**	**39775**	**295143**	**79096**	**277969**	**172159**	**814607**	**35757**
26565	15142	39161	84400	11904	64849	53481	89744	17497	33863	864
118293	32144	73878	249592	25509	210312	23158	164068	143540	773711	33150
17919	2108	3729	3184	2324	19750	2276	22609	10835	6480	1594
264		76	169	18	101	48	1076	135	321	87
53		12	14	6	30	11	70	24	48	4
13		3	24	1	11	5	10	16	43	3
923		149	26	13	90	117	392	112	141	55
164030	**49394**	**117008**	**337409**	**39775**	**295143**	**79096**	**277969**	**172159**	**814607**	**35757**
119047	39287	91385	303507	38387	251678	53592	224175	156325	785569	34981
43120	9817	25033	11223	944	40437	25122	46588	15136	17797	728
1566	215	451	21994	279	1600	185	5943	517	9210	44
4	6		42	1	12	1	56	2	257	
283	69	133	629	150	1398	193	1196	174	1736	3
		2	2		2		1	1	16	
10		4	12	14	16	3	10	4	22	1
164030	**49394**	**117008**	**337409**	**39775**	**295143**	**79096**	**277969**	**172159**	**814607**	**35757**
59		67	74	8	101	15	105	68	139	
59	17	125	168	32	197	47	113	66	411	18
46323	17101	50333	63484	10672	118066	30821	46039	15067	255738	4812
117325	30244	64996	267255	28532	173803	48124	231603	156780	540650	30206
264	2032	1487	6428	531	2976	89	109	178	17669	721
0.74	3.13	0.80	1.10	0.74	1.31	1.11	1.87	3.49	0.36	0.36
63.84	53.42	62.87	72.12	57.39	25.33	46.79	50.02	49.43	11.12	17.88
0.58	0.95	0.54	0.79	0.75	0.27	0.42	0.45	0.35	0.17	13.48
0.22	0.20	0.27	0.16	0.14	0.12	0.27	0.46	0.17	0.10	0.25
146760	41096	105016	297975	32498	264753	63598	244854	151045	764457	7351
11428	2302	5802	1172	10695	12079	1344	42446	10253	7244	16758
134895	36239	91180	276895	32159	246553	50642	225610	145419	741097	20366
17217	7081	19755	28389	4111	24958	16329	33644	12647	34305	845
28842	9351	25498	61668	7160	49583	17363	80670	46052	194030	941
44665	15897	43699	88440	10865	72823	32818	111810	57111	226053	1760

主要统计指标解释

农林牧渔业总产值　指以货币表现的农、林、牧、渔业全部产品和对农林牧渔业生产活动进行的各种支持性服务活动的价值总量，它反映一定时期内农林牧渔业生产总规模和总成果。1957年以前的农林牧渔业总产值中包括了厩肥和农民自给性手工业(如农民自制衣服、鞋、袜，自己从事粮食初步加工等)。1958年及以后，林业中增加了村及村以下竹木采伐产值；牧业中取消了厩肥产值；副业中取消了农民自给性手工业产值，增加了村及村以下办的工业产值；　渔业中增加了海洋捕捞水产品产值。1980年及以后，在副业中增加了农民家庭兼营工业商品部分的产值。从1984年起村及村以下工业产值划归工业。从1993年起取消副业，将野生动物的捕猎划入牧业，野生植物采集和农民家庭兼营商品性工业划归农业。从2003年起，执行新的国民经济行业分类标准，农林牧渔业总产值中包括了农林牧渔服务业产值。林业中增加了森林采运业产值。农业中取消了家庭兼营商品性工业产值，将野生林产品的采集划归林业。第一次农业普查以后，由于畜牧业产品年报数据与普查数据之间存在一定的差距，国家统计局农调总队对畜牧业年报数据与普查数据进行衔接，对畜牧业产值进行相应调整。

农林牧渔业总产值的计算方法通常是按农、林、牧、渔业产品及其副产品的产量分别乘以各自单位产品价格求得；少数生产周期较长，当年没有产品或产品产量不易统计的，则采用间接方法匡算其产值；然后将四业产品产值及农林牧渔服务业产值相加即为农林牧渔业总产值。

粮食产量　指全社会的产量。包括国有经济经营的、集体统一经营的和农民家庭经营的粮食产量，还包括工矿企业办的农场和其他生产单位的产量。粮食除包括稻谷、小麦、玉米、高粱、谷子及其他杂粮外，还包括薯类和豆类。其产量计算方法，豆类按去豆荚后的干豆计算；薯类(包括甘薯和马铃薯，不包括芋头和木薯)1963年以前按每4公斤鲜薯折1公斤粮食计算，从1964年开始改为按5公斤鲜薯折1公斤粮食计算。城市郊区作为蔬菜的薯类(如马铃薯等)按鲜品计算，并且不作粮食统计。其他粮食一律按脱粒后的原粮计算。1989年以前全国粮食产量数据主要靠全面报表取得，1989年开始使用抽样调查数据。

油料产量　指全部油料作物的生产量。包括花生、油菜籽、芝麻、向日葵籽、胡麻籽（亚麻籽）和其他油料。不包括大豆、木本油料和野生油料。花生以带壳干花生计算。

水产品产量　指人工养殖的水产品和天然生长的水产品的捕捞量。包括海水的鱼类、虾蟹类、贝类和藻类以及内陆水域的鱼类、虾蟹类和贝类，不包括淡水生植物。水产品产量是通过各级水产和统计部门逐级上报取得数据。1995年及以前，贝类中牡蛎按鲜肉计算；蚶、蛤、蛙按 5 斤鲜品折 1 斤计算。1996年以后则统一按鲜品计算。

猪、牛、羊肉产量　指当年出栏并已屠宰、除去头蹄下水后带骨肉(即胴体重)的重量。包括全社会范围内的产量。1996年前为各级逐级上报数据。1996年第一次农业普查以后，由于畜牧业产品年报数据与普查数据之间存在一定的差距，国家统计局农调总队对畜牧业年报数据与普查数据进行衔接。1999年以后，国家统计局在部分地区开展了猪、牛、羊、禽等主要畜禽品种的抽样调查，并用抽样数据作为国家定案数据使用。未开展抽样调查的地区和品种，仍使用各级统计部门逐级上报数据。

期初(末)畜禽存栏头(只)数　指报告期初(末)农村各种合作经济组织和国营农场、农民个人、机关、团体、学校、工矿企业、部队等单位以及城镇居民饲养的大牲畜、猪、羊、家禽等畜禽的存栏数。数据上报方式及数据调整情况同猪、牛、羊肉产量。

农作物播种面积　指实际播种或移植有农作物的面积。凡是实际种植有农作物的面积，不论种植在耕地上还是种植在非耕地上，均包括在农作物播种面积中。在播种季节基本结束后，因遭灾而重新改种和补种的农作物面积，也包括在内。它是反映我国耕地面积利用情况的一个重要指标。目前，农作物播种面积主要包括粮食、棉花、油料、糖料、麻类、烟叶、蔬菜和瓜类、药材和其他农作物九大类。

有效灌溉面积 指具有一定的水源，地块比较平整，灌溉工程或设备已经配套，在一般年景下，当年能够进行正常灌溉的耕地面积。在一般情况下，有效灌溉面积应等于灌溉工程或设备已经配备，能够进行正常灌溉的水田和水浇地面积之和。它是反映我国耕地抗旱能力的一个重要指标。

农用化肥施用量 指本年内实际用于农业生产的化肥数量，包括氮肥、磷肥、钾肥和复合肥。化肥施用量要求按折纯量计算数量。折纯量是指把氮肥、磷肥、钾肥分别按含氮、含五氧化二磷、含氧化钾的百分之百成份进行折算后的数量。复合肥按其所含主要成分折算。公式为：

折纯量=实物量×某种化肥有效成份含量的百分比

农业机械总动力 指主要用于农、林、牧、渔业的各种动力机械的动力总和。包括耕作机械、排灌机械、收获机械、农用运输机械、植物保护机械、牧业机械、林业机械、渔业机械和其他农业机械〔内燃机按引擎马力折成瓦(特)计算、电动机按功率折成瓦(特)计算〕。不包括专门用于乡、镇、村、组办工业、基本建设、非农业运输、科学试验和教学等非农业生产方面用的动力机械与作业机械。这个指标的统计数据主要来源于农机部门。

乡村户数 指长期(一年以上)居住在乡镇(不包括城关镇)行政管理区域内的住户，还包括居住在城关镇所辖行政村范围内的农村住户。户口不在本地而在本地居住一年及以上的住户也包括在本地农村住户内；有本地户口，但举家外出谋生一年以上的住户，无论是否保留承包耕地都不包括在本地农村住户范围内。不包括乡村地区内的国有经济的机关、团体、学校、企业、事业单位的集体户。

乡村人口数 指乡村地区常住居民户数中的常住人口数，即经常在家或在家居住6个月以上，而且经济和生活与本户连成一体的人口。外出从业人员在外居住时间虽然在6个月以上，但收入主要带回家中，经济与本户连为一体，仍视为家庭常住人口；在家居住，生活和本户连成一体的国家职工、退休人员也为家庭常住人口。但是现役军人、中专及以上(走读生除外)的在校学生、以及常年在外(不包括探亲、看病等)且已有稳定的职业与居住场所的外出从业人员，不应当作家庭常住人口。

乡村从业人员 指乡村人口中劳动年龄在16周岁以上实际参加生产经营活动并取得实物或货币收入的人员，包括劳动年龄内经常参加劳动的人员，也包括超过劳动年龄但经常参加劳动的人员，但不包括户口在家的在外学生、现役军人和丧失劳动能力的人，也不包括待业人员和家务劳动者。从业人员按从事主业时间最长（时间相同按收入）分为农林牧渔业从业人员、工业从业人员、建筑业从业人员、交通运输业、仓储及邮电通信业从业人员、批零贸易业、餐饮业从业人员、其他非农行业从业人员。

Explanatory Notes on Main Statistical Indicators

Gross Output Value of Agriculture, Forestry, Animal Husbandry and Fishery refers to the total value of products of agriculture, forestry, animal husbandry and fishery, and total value of services in support of agriculture, forestry, animal husbandry and fishery activities. It reflects the total scale and results of agricultural production during a given period. Prior to 1957, China' s gross agricultural output value included barnyard manure and handicraft products for self-consumption (clothes, shoes, stockings, and initial grain processing undertaken by peasants). Since 1958, cutting and felling of bamboo and trees by villages and other cooperative organizations under villages have been included in forestry; value of barnyard manure has been excluded from animal husbandry; self consumed handicrafts have not been included from sideline occupations, while the output value of industries run by villages and cooperative organizations under village has been included in sideline occupations; and the output value of fish catches by motor fishing boats has been added to fishery. Since 1980, the value of handicraft products made for sale by individuals in households has been added to sideline occupations. Since 1984, industries run by villages and under villages have been included in the sector of industry. Since 1993, the subdivision of sideline occupations has been cancelled, and the hunting of wild animals has been classified into animal husbandry, and the gathering of wild plants and commodity industry run by rural household have been included in farming. A new industrial classification of economic activities was introduced in 2003. Under the new classification, value of services to agriculture, forestry, animal husbandry and fishery is included in the gross output value of agriculture, value of wood felling and transport is included in forestry, value of industrial output by rural households is not included in agriculture, and the collection of wild forest products is taken from agriculture and included in forestry. The First Agriculture Census of China revealed some discrepancy between the production of animal products from the annual reports and that from the census. Efforts were made by the Rural Survey of NBS to adjust the output value of animal husbandry to make the figures from the annual reports consistent with the census data.

Gross output value of agriculture is obtained by multiplying the output of each product or by-product by its price, resulting in the output value of each single item. For a small number of products, annual output of which is not available or difficult to get due to the long production (growing) process involved, the output value is estimated through an indirect approach. The sum of output values of all products of agriculture, forestry, animal husbandry and fishery and services in support to those industries is then equal to the gross output value of agriculture.

Grain Output refers to the total output in the whole country including grains produced by State farms, collective units, rural households, as well as by farms affiliated to industrial and mining enterprises and other production units. Grain includes rice, wheat, corn, sorghum, millet and other miscellaneous grains as well as tubers and beans. Output of beans refers to dry beans without pods. The output of tubers (sweet potatoes and potatoes, not including taros and cassava) are converted into that of grain at the ratio 4:1, i.e. 4 kilograms of fresh tubers were equivalent to 1 kilogram of grain up to 1963. Since 1964 the ratio for conversion has been 5:1. Tubers supplied as vegetables (such as potatoes) in cities and suburbs are calculated as fresh vegetables and their output is not included in the output of grain. Output of all other grains refers to husked grain. Data on grain production before 1989 were obtained through the Comprehensive Statistical Reporting System. Since 1989, data from sample surveys are used.

Output of Oil-bearing Crops refers to the total production of oil-bearing crops of various kinds, including peanuts (dry, in shell), rapeseeds, sesame, sunflower seeds, flax seeds, and other oil-bearing crops. Soybeans, oil-bearing woody plants, and wild oil-bearing crops are not included.

Output of Aquatic Products refers to catches of both artificially cultured and naturally grown aquatic products, including fish, shrimps, crabs and shellfish in sea and inland water as well as seaweed. Freshwater plants are not included. Data on output of aquatic products are reported by aquatic product and statistical agencies level by level. Before 1995, among the shellfish, oyster was counted as fresh meat; 5 kilograms of ark shell, clams and frogs are equivalent to 1 kilogram of fresh aquatic products; they have all been counted as fresh aquatic products since 1996.

Output of Pork, Beef, and Mutton refers to the meat of slaughtered hogs, cattle, sheep and goats with head, feet, and offal taken away. Data refers to the production of the whole country. The First Agricultural Census of China in 1996 revealed some discrepancy between the production of animal products from the annual reports and that from the census. Efforts were made by the Rural Survey Organization of the NBS to adjust the output value of animal husbandry to make the figures from the annual reports consistent with the census data. Since 1999, the NBS conducted sample surveys for the major animal husbandry products, such as hogs, cattle, sheep and goats and fowls, and the data from sample surveys are used as national finalized data. Those products, which are not covered by the sample survey, are still reported by statistical agencies level by level.

Number of Livestock or Poultry in Stock at Beginning (or End) of Period refers to the total number of large animals, pigs, sheep, fowls, etc. raised by rural cooperative organizations, State farms, rural individuals, government agencies, schools, industrial and mining enterprises, army, and urban residents at the beginning (or end) of the reference period. Data reporting system and data adjustment are the same as that in the output of pork, beef and mutton.

Sown Area of Crops refers to area of land sown or transplanted with crops regardless of being in cultivated area or non-cultivated area. Area of land re-sown due to natural disasters is also included. This is an important indicator that can reflect the utilization condition of the cultivated land in China. At present, the sown area of crops mainly include the following 9 categories of crops: grain, cotton, oil-bearing crops, sugar crops, flax crops, tobacco, vegetables and melons, medicinal materials and other farm crops.

Irrigated Area refers to area of land that are effectively irrigated, i.e. relatively level land, where there are water sources or complete sets of irrigation facilities to lift and move adequate water for irrigation purpose under normal conditions. Under normal situations, irrigated area is the sum of watered fields and irrigated fields where irrigation systems or equipment have been installed for regular irrigation purpose. This important indicator reflects drought resistance capacity of the cultivated land in China.

Consumption of Chemical Fertilizers in Agriculture refers to the quantity of chemical fertilizers applied in agriculture in the year, including nitrogenous fertilizer, phosphate fertilizer, potash fertilizer, and compound fertilizer. The consumption of chemical fertilizers is calculated in terms of volume of effective components by means of converting the gross weight of the respective fertilizers into weight containing effective component (e.g. nitrogen content in nitrogenous fertilizer, phosphorous pentoxide contents in phosphate fertilizer, and potassium oxide contents in potash fertilizer). Compound fertilizer is converted in regard to its major components. The formula is:

Volume of effective component= physical quantity× effective component of certain chemical fertilizer (%)

Total Power of Agricultural Machinery refers to total mechanical power of machinery used in agriculture, forestry, animal husbandry and fishery, including machinery for ploughing, irrigation and drainage, harvesting, transport, plant protection, animal husbandry, forestry and fishery and other agricultural machineries. (For the power of internal combustion engines, it is converted from its horsepower into watts while for electric motors the output power is converted into watts.) Machinery employed for non-agricultural purposes, such as the machines used in township-run and village-run industry, construction, non-agricultural transport, scientific experiments and teaching, are not included. Data are mainly from agricultural machinery agencies.

Number of Households in Villages refers to households resident on a long term basis (i.e. 1 year or more) in administrative districts in townships (not including urban townships), including rural households resident in areas under the jurisdiction of urban townships. Households whose household registration is not in the locality yet resident for one year or more are included among the rural households. Households having local household registration yet the whole household having left for somewhere else for work for one year or more, whether still retaining contracted farmland, are not included among the local rural households. Also not included are collective households associated with institutions of the State economy, organizations, schools and enterprises.

Number of Residents of Villages refers to the number of usual residents in usual resident households in rural areas. These are persons who are regularly at home or are at home for 6 months or more and economically and socially integrated with the household. For persons who are away from home for employment for more than 6 months yet the main income is brought back home and thus economically integrated with the household, the person is still considered as a usual resident of the household. National employee and retired personnel who reside at home and whose living is integrated with the household are also considered as usual residents. However, serving military personnel, students at secondary technical level or above (unless commuting between school and home), employed persons who are regularly elsewhere the year round (except visiting relatives or receiving medical attention) and having a stable job and residence should not be considered as usual resident of the household.

Rural Persons Engaged refer to persons in the rural labour force aged over 16 years who are engaged in actual production and management activities and receive payment in kind or wages, including those covered within the labour force age bracket and regularly participating in production activities, and those who are out of the labour force age bracket yet also participating in production activities regularly. Students studying in other places with their permanent residence registered in local areas, servicemen and persons incapable of working are not included. Also not included are those who are waiting for jobs and those engaged in housework. Persons employed are classified as persons engaged in agriculture, forestry, animal husbandry or fishery activities; persons engaged in industrial activities; persons engaged in construction activities; persons engaged in transport, storage and telecommunications activities; persons engaged in wholesale and retail trade and catering activities; and persons engaged in other non-agriculture activities. In case the person is engaged in more than one type of work, classification is according to the industry in which he works most of the time (where time is the same income would be the criterion).

第十二篇　工业

CHAPTER 12　INDUSTRY

12-1 工业企业单位数

NUMBER OF INDUSTRY ENTERPRISES

单位：个 (unit)

类 别	Category	2005	2006	2007	2008	2009	2010
总 计	**Total**	**2887**	**2956**	**3172**	**4392**	**4408**	**4596**
#亏损企业	#Loss-making Enterprises	802	714	696	851	765	673
#国有及国有控股企业	#State-owned and State-holding Enterprises	693	661	515	535	505	517
#农村工业	#County Enterprises	41	31	32	35	46	70
按登记注册类型分	**Grouped by Status of Registration**						
内资企业	Domestic Funded	2685	2730	2917	4099	4112	4298
国有企业	State-owned Enterprises	472	396	282	280	263	261
#中央企业	#Central Industry	64	54	44	47	34	38
集体企业	Collective-owned Enterprises	212	201	199	235	204	154
股份合作企业	Cooperative Enterprises	69	66	72	106	87	78
联营企业	Joint Ownership Enterprises	4	4	5	5	4	4
有限责任公司	Limited Liability Corporations	744	771	842	1136	1111	1207
股份有限公司	Share Holding Enterprises	195	171	162	205	230	228
私营企业	Private Enterprises	984	1121	1355	2132	2213	2366
私营独资企业	Private-funded Enterprises	202	208	260	350	337	392
私营合伙企业	Private Partnership	23	24	25	41	27	28
私营有限责任公司	Private Limited Liability Corporations	677	809	974	1640	1727	1814
私营股份有限公司	Private Share-holding Enterprises	82	80	96	101	122	132
其他企业	Other Enterprises	5					
港、澳、台商投资企业	Enterprises with Funds from Hong Kong, Macao and Taiwan	64	65	79	97	98	95
外商投资企业	Foreign Funded Enterprises	138	161	176	196	198	203
按轻重工业分	**Grouped by Light and Heavy Industry**						
轻工业	Light Industry	1216	1247	1263	1647	1628	1729
重工业	Heavy Industry	1671	1709	1909	2745	2780	2867
按企业规模分	**Grouped by Size of Enterprises**						
大 型	Large Enterprises	57	63	65	69	69	64
中 型	Medium-sized Enterprises	375	391	416	492	459	507
小 型	Smal Enterprises	2455	2502	2691	3831	3880	4025
按行业分	**Grouped by Sector**						
采矿业	Mining and Quarrying	195	233	271	404	410	430
#煤炭开采和洗选业	#Mining and Washing of Coal	121	157	197	317	322	335
石油和天然气开采业	Extraction of Petroleum and Natural Gas	24	22	23	28	25	22
制造业	Manufacturing	2408	2448	2669	3715	3715	3860
电力、燃气及水的生产和供应业	Production and Supply of Electric Power, Gas and Water	284	275	232	273	283	306

注：1.本部分统计口径为主营业务收入500万元及以上的工业企业。
2.2003年起企业规模划分标准改变，大、中、小型企业统计数据与以前年份不可比（下同）。
3.2004年数据为月报数据（下同）。

Note:a) Statistical calibre in this part is industrial enterprises with annual revenue from principal business over 5 million yuan.
b) The division standard of enterprise size is changed from 2003, the statistical data of large, medium and small sized enterprises are not compared with the data before (the same as following table).
c) The data of 2004 are the initial estimate data. (the same as following tables).

12-2 工业总产值

GROSS INDUSTRIAL OUTPUT VALUE

单位：亿元　　(100 million yuan)

类　别	Category	2005	2006	2007	2008	2009	2010
总　计	**Total**	**4714.9**	**5440.2**	**6143.2**	**7624.5**	**7301.6**	**9535.1**
#亏损企业	#Loss-making Enterprises	948.0	1030.5	1112.1	1869.1	839.5	887.0
#国有及国有控股企业	#State-owned and State-holding Enterprises	3607.2	4204.6	4460.8	5143.9	4362.4	5517.1
#农村工业	#County Enterprises	17.8	17.8	21.2	25.6	25.6	66.7
按登记注册类型分	**Grouped by Status of Registration**						
内资企业	Domestic Funded	4350.6	4899.8	5539.7	6933.1	6548.0	8690.9
国有企业	State-owned Enterprises	545.9	609.3	737.3	1183.6	1201.7	1405.4
#中央企业	#Central Industry	331.4	389.6	458.6	801.5	775.7	947.9
集体企业	Collective-owned Enterprises	76.4	83.3	95.7	115.2	126.7	128.3
股份合作企业	Cooperative Enterprises	13.1	14.3	18.3	39.8	41.2	60.4
联营企业	Joint Ownership Enterprises	0.8	2.1	4.6	3.2	3.0	5.1
有限责任公司	Limited Liability Corporations	2689.7	2974.0	3232.1	3751.2	3048.8	3930.4
股份有限公司	Share Holding Enterprises	695.1	807.5	867.8	918.6	985.7	1356.4
私营企业	Private Enterprises	328.2	409.3	583.9	921.4	1140.7	1805.1
私营独资企业	Private-funded Enterprises	52.4	64.7	73.6	137.6	155.6	257.5
私营合伙企业	Private Partnership	4.0	6.0	6.5	9.1	6.3	9.3
私营有限责任公司	Private Limited Liability Corporations	230.1	308.6	459.0	712.9	893.8	1408.6
私营股份有限公司	Private Share-holding Enterprises	41.6	30.0	44.8	61.7	85.1	129.7
其他企业	Other Enterprises	1.3					
港、澳、台商投资企业	Enterprises with Funds from Hong Kong, Macao and Taiwan	46.7	53.5	65.0	111.6	114.0	159.2
外商投资企业	Foreign Funded Enterprises	317.6	486.8	538.5	579.8	639.7	685.1
按轻重工业分	**Grouped by Light and Heavy Industry**						
轻工业	Light Industry	842.4	938.5	1133.3	1521.1	1798.7	2421.5
重工业	Heavy Industry	3872.5	4501.7	5009.9	6103.5	5503.0	7113.6
按企业规模分	**Grouped by Size of Enterprises**						
大　型	Large Enterprises	3350.8	3870.8	4110.8	4711.2	4085.3	4719.2
中　型	Medium-sized Enterprises	700.0	814.5	1032.2	1409.5	1514.6	2165.6
小　型	Smal Enterprises	664.1	754.8	1000.2	1503.9	1701.7	2650.4
按行业分	**Grouped by Sector**						
采矿业	Mining and Quarrying	1646.9	1890.6	1946.6	2537.9	1623.6	2303.9
#煤炭开采和洗选业	#Mining and Washing of Coal	200.4	224.3	256.9	411.5	418.3	638.4
石油和天然气开采业	Extraction of Petroleum and Natural Gas	1426.0	1645.3	1661.8	2094.9	1174.2	1609.5
制造业	Manufacturing	2580.2	2981.7	3507.8	4449.2	4820.2	6267.1
电力、燃气及水的生产和供应业	Production and Supply of Electric Power, Gas and Water	487.9	567.9	688.8	637.4	857.8	964.1

12-3 各地区工业企业单位数

MUMBER OF INDUSTRIAL ENTERPRISES BY REGION

单位：个 (unit)

年份 地区	Year Region	总计 Total	#国有及国有控股 State-owned and State	#集体 Collective-owned	大型 Large	中型 Medium	小型 Small	轻工业 Light Industry	重工业 Heavy Industry
	2001	2500	1328	333	281	308	1911	1193	1307
	2002	2593	1233	281	273	292	2028	1201	1392
	2003	2567	970	257	49	330	2188	1117	1450
	2004	2560	947	255	51	308	2201	1113	1447
	2005	2887	693	212	57	375	2455	1216	1671
	2006	2956	661	201	63	391	2502	1247	1709
	2007	3172	515	199	65	416	2691	1263	1909
	2008	4392	535	235	69	492	3831	1647	2745
	2009	4408	505	204	69	459	3880	1628	2780
	2010	4596	517	154	64	507	4025	1729	2867
哈尔滨	Harbin	1425	189	33	27	142	1256	561	864
齐齐哈尔	Qiqihar	411	47	23	7	56	348	191	220
鸡西	Jixi	154	26	8	4	21	129	31	123
鹤岗	Hegang	136	16	21	1	13	122	39	97
双鸭山	Shuangyashan	195	9	3	4	19	172	67	128
大庆	Daqing	630	44	43	6	48	576	161	469
伊春	Yichun	182	23	2	1	22	159	69	113
佳木斯	Jiamusi	321	26	2	1	30	290	157	164
七台河	Qitaihe	137	12	1	3	32	102	30	107
牡丹江	Mudanjiang	505	30	16	3	47	455	146	359
黑河	Heihe	113	20	1		13	100	43	70
绥化	Suihua	202	36	1	2	37	163	111	91
大兴安岭	Daxinganling	33	9			10	23	10	23
农垦总局	ARB	151	29		4	17	130	113	38

注：分地市资料中不含省电力有限公司所属工业企业，所以合计不等于全省数（下同）。
Note: The data by region exclude industrial enterprises belong to Electric Power Ltd. of Heilongjiang Province. Therefore, the total unequal to province. The same as following tables.

12-4 各地区工业总产值

GROSS INDUSTRIAL OUTPUT VALUE BY REGION

单位：亿元 (100 million yuan)

年份 地区	Year Region	总计 Total	#国有及国有控股 State-owned and State	#集体 Collective-owned	大型 Large	中型 Medium	小型 Small	轻工业 Light Industry	重工业 Heavy Industry
	2001	2404.0	1995.7	93.2	1863.2	156.3	384.5	457.6	1946.4
	2002	2487.6	1980.0	83.3	1885.5	156.5	445.6	530.9	1956.7
	2003	2910.0	2311.9	65.3	1976.2	497.6	436.2	586.1	2323.9
	2004	3464.0	2739.2	74.9	2348.3	583.8	531.9	668.4	2795.6
	2005	4714.9	3607.2	76.4	3350.8	700.0	664.1	842.4	3872.5
	2006	5440.2	4204.6	83.3	3870.8	814.5	754.8	938.5	4501.7
	2007	6143.2	4460.8	95.7	4110.8	1032.2	1000.2	1133.3	5009.9
	2008	7624.5	5143.9	115.2	4711.2	1409.4	1503.9	1521.1	6103.4
	2009	7301.6	4362.4	126.7	4085.3	1514.6	1701.7	1798.7	5503.0
	2010	9535.2	5517.1	128.3	4719.2	2165.6	2650.4	2421.5	7113.6
哈尔滨	Harbin	2036.4	1150.6	21.5	772.5	716.8	547.1	704.9	1331.5
齐齐哈尔	Qiqihar	832.1	323.4	26.6	275.7	187.6	368.8	322.7	509.4
鸡西	Jixi	248.6	108.9	4.3	101.7	68.2	78.8	46.2	202.5
鹤岗	Hegang	233.9	99.7	11.2	67.8	87.3	78.8	70.7	163.3
双鸭山	Shuangyashan	361.9	89.5	0.6	124.8	97.9	139.1	100.9	261.0
大庆	Daqing	3288.0	2743.0	54.7	2548.1	282.1	457.8	197.1	3090.9
伊春	Yichun	194.6	15.9	3.2	68.8	28.6	97.3	47.4	147.2
佳木斯	Jiamusi	313.9	52.5	0.5	21.1	105.5	187.3	138.0	176.0
七台河	Qitaihe	444.8	140.7	0.7	94.2	201.8	148.8	36.3	408.5
牡丹江	Mudanjiang	446.4	83.9	4.1	37.1	134.7	274.6	133.4	313.0
黑河	Heihe	75.5	11.5	0.7		24.7	50.8	20.1	55.4
绥化	Suihua	326.9	67.9	0.2	46.7	149.3	130.8	218.7	108.2
大兴安岭	Daxinganling	30.3	13.3			18.9	11.4	6.7	23.6
农垦总局	ARB	406.2	320.4		264.9	62.3	79.0	378.8	27.4

12-5 工业企业主要经济指标 (2010年)

单位：万元

类　别	Category	单位数（个）Number of Enterprises (unit)	#亏损企业 Loss-making Enterprises	工业总产值 Gross Industrial Output Value
总　计	**Total**	**4596**	**673**	**95351492**
#亏损企业	#Loss-making Enterprises	673	673	8870332
#国有及国有控股企业	#State-owned and State-holding Enterprises	517	142	55170561
#农村工业	#County Enterprises	70	8	667011
按登记注册类型分	**Grouped by Status of Registration**			
内资企业	Domestic Funded	4298	590	86908988
国有企业	State-owned Enterprises	261	99	14053893
#中央企业	#Central Industry	38	10	9478824
集体企业	Collective-owned Enterprises	154	24	1282841
股份合作企业	Cooperative Enterprises	78	12	603526
联营企业	Joint Ownership Enterprises	4		50698
有限责任公司	Limited Liability Corporations	1207	186	39303775
国有独资公司	Sole State-funded Corporations	29	6	3124552
其他有限责任公司	Other Limited Liability Corporations	1178	180	36179223
股份有限公司	Share Holding Enterprises	228	33	13563571
私营企业	Private Enterprises	2366	236	18050684
私营独资企业	Private-funded Enterprises	392	19	2574961
私营合伙企业	Private Partnership	28		92532
私营有限责任公司	Private Limited Liability Corporations	1814	195	14086295
私营股份有限公司	Private Share-holding Enterprises	132	22	1296896
其他企业	Other Enterprises			
港、澳、台商投资企业	Enterprises with Funds from Hong Kong, Macao and Taiwan	95	31	1592026
外商投资企业	Foreign Funded Enterprises	203	52	6850478
按经济组织类型分	**Grouped by Medium-sized Enterprises**			
独资企业	Proprietorship	925	184	20822716
国有企业	State-owned Enterprises	261	99	14053893
集体企业	Collective-owned Enterprises	154	24	1282841
私营独资企业	Private-funded Enterprises	392	19	2574961
港澳台商独资经营企业	Proprietorship from Hong Kong, Macao and Taiwan	31	14	275688
外资企业	Foreign Funded Enterprises	87	28	2635332
合作、合伙企业	Cooperative Enterprises and Partnership	121	15	1289096
股份合作企业	Cooperative Enterprises	78	12	603526
国有联营企业	State Joint Ownership Enterprises			
集体联营企业	Collective Joint Ownership Enterprises	2		34238
国有与集体联营企业	State and Collective Joint Ownership Enterprises	2		16460
其他联营企业	Other Joint Ownership Enterprises			
私营合伙企业	Private Partnership	28		92532
港或澳、台资合作经营企业	Cooperative Enterprises with Funds from Hong Kong, Macao and Taiwan	6	1	436611
中外合作经营企业	Sino-foreign Cooperative Enterprises	5	2	105730
其他企业（内资）	Other Enterprises (Domestic Funded)			
股份有限公司	Share Holding Enterprises	373	57	15521392
股份有限公司（内资）	Share Holding Enterprises (Domestic Funded)	228	33	13563571
私营股份有限公司	Private Share Holding Enterprises	132	22	1296896
港澳台商投资股份有限公司	Share Holding Enterprises with Funds from Hong Kong, Macao and Taiwan	3		26150
外商投资股份有限公司	Foreign Funded Share Holding Enterprises	10	2	634774
有限责任公司	Limited Liability Corporations	3177	417	57718289
国有独资公司	Sole State-funded Corporations	29	6	3124552
私营有限责任公司	Private Limited Liability Corporations	1814	195	14086295
港澳台合资经营企业	Joint Venture Enterprises of Hong Kong, Macao and Taiwan	55	16	853577
中外合资经营企业	Sino-foreign Cooperative joint venture Enterprises	101	20	3474642
其他有限责任公司	Other Limited Liability Corporations	1178	180	36179223

MAJOR INDICATORS OF INDUSTRIAL ENTERPRISES (2010)

(10000 yuan)

工业销售产值 Sale Output Value of Industry	应收帐款 Receivables	产成品 Finished Goods	流动资产合计 Total Working Capitals	固定资产原价 Original Value of Fixed Assets	固定资产净值 Net Value of Fixed Assets	资产合计 Total Assets	负债合计 Total Liabilities	主营业务收入 Revenue from Principal Business
92693428	**8141713**	**4035814**	**44411345**	**82019719**	**47219365**	**104711695**	**57765882**	**98991383**
8626721	693800	348557	4638036	13495556	7867214	14656289	11693143	8760393
54072221	4401363	1966606	27246316	65500363	35614923	71144996	38761294	60290603
663948	97729	39370	259425	129108	96256	421825	245056	548534
84374721	7233276	3493136	39020403	74076488	42344191	93134181	50856259	89661244
13734680	958381	314443	5643689	16224321	8237889	16440410	12469506	14045219
9324805	492966	214930	3761694	9541238	4990431	9888581	6786436	9749296
1246074	261960	59224	654032	671489	305715	1127366	853130	1185337
586715	68000	20005	176806	133868	92076	311308	147933	597123
50694	5890	200	8382	62712	42950	53730	20450	50697
38429885	3043092	1802843	21424190	43999411	25844501	52839863	25889742	43412839
3068058	351757	97767	1833187	3270439	1730950	4438249	3194759	3114635
35361826	2691334	1705076	19591003	40728972	24113551	48401614	22694983	40298205
13136272	1490734	467280	5260742	7510135	3700889	10942004	5349671	13247537
17190401	1405219	829140	5852562	5474551	4120172	11419501	6125827	17122492
2460656	155100	114567	714547	682452	526583	1430228	732638	2361855
86827	6428	7495	33683	16766	12142	54936	29999	90487
13428722	1132055	642860	4657670	4359778	3283839	9060195	4962436	13452110
1214196	111637	64218	446663	415556	297608	874142	400753	1218040
1537252	192997	91373	1239173	1805265	926974	2647516	1628358	1732421
6781455	715440	451306	4151769	6137966	3948201	8929998	5281265	7597719
20286695	1703862	690404	8645213	19424228	10401043	22375367	15684685	20570978
13734680	958381	314443	5643689	16224321	8237889	16440410	12469506	14045219
1246074	261960	59224	654032	671489	305715	1127366	853130	1185337
2460656	155100	114567	714547	682452	526583	1430228	732638	2361855
278509	83558	37013	303562	271156	209373	618220	381033	286242
2566776	244864	165156	1329384	1574809	1121483	2759144	1248378	2692325
1259619	110591	33817	335295	1139285	494210	893654	337642	1285444
586715	68000	20005	176806	133868	92076	311308	147933	597123
34235	5731	150	6998	53276	36532	44977	11892	34238
16459	159	50	1383	9436	6417	8753	8558	16459
86827	6428	7495	33683	16766	12142	54936	29999	90487
434735	19522	2469	67924	830961	270183	340596	77987	447052
100648	10751	3649	48500	94979	76860	133084	61273	100086
15014633	1619363	590847	5946948	9141004	4666247	12801521	6473332	15054193
13136272	1490734	467280	5260742	7510135	3700889	10942004	5349671	13247537
1214196	111637	64218	446663	415556	297608	874142	400753	1218040
24299	812	1363	22238	7836	3197	27067	16924	28941
639865	16180	57986	217305	1207476	664553	958309	705983	559676
56132481	4707897	2720746	29483889	52315203	31657864	68641153	35270223	62080769
3068058	351757	97767	1833187	3270439	1730950	4438249	3194759	3114635
13428722	1132055	642860	4657670	4359778	3283839	9060195	4962436	13452110
799709	89105	50528	845449	695313	444221	1661633	1152414	970187
3474166	443645	224515	2556580	3260702	2085305	5079462	3265631	4245633
35361826	2691334	1705076	19591003	40728972	24113551	48401614	22694983	40298205

12-5 续表1

单位：万元

类　别	Category	单位数（个）Number of Enterprises (unit)	#亏损企业 Loss-making Enterprises	工　业总产值 Gross Industrial Output Value
按轻重工业分	**Grouped by Light and Heavy Industry**			
轻工业	Light Industry	1729	254	24215284
重工业	Heavy Industry	2867	419	71136209
按行业分	**Grouped by Industry**			
采矿业	Mining and Quarrying	430	36	23039495
煤炭开采和洗选业	Mining and Washing of Coal	335	30	6384381
石油和天然气开采业	Extraction of Petroleum and Natural Gas	22		16094873
黑色金属矿采选业	Mining and Processing of Ferrous Metals Ores	20	1	294218
有色金属矿采选业	Mining and Processing of Non-ferrous Metal Ores	13	2	91289
非金属矿采选业	Mining and Processing of Nonmetal Ores	40	3	174734
其他采矿业	Mining of Other Ores			
制造业	Manufacturing	3860	525	62670997
农副食品加工业	Processing of Food from Agricultural Products	752	69	12007955
食品制造业	Manufacture of Foods	185	29	4118457
饮料制造业	Manufacture of Beverages	155	19	1956669
烟草制品业	Manufacture of Tobacco	7	2	639819
纺织业	Manufacture of Textile	61	17	315350
纺织服装及其他纤维制品制造业	Manufacture of Textile Wearing Apparel, Footware and Caps	10	1	96437
皮革、毛皮、羽毛（绒）及其制品业	Manufacture of Leather, Furs, Feather and Related Products	7	1	100070
木材加工及木、竹、藤、棕草制品业	Processing of Timber, Manufacture of Wood, Bamboo, Rattan, Palm and Straw Products	344	37	2147768
家具制造业	Manufacture of Furniture	66	3	452106
造纸及纸制品业	Manufacture of Paper and Paper Products	76	15	630185
印刷业和记录媒介的复制	Manufacture of Printing ,Reproduction of Recording Media	49	14	158778
文教体育用品制造业	Manufacture of Articles for Culture, Education and Sports Activities	34	4	125353
石油加工、炼焦及核燃料加工业	Processing of Petoleum, Coking, Processing of Nuclear Fuel	81	13	12565529
化学原料及化学制品制造业	Manufacture of Raw Chemical Materials and Chemical Products	243	49	3278631
医药制造业	Manufacture of Medicines	122	27	2296770
化学纤维制造业	Manufacture of Chemical Fibers	3	1	4602
橡胶制品业	Manufacture of Rubber	20	1	330474
塑料制品业	Manufacture of Plastics	122	19	742248
非金属矿物制品业	Manufacture of Non-metallic Mineral Products	357	43	2899616
黑色金属冶炼及压延加工业	Smelting and Pressing of Ferrous Metals	44	10	2709049
有色金属冶炼及压延加工业	Smelting and Pressing of Non-ferrous Metals	27	2	413255
金属制品业	Manufacture of Metal Products	143	26	737721
通用设备制造业	Manufacture of General Purpose Machinery	329	49	4517194
专用设备制造业	Manufacture of Special Purpose Machinery	250	23	3228541
交通运输设备制造业	Manufacture of Transport Equipment	148	21	3852766
电气机械及器材制造业	Manufacture of Electrical Machinery and Equipment	132	18	1725482
通信设备、计算机及其他电子设备制造业	Manufacture of Communication Equipment, Computers and Other Electronic Equipment	22	3	180520
仪器仪表及文化、办公用机械制造业	Manufacture of Measuring Instruments and Machinery for Cultural Activity and Office Work	45	5	259043
工艺品及其他制造业	Manufacture of ArtWork and other Manufacturing	19	4	112744
废弃资源和废旧材料回收加工业	Recycling and Disposal of Waste	7		67867
电力、燃气及水的生产和供应业	Production and Supply of Electric Power, Gas and Water	306	112	9641001
电力、热力的生产和供应业	Production and Supply of Electric Power and Heat Power	250	84	8888571
燃气生产和供应业	Production and Supply of Gas	12	4	507826
水的生产和供应业	Production and Supply of Water	44	24	244604

CONTINUED

(10000 yuan)

工业销售产值 Sale Output Value of Industry	应收帐款 Receivables	产成品 Finished Goods	流动资产合计 Total Working Capitals	固定资产原价 Original Value of Fixed Assets	固定资产净值 Net Value of Fixed Assets	资产合计 Total Assets	负债合计 Total Liabilities	主营业务收入 Revenue from Principal Business
23574455	1597403	1705407	11044341	9325352	6203008	19533725	10672375	25220676
69118973	6544310	2330407	33367005	72694367	41016358	85177970	47093507	73770708
22309532	574277	486274	8250277	36718459	20227487	32349978	11996345	26452698
6021899	465873	201851	2209095	5111845	2769632	6811097	5779362	6163628
15749798	79970	263004	5774338	31256845	17226313	24991780	5972944	19739542
287698	15045	7549	65540	184486	133826	232119	115912	287354
81421	4398	3794	145601	101203	54491	208360	67805	83219
168716	8992	10075	55704	64081	43225	106621	60322	178955
60790559	6780389	3506434	31905139	26468595	16020969	55110165	33466009	62743058
11641458	415885	911099	4574003	2890104	2209516	7608232	4723601	12666658
4145814	307100	215525	1253869	1399873	935175	2468111	1271184	4094151
1894284	75993	110378	764170	1173365	808883	1728511	965461	1945284
636418	43096	12863	474289	266545	128084	648136	103440	633362
309932	60311	79442	256232	191300	117416	424878	252006	310246
111503	5068	3412	31071	10354	7253	42416	17927	106995
96561	10555	1326	25034	17007	13334	40026	10031	97820
2011446	100575	160755	564625	764313	561349	1319630	663045	1921432
409810	35097	75633	227719	155016	101431	355548	227124	395079
588003	86791	43272	344672	500355	341199	830784	382850	642478
153901	32573	7840	103207	130616	67377	178377	90733	144723
118973	12889	5022	45365	25748	16616	64097	40630	115872
12300043	216606	377954	1966283	6109207	2867091	5666241	3334808	12586365
3100158	203768	175137	1194926	2093242	1308209	2846340	1702688	3398580
2112882	320506	175973	2023260	1517331	843714	3201409	1564556	2819738
5389	776	303	2482	2027	1464	4404	3352	5337
324774	37497	12737	139478	175627	104596	278078	176683	316735
734213	64360	49834	261780	273046	191934	505624	249406	750755
2785460	283374	118861	1397409	1559157	1087559	2979262	1739421	2772913
2647995	257857	170659	2005508	1083614	863122	3617555	3002092	2810738
410520	28365	20041	291693	254379	101589	585228	337687	428712
713199	106487	29937	333887	182698	127710	607802	284095	713853
4438519	1546470	163808	4728753	1264350	756753	5919394	4296781	4319299
3066698	1335804	186978	3446055	1365731	908925	5021855	2434341	2812442
3698480	588919	228013	2881706	2173616	1074646	4709302	3580104	3759666
1701328	442090	117013	2035064	612107	317693	2659567	1636082	1588954
180206	50411	6235	179751	90897	53241	277276	134225	170616
275427	79900	38993	265913	121746	63343	385526	184430	231298
107232	27291	5508	55207	45616	29740	91103	44436	118250
69934	3976	1884	31729	19612	12007	45455	12789	64709
9593337	787047	43106	4255929	18832664	10970909	17251551	12303528	9795628
8844454	595900	39485	3686666	16935627	10424249	15861628	11602664	9148055
505930	145590	1759	213150	1200451	160026	389222	154250	440909
242953	45557	1862	356112	696586	386634	1000701	546615	206664

12-5 续表2

单位：万元

类 别	Category	主营业务成本 Cost of Principal Business	主营业务税金及附加 Taxes and Other Charges on Principal Business	营业费用 Operating Expenses
总 计	**Total**	**74121984**	**4786971**	**2205749**
#亏损企业	#Loss-making Enterprises	8407053	47506	139528
#国有及国有控股企业	#State-owned and State-holding Enterprises	42298904	4521996	966488
#农村工业	#County Enterprises	443902	1725	8417
按登记注册类型分	**Grouped by Status of Registration**			
内资企业	Domestic Funded	67006443	4717317	1455515
国有企业	State-owned Enterprises	12079317	700595	171625
#中央企业	#Central Industry	8567412	612267	101048
集体企业	Collective-owned Enterprises	998292	11122	12738
股份合作企业	Cooperative Enterprises	457558	3568	26197
联营企业	Joint Ownership Enterprises	31772	205	699
有限责任公司	Limited Liability Corporations	29039961	2796294	625928
国有独资公司	Sole State-funded Corporations	2549100	22775	58749
其他有限责任公司	Other Limited Liability Corporations	26490861	2773520	567179
股份有限公司	Share Holding Enterprises	10187003	1102608	259601
私营企业	Private Enterprises	14212540	102925	358726
私营独资企业	Private-funded Enterprises	1856156	26763	53340
私营合伙企业	Private Partnership	76722	782	1291
私营有限责任公司	Private Limited Liability Corporations	11312208	64868	285057
私营股份有限公司	Private Share-holding Enterprises	967454	10511	19039
其他企业	Other Enterprises			
港、澳、台商投资企业	Enterprises with Funds from Hong Kong, Macao and Taiwan	1440555	4229	88938
外商投资企业	Foreign Funded Enterprises	5674987	65425	661296
按经济组织类型分	**Grouped by Medium-sized Enterprises**			
独资企业	Proprietorship	17224803	768713	454199
国有企业	State-owned Enterprises	12079317	700595	171625
集体企业	Collective-owned Enterprises	998292	11122	12738
私营独资企业	Private-funded Enterprises	1856156	26763	53340
港澳台商独资经营企业	Proprietorship from Hong Kong, Macao and Taiwan	234854	1226	19932
外资企业	Foreign Funded Enterprises	2056183	29007	196564
合作、合伙企业	Cooperative Enterprises and Partnership	1018776	4660	30041
股份合作企业	Cooperative Enterprises	457558	3568	26197
国有联营企业	State Joint Ownership Enterprises			
集体联营企业	Collective Joint Ownership Enterprises	18821	153	647
国有与集体联营企业	State and Collective Joint Ownership Enterprises	12951	53	52
其他联营企业	Other Joint Ownership Enterprises			
私营合伙企业	Private Partnership	76722	782	1291
港或澳、台资合作经营企业	Cooperative Enterprises with Funds from Hong Kong, Macao and Taiwan	371007	98	251
中外合作经营企业	Sino-foreign Cooperative Enterprises	81717	6	1602
其他企业（内资）	Other Enterprises (Domestic Funded)			
股份有限公司	Share Holding Enterprises	11615460	1118447	341742
股份有限公司（内资）	Share Holding Enterprises (Domestic Funded)	10187003	1102608	259601
私营股份有限公司	Private Share Holding Enterprises	967454	10511	19039
港澳台商投资股份有限公司	Share Holding Enterprises with Funds from Hong Kong, Macao and Taiwan	23585	12	419
外商投资股份有限公司	Foreign Funded Share Holding Enterprises	437419	5317	62684
有限责任公司	Limited Liability Corporations	44262945	2895151	1379767
国有独资公司	Sole State-funded Corporations	2549100	22775	58749
私营有限责任公司	Private Limited Liability Corporations	11312208	64868	285057
港澳台合资经营企业	Joint Venture Enterprises of Hong Kong, Macao and Taiwan	811109	2894	68336
中外合资经营企业	Sino-foreign Cooperative joint venture Enterprises	3099668	31095	400446
其他有限责任公司	Other Limited Liability Corporations	26490861	2773520	567179

CONTINUED

(10000 yuan)

管理费用 Overhead Expenses	财务费用 Financial Expenses	利息支出 Expenditure for Interests	利润总额 Total Profits	亏损企业亏损额 Total Losses Made by Enterprises -in-red	利税总额 Total Profits	应交增值税 Value-added Tax Payable	销项税额 VAT on Sales	全部从业人员数(人) Employmee (person)
4959286	**802376**	**721183**	**12488224**	**393294**	**22370255**	**5095060**	**15130736**	**1475995**
502413	207300	194444	-393294	393294	-70529	275259	1369424	262829
3467900	454605	441495	8791135	217094	17066374	3753243	10229960	828151
16663	2779	2343	103027	1361	116004	11252	68675	13021
4451107	688884	620646	11633314	294615	21043208	4692578	13582950	1333022
830275	183885	165131	322864	112072	1732662	709203	2302568	370673
273580	103978	89639	228768	40611	1273640	432605	1604795	138368
90772	11202	7116	100231	3863	157828	46476	139605	52995
20499	1104	917	75658	887	111258	32032	85534	11911
3221	286		1642		2996	1148	3342	1254
2250488	295711	278090	8439103	108223	14049540	2814142	6955910	515351
332730	55897	53170	125960	34399	288750	140015	459303	117411
1917757	239814	224920	8313143	73824	13760790	2674127	6496607	397940
711950	77574	74488	1036649	30983	2661155	521897	2244715	119756
543903	119122	94904	1657167	38587	2327771	567679	1851277	261082
94127	17864	11162	265580	1873	396079	103736	233436	44185
2702	172	148	6712		12201	4707	9831	3210
406548	93494	76908	1253440	32488	1730607	412299	1466890	193296
40527	7591	6687	131435	4226	188884	46937	141120	20391
103814	22688	14719	88054	28747	153369	61086	185951	33463
404366	90805	85818	766856	69933	1173678	341396	1361834	109510
1150708	234414	202929	1037604	161995	2778042	971724	3134000	512492
830275	183885	165131	322864	112072	1732662	709203	2302568	370673
90772	11202	7116	100231	3863	157828	46476	139605	52995
94127	17864	11162	265580	1873	396079	103736	233436	44185
23871	4264	3196	13865	15801	26006	10915	34654	8523
111664	17198	16324	335066	28386	465467	101394	423737	36116
58736	2802	2269	135241	1130	200570	60669	131781	19545
20499	1104	917	75658	887	111258	32032	85534	11911
800	-1		941		1761	667	868	858
2421	287		701		1235	481	2474	396
2702	172	148	6712		12201	4707	9831	3210
28700	104	103	38744	133	61115	22273	24575	1953
3615	1136	1102	12486	110	13001	509	8499	1217
775333	107889	103619	1166021	50853	2880839	596371	2534021	160265
711950	77574	74488	1036649	30983	2661155	521897	2244715	119756
40527	7591	6687	131435	4226	188884	46937	141120	20391
2040	282	269	1807		2338	520	916	298
20817	22442	22174	-3870	15643	28463	27016	147270	19820
2974509	457272	412366	10149358	179317	16510804	3466295	9330934	783693
332730	55897	53170	125960	34399	288750	140015	459303	117411
406548	93494	76908	1253440	32488	1730607	412299	1466890	193296
49203	18038	11150	33639	12814	63910	27377	125806	22689
268270	50029	46218	423175	25793	666748	212477	782329	52357
1917757	239814	224920	8313143	73824	13760790	2674127	6496607	397940

12-5 续表3

单位：万元

类　别	Category	主营业务成本 Cost of Principal Business	主营业务税金及附加 Taxes and Other Charges on Principal Business	营业费用 Operating Expenses
按轻重工业分	**Grouped by Light and Heavy Industry**			
轻工业	Light Industry	20461093	404134	1278378
重工业	Heavy Industry	53660891	4382837	927371
按行业分	**Grouped by Industry**			
采矿业	Mining and Quarrying	13912286	2717654	198137
煤炭开采和洗选业	Mining and Washing of Coal	4805331	92549	66222
石油和天然气开采业	Extraction of Petroleum and Natural Gas	8675981	2618827	121020
黑色金属矿采选业	Mining and Processing of Ferrous Metals Ores	228338	2203	3907
有色金属矿采选业	Mining and Processing of Non-ferrous Metal Ores	62807	618	399
非金属矿采选业	Mining and Processing of Nonmetal Ores	139828	3457	6589
其他采矿业	Mining of Other Ores			
制造业	Manufacturing	51011338	2033559	1934081
农副食品加工业	Processing of Food from Agricultural Products	11294005	31105	241575
食品制造业	Manufacture of Foods	3023557	15447	487929
饮料制造业	Manufacture of Beverages	1531730	79557	117219
烟草制品业	Manufacture of Tobacco	267125	236923	14564
纺织业	Manufacture of Textile	270453	1210	6924
纺织服装及其他纤维制品制造业	Manufacture of Textile Wearing Apparel,Footware and Caps	88709	231	2363
皮革、毛皮、羽毛（绒）及其制品业	Manufacture of Leather, Furs, Feather and Related Products	81512	73	310
木材加工及木、竹、藤、棕草制品业	Processing of Timber, Manufacture of Wood,Bamboo, Rattan, Palm and Straw Products	1661474	6876	42723
家具制造业	Manufacture of Furniture	328786	3173	14845
造纸及纸制品业	Manufacture of Paper and Paper Products	538898	2046	25466
印刷业和记录媒介的复制	Manufacture of Printing ,Reproduction of Recording Media	121975	604	2184
文教体育用品制造业	Manufacture of Articles for Culture, Education and Sports Activities	99456	198	1356
石油加工、炼焦及核燃料加工业	Processing of Petoleum,Coking,Processing of Nuclear Fuel	9627506	1453550	64232
化学原料及化学制品制造业	Manufacture of Raw Chemical Materials and Chemical Products	2896935	77561	50685
医药制造业	Manufacture of Medicines	1830197	20194	321445
化学纤维制造业	Manufacture of Chemical Fibers	4442	20	193
橡胶制品业	Manufacture of Rubber	280771	1126	8852
塑料制品业	Manufacture of Plastics	601186	8297	7448
非金属矿物制品业	Manufacture of Non-metallic Mineral Products	2261089	20424	81502
黑色金属冶炼及压延加工业	Smelting and Pressing of Ferrous Metals	2591405	5871	35223
有色金属冶炼及压延加工业	Smelting and Pressing of Non-ferrous Metals	359988	2938	10586
金属制品业	Manufacture of Metal Products	598762	3329	9494
通用设备制造业	Manufacture of General Purpose Machinery	3708737	21905	99428
专用设备制造业	Manufacture of Special Purpose Machinery	2140721	13684	66832
交通运输设备制造业	Manufacture of Transport Equipment	3177636	14993	120465
电气机械及器材制造业	Manufacture of Electrical Machinery and Equipment	1196913	7585	70464
通信设备、计算机及其他电子设备制造业	Manufacture of Communication Equipment, Computers and Other Electronic Equipment	121901	1134	9122
仪器仪表及文化、办公用机械制造业	Manufacture of Measuring Instruments and Machinery for Cultural Activity and Office Work	161275	1662	17973
工艺品及其他制造业	Manufacture of ArtWork and other Manufacturing	93999	1281	2180
废弃资源和废旧材料回收加工业	Recycling and Disposal of Waste	50198	565	500
电力、燃气及水的生产和供应业	Production and Supply of Electric Power, Gas and Water	9198361	35758	73532
电力、热力的生产和供应业	Production and Supply of Electric Power and Heat Power	8647880	31001	40699
燃气生产和供应业	Production and Supply of Gas	383677	1379	24844
水的生产和供应业	Production and Supply of Water	166804	3378	7989

CONTINUED

(10000 yuan)

管理费用 Overhead Expenses	财务费用 Financial Expenses	利息支出 Expenditure for Interests	利润总额 Total Profits	亏损企业亏损额 Total Losses Made by Enterprises -in-red	利税总额 Total Profits	应交增值税 Value-added Tax Payable	销项税额 VAT on Sales	全部从业人员数（人） Employmee (person)
947645	186892	191550	2100525	103296	3439569	934909	3368446	343977
4011642	615484	529633	10387699	289998	18930686	4160151	11762290	1132018
1864209	20313	8257	7630476	27071	12902660	2554530	4509395	459576
702757	66967	54425	580954	26375	1234542	561039	1036345	321235
1132858	-50433	-49794	6989704		11577654	1969124	3425775	125135
10249	2458	2391	29855	20	44701	12643	23587	4079
10185	693	660	14329	596	16831	1883	4154	3465
8160	628	575	15635	80	28932	9840	19534	5662
2826340	465229	418438	4686742	220362	8895383	2175081	9161021	819032
226082	106940	121304	803039	17719	1172546	338403	1477173	102687
135283	20189	16635	383917	18125	571462	172098	667666	50135
88930	15030	14135	156191	16291	308828	73080	248293	31837
62400	791	1550	94104	214	406054	75027	124346	5992
17195	3871	3536	11055	4736	23914	11649	42383	19747
2445	184	78	12176	186	13949	1542	4490	2348
823	27	27	14759	43	16412	1580	16426	696
49288	13521	11920	109902	13862	167794	51016	121982	50564
22219	3612	3129	22555	381	36164	10436	34231	17408
30067	6179	4988	27906	20762	51965	22014	92698	14926
13258	923	485	7405	1215	12901	4892	20169	5173
3229	109	101	7232	711	9643	2213	6230	3965
511689	49059	34111	848585	11241	2743080	440945	2060759	63875
128048	36700	35623	270803	35565	426356	77992	449560	42616
244109	9858	8925	415047	10207	606992	171751	492268	46711
542	18	18	202	150	487	265	927	236
17845	2949	2948	29322	40	42366	11918	48811	7087
39793	6232	5572	81630	1429	111835	21908	80044	12656
142369	21913	19921	277620	13230	415076	117032	367375	54199
54254	62002	47679	46709	6621	117296	64716	551880	28464
36435	5034	4833	12525	693	26078	10615	76554	15620
34643	3050	2440	50989	1808	68539	14220	70439	14381
225393	12027	4556	230459	7093	442502	190138	696361	66470
236874	33154	32731	386406	5181	495023	94934	528999	53266
317903	43997	37999	100669	21019	217697	102035	566222	60660
125437	3501	-367	218391	9685	289961	63985	237201	27880
20880	2254	1799	22122	393	30067	6812	23602	6242
32117	1613	1287	21897	1398	35474	11914	36477	8197
3764	528	439	13123	367	20706	6301	8443	4242
3029	-35	40	10003		14220	3652	9012	752
268737	316835	294488	171006	145861	572213	365449	1460320	197387
215363	302430	281408	134756	131632	516713	350956	1402804	173999
15503	3760	2508	19357	3387	26285	5550	37718	4344
37872	10645	10572	16893	10842	29215	8943	19798	19044

12-6 大中型工业企业主要经济指标 (2010年)

单位：万元

类别	Category	单位数（个） Number of Enterprises (unit)	#亏损企业 Loss-making Enterprises	工业总产值 Gross Industrial Output Value
总计	**Total**	**571**	**97**	**68847775**
#亏损企业	#Loss-making Enterprises	97	97	6945794
#国有及国有控股企业	#State-owned and State-holding Enterprises	205	55	52506248
#农村工业	#County Enterprises	64	14	47191910
按登记注册类型分	**Grouped by Status of Registration**			
内资企业	Domestic Funded	482	80	61990426
国有企业	State-owned Enterprises	91	34	12846395
#中央企业	#Central Industry	27	7	9430819
集体企业	Collective-owned Enterprises	26	4	668224
股份合作企业	Cooperative Enterprises	6		226633
联营企业	Joint Ownership Enterprises	1		29133
有限责任公司	Limited Liability Corporations	187	26	32653982
国有独资公司	Sole State-funded Corporations	20	5	2986487
其他有限责任公司	Other Limited Liability Corporations	167	21	29667494
股份有限公司	Share Holding Enterprises	56	7	12060593
私营企业	Private Enterprises	115	9	3505467
私营独资企业	Private-funded Enterprises	18	1	539760
私营合伙企业	Private Partnership			
私营有限责任公司	Private Limited Liability Corporations	86	6	2534432
私营股份有限公司	Private Share-holding Enterprises	11	2	431276
其他企业	Other Enterprises			
港、澳、台商投资企业	Enterprises with Funds from Hong Kong, Macao and Taiwan	27	6	1185419
外商投资企业	Foreign Funded Enterprises	62	11	5671931
按经济组织类型分	**Grouped by Medium-sized Enterprises**			
独资企业	Proprietorship	171	47	16298252
国有企业	State-owned Enterprises	91	34	12846395
集体企业	Collective-owned Enterprises	26	4	668224
私营独资企业	Private-funded Enterprises	18	1	539760
港澳台商独资经营企业	Proprietorship from Hong Kong, Macao and Taiwan	7	2	152293
外资企业	Foreign Funded Enterprises	29	6	2091581
合作、合伙企业	Cooperative Enterprises and Partnership	10		738449
股份合作企业	Cooperative Enterprises	6		226633
国有联营企业	State Joint Ownership Enterprises			
集体联营企业	Collective Joint Ownership Enterprises	1		29133
国有与集体联营企业	State and Collective Joint Ownership Enterprises			
其他联营企业	Other Joint Ownership Enterprises			
私营合伙企业	Private Partnership			
港或澳、台资合作经营企业	Cooperative Enterprises with Funds from Hong Kong, Macao and Taiwan	1		388887
中外合作经营企业	Sino-foreign Cooperative Enterprises	2		93796
其他企业（内资）	Other Enterprises (Domestic Funded)			
股份有限公司	Share Holding Enterprises	73	11	13095371
股份有限公司（内资）	Share Holding Enterprises (Domestic Funded)	56	7	12060593
私营股份有限公司	Private Share Holding Enterprises	11	2	431276
港澳台商投资股份有限公司	Share Holding Enterprises with Funds from Hong Kong, Macao and Taiwan			
外商投资股份有限公司	Foreign Funded Share Holding Enterprises	6	2	603503
有限责任公司	Limited Liability Corporations	317	39	38715703
国有独资公司	Sole State-funded Corporations	20	5	2986487
私营有限责任公司	Private Limited Liability Corporations	86	6	2534432
港澳台合资经营企业	Joint Venture Enterprises of Hong Kong, Macao and Taiwan	19	4	644239
中外合资经营企业	Sino-foreign Cooperative joint venture Enterprises	25	3	2883051
其他有限责任公司	Other Limited Liability Corporations	167	21	29667494

MAJOR INDICATORS OF LARGE AND MEDIUM-SIZED INDUSTRIAL ENTERPRISES (2010)

(10000 yuan)

工业销售产值 Sale Output Value of Industry	应收帐款 Receivables	产成品 Finished Goods	流动资产合计 Total Working Capitals	固定资产原价 Original Value of Fixed Assets	固定资产净值 Net Value of Fixed Assets	资产合计 Total Assets	负债合计 Total Liabilities	主营业务收入 Revenue from Principal Business
67146084	**5549119**	**2889502**	**34670235**	**70124310**	**38905405**	**84086890**	**46138753**	**73752061**
6847573	376146	160306	3103575	11409009	6332775	11057586	9206347	6962987
51436657	3881534	1848042	25783045	61480795	33232818	67005343	35972122	57740392
46181779	3332881	1332667	23193324	53709753	28486312	59027739	30155811	51424370
60403622	4902145	2482406	30562634	63846862	35363546	75505482	40872156	66150502
12549059	711771	268542	4962994	13963266	7296164	14661371	11279723	12977158
9274727	474819	211968	3668386	9485262	4957971	9753968	6720566	9697806
657276	148234	35578	388216	512026	215227	739197	592039	620491
220860	22475	4683	49320	43858	30782	90041	34822	232585
29130			300	50830	34797	35104	10010	29133
32037979	2347501	1491081	18703642	40574521	23214332	46807598	22426979	37092067
2929990	346212	94945	1790938	3176629	1667159	4328182	3154770	2981631
29107989	2001289	1396136	16912704	37397892	21547173	42479416	19272208	34110436
11682132	1332810	399982	4660255	6910642	3258081	9596795	4635333	11826667
3227187	339354	282541	1797908	1791720	1314162	3575376	1893250	3372401
486312	41876	44773	253878	264910	202476	507747	284876	518793
2348253	274922	217339	1384921	1408552	1022313	2732261	1491425	2415587
392621	22556	20429	159109	118257	89374	335368	116949	438021
1134343	118368	53081	824116	1466680	662374	1755050	1090237	1311005
5608119	528607	354015	3283486	4810769	2879486	6826358	4176360	6290554
15888397	1113364	488352	6686113	16003933	8566236	18069204	13195651	16385198
12549059	711771	268542	4962994	13963266	7296164	14661371	11279723	12977158
657276	148234	35578	388216	512026	215227	739197	592039	620491
486312	41876	44773	253878	264910	202476	507747	284876	518793
147403	42871	20832	132319	83936	42000	203090	135075	153998
2048347	168612	118628	948706	1179795	810369	1957799	903938	2114758
727553	42594	6696	143506	994838	395915	556937	172056	754247
220860	22475	4683	49320	43858	30782	90041	34822	232585
29130			300	50830	34797	35104	10010	29133
388887	9818		48183	808198	254436	302618	68143	403881
88675	10301	2014	45703	91953	75900	129174	59082	88648
12683493	1371013	476932	5026985	8216258	3999063	10865963	5447925	12794043
11682132	1332810	399982	4660255	6910642	3258081	9596795	4635333	11826667
392621	22556	20429	159109	118257	89374	335368	116949	438021
608740	15647	56521	207621	1187359	651608	933800	695643	529356
37846642	3022149	1917522	22813632	44909281	25944191	54594785	27323121	43818573
2929990	346212	94945	1790938	3176629	1667159	4328182	3154770	2981631
2348253	274922	217339	1384921	1408552	1022313	2732261	1491425	2415587
598052	65680	32250	643614	574546	365939	1249341	887020	753127
2862357	334047	176853	2081455	2351662	1341608	3805586	2517697	3557792
29107989	2001289	1396136	16912704	37397892	21547173	42479416	19272208	34110436

12-6 续表1

单位：万元

类别	Category	单位数（个）Number of Enterprises (unit)	#亏损企业 Loss-making Enterprises	工业总产值 Gross Industrial Output Value
按轻重工业分	**Grouped by Light and Heavy Industry**			
轻工业	Light Industry	192	21	13086823
重工业	Heavy Industry	379	76	55760952
按行业分	**Grouped by Industry**			
采矿业	Mining and Quarrying	67	6	20111400
煤炭开采和洗选业	Mining and Washing of Coal	52	6	4114454
石油和天然气开采业	Extraction of Petroleum and Natural Gas	8		15895967
黑色金属矿采选业	Mining and Processing of Ferrous Metals Ores	3		68113
有色金属矿采选业	Mining and Processing of Non-ferrous Metal Ores	3		19797
非金属矿采选业	Mining and Processing of Nonmetal Ores	1		13070
其他采矿业	Mining of Other Ores			
制造业	Manufacturing	421	54	40592932
农副食品加工业	Processing of Food from Agricultural Products	64	3	5691754
食品制造业	Manufacture of Foods	30	2	2737059
饮料制造业	Manufacture of Beverages	19	4	982351
烟草制品业	Manufacture of Tobacco	4	1	619783
纺织业	Manufacture of Textile	15	1	152388
纺织服装及其他纤维制品制造业	Manufacture of Textile Wearing Apparel,Footware and Caps	3	1	55266
皮革、毛皮、羽毛（绒）及其制品业	Manufacture of Leather, Furs, Feather and Related Products			
木材加工及木、竹、藤、棕草制品业	Processing of Timber, Manufacture of Wood,Bamboo, Rattan, Palm and Straw Products	22	1	325432
家具制造业	Manufacture of Furniture	11		182390
造纸及纸制品业	Manufacture of Paper and Paper Products	11	4	415569
印刷业和记录媒介的复制	Manufacture of Printing ,Reproduction of Recording Media	3	1	28247
文教体育用品制造业	Manufacture of Articles for Culture, Education and Sports Activities			
石油加工、炼焦及核燃料加工业	Processing of Petoleum,Coking,Processing of Nuclear Fuel	29	2	11941449
化学原料及化学制品制造业	Manufacture of Raw Chemical Materials and Chemical Products	24	7	1669413
医药制造业	Manufacture of Medicines	18	1	1631653
化学纤维制造业	Manufacture of Chemical Fibers			
橡胶制品业	Manufacture of Rubber	2		248710
塑料制品业	Manufacture of Plastics	5	1	201136
非金属矿物制品业	Manufacture of Non-metallic Mineral Products	37	4	976366
黑色金属冶炼及压延加工业	Smelting and Pressing of Ferrous Metals	10	2	2419198
有色金属冶炼及压延加工业	Smelting and Pressing of Non-ferrous Metals	7	2	299736
金属制品业	Manufacture of Metal Products	3		56679
通用设备制造业	Manufacture of General Purpose Machinery	31	5	3185021
专用设备制造业	Manufacture of Special Purpose Machinery	24	5	2039092
交通运输设备制造业	Manufacture of Transport Equipment	24	4	3256473
电气机械及器材制造业	Manufacture of Electrical Machinery and Equipment	14	1	1216986
通信设备、计算机及其他电子设备制造业	Manufacture of Communication Equipment, Computers and Other Electronic Equipment	4	1	95134
仪器仪表及文化、办公用机械制造业	Manufacture of Measuring Instruments and Machinery for Cultural Activity and Office Work	5		149841
工艺品及其他制造业	Manufacture of ArtWork and other Manufacturing	2	1	15807
废弃资源和废旧材料回收加工业	Recycling and Disposal of Waste			
电力、燃气及水的生产和供应业	Production and Supply of Electric Power, Gas and Water	83	37	8143443
电力、热力的生产和供应业	Production and Supply of Electric Power and Heat Power	75	33	7896550
燃气生产和供应业	Production and Supply of Gas	3	2	62856
水的生产和供应业	Production and Supply of Water	5	2	184037

CONTINUED

(10000 yuan)

工业销售产值 Sale Output Value of Industry	应收帐款 Receivables	产成品 Finished Goods	流动资产合计 Total Working Capitals	固定资产原价 Original Value of Fixed Assets	固定资产净值 Net Value of Fixed Assets	资产合计 Total Assets	负债合计 Total Liabilities	主营业务收入 Revenue from Principal Business
12832527	1020856	1200490	7651805	5883565	3620677	12660276	7234826	14532942
54313557	4528263	1689012	27018430	64240745	35284728	71426614	38903927	59219118
19529522	406426	350466	7390030	35874638	19565046	30613402	10913333	23654801
3871475	340633	84096	1513208	4561202	2311179	5472919	4884220	4001560
15560421	55409	262515	5707446	31170115	17159187	24849075	5921047	19550261
67490	5627	919	32426	104483	70719	125277	61519	70830
17097	2287	1446	124227	24287	17468	146222	29276	17635
13039	2470	1490	12722	14551	6493	19909	17270	14516
39508486	4651990	2500081	24049069	19822062	11206427	40610452	25878632	41694147
5545071	224973	695947	3107971	1569855	1156933	4769970	3329690	6556917
2791567	215952	110269	847713	921466	579937	1602471	855744	2776027
958707	46441	66494	495318	717351	462669	1043236	614557	1022491
616122	36490	11898	451175	234617	112685	608745	101817	613263
154485	44147	61597	167498	124633	71350	270316	160869	142995
71174	916	2834	23740	3284	2176	27657	10801	67917
292134	27892	33342	129413	198619	143912	300766	179789	287662
148736	20894	59952	150983	89357	54215	218286	154633	146669
380688	58938	31691	255767	384650	248896	625935	293144	443900
29640	11277	1216	18599	40420	18323	37455	13607	28486
11687250	186477	335723	1719297	5843146	2667069	5176401	3088446	11909622
1587719	59606	93116	625660	1666475	1013154	1845935	1155497	1847931
1514058	245368	129975	1572773	1138997	562388	2350545	1102279	2198474
249600	15324	9659	97930	156605	96900	217649	141233	247194
202634	26244	15580	107553	83310	60306	179539	80434	243723
929585	115091	48902	805447	832840	549629	1655357	945778	977079
2361814	240873	156735	1930729	1013356	802445	3464237	2899582	2491832
299337	13471	14050	251142	224371	83747	511808	299252	312278
55225	18246	9707	70833	30923	21117	113567	70267	56540
3167401	1239178	115477	4010265	922745	533250	4863136	3652339	3003763
1917094	1013611	152584	2762499	1053453	696291	4002166	1937103	1818679
3102027	420816	208919	2475357	1946358	962251	4139753	3305000	3137696
1197632	311649	99290	1711245	456477	220110	2178079	1287734	1133620
95468	25643	734	102015	63420	32451	149576	74317	86122
138877	31514	33601	153225	92098	44706	242061	113554	127705
14441	958	793	4924	13236	9521	15804	11168	15563
8108076	490704	38955	3231137	14427610	8133932	12863036	9346788	8403113
7862307	453736	38505	2986206	13716116	7757678	12171234	8959165	8138928
62246	5205	450	47576	208034	127552	180234	114047	118235
183523	31764		197355	503460	248702	511569	273576	145950

12-6 续表2

单位：万元

类　别	Category	主营业务成本 Cost of Principal Business	主营业务税金及附加 Taxes and Other Charges on Principal Business	营业费用 Operating Expenses
总　计	**Total**	**52839048**	**4634168**	**1621049**
#亏损企业	#Loss-making Enterprises	6675347	35796	91217
#国有及国有控股企业	#State-owned and State-holding Enterprises	40191107	4508056	910357
#农村工业	#County Enterprises	35117356	4043282	844022
按登记注册类型分	**Grouped by Status of Registration**			
内资企业	Domestic Funded	47190898	4573583	948578
国有企业	State-owned Enterprises	11154524	695928	150735
#中央企业	#Central Industry	8528503	611950	100930
集体企业	Collective-owned Enterprises	528412	6659	4858
股份合作企业	Cooperative Enterprises	158752	1175	5295
联营企业	Joint Ownership Enterprises	14069	128	647
有限责任公司	Limited Liability Corporations	23733512	2754562	493161
国有独资公司	Sole State-funded Corporations	2444277	21711	54691
其他有限责任公司	Other Limited Liability Corporations	21289235	2732851	438470
股份有限公司	Share Holding Enterprises	9028529	1092138	215959
私营企业	Private Enterprises	2573100	22992	77926
私营独资企业	Private-funded Enterprises	371164	4296	14966
私营合伙企业	Private Partnership			
私营有限责任公司	Private Limited Liability Corporations	1895147	16080	56133
私营股份有限公司	Private Share-holding Enterprises	306790	2616	6826
其他企业	Other Enterprises			
港、澳、台商投资企业	Enterprises with Funds from Hong Kong,	1079858	2794	72954
	Macao and Taiwan	4568292	57791	599517
外商投资企业	Foreign Funded Enterprises			
按经济组织类型分	**Grouped by Medium-sized Enterprises**	13717186	733817	352170
独资企业	Proprietorship	11154524	695928	150735
国有企业	State-owned Enterprises	528412	6659	4858
集体企业	Collective-owned Enterprises	371164	4296	14966
私营独资企业	Private-funded Enterprises	118317	252	13225
港澳台商独资经营企业	Proprietorship from Hong Kong, Macao and Taiwan	1544770	26682	168387
外资企业	Foreign Funded Enterprises	579678	1303	7467
合作、合伙企业	Cooperative Enterprises and Partnership	158752	1175	5295
股份合作企业	Cooperative Enterprises			
国有联营企业	State Joint Ownership Enterprises	14069	128	647
集体联营企业	Collective Joint Ownership Enterprises			
国有与集体联营企业	State and Collective Joint Ownership Enterprises			
其他联营企业	Other Joint Ownership Enterprises			
私营合伙企业	Private Partnership	336053		
港或澳、台资合作经营企业	Cooperative Enterprises with Funds from Hong Kong, Macao and Taiwan	70806		1526
中外合作经营企业	Sino-foreign Cooperative Enterprises			
其他企业（内资）	Other Enterprises (Domestic Funded)	9751728	1098523	284552
股份有限公司	Share Holding Enterprises	9028529	1092138	215959
股份有限公司（内资）	Share Holding Enterprises (Domestic Funded)	306790	2616	6826
私营股份有限公司	Private Share Holding Enterprises			
港澳台商投资股份有限公司	Share Holding Enterprises with Funds from Hong Kong, Macao and Taiwan			
外商投资股份有限公司	Foreign Funded Share Holding Enterprises	416409	3768	61767
有限责任公司	Limited Liability Corporations	28790456	2800525	976860
国有独资公司	Sole State-funded Corporations	2444277	21711	54691
私营有限责任公司	Private Limited Liability Corporations	1895147	16080	56133
港澳台合资经营企业	Joint Venture Enterprises of Hong Kong, Macao and Taiwan	625489	2542	59729
中外合资经营企业	Sino-foreign Cooperative joint venture Enterprises	2536308	27341	367838
其他有限责任公司	Other Limited Liability Corporations	21289235	2732851	438470

CONTINUED

(10000 yuan)

管理费用 Overhead Expenses	财务费用 Financial Expenses	利息支出 Expenditure for Interests	利润总额 Total Profits	亏损企业亏损额 Total Losses Made by Enterprises -in-red	利税总额 Total Profits	应交增值税 Value-added Tax Payable	销项税额 VAT on Sales	全部从业人员数(人) Employmee (person)
4040420	**575880**	**542558**	**10418953**	**240686**	**19332255**	**4279135**	**12381473**	**1083894**
370526	165537	160637	-240686	240686	34203	239093	1159985	197722
3332280	389775	385350	8589545	175026	16764948	3667347	9897701	778633
3017981	259227	250458	8255518	79110	15737294	3438494	9016757	698245
3625317	496007	472165	9666254	194997	18179217	3939381	11082856	967043
769458	163949	150165	298460	82705	1680820	686432	2187929	341283
267020	104234	89892	222060	40342	1263840	429830	1598241	136604
52094	6323	6169	53379	2313	84517	24478	75603	34847
8196	404	439	49374		66631	16082	39045	4506
593			726		1262	408		750
2006278	219765	215970	7884132	77862	13220661	2581967	6206516	411009
325371	55482	52754	103802	34363	257867	132355	445936	116000
1680907	164283	163217	7780331	43499	12962794	2449612	5760581	295009
652275	65800	64621	871406	24404	2448276	484731	2078005	98424
136423	39766	34800	508777	7713	677051	145282	495758	76224
32628	5773	5131	93950	145	127145	28900	68042	12732
91866	30752	26998	346288	7380	459146	96778	363294	54748
11929	3242	2671	68540	188	90760	19604	64423	8744
78077	14878	8513	75300	14203	127628	49533	146388	25949
337027	64995	61881	677398	31486	1025411	290221	1152229	90902
949078	190274	175574	772782	97908	2337950	831351	2713873	422496
769458	163949	150165	298460	82705	1680820	686432	2187929	341283
52094	6323	6169	53379	2313	84517	24478	75603	34847
32628	5773	5131	93950	145	127145	28900	68042	12732
10213	1120	1261	17570	4926	24222	6400	22981	5360
84684	13109	12847	309423	7819	421247	85141	359318	28274
39219	1532	1533	99172		138290	37814	68317	7884
8196	404	439	49374		66631	16082	39045	4506
593			726		1262	408		750
27162			36638		57531	20892	20892	1500
3269	1128	1094	12434		12866	432	8380	1128
683078	91545	89466	931208	40235	2559236	529505	2283187	126343
652275	65800	64621	871406	24404	2448276	484731	2078005	98424
11929	3242	2671	68540	188	90760	19604	64423	8744
18874	22504	22174	-8737	15643	20201	25170	140759	19175
2369045	292529	275986	8615790	102543	14296779	2880465	7316097	527171
325371	55482	52754	103802	34363	257867	132355	445936	116000
91866	30752	26998	346288	7380	459146	96778	363294	54748
40702	13758	7251	21091	9277	45875	22241	102515	19089
230200	28254	25766	364278	8024	571097	179478	643772	42325
1680907	164283	163217	7780331	43499	12962794	2449612	5760581	295009

12-6 续表3

单位：万元

类　别	Category	主营业务成　本 Cost of Principal Business	主营业务税金及附加 Taxes and Other Charges on Principal Business	营业费用 Operating Expenses
按轻重工业分	**Grouped by Light and Heavy Industry**			
轻工业	Light Industry	11362398	337646	937237
重工业	Heavy Industry	41476650	4296522	683812
按行业分	**Grouped by Industry**			
采矿业	Mining and Quarrying	11644442	2680639	159243
煤炭开采和洗选业	Mining and Washing of Coal	3053669	62658	38807
石油和天然气开采业	Extraction of Petroleum and Natural Gas	8527204	2616784	117824
黑色金属矿采选业	Mining and Processing of Ferrous Metals Ores	40491	811	1165
有色金属矿采选业	Mining and Processing of Non-ferrous Metal Ores	11738	272	137
非金属矿采选业	Mining and Processing of Nonmetal Ores	11341	115	1311
其他采矿业	Mining of Other Ores			
制造业	Manufacturing	33186750	1922327	1406717
农副食品加工业	Processing of Food from Agricultural Products	5871821	12596	116057
食品制造业	Manufacture of Foods	1971844	9646	374780
饮料制造业	Manufacture of Beverages	766465	49402	90731
烟草制品业	Manufacture of Tobacco	252579	236860	13582
纺织业	Manufacture of Textile	120270	560	3850
纺织服装及其他纤维制品制造业	Manufacture of Textile Wearing Apparel,Footware and Caps	55297	46	1641
皮革、毛皮、羽毛（绒）及其制品业	Manufacture of Leather, Furs, Feather and Related Products			
木材加工及木、竹、藤、棕草制品业	Processing of Timber, Manufacture of Wood,Bamboo, Rattan, Palm and Straw Products	241948	706	13999
家具制造业	Manufacture of Furniture	117481	1442	7546
造纸及纸制品业	Manufacture of Paper and Paper Products	364648	1372	21521
印刷业和记录媒介的复制	Manufacture of Printing ,Reproduction of Recording Media	23345	218	91
文教体育用品制造业	Manufacture of Articles for Culture, Education and Sports Activities			
石油加工、炼焦及核燃料加工业	Processing of Petoleum,Coking,Processing of Nuclear Fuel	9066929	1449579	54353
化学原料及化学制品制造业	Manufacture of Raw Chemical Materials and Chemical Products	1582686	72780	25095
医药制造业	Manufacture of Medicines	1405893	16374	282505
化学纤维制造业	Manufacture of Chemical Fibers			
橡胶制品业	Manufacture of Rubber	226089	890	6942
塑料制品业	Manufacture of Plastics	182216	5324	1928
非金属矿物制品业	Manufacture of Non-metallic Mineral Products	769868	10152	35520
黑色金属冶炼及压延加工业	Smelting and Pressing of Ferrous Metals	2338146	4747	32932
有色金属冶炼及压延加工业	Smelting and Pressing of Non-ferrous Metals	261114	2412	8863
金属制品业	Manufacture of Metal Products	48195	548	2104
通用设备制造业	Manufacture of General Purpose Machinery	2593971	16283	76160
专用设备制造业	Manufacture of Special Purpose Machinery	1313317	10148	47972
交通运输设备制造业	Manufacture of Transport Equipment	2638204	12016	106465
电气机械及器材制造业	Manufacture of Electrical Machinery and Equipment	812190	6186	64267
通信设备、计算机及其他电子设备制造业	Manufacture of Communication Equipment, Computers and Other Electronic Equipment	65494	671	4538
仪器仪表及文化、办公用机械制造业	Manufacture of Measuring Instruments and Machinery for Cultural Activity and Office Work	85305	905	12564
工艺品及其他制造业	Manufacture of ArtWork and other Manufacturing	11434	465	712
废弃资源和废旧材料回收加工业	Recycling and Disposal of Waste			
电力、燃气及水的生产和供应业	Production and Supply of Electric Power, Gas and Water	8007857	31202	55090
电力、热力的生产和供应业	Production and Supply of Electric Power and Heat Power	7795321	27409	29585
燃气生产和供应业	Production and Supply of Gas	92345	935	20493
水的生产和供应业	Production and Supply of Water	120191	2857	5013

CONTINUED

(10000 yuan)

管理费用 Overhead Expenses	财务费用 Financial Expenses	利息支出 Expenditure for Interests	利润总额 Total Profits	亏损企业亏损额 Total Losses Made by Enterprises -in-red	利税总额 Total Profits	应交增值税 Value-added Tax Payable	销项税额 VAT on Sales	全部从业人员数(人) Employmee (person)
609767	118105	136531	1322836	36359	2267896	607414	2263927	195174
3430653	457775	406027	9096116	204327	17064359	3671721	10117547	888720
1760072	-1234	-2003	7264253	21773	12315103	2370211	4148966	409499
624876	47671	46262	285406	21773	750189	402125	726912	281155
1123128	-51397	-50727	6963890		11541259	1960585	3411173	123535
6875	1973	1971	7525		13542	5206	6984	2000
3951	410	382	7324		8535	939	1949	1792
1242	109	109	108		1579	1356	1948	1017
2083989	341937	323799	3080579	105130	6587130	1584225	6919425	507250
114781	71246	92021	414297	6319	618664	191771	919090	50590
84027	11127	11319	302151	2187	431147	119350	476159	33240
52782	8086	8502	88727	4657	176378	38249	154353	15977
56507	760	1518	93530		403597	73207	122086	5361
9835	2989	2832	6177	2	13793	7057	22622	11939
915	90	22	9820	186	10276	411	2217	1407
14582	4473	4043	15931	1640	24399	7762	23697	13939
11736	2298	1944	6722		12091	3927	14826	10812
21678	5168	4088	17973	18433	34603	15259	64739	9880
3497	25	-13	1501	400	2784	1065	3810	1514
494425	45050	30506	786186	6960	2667158	431393	1956753	59645
71380	28539	28612	109972	21576	230836	48084	287391	25686
195041	3180	2796	310104	797	459885	133407	402218	33150
12453	2823	2842	20702		32246	10654	42720	5764
20251	4163	3653	30975	451	46340	10041	31253	3653
68669	10801	10219	124996	2748	191727	56579	195240	24004
46694	60965	46941	29239	5602	91476	57490	531341	25479
32137	4272	4202	4987	693	14274	6874	58999	13613
5422	562	553	2701		5512	2263	6989	3727
163804	2689	226	147621	2064	310474	146569	522119	41424
183269	30661	31442	293053	4244	377015	73814	428318	34870
284409	39632	35990	64029	18138	159576	83531	431424	50350
101368	-29	-2449	179365	7680	239340	53789	188448	18646
11126	1376	1296	7939	317	11605	2995	11300	4473
22584	980	694	9776		18415	7734	20368	5891
619	11		2103	36	3520	952	947	2216
196358	235177	220762	74121	113783	430022	324699	1313083	167145
159049	224472	211091	67646	107160	409477	314422	1281487	151174
11531	3467	2272	-421	3282	3532	3018	13610	3569
25778	7238	7400	6896	3341	17013	7260	17986	12402

12-7 国有及国有控股工业企业主要经济指标 (2010年)

单位：万元

类别	Category	单位数（个）Number of Enterprises (unit)	#亏损企业 Loss-making Enterprises	工业总产值 Gross Industrial Output Value
总计	**Total**	**517**	**142**	**55170561**
#亏损企业	#Loss-making Enterprises	142	142	6311446
#大中型企业	#Large and Medium-sized Enterprises	205	55	52506248
按轻重工业分	**Grouped by Light and Heavy Industry**			
轻工业	Light Industry	121	38	6309170
重工业	Heavy Industry	396	104	48861391
按行业分	**Grouped by Industry**			
采矿业	Mining and Quarrying	27	7	18665463
煤炭开采和洗选业	Mining and Washing of Coal	19	7	3165848
石油和天然气开采业	Extraction of Petroleum and Natural Gas	4		15475689
黑色金属矿采选业	Mining and Processing of Ferrous Metals Ores	1		5160
有色金属矿采选业	Mining and Processing of Non-ferrous Metal Ores			
非金属矿采选业	Mining and Processing of Nonmetal Ores	3		18766
其他采矿业	Mining of Other Ores			
制造业	Manufacturing	304	57	27543843
农副食品加工业	Processing of Food from Agricultural Products	26	5	2967770
食品制造业	Manufacture of Foods	15	2	927341
饮料制造业	Manufacture of Beverages	7	3	71444
烟草制品业	Manufacture of Tobacco	5	2	582437
纺织业	Manufacture of Textile	1		1262
纺织服装及其他纤维制品制造业	Manufacture of Textile Wearing Apparel,Footware and Caps			
皮革、毛皮、羽毛（绒）及其制品业	Manufacture of Leather, Furs, Feather and Related Products			
木材加工及木、竹、藤、棕草制品业	Processing of Timber, Manufacture of Wood,Bamboo, Rattan, Palm and Straw Products	19	5	85844
家具制造业	Manufacture of Furniture	4		27732
造纸及纸制品业	Manufacture of Paper and Paper Products	3	1	144834
印刷业和记录媒介的复制	Manufacture of Printing ,Reproduction of Recording Media	10	2	56758
文教体育用品制造业	Manufacture of Articles for Culture, Education and Sports Activities	2	1	8054
石油加工、炼焦及核燃料加工业	Processing of Petoleum,Coking,Processing of Nuclear Fuel	16	4	10397115
化学原料及化学制品制造业	Manufacture of Raw Chemical Materials and Chemical Products	23	7	1283488
医药制造业	Manufacture of Medicines	10		1266518
化学纤维制造业	Manufacture of Chemical Fibers	1	1	1499
橡胶制品业	Manufacture of Rubber			
塑料制品业	Manufacture of Plastics	11	2	43033
非金属矿物制品业	Manufacture of Non-metallic Mineral Products	27	2	474299
黑色金属冶炼及压延加工业	Smelting and Pressing of Ferrous Metals	2	1	340533
有色金属冶炼及压延加工业	Smelting and Pressing of Non-ferrous Metals	6	1	248320
金属制品业	Manufacture of Metal Products	4		61441
通用设备制造业	Manufacture of General Purpose Machinery	29	3	2752380
专用设备制造业	Manufacture of Special Purpose Machinery	17	4	1568858
交通运输设备制造业	Manufacture of Transport Equipment	34	9	3110489
电气机械及器材制造业	Manufacture of Electrical Machinery and Equipment	15	2	868518
通信设备、计算机及其他电子设备制造业	Manufacture of Communication Equipment, Computers and Other Electronic Equipment	6		91416
仪器仪表及文化、办公用机械制造业	Manufacture of Measuring Instruments and Machinery for Cultural Activity and Office Work	8		119540
工艺品及其他制造业	Manufacture of ArtWork and other Manufacturing	1		13009
废弃资源和废旧材料回收加工业	Recycling and Disposal of Waste	2		29914
电力、燃气及水的生产和供应业	Production and Supply of Electric Power, Gas and Water	186	78	8961255
电力、热力的生产和供应业	Production and Supply of Electric Power and Heat Power	156	56	8341830
燃气生产和供应业	Production and Supply of Gas	2	1	418329
水的生产和供应业	Production and Supply of Water	28	21	201096

MAJOR INDICATORS OF STATE-OWNED AND STATE-HOLDING INDUSTRIAL ENTERPRISES (2010)

(10000 yuan)

工业销售产值 Sale Output Value of Industry	应收帐款 Receivables	产成品 Finished Goods	流动资产合计 Total Working Capitals	固定资产原价 Original Value of Fixed Assets	固定资产净值 Net Value of Fixed Assets	资产合计 Total Assets	负债合计 Total Liabilities	主营业务收入 Revenue from Principal Business
54072221	**4401363**	**1966606**	**27246316**	**65500363**	**35614923**	**71144996**	**38761294**	**60290603**
6222206	341116	111109	2497263	11324363	6354433	10305944	8505491	6270097
51436657	3881534	1848042	25783045	61480795	33232818	67005343	35972122	57740392
6195243	514270	758508	4434658	3173249	1823363	6754450	4229139	7838279
47876978	3887092	1208098	22811658	62327115	33791559	64390547	34532155	52452324
18186317	266544	298803	6741432	34276885	18775614	28832190	9969132	22251737
3029667	243273	35035	1119114	4013760	1891436	4448495	4294599	3117434
15140143	18871	261825	5613026	30257817	16880109	24364161	5665377	19115037
4521	2841	808	4479			10652	5063	4521
11986	1559	1135	4814	5308	4069	8883	4092	14746
26961860	3452452	1629127	16940075	14020549	7104706	27462650	18082122	28952589
2885122	133707	513462	2051210	642172	481641	2677647	2158429	3855489
947931	37278	62224	242372	364765	237785	553756	366065	974883
80467	15737	28287	74307	120004	87445	171172	130243	85905
582883	41503	5220	451484	251758	122391	618747	91461	580196
132	53		752	1787	1019	2013	1434	784
72913	9591	8849	46591	105911	60964	117998	131314	68423
27789	4912	4028	18916	9269	5463	25089	21601	24651
146606	40660	17524	141152	183623	101013	281629	137302	147030
52072	17193	2025	47176	66454	26537	76879	32336	52011
6749	7577	3029	26770	9427	5304	33075	25662	6322
10281837	38787	174086	945867	5030633	2029684	3544692	1944199	10441160
1244751	35777	84099	516679	1395327	790532	1493690	967933	1504341
1185366	159026	112276	1129079	923787	415282	1695887	921015	1895685
2323	351	124	884	1172	815	1755	1776	2250
44626	7043	11359	37158	44148	29178	69887	54098	38171
456585	36124	20708	426658	460594	334745	899840	520338	474913
348656	54369	47149	373842	277321	178591	775849	683645	433364
248597	19777	14291	230544	173589	53140	454123	259273	257834
59667	13216	10894	72237	30542	21335	113337	67356	57861
2772269	1219206	85933	3768741	632045	339253	4369745	3401436	2657301
1461689	851787	108842	2291828	913179	609945	3408374	1635603	1330629
2958553	415339	203995	2435640	1879664	929283	4061525	3211439	2971484
822574	221624	72704	1349737	353276	165269	1614595	1116154	845893
92683	21154	2829	74163	51567	28055	130763	75430	93155
136717	26102	29558	130274	83037	41503	203754	99495	102457
10138	22073	4051	28506	462	195	29258	18075	21219
32165	2485	1586	27509	15038	8340	37568	9011	29181
8924043	682367	38676	3564809	17202930	9734603	14850157	10710040	9086277
8306261	517904	38676	3210685	15489070	9290377	14024321	10322620	8583170
418329	132430		158524	1121247	109012	272121	87730	342059
199453	32033		195601	592613	335213	553716	299691	161048

12-7 续表1

单位：万元

类　别	Category	主营业务成本 Cost of Principal Business	主营业务税金及附加 Taxes and Other Charges on Principal Business	营业费用 Operating Expenses
总　计	**Total**	**42298904**	**4521996**	**966488**
#亏损企业	#Loss-making Enterprises	6012101	32656	50382
#大中型企业	#Large and Medium-sized Enterprises	40191107	4508056	910357
按轻重工业分	**Grouped by Light and Heavy Industry**			
轻工业	Light Industry	6341016	264586	418017
重工业	Heavy Industry	35957889	4257410	548471
按行业分	**Grouped by Industry**			
采矿业	Mining and Quarrying	10648145	2668160	140644
煤炭开采和洗选业	Mining and Washing of Coal	2458945	52493	19361
石油和天然气开采业	Extraction of Petroleum and Natural Gas	8177117	2614973	120950
黑色金属矿采选业	Mining and Processing of Ferrous Metals Ores	2571	207	285
有色金属矿采选业	Mining and Processing of Non-ferrous Metal Ores			
非金属矿采选业	Mining and Processing of Nonmetal Ores	9511	487	48
其他采矿业	Mining of Other Ores			
制造业	Manufacturing	23072993	1820140	761495
农副食品加工业	Processing of Food from Agricultural Products	3674587	1077	55406
食品制造业	Manufacture of Foods	752973	5223	101512
饮料制造业	Manufacture of Beverages	72205	2129	4793
烟草制品业	Manufacture of Tobacco	229949	236611	10426
纺织业	Manufacture of Textile	628		94
纺织服装及其他纤维制品制造业	Manufacture of Textile Wearing Apparel, Footware and Caps			
皮革、毛皮、羽毛（绒）及其制品业	Manufacture of Leather, Furs, Feather and Related Products			
木材加工及木、竹、藤、棕草制品业	Processing of Timber, Manufacture of Wood, Bamboo, Rattan, Palm and Straw Products	64880	310	1430
家具制造业	Manufacture of Furniture	20545	1	966
造纸及纸制品业	Manufacture of Paper and Paper Products	112545	763	11018
印刷业和记录媒介的复制	Manufacture of Printing ,Reproduction of Recording Media	40578	404	426
文教体育用品制造业	Manufacture of Articles for Culture, Education and Sports Activities	5206	38	370
石油加工、炼焦及核燃料加工业	Processing of Petoleum, Coking, Processing of Nuclear Fuel	7926154	1439889	40727
化学原料及化学制品制造业	Manufacture of Raw Chemical Materials and Chemical Products	1298103	69887	20339
医药制造业	Manufacture of Medicines	1256521	14717	224227
化学纤维制造业	Manufacture of Chemical Fibers	2021	5	92
橡胶制品业	Manufacture of Rubber			
塑料制品业	Manufacture of Plastics	30427	137	1831
非金属矿物制品业	Manufacture of Non-metallic Mineral Products	357559	3974	17052
黑色金属冶炼及压延加工业	Smelting and Pressing of Ferrous Metals	387866	694	12935
有色金属冶炼及压延加工业	Smelting and Pressing of Non-ferrous Metals	211868	1044	6414
金属制品业	Manufacture of Metal Products	48123	435	2394
通用设备制造业	Manufacture of General Purpose Machinery	2314590	15006	65521
专用设备制造业	Manufacture of Special Purpose Machinery	1008185	9124	22851
交通运输设备制造业	Manufacture of Transport Equipment	2484736	11867	102908
电气机械及器材制造业	Manufacture of Electrical Machinery and Equipment	599991	4715	43610
通信设备、计算机及其他电子设备制造业	Manufacture of Communication Equipment, Computers and Other Electronic Equipment	66965	828	5019
仪器仪表及文化、办公用机械制造业	Manufacture of Measuring Instruments and Machinery for Cultural Activity and Office Work	70194	876	8772
工艺品及其他制造业	Manufacture of ArtWork and other Manufacturing	16457	177	
废弃资源和废旧材料回收加工业	Recycling and Disposal of Waste	19137	210	365
电力、燃气及水的生产和供应业	Production and Supply of Electric Power, Gas and Water	8577767	33696	64349
电力、热力的生产和供应业	Production and Supply of Electric Power and Heat Power	8139482	29263	37830
燃气生产和供应业	Production and Supply of Gas	301893	1213	21157
水的生产和供应业	Production and Supply of Water	136392	3219	5362

CONTINUED

(10000 yuan)

管理费用 Overhead Expenses	财务费用 Financial Expenses	利息支出 Expenditure for Interests	利润总额 Total Profits	亏损企业亏损额 Total Losses Made by Enterprises -in-red	利税总额 Total Profits	应交增值税 Value-added Tax Payable	销项税额 VAT on Sales	全部从业人员数(人) Employmee (person)
3467900	**454605**	**441495**	**8791135**	**217094**	**17066374**	**3753243**	**10229960**	**828151**
343413	164498	161162	-217094	217094	36171	220609	1051454	179685
3332280	389775	385350	8589545	175026	16764948	3667347	9897701	778633
381514	58204	78395	450132	19916	1082919	368201	1243038	90582
3086385	396402	363100	8341003	197178	15983455	3385042	8986922	737569
1621327	-8307	-8721	7018604	20292	11944610	2257846	3989273	358940
541039	43231	42136	87681	20292	454080	313906	596855	239827
1077499	-51559	-50878	6930452		11488464	1943039	3391395	118229
1304			1		684	476	415	450
1486	22	22	469		1382	426	608	434
1626172	177684	186770	1642761	82020	4609838	1146937	4843341	293049
52511	41783	63044	74006	1123	193202	118119	522078	13148
35391	4812	4729	42958	1030	83152	34971	162735	19295
5923	3397	3391	-831	1760	2503	1205	19124	1774
59011	-767		87484	214	395762	71667	116539	5410
36	9		17		17			50
5265	2367	2337	-5150	6712	-3211	1629	4804	3864
1738	600	495	1224		1290	65	1777	1722
10067	2108	1083	6658	4193	17656	10235	27795	3517
6627	-139	-178	4685	437	7699	2609	7187	2679
1354	19	1	223	576	591	330	739	1289
457537	10040	8905	549996	7002	2377333	387449	1741598	43558
57346	27151	27197	71795	23884	178249	36567	245901	16422
172468	-887	-1359	231103		361113	115294	357876	23885
285			-150	150	-99	45	402	128
3877	174	174	4027	149	5483	1319	5573	1178
29276	6356	6565	80215	1348	114022	29832	79295	10882
13038	12403	9284	6848	302	17494	9953	97607	6661
32077	3954	3878	5662	343	12668	5963	49550	10516
5553	566	553	3470		5846	1941	7214	3449
143219	-471	-2880	107935	3449	255147	132206	475774	29509
141769	27807	28607	159032	2644	217981	49825	345059	26291
273282	37512	33647	58831	19005	148680	77982	399091	44060
83234	-3814	-5161	123920	7700	170399	41764	137264	13950
14231	1243	1210	10701		15373	3843	13327	4239
19183	1238	987	5925		13579	6778	16466	5170
127	296	262	4039		7694	3478	3607	27
1749	-74	2	8139		10218	1869	4961	376
220400	285228	263445	129771	114782	511926	348460	1397345	176162
178863	274828	254270	120981	103502	487141	336897	1352645	157721
9685	3153	1960	14768	747	19403	3422	26211	2572
31851	7248	7216	-5978	10533	5383	8142	18489	15869

12-8 集体工业企业主要经济指标(2010年)

单位：万元

类别	Category	单位数（个）Number of Enterprises (unit)	#亏损企业 Loss-making Enterprises	工业总产值 Gross Industrial Output Value
总计	**Total**	**154**	**24**	**1282841**
#亏损企业	#Loss-making Enterprises	24	24	112030
#大中型企业	#Large and Medium-sized Enterprises	26	4	668224
按轻重工业分	**Grouped by Light and Heavy Industry**			
轻工业	Light Industry	18	3	91447
重工业	Heavy Industry	136	21	1191394
按行业分	**Grouped by Industry**			
采矿业	Mining and Quarrying	41	4	266803
煤炭开采和洗选业	Mining and Washing of Coal	32	4	155202
石油和天然气开采业	Extraction of Petroleum and Natural Gas	8		109802
黑色金属矿采选业	Mining and Processing of Ferrous Metals Ores			
有色金属矿采选业	Mining and Processing of Non-ferrous Metal Ores			
非金属矿采选业	Mining and Processing of Nonmetal Ores	1		1799
其他采矿业	Mining of Other Ores			
制造业	Manufacturing	110	19	938717
农副食品加工业	Processing of Food from Agricultural Products			
食品制造业	Manufacture of Foods	1		37373
饮料制造业	Manufacture of Beverages	1		522
烟草制品业	Manufacture of Tobacco	1		11776
纺织业	Manufacture of Textile			
纺织服装及其他纤维制品制造业	Manufacture of Textile Wearing Apparel,Footware and Caps	1		2260
皮革、毛皮、羽毛（绒）及其制品业	Manufacture of Leather, Furs, Feather and Related Products			
木材加工及木、竹、藤、棕草制品业	Processing of Timber, Manufacture of Wood,Bamboo, Rattan, Palm and Straw Products	1		27723
家具制造业	Manufacture of Furniture			
造纸及纸制品业	Manufacture of Paper and Paper Products	6	1	27031
印刷业和记录媒介的复制	Manufacture of Printing ,Reproduction of Recording Media	4	1	6076
文教体育用品制造业	Manufacture of Articles for Culture, Education and Sports Activities			
石油加工、炼焦及核燃料加工业	Processing of Petoleum,Coking,Processing of Nuclear Fuel	3	1	18849
化学原料及化学制品制造业	Manufacture of Raw Chemical Materials and Chemical Products	9	1	118137
医药制造业	Manufacture of Medicines	1		660
化学纤维制造业	Manufacture of Chemical Fibers			
橡胶制品业	Manufacture of Rubber	4	1	17269
塑料制品业	Manufacture of Plastics	4	1	26255
非金属矿物制品业	Manufacture of Non-metallic Mineral Products	8	3	51183
黑色金属冶炼及压延加工业	Smelting and Pressing of Ferrous Metals	3	2	19808
有色金属冶炼及压延加工业	Smelting and Pressing of Non-ferrous Metals	2	1	7134
金属制品业	Manufacture of Metal Products	11	2	73621
通用设备制造业	Manufacture of General Purpose Machinery	23	4	264392
专用设备制造业	Manufacture of Special Purpose Machinery	8	1	30386
交通运输设备制造业	Manufacture of Transport Equipment	14		179007
电气机械及器材制造业	Manufacture of Electrical Machinery and Equipment	5		19257
通信设备、计算机及其他电子设备制造业	Manufacture of Communication Equipment, Computers and Other Electronic Equipment			
仪器仪表及文化、办公用机械制造业	Manufacture of Measuring Instruments and Machinery for Cultural Activity and Office Work			
工艺品及其他制造业	Manufacture of ArtWork and other Manufacturing			
废弃资源和废旧材料回收加工业	Recycling and Disposal of Waste			
电力、燃气及水的生产和供应业	Production and Supply of Electric Power, Gas and Water	3	1	77321
电力、热力的生产和供应业	Production and Supply of Electric Power and Heat Power	3	1	77321
燃气生产和供应业	Production and Supply of Gas			
水的生产和供应业	Production and Supply of Water			

MAJOR INDICATORS OF COLLECTIVE-OWNED INDUSTRIAL ENTERPRISES (2010)

(10000 yuan)

工业销售产值 Sale Output Value of Industry	应收帐款 Receivables	产成品 Finished Goods	流动资产合计 Total Working Capitals	固定资产原价 Original Value of Fixed Assets	固定资产净值 Net Value of Fixed Assets	资产合计 Total Assets	负债合计 Total Liabilities	主营业务收入 Revenue from Principal Business
1246074	**261960**	**59224**	**654032**	**671489**	**305715**	**1127366**	**853130**	**1185337**
102017	12497	20082	66811	44546	22152	99292	115929	83034
657276	148234	35578	388216	512026	215227	739197	592039	620491
87258	17580	3216	46383	30140	18332	67381	22796	85740
1158816	244381	56009	607650	641349	287383	1059985	830334	1099597
258786	50552	8626	130758	162272	69915	325944	271209	229679
146978	22962	7830	64721	34664	25230	103807	75310	117918
109802	27576	747	65499	127105	44224	221138	195803	109755
2005	14	49	538	504	461	999	96	2005
909967	189827	50598	493616	257817	135535	670736	474185	867149
37593	10534	736	30336	14504	7642	38694	6918	37592
533		36	101	342	301	402	110	533
11218	72	2	401	1601	506	1122	153	11218
2260	571	225	1192	1686	1401	2646	2638	2260
27690	968	506	6596	5195	2546	9142	6263	27690
24611	3443	1269	7262	5667	4246	11526	5613	25108
5957	420	491	2834	4298	2741	6130	4117	5271
17780	9563	1470	15873	7819	3295	19620	11456	18172
113159	22179	5604	61241	34284	20965	89745	62879	114524
692	388	210	952	471	359	1310	1156	745
16811	4931	726	10812	9560	2286	15802	12956	15295
25015	1118	1397	10972	6592	2900	15215	3312	26504
49758	6981	2184	16841	16482	10124	27792	21516	49769
19889	217	629	3418	1752	589	4211	5350	19889
7208	503	97	5182	2978	605	5822	7039	7352
71527	21130	4318	50005	26655	11170	63048	47361	74802
253221	43828	23766	144292	73546	38630	196556	165384	213131
28495	9347	517	20353	7308	4555	25432	16519	31986
177401	43610	677	69991	16009	8527	80363	58091	168426
19152	10027	5738	34962	21069	12148	56158	35358	16883
77321	21581		29658	251400	100264	130686	107736	88509
77321	21581		29658	251400	100264	130686	107736	88509

12-8 续表1

单位：万元

类　别	Category	主营业务成　本 Cost of Principal Business	主营业务税金及附加 Taxes and Other Charges on Principal Business	营业费用 Operating Expenses
总　计	**Total**	**998292**	**11122**	**12738**
#亏损企业	#Loss-making Enterprises	77559	347	828
#大中型企业	#Large and Medium-sized Enterprises	528412	6659	4858
按轻重工业分	**Grouped by Light and Heavy Industry**			
轻工业	Light Industry	76158	241	1408
重工业	Heavy Industry	922134	10881	11330
按行业分	**Grouped by Industry**			
采矿业	Mining and Quarrying	178444	5477	1398
煤炭开采和洗选业	Mining and Washing of Coal	96504	3036	1381
石油和天然气开采业	Extraction of Petroleum and Natural Gas	80447	2427	
黑色金属矿采选业	Mining and Processing of Ferrous Metals Ores			
有色金属矿采选业	Mining and Processing of Non-ferrous Metal Ores			
非金属矿采选业	Mining and Processing of Nonmetal Ores	1493	14	16
其他采矿业	Mining of Other Ores			
制造业	Manufacturing	738655	4953	11340
农副食品加工业	Processing of Food from Agricultural Products			
食品制造业	Manufacture of Foods	33401		286
饮料制造业	Manufacture of Beverages	516		5
烟草制品业	Manufacture of Tobacco	10194		173
纺织业	Manufacture of Textile			
纺织服装及其他纤维制品制造业	Manufacture of Textile Wearing Apparel, Footware and Caps	2080	4	5
皮革、毛皮、羽毛（绒）及其制品业	Manufacture of Leather, Furs, Feather and Related Products			
木材加工及木、竹、藤、棕草制品业	Processing of Timber, Manufacture of Wood, Bamboo, Rattan, Palm and Straw Products	23476	150	1232
家具制造业	Manufacture of Furniture			
造纸及纸制品业	Manufacture of Paper and Paper Products	22341	128	656
印刷业和记录媒介的复制	Manufacture of Printing, Reproduction of Recording Media	4485	27	192
文教体育用品制造业	Manufacture of Articles for Culture, Education and Sports Activities			
石油加工、炼焦及核燃料加工业	Processing of Petoleum, Coking, Processing of Nuclear Fuel	16519	123	360
化学原料及化学制品制造业	Manufacture of Raw Chemical Materials and Chemical Products	98130	1770	1089
医药制造业	Manufacture of Medicines	613	2	28
化学纤维制造业	Manufacture of Chemical Fibers			
橡胶制品业	Manufacture of Rubber	13048	56	100
塑料制品业	Manufacture of Plastics	23255	158	149
非金属矿物制品业	Manufacture of Non-metallic Mineral Products	44347	60	143
黑色金属冶炼及压延加工业	Smelting and Pressing of Ferrous Metals	18202	30	231
有色金属冶炼及压延加工业	Smelting and Pressing of Non-ferrous Metals	6889	31	112
金属制品业	Manufacture of Metal Products	68029	432	456
通用设备制造业	Manufacture of General Purpose Machinery	162971	1242	4812
专用设备制造业	Manufacture of Special Purpose Machinery	26055	142	1020
交通运输设备制造业	Manufacture of Transport Equipment	149618	485	220
电气机械及器材制造业	Manufacture of Electrical Machinery and Equipment	14485	113	74
通信设备、计算机及其他电子设备制造业	Manufacture of Communication Equipment, Computers and Other Electronic Equipment			
仪器仪表及文化、办公用机械制造业	Manufacture of Measuring Instruments and Machinery for Cultural Activity and Office Work			
工艺品及其他制造业	Manufacture of ArtWork and other Manufacturing			
废弃资源和废旧材料回收加工业	Recycling and Disposal of Waste			
电力、燃气及水的生产和供应业	Production and Supply of Electric Power, Gas and Water	81194	692	
电力、热力的生产和供应业	Production and Supply of Electric Power and Heat Power	81194	692	
燃气生产和供应业	Production and Supply of Gas			
水的生产和供应业	Production and Supply of Water			

CONTINUED

(10000 yuan)

管理费用 Overhead Expenses	财务费用 Financial Expenses	利息支出 Expenditure for Interests	利润总额 Total Profits	亏损企业亏损额 Total Losses Made by Enterprises -in-red	利税总额 Total Profits	应交增值税 Value-added Tax Payable	销项税额 VAT on Sales	全部从业人员数(人) Employmee (person)
90772	**11202**	**7116**	**100231**	**3863**	**157828**	**46476**	**139605**	**52995**
9651	224	172	-3863	3863	-598	2918	11865	8668
52094	6323	6169	53379	2313	84517	24478	75603	34847
2295	417	380	5717	102	8624	2666	5355	2060
88477	10785	6737	94514	3761	149204	43810	134250	50935
31531	458	310	41415	111	57463	10572	21626	17544
9103	296	158	34934	111	46899	8928	17413	13141
22375	163	151	6052		9906	1428	3952	4338
53			430		659	215	261	65
58368	7263	3325	56547	3717	90368	28868	103282	33839
327	270	270	3308		3414	106		388
7			5		11	6	112	24
146	32	32	673		1330	657	657	179
51	38		82		169	83	255	365
1982	25	25	815		1115	150		3210
964			1191	34	2625	1306	3006	716
474	73	73	115	23	377	235	665	185
1075	85	79	743	59	1689	823	3004	572
6327	126	62	8095	1	14510	4645	13761	4734
101			1		26	23	127	70
1986	18	17	1251	40	1616	309	1308	397
1796	-3	-2	1418	45	3009	1434	3885	1765
2937	14	-4	2093	521	3558	1405	3176	734
1983	32		-355	439	-182	144	1537	589
524			-305	350	37	312	743	2405
5215	26	-1	3699	117	6043	1912	5741	1602
19292	4858	1124	21147	1972	30308	7920	33664	8531
1925	167	168	2738	116	3840	959	4083	949
9348	1301	1284	9625		15648	5539	23690	5122
1909	200	196	209		1223	901	3869	1302
874	3481	3482	2269	35	9997	7036	14698	1612
874	3481	3482	2269	35	9997	7036	14698	1612

12-9 按行业分私营工业企业主要指标(2010年)

单位：万元

行　　业	Sector
总　计	**Total**
采矿业	Mining and Quarrying
煤炭开采和洗选业	Mining and Washing of Coal
石油和天然气开采业	Extraction of Petroleum and Natural Gas
黑色金属矿采选业	Mining and Processing of Ferrous Metals Ores
有色金属矿采选业	Mining and Processing of Non-ferrous Metal Ores
非金属矿采选业	Mining and Processing of Nonmetal Ores
其他采矿业	Mining of Other Ores
制造业	Manufacturing
农副食品加工业	Processing of Food from Agricultural Products
食品制造业	Manufacture of Foods
饮料制造业	Manufacture of Beverages
烟草制品业	Manufacture of Tobacco
纺织业	Manufacture of Textile
纺织服装、鞋、帽制造业	Manufacture of Textile Wearing Apparel,Footware and Caps
皮革、毛皮、羽毛(绒)及其制品业	Manufacture of Leather, Furs, Feather and Related Products
木材加工及木、竹、藤、棕、草制品业	Processing of Timber, Manufacture of Wood,Bamboo, Rattan, Palm and Straw Products
家具制造业	Manufacture of Furniture
造纸及纸制品业	Manufacture of Paper and Paper Products
印刷业和记录媒介的复制	Manufacture of Printing ,Reproduction of Recording Media
文教体育用品制造业	Manufacture of Articles for Culture, Education and Sports Activities
石油加工、炼焦及核燃料加工业	Processing of Petoleum,Coking,Processing of Nuclear Fuel
化学原料及化学制品制造业	Manufacture of Raw Chemical Materials and Chemical Products
医药制造业	Manufacture of Medicines
化学纤维制造业	Manufacture of Chemical Fibers
橡胶制品业	Manufacture of Rubber
塑料制品业	Manufacture of Plastics
非金属矿物制品业	Manufacture of Non-metallic Mineral Products
黑色金属冶炼及压延加工业	Smelting and Pressing of Ferrous Metals
有色金属冶炼及压延加工业	Smelting and Pressing of Non-ferrous Metals
金属制品业	Manufacture of Metal Products
通用设备制造业	Manufacture of General Purpose Machinery
专用设备制造业	Manufacture of Special Purpose Machinery
交通运输设备制造业	Manufacture of Transport Equipment
电气机械及器材制造业	Manufacture of Electrical Machinery and Equipment
通信设备、计算机及其他电子设备制造业	Manufacture of Communication Equipment,Computers and Other Electronic Equipment
仪器仪表及文化、办公用机械制造业	Manufacture of Measuring Instruments and Machinery for Cultural Activity and Office Work
工艺品及其他制造业	Manufacture of ArtWork and other Manufacturing Recycling and Disposal of Waste
废弃资源和废旧材料回收加工业	Recycling and Disposal of Waste
电力、燃气及水的生产和供应业	Production and Supply of Electric Power, Gas and Water
电力、热力的生产和供应业	Production and Supply of Electric Power and Heat Power
燃气生产和供应业	Production and Supply of Gas
水的生产和供应业	Production and Supply of Water

MAIN INDICATORS OF PRIVATE ENTERPRISES BY INDUSTRIAL SECTOR (2010)

(10000 yuan)

企业单位数(个) Number of Enterprises (unit)	工业总产值 Gross Industrial Output Value	资产总计 Total Assets	流动资产合计 Total Working Capitals	固定资产原价 Original Value of Fixed Assets	固定资产净值 Net Value of Fixed Assets	负债合计 Total Liabilities
2366	**18050684**	**11419501**	**5852562**	**5474551**	**4120172**	**6125827**
212	2028759	1347348	660861	620164	494314	850807
6	70645	72759	40630	31175	24712	36859
10	127448	31531	13125	19724	17421	17914
3	15021	30721	26464	3983	3349	20091
25	105817	50015	24544	27286	20199	27031
462	5074468	2211285	1160775	989018	787225	964264
85	742129	401144	194357	204663	151917	206931
80	544443	424970	180254	245229	189977	200862
35	169798	227218	124326	100085	66252	107831
5	24487	13193	8535	1707	1151	7798
4	67885	24415	20199	4888	3559	6920
214	1307375	610794	272917	350972	270387	296887
38	249344	170760	100225	79605	57306	91150
45	214451	133095	59790	82784	57728	64089
21	59582	45393	22723	29619	20284	32813
21	82605	11501	6182	6003	5125	5546
45	1194011	1121728	536294	611658	496811	728883
133	1092157	554836	332010	231372	140297	323390
41	254114	310676	160067	152050	110990	132030
1	869	391	184	207	206	276
6	50673	25443	17146	3361	2106	11079
71	337255	159315	73678	89043	62212	78304
196	1197168	919081	409088	494587	340759	544457
23	254496	140275	65522	70670	62170	77048
9	47931	33292	15296	9200	6335	19280
75	364120	196090	119957	64586	51478	107613
165	685821	524913	298583	225422	162076	307115
147	789413	530022	376540	172902	99783	276003
31	105492	112291	61927	48456	35206	53225
68	383769	262687	154643	106037	64642	105286
7	47707	87460	72719	15694	10151	25795
27	71782	82973	69583	10884	6351	32842
8	58293	24211	4924	25114	17385	6886
4	37167	7267	3694	4405	3574	3728
36	168888	471170	137111	323345	264007	325983
3	18283	27960	17839	13796	10121	26219
4	7020	21280	9853	4860	2608	2593

12-9 续表1

单位：万元

行　　业	Sector
总　计	**Total**
采矿业	Mining and Quarrying
煤炭开采和洗选业	Mining and Washing of Coal
石油和天然气开采业	Extraction of Petroleum and Natural Gas
黑色金属矿采选业	Mining and Processing of Ferrous Metals Ores
有色金属矿采选业	Mining and Processing of Non-ferrous Metal Ores
非金属矿采选业	Mining and Processing of Nonmetal Ores
其他采矿业	Mining of Other Ores
制造业	Manufacturing
农副食品加工业	Processing of Food from Agricultural Products
食品制造业	Manufacture of Foods
饮料制造业	Manufacture of Beverages
烟草制品业	Manufacture of Tobacco
纺织业	Manufacture of Textile
纺织服装、鞋、帽制造业	Manufacture of Textile Wearing Apparel,Footware and Caps
皮革、毛皮、羽毛(绒)及其制品业	Manufacture of Leather, Furs, Feather and Related Products
木材加工及木、竹、藤、棕、草制品业	Processing of Timber, Manufacture of Wood,Bamboo, Rattan, Palm and Straw Products
家具制造业	Manufacture of Furniture
造纸及纸制品业	Manufacture of Paper and Paper Products
印刷业和记录媒介的复制	Manufacture of Printing ,Reproduction of Recording Media
文教体育用品制造业	Manufacture of Articles for Culture, Education and Sports Activities
石油加工、炼焦及核燃料加工业	Processing of Petoleum,Coking,Processing of Nuclear Fuel
化学原料及化学制品制造业	Manufacture of Raw Chemical Materials and Chemical Products
医药制造业	Manufacture of Medicines
化学纤维制造业	Manufacture of Chemical Fibers
橡胶制品业	Manufacture of Rubber
塑料制品业	Manufacture of Plastics
非金属矿物制品业	Manufacture of Non-metallic Mineral Products
黑色金属冶炼及压延加工业	Smelting and Pressing of Ferrous Metals
有色金属冶炼及压延加工业	Smelting and Pressing of Non-ferrous Metals
金属制品业	Manufacture of Metal Products
通用设备制造业	Manufacture of General Purpose Machinery
专用设备制造业	Manufacture of Special Purpose Machinery
交通运输设备制造业	Manufacture of Transport Equipment
电气机械及器材制造业	Manufacture of Electrical Machinery and Equipment
通信设备、计算机及其他电子设备制造业	Manufacture of Communication Equipment,Computers and Other Electronic Equipment
仪器仪表及文化、办公用机械制造业	Manufacture of Measuring Instruments and Machinery for Cultural Activity and Office Work
工艺品及其他制造业	Manufacture of ArtWork and other Manufacturing Recycling and Disposal of Waste
废弃资源和废旧材料回收加工业	Recycling and Disposal of Waste
电力、燃气及水的生产和供应业	Production and Supply of Electric Power, Gas and Water
电力、热力的生产和供应业	Production and Supply of Electric Power and Heat Power
燃气生产和供应业	Production and Supply of Gas
水的生产和供应业	Production and Supply of Water

CONTINUED

(10000 yuan)

流动负债合计 Total Working Liabilities	所有者权益 Owners' Equities	主营业务收入 Revenue from Principal Business	主营业务成本 Cost of Principal Business	主营业务税金及附加 Taxes and Other Charges on Principal Business	利润总额 Total Profits	本年应交增值税 Value Added Tax Payable	全部从业人员年平均人数(人) Annual Average Employed Persons (person)
5348242	**5238458**	**17122492**	**14212540**	**102925**	**1657167**	**567679**	**261082**
767865	494716	1913144	1482248	24487	281838	162464	41207
33009	35900	64517	46975	536	11946	1538	806
14513	12916	124901	108703	883	13480	4476	891
19731	10630	15731	12094	185	5500	784	808
18664	20756	113494	90781	1849	11539	5987	3214
826685	1230997	4899005	4293687	13365	371294	108401	42063
164257	194049	728684	554751	3896	70346	31275	9992
173031	219684	504303	412862	17824	46230	17359	8373
104186	119247	169844	148378	615	6082	6060	9884
7143	5395	23253	19529	170	1520	294	676
6920	16295	67144	55280	44	11105	952	391
253703	309298	1151925	986970	3709	73670	28786	24191
87754	78788	214033	175349	2392	14464	5744	8977
55200	68645	193955	160286	602	22398	5285	4227
26917	12580	55148	50237	85	1462	813	1119
4605	5890	73471	66458	94	4383	1037	1407
663338	392842	1164536	887128	6247	191037	39753	12846
296352	228908	1054211	887755	3395	126017	19754	10866
98649	171958	231168	162222	1186	36107	9216	5680
276	115	913	889	1	5	72	38
10697	14364	40226	30675	119	6031	542	244
71200	80942	322037	269291	2106	29640	6458	5224
502604	369948	1127655	923745	6683	103312	39279	19932
47174	61351	286693	223196	935	17068	8010	2116
19048	14013	48280	38095	306	4799	1534	684
98622	88442	351955	289170	1519	19949	6429	5440
277692	217251	681301	585999	2930	45077	22253	13287
250735	251277	656386	553414	2577	54770	11743	11275
49164	58944	87167	75828	469	3954	2735	1949
91668	156838	352291	279457	1298	45176	8482	4781
22350	61664	45664	30520	216	9748	1864	774
32344	50130	63949	46787	426	8318	2534	1042
6886	17326	56084	45102	861	4301	1336	985
3728	3539	34741	30555	349	1808	1783	296
212856	142465	177841	164397	516	4810	2504	4649
26219	1741	18286	18948	11	-2519	55	540
2458	18617	8557	4782	40	506	90	208

12-10 按行业分“三资”工业企业主要指标 (2010年)

单位：万元

行　　业	Sector
总　计	**Total**
采矿业	Mining and Quarrying
煤炭开采和洗选业	Mining and Washing of Coal
石油和天然气开采业	Extraction of Petroleum and Natural Gas
黑色金属矿采选业	Mining and Processing of Ferrous Metals Ores
有色金属矿采选业	Mining and Processing of Non-ferrous Metal Ores
非金属矿采选业	Mining and Processing of Nonmetal Ores
其他采矿业	Mining of Other Ores
制造业	Manufacturing
农副食品加工业	Processing of Food from Agricultural Products
食品制造业	Manufacture of Foods
饮料制造业	Manufacture of Beverages
烟草制品业	Manufacture of Tobacco
纺织业	Manufacture of Textile
纺织服装、鞋、帽制造业	Manufacture of Textile Wearing Apparel,Footware and Caps
皮革、毛皮、羽毛(绒)及其制品业	Manufacture of Leather, Furs, Feather and Related Products
木材加工及木、竹、藤、棕、草制品业	Processing of Timber, Manufacture of Wood,Bamboo, Rattan, Palm and Straw Products
家具制造业	Manufacture of Furniture
造纸及纸制品业	Manufacture of Paper and Paper Products
印刷业和记录媒介的复制	Manufacture of Printing ,Reproduction of Recording Media
文教体育用品制造业	Manufacture of Articles for Culture, Education and Sports Activities
石油加工、炼焦及核燃料加工业	Processing of Petoleum,Coking,Processing of Nuclear Fuel
化学原料及化学制品制造业	Manufacture of Raw Chemical Materials and Chemical Products
医药制造业	Manufacture of Medicines
化学纤维制造业	Manufacture of Chemical Fibers
橡胶制品业	Manufacture of Rubber
塑料制品业	Manufacture of Plastics
非金属矿物制品业	Manufacture of Non-metallic Mineral Products
黑色金属冶炼及压延加工业	Smelting and Pressing of Ferrous Metals
有色金属冶炼及压延加工业	Smelting and Pressing of Non-ferrous Metals
金属制品业	Manufacture of Metal Products
通用设备制造业	Manufacture of General Purpose Machinery
专用设备制造业	Manufacture of Special Purpose Machinery
交通运输设备制造业	Manufacture of Transport Equipment
电气机械及器材制造业	Manufacture of Electrical Machinery and Equipment
通信设备、计算机及其他电子设备制造业	Manufacture of Communication Equipment,Computers and Other Electronic Equipment
仪器仪表及文化、办公用机械制造业	Manufacture of Measuring Instruments and Machinery for Cultural Activity and Office Work
工艺品及其他制造业	Manufacture of ArtWork and other Manufacturing Recycling and Disposal of Waste
废弃资源和废旧材料回收加工业	Recycling and Disposal of Waste
电力、燃气及水的生产和供应业	Production and Supply of Electric Power, Gas and Water
电力、热力的生产和供应业	Production and Supply of Electric Power and Heat Power
燃气生产和供应业	Production and Supply of Gas
水的生产和供应业	Production and Supply of Water

MAIN INDICATORS OF INDUSTRIAL ENTERPRISES WITH HONGKONG,MACAO,TAIWAN AND FOREIGN FUNDS BY INDUSTRIAL SECTOR (2010)

(10000 yuan)

企业单位数 (个) Number of Enterprises (unit)	工业总产值 Gross Industrial Output Value	资产总计 Total Assets	流动资产合计 Total Working Capitals	固定资产原价 Original Value of Fixed Assets	固定资产净值 Net Value of Fixed Assets	负债合计 Total Liabilities
298	**8442504**	**11577514**	**5390942**	**7943232**	**4875175**	**6909623**
1	7764	8427	2394	4759	3807	4366
2	413231	312607	51751	814401	260066	71827
1	10021	115149	98500	19908	14977	10241
3	22656	30774	17676	21985	11957	17898
41	1056611	979761	406505	542585	382302	609731
34	1409430	1216761	660193	672347	450893	625351
27	982165	858238	380054	658311	413714	449001
1	4473	26246	16190	21645	10030	824
8	74613	115584	79540	49071	25991	91178
1	39301	16975	15975	1034	932	2263
1	8511	6554	1142	6143	5412	8
25	221773	198515	96327	121434	82464	104834
8	61019	75793	50831	34393	22908	55658
8	85853	262645	70716	152647	113884	97103
2	6916	17621	11315	9330	5578	6719
5	9766	7661	4304	5894	3034	3451
2	26775	110331	51772	3998	2481	46252
13	247567	276547	55852	222666	210217	124798
18	1165640	1872327	1252677	961661	448784	1086039
1	193600	135720	43012	128397	79278	91957
7	27632	27072	17312	17815	7431	14428
12	160597	220934	128368	97436	67557	99960
2	279263	491082	346871	91788	67644	443753
3	49611	67018	28431	58245	34060	46173
7	28819	28193	12847	19150	14032	7141
4	14819	41738	33907	7061	5016	9967
11	342687	469294	336971	126860	88067	232426
14	600032	613789	456633	293260	154059	402307
4	208300	439373	278402	68921	35405	259743
4	20825	30952	19347	18278	11551	14403
3	8114	5449	1434	5277	3594	2265
16	574624	2009926	195946	2442268	1689071	1595844
4	68273	189945	47123	217355	130550	101863
5	11222	298513	120626	26909	18431	179853

12-10 续表

单位：万元

行　　业	Sector
总　计	**Total**
采矿业	Mining and Quarrying
煤炭开采和洗选业	Mining and Washing of Coal
石油和天然气开采业	Extraction of Petroleum and Natural Gas
黑色金属矿采选业	Mining and Processing of Ferrous Metals Ores
有色金属矿采选业	Mining and Processing of Non-ferrous Metal Ores
非金属矿采选业	Mining and Processing of Nonmetal Ores
其他采矿业	Mining of Other Ores
制造业	Manufacturing
农副食品加工业	Processing of Food from Agricultural Products
食品制造业	Manufacture of Foods
饮料制造业	Manufacture of Beverages
烟草制品业	Manufacture of Tobacco
纺织业	Manufacture of Textile
纺织服装、鞋、帽制造业	Manufacture of Textile Wearing Apparel,Footware and Caps
皮革、毛皮、羽毛(绒)及其制品业	Manufacture of Leather, Furs, Feather and Related Products
木材加工及木、竹、藤、棕、草制品业	Processing of Timber, Manufacture of Wood,Bamboo, Rattan, Palm and Straw Products
家具制造业	Manufacture of Furniture
造纸及纸制品业	Manufacture of Paper and Paper Products
印刷业和记录媒介的复制	Manufacture of Printing ,Reproduction of Recording Media
文教体育用品制造业	Manufacture of Articles for Culture, Education and Sports Activities
石油加工、炼焦及核燃料加工业	Processing of Petoleum,Coking,Processing of Nuclear Fuel
化学原料及化学制品制造业	Manufacture of Raw Chemical Materials and Chemical Products
医药制造业	Manufacture of Medicines
化学纤维制造业	Manufacture of Chemical Fibers
橡胶制品业	Manufacture of Rubber
塑料制品业	Manufacture of Plastics
非金属矿物制品业	Manufacture of Non-metallic Mineral Products
黑色金属冶炼及压延加工业	Smelting and Pressing of Ferrous Metals
有色金属冶炼及压延加工业	Smelting and Pressing of Non-ferrous Metals
金属制品业	Manufacture of Metal Products
通用设备制造业	Manufacture of General Purpose Machinery
专用设备制造业	Manufacture of Special Purpose Machinery
交通运输设备制造业	Manufacture of Transport Equipment
电气机械及器材制造业	Manufacture of Electrical Machinery and Equipment
通信设备、计算机及其他电子设备制造业	Manufacture of Communication Equipment,Computers and Other Electronic Equipment
仪器仪表及文化、办公用机械制造业	Manufacture of Measuring Instruments and Machinery for Cultural Activity and Office Work
工艺品及其他制造业	Manufacture of ArtWork and other Manufacturing Recycling and Disposal of Waste
废弃资源和废旧材料回收加工业	Recycling and Disposal of Waste
电力、燃气及水的生产和供应业	Production and Supply of Electric Power, Gas and Water
电力、热力的生产和供应业	Production and Supply of Electric Power and Heat Power
燃气生产和供应业	Production and Supply of Gas
水的生产和供应业	Production and Supply of Water

CONTINUED

(10000 yuan)

流动负债合计 Total Working Liabilities	所有者权益 Owners' Equities	主营业务收 入 Revenue from Principal Business	主营业务成 本 Cost of Principal Business	主营业务税金及附加 Taxes and Other Charges on Principal Business	利润总额 Total Profits	本年应交增值税 Value Added Tax Payable	全部从业人员年平均人数(人) Annual Average Employed Persons (person)
5810580	**4654493**	**9330140**	**7115541**	**69654**	**854910**	**402482**	**142973**
4366	4061	7245	4415	249	828	899	365
71827	240781	427754	354186	97	37619	21858	1555
865	104908	5330	3320	155	1823	235	671
17898	12877	24268	19187	128	335	1589	1300
587327	366859	1109671	903950	1663	123614	27068	15725
551896	590995	1489761	1024185	3111	161685	75077	24737
438213	409237	1012330	763920	44071	78628	42517	14916
824	25422	4003	2183	7	-214	470	272
69670	24406	71034	62739	176	1864	3262	4173
	9257	52268	42643		9213		601
8	3519	8510	8158		36	392	40
83991	92686	210192	183236	444	11472	5226	5975
51658	20136	54827	44009	23	3412	2061	2280
75449	165542	120826	112105	20	-14863	2279	2069
6719	10902	6431	4765		816	420	252
2931	4210	9814	8413	27	200	181	538
42789	64079	22121	20227		59		591
78960	151750	229326	197357	625	15276	5807	2004
1012254	786289	1797761	1179703	13541	202866	107737	23913
81826	43764	192835	179881	397	1471	6748	3964
14428	12644	24190	20273	42	2364	857	718
84885	120941	158397	125012	368	9033	6276	3255
443753	47329	317812	291829		6804	8472	3508
39626	20845	49300	42904	1339	136	1069	1203
5091	21052	36345	33479	29	827	476	404
9967	31771	38508	35271	9	1536	247	354
211123	236867	366377	222551	131	103991	16303	5430
322673	211482	683750	562849	1192	37045	27698	3602
237357	179629	161161	130817	427	27709	6696	4056
13703	16548	11434	9044	9	67	276	794
2265	3184	7610	6016	34	421	291	941
1127799	414082	475389	410905	367	8493	26018	8995
66686	88082	131744	98687	956	4562	3930	3420
51755	118360	11819	7324	18	15785	50	349

12-11 各地区工业企业主要经济指标 (2010年)

MAJOR INDICATORS OF INDUSTRIAL ENTERPRISES BY REGION (2010)

单位：万元 (10000 yuan)

地区	Region	工业销售产值 Sales Value of Industry	应收帐款 Receivables	产成品 Finished Goods	流动资产合计 Total Working Capitals	固定资产净值 Net Value of Fixed Assets	资产合计 Total Assets	负债总计 Total Liabilities
	2009	71467761	7195980	3408172	35449228	42173173	88606268	50381093
	2010	92693428	8141713	4035814	44411345	47219365	104711695	57765882
哈尔滨	Harbin	19922082	3302326	1002916	15844772	7450519	26429808	17284877
齐齐哈尔	Qiqihar	8140605	1362182	422548	4648291	2899360	8944924	4977236
鸡西	Jixi	2294846	310915	118085	1561871	1147594	3523042	2864427
鹤岗	Hegang	2222480	112759	62752	718066	1015594	2109148	1851299
双鸭山	Shuangyashan	3576533	155223	125554	1219172	1789143	3642937	2665217
大庆	Daqing	32218365	1232503	712134	10245804	21103923	34638924	11208434
伊春	Yichun	1834641	160996	85184	976294	772215	2183100	1560458
佳木斯	Jiamusi	3045876	312755	173122	1367340	1475384	3162728	1979653
七台河	Qitaihe	4026412	303049	239457	1297950	2355635	4280244	3031656
牡丹江	Mudanjiang	4329366	338530	206433	1477966	2035854	4212725	2526011
黑河	Heihe	689640	38151	34701	325983	585655	1143736	679048
绥化	Suihua	3172824	227644	165260	1074840	1372696	2768892	1565097
大兴安岭	Daxinganling	237345	46369	82593	221762	137261	401935	272083
农垦总局	ARB	4024140	203934	605077	2517352	974664	3723290	2894092

12-11 续表1 CONTINUED

单位：万元 (10000 yuan)

地区	Region	主营业务收入 Revenue from Principal Business	主营业务成本 Cost of Principal Business	主营业务税金及附加 Taxes and Other Charges on Principal Business	营业费用 Operating Expenses	管理费用 Overhead Expenses	财务费用 Financial Expenses
	2009	77297446	59596856	2311167	1906219	4232363	685034
	2010	98991383	74121984	4786971	2205749	4959286	802376
哈尔滨	Harbin	20511202	16422104	710244	974758	1277734	183208
齐齐哈尔	Qiqihar	8172294	6485133	52326	290287	407258	108045
鸡西	Jixi	2470585	2031745	20703	49401	201513	38592
鹤岗	Hegang	2211670	1898192	25069	16328	164976	31719
双鸭山	Shuangyashan	3487321	2993971	33634	45168	219930	72726
大庆	Daqing	36655586	22495462	3782364	294362	1820502	24653
伊春	Yichun	1786370	1587449	11626	31128	55986	33532
佳木斯	Jiamusi	3155873	2563848	11598	85147	109319	51003
七台河	Qitaihe	4106732	3167911	29285	44833	231154	68655
牡丹江	Mudanjiang	4411715	3736595	55875	101143	175242	59409
黑河	Heihe	724876	599366	7371	21579	47180	11515
绥化	Suihua	3072009	2382869	31008	90669	127334	30409
大兴安岭	Daxinganling	230734	180199	2348	12827	14632	2558
农垦总局	ARB	5036144	4618927	10191	148120	106526	55278

12-11 续表2 CONTINUED

单位：万元 (10000 yuan)

地 区	Region	利息支出 Expenditure for Interests	利润总额 Total Profits	亏损企业亏损额 Total Losses Made by Enterprises -in-red	利税总额 Total Profits and Taxes	应交增值税 Value-added Tax Payable	销项税额 VAT on Sales	全部从业人员数(万人) Average Number of Persons Employed (10000 persons)
	2009	588924	8726234	639389	14762042	3724640	11558340	144.5
	2010	721183	12488224	393294	22370255	5095060	15130736	147.6
哈尔滨	Harbin	166926	1188026	130299	2760362	862092	10000	31.6
齐齐哈尔	Qiqihar	91879	810071	21169	1221278	358881	1385384	12.9
鸡 西	Jixi	31313	172530	18578	368702	175469	431672	9.3
鹤 岗	Hegang	30349	125350	44157	273810	123390	311031	9.7
双鸭山	Shuangyashan	46605	170345	23708	370648	166668	483534	8.6
大 庆	Daqing	4097	8146621	26071	14434633	2505647	5821164	30.1
伊 春	Yichun	33183	100628	11404	167894	55641	198503	4.8
佳木斯	Jiamusi	48855	352902	15352	448423	83923	388011	4.8
七台河	Qitaihe	64510	572532	5104	836599	234781	659788	11.0
牡丹江	Mudanjiang	56130	263121	51351	493635	174639	482827	9.1
黑 河	Heihe	8596	32714	9306	69368	29284	84017	2.0
绥 化	Suihua	28907	413467	19778	544601	100125	429307	5.5
大兴安岭	Daxinganling	2323	18585	267	39083	18150	33899	1.1
农垦总局	ARB	75722	131658	6424	294480	152632	713317	4.7

12-12 各地区大中型工业企业主要经济指标(2010年)

MAJOR INDICATORS OF LARGE AND MEDIUM-SIZED INDUSTRIAL ENTERPRISES BY REGION (2010)

单位：万元 (10000 yuan)

地 区	Region	工业销售产值 Sales Value of Industry	应收帐款 Receivables	产成品 Finished Goods	流动资产合计 Total Working Capitals	固定资产净值 Net Value of Fixed Assets	资产合计 Total Assets	负债总计 Total Liabilities
	2009	55061920	5057902	2363726	27319717	35622579	71933093	40482433
	2010	67146084	5549119	2889502	34670235	38905405	84086890	46138753
哈尔滨	Harbin	14535435	2429694	710093	12583483	5445213	20362464	13774494
齐齐哈尔	Qiqihar	4504729	1189223	323215	3932749	1788222	6919407	3807387
鸡 西	Jixi	1579467	226275	59570	1203317	912388	2845483	2415184
鹤 岗	Hegang	1462044	52217	17892	396603	776576	1436738	1397549
双鸭山	Shuangyashan	2229374	88952	71846	764819	1492277	2813412	2180171
大 庆	Daqing	27729346	491948	577297	8476076	20376203	31824635	9877169
伊 春	Yichun	930424	99565	35497	688104	338182	1406161	1162078
佳木斯	Jiamusi	1227586	201369	112068	793563	674083	1666985	1028985
七台河	Qitaihe	2737359	242346	168570	993135	1874476	3358607	2480671
牡丹江	Mudanjiang	1694722	159484	96726	760845	1198201	2333915	1649191
黑 河	Heihe	229908	22350	5322	137978	227691	418910	240818
绥 化	Suihua	1913027	106080	98391	614128	803302	1613056	899251
大兴安岭	Daxinganling	152082	35388	42312	110661	67651	207150	158595
农垦总局	ARB	3262307	169853	570704	2300892	827075	3333707	2660915

注：从2003年起，大中型企业划分按新标准执行。
Note: The partition of large and medium-sized industrial enterprises use new cirterion from 2003.

12-12 续表1 CONTINUED

单位：万元 (10000 yuan)

地 区	Region	主营业务收入 Revenue from Principal Business	主营业务成本 Cost of Principal Business	主营业务税金及附加 Taxes and Other Charges on Principal Business	营业费用 Operating Expenses	管理费用 Overhead Expenses	财务费用 Financial Expenses
	2009	60713681	45429603	2180340	1476301	3482317	514354
	2010	73752061	52839048	4634168	1621049	4040420	575880
哈尔滨	Harbin	15218321	11892307	685840	797290	1016847	138311
齐齐哈尔	Qiqihar	4487842	3520695	26304	166742	283523	60775
鸡　西	Jixi	1715294	1381558	15448	34405	180819	32211
鹤　岗	Hegang	1419104	1184236	17556	4597	139942	26466
双鸭山	Shuangyashan	2130749	1862563	14502	13338	178715	54266
大　庆	Daqing	32534661	19023657	3764674	243538	1653197	9237
伊　春	Yichun	925685	846381	5344	15494	36781	24788
佳木斯	Jiamusi	1360908	1001216	6540	57093	69522	23555
七台河	Qitaihe	2793701	2105736	24196	27197	192543	59946
牡丹江	Mudanjiang	1717390	1428262	40189	55953	91590	38009
黑　河	Heihe	253809	189099	3130	6054	22017	5517
绥　化	Suihua	1823018	1370695	22315	65902	79434	19118
大兴安岭	Daxinganling	147766	111972	1920	9451	9440	1479
农垦总局	ARB	4265539	3962459	2882	123995	86050	51128

12-12 续表2 CONTINUED

单位：万元 (10000 yuan)

地 区	Region	利息支出 Expenditure for Interests	利润总额 Total Profits	亏损企业亏损额 Total Losses Made by Enterprises -in-red	利税总额 Total Profits and Taxes	应交增值税 Value-added Tax Payable	销项税额 VAT on Sales	全部从业人员数(万人) Average Number of Persons Employed (10000 persons)
	2009	450948	7867573	472422	13206834	3158922	9766742	107.9
	2010	542558	10418953	240686	19332255	4279135	12381473	108.4
哈尔滨	Harbin	132597	940101	79868	2346403	720462	2545430	21.9
齐齐哈尔	Qiqihar	56695	438308	11605	633268	168657	912006	8.9
鸡　西	Jixi	26632	114353	13871	260576	130775	327589	7.8
鹤　岗	Hegang	25792	56764	35918	171862	97543	229004	7.7
双鸭山	Shuangyashan	39470	67123	19564	185768	104143	357036	6.9
大　庆	Daqing	-7849	7699278	9014	13925278	2461326	5441532	25.7
伊　春	Yichun	24613	25357	5586	63812	33111	134058	2.4
佳木斯	Jiamusi	23064	209847	6615	256176	39789	226140	2.4
七台河	Qitaihe	56183	388044	3534	578600	166360	440013	9.8
牡丹江	Mudanjiang	36855	81745	33245	196654	74720	266640	3.9
黑　河	Heihe	5367	16345	4438	35474	16000	31670	1.0
绥　化	Suihua	17902	300912	2113	379061	55834	271316	3.1
大兴安岭	Daxinganling	1315	13513		31375	15942	24700	0.7
农垦总局	ARB	72135	77589	4990	221207	140736	646398	3.6

12-13 各地区国有及国有控股工业企业主要经济指标 (2010年)

MAJOR INDICATORS OF STATE-OWNED AND STATE-HOLDING INDUSTRIAL ENTERPRISES BY REGION (2010)

单位：万元 (10000 yuan)

地 区	Region	工业销售产值 Sales Value of Industry	应收帐款 Receivables	产成品 Finished Goods	流动资产合计 Total Working Capitals	固定资产净值 Net Value of Fixed Assets	资产合计 Total Assets	负债总计 Total Liabilities
	2009	43099663	3837632	1489413	20875202	32797304	60802465	34428463
	2010	54072221	4401363	1966606	27246316	35614923	71144996	38761294
哈尔滨	Harbin	11248985	2055371	531956	10178163	4746527	16800095	11917551
齐齐哈尔	Qiqihar	3154980	1027791	189516	3215470	1741623	5975448	3516695
鸡 西	Jixi	1014535	124634	18809	544794	820623	1982709	1689316
鹤 岗	Hegang	927502	39157	8123	241557	807697	1284906	1367972
双鸭山	Shuangyashan	898342	50267	7235	296099	967081	1596984	1459677
大 庆	Daqing	26939024	504962	500374	8023759	19854511	30567819	9249924
伊 春	Yichun	143459	23946	8060	101814	259629	401086	237082
佳木斯	Jiamusi	516451	82817	37474	337578	760212	1177959	836411
七台河	Qitaihe	1362809	133896	13643	384140	1081847	1798011	1423718
牡丹江	Mudanjiang	849591	102080	35920	384393	867932	1463674	1149819
黑 河	Heihe	98985	10300	1618	68634	170304	266104	231990
绥 化	Suihua	655525	30766	21545	244057	547863	860658	531726
大兴安岭	Daxinganling	111104	32096	22012	83960	70407	181650	136769
农垦总局	ARB	3192656	148905	570321	2228016	814798	3241631	2606350

12-13 续表1 CONTINUED

单位：万元 (10000 yuan)

地 区	Region	主营业务收入 Revenue from Principal Business	主营业务成本 Cost of Principal Business	主营业务税金及附加 Taxes and Other Charges on Principal Business	营业费用 Operating Expenses	管理费用 Overhead Expenses	财务费用 Financial Expenses
	2009	48186334	35310214	2070247	654729	2901897	430530
	2010	60290603	42298904	4521996	966488	3467900	454605
哈尔滨	Harbin	11967939	9382100	639744	473996	887652	110779
齐齐哈尔	Qiqihar	3075844	2467361	14708	77685	226541	68479
鸡 西	Jixi	1084031	836223	13703	11804	156564	25742
鹤 岗	Hegang	895655	787560	15096	1718	122665	26779
双鸭山	Shuangyashan	809106	691466	10362	2996	130175	27711
大 庆	Daqing	31557685	18348869	3750363	209535	1570280	2802
伊 春	Yichun	142816	115388	1204	4233	17641	4231
佳木斯	Jiamusi	521818	377624	1745	25677	22436	27976
七台河	Qitaihe	1353131	1071300	16404	4911	141047	31319
牡丹江	Mudanjiang	853733	690977	34281	17851	46328	29202
黑 河	Heihe	119809	111312	761	4940	8766	7846
绥 化	Suihua	657660	474790	16535	7867	47522	9185
大兴安岭	Daxinganling	107001	82815	1699	1400	7003	1128
农垦总局	ARB	4186102	3899907	2064	121876	83280	50355

12-13 续表2 CONTINUED

单位：万元 (10000 yuan)

地 区	Region	利息支出 Expenditure for Interests	利润总额 Total Profits	亏损企业亏损额 Total Losses Made by Enterprises -in-red	利税总额 Total Profits and Taxes	应交增值税 Value-added Tax Payable	销项税额 VAT on Sales	全部从业人员数(万人) Average Number of Persons Employed (10000 persons)
	2009	378907	6877167	414912	11516832	2569418	7916070	82.8
	2010	441495	8791135	217094	17066374	3753243	10229960	82.8
哈尔滨	Harbin	103114	644157	75520	1856808	572908	1940030	16.1
齐齐哈尔	Qiqihar	64455	240515	5928	373030	117808	666948	5.9
鸡西	Jixi	24822	76572	2428	194410	104136	217855	6.8
鹤岗	Hegang	25958	-34130	36564	61122	80155	168718	6.6
双鸭山	Shuangyashan	26331	-12597	19677	61642	63877	144554	5.1
大庆	Daqing	-13264	7515116	12828	13676594	2411116	5330408	23.3
伊春	Yichun	4233	4040	7540	8001	2757	11119	0.8
佳木斯	Jiamusi	27804	82390	6237	105629	21493	89303	1.1
七台河	Qitaihe	30399	84826	2367	202155	100925	226076	7.0
牡丹江	Mudanjiang	28463	38913	12586	113642	40448	137755	1.8
黑河	Heihe	5935	-3872	6897	1702	4813	9589	0.5
绥化	Suihua	9180	88401	12595	138073	33137	109418	1.3
大兴安岭	Daxinganling	1049	12624	235	25526	11203	17098	0.5
农垦总局	ARB	71228	64508	5366	201301	134729	633148	3.4

12-14 各地区集体工业企业主要经济指标 (2010年)

MAJOR INDICATORS OF COLLECTIVE-OWNED INDUSTRIAL ENTERPRISES BY REGION (2010)

单位：万元 (10000 yuan)

地 区	Region	工业销售产值 Sales Value of Industry	应收帐款 Receivables	产成品 Finished Goods	流动资产合计 Total Working Capitals	固定资产净值 Net Value of Fixed Assets	资产合计 Total Assets	负债总计 Total Liabilities
	2009	1243841	247860	49373	674082	229270	970760	727424
	2010	1246074	261960	59224	654032	305715	1127366	853130
哈尔滨	Harbin	206950	49991	29996	169477	42844	226959	181561
齐齐哈尔	Qiqihar	260380	29557	2567	85709	28548	124188	69297
鸡西	Jixi	40762	6021	2222	14586	5439	26363	19248
鹤岗	Hegang	105349	20306	4651	50373	18878	76575	57659
双鸭山	Shuangyashan	5860	6118	442	7856	1797	11126	8134
大庆	Daqing	536065	142946	14118	294758	186746	604459	485378
伊春	Yichun	31932	976	659	7652	2836	10578	6484
佳木斯	Jiamusi	4897	115	36	492	647	1139	304
七台河	Qitaihe	6323	3	450	1171	902	2073	1502
牡丹江	Mudanjiang	38787	5358	3859	20168	14627	39610	20475
黑河	Heihe	6510			600	1050	1650	450
绥化	Suihua	2260	571	225	1192	1401	2646	2638
大兴安岭	Daxinganling							
农垦总局	ARB							

12-14 续表1 CONTINUED

单位：万元 (10000 yuan)

地 区	Region	主营业务收入 Revenue from Principal Business	主营业务成本 Cost of Principal Business	主营业务税金及附加 Taxes and Other Charges on Principal Business	营业费用 Operating Expenses	管理费用 Overhead Expenses	财务费用 Financial Expenses
	2009	1182957	1008257	32670	10711	89724	4624
	2010	1185337	998292	11122	12738	90772	11202
哈尔滨	Harbin	160479	138371	720	2358	14011	1177
齐齐哈尔	Qiqihar	275722	223161	1195	4016	19766	4127
鸡 西	Jixi	38228	34430	261	940	1455	221
鹤 岗	Hegang	79096	63980	2105	749	7875	125
双鸭山	Shuangyashan	8529	7476	84	48	475	171
大 庆	Daqing	534661	457489	5741	2695	42228	4969
伊 春	Yichun	31932	26729	156	1253	2018	25
佳木斯	Jiamusi	4897	4550	13	29	38	
七台河	Qitaihe	6322	6214	6	41	95	
牡丹江	Mudanjiang	37671	30041	208	504	2519	331
黑 河	Heihe	5540	3770	630	100	240	20
绥 化	Suihua	2260	2080	4	5	51	38
大兴安岭	Daxinganling						
农垦总局	ARB						

12-14 续表2 CONTINUED

单位：万元 (10000 yuan)

地 区	Region	利息支出 Expenditure for Interests	利润总额 Total Profits	亏损企业亏损额 Total Losses Made by Enterprises -in-red	利税总额 Total Profits and Taxes	应交增值税 Value-added Tax Payable	销项税额 VAT on Sales	全部从业人员数(人) Average Number of Persons Employed (person)
	2009	4240	64592	7940	140313	43051	137565	49719
	2010	7116	100231	3863	157828	46476	139605	52995
哈尔滨	Harbin	1030	6395	1972	11764	4649	26120	10070
齐齐哈尔	Qiqihar	485	25093	1114	37407	11120	37573	9323
鸡 西	Jixi	102	974	5	3670	2436	7225	1051
鹤 岗	Hegang	122	31609	106	39214	5501	10361	11692
双鸭山	Shuangyashan	171	273		784	426	1152	277
大 庆	Daqing	4869	29151	218	52868	17976	50692	15019
伊 春	Yichun	25	1741		2216	320	721	3275
佳木斯	Jiamusi		267		417	137	330	84
七台河	Qitaihe		-34	34	37	65	132	75
牡丹江	Mudanjiang	313	3901	415	7031	2922	4098	1584
黑 河	Heihe		780		2251	841	946	180
绥 化	Suihua		82		169	83	255	365
大兴安岭	Daxinganling							
农垦总局	ARB							

12-15 工业企业主要经济效益指标(2010年)

MAJOR INDICATORS ON ECONOMIC BENEFIT OF INDUSTRIAL ENTERPRISES (2010)

类　别	Category	总资产贡献率(%) Ratio of Total Assets to Industrial Output Value (%)	资　产负债率(%) Assets-Liability Ratio (%)
总　计	**Total**	**22.1**	**55.2**
按轻重工业分	**Grouped by Light and Heavy Industry**		
轻工业	Light Industry	18.6	54.6
重工业	Heavy Industry	22.8	55.3
按行业分	**Grouped by Sector**		
采矿业	Mining and Quarrying	39.9	37.1
煤炭开采和洗选业	Mining and Washing of Coal	18.9	84.9
石油和天然气开采业	Extraction of Petroleum and Natural Gas	46.1	23.9
黑色金属矿采选业	Mining and Processing of Ferrous Metals Ores	20.3	49.9
有色金属矿采选业	Mining and Processing of Non-ferrous Metal Ores	8.4	32.5
非金属矿采选业	Mining and Processing of Nonmetal Ores	27.7	56.6
其他采选业	Mining of Other Ores		
制造业	Manufacturing	16.9	60.7
农副食品加工业	Processing of Food from Agricultural Products	17.0	62.1
食品制造业	Manufacture of Foods	23.8	51.5
饮料制造业	Manufacture of Beverages	18.7	55.9
烟草制品业	Manufacture of Tobacco	62.9	16.0
纺织业	Manufacture of Textile	6.5	59.3
纺织服装及其他纤维制品制造业	Manufacture of Textile Wearing Apparel, Footware and Caps	33.1	42.3
皮革、毛皮、羽毛（绒）及其制品业	Manufacture of Leather, Furs, Feather and Related Products	41.1	25.1
木材加工及木、竹、藤、棕草制品业	Processing of Timber, Manufacture of Wood, Bamboo, Rattan, Palm and Straw Products	13.6	50.2
家具制造业	Manufacture of Furniture	11.1	63.9
造纸及纸制品业	Manufacture of Paper and Paper Products	6.9	46.1
印刷业和记录媒介的复制	Manufacture of Printing ,Reproduction of Recording Media	7.5	50.9
文教体育用品制造业	Manufacture of Articles for Culture, Education and Sports Activities	15.2	63.4
石油加工、炼焦及核燃料加工业	Processing of Petoleum, Coking, Processing of Nuclear Fuel	49.0	58.9
化学原料及化学制品制造业	Manufacture of Raw Chemical Materials and Chemical Products	16.2	59.8
医药制造业	Manufacture of Medicines	19.2	48.9
化学纤维制造业	Manufacture of Chemical Fibers	11.5	76.1
橡胶制品业	Manufacture of Rubber	16.3	63.5
塑料制品业	Manufacture of Plastics	23.2	49.3
非金属矿物制品业	Manufacture of Non-metallic Mineral Products	14.6	58.4
黑色金属冶炼及压延加工业	Smelting and Pressing of Ferrous Metals	4.6	83.0
有色金属冶炼及压延加工业	Smelting and Pressing of Non-ferrous Metals	5.3	57.7
金属制品业	Manufacture of Metal Products	11.7	46.7
通用设备制造业	Manufacture of General Purpose Machinery	7.6	72.6
专用设备制造业	Manufacture of Special Purpose Machinery	10.5	48.5
交通运输设备制造业	Manufacture of Transport Equipment	5.4	76.0
电气机械及器材制造业	Manufacture of Electrical Machinery and Equipment	10.9	61.5
通信设备、计算机及其他电子设备制造业	Manufacture of Communication Equipment, Computers and Other Electronic Equipment	11.5	48.4
仪器仪表及文化、办公用机械制造业	Manufacture of Measuring Instruments and Machinery for Cultural Activity and Office Work	9.5	47.8
工艺品及其他制造业	Manufacture of ArtWork and other Manufacturing	23.2	48.8
废弃资源和废旧材料回收加工业	Recycling and Disposal of Waste	31.4	28.1
电力、燃气及水的生产和供应业	Production and Supply of Electric Power, Gas and Water	5.0	71.3
电力、热力的生产和供应业	Production and Supply of Electric Power and Heat Power	5.0	73.1
燃气生产和供应业	Production and Supply of Gas	7.4	39.6
水的生产和供应业	Production and Supply of Water	4.0	54.6

12-15 续表 CONTINUED

类 别	Category	成本费用利润率(%) Ratio of Profits to Industrial Cost(%)	产 品 销售率(%) Proportion of Products (%)
总 计	**Total**	**15.2**	**97.2**
按轻重工业分	**Grouped by Light and Heavy Industry**		
轻工业	Light Industry	9.2	97.4
重工业	Heavy Industry	17.5	97.2
按行业分	**Grouped by Sector**		
采矿业	Mining and Quarrying	47.7	96.8
煤炭开采和洗选业	Mining and Washing of Coal	10.3	94.3
石油和天然气开采业	Extraction of Petroleum and Natural Gas	70.8	97.9
黑色金属矿采选业	Mining and Processing of Ferrous Metals Ores	12.2	97.8
有色金属矿采选业	Mining and Processing of Non-ferrous Metal Ores	19.3	89.2
非金属矿采选业	Mining and Processing of Nonmetal Ores	10.1	96.6
其他采选业	Mining of Other Ores		
制造业	Manufacturing	8.3	97.0
农副食品加工业	Processing of Food from Agricultural Products	6.8	96.9
食品制造业	Manufacture of Foods	10.5	100.7
饮料制造业	Manufacture of Beverages	8.9	96.8
烟草制品业	Manufacture of Tobacco	27.3	99.5
纺织业	Manufacture of Textile	3.7	98.3
纺织服装及其他纤维制品制造业	Manufacture of Textile Wearing Apparel, Footware and Caps	13.0	115.6
皮革、毛皮、羽毛（绒）及其制品业	Manufacture of Leather, Furs, Feather and Related Products	17.9	96.5
木材加工及木、竹、藤、棕草制品业	Processing of Timber, Manufacture of Wood,Bamboo, Rattan, Palm and Straw Products	6.2	93.7
家具制造业	Manufacture of Furniture	6.1	90.6
造纸及纸制品业	Manufacture of Paper and Paper Products	4.6	93.3
印刷业和记录媒介的复制	Manufacture of Printing ,Reproduction of Recording Media	5.4	96.9
文教体育用品制造业	Manufacture of Articles for Culture, Education and Sports Activities	6.9	94.9
石油加工、炼焦及核燃料加工业	Processing of Petoleum,Coking,Processing of Nuclear Fuel	8.3	97.9
化学原料及化学制品制造业	Manufacture of Raw Chemical Materials and Chemical Products	8.7	94.6
医药制造业	Manufacture of Medicines	17.3	92.0
化学纤维制造业	Manufacture of Chemical Fibers	3.9	117.1
橡胶制品业	Manufacture of Rubber	9.4	98.3
塑料制品业	Manufacture of Plastics	12.5	98.9
非金属矿物制品业	Manufacture of Non-metallic Mineral Products	11.1	96.1
黑色金属冶炼及压延加工业	Smelting and Pressing of Ferrous Metals	1.7	97.7
有色金属冶炼及压延加工业	Smelting and Pressing of Non-ferrous Metals	3.0	99.3
金属制品业	Manufacture of Metal Products	7.9	96.7
通用设备制造业	Manufacture of General Purpose Machinery	5.7	98.3
专用设备制造业	Manufacture of Special Purpose Machinery	15.6	95.0
交通运输设备制造业	Manufacture of Transport Equipment	2.8	96.0
电气机械及器材制造业	Manufacture of Electrical Machinery and Equipment	15.6	98.6
通信设备、计算机及其他电子设备制造业	Manufacture of Communication Equipment,Computers and Other Electronic Equipment	14.4 10.3	99.8 106.3
仪器仪表及文化、办公用机械制造业	Manufacture of Measuring Instruments and Machinery for Cultural Activity and Office Work	13.1	95.1
工艺品及其他制造业	Manufacture of ArtWork and other Manufacturing		
废弃资源和废旧材料回收加工业	Recycling and Disposal of Waste	18.6	103.0
电力、燃气及水的生产和供应业	Production and Supply of Electric Power, Gas and Water	1.7	99.5
电力、热力的生产和供应业	Production and Supply of Electric Power and Heat Power	1.5	99.5
燃气生产和供应业	Production and Supply of Gas	4.5	99.6
水的生产和供应业	Production and Supply of Water	7.6	99.3

12-16 大中型工业企业主要经济效益指标(2010年)

MAJOR INDICATORS ON ECONOMIC BENEFIT OF LARGE AND MEDIUM-SIZED INDUSTRIAL ENTERPRISES (2010)

类 别	Category	总资产贡献率(%) Ratio of Total Assets to Industrial Output Value (%)	资产负债率(%) Assets-Liability Ratio (%)
总 计	**Total**	**23.6**	**54.9**
按轻重工业分	**Grouped by Light and Heavy Industry**		
轻工业	Light Industry	19.0	57.1
重工业	Heavy Industry	24.5	54.5
按行业分	**Grouped by Sector**		
采矿业	Mining and Quarrying	40.2	35.6
煤炭开采和洗选业	Mining and Washing of Coal	14.6	89.2
石油和天然气开采业	Extraction of Petroleum and Natural Gas	46.2	23.8
黑色金属矿采选业	Mining and Processing of Ferrous Metals Ores	12.4	49.1
有色金属矿采选业	Mining and Processing of Non-ferrous Metal Ores	6.1	20.0
非金属矿采选业	Mining and Processing of Nonmetal Ores	8.5	86.7
其他采选业	Mining of Other Ores		
制造业	Manufacturing	17.0	63.7
农副食品加工业	Processing of Food from Agricultural Products	14.9	69.8
食品制造业	Manufacture of Foods	27.6	53.4
饮料制造业	Manufacture of Beverages	17.7	58.9
烟草制品业	Manufacture of Tobacco	66.5	16.7
纺织业	Manufacture of Textile	6.2	59.5
纺织服装及其他纤维制品制造业	Manufacture of Textile Wearing Apparel, Footware and Caps	37.2	39.1
皮革、毛皮、羽毛(绒)及其制品业	Manufacture of Leather, Furs, Feather and Related Products		
木材加工及木、竹、藤、棕草制品业	Processing of Timber, Manufacture of Wood, Bamboo, Rattan, Palm and Straw Products	9.5	59.8
家具制造业	Manufacture of Furniture	6.4	70.8
造纸及纸制品业	Manufacture of Paper and Paper Products	6.2	46.8
印刷业和记录媒介的复制	Manufacture of Printing ,Reproduction of Recording Media	7.4	36.3
文教体育用品制造业	Manufacture of Articles for Culture, Education and Sports Activities		
石油加工、炼焦及核燃料加工业	Processing of Petoleum,Coking,Processing of Nuclear Fuel	52.1	59.7
化学原料及化学制品制造业	Manufacture of Raw Chemical Materials and Chemical Products	14.1	62.6
医药制造业	Manufacture of Medicines	19.7	46.9
化学纤维制造业	Manufacture of Chemical Fibers		
橡胶制品业	Manufacture of Rubber	16.1	64.9
塑料制品业	Manufacture of Plastics	27.8	44.8
非金属矿物制品业	Manufacture of Non-metallic Mineral Products	12.2	57.1
黑色金属冶炼及压延加工业	Smelting and Pressing of Ferrous Metals	4.0	83.7
有色金属冶炼及压延加工业	Smelting and Pressing of Non-ferrous Metals	3.6	58.5
金属制品业	Manufacture of Metal Products	5.3	61.9
通用设备制造业	Manufacture of General Purpose Machinery	6.4	75.1
专用设备制造业	Manufacture of Special Purpose Machinery	10.2	48.4
交通运输设备制造业	Manufacture of Transport Equipment	4.7	79.8
电气机械及器材制造业	Manufacture of Electrical Machinery and Equipment	10.9	59.1
通信设备、计算机及其他电子设备制造业	Manufacture of Communication Equipment,Computers and Other Electronic Equipment	8.6	49.7
仪器仪表及文化、办公用机械制造业	Manufacture of Measuring Instruments and Machinery for Cultural Activity and Office Work	7.9	46.9
工艺品及其他制造业	Manufacture of ArtWork and other Manufacturing	22.3	70.7
废弃资源和废旧材料回收加工业	Recycling and Disposal of Waste		
电力、燃气及水的生产和供应业	Production and Supply of Electric Power, Gas and Water	5.1	72.7
电力、热力的生产和供应业	Production and Supply of Electric Power and Heat Power	5.1	73.6
燃气生产和供应业	Production and Supply of Gas	3.2	63.3
水的生产和供应业	Production and Supply of Water	4.8	53.5

12-16 续表 CONTINUED

类 别	Category	成本费用利润率(%) Ratio of Profits to Industrial Cost(%)	产品销售率(%) Proportion of Products(%)
总 计	**Total**	**17.6**	**97.5**
按轻重工业分	**Grouped by Light and Heavy Industry**		
轻工业	Light Industry	10.2	98.1
重工业	Heavy Industry	19.8	97.4
按行业分	**Grouped by Sector**		
采矿业	Mining and Quarrying	53.6	97.1
煤炭开采和洗选业	Mining and Washing of Coal	7.6	94.1
石油和天然气开采业	Extraction of Petroleum and Natural Gas	71.7	97.9
黑色金属矿采选业	Mining and Processing of Ferrous Metals Ores	14.9	99.1
有色金属矿采选业	Mining and Processing of Non-ferrous Metal Ores	45.1	86.4
非金属矿采选业	Mining and Processing of Nonmetal Ores	0.8	99.8
其他采选业	Mining of Other Ores		
制造业	Manufacturing	8.3	97.3
农副食品加工业	Processing of Food from Agricultural Products	6.7	97.4
食品制造业	Manufacture of Foods	12.4	102.0
饮料制造业	Manufacture of Beverages	9.7	97.6
烟草制品业	Manufacture of Tobacco	28.9	99.4
纺织业	Manufacture of Textile	4.5	101.4
纺织服装及其他纤维制品制造业	Manufacture of Textile Wearing Apparel, Footware and Caps	16.9	128.8
皮革、毛皮、羽毛（绒）及其制品业	Manufacture of Leather, Furs, Feather and Related Products		
木材加工及木、竹、藤、棕草制品业	Processing of Timber, Manufacture of Wood,Bamboo, Rattan, Palm and Straw Products	5.8	89.8
家具制造业	Manufacture of Furniture	4.8	81.5
造纸及纸制品业	Manufacture of Paper and Paper Products	4.4	91.6
印刷业和记录媒介的复制	Manufacture of Printing ,Reproduction of Recording Media	5.6	104.9
文教体育用品制造业	Manufacture of Articles for Culture, Education and Sports Activities		
石油加工、炼焦及核燃料加工业	Processing of Petoleum,Coking,Processing of Nuclear Fuel	8.1	97.9
化学原料及化学制品制造业	Manufacture of Raw Chemical Materials and Chemical Products	6.4	95.1
医药制造业	Manufacture of Medicines	16.4	92.8
化学纤维制造业	Manufacture of Chemical Fibers		
橡胶制品业	Manufacture of Rubber	8.3	100.4
塑料制品业	Manufacture of Plastics	14.9	100.7
非金属矿物制品业	Manufacture of Non-metallic Mineral Products	14.1	95.2
黑色金属冶炼及压延加工业	Smelting and Pressing of Ferrous Metals	1.2	97.6
有色金属冶炼及压延加工业	Smelting and Pressing of Non-ferrous Metals	1.6	99.9
金属制品业	Manufacture of Metal Products	4.8	97.4
通用设备制造业	Manufacture of General Purpose Machinery	5.2	99.4
专用设备制造业	Manufacture of Special Purpose Machinery	18.6	94.0
交通运输设备制造业	Manufacture of Transport Equipment	2.1	95.3
电气机械及器材制造业	Manufacture of Electrical Machinery and Equipment	18.3	98.4
通信设备、计算机及其他电子设备制造业	Manufacture of Communication Equipment,Computers and Other Electronic Equipment	9.6	100.4
仪器仪表及文化、办公用机械制造业	Manufacture of Measuring Instruments and Machinery for Cultural Activity and Office Work	8.1	92.7
工艺品及其他制造业	Manufacture of ArtWork and other Manufacturing	16.5	91.4
废弃资源和废旧材料回收加工业	Recycling and Disposal of Waste		
电力、燃气及水的生产和供应业	Production and Supply of Electric Power, Gas and Water	0.9	99.6
电力、热力的生产和供应业	Production and Supply of Electric Power and Heat Power	0.8	99.6
燃气生产和供应业	Production and Supply of Gas	-0.3	99.0
水的生产和供应业	Production and Supply of Water	4.4	99.7

12-17 国有及国有控股工业企业主要经济效益指标(2010年)

MAJOR INDICATORS ON ECONOMIC BENEFIT OF STATE-OWNED AND STATE-HOLDING INDUSTRIAL ENTERPRISES (2010)

类别	Category	总资产贡献率(%) Ratio of Total Assets to Industrial Output Value (%)	资产负债率(%) Assets-Liability Ratio (%)
总计	**Total**	**24.6**	**54.5**
按轻重工业分	**Grouped by Light and Heavy Industry**		
轻工业	Light Industry	17.2	62.6
重工业	Heavy Industry	25.4	53.6
按行业分	**Grouped by Sector**		
采矿业	Mining and Quarrying	41.4	34.6
煤炭开采和洗选业	Mining and Washing of Coal	11.2	96.5
石油和天然气开采业	Extraction of Petroleum and Natural Gas	46.9	23.3
黑色金属矿采选业	Mining and Processing of Ferrous Metals Ores	6.4	47.5
有色金属矿采选业	Mining and Processing of Non-ferrous Metal Ores		
非金属矿采选业	Mining and Processing of Nonmetal Ores	15.8	46.1
其他采选业	Mining of Other Ores		
制造业	Manufacturing	17.5	65.8
农副食品加工业	Processing of Food from Agricultural Products	9.6	80.6
食品制造业	Manufacture of Foods	15.9	66.1
饮料制造业	Manufacture of Beverages	3.4	76.1
烟草制品业	Manufacture of Tobacco	64.0	14.8
纺织业	Manufacture of Textile	0.8	71.2
纺织服装及其他纤维制品制造业	Manufacture of Textile Wearing Apparel, Footware and Caps		
皮革、毛皮、羽毛(绒)及其制品业	Manufacture of Leather, Furs, Feather and Related Products		
木材加工及木、竹、藤、棕草制品业	Processing of Timber, Manufacture of Wood,Bamboo, Rattan, Palm and Straw Products	-0.7	111.3
家具制造业	Manufacture of Furniture	7.1	86.1
造纸及纸制品业	Manufacture of Paper and Paper Products	6.7	48.8
印刷业和记录媒介的复制	Manufacture of Printing ,Reproduction of Recording Media	9.8	42.1
文教体育用品制造业	Manufacture of Articles for Culture, Education and Sports Activities	1.8	77.6
石油加工、炼焦及核燃料加工业	Processing of Petoleum,Coking,Processing of Nuclear Fuel	67.3	54.8
化学原料及化学制品制造业	Manufacture of Raw Chemical Materials and Chemical Products	13.8	64.8
医药制造业	Manufacture of Medicines	21.2	54.3
化学纤维制造业	Manufacture of Chemical Fibers	-5.6	101.2
橡胶制品业	Manufacture of Rubber		
塑料制品业	Manufacture of Plastics	8.1	77.4
非金属矿物制品业	Manufacture of Non-metallic Mineral Products	13.4	57.8
黑色金属冶炼及压延加工业	Smelting and Pressing of Ferrous Metals	3.5	88.1
有色金属冶炼及压延加工业	Smelting and Pressing of Non-ferrous Metals	3.6	57.1
金属制品业	Manufacture of Metal Products	5.6	59.4
通用设备制造业	Manufacture of General Purpose Machinery	5.8	77.8
专用设备制造业	Manufacture of Special Purpose Machinery	7.2	48.0
交通运输设备制造业	Manufacture of Transport Equipment	4.5	79.1
电气机械及器材制造业	Manufacture of Electrical Machinery and Equipment	10.2	69.1
通信设备、计算机及其他电子设备制造业	Manufacture of Communication Equipment,Computers and Other Electronic Equipment	12.7	57.7
仪器仪表及文化、办公用机械制造业	Manufacture of Measuring Instruments and Machinery for Cultural Activity and Office Work	7.1	48.8
工艺品及其他制造业	Manufacture of ArtWork and other Manufacturing	27.2	61.8
废弃资源和废旧材料回收加工业	Recycling and Disposal of Waste	27.2	24.0
电力、燃气及水的生产和供应业	Production and Supply of Electric Power, Gas and Water	5.2	72.1
电力、热力的生产和供应业	Production and Supply of Electric Power and Heat Power	5.3	73.6
燃气生产和供应业	Production and Supply of Gas	7.9	32.2
水的生产和供应业	Production and Supply of Water	2.3	54.1

12-17 续表 CONTINUED

类 别	Category	成本费用利润率 (%) Ratio of Profits to Industrial Cost (%)	产品销售率 (%) Proportion of Products (%)
总 计	**Total**	**18.6**	**98.0**
按轻重工业分	**Grouped by Light and Heavy Industry**		
轻工业	Light Industry	6.3	98.2
重工业	Heavy Industry	20.9	98.0
按行业分	**Grouped by Sector**		
采矿业	Mining and Quarrying	56.6	97.4
煤炭开采和洗选业	Mining and Washing of Coal	2.9	95.7
石油和天然气开采业	Extraction of Petroleum and Natural Gas	74.3	97.8
黑色金属矿采选业	Mining and Processing of Ferrous Metals Ores	0.0	87.6
有色金属矿采选业	Mining and Processing of Non-ferrous Metal Ores		
非金属矿采选业	Mining and Processing of Nonmetal Ores	4.2	63.9
其他采选业	Mining of Other Ores		
制造业	Manufacturing	6.4	97.9
农副食品加工业	Processing of Food from Agricultural Products	1.9	97.2
食品制造业	Manufacture of Foods	4.8	102.2
饮料制造业	Manufacture of Beverages	-1.0	112.6
烟草制品业	Manufacture of Tobacco	29.3	100.1
纺织业	Manufacture of Textile	2.2	10.5
纺织服装及其他纤维制品制造业	Manufacture of Textile Wearing Apparel, Footware and Caps		
皮革、毛皮、羽毛（绒）及其制品业	Manufacture of Leather, Furs, Feather and Related Products		
木材加工及木、竹、藤、棕草制品业	Processing of Timber, Manufacture of Wood,Bamboo, Rattan, Palm and Straw Products	-7.0	84.9
家具制造业	Manufacture of Furniture	5.1	100.2
造纸及纸制品业	Manufacture of Paper and Paper Products	4.9	101.2
印刷业和记录媒介的复制	Manufacture of Printing ,Reproduction of Recording Media	9.9	91.7
文教体育用品制造业	Manufacture of Articles for Culture, Education and Sports Activities	3.2	83.8
石油加工、炼焦及核燃料加工业	Processing of Petoleum,Coking,Processing of Nuclear Fuel	6.5	98.9
化学原料及化学制品制造业	Manufacture of Raw Chemical Materials and Chemical Products	5.1	97.0
医药制造业	Manufacture of Medicines	14.0	93.6
化学纤维制造业	Manufacture of Chemical Fibers	-6.2	155.0
橡胶制品业	Manufacture of Rubber		
塑料制品业	Manufacture of Plastics	11.1	103.7
非金属矿物制品业	Manufacture of Non-metallic Mineral Products	19.6	96.3
黑色金属冶炼及压延加工业	Smelting and Pressing of Ferrous Metals	1.6	102.4
有色金属冶炼及压延加工业	Smelting and Pressing of Non-ferrous Metals	2.2	100.1
金属制品业	Manufacture of Metal Products	6.1	97.1
通用设备制造业	Manufacture of General Purpose Machinery	4.3	100.7
专用设备制造业	Manufacture of Special Purpose Machinery	13.2	93.2
交通运输设备制造业	Manufacture of Transport Equipment	2.0	95.1
电气机械及器材制造业	Manufacture of Electrical Machinery and Equipment	17.1	94.7
通信设备、计算机及其他电子设备制造业	Manufacture of Communication Equipment,Computers and Other Electronic Equipment	12.2	101.4
仪器仪表及文化、办公用机械制造业	Manufacture of Measuring Instruments and Machinery for Cultural Activity and Office Work	6.0	114.4
工艺品及其他制造业	Manufacture of ArtWork and other Manufacturing	23.9	77.9
废弃资源和废旧材料回收加工业	Recycling and Disposal of Waste	38.4	107.5
电力、燃气及水的生产和供应业	Production and Supply of Electric Power, Gas and Water	1.4	99.6
电力、热力的生产和供应业	Production and Supply of Electric Power and Heat Power	1.4	99.6
燃气生产和供应业	Production and Supply of Gas	4.4	100.0
水的生产和供应业	Production and Supply of Water	-3.3	99.2

12-18 集体工业企业主要经济效益指标 (2010年)

MAJOR INDICATORS ON ECONOMIC BENEFIT OF COLLECTIVE-OWNED INDUSTIAL ENTERPRISES (2010)

类　别	Category	总资产贡献率 (%) Ratio of Total Assets to Industrial Output Value (%)	资　产负债率 (%) Assets-Liability Ratio (%)
总 计	**Total**	**14.6**	**75.7**
按轻重工业分	**Grouped by Light and Heavy Industry**		
轻工业	Light Industry	13.4	33.8
重工业	Heavy Industry	14.7	78.3
按行业分	**Grouped by Sector**		
采矿业	Mining and Quarrying	17.7	83.2
煤炭开采和洗选业	Mining and Washing of Coal	45.3	72.5
石油和天然气开采业	Extraction of Petroleum and Natural Gas	4.5	88.5
黑色金属矿采选业	Mining and Processing of Ferrous Metals Ores		
有色金属矿采选业	Mining and Processing of Non-ferrous Metal Ores		
非金属矿采选业	Mining and Processing of Nonmetal Ores	65.9	9.6
其他采选业	Mining of Other Ores		
制造业	Manufacturing	14.0	70.7
农副食品加工业	Processing of Food from Agricultural Products		
食品制造业	Manufacture of Foods	9.5	17.9
饮料制造业	Manufacture of Beverages	2.8	27.4
烟草制品业	Manufacture of Tobacco	121.4	13.6
纺织业	Manufacture of Textile		
纺织服装及其他纤维制品制造业	Manufacture of Textile Wearing Apparel, Footware and Caps	6.4	99.7
皮革、毛皮、羽毛（绒）及其制品业	Manufacture of Leather, Furs, Feather and Related Products		
木材加工及木、竹、藤、棕草制品业	Processing of Timber, Manufacture of Wood,Bamboo, Rattan, Palm and Straw Products	12.5	68.5
家具制造业	Manufacture of Furniture		
造纸及纸制品业	Manufacture of Paper and Paper Products	22.8	48.7
印刷业和记录媒介的复制	Manufacture of Printing ,Reproduction of Recording Media	7.3	67.2
文教体育用品制造业	Manufacture of Articles for Culture, Education and Sports Activities		
石油加工、炼焦及核燃料加工业	Processing of Petoleum,Coking,Processing of Nuclear Fuel	9.0	58.4
化学原料及化学制品制造业	Manufacture of Raw Chemical Materials and Chemical Products	16.2	70.1
医药制造业	Manufacture of Medicines	2.0	88.2
化学纤维制造业	Manufacture of Chemical Fibers		
橡胶制品业	Manufacture of Rubber	10.3	82.0
塑料制品业	Manufacture of Plastics	19.8	21.8
非金属矿物制品业	Manufacture of Non-metallic Mineral Products	12.8	77.4
黑色金属冶炼及压延加工业	Smelting and Pressing of Ferrous Metals	-4.3	127.0
有色金属冶炼及压延加工业	Smelting and Pressing of Non-ferrous Metals	0.6	120.9
金属制品业	Manufacture of Metal Products	9.6	75.1
通用设备制造业	Manufacture of General Purpose Machinery	16.0	84.1
专用设备制造业	Manufacture of Special Purpose Machinery	15.8	65.0
交通运输设备制造业	Manufacture of Transport Equipment	21.1	72.3
电气机械及器材制造业	Manufacture of Electrical Machinery and Equipment	2.5	63.0
通信设备、计算机及其他电子设备制造业	Manufacture of Communication Equipment,Computers and Other Electronic Equipment		
仪器仪表及文化、办公用机械制造业	Manufacture of Measuring Instruments and Machinery for Cultural Activity and Office Work		
工艺品及其他制造业	Manufacture of ArtWork and other Manufacturing		
废弃资源和废旧材料回收加工业	Recycling and Disposal of Waste		
电力、燃气及水的生产和供应业	Production and Supply of Electric Power, Gas and Water	10.3	82.4
电力、热力的生产和供应业	Production and Supply of Electric Power and Heat Power	10.3	82.4
燃气生产和供应业	Production and Supply of Gas		
水的生产和供应业	Production and Supply of Water		

12-18 续表 CONTINUED

类 别	Category	成本费用利润率(%) Ratio of Profits to Industrial Cost(%)	产品销售率(%) Proportion of Products (%)
总 计	**Total**	**9.0**	**97.1**
按轻重工业分	**Grouped by Light and Heavy Industry**		
轻工业	Light Industry	7.1	95.4
重工业	Heavy Industry	9.2	97.3
按行业分	**Grouped by Sector**		
采矿业	Mining and Quarrying	19.6	97.0
煤炭开采和洗选业	Mining and Washing of Coal	32.6	94.7
石油和天然气开采业	Extraction of Petroleum and Natural Gas	5.9	100.0
黑色金属矿采选业	Mining and Processing of Ferrous Metals Ores		
有色金属矿采选业	Mining and Processing of Non-ferrous Metal Ores		
非金属矿采选业	Mining and Processing of Nonmetal Ores	27.5	111.5
其他采选业	Mining of Other Ores		
制造业	Manufacturing	6.9	96.9
农副食品加工业	Processing of Food from Agricultural Products		
食品制造业	Manufacture of Foods	9.6	100.6
饮料制造业	Manufacture of Beverages	1.0	102.1
烟草制品业	Manufacture of Tobacco	6.4	95.3
纺织业	Manufacture of Textile		
纺织服装及其他纤维制品制造业	Manufacture of Textile Wearing Apparel, Footware and Caps	3.8	100.0
皮革、毛皮、羽毛（绒）及其制品业	Manufacture of Leather, Furs, Feather and Related Products		
木材加工及木、竹、藤、棕草制品业	Processing of Timber, Manufacture of Wood, Bamboo, Rattan, Palm and Straw Products	3.1	99.9
家具制造业	Manufacture of Furniture		
造纸及纸制品业	Manufacture of Paper and Paper Products	5.0	91.0
印刷业和记录媒介的复制	Manufacture of Printing ,Reproduction of Recording Media	2.2	98.0
文教体育用品制造业	Manufacture of Articles for Culture, Education and Sports Activities		
石油加工、炼焦及核燃料加工业	Processing of Petoleum, Coking, Processing of Nuclear Fuel	4.1	94.3
化学原料及化学制品制造业	Manufacture of Raw Chemical Materials and Chemical Products	7.7	95.8
医药制造业	Manufacture of Medicines	0.1	104.8
化学纤维制造业	Manufacture of Chemical Fibers		
橡胶制品业	Manufacture of Rubber	8.3	97.3
塑料制品业	Manufacture of Plastics	5.6	95.3
非金属矿物制品业	Manufacture of Non-metallic Mineral Products	4.4	97.2
黑色金属冶炼及压延加工业	Smelting and Pressing of Ferrous Metals	-1.7	100.4
有色金属冶炼及压延加工业	Smelting and Pressing of Non-ferrous Metals	-4.1	101.0
金属制品业	Manufacture of Metal Products	5.0	97.2
通用设备制造业	Manufacture of General Purpose Machinery	11.0	95.8
专用设备制造业	Manufacture of Special Purpose Machinery	9.4	93.8
交通运输设备制造业	Manufacture of Transport Equipment	6.0	99.1
电气机械及器材制造业	Manufacture of Electrical Machinery and Equipment	1.3	99.5
通信设备、计算机及其他电子设备制造业	Manufacture of Communication Equipment, Computers and Other Electronic Equipment		
仪器仪表及文化、办公用机械制造业	Manufacture of Measuring Instruments and Machinery for Cultural Activity and Office Work		
工艺品及其他制造业	Manufacture of ArtWork and other Manufacturing		
废弃资源和废旧材料回收加工业	Recycling and Disposal of Waste		
电力、燃气及水的生产和供应业	Production and Supply of Electric Power, Gas and Water	2.7	100.0
电力、热力的生产和供应业	Production and Supply of Electric Power and Heat Power	2.7	100.0
燃气生产和供应业	Production and Supply of Gas		
水的生产和供应业	Production and Supply of Water		

12-19 按行业分私营工业企业主要经济效益指标(2010年)

MAIN INDICATORS ON ECONOMIC BENEFIT OF PRIVATE INDUSTRIAL ENYERPRISES BY INDUSTRIAL SECTOR (2010)

类 别	Category	总资产贡献率(%) Ratio of Total Assets to Industrial Output Value (%)	资产负债率(%) Assets-Liability Ratio (%)
总计	**Total**	**21.2**	**53.6**
采矿业	Mining and Quarrying		
煤炭开采和洗选业	Mining and Washing of Coal	35.4	63.1
石油和天然气开采业	Extraction of Petroleum and Natural Gas	20.5	50.7
黑色金属矿采选业	Mining and Processing of Ferrous Metals Ores	59.9	56.8
有色金属矿采选业	Mining and Processing of Non-ferrous Metal Ores	21.8	65.4
非金属矿采选业	Mining and Processing of Nonmetal Ores	39.5	54.0
其他采矿业	Mining of Other Ores		
制造业	Manufacturing		
农副食品加工业	Processing of Food from Agricultural Products	23.3	43.6
食品制造业	Manufacture of Foods	27.1	51.6
饮料制造业	Manufacture of Beverages	20.2	47.3
烟草制品业	Manufacture of Tobacco		
纺织业	Manufacture of Textile	6.4	47.5
纺织服装、鞋、帽制造业	Manufacture of Textile Wearing Apparel, Footware and Caps	15.2	59.1
皮革、毛皮、羽毛(绒)及其制品业	Manufacture of Leather, Furs, Feather and Related Products	49.6	28.3
木材加工及木、竹、藤、棕、草制品业	Processing of Timber, Manufacture of Wood, Bamboo, Rattan, Palm and Straw Products	18.3	48.6
家具制造业	Manufacture of Furniture	14.0	53.4
造纸及纸制品业	Manufacture of Paper and Paper Products	22.5	48.2
印刷业和记录媒介的复制	Manufacture of Printing ,Reproduction of Recording Media	5.7	72.3
文教体育用品制造业	Manufacture of Articles for Culture, Education and Sports Activities	48.1	48.2
石油加工、炼焦及核燃料加工业	Processing of Petoleum, Coking, Processing of Nuclear Fuel	22.4	65.0
化学原料及化学制品制造业	Manufacture of Raw Chemical Materials and Chemical Products	27.7	58.3
医药制造业	Manufacture of Medicines	15.6	42.5
化学纤维制造业	Manufacture of Chemical Fibers	19.9	70.6
橡胶制品业	Manufacture of Rubber	26.4	43.5
塑料制品业	Manufacture of Plastics	24.6	49.2
非金属矿物制品业	Manufacture of Non-metallic Mineral Products	17.2	59.2
黑色金属冶炼及压延加工业	Smelting and Pressing of Ferrous Metals	19.3	54.9
有色金属冶炼及压延加工业	Smelting and Pressing of Non-ferrous Metals	20.9	57.9
金属制品业	Manufacture of Metal Products	14.8	54.9
通用设备制造业	Manufacture of General Purpose Machinery	13.9	58.5
专用设备制造业	Manufacture of Special Purpose Machinery	13.3	52.1
交通运输设备制造业	Manufacture of Transport Equipment	6.9	47.4
电气机械及器材制造业	Manufacture of Electrical Machinery and Equipment	21.7	40.1
通信设备、计算机及其他电子设备制造业	Manufacture of Communication Equipment, Computers and Other Electronic Equipment	13.8	29.5
仪器仪表及文化、办公用机械制造业	Manufacture of Measuring Instruments and Machinery for Cultural Activity and Office Work	13.7	39.6
工艺品及其他制造业	Manufacture of ArtWork and other Manufacturing	27.1	28.4
废弃资源和废旧材料回收加工业	Recycling and Disposal of Waste	54.7	51.3
电力、燃气及水的生产和供应业	Production and Supply of Electric Power, Gas and Water		
电力、热力的生产和供应业	Production and Supply of Electric Power and Heat Power	2.8	69.2
燃气生产和供应业	Production and Supply of Gas	-8.8	93.8
水的生产和供应业	Production and Supply of Water	3.0	12.2

12-19 续表 CONTINUED

类 别	Category	成本费用利润率 (%) Ratio of Profits to Industrial Cost (%)	产品销售率 (%) Proportion of Products (%)
总 计	**Total**	**10.9**	**95.2**
采矿业	Mining and Quarrying		
煤炭开采和洗选业	Mining and Washing of Coal	17.4	91.2
石油和天然气开采业	Extraction of Petroleum and Natural Gas	22.8	99.3
黑色金属矿采选业	Mining and Processing of Ferrous Metals Ores	12.2	97.3
有色金属矿采选业	Mining and Processing of Non-ferrous Metal Ores	40.8	107.2
非金属矿采选业	Mining and Processing of Nonmetal Ores	11.7	101.6
其他采矿业	Mining of Other Ores		
制造业	Manufacturing		
农副食品加工业	Processing of Food from Agricultural Products	8.3	96.8
食品制造业	Manufacture of Foods	10.8	98.4
饮料制造业	Manufacture of Beverages	10.3	92.9
烟草制品业	Manufacture of Tobacco		
纺织业	Manufacture of Textile	3.8	97.9
纺织服装、鞋、帽制造业	Manufacture of Textile Wearing Apparel, Footware and Caps	7.1	100.1
皮革、毛皮、羽毛(绒)及其制品业	Manufacture of Leather, Furs, Feather and Related Products	19.9	98.2
木材加工及木、竹、藤、棕、草制品业	Processing of Timber, Manufacture of Wood, Bamboo, Rattan, Palm and Straw Products	7.1	94.1
家具制造业	Manufacture of Furniture	7.4	89.4
造纸及纸制品业	Manufacture of Paper and Paper Products	13.0	84.2
印刷业和记录媒介的复制	Manufacture of Printing ,Reproduction of Recording Media	2.7	98.9
文教体育用品制造业	Manufacture of Articles for Culture, Education and Sports Activities	6.5	95.5
石油加工、炼焦及核燃料加工业	Processing of Petoleum, Coking, Processing of Nuclear Fuel	20.2	91.2
化学原料及化学制品制造业	Manufacture of Raw Chemical Materials and Chemical Products	13.3	92.7
医药制造业	Manufacture of Medicines	18.4	92.9
化学纤维制造业	Manufacture of Chemical Fibers	0.5	102.5
橡胶制品业	Manufacture of Rubber	17.7	89.7
塑料制品业	Manufacture of Plastics	10.5	98.6
非金属矿物制品业	Manufacture of Non-metallic Mineral Products	10.2	96.3
黑色金属冶炼及压延加工业	Smelting and Pressing of Ferrous Metals	7.4	98.8
有色金属冶炼及压延加工业	Smelting and Pressing of Non-ferrous Metals	11.8	98.7
金属制品业	Manufacture of Metal Products	6.5	95.5
通用设备制造业	Manufacture of General Purpose Machinery	7.3	98.0
专用设备制造业	Manufacture of Special Purpose Machinery	9.2	97.9
交通运输设备制造业	Manufacture of Transport Equipment	4.7	97.5
电气机械及器材制造业	Manufacture of Electrical Machinery and Equipment	14.8	99.9
通信设备、计算机及其他电子设备制造业	Manufacture of Communication Equipment, Computers and Other Electronic Equipment	26.5	95.6
仪器仪表及文化、办公用机械制造业	Manufacture of Measuring Instruments and Machinery for Cultural Activity and Office Work	15.0	99.6
工艺品及其他制造业	Manufacture of ArtWork and other Manufacturing	8.9	95.0
废弃资源和废旧材料回收加工业	Recycling and Disposal of Waste	5.7	99.5
电力、燃气及水的生产和供应业	Production and Supply of Electric Power, Gas and Water		
电力、热力的生产和供应业	Production and Supply of Electric Power and Heat Power	2.7	97.4
燃气生产和供应业	Production and Supply of Gas	-12.1	96.7
水的生产和供应业	Production and Supply of Water	9.5	100.0

12-20 按行业分“三资”工业企业主要经济效益指标(2010年)

MAIN INDICATORS ON ECONOMIC BENEFIT OF INDUSTRIAL ENTERPRISES WITH HONGKONG,MACAO,TAIWAN AND FOREIGN FUNDS BY INDUSTRIAL SECTOR (2010)

类 别	Category	总资产贡献率(%) Ratio of Total Assets to Industrial Output Value (%)	资 产 负债率(%) Assets-Liability Ratio (%)
总 计	**Total**	**12.3**	**59.7**
采矿业	Mining and Quarrying		
煤炭开采和洗选业	Mining and Washing of Coal	23.4	51.8
石油和天然气开采业	Extraction of Petroleum and Natural Gas	19.1	23.0
黑色金属矿采选业	Mining and Processing of Ferrous Metals Ores		
有色金属矿采选业	Mining and Processing of Non-ferrous Metal Ores	2.2	8.9
非金属矿采选业	Mining and Processing of Nonmetal Ores	7.0	58.2
其他采矿业	Mining of Other Ores		
制造业	Manufacturing		
农副食品加工业	Processing of Food from Agricultural Products	17.2	62.2
食品制造业	Manufacture of Foods	20.3	51.4
饮料制造业	Manufacture of Beverages	19.8	52.3
烟草制品业	Manufacture of Tobacco	1.0	3.1
纺织业	Manufacture of Textile	5.5	78.9
纺织服装、鞋、帽制造业	Manufacture of Textile Wearing Apparel,Footware and Caps	54.3	13.3
皮革、毛皮、羽毛(绒)及其制品业	Manufacture of Leather, Furs, Feather and Related Products	6.6	0.1
木材加工及木、竹、藤、棕、草制品业	Processing of Timber, Manufacture of Wood,Bamboo, Rattan, Palm and Straw Products	9.1	52.8
家具制造业	Manufacture of Furniture	8.1	73.4
造纸及纸制品业	Manufacture of Paper and Paper Products	-4.4	37.0
印刷业和记录媒介的复制	Manufacture of Printing ,Reproduction of Recording Media	7.8	38.1
文教体育用品制造业	Manufacture of Articles for Culture, Education and Sports Activities	5.8	45.1
石油加工、炼焦及核燃料加工业	Processing of Petoleum,Coking,Processing of Nuclear Fuel	0.1	41.9
化学原料及化学制品制造业	Manufacture of Raw Chemical Materials and Chemical Products	8.1	45.1
医药制造业	Manufacture of Medicines	17.4	58.0
化学纤维制造业	Manufacture of Chemical Fibers		
橡胶制品业	Manufacture of Rubber	7.3	67.8
塑料制品业	Manufacture of Plastics	12.3	53.3
非金属矿物制品业	Manufacture of Non-metallic Mineral Products	7.9	45.2
黑色金属冶炼及压延加工业	Smelting and Pressing of Ferrous Metals	3.2	90.4
有色金属冶炼及压延加工业	Smelting and Pressing of Non-ferrous Metals	4.3	68.9
金属制品业	Manufacture of Metal Products	5.6	25.3
通用设备制造业	Manufacture of General Purpose Machinery	4.3	23.9
专用设备制造业	Manufacture of Special Purpose Machinery	25.9	49.5
交通运输设备制造业	Manufacture of Transport Equipment	10.2	65.5
电气机械及器材制造业	Manufacture of Electrical Machinery and Equipment	8.3	59.1
通信设备、计算机及其他电子设备制造业	Manufacture of Communication Equipment,Computers and Other Electronic Equipment	1.9	46.5
仪器仪表及文化、办公用机械制造业	Manufacture of Measuring Instruments and Machinery for Cultural Activity and Office Work		
工艺品及其他制造业	Manufacture of ArtWork and other Manufacturing	14.2	41.6
废弃资源和废旧材料回收加工业	Recycling and Disposal of Waste		
电力、燃气及水的生产和供应业	Production and Supply of Electric Power, Gas and Water		
电力、热力的生产和供应业	Production and Supply of Electric Power and Heat Power	4.6	79.4
燃气生产和供应业	Production and Supply of Gas	6.3	53.6
水的生产和供应业	Production and Supply of Water	6.0	60.2

12-20 续表 CONTINUED

类 别	Category	成本费用利润率(%) Ratio of Profits to Industrial Cost(%)	产品销售率(%) Proportion of Products (%)
总 计	**Total**	**10.1**	**98.5**
采矿业	Mining and Quarrying		
煤炭开采和洗选业	Mining and Washing of Coal	13.7	93.3
石油和天然气开采业	Extraction of Petroleum and Natural Gas	9.8	99.9
黑色金属矿采选业	Mining and Processing of Ferrous Metals Ores		
有色金属矿采选业	Mining and Processing of Non-ferrous Metal Ores	31.2	53.2
非金属矿采选业	Mining and Processing of Nonmetal Ores	1.4	100.4
其他采矿业	Mining of Other Ores		
制造业	Manufacturing		
农副食品加工业	Processing of Food from Agricultural Products	12.3	96.3
食品制造业	Manufacture of Foods	12.2	103.5
饮料制造业	Manufacture of Beverages	8.6	97.3
烟草制品业	Manufacture of Tobacco	-3.5	93.9
纺织业	Manufacture of Textile	2.7	104.1
纺织服装、鞋、帽制造业	Manufacture of Textile Wearing Apparel,Footware and Caps	21.6	141.3
皮革、毛皮、羽毛(绒)及其制品业	Manufacture of Leather, Furs, Feather and Related Products	0.4	91.2
木材加工及木、竹、藤、棕、草制品业	Processing of Timber, Manufacture of Wood,Bamboo, Rattan, Palm and Straw Products	5.8	95.4
家具制造业	Manufacture of Furniture	6.6	89.7
造纸及纸制品业	Manufacture of Paper and Paper Products	-12.0	103.0
印刷业和记录媒介的复制	Manufacture of Printing ,Reproduction of Recording Media	14.5	99.9
文教体育用品制造业	Manufacture of Articles for Culture, Education and Sports Activities	2.1	100.0
石油加工、炼焦及核燃料加工业	Processing of Petoleum,Coking,Processing of Nuclear Fuel	0.3	82.6
化学原料及化学制品制造业	Manufacture of Raw Chemical Materials and Chemical Products	7.4	89.4
医药制造业	Manufacture of Medicines	12.8	93.4
化学纤维制造业	Manufacture of Chemical Fibers		
橡胶制品业	Manufacture of Rubber	0.8	100.5
塑料制品业	Manufacture of Plastics	10.1	107.6
非金属矿物制品业	Manufacture of Non-metallic Mineral Products	6.1	93.7
黑色金属冶炼及压延加工业	Smelting and Pressing of Ferrous Metals	2.2	90.2
有色金属冶炼及压延加工业	Smelting and Pressing of Non-ferrous Metals	0.3	98.0
金属制品业	Manufacture of Metal Products	2.3	90.6
通用设备制造业	Manufacture of General Purpose Machinery	4.1	93.1
专用设备制造业	Manufacture of Special Purpose Machinery	37.5	99.9
交通运输设备制造业	Manufacture of Transport Equipment	6.1	101.4
电气机械及器材制造业	Manufacture of Electrical Machinery and Equipment	17.4	116.8
通信设备、计算机及其他电子设备制造业	Manufacture of Communication Equipment,Computers and Other Electronic Equipment	0.6	102.6
仪器仪表及文化、办公用机械制造业	Manufacture of Measuring Instruments and Machinery for Cultural Activity and Office Work		
工艺品及其他制造业	Manufacture of ArtWork and other Manufacturing	6.4	93.8
废弃资源和废旧材料回收加工业	Recycling and Disposal of Waste		
电力、燃气及水的生产和供应业	Production and Supply of Electric Power, Gas and Water		
电力、热力的生产和供应业	Production and Supply of Electric Power and Heat Power	1.7	99.9
燃气生产和供应业	Production and Supply of Gas	3.3	98.3
水的生产和供应业	Production and Supply of Water	140.2	100.0

12-21 主要工业产品产量

OUTPUT OF MAJOR INDUSTRIAL PRODUCTS

指　标	Item	2006	2007	2008	2009	2010
原煤(万吨)	Coal (10000 tons)	7899.2	7997.1	8185.4	8748.7	9265.5
原油(万吨)	Crude Oil (10000 tons)	4340.5	4169.8	4020.5	4000.7	4004.9
天然气(亿立方米)	Natural Gas (100 million cu.m)	24.7	25.5	27.2	30.0	30.0
铁矿石原矿量(万吨)	Original Ironstone Reserves (10000 tons)	44.0	32.4	37.1	82.6	227.1
精制食用植物油(万吨)	Purifier Edible Vegetable Oil (10000 tons)	75.0	69.4	74.4	146.5	210.0
成品糖(万吨)	Finished Product Sugar (10000 tons)	22.2	25.7	28.3	26.1	18.7
乳制品(万吨)	Dairy Products (10000 tons)	122.7	162.4	168.5	176.8	183.9
白酒(万千升)	Liquor (10000 kiloliter)	6.1	11.6	9.2	10.3	16.5
啤酒(万千升)	Beer (10000 kiloliter)	154.3	171.2	173.1	175.4	186.8
卷烟(亿支)	Cigarettes (100 million pieces)	407.5	423.5	426.0	426.0	431.0
亚麻布(万米)	Linen (10000 m)	4436.0	4072.1	3587.7	4091.5	4926.9
人造板(万立方米)	Man-made Board (10000 cu.m)	81.1	98.4	121.0	195.9	289.3
机制纸及纸板(万吨)	Machine-made Paper and Paperboards (10000 tons)	62.3	54.5	52.7	54.9	89.4
原油加工量(万吨)	Crude Oil Processed (10000 tons)	1503.9	1554.7	1467.3	1552.9	1671.1
汽油(万吨)	Gasolene (10000 tons)	385.3	402.7	385.9	430.5	462.9
柴油(万吨)	Diesel oil (10000 tons)	575.3	583.6	544.3	589.2	615.5
焦炭(万吨)	Coke (10000 tons)	561.5	683.1	781.2	967.8	1094.1
硫酸(折100%，万吨)	Sulfuric Acid (convert into 100%, 10000 tons)	12.0	10.3	10.7	7.2	10.8
盐酸(万吨)	Muriatic Acid (10000 tons)	5.9	4.0	2.3	5.1	4.9
烧碱(万吨)	Caustic Soda (10000 tons)	15.0	14.8	10.5	6.8	4.4
电石(万吨)	Calcium Carbide (10000 tons)	14.4	12.3	11.9	8.3	3.7
合成氨(万吨)	Synthetic Ammonia (10000 tons)	67.7	81.9	80.5	86.1	74.5
农用化肥(折100%，万吨)	Chemical Fertilizer for Agricultural Use (convert into 100%,10000 tons)	51.1	61.5	55.8	62.4	64.9
化学农药(折100%，吨)	Chemical Presticide (convert into100%,ton)	2710	3204	4706	6226	5893
乙烯(万吨)	Ethylene (10000 tons)	51.7	53.7	58.2	58.3	54.4
化学原料药(吨)	Chemical Raw Medicine (ton)	6197.0	6242.1	7670.3	5408.6	6294.1
化学纤维(万吨)	Chemical Fiber (10000 tons)	12.8	13.9	12.1	13.3	8.2
轮胎外胎(万条)	Tires (10000 units)	344.3	447.1	378.3	345.1	447.1
塑料制品(万吨)	Plastic Products (10000 tons)	16.3	14.1	13.9	18.6	46.1
水泥(万吨)	Cement (10000 tons)	1456.3	1614.8	1968.2	2598.0	3507.2
平板玻璃(万重量箱)	Plate Glass (10000 weight cases)	415.8	490.2	596.3	709.7	691.5
石墨及碳素制品(吨)	Graphite and Related Products (ton)	3844	8421	11940	22051	35421
生铁(万吨)	Pig Iron (10000 tons)	257.1	366.6	364.6	494.6	555.7
粗钢(万吨)	Crude Steel (10000 tons)	315.2	436.1	475.1	565.9	652.7
成品钢材(万吨)	End Product Steel Products (10000 tons)	293.7	404.7	426.3	505.0	566.0
铝材(万吨)	Aluminous Material (10000 tons)	7.0	7.6	7.5	5.7	7.2
电站锅炉(蒸发量吨)	Power Plant Boiler (vaporing ton)	73701	86167	100694	109503	128955
电站汽轮机(500千瓦以上)(万千瓦)	Power Plant Turbine (≥500 kw, 10000 kw)	2009.7	2426.0	3011.0	2083.2	2082.8
内燃机(商品量)(万千瓦)	Internal Combustion Engines (10000 kw)					
金属切削机床(台)	Metal-cutting Machine Tools (unit)	7175.0	8507.0	7584.0	4371.0	5267.0
大型机床(台)	Large-sized Machine Tools (unit)					
发电设备(万千瓦)	Power Generating Equipment (10000 kw)	2704.6	3125.8	3516.1	2615.8	2158.3
矿山设备(吨)	Mining Equipment (ton)	18042	17348	24621	32454	47328
冶炼设备(吨)	Smelting Equipment (ton)	3659	2786	6357	1072	13292
金属轧制设备(吨)	Metal-rolling Equipment (ton)	72233	89160	132879	98924	74365
大中型拖拉机(台)	Large and Medium Tractors (unit)			26	32	67
小型拖拉机(台)	Small-sized Tractors (unit)	24613	22510	16558	10865	12054
铁路货车(辆)	Railway Passenger Engines (unit)	8191	7815	11786	9169	11140
汽车(辆)	Motor Vehicles (unit)	275203	262832	212230	283666	247716
改装汽车(辆)	Special Automobile (unit)	1706	1724	1572	2047	2331
发电量(亿千瓦时)	Electricity (100 million kwh)	632.0	681.5	719.2	718.9	774.5
微型电子计算机(万台)	Mini-computers (10000 units)	3.4	3.0	2.9	2.9	3.0

12-22 各地区主要工业产品产量(2010年)

OUTPUT OF MAJOR INDUSTRIAL PRODUCTS BY REGION (2010)

地 区	Region	原 煤 (万吨) Coal (10000 tons)	原 油 (万吨) Crude Oil (10000 tons)	大 米 (万吨) Rice (10000 tons)	精制食用植物油 (万吨) Purifier Edible Vegetable Oil (10000 tons)	成品糖 (吨) Finished Product Sugar (ton)	乳制品 (吨) Dairy Products (ton)
全 省	**Total**	**9265.5**	**4004.9**	**782.6**	**210.0**	**186679**	**1838990**
哈尔滨	Harbin	450.1		81.5	27.3	3625	588330
齐齐哈尔	Qiqihar		4.9	60.1	15.3	113014	502388
鸡 西	Jixi	1987.8		40.6	1.0		4369
鹤 岗	Hegang	1801.4		116.7	5.2		1757
双鸭山	Shuangyashan	1903.4		53.4	39.6	3390	
大 庆	Daqing		4000.0	7.5	2.5		263758
伊 春	Yichun			13.5			3307
佳木斯	Jiamusi	17.7		171.5	8.1	16731	12494
七台河	Qitaihe	1660.1		23.8	2.7		
牡丹江	Mudanjiang	408.1		22.4	4.1	13779	15833
黑 河	Heihe	469.0			2.6		29945
绥 化	Suihua			37.7	2.1	27598	130585
大兴安岭	Daxinganling	529.5					
农垦总局	ARB	38.4		153.8	99.7	18192	299225

12-22 续表1 CONTINUED

地 区	Region	卷 烟 (万支) Cigarettes (10000 pieces)	白 酒 (千升) Liquor (1000 litre)	啤 酒 (千升) Beer (1000 litre)	亚麻布 (万米) Linen (10000 m)	机制纸及纸板 (吨) Machine-made Paper and Paperboards (ton)	汽 油 (万吨) Gasolene (10000 tons)
全 省	**Total**	**4310000**	**164583**	**1867736**	**4926.9**	**893550**	**462.9**
哈尔滨	Harbin	4310000	33309	1068422	1769.3	107228	110.2
齐齐哈尔	Qiqihar		41507	57986	780.6	196354	
鸡 西	Jixi		156	54099			
鹤 岗	Hegang		1312	109762		20823	
双鸭山	Shuangyashan		3305				
大 庆	Daqing		39055	134807		247759	341.3
伊 春	Yichun		6246	23447		600	
佳木斯	Jiamusi		5013	155314	799.0	68787	
七台河	Qitaihe						
牡丹江	Mudanjiang		11725	194052		218929	11.4
黑 河	Heihe		2197	8130			
绥 化	Suihua		10567	61716	1578.0		
大兴安岭	Daxinganling						
农垦总局	ARB		10191			33070	

12-22 续表2 CONTINUED

地 区 Region	柴 油（万吨）Diesel Oil (10000 tons)	农用化肥（吨）Chemical Fertilizer for Agricultural Use (10000 tons)	化学农药（吨）Chemical Presticide (ton)	化学原料药（吨）Chemical Raw Medicine (ton)	水 泥（万吨）Cement (10000 tons)	平板玻璃（万重量箱）Plate Glass (10000 weight cases)
全 省 Total	**615.5**	**648746**	**5893**	**6294**	**3507.2**	**691.5**
哈尔滨 Harbin	143.8		770	5578	1032.4	
齐齐哈尔 Qiqihar		75035			493.1	161.1
鸡 西 Jixi					127.2	
鹤 岗 Hegang	0.6		1105		34.1	93.4
双鸭山 Shuangyashan					139.3	
大 庆 Daqing	459.0	329828			328.3	266.6
伊 春 Yichun				264	110.0	
佳木斯 Jiamusi			4018		314.3	170.3
七台河 Qitaihe		80533			42.9	
牡丹江 Mudanjiang	12.0	21362		34	308.5	
黑 河 Heihe		2421		384	194.8	
绥 化 Suihua		8901			272.5	
大兴安岭 Daxinganling						
农垦总局 ARB		130666		34	109.8	

12-22 续表3 CONTINUED

地 区 Region	汽 车（辆）Motor Vehicles (unit)	粗 钢（万吨）Crude Steel (10000 tons)	金属切削机床（台）Metal-cutting Machine Tools (unit)	金属轧制设备（吨）Metal-rolling Equipment (ton)	小型拖拉机（台）Small-sized Tractors (unit)	发电量（亿千瓦小时）Electricity (100 million kwh)
全 省 Total	**247716**	**653**	**5267**	**74365**	**12054**	**774.5**
哈尔滨 Harbin	247716	84	240	1005	3843	157.8
齐齐哈尔 Qiqihar		97	2925	73135		103.5
鸡 西 Jixi		52				27.5
鹤 岗 Hegang						58.3
双鸭山 Shuangyashan		200				99.5
大 庆 Daqing						89.5
伊 春 Yichun		218				10.6
佳木斯 Jiamusi					8211	46.4
七台河 Qitaihe						84.7
牡丹江 Mudanjiang			2102	225		66.4
黑 河 Heihe						13.6
绥 化 Suihua						7.1
大兴安岭 Daxinganling						5.6
农垦总局 ARB						4.0

12-23 哈大齐工业走廊基本情况

BASIC SITUATION OF HADAQI INDUSTRIAL CORRIDOR

地 区 Region	项目区规划总面积（平方公里）Planning Total Area of Project Campus (sq. km)	实际启动面 积（平方公里）Actual Start Area (sq. km)	计 划 项目数（个）Number of Projects (item)	已开工项目数（个）Started Number of Projects (item)	计划入区企业数（个）Number of Enterprises Programing Into the Campus (item)	已入区企业数（个）Number of Enterprises Entered the Campus (item)	投 产 企业数（个）Number of Production Enterprises (item)
2006	921.0	62.4	822	352	789	385	156
2007	921.0	62.4	1000	480	1129	570	307
2008	921.0	62.4	1391	721	1245	821	489
2009	921.0	62.4	1519	805	1501	1047	684
2010	972.0	161.0	1492	896	1509	1239	791
哈尔滨 Harbin	287.0	78.0	462	319	674	630	339
齐齐哈尔 Qiqihar	128.0	21.0	374	174	281	178	149
大 庆 Daqing	340.0	48.0	566	338	466	352	264
肇东和安达 Zhaodong and Anda	217.0	14.0	90	65	88	79	39

注：哈大齐工业走廊项目区从2005年8月开始建设。
Note: Harbin ,Daqin and Qiqihar Industrial Corridor project area began to be constructed in August 2005.

12-24 哈大齐工业走廊主要经济指标

MAIN ECONOMIC INDICATORS OF HADAQI INDUSTRIAL CORRIDOR

单位：亿元 (100 million yuan)

地 区 Region	计 划 投资额 Planned Investment	完 成 投资额 Completed Investment	园区基础设施投资 Campus Infrastructural Investment	企 业 项目投资 Enterprise project Investment	工 业 总产值 Gross Industrial Output Value	主营业务收入 Main Camp Service Income	利 润 总 额 Total Profits	税 金 总 额 Total Taxes	项目区生产总值 GDP of Project Area
2006		201.0	34.4	166.6	117.0	119.8	14.7	4.6	47.4
2007		168.3	23.4	144.8	215.4	227.3	14.2	10.0	109.8
2008	369.3	117.8	35.7	82.1	296.4	311.5	13.7	15.0	124.6
2009	411.1	286.4	60.6	225.8	481.0	550.3	34.4	27.8	156.8
2010	491.6	253.4	55.9	197.5	626.7	629.1	42.8	30.4	201.4
哈尔滨 Harbin	274.9	132.0	43.2	88.8	192.5	179.1	14.2	6.1	63.7
齐齐哈尔 Qiqihar	53.9	7.5	4.6	2.9	133.5	146.4	17.1	8.6	43.9
大 庆 Daqing	70.1	57.0	5.8	51.2	231.2	246.9	5.0	14.5	71.7
肇东和安达 Zhaodong and Anda	92.8	56.9	2.3	54.6	69.5	56.7	6.5	1.2	22.2

12-25 四大主导产业主要经济指标 (2010年)

单位：亿元

类 别	Category	工业总产值 Gross Industrial Output Value	资产合计 Total Assets	负债合计 Total Liabilities
总 计	**Total**	**8138.2**	**8874.0**	**4848.7**
装备工业	Equipment Industry	1450.1	1958.1	1255.0
金属制品业	Manufacture of Metal Products	73.8	60.8	28.4
通用设备制造业	Manufacture of General Purpose Machinery	451.7	591.9	429.7
专用设备制造业	Manufacture of Special Purpose Machinery	322.9	502.2	243.4
交通运输设备制造业	Manufacture of Transport Equipment	385.3	470.9	358.0
电气机械及器材制造业	Manufacture of Electrical Machinery & Equipment	172.6	266.0	163.6
通用设备、计算机及其他电子设备制造业	Manufacture of Communication Equipment, Computer and Other Electronic Equipment	18.1	27.7	13.4
仪器仪表及文化办公用机械制造业	Manufacture of Measuring Instrument and Machinery for Cultural Activity & Office Work	25.9	38.6	18.4
石化工业	Petrochemical Industry	1692.1	930.1	546.7
石油加工、炼焦及核燃料加工业	Processing of Petroleum, Coking, Processing of Nuclear Fuel	1256.6	566.6	333.5
化学原料及化学制品制造业	Manufacture of Chemical Raw Material and Chemical Products	327.9	284.6	170.3
化学纤维制造业	Manufacture of Chemical Fiber	0.5	0.4	0.3
橡胶制品业	Manufacture of Rubber	33.1	27.8	17.7
塑料制品业	Manufacture of Plastic	74.2	50.6	24.9
能源工业	Energy Industry	3187.6	4805.4	2350.9
煤炭开采和洗选业	Mining and Washing of Coal	638.4	681.1	577.9
石油和天然气开采业	Extraction of Petroleum and Natural Gas	1609.5	2499.2	597.3
电力、热力的生产和供应业	Production and Supply of Electric Power and Heat Power	888.9	1586.2	1160.3
燃气生产和供应业	Production and Distribution of Gas	50.8	38.9	15.4
食品工业	Food Industry	1808.3	1180.5	696.0
农副食品加工业	Processing of Food from Agricultural Products	1200.8	760.8	472.4
食品制造业	Manufacture of Foods	411.9	246.8	127.1
饮料制造业	Manufacture of Beverage	195.7	172.9	96.6

MAIN ECONOMIC INDICATORS OF FOUR LEADING INDUSTRY (2010)

(100 million yuan)

主营业务收入 Main Camp Service Income	主营业务成本 Main Camp Service Cost	主营业务税金及附加 Main Camp Service Tax and Addition	营业费用 Business Expense	管理费用 Overhead Expenses	财务费用 Financial Expenses	利润总额 Total Profits	应交增值税 Value-added Tax Payable	从业人员平均人数（人） Employmee (person)
8485.2	**6287.9**	**447.5**	**162.5**	**420.8**	**65.9**	**1133.0**	**450.7**	**1172938**
1359.6	1110.6	6.4	39.4	99.3	10.0	103.1	48.4	237096
71.4	59.9	0.3	1.0	3.5	0.3	5.1	1.4	14381
431.9	370.9	2.2	9.9	22.5	1.2	23.1	19.0	66470
281.2	214.1	1.4	6.7	23.7	3.3	38.6	9.5	53266
376.0	317.8	1.5	12.1	31.8	4.4	10.1	10.2	60660
158.9	119.7	0.8	7.1	12.5	0.4	21.8	6.4	27880
17.1	12.2	0.1	0.9	2.1	0.2	2.2	0.7	6242
23.1	16.1	0.2	1.8	3.2	0.2	2.2	1.2	8197
1705.8	1341.1	154.1	13.1	69.8	9.5	123.1	55.3	126470
1258.6	962.8	145.4	6.4	51.2	4.9	84.9	44.1	63875
339.9	289.7	7.8	5.1	12.8	3.7	27.1	7.8	42616
0.5	0.4		0.0	0.1		0.0	0.0	236
31.7	28.1	0.1	0.9	1.8	0.3	2.9	1.2	7087
75.1	60.1	0.8	0.7	4.0	0.6	8.2	2.2	12656
3549.2	2251.3	274.4	25.3	206.7	32.3	772.5	288.7	624713
616.4	480.5	9.3	6.6	70.3	6.7	58.1	56.1	321235
1974.0	867.6	261.9	12.1	113.3	-5.0	699.0	196.9	125135
914.8	864.8	3.1	4.1	21.5	30.2	13.5	35.1	173999
44.1	38.4	0.1	2.5	1.6	0.4	1.9	0.6	4344
1870.6	1584.9	12.6	84.7	45.0	14.2	134.3	58.4	184659
1266.7	1129.4	3.1	24.2	22.6	10.7	80.3	33.8	102687
409.4	302.4	1.5	48.8	13.5	2.0	38.4	17.2	50135
194.5	153.2	8.0	11.7	8.9	1.5	15.6	7.3	31837

主要统计指标解释

工业 指从事自然资源的开采，对采掘品和农产品进行加工和再加工的物质生产部门。具体包括：(1)对自然资源的开采，如采矿、晒盐等(但不包括禽兽捕猎和水产捕捞)；(2)对农副产品的加工、再加工，如粮油加工、食品加工、缫丝、纺织、制革等；(3)对采掘品的加工、再加工，如炼铁、炼钢、化工生产、石油加工、机器制造、木材加工等，以及电力、自来水、煤气的生产和供应等；(4)对工业品的修理、翻新，如机器设备的修理、交通运输工具(如汽车)的修理等。

工业统计调查单位为独立核算法人工业企业。

独立核算法人工业企业指从事工业生产经营活动的单位。独立核算法人工业企业应同时具备以下条件：①依法成立，有自己的名称、组织机构和场所，能够承担民事责任；②独立拥有和使用资产，承担负债，有权与其他单位签订合同；③独立核算盈亏，并能够编制资产负债表。

本年鉴中涉及的企业登记注册类型：

国有及国有控股企业 指国有企业加上国有控股企业。国有企业(即原全民所有制工业或国营工业)指企业全部资产归国家所有，并按《中华人民共和国企业法人登记管理条例》规定登记注册的非公司制的经济组织。包括国有企业、国有独资公司和国有联营企业。1957年以前的公私合营和私营工业，后均改造为国营工业，1992年改为国有工业，这部分工业的资料不单独分列时，均包括在国有企业内。国有控股企业是对混合所有制经济的企业进行的“国有控股”分类。它是指这些企业的全部资产中国有资产(股份)相对其他所有者中的任何一个所有者占资(股)最多的企业。该分组反映了国有经济控股情况。

集体企业 指企业资产归集体所有，并按《中华人民共和国企业法人登记管理条例》规定登记注册的经济组织。是社会主义公有制经济的组成部分。包括城乡所有使用集体投资举办的企业，以及部分个人通过集资自愿放弃所有权并依法经工商行政管理机关认定为集体所有制的企业。

股份合作企业 指以合作制为基础，由企业职工共同出资入股，吸收一定比例的社会资产投资组建，实行自主经营，自负盈亏，共同劳动，民主管理，按劳分配与按股分红相结合的一种集体经济组织。

联营企业 指两个及两个以上相同或不同所有制性质的企业法人或事业单位法人，按自愿、平等、互利的原则，共同投资组成的经济组织。联营企业包括：

国有联营企业指国有企业与国有企业间的联营；

集体联营企业指集体企业与集体企业间的联营；

国有与集体联营企业指国有企业与集体企业间的联营。

有限责任公司 指根据《中华人民共和国公司登记管理条例》规定登记注册，由两个以上，五十个以下的股东共同出资，每个股东以其所认缴的出资额对公司承担有限责任，公司以其全部资产对其债务承担责任的经济组织。

有限责任公司包括国有独资公司以及其他有限责任公司。

股份有限公司 指根据《中华人民共和国企业法人登记管理条例》规定登记注册，其全部注册资本由等额股份构成并通过发行股票筹集资本，股东以其认购的股份对公司承担有限责任，公司以其全部资产对其债务承担责任的经济组织。

私营企业 指由自然人投资设立或由自然人控股，以雇佣劳动为基础的营利性经济组织。包括按照《公司法》、《合伙企业法》、《私营企业暂行条例》规定登记注册的私营有限责任公司、私营股份有限公司、私营合伙企业和私营独资企业。

港、澳、台商投资企业 指企业注册登记类型中的港、澳、台资合资、合作、独资经营企业和股份有限公司之和。

外商投资企业 指企业注册登记类型中的中外合资、合作经营企业、外资企业和外商投资股份有限公司之和。

“三资”企业系指港、澳、台商投资企业和外资企业的简称。

轻工业　指主要提供生活消费品和制作手工工具的工业。按其所使用的原料不同，可分为两大类：(1)以农产品为原料的轻工业，是指直接或间接以农产品为基本原料的轻工业。主要包括食品制造、饮料制造、烟草加工、纺织、缝纫、皮革和毛皮制作、造纸以及印刷等工业；(2)以非农产品为原料的轻工业，是指以工业品为原料的轻工业。主要包括文教体育用品、化学药品制造、合成纤维制造、日用化学制品、日用玻璃制品、日用金属制品、手工工具制造、医疗器械制造、文化和办公用机械制造等工业。

重工业　指为国民经济各部门提供物质技术基础的主要生产资料的工业。按其生产性质和产品用途，可以分为下列三类：(1)采掘(伐)工业，是指对自然资源的开采，包括石油开采、煤炭开采、金属矿开采、非金属矿开采等工业；(2)原材料工业，指向国民经济各部门提供基本材料、动力和燃料的工业。包括金属冶炼及加工、炼焦及焦炭、化学、化工原料、水泥、人造板以及电力、石油和煤炭加工等工业；(3)加工工业，是指对工业原材料进行再加工制造的工业。包括装备国民经济各部门的机械设备制造工业、金属结构、水泥制品等工业，以及为农业提供的生产资料如化肥、农药等工业。

根据上述划分原则，修理业中以重工业产品为修理作业对象的划为重工业，反之划为轻工业。

工业总产值

(1)定义：

工业总产值是以货币形式表现的，工业企业在一定时期内生产的工业最终产品或提供工业性劳务活动的总价值量。它反映一定时间内工业生产的总规模和总水平。

(2)计算原则：

工业生产的原则，即凡是企业在报告期生产的经检验合格的产品，不管是否在报告期销售，均包括在内。

最终产品的原则，即凡是计入工业总产值的产品，必须是本企业生产的经检验合格的，不需要再进行任何加工的最终产品。如果企业有中间产品(半成品)对外销售，则对外销售的中间产品应视为企业的最终产品。

工厂法原则，即工业总产值是以工业企业作为基本计算(核算)单位，即按企业的最终产品计算工业总产值。按这种方法计算的工业总产值，不允许同一产品价值在企业内部重复计算，不能把企业内部各个车间(分厂)生产的成果相加，但允许企业间的重复计算。

(3)内容及计算方法：

1995年全国工业普查对工业总产值(原规定)的内容及计算原则和方法做了某些修订，修订后的工业总产值(新规定)包括三项内容：即本期生产成品价值、对外加工费收入、在制品半成品期末期初差额价值三部分。

本期生产成品价值：指企业本期生产，并在报告期内不再进行加工，经检验、包装入库的全部工业成品(半成品)价值合计，包括企业生产的自制设备及提供给本企业在建工程、其他非工业部门和福利部门等单位使用的成品价值。本期生产成品价值为按自备原材料生产的产品的数量乘以本期不含增值税(销项税额)的产品实际销售平均单价计算；会计核算中按成本价格转帐的自制设备和自产自用的成品，按成本价格计算生产成品价值。生产成品价值中不包括用定货者来料加工的成品(半成品)价值。

对外加工费收入：指企业在报告期内完成的对外承接的工业品加工(包括用定货者来料加工产品)的加工费收入和对外工业修理作业所取得的加工费收入。对外加工费收入按不含增值税(销项税额)的价格计算，可根据会计“产品销售收入”科目的有关资料取得。

对于本企业对内非工业部门提供的加工修理、设备安装的劳务收入，如果企业会计核算基础较好，能取得这部分资料，而且这部分价值所占比重较大，应包括在对外加工费收入中。

自制半成品在制品期末期初差额价值：指企业报告期在制品期末减期初的差额价值，本指标一般可以从会计核算资料中取得。如果会计产品成本核算中不计算半成品、在制品的成本，则总产值中也不包括这部分价值，反之则包括。

(4)工业总产值统计范围变化和计算方法修订情况：

1984年以前工业总产值不包括村办工业，村办工业总产值划归农业。1984年以后工业总产值包括村办工业。

1995年工业普查对工业总产值计算方法做了修订，即从1995年始按新修订(新规定)方法计算工业总产值。新规定与原规定的区别如下：

全价与加工费的计算原则不同：新规定为凡自备原材料，不论其生产繁简程度如何，一律按全价计算工业总产值；凡来料加工，允许按加工费计算工业总产值。原规定则视生产加工的繁简程度不同，规定哪些行业按全价，哪些行业按加工费计算工业总产值。

自制半成品、在产品期末期初差额价值的计算原则不同：新规定要求，凡会计产品成本核算时计算了成本的差额价值，总产值中就应包括，否则可不包括；原规定则按生产周期六个月的界限区分，凡生产周期六个月以上的企业，总产值计算中应包括这部分差额价值，否则可不包括。

计算价格不同：新规定按不含增值税(销项税额)的价格计算；原规定则按含增值税(销项税额)的价格计算。

工业增加值　指工业企业在报告期内以货币表现的工业生产活动的最终成果。

工业增加值有两种计算方法：一是生产法，即工业总产出减去工业中间投入加上应交增值税；二是收入法，即从收入的角度出发，根据生产要素在生产过程中应得到的收入份额计算，具体构成项目有固定资产折旧、劳动者报酬、生产税净额、营业盈余，这种方法也称要素分配法。本年鉴中的工业增加值是以生产法计算的。

生产法工业增加值的计算方法为：

工业增加值=工业总产出-工业中间投入+应交增值税

(1)工业总产出：指工业企业在一定时期内工业生产活动的总成果。工业总产出包括：成品生产价值，对外加工费收入，自制半成品、在产品期末期初差额价值。1995年后用新规定计算的工业总产值代替。

(2)工业中间投入：指工业企业在工业生产活动中消耗的外购物质产品和对外支付的服务费用。服务费用包括支付给物质生产部门(工业、农业、批发零售贸易业、建筑业、运输邮电业)的服务费用和支付给非物质生产部门(如保险、金融、文化教育、科学研究、医疗卫生、行政管理等)的服务费用。工业中间投入的确定须遵循以下原则：必须从外部购入的，并已计入工业总产出的产品和服务价值；必须是本期投入生产，并一次性消耗掉(包括本期摊销的低值易耗品等)的产品和服务价值。

工业中间投入包括直接材料费用、制造费用中的工业中间投入、管理费用中的工业中间投入、销售费用中的工业中间投入和利息支出五部分。

资产总计　指企业拥有或控制的能以货币计量的经济资源，包括各种财产、债权和其他权利。资产按流动性分为流动资产、长期投资、固定资产、无形资产、递延资产和其他资产。该指标根据企业会计“资产负债表”中“资产总计”项目的期末数增列。

流动资产　指企业可以在一年内或者超过一年的一个生产周期内变现或者耗用的资产，包括现金及各种存款、短期投资，应收及预付款项、存货等。

固定资产净值　指固定资产原价减去历年已提折旧额后的净额。计算公式为：

固定资产净值=固定资产原价-累计折旧

负债合计　指企业所承担的能以货币计量，将以资产或劳务偿付的债务，偿还形式包括货币、资产或提供劳务。负债一般按偿还期长短分为流动负债和长期负债。根据会计“资产负债表”中“负债合计”的年末数填列。

所有者权益　指企业投资人对企业净资产的所有权。企业净资产等于企业全部资产减去全部负债后的余额，包括企业投资人对企业的最初投入的实际到位的资产及资本公积金、盈余公积金和未分配利润。所有者权益合计数小于零，表示企业资不抵债。

主营业务收入　指会计“利润表”中对应指标的本年累计数。未执行2001年《企业会计制度》的企业，用“产品销售收入”的本期累计数代替。

主营业务成本 指会计“利润表”中对应指标的本年累计数。未执行2001年《企业会计制度》的企业，用“产品销售成本”的本期累计数代替。

主营业务税金及附加 指会计“利润表”中对应指标的本年累计数。未执行2001年《企业会计制度》的企业，用“产品销售税金及附加” 的本期累计数代替。

利润总额 指企业生产经营活动的最终成果，是企业在一定时期内实现的盈亏相抵后的利润总额(亏损以“-”号表示)，它等于营业利润加上补贴收入加上投资收益加上营业外净收入再加上以前年度损益调整。

本年应交增值税 指企业在报告期内应交纳的增值税额。它等于本年销项税额加上出口退税加上进项税额转出数减去本年进项税额。小规模纳税企业直接按全年计税销售额乘以征收率计算取得。

从业人员平均人数 是指报告期内每天拥有的从业人员人数。其计算公式为：

$$\text{季平均人数}=\frac{\text{季内各月平均人数之和}}{3}\qquad \text{月平均人数}=\frac{\text{报告月内每天实有人数之和}}{\text{报告月日历日数}}\qquad \text{年平均人数}=\frac{\text{年内各月平均人数之和}}{12}$$

总资产贡献率 反映企业全部资产的获利能力，是企业经营业绩和管理水平的集中体现，是评价和考核企业盈利能力的核心指标。计算公式为：

$$\text{总资产贡献率}(\%)=\frac{\text{利润总额}+\text{税金总额}+\text{利息支出}}{\text{平均资金总额}}\times100\%$$

公式中：税金总额为产品销售税金及附加与应交增值税之和；平均资产总额为期初期末资产之和的算术平均值。

资产负债率 该指标既反映企业经营风险的大小，也反映企业利用债权人提供的资金从事经营活动的能力。计算公式为：

$$\text{资产负债率}(\%)=\frac{\text{负债总额}}{\text{资产总额}}\times100\%$$

资产与负债均为报告期期末数。

流动资产周转次数 指一定时期内流动资产完成的周转次数，反映投入工业企业流动资金的周转速度。计算公式为：

$$\text{流动资产周转次数}=\frac{\text{产品销售收入}}{\text{全部流动资产平均余额}}$$

公式中：全部流动资产平均余额为期初和期末的流动资产之和的算术平均值。

成本费用利润率 反映企业投入的生产成本及费用的经济效益，同时也反映企业降低成本所取得的经济效益。计算公式为：

$$\text{成本费用利润率}(\%)=\frac{\text{利润总额}}{\text{成本费用总额}}\times100\%$$

公式中：成本费用总额为产品销售成本、销售费用、管理费用、财务费用之和。

产品销售率 该指标反映工业产品已实现销售的程度，是分析工业产销衔接情况，研究工业产品满足社会需求的指标。计算公式为：

$$\text{产品销售率}(\%)=\frac{\text{工业销售产值}}{\text{工业总产值(现价)}}\times100\%$$

Explanatory Notes on Main Statistical Indicators

Industry refers to the material production sector which is engaged in the extraction of natural resources and processing and reprocessing of minerals and agricultural products, including (1) extraction of natural resources, such as mining, salt production (but not including hunting and fishing); (2) processing and reprocessing of farm and sideline produces, such as rice husking, flour milling, wine making, oil pressing, silk reeling, spinning and weaving, and leather making; (3) manufacture of industrial products, such as steel making, iron smelting, chemicals manufacturing, petroleum processing, machine building, timber processing; water and gas production and electricity generation and supply; (4)repairing of industrial products such as the repairing of machinery and means of transport (including cars).

In industrial statistics surveys, the units of enquiry are corporate industrial enterprises with independent accounting systems.

Corporate industrial enterprises with independent accounting systems refer to enterprises engaging in industrial production activities, which meet the following requirements: (1) They are established legally, having their own names, organizations, location and able to take civil liability; (2) They possess and use their assets independently, assume liabilities and are entitled to sign contracts with other units; (3) They are financially independent and compile their own balance sheets.

Enterprises covered in the industrial statistics in the Yearbook include the following categories by their registration:

State-owned and State-holding Enterprises refer to state-owned enterprises plus State-holding enterprises. State-owned enterprises (originally known as State-run enterprises with ownership by the whole society) are non-corporate economic entities registered in accordance with the Regulation of the People' s Republic of China on the Management of Registration of Legal Enterprises, where all assets are owned by the State. Included in this category are State-owned enterprises, State-funded corporations and State-owned joint-operation enterprises. Joint State-private industries and private industries, which existed before 1957, were transformed into state-run industries since 1957, and into State-owned industries after 1992. Statistics on those enterprises are included in the State-owned industries instead of being grouped them separately. State-holding enterprises are a sub-classification of enterprises with mixed ownership, referring to enterprises where the percentage of State assets (or shares by the State) is larger than any other single share holder of the same enterprise. This sub-classification illustrates the control of the State over a particular industry.

Collective-owned Enterprises refer to economic entities registered in accordance with the Regulation of the People' s Republic of China on the Management of Registration of Legal Enterprises, where assets are owned collectively. Collective enterprises constitute an integral part of the socialist economy with public ownership. They include urban and rural enterprises invested collectively, and some enterprises registered in industrial and commercial administration agency as collective units where funds are pooled together by individuals who voluntarily give up their right of ownership.

Share-holding Cooperative Enterprises refer to economic units set up on a cooperative basis, with funding partly from employees of the enterprise and partly from outside investment, where the operation and management is decided by all the members who also participate in the production, and the distribution of income is based both on work (labour input) and on shares (capital input).

Joint-operation Enterprises refer to economic units that are established by joint investment by two or more corporate enterprises or institutions of the same or different types of ownership on voluntary, equal and mutual-beneficial basis. They include:

a) State-owned joint-operation enterprises (joint operation between State-owned enterprises);

b) Collective joint-operation enterprises (joint operation between collective enterprises; and

c) State-collective joint-operation enterprises (joint operation between state and collective enterprises).

Limited Liability Corporations refer to economic units registered in accordance with the Regulation of the People' s Republic of China on the Management of Registration of Corporations, with capital from 2 to 49 investors, each investor bears limited liability to the corporation depending on his/her holding of shares, and the corporation bears liability to its debt to the maximum of its total assets.

Share-holding Corporations Ltd. refer to economic units registered in accordance with the Regulation of the People' s Republic of China on the Management of Registration of Corporate Enterprises, with total registered capital divided into equal shares and raised through issuing stocks. Each investor bears limited liability to the corporation depending on the holding of shares, and the corporation bears liability to its debt to the maximum of its total assets.

Private Enterprises refer to economic units invested or controlled (by holding the majority of the shares) by natural persons who hire labours for profit-making activities. Included in this category are private limited liability corporations, private share-holding corporations Ltd., private partnership enterprises and private sole investment enterprises registered in accordance with the Corporation Law, Partnership Enterprise Law and Tentative Regulation on Private Enterprises.

Enterprises with Funds from Hong Kong, Macao and Taiwan refers to all industrial enterprises registered as the joint-venture, cooperative, sole (exclusive) investment industrial enterprises and limited liability corporations with funds from Hong Kong, Macao and Taiwan.

Foreign Funded Enterprises refer to all industrial enterprises registered as the joint-venture, cooperative, sole (exclusive) investment industrial enterprises and limited liability corporations with foreign funds.

Enterprises with Hong Kong, Macao, Taiwan and Foreign Fund refer to all the enterprises with funds from Hong Kong, Macao, Taiwan and foreign funded enterprises.

Light Industry refers to the industry that produces consumer goods and hand tools. It consists of two categories, depending on the materials used:

(1) Industries using farm products as raw materials. These are the branches of light industry which directly or indirectly use farm products as basic raw materials, including the manufacture of food and beverages, tobacco processing, textile, clothing, fur and leather manufacturing, paper making, printing, etc.

(2) Industries using non-farm products as raw materials. These are the branches of light industry which use manufactured goods as raw materials, including the manufacture of cultural, educational articles and sports goods, chemicals, synthetic fibre, chemical products for daily use, glass products for daily use, metal products for daily use, hand tools, medical apparatus and instruments, and the manufacture of

cultural and office machinery.

Heavy Industry refers to the industry which produces capital goods, and provides various sectors of the national economy with necessary material and technical basis for production. It consists of the following three branches according to the purpose of production or the use of products:

(1) Mining, quarrying and logging industry, which refers to the industry that extracts natural resources, including extraction of petroleum, coal, metal and non-metal ores.

(2) Raw materials industry refers to the industry that provides various sectors of the national economy with raw materials, fuels and power. It includes smelting and processing of metals, coking and coke chemistry, chemical materials and building materials such as cement, plywood, and power, petroleum refining and coal dressing.

(3) Manufacturing industry which refers to the industry that processes raw materials. It includes machine-building industries which equip sectors of the national economy; industries producing metal structure and cement products; and industries producing means of agricultural production, such as chemical fertilizers and pesticides.

In accordance with the above principles of classification, the repairing trades, which are engaged primarily in repairing products of heavy industry, are classified as heavy industry while those which are engaged in repairing products of light industry are classified as light industry.

Gross Industrial Output Value

(1) Definition: Gross industrial output value is the total volume of final industrial products produced and industrial services provided during a given period. It reflects the total achievements and overall scale of industrial production during a given period.

(2) Principles for calculation:

Statistics on industrial production follow the principle that all products produced by the enterprises and accepted through quality check during the reference period are to be included no matter whether they are sold or not during the reference period.

Determination of final products follows the principle that all products that are included in the calculation of gross industrial output value are the final products of the enterprise which have been accepted through quality check and require no further processing. If an enterprise has intermediate (semi-finished) products to sell, these intermediate products are considered as the final products of the enterprise.

Gross industrial output value is calculated following the principle of factory approach, i.e. industrial enterprise is used as the basic accounting unit in calculating the gross industrial output value. By this approach, value of the same product is not to be double-counted, and the output value of different workshops (branch factories) within the enterprise should not be added. However, this approach allows the possibility of double counting between enterprises.

(3) Content and method of calculation: The old definition of gross industrial output value was modified during the 1995 National Industrial Census. The revised (new) definition of gross industrial output value consists of 3 components: value of the finished products during the reference period, income from processing for external parties, and value of change in semi-finished products between the end and the beginning of the reference period.

Value of finished products during the reference period: refers to the value of all finished (semi-finished) industrial products that are produced during the reference period without the need for further processing, checked for acceptance, packed and put into the warehouse of the enterprise, including the value of own-produced equipment and the value of products provided to the projects under construction of the enterprise, and to other non-industrial or welfare units. Value of finished products during the reference period is calculated by the quantity of products produced using own materials multiplied by the average unit prices at which products are sold (excluding value-added tax). Own-produced equipment and products produced for own use are valued at cost prices as in the case of enterprise accounting. Value of finished products does not include the value of finished products (semi-finished products) that are produced using the materials from the clients who place the orders.

Income from external processing: refers to income from contracted external processing of industrial products (including processing of industrial products using materials from the clients), and the income from industrial repairing work provided to other parties. Income from external processing is calculated using information from the item "products sales income" in the enterprise accounting at the prices with value-added tax excluded.

For income from services such as processing, repairing and installation of equipment provided to non-industrial units within the enterprise, if the accounting work of the enterprise is good enough to separate it from other records, and the share of such services is significant, it should also be included in the income from external processing.

Value of change in semi-finished products between the end and the beginning of the reference period: refers to the value of change in semi-finished products between the end and the beginning of the reference period, which generally can be obtained from accounting records of enterprises. If the enterprise accounting excludes the cost of semi-finished products, then it should not be included in the gross industrial output value, and the reverse if otherwise.

(4) Changes in the scope and method of calculation of the gross industrial output value

Prior to 1984, the value of rural industry run by villages was classified into agriculture instead of industry. Since 1984, it has been included in the gross industrial output value. Method of calculation for the gross industrial output value was modified in the industrial census in 1995. The difference in the new method as compared with the old one is outlined below:

Principle in using full value vs. processing fee: The new method stipulates that all products produced using own materials are to be calculated with full value in reporting the gross industrial output value irrespective of the complexity of production, and for external processing, it allows calculation using processing fee. In the old method, however, the use of full value or processing fee was determined by the degree of complexity of production in different branches of industries.

Principle in determining the value of change in semi-finished products: The new method requires that value of change in semi-finished products should be included in the gross industrial output value if it is included in the accounting record of the enterprise, otherwise it should not be included. In the old method, it is determined by the type of enterprises in terms of production cycle. If the production cycle is over 6 months, the value of change in semi-finished products is included in the gross industrial output value, otherwise it is not.

Difference in prices: The new method uses prices excluding value-added tax in the calculation of gross industrial output value, while the old method used prices including value-added tax.

Value-added of Industry refers to the final results of industrial production of industrial enterprises in money terms during the reference period.

Industrial value-added can be calculated by two approaches: the production approach, i.e. gross industrial output value minus intermediate input plus value-added tax, and the income approach, i.e. income for various factors used in the course of production, including depreciation of fixed assets, remuneration of labourers, net of production tax, and operating surplus. Value-added of industry in the Yearbook is calculated by the production approach as follows:

Value-added of industry = gross industrial output - industrial intermediate input + value-added tax

(1) Gross industrial output: refers to the total achievements of industrial production activities during a given period. Gross industrial output includes value of finished products, income from external processing, and value of change in semi-finished products between the end and the beginning of the reference period. Since 1995, the gross industrial output value obtained by the new method is used in the calculation.

(2) Industrial intermediate input: refers to purchased goods and paid services consumed during the industrial production of enterprises. Fees paid for services include fees paid for the services provided by material production sectors (industry, agriculture, wholesale and retail trade, construction, transport, post and telecommunications) and by non-material production sectors (insurance, banking, culture, education, scientific research, health and medical care, public administration, etc.). The determination of industrial intermediate input follows the principle that the goods and services must be purchased from outside and included in the gross industrial output, and that the goods and services are inputted into production and consumed (include low-value consumables) during the reference period.

Industrial intermediate input includes 5 components, namely direct consumption of materials, industrial intermediate input in manufacturing cost, industrial intermediate input in management cost, industrial intermediate input in marketing cost and expenditure on interest.

Total Assets refer to all economic resources, in monetary term, these are owned or controlled by enterprises, including properties, creditor' s equity and other economic rights of all forms. Classified by the degree of liquidity, total assets include working capitals, long-term investment, fixed assets, intangible assets, deferred assets and other assets. Data on this indicator can be obtained by the year-end figures of total assets in the Assets and Liability Table of accounting records of enterprises.

Working Capital refers to capital that an enterprise can cash or use during one year or one production cycle that may exceed one year, including cash and savings deposits of various forms, short-term investment, money receivable and prepaid money, inventories, etc.

Net value of fixed assets refers to the original value of fixed assets minus depreciation over the years, i.e.:

Net value of fixed assets = original value of fixed assets - cumulative depreciation

Total Liabilities refer to payable liabilities of enterprises that have to be repaid in terms of money, assets or labour services. In terms of payment, it can be divided into liquid liabilities and long-term liabilities. Data on this item is obtained from the ending figures on total liabilities from the Assets and Liability Table from the enterprises.

Owner' s Equity refers to the ownership of net assets of enterprise by its investors. Net assets equal total assets minus total liabilities of the enterprise, including the actual assets invested into the enterprise by investors, accumulation of capital and operating surplus and non-distributed profits. The enterprise' s assets are less than its liabilities if the sum of owner' s equity is smaller than zero.

Revenue from Principal Business refers to the annual accumulation of the corresponding item in the "profit table" of the accountant. For enterprises that do not follow the 2001 Enterprise Accounting Standards, the year-end accumulation of revenue from the sales of products is used as a substitute.

Cost of Principal Business refers to the annual accumulation of the corresponding item in the "profit table" of the accountant. For enterprises that do not follow the 2001 Enterprise Accounting Standards, the year-end accumulation of cost for the sales of products is used as a substitute.

Tax and Extra Charges from Principal Business refer to the annual accumulation of the corresponding item in the "profit table" of the accountant. For enterprises that do not follow the 2001 Enterprise Accounting Standards, the year-end accumulation of tax and extra charges from the sales of products is used as a substitute.

Total Profits refer to the final achievement of production and operation activities of the enterprises, represented by total profits after deducting losses (loss is expressed by the negative figure). It is the sum of profits from operation, income from subsidies, investment earnings, net income from activities other than operation, and adjustment of profits and losses of previous years.

Value-added Tax Payable in the Current Year refers to the amount of the value-added tax which should be paid by the enterprises during the reference period. It is the sum of tax on sales, export rebate, and transferred tax on purchases of the current year, minus the tax on purchases of the current year. Value-added tax payable of small-size enterprises is determined by the taxable sales of the year multiplied by the tax rate.

Average Annual Number of Employed Persons Employed persons refer to all those who are employed in enterprises and receive remunerations there from, including currently working employees, retirees who are re-employed, teachers of local-run schools, as well as foreigners, staff from Hong Kong, Macao and Taiwan, part-time employees and persons with second job who are employed by the enterprise, and employees of other units temporarily working in the enterprises, but excluding former employees who left the enterprise with their employment records still being kept by the enterprises.

Average number of employed persons refers to the number of employee everyday during the reference period, calculated with the following formula:

$$\text{Monthly average number} = \frac{\text{sum of actual employees everyday in reference month}}{\text{number of calendar dates in reference month}} \quad \text{Quarterly average number} = \frac{\text{sum of monthly average number in reference quarter}}{3} \quad \text{Annual average number} = \frac{\text{sum of monthly average number in reference year}}{12}$$

Ratio of Profits, Taxes and Interests to Average Assets reflects the profit-making capability of all assets of the enterprise and is a key indicator manifesting the performance and management and evaluating the profit-making potential of the enterprise. It is calculated as follows:

$$\text{Ratio of Profits, Taxes and Interests to Average Assets (\%)} = \frac{\text{total profits + total taxes + interest payment}}{\text{average assets}} \times 100\%$$

In the above formula, total taxes is the sum of tax and extra charges on the sales of products and value-added tax payable; and average assets is the arithmetic mean of the sum of beginning assets and ending assets.

Ratio of Debts to Assets reflects both the operation risk and the capability of the enterprise in making use of the capital from the creditors. It is calculated as follows:

$$\text{Ratio of Debts to Assets (\%)} = \frac{\text{total debts}}{\text{total assets}} \times 100\%$$

Both assets and debts are figures at the end of the reference period.

Turnover of Working Capital refers to the number of times of turnover of working capital in a given period of time, which reflects the speed of the turnover of working capital of industrial enterprises, and is calculated as follows:

$$\text{Turnover of Working Capital} = \frac{\text{sales revenue of products}}{\text{average balance of total working capital}}$$

In the above formula, average balance of total working capital refers to the arithmetic mean of the sum of working capital at the beginning and at the end of the reference period.

Ratio of Profits to Total Industrial Costs refers to the ratio of profits realized in a given period to the total costs in the same period, which reflects the economic efficiency of input cost and is calculated as follows:

$$\text{Ratio of Profits to Total Industrial Cost (\%)} = \frac{\text{total profits}}{\text{total costs}} \times 100\%$$

Total costs in the above formula are the sum of cost of products sold, marketing cost, management cost and financial cost.

Sales Ratio of Products is an indicator reflecting the actual sale of industrial products, analyzing the production-selling and supply-demand relations. It is calculated as:

$$\text{Sales Ratio of Products (\%)} = \frac{\text{value of industrial sales}}{\text{gross industrial output value (current prices)}} \times 100\%$$

第十三篇　建筑业

CHAPTER 13　CONSTRUCTION

13-1 建筑业企业基本情况

BISIC CONDITIONS OF CONSTRUCTION ENTERPRISES

指　　标	Item	2007	2008	2009	2010
施工企业单位数（个）	Number of Construction Enterprises (unit)	1733	1971	1919	1945
年平均人数（万人）	Average Number of Employed Persons (10000 persons)	62.9	81.5	91.9	96.5
固定资产原价（亿元）	Original Value of Fixed Assets (100 million yuan)	248.4	280.0	279.2	301.2
固定资产净值（亿元）	Net Value of Fixed Assets (100 million yuan)	159.5	177.5	177.3	188.4
自有机械设备台数（万台）	Number of Machinery and Equipment Owned (10000 units)	15.8	16.1	16.0	14.3
自有机械设备净值（亿元）	Net Value of Machinery and Equipment Owned (10000 yuan)	74.9	79.8	76.2	75.0
自有机械设备总功率（万千瓦）	Total Power of Machinery and Equipment Owned (10000 kw)	366.3	372.3	258.9	327.8
施工机械功率（万千瓦）	Power of Construction Machines (10000 kw)				
总产值（亿元）	Gross Output Value of Construction(100 million yuan)	875.9	1036.8	1342.4	1769.7
#建筑工程	#Construction Projects	664.0	803.5	1056.9	1435.1
安装工程	Installation Projects	179.9	205.4	230.7	273.1
竣工产值（亿元）	Output Value of Buildings Completed (100 million yuan)	509.8	630.6	766.3	887.5
产值竣工率（%）	Ratio of Output Value of Buildings Completed to Gross Output Value (%)	58.2	60.8	57.1	50.2
增加值（亿元）	Value-added (100 million yuan)	125.7	379.5	388.4	523.2
固定资产折旧	Depreciation of Fixed Assets	11.4	25.0	25.5	32.1
应付工资	Wages Payable	71.3	153.6	163.8	227.5
应付福利费	Welfare Expenses Payable from Principal Business	7.3	17.9	18.2	24.4
劳动待业保险费	Labor and Unemployment Insurance	3.4	8.5	25.9	21.8
工程结算税金及附加	Taxes and Extra Charges on Project Settlement Accounts	23.3	102.2	71.6	114.4
管理费用中的税金	Taxes in Management Expenses	1.3	4.2	5.9	7.2
营业利润	Profits of Business	6.6	64.0	52.7	61.5
签订的合同金额（亿元）	Contracted Fund (100 million yuan)	1015.3	1265.6	1862.5	2623.8
#本年新签合同金额	#New singed Contracted Fund at Current year	716.1	931.6	1326.4	1880.0
房屋建筑施工面积（万平方米）	Floor Space of Buildings under Construction (10000 sq.m)	4355	5481	5001	7171
房屋建筑竣工面积（万平方米）	Floor Space of Buildings Completed (10000 sq.m)	2381	2415	3420	3620
房屋建筑面积竣工率（%）	Rate of Floor Space of Buildings Completed (%)	54.7	44.1	68.4	50.5
利润总额（万元）	Total Profits (10000 yuan)	98029	457660	558203	564931
利税总额（万元）	Total Tax (10000 yuan)	343990	1520636	1332707	1781420
全员劳动生产率（元/人）	Overall Labor Productivity (yuan/person)				
按总产值计算	In Terms of Gross Output Value	139136	127267	146124	183394
按增加值计算	In Terms of Value-added	19971	46584	42281	54218
技术装备率（元/人）	Value of Machines per Laborer (yuan/person)	11891	9797	8303	7771
动力装备率（千瓦/人）	Power of Machines per Laborer (kw/person)	5.8	4.6	3.9	3.4
产值利润率（%）	Ratio of Profit to Gross Output Value (%)	1.1	2.5	4.2	3.2
产值利税率（%）	Ratio of Pre-tax Profit to Gross Output Value (%)	3.9	14.7	9.9	10.1

注：2003年起建筑业企业指标不含劳务分包数据 。

Note: Since 2003, the indicators of construction enterprises don't include labor service data.

13-2 建筑业企业生产情况 (2010年)

类　别	Item	企　业单位数（个）Number of Enterprises (unit)	增加值（万元）Value-added (10000 yuan)
总　计	**Total**	**1945**	**5231866**
#国有及国有控股	#State-owned and State-holding Enterprises	251	2523811
按登记注册类型分组	**Grouped by Status of Registration**		
内资企业	Domestic Funded Enterprises	1941	5229202
国有企业	State-owned Enterprises	169	1659355
集体企业	Collective-owned Enterprises	148	300365
股份合作企业	Cooperative Enterprises	4	10909
联营企业	Joint Ownership Enterprises	2	22548
有限责任公司	Limited Liability Corporations	756	2039323
股份有限公司	Share Holding Enterprises	82	401763
私营企业	Private Enterprises	779	793666
港、澳、台商投资企业	Enterprises with Funds from Hong Kong, Macao and Taiwan	2	1121
外商投资企业	Foreign Funded Enterprises	2	1535
按经济组织类型分组	**Grouped by Type of Economic Organizations**		
独资企业	Proprietorship	339	1965020
合作、合伙企业	Cooperative Enterprises and Partnership	13	42674
股份有限公司	Share Holding Enterprises	152	514257
有限责任公司	Limited Liability Corporations	1441	2709032
按国民经济行业分组	**Grouped by Sector**		
房屋和土木工程建筑业	Industry of Housing and Civil Engineering	1227	4187615
房屋工程建筑	Housing Engineering Construction	883	2631877
土木工程建筑	Civil Engineering Construction	344	1555638
铁路、道路、隧道和桥梁	Railway, Road, Tunnel and Bridge	193	891529
水利和港口工程	Irrigation Works and Port Engineering	54	89610
工矿工程	Mining Engineering	15	444093
架线和管道工程	Line Putting-up and pipeline Engineering	53	121129
其他土木工程	Other Civil Engineering	29	9210
建筑安装业	Industry of Construction Installation	392	772339
装修装饰业	Industry of Decration and Ornament	193	53832
其他建筑业	Other Construction Industry	133	218544
按隶属关系分组	**Grouped by Administration**		
#中　央	#Central	32	837962
省	Provincial	109	1337246
地　市	Prefectural	352	845256
按企业资质等级分组	**Grouped by Quality and Grade**		
施工总承包	Overall Contracted Construction	1224	4826202
特　级	Special Grade	3	842683
一　级	First Grade	101	1962413
二　级	Second Grade	448	1137063
三　级	Third Grade	672	883141
专业承包	Specialized Contraction	721	404657
#一　级	#First Grade	69	78590
二　级	Second Grade	262	159689
三　级	Third Grade	390	165374

PRODUCTION OF CONSTRUCTION ENTERPRISES (2010)

签定的合同额（万元）Value of Newly Signed Contracts (10000 yuan)	#本年新签定 This Year	总产值（万元）Gross Output Value (10000 yuan)	建筑工程 Construction Projects	安装工程 Installation Projects	其他 Others	在总产值中（万元）in Gross Output Value (10000 yuan)：在外省完成的产值 Completed outside the Province	装修装饰产值 Building Decoration
26237834	**18799890**	**17696969**	**14350759**	**2730640**	**615569**	**1440704**	**398136**
13563537	8335646	8491183	6204180	2012667	274337	837110	56118
26226133	18788189	17685825	14340365	2729936	615525	1440704	397402
7241531	4816498	5658566	3519893	1882642	256031	642185	49861
1101546	951806	927815	721411	156945	49459	9043	24529
55638	55554	28098	26729	1086	283		
24655	24655	20345	20345				
10448326	7297539	6710682	6130113	401203	179366	475400	167623
2101161	1304747	1295584	1173014	69980	52590	62473	7682
5250839	4334952	3042298	2746830	217854	77614	251603	147706
4000	4000	3443	3428		15		
7701	7701	7701	6967	705	30		734
8359884	5783987	6601401	4255061	2040542	305798	651228	75991
120363	110217	81496	79720	1311	466		
2551402	1666096	1654945	1513357	88936	52652	69422	22302
15206185	11239590	9359127	8502622	599852	256654	720053	299844
20017599	15126418	13906920	11932294	1565180	409445	1095310	256474
12441873	9955917	8518386	7831789	426889	259709	347657	240043
7575727	5170501	5388533	4100505	1138292	149737	747653	16431
4260071	3041764	2951418	2816362	36439	98616	327825	15807
444662	304880	304011	268637	13071	22303	9295	
2445001	1505232	1717939	897913	816673	3353	363493	
393317	287291	381734	101592	265188	14954	42626	430
32675	31334	33431	16001	6920	10510	4414	194
3240254	2126324	2754116	1471328	1129796	152991	311273	26495
193045	172369	296212	243249	21072	31891	21689	113114
2786935	1374778	739722	703888	14592	21242	12432	2054
5973818	3054398	2757357	2046949	689649	20759	489861	10289
6264817	4124929	4421093	3287005	905009	229079	289049	17076
3543068	2884529	2928595	2268622	560152	99821	86750	118316
24821976	17631038	16175022	13516500	2170418	488104	1306252	252656
4459351	2618110	2753074	2063711	595615	93748	289356	9142
8745717	6172071	6586216	5261099	1215782	109335	756195	69326
7969180	5780149	3690633	3309250	228183	153199	169545	106239
3647729	3060708	3145100	2882440	130838	131822	91156	67949
1415857	1168852	1521947	834260	560222	127465	134452	145480
319303	265935	353002	242028	69746	41229	27158	58643
566051	435058	619223	295198	274313	49712	52440	64819
530504	467859	549722	297034	216163	36525	54855	22018

13-2 续表1

类　别	Item	竣工产值（万元）Output Value of Buildings Completed (10000 yuan)
总　计	**Total**	**8875075**
#国有及国有控股	#State-owned and State-holding Enterprises	3122485
按登记注册类型分组	**Grouped by Status of Registration**	
内资企业	Domestic Funded Enterprises	8863946
国有企业	State-owned Enterprises	2388709
集体企业	Collective-owned Enterprises	731068
股份合作企业	Cooperative Enterprises	23637
联营企业	Joint Ownership Enterprises	10095
有限责任公司	Limited Liability Corporations	3500841
股份有限公司	Share Holding Enterprises	447429
私营企业	Private Enterprises	1759913
港、澳、台商投资企业	Enterprises with Funds from Hong Kong, Macao and Taiwan	3428
外商投资企业	Foreign Funded Enterprises	7701
按经济组织类型分组	**Grouped by Type of Economic Organizations**	
独资企业	Proprietorship	3129573
合作、合伙企业	Cooperative Enterprises and Partnership	66577
股份有限公司	Share Holding Enterprises	689963
有限责任公司	Limited Liability Corporations	4988961
按国民经济行业分组	**Grouped by Sector**	
房屋和土木工程建筑业	Industry of Housing and Civil Engineering	7712883
房屋工程建筑	Housing Engineering Construction	5179117
土木工程建筑	Civil Engineering Construction	2533765
铁路、道路、隧道和桥梁	Railway, Road, Tunnel and Bridge	1046702
水利和港口工程	Irrigation Works and Port Engineering	155513
工矿工程	Mining Engineering	1053957
架线和管道工程	Line Putting-up and pipeline Engineering	257628
其他土木工程	Other Civil Engineering	19966
建筑安装业	Industry of Construction Installation	943823
装修装饰业	Industry of Decration and Ornament	127667
其他建筑业	Other Construction Industry	90703
按隶属关系分组	**Grouped by Administration**	
#中　央	#Central	1159600
省	Provincial	1080782
地　市	Prefectural	1720685
按企业资质等级分组	**Grouped by Quality and Grade**	
施工总承包	Overall Contracted Construction	8042320
特　级	Special Grade	698445
一　级	First Grade	2388546
二　级	Second Grade	2399998
三　级	Third Grade	2555331
专业承包	Specialized Contraction	832756
#一　级	#First Grade	152914
二　级	Second Grade	399312
三　级	Third Grade	280530

CONTINUED

产值竣工率（%）Ratio of Output Value of Buildings Completed to Gross Output Value (%)	房屋建筑施工面积（万平方米）Floor Space of Buildings under Construction (10000 sq. m)	#本年新开工 Starting Working at Current Year	#实行招标承包面积 Contract through Dublic Bidding	房屋建筑竣工面积（万平方米）Floor Space of Buildings Completed (10000 sq. m)	#住宅 Residence	房屋建筑面积竣工率（%）Rate of Floor Space of Buildings (%)
50.2	**7170.7**	**5408.6**	**5828.2**	**3619.9**	**2794.4**	**50.5**
36.8	1823.1	1159.5	1614.0	705.6	431.3	38.7
50.1	7166.9	5404.8	5824.4	3616.1	2790.6	50.5
42.2	1451.8	903.9	1286.9	584.3	368.0	40.2
78.8	578.6	506.0	447.2	348.2	312.9	60.2
84.1	32.6	32.6		18.5	18.5	56.7
49.6	15.8	15.8	15.8	6.8	5.2	43.1
52.2	3185.6	2451.7	2604.6	1632.8	1286.6	51.3
34.5	246.9	182.5	139.5	169.6	117.5	68.7
57.8	1653.2	1309.8	1328.1	853.4	679.5	51.6
99.6						
100.0	3.8	3.8	3.8	3.8	3.8	100.0
47.4	2035.8	1414.1	1739.5	935.4	682.5	45.9
81.7	83.9	78.0	45.9	39.4	37.8	47.0
41.7	544.4	405.2	361.2	334.0	255.5	61.4
53.3	4506.5	3511.3	3681.7	2311.1	1818.6	51.3
55.5	6947.7	5267.5	5650.6	3565.8	2750.1	51.3
60.8	6848.5	5190.3	5565.6	3492.4	2712.4	51.0
47.0	99.3	77.2	85.0	73.3	37.6	73.8
35.5	33.8	28.6	29.0	23.8	15.6	70.4
51.2	3.6	3.6	1.2	3.6	3.6	100.0
61.4	51.0	34.1	50.9	35.1	12.8	68.8
67.5	7.3	7.3	1.6	7.3	2.1	99.7
59.7	3.6	3.6	2.3	3.6	3.6	100.0
34.3	206.7	126.8	163.3	48.1	38.8	23.3
43.1	5.2	5.2	5.2	5.2	4.9	100.0
12.3	11.1	9.2	9.2	0.9	0.7	8.4
42.1	88.9	61.9	62.2	62.1	34.9	69.9
24.4	1439.4	841.1	1294.5	444.0	268.2	30.8
58.8	1568.4	1159.2	1361.1	610.4	489.0	38.9
49.7	7082.7	5342.7	5762.7	3579.4	2773.6	50.5
25.4	771.4	409.5	771.4	183.1	94.6	23.7
36.3	2102.7	1421.7	1849.7	761.5	564.4	36.2
65.0	2264.6	1797.7	1758.2	1154.7	947.5	51.0
81.2	1944.0	1713.8	1383.4	1480.1	1167.1	76.1
54.7	88.0	65.8	65.5	40.5	20.8	46.1
43.3	35.7	29.9	34.4	7.5	2.5	21.0
64.5	22.4	12.2	11.5	17.4	9.6	77.7
51.0	29.9	23.8	19.6	15.6	8.7	52.2

13-2 续表2

类 别	Item	自有机械设备数量（台） Number of Machinery and Equipment Owned (unit)	自有机械设备功率（万千瓦） Total Power of Machinery and Equipment Owned (10000 kw)
总 计	**Total**	**143340**	**327.8**
#国有及国有控股	#State-owned and State-holding Enterprises	58968	142.1
按登记注册类型分组	**Grouped by Status of Registration**		
内资企业	Domestic Funded Enterprises	143205	327.3
国有企业	State-owned Enterprises	49031	103.0
集体企业	Collective-owned Enterprises	7783	13.0
股份合作企业	Cooperative Enterprises	59	0.2
联营企业	Joint Ownership Enterprises	620	0.4
有限责任公司	Limited Liability Corporations	50356	119.6
股份有限公司	Share Holding Enterprises	8208	30.3
私营企业	Private Enterprises	27089	60.8
港、澳、台商投资企业	Enterprises with Funds from Hong Kong, Macao and Taiwan	1	
外商投资企业	Foreign Funded Enterprises	134	0.5
按经济组织类型分组	**Grouped by Type of Economic Organizations**		
独资企业	Proprietorship	57197	117.8
合作、合伙企业	Cooperative Enterprises and Partnership	1077	1.0
股份有限公司	Share Holding Enterprises	12647	37.9
有限责任公司	Limited Liability Corporations	72419	171.1
按国民经济行业分组	**Grouped by Sector**		
房屋和土木工程建筑业	Industry of Housing and Civil Engineering	122103	301.0
房屋工程建筑	Housing Engineering Construction	75476	150.1
土木工程建筑	Civil Engineering Construction	46627	150.9
铁路、道路、隧道和桥梁	Railway, Road, Tunnel and Bridge	14212	63.2
水利和港口工程	Irrigation Works and Port Engineering	5625	11.0
工矿工程	Mining Engineering	24473	67.9
架线和管道工程	Line Putting-up and pipeline Engineering	1826	8.1
其他土木工程	Other Civil Engineering	491	0.7
建筑安装业	Industry of Construction Installation	17021	21.1
装修装饰业	Industry of Decration and Ornament	3399	4.1
其他建筑业	Other Construction Industry	817	1.7
按隶属关系分组	**Grouped by Administration**		
#中 央	#Central	26503	59.4
省	Provincial	18081	55.8
地 市	Prefectural	28577	63.6
按企业资质等级分组	**Grouped by Quality and Grade**		
施工总承包	Overall Contracted Construction	125839	305.4
特 级	Special Grade	21492	60.1
一 级	First Grade	34835	95.9
二 级	Second Grade	41667	82.4
三 级	Third Grade	27845	67.1
专业承包	Specialized Contraction	17501	22.4
#一 级	#First Grade	8027	8.2
二 级	Second Grade	6226	8.6
三 级	Third Grade	3248	5.6

CONTINUED

自有机械设备净值（万元）Net Value of Machinery and Equipment Owned (10000 yuan)	技术装备率（元/人）Value of Machinery per Laborer (yuan/person)	动力装备率（千瓦/人）Power of Machinery per Laborer (kw/person)	劳动生产率（元/人）Overall Labor Productivity (yuan/person)		年末从业人员（人）Number of Persons Employed (person)	
			总产值 Gross Output Value	增加值 Value-added		#工程技术人员 Engineering Technicians
749900	**7771**	**3.4**	**183395**	**54218**	**561857**	**88809**
284529	7430	3.7	221742	65908	223038	27384
748889	7764	3.4	183367	54216	561627	88663
216411	8457	4.0	221128	64845	152847	18503
30777	4677	2.0	140986	45642	40185	5915
149	708	1.1	133480	51823	1590	170
1156	12633	3.9	222348	246430	1428	190
254244	6236	2.9	164586	50017	228135	36600
60719	9531	4.8	203372	63066	34079	6048
184589	10980	3.6	180973	47212	103127	21237
90	6164	0.1	235836	76790	44	18
922	29171	16.2	243703	48581	186	128
251895	7798	3.6	204371	60835	194618	25023
3676	7744	2.1	171680	89898	3946	647
87660	9834	4.3	185657	57691	48913	9091
406669	7420	3.1	170765	49429	314380	54048
686242	8737	3.8	177061	53316	450859	73223
340385	6274	2.8	157014	48512	302637	51699
345857	14238	6.2	221835	64043	148222	21524
155025	10508	4.3	200062	60432	78421	13037
38714	21305	6.1	167306	49315	16428	3004
133183	25033	12.8	322909	83473	41427	3074
12992	6234	3.9	183183	58126	9465	1965
5943	18747	2.3	105460	29054	2481	444
48912	3751	1.6	211191	59224	77805	12130
9289	6085	2.7	194046	35265	7437	2065
5458	1612	0.5	218452	64540	25756	1391
140566	14032	5.9	275257	83651	61537	4663
84102	3762	2.5	197751	59814	134066	14453
125280	7076	3.6	165411	47741	99010	20724
702596	7987	3.5	183878	54864	514400	77263
130694	11433	5.3	240845	73720	60338	5800
155696	5116	3.2	216401	64478	164783	21775
254872	11388	3.7	164905	50806	163484	29726
161334	6802	2.8	132597	37233	125795	19962
47305	5545	2.6	178408	47435	47457	11546
14186	7844	4.5	195191	43456	10428	2561
21309	6415	2.6	186429	48077	21100	4939
11810	3473	1.6	161650	48629	15929	4046

13-3 建筑业企业财务状况 (2010年)

单位：万元

类　别	Item	资产合计 Total Assets	#流动资产 Circulating Funds	#长期投资 Long-term Investment
总 计	**Total**	**11951907**	**9502158**	**223579**
#国有及国有控股	#State-owned and State-holding Enterprises	5662871	4795467	56069
按登记注册类型分组	**Grouped by Status of Registration**			
内资企业	Domestic Funded Enterprises	11930484	9483329	223562
国有企业	State-owned Enterprises	3588862	3055264	29836
集体企业	Collective-owned Enterprises	597090	410627	19965
股份合作企业	Cooperative Enterprises	21390	13054	350
联营企业	Joint Ownership Enterprises	4829	3206	
有限责任公司	Limited Liability Corporations	4512457	3618897	95547
股份有限公司	Share Holding Enterprises	1097476	782733	34832
私营企业	Private Enterprises	2107085	1599098	43033
港、澳、台商投资企业	Enterprises with Funds from Hong Kong,Macao and Taiwan	3750	2397	17
外商投资企业	Foreign Funded Enterprises	17674	16432	
按经济组织类型分组	**Grouped by Type of Economic Organizations**			
独资企业	Proprietorship	4215032	3485715	49831
合作、合伙企业	Cooperative Enterprises and Partnership	41373	27114	350
股份有限公司	Share Holding Enterprises	1330740	955392	37467
有限责任公司	Limited Liability Corporations	6364762	5033937	135931
按国民经济行业分组	**Grouped by Sector**			
房屋和土木工程建筑业	Industry of Housing and Civil Engineering	9685466	7565301	196341
房屋工程建筑	Housing Engineering Construction	5185004	4102262	118255
土木工程建筑	Civil Engineering Construction	4500462	3463039	78086
铁路、道路、隧道和桥梁	Railway, Road, Tunnel and Bridge	2215278	1574639	38405
水利和港口工程	Irrigation Works and Port Engineering	235588	145578	7056
工矿工程	Mining Engineering	1643054	1434696	6864
架线和管道工程	Line Putting-up and pipeline Engineering	373348	288840	25761
其他土木工程	Other Civil Engineering	33194	19286	
建筑安装业	Industry of Construction Installation	1435540	1181750	21587
装修装饰业	Industry of Decration and Ornament	198915	157986	1443
其他建筑业	Other Construction Industry	631986	597121	4208
按隶属关系分组	**Grouped by Administration**			
#中　央	#Central	2239478	1989212	18683
省	Provincial	2283695	1905451	51566
地　市	Prefectural	2521870	1933871	30564
按企业资质等级分组	**Grouped by Quality and Grade**			
施工总承包	Overall Contracted Construction	10559325	8394106	181082
特　级	Special Grade	2145748	1891662	15493
一　级	First Grade	3269151	2683593	51037
二　级	Second Grade	3568137	2776890	93068
三　级	Third Grade	1576288	1041961	21484
专业承包	Specialized Contraction	1392582	1108052	42497
#一　级	#First Grade	259143	213296	4912
二　级	Second Grade	660654	516205	29384
三　级	Third Grade	472785	378551	8201

FINANCIAL STATUS OF CONSTRUCTION ENTERPRISES (2010)

(10000 yuan)

#固定资产 Fixed Assets	#无形及递延资产 Intangible and Prolonged Assets	负债合计 Total Liabilities	流动负债 Circulating Liabilities	长期负债 Long-term Liabilities	所有者权益 Total Owners Rights and Interests	#实收资本 Actual Received Capital	#国家资本 State Capital
2043106	**149967**	**8195121**	**7859053**	**336068**	**3756786**	**3289940**	**769706**
710573	87474	4771303	4483140	288163	891568	995680	762681
2040917	149578	8187298	7851230	336068	3743186	3276493	769209
479176	15498	3007205	2895916	111289	581656	668493	483197
164234	1849	403088	387320	15767	194002	162016	
7986		14045	14045		7345	7282	
1624		1759	1723	35	3071	3104	50
749909	40091	3074490	2927259	147230	1437968	1228230	154830
195311	73448	706921	659731	47191	390555	271915	131132
441833	18692	979197	964641	14555	1127889	934825	
948	388	723	723		3026	2205	
1241	1	7099	7099		10574	11242	497
652389	17531	3417225	3290118	127107	797807	850653	483197
13892		21344	21309	35	20029	19142	50
250981	75684	807819	760260	47560	522920	385025	131132
1125844	56752	3948732	3787367	161366	2416030	2035119	155327
1772401	130244	6652935	6457375	195561	3032531	2667435	634781
900120	55187	3284507	3197668	86839	1900497	1588565	242061
872281	75057	3368429	3259707	108722	1132034	1078870	392720
528085	71941	1483880	1420168	63712	731398	615632	272574
81676	1218	123758	121474	2284	111830	103067	34038
191619	1497	1508280	1465821	42458	134774	265097	67511
57113	322	245917	245781	136	127432	71330	15496
13789	79	6595	6463	132	26600	23745	3099
207015	15962	874803	866942	7861	560737	435217	111611
36528	2552	64666	64579	87	134249	109641	2527
27161	1208	602716	470157	132559	29270	77647	20787
215047	6050	2139095	1961741	177354	100383	301166	98059
259018	66808	1762915	1670651	92265	520779	424338	289181
522159	32052	1770684	1750573	20112	751185	704596	300230
1824358	134536	7507741	7179285	328456	3051584	2769852	689736
169502	60559	1932614	1832627	99987	213134	271448	90648
476966	49475	2471220	2440525	30695	797931	680650	322350
673103	20684	2301283	2141101	160182	1266855	1143997	179724
504787	3817	802625	765032	37592	773664	673757	97015
218747	15431	687380	679767	7612	705202	520088	79970
38929	1703	119946	118155	1791	139197	95208	21758
105716	6389	357878	353473	4405	302777	240167	43355
74102	7340	209557	208140	1416	263228	184713	14857

13-3 续表1

单位：万元

类 别	Item	#集体资本 Collective-Owned Capital	#法人资本 Corporation Capital	总收入 Total Income
总 计	**Total**	**275486**	**908332**	**16082766**
#国有及国有控股	#State-owned and State-holding Enterprises	805	214947	7923733
按登记注册类型分组	**Grouped by Status of Registration**			
内资企业	Domestic Funded Enterprises	275486	907882	16071761
国有企业	State-owned Enterprises		185296	5340964
集体企业	Collective-owned Enterprises	157860	4156	905666
股份合作企业	Cooperative Enterprises	7282		28098
联营企业	Joint Ownership Enterprises	3054		8557
有限责任公司	Limited Liability Corporations	92886	407652	6168261
股份有限公司	Share Holding Enterprises	14403	39817	1173629
私营企业	Private Enterprises		270382	2444149
港、澳、台商投资企业	Enterprises with Funds from Hong Kong,Macao and Taiwan		450	3453
外商投资企业	Foreign Funded Enterprises			7552
按经济组织类型分组	**Grouped by Type of Economic Organizations**			
独资企业	Proprietorship	157860	192945	6261225
合作、合伙企业	Cooperative Enterprises and Partnership	10336	1580	68584
股份有限公司	Share Holding Enterprises	14403	82021	1523671
有限责任公司	Limited Liability Corporations	92886	631785	8229286
按国民经济行业分组	**Grouped by Sector**			
房屋和土木工程建筑业	Industry of Housing and Civil Engineering	229785	743753	13039734
房屋工程建筑	Housing Engineering Construction	169675	389328	7746727
土木工程建筑	Civil Engineering Construction	60111	354425	5293007
铁路、道路、隧道和桥梁	Railway,Road, Tunnel and Bridge	23775	118773	2657413
水利和港口工程	Irrigation Works and Port Engineering	7142	18770	296398
工矿工程	Mining Engineering		193586	1970291
架线和管道工程	Line Putting-up and pipeline Engineering	29093	12156	341393
其他土木工程	Other Civil Engineering	100	11140	27513
建筑安装业	Industry of Construction Installation	42181	98688	2227852
装修装饰业	Industry of Decration and Ornament	2720	44396	160735
其他建筑业	Other Construction Industry	800	21494	654446
按隶属关系分组	**Grouped by Administration**			
#中 央	#Central	4484	196745	2925154
省	Provincial	35680	44922	3853555
地 市	Prefectural	119665	152256	2612673
按企业资质等级分组	**Grouped by Quality and Grade**			
施工总承包	Overall Contracted Construction	225837	769769	14773281
特 级	Special Grade		180800	2817388
一 级	First Grade	27814	111168	5673448
二 级	Second Grade	119479	311870	3497858
三 级	Third Grade	78545	165931	2784588
专业承包	Specialized Contraction	49648	138563	1309485
#一 级	#First Grade	425	29928	244855
二 级	Second Grade	21222	68544	491211
三 级	Third Grade	28001	40091	573418

CONTINUED

(10000 yuan)

工程结算收入 Revenue of Project Settlement Accounts	工程结算成本 Costs of Project Settlement Accounts	工程结算税金及附加 Taxes and Extra Charges on Project Settlement Accounts	工程结算利润 Profits of Project Settlement Accounts	其他业务收入 Other Revenue from Business	管理费用 Management Expenses	财务费用 Financial Expenses	利润总额 Total Profits	利税总额 Total Pre-tax Profits
15945706	**13695806**	**1144407**	**1144648**	**137061**	**527617**	**49417**	**564931**	**1781420**
7901485	7016835	556452	375474	22248	206743	18819	158355	752252
15934715	13685970	1143380	1144522	137046	526993	49355	565475	1780929
5321168	4696430	389618	234703	19796	144407	3406	100541	518237
903402	751420	51568	93723	2264	41837	807	49225	104352
28098	20928	4951	1724		435	28	1285	6329
8557	6883	1098	574		492	36	46	1525
6140665	5204072	495731	472600	27596	198450	24877	232448	752109
1102931	964504	50558	90200	70698	46688	11286	48306	102505
2427457	2039493	149851	250809	16692	94496	8915	133624	295865
3438	3237	104	96	15	85	12	15	124
7552	6599	923	30		539	50	-559	368
6239141	5458622	441874	331184	22084	187477	4426	151004	624764
68573	53544	8213	6198	11	1724	83	4447	13202
1448838	1261581	77611	122962	74834	58135	12713	63520	146544
8189155	6922060	616709	684305	40132	280281	32195	345961	996911
12963934	11063427	880743	976211	75800	420417	37356	490067	1421946
7697697	6539696	504135	635596	49030	224985	23106	346170	872458
5266237	4523731	376608	340615	26770	195432	14250	143897	549488
2642971	2166377	247576	209026	14441	84655	12183	105144	360008
294859	248778	14109	27570	1539	13214	513	13965	28999
1961510	1811919	98746	50397	8781	67246	1516	70	118032
339424	273652	14665	50980	1969	28576	-12	23813	39882
27473	23004	1513	2643	40	1740	49	905	2567
2170353	1887201	249586	121497	57499	81957	4325	54637	321920
159280	135301	7362	15718	1455	9891	668	5120	14282
652138	609878	6717	31222	2308	15353	7068	15107	23272
2922314	2718454	184545	90248	2840	82419	7653	17474	229288
3814035	3360513	302828	153784	39521	90878	9532	54908	365250
2593607	2208103	132215	235041	19066	86837	2166	131160	271801
14697901	12640853	1093414	1008198	75381	440333	44576	496376	1652534
2817388	2587307	180876	49205		65485	4352	-8788	184886
5655487	4822523	578313	348312	17961	138221	8115	179563	784131
3459872	2961753	176494	303822	37986	147733	22125	136928	327794
2765154	2269271	157730	306860	19434	88893	9984	188673	355723
1247805	1054953	50993	136450	61680	87285	4842	68555	128886
240796	206661	9652	24747	4059	13006	782	12245	23963
485495	411300	22395	51403	5717	36439	1038	17957	44910
521514	436993	18946	60300	51904	37840	3021	38354	60013

13-4 各地区建筑业企业基本情况

BASIC CONDITIONS OF CONSTRUCTION ENTERPRISES BY REGION

年 份 地 区	Year Region	企业单位数（个） Number of Enterprises (unit)	年末从业人员（人） Number of Persons Employed (person)	增加值（万元） Value-added (10000 yuan)	自有机械设备数量（台） Number of Machinery and Equipment Owned (unit)	自有机械设备功率（万千瓦） Total Power of Machinery and Equipment Owned (10000 kw)	自有机械设备净值（万元） Net Value of Machinery and Equipment Owned (10000 yuan)
	2004	2025	481204	1052011	188082	479.9	712957
	2005	1948	430971	1120303	165903	341.9	679666
	2006	1781	432016	1148285	157684	334.1	711059
	2007	1733	471335	1257177	157949	366.3	748550
	2008	1971	479114	3794890	161174	372.3	798106
	2009	1919	674884	3884159	159810	358.9	762805
	2010	1945	561857	5231866	143340	327.8	749900
哈尔滨	Harbin	890	301207	3281934	53252	99.4	254747
齐齐哈尔	Qiqihar	132	30287	174064	9671	11.5	38841
鸡西	Jixi	82	20578	100184	4680	12.3	29804
鹤岗	Hegang	59	10325	66217	5284	15.5	18437
双鸭山	Shuangyashan	55	13466	95173	4708	10.9	18919
大庆	Daqing	235	65380	605412	35485	99.7	207462
伊春	Yichun	53	7612	63725	2613	8.5	13887
佳木斯	Jiamusi	70	39932	200029	6730	14.8	28510
七台河	Qitaihe	27	6839	40986	1483	6.9	10496
牡丹江	Mudanjiang	182	26718	284861	5681	14.7	35205
黑河	Heihe	51	9003	93990	2462	5.8	13177
绥化	Suihua	81	24738	193240	8301	15.6	59712
大兴安岭	Daxinganling	28	5772	32536	2990	12.4	20702

13-4 续表1 CONTINUED

年 份 地 区	Year Region	劳动生产率（元/人）Overall Labor Productivity (yuan/person)		产值竣工率（%） Ratio of Output Value of Buildings Completed to Gross Output Value (%)	房屋建筑面积竣工率（%） Rate of Floor Space of Buildings Completed (%)	技术装备率（元/人） Value of Machinery per Laborer (yuan/person)	动力装备率（千瓦/人） Power of Machinery per Laborer (kw/person)
		总产值 Gross Output Value	增加值 Value-added				
	2004	80970	16509	78.7	63.9	14854	10.0
	2005	91345	17863	78.1	50.4	10837	5.5
	2006	109543	17973	70.7	49.1	11130	5.2
	2007	139136	19971	58.2	54.7	11891	5.8
	2008	127267	46584	60.8	44.1	9797	4.6
	2009	146124	42281	57.1	68.4	8303	3.9
	2010	183395	54218	50.2	50.5	7771	3.4
哈尔滨	Harbin	227671	69104	33.4	35.2	5364	2.1
齐齐哈尔	Qiqihar	89653	24197	64.6	60.8	5399	1.6
鸡西	Jixi	139784	38355	71.5	75.2	11411	4.7
鹤岗	Hegang	119949	36222	71.7	47.4	10085	8.5
双鸭山	Shuangyashan	129860	47444	78.3	45.7	9431	5.5
大庆	Daqing	247139	64877	76.8	90.0	22232	10.7
伊春	Yichun	127231	41916	98.8	80.4	9135	5.6
佳木斯	Jiamusi	122852	34168	69.1	69.8	4870	2.5
七台河	Qitaihe	145494	37581	76.7	66.1	9624	6.3
牡丹江	Mudanjiang	117657	32555	80.7	57.2	4023	1.7
黑河	Heihe	115816	40745	84.9	70.4	5712	2.5
绥化	Suihua	104870	34591	82.3	85.5	10689	2.8
大兴安岭	Daxinganling	145425	35216	75.8	70.3	22407	13.4

13-4 续表2 CONTINUED

年 份 地 区	Year Region	资产合计（万元）Total Assets (10000 yuan)	负债合计（万元）Total Liabilities (10000 yuan)	所有者权益（万元）owner's equity (10000 yuan)	#实收资本 #Paid-up capital	总收入（万元）Total Income (10000 yuan)	利润总额（万元）Total Profits (10000 yuan)	利税总额（万元）Total Pre-tax Profits (10000 yuan)
	2004	6743974	3971281	2772692	2470335	5310938	44849	223541
	2005	7038066	4261973	2776123	2585760	5664967	52342	245187
	2006	8203440	5278702	2924738	2700632	6840358	76641	305123
	2007	9142571	6054731	3087840	2699169	8508795	98029	343990
	2008	10397027	6964890	3432138	3132750	10913499	457660	1520636
	2009	10829222	7133558	3695664	3232330	13078488	558203	1332707
	2010	11951907	8195121	3756786	3289940	16082766	564931	1781420
哈尔滨	Harbin	6381811	4561713	1820098	1449787	9036992	290365	1107532
齐齐哈尔	Qiqihar	553686	304132	249554	223157	679365	18714	42379
鸡 西	Jixi	265139	144364	120774	102107	343142	10684	22916
鹤 岗	Hegang	236532	159799	76733	84265	226591	274	8928
双鸭山	Shuangyashan	197027	115394	81632	71597	249629	8859	47993
大 庆	Daqing	2407443	1914485	492958	559222	2501136	38085	193720
伊 春	Yichun	227656	163358	64299	52816	192076	11549	26495
佳木斯	Jiamusi	445478	286714	158764	123329	719331	53243	85036
七台河	Qitaihe	133789	89415	44374	37033	167406	5643	10749
牡丹江	Mudanjiang	535365	281915	253450	233951	984363	70125	116134
黑 河	Heihe	119253	38178	81075	77620	271082	28660	52975
绥 化	Suihua	341027	86545	254482	225397	578948	24233	56542
大兴安岭	Daxinganling	107703	49109	58594	49658	132706	4498	10022

13-4 续表3 CONTINUED

年 份 地 区	Year Region	产值利润率（%）Profit Rate Value(%)	产值利税率（%）Gross Output Value(%)	资本利润率（%）profit ratio of capital(%)	资本利税率（%）Profits to Assets(%)	人均利润（元/人）per capita profit (yuan/person)	人均利税（元/人）Per capita taxes (yuan/person)	资产负债率（%）Assets-Liability Ratio(%)
	2004	0.9	4.3	1.8	9.0	711	3544	58.9
	2005	0.9	4.3	2.0	10.5	835	3909	60.6
	2006	1.1	4.4	2.0	8.9	1200	4776	64.3
	2007	1.1	3.9	3.6	7.8	1557	5464	66.2
	2008	2.5	14.7	14.6	2.1	5618	18667	67.0
	2009	4.2	9.9	17.3	2.4	6076	14507	65.9
	2010	3.2	10.1	17.2	1.8	5854	18461	68.6
哈尔滨	Harbin	2.7	10.2	20.0	1.3	6114	23320	71.5
齐齐哈尔	Qiqihar	2.9	6.6	8.4	5.3	2601	5891	54.9
鸡 西	Jixi	2.9	6.3	10.5	4.5	4090	8773	54.4
鹤 岗	Hegang	0.1	4.1	0.3	9.4	150	4884	67.6
双鸭山	Shuangyashan	3.4	18.4	12.4	1.5	4416	23925	58.6
大 庆	Daqing	1.7	8.4	6.8	2.9	4081	20759	79.5
伊 春	Yichun	6.0	13.7	21.9	2.0	7597	17428	71.8
佳木斯	Jiamusi	7.4	11.8	43.2	1.5	9095	14525	64.4
七台河	Qitaihe	3.6	6.8	15.2	3.4	5174	9856	66.8
牡丹江	Mudanjiang	6.8	11.3	30.0	2.0	8014	13272	52.7
黑 河	Heihe	10.7	19.8	36.9	1.5	12424	22965	32.0
绥 化	Suihua	4.1	9.7	10.8	4.0	4338	10121	25.4
大兴安岭	Daxinganling	3.3	7.5	9.1	5.0	4869	10847	45.6

主要统计指标解释

建筑业统计单位　指从事房屋、构筑物建造和设备安装活动的法人企业。建筑业法人企业应具有建筑业资质并能够独立核算，同时其应具备以下条件：①依法成立，有自己的名称、组织机构和场所，能够承担民事责任；②独立拥有和使用资产，承担负债，有权与其他单位签订合同；③独立核算盈亏，能够编制资产负债表。

建筑业总产值　是以货币形式表现的建筑业企业在一定时期内生产的建筑业产品和提供的服务的总和。建筑业总产值包括：

⑴建筑工程产值：指列入建筑工程预算内的各种工程价值。

⑵安装工程产值：指设备安装工程价值，不包括被安装设备本身的价值。

⑶其他产值：建筑业总产值中除建筑工程、安装工程以外的产值。包括房屋构筑物修理产值、非标准设备制造产值、总包企业向分包企业收取的管理费以及不能明确划分的施工活动所完成的产值。

a.房屋构筑物修理产值：指房屋和构筑物修理所完成的产值，但不包括被修理房屋、构筑物本身价值和生产设备的修理产值。

b.非标准设备制造产值：指加工制造没有定型的非标准生产设备的加工费和原材料价值(如化工厂、炼油厂用的各种罐、槽，矿井生产统一使用的各种漏斗、三角槽、阀门等)以及附属加工厂为本企业承建工程制作的非标准设备的价值。

建筑业增加值　指建筑业企业在报告期内以货币形式表现的建筑业生产经营活动的最终成果。

从2004年第一次全国经济普查开始，建筑业现价增加值按生产法和分配法(收入法)两种方法计算，以收入法的计算结果为准，即从收入的角度出发，根据生产要素在生产过程中应得的收入份额计算。具体计算方法：经济普查年度建筑业增加值按照《经济普查年度GDP核算方案》计算，非经济普查年度建筑业增加值按照《非经济普查年度GDP核算方案》计算。

房屋建筑施工面积　指在报告期内施过工的全部房屋建筑面积，包括本期新开工的房屋面积、上期施工跨入本期继续施工的房屋面积、上期停缓建在本期恢复施工的房屋面积、本期竣工的房屋面积及本期施工后又停缓建的房屋面积。

房屋建筑竣工面积　指在报告期内房屋建筑按照设计要求全部完工，达到了使用条件，经验收鉴定合格，正式移交使用单位的房屋建筑面积。

自有机械设备年末总台数　指归本企业所有，属于本企业固定资产的生产性机械设备年末总台数。包括施工机械、生产设备、运输设备以及其他设备。

自有机械设备年末总功率　指本企业自有施工机械、生产设备、运输设备以及其他设备等列为在册固定资产的生产性机械设备年末总功率，按设定能力或查定能力计算。包括机械本身的动力和为该机械服务的单独动力设备，如电动机等。计算单位用千瓦，动力换算可按1马力＝0.735千瓦折合成千瓦数。电焊机、变压器、锅炉不计算动力。

工程结算收入　指企业承包工程实现的工程价款结算收入，以及向发包单位收取的除工程价款以外的按规定列作营业收入的各种款项，如临时设施费、劳动保险费、施工机械调迁费等以及向发包单位收取的各种索赔款。

工程结算利润　指已结算工程实现的利润，如亏损以“-”号表示。计算公式为：

工程结算利润=工程结算收入-工程结算成本-工税结算税金及附加

企业总收入　指与企业生产经营直接有关的各项收入，包括工程结算收入和其他业务收入。计算公式为：

企业总收入=工程结算收入+其他业务收入

Explanatory Notes on Main Statistical Indicators

Statistical Unit in the Construction Industry refers to a corporate enterprise engaged in the construction of buildings and structures and in the installation of equipment. A corporate construction enterprise should have qualification certificates with independent accounting system, and should meet the following 3 requirements: a) being set up in line with relevant legal basis, having its full name, organization and location, and capable of taking civil liabilities; b) independently possessing and using its assets and assuming its liabilities, and entitled to sign contracts with other institutions; and c) making independent accounts of its profits and losses, and capable of compiling its own balance sheet.

Gross Output Value of Construction refers to total of construction products and services, expressed in money terms, produced or rendered by construction and installation enterprises during a given period of time. It includes:

(1) Output value of construction projects: the value of projects covered by the project budgets;

(2) Output value of installation projects: the value of the installation of equipment, (excluding the value of the equipment to be installed);

(3) Other output values: the output value of construction industry apart from that of construction projects and installation projects. It includes: output value of repair of buildings and structures; output value of non-standard equipment manufacturing; overhead expenses received by contracted enterprises from the sub-contracted enterprises and the completed output value of construction activities for which there is no clear definition.

a. Output value of repair of buildings and structures: the value created through the repairs of buildings or structures. It does not include the value of buildings or structures being repaired and the value of the repair of production equipment;

b. Output value of manufactured non-standard equipment: the value of non-standard production equipment, including raw materials and manufacturing cost, made for the construction project (i.e., chemical plant; kettles or tanks used by refineries; various fillers, triangle tanks, valves used by mines). It also includes the output value of equipment manufactured by subsidiary workshops.

Value-added of Construction refers to the final result of the activities of production and operation of enterprises of the construction industry in monetary terms during the reference period.

Starting from the 2004 economic census, value-added of construction is calculated by both production approach and income approach, with the figures from the income approach as the final figures., Under the income approach,, calculation starts from the perspective of income and is based on the share of income derived from the production process by the relevant factors of production.. Specifically, value-added of construction for the Census years is calculated in accordance with the Programme of Compilation of GDP and National Accounts for the Year of Economic Census, and value-added of construction for other years is calculated in accordance with the Programme of Compilation of GDP and National Accounts for the Non Economic Census Years.

Floor Space of Buildings Under Construction refers to floor space of buildings under construction during the reference period, including the floor space of buildings for which construction has newly started;

buildings for which construction has started earlier and is continuing during the reference period; and buildings for which construction has been suspended earlier but has restarted during the reference period; buildings completed during the reference period; and buildings under construction but construction has subsequently been during the reference period.

Floor Space of Buildings Completed refers to the floor space of buildings that are completed in the reference period in accordance with the requirements of the design, up to the standard for being put into use, and having been checked and accepted by departments concerned as qualified ones.

Total Number of Machinery and Equipment Owned by the End of Year refers to the number of machines and equipment owned by the enterprises, and listed as the fixed assets of the enterprises by the end of the year, including machinery and equipment for construction, production and transportation and other equipment.

Total Power of Machinery and Equipment Owned by the End of Year refers to the total power of machinery and equipment owned by the enterprises, and listed as the fixed assets of the enterprises by the end of the year, including machinery and equipment for construction, production and transportation and other equipment. The power of the machinery is calculated on basis of the designed or verified capacity, covering the power of the machinery/equipment and the separate power equipment serving the machinery/equipment (such as electric motors), but excluding welders, transformers and boilers. The unit used for the calculation of power is kilowatt, with horsepower converted to kilowatt by 1 horsepower=0.735 kilowatt.

Income from Settlement of Projects refers to the income received by the construction enterprise from the contracted project through settlement procedures, and other charges to the contractee as operational costs in addition to the value of the project, such as temporary facility fee, labour insurance premium, moving cost of construction equipment, as well as various types of claims to the contractee.

Profit from Settlement of Projects refers to profit realized through settled projects. It is calculated with the following formula:

Profit from Settlement of Projects=Income from Settlement of Projects - Settled Cost - Settled Taxes and Other Cost

Total Revenue of Enterprises refers to the sum of income from production and operation of enterprises, including income from settlement of projects and other operational income, namely:

Total Revenue of Enterprises=Income from Settlement of Projects + Other Operational Income

第十四篇　交通运输、邮政和信息传输

CHAPTER 14 TRANSPORTATION, POST AND TELECOMMUNICATION SERVICES

14-1 交通运输业基本情况

BASIC CONDITIONS OF TRANSPORT

类　别	Category	2006	2007	2008	2009	2010
运输线路长度(公里)	Length of Transport Routes (km)					
铁路营业里程	Railways in Operation	5503	5563	5563	5644	5673
#地方铁路	#Local Railways	723	723	723	724	752
铁路正线延展里程	Extension Length of the Trunk Lines	7250	7340	7422	7501	7535
公路线路里程	Length of Highways	139335	140909	150846	151470	151945
内河通航里程	Length of Navigable Inland Waterways	5528	5528	5528	5528	5495
民航航线里程	Length of Civil Aviation Routes	138845	208119	159587	182243	203249
输油、气管道	Petroleum and Gas Pipelines	985	985	985	6143	6938
货运量(万吨)	Total Freight Traffic (10000 tons)	68880	73122	56805	57046	61950
铁 路	Railways	15859	16599	17511	16558	17463
公 路	Highways	48389	51996	35424	36486	40582
水 运	Waterways	1389	1250	757	978	1015
民用航空	Civil Aviation	4.6	5.4	6.0	6.8	7.6
管道输油、气量	Petroleum and Gas Pipelines	3238	3272	3107	3017	2883
货物周转量(亿吨公里)	Total Freight Ton-kilometers (100 million ton-km)	1228.6	1297.7	1704.3	1655.8	1852.1
铁 路	Railways	917.8	956.1	1006.5	956.6	1032.9
公 路	Highways	252.1	289.9	653.2	657.1	762.4
水 运	Waterways	21.2	13.6	8.5	6.8	7.0
民用航空	Civil Aviation	1.0	1.1	1.2	1.3	1.4
管道输油、气量	Petroleum and Gas Pipelines	36.5	37.0	34.9	34.0	48.4
客运量(万人)	Total Passenger Traffic (10000 persons)	60470	64820	41969	43971	47612
铁 路	Railways	8801	9495	9872	10000	10468
公 路	Highways	51023	54592	31379	32947	36001
水 运	Waterways	253	257	176	285	292
民用航空	Civil Aviation	393	476	542	739	851
旅客周转量(亿人公里)	Total Passenger-Kilometers (100 million passenger-km)	536.5	603.8	524.1	577.1	627.8
铁 路	Railways	192.5	210.6	220.7	232.3	252.3
公 路	Highways	280.6	313.9	213.6	226.9	243.2
水 运	Waterways	0.3	0.3	0.3	0.3	0.3
民用航空	Civil Aviation	63.1	79.0	89.5	117.6	132.0
民用汽车拥有量(万辆)	Number of Civil Motor Vehicles (10000 units)	108.3	123.6	141.5	174.5	207.8
#载客汽车	#Number of Buses and Cars	65.8	77.0	91.1	117.0	143.7
载货汽车	Number of Trucks	25.8	28.0	30.8	41.3	49.0
#普通载货汽车	#Ordinary Trucks	19.5	20.4	21.7	25.5	28.8
#私人汽车	#Number of Private-owned Motor Vehicles	65.6	78.2	92.5	121.8	152.0
民用运输船舶拥有量(艘)	Number of Civil Transport Vessels (unit)	1545	1466	1535	1534	1564
机动船	Motor Vessels	1143	1094	1182	1176	1205
驳 船	Barges	402	372	353	358	359
私人运输船舶拥有量(艘)	Number of Private-owned Transport Vessels (unit)	854	832	946	966	1001
机动船	Motor Vessels	756	709	830	823	848
驳 船	Barges	98	123	116	143	153

注：1.2006年全省农村公路普查核实后，公路线路里程统计口径调整，增加了“农村公路里程”。(下同)

2.2008年，交通运输部组织开展了全国公路水路运输量专项调查。统计口径发生较大变化，公路、水运数据不宜进行历史对比（下同）。

3.2009年输油（气）管道里程包括液化气、天然气、人工煤气和输油管道里程。(下同)

Note:a)After the general survey of countryside road in April 2006, the item of length of highways add" length of countryside road". (the same as following tabales)

b)In 2008, the Department of Transportation organized special investigation on national highway and waterway traffic. Changes in statistical large-caliber, highways, waterways historical data should not be compared (the same below).

c)In 2009, Length of Petroleum and Gas Pipelines included length of liquefied gas, natural gas, artificial gas and oil pipeline mileage(the same below).

14-2 运输线路长度

LENGTH OF TRANSPORTATION ROUTES

单位：公里 (km)

年份 Year	铁路营业里程 Length of Railways in Operation	#地方铁路 Local Railways	铁路正线延展里程 Extension Length of the Trunk Lines	公路线路里程 Length of Highways	内河通航里程 Length of Navigable Inland Waterways	民航航线 Length of Civil Aviation Routes	输油、气管道里程 Petroleum and Gas Pipelines
1952	3669		4099	8919	3871		
1957	3740		4153	16892	4095		
1965	3750		4644	26256	5912		20.9
1975	4595		5506	40117	6810		148.2
1978	4594		5538	44797	6595		182.2
1980	4796		5707	44590	5137		240.2
1985	4681		6096	45487	4776		302.2
1990	5316	428	6363	47203	4696		422.5
1991	5316	428	6396	47188	4696		474.2
1992	5307	428	6419	47882	4696		737.4
1993	5262	428	6398	48023	4696		746.6
1994	5262	428	6447	48356	5057		746.6
1995	5262	428	6474	48819	5057		749.4
1996	5295	428	6481	48986	5057	72000	749.4
1997	5336	428	6974	49631	5057	69000	802.4
1998	5336	428	7046	49766	5057	90000	802.4
1999	5464	490	7047	49928	5057	114000	985.4
2000	5465	491	7130	50284	5057	112000	985.4
2001	5464	490	7125	62979	5057	123416	985.4
2002	5464	490	7123	63046	5057	117406	985.4
2003	5373	490	7088	65123	5528	108716	985.4
2004	5432	650	7095	66821	5528	127486	985.4
2005	5499	718	7260	67077	5528	116624	985.4
2006	5503	723	7250	139335	5528	138845	985.4
2007	5563	723	7340	140909	5528	208119	985.4
2008	5563	723	7422	150846	5528	159587	985.4
2009	5644	724	7501	151470	5528	182243	6143.1
2010	5673	752	7535	151945	5495	203249	6938.0

14-3 公路里程

LENGTH OF HIGHWAYS

单位：公里 (km)

年份 Year	总计 Total	等级公路 Expressway and Class I to IV Highway	高速 Expressway	一级 First Class	二级 Second Class	三级 Third Class	四级 Fourth Class	等外公路 Highway Below Class IV
1985	45487	43649		18	716	9776	33139	1838
1990	47203	45495		191	891	14158	30255	1708
1995	48819	47626	36	230	1977	18574	26809	1193
1996	48986	47787	36	271	2503	18547	26430	1199
1997	49631	48956	147	345	3135	22811	22518	675
1998	49766	49098	176	356	3616	22572	22378	668
1999	49928	49263	176	356	4113	22630	21988	665
2000	50284	49623	285	387	4643	22757	21551	661
2001	62979	57762	414	548	5638	33320	17842	5217
2002	63046	57882	413	707	5821	33132	17809	5164
2003	65123	59599	413	925	6623	33083	18555	5524
2004	66821	61303	722	1040	7034	33169	19339	5518
2005	67077	61691	958	1118	7140	32806	19669	5386
2006	139335	83546	958	1325	7279	33611	40373	55789
2007	140909	93850	1044	1453	7443	33027	50883	47059
2008	150846	104102	1044	1534	7743	32621	61160	46744
2009	151470	114511	1219	1576	8599	32186	70931	36960
2010	151945	118918	1358	1451	9063	32128	74918	33028

14-4 主要交通运输工具拥有量

NUMBER OF MAJOR MEANS OF TRANSPORTATION

指　标	Item	2006	2007	2008	2009	2009
铁路机车（台）	**Railway Locomotives (unit)**	**1121**	**1109**	**1102**	**1251**	**1188**
#内燃机车	#Diesel Locomotives	1081	1069	1062	1249	1186
电力机车	Electric Locomotives	40	40	40	2	2
铁路客车（辆）	**Railway Passenger Coaches (coach)**	**3289**	**3335**	**3366**	**3401**	**3631**
#软卧车	#Soft Berth Coaches	255	277	282	313	329
硬卧车	Hard Berth Coaches	1082	1081	1077	1131	1240
软座车	Soft Seat Coaches	8	12	29	43	106
硬座车	Hard Seat Coaches	1666	1670	1653	1622	1652
载货汽车（辆）	**Trucks (coach)**	**258011**	**279591**	**307693**	**412662**	**489801**
普通载货汽车	Ordinary Trucks	194678	203866	216663	255125	288346
专用载货汽车	Special Trucks	63333	75725	91030	157537	201455
#集装箱	#Containers	41	40	44	48	42
#私 人	#Private-owned	116503	133977	155364	225317	290158
特种汽车（辆）	**Special Motor Vehicles (unit)**	**13565**	**15332**	**16852**	**18724**	**19383**
载客汽车（辆）	**Passenger Vehicles (coach)**	**658417**	**770121**	**910924**	**1169978**	**1436592**
#私 人	#Private-owned	397253	494083	616914	854246	1102441
民用轮驳船（艘）	**Civil Transport Vessels (unit)**	**402**	**372**	**353**	**358**	**359**
民用飞机（架）	**Civil Aircrafts (unit)**	**87**	**93**	**114**	**129**	**138**

14-5　民用车辆拥有量 (2010年)

NUMBER OF CIVIL MOTOR VEHICLES OWNED (2010)

单位：辆　　(coach)

指标名称	Item	总计 Total	#个人 Individual	营运 Working	非营运 non-Working	#特种 Special
合　计	**Total**	**4390433**	**2252664**	**726423**	**2131996**	**19383**
汽　车	**Automobile**	**2077517**	**1520187**	**616697**	**1460820**	**19088**
载客汽车	Passenger Vehicles	1436592	1102441	136164	1300428	15920
大　型	Large-sized	44559	8590	30236	14323	238
中　型	Medium-sized	39452	17774	10632	28820	718
小　型	Small-sized	1261443	1001596	86747	1174696	13897
微　型	Mini-sized	91138	74481	8549	82589	1067
#轿　车	#Car	847199	695693	75515	771684	8504
载货汽车	Trucks	489801	290158	373001	116800	1506
重　型	Heavy-sized	156902	64505	148696	8206	138
中　型	Medium-sized	91145	54254	80823	10322	256
轻　型	Light-sized	233376	165311	139519	93857	1090
微　型	Mini-sized	8378	6088	3963	4415	22
#普通载货	#Accommodation Trucks	288346	190866	193015	95331	1305
其它汽车	Others	151124	127588	107532	43592	1662
电　车	**Electric Car**					
无　轨	No Rail					
有　轨	Rail					
摩托车	**Motorcycle**	**721430**	**717345**	**51893**	**669537**	**274**
普　通	Ordinary	703601	699584	51842	651759	267
轻　便	Light	17829	17761	51	17778	7
农用运输车	**Agriculture Transport Vehicle**	**184568**				
三　轮	Three Wheels	132327				
四　轮	Four Wheels	52241				
拖拉机	**Tractor**	**1347446**				
大　型	Large-sized	657489				
小　型	Small-sized	692657				
挂　车	**Trailer**	**58669**	**14933**	**57653**	**1016**	**3**
其它类型车	**Others**	**803**	**199**	**180**	**623**	**18**

14-6 民用运输船舶拥有量

NUMBER OF TRANSPORT VESSELS OWNED

指　　标	Item	总　计 Total			#私人 Private		
		2008	2009	2010	2008	2009	2010
合　计	**Total**	**1535**	**1534**	**1564**	**946**	**966**	**1001**
机动船（艘）	**Motor Vessels (unit)**	**1182**	**1176**	**1205**	**830**	**823**	**848**
载客量（客位）	Passenger Capacity (seat)	21739	21804	22819	9567	9437	10692
净载重量（吨位）	Dead Weight Tonnage (ton)	37723	24985	25167	13100	12934	13662
总功率（千瓦）	Total Power (kw)	122995	116382	117762	50627	52404	51867
客船（艘）	Passenger Vessels (unit)	593	590	607	397	421	444
载客量（客位）	Passenger Capacity (seat)	19234	19281	20334	7622	6914	8207
净载重量（吨位）	Dead Weight Tonnage (ton)	2557	5551	5999	1500	2459	3022
功率（千瓦）	Power (kw)	47182	46569	48296	16819	18734	19483
客货船（艘）	Passenger- Cargo Vessels (unit)	61	62	62	55	62	62
载客量（客位）	Passenger Capacity (seat)	2505	2523	2485	1945	2523	2485
净载重量（吨位）	Dead Weight Tonnage (ton)	1796	1826	1785	1128	1826	1785
功率（千瓦）	Power (kw)	7239	7249	7235	4367	7249	7235
货船（艘）	Cargo Vessels (unit)	337	336	353	288	247	247
净载重量（吨位）	Dead Weight Tonnage (ton)	33370	17608	17383	10472	8649	8855
功率（千瓦）	Power (kw)	23926	18480	19365	11781	8136	6556
拖船（艘）	Towages (unit)	191	188	183	90	93	95
功率（千瓦）	Power (kw)	44648	44084	42866	17660	18285	18593
驳船（艘）	**Barges (unit)**	**353**	**358**	**359**	**116**	**143**	**153**
净载重量（吨位）	Dead Weight Tonnage (ton)	214136	215747	215206	51487	53262	37806

14-7 铁路运输技术经济主要指标

PRINCIPLE ECONOMIC AND TECHNICAL INDICATORS OF RAILWAY TRANSPORT

指　　标	Item	2007	2008	2009	2010
货运机车日产量（万吨公里）	Average Daily Ton-kilometers of Freight Locomotives (10000 ton-km)	129.6	132.8	131.5	135.0
内燃机车	Diesel Locomotives	121.1	123.5	123.2	127.9
电力机车	Electric Locomotives	243.5	263.7	250.7	240.9
货运机车平均牵引总重（吨）	Average Total Tonnage of Freight Locomotives (ton)	2467	2925	2945	2965
内燃机车	Diesel Locomotives	2348	2822	2444	2875
电力机车	Electric Locomotives	3750	3861	4021	3972
货运机车日车公里（公里）	Daily Distance per Freight Locomotive (km)	571	585	560	530
客运机车日车公里（公里）	Daily Distance per Passenger Locomotive (km)	726	765	822	802
内燃机车每万吨公里耗油（公斤）	Oil Consumption of Diesel Locomotives (kg/10000 ton-km)	24.8	24.6	24.3	24.5
电力机车每万吨公里耗电（千瓦小时）	Electricity Consumption of Electric Locomotives (kwh/10000 ton-km)	69.1	74.0	77.5	84.2
货物列车出发正点率（%）	Punctuality Rate of Freight Trains at Departure (%)	99.5	99.6	99.7	99.7
货物列车运行正点率（%）	Punctuality Rate of Freight Trains in Running (%)	99.3	99.5	99.6	99.6
旅客列车出发正点率（%）	Punctuality Rate of Passenger Trains at Departure (%)	100.0	100.0	100.0	100.0
旅客列车运行正点率（%）	Punctuality Rate of Passenger Trains in Running (%)	98.7	100.0	99.8	98.9
货物列车技术速度（公里/小时）	Technical Speed of Freight Trains (km/hour)	50.5	50.3	49.2	49.4
货物列车运行速度（公里/小时）	Running Speed of Freight Trains (km/hour)	38.3	38.4	37.8	39.1
货物列车密度（列/日）	Density of Freight Train (list/day)	894	794	847	28
货运密度（万吨/公里）	Density of Freight Transport (10000s ton/km)	1807	1894	1865	1934
旅客列车技术速度（公里/小时）	Technical Speed of Passenger Trains (km/hour)	65.3	66.4	68.9	67.0
旅客列车运行速度（公里/小时）	Running Speed of Passenger Trains (km/hour)	57.4	58.0	60.6	59.5
客运列车密度（列/日）	Density of Passenger Train (list/day)	298.0	257.0	288.0	17.8
客运密度（万人/公里）	Density of Passenger Transport (10000 passengers/km)	352.6	372.7	382.5	405.0
每万吨货运量拥有货车数（辆）	Number of Freight Cars per 10000 Tons (coach)	513.0	511.9	521.2	442.8
每百万货物吨公里拥有货车数（辆）	Number of Freight Cars per million Ton-km(unit)	90.4	90.2	91.2	90.4
货车周转时间（天）	Turning Around Time of Freight Cars (day)	2.6	2.6	2.6	2.7
一次货物作业时间（小时）	Handling Time of Freight (hour)	15.9	17.5	15.7	15.4
每车中转停留时间（小时）	Transfer Waiting Time per Car (hour)	4.7	4.7	4.6	5.0
货车净载重(准轨)（吨）	Static Load of Freight Cars (Standard Gauge) (ton)	60.5	61.2	61.1	61.2

注：本表为哈尔滨铁路局数据。

Note:Figures in this table are the data of Harbin Railway Bureau.

14-8 公路运输技术经济主要指标

PRINCIPLE ECONOMIC AND TECHNICAL INDICATORS OF HIGHWAY TRANSPORT

指　　标	Item	2006	2007	2008	2009	2010
载客汽车	**Passenger Vehicles**					
工作率（%）	Operation Rate (%)	91.0	93.0	94.0	94.0	72.7
实载率（%）	Carrying Rate (%)	67.0	68.0	65.0	67.0	65.6
百车公里耗汽油（升）	Gasoline Consumption per 100 unit-km (liter)	20.0	19.0	17.0	18.0	
百吨公里耗汽油（升）	Gasoline Consumption per 100 ton-km (liter)	9.5	9.3	13.0	10.0	
百车公里耗柴油（升）	Diesel Consumption per 100 unit-km (liter)	20.7	20.0	22.0	21.0	28.3
百吨公里耗柴油（升）	Diesel Consumption per 100 ton-km (liter)	11.0	10.5	12.2	11.0	9.1
载货汽车	**Trucks**					
工作率（%）	Operation Rate (%)	70.0	75.0	71.0	72.0	95.0
实载率（%）	Carrying Rate (%)	71.0	73.0	79.0	80.0	85.0
百车公里耗汽油（升）	Gasoline Consumption per 100 unit-km (liter)	33.0	32.0	35.0	34.2	
百吨公里耗汽油（升）	Gasoline Consumption per 100 ton-km (liter)	7.0	6.9	4.0	6.1	
百车公里耗柴油（升）	Diesel Consumption per 100 unit-km (liter)	34.0	33.0	36.0	34.6	39.0
百吨公里耗柴油（升）	Diesel Consumption per 100 ton-km (liter)	8.0	7.8	3.0	7.0	20.6

14-9 运输线路质量

QUALITY OF TRANSPORT ROUTES

指　　标	Item	2006	2007	2008	2009	2010
铁路营业里程（公里）	Length of Railways in Operation (km)	4780	4840	4840	4920	4921
#复线里程（公里）	#Double-Tracking Length (km)	1555	1632	1632	1632	1632
复线里程比重（%）	Proportion (%)	32.5	33.7	33.7	33.2	33.2
#自动闭塞里程（公里）	#Automatic Blocking Length (km)	1384	1698	2109	2109	2108
自动闭塞里程比重（%）	Proportion (%)	28.9	35.1	43.6	43.6	42.8
公路线路里程（公里）	Length of Highways (km)	139335	140909	150846	151470	151945
#有路面里程（公里）	#Paved Highways (km)	86955	96660	106180	116142	120317
有路面里程比重（%）	Proportion (%)	62.4	68.6	70.4	76.7	79.2
内河航道里程（公里）	Length of Navigable Inland Waterways (km)	5595	5595	5595	5595	5562
#水深一米以上（公里）	#Upwards of one meter (km)	3380	3380	3380	3380	3347
水深一米以上比重（%）	Proportion (%)	60.4	60.4	60.4	60.4	60.1

注：铁路里程为哈尔滨铁路局在黑龙江省境内数据。

Note:Length of Railways in Operation is data of Harbin Railway Bureau in churchyard of Heilongjiang Province.

14-10 货运量

FREIGHT TRAFFIC

单位：万吨 (10000 tons)

年 份 Year	合 计 Total	铁 路 Railways	公 路 Highways	水 运 Waterways	民 航 Civil Aviation	管 道 Pipelines
1978	20659	8592	7888	314	0.1	3865
1980	20600	9387	6897	287	0.1	4029
1985	22999	11341	6735	415	0.3	4508
1990	40062	12920	22239	516	1.0	4386
1991	38148	13108	20164	505	0.6	4371
1992	38392	13069	20416	556	0.5	4350
1993	37429	12947	19518	628	1.0	4335
1994	37221	13248	18857	699	1.0	4416
1995	37739	13607	19281	626	1.0	4224
1996	55568	13659	37000	650	1.0	4258
1997	59250	14290	40023	753	1.0	4183
1998	55336	12248	38291	651	1.1	4145
1999	56565	12877	38685	825	1.2	4177
2000	57213	12959	39685	788	1.7	3779
2001	58050	13671	39900	750	1.3	3728
2002	58006	13258	40317	708	4.1	3719
2003	57491	14118	39031	1052	4.7	3285
2004	59968	14975	40712	1156	5.5	3119
2005	64612	15959	44376	1301	4.2	2972
2006	68880	15859	48389	1389	4.6	3238
2007	73122	16599	51996	1250	5.4	3272
2008	56805	17511	35424	757	6.0	3107
2009	57046	16558	36486	978	6.8	3017
2010	61950	17463	40582	1015	7.6	2883

14-11 货物周转量

FREIGHT TON-KILOMETERS

单位：亿吨公里 (100 million ton-km)

年 份 Year	合 计 Total	铁 路 Railways	公 路 Highways	水 运 Waterways	民 航 Civil Aviation	管 道 Pipelines
1978	441.1	376.9	11.1	7.8		45.3
1980	486.3	419.2	12.2	7.6		47.3
1985	633.9	559.9	18.2	13.9		41.9
1990	832.5	706.5	59.6	16.4		50.0
1991	836.5	713.0	57.7	16.2		49.6
1992	842.3	717.0	59.8	16.1		49.3
1993	846.1	724.9	55.9	16.1		49.1
1994	856.6	731.3	57.0	18.5		49.8
1995	867.9	748.3	55.9	16.1		47.6
1996	950.6	754.3	129.0	19.5	0.1	47.7
1997	1005.5	801.3	136.0	21.4	0.1	46.7
1998	889.5	684.7	140.4	18.5	0.1	45.8
1999	937.1	715.2	156.7	20.5	0.2	44.5
2000	943.0	718.5	161.9	19.5	0.3	42.8
2001	975.0	747.2	166.0	17.5	0.3	44.0
2002	976.2	748.3	167.5	16.2	0.3	43.9
2003	1015.1	788.6	163.1	19.3	1.0	43.1
2004	1122.0	856.9	203.8	18.9	1.1	41.3
2005	1180.6	898.7	227.6	20.0	0.8	33.5
2006	1228.6	917.8	252.1	21.2	1.0	36.5
2007	1297.7	956.1	289.9	13.6	1.1	37.0
2008	1704.3	1006.5	653.2	8.5	1.2	34.9
2009	1655.8	956.6	657.1	6.8	1.3	34.0
2010	1852.1	1032.9	762.4	7.0	1.4	48.4

14-12 客运量

PASSENGER TRAFFIC

单位：万人　　(10000 persons)

年　份 Year	合　计 Total	铁　路 Railways	公　路 Highways	水　运 Waterways	民　航 Civil Aviation
1978	13369	7707	5560	99	3
1980	14946	8963	5896	84	3
1985	20338	11625	8562	142	9
1990	22799	9855	12840	81	23
1991	23791	9938	13754	66	33
1992	23726	10573	13058	58	37
1993	22810	11658	11026	51	75
1994	23143	12231	10819	34	59
1995	23499	11881	11506	37	75
1996	38631	9515	29000	41	75
1997	45731	9604	36008	45	74
1998	47628	10070	37439	45	74
1999	48516	9847	38562	41	66
2000	49806	9819	39864	45	78
2001	50712	9692	40900	39	81
2002	51026	9188	41490	137	211
2003	47961	8207	39347	176	231
2004	51425	8724	42170	233	298
2005	55619	8251	46808	240	320
2006	60470	8801	51023	253	393
2007	64820	9495	54592	257	476
2008	41969	9872	31379	176	542
2009	43971	10000	32947	285	739
2010	47612	10468	36001	292	851

14-13 旅客周转量

PASSENGER-KILOMETERS

单位：亿人公里　　(100 million passenger-km)

年　份 Year	合　计 Total	铁　路 Railways	公　路 Highways	水　运 Waterways	民　航 Civil Aviation
1978	90.8	72.2	17.5	0.7	0.3
1980	102.6	83.5	18.4	0.6	0.2
1985	162.6	132.0	29.5	0.9	0.2
1990	183.6	131.6	50.3	0.4	1.3
1991	195.4	138.5	54.7	0.4	1.9
1992	212.1	155.7	50.9	0.3	5.2
1993	225.5	169.3	43.0	0.3	13.0
1994	225.3	171.8	42.9	0.2	10.4
1995	228.8	169.2	47.8	0.2	11.6
1996	280.3	141.9	126.8	0.2	11.4
1997	336.7	151.9	173.0	0.2	11.6
1998	355.5	156.0	186.9	0.1	12.5
1999	376.6	158.5	206.7	0.1	11.0
2000	388.8	160.9	214.5	0.1	13.3
2001	396.2	163.3	219.0	0.1	13.8
2002	400.3	163.2	221.8	0.1	15.2
2003	389.9	149.2	203.3	0.3	36.9
2004	444.7	171.0	225.8	0.3	47.6
2005	478.6	175.2	254.3	0.3	48.8
2006	536.5	192.5	280.6	0.3	63.1
2007	603.8	210.6	313.9	0.3	79.0
2008	524.1	220.7	213.6	0.3	89.5
2009	577.1	232.3	226.9	0.3	117.6
2010	627.8	252.3	243.2	0.3	132.0

14-14 铁路按货物种类分的货运量和货物周转量

RAILWAY FREIGHT TRAFFIC AND FREIGHT TON-KILOMETERS BY CATEGORY OF CARGO

指　标	Item	货运量（万吨）Freight Traffic (10000 tons)		货物周转量（百万吨公里）Freight Ton-km (million ton-km)		平均运距（公里）Average Transport Distance (km)	
		2009	2010	2009	2010	2009	2010
总　计	**Total**	**25384**	**27062**	**122088**	**132531**	**481**	**490**
煤	Coal	10253	10719	58165	64456	567	601
焦　炭	Coke	800	802	4419	4512	552	563
石　油	Petroleum	2117	2169	11252	11475	532	529
钢　铁	Steel and Iron	907	904	3294	3168	363	350
金属矿石	Metal Ores	819	850	5915	6073	722	714
非金属矿石	Nonmetal Ores	715	771	1801	2068	252	268
矿建材料	Mineral Building Materials	2682	3424	5878	7598	219	222
水　泥	Cement	825	1031	2092	3101	254	301
木　材	Timber	1411	1406	6512	6005	462	427
化肥和农药	Chemical Fertilizers and Pesticides	737	706	3182	3492	432	495
粮　食	Grain	2368	2472	11338	11628	479	470
其　他	Others	1750	1808	8239	8955	471	495

注：本表为哈尔滨铁路局数据。
Note:Figures in this table are the data of Harbin Railway Bureau.

14-15 公路按货物种类分的货运量和货物周转量

HIGHWAY FREIGHT TRAFFIC AND FREIGHT TON-KILOMETERS BY CATEGORY OF CARGO

指　标	Item	货运量（万吨）Freight Traffic (10000 tons)		货物周转量（百万吨公里）Freight Ton-km (million ton-km)		平均运距（公里）Average Transport Distance (km)	
		2009	2010	2009	2010	2009	2010
总　计	**Total**	**36486**	**40582**	**65713**	**76242**	**180.1**	**187.9**
煤炭及制品	Coal and Products	8906	6904	7478	6370	84.0	92.3
石油、天然气及制品	Petroleum, Natural Gas and Products	409	1321	2031	1422	496.6	107.6
金属矿石	Metal Ores	131	302	447	484	341.2	160.4
有色金属	Non-ferrous metal	33	88	118	201	357.6	228.0
钢　铁	Steel and Iron	686	1249	3135	2620	457.0	209.8
矿建材料	Mineral Building Materials	2306	3942	1873	2538	81.2	64.4
水　泥	Cement	945	2751	736	3062	77.9	111.3
木　材	Timber	1934	1829	4475	4147	231.4	226.8
非金属矿石	Nonmetal Ores	547	626	887	855	162.2	136.6
化肥和农药	Chemical Fertilizers and Pesticides	467	790	1091	1155	233.6	146.2
盐	Salt	77	282	323	453	419.5	160.6
粮　食	Grain	9366	6805	12564	9832	134.1	144.5
机械、设备、电器	Machinery, Equipment and Household Appliances	1011	2317	3976	17514	393.3	755.9
化工原料及制品	Raw Chemical Material and products	602	930	3562	2984	591.7	320.8
轻工、医药产品	Light Industry, Medical and Pharmaceutical Products	949	1091	2241	1916	236.1	175.6
农林牧渔业产品	Faming, Forestry, Animal Husbandry and Fishery Products	2083	1794	7025	3791	337.3	211.3
#棉　花	#Cotton	162	156	413	264	254.9	169.5
其　他	Others	6034	7561	13751	16898	227.9	223.5

14-16 民用航空航线和飞机数量

NUMBER OF MAJOR MEANS OF TRANSPORTATION

指　标	Item	2007	2008	2009	2010
民用航空航线数量（条）	**Number of Civil Aviation Routes （unit)**	**91**	**73**	**84**	**93**
国际航线	International Routes	9	8	8	9
国内航线	Domestic Routes	81	64	74	82
地区航线	Regional Routes	1	1	2	2
民用航空航线里程（公里）	**Length of Civil Aviation Routes (km)**	**208119**	**159587**	**182243**	**203249**
国际航线	International Routes	11490	8919	8919	9325
国内航线	Domestic Routes	193474	147817	168114	188714
地区航线	Regional Routes	3155	2851	5210	5210
民用飞机数量（架）	**Number of Civil Aircrafts (unit)**	**93**	**114**	**129**	**138**
运输飞机	Aerotransport	10	11	13	15
通用飞机	General Aircraft	83	103	116	123
通用飞行时间（小时）	**Flying Time of General Aviation (hour)**	**15714**	**20733**	**19072**	**22025**
农林业航空作业	Flight for Agriculture and Forestry	5114	6211	6853	8281
航空护林	Forest Protection Service	2912	3555	2684	1280
其　他	Others	7688	10967	10165	12464

14-17 邮政和信息传输基本情况

BASIC CONDITIONS OF POST AND INFORMATION TRANSFER

指　标	Item	2007	2008	2009	2010
邮　政	**Post**				
邮政业务总量(亿元)	Business Volume of Post (100 million yuan)	29.2	32.4	39.7	34.6
函件（万件）	Number of Letters (10000 pieces)	8540	7818	8668	9305
特快专递（万件）	Pieces of Express Mail Services (10000 pieces)	607	764	866	903
报刊期发数（万份）	Number of Newspapers and Magazines Circulation (10000 copies)	343	398	377	368
集邮业务（万枚）	Philately (10000 units)	3794	3818	3637	3478
邮路及农村投递线路长度（万公里）	Length of Post Routes and Rural Delivery Routes (10000 km)	21.5	22.3	26.9	16.9
邮政局所数（处）	Number of Post and Telecommunications Offices (unit)	2152	2070	1513	1552
#设在农村	#in Rural	1116	1099	979	925
信息传输	**Information Transfer**				
电信业务总量（亿元）	Business Volume of Telecommunications Service (100 million yuan)	483.5	568.7	657.6	776.4
本地电话用户（万户）	Local Telephone Subscribers (10000 subscribers)	1112.2	1026.1	870.2	813.5
城市电话用户（万户）	Urban Telephones Subscribers (10000 subscribers)	837.7	790.5	659.1	620.4
#住宅电话用户	#Residential Telephones Subscribers	663.6	617.7	498.4	464.2
农村电话用户（万户）	Rural Telephones Subscribers (10000 subscribers)	274.5	235.6	211.1	193.1
#住宅电话用户	#Residence Telephone Subscribers	259.9	220.3	194.4	177.0
长途电话（万次）	Number of Long-distance Calls (10000 times)	206675	191872	206058	
移动电话用户（万户）	Number of Mobile Telephones Subscribers (10000 subscribers)	1449.2	1640.8	1990.1	2243.0
移动电话通话量(亿次)	Quantity of Mobile Telephones Conversation(100 million times)	347.3	405.2	487.4	
移动电话通话时长(亿分钟)	Time of Mobile Telephones Conversation(100 million minutes)	666.3	833.3	1020.3	1197.0
移动短信业务量(亿条)	Business Volume of Shot Message (100 million messages)	141.8	167.2	171.1	177.6
固定互联网络用户（万户）	Number of Subscribers of Internet Service (10000 subscribers)	299.0	306.5	318.3	346.6
拨号用户(户)	The Digit Dialing Subscribers of Internet Service(subscribers)	896635	682880	410801	199911
专线用户(户)	The Special line Subscribers of Internet Service(subscribers)	659	681	585	
宽带接入用户(户)	ADSL Subscribers of Internet Service(subscribers)	2092488	2381555	2771822	3266289
IP电话通话时间（亿分钟）	Time of IP Telephones (100 million minutes)	23.9	19.9	15.9	11.9
长途光缆线路长度（公里）	Length of Long-distance Optical Cable Lines(km)	42567	40482	42722	39872

主要统计指标解释

铁路营业里程 又称营业长度(包括正式营业和临时营业里程)，指办理客货运输业务的铁路正线总长度。凡是全线或部分建成双线及以上的线路，以第一线的实际长度计算；复线、站线、段管线、岔线和特殊用途线以及不计算运费的联络线都不计算营业里程。该指标可以反映铁路运输业基础设施的发展水平，也是计算客货周转量、运输密度和机车车辆运用效率等指标的基础资料。

公路里程 指在一定时期内实际达到《公路工程[WTBZ]技术标准JTJ01-88》规定的等级公路，并经公路主管部门正式验收交付使用的公路里程数。包括大中城市的郊区公路以及通过小城镇街道部分的公路里程和桥梁、渡口的长度，不包括大中城市的街道、厂矿、林区生产用道和农业生产用道的里程。两条或多条公路共同经由同一路段，只计算一次，不得重复计算里程长度。该指标可以反映公路建设的发展规模，也是计算运输网密度等指标的基础资料。

内河航道里程 也称内河通航里程，指在一定时期内，能通航运输船舶及排筏的天然河流、湖泊水库、运河及通航渠道的长度。包括全年季节性通航累计三个月以上的航道，不包括仅供零散流放竹、木排的河道。该指标可以反映内河水运网的规模、水平和发展情况。

民用航空航线里程 指统计期间内全部民用航空航线的航线总长度。航线长度指民用航空航线的计费距离。计算航线里程可按重复和不重复两种方法，前者是指各航线长度相加的总和；后者则要扣除各航线之间相同航段重复计算的部分。

输油(气)管道长度 也称输油(气)里程，指油品(或天然气)的实际输送距离，一般按输油(气)管道的单线长度计算。若包括复线和备用线长度则称为输油(气)管道延展长度，是指管道铺设的实际长度。我们通常使用的是不包括复线的“输油(气)管道里程”，该指标可以反映管道运输的发展规模和水平。

货(客)运量 指在一定时期内，各种运输工具实际运送的货物(旅客)数量。该指标是反映运输业为国民经济和人民生活服务的数量指标，也是制定和检查运输生产计划、研究运输发展规模和速度的重要指标。货运按吨计算，客运按人计算。货物不论运输距离长短、货物类别，均按实际重量统计。旅客不论行程远近或票价多少，均按一人一次客运量统计；半价票、小孩票也按一人统计。

货(客)运密度 指在一定时期内某种运输方式在营运线路的某一区段平均每公里线路通过的货物(旅客)运输周转量。计算公式为：

$$货(客)运密度=\frac{货物(旅客)周转量}{营业线路长度}$$

该指标可以反映交通运输线路上的货物(旅客)运输量运输繁忙程度，是平衡运输线路运输能力和通过能力，规划线路建设及改造、配备技术设备，研究运输网布局的重要依据。

货物(旅客)周转量 指在一定时期内，由各种运输工具运送的货物(旅客)数量与其相应运输距离的乘积之总和。该指标可以反映运输业生产的总成果，也是编制和检查运输生产计划，计算运输效率、劳动生产率以及核算运输单位成本的主要基础资料。计算货物周转量通常按发出站与到达站之间的最短距离，也就是计费距离计算。计算公式为：

$$货物（旅客）周转量=\Sigma（货物（旅客）运输量\times运输距离）$$

铁路货车平均静载重 指铁路货车在始发站静止状态下平均每车装载的货物重量，用以分析货车完成装车时车辆载重力的利用情况。计算公式为：

$$货车平均静载量=\frac{货物发送吨数}{装车数}$$

静载重的多少取决于运送货物的性质、种类、车辆的类型和装载技术的高低。根据货车的平均标记载重与静载重进行对比，可以反映货车载重能力的利用程度。计算公式为：

$$货车载重力利用率(\%)=\frac{货车平均静载重}{货车平均标记载重}\times 100\%$$

铁路货运机车日产量　指在一定时期内，平均每台货运机车在一昼夜内所完成的总重吨公里数，包括载运货物的重量和车辆本身的自重。该指标从时间和牵引能力两方面反映了机车运用效率。计算公式为：

$$货运机车平均日产量=\frac{货运总重吨公里数}{货运机车台日数}$$

民用汽车拥有量　指报告期末，在公安交通管理部门按照《机动车注册登记工作规范》，已注册登记领有民用车辆牌照的全部汽车数量。汽车拥有量统计的主要分类：根据汽车结构分为载客汽车、载货汽车及其他汽车；根据汽车所有者不同分为个人(私人)汽车、单位汽车；根据汽车的使用性质分为营运汽车、非营运汽车；根据汽车大小规格不同载客汽车分为大型、中型、小型和微型，载货汽车分为重型、中型、轻型和微型。

邮电业务总量　指以价值量形式表现的邮电通信企业为社会提供各类邮电通信服务的总数量。邮电业务量按专业分类包括函件、包件、汇票、报刊发行、邮政快件、特快专递、邮政储蓄、集邮、传真、长途电话、出租电路、移动电话、分组交换数据通信、出租代维等。计算方法为各类产品乘以相应的平均单价(不变价)之和，再加上出租电路和设备、代用户维护电话交换机和线路等的服务收入。该指标综合反映了一定时期邮电业务发展的总成果，是研究邮电业务量构成和发展趋势的重要指标。计算公式为：

邮电业务总量=Σ（各类邮电业务量×不变单价）
+出租代维及其他业务收入
=邮政业务总量+电信业务总量

移动电话用户　指在电信运营企业营业网点办理开户登记手续，通过移动电话交换机进入移动电话网，占用移动电话号码的各类电话用户。包括GSM数字移动电话用户、CDMA数字移动电话用户和电信运营企业发行的报告期末已激活充值的能异地漫游的各种智能卡用户。

固定电话用户　指在电信运营企业营业网点办理开户登记手续并已接入固定电话网上的全部电话用户。包括普通电话用户、公用电话用户、窄带综合业务数字网（N—ISDN）用户、智能网专用接入终端用户等。按行政区划分为城市电话用户和农村电话用户。1997年以前，“市内电话用户”是指接入县城及县以上城市的电话网上的电话用户；“农村电话用户”是指接入县邮电局农话台及县以下农村电话交换点，以县城为中心(除市话用户外)联通县、乡(镇)、行政村、村民小组的用户。从1997年起，电话用户数分组调整为以用户所在区域划分为“城市电话用户”和“乡村电话用户”，与过去的按市内电话和农村电话划分方法不同。而电话用户总数、电话机总部数统计范围不变。

城市电话用户　指按行政区划属于中央直辖市、省辖市、地级市、县级市的市区、市郊区及县城区范围内的电话用户。包括分布在农村地区县团级以上建制的独立工矿区、林区、驻军等电话用户。

农村电话用户　指按行政区划属于城市范围以外的乡(镇)、村的电话用户。

住宅电话用户　指私人付费或安装在居民住宅并按照私人或住宅电话用户登记注册和收费的各类电话用户。包括私人付费、单位付费和按规定免费安装的住宅电话用户。

互联网宽带接入端口　指用于接入互联网用户的各类实际安装运行的宽带接入端口的数量，包括xDSL用户接入端口、LAN接入端口以及其他类型宽带用户接入端口等，不包括窄带拨号接入端口

Explanatory Notes on Main Statistical Indicators

Length of Railways in Operation refers to the total length of the trunk line for passenger and freight transportation (including both full operation and temporary operation). The calculation is based on the actual length of the first line if this line has a full or partial double (or more). Not included are double tracks, station sidings, tracks under the charge of stations, branch lines, special-purpose lines and non-payable connecting lines. The length of railways in operation is an important indicator to show the development of the infrastructure of railway transport. It is also essential data to calculate volume of passenger freight transport, traffic density and utilization efficiency of locomotives and carriages.

Length of Highways refers to the length of highways which are built in conformity with the grades specified by the highway engineering standard [Highways WTBZ-Technical Standard JTJ01-88]formulated by the Ministry of Communications, and have been formally checked and accepted by the departments of highways and put into use. The length of highways includes that of the suburb highways at large and medium-sized cities, highways passing through streets at small cities and towns, and also the length of bridges and ferry piers. It does not include the length of streets in big and medium-sized cities and highways built for the production purpose at factories, mines, forest areas and agricultural areas. If two or more highways go the same section of the way, the length of the section is only calculated for once and no duplication is allowed. The length of highways is an indicator to show the development of the scale of highway construction and to provide essential information to calculate the transport network density.

Length of Navigable Inland Waterways is an indicator reflecting the size and development of inland water network. It refers to the length of the natural rivers, lakes, reservoirs, canals, and ditches open to navigation during a given period, which enables transportation by ships and rafts. It includes the channels open to navigation for over an accumulated period of 3 months in a year, yet this does not include the river courses which are only used to float odd logs and bamboo rafts. This indicator can reflect the scale, level and development situation of the inland waterway network.

Length of Civil Aviation Routes refers to the length of all routes for civil aviation flights, which is used to account the freight, during the period of statistics.. There are usually two ways to calculate the route length: duplicated calculation and non-duplicated calculateion, the former is the sum of length of all civil aviation routes, and the latter should deduct the duplication length of same route among all routes.

Length of Oil (Gas) Pipelines is used as an indicator to show the development, scale and level of the pipeline transportation. It refers to the actual transport distance of oil (or gas) products, and is in general calculated according to the length of single pipeline. If the length of the double pipelines and alternate pipeline are included, it is called the extension length of the oil (gas) pipelines, which indicates the actual length of the pipelines built. The commonly used indicator, the "length of "oil (gas)" pipelines, does not include the double pipelines. It can reflect the extent and level of development of pipeline transport.

Freight (Passenger) Traffic refers to the volume of freight (passenger) transported with various means within a specific period of time. This indicator reflects the service of the transport industry towards the national economy and people's living conditions, as well as an important indicator used in formulating and monitoring transport production plans and research into the scale and pace of transport development. Freight transport is calculated in tons and passenger traffic is calculated in terms of number of persons. Freight transport is calculated in terms of the actual weight of the goods and takes no account of the type of freight and distance of travel. Passenger traffic is calculated by the principle that one person can be counted only once in one trip and takes no account of the travelling distance and ticket price. The passengers who travel with a half price ticket or a child's ticket is also calculated as one person.

Freight (Passenger) Traffic Density refers to the freight (passenger) traffic volume carried by a particular means of transportation during a given period through one kilometre of a specific section of transportation route. The formula is as follows:

$$\text{Freight (Passenger) traffic density} = \frac{\text{freight ton-kilometres (passenger-kilometres)}}{\text{length of route in operation}}$$

Freight (passenger) traffic density reflects how busy freight (passenger) traffic is on transportation routes. It provides an important basis for balancing transport capability and throughput capability, planning construction and upgrading of transport routes, installing technical facilities and studying the distribution of transport networks.

Freight Ton-kilometres (Passenger-kilometres) refers to the sum of the product of the volume of transported cargo (passengers) multiplied by the transport distance. It is an important indicator to reflect the achievement of the transportation industry. This is an important indicator to show the total results of the transport industry; to prepare and examine the transport plan; and to serve as the main basic data for calculating the efficiency, labour productivity and unit cost of transport. Normally, the shortest distance between the departure station and the destination station (i.e., the payable distance) is the basis in calculating the freight ton-kilometres. The formula is as follows:

$$\text{Freight ton-kilometres (passenger-kilometres)} = \sum \text{freight (passenger) traffic} \times \text{distance of transportation}$$

Average Static Load of Freight Cars refers to the average cargo weight as loaded by each freight car under the static condition at the departure station. It is used to show the utilization extent of the loading capacity of the freight cars. The formula is:

$$\text{Static load (ton) of freight car} = \frac{\text{tonnage of goods dispatched}}{\text{number of freight cars loaded}}$$

The static load of freight cars is determined by the nature and type of goods loaded the type of vehicles, and the technique of loading. Comparison of the average marked load with the static load of freight cars provides indication on the degree of utilization of loading capacity of freight cars. For its calculation the following formula is applied:

$$\text{Utilization rate of capacity of freight cars (\%)} = \frac{\text{Average static load}}{\text{Average marked load}} \times 100\%$$

Average Daily Haul of Freight Locomotives refers to the average total ton-kilometres accomplished by each freight transport locomotive over one day and night during a given period of time. It includes both the weight of the goods carried and the dead weight of the train itself. It is a comprehensive indicator reflecting the locomotive efficiency in terms of both time and the pulling force.

$$\text{Average daily haul of freight transport locomotive (ton - kilometre)} = \frac{\text{Total ton - kilometres of freight}}{\text{Daily number of freight transport locomotive}}$$

Possession of Civil Motor Vehicles refer to the total numbers of vehicles that are registered and received vehicles license tags according to the Work Standard for Motor Vehicles Registration formulated by the Transport Management Office under the department of public security at the end of the reference period. They are divided into categories. According to the structure of motor vehicles, they are divided into passenger vehicles, trucks and others; according to ownership into private vehicles and vehicles for the unit' s use; according to kind of usage into working vehicles and non-working vehicles; and according to size of vehicles into large passenger vehicles, medium-sized passenger vehicles, small passenger vehicles and mini passenger vehicles, heavy trucks, light-heavy trucks, light trucks and mini-trucks.

Business Volume of Post and Telecommunications refers to the total amount of postal and telecommunication services, expressed in value terms, provided by the post and telecommunications departments for society. Postal and telecommunication services can be classified as letters, parcels, remittance, issue of newspapers and magazines, fast mail service, express mail service, savings deposits, stamps for collection, facsimiles, long-distance telephone service, leasing of telephone lines, mobile telephone service, data transmission, income from leasing, maintenance, etc. The accounting approach is to multiply the service products of all types with their average unit price (constant price) to get the total business value, and to add to it income from other services such as leasing of telephone lines and equipment and maintenance of telephone switchboards and lines on behalf of customers. This indicator reflects the overall results of postal and telecommunication services during a given period, and is important for studying the composition of business service and the trend of development of postal and telecommunication services.

The formula is as follows:

Business volume of post and telecommunications=Σ(Transaction of post and telecommunication services×price[constant price]) +Income from leasing, maintenance and other services= business volume of postal service + business volume of telecommunications service

Mobile Telephone Subscribers refer to persons who have gone through registration procedures in the operation points of enterprises engaged in telecommunications and are hence connected with the mobile telephone communication network through the mobile telephone switchboards and occupy mobile phone numbers. Included are GSM digital mobile phone subscribers, CDMA digital mobile phone subscribers and subscribers to intelligent phone cards with roaming facility issued by telecommunications enterprises and which have been subscribed to and activated at the end of the reference period.

Local Telephone Subscribers refer to all subscribers who have gone through registration procedures in the operation points of enterprises engaged in telecommunications and are hence connected to the local telecommunications service provider through fixed line network. Included are household subscribers, institutional subscribers, public telephones, N-ISDN subscribers and intelligent network terminal subscribers. They are also classified in terms of administrative districts as city subscribers and rural subscribers according to location. Before 1997, city subscribers referred to those connected to city telephone networks in county towns and cities, while village subscribers referred to those connected to village telephone stations at and below counties. Since 1997, the classification of telephone subscribers was modified on the basis of physical location of the subscribers as urban telephone subscribers and rural telephone subscribers, which is different from the previous classification of categorizing city telephones and rural telephones, while the statistical coverage of total subscribers and total number of telephones remains unchanged.

Urban Telephone Subscribers refer to the number of telephone subscribers, located at the different administrative districts of municipalities directly under the Central Government, cities under the jurisdiction of province, cities at prefecture level, downtown and suburb of city at county level town and county towns (including country towns where county government located, and towns of county level according to the administrative organizational system), that are connected to the public line telephone network, including rural mineral area, forest area, military area.

Rural Telephone Subscribers refer to telephone subscribers, located at counties (towns) and villages outside the range of cities according to administrative jurisdiction.

Household Telephone Subscribers refer to telephone sets installed in the dwelling units of urban or rural residents, and registered as residence subscribers for payment, including 3 types of payment for the service: private payment, public payment and free service in accordance with relevant regulations.

Broadband Connection Terminals refer to the connection terminals to internet users actually installed and put into operation, including connection terminals for xDSL, connection terminals for LAN, and other connection terminals for xDSL. N-ISDN connection terminals are not included.

第十五篇 国内贸易

CHAPTER 15 DOMESTIC TRADE

15-1 国内贸易基本情况

BASIC CONDITIONS OF DOMESTIC TRADE

单位：亿元 (100 million yuan)

指　标	Item	2006	2007	2008	2009	2010
社会消费品零售总额	**Total Retail Sales of Consumer Goods**	**2029.0**	**2386.2**	**2928.3**	**3401.8**	**4039.2**
按地区分	By Region					
城　镇	City					3585.9
#城　区	#County					2866.3
乡　村	Under County Level					453.3
按行业分	By Sector					
批发零售贸易业	Wholesale and Retail Trade	1718.6	2008.5	2445.7	2927.0	3542.6
住宿和餐饮业	Hotels and Catering Services	241.2	284.4	351.4	429.4	496.6
其　它	Others	37.9	38.2	41.5	45.4	
按商品类别分	By category					
食品类	Food	797.7	930.3	1119.9	1309.7	1567.4
衣着类	Clothing	398.2	467.8	567.3	677.3	788.6
用品类	Articles	685.9	794.3	975.5	1187.9	1443.5
燃料类	Fuel	115.9	138.7	175.9	226.9	239.7
限上批发零售业企业情况	**Indicators of Enterprise above Designated Size in Wholesale and Retail Trade**					
企业数（个）	Number of Enterprises(unit)	775	772	1283	1276	1547
从业人数（万人）	Employee (10000 persons)	10.0	11.2	13.6	13.2	15.5
商品销售总额	Total Sales	1324.2	1499.4	2276.4	2802.2	3034.2
个体工商业情况	**Indicators of Private Industry and Commerce**					
户数（万户）	Family Households (10000 households)	72.5	76.3	82.5	92.4	101.4
从业人员（万人）	Employee (10000 persons)	156.0	162.7	171.2	182.5	203.4
营业收入	Operating Revenue	748.2	787.0	854.5	974.3	
限上连锁店情况	**Indicators of Branch Chain Store above Designated Size**					
连锁门店数（个）	Number of Branch Chain Store(unit)	1788	806	1065	1000	1163
营业面积（万平方米）	Business Areas (sq.m)	53.0	49.7	44.9	50.1	62.9
从业人员（人）	Number of Person Employed (person)	15676	15333	20991	19334	21369
销售总额	Total Sales	238.5	102.7	139.8	134.7	174.3

注：1.2000年及以后商品购进、销售和库存总额为限额以上企业统计口径。
2.2003年起社会消费品零售总额不再包括“制造业”企业的科、室对居民及社会集团的零售额和“农业生产者”对非农业居民的零售额。
3.2006年-2008年全省社会消费品零售总额为普查衔接后的数据，其他分项数据未做衔接，因此加总后不等于总额（下同）。

Note:a) The total purchases, sales and inventory only include enterprises above designated size from 2000.
b) The total retail sales of consumer goods do not include the retail sales of residents and social groups sold by unit of manufacturing and the retail sales sold by farmers to non-agricultural residents.
c) Total Retail Sales of Consumer Goods from 2005 to 2008 are adjusted according to the Second National Economic Census in 2008, the other sub-data unadjusted (the same as next table).

15-2 社会消费品零售总额(1978-2009年)

TOTAL RETAIL SALE OF CONSUMER GOODS (1978-2009)

单位：亿元 (100 million yuan)

年 份 Year	社会消费品零售总额 Total Retail Sale of Consumer Goods	按地区分 By Region 市 City	 县 County	 县以下 Under County Level	按行业分 By Sector 批发零售贸易业 Wholesale and Retail Trade	 餐饮业 Catering Trade	 制造业 Manufacturing	 农业生产者 Farm Producers	 其 他 Others
1978	61.8	23.3	23.8	14.7	53.2	2.4	2.9		3.3
1980	81.0	37.1	23.9	20.0	68.6	3.7	4.4		4.3
1985	156.7	86.2	46.7	23.8	119.8	9.0	11.3		16.6
1990	341.0	199.5	74.6	66.9	271.4	17.9	19.6	19.1	13.0
1991	352.2	231.7	82.9	37.6	276.2	19.1	21.7		35.2
1992	403.0	269.9	84.3	48.8	313.9	20.8	24.0		44.3
1993	459.5	323.2	83.4	52.9	363.1	24.2	24.8	31.2	16.2
1994	551.7	388.3	96.7	66.7	420.5	35.6	30.7	47.8	17.1
1995	682.7	476.7	116.0	90.0	524.3	41.8	29.7	61.5	25.4
1996	782.2	554.2	124.1	103.9	600.9	54.3	37.6	73.0	16.4
1997	880.2	623.2	139.6	117.4	683.5	63.4	37.9	80.9	14.5
1998	949.7	679.9	138.0	131.8	734.1	77.2	36.9	87.2	14.3
1999	1016.2	725.8	150.5	139.8	778.4	86.9	41.6	91.1	18.3
2000	1094.0	785.2	160.6	148.3	848.7	98.5	39.7	88.2	19.0
2001	1198.9	867.4	171.5	159.7	929.1	115.9	46.0	85.3	22.7
2002	1320.0	959.6	186.6	173.8	1030.0	135.7	44.0	86.4	23.9
2003	1376.4	1019.4	186.6	170.4	1191.9	152.3	32.2		
2004	1557.3	1160.7	206.1	190.5	1343.0	178.3	35.9		
2005	1773.8	1323.0	226.3	210.7	1518.0	204.1	37.9		
2006	2029.0	1524.7	237.8	235.2	1718.6	241.2	37.9		
2007	2386.2	1799.9	273.0	258.2	2008.5	284.4	38.2		
2008	2928.3	2201.5	325.2	311.9	2445.7	351.4	41.5		
2009	3401.8	2640.0	386.1	375.7	2927.0	429.4	45.4		

注：2005年及以前社会消费品零售总额不包括住宿业统计，所以住宿和餐饮业数据中不含住宿业(下同)。

Note:a) The total retail sales of consumer goods before 2005 do not include the statistics of hotel, so the number of hotel and food services do not include hotel.The same as following tables.

15-3 社会消费品零售总额(2010年)

TOTAL RETAIL SALE OF CONSUMER GOODS(2010)

单位：亿元 (100 million yuan)

年 份 地 区	Year Region	社会消费品零售总额 Total Retail Sale of Consumer Goods	按地区分 By Region 城镇 City	 #城区 County	 乡村 Under County Level	按行业分 By Sector 批发零售贸易业 Wholesale and Retail Trade	 住宿和餐饮业 Hotels and Catering Services	 其 他 Others
全 省	**Total**	**4039.2**	**3585.9**	**2866.3**	**453.3**	**3542.6**	**496.6**	
哈 尔 滨	Harbin	1770.2	1602.3	1276.3	167.8	1541.1	229.0	
齐齐哈尔	Qiqihar	357.3	294.7	240.1	62.6	334.8	22.4	
鸡 西	Jixi	118.8	101.4	86.8	17.5	99.0	19.9	
鹤 岗	Hegang	71.4	66.5	59.4	4.9	61.5	9.9	
双 鸭 山	Shuangyashan	65.2	59.2	37.7	6.0	56.8	8.3	
大 庆	Daqing	591.0	546.7	516.3	44.3	538.8	52.2	
伊 春	Yichun	56.7	53.3	38.1	3.3	42.0	14.7	
佳 木 斯	Jiamusi	208.5	184.2	152.8	24.3	184.8	23.7	
七 台 河	Qitaihe	54.6	47.1	41.7	7.6	47.1	7.5	
牡 丹 江	Mudanjiang	265.8	227.0	156.7	38.8	222.5	43.2	
黑 河	Heihe	54.4	41.0	22.7	13.3	42.3	12.1	
绥 化	Suihua	250.5	215.3	105.5	35.2	219.8	30.7	
大兴安岭	Daxinganling	34.1	27.4	24.5	6.7	28.8	5.2	
农垦总局	ARB	116.7	93.0	76.9	23.7	100.3	16.6	

15-4 按商品类别分社会消费品零售总额

TOTAL RETAIL SALE OF CONSUMER GOODS BY CATEGORY

单位：亿元 (100 million yuan)

年份 Year 地区 Region	社会消费品零售总额 Total Retail Sale of Consumer Goods	食品类 Food	#主食 Staple Food	#副食 Non-Staple Food	#烟、酒、茶、饮料 Tobacco, Liquor, tea and Beverages	衣着类 Clothing	#针、纺织品 Knitwear and Textiles	#服装鞋帽类 Clothing, Shoes and Hats	用品类 Articles
1995	682.7	298.3				124.7			229.2
2000	1094.0	486.1	113.2	273.8	97.9	231.5	61.0	170.2	330.4
2001	1198.9	527.1	121.9	292.9	102.0	251.1	62.4	188.6	361.2
2002	1320.0	573.9	129.2	326.2	118.2	279.8	70.1	207.8	392.8
2003	1376.5	582.9	131.2	334.1	116.7	296.4	75.5	220.9	425.4
2004	1557.3	655.8	151.3	372.2	131.5	332.5	87.0	244.9	476.2
2005	1773.8	720.8	164.2	406.2	147.9	364.6	91.6	271.5	568.0
2006	2029.0	797.7	177.5	440.0	161.7	398.2	97.5	283.8	685.9
2007	2386.2	930.3	202.0	510.9	175.6	467.8	105.2	322.0	794.3
2008	2928.3	1119.9	242.2	627.2	201.5	567.3	126.9	388.0	975.5
2009	3401.8	1309.7	281.6	746.0	242.7	677.2	151.3	491.9	1187.9
2010	4039.2	1567.4	316.7	923.9	281.4	788.6	164.4	585.5	1443.5
哈尔滨 Harbin	1770.2	700.2	125.5	454.5	120.2	321.8	60.2	261.6	664.6
齐齐哈尔 Qiqihar	357.3	213.8	38.4	155.1	20.1	58.3	3.8	54.4	78.7
鸡西 Jixi	118.8	47.1	10.5	27.2	9.6	37.1	11.1	25.8	31.0
鹤岗 Hegang	71.4	39.2	11.8	21.4	6.0	15.2	5.3	9.8	12.9
双鸭山 Shuangyashan	65.2	28.3	5.8	16.1	6.3	15.6	5.7	9.9	17.8
大庆 Daqing	591.0	95.9	7.5	20.6	20.6	107.1	14.2	55.1	305.3
伊春 Yichun	56.7	26.7	9.5	12.2	5.0	13.9	4.1	9.5	12.6
佳木斯 Jiamusi	208.5	79.8	18.9	50.9	10.0	42.9	4.6	38.3	74.9
七台河 Qitaihe	54.6	26.5	8.3	10.7	7.5	10.0	3.2	6.8	16.4
牡丹江 Mudanjiang	265.8	104.3	17.4	66.3	20.7	60.5	11.1	49.4	91.3
黑河 Heihe	54.4	27.1	9.4	12.1	5.6	11.8	4.2	7.6	12.8
绥化 Suihua	250.5	109.1	30.0	47.5	31.1	55.5	22.0	33.1	69.1
大兴安岭 Daxinganling	34.1	16.2	5.8	6.2	4.1	7.3	2.9	4.4	9.2
农垦总局 ARB	116.7	45.7	15.8	16.5	12.9	26.3	10.7	15.4	37.1

15-4 续表 CONTINUED

单位：亿元 (100 million yuan)

年份 Year 地区 Region	#日用品 Articles for Daily Use	#生活电器 Household Appliances	#文化体育用品 Culture and Sports Articles	#化妆品 Cosmetics	#金银珠宝 Gold, Silver and Jewelry	#中西药品 Transitional Chinese and Western Medicines	#书报杂志 Newspaper and Magazines	#建筑材料 Structural Material	燃料类 Fuel
1995	142.4						8.5		30.5
2000	82.0	69.5	16.5	15.9	11.1	34.0	15.4	60.1	46.0
2001	94.0	72.3	19.1	18.6	12.2	20.7	18.6	64.8	59.6
2002	104.2	77.7	22.8	20.9	15.9	42.4	20.7	75.8	73.6
2003	111.9	88.5	23.0	23.1	16.8	50.4	21.5	84.4	71.7
2004	124.6	99.3	25.2	25.0	19.4	55.9	23.7	97.4	92.8
2005	149.9	114.2	29.8	30.4	23.4	65.6	27.8	118.6	106.6
2006	179.8	127.6	35.7	37.1	26.9	75.1	31.3	133.5	115.9
2007	204.0	146.7	42.9	45.0	32.6	88.5	36.5	140.7	138.7
2008	249.8	181.3	51.2	52.6	38.6	107.0	42.9	173.1	175.9
2009	296.8	226.6	64.3	64.5	47.3	126.7	51.6	202.2	226.9
2010	367.0	273.5	84.6	80.7	59.8	152.4	59.1	240.0	239.7
哈尔滨 Harbin	225.0	125.9	33.6	35.6	19.7	81.4	21.2	122.1	83.6
齐齐哈尔 Qiqihar	18.9	16.9	17.5	7.5	7.0	7.3	1.9	1.6	6.4
鸡西 Jixi	7.4	6.1	2.2	3.1	3.4	4.0	3.7	0.9	3.6
鹤岗 Hegang	2.6	2.6	0.9	0.9	0.8	2.2	0.8	1.9	4.2
双鸭山 Shuangyashan	2.3	2.4	1.2	1.0	0.9	1.2	1.3	1.2	3.5
大庆 Daqing	21.6	35.1	9.5	12.5	10.6	19.9	8.7	70.4	82.7
伊春 Yichun	3.2	2.4	1.0	0.9	0.7	1.3	0.7	2.0	3.6
佳木斯 Jiamusi	8.6	31.1	4.2	5.1	6.8	8.5	4.9	5.8	10.9
七台河 Qitaihe	4.2	4.7	0.6	1.4	1.4	1.7	1.2	1.1	1.7
牡丹江 Mudanjiang	33.1	21.3	5.1	3.7	3.5	9.3	8.6	6.6	9.7
黑河 Heihe	3.8	3.4	0.6	1.0	0.2	1.3	0.6	1.9	2.6
绥化 Suihua	20.1	12.4	5.1	4.7	2.2	8.3	3.3	13.1	16.8
大兴安岭 Daxinganling	1.9	1.5	0.7	0.5	0.9	1.2	0.9	1.2	1.5
农垦总局 ARB	11.4	5.6	1.9	2.1	1.3	3.5	0.8	8.3	7.6

15-5 限额以上批发零售业企业商品销售情况 (2010年)

单位：万元

类　别	Category	企业数（个）Number of Enterprises (unit)
总　计	**Total**	**1547**
批发业	**Wholesale Trade**	**683**
按登记注册类型分组	**Grouped by Status of Registration**	
内资企业	Domestic Funded Enterprises	679
国有企业	State-owned Enterprises	108
集体企业	Collective-owned Enterprises	13
股份合作企业	Cooperative Enterprises	9
联营企业	Joint Ownership Enterprises	1
有限责任公司	Limited Liability Corporations	170
国有独资企业	Sole State-funded Corporations	9
其他有限责任公司	Others Limited Liability Corporations	161
股份有限公司	Share-holding Corporations Ltd.	27
私营企业	Private Enterprises	344
私营独资企业	Private-funded Enterprises	19
私营合伙企业	Private Partnership Enterprises	1
私营有限责任公司	Private Limited Liability Corporations	311
私营股份有限公司	Private Share-holding Corporations Ltd.	13
其他企业	Other Enterprises	7
港、澳、台商投资企业	Enterprises with Funds from Hong Kong, Macao and Taiwan	2
外商投资企业	Foreign Funded Enterprises	2
按国民经济行业分组	**Grouped by Sector**	
农畜产品批发业	Wholesale of Agriculture and Animal Products	96
食品、饮料及烟草制品批发业	Wholesale of Foods, Beverage and Tobaccos	71
#米、面制品及食用油批发业	#Wholesale of Rice and Flour Products and Edible Oils	22
烟草制品批发业	Wholesale of Tobacco	18
纺织、服装及日用品批发业	Wholesale of Textile, Clothes and Commodities	36
#服装批发业	#Wholesale of Clothes	13
文化、体育用品及器材批发业	Wholesale of Cultural and Sports Goods and Equipment	7
医药及医疗器材批发业	Wholesale of Medicine and Medical Devices	58
矿产品、建材及化工产品批发	Wholesale of Minerals Products, Building Materials and Chemical Products	276
#煤炭及制品批发业	#Wholesale of Coal and Its Products	17
石油及制品批发业	Wholesale of Petroleum and Its Products	31
金属及金属矿批发业	Wholesale of Metals and Metal Mineral	63
建材批发业	Wholesale of Building Materials	67
化肥批发业	Wholesale of Fertilizers	24
机械设备五金交电及电子产品	Wholesale of Mechanical Equipment, Hardware and Electronic Products	114
#汽车摩托车及零配件批发	#Wholesale of Automobiles, Motorcycles and Their Accessories	35
家用电器批发业	Wholesale of Household Electrical Appliances	11
计算机软件及辅助设备批发	Wholesale of Computers, Software and Their Supporting Equipment	14
贸易经纪与代理	Trade Broker and Agent	8
其他批发业	Other Wholesales	17

SALES STATISTICS OF ENTERPRISE ABOVE DESIGNATED SIZE N WHOLESALE AND RETAIL TRADE (2010)

(10000 yuan)

产业活动单位数（个）Number of Establishments (unit)	从业人数（人）Employment (person)	商品销售总额 Total Sales		
		合计 Total	批发 Wholesale Trade	零售 Retail Trade
4329	**155267**	**30341529**	**20191770**	**10149759**
1862	**51937**	**21214268**	**19426859**	**1787410**
1858	51566	20957645	19170236	1787410
718	20938	7574908	7083301	491607
27	940	891239	891239	
156	1784	653648	159001	494646
1	280	20800	10495	10305
229	11452	4528122	4434429	93694
15	944	565631	565631	
214	10508	3962492	3868798	93694
332	5454	1914913	1457884	457029
387	9813	5319283	5087465	231818
22	524	94774	87651	7123
1	30	2236	2236	
351	8732	4977040	4755346	221693
13	527	245233	242232	3001
8	905	54733	46422	8311
2	257	46078	46078	
2	114	210545	210545	
104	6934	955851	899697	56154
146	12300	2765303	2699240	66063
22	1740	530739	511169	19570
93	6378	1784383	1756598	27785
36	1916	1506909	1482435	24474
13	495	426857	418339	8518
7	375	115763	112581	3181
85	4555	1051931	1032224	19707
1328	19692	12356507	10851325	1505182
17	1436	427325	424957	2369
1035	13573	7356708	5878109	1478599
64	744	1376405	1362262	14143
67	979	705780	696974	8806
68	1112	1459189	1459189	
121	4181	1801909	1693283	108627
36	976	527227	454243	72984
11	724	263605	262651	954
14	232	109355	98466	10890
8	334	93090	90089	3001
27	1650	567006	565985	1021

15-5 续表

单位：万元

类　别	Category	企业数（个）Number of Enterprises (unit)
零售业	**Retail Trade**	**864**
按登记注册类型分组	**Grouped by Status of Registration**	
内资企业	Domestic Funded Enterprises	852
国有企业	State-owned Enterprises	81
集体企业	Collective-owned Enterprises	30
股份合作企业	Cooperative Enterprises	18
联营企业	Joint Ownership Enterprises	2
有限责任公司	Limited Liability Corporations	252
国有独资企业	Sole State-funded Corporations	
其他有限责任公司	Others Limited Liability Corporations	252
股份有限公司	Share-holding Corporations Ltd.	43
私营企业	Private Enterprises	418
私营独资企业	Private-funded Enterprises	94
私营合伙企业	Private Partnership Enterprises	9
私营有限责任公司	Private Limited Liability Corporations	290
私营股份有限公司	Private Share-holding Corporations Ltd.	25
其他企业	Other Enterprises	8
港、澳、台商投资企业	Enterprises with Funds from Hong Kong, Macao and Taiwan	6
外商投资企业	Foreign Funded Enterprises	6
按国民经济行业分组	**Grouped by Sector**	
综合零售业	Integrated Retail	186
#百货零售业	#General Merchandise Retail	121
超级市场零售业	Supermarket Retail	45
食品、饮料及烟草制品专门零售业	Special Retails of Foods, Beverage and Tobaccos	28
纺织、服装及日用品专门零售业	Special Retail of Textile, Clothing and Domestic Commodities	62
#服装零售业	#Clothing Retail	45
文化、体育用品及器材专门零售业	Special Retail of Cultural and Sports Goods and Equipment	63
#体育用品零售业	#Sports Goods Retail	5
图书零售业	Books Retail	46
医药及医疗器材专门零售业	Special Retail of Medicine and Medical Devices	82
#药品零售业	#Medicine Retail	78
汽车、摩托车、燃料及零配件	Special Retail of Automobiles, Motorcycles, Fuels and Their Accessories	275
#汽车零售业	#Automobile Retail	185
机动车燃料零售业	Automobile Fuel Retail	59
家用电器及电子产品专门零售业	Special Retail of Household Electrical Appliances and Electronic Products	106
#家用电器零售业	#Retail of Household Electrical Appliances	58
计算机、软件及辅助设备零售业	Retail of Computers, Software and Their Supporting Equipment	32
通讯设备零售业	Retail of Communication Equipment	14
五金、家具及室内装修材料专门零售业	Special Retail of Hardware, Furniture and Indoor Decoration Materials	30
无店铺及其他零售业	Retail without Shops and Other Retail	32
#邮购及电子销售业	#Mail Order and Electronical Selling	

CONTINUED

(10000 yuan)

产业活动单位数（个）Number of Establishments (unit)	从业人数（人）Employment (person)	商品销售总额 Total Sales		
		合计 Total	批发 Wholesale Trade	零售 Retail Trade
2467	**103330**	**9127261**	**764911**	**8362349**
2069	93957	8064056	493220	7570835
144	8516	1017997	125541	892457
94	2037	119203	10881	108323
19	742	32400	313	32087
2	54	9644		9644
620	29885	2418160	181566	2236594
620	29885	2418160	181566	2236594
223	18569	1020331	44540	975791
944	30970	3239831	128983	3110849
94	4590	369745	7823	361921
9	218	21337		21337
752	22248	2593000	121159	2471840
89	3914	255750		255750
23	3184	206489	1397	205092
9	2779	264632		264632
389	6594	798573	271691	526882
367	57471	2947759	33376	2914383
191	44265	2231650	28453	2203197
120	12792	679025	200	678825
28	1127	41586	7156	34429
72	6838	267424	2878	264546
46	6105	225796	300	225496
105	3349	238371	40986	197384
22	384	124884	30161	94723
67	2698	85150	6332	78818
1268	10679	916768	303231	613536
1264	10626	906278	302895	603383
363	12578	3787640	266776	3520865
191	7960	2693849	117908	2575941
141	4148	997571	134386	863184
166	8752	778683	94838	683845
87	4523	500623	30279	470344
33	3526	138052	22378	115674
44	692	136153	42182	93972
32	1518	76193	8232	67961
66	1018	72837	7437	65400

15-6 限额以上批发零售贸易业商品分类销售额 (2010年)

TOTAL SALES OF ENTERPRISE ABOVE DESIGNATED SIZE IN WHOLESALE AND RETAIL TRADE BY CATEGORY OF COMMODITIES (2010)

单位：万元 (10000 yuan)

类 别	Category	销售合计 Total	批 发 Wholesale Trade	零 售 Retail Trade
合 计	**Total**	**28453440**	**18420772**	**10032668**
食品、饮料、烟酒类	Food, Beverages, Tobacco and Liquor	4273833	3383622	890211
#食品类	#Food	2014126	1316816	697310
#粮油类	#Grain and Oil	1350463	1163815	186649
肉禽蛋类	Meat, Poultry and Eggs	128972	6221	122751
饮料类	Beverages	107999	34001	73998
烟酒类	Tobacco and Liquor	2151707	2032805	118902
服装鞋帽、针、纺织品类	Clothing, Shoes, Hats and Textiles	1830971	414617	1416354
服装类	Clothing	1195973	124870	1071103
鞋帽类	Shoes and Hats	546334	280419	265915
针、纺织品类	Knitwear and Textiles	88665	9327	79337
化妆品类	Cosmetics	166127	28827	137300
金银珠宝类	Gold, Silver and Jewelry	199795	2333	197462
日用品类	Articles for Daily Use	510772	106150	404622
#洗涤用品类	#Washing Articles	74811	3264	71547
五金、电料类	Hardware and Electrical Materials	109369	19352	90016
体育、娱乐用品类	Sports and Recreation Articles	46456	156	46300
书报、杂志类	Newspapers and Magazines	133745	53406	80339
电子出版物及音像制品类	E-journal and Video Products	8429	972	7457
家用电器及音像器材类	Household Appliances and Video Appliances	1078158	300976	777182
中西药品类	Traditional Chinese and Western Medicines	1788628	1172961	615666
文化办公用品类	Cultural and Official Goods	257521	79991	177530
家俱类	Furniture	113658	6970	106688
通讯器材类	Communication Appliances	281811	127628	154183
煤炭及制品类	Coal and Related Product	578939	565634	13306
木材及制品类	Wood and Wooden Product	389236	389236	
石油及制品类	Petroleum Related Product	7536559	5313689	2222870
化工材料类	Raw Chemical Materials	2136707	2136707	
#化肥类	#Fertilizer	1178324	1178324	
金属材料类	Metal Materials	1805772	1805772	
建筑及装潢材料类	Building and Decoration Materials	406603	252033	154570
机电产品及设备类	Mechanical and Electrical Products	793828	767940	25888
汽车类	Automobiles	2994302	700756	2293546
种子饲料类	Seed and Feedstuff	64290	64290	
棉麻类	Cotton and Hemp	3818	2821	997
其他类	Others	944116	723935	220181

15-7 各地区限额以上批零贸易业商品销售情况 (2010年)

SALES STATISTICS OF ENTERPRISE ABOVE DESIGNATED SIZE IN WHOLESALE AND RETAIL TRADE BY REGION (2010)

地　区	Region	企业数（个）Number of Enterprises (unit)	产业活动单位数（个）Number of Establishments (unit)	从业人数（人）Employment (person)
全　省	**Total**	**1547**	**4329**	**155267**
哈尔滨	Harbin	625	1495	54225
齐齐哈尔	Qiqihar	98	298	10062
鸡　西	Jixi	48	219	6600
鹤　岗	Hegang	59	170	6213
双鸭山	Shuangyashan	43	134	3434
大　庆	Daqing	253	413	30555
伊　春	Yichun	24	68	1887
佳木斯	Jiamusi	46	392	12818
七台河	Qitaihe	10	45	1634
牡丹江	Mudanjiang	230	367	11644
黑　河	Heihe	25	102	1904
绥　化	Suihua	57	387	9612
大兴安岭	Daxinganling	14	77	1106
农垦总局	ARB	15	162	3573

15-7 续表 CONTINUED

地　区	Region	商品销售总额(万元) Total Sales (10000 yuan)		
		合　计 Total	批　发 Wholesale Trade	零　售 Retail Trade
全　省	**Total**	**30341529**	**20191770**	**10149759**
哈尔滨	Harbin	13943721	8603627	5340095
齐齐哈尔	Qiqihar	1003954	679880	324074
鸡　西	Jixi	643080	335632	307449
鹤　岗	Hegang	352347	247936	104411
双鸭山	Shuangyashan	311654	232107	79547
大　庆	Daqing	6618956	4779887	1839070
伊　春	Yichun	278985	215277	63708
佳木斯	Jiamusi	710482	182078	528405
七台河	Qitaihe	291894	97531	194362
牡丹江	Mudanjiang	3968987	3585789	383199
黑　河	Heihe	344845	262973	81872
绥　化	Suihua	714684	390935	323749
大兴安岭	Daxinganling	158135	80242	77893
农垦总局	ARB	999804	497878	501926

15-8 限额以上住宿和餐饮业企业经营状况 (2010年)

SALES STATISTICS OF ACCOMADATION AND RESTAURANTS ABOVE DESIGNATED SIZE (2010)

项 目	Item	企业数（个）Number of Enterprises (unit)	从业人数（人）Employment (person)	营业额（万元）Business Revenue (10000 yuan)	#客房收入 Guest Room Revenue	#餐费收入 Food Revenue
总 计	**Total**	**479**	**46946**	**626967**	**159548**	**396318**
住宿业	**Accommodation**	**242**	**26098**	**283646**	**151783**	**108649**
按登记注册类型分组	**Grouped by Status of Registration**					
内资企业	Domestic Funded Enterprises	227	23239	233688	128414	85347
国有企业	State-owned Enterprises	79	9709	92043	45213	39528
集体企业	Collective-owned Enterprises	4	266	1523	1383	93
股份合作企业	Cooperative Enterprises	5	895	7046	2715	1799
联营企业	Joint Ownership Enterprises	2	65	3518	1358	2151
有限责任公司	Limited Liability Corporations	45	4656	50465	27513	17694
国有独资企业	Sole State-funded Corporations					
其他有限责任公司	Others Limited Liability Corporations	45	4656	50465	27513	17694
股份有限公司	Share-holding Corporations Ltd.	13	2291	28119	19010	7597
私营企业	Private Enterprises	76	5155	49163	30400	15601
私营独资企业	Private-funded Enterprises	18	808	7421	3140	3496
私营合伙企业	Private Partnership Enterprises	2	195	1915	1887	24
私营有限责任公司	Private Limited Liability Corporations	51	3811	36093	22859	11195
私营股份有限公司	Private Share-holding Corporations Ltd.	5	341	3734	2514	886
其他企业	Other Enterprises	3	202	1812	822	884
港、澳、台商投资企业	Enterprises with Funds from Hong Kong, Macao and Taiwan	12	2129	20293	9442	8394
合资经营企业	Joint-venture Enterprises	8	1469	16650	7606	7037
合作经营企业	Cooperative Enterprises					
独资经营企业	Enterprises with Sole Investment	3	530	2736	1303	1151
投资股份有限公司	Share-holding Corporations Ltd. With Investment	1	130	906	533	207
外商投资企业	Foreign Funded Enterprises	3	730	29665	13927	14908
中外合资经营企业	Joint-venture Enterprises	1	135	8944	3186	5758
中外合作经营企业	Cooperative Enterprises	1	40	986	913	55
外资企业	Enterprises with Sole Foreign Investment	1	555	19735	9828	9096
外商投资股份有限公司	Share-holding Corporations Ltd. With Foreign Investment					
按国民经济行业分组	**Grouped by Sector**					
旅游饭店	Tourist Hotel	169	20857	229834	117590	91561
一般旅馆	General Hotel	61	4583	47636	30949	14919
其他住宿服务	Others	12	658	6176	3244	2169
按星级分组	**Grouped by Star**					
五 星	Five-star hotel	10	2683	52515	27369	22834
四 星	Four-star hotel	34	7529	79131	39135	31127
三 星	Three-star hotel	63	5529	49523	25271	19028
二 星	Two-star hotel	40	3174	26220	14197	9812
一 星	One-star hotel	10	333	4250	2340	1221
其 他	Others	85	6850	72006	43471	24626

15-8 续表　CONTINUED

项　目	Item	企业数（个）Number of Enterprises (unit)	从业人数（人）Employment (person)	营业额（万元）Business Revenue (10000 yuan)	#客房收入 Guest Room Revenue	#餐费收入 Food Revenue
餐饮业	**Restaurants**	**237**	**20848**	**343321**	**7765**	**287669**
按登记注册类型分组	**Grouped by Status of Registration**					
内资企业	Domestic Funded Enterprises	190	15330	249501	7672	205343
国有企业	State-owned Enterprises	13	1013	11569	3549	6977
集体企业	Collective-owned Enterprises	2	176	6115		5100
股份合作企业	Cooperative Enterprises	3	396	5150		4739
联营企业	Joint Ownership Enterprises					
有限责任公司	Limited Liability Corporations	30	2808	24524	593	22028
国有独资企业	Sole State-funded Corporations					
其他有限责任公司	Others Limited Liability Corporations	30	2808	24524	593	22028
股份有限公司	Share-holding Corporations Ltd.	2	216	4512	98	3394
私营企业	Private Enterprises	138	10573	195559	2602	162342
私营独资企业	Private-funded Enterprises	36	2243	33428	1153	28189
私营合伙企业	Private Partnership Enterprises	5	266	2566	270	1995
私营有限责任公司	Private Limited Liability Corporations	90	7355	148825	936	122666
私营股份有限公司	Private Share-holding Corporations Ltd.	7	709	10740	244	9492
其他企业	Other Enterprises	2	148	2073	830	764
港、澳、台商投资企业	Enterprises with Funds from Hong Kong, Macao and Taiwan	21	2596	45819		40597
合资经营企业	Joint-venture Enterprises	11	1047	22095		20047
合作经营企业	Cooperative Enterprises					
独资经营企业	Enterprises with Sole Investment	10	1549	23724		20550
投资股份有限公司	Share-holding Corporations Ltd. With Investment					
外商投资企业	Foreign Funded Enterprises	26	2922	48001	93	41729
中外合资经营企业	Joint-venture Enterprises	11	900	20851	93	16952
中外合作经营企业	Cooperative Enterprises	1	780	9259		9259
外资企业	Enterprises with Sole Foreign Investment	14	1242	17891		15518
外商投资股份有限公司	Share-holding Corporations Ltd. With Foreign Investment					
按国民经济行业分组	**Grouped by Sector**					
正餐服务业	Dinner Service	228	19606	319684	7707	265661
快餐服务业	Snack Service	6	1089	19330		18410
饮料及冷饮服务业	Beverage and Cold Drink Service	1	50	829		829
其他餐饮服务业	Other Food and Beverage Services	2	103	3478	58	2769

15-9 各地区限额以上住宿和餐饮业经营状况 (2010年)

SALES STATISTICS OF ACCOMADATION AND RESTAURANTS ABOVE DESIGNATED SIZE BY REGION (2010)

地 区	Region	住宿业 Accommodation				
		企业数 (个) Number of Enterprises(unit)	从业人数 (人) Employment (person)	营业额 (万元) Business Revenue (10000 yuan)	#客房收入 Guest Room Revenue	#餐费收入 Food Revenue
全 省	**Total**	**242**	**26098**	**283646**	**151783**	**108649**
哈尔滨	Harbin	112	13897	187340	103645	69350
齐齐哈尔	Qiqihar	16	1008	8621	5212	2603
鸡 西	Jixi	6	440	1542	1147	214
鹤 岗	Hegang	8	757	3934	2538	1132
双鸭山	Shuangyashan	6	569	3057	1319	1233
大 庆	Daqing	16	1702	17585	8326	6502
伊 春	Yichun	19	856	8103	3374	4277
佳木斯	Jiamusi	10	1003	7022	2820	3427
七台河	Qitaihe	2	178	1553	788	598
牡丹江	Mudanjiang	26	3058	21863	11250	8743
黑 河	Heihe	5	445	4376	1977	2171
绥 化	Suihua	6	533	6069	2881	2603
大兴安岭	Daxinganling	6	989	6232	1792	4204
农垦总局	ARB	4	663	6349	4716	1593

15-9 续表 CONTINUED

地 区	Region	餐饮业 Restaurants				
		企业数 (个) Number of Enterprises(unit)	从业人数 (人) Employment (person)	营业额 (万元) Business Revenue (10000 yuan)	#客房收入 Guest Room Revenue	#餐费收入 Food Revenue
全 省	**Total**	**237**	**20848**	**343321**	**7765**	**287669**
哈尔滨	Harbin	138	12406	259943	800	219067
齐齐哈尔	Qiqihar	17	913	6491	854	4196
鸡 西	Jixi	6	255	5803	830	4342
鹤 岗	Hegang	3	192	1134	299	740
双鸭山	Shuangyashan	6	494	3536	786	2341
大 庆	Daqing	26	3156	34905	2859	30237
伊 春	Yichun	7	257	2096	423	1450
佳木斯	Jiamusi	13	1173	12464	692	9711
七台河	Qitaihe	2	160	1689		1229
牡丹江	Mudanjiang	16	1502	12103	223	11239
黑 河	Heihe	2	72	458		418
绥 化	Suihua					
大兴安岭	Daxinganling					
农垦总局	ARB	1	268	2700		2700

15-10 限额以上批发零售贸易业商品销售数量(2010年)

TOTAL SALES NUMBER OF ENTERPRISE ABOVE DESIGNATED SIZE IN WHOLESALE AND RETAIL TRADE BY COMMODITIES (2010)

品　名	Item	购进量 Total Purchases volume	销售量 Total Sales volume
粮食（万吨）	Grain (10000 tons)	379.1	361.5
食用植物油（吨）	Edible Vegetable Oil (ton)	45594.2	69172.1
猪及猪肉（吨）	Pigs and Pork (ton)	23511.8	23687.3
牛及牛肉（吨）	Cattle and Beef (ton)	4008.5	2674.5
羊及羊肉（吨）	Sheep and Lamb (ton)	1638.8	1466.2
鲜蛋（吨）	Fresh Eggs (ton)	12627.1	10085.3
鲜奶（万升）	Milk (10000 liters)	3744826.9	2982602.3
酒（万升）	Wine (10000 liters)	4422.5	3941.5
各种服装（百件）	Clothing (100 units)	3139400	2397010
鞋（百双）	Shoes (10000 pair)	838993	802858
数码照相机（台）	Digital Camera (unit)	180844	111155
数码摄像机（台）	Pickup Camera (unit)	20495	17829
彩色电视机（台）	Color TV (unit)	1227327	1141082
电脑(微型计算机)（台）	Computer (microcomputer) (unit)	340600	312172
电冰箱(家用电冰箱)（台）	Household Refrigerator (unit)	669996	670608
洗衣机(家用洗衣机)（台）	Household Washing Machine (unit)	518249	504188
家用空调器(房间空调器)（台）	Household Air Conditioner (unit)	135797	154077
微波炉（台）	Microwave Oven (unit)	191151	166753
移动电话机（部）	Mobile Telephone (unit)	2807472	2586020
煤炭（万吨）	Coal (10000 tons)	1390.3	1327.6
木材（立方米）	Wood (cu.m)	1379435	1428697
汽油（吨）	Gasoline (ton)	2573877	2478945
柴油（吨）	Diesel Oil (ton)	4978970	4797116
化学肥料（吨）	Chemical Fertilizers (ton)	4543985	4604431
化学农药（吨）	Chemical Pesticide (ton)	262492	58125
钢材（吨）	Steel Products (ton)	6271951	3957451
铝（吨）	Aluminum (ton)	9538	9172
摩托车（辆）	Motorcycle (unit)	10353	23298
自行车（辆）	Bicycle (unit)	10156	8947
农业机械（辆）	Agricultural Machinery (unit)	51275	49702
汽车（辆）	Motor Vehicles (unit)	343890	340074
#轿车	#Car	176182	140371

15-11 限额以上批发零售贸易企业财务状况 (2010年)

单位：万元

项　目	Item	企业数(个) Numbers of Enterprises (unit)	流动资产小计 Circulating Funds
总　计	**Total**	**1547**	**10651750**
批发企业	**Wholesale Trade**	**683**	**7977870**
按登记注册类型分组	**Grouped by Status of Registration**		
内资企业	Domestic Funded Enterprises	679	7964216
国有企业	State-owned Enterprises	108	1703170
集体企业	Collective-owned Enterprises	13	820988
股份合作企业	Cooperative Enterprises	9	97410
联营企业	Joint Ownership Enterprises	1	2400
有限责任公司	Limited Liability Corporations	170	1679964
国有独资企业	Sole State-funded Corporations	9	280454
其他有限责任公司	Others Limited Liability Corporations	161	1399511
股份有限公司	Share-holding Corporations Ltd.	27	1996573
私营企业	Private Enterprises	344	1643677
其他企业	Other Enterprises	7	20035
港、澳、台商投资企业	Enterprises with Funds from Hong Kong, Macao and Taiwan	2	3476
外商投资企业	Foreign Funded Enterprises	2	10178
按国民经济行业分组	**Grouped by Sector**		
农畜产品批发业	Wholesale of Agriculture and Animal Products	96	718076
食品、饮料及烟草制品批发业	Wholesale of Foods, Beverage and Tobaccos	71	1189784
#米、面制品及食用油批发业	#Wholesale of Rice and Flour Products and Edible Oils	22	596127
烟草制品批发业	Wholesale of Tobacco	18	444297
纺织、服装及日用品批发业	Wholesale of Textile, Clothes and Commodities	36	138259
#服装批发业	#Wholesale of Clothes	13	35874
文化、体育用品及器材批发业	Wholesale of Cultural and Sports Goods and Equipment	7	25867
医药及医疗器材批发业	Wholesale of Medicine and Medical Devices	58	298197
矿产品、建材及化工产品批发	Wholesale of Minerals Products, Building Materials and Chemical Products	276	4908431
#煤炭及制品批发业	#Wholesale of Coal and Its Products	17	112798
石油及制品批发业	Wholesale of Petroleum and Its Products	31	2343114
金属及金属矿批发业	Wholesale of Metals and Metal Mineral	63	491678
建材批发业	Wholesale of Building Materials	67	287040
化肥批发业	Wholesale of Fertilizers	24	1388067
机械设备、五金交电及电子产品	Wholesale of Mechanical Equipment, Hardware and Electronic Products	114	481799
#汽车、摩托车及零配件批发	#Wholesale of Automobiles, Motorcycles and Their Accessories	35	81563
家用电器批发业	Wholesale of Household Electrical Appliances	11	28505
计算机、软件及辅助设备批发	Wholesale of Computers, Software and Their Supporting Equipment	14	48772
贸易经纪与代理	Trade Broker and Agent	8	27631
其他批发业	Other Wholesales	17	189826

FINANCIAL INDICATORS OF ENTERPRISE ABOVE DESIGNATED SIZE IN WHOLESALE AND RETAIL TRADE (2010)

(10000 yuan)

资产合计 Total Assets	负债合计 Total Liabilities	实收资本 Paicl-up Capital	固定资产原价 Original Value of Fixed Assets	累计折旧 Total Depreciation	主营业务收入 Revenue in Major Business	主营业务成本 Cost in Major Business	主营业务税金及附加 Tax and Extra Changes in Major Business
13355780	**10690203**	**1708115**	**2229310**	**742562**	**27419313**	**24091849**	**369407**
9312238	**7579586**	**758651**	**995537**	**363483**	**19551031**	**17342358**	**237712**
9298009	7562555	753115	994328	362849	19298523	17128874	232662
2232548	1404923	178030	518288	216409	6875414	5954023	102339
890495	822472	15920	53613	13295	906775	853725	17188
134148	59001	47656	36525	11201	573295	531885	3711
8200	2400	5800	6800	1000	20800	15610	190
1899699	1625914	198864	122321	35598	4193576	3777454	52449
299644	219572	30844	19126	8364	553740	508892	4991
1600055	1406342	168021	103194	27234	3639836	3268561	47458
2106404	2009100	40850	117088	46979	1689533	1534140	4022
1996890	1605944	256334	131003	35891	4987997	4426565	52061
29626	32801	9661	8692	2476	51133	35473	702
3949	3563	486	967	494	40588	38078	812
10281	13468	5050	242	140	211920	175405	4238
955267	788972	84038	164308	59471	894151	801940	8243
1424812	702856	98060	232490	88214	2589384	2039666	79554
660276	523684	46478	39259	14395	498972	459855	3017
545696	57610	24560	145091	56558	1659968	1249155	69632
186173	143637	28141	18785	3702	1432025	1229884	9227
44517	34791	5224	2703	439	383694	330572	3546
36180	27444	8150	8847	3132	81619	57614	972
309223	252263	44423	13167	5853	959214	858735	16476
5565825	4998805	400857	479255	180300	11319413	10330935	88476
126999	114164	16551	12809	4491	428027	405750	6952
2671180	2431670	159418	350606	146635	6561558	5928226	32898
549095	482398	68992	11140	4797	1232163	1134829	19334
395755	266733	96904	24638	6697	639176	583768	4910
1489781	1383938	22505	56548	12616	1466951	1365709	17296
585908	502572	65365	57865	14105	1649789	1514765	27146
124312	93169	23080	28348	5419	466862	440668	6697
35302	36826	2766	2202	708	227610	213237	3156
57776	54523	9783	1280	762	97552	88966	1951
29732	16915	4870	2212	1064	90396	85071	1083
219118	146122	24747	18610	7643	535042	423750	6537

15-11 续表1

单位：万元

项　　目	Item	企业数(个) Numbers of Enterprises (unit)	流动资产小计 Circulating Funds
零售企业	**Retail Trade**	**864**	**2673880**
按登记注册类型分组	**Grouped by Status of Registration**		
内资企业	Domestic Funded Enterprises	852	2358257
国有企业	State-owned Enterprises	81	229829
集体企业	Collective-owned Enterprises	30	23677
股份合作企业	Cooperative Enterprises	18	10398
联营企业	Joint Ownership Enterprises	2	662
有限责任公司	Limited Liability Corporations	252	563007
国有独资企业	Sole State-funded Corporations		
其他有限责任公司	Others Limited Liability Corporations	252	563007
股份有限公司	Share-holding Corporations Ltd.	43	215071
私营企业	Private Enterprises	418	1292617
其他企业	Other Enterprises	8	22996
港、澳、台商投资企业	Enterprises with Funds from Hong Kong, Macao and Taiwan	6	50840
外商投资企业	Foreign Funded Enterprises	6	264783
按国民经济行业分组	**Grouped by Sector**		
综合零售业	Integrated retails Trade	186	780571
#百货零售业	#General Merchandise Retail Trade	121	589442
超级市场零售业	Supermarket Retail Trade	45	185362
食品、饮料及烟草制品	Special Retails of Foods, Beverage and Tobaccos	28	13644
纺织、服装及日用品	Special Retail of Textile, Clothing and Domestic Commodities	62	76145
#服装零售业	#Clothing Retail	45	59898
文化、体育用品及器材	Special Retail of Cultural and Sports Goods and Equipment	63	114290
#体育用品零售业	#Sports Goods Retail	5	71352
图书零售业	Books Retail	46	33140
医药及医疗器材专门零售业	Special Retail of Medicine and Medical Devices	82	302180
#药品零售业	#Medicine Retail	78	297637
汽车、摩托车、燃料及零配件	Special Retail of Automobiles, Motorcycles, Fuels and Their Accessories	275	1058662
#汽车零售业	#Automobile Retail	185	803152
机动车燃料零售业	Automobile Fuel Retail	59	215591
家用电器及电子产品	Special Retail of Household Electrical Appliances and Electronic Products	106	269876
#家用电器零售业	#Retail of Household Electrical Appliances	58	211159
计算机、软件及辅助设备	Retail of Computers, Software and Their Supporting Equipment	32	41117
通讯设备零售业	Retail of Communication Equipment	14	16735
五金、家具及室内装修材料	Special Retail of Hardware, Furniture and Indoor Decoration Materials	30	35926
无店铺及其他零售业	Retail Without Shops and Other Retail	32	22586
#邮购及电子零售业	#Mail Order and Electronical Selling		

CONTINUED

（10000 yuan）

资产合计 Total Assets	负债合计 Total Liabilities	实收资本 Paicl-up Capital	固定资产原价 Original Value of Fixed Assets	累计折旧 Total Depreciation	主营业务收入 Revenue in Major Business	主营业务成本 Cost in Major Business	主营业务税金及附加 Tax and Extra Changes in Major Business
4043542	**3110617**	**949465**	**1233773**	**379079**	**7868282**	**6749492**	**131695**
3576183	2696117	894675	1085713	340386	7033848	6021844	115801
388787	262042	108595	176684	67048	907689	775688	16839
43310	29212	7284	18810	5172	119869	69457	7093
19881	15901	4944	13269	4443	28994	25025	282
1115	130	369	106	77	9644	8098	263
1117330	903999	388649	396522	106897	2081434	1739419	30415
1117330	903999	388649	396522	106897	2081434	1739419	30415
389790	248415	74142	201250	60774	837864	724961	10822
1579683	1213926	293225	270760	91915	2894300	2569292	48008
36289	22494	17466	8310	4060	154054	109904	2080
92784	99772	12872	39546	7672	226057	193460	3940
374575	314728	41918	108515	31021	608376	534187	11954
1583501	1249226	288738	707604	237613	2455295	2152863	48616
1254593	977243	205434	564623	189208	1804403	1588682	35874
317890	264539	80918	138123	47230	613819	532285	12292
31522	18804	9712	14001	3640	39725	32111	758
189382	100328	39493	131568	25690	227274	177519	4222
130843	87721	29537	77892	12597	192754	148453	3332
140198	110414	16675	35090	12540	223400	184788	4049
71580	70401	4201	708	483	124628	108670	2456
55880	34820	5693	31803	11290	74107	54321	1094
374308	300928	268083	68434	16072	728600	604581	12174
369645	296754	267773	68303	15999	718214	595380	11976
1291265	1017522	239446	208091	69840	3367546	2935046	49584
953449	794100	136835	124315	33709	2378692	2070072	33838
286536	187360	95024	75134	34515	893010	787752	14689
335505	263540	46395	48535	9128	682797	557067	9306
250353	200087	29987	21733	5441	431863	378245	5896
65782	51749	9648	24662	2826	131063	104540	1278
18500	11216	6604	2137	862	116461	71019	2128
61150	29442	32790	12390	2755	72338	48324	2034
36712	20414	8133	8060	1800	71306	57193	953

15-11 续表2

单位：万元

项　　目	Item	主营业务利润 Profit in Major Business	营业费用 Business Expenses
总　计	**Total**	**2617918**	**1210339**
批发企业	**Wholesale Trade**	**1675872**	**791116**
按登记注册类型分组	**Grouped by Status of Registration**		
内资企业	Domestic Funded Enterprises	1637201	778377
国有企业	State-owned Enterprises	628014	322640
集体企业	Collective-owned Enterprises	47470	25932
股份合作企业	Cooperative Enterprises	39018	14861
联营企业	Joint Ownership Enterprises	5000	
有限责任公司	Limited Liability Corporations	360223	183567
国有独资企业	Sole State-funded Corporations	34952	7324
其他有限责任公司	Others Limited Liability Corporations	325271	176244
股份有限公司	Share-holding Corporations Ltd.	146787	64586
私营企业	Private Enterprises	406112	165011
其他企业	Other Enterprises	4578	1780
港、澳、台商投资企业	Enterprises with Funds from Hong Kong, Macao and Taiwan	2156	2605
外商投资企业	Foreign Funded Enterprises	36514	10134
按国民经济行业分组	**Grouped by Sector**		
农畜产品批发业	Wholesale of Agriculture and Animal Products	95702	50365
食品、饮料及烟草制品批发业	Wholesale of Foods, Beverage and Tobaccos	447050	90374
#米、面制品及食用油批发业	#Wholesale of Rice and Flour Products and Edible Oils	35480	13893
烟草制品批发业	Wholesale of Tobacco	318980	36463
纺织、服装及日用品批发业	Wholesale of Textile, Clothes and Commodities	180427	61906
#服装批发业	#Wholesale of Clothes	48231	10129
文化、体育用品及器材批发业	Wholesale of Cultural and Sports Goods and Equipment	23973	2524
医药及医疗器材批发业	Wholesale of Medicine and Medical Devices	78800	50705
矿产品、建材及化工产品批发	Wholesale of Minerals Products, Building Materials	637996	430058
	and Chemical Products	10954	124103
#煤炭及制品批发业	#Wholesale of Coal and Its Products	338435	188829
石油及制品批发业	Wholesale of Petroleum and Its Products	74950	22910
金属及金属矿批发业	Wholesale of Metals and Metal Mineral	51722	22355
建材批发业	Wholesale of Building Materials	97515	41376
化肥批发业	Wholesale of Fertilizers	105500	78101
机械设备、五金交电及电子产品	Wholesale of Mechanical Equipment, Hardware and Electronic Products	13709	7437
#汽车、摩托车及零配件批发	#Wholesale of Automobiles, Motorcycles and Their Accessories	14271	26599
家用电器批发业	Wholesale of Household Electrical Appliances	5311	4820
计算机、软件及辅助设备批发	Wholesale of Computers, Software and Their Supporting Equipment	4791	2926
贸易经纪与代理	Trade Broker and Agent	101633	24158
其他批发业	Other Wholesales		

CONTINUED

(10000 yuan)

管理费用 Management Expenses	营业利润 Business Profits	利润总额 Total Profits	应交所得税 Payable Income Tax	劳动、失业保险费 Unemployment Insurance Benefits	应付工资 Total Wage Payable	应付福利费 Total Welfarism	本年应交增值税 Value-added Tax Payable
797859	**1297138**	**835254**	**203418**	**15448**	**420016**	**31417**	**1446200**
445963	**840722**	**609900**	**141408**	**10601**	**183252**	**18120**	**929754**
436873	812487	612870	141373	10601	182094	18046	912836
179305	313893	281052	71117	9267	84850	9000	322975
32565	2976	15470	5075	446	2671	179	57453
8872	19872	18800	4705	26	5882	528	83513
200	4800	2800	50		520	10	67
100149	146659	80942	19227	408	36986	2452	173604
8104	20855	24556	5541	22	5155	624	8726
92044	125804	56387	13685	386	31831	1828	164878
11472	86154	82395	10477	262	20358	1667	68946
102730	235710	130181	30612	192	28014	4044	204435
1580	2423	1230	111	0	2814	167	1843
1461	833	-693	35		802	51	2719
7629	27402	-2277			356	23	14199
31119	42715	20136	1868	137	15599	769	32476
115073	248491	237960	64930	8702	58990	5669	116745
10485	11240	12574	1074	31	4668	174	9527
85023	200922	192733	53875	3365	42391	4897	83106
12984	111567	51430	9264	24	8056	894	40398
3006	37490	28172	6391	10	1887	185	12521
2953	19779	554	225	24	1163	70	23116
32041	29571	10457	2579	67	12337	700	59763
174337	275475	240935	46844	1351	65036	8237	536541
20167	7917	1473	534	100	4382	320	34315
56811	138441	127342	16646	693	45579	4802	313311
35948	47357	19947	5964	19	2627	137	65446
12334	25745	31186	7703	32	2245	98	26954
34026	21168	36715	9439	429	3278	148	66467
56744	44003	15917	6125	192	12002	686	91812
13890	4050	1797	589	14	2486	120	22467
5840	7160	3223	1532	54	2208	138	11182
3849	4406	-600	598	7	724	46	6536
2252	1233	4800	1565	4	771	24	3778
18462	67888	27711	8008	99	9298	1071	25127

15-11 续表3

单位：万元

项　目	Item	主营业务利润 Profit in Major Business	营业费用 Business Expenses
零售企业	**Retail Trade**	**942046**	**419223**
按登记注册类型分组	**Grouped by Status of Registration**		
内资企业	Domestic Funded Enterprises	840693	368607
国有企业	State-owned Enterprises	82308	41216
集体企业	Collective-owned Enterprises	40721	10670
股份合作企业	Cooperative Enterprises	3917	1706
联营企业	Joint Ownership Enterprises	1304	21
有限责任公司	Limited Liability Corporations	245923	123176
国有独资企业	Sole State-funded Corporations		
其他有限责任公司	Others Limited Liability Corporations	245923	123176
股份有限公司	Share-holding Corporations Ltd.	100066	35728
私营企业	Private Enterprises	323202	149870
其他企业	Other Enterprises	43252	6219
港、澳、台商投资企业	Enterprises with Funds from Hong Kong, Macao and Taiwan	28510	21819
外商投资企业	Foreign Funded Enterprises	72844	28798
按国民经济行业分组	**Grouped by Sector**		
综合零售业	Integrated retails Trade	359013	189907
#百货零售业	#General Merchandise Retail Trade	277362	106730
超级市场零售业	Supermarket Retail Trade	76910	78825
食品、饮料及烟草制品	Special Retails of Foods, Beverage and Tobaccos	5790	2724
纺织、服装及日用品	Special Retail of Textile, Clothing and Domestic Commodities	41824	14014
#服装零售业	#Clothing Retail	36899	11286
文化、体育用品及器材	Special Retail of Cultural and Sports Goods and Equipment	36519	21081
#体育用品零售业	#Sports Goods Retail	15552	10738
图书零售业	Books Retail	18444	5556
医药及医疗器材专门零售业	Special Retail of Medicine and Medical Devices	119984	25394
#药品零售业	#Medicine Retail	118821	24476
汽车、摩托车、燃料及零配件	Special Retail of Automobiles, Motorcycles, Fuels and Their Accessories	265516	113916
#汽车零售业	#Automobile Retail	148891	70422
机动车燃料零售业	Automobile Fuel Retail	100678	41013
家用电器及电子产品	Special Retail of Household Electrical Appliances and Electronic Products	80589	38826
#家用电器零售业	#Retail of Household Electrical Appliances	51708	31278
计算机、软件及辅助设备	Retail of Computers, Software and Their Supporting Equipment	25641	4276
通讯设备零售业	Retail of Communication Equipment	3107	3261
五金、家具及室内装修材料	Special Retail of Hardware, Furniture and Indoor Decoration Materials	22056	6788
无店铺及其他零售业	Retail Without Shops and Other Retail	10757	6574
#邮购及电子零售业	#Mail Order and Electronical Selling		

CONTINUED

（10000 yuan）

管理费用 Management Expenses	营业利润 Business Profits	利润总额 Total Profits	应交所得税 Payable Income Tax	劳动、失业保险费 Unemployment Insurance Benefits	应付工资 Total Wage Payable	应付福利费 Total Welfarism	本年应交增值税 Value-added Tax Payable
351896	**456416**	**225354**	**62010**	**4847**	**236765**	**13298**	**516446**
298708	437244	210769	56104	4005	212161	11556	461229
44510	31453	42362	13550	1086	19749	1203	114994
3940	35290	1933	390	82	4356	303	4198
2828	-97	-115	12	74	1578	88	766
561	726	426	0		82	3	78
88827	112644	49350	11806	425	74210	4512	103611
88827	112644	49350	11806	425	74210	4512	103611
48050	51905	55702	10382	970	37116	1512	36761
101381	173969	58248	19127	856	61933	3526	195039
8612	31354	2863	838	513	13137	409	5782
14971	937	-2704	939	157	7827	622	13543
38217	18235	17289	4967	686	16777	1120	41675
141352	152534	106034	32300	1812	131260	7157	112141
117796	136975	95095	29842	1498	104850	5584	81377
21923	12585	9608	2219	311	25524	1462	29493
3287	2061	738	176	44	2906	177	2641
17238	24508	10461	1025	221	10811	496	9979
15486	23491	9530	935	213	9213	375	7341
15145	12115	5197	1659	1005	8311	534	13852
4514	4564	2800	1220	1	1136	69	8258
9519	6661	1532	277	999	6476	410	4225
43663	57568	30102	5646	731	26044	1404	40286
43020	57536	30075	5638	731	25887	1394	39619
103967	133698	54200	16282	330	35024	2352	298493
73084	62148	26247	7724	138	21664	1427	184071
28193	59228	27413	8397	189	12381	873	110519
21350	50974	15807	4522	638	16725	870	33091
14242	28891	14863	4165	581	9735	607	21804
2863	21536	436	187	41	5032	155	4164
4154	506	473	159	17	1919	109	7083
2871	18847	1465	252	24	3832	247	3023
3023	4111	1349	148	42	1852	61	2939

15-12 限额以上住宿业财务指标 (2010年)

单位：万元

项　　目	Item	企业数(个) Numbers of Enterprises (unit)	流动资产小计 Circulating Funds
总　计	**Total**	**242**	**175313**
按登记注册类型分组	**Grouped by Status of Registration**		
内资企业	Domestic Funded Enterprises	227	138018
国有企业	State-owned Enterprises	79	50004
集体企业	Collective-owned Enterprises	4	2396
股份合作企业	Cooperative Enterprises	5	9957
联营企业	Joint Ownership Enterprises	2	697
有限责任公司	Limited Liability Corporations	45	22282
国有独资企业	Sole State-funded Corporations		
其他有限责任公司	Others Limited Liability Corporations	45	22282
股份有限公司	Share-holding Corporations Ltd.	13	6654
私营企业	Private Enterprises	76	45881
私营独资企业	Private-funded Enterprises	18	5395
私营合伙企业	Private Partnership Enterprises	2	178
私营有限责任公司	Private Limited Liability Corporations	51	34838
私营股份有限公司	Private Share-holding Corporations Ltd.	5	5470
其他企业	Other Enterprises	3	146
港、澳、台商投资企业	Enterprises with Funds from Hong Kong, Macao and Taiwan	12	26124
合资经营企业	oint-venture Enterprises	8	15768
合作经营企业	Cooperative Enterprises		
独资经营企业	Enterprises with Sole Investment	3	10060
投资股份有限公司	Share-holding Corporations Ltd. With Investment	1	296
外商投资企业	Foreign Funded Enterprises	3	11172
中外合资经营企业	Joint-venture Enterprises	1	1428
中外合作经营企业	Cooperative Enterprises	1	873
外资企业	Enterprises with Sole Foreign Investment	1	8871
外商投资股份有限公司	Share-holding Corporations Ltd. With Foreign Investment		
按国民经济行业分组	**Grouped by Sector**		
旅游饭店	Restaurant for Tourism	169	151416
一般旅馆	Ordinary Hotels	61	18443
其他住宿服务	Others	12	5454

FINANCIAL INDICATORS OF ENTERPRISE ABOVE DESIGNATED SIZE IN HOTELS SERVICES (2010)

(10000 yuan)

资产合计 Total Assets	负债合计 Total Liabilities	实收资本 Paicl-up Capital	固定资产原价 Original Value of Fixed Assets	累计折旧 Total Depreciation	主营业务收入 Revenue in Major Business	主营业务成本 Cost in Major Business	主营业务税金及附加 Tax and Extra Changes in Major Business
712683	**455487**	**330237**	**665685**	**230882**	**283637**	**88021**	**16369**
535548	327361	258355	479962	153137	233682	78674	13775
228656	95627	164834	231109	77992	92322	39507	5026
3305	3674	654	2173	1264	1523	298	133
22962	21032	6334	17684	6055	7046	3031	261
1629	1081	728	1028	96	3518	1894	339
97305	59031	39828	97224	33082	50471	12312	3724
97305	59031	39828	97224	33082	50471	12312	3724
36288	38939	4359	46410	17743	28219	7626	1499
145147	107932	41407	84238	16901	48771	13160	2701
15593	7172	6956	10700	1476	7305	3142	383
270	170	124	137	46	1887	4	192
112033	91871	26515	61312	13352	35845	9532	1931
17252	8719	7813	12089	2028	3734	481	195
256	46	210	96	5	1813	847	93
128797	105485	52727	132916	54514	20290	6072	1175
105152	99362	42083	131641	54372	16650	4163	1030
23349	4831	10595	1276	142	2734	1826	99
296	1292	50			906	83	45
48339	22642	19155	52808	23231	29665	3275	1419
8331	8880	488	7630	727	8944	401	384
1903	112	1440	1502	483	986	49	49
38106	13650	17227	43675	22021	19735	2825	986
629009	412232	293327	602956	217575	229819	68918	12321
75487	36432	33772	58883	12027	47643	16198	3666
8187	6824	3139	3847	1280	6176	2905	382

15-12 续表

单位：万元

项　目	Item	营业费用 Business Expenses	主营业务利润 Profit in Major Business
总 计	**Total**	**72560**	**171776**
按登记注册类型分组	**Grouped by Status of Registration**		
内资企业	Domestic Funded Enterprises	62315	133990
国有企业	State-owned Enterprises	20835	47599
集体企业	Collective-owned Enterprises	427	1093
股份合作企业	Cooperative Enterprises	608	3754
联营企业	Joint Ownership Enterprises	290	1286
有限责任公司	Limited Liability Corporations	15407	31601
国有独资企业	Sole State-funded Corporations		
其他有限责任公司	Others Limited Liability Corporations	15407	31601
股份有限公司	Share-holding Corporations Ltd.	6853	18135
私营企业	Private Enterprises	17183	29649
私营独资企业	Private-funded Enterprises	1694	3780
私营合伙企业	Private Partnership Enterprises	681	1620
私营有限责任公司	Private Limited Liability Corporations	13896	21192
私营股份有限公司	Private Share-holding Corporations Ltd.	913	3058
其他企业	Other Enterprises	711	873
港、澳、台商投资企业	Enterprises with Funds from Hong Kong, Macao and Taiwan	3675	12816
合资经营企业	oint-venture Enterprises	3346	11205
合作经营企业	Cooperative Enterprises		
独资经营企业	Enterprises with Sole Investment	97	833
投资股份有限公司	Share-holding Corporations Ltd. With Investment	232	778
外商投资企业	Foreign Funded Enterprises	6570	24971
中外合资经营企业	Joint-venture Enterprises	1429	8160
中外合作经营企业	Cooperative Enterprises	572	888
外资企业	Enterprises with Sole Foreign Investment	4569	15923
外商投资股份有限公司	Share-holding Corporations Ltd. With Foreign Investment		
按国民经济行业分组	**Grouped by Sector**		
旅游饭店	Restaurant for Tourism	58013	143902
一般旅馆	Ordinary Hotels	12873	25086
其他住宿服务	Others	1673	2789

CONTINUED

(10000 yuan)

其他业务利润 Other Business Profit	管理费用 Management Expenses	营业利润 Business Profits	利润总额 Total Profits	应交所得税 Payable Income Tax	劳动、失业保险费 Unemployment Insurance Benefits	应付工资 Total Wage Payable	应付福利费 Total Welfarism	全部从业人员年平均人数(人) Average Employee in This Year(person)
950	**57525**	**44911**	**39495**	**2041**	**903**	**47349**	**2876**	**25547**
947	45596	29584	24851	884	879	41343	1844	22937
386	20881	6338	6006	342	657	17946	670	9486
	164	502	502	68	4	536	11	260
	613	2043	1644	20	33	1725	10	896
	113	879	879			83		65
2	8777	7710	9172	120	123	8442	562	4685
2	8777	7710	9172	120	123	8442	562	4685
	4484	7962	3079	110	26	4382	131	2226
560	10523	3988	3526	212	36	7960	453	5117
116	1165	577	529	23	1	1221	29	802
	596	456	433	9	1	322	59	195
444	7609	2032	1683	170	21	5975	345	3812
	1153	924	881	11	13	442	20	308
	41	162	43	13		269	7	202
2	2904	6001	5958	102	7	3490	315	1880
	2323	5367	5323	38	6	2797	210	1466
2	292	378	379			406	54	284
	289	257	257	64		287	51	130
	9025	9326	8686	1056	17	2517	717	730
	1484	5141	5141		4	554	78	135
	143	167	167	7	1	96	11	40
	7398	4018	3379	1048	12	1867	629	555
824	49677	36558	31901	1717	816	38364	2333	20278
125	7252	7668	6921	202	87	7849	486	4606
	596	686	674	123		1137	57	663

15-13 限额以上餐饮业财务指标(2010年)

单位：万元

项　目	Item	企业数(个) Numbers of Enterprises (unit)	流动资产小计 Circulating Funds
总 计	**Total**	**237**	**74208**
按登记注册类型分组	**Grouped by Status of Registration**		
内资企业	Domestic Funded Enterprises	190	56760
国有企业	State-owned Enterprises	13	2978
集体企业	Collective-owned Enterprises	2	776
股份合作企业	Cooperative Enterprises	3	2678
联营企业	Joint Ownership Enterprises		
有限责任公司	Limited Liability Corporations	30	4892
国有独资企业	Sole State-funded Corporations		
其他有限责任公司	Others Limited Liability Corporations	30	4892
股份有限公司	Share-holding Corporations Ltd.	2	993
私营企业	Private Enterprises	138	42465
私营独资企业	Private-funded Enterprises	36	4614
私营合伙企业	Private Partnership Enterprises	5	779
私营有限责任公司	Private Limited Liability Corporations	90	34205
私营股份有限公司	Private Share-holding Corporations Ltd.	7	2867
其他企业	Other Enterprises	2	1978
港、澳、台商投资企业	Enterprises with Funds from Hong Kong, Macao and Taiwan	21	9583
合资经营企业	oint-venture Enterprises	11	7437
合作经营企业	Cooperative Enterprises		
独资经营企业	Enterprises with Sole Investment	10	2146
投资股份有限公司	Share-holding Corporations Ltd. With Investment		
外商投资企业	Foreign Funded Enterprises	26	7866
中外合资经营企业	Joint-venture Enterprises	11	3241
中外合作经营企业	Cooperative Enterprises	1	746
外资企业	Enterprises with Sole Foreign Investment	14	3879
外商投资股份有限公司	Share-holding Corporations Ltd. With Foreign Investment		
按国民经济行业分组	**Grouped by Sector**		
正餐服务业	Dinner Service	228	72449
快餐服务业	Snack Service	6	1487
饮料及冷饮服务业	Beverage and Cold Drink Service	1	130
其他餐饮服务业	Other Food and Beverage Services	2	142

FINANCIAL INDICATORS OF ENTERPRISE ABOVE DESIGNATED SIZE IN CATERING SERVICES (2010)

(10000 yuan)

资产合计 Total Assets	负债合计 Total Liabilities	实收资本 Paicl-up Capital	固定资产原价 Original Value of Fixed Assets	累计折旧 Total Depreciation	主营业务收入 Revenue in Major Business	主营业务成本 Cost in Major Business	主营业务税金及附加 Tax and Extra Changes in Major Business
174199	**89575**	**118995**	**86286**	**23859**	**343507**	**167414**	**29442**
142707	68523	104779	71411	16255	249686	120964	22430
8674	4690	3427	7267	2765	11469	8839	601
968	202	620	201	10	6115	3186	585
8536	2024	5650	6575	876	5212	2601	441
17740	11729	4001	10913	3747	24587	9027	2737
17740	11729	4001	10913	3747	24587	9027	2737
1554	1152	505	473	4	4512	2166	379
101042	44822	90516	42181	7267	195719	94467	17523
22472	6853	7280	10516	1288	33548	17216	2608
2081	303	1505	1459	191	2552	1507	160
68790	34914	78366	25252	5132	148879	70696	13898
7699	2753	3364	4954	655	10740	5049	856
4193	3903	61	3802	1587	2073	678	165
15217	8331	7087	5968	2946	45819	23657	3563
10892	5352	4759	3846	1704	22095	11366	1627
4325	2979	2328	2123	1242	23724	12291	1937
16276	12721	7128	8907	4658	48001	22793	3449
6157	4511	3865	3703	2040	20851	11059	1455
4886	4182	704	3430	1655	9259	3473	466
5232	4027	2559	1774	962	17891	8260	1528
165399	83660	116638	81731	21854	319869	156968	27934
6679	4506	1759	4101	1922	19330	8370	1154
1021	574	390	356	78	829	368	56
1102	835	208	97	6	3478	1708	298

15-13 续表

单位：万元

项　目	Item	营业费用 Business Expenses	主营业务利润 Profit in Major Business
总 计	**Total**	**40224**	**141660**
按登记注册类型分组	**Grouped by Status of Registration**		
内资企业	Domestic Funded Enterprises	30281	101475
国有企业	State-owned Enterprises	894	2028
集体企业	Collective-owned Enterprises	529	2344
股份合作企业	Cooperative Enterprises	611	2171
联营企业	Joint Ownership Enterprises		
有限责任公司	Limited Liability Corporations	3696	8770
国有独资企业	Sole State-funded Corporations		
其他有限责任公司	Others Limited Liability Corporations	3696	8770
股份有限公司	Share-holding Corporations Ltd.	480	1966
私营企业	Private Enterprises	23669	82965
私营独资企业	Private-funded Enterprises	3313	14127
私营合伙企业	Private Partnership Enterprises	260	885
私营有限责任公司	Private Limited Liability Corporations	18013	63501
私营股份有限公司	Private Share-holding Corporations Ltd.	2083	4452
其他企业	Other Enterprises	403	1231
港、澳、台商投资企业	Enterprises with Funds from Hong Kong, Macao and Taiwan	4344	18835
合资经营企业	oint-venture Enterprises	2213	9338
合作经营企业	Cooperative Enterprises		
独资经营企业	Enterprises with Sole Investment	2131	9498
投资股份有限公司	Share-holding Corporations Ltd. With Investment		
外商投资企业	Foreign Funded Enterprises	5599	21350
中外合资经营企业	Joint-venture Enterprises	2302	8337
中外合作经营企业	Cooperative Enterprises	1393	5320
外资企业	Enterprises with Sole Foreign Investment	1903	7693
外商投资股份有限公司	Share-holding Corporations Ltd. With Foreign Investment		
按国民经济行业分组	**Grouped by Sector**		
正餐服务业	Dinner Service	35951	130330
快餐服务业	Snack Service	3525	9453
饮料及冷饮服务业	Beverage and Cold Drink Service	100	405
其他餐饮服务业	Other Food and Beverage Services	648	1472

CONTINUED

（10000 yuan）

其他业务利润 Other Business Profit	管理费用 Management Expenses	营业利润 Business Profits	利润总额 Total Profits	应交所得税 Payable Income Tax	劳动、失业保险费 Unemployment Insurance Benefits	应付工资 Total Wage Payable	应付福利费 Total Welfarism	全部从业人员年平均人数（人） Average Employee in This Year(person)
256	**22154**	**83120**	**74605**	**2524**	**120**	**43981**	**6241**	**20811**
256	18125	57189	50175	1260	109	32300	5340	15273
219	1264	130	124	55	22	2309	76	1011
	499	1287	1287			362		180
	631	918	918	6	13	827		400
	1911	6873	2925	192	16	6641	4475	2772
	1911	6873	2925	192	16	6641	4475	2772
	120	1363	1363	70		417	45	216
37	13090	46410	43552	938	57	21554	722	10546
10	3461	7247	5512	103		4129	115	2239
	85	523	525	12		388	1	263
2	8804	36895	35766	776	57	15915	537	7331
25	740	1746	1750	47	1	1122	70	713
	611	208	5		1	191	22	148
	2041	12230	10810	589	1	5580	190	2637
	876	6129	5357	362	1	2572	80	1052
	1164	6100	5453	226	1	3009	109	1585
	1989	13702	13620	675	9	6101	712	2901
	837	5069	5015	268	2	2176	23	905
	312	3450	3450	185		972	671	780
	840	5182	5155	223	8	2953	19	1216
256	21085	76995	68464	2295	116	42133	5466	19566
	792	5296	5297	224	1	1493	759	1093
	55	237	252	5	3	114	16	50
	223	592	592			241	1	102

15-14 个体工商业发展情况 (2010年)

DEVELOPMENT OF INDIVIDUAL INDUSTRY AND COMMERCE (2010)

项　　目	Item	总 计 Total	#城 镇 Urban Areas
户数(户)	**Family Households (household)**	**1013981**	**744207**
农、林、牧、渔业	Farming, Forestry, Animal Husbandry and Fishery	19466	8947
采矿业	Mining	1270	397
制造业	Manufacturing	59206	40652
电力、燃气及水的生产供应业	Production and Distribution of Electricity, Gas and Water	210	84
建筑业	Construction	1515	985
交通运输、仓储及邮政业	Traffic, Transport, Storage and Post	79910	59813
信息传输、计算机服务和软件业	Information Transfer, Computer Services and Software	9976	8004
批发和零售业	Wholesale and Retail Trade	533463	388067
住宿和餐饮业	Accommodation and Restaurants	127268	100527
房地产业	Real Estate	582	500
租赁和商务服务业	Tenancy and Business Services	17113	14091
居民服务和其他服务业	Resident Services and Other Services	137722	101986
卫生、社会保障和社会福利业	Sanitation, Social Security and Social Welfare	2072	1798
文化、体育和娱乐业	Culture, Sports and Entertainment	6862	5473
其他行业	Others	15770	11391
从业人员(万人)	**Employed Persons (10000 persons)**	**203.4**	**146.2**
农、林、牧、渔业	Farming, Forestry, Animal Husbandry and Fishery	4.3	1.8
采矿业	Mining	0.7	0.2
制造业	Manufacturing	16.6	11.2
电力、燃气及水的生产供应业	Production and Distribution of Electricity, Gas and Water		
建筑业	Construction	0.6	0.4
交通运输、仓储及邮政业	Traffic, Transport, Storage and Post	11.7	8.8
信息传输、计算机服务和软件业	Information Transfer, Computer Services and Software	2.0	1.6
批发和零售业	Wholesale and Retail Trade	100.5	72.3
住宿和餐饮业	Accommodation and Restaurants	32.9	24.1
房地产业	Real Estate	0.1	0.1
租赁和商务服务业	Tenancy and Business Services	3.3	2.6
居民服务和其他服务业	Resident Services and Other Services	25.8	19.3
卫生、社会保障和社会福利业	Sanitation, Social Security and Social Welfare	0.5	0.4
文化、体育和娱乐业	Culture, Sports and Entertainment	1.7	1.3
其他行业	Others	2.5	1.8

15-15 限额以上批发和零售连锁经营情况 (2010年)

CONDITIONS OF CHAIN WHOLESALE AND RETAIL ENTERPRISES ABOVE DESIGNATED SIZE (2010)

指 标	Item	合 计 Totul	直营店 Manufacturer Outlet Store	加盟店 Leagued Store
门店总数（个）	Number of Stores (unit)	1082	894	188
年末从业人员数（人）	Employed Persons at Year_end(person)	17874	17214	660
年末零售营业面积（平方米）	Operating Area of Retail Enterprises at Year_end (sq.m)	577187	572967	4220
连锁门店商品购进额（万元）	Total Purchases Value (10000yuan)	1803957	1792878	11079
#统一配送商品购进额	#Centralized Purchase and Delivery	1671881	1669802	2079
连锁门店商品销售额（万元）	Total Sales of Commodities (10000yuan)	1702389	1684700	17689
#零售额	#Retail Sales	1579703	1562014	17689

15-16 限额以上住宿和餐饮业连锁经营情况 (2010年)

CONDITIONS OF CHAIN HOTELS AND CATERING ENTERPRISES ABOVE DESIGNATED SIZE (2010)

指 标	Item	合 计 Totul	直营店 Manufacturer Outlet Store	加盟店 Leagued Store
门店总数（个）	Number of Stores (unit)	81	81	
年末从业人员数（人）	Employed Persons at Year_end(person)	3495	3495	
年末餐饮营业面积（平方米）	Operating Area of Catering Enterprises at Year_end (sq.m)	51814	51814	
客房数（间）	Number of Room (room)	1360	1360	
床位数（个）	Number of Beds (bed)	1680	1680	
餐位数（位）	Number of Dining-seats (unit)	15985	15985	
连锁门店商品购进（采购）额（万元）	Total Purchases Value (10000yuan)	14143	14143	
#统一配送商品购进（采购）额	#Ceubralized Purchase and Deliverv	11243	11243	
连锁门店营业额（万元）	Business Revenue (10000yuan)	41203	41203	
#餐费收入	#From Meals	32421	32421	
商品销售额	Sales	3690	3690	

15-17 亿元以上商品交易市场情况(2010年)

STATISTICS ON COMMODITY EXCHANGE MARKET OF TURNOVER ABOVE 100 MILLION YUAN (2010)

类　别	Type	摊位数量(个) Numberof Booths (Unit)	总成交额(亿元) Total Turnover (100 million yuan)
总 计	**Total**	**60561**	**855.8**
食品、饮料、烟酒类	Food, Beverages and Tobacco	12274	290.4
食品类	Food	11214	284.0
#粮油类	#Grain, Edible Oil	1087	38.5
肉禽蛋类	Meat, Poultry and Eggs	2329	30.7
水产品类	Aquatic Products	1374	31.3
蔬菜类	Vegetables	3938	109.6
干鲜果品类	Dried and Fresh Melons and Fruits	2029	72.0
饮料类	Beverages	530	2.6
烟酒类	Tobacco and Liquor	530	3.9
服装、鞋帽、针纺织品类	Garments, Footwears, Hats, Kintwear and Textiles	29315	128.4
服装类	Clothing	17658	96.1
鞋帽类	Shoes and Hats	4587	15.3
针、纺织品类	Knitwear and Textiles	7070	17.0
化妆品类	Cosmetics	1335	4.7
金银珠宝类	Gold, Silver and Fewelry	302	3.9
日用品类	Articles for Daily Use	3549	10.9
#洗涤用品类	#Washing Articles	2068	4.6
儿童玩具类	Childern toys	633	2.7
五金、电料类	Hardware and Electrical Materials	1569	13.0
体育、娱乐用品类	Sports & Recreation Articles	109	1.3
书报杂志类	Newspapers and Magazines	38	0.1
电子出版物及音像制品类	E-journals and Video Products	193	3.9
家用电器和音像器材类	Household Appliances and Video Appliances	442	43.8
中西药品类	Traditional Chinese and Western Medicines	17	0.6
#西药类	#Western Medicines	7	0.2
中草药及中成药类	Traditional Chinese 1 Medicines	4	0.1
文化办公用品类	Cultural and Official Appliances	1842	39.1
家具类	Furniture	862	11.8
通讯器材类	Communication Appliances	101	4.3
煤炭及制品类	Coal and Related Products		
木材及制品类	Wood and Wooden Products	44	1.6
石油及制品类	Petroleum and Related Products		
化工材料及制品类	Chemical Materials and Related Products	33	1.9
#化肥类	#Fertilizers	30	1.8
金属材料类	Metals Materials	1117	250.7
建筑及装潢材料类	Building and Decoration Materials	2724	23.3
机电产品及设备类	Mechanical & Electrical Products	39	0.1
#农机类	#Agricultural Machineries		
汽车类	Automobiles	3620	14.4
种子饲料类	Seeds and Feedstuff	86	1.4
棉麻类	Cotton and Hemp	8	
其他类	Others	942	6.3

主要统计指标解释

社会消费品零售总额　指批发和零售业、餐饮业、新闻出版业、邮政业和其他服务业等，售予城乡居民用于生活消费的商品和社会集团用于公共消费的商品之总量。社会消费品零售总额包括：

一、批发和零售业企业（单位）售予城乡居民用于生活消费和社会集团用于公共消费的商品。包括：

1. 售予城乡居民的各种生活消费品；

2. 售予入境旅游的外国人、华侨、港澳台同胞的各类商品；

3. 售予行政事业单位、社会团体、军队和武警等机构的商品，以及以零售方式售予各类企业的商品。具体包括：用于非生产和社会交往的办公用品，如通讯设备、计算器具和设备、电讯网络设备、文印设备、音像视听器材和设备、纸张、本册、文具及装订文印材料、家具、日用电器、针纺织品、清洁卫生用品、文体用品、奖品、纪念品、礼品等；供内部人员乘坐的交通工具和燃料；用于办公设施修缮的各类配件、材料、工具等；用于取暖和防暑降温的设备、燃料、材料及食品等；专用于教学的用品和设备；非营利医疗机构的中、西药品、中药材和医疗设备器材；非专用的劳动保护用品；不对外营业的内部食堂用的餐具、炊具、设备、清洁卫生工具和食品、燃料等；军队、武警用于其人员生活的衣着品和个人用品；其他各类非生产性设备和用品。

二、餐饮业出售的主食、菜肴、烟酒饮料和其他商品。

三、新闻出版业、邮政业售予城乡居民、企事业单位、军队和武警等机构的书报杂志、音像制品、邮品等。

四、其他服务业出售的食品、烟酒饮料、服装鞋帽、日常生活用品、医药保健用品、艺术品、工艺美术品、玩具、殡葬用品以及其他消费品。

批发和零售业商品购进、销售、库存总额　指各种登记注册类型的批发和零售业企业(单位)以本企业(单位)为总体的，从国内、国外市场购进的商品总量，销售和出口的商品总量、库存的商品总量等情况。该指标可以反映商品流转过程中商品的购进、销售、库存之间的比例关系和存在的问题。

商品购进总额　指从本企业(单位)以外的单位和个人购进(包括从境外直接进口)作为转卖或加工后转卖的商品总额。它反映批发和零售业从国内、国外市场上购进商品的总量。商品购进总额包括：(1)从工农业生产者购进的商品；(2)从出版社、报社的出版发行部门购进的图书、杂志和报纸；(3)从各种登记注册类型的批发和零售业企业(单位)购进的商品；(4)从其他单位购进的商品，如从机关、团体、企业等单位购进的剩余物资，从住宿和餐饮业、其他服务业购进的商品，从海关、市场管理部门购进的缉私和没收的商品，从居民手中收购的废旧商品等；(5)从国(境)外直接进口的商品。不包括企业(单位)为自身经营用和未通过买卖行为而收入的商品以及销售退回、商品升溢等。

销售总额　指对本企业(单位)以外的单位和个人出售(包括对境外直接出口)的商品总额。它反映批发和零售业在国内市场上销售商品以及出口商品的总量。商品销售总额包括：(1)售给城乡居民和社会集团消费用的商品；(2)售给工业、农业、建筑业、运输邮电业、批发和零售业、住宿和餐饮业、其他服务业等作为生产、经营使用的商品；(3)售给批发和零售业作为转卖或加工后转卖的商品；(4)对国(境)外直接出口的商品。不包括出售本企业(单位)自用的废旧包装用品，未通过买卖行为付出的商品，经本单位介绍、由买卖双方直接结算、本单位只收取手续费的业务，购货退出的商品以及商品损耗和损失等。

库存总额　指报告期末各种登记注册类型的批发和零售业企业(单位)已取得所有权的商品。它反映批发和零售业企业(单位)的商品库存情况和对市场商品供应的保证程度。商品库存总额包括：(1)存放在批发和零售业经营单位(如门市部、批发站、经营处)仓库、货场、货柜和货架中的商品；(2)挑选、整理、包装中的商品；(3)已记入购进而尚未运到本单位的商品，即发货单或银行承兑凭证已到而货未到的商品；(4)寄放他处的商品，如因购货方拒绝承付而暂时存放在购货方的商品和已办完加工成品收回手续而未提回的商品；(5)委托其他单位代销(未作销售或调出)尚未售出的商品；(6)代其他单位购进尚未交付的商品。不包括所有权不属于本单位的商品、委托外单位加工生产尚未收回成品的商品、外贸企业代理其他单位从国外进口尚未付给订货单位的商品、代国家物资储备部门保管的商品等。

住宿和餐饮业营业额 指住宿和餐饮业法人企业（单位）在经营活动中因提供服务或销售商品等取得的收入。包括：客房收入、餐费收入、商品销售收入和其他收入。客房收入指住宿和餐饮业法人企业（单位）在经营活动中因提供住宿服务取得的收入。餐费收入指住宿和餐饮业法人企业、（单位）因为顾客提供就餐服务取得的收入，包括经烹饪、调制加工后出售的各种食品，如主食、炒菜、凉拌菜等的收入。商品销售收入指住宿和餐饮业法人企业（单位）伴随服务而出售商品所取得的收入。其他收入指营业收入中除客房收入、餐费收入、商品销售收入以外的其他收入，包括娱乐、健身和商务服务等。

亿元商品交易市场成交额 指经工商部门批准、专门从事商品批发、零售业务活动年成交额在亿元以上的市场的所有摊位商品交易额之和。

连锁企业（或称连锁店、连锁公司） 指在核心企业或总店的领导下，由分散的、经营同类商品或服务的企业或活动单位，采取共同方针，实行集中采购和分散销售的有机结合，通过规范化经营，实现规模效益的经济联合组织形式。一般连锁店应由若干个分店组成。其经营特征：(1)经营同类商品；(2)使用统一商号；(3)统一采购配送，采购与销售相分离（部分商品可根据物流合理和保质保鲜原则，由供应商直接送货到门店，其余均由总部统一配送）。

连锁门店的形式分为直营连锁和加盟连锁。

直营连锁也叫正规连锁。指连锁门店均由总部独资或控股开设，在总部的直接领导下统一经营。总部采取纵深似的管理方式，直接下令掌管所有的零售门店，零售门店也必须完全接受总部指挥。这是大型垄断商业资本通过吞并、兼并或独资、控股等途径，发展壮大自身实力和规模的一种形式。

加盟连锁包括特许连锁和自由连锁两种形式。

特许连锁指各连锁门店（被特许人）通过合同形式，取得使用总部（特许人）商标、商号、经营技术和销售总部开发的商品的特许权，各加盟连锁门店为独立法人，在总部指导下统一经营。

自由连锁也称自愿连锁。指连锁公司的门店均为独立法人，各自的资产所有权关系不变，在公司总部的指导下共同经营。各成员店使用共同的店名，与总部订阅有关购、销、宣传等方面的合同，并按合同开展经营活动。在合同规定的范围之外，各成员店可以自由活动。根据自愿原则，各成员店可自由加入连锁体系，也可自由退出。

Explanatory Notes on Main Statistical Indicators

Total Retail Sales of Consumer Goods refer to the sum of retail sales of commodities sold by wholesale, retail, catering, publishing, post and telecommunications and other service industries to urban and rural households for private consumption and to social institutions for public consumption. Retail sales of consumer goods include:

1)Sales by wholesale and retail units:

a)of consumer goods sold to urban and rural households

b)of commodities sold to foreigners, overseas Chinese and Chinese compatriots from Hong Kong, Macau and Taiwan visiting in China

c)of commodities sold to government agencies, institutions, social organizations, military and armed police units, and commodities sold to enterprises in the form of retail sales. More specifically, they include: office facilities and articles for non-production purposes such as communications equipment, computing equipment and instruments, TV and network equipment, printing and copying equipment, audio-visual equipment and instruments, paper, notebooks, stationeries, furniture, electric appliances, knitwear, sanitation and cleaning articles, cultural and sport articles, articles for prizes, souvenirs, etc.; transport vehicles and fuels for employees; materials, spare parts and tools for the maintenance of office facilities; equipment, fuels, materials and food for winter heating or summer cooling purposes; articles and equipment for teaching purpose; Chinese and western medicines and medical equipment and facilities purchased by non profit-making medical institutes; non-specialized work safety articles; cooking utensils, tableware, equipment, cleaning articles, food and fuels purchased by internal cafeterias; clothes and personal articles purchased by military or armed police units for their officials and soldiers; and other equipment and articles for non-production purposes.

2)Sales of stable food, cooked dishes, beverages, tobaccos and other articles by catering units.

3)Sales of books, newspapers, magazines, audio-visual products and post products by publishing, post and telecommunications departments to urban and rural households and to enterprises, institutions, military and armed police units.

4)Sales of food, beverages, tobaccos, clothing, hats, footwear, articles for daily use, medicines, medical and health articles, work of art, handicrafts, toys, funeral articles and other articles by other service industries.

Purchase, Sales and Stock of Commodities by Wholesale and Retail Trades refer to the total volume of commodities purchased, total volume of sales and exports, and the stock of commodities by wholesale and retail enterprises (establishments) of different status of registration from domestic and overseas markets. This indictor reflects the relationship among purchase, sales and stock of commodities in the circulation of goods and reveals the existing problems.

Total Purchases of Commodities refer to the total value of purchases of commodities by the enterprises (establishments) from other establishments or individuals (including direct import from abroad) for the purpose of re-selling, either with or without further processing of the commodities purchased. This indicator is used to show the total value of purchases of commodities by wholesale and retail establishments from domestic and overseas markets. The total purchases include: (1) agricultural and industrial products purchased from producers; (2) books, magazines and newspapers purchased from distribution departments of the publishers; (3) commodities purchased from wholesale and retail establishments of different status of registration; (4) commodities purchased from other units, such as surplus materials purchased from government agencies, enterprises or institutions, commodities purchased from catering and service establishments, confiscated goods purchased from customs authorities or market management agencies, second-hand goods and wastes purchased from residents; and (5) commodities directly imported from abroad. Excluded are commodities purchased by enterprises (establishments) for use in their own business operation, commodities obtained without buying or selling procedures, rejected commodities, etc.

Total Sales of Commodities refer to value of commodities sold by the establishments to other establishments and individuals (including direct export). This indicator is used to show the total value of sales of commodities at domestic markets and export. The total sales include: (1) commodities sold to urban and rural residents and social groups for their consumption; (2) commodities sold to establishments in industry, agriculture, construction, transportation, post and telecommunications, wholesale and retail trades, catering trade and public utility for their production and operation; (3) commodities sold to wholesale and retail establishments for re selling, with or without further processing; and (4)commodities for direct export to other countries. Excluded are selling of waste packaging materials used by the establishments (units) themselves, commodities transferred without buying or selling procedures, commission income from brokerage in transactions whose settlement is directly handled by buyers and sellers, rejected commodities in the purchase, loss in commodities, etc.

Commodity Stock of Wholesale and Retail Enterprises refers to total commodities possessed by wholesale and retail enterprises (units) of various types of registration status at the end of the reference period, which reflects the commodity stock level of various wholesale and retail enterprises and the potential for market supply. It includes: (1) commodities located in storage, garages, counters, and shelves of operating units (such as sale stores, wholesale centers, and operating offices) of wholesale and retail enterprises; (2) commodities in the process of selecting, sorting, and packing; (3) commodities not arrived but recorded as purchase in the account, i.e. commodities not arrived but payment receipts for the commodities from the sellers or the banks arrived; (4) commodities deposited in other places rather than places mentioned above, for instance: commodities in the hold of purchasers temporarily due to the refusal of payment and commodities not taken back after going through the formalities; (5) commodities entrusted to other units to sell but not sold yet; (6) commodities purchased for other units but not delivered yet. Commodities not included as stock are those not owned by the enterprises (units), those allocated to financially independent factories rather than wholesale and retail enterprises for processing but not taken back yet, and finally those put in stock by wholesale and retail enterprises on behalf of the state material reserves units.

For the calculation of the value of commodities stock, the value is calculated at purchasing prices in agricultural goods purchasing units and wholesale units, and at the accounting prices in retail units.

Business Revenue of Hotels and Catering Services: refer to revenue received from providing services or selling commodities by corporate enterprises and establishments engaged in hotel and catering services, including income from hotel rooms, from catering services, from selling of commodities and from other services. Income from hotel rooms refers to income of corporate enterprises and establishments by providing lodging services. Income from catering services refers to income of corporate enterprises and establishments by providing catering services, including selling of cooked or prepared foods such as stable food, cooked dishes or cold dishes. Income from selling of commodities refers to income of corporate enterprises and establishments by selling commodities that accompany the services they provide. Income from other activities refers to income received other than income from hotel rooms, catering services or selling of commodities, such as income from providing recreation, fitness or business services.

Volume of Transaction at Large Commodity Markets (with transaction value over 100 million yuan) refers to markets approved by the industrial and commercial administration departments, which specialize in wholesale and retail of commodities with an annual sales of over 100 million yuan. The sum of sales of all sellers in the markets makes up the transaction value of the markets.

Chain Enterprises (also called chain stores or chain corporations) refer to a form of joint economic entities under which scattered enterprises or establishments engaged in providing homogeneous commodities or services, with the central leadership of core enterprise or headquarters and guided by common policies, conduct centralized purchase and distributed selling of commodities, in order to gain better efficiency through standardized operation. Consisting of a number of branch stores, the chain stores have in general following features: 1) homogeneous commodities, 2) unique name of stores, 3) centralized purchase and delivery which is separated from distributed selling operation (most commodities are delivered from the headquarters except some items which, from logistics, quality or freshness considerations, might be delivered by the suppliers directly).

Chain stores have 3 categories:

a) Chain stores under direct management: These are formal chain stores invested or controlled by the headquarters. They operate under the direct and unified management from the headquarters. Adopting a direct management approach, the headquarters give orders and control all retail stores, which follow completely the directives from the headquarters. Large monopolized commercial companies develop and expand their business through purchasing, merging, direct investment and controlling of shares.

b) Chain stores through special permit: Through contracts, chain stores (or their owners) obtain licenses from the headquarters to use designated trade marks, names, operation know-how, and to sell the commodity developed by the headquarters. Under this arrangement, each store in the chain is an independent legal entity and operates under the guidance from the headquarters.

c) Chain stores through voluntary arrangement: Under this arrangement, all stores operate together under the guidance of the headquarters, while maintaining their status of independent legal entities with full ownership of their assets. They use the same store name, sign contracts with the headquarters concerning purchase, sale, publicity, etc. and operate under the contract. They are free to engage in other activities which are not bounded in the contract. They could join or leave the chain on voluntary basis.

Chain stores through special permit and those through voluntary arrangement make up chain stores through license arrangement.

第十六篇　对外贸易和旅游业

CHAPTER 16 FOREIGN TRADE AND ECONOMIC COOPERATION AND TOUR

16-1 对外经济贸易和旅游基本情况

FOREIGN TRADE ECONOMIC COOPERATION AND TOURISM

指　标	Item	2007	2008	2009	2010
对外经济贸易	**Foreign Trade and Economic Cooperation**				
进出口总额(万美元)	Total Value of Imports and Exports (USD 10000)	1729858	2289860	1622107	2550382
出口总额	Total Exports	1226870	1657389	1007614	1628176
进口总额	Total Imports	502988	632471	614493	922207
差　额	Balance	723882	1024917	393120	705969
对外签订利用外资协议项目(个)	Number of Projects for Utilization of Foreign Capital in the Signed Agreements (unit)	242	170	169	149
#对外借款	#Foreign Loans	2	10	11	2
外商直接投资	Foreign Direct Investments	240	160	158	147
对外签订利用外资协议额(万美元)	Total Amount of Foreign Capital to be Utilized in the Signed Agreements (USD 10000)	295757	402686	331852	307439
#对外借款	#Foreign Loans	22800	66700	76700	20329
外商直接投资	Foreign Direct Investments	272957	335986	255152	287110
实际利用外资额(万美元)	Total Amount of Foreign Investment Actually Used (USD 10000)	216908	265642	250900	275851
#对外借款	#Foreign Loans	8400	10900	14700	9700
外商直接投资	Foreign Direct Investments	208508	254742	236200	266151
对外承包工程	Contracted Projects with Foreign Countries and Territories				
签定合同的国家地区（个）	Number of Contracted Countries and Territories (unit)	14	15	5	
合同数（份）	Number of Contracts (share)	56	68	17	
合同金额(万美元)	Contracted Value (USD 10000)	117084	57228	26305	
完成营业额（万美元）	Value of Business Fulfilled (USD 10000)	46026	56920	78633	
对外劳务合作	Labor Services with Foreign Countries and Territories				
签定合同的国家地区（个）	Number of Contracted Countries and Territories (unit)	4	3	4	
合同数（份）	Number of Contracts (share)	97	69	52	
合同金额(万美元)	Contracted Value (USD 10000)	22173	8138	5563	
完成营业额（万美元）	Value of Business Fulfilled (USD 10000)	22492	24411	3589	
外商投资企业基本情况	Registered Foreign-funded Enterprises				
外商投资企业单位数(个)	Number of Registered Enterprises (unit)	2464	5901	5957	5814
外商投资企业投资总额(万美元)	Total Investment (USD 10000)	1448939	1616968	1805126	1961743
注册资本（万美元）	Registered Capital (USD 10000)	889163	991399	1087188	1204598
#外　方	#Capital from Foreign Partners	635623	740908	808008	907078
旅　游	**Tourism**				
国际旅游人数(人)	Number of International Tourists(person)	1414187	2006116	1425122	1724238
外国人	Foreigners	1343778	1933370	1350307	1648303
港、澳、台人	Tourists from Hong Kong, Macao and Taiwan	70409	72746	74815	75935
香港人	Hong Kong	30277	31663	33639	32604
澳门人	Macao	1543	1593	7702	7326
台湾人	Taiwan	38589	39490	33474	36005
旅游外汇收入总额(万美元)	Total of Foreign Exchange Earnings (USD 10000)	64270	86995	63868	76250
国内旅游人数（万人次）	Number of Domestic Tourists (10000 person-times)	6515	8353	10844	15702
国内旅游收入（亿元）	Receipts of Domestic Tourism (100 million yuan)	380	502	606	832

注：进出口总额1993年以前为对外贸易经济合作厅数据，1993年起为哈尔滨海关数据，未包括石油出口业务（下同）。
Note: The data of total value of imports and exports were provided by Department of Foreign Trade and Economic Cooperation prior to 1993. Since 1994, the data were provided by Harbin CIQ expecting exports of petroleum. The same as following tables.

16-2 进出口总额
TOTAL VALUE OF IMPORTS AND EXPORTS

年 份 Year	人民币（亿元） (RMB 100 million yuan)				美元（亿元） (USD 100 million)			
	进出口总额 Total Value of Imports and Exports	出口总额 Total Exports	进口总额 Total Imports	进出口差额 Balance	进出口总额 Total Value of Imports and Exports	出口总额 Total Exports	进口总额 Total Imports	进出口差额 Balance
1957	2.6	2.6			0.8	0.8		
1965	0.6	0.6			0.2	0.2		
1970	0.5	0.5			0.2	0.2		
1975	1.3	1.3			0.7	0.7		
1978	0.8	0.8			0.5	0.5		
1979	1.2	1.2			0.7	0.7		
1980	1.9	1.5	0.5	1.0	1.3	1.0	0.3	0.7
1981	2.7	2.3	0.4	1.8	1.6	1.3	0.3	1.1
1982	3.8	3.3	0.5	2.9	2.0	1.7	0.2	1.5
1983	6.5	5.4	1.1	4.3	3.3	2.7	0.5	2.2
1984	10.0	7.9	2.1	5.8	4.3	3.4	0.9	2.5
1985	15.0	12.1	2.9	9.3	5.1	4.1	1.0	3.2
1986	28.0	21.2	6.7	14.5	8.1	6.2	2.0	4.2
1987	35.8	30.2	5.6	24.6	9.6	8.1	1.5	6.6
1988	46.2	34.9	11.3	23.6	12.4	9.4	3.0	6.3
1989	53.2	38.7	14.5	24.2	14.1	10.3	3.9	6.4
1990	71.4	52.0	19.4	32.6	14.9	10.9	4.1	6.8
1991	107.4	73.3	34.1	39.2	20.2	13.8	6.4	7.4
1992	158.9	101.0	57.9	43.1	28.8	18.3	10.5	7.8
1993	190.1	97.2	92.9	4.3	33.0	16.9	16.1	0.7
1994	209.1	107.0	102.1	4.9	24.3	12.4	11.8	0.6
1995	199.3	97.4	101.9	-4.5	23.9	11.7	12.2	-0.5
1996	203.6	90.0	113.7	-23.7	24.5	10.8	13.7	-2.9
1997	204.2	108.4	95.8	12.6	24.6	13.1	11.6	1.5
1998	166.4	75.0	91.4	-16.4	20.1	9.1	11.0	-2.0
1999	181.4	78.7	102.7	-24.1	21.9	9.5	12.4	-2.9
2000	247.2	120.1	127.1	-7.0	29.9	14.5	15.4	-0.8
2001	280.2	133.4	146.7	-13.2	33.9	16.1	17.7	-1.6
2002	360.1	164.7	195.3	-30.6	43.5	19.9	23.6	-3.7
2003	441.2	237.5	203.6	33.9	53.3	28.7	24.6	4.1
2004	562.0	304.6	257.4	47.3	67.9	36.8	31.1	5.7
2005	783.9	497.2	286.7	210.5	95.7	60.7	35.0	25.7
2006	1025.2	672.8	352.4	320.5	128.6	84.4	44.2	40.2
2007	1315.5	933.0	382.5	550.5	173.0	122.7	50.3	72.4
2008	1590.4	1150.8	438.9	711.9	229.0	165.7	63.2	102.5
2009	1108.0	688.6	419.4	268.5	162.2	100.8	61.4	39.3
2010	1726.2	1102.1	624.1	477.9	255.0	162.8	92.2	70.6

16-3 海关进出口总额

TOTAL VALUE OF IMPORTS AND EXPORTS (CUSTOMS STATISTICS)

单位：万美元　　(USD 10000)

指　标	Item	进出口总额 Total Value of Imports and Exports				
		2006	2007	2008	2009	2010
总　额	**Total**	**1285729**	**1729858**	**2289860**	**1622107**	**2550382**
一般贸易	General Trade	655511	990572	1494926	1024429	1780608
国家间、国际组织无偿援助和赠送	Donation of Countries and International	89	1	4	3	9
其他境外捐赠物资	Others Donation of Overseas Chinese	5	133		7	28
补偿贸易	Compensation Trade					
来料加工装配贸易	Processing and Assembling with Customer's Materials	21538	21891	27015	28530	32072
进料加工贸易	Processing and Assembling with Import Materials	26903	30622	53916	55564	40446
边境小额贸易	Little Amount Trade on the Borders	465210	540529	556681	347572	501833
对外承包工程出口货物	Export Goods of Contracted Projects with Foreign Countries or Territories	21515	22586	19458	50153	83382
外商投资企业作为投资进口的设备、物品	Import Equipments and Goods of Foreign-Funded Enterprises	7271	2717	4718	2456	2008
易货贸易	Barter Trade	42	42	40	15	7
保税仓库进出货物	Bonded Warehouse	565	763	1798	11349	39815
其　他	Others	87078	120003	131306	102028	70175

16-3 续表　CONTINUED

单位：万美元　　(USD 10000)

指　标	Item	出口总额 Total Exports				
		2006	2007	2008	2009	2010
总　额	**Total**	**843642**	**1226870**	**1657389**	**1007614**	**1628176**
一般贸易	General Trade	398392	702929	1109844	579665	1108255
国家间、国际组织无偿援助和赠送	Donation of Countries and International	83	1			
其他境外捐赠物资	Others Donation of Overseas Chinese					6
补偿贸易	Compensation Trade					
来料加工装配贸易	Processing and Assembling with Customer's Materials	12475	12082	13778	16191	19310
进料加工贸易	Processing and Assembling with Import Materials	18386	19400	41516	46985	32658
边境小额贸易	Little Amount Trade on the Borders	305965	351524	341639	212648	309978
对外承包工程出口货物	Export Goods of Contracted Projects with Foreign Countries or Territories	21515	22586	19458	50153	83382
外商投资企业作为投资进口的设备、物品	Import Equipments and Goods of Foreign-Funded Enterprises					
易货贸易	Barter Trade	3	12	40	15	7
保税仓库进出货物	Bonded Warehouse	233	209	212	578	5017
其　他	Others	86589	118127	130903	101378	69563

16-4 海关分国家（地区）进出口总额

TOTAL VALUE OF IMPORTS AND EXPORTS BY COUNTRIES AND TERRITORIES (CUSTOMS STATISTICS)

单位：万美元　　　　(USD 10000)

国家（地区）	Countries(Territories)	进出口总额 Total Value of Imports and Exports		出口总额 Total Exports		进口总额 Total Imports	
		2009	2010	2009	2010	2009	2010
总 额	**Total**	**1622107**	**2550382**	**1007614**	**1628176**	**614493**	**922207**
亚 洲	**Asia**	**504948**	**850879**	**399968**	**686385**	**104980**	**164493**
阿富汗	Afghanistan	13	36	13	36		
巴 林	Bahrain	1241	6116	1241	6116		
孟加拉国	Bangladesh	1680	10192	1679	10192	1	
不 丹	Bhutan	11		11			
文 莱	Brunei	278	705	278	705		
缅 甸	Myanmar	756	1263	756	1263		
柬埔寨	Cambodia	558	1538	551	1538	8	
塞浦路斯	Cyprus	548	461	548	461		
朝 鲜	DPRK						
中国香港	Hong Kong, China	13509	33453	12833	31395	676	2058
印 度	India	29857	79493	28942	79259	915	234
印度尼西亚	Indonesia	29019	62666	23726	58321	5293	4345
伊 朗	Iran	15967	9396	15071	9181	896	216
伊拉克	Iraq	11554	23780	11554	23780		
以色列	Israel	2901	5527	2728	5326	173	200
日 本	Japan	60446	66828	31553	38982	28893	27846
约 旦	Jordan	3073	3196	3073	3196		
科威特	Kuwait	2199	5878	2199	5878		
老 挝	Laos	468	438	468	438		
黎巴嫩	Lebanon	1620	4550	1620	4550		1
中国澳门	Macao, China	558	10902	558	10902		
马来西亚	Malaysia	36948	79085	25237	56074	11711	23011
马尔代夫	Maldives	828	2104	828	2104		
蒙 古	Mongolia	7951	15295	7909	15226	41	68
尼泊尔	Nepal	249	50	249	50		
阿 曼	Oman	863	12844	863	998		11846
巴基斯坦	Pakistan	11852	14354	11851	14307	2	47
巴勒斯坦	Palestine	1	19	1	19		
菲律宾	Philippines	11761	21289	11721	21176	40	113
卡塔尔	Qatar	1188	5533	1188	5533		
沙特阿拉伯	Saudi Arabia	33318	30352	7871	15959	25447	14393
新加坡	Singapore	23518	66668	14704	24351	8814	42317
韩 国	Republic of Korea	52182	75135	41992	65623	10190	9513
斯里兰卡	Sri Lanka	1064	2186	1050	2186	14	
叙利亚	Syria	5715	8317	5714	8317		
泰 国	Thailand	16073	17580	8124	16054	7949	1526
土耳其	Turkey	5194	8680	5077	8528	116	152
阿拉伯联合酋长国	United Arab Emirates	16998	37255	16980	24618	17	12637
也门共和国	Arab Republic of Yemen	1932	10441	1932	2177		8264
越 南	Viet Nam	17743	20102	17666	20055	77	47
中国台湾	Taiwan, China	8843	17959	7878	16388	965	1571
东帝汶	East Timor	3	26	3	26		
哈萨克斯坦	Kazakhstan	6837	15430	5827	12241	1011	3188
吉尔吉斯	Kirghizia	40168	27941	40168	27941		
塔吉克斯坦	Tadzhikistan	11066	7019	11066	7019		
土库曼斯坦	Turkmenistan	443	804	443	804		
乌兹别克斯坦	Uzbekistan	6376	8341	6122	8042	253	299

注：亚洲差额部分为政策性进出口。
Note: The part balance of Asian is policy imports and exports.

16-4 续表1 CONTINUED

单位：万美元 (USD 10000)

国家（地区）	Countries(Territories)	进出口总额 Total Value of Imports and Exports		出口总额 Total Exports		进口总额 Total Imports	
		2009	2010	2009	2010	2009	2010
非　洲	**Africa**	**115245**	**266305**	**54465**	**86044**	**60781**	**180262**
阿尔及利亚	Algeria	9432	4417	9432	4417		
安哥拉	Angola	44342	143441	1676	1860	42666	141581
贝　宁	Benin	2366	5429	2366	5429		
博茨瓦那	Botswana	282	113	282	113		
布隆迪	Burundi	4	10	4	10		
喀麦隆	Cameroon	758	892	758	892		
加那利群岛	Canaries Archipelago	13	11	13	11		
佛得角	Cape Verde	33	86	33	86		
中　非	Central Africa	5		5			
塞卜泰（休达）	Ceuta		1		1		
乍　得	Chad	6	658	6	658		
科摩罗	Comoro	23	27	23	27		
刚　果	Congo	1080	29097	1080	305		28793
吉布提	Djibouti	1151	781	1151	781		
埃　及	Egypt	4546	6328	4546	6292		37
赤道几内亚	Eq. Guinea	7828	149	112	149	7716	
埃塞俄比亚	Ethiopia	2188	769	815	728	1373	41
加　蓬	Gabon	350	234	350	210		24
冈比亚	Gambian	92	119	92	119		
加　纳	Ghana	2298	4709	2297	4709	1	
几内亚	Guinea	312	1111	312	1111		
几内亚(比绍)	Guinea	4		4			
科特迪瓦	Cote D'Ivoir	388	247	388	247		
肯尼亚	Kenya	2604	4157	2604	4099		57
利比里亚	Liberia	82	158	82	158		
利比亚	Libya	2451	11229	1769	2060	682	9169
马达加斯加	Madagascar	258	669	258	662		8
马拉维	Malawi	35	54	35	54		
马　里	Mali	244	596	170	522	74	74
毛里塔尼亚	Mauritania	7667	256	174	256	7493	
毛里求斯	Mauritius	524	1180	524	1180		
摩洛哥	Morocco	2302	4128	2302	4128		
莫桑比克	Mozambique	1298	2816	1197	2802	101	13
纳米比亚	Namibia	411	167	411	167		
尼日尔	Niger	4	244	4	244		
尼日利亚	Nigeria	4944	11312	4891	11301	54	11
留尼汪	Reunion	76	33	76	33		
卢旺达	Rwanda	13	27	13	27		
圣多美和普林西比	Sao Tome and Purin		4		4		
塞内加尔	Senegal	500	827	426	736	74	91
塞舌尔	Seychelles	91	57	91	57		
塞拉利昂	Sierra Leone	65	83	65	83		
索马里	Somalia	77	43	77	32		11
南　非	South Africa	7042	10678	7004	10593	38	86
苏　丹	Sudan	1575	9253	1202	9137	372	116
坦桑尼亚	Tanzania	1527	2585	1489	2493	38	93
多　哥	Togo	2469	5415	2422	5414	47	1
突尼斯	Tunisia	581	691	579	690	2	1
乌干达	Uganda	168	157	118	130	50	28
布基纳法索	Burkina Faso	31	29	31	29		
民主刚果	Congo DR	339	372	339	370		2
赞比亚	Zambia	69	184	69	183		1
津巴布韦	Zimbabwe	276	224	276	199		25
莱索托	Lesotho	9	22	9	22		
梅利利亚	Marilia	1		1			
斯威士兰	Swaziland		5		5		
厄立特里亚	Eritrea	8		8			
马约特岛	Ma Yuete Island		18		18		
非洲其他国家(地区)	other	4		4			

16-4 续表2 CONTINUED

单位：万美元 (USD 10000)

国家（地区）	Countries(Territories)	进出口总额 Total Value of Imports and Exports		出口总额 Total Exports		进口总额 Total Imports	
		2009	2010	2009	2010	2009	2010
欧　洲	**Europe**	**739339**	**1005441**	**432088**	**613373**	**307251**	**392068**
比利时	Belgium	7082	10805	5893	9446	1189	1358
丹　麦	Denmark	2057	2867	1051	2062	1007	805
英　国	United Kingdom	16170	30666	11211	25713	4959	4954
德　国	Germany	54220	62336	19834	37032	34386	25304
法　国	France	14160	22544	6547	14111	7614	8434
爱尔兰	Ireland	2661	8247	796	1082	1864	7165
意大利	Italy	15303	27343	8260	17090	7042	10252
卢森堡	Luxemburg	8	4	5	4	2	
荷　兰	Netherlands	13526	28900	11552	26943	1974	1958
希　腊	Greece	1952	1110	1951	1101	1	9
葡萄牙	Portugal	1234	1678	1230	1678	4	
西班牙	Spain	11507	16609	10800	14322	707	2286
阿尔巴尼亚	Albania	288	241	288	241		
奥地利	Austria	1589	676	463	244	1126	432
保加利亚	Bulgaria	425	427	423	421	2	7
芬　兰	Finland	2591	4322	1552	2071	1038	2252
匈牙利	Hungary	284	240	283	231	1	10
冰　岛	Iceland	43	3	43	2		
列支敦士登	Liechtenstein		2		2		
马耳他	Malta	466	1386	466	1386		
摩纳哥	Monaco	2	6	2	6		
挪　威	Norway	930	968	842	844	88	124
波　兰	Poland	3274	6975	2017	6254	1256	721
罗马尼亚	Romania	3027	2145	2740	1724	287	420
瑞　典	Sweden	4314	3978	1549	2389	2765	1588
瑞　士	Switzerland	3019	4001	593	1436	2426	2565
爱沙尼亚	Estonia	123	242	123	242		
拉脱维亚	Latvia	231	358	226	356	6	2
立陶宛	Lithuania	401	624	401	623		1
格鲁吉亚	Georgia	258	298	247	270	11	28
亚美尼亚	Armenia	2921	1038	2921	1038		
阿塞拜疆	Azerbaijan	180	146	85	101	95	45
白俄罗斯	Byelorussia	910	2776	459	1378	452	1398
摩尔多瓦	Moldova	63	36	41	20	22	16
俄罗斯联邦	Russia	557715	747356	326843	428475	230872	318881
乌克兰	Ukraine	10198	10044	5593	9614	4605	430
斯洛文尼亚	Slovenia	1409	991	1112	945	297	46
克罗地亚	Croatia	2217	1441	2217	1439		2
捷　　克	Czech	1306	1007	167	447	1139	560
斯洛伐克	Slovakia	146	372	131	359	15	14
马其顿共和国	Republic of Macedonia	17	8	17	7		
波斯尼亚--黑塞哥维那	Bosnia and Herzegovina	30	14	30	14		
塞尔维亚	Serbia	669	191	669	191		
黑山	Montenegro	414	20	414	20		

16-4 续表3 CONTINUED

单位：万美元 (USD 10000)

国家（地区）	Countries(Territories)	进出口总额 Total Value of Imports and Exports		出口总额 Total Exports		进口总额 Total Imports	
		2009	2010	2009	2010	2009	2010
拉丁美洲	**Latin America**	**83352**	**144086**	**34743**	**65508**	**48609**	**78578**
安提瓜和巴布达	Antigua and Barbuda	8	15	8	15		
阿根廷	Argentina	3362	17490	1980	7000	1383	10490
阿鲁巴岛	Arubaisland	16	7	16	7		
巴哈马	Bahamas	80	198	80	198		
巴巴多斯	Barbados	20	13	20	13		
伯利兹	Belize	26	42	26	42		
玻利维亚	Bolivia	7	34	7	34		
巴　西	Brazil	52347	70121	5715	14526	46632	55595
智　利	Chile	4328	11980	3906	11881	421	99
哥伦比亚	Colombia	1576	1679	1576	1679		
多米尼加	Dominica	1	8	1	8		
哥斯达黎加	Costa Rica	261	235	261	235		
古　巴	Cuba	1399	774	1399	774		
库腊索岛	Curacao	13	6	13	6		
多米尼加共和国	Dominican Republic	346	399	345	399	1	
厄瓜多尔	Ecuador	1026	1557	1026	1555		2
法属圭亚那	French Guiana	8	11	8	11		
格林纳达	Grenada	4		4			
瓜德罗普岛	Guadeloupe		2		2		
危地马拉	Guatemala	575	847	575	847		
圭亚那	Guyana	84	90	83	70	1	19
海　地	Haiti	58	69	58	69		
洪都拉斯	Honduras	88	132	88	129		3
牙买加	Jamaica	197	172	197	172		
马提尼克岛	Martinique		6		6		
墨西哥	Mexico	7138	17480	7027	8917	111	8564
尼加拉瓜	Nicaragua	136	172	136	172		
巴拿马	Panama	3459	8274	3459	8274		
巴拉圭	Paraguay	272	589	272	589		
秘　　鲁	Peru	1675	3383	1628	3383	48	
波多黎各	Puerto Rico	116	114	116	114		
萨　巴	Sa Pakistan	8		8			
圣卢西亚	Saint Lucia	21	11	21	11		
圣马丁岛	SintMaarten	1		1			
萨尔瓦多	EL Salvador	301	194	301	194		
苏里南	Surinam	362	235	362	233		2
特立尼达和多巴哥	Trinidad and Tobago	125	61	125	61		
特克斯和凯科斯群岛	Turks and Caicos Islands	4		4			
乌拉圭	Uruguay	609	5555	596	1752	13	3803
委内瑞拉	Venezuela	3293	2121	3293	2121		
荷属安地列斯群岛	Netherlands Antilles	2	6	2	6		
北美洲	**North America**	**147669**	**249417**	**63480**	**151992**	**84188**	**97425**
加拿大	Canada	11965	24926	7232	18683	4733	6244
美　国	United States	135702	224489	56246	133308	79456	91182
百慕大群岛	Bermuda	2	2	2	2		
大洋洲	**Oceania**	**31554**	**34254**	**22870**	**24873**	**8683**	**9381**
澳大利亚	Australia	25028	22723	20517	19494	4512	3229
库克群岛	Cook Islands		5		5		
斐　济	Fiji	358	342	353	342	4	
新喀里多尼亚	New Gredonia	21	32	21	32		
瓦努阿图	Venoato	14	23	14	23		
新西兰	New Zealand	5320	10666	1153	4514	4167	6152
巴布亚新几内亚	Papua New Guinea	693	430	693	430		
社会群岛	Social archipelago	1	1	1	1		
所罗门群岛	Solomon Islands	21	9	21	9		
汤　加	Tonga	54		54			
萨摩亚	Samoa	27	8	27	8		
密克罗尼西亚联邦	Micronesia federation	5	7	5	7		
马绍尔群岛	Marshall islands	5	2	5	2		
帕劳共和国	Republic of Palau	3	2	3	2		
法属波利尼西亚	French Polynesia	1		1			
大洋洲其他国家(地区)	Other	3	1	3	1		

16-5 海关主要商品出口数量和金额

MAIN EXPORT COMMODITIES IN VOLUME AND VALUE (CUSTOMS STATISTICS)

指 标	Item	数 量 Volume		金额（万美元） Value (USD 10000)	
		2009	2010	2009	2010
牛肉(吨)	Beef(ton)	866	2013	340	881
猪肉（吨）	Pork(ton)	1169	2254	303	571
冻鸡（吨）	Frozen Chicken(ton)	49	385	22	86
水海产品（吨）	Aquatic Products(ton)	117	784	23	106
谷物及谷物粉（万吨）	Cereals and Cereals Flour(10000 tons)	4	5	2859	3017
#稻谷和大米	#Paddy and Rice	4	5	2826	2944
玉 米	Maize	434		15	5
蔬菜（万吨）	Vegetables(10000 tons)	29	30	10802	13980
鲜、干水果及坚果（万吨）	Fruits and Nuts(10000 tons)	26	19	13484	12061
食用油籽（万吨）	Seeds of Edible Oil(10000 tons)	4	3	3258	2612
食用植物油（吨）	Edible Vegetable Oil(ton)	7570	15995	829	1817
烘焙花生（吨）	Baked Peanuts (ton)	387	462	48	62
天然蜂蜜（吨）	Natural Honey(ton)	11		2	
辣椒干（吨）	Dried Capsicum(ton)	589	149	88	35
番茄酱(吨)	Ketchup(ton)	989	540	82	45
蘑菇罐头（吨）	Canned Mushroom(ton)	1253	1170	132	160
啤酒（万升）	Beer(10000 liters)	88	126	67	99
肠衣（吨）	Casings(ton)	1058	1346	1399	1517
填充用羽毛、羽绒（吨）	Feathers and Dawn for Stuffing(ton)	26	17	36	71
药材（吨）	Medical Materials(ton)	807	2357	354	1188
烤烟（吨）	Flue-cured Tobacco(ton)	4953	2861	1906	1188
肥料（吨）	Chemical Fertilizers,Manufactured (Actual Weight) (ton)	35161	88130	768	2576
锯材（立方米）	Wood Sawn(cu.m)	51281	42544	3709	3194
胶合板及类似多层板(立方米)	Plywood and Similar Products (cu.m)	31672	48394	3554	4789
印刷品（吨）	Printed Matter (ton)	3590	5703	1176	3089
生丝（吨）	Raw Silk (ton)	1		25	
黏土及其他耐火矿物（吨）	Saggars and Other Fire-resistant Mineral(ton)	236962	589506	1920	5980
煤（万吨）	Coal (10000 tons)			1	61
粗苯（吨）	Dimethylbenzene (ton)	520		21	
成品油（吨）	Refined Oil(ton)	8631	2392	671	246
石蜡（吨）	Paraffin Wax(ton)	93291	62427	9656	9247
医药品（吨）	Medical and Pharmaceutical Products(ton)	6332	6214	12007	13737
新的充气橡胶轮胎（万条）	Rubber Tyres (10000 units)	48	73	1339	1339
家用或装饰用木制品（吨）	Wood for Household Use or Decorate (ton)	53281	68451	6929	5717
纸及纸板（吨）	Paper and Paperboard (ton)	16210	35313	2114	4972
纺织纱线、织物及制品	Yarns, Fabrics and Products			46064	58269
棉纱线（吨）	Cotton Yarn(ton)	454	1036	72	175
丝织物	Silk Fabrics			147	24
毛纺机织物（万米）	Wool Textile(10000 meters)			2	33
棉机织物（万米）	Cotton Textile(10000 meters)			260	638
亚麻及苎麻机织物（万米）	Textile of Flax and Ramee(10000 meters)	1798	2050	4056	4639
地 毯（万平方米）	Carpets(10000 sq.m)	961	522	1734	2018
塑料编织袋（万条）	Bags of PP or PE Strip(10000 items)	13983	20481	1895	2808
水泥及水泥熟料（吨）	Cement and Cement Clinker(ton)	90198	58570	1271	489
花岗岩石材及制品（吨）	Granite Material and Products(ton)	271909	213235	5329	8226
平板玻璃（万平方米）	Plate Glass (10000 sq.m)	543	703	1361	2187
玻璃制品	Glass Products			14345	18244
生铁及镜铁（吨）	Pig Iron and Spiegeleisen(ton)	1294	213	42	7
钢材（吨）	Rolled Steel(ton)	210293	371750	17499	33285
未锻造的铜及铜材（吨）	Unwrought Copper and Copper(ton)	566	1210	210	811
未锻造的铝及铝材（吨）	Unwrought Aluminum and Aluminous Material(ton)	9154	8542	2616	2544
钢铁或铜制标准紧固件（吨）	Iron and Steel Nails, Bolts, etc.(ton)	16911	31044	2032	4291
不锈钢厨具、餐具等家用器皿（吨）	Household Utensils Made of Stainless Steel(ton)	7305	8678	1081	1137

16-5 续表 CONTINUED

指 标	Item	数 量 Volume		金额（万美元） Value (USD 10000)	
		2009	2010	2009	2010
餐桌、厨房及其他家用搪瓷（吨）	Enamelware (Table, Kitchen, etc.)(ton)	235	273	41	55
手用或机用工具（吨）	Hand Tools and Tools for Machines(ton)	22570	32914	4932	7246
电扇（万台）	Fans(10000 sets)	4	5	198	267
纺织机械及零件	Textile Machinery			788	956
电子计算器（万台）	Electric Calculator(10000 sets)	1429	1289	3288	2189
自动数据处理设备及其部件（万台）	ADP Equipments(10000 units)	610	1862	2408	7977
自动数据处理设备的零件（吨）	Hardwares of ADP Equipments(ton)	1113	1402	5942	5085
轴承（万套）	Axletrees(10000 units)	741	1554	771	2334
电动机及发电机（万台）	Electric Motors and Generators(10000 sets)	5	79	1460	1968
静止式变流器（万个）	Static Converters(10000 units)	3217	8216	4743	8156
蓄电池（万个）	Electric Accumulators(10000 units)	48	84	2020	4073
扬声器（万个）	Loudspeakers(10000 units)	6	9	24	49
录、放像机（万台）	Video Tape Recorders(10000 sets)	36	44	502	734
声音录制或重放设备（万台）	Sound Recording Apparatus(10000 sets)	8	5	117	39
收音设备（万台）	Radio Equipment(10000 sets)	564	685	1844	2200
录放音、像机及唱机的零附件（吨）	Parts of Tape Recorders and Phonograph(ton)			623	664
印刷电路（万块）	Printed Circuits(10000 sets)	40	198	71	166
通断保护电路装置及零件（吨）	Electrical Apparatus for Switching or Protecting Electrical Circuits(ton)			3447	3974
二极管及类似半导体器件（万个）	Diodes and Hardwares Resembled Semiconductors(10000 units)	13783	12931	693	837
集成电路（万个）	Integrated Circuits(10000 sets)	6738	6117	905	711
电线和电缆（吨）	Electrical wires and Cables(ton)	1448	4182	766	2158
汽车(包括整套散件)(辆)	Vehicles(including complete Spare Parts)(cars)	22130	36031	9627	15943
汽车零件	Parts of Motor Vehicles			9002	21186
摩托车及自行车的零件	Parts of Motorcycles and Bicycles			3983	9997
手表（万只）	Wrist Watches(10000 units)	1199	3350	1308	3084
医疗仪器及器械	Medical Instruments and Appliances			850	1139
日用钟（万只）	Clocks(10000 units)	1577	1601	2416	4449
家具及其零件	Furniture			44725	66591
床垫、寝具及类似品	Mattresses, Bedclothing and Similar Articles			2747	5211
灯具、照明装置及类似品	Lamps and Lanterns, Lighting Sets and Similar Articles			9192	18021
箱包及类似容器	Bags and similar containers			56083	119019
服装及衣着附件	Garments and Affix of Clothing			176628	306015
#织物制服装	#Knitted and Crocheted Garments			142250	257943
皮革服装（万件）	Leather Garments(10000 pairs)	21	74	645	2236
裘皮服装（吨）	Furry Garments(ton)	5	54	347	790
皮革手套（万双）	Leather Gloves(10000 pairs)	985	1300	1065	2109
织物制手套（万双）	Knitted and Crocheted Gloves(10000 pairs)	8503	5943	2192	3465
织物制袜子（万双）	Knitted and Crocheted Stockings(10000 pairs)	35511	24637	10343	7717
帽类（万个）	Headgear(10000 units)	8927	10016	4571	9521
鞋类	Footwear			84244	132918
#鞋（万双）	#Shoes(10000 pairs)	15337	25533	57387	81178
塑料制品（吨）	Plastic Articles(ton)	102727	124027	26516	41759
玩具	Toys			410	951
游戏机（万台）	Machinery for Games(10000 sets)	338	384	2084	5010
圣诞用品	Articles for Christmas Day	7884	11834	2198	8924
足球、篮球、排球（万个）	Footballs, Basketballs and Volleyballs(10000 units)	736	619	1436	1571
伞（万把）	Umbrellas(10000 units)	1041	841	3453	2995
柳编结品（吨）	Wickerwork(ton)	1560	1098	236	212
农产品	Farm Produce			62352	69557
机电产品	Mechanical and Electrical Products			294063	475894
高新技术产品	High and New-tech Products			24299	37272

16-6 海关主要商品进口数量和金额

MAIN IMPORT COMMODITIES IN VOLUME AND VALUE (CUSTOMS STATISTICS)

指标	Item	数量 Volume		金额（万美元） Value (USD 10000)	
		2009	2010	2009	2010
冻鱼（吨）	Frozen Fishes(ton)	209	948	35	107
鲜、干水果及坚果（吨）	Fresh, Dried Fruit and Nuts(ton)	1418	1487	415	407
粮食（万吨）	Grain(10000 ton)	191	253	84015	111087
谷物及谷物粉（吨）	Cereals and Cereal Powder(ton)	22309	30356	640	1095
大麦（吨）	Barley(ton)	22000	29904	568	763
大豆（吨）	Soybean(ton)	1884776	2502408	83375	109992
酒类（万升）	Alcohol(10000 liters)	80	147	142	281
啤酒（万升）	Beer(10000 liters)	47	94	36	66
葡萄酒（万升）	Wine(10000 liters)	33	53	105	212
饲料用鱼粉（吨）	Feeding Fishmeal(ton)	503		48	
天然橡胶(包括胶乳)（吨）	Caoutchouc(ton)	1307	1124	195	351
合成橡胶(包括胶乳)（吨）	Synthetic Rubber(ton)	49569	41157	9717	10237
原木（万立方米）	Logs(10000 cu. m)	561	545	66708	71558
锯材（万立方米）	Wood Sawn(10000 cu. m)	55	93	10853	21199
纸浆（吨）	Paper Pulp(ton)	349167	209905	16262	14875
铁矿砂及其精矿(万吨)	Iron Ore and Concentrates(10000 ton)	358	289	24705	35946
锰矿砂及其精矿(吨)	Manganese Ores(ton)	1464	1344	22	31
煤（万吨）	Coal(10000 ton)	19	35	2077	3194
原油（吨）	Crude Oil (ton)	2678621	4946402	130754	284463
成品油（吨）	Petroleum Products Refined(ton)	1060018	2203484	43680	106548
苯乙烯（吨）	Styrene(ton)	1266	10502	124	1168
己内先胺（吨）	Carprolactam(ton)	2516	500	344	115
医药品（吨）	Pharmaceutical Products(ton)	12	34	118	346
肥料（吨）	Manufactured Fertilizers(ton)	356527	1215227	17038	42263
聚合物油漆及清漆（吨）	Polymer Paint or Varnish(ton)	153	189	61	84
初级形状的塑料（吨）	Plastic in Primary Form (ton)	74539	66690	8612	10466
纸及纸板（吨）	Paper and Paperboard(ton)	75479	64220	3494	4506
涂布纸（吨）	Coated paper(ton)	1207	1506	96	146
棉机织物（万米）	Cotton Textiles(10000 meters)			3	4
合成纤维长丝机织物（万米）	Synthetic Fibers Silk Knit Goods(10000 meters)	17	4	10	13
服装及衣着附件	Apparel and Clothing Accessories			633	137
玻璃纤维（吨）	Fiberglass(ton)	372	3259	52	368
废钢（吨）	Scrap Steel(ton)	282822	151084	8194	5207
钢坯及粗锻件（吨）	Billet and Crude Forgings(ton)	297	110	33	12
钢材（吨）	Rolled Steel(ton)	81211	60476	21839	9385
钢铁制标准坚固件（吨）	Steely Nails, Bolts, etc.(ton)	202	194	400	219
未锻造的铜及铜材（吨）	Unwrought Copper and Copper(ton)	6315	2892	2409	1993
未锻造的铜（吨）	Unwrought Copper(ton)	1911	662	521	291
铜材（吨）	Rolled Copper(ton)	4404	2229	1888	1701

16-6 续表 CONTINUED

指　标	Item	数　量 Volume		金额（万美元） Value (USD 10000)	
		2009	2010	2009	2010
未锻造的铝及铝材(吨)	Unwrought Aluminum and Aluminum(ton)	4929	1543	796	378
未锻造的铝(吨)	Unwrought Aluminum(ton)	4695	1361	652	234
铝材（吨）	Aluminum(ton)	234	182	145	144
钢铁或铝制结构及其部件（吨）	Steel and Aluminum Structure or Parts(ton)	66	181	49	34
活塞式内燃机的零件（吨）	Parts of Gas Engine with Piston(ton)	4878	3722	2251	1781
液泵及液体提升机（万台）	Liquid Pumps and Machines with Liquid Exaltation (10000 sets)		1	933	1140
非家用型水的过滤、净化机（台）	Depurative Machineries or Filters for Water(set)	399	2601	121	187
饮料及液体食品罐装设备（台）	Canned Beverages and Liquid Food Equipmen(set)	7	6	372	1207
机械提升搬运设备及零件	Portage, Load and Unload Equipment and Accessories with Machine Exaltation			809	217
载客电梯（台）	Elevators(set)	8		63	
建筑及采矿用机械及零件	Construction and Mining Machinery and Parts			476	293
食品加工机械及零件	Food Processing Machinery and Parts			132	982
制造纸及制品用机械及零件	Paper and Related Products Manufacturing Machinery and Parts			352	2064
印刷、装订机械及零件	Printing, Bookbinding Machinery and Parts			303	340
纺织机械及零件	Textile Machinery and Parts			180	260
金属加工机床（台）	Machine Tools for Processing Metals(set)	607	895	3955	10529
金属轧机及零件	Metal Rolling Mill and Accessories			1554	3070
橡胶或塑料加工机械及零件	Rubber or Plastic Processing Machinery and Parts			126	174
型模及金属铸造用型箱（吨）	Models and Patterns(ton)			152	82
阀门（万套）	Valves(10000 sets)	9	9	12420	11308
自动数据处理设备及其部件（台）	ADP Equipments(set)	244	913719	473	3107
自动数据处理设备的零件（吨）	Parts of ADP Equipments(ton)	33	23	1128	764
电动机及发电机（台）	Electric Motors and Generators(set)	1909	3991	696	809
变压、整流、电感器及零件	Transformers, Rectifiers, Inductances and Accessories			522	1060
无线电导航雷达及遥控设备(台)	Radio Navigation Radar and Remote Control Equipment	47	54	92	77
电容器（吨）	Capacitors(ton)	31	36	54	98
电阻器（吨）	Resistors(ton)	1	3	26	31
印刷电路（万块）	Printed Circuit(10000 units)	8	40	1	7
通断保护电路装置及零件（吨）	On-off Protection Circuit Devices and Components(ton)			871	1087
二极管及类似半导体器件（万个）	Diode and Similar Semiconductor Devices(10000 units)	275	396	180	163
集成电路（万个）	Integrated Circuit(10000 units)	11540	11793	1593	1710
电缆和电线（吨）	Electrical wires and Cables(ton)	45	68	201	401
汽车(包括整套散件)（辆）	Vehicles (including the package parts)(car)	61	83	2882	3065
汽车零件	Parts of Motor Vehicles			1067	1445
航空器零件（吨）	Parts of Aircraft(ton)	4	22	197	1701
医疗仪器及器械	Medical Instruments and Equipments			3767	4987
计量检测分析自控仪器具	Dotoction and Analysis of the Measurement Apparatus with Automatic Control			10753	9330
塑料制品（吨）	Plastic Articles(ton)	302	300	163	176
农产品	Farm Produce			96742	125531
机电产品	Mechanical and Electrical Products			118755	131686
高新技术产品	High and New-tech Products			34364	45334

16-7 各地区进出口总额

TOTAL VALUE OF IMPORT AND EXPORT BY REGION

单位：万美元 (USD 10000)

地 区	Region	进出口总额 Total Value of Imports and Exports		出口总额 Total Exports		进口总额 Total Imports		进出口差额 Balance	
		2009	2010	2009	2010	2009	2010	2009	2010
全 省	**Total**	**1622107**	**2550382**	**1007614**	**1628176**	**614493**	**922207**	**393120**	**705969**
省直企业	Enterprises Directly under Province	53772	164633	25468	105518	28304	59115	-2836	46403
哈尔滨	harbin	318803	422529	125242	199846	193561	222683	-68318	-22837
齐齐哈尔	Qiqihar	67863	89271	49772	74425	18091	14846	31681	59579
鸡 西	Jixi	49901	70692	45982	69525	3919	1167	42063	68358
鹤 岗	Hegang	5376	8180	5108	6771	268	1409	4840	5362
双鸭山	Shuangyashan	64260	99749	61409	91085	2851	8664	58558	82421
大 庆	Daqing	110250	154145	56807	97597	53443	56549	3364	41048
伊 春	Yichun	22180	30223	14608	19086	7571	11137	7037	7949
佳木斯	Jiamusi	203152	305198	186237	283630	16915	21568	169323	262062
七台河	Qitaihe	4418	6096	3970	5843	448	253	3522	5590
牡丹江	Mudanjiang	524006	900393	250796	402957	273210	497436	-22414	-94479
黑 河	Heihe	188736	285491	174683	261754	14053	23737	160630	238017
绥 化	Suihua	7345	10366	5953	6980	1392	3386	4562	3594
大兴安岭	Daxinganling	2045	3415	1577	3157	468	258	1110	2899

16-8 对外承包工程和劳务合作

CONTRACTED PROJECTS AND LABOR COOPERATION WITH FOREIGN COUNTRIES OR TERRITORIES

项 目 Item	签定合同的国家地区数（个） Number of Countries or Territories with Contracts Signed(unit)	合同数（份） Number of Contracts (share)	合同金额（万美元） Contracted Value (USD 10000)	完成营业额（万美元） Value of Business Fulfilled (USD 10000)
对外承包工程 Contracted Projects with Foreign Countries or Territorie				
1990	2	51	13160	2697
1995	2	53	10857	4129
1996	5	45	12100	5691
1997	8	36	22211	6787
1998	7	34	34000	9943
1999	6	31	11915	8225
2000	10	30	14328	8269
2001	3	4	15254	9148
2002	3	17	1769	9815
2003	6	16	11893	12591
2004	12	41	49590	16438
2005	9	39	18090	18947
2006	7	47	19519	42790
2007	14	56	117084	46026
2008	15	68	57228	56920
2009	5	17	26305	78633
对外劳务合作 Labor Cooperation with Foreign Countries or Territories				
1990	6	67	3877	724
1995	4	149	11103	2109
1996	9	138	8828	1633
1997	18	270	8348	2605
1998	13	191	8477	4531
1999	14	172	9507	4760
2000	14	182	9004	4934
2001	10	167	9082	4479
2002	3	102	12255	5852
2003	2	71	9195	7466
2004	6	74	14409	9521
2005	5	146	26812	13257
2006	4	106	15311	14495
2007	4	97	22173	22492
2008	3	69	8138	24411
2009	4	52	5563	3589

16-9 利用外资额

AMOUNT OF UTILIZATION OF FOREIGN CAPITAL AND FOREIGN INVESTMENT

单位：个、万美元 (unit, USD 10000)

年 份 Year	总 计 Total			对外借款 Foreign Loans		
	项 目 Number of Projects	合同金额 Contracted Value	实际使用额 Used Value	项 目 Number of Projects	合同金额 Contracted Value	实际使用额 Used Value
1985	53	9169	1747	8	4951	249
1986	52	4389	4987	5	2641	2409
1987	46	11291	4558	5	3332	2597
1988	97	15949	9860	11	5328	3553
1989	90	9952	15347	4	861	11050
1990	89	4100	11777	2	788	7102
1991	256	16517	6462	6	3484	4148
1992	928	56177	10516	5	1655	99
1993	1727	121653	29969	13	22317	7007
1994	726	106265	49054	13	47281	14241
1995	867	160160	74994	18	54693	23458
1996	545	77627	78725	12	5988	22034
1997	407	88757	103537	27	30052	30052
1998	278	89866	87009	28	34370	34370
1999	331	122651	111309	18	29414	29414
2000	281	108557	110359	21	27274	27274
2001	269	118800	115114	27	29000	29000
2002	199	141404	123656		29100	29100
2003	258	165283	128772	28	25800	25800
2004	286	197366	144546	6	20907	20907
2005	272	215776	152202	6	18252	7512
2006	251	261030	174901	11	39800	4100
2007	242	295757	216908	2	22800	8400
2008	170	402686	265642	10	66700	10900
2009	169	331852	250900	11	76700	14700
2010	149	307439	275851	2	20329	9700

16-9 续表 CONTINUED

单位：个、万美元 (unit, USD 10000)

年 份 Year	外商直接投资 Direct Foreign Investment			外商其他投资 Other Foreign Investment		
	项 目 Number of Projects	合同金额 Contracted Value	实际使用额 Used Value	项 目 Number of Projects	合同金额 Contracted Value	实际使用额 Used Value
1985	36	2946	226	9	1272	1272
1986	22	900	1730	25	848	848
1987	28	6646	1192	13	1313	769
1988	49	5836	3913	37	4785	2394
1989	60	4723	2312	26	4368	1985
1990	79	2869	2534	8	443	2141
1991	245	11841	1905	5	1192	409
1992	920	54355	10250	3	167	167
1993	1710	99000	22626	4	336	336
1994	708	58401	34230	5	583	583
1995	843	98799	44868	6	6668	6668
1996	531	69789	54841	2	1850	1850
1997	380	58705	73485			
1998	250	55496	52639			
1999	313	93237	81895			
2000	260	81283	83085			
2001	242	89800	86114			
2002	199	112304	94556			
2003	230	139483	102972			
2004	280	176459	123639			
2005	266	197524	144690			
2006	240	221230	170801			
2007	240	272957	208508			
2008	160	335986	254742			
2009	158	255152	236200			
2010	147	287110	266151			

16-10 按行业分外商直接投资情况 (2010年)

FOREIGN DIRECT INVESTMENT BY SECTOR (2010)

单位：万美元 (USD 10000)

行业	Sector	项目数（个）Number of Projects (unit)	外商直接投资额 Direct Foreign Investment	#合资经营 Joint Ventures Enterprises	#合作经营 Cooperative Operation Enterprises	#外资企业 Foreign Investment Enterprises	#外资股份制 Share-holding
总计	**Total**	**147**	**266151**	**16714**	**2546**	**69819**	**1737**
农、林、牧、渔业	Farming, Forestry, Animal Husbandry and Fishery	9	6362	500		2889	
采矿业	Mining		6992	824	359		
制造业	Manufacturing	50	153212	9922	2117	44007	1737
电力、燃气及水的生产和供应业	Production and Distribution of Electricity, Gas and Water	2	30758	1128		1976	
建筑业	Construction	1	12			12	
交通运输、仓储和邮政业	Traffic, Transport, Storage and Post	1					
信息传输、计算机服务和软件业	Information Transfer, Computer Services and Software	4	703			503	
批发零售业	Wholesale and Retail Trade	48	2341	4		893	
住宿和餐饮业	Accommodation and Restaurants	9	4925	1		4013	
金融业	Banking business		16843				
房地产业	Real Estate	3	21732	2942			
租赁和商务服务业	Tenancy and Business Services	14	10076	1393		4291	
科学研究、技术服务和地质勘查业	Scientific Research, Technical Service and Geologic Perambulation	3	697		70		
水利、环境和公共设施管理业	Management of Water Conservancy, Environment and Public Establishment	1	10249			10241	
居民服务和其他服务业	Resident Services and Other Services	1	1250			994	
教育	Education						
卫生、社会保障和社会福利业	Sanitation, Social Security and Social Welfare						
文化、体育和娱乐业	Culture, Sports and Entertainment	1					

16-11 各地区外商直接投资情况

DIRECT FOREIGN INVESTMENT BY REGION

地区	Region	项目（个）Number of Projects (unit)			合同外资（万美元）Contract Value (USD 10000)			实际外资（万美元）Used Value (USD 10000)		
		2008	2009	2010	2008	2009	2010	2008	2009	2010
全省	**Total**	**160**	**158**	**147**	**335986**	**255152**	**287110**	**254742**	**236200**	**266151**
省直企业	Enterprises Directly under Province	1		1	1962		5		20	
哈尔滨	harbin	76	98	81	92412	72513	137739	58307	60492	133046
齐齐哈尔	Qiqihar	8	5	11	9692	755	33527	6583	8287	22802
鸡西	Jixi	6	3	5	7185	-3147	9203	2275	2425	6660
鹤岗	Hegang	2	3		808	4224	1894	1015	1303	3320
双鸭山	Shuangyashan	3	3	2	1265	1856	2139		980	2701
大庆	Daqing	15	7	14	15982	6072	29936	11698	13996	34587
伊春	Yichun	7	3	6	1868	990	8431	1405	1469	3730
佳木斯	Jiamusi	7	3	3	16987	1182	10082	4658	5128	11300
七台河	Qitaihe	1	2	1	172	1771	1950	197	407	1390
牡丹江	Mudanjiang	17	20	13	9321	17221	28348	10951	8886	24384
黑河	Heihe	7	6	3	5791	7152	10168	4106	4355	10004
绥化	Suihua	7	4	6	3543	4572	12185	3618	3774	10644
大兴安岭	Daxinganling	3	1	1	3153	84	1504	700	720	1583
其它	Other				165845	139907		149228	123959	

16-12 各国家（地区）外商直接投资额（2010年）

DIRECT FOREIGN INVESTMENT BY COUNTRY (TERRITORY) (2010)

单位：个、万美元 (unit, USD 10000)

国 别（地区）	Country (Territory)	外商直接投资合计 Direct Foreign Investment		#合资经营 Joint Ventures Enterprises		#合作经营 Cooperative Operation Enterprises		#外资企业 Foreign Investment Enterprises	
		项 目 Number of Projects	投资额 Investment	项 目 Number of Projects	投资额 Investment	项 目 Number of Projects	投资额 Investment	项 目 Number of Projects	投资额 Investment
总 计	**Total**	**147**	**266151**	**42**	**16714**	**7**	**2546**	**96**	**69819**
亚 洲	**Asia**	**102**	**141019**	**30**	**12824**	**6**	**2449**	**65**	**37069**
中国香港	Hong Kong, China	64	97472	17	7998	5	2359	41	27341
中国澳门	Macao		930						
中国台湾	Taiwan, China	8	3789	3	135			5	190
马来西亚	Malaysia	1		1					
文 莱	Brunei		526						
新加坡	Singapore	2	26266	1	2860		90	1	9193
朝 鲜	Republic of Korea	1		1					
日 本	Japan	9	1741	3	69			6	4
韩 国	Korea	17	10280	4	1762	1		12	326
非 洲	**Africa**		**1324**		**1324**				
毛里求斯	Mauritius		1324		1324				
欧 洲	**Europe**	**18**	**16164**	**8**	**247**	**1**	**27**	**9**	
塞浦路斯	Cyprus		15						15
英 国	United Kingdom		13445						
荷 兰	Netherlands	2		1				1	
瑞 典	Sweden	1	27			1	27		
西班牙	Spain	1	752	1					
罗马尼亚	Romania	1		1					
瑞 士	Switzerland		660		210				
挪 威	Norway	1						1	
俄罗斯	Russia	11	1280	4	37			7	
白俄罗斯	Belarus	1		1					
拉丁美洲	**Latin America**	**8**	**30104**	**1**	**1958**		**70**	**7**	**7510**
开曼群岛	Cayman Islands		477				70		30
维尔京群岛	Virgin Is.	8	29627	1	1958			7	7480
北美洲	**North America**	**11**	**52736**	**2**	**80**			**9**	**8766**
加拿大	Canada	4	3030					4	3030
美 国	United States	7	48994	2	80			5	5736
百慕大	Bermuda		712						
大洋洲	**Oceania**	**4**	**10905**		**205**			**4**	**9526**
澳大利亚	Australia	2	8075		1			2	8000
瓦努阿图	Vanuatu		204		204				
新西兰	New Zealand		1100						
萨摩亚	Samoa	2	1526					2	1526
投资性公司投资	**Investment Company**	**5**	**7572**	**1**	**76**			**3**	**6948**

16-13 外商投资企业个数和投资额(2010年)

NUMBER OF ENTERPRISE AND INVESTMENT OF FOREIGN-FUNDED (2010)

项　目	Item	企业数（个）Number of Enterprise (unit)	投资总额（万美元）Total Investment (USD 10000)	注册资本（万美元）Registered Capital (USD 10000)	#外方 Foreign Partner
全　省	**Total**	**5814**	**1961743**	**1204598**	**907078**
按企业类别分组	**Grouped by Status**				
中外合资	Equity Joint Venture	798	576037	312429	181010
中外合作	Contractural Joint Venture	99	71233	36454	22912
外商合资	Joint-Venture Enterprises	150	32249	16054	16054
外国法人独资	Wholly-owned Foreign Corporation	1706	453454	262143	262143
外国非法人经济组织独资	Unincorporated Foreign-owned Economic Organizations				
外国自然人独资	Foreign-owned Natural	301	14320	11933	11933
台港澳与外国投资者合资	Taiwan, Hong Kong and Macao Joint Venture with Foreign Investors	5	3767	1445	1445
台港澳与境内合资	Taiwan, Hong Kong and Macao Joint Venture with the Territory	707	336723	215621	117444
台港澳与境内合作	Taiwan, Hong Kong and Macao Cooperation with the Territory	92	104439	64344	58177
台港澳合资	Taiwan, Hong Kong and Macao Joint Venture	27	3950	3264	3264
台港澳法人独资	Corporate-owned Taiwan, Hong Kong and Macao	1660	254963	175181	175181
台港澳非法人经济组织独资	Taiwan, Hong Kong and Macao-owned Economic Organizations, Unincorporated				
台港澳自然人独资	Taiwan, Hong Kong and Macao-owned Natural	82	10984	8310	8310
中外合资，　上市	Sino-foreign Joint Venture, Listed	15	34394	34394	8610
中外合资，未上市	Sino-foreign Joint Venture, No Listed	117	60623	58419	37691
外商合资，　上市	Foreign Joint Venture, Listed				
外商合资，　未上市	Foreign Joint Venture, No Listed	1			
台港澳与外国投资者合资，上市	Taiwan, Hong Kong and Macao Joint Venture with Foreign Investors, Listed	2			
台港澳与外国投资者合资，未上市	Taiwan, Hong Kong and Macao Joint Venture with Foreign Investors, No Listed				
台港澳与境内合资，上市	Taiwan, Hong Kong and Macao Joint Venture with the Territory , Listed	16			
台港澳与境内合资，未上市	Taiwan, Hong Kong and Macao Joint Venture with the Territory , No Listed	12	4607	4607	2905
台港澳合资，上市	Taiwan, Hong Kong and Macao Joint Venture, Listed				
台港澳合资，未上市	Taiwan, Hong Kong and Macao Joint Venture, No Listed				
其他企业	Other Enterprises	24			
按行业分组	**Grouped by Sector**				
农林牧渔业	Agriculture, Forestry, Animal Husbandry and Fishery	119	108073	78146	71755
采矿业	Mining	13	18292	9921	9514
制造业	Manufacturing	1390	978503	598102	433903
电力、燃气及水的生产和供应业	Production and Supply of Electricity, Gas and Water	64	222202	112367	50674
建筑业	Construction	89	45144	28922	19314
交通运输、仓储和邮政业	Transport, Storage and Post	44	30184	17343	12062
信息传输、计算机服务和软件业	Information Transmission, Computer Services and Software	2608	36581	15218	13680
批发和零售业	Wholesale and Retail Trades	510	67878	42711	35963
住宿和餐饮业	Hotels and Catering Services	343	34083	22907	18009
金融业	Financial Intermediation	101	1200	1200	1200
房地产业	Real Estate	98	168951	113070	95217
租赁和商务服务业	Leasing and Business Services	216	88174	62283	57815
科学研究、技术服务和地质勘查业	Scientific Research, Technical Service and Geologic Prospecting	105	81462	51577	47184
水利、环境和公共设施管理业	Management of Water Conservancy, Environment and Public Facilities	15	11458	7879	6920
居民服务和其他服务业	Services to Households and Other Services	57	17892	15630	12388
教　育	Education	1			
卫生、社会保障和社会福利业	Health, Social Security and Social Welfare	6	12789	5533	3869
文化、体育和娱乐业	Culture, Sports and Entertainment	35	38877	21788	17611
其　他	Others				

16-14 旅游人数和收入

NUMBER OF TOURISTS AND EARNINGS

指　标	Item	2006	2007	2008	2009	2010
国际旅游人数总计(人次)	International Tourists(person-times)	1063723	1414187	2006116	1425122	1724238
外国人	Foreigners	994816	1343778	1933370	1350307	1648303
港、澳、台合计	Tourists form Hong Kong, Macao and Taiwan	68907	70409	72746	74815	75935
香港人	Hong Kong	27880	30277	31663	33639	32604
澳门人	Macao	1540	1543	1593	7702	7326
台湾人	Taiwan	39487	38589	39490	33474	36005
国际旅游外汇收入总额（万美元）	Foreign Exchange Earnings from International Tourism (USD 10000)	49233	64270	86995	63868	76250
国内旅游人数（万人次）	Number of Domestic Visitors (10000 person-times)	5194	6515	8353	10844	15702
国内旅游收入（亿元）	Earnings from Domestic Tourism (100 million yuan)	312	380	502	606	832

16-15 各地区接待入境旅游人数 (2010年)

NUMBER OF OVERSEA VISITOR ARRIVALS BY REGION (2010)

单位：人次　　(person-times)

地　区	Region	接待入境旅游人次 Number of Overseas Visitor Arrivals	外国人 Foreigners	香港同胞 Hong Kong person	澳门同胞 Macau person	台湾同胞 Taiwan person
哈尔滨	harbin	263609	211759	23383	1613	26854
齐齐哈尔	Qiqihar	30384	24766	2210	2013	1395
鸡　西	Jixi	35606	29597	2351	1277	2381
鹤　岗	Hegang	53199	53193	1		5
双鸭山	Shuangyashan	80000	80000			
大　庆	Daqing	14000	7200	2500	2000	2300
伊　春	Yichun	19374	19374			
佳木斯	Jiamusi	144000	144000			
七台河	Qitaihe	1842	1842			
牡丹江	Mudanjiang	747914	745334	1239	203	1138
黑　河	Heihe	329088	329088			
绥　化	Suihua	78	78			
大兴安岭	Daxinganling	5144	2072	920	220	1932

16-15 接待外国旅游人数

NUMBER OF OVERSEAS VISITOR ARRIVALS

单位：人次 (person-times)

国 家	Countries	2002	2003	2004	2005	2006	2007	2008	2009	2010
总 计	**Total**	**669522**	**546332**	**692773**	**764203**	**994816**	**1343778**	**1933370**	**1350307**	**1648303**
#日 本	#Japan	38914	31461	40083	40859	44963	51405	49208	45731	59237
菲律宾	Philippines	256	179	120	252	669	646	1057	2051	1384
新加坡	Singapore	2623	2705	3207	2611	3718	5117	8881	10544	9027
泰 国	Thailand	715	1035	500	538	1759	2280	3983	4351	5932
印度尼西亚	Indonesia	298	396	355	506	930	1192	1596	2229	1424
马来西亚	Malaysia	1640	1556	1439	1588	3693	4695	5447	4448	3643
韩 国	Republic of Korea	22765	18673	19870	22253	25583	34203	76944	117248	146172
蒙 古	Mongolia	116	174	59	354	282	391	445	818	625
印 度	India	175	311	390	781	683	902	1252	1784	1701
朝 鲜	Korea DPR					3	5			
巴基斯坦	Pakistan					2	9			
美 国	United States	3420	2574	3410	6488	8338	10622	16350	23200	22900
加拿大	Canada	1114	1220	1091	1884	2829	3093	4936	4735	4958
英 国	United Kingdom	932	832	1937	2237	2122	2792	4306	4436	4538
法 国	France	2220	1150	1283	1462	1838	3479	12212	19792	20461
德 国	Germany	1047	1022	1705	2304	2212	2909	6820	5852	5729
意大利	Italy	371	302	611	1454	766	823	1764	2180	2304
瑞 士	Switzerland	159	1865	2019	699	364	354	597	637	522
瑞 典	Sweden	130	182	146	269	373	479	751	601	797
荷 兰	Netherlands	105	161	136	230	27	149	125	144	2
俄罗斯	Russia	568826	462446	569737	648036	866465	1194966	1713821	1070994	1317308
西班牙	Spain	53	33	29	115	215	400	944	2929	2261
澳大利亚	Australia	1226	979	1157	1619	1651	3056	4034	5440	5525
新西兰	New Zealand	272	235	240	325	221	480	739	780	632

主要统计指标解释

进出口总额　指实际进出我国国境的货物总金额。包括对外贸易实际进出口货物，来料加工装配进出口货物，国家间、联合国及国际组织无偿援助物资和赠送品，华侨、港澳台同胞和外籍华人捐赠品，租赁期满归承租人所有的租赁货物，进料加工进出口货物，边境地方贸易及边境地区小额贸易进出口货物(边民互市贸易除外)，中外合资企业、中外合作经营企业、外商独资经营企业进出口货物和公用物品，到、离岸价格在规定限额以上的进出口货样和广告品(无商业价值、无使用价值和免费提供出口的除外)，从保税仓库提取在中国境内销售的进口货物，以及其他进出口货物。该指标可以观察一个国家在对外贸易方面的总规模。我国规定出口货物按离岸价格统计，进口货物按到岸价格统计。

商品经营单位所在地进、出口额　指在所在地海关注册登记的有进出口经营权的企业实际进、出口额。

商品目的地进口额和商品货源地出口额　目的地进口额指进口货物的消费、使用或最终抵运地的实际进口额；货源地出口额指出口货物的产地或原始发货地的实际出口额。

利用外资　指我国各级政府、部门、企业和其他经济组织通过对外借款、吸收外商直接投资以及用其他方式筹措的境外现汇、设备、技术等。

对外借款　指通过对外正式签订借款协议，从境外筹措的资金，包括外国政府贷款、国际金融组织贷款、外国银行商业贷款、出口信贷以及对外发行债券等。1996年及以前还包括对外发行股票。该指标是我国利用外资的重要部分。

外商直接投资　指外国企业和经济组织或个人(包括华侨、港澳台胞以及我国在境外注册的企业)按我国有关政策、法规，用现汇、实物、技术等在我国境内开办外商独资企业、与我国境内的企业或经济组织共同举办中外合资经营企业、合作经营企业或合作开发资源的投资(包括外商投资收益的再投资)，以及经政府有关部门批准的项目投资总额内企业从境外借入的资金。

外商其他投资　指除对外借款和外商直接投资以外的各种利用外资的形式。包括企业在境内外股票市场公开发行的以外币计价的股票（目前主要是在香港证券市场发行的H股和在境内证券市场发行的B股）发行价总额，国际租赁进口设备的应付款，补偿贸易中外商提供的进口设备、技术、物料的价款，加工装配贸易中外商提供的进口设备、物料的价款。

对外直接投资　指我国国内投资者以现金、实物、无形资产等方式在国外及港澳台地区设立、购买国（境）外企业，并以控制该企业的经营管理权为核心的经济活动。

对外承包工程　指各对外承包公司以招标议标承包方式承揽的下列业务：(1)承包国外工程建设项目；(2)承包我国对外经援项目；(3)承包我国驻外机构的工程建设项目；(4)承包我国境内利用外资进行建设的工程项目；(5)与外国承包公司合营或联合承包工程项目时我国公司分包部分；(6)对外承包兼营的房屋开发业务。对外承包工程的营业额是以货币表现的本期内完成的对外承包工程的工作量，包括以前年度签订的合同和本年度新签订的合同在报告期内完成的工作量。

对外劳务合作　指以收取工资的形式向业主或承包商提供技术和劳动服务的活动。我国对外承包公司在境外开办的合营企业，中国公司同时又提供劳务的，其劳务部分也纳入劳务合作统计。劳务合作营业额按报告期内向雇主提交的结算数(包括工资、加班费和奖金等)统计。

对外设计咨询　指以服务成果向业主收费的技术服务项目。包括承担地形地貌测绘，地质资源勘探与普查，建设区域规划，提供设计文件、图纸、生产工艺技术资料和工程技术经济咨询，工程项目的可行性考察、研究和评估，进行技术指导和培训人员等；也包括承担国(境)内利用外资建设工程项目中的设计咨询项目内收取外币部分。

旅游人数

(1)入境旅游人数：指报告期内来我国观光、度假、探亲访友、就医疗养、购物、参加会议或从事经济、文化、体育、宗教活动的外国人、港澳台同胞等入境游客。统计时，外国人、港澳台同胞每入境一次统计1人次。

(2)出境人数：指中国（大陆）居民因公或因私出境前往其他国家、中国香港特别行政区、澳门特别行政区和台湾省观光、度假、探亲访友、就医疗养、购物、参加会议或从事经济、文化、体育、宗教活动的人数，即出境游客。统计时，按每出境一次统计1人次。

(3)国内旅游人数：指在报告期内在中国（大陆）观光游览、度假、探亲访友、就医疗养、购物、参加会议或从事经济、文化、体育、宗教活动的中国（大陆）居民人数，其出游的目的不是通过所从事的活动谋取报酬。统计时，国内游客按每出游一次统计1人次。

国际旅游(外汇)收入 指入境游客在中国（大陆）境内旅行、游览过程中用于交通、参观游览、住宿、餐饮、购物、娱乐等全部花费。

国内旅游收入 指国内游客在国内旅行、游览过程中用于交通、参观游览、住宿、餐饮、购物、娱乐等全部花费。

国际旅行社 指经营业务范围包括入境旅游业务、出境旅游业务和国内旅游业务的旅行社。

国内旅行社 指经营范围仅限于国内旅游业务的旅行社。

星级饭店 指设备、设施、服务符合《旅游饭店星级的划分与评定》（GB/T14308-2003），通过相关旅游管理部门评定，并取得星级饭店称号的饭店（含预备星级饭店）。

Explanatory Notes on Main Statistical Indicators

Total Imports and Exports at Customs refer to the real value of commodities imported and exported across the border of China. They include the actual imports and exports through foreign trade, imported and exported goods under the processing and assembling trades and materials, supplies and gifts as aid given gratis between governments and by the United Nations and other international organizations, and contributions donated by overseas Chinese, compatriots in Hong Kong and Macao and Chinese with foreign citizenship, leasing commodities owned by tenant at the expiration of leasing period, the imported and exported commodities processed with imported materials, commodities trading in border areas (excluding mutual exchange goods), the imported and exported commodities and articles for public use of the Sino-foreign joint ventures, cooperative enterprises and ventures with sole foreign investment. Also included is import or export of samples and advertising goods for which CIF or FOB value are beyond the permitted ceiling (excluding goods of no trading or use value and free commodities for export), imported goods sold in China from bonded warehouses and other imported or exported goods. The indicator of the total imports and exports at customs can be used to observe the total size of external trade in a country. In accordance with the stipulation of the Chinese government, imports are calculated at CIF, while exports are calculated at FOB.

Import Export Value by Location of China' s Foreign Trade Managing Units refers to actual value of imports and exports carried out by corporations which have been registered by the local Customs house and are vested with right to run import export business.

Import Value of Commodities by Place of Destination and Export Value of Commodities by Place of Origin in China The former indicator refers to the value of import commodities of the places of their consumption, utilization or the places of their final destination. The latter indicator refers to the value of export commodities of the places of their origin or the places of the commodities dispatched.

Utilization of Foreign Capitals refers to remittance, equipment and technology financed from abroad, by loans, foreign direct investment and other forms undertaken by the Chinese governments at all levels, by various departments, enterprises and other economic units.

Foreign Borrowings refer to funds borrowed from abroad through formal signing of borrowing agreements with foreign institutions, including loans of foreign governments, loans of international financial institutions, commercial loans of foreign banks, export credit, and funds raised by Chinese bonds (and shares before 1996) issued abroad. It is an important part of China' s utilization of foreign capitals.

Foreign Direct Investment refers to the investments inside China by foreign enterprises and economic organizations or individuals (including overseas Chinese, compatriots from Hong Kong, Macao and Taiwan, and Chinese enterprises registered abroad), following the relevant policies and laws of China, for the establishment of ventures exclusively with foreign own investment, Sino-foreign joint ventures and cooperative enterprises or for co-operative exploration of resources with enterprises or economic organizations in China. It includes the re- investment of the foreign entrepreneurs with the profits gained from the investment and the funds that enterprises borrow from abroad in the total investment of projects which are approved by the relevant department of the government.

Other Foreign Investment refers to all forms of utilization of foreign capitals other than foreign borrowings and foreign direct investment. It includes the total value of stock shares in foreign currencies issued by enterprises at domestic or foreign stock exchanges (now mainly consisting of H shares issued at Hong Kong Security Market and B shares issued at domestic security markets), rent payable for the imported equipment through international leasing arrangement, cost of imported equipment, technology and materials provided by foreign counterparts in compensation trade and processing and assembly trade.

Overseas Direct Investment refers to enterprises set up or bought by domestic investors in foreign countries and in Hong Kong, Macao and Taiwan, and the economic activities centring on operation and management of those enterprises are under the control of domestic investors.

Overseas Contracted Project refers to projects undertaken by Chinese contractors (project contracting companies) through bidding process. They include: (1) overseas civil engineering construction projects financed by foreign investors; (2) overseas projects financed by the Chinese government through its foreign aid programs; (3) construction projects of Chinese diplomatic missions, trade offices and other institutions stationed abroad; (4) construction projects in China financed by foreign investment; (5) sub-contracted projects to be taken by Chinese contractors through a joint umbrella project with foreign contractor(s); (6) housing development projects. The business income from international contracted projects is the work volume of contracted projects completed during the reference period, expressed in monetary terms, including completed work on projects signed in previous years.

Overseas Labour Services refer to the activities of providing technology and labour services to employers or contractors in the forms of receiving salaries and wages. Labour services providing by contractual joint ventures of Chinese international contracting corporations should be included in the statistics of service co-operation with foreign countries. The business income of labour service cooperation is the income in the form of wages and salaries, overtime pay, bonuses and other remuneration received from the employers during the reference period.

Overseas Design and Consultation Services refer to projects with income for technical services provided to overseas operators. It includes geographic and topographic mapping, geological resource prospecting and survey, planning of construction areas, provision of design documents, blueprints, materials on production process and techniques, as well as engineering, technical and economic consultation, and feasibility study, research and evaluation of projects. Also included under this category are the above-mentioned services of foreign-financed projects in China that are paid in foreign currencies

Number of Tourists

(1) Visitor arrivals refer to the number of foreigners, Chinese compatriots from Hong Kong, Macao and Taiwan Chinese (mainland) who come to China (mainland) for sight-seeing, vacation, visiting relatives, medical treatment, shopping, attending conference, or to engage in economic, cultural, sports and religious activities. In compiling statistics, each time of entering China is counted as one person-time.

(2) Number of Chinese residents going abroad refer to the number of Chinese (mainland) residents going to other countries, Hong Kong Special Administrative region, Macao Special Administrative region and Taiwan for on official or private purposes, for sight-seeing, vacation, visiting relatives, medical treatment, shopping, attending conference, or to engage in economic, cultural, sports and religious activities. In compiling statistics, each time of leaving is counted as one person-time.

(3) Number of domestic tourists refers to the number Of Chinese (mainland) residents who travel within

China (mainland) for sight-seeing, vacation, visiting relatives, medical treatment, shopping, attending conference, or to engage in economic, cultural, sports and religious activities. In compiling statistics, each time of travelling is counted as one person-time.

Foreign Exchange Earnings from International Tourism refer to the total expenditure of foreigners, overseas Chinese, Chinese compatriots from Hong Kong, Macao and Taiwan during their stay in the mainland of China on transportation, sighting, accommodation, food, shopping and entertainment.

Income from Domestic Tourism refer to expenditure of domestic tourists on transportation, sighting, accommodation, food, shopping and entertainment while they travel.

International Travel Agencies refer to travel agencies engaged in tourism entering China, Chinese residents going abroad and domestic tourism.

Domestic Travel Agencies refer to travel agencies only engaged in domestic tourism.

Star-rated Hotels refer to hotels rated with stars as assessed by the relevant tourism authorities according to GB/T14308-2003 standard with reference to their infrastructure, facilities and service levels.

第十七篇　教育与科技

CHAPTER 17　EDUCATION, SCIENCE AND TECHNOIOGY

17-1 教育事业基本情况

BASIC STATISTICS ON EDUCATION

项　　目	Item	2006	2007	2008	2009	2010
学校数(所)	**Number of Schools (unit)**					
普通高等学校	Regular Institutions of Higher Education	65	68	70	78	79
成人高等学校	Adult Institutions of Higher Education	28	26	25	19	19
中等专业学校	Specialized Secondary Schools	63	66	66	70	72
成人中等专业学校	Adult Specialized Secondary Schools	130	133	139	163	162
普通中学	Regular Secondary Schools	2516	2414	2355	2248	2174
#高　中	#Senior Secondary Schools	475	463	445	430	416
职业中学	Vocational Secondary Schools	179	197	196	186	180
技工学校	Technical Schools	124	121	130	130	133
小　学	Primary Schools	9288	8738	8142	7202	6490
专任教师数(万人)	**Number of Full-time Teachers (10000 persons)**					
普通高等学校	Regular Institutions of Higher Education	3.7	4.0	4.2	4.3	4.4
成人高等学校	Adult Institutions of Higher Education	0.4	0.4	0.2	0.2	0.2
中等专业学校	Specialized Secondary Schools	0.4	0.4	0.4	0.4	0.4
成人中等专业学校	Adult Specialized Secondary Schools	0.4	0.4	0.4	0.6	0.5
普通中学	Regular Secondary Schools	14.3	14.2	14.3	14.3	14.2
#高　中	#Senior Secondary Schools	3.6	3.7	3.9	4.0	4.1
职业中学	Vocational Secondary Schools	0.8	0.9	0.9	0.9	0.9
技工学校	Technical Schools	0.6	0.7	0.7	0.8	0.8
小　学	Primary Schools	16.1	15.9	15.7	15.5	15.1
招生数(万人)	**New Student Enrollment (10000 persons)**					
普通高等学校	Regular Institutions of Higher Education	18.0	19.6	21.6	21.0	19.5
成人高等学校	Adult Institutions of Higher Education	1.2	1.5	1.0	1.1	1.0
中等专业学校	Specialized Secondary Schools	3.5	4.1	4.2	4.3	4.0
成人中等专业学校	Secondary Schools for Adults	3.7	2.4	5.0	5.9	3.7
技工学校	Vestibule Schools	3.3	4.7	4.0	4.5	8.3
普通中学	Regular Secondary Schools	63.1	59.5	59.9	59.8	57.1
#高　中	#Senior Secondary Schools	20.9	19.8	20.9	20.8	20.7
职业中学	Vocational Secondary Schools	4.8	5.7	5.0	6.5	3.9
小　学	Primary Schools	33.3	34.0	33.7	31.2	34.1
在校学生数(万人)	**Student Enrollment (10000 persons)**					
普通高等学校	Regular Institutions of Higher Education	58.4	63.5	67.8	70.9	71.9
成人高等学校	Adult Institutions of Higher Education	3.2	3.4	2.8	2.7	2.5
中等专业学校	Specialized Secondary Schools	9.5	10.6	11.6	11.6	11.9
成人中等专业学校	Adult Specialized Secondary Schools	5.7	5.3	7.9	11.9	10.9
普通中学	Regular Secondary Schools	216.8	207.0	200.5	194.7	190.8
#高　中	#Senior Secondary Schools	60.8	60.7	61.1	60.8	61.7
职业中学	Vocational Secondary Schools	11.7	13.8	14.3	15.7	13.3
技工学校	Technical Schools	6.9	8.8	9.1	10.1	14.2
小　学	Primary Schools	210.3	204.1	198.3	190.4	188.0
毕业生数(万人)	**Graduates (10000 persons)**					
普通高等学校	Regular Institutions of Higher Education	13.0	14.9	17.0	17.4	18.1
成人高等学校	Adult Institutions of Higher Education	0.9	1.2	1.1	1.1	1.0
中等专业学校	Specialized Secondary Schools	2.5	1.9	2.0	3.4	3.1
成人中等专业学校	Adult Specialized Secondary Schools	4.7	2.6	2.0	2.0	4.5
普通中学	Regular Secondary Schools	71.8	67.0	65.1	64.3	60.1
#高　中	#Senior Secondary Schools	18.2	19.4	20.4	20.7	19.6
职业中学	Vocational Secondary Schools	3.5	3.2	3.7	3.9	4.7
技工学校	Technical Schools	1.7	2.2	2.1	2.5	4.0
小　学	Primary Schools	42.8	39.9	39.1	39.0	36.4
每一教师负担学生(人)	**Student-teacher Ratio (person)**					
普通高等学校	Regular Institutions of Higher Education	16.7	16.0	16.3	16.5	16.3
中等学校	Secondary Schools	15.1	14.9	14.5	14.2	13.9
小　学	Primary Schools	13.1	12.8	12.6	12.3	12.4

17-2 各级各类学校数

NUMBER OF SCHOOLS BY LEVEL AND TYPE OF SCHOOL

单位：所 (unit)

年 份 Year	普 通 高等学校 Regular Institutions of Higher Education	中等学校 Secondary Schools	中等专业 学 校 Specialized Secondary Schools	中 等 技术学校 Technical Secondary Schools	中 等 师范学校 Teacher Secondary Schools	职业中学 Vocational Secondary Schools
1978	24	4140	75	55	20	
1980	28	3522	93	68	25	89
1985	40	3403	99	71	28	400
1990	42	3338	107	77	30	413
1991	42	3369	110	80	30	462
1992	42	3325	110	80	30	477
1993	42	3249	110	80	30	436
1994	43	3227	109	80	29	428
1995	38	3190	111	81	30	398
1996	38	3199	113	83	30	361
1997	37	3202	114	84	30	336
1998	38	3123	114	84	30	297
1999	39	3080	112	83	29	269
2000	36	3023	109	83	26	240
2001	41	3034	96	74	22	163
2002	48	3003	75	58	17	182
2003	55	2937	51	40	11	167
2004	59	2907	44	35	9	166
2005	62	2799	56	47	9	156
2006	65	2758	63	55	8	179
2007	68	2677	66	60	6	197
2008	70	2617	66	62	4	196
2009	78	2504	70	66	4	186
2010	79	2426	72	68	4	180

17-2 续表 CONTINUED

年 份 Year	普通中学 Regular Secondary Schools	高 中 Senior Secondary Schools	初 中 Junior Secondary Schools	小 学 Primary Schools	幼儿园 Kindergartens	盲聋哑 学 校 Blind, Deaf, Deaf-mute Schools
1978	4065	2119	1946	26425	1654	62
1980	3340	1480	1860	25879	2594	58
1985	2904	828	2076	18157	3216	61
1990	2818	600	2218	17092	1826	64
1991	2797	578	2219	16890	1991	62
1992	2738	550	2188	16678	1975	65
1993	2703	509	2194	16448	1660	66
1994	2690	497	2193	16389	3669	67
1995	2681	475	2206	16163	3918	68
1996	2725	470	2255	15902	3993	67
1997	2752	474	2278	15377	4168	67
1998	2712	461	2251	15193	4506	66
1999	2699	467	2232	14754	4830	70
2000	2674	463	2211	13995	4503	65
2001	2775	462	2313	12636	2089	72
2002	2746	447	2299	11990	2100	71
2003	2719	481	2238	11400	2181	71
2004	2697	479	2218	10791	3179	73
2005	2587	475	2112	9995	4156	72
2006	2516	475	2041	9288	4287	71
2007	2414	463	1951	8738	4135	71
2008	2355	445	1910	8142	4466	71
2009	2248	430	1818	7202	4092	72
2010	2174	416	1758	6490	3942	74

17-3 各级各类学校教职工数

NUMBER OF TEACHERS AND STAFF BY LEVEL AND TYPE OF SCHOOL

单位：人 (person)

年份 Year	普通高等学校 Regular Institutions of Higher Education	中等学校 Secondary Schools	中等专业学校 Specialized Secondary Schools	中等技术学校 Technical Secondary Schools	中等师范学校 Teacher Secondary Schools
1978	23867	188718	12062	9445	2617
1980	29070	192575	13057	10013	3044
1985	36949	194053	15991	13067	2924
1990	42418	214098	17483	13843	3640
1991	42291	215449	17256	13497	3759
1992	41963	214896	17709	13808	3901
1993	42280	211129	18008	14104	3904
1994	42874	209471	17636	13825	3811
1995	43324	208562	18075	14087	3988
1996	43204	208805	18387	14486	3901
1997	41212	209992	18282	14321	3961
1998	40564	211976	18013	14117	3896
1999	42608	213841	17440	13686	3754
2000	43120	210698	16443	12971	3472
2001	46163	210046	13433	10352	3081
2002	52140	207103	10221	7890	2331
2003	60609	203403	6592	4970	1622
2004	64831	201713	6055	4602	1453
2005	65640	193714	6648	5322	1326
2006	68252	193053	6969	5714	1255
2007	72316	192299	7519	6609	910
2008	74480	192253	7519	7002	517
2009	75062	192092	7880	7378	502
2010	75741	189957	7418	6810	608

17-3 续表 CONTINUED

年份 Year	普通中学 Regular Secondary Schools	职业中学 Vocational Secondary Schools	小学 Primary Schools	幼儿园 Kindergartens	盲聋哑学校 Blind, Deaf, Deaf-mute Schools
1978	176656		217179	13176	1064
1980	176247	3271	219967	23478	1197
1985	163216	14846	239660	32172	1562
1990	176687	19928	250064	40631	2164
1991	177879	20314	251356	40503	2244
1992	176371	20816	251133	40414	2487
1993	173995	19126	247691	39906	2425
1994	173347	18488	248820	40583	2556
1995	173311	17176	247894	42219	2779
1996	174556	15862	246032	40868	2577
1997	176878	14832	246444	39793	2524
1998	180066	13897	242001	37391	2598
1999	183112	13289	236864	34884	2550
2000	182246	12009	221859	32840	2466
2001	185718	10895	209888	19975	2598
2002	186394	10488	207924	19586	2628
2003	186384	10427	204820	20298	2546
2004	185184	10474	201911	24145	2484
2005	176524	10542	188256	25668	2290
2006	174745	11339	184214	27872	2295
2007	172633	12147	181778	27812	2281
2008	172718	12016	179467	29623	2295
2009	172299	11913	176830	28883	2285
2010	171212	11327	172707	29803	2312

17-4 各级各类学校教师数

NUMBER OF TEACHERS BY LEVEL AND TYPE OF SCHOOL

单位：人　　(person)

年份 Year	普通高等学校 Regular Institutions of Higher Education	中等学校 Secondary Schools	中等专业学校 Specialized Secondary Schools	中等技术学校 Technical Secondary Schools	中等师范学校 Teacher Secondary Schools	职业中学 Vocational Secondary Schools
1978	8380	142761	4193	3094	1099	
1980	10365	144291	4946	3477	1469	2589
1985	13448	135366	5953	4610	1343	9306
1990	15915	149499	7253	5435	1818	12198
1991	15823	149950	7022	5170	1852	12267
1992	15641	149918	7227	5359	1868	12823
1993	15604	147621	7346	5455	1891	11901
1994	16097	147699	7449	5514	1935	11744
1995	16542	148057	7757	5726	2031	11028
1996	16403	149560	7917	5904	2013	10316
1997	15736	152402	7999	5938	2061	9883
1998	15505	156257	7958	5918	2040	9331
1999	15804	159855	7787	5762	2025	9032
2000	16169	160153	7358	5464	1894	8396
2001	18042	161133	6193	4389	1804	7617
2002	23179	161352	4925	3505	1420	7373
2003	28525	160108	3302	2267	1035	7177
2004	32119	159719	3039	2089	950	7208
2005	35105	153952	3247	2348	899	7517
2006	36866	154299	3647	2741	906	8124
2007	39792	154769	4017	3338	679	8830
2008	41727	156018	4069	3723	346	8932
2009	43057	156205	4353	4011	342	9020
2010	44198	155048	4198	3773	425	8694

17-4 续表 CONTINUED

年份 Year	普通中学 Regular Secondary Schools	高中 Senior Secondary Schools	初中 Junior Secondary Schools	小学 Primary Schools	幼儿园 Kindergartens	盲聋哑学校 Blind, Deaf, Deaf-mute Schools
1978	138568	28151	110417	187061	9306	642
1980	136756	27606	109150	193787	13317	694
1985	120107	23099	97008	207256	21255	974
1990	130048	22785	107263	215735	24429	1367
1991	130661	23086	107575	216342	25200	1521
1992	129868	22932	106936	216377	25449	1559
1993	128374	22135	106239	213823	26152	1639
1994	128506	21737	106769	215122	28638	1723
1995	129272	21536	107736	214944	28890	1936
1996	131327	21722	109605	213124	27659	1741
1997	134520	22294	112226	214807	27717	1724
1998	138968	22845	116123	210954	26273	1869
1999	143036	23582	119454	206807	25962	1793
2000	144399	24172	120227	193113	24221	1751
2001	147323	25502	121821	182929	11733	1899
2002	149054	26695	122359	180900	11145	1931
2003	149629	29728	119901	178122	11779	1926
2004	149472	32648	116824	175274	13956	1910
2005	143188	34093	109095	163204	14534	1782
2006	142528	35788	106740	160511	15955	1799
2007	141922	37373	104549	158918	16313	1801
2008	143017	39386	103631	157436	17233	1843
2009	142832	40113	102719	155025	16768	1868
2010	142156	40726	101430	151344	17559	1873

17-5 各级各类学校在校学生数

NUMBER OF STUDENTS ENROLLMENT BY LEVEL AND TYPE OF SCHOOL

单位：人 (person)

年 份 Year	普通高等学校 Regular Institutions of Higher Education	中等学校 Secondary Schools	中等专业学校 Specialized Secondary Schools	#中等技术学校 Technical Secondary Schools	#中等师范学校 Teacher Secondary Schools	职业中学 Vocational Secondary Schools
1978	33248	2622047	36051	19339	16712	
1980	43627	2509164	41177	23483	17694	47822
1985	65940	2218705	59686	34629	25057	141245
1990	79908	2003199	66235	45337	20898	135486
1991	79340	2000026	67740	47821	19919	142415
1992	85149	1974591	69766	49869	19897	142705
1993	96343	1868867	82110	58675	23435	123219
1994	108722	1896779	87394	61030	26364	124838
1995	113523	2012719	100003	71239	28764	121520
1996	116379	2114982	111502	81527	29975	117839
1997	115767	2213940	118429	89123	29306	114606
1998	125140	2395561	123854	95414	28440	120185
1999	157063	2601909	128485	103235	25250	116937
2000	200386	2707986	115489	94596	20893	105060
2001	271435	2717522	116315	99280	17035	80619
2002	334627	2767789	121718	106897	14821	84884
2003	392246	2674379	111540	43778	6263	88916
2004	465703	2613122	107997	41862	5134	94725
2005	540867	2480041	97559	44002	5847	103092
2006	584112	2378916	94547	55101	5088	116684
2007	634902	2313072	105562	72217	2856	137601
2008	678139	2263200	115559	91325	1791	143016
2009	708935	2219578	115624	96818	1612	156894
2010	719117	2159652	119002	94312	1751	132873

17-5 续表 CONTINUED

年 份 Year	普通中学 Regular Secondary Schools	高中 Senior Secondary Schools	初中 Junior Secondary Schools	小学 Primary Schools	幼儿园 Kindergartens	盲聋哑学校 Blind, Deaf, Deaf-mute Schools
1978	2585996	493965	2092031	4958068	139791	4277
1980	2420165	455716	1964449	5002632	298740	4515
1985	2017774	335914	1681860	4677937	496132	5416
1990	1801478	267169	1534309	3977121	577053	5522
1991	1789871	272615	1517256	3871295	584182	5401
1992	1762120	265400	1496720	3780268	596182	5597
1993	1663538	240286	1423252	3733782	604845	5879
1994	1684547	241786	1442761	3765243	665324	5696
1995	1791196	252376	1538820	3729337	651655	5607
1996	1885641	260071	1625570	3713483	645365	4845
1997	1980905	270276	1710629	3705059	589276	4595
1998	2151522	292464	1859058	3448558	555898	4793
1999	2356487	309567	2046920	3101578	510631	4548
2000	2487437	328765	2158672	2830578	470317	4311
2001	2520588	362410	2158178	2587506	369821	7518
2002	2561187	413251	2147936	2437336	371120	7002
2003	2473923	486096	1987827	2401918	345116	6404
2004	2410400	546793	1863607	2315394	422998	6475
2005	2279390	583567	1695823	2204055	377242	6679
2006	2167685	607896	1559789	2103073	414227	6591
2007	2069909	607254	1462655	2040767	426913	6358
2008	2004625	611287	1393338	1982828	437284	8332
2009	1947060	608221	1338839	1903733	424717	9706
2010	1907777	616885	1290892	1879609	491647	8326

17-6 各级各类学校招生数

NUMBER OF NEW STUDENTS ENROLLMENT BY LEVEL AND TYPE OF SCHOOL

单位：人 (person)

年份 Year	普通高等学校 Regular Institutions of Higher Education	中等学校 Secondary Schools	中等专业学校 Specialized Secondary Schools	#中等技术学校 Technical Secondary Schools	#中等师范学校 Teacher Secondary Schools
1978	13192	988741	19051	9907	9144
1980	11440	964834	19383	10304	9079
1985	24701	774608	24699	14729	9970
1990	24289	697999	19069	14176	4893
1991	23949	708801	22437	16541	5896
1992	28810	695859	23806	17313	6493
1993	33044	656822	34367	24608	9759
1994	34250	686047	35227	25612	9615
1995	35270	764356	35879	26806	9073
1996	36448	736548	39720	30156	9564
1997	36288	739193	41747	31605	10142
1998	39881	913767	44557	34779	9778
1999	62480	934441	46585	40237	6348
2000	76450	847161	35473	29187	6286
2001	98162	810737	31566	26573	4993
2002	115702	789643	40743	36057	4686
2003	125402	686475	36258	15540	2085
2004	149924	725222	33267	13253	1248
2005	172054	710305	31954	16629	1529
2006	180386	714447	35078	24506	1883
2007	195766	693270	40903	33282	999
2008	216022	690791	42038	35868	571
2009	210372	705121	42954	36594	418
2010	195365	650019	40329	32271	781

17-6 续表 CONTINUED

年份 Year	普通中学 Regular Secondary Schools	高中 Senior Secondary Schools	初中 Junior Secondary Schools	小学 Primary Schools	幼儿园 Kindergartens	盲聋哑学校 Blind, Deaf, Deaf-mute Schools
1978	969690	244752	724938		1189813	730
1980	901537	216203	685334	43914	1078553	792
1985	676789	116124	560665	73120	736004	1059
1990	619527	95016	524511	59403	636998	820
1991	626083	93146	532937	60281	603921	886
1992	612760	88203	524557	59293	609109	883
1993	574681	83228	491453	47774	642106	783
1994	601974	89780	512194	48846	686723	850
1995	678617	93860	584757	49860	639529	831
1996	652427	90282	562145	44401	633284	672
1997	655077	98005	557072	42369	599270	703
1998	816060	113234	702826	53150	510911	796
1999	852360	110095	742265	35496	464113	580
2000	780271	118418	661853	31417	442988	618
2001	751164	141132	610032	28007	414318	884
2002	716662	159228	557434	32238	406494	1024
2003	618877	187643	431234	31340	405337	830
2004	661363	203315	458048	30592	383832	760
2005	641065	205541	435524	37286	240241	778
2006	630939	208852	422087	48430	333206	800
2007	595430	198023	397407	56937	340170	783
2008	598813	209254	389559	49940	336919	1126
2009	597601	207927	389674	64566	312389	1511
2010	570688	207452	363236	39002	341438	1233

17-7 各级各类学校毕业生数

NUMBER OF GRADUATES BY LEVEL AND TYPE OF SCHOOL

单位：人　　　(person)

年 份 Year	普 通 高等学校 Regular Institutions of Higher Education	中等学校 Secondary Schools	中等专业 学 校 Specialized Secondary Schools	#中 等 技术学校 Technical Secondary Schools	#中 等 师范学校 Teacher Secondary Schools
1980	7828	704698	19911	11708	8203
1985	11772	583165	17347	10620	6727
1990	22972	584486	15986	10607	5379
1991	22675	578306	22650	15175	7475
1992	22590	576583	22578	15718	6860
1993	21490	576017	22160	15702	6458
1994	23145	561254	18808	12927	5881
1995	30622	576053	23369	16177	7192
1996	33439	569253	28852	19881	8971
1997	30589	594398	33861	22956	10905
1998	30055	669351	37397	26665	10732
1999	30218	655719	39353	29862	9491
2000	31737	661074	38157	27606	10551
2001	37359	710566	30327	23054	7273
2002	46401	684420	32431	27214	5217
2003	69050	729371	45279	18758	2636
2004	84964	751291	34596	12241	2150
2005	100791	792618	32449	12201	752
2006	129465	778185	24699	13062	
2007	148883	721246	19317	9399	
2008	169988	708092	20032	12344	56
2009	174380	716578	34407	26216	61
2010	180982	678382	30569	24070	13

17-7 续表 CONTINUED

年 份 Year	普通中学 Regular Secondary Schools	高 中 Senior Secondary Schools	初 中 Junior Secondary Schools	职业中学 Vocational Secondary Schools	小 学 Primary Schools	盲聋哑 学 校 Blind, Deaf, Deaf-mute Schools
1980	684422	169152	515270	365	760548	441
1985	527026	102731	424295	38792	654517	432
1990	522845	89285	433560	45655	635770	554
1991	512633	81462	431171	43023	626046	653
1992	508917	84935	423982	45088	624332	586
1993	508473	88317	420156	45384	598846	617
1994	497625	76620	421005	44821	611456	586
1995	507909	73306	434603	44775	638456	585
1996	497697	74005	423692	42704	606170	569
1997	515521	79682	435839	45016	591032	476
1998	586482	86053	500429	45472	749160	549
1999	575538	82932	492606	40828	785711	508
2000	578390	91419	486971	44527	698124	632
2001	630624	102784	527840	49615	638339	950
2002	621709	105634	516075	30280	570422	670
2003	658977	115778	543199	25115	438218	536
2004	688863	139441	549422	27832	462923	566
2005	726516	161301	565215	33653	443962	669
2006	718229	181583	536646	35257	427035	724
2007	669849	193767	476082	32080	398638	639
2008	650950	203680	447270	37110	390554	879
2009	642951	206616	436335	39220	389841	1629
2010	600743	195518	405225	47070	363943	931

17-8 普通高等学校本专科分学科学生数(2010年)

NUMBER OF STUDENTS ENROLLMENT IN INSTITUTIONS OF HIGHER EDUCATION BY FIELD OF STUDY (2010)

单位：人 (person)

学 科	Subject	毕业生数 Graduates	本 科 Regular College Course	专 科 Specialized Subject	招生数 New Student Enrollment	本 科 Regular College Course	专 科 Specialized Subject	在校生数 Student Enrollment	本 科 Regular College Course	专 科 Specialized Subject
总 计	**Total**	**180982**	**98437**	**82545**	**195365**	**124116**	**71249**	**719117**	**474038**	**245079**
#女 性	#Female	92155	50454	41701	98724	63001	35723	372238	246353	125885
哲 学	Philosophy	60	60		61	61		289	289	
经济学	Economics	7085	4186	2899	8466	6700	1766	31061	23442	7619
法 学	Law	4711	2879	1832	3624	2701	923	15064	10611	4453
教育学	Education	10133	3757	6376	9446	4505	4941	31359	16203	15156
文 学	Literature	28125	20133	7992	26827	23026	3801	113126	94693	18433
历史学	History	518	518		589	589		2558	2558	
理 学	Science	9725	9715	10	9821	9821		39840	39840	
工 学	Engineering	70549	35384	35165	77707	44185	33522	279956	165877	114079
农 学	Agriculture	5344	1999	3345	4797	2109	2688	17968	8237	9731
医 学	Medicine	15029	6494	8535	16320	8294	8026	56807	34978	21829
管理学	Manage	29703	13312	16391	37707	22125	15582	131089	77310	53779

17-9 普通高等学校分科专任教师数(2010年)

NUMBER OF FULL-TIME TEACHERS BY FIELD OF STUDY IN REGULAR HIGHER EDUCATION INSTITUTIONS (2010)

单位：人 (person)

学 科	Subject	合 计 Total	教 授 Professors	副教授 Asso. Prof	讲 师 Lecturers	助 教 Assistants	教 员 Instructors
总 计	**Total**	**44198**	**6256**	**13056**	**16469**	**6586**	**1831**
#女 性	#Female	22783	2339	6511	9056	3749	1128
哲 学	Philosophy	1016	169	326	321	138	62
经济学	Economics	1843	249	593	622	311	68
法 学	Law	1799	186	519	765	244	85
教育学	Education	3498	359	1129	1174	644	192
文 学	Literature	9170	787	2256	3703	1905	519
历史学	History	352	61	126	98	58	9
理 学	Science	5234	765	1669	1952	643	205
工 学	Engineering	13340	2345	4187	5063	1356	389
农 学	Agriculture	1687	374	522	597	172	22
医 学	Medicine	3170	548	769	1050	675	128
管理学	Manage	3089	413	960	1124	440	152

17-10 中等专业学校分科学生数 (2010年)

NUMBER OF STUDENTS IN SPECIALIZED SECONDARY SCHOOLS BY FIELD OF STUDY (2010)

单位：人　　(person)

学 科	Subject	毕业生数 Graduates	招生数 New Student Enrollment	在校学生数 Student Enrollment
总 计	**Total**	**30569**	**40329**	**119002**
农林牧渔类	Agriculture, Forestry, Animal Husbandry & Fishery	1141	4469	10888
资源环境类	Resource and Environment	166	142	610
能源与新能源类	Energy and New Energy	148	63	138
土木水利类	Civil Engineering class	1714	3405	8013
加工制造类	Machining and Manufacture	5025	3218	10943
石油化工类	Petroleum Chemical	66	55	270
轻纺食品类	Textile Food	314	272	2153
交通运输类	Traffic and Transport	2355	4346	9490
信息技术类	Information Technology	4838	5627	18344
医药卫生类	Medicine and Sanitation	8519	10767	32481
休闲保健类	Leisure-care	70	507	899
财经商贸类	Financial Business	2295	2456	7919
旅游服务类	Tourism Services	531	522	2272
文化艺术类	Culture and Art	1890	1898	6433
体育与健身	Sports and Fitness	658	789	2340
教育类	Educational	412	1453	4342
司法服务类	Judicial Service	226	57	463
公共管理与服务类	Public management and service	144	283	696
其他	Others	57		308

17-11 中等专业学校专任教师数 (2010年)

NUMBER OF FULL-TIME TEACHERS IN SPECIALIZED SECONDARY SCHOOLS (2010)

单位：人　　(person)

项 目	Item	合 计 Total	#高级讲师 Senior Lecturers	#讲 师 Lecturers
总 计	**Total**	**4198**	**1387**	**1197**
文化基础课	Culture Basic Course	1507	488	429
专业课	Professionnal Course	2522	872	704
农林牧渔类	Agriculture, Forestry, Animal Husbandry & Fishery	94	46	20
资源环境类	Resource and Environment	14	4	6
能源与新能源类	Energy and New Energy			
土木水利类	Civil Engineering class	134	62	34
加工制造类	Machining and Manufacture	319	105	84
石油化工类	Petroleum Chemical	2		
轻纺食品类	Textile Food	25	10	8
交通运输类	Traffic and Transport	248	70	64
信息技术类	Information Technology	372	108	99
医药卫生类	Medicine and Sanitation	486	199	145
休闲保健类	Leisure-care	16	7	7
财经商贸类	Financial Business	172	84	45
旅游服务类	Tourism Services	108	18	23
文化艺术类	Culture and art	218	47	75
体育与健身	Sports and Fitness	113	40	49
教育类	Educational	131	49	33
司法服务类	Judicial Service	3	2	1
公共管理与服务类	Public management and service	21	9	2
其他	Others	46	12	9
实习指导课	Practise and Direction Course	169	27	64

17-12 研究生数

NUMBER OF POSTGRADUATES

单位：人 (person)

年 份 Year	在校学生数 Student Enrollment	招生数 New Student Enrollment	毕业生数 Graduates	每十万人拥有研究生数 Number of Postgraduates per 100000 Population		
				在校学生数 Student Enrollment	招生数 New Student Enrollment	毕业生数 Graduates
1957	242	10	182	1.7	0.1	1.3
1965	102	27	14	0.5	0.1	0.1
1978	350	350		1.1	1.1	
1980	437	115	202	1.4	0.4	0.6
1985	3572	1926	588	10.7	5.8	1.8
1990	4011	1285	1572	11.4	3.6	4.5
1995	5643	1914	1344	15.3	5.2	3.6
1996	6269	2249	1606	16.8	6.0	4.3
1997	6662	2326	1667	17.8	6.2	4.4
1998	7195	2345	1774	19.1	6.2	4.7
1999	8465	3116	1903	22.4	8.2	5.0
2000	10647	4494	2293	28.0	11.8	6.0
2001	13861	5741	2455	36.4	15.1	6.4
2002	17586	7091	2999	46.1	18.6	7.9
2003	23630	9906	3862	62.0	26.0	10.1
2004	30268	12023	5345	79.3	31.5	14.0
2005	37075	13653	6608	97.1	35.8	17.3
2006	42683	14863	9064	111.7	38.9	23.7
2007	46109	15125	11679	120.6	39.6	30.5
2008	48890	15533	12903	127.8	40.6	33.7
2009	51915	17580	14667	135.7	46.0	38.3
2010	54467	18369	15468	142.3	48.0	40.4

17-13 分学科研究生数 (2010年)

NUMBER OF POSTGRADUATES BY SUBJECT (2010)

单位：人 (person)

学 科 Subject	毕业生数 Graduates		招生数 New Student Enrollment		在校生数 Student Enrollment	
	博士 doctor	硕士 master	博士 doctor	硕士 master	博士 doctor	硕士 master
总 计 Total	**2210**	**13258**	**2249**	**16120**	**9419**	**45048**
#女 性 #Female	792	6097	895	8212	3419	22628
学术型学位 Academic Degree	2210	12670	2248	12896	9418	39785
哲 学 Philosophy	23	138	26	134	98	426
经济学 Economics	2	240	9	257	28	825
法 学 Law	26	564	45	748	130	2306
教育学 Education	5	210	5	262	16	746
文 学 Literature	22	861	33	1111	120	3114
历史学 History		62		97		249
理 学 Science	159	1252	168	1379	623	4064
工 学 Engineering	1410	6022	1304	6099	6152	18801
农 学 Agriculture	110	721	148	590	527	1726
医 学 Medicine	252	1245	304	1103	868	3879
管理学 Manage	201	1355	206	1116	856	3649
专业学位 Professional Degree		588	1	3224	1	5263

17-14 各级各类学校女学生数和女教师数

NUMBER OF FEMALE STUDENTS AND TEACHERS BY LEVEL AND TYPE OF SCHOOL

项　目	Item	2006	2007	2008	2009	2010
女学生数(万人)	**Number of Female Students (10000 persons)**	**247.6**	**244.9**	**242.4**	**237.7**	**202.4**
普通高等学校	Institutions of Higher Education	27.8	31.4	34.6	36.4	37.2
中等专业学校	Specialized Secondary Schools	5.3	5.8	6.2	6.2	6.4
普通中学	Regular Secondary Schools	107.4	102.9	99.5	96.4	62.7
职业中学	Vocational Secondary Schools	6.0	6.9	7.1	7.5	6.2
小　学	Primary Schools	101.1	97.9	95.1	91.1	90.0
女学生占学生总数(%)	**Percentage of Female Students to Total Students (%)**	**50.7**	**49.2**	**50.4**	**49.2**	**48.9**
普通高等学校	Institutions of Higher Education	47.7	50.2	51.0	51.4	51.8
中等专业学校	Specialized Secondary Schools	56.5	54.7	53.5	53.6	53.4
普通中学	Regular Secondary Schools	50.0	49.7	49.6	49.5	48.6
职业中学	Vocational Secondary Schools	51.3	50.0	49.7	48.1	46.5
小　学	Primary Schools	48.1	48.0	48.0	47.9	47.9
女教师数(万人)	**Number of Female Teachers (10000 persons)**	**21.2**	**21.3**	**21.5**	**21.5**	**21.4**
普通高等学校	Institutions of Higher Education	1.8	2.0	2.1	2.2	2.3
中等专业学校	Specialized Secondary Schools	0.2	0.2	0.2	0.3	0.2
普通中学	Regular Secondary Schools	8.6	8.6	8.8	8.8	8.8
职业中学	Vocational Secondary Schools	0.5	0.5	0.5	0.5	0.5
小　学	Primary Schools	10.1	10.0	9.9	9.8	9.6
女教师占教师总数(%)	**Percentage of Female Teachers to Total Teachers (%)**	**57.8**	**60.2**	**58.3**	**60.8**	**61.1**
普通高等学校	Institutions of Higher Education	48.1	50.3	50.4	50.8	51.5
中等专业学校	Specialized Secondary Schools	57.8	58.2	57.7	58.3	58.6
普通中学	Regular Secondary Schools	60.6	60.6	61.2	61.4	61.6
职业中学	Vocational Secondary Schools	60.0	61.2	59.2	58.7	58.4
小　学	Primary Schools	62.6	62.9	62.8	63.2	63.5

17-15 各级学校教师负担学生数

STUDENT-TEACHER RATIO BY LEVEL OF SCHOOL

单位：人 (person)

年 份 Year	普通高等学校 Institutions of Higher Education		中等学校 Secondary Schools		小 学 Primary Schools	
	教师数 Number of Teachers	平均每个教师负担学生 Student-teacher Ratio	教师数 Number of Teachers	平均每个教师负担学生 Student-teacher Ratio	教师数 Number of Teachers	平均每个教师负担学生 Student-teacher Ratio
1978	8380	4.0	142761	18.4	187061	26.5
1980	10365	4.2	144291	17.4	193787	25.8
1985	13448	4.9	135366	16.4	207256	22.6
1990	15915	5.0	149499	13.4	215735	18.4
1991	15823	5.0	149950	13.3	216342	17.9
1992	15641	5.4	149918	13.2	216377	17.5
1993	15604	6.2	147621	12.7	213823	17.5
1994	16097	6.8	147699	12.8	215222	17.5
1995	16542	6.9	148057	13.6	214944	17.4
1996	16403	7.1	149560	14.1	213124	17.4
1997	15736	7.4	152402	14.5	214807	17.2
1998	15505	8.1	156257	15.3	210954	16.3
1999	15804	9.9	159855	16.3	206807	15.0
2000	16169	12.4	160153	16.9	193113	14.7
2001	18042	15.0	161133	16.9	182929	14.1
2002	23179	14.6	160153	17.2	180900	13.5
2003	28525	13.5	160108	16.6	178122	13.5
2004	32119	14.6	159719	16.4	175274	13.2
2005	35105	15.4	153952	16.1	163204	13.5
2006	36866	16.7	154299	15.1	160511	13.1
2007	39792	16.0	154769	14.9	158918	12.8
2008	41727	16.3	156018	14.5	157436	12.6
2009	43057	16.5	156205	14.2	155025	12.3
2010	44198	16.3	155048	13.9	151344	12.4

17-16 平均每万人口在校学生数和大中小学学生构成

NUMBER OF STUDENTS ENROLLMENT PER 10000 POPULATION AND COMPOSITION OF STUDENTS ENROLLED

年 份 Year	大中小学校在校学生占全省人口（%） Students as Percentage of Total Population (%)	平均每万人口学生数（人） Number of Students per 10000 Population (person)			大中小学学生构成（%） Student Structure of Different Level (%)		
		大学生 University and College Students	中学生 Secondary School Students	小学生 Primary School Students	大学生 University and College Students	中学生 Secondary School Students	小学生 Primary School Students
1978	24.3	10.6	837.8	1584.2	0.4	34.4	65.1
1980	23.6	13.6	783.2	1561.5	0.6	33.2	66.2
1985	20.7	19.6	660.9	1393.5	0.9	31.9	67.2
1990	17.1	22.6	565.4	1122.5	1.3	33.1	65.6
1991	16.6	22.2	559.4	1082.9	1.3	33.6	65.1
1992	16.2	23.6	547.3	1047.7	1.5	33.8	64.7
1993	15.7	26.5	513.4	1025.8	1.7	32.8	65.5
1994	15.7	29.6	516.6	1025.4	1.9	32.9	65.2
1995	15.8	30.7	543.8	1007.7	1.9	34.4	63.7
1996	15.9	31.2	567.3	996.1	2.0	35.6	62.5
1997	16.1	30.9	590.2	987.8	1.9	36.7	61.4
1998	15.8	33.2	634.9	914.0	2.1	40.1	57.8
1999	15.5	41.4	686.2	817.9	2.7	44.4	52.9
2000	15.1	52.6	711.3	743.5	3.5	47.2	49.3
2001	14.6	71.2	713.1	679.0	4.9	48.7	46.4
2002	14.5	87.8	725.9	639.2	6.0	50.0	44.0
2003	14.3	102.8	698.0	629.8	7.2	48.9	43.9
2004	14.7	157.8	704.2	606.8	10.7	47.9	41.3
2005	14.4	192.3	673.0	577.0	13.3	46.7	40.0
2006	14.2	213.3	655.0	550.0	15.0	46.2	38.8
2007	14.0	226.5	641.9	533.7	15.8	46.0	38.2
2008	14.0	242.7	636.1	518.5	17.4	45.5	37.1
2009	13.9	253.0	637.7	497.6	18.2	45.9	35.9
2010	13.8	257.1	629.8	491.0	18.7	45.7	35.6

17-17 中小学升学及学龄儿童入学情况

STATISTICS OF JUNIOR SECONDARY SCHOOLS AND PRIMARY SCHOOLS ENTERING HIGHER LEVEL SCHOOLS, STATISTICS OF SCHOOL-AGE CHILDREN ENROLLED

单位：万人, %　　(10000 persons, %)

年 份 Year	初 中 毕业生数 Graduates of Junior Secondary Schools	高级中等学校招生数 Students Entering Senior Secondary Schools	小 学 毕业生数 Graduates of Primary Schools	初级中等学校招生数 Students Entering Junior Secondary Schools	小学升学率 Percentage of Graduates of Primary Schools Entering Junior Secondary Schools	学 龄 儿童数 School-age Children	已入学学龄儿童数 School-age Children Enrolled in Schools	学龄儿童入学率 Percentage of School-age Children Enrolled
1978	46.9	24.5	77.4	72.5	93.7	406.7	386.9	95.1
1980	51.5	26.0	76.1	68.5	90.1	417.9	395.1	94.5
1985	42.5	21.7	65.5	56.2	85.8	341.5	333.8	97.7
1990	43.5	20.0	63.6	52.7	82.8	313.1	310.0	99.0
1991	43.2	20.3	62.6	53.6	85.6	358.6	351.7	98.1
1992	42.5	23.1	62.4	52.7	84.4	352.3	343.6	97.5
1993	42.0	19.6	59.9	49.6	82.7	347.5	341.5	98.3
1994	42.1	19.3	61.2	51.2	83.8	351.7	346.3	98.5
1995	43.5	19.3	63.8	59.4	93.1	347.9	343.9	98.9
1996	42.4	18.4	60.6	57.3	94.6	346.9	345.8	99.7
1997	43.6	20.5	59.1	55.7	94.2	355.9	351.2	98.8
1998	50.0	20.8	74.9	70.3	94.0	334.0	327.7	98.1
1999	49.3	20.3	78.6	74.2	94.4	296.6	292.0	98.4
2000	48.7	18.9	69.8	66.2	95.9	275.1	271.7	98.8
2001	52.8	20.6	63.8	61.0	96.1	248.4	240.6	96.9
2002	52.3	26.3	57.0	56.1	98.4	232.0	226.5	97.6
2003	55.1	28.3	43.8	43.3	98.9	247.2	225.1	91.1
2004	55.6	28.5	46.3	45.9	99.2	232.1	217.8	93.8
2005	57.3	32.6	44.4	43.6	98.2	211.2	207.9	98.4
2006	54.2	36.2	42.7	42.2	98.9	201.2	198.9	98.9
2007	47.7	36.7	40.0	39.8	99.5	196.3	193.7	98.7
2008	44.8	39.2	39.1	39.0	99.7	189.7	188.5	99.4
2009	43.7	41.9	39.0	39.0	99.9	183.1	182.2	99.5
2010	40.5	40.6	36.4	36.4	99.9	181.6	180.0	99.1

注：2002起年高级中等学校招生数中新增了成人中专招生数，使相关数据明显增大。
Note:From 2002, the data of senior secondary schools include the data of specialized secondary schools for adults.

17-18 各类技工学校基本情况 (2010年)

STATISTICS ON VARIOUS TECHNICAL SCHOOLS (2010)

单位：人　　(person)

指 标	Item	合 计 Total	地方劳动保障部门办 Local Labor Safeguard Ministries	地方国有经济单位办 Launched by Local State-owned Economic Institution	行业办 Launched by Sector	企业办 Launched by Enterprise	国务院部委办 Ministries of the State Council	其 他 Others
学校数（所）	Number of Schools (unit)	133	65	37	18	19	5	26
在校学生数	Number of Students	142109	101996	25090	11001	14089	130	14893
招生数	New Student Enrollment	82949	61026	13530	7321	6209	56	8337
毕业生数	Graduates	39697	24013	8784	3544	5240	30	6870
在职教职工数	Teachers and Staff	12316	7570	3180	1293	1887	67	1499
#文化技术理论课教师	#Classroom Teachers	5645	3794	1160	450	710	28	663
生产实习课指导教师	Practical Training Teachers	2337	1472	570	273	297	25	270

17-19 技工学校数、学生数和教职工数

NUMBER OF TECHNICAL SCHOOLS, STUDENTS, STAFF AND TEACHERS

单位：人 (person)

年 份 Year	学校数（所） Schools (unit)	在校学生数 Student Enrollment	毕业生数 Graduates	招生数 New Student Enrollment	教职工数 Staff and Teachers	#教师数 Teachers
1978	128	25200	4523	19969	4887	1855
1980	217	50731	19969	25529	8941	3670
1985	202	50257	18949	25048	12902	5192
1990	220	95665	32103	33409	18271	7745
1991	216	98002	32920	34905	18435	8013
1992	219	105835	30224	37913	18664	8393
1993	220	109780	33295	34523	17786	8064
1994	202	104811	36149	32874	17953	8157
1995	220	85809	49100	29608	16179	8002
1996	195	64105	30884	20261	15245	7993
1997	192	62580	30898	22788	14990	7578
1998	168	44107	27155	13903	12595	6667
1999	170	35795	21884	10969	11962	7040
2000	172	28979	13126	9886	9375	5392
2001	166	24939	13379	9769	10429	7966
2002	150	28008	11567	13458	8892	5903
2003	147	31789	11135	17104	9454	7099
2004	135	41411	12318	21591	10833	7620
2005	128	60407	16429	28264	9417	6064
2006	124	68658	17167	32860	9256	6170
2007	121	88076	21775	46796	10457	7465
2008	130	91059	21063	40428	10261	7474
2009	130	101307	25158	44570	11101	8417
2010	133	142109	39697	82949	12316	7982

17-20 各地区普通高等学校基本情况 (2010年)

BASIC STATISTICS ON INSTITUTIONS OF HIGHER EDUCATION BY REGION (2010)

单位：人 (person)

地 区	Region	学校数（所） Schools (unit)	教职工数 Staff and Teachers	#专任教师 Full-time Teachers	#教授 Professors	#副教授 Asso. Prof	招生数 New Student Enrollment	在校生数 Student Enrollment	毕业生数 Graduates
全 省	**Total**	**79**	**75741**	**44198**	**6256**	**13056**	**195365**	**719117**	**180982**
哈尔滨	harbin	50	53446	31110	4721	9403	134632	494008	120346
齐齐哈尔	Qiqihar	5	4473	2939	328	898	13187	49957	13174
鸡 西	Jixi	1	1011	560	90	95	3470	10578	2848
鹤 岗	Hegang	1	470	216	16	107	620	2705	743
双鸭山	Shuangyashan	1	339	159	5	67	523	1567	416
大 庆	Daqing	5	5608	3045	436	821	14820	55525	15969
伊 春	Yichun	1	380	209	20	76	482	2047	902
佳木斯	Jiamusi	4	4064	2068	260	614	8222	31880	8315
七台河	Qitaihe	1	183	121	14	42	334	1489	767
牡丹江	Mudanjiang	6	3776	2506	261	644	13082	47669	12166
黑 河	Heihe	1	600	450	45	109	2313	8436	2101
绥 化	Suihua	2	1003	558	46	102	2678	10063	2456
大兴安岭	Daxinganling	1	388	257	14	78	1002	3193	779

17-21 各地区中等专业学校基本情况 (2010年)

BASIC STATISTICS ON SPECIALIZED SECONDARY SCHOOLS BY REGION (2010)

单位：人　　(person)

地　区	Region	学校数（所） Schools (unit)	教职工数 Staff and Teachers	#专任教师 Full-time Teachers	#副高级以上 Deputy High Above	毕业生数 Graduates	招生数 New Student Enrollment	#初中毕业 Graduate from Senior Secondary Schools	在校生数 Student Enrollment
全　省	**Total**	**72**	**7418**	**4198**	**1443**	**30569**	**40329**	**35618**	**119002**
哈尔滨	harbin	27	2536	1491	475	11853	12860	12238	48604
齐齐哈尔	Qiqihar	8	977	516	200	4221	5963	4400	17060
鸡　西	Jixi	2	93	56	26		80	80	279
鹤　岗	Hegang	3	372	195	81	1017	1301	1290	3917
双鸭山	Shuangyashan	2	236	171	60	372	454	454	1287
大　庆	Daqing	2	204	85	50	123	183	183	537
伊　春	Yichun	3	586	241	98	1590	2563	980	6734
佳木斯	Jiamusi	7	522	317	95	3169	4608	4580	12212
七台河	Qitaihe					106	99	99	300
牡丹江	Mudanjiang	7	410	245	49	2409	2846	2812	8500
黑　河	Heihe	4	486	285	115	1026	1624	1624	3557
绥　化	Suihua	7	996	596	194	4544	7283	6456	15109
大兴安岭	Daxinganling					139	465	422	906

17-22 各地区普通中学学校数 (2010年)

NUMBER OF REGULAR SECONDARY SCHOOLS BY REGION (2010)

单位：所　　(unit)

地　区	Region	合　计 Total	#高　中 Senior Secondary Schools	城　市 Urban Areas	#高　中 Senior Secondary Schools	县　镇 Counties and Towns	#高　中 Senior Secondary Schools	农　村 Rural Areas	#高　中 Senior Secondary Schools
全　省	**Total**	**2174**	**416**	**512**	**182**	**576**	**193**	**1086**	**41**
哈尔滨	harbin	563	133	205	77	157	50	201	6
齐齐哈尔	Qiqihar	276	42	60	22	47	17	169	3
鸡　西	Jixi	124	26	20	10	25	11	79	5
鹤　岗	Hegang	62	15	29	7	10	5	23	3
双鸭山	Shuangyashan	110	17	27	6	21	8	62	3
大　庆	Daqing	153	32	71	24	25	8	57	
伊　春	Yichun	71	18	9	2	56	15	6	1
佳木斯	Jiamusi	153	26	28	9	43	14	82	3
七台河	Qitaihe	53	9	18	6	17	3	18	
牡丹江	Mudanjiang	143	37	28	12	47	22	68	3
黑　河	Heihe	127	22	5	2	24	10	98	10
绥　化	Suihua	304	32	12	5	74	23	218	4
大兴安岭	Daxinganling	35	7			30	7	5	

17-23 各地区普通中学在校学生数(2010年)

NUMBER OF STUDENTS OF REGULAR SECONDARY SCHOOLS BY REGION (2010)

单位：人 (person)

地区	Region	合计 Total	#高中 Senior Secondary Schools	城市 Urban Areas	#高中 Senior Secondary Schools	县镇 Counties and Towns	#高中 Senior Secondary Schools	农村 Rural Areas	#高中 Senior Secondary Schools
全省	**Total**	**1907777**	**616885**	**605021**	**254652**	**737474**	**316692**	**565282**	**45541**
哈尔滨	harbin	440847	141256	200445	78430	159588	58736	80814	4090
齐齐哈尔	Qiqihar	232525	74790	64684	30118	80998	41522	86843	3150
鸡西	Jixi	109607	34039	26734	13828	31303	12092	51570	8119
鹤岗	Hegang	64488	26934	36385	17312	10097	3933	18006	5689
双鸭山	Shuangyashan	82160	28574	24905	9606	28125	13051	29130	5917
大庆	Daqing	181965	58611	98953	38136	42940	20475	40072	
伊春	Yichun	57066	24053	10095	5654	44605	17389	2366	1010
佳木斯	Jiamusi	154317	46059	40714	17895	62891	22652	50712	5512
七台河	Qitaihe	47868	15601	28422	10993	13143	4608	6303	
牡丹江	Mudanjiang	124712	51942	39745	18006	62815	31624	22152	2312
黑河	Heihe	90421	25446	8839	3450	31336	12599	50246	9397
绥化	Suihua	297055	79439	25100	11224	145768	67870	126187	345
大兴安岭	Daxinganling	24746	10141			23865	10141	881	

17-24 各地区普通中学招生数(2010年)

NUMBER OF NEW ENROLLMENT STUDENTS OF REGULAR SECONDARY SCHOOLS BY REGION (2010)

单位：人 (person)

地区	Region	合计 Total	#高中 Senior Secondary Schools	城市 Urban Areas	#高中 Senior Secondary Schools	县镇 Counties and Towns	#高中 Senior Secondary Schools	农村 Rural Areas	#高中 Senior Secondary Schools
全省	**Total**	**570688**	**207452**	**178362**	**85567**	**237269**	**106977**	**155057**	**14908**
哈尔滨	harbin	133201	46826	56186	25745	53257	19877	23758	1204
齐齐哈尔	Qiqihar	73515	25360	21142	10033	26658	14268	25715	1059
鸡西	Jixi	28620	11240	7038	4355	9155	4092	12427	2793
鹤岗	Hegang	20427	9431	12023	6264	3286	1349	5118	1818
双鸭山	Shuangyashan	25338	9446	7596	3136	9308	4311	8434	1999
大庆	Daqing	48262	20353	26530	13040	12558	7313	9174	
伊春	Yichun	18049	7813	3248	1908	14371	5690	430	215
佳木斯	Jiamusi	48007	15793	13681	6215	19559	7750	14767	1828
七台河	Qitaihe	13869	5251	7500	3622	4523	1629	1846	
牡丹江	Mudanjiang	40677	16929	13456	6246	20018	9902	7203	781
黑河	Heihe	29429	8826	2896	1231	10902	4486	15631	3109
绥化	Suihua	83752	26930	7066	3772	46380	23056	30306	102
大兴安岭	Daxinganling	7542	3254			7294	3254	248	

17-25 各地区普通中学毕业生数 (2010年)

NUMBER OF GRADUATES OF REGULAR SECONDARY SCHOOLS BY REGION (2010)

单位：人 (person)

地 区	Region	合 计 Total	#高中 Senior Secondary Schools	城 市 Urban Areas	#高中 Senior Secondary Schools	县 镇 Counties and Towns	#高中 Senior Secondary Schools	农 村 Rural Areas	#高中 Senior Secondary Schools
全 省	**Total**	**600743**	**195518**	**185674**	**79697**	**232690**	**100782**	**182379**	**15039**
哈尔滨	harbin	138662	44899	57696	24378	53605	19044	27361	1477
齐齐哈尔	Qiqihar	76578	23319	22398	9211	23912	13048	30268	1060
鸡 西	Jixi	29641	9853	7246	4126	8430	3779	13965	1948
鹤 岗	Hegang	22855	8957	13885	5733	3186	1262	5784	1962
双鸭山	Shuangyashan	27693	9465	8885	3430	9783	4109	9025	1926
大 庆	Daqing	51541	18355	27050	11693	12518	6662	11973	
伊 春	Yichun	20439	7702	3362	1709	15834	5553	1243	440
佳木斯	Jiamusi	45191	14207	12765	5198	18345	7238	14081	1771
七台河	Qitaihe	13983	4806	8060	3337	4135	1469	1788	
牡丹江	Mudanjiang	43637	16196	13420	5583	21618	9940	8599	673
黑 河	Heihe	29431	8488	2771	1018	10496	4204	16164	3266
绥 化	Suihua	92948	26498	8136	4281	42948	21701	41864	516
大兴安岭	Daxinganling	8144	2773			7880	2773	264	

17-26 各地区普通中学教职工数 (2010年)

NUMBER OF TEACHERS AND STAFF OF REGULAR SECONDARY SCHOOLS BY REGION (2010)

单位：人 (person)

地 区	Region	合 计 Total	按城乡分 By Urban and Rural Areas			按主管部门分 By Department		
			城 市 Urban Areas	县 镇 Counties and Towns	农 村 Rural Areas	教育部门和集体办 Run by Educational Department and Collective Units	其他部门办 Schools Run by Other Department	民 办 Run by Private and Other Social Sources
全 省	**Total**	**171212**	**55881**	**59065**	**56266**	**143991**	**18670**	**8551**
哈尔滨	harbin	43489	20471	13880	9138	36498	1450	5541
齐齐哈尔	Qiqihar	20720	6266	5367	9087	19669	687	364
鸡 西	Jixi	9376	1900	2439	5037	7231	1683	462
鹤 岗	Hegang	6647	3469	915	2263	4045	1912	690
双鸭山	Shuangyashan	7757	2445	2219	3093	5773	1798	186
大 庆	Daqing	15671	9200	3088	3383	15450	145	76
伊 春	Yichun	6533	874	5291	368	2907	3626	
佳木斯	Jiamusi	12589	3137	4939	4513	9759	2290	540
七台河	Qitaihe	3941	2100	1184	657	3738	138	65
牡丹江	Mudanjiang	11064	3163	5208	2693	9117	1605	342
黑 河	Heihe	8651	755	2492	5404	5725	2865	61
绥 化	Suihua	22001	2101	9393	10507	21306	471	224
大兴安岭	Daxinganling	2773		2650	123	2773		

17-27 各地区普通中学教师数 (2010年)

NUMBER OF TEACHERS OF REGULAR SECONDARY SCHOOLS BY REGION (2010)

单位：人 (person)

地区	Region	合计 Total	按城乡分 By Urban and Rural Areas 城市 Urban Areas	县镇 Counties and Towns	农村 Rural Areas	按主管部门分 By Department 教育部门和集体办 Run by Educational Department and Collective Units	其他部门办 Schools Run by Other Department	民办 Run by Private and Other Social Sources
全省	**Total**	**142156**	**46217**	**49272**	**46667**	**121754**	**13752**	**6650**
哈尔滨	harbin	36893	17313	11524	8056	31261	1183	4449
齐齐哈尔	Qiqihar	16688	5082	4559	7047	15916	526	246
鸡西	Jixi	7741	1592	2038	4111	6196	1166	379
鹤岗	Hegang	4898	2591	733	1574	3165	1260	473
双鸭山	Shuangyashan	6200	1943	1823	2434	4781	1294	125
大庆	Daqing	12717	7098	2629	2990	12549	115	53
伊春	Yichun	5180	721	4176	283	2296	2884	
佳木斯	Jiamusi	10127	2672	4010	3445	8063	1660	404
七台河	Qitaihe	3575	1875	1086	614	3424	103	48
牡丹江	Mudanjiang	9502	2815	4373	2314	8009	1203	290
黑河	Heihe	6809	651	2023	4135	4791	1997	21
绥化	Suihua	19643	1864	8213	9566	19120	361	162
大兴安岭	Daxinganling	2183		2085	98	2183		

17-28 各地区小学学校数和在校学生数 (2010年)

BASIC STATISTICS ON PRIMARY SCHOOLS AND STUDENTS ENROLLMENT BY REGION (2010)

地区	Region	学校数（所） Number of Schools (unit)	按城乡分 By Urban and Rural Areas 城市 Urban Areas	县镇 Counties and Towns	农村 Rural Areas	在校学生数（人） Student Enrollment (person)	按城乡分 By Urban and Rural Areas 城市 Urban Areas	县镇 Counties and Towns	农村 Rural Areas
全省	**Total**	**6490**	**503**	**574**	**5413**	**1879609**	**415424**	**583053**	**881132**
哈尔滨	harbin	1591	182	161	1248	460732	141042	146321	173369
齐齐哈尔	Qiqihar	1172	58	38	1076	248093	49688	57849	140556
鸡西	Jixi	97	9	22	66	83386	7320	20789	55277
鹤岗	Hegang	95	44	10	41	50164	24660	9081	16423
双鸭山	Shuangyashan	161	33	19	109	82048	20678	22857	38513
大庆	Daqing	507	81	17	409	144353	64601	22802	56950
伊春	Yichun	118	9	66	43	49589	6180	39297	4112
佳木斯	Jiamusi	390	29	49	312	187022	33212	56143	97667
七台河	Qitaihe	89	9	24	56	40304	12591	14903	12810
牡丹江	Mudanjiang	363	30	41	292	137026	31061	48849	57116
黑河	Heihe	231	7	22	202	100265	8446	34476	57343
绥化	Suihua	1616	12	65	1539	275320	15945	90421	168954
大兴安岭	Daxinganling	60		40	20	21307		19265	2042

17-29 各地区小学招生数和毕业生数(2010年)

NUMBER OF NEW STUDENTS ENROLLMENT AND GRADUATES OF PRIMARY SCHOOLS BY REGION (2010)

单位：人 (person)

地 区	Region	招生数 Number of New Students Enrollment	按城乡分 By Urban and Rural Areas			毕业生数 Number of Graduates	按城乡分 By Urban and Rural Areas		
			城 市 Urban Areas	县 镇 Counties and Towns	农 村 Rural Areas		城 市 Urban Areas	县 镇 Counties and Towns	农 村 Rural Areas
全 省	**Total**	**341438**	**76593**	**108889**	**155956**	**363943**	**83306**	**102616**	**178021**
哈尔滨	harbin	83595	26553	27912	29130	86396	28259	24886	33251
齐齐哈尔	Qiqihar	41812	7535	9532	24745	48378	9896	10249	28233
鸡 西	Jixi	15935	1298	3631	11006	17431	1700	4082	11649
鹤 岗	Hegang	8323	3959	1553	2811	10996	5466	1674	3856
双鸭山	Shuangyashan	14711	3963	4180	6568	15882	4079	4150	7653
大 庆	Daqing	29891	13529	4953	11409	27909	12888	3596	11425
伊 春	Yichun	7355	836	6034	485	10509	1318	8119	1072
佳木斯	Jiamusi	32279	5677	9834	16768	32224	6454	8228	17542
七台河	Qitaihe	7252	2518	2502	2232	8693	2779	2902	3012
牡丹江	Mudanjiang	22854	5027	8355	9472	23795	6253	8202	9340
黑 河	Heihe	17612	1678	6343	9591	20600	1465	5322	13813
绥 化	Suihua	56616	4020	21205	31391	56807	2749	17231	36827
大兴安岭	Daxinganling	3203		2855	348	4323		3975	348

17-30 各地区小学教职工数(2010年)

NUMBER OF TEACHERS AND STAFF OF PRIMARY SCHOOLS BY REGION (2010)

单位：人 (person)

地 区	Region	合 计 Total	按城乡分 By Urban and Rural Areas			按主管部门分 By Department		
			城 市 Urban Areas	县 镇 Counties and Towns	农 村 Rural Areas	教育部门和集体办 Run by Educational Department and Collective Units	其他部门办 Schools Run by Other Department	民 办 Run by Private and Other Social Sources
全 省	**Total**	**172707**	**32736**	**41339**	**98632**	**154844**	**16408**	**1455**
哈尔滨	harbin	42740	11234	10560	20946	40576	1337	827
齐齐哈尔	Qiqihar	21216	3586	2787	14843	20289	895	32
鸡 西	Jixi	7993	646	1584	5763	6745	1197	51
鹤 岗	Hegang	5570	2675	674	2221	4370	1143	57
双鸭山	Shuangyashan	7186	1805	1196	4185	5603	1521	62
大 庆	Daqing	14067	5190	1527	7350	13925	112	30
伊 春	Yichun	6451	502	5145	804	2824	3627	
佳木斯	Jiamusi	14918	2527	3776	8615	12907	1799	212
七台河	Qitaihe	3289	752	1025	1512	3163	103	23
牡丹江	Mudanjiang	11827	2202	3644	5981	10039	1716	72
黑 河	Heihe	8682	527	1897	6258	6470	2187	25
绥 化	Suihua	25764	1090	4921	19753	24929	771	64
大兴安岭	Daxinganling	3004		2603	401	3004		

17-31 各地区小学专任教师数 (2010年)

NUMBER OF FULL-TIME TEACHERS OF PRIMARY SCHOOLS BY REGION (2010)

单位：人 (person)

地 区	Region	合 计 Total	按城乡分 By Urban and Rural Areas			按主管部门分 By Department		
			城 市 Urban Areas	县 镇 Counties and Towns	农 村 Rural Areas	教育部门和集体办 Run by Educational Department and Collective Units	其他部门办 Schools Run by Other Department	民 办 Run by Private and Other Social Sources
全 省	**Total**	**151344**	**27736**	**35518**	**88090**	**137548**	**12648**	**1148**
哈尔滨	harbin	38181	9660	9437	19084	36359	1131	691
齐齐哈尔	Qiqihar	18653	2986	2493	13174	17921	706	26
鸡 西	Jixi	6923	571	1428	4924	5971	922	30
鹤 岗	Hegang	4240	1979	567	1694	3353	839	48
双鸭山	Shuangyashan	6016	1431	1041	3544	4868	1109	39
大 庆	Daqing	12373	4285	1316	6772	12261	92	20
伊 春	Yichun	4982	410	3935	637	2143	2839	
佳木斯	Jiamusi	12811	2338	3065	7408	11226	1407	178
七台河	Qitaihe	3041	688	934	1419	2955	71	15
牡丹江	Mudanjiang	10545	1997	3059	5489	9174	1321	50
黑 河	Heihe	7580	493	1683	5404	5990	1565	25
绥 化	Suihua	23555	898	4483	18174	22883	646	26
大兴安岭	Daxinganling	2444		2077	367	2444		

17-32 各地区幼儿园基本情况 (2010年)

BASIC STATISTICS ON KINDERGARTENS BY REGION (2010)

地 区	Region	园 数 (个) Number of Kindergartens (unit)	班 数 (个) Number of Classes (unit)	幼儿数 (人) Student Enrollment (person)	教职工数 (人) Staff and Teachers (person)	#专任教师 Full-time Teachers
全 省	**Total**	**3942**	**18243**	**491647**	**29803**	**17559**
哈尔滨	harbin	866	4803	132345	9902	5725
齐齐哈尔	Qiqihar	1008	3302	89128	3539	2006
鸡 西	Jixi	188	867	24279	1326	702
鹤 岗	Hegang	148	584	16412	1097	662
双鸭山	Shuangyashan	131	788	24447	1083	656
大 庆	Daqing	142	1676	46462	2972	1591
伊 春	Yichun	108	398	8536	752	516
佳木斯	Jiamusi	172	1289	41013	1795	1176
七台河	Qitaihe	83	431	13136	563	308
牡丹江	Mudanjiang	367	1467	35388	2558	1562
黑 河	Heihe	224	944	25458	1378	896
绥 化	Suihua	448	1452	29328	2121	1387
大兴安岭	Daxinganling	57	242	5715	717	372

17-33 各级各类成人学校基本情况 (2010年)

BASIC STATISTICS ON ADULT SCHOOLS BY LEVEL AND TYPE (2010)

单位：人 (person)

学校类别	Category	学校数（所）Schools (unit)	毕业生数 Graduates	招生数 New Student Enrollment	在校生数 Student Enrollment	教职工数 Staff and Teachers	#专任教师 Full-time Teachers
总 计	**Total**	**2593**	**581660**	**46570**	**658885**	**21831**	**15860**
成人高等学校	Adult Education Schools	19	10131	9695	25226	3449	2113
广播电视大学	Radio and TV Universities	2	1714	1572	4263	374	187
职工高等学校	Schools of Higher Education for Staff and Workers	12	3597	3114	9689	1649	976
管理干部学院	College for Management Cadres	3	2073	2592	5643	728	441
教育学院	Pedagogical Colleges	2	2747	2417	5631	698	509
成人中等学校	Secondary Schools for Adults	2236	566761	36875	628935	17866	13513
中等专业学校	Specialized Secondary Schools for Adults	162	44550	36875	109464	7254	5400
成人中学	Secondary Schools for Adults	158	6119		28880	785	608
职工中学	Secondary Schools for Staff and Workers	22	2376		8129	254	242
农民中学	Secondary Schools for Peasants	136	3743		20751	531	366
成人技术培训学校	Technical Training Schools for Adults	1916	516092		490591	9827	7505
职工技术培训学校（机构）	Worker's Technical Training School	69	19986		20950	1081	799
农村成人文化技术培训学校（机构）	Rural Culture & Technology Training School(Institution)	1032	217321		211267	3064	2317
其他培训机构（含社会培训机构）	Other Training School	815	278785		258374	5682	4389
成人初等学校	Primary Schools for Adults	338	4768		4724	516	234
职工小学	Primary School for Employee						
民办小学	Primary Schools for Peasants	338	4768		4724	516	234
#扫盲班	#Literacy Courses	65	774		717	149	73

17-34 各级各类成人学校在校学生数

STUDENT ENROLLMENT IN ADULT SCHOOLS BY LEVEL AND TYPE

单位：万人 (10000 persons)

学校类别	Category	2006	2007	2008	2009	2010
成人高等学校	**Adult Education Schools**	**3.2**	**3.4**	**2.8**	**2.7**	**2.5**
广播电视大学	Radio and TV Universities	0.3	0.3	0.4	0.4	0.4
职工高等学校	Schools of Higher Education for Staff and Workers	1.7	1.6	1.2	1.0	1.0
管理干部学院	College for Management Cadres	0.3	0.6	0.6	0.5	0.6
教育学院	Pedagogical Colleges	0.9	0.9	0.6	0.6	0.6
成人中等学校	**Secondary Schools for Adults**	**111.8**	**118.9**	**90.1**	**64.5**	**62.9**
中等专业学校	Specialized Secondary Schools for Adults	5.7	5.3	7.9	11.9	10.9
成人中学	Secondary Schools for Adults	6.4	4.8	3.3	1.2	2.9
成人技术培训学校	Technical Training Schools for Adults	99.7	108.9	78.9	51.4	49.1
成人初等学校	**Primary Schools for Adults**	**5.8**	**5.4**	**3.8**	**4.9**	**0.5**
职工小学	Primary School for Employee					
民办小学	Primary Schools for Peasants	5.8	5.4	3.8	4.9	0.5
#扫盲班	#Literacy Courses	0.3	0.3	0.2	0.2	0.1

17-35 科技活动基本情况

BASIC STATISTICS ON SCIENTIFIC AND TECHNOLOGICAL ACTIVITIES

指　　标	Item	2005	2006	2007	2008	2009	2010
单位基本情况	**Basic Statistics on Unit**						
单位数（个）	Number of Unit (unit)	732	754	784	860	843	893
有R&D活动单位数（个）	Number of Unit With R&D Activities (unit)	318	308	324	346	311	347
研究与试验发展（R&D）投入情况	**Statistics on R&D Input**						
R&D人员全时当量（人年）	Full-time Equivalent of R&D Personnel(man-year)	39473	41141	43770	46681	45927	54430
#基础研究	#Basic Research	5269	5149	5926	6907	6933	7352
应用研究	Applied Research	5286	6047	6238	7390	6792	7689
试验发展	Experimental Development	28918	28856	30621	31421	30091	37188
R&D经费内部支出（万元）	Expenditure on R&D(10000 yuan)	423427	499314	592754	753745	880938	1079458
#基础研究	#Basic Research	15355	35569	56924	85909	97235	68190
应用研究	Applied Research	110150	91058	85057	81503	93689	163656
试验发展	Experimental Development	297922	372687	450773	566493	662758	825786
#政府资金	#Government Appropriation Funds	125246	134021	180269	254312	282358	326038
企业资金	Self-raised Funds by Enterprises	267172	345866	380270	478616	608962	710139
R&D经费内部支出相当于国内生产总值比例（%）	Proportion of R&D Expenditure to GDP (%)	0.77	0.80	0.83	0.91	1.03	1.05
R&D项目（课题）情况	**Statistics on R&D Topics**						
R&D项目（课题）数（项）	Projects of R&D (item)	13371	15344	16331	18407	18167	20785
R&D项目（课题）人员全时当量（人年）	Participants (man-year)	26925	39018	40909	41468	35533	45938
R&D项目(课题)经费内部支出（万元）	Intramural Expenditure (10000 yuan)	356277	444072	501889	609556	662547	803224
科技产出及成果情况	**Statistics on S&T Outputs and Results**						
发表科技论文（篇）	Scientific Papers Issued (piece)	20440	20174	25463	28081	36239	40212
出版科技著作（种）	Publication on Science and Technology (kind)	734	604	717	875	860	903
科技成果登记数（项）	Number of Major Achievements (item)	1009	997	1055	1319	1289	1453
国家技术发明奖（项）	State Technological Invention Award (items)	3	5	3	2	4	2
国家科学技术进步奖（项）	National Science and Technology Progress Award (items)	13	14	11	15	13	20

17-36 科学研究与开发机构基本情况

BASIC STATISTICS ON RESEARCH AND DEVELOPMENT INSTITUTIONS

指　标	Item	2005	2006	2007	2008	2009	2010
机构基本情况	**Basic Statistics on Institutions**						
机构数（个）	Number of R&D Institutions(unit)	238	235	235	229	228	228
#中央属	#Subordinated to Central Level	20	20	20	18	18	18
地方属	Subordinated to Local Level	218	215	215	211	210	210
研究与试验发展（R&D）投入情况	**Statistics on R&D Input**						
R&D人员（人）	R&D Personnel (person)	6157	6811	6457	6816	6838	7440
R&D人员全时当量（人年）	Full-time Equivalent of R&D Personnel(man-year)	5458	5679	5695	6102	6348	6897
#基础研究	#Basic Research	342	470	503	551	620	809
应用研究	Applied Research	842	1529	1256	1464	1263	1996
试验发展	Experimental Development	4274	3680	3936	4087	4465	4092
R&D经费内部支出（万元）	Expenditure on R&D(10000 yuan)	44658	51845	69544	87854	95644	105627
#基础研究	#Basic Research	3389	4718	7389	9054	10395	10164
应用研究	Applied Research	8839	12213	14254	20068	27809	28631
试验发展	Experimental Development	32430	34914	47901	58732	57440	66831
#政府资金	#Government Appropriation Funds	26341	32411	38984	73803	71514	87231
企业资金	Self-raised Funds by Enterprises	3867	6641	6994	5881	9134	5143
R&D项目（课题）情况	**Statistics on R&D Topics**						
R&D项目（课题）数　（项）	Projects of R&D (item)	1311	1448	1539	1737	1884	2040
R&D项目（课题）人员全时当量（人年）	Participants (man-years)	4089	4353	4473	4777	5250	5648
R&D项目(课题)经费内部支出（万元）	Intramural Expenditure (10000 yuan)	18287	25589	22442	30104	29563	43886
科技产出及成果情况	**Statistics on S&T Outputs and Results**						
发表科技论文（篇）	Scientific Papers Issued (piece)	2769	2737	3002	3468	3736	3759
#国外发表	#Published in Foreign Periodicals	74	66	63	85	154	154
出版科技著作（种）	Publication on Science and Technology (kind)	89	109	95	90	99	79

17-37 高等学校科技活动情况

BASIC STATISTICS ON HIGHER EDUCATION FOR SCIENTIFIC AND TECHNOLOGICAL ACTIVITIES

指　标	Item	2005	2006	2007	2008	2009	2010
机构基本情况	**Basic Statistics on Institutions**						
学校数（个）	Number of Schools (unit)	62	65	68	70	87	94
#理工农医	#Science, Agricultural, Medicine	34	34	31	32	52	53
#人文社科	#Humanities and Social Sciences	28	31	37	38	35	41
R&D机构（个）	R & D Institutions (unit)	109	143	172	224	271	274
研究与试验发展（R&D）投入情况	**Statistics on R&D Input**						
R&D人员全时当量（人年）	Full-time Equivalent of R&D Personnel(man-year)	9812	11404	12361	13937	14677	15066
#基础研究	#Basic Research	4927	4679	5423	6356	6313	6543
应用研究	Applied Research	4444	4518	4982	5926	5529	5693
试验发展	Experimental Development	441	1118	971	692	724	629
R&D经费内部支出（万元）	Expenditure on R&D(10000 yuan)	121763	130435	144318	185091	198871	245380
#基础研究	#Basic Research	11966	30851	49535	76855	86840	58026
应用研究	Applied Research	101311	78845	70803	61435	65880	135025
试验发展	Experimental Development	8486	20739	23980	26961	18895	30504
#政府资金	#Government Appropriation Funds	84428	69158	98337	124933	135000	153294
企业资金	Self-raised Funds by Enterprises	39331	62601	42032	53857	53258	91694
R&D项目（课题）情况	**Statistics on R&D Topics**						
R&D项目（课题）数（项）	Projects of R&D (item)	8927	10583	11376	13287	12787	14632
R&D项目（课题）人员全时当量（人年）	Participants (man-year)	9906	10607	11501	13117	12566	12865
R&D项目(课题)经费内部支出（万元）	Intramural Expenditure (10000 yuan)	110276	127724	141111	165252	171615	219950
科技产出及成果情况	**Statistics on S&T Outputs and Results**						
发表科技论文（篇）	Scientific Papers Issued (piece)	17671	17437	22461	24613	32503	36453
#国外发表	#Published in Foreign Periodicals	4465	4764	7071	8451	9697	11042
出版科技著作（种）	Publication on Science and Technology (kind)	645	495	622	785	761	824

17-38 大中型工业企业科技活动基本情况

BASIC STATISTICS ON SCIENCE AND TECHNOLOGY ACTIVITIES OF LARGE AND MEDIUM-SIZED INDUSTRIAL ENTERPRISES

指　标	Item	2005	2006	2007	2008	2009	2010
企业基本情况	**Basic Statistics on Enterprises**						
企业数（个）	Number of Enterprises(unit)	432	454	481	561	528	571
有R&D活动企业数(个)	Number of Enterprises With R&D Activities (unit)	119	112	127	124	131	118
R&D活动情况	**R&D Activities**						
R&D人员全时当量（人年）	R&D Personnel Full-time Equivalent (man-year)	24203	24058	25031	26642	24899	32467
R&D经费内部支出（万元）	Intramural Expenditure (10000 yuan)	257006	317034	376443	480800	586423	728451
R&D经费内部支出与主营业务收入之比（%）	Ratio of R&D Internal Expenditure and Main Business Income (%)	0.62	0.63	0.68	0.72	0.97	0.99
R&D项目数（项）	Projects (item)	2844	2755	2902	2882	3496	4113
R&D项目经费内部支出（万元）	Internal Expenditure of R&D Project Funds(10000 yuan)	207206	260386	294989	399220	461369	539388
企业办R&D机构情况	**Basic Statistics on Companies Organized R&D institutions**						
机构数（个）	Number of Institutions (unit)	184	177	151	169	149	155
机构人员数（人）	Personnel(person)	27737	27677	15402	19712	19583	22496
机构经费支出（万元）	Expenditures (10000 yuan)	127414	168844	204737	271028	296571	326658
新产品开发及生产情况	**Statistics onNew Product Development and Production**						
新产品开发项目数（个）	Number of New Product Development Projects (unit)	2227	2122	2146	2306	3044	3280
新产品开发经费支出（万元）	New Product Development Expenditure (10000 yuan)	204306	254309	306438	438340	654933	702387
新产品销售收入（万元）	New Product Sales (10000 yuan)	2959176	3145129	4370456	4307003	4911381	5519335
#新产品出口	#Exports	123805	145888	185051	382068	220125	284742
技术获取和技术改造情况	**Statistics on Technology Acquisition and Transformation**						
引进国外技术经费支出（万元）	Introduction of Foreign Technology Expenditure(10000 yuan)	51214	39731	64245	38411	67388	59939
引进技术消化吸收经费支出（万元）	Digestion and Absorption of Imported Technology Expenditure(10000 yuan)	12181	7734	6987	6613	32159	38560
购买国内技术经费支出（万元）	Purchase of Technology Expenditure (10000 yuan)	19308	7759	15176	8399	19460	9351
技术改造经费支出（万元）	Technological Innovation Expenditure (10000 yuan)	675563	572773	605530	824793	576844	737803

17-39 三项专利受理和授权情况

THREE TYPES OF PATENT APPLICATIONS EXAMINED AND GRANTED

单位：件 (item)

项　目	Item	2006	2007	2008	2009	2010
受理专利数	**Number of Patent Applications Examined**	**6535**	**7242**	**8351**	**9014**	**10296**
发　明	Inventions	1911	2386	3352	3384	4072
实用新型	Utility Models	3418	3706	3905	4357	4813
外观设计	Designs	1206	1150	1094	1273	1384
授权专利数	**Number of Patent Applications Certified**	**3622**	**4303**	**4574**	**5079**	**6803**
发　明	Inventions	565	668	740	1142	1518
实用新型	Utility Models	2488	3079	3335	3212	4402
外观设计	Designs	569	556	499	725	883
在受理专利中	**In Patent Applications Examined**					
个　人	Individual	4680	4651	4422	4651	3938
大专院校	Universities and Colleges	821	1182	2167	1979	2920
科研单位	Research Institutions	123	170	302	322	356
企　业	Enterprises	888	1236	1327	2018	3011
机关团体	Government Agencies and Organizations	23	3	133	44	44
在授权专利中	**In Patent Applications Certified**					
个　人	Individual	2573	3008	2842	2793	3287
大专院校	Universities and Colleges	311	456	536	867	1400
科研单位	Research Institutions	60	59	118	172	200
企　业	Enterprises	649	765	1062	1214	1883
机关团体	Government Agencies and Organizations	29	15	16	33	33

17-40 科学技术协会机构和人员数

NUMBER OF INSTITUTIONS AND EMPLOYED PERSONS OF ASSOCIATIONS FOR SCIENCE AND TECHNOLOGY

项　目	Item	2006	2007	2008	2009	2010
机构数(个)	**Number of Associations or Learned Societies (unit)**					
科协合计	Total Number of Associations for Science and Technology	80	80	80	80	80
省　级	Provincial Level	1	1	1	1	1
市地级	City Level	13	13	13	13	13
县　级	County Level					
学会合计	Total Number of Learned Societies	141	141	141	141	141
省　级	Provincial Level	141	141	141	141	141
地市级	City Level					
人员数(人)	**Personnel (person)**					
科协合计	Total Number of Associations for Science and Technology	596	627	609	621	631
#科学家和工程师	#Scientists and Engineers					
省　级	Provincial Level	40	41	35	34	35
市地级	City Level	266	276	266	278	181
县　级	County Level	290	310	308	309	415
学会理事	Members of Boards of Directors	4020	6043	6041	4893	3874
#高级职称	#Members with Senior Titles					
省　级	Provincial Level	4020	6043	6041	4893	3874
市地级	City Level					

17-41 科协系统科技活动情况

BASIC STATISTICS ON SCIENTIFIC AND TECHNOLOGICAL ACTIVITIES OF ASSOCIATIONS FOR SCIENCE AND TECHNOLOGY

项　目	Item	2006	2007	2008	2009	2010
学术活动	**Academic Activities**					
国内学术会议次数（次）	Domestic Academic Meeting (times)	411	401	157	151	101
参加人数（人次）	Number of Participants (person-times)	31182	38169	28155	11375	11782
交流学术论文（篇）	Number of Papers Presented (piece)	4967	7894	4074	4921	4449
接待海外科技团组（次）	International Group on S&T Received Home(times)		24	28	27	15
人数（人次）	Person Received (person-times)		112	107	203	151
科技培训	**Training Program**					
一般培训班培训人数（万人次）	Number of Persons Trained in Training Classes (10000 person-times)				87	75
科普活动	**Activities for Popular Science**					
科普讲座次数（次）	Number of Lectures(times)	3714	2569	3080	3167	3486
听讲人数（万人次）	Number of Participants (10000 person-times)	124	92	129	147	181
科普展览次数（次）	Number of Exhibitions(times)	1356	1155	1506	1302	1676
参观人数（万人次）	Number of Participants (10000 person-times)	167	136	168	144	206
青少年科技竞赛次数（次）	Number of Teenagers Participating in Science and Technology Competitions(times)	217	201	205	207	219
科技咨询活动	**Consultative Activities**					
完成技术合同数（项）	Number of Consultative Contracts Completed(unit)	401	21	75	258	149
#决策咨询	#Number of Consultation for Decision-making					
技术合同实现金额（万元）	Revenue from Fulfillment of Consultative Contracts (10000 yuan)	339	201	585	1529	5183
#技术交易额	#Transaction Value		161	100		186
科技出版	**Publications**					
科技报纸（种）	Number of Newspapers (kind)	2	2	1	2	2
发行量（万份）	Number of Issue (10000 shares)	53	43	31	32	334
科技期刊（种）	Number of Academic Journals (kind)	22	22	19	15	9
发行量（万册）	Number of Issue (10000 copies)	171	182	193	145	96
论文集（种）	Number of Copies Distributed (kind)	13	24	20	7	5
发行量（万册）	Number of Issue (10000 copies)	1	2	1	1	0.3

17-42 技术市场交易情况

BASIC STATISTICS ON TECHNICAL MARKET

项　目	Item	2006	2007	2008	2009	2010
成交技术合同（件）	Number of Technical Contracts Completed (piece)	1755	1607	1709	2071	1985
成交额（亿元）	Transaction Value (100 million yuan)	15.69	35.02	41.75	50.05	53.38
#技术交易额	#Technological turnover	11.30	26.54			

17-43 黑龙江省第二次全国R&D资源清查按执行部门分主要指标情况（2009年）

项　目	Item	全社会 Total
R&D活动投入情况	**Statistics on R&D Input**	
R&D经费支出（万元）	Expenditure on R&D(10000 yuan)	1091704
按活动类型分	By Type of Activities	
基础研究	Basic Research	114210
应用研究	Applied Research	209705
试验发展	Experimental Development	767788
按支出用途分	By Object of Expenditure	
日常性支出	Daily Expenditure	896008
#人员劳务费	#Staff Labor Costs	221646
资产性支出	Assets Expenditure	195695
#仪器和设备	#Instruments and Equipment	125852
按经费来源分	By Source of Funding	
政府资金	Government Appropriation Funds	410226
企业资金	Self-raised Funds by Enterprises	654290
国外资金	Foreign Funds	1349
其他资金	Other Funds	25839
R&D人员（人）	R&D Personnel (person)	72666
#女性	#female	19097
#全时人员	#Full-time staff	47146
#博士毕业	#Doctor's Degree	4255
硕士毕业	Master's Degree	11049
本科毕业	Graduate	22539
R&D人员全时当量（人年）	Full-time Equivalent of R&D Personnel(man-year)	54160
#研究人员	#Researcher	37081
基础研究	Basic Research	6966
应用研究	Applied Research	8072
试验发展	Experimental Development	39123
R&D项目（课题）开展情况	Statistics on R&D Topics	
项目（课题）数（项）	Projects of R&D (item)	19175
项目（课题）人员全时当量（人年）	Participants (man-years)	45221
项目（课题）经费支出（万元）	Intramural Expenditure (10000 yuan)	754774
研究机构情况	Statistics on Institutions	
机构数（个）	Number of R&D Institutions (unit)	735
R&D人员（人）	R&D Personnel (person)	25693
#博士和硕士	#Doctor and Master	6117
机构R&D经费支出（万元）	Expenditure on R&D (10000 yuan)	481374
科研用仪器设备原价（万元）	Original Value Scientific Instruments and equipment (10000 yuan)	567447
#进口	#Import	102442
R&D活动产出情况	**Statistics on R&D Outputs**	
专利申请数（件）	Number of Patents Applications(piece)	4432
#发明申请	#Inventions	2712
有效发明专利数（件）	Patents in Force (piece)	5559
专利所有权转让及许可数（件）	Number of Patent Ownership Transfer and licenses(piece)	88
专利所有权转让及许可收入（万元）	Income of Patent Ownership Transfer and licenses (10000 yuan)	662
形成国家或行业标准数（项）	Number of National or Industry Standard(item)	341
发表科技论文（篇）	Scientific Papers Issued (piece)	41281
出版科技著作（种）	Publication on Science and Technology (kind)	1379

HEILONGJIANG PROVINCE, THE SECOND NATIONAL R&D RESOURCES INVENTORY MAIN INDICATORS BY EXECUTIVE DEPARTMENTS(2009)

企业 Enterprises	工业企业 Industrial Enterprises	非工业企业 Non-industrial Enterprises	研究与开发机构 Research and Development Institutions	高等学校 Higher Education	其他 Others
678046	627292	50754	205980	196233	11445
			11122	102999	90
41		41	130773	74755	4136
678005	627292	50713	64085	18479	7219
617777	569632	48146	90389	177700	10142
150845	135198	15646	33550	32088	5163
60269	57660	2609	115591	18533	1302
56252	53707	2545	52121	16242	1237
76882	75844	1039	189884	135000	8460
595926	546570	49356	2994	53258	2111
706	706			293	350
4532	4173	359	13102	7682	524
41710	36436	5274	7543	20893	2520
8030	7682	348	2481	7504	1082
26620	22312	4308	6706	12769	1051
263	238	25	268	3688	36
2234	2143	91	1556	7056	203
10635	9130	1505	4088	7299	517
32558	27672	4886	7148	12573	1881
21661	20875	786	4267	10020	1133
			628	6319	19
5		5	2150	5531	386
32553	27672	4881	4370	724	1476
4346	3969	377	1784	12787	258
24751	20003	4748	6167	12569	1734
542867	495284	47583	48068	157520	6319
287	211	76	188	236	24
14328	12515	1812	7543	3588	234
1553	1448	106	1824	2669	71
226336	200908	25427	205980	47506	1552
246473	241798	4675	112474	205294	3206
26104	25196	908	19736	55168	1434
1921	1797	124	243	2244	24
668	622	46	147	1885	12
1693	1618	75	158	3703	5
54	35	19	1	32	1
464	464			178	20
302	283	19	29	2	8
4302	3908	394	3765	32503	711
			111	1167	101

17-44 黑龙江省第二次全国R&D资源清查按活动类型分R&D经费支出情况（2009年）

HEILONGJIANG PROVINCE, THE SECOND NATIONAL R&D RESOURCES INVENTORY STATISTICS ON R & D EXPENDITURE BY TYPE OF ACTIVITIES(2009)

单位：万元 (10000 yuan)

项　目	Item	R&D经费支出 Expenditure on R&D	基础研究 Basic Research	应用研究 Applied Research	试验发展 Experimental Development	R&D经费支出与GDP之比（%） Proportion of Expenditure on R&D to GDP（%）
总　计	**Total**	1091704	114210	209705	767788	**1.31**
按执行部门分	**By Executive Departments**					
企业	Enterprises	678046		41	678005	
工业企业	Industrial Enterprises	627292			627292	
非工业企业	Non-industrial Enterprises	50754		41	50713	
研究与开发机构	Research and Development Institutions	205980	11122	130773	64085	
高等学校	Higher Education	196233	102999	74755	18479	
其他	Others	11445	90	4136	7219	
按行业分	**By Sector**					
农、林、牧、渔业	Agriculture, Forestry, Animal Husbandry and Fishery	4731			4731	
采矿业	Mining	100415			100415	
制造业	Manufacturing	490843			490843	
电力、燃气及水的生产和供应业	Production and Supply of Electricity, Gas and Water	36034			36034	
建筑业	Construction	5529		41	5487	
交通运输、仓储和邮政业	Transport, Storage and Post	345			345	
信息传输、计算机服务和软件业	Information Transmission, Computer Services and Software	3949			3949	
租赁和商务服务业	Leasing and Business Services	35989			35989	
科学研究、技术服务和地质勘查业	Scientific Research, Technical Service and Geologic Prospecting	209323	11122	131760	66441	
水利、环境和公共设施管理业	Management of Water Conservancy, Environment and Public Facilities	170			170	
教　育	Education	194272	102196	73596	18479	
卫生、社会保障和社会福利业	Health, Social Security and Social Welfare	10056	872	4308	4876	
文化、体育和娱乐业	Culture, Sports and Entertainment	49	21		29	
按地区分	**By Region**					
哈尔滨	Harbin	678311	106275	202702	369334	2.14
齐齐哈尔	Qiqihar	118943	1147	1032	116764	1.72
鸡　西	Jixi	9180	4	26	9151	0.26
鹤　岗	Hegang	3349	7		3342	0.17
双鸭山	Shuangyashan	15266		158	15108	0.51
大　庆	Daqing	213031	4481	4125	204425	1.00
伊　春	Yichun	4967		10	4957	0.29
佳木斯	Jiamusi	16092	329	307	15456	0.37
七台河	Qitaihe	2993	3		2990	0.13
牡丹江	Mudanjiang	19019	1617	1054	16348	0.30
黑　河	Heihe	2222	129	95	1998	0.10
绥　化	Suihua	7053	219	129	6704	0.12
大兴安岭	Daxinganling	1279		67	1212	0.16

17-45 黑龙江省第二次全国R&D资源清查按支出用途分R&D经费支出情况（2009年）

HEILONGJIANG PROVINCE, THE SECOND NATIONAL R&D RESOURCES INVENTORY STATISTICS ON R & D EXPENDITURE BY OBJECT OF EXPENDITURE(2009)

单位：万元 (10000 yuan)

项 目	Item	R&D经费支出 Expenditure on R&D	日常性支出 Daily Expenditure	#人员劳务费 Staff Labor Costs	资产性支出 Assets Expenditure	#仪器和设备 Instruments and Equipment
总 计	**Total**	**1091704**	**896008**	**221646**	**195695**	**125852**
按执行部门分	**By Executive Departments**					
企业	Enterprises	678046	617777	150845	60269	56252
工业企业	Industrial Enterprises	627292	569632	135198	57660	53707
非工业企业	Non-industrial Enterprises	50754	48146	15646	2609	2545
研究与开发机构	Research and Development Institutions	205980	90389	33550	115591	52121
高等学校	Higher Education	196233	177700	32088	18533	16242
其他	Others	11445	10142	5163	1302	1237
按行业分	**By Sector**					
农、林、牧、渔业	Agriculture, Forestry, Animal Husbandry and Fishery	4731	4082	1181	649	611
采矿业	Mining	100415	93313	39316	7102	6813
制造业	Manufacturing	490843	447353	86252	43491	40174
电力、燃气及水的生产和供应业	Production and Supply of Electricity, Gas and Water	36034	28966	9631	7068	6721
建筑业	Construction	5529	4601	1482	927	913
交通运输、仓储和邮政业	Transport, Storage and Post	345	338	222	7	7
信息传输、计算机服务和软件业	Information Transmission, Computer Services and Software	3949	3834	871	115	115
租赁和商务服务业	Leasing and Business Services	35989	35989	12179		
科学研究、技术服务和地质勘查业	Scientific Research, Technical Service and Geologic Prospecting	209323	93597	34400	115726	52240
水利、环境和公共设施管理业	Management of Water Conservancy, Environment and Public Facilities	170	122	44	48	
教 育	Education	194272	176040	30766	18231	15985
卫生、社会保障和社会福利业	Health, Social Security and Social Welfare	10056	7726	5277	2330	2273
文化、体育和娱乐业	Culture, Sports and Entertainment	49	47	26	2	2
按地区分	**By Region**					
哈尔滨	Harbin	678311	519085	107053	159226	93327
齐齐哈尔	Qiqihar	118943	113559	23012	5383	3853
鸡 西	Jixi	9180	8136	3012	1044	1039
鹤 岗	Hegang	3349	1916	658	1433	1421
双鸭山	Shuangyashan	15266	9788	1550	5478	5383
大 庆	Daqing	213031	200950	69150	12081	11532
伊 春	Yichun	4967	4689	1502	278	276
佳木斯	Jiamusi	16092	14121	6115	1971	1800
七台河	Qitaihe	2993	1658	673	1336	1290
牡丹江	Mudanjiang	19019	14096	5435	4923	4870
黑 河	Heihe	2222	1855	979	367	223
绥 化	Suihua	7053	5161	2062	1892	669
大兴安岭	Daxinganling	1279	995	445	284	167

17-46 黑龙江省第二次全国R&D资源清查按经费来源分R&D经费支出（2009年）

HEILONGJIANG PROVINCE, THE SECOND NATIONAL R&D RESOURCES INVENTORY STATISTICS ON R & D EXPENDITURE BY SOURCE OF FUNDING(2009)

单位：万元 (10000 yuan)

项目	Item	R&D经费支出 Expenditure on R&D	政府资金 Government Appropriation Funds	企业资金 Self-raised Funds by Enterprises	国外资金 Foreign Funds	其他资金 Other Funds
总计	**Total**	**1091704**	410226	654290	1349	25839
按执行部门分	**By Executive Departments**					
企业	Enterprises	678046	76882	595926	706	4532
工业企业	Industrial Enterprises	627292	75844	546570	706	4173
非工业企业	Non-industrial Enterprises	50754	1039	49356		359
研究与开发机构	Research and Development Institutions	205980	189884	2994		13102
高等学校	Higher Education	196233	135000	53258	293	7682
其他	Others	11445	8460	2111	350	524
按行业分	**By Sector**					
农、林、牧、渔业	Agriculture, Forestry, Animal Husbandry and Fishery	4731	1327	3008		396
采矿业	Mining	100415	325	99072		1018
制造业	Manufacturing	490843	75486	411600	706	3052
电力、燃气及水的生产和供应业	Production and Supply of Electricity, Gas and Water	36034	33	35898		103
建筑业	Construction	5529	240	5198		91
交通运输、仓储和邮政业	Transport, Storage and Post	345		345		
信息传输、计算机服务和软件业	Information Transmission, Computer Services and Software	3949	31	3918		
租赁和商务服务业	Leasing and Business Services	35989	25	35964		
科学研究、技术服务和地质勘查业	Scientific Research, Technical Service and Geologic Prospecting	209323	192874	2994		13454
水利、环境和公共设施管理业	Management of Water Conservancy, Environment and Public Facilities	170	152			18
教育	Education	194272	133166	53249	293	7564
卫生、社会保障和社会福利业	Health, Social Security and Social Welfare	10056	6518	3044	350	144
文化、体育和娱乐业	Culture, Sports and Entertainment	49	49			
按地区分	**By Region**					
哈尔滨	Harbin	678311	372867	286946	341	18157
齐齐哈尔	Qiqihar	118943	13503	102099	622	2719
鸡西	Jixi	9180	761	8386		33
鹤岗	Hegang	3349	861	2467		22
双鸭山	Shuangyashan	15266	521	14596		148
大庆	Daqing	213031	8163	202766	370	1733
伊春	Yichun	4967	823	4136		8
佳木斯	Jiamusi	16092	3448	11107		1538
七台河	Qitaihe	2993	36	2952		6
牡丹江	Mudanjiang	19019	5817	12502	16	684
黑河	Heihe	2222	1182	552		488
绥化	Suihua	7053	1606	5142		305
大兴安岭	Daxinganling	1279	639	640		

17-47 黑龙江省第二次全国R&D资源清查R&D人员情况（2009年）

HEILONGJIANG PROVINCE, THE SECOND NATIONAL R&D RESOURCES INVENTORY STATISTICS ON R&D PERSONNEL(2009)

单位：人　　(person)

项　　目	Item	R&D 经费支出 Expenditure on R&D	#女性 female	#全时人员 Full-time staff	#博士毕业 Doctor's Degree	#硕士毕业 Master's Degree	#本科毕业 Graduate
总　计	**Total**	**72666**	**19097**	**47146**	**4255**	**11049**	**22539**
按执行部门分	**By Executive Departments**						
企业	Enterprises	41710	8030	26620	263	2234	10635
工业企业	Industrial Enterprises	36436	7682	22312	238	2143	9130
非工业企业	Non-industrial Enterprises	5274	348	4308	25	91	1505
研究与开发机构	Research and Development Institutions	7543	2481	6706	268	1556	4088
高等学校	Higher Education	20893	7504	12769	3688	7056	7299
其他	Others	2520	1082	1051	36	203	517
按行业分	**By Sector**						
农、林、牧、渔业	Agriculture, Forestry, Animal Husbandry and Fishery	751	154	331	2	36	237
采矿业	Mining	4139	1457	2948	103	666	1603
制造业	Manufacturing	27399	5676	17641	103	1098	6215
电力、燃气及水的生产和供应业	Production and Supply of Electricity, Gas and Water	4898	549	1723	32	379	1312
建筑业	Construction	311	33	101	13	11	48
交通运输、仓储和邮政业	Transport, Storage and Post	75	15	69		6	56
信息传输、计算机服务和软件业	Information Transmission, Computer Services and Software	332	28	131	10	22	
租赁和商务服务业	Leasing and Business Services	3775	138	3746	2	30	1248
科学研究、技术服务和地质勘查业	Scientific Research, Technical Service and Geologic Prospecting	8022	2612	6997	275	1627	4387
水利、环境和公共设施管理业	Management of Water Conservancy, Environment and Public Facilities	72	38	16		9	53
教　育	Education	18261	6241	10665	3426	6417	6624
卫生、社会保障和社会福利业	Health, Social Security and Social Welfare	4617	2151	2778	287	744	754
文化、体育和娱乐业	Culture, Sports and Entertainment	14	5		2	4	2
按地区分	**By Region**						
哈 尔 滨	Harbin	39370	11747	26446	3672	7410	12528
齐齐哈尔	Qiqihar	8926	1544	5718	120	1020	2599
鸡　　西	Jixi	1435	511	612	5	9	68
鹤　　岗	Hegang	327	94	116		3	89
双 鸭 山	Shuangyashan	1927	123	386	3	21	341
大　　庆	Daqing	13561	2701	9521	252	1485	4314
伊　　春	Yichun	545	113	304		7	68
佳 木 斯	Jiamusi	2589	870	1848	94	482	1054
七 台 河	Qitaihe	246	81	158	2	4	49
牡 丹 江	Mudanjiang	2394	870	1320	92	411	862
黑　　河	Heihe	363	153	181	4	76	190
绥　　化	Suihua	747	241	466	10	105	317
大兴安岭	Daxinganling	236	49	70	1	16	60

17-48 黑龙江省第二次全国R&D资源清查R&D人员全时当量（2009年）

HEILONGJIANG PROVINCE, THE SECOND NATIONAL R&D RESOURCES INVENTORY FULL-TIME EQUIVALENT OF R&D PERSONNEL(2009)

单位：人年 (man-year)

项目	Item	R&D人员全时当量 Full-time Equivalent of R&D Personnel	#研究人员 Researchers	基础研究 Basic Research	应用研究 Applied Research	试验发展 Experimental Development
总计	**Total**	**54160**	**37081**	**6966**	**8072**	**39123**
按执行部门分	**By Executive Departments**					
企业	Enterprises	32558	21661		5	32553
工业企业	Industrial Enterprises	27672	20875			27672
非工业企业	Non-industrial Enterprises	4886	786		5	4881
研究与开发机构	Research and Development Institutions	7148	4267	628	2150	4370
高等学校	Higher Education	12573	10020	6319	5531	724
其他	Others	1881	1133	19	386	1476
按行业分	**By Sector**					
农、林、牧、渔业	Agriculture, Forestry, Animal Husbandry and Fishery	542	313			542
采矿业	Mining	3152	2340			3152
制造业	Manufacturing	21639	16878			21639
电力、燃气及水的生产和供应业	Production and Supply of Electricity, Gas and Water	2881	1657			2881
建筑业	Construction	247	167		5	242
交通运输、仓储和邮政业	Transport, Storage and Post	70	44			70
信息传输、计算机服务和软件业	Information Transmission, Computer Services and Software	259	41			259
租赁和商务服务业	Leasing and Business Services	3775	190			3775
科学研究、技术服务和地质勘查业	Scientific Research, Technical Service and Geologic Prospecting	7508	4384	628	2205	4675
水利、环境和公共设施管理业	Management of Water Conservancy, Environment and Public Facilities	35	17			35
教育	Education	10819	8845	5700	4396	724
卫生、社会保障和社会福利业	Health, Social Security and Social Welfare	3225	2197	637	1466	1122
文化、体育和娱乐业	Culture, Sports and Entertainment	8	8	1		7
按地区分	**By Region**					
哈尔滨	Harbin	30702	21940	5346	6529	18828
齐齐哈尔	Qiqihar	5286	5355	439	350	4497
鸡西	Jixi	1136	853	4	26	1106
鹤岗	Hegang	216	140	6		210
双鸭山	Shuangyashan	1179	452		13	1166
大庆	Daqing	10399	4681	315	491	9593
伊春	Yichun	233	184		2	231
佳木斯	Jiamusi	1946	1225	432	222	1293
七台河	Qitaihe	204	308	5		199
牡丹江	Mudanjiang	1790	1371	276	404	1110
黑河	Heihe	239	161	53	17	169
绥化	Suihua	623	326	92	7	524
大兴安岭	Daxinganling	208	85		11	197

17-49 黑龙江省第二次全国R&D资源清查R&D项目（课题）情况（2009年）

HEILONGJIANG PROVINCE, THE SECOND NATIONAL R&D RESOURCES INVENTORY STATISTICS ON R&D PROJECT(2009)

项　目	Item	项目（课题）数（项） Projects of R&D (item)	项目（课题）人员全时当量（人年） Participants (man-years)	项目（课题）经费支出（万元） Intramural Expenditure (10000 yuan)
总　计	**Total**	**19175**	**45221**	**754774**
按执行部门分	**By Executive Departments**			
企业	Enterprises	4346	24751	542867
工业企业	Industrial Enterprises	3969	20003	495284
非工业企业	Non-industrial Enterprises	377	4748	47583
研究与开发机构	Research and Development Institutions	1784	6167	48068
高等学校	Higher Education	12787	12569	157520
其他	Others	258	1734	6319
按行业分	**By Sector**			
农、林、牧、渔业	Agriculture, Forestry, Animal Husbandry and Fishery	197	444	3099
采矿业	Mining	584	2302	55062
制造业	Manufacturing	2855	15315	416824
电力、燃气及水的生产和供应业	Production and Supply of Electricity, Gas and Water	530	2386	23398
建筑业	Construction	40	201	4964
交通运输、仓储和邮政业	Transport, Storage and Post	14	69	345
信息传输、计算机服务和软件业	Information Transmission, Computer Services and Software	105	243	3405
租赁和商务服务业	Leasing and Business Services	23	3788	35964
科学研究、技术服务和地质勘查业	Scientific Research, Technical Service and Geologic Prospecting	1836	6497	50453
水利、环境和公共设施管理业	Management of Water Conservancy, Environment and Public Facilities	5	32	170
教　育	Education	11769	10815	156041
卫生、社会保障和社会福利业	Health, Social Security and Social Welfare	1215	3123	5009
文化、体育和娱乐业	Culture, Sports and Entertainment	2	6	42
按地区分	**By Region**			
哈 尔 滨	Harbin	14352	26001	445644
齐齐哈尔	Qiqihar	1014	3418	99929
鸡　西	Jixi	88	1012	8041
鹤　岗	Hegang	46	182	1887
双 鸭 山	Shuangyashan	138	1068	8786
大　庆	Daqing	1983	9038	153270
伊　春	Yichun	57	208	4301
佳 木 斯	Jiamusi	684	1820	11755
七 台 河	Qitaihe	25	129	1531
牡 丹 江	Mudanjiang	463	1487	13926
黑　河	Heihe	121	192	595
绥　化	Suihua	174	478	4199
大兴安岭	Daxinganling	30	189	911

17-50 黑龙江省第二次全国R&D资源清查按来源、合作形式和活动类型分限额以上R&D项目（课题）情况（2009年）

HEILONGJIANG PROVINCE, THE SECOND NATIONAL R&D RESOURCES INVENTORY STATISTICS ON R&D PROJECT ABOVE DESIGNATED SIZE BY SOURCE ,FORMS OF COOPERATION AND TYPE OF ACTIVITIES(2009)

项　目	Item	项目（课题）数（项） Projects of R&D (item)	项目（课题）人员全时当量（人年） Participants (man-years)	#研究人员 Researcher	项目（课题）经费支出（万元） Intramural Expenditure (10000 yuan)	#政府资金 Government Appropriation Funds
总　计	**Total**	**16919**	**40452**	**15366**	**720972**	**136454**
按项目（课题）来源分	**By Source**					
国家科技项目	National Project	5052	10894	5842	200802	115888
地方科技项目	Local Project	5210	7699	4678	38839	17767
企业委托科技项目	Project Commissioned by Enterprise	2421	2724	1935	67227	63
自选科技项目	Optional Project	3845	18092	2491	402430	1063
来自国外的科技项目	Project from Abroad	48	157	44	2278	546
其它科技项目	Other Project	343	887	376	9396	1127
按学科分	**By the Science Division**					
自然科学	Natural science	1769	2035	1535	20327	11080
农业科学	Agricultural Science	2144	3794	2263	25005	19501
医药科学	Medicine Science	2964	4838	2778	10445	5597
工程与技术科学	Engineering Science and technology	7565	27789	7200	662568	99137
人文与社会科学	Humanities and Social Science	2477	1997	1591	2626	1140
按项目（课题）合作形式分	**By the Forms of Cooperation**					
与境外机构合作	Cooperation with Foreign Institution	72	712	150	30788	783
与国内高校合作	Cooperation with Domestic Universities	799	3578	1026	48029	11593
与国内独立研究机构合作	Cooperation with Domestic Independent Research Institution	574	2521	774	56816	5114
与境内注册外商独资企业合作	Cooperation with Wholly Foreign Owned Enterprise within the Registration	15	61	8	2225	0.4
与境内注册其他企业合作	Cooperation with Other Enterprises within the Registration	768	1979	574	27183	6581
独立完成	Independently	14333	30325	12419	523370	111807
其他	Other	358	1276	416	32562	575
按项目（课题）活动类型分	**By the Project Type of Activities**					
基础研究	Basic Research	7197	6931	5209	78941	57264
应用研究	Applied Research	5482	7759	5705	84998	49594
试验发展	Experimental Development	4240	25762	4453	557033	29596

17-51 黑龙江省第二次全国R&D资源清查按社会经济目标和服务的行业分限额以上R&D项目（课题）情况（2009年）

HEILONGJIANG PROVINCE, THE SECOND NATIONAL R&D RESOURCES INVENTORY STATISTICS ON R&D PROJECT ABOVE DESIGNATED SIZE BY SOCIO-ECONOMIC OBJECTIVES AND SERVICE INDUSTRY(2009)

项　目	Item	项目（课题）数（项） Projects of R&D (item)	项目（课题）人员全时当量（人年） Participants (man-years)	#研究人员 Researcher	项目（课题）经费支出（万元） Intramural Expenditure (10000 yuan)	#政府资金 Government Appropriation Funds
总　计	**Total**	**16919**	**40452.4**	**15366.5**	**720972.0**	**136454.4**
按项目（课题）社会经济目标分	**By the Socio-economic Objectives**					
#环境保护及污染防治	#Environmental Protection and Pollution Prevention	239	1030.6	392.8	14484.6	1277.7
促进能源的生产、分配和合理利用	Promoting Energy Production, Distribution and Rational Utilization	810	2864.7	887.6	39999.7	5229.2
促进卫生事业的发展	Promoting the Development of Public Health	2847	4617.3	2617.5	9689.6	5300.9
促进教育事业的发展	Promoting the Development of Education	1026	876.6	742.2	837.5	552.2
基础设施以及城市和农村规划	Infrastructure, Urban and Rural Planning	233	525.4	270.6	6147.0	1059.1
社会发展和社会服务	Social Development and Social Services	793	2692.6	552.5	29006.7	2074.1
地球和大气层的探索与利用	Exploration and Utilization of Earth and the Atmosphere	97	278.1	121.7	2149.6	2148.6
民用空间的探测及开发	Civilian Space Exploration and Development	21	37.1	27.1	166.5	84.3
促进农林牧渔业发展	Promoting the Development of Agriculture, Forestry, Animal Husbandry and Fishery	2261	4012.4	2393.5	24993.1	19003.0
促进工商业发展	Promotion of Industrial and Commercial Development	3556	17674.5	2912.5	468337.6	10359.9
非定向研究	Non-oriented Research	4554	4089.1	3430.2	94991.2	60349.0
其他民用目标	Other Civilian Targets	26	51.3	35.3	148.1	36.0
国防	National Defense	456	1702.7	982.9	30020.9	28980.5
按服务的行业分	**By Service Industry**					
农、林、牧、渔业	Agriculture, Forestry, Animal Husbandry and Fishery	2200	3810.1	2307.6	23357.3	17662.8
采矿业	Mining	817	1878.4	460.6	55519.0	696.3
制造业	Manufacturing	4159	17116.8	3739.5	445778.0	27416.3
电力、燃气及水的生产和供应业	Production and Supply of Electricity, Gas and Water	342	1241.8	97.9	21621.1	108.4
建筑业	Construction	324	591.4	330.2	11563.8	2859.8
交通运输、仓储和邮政业	Transport, Storage and Post	49	58.5	45.5	894.9	673.2
信息传输、计算机服务和软件业	Information Transmission, Computer Services and Software	414	621.9	327.7	9800.4	4234.7
批发和零售业	Wholesale and Retail Trade	3	4.0	3.0	0.7	0.6
住宿和餐饮业	Hotels and Catering Services	1	1.0	1.0	0.1	0.1
金融业	Financial Intermediation	50	40.2	32.6	64.1	36.5
房地产业	Real Estate	3	0.9	0.9	3.3	
租赁和商务服务业	Leasing and Business Services	176	3094.4	128.6	36039.4	182.8
科学研究、技术服务和地质勘查业	Scientific Research, Technical Service and Geologic Prospecting	3547	5091.0	3509.0	99607.0	72244.0
水利、环境和公共设施管理业	Management of Water Conservancy, Environment and Public Facilities	183	361.6	237.6	4348.2	3183.3
教育	Education	1968	1718.5	1402.3	1504.8	976.7
卫生、社会保障和社会福利业	Health, Social Security and Social Welfare	2316	4557.6	2524.4	9154.3	4647.7
文化、体育和娱乐业	Culture, Sports and Entertainment	223	164.2	134.4	256.9	126.8
公共管理和社会组织	Public Management and Social Organization	144	100.3	84.0	1458.9	1404.4

17-52 黑龙江省第二次全国R&D资源清查研究开发机构情况（2009年）

HEILONGJIANG PROVINCE, THE SECOND NATIONAL R&D RESOURCES INVENTORY STATISTICS ON RESEARCH AND DEVELOPMENT INSTITUTIONS(2009)

项　目	Item	机构数（个）Number of R&D Institutions (unit)	R&D人员（人）R&D Personnel (person)	#博士和硕士 Doctor and Master	机构R&D经费支出（万元）Expenditure on R&D (10000 yuan)	科研用仪器设备原价（万元）Original Value Sci-entific Instruments and equipment (10000 yuan)	#进口 Import
总　计	**Total**	**735**	**25693**	**6117**	**481374**	**567447**	**102442**
按机构所属执行部门分	**By Executive Departments**						
企业	Enterprises	287	14328	1553	226336	246473	26104
工业企业	Industrial Enterprises	211	12515	1448	200908	241798	25196
非工业企业	Non-industrial Enterprises	76	1812	106	25427	4675	908
研究与开发机构	Research and Development Institutions	188	7543	1824	205980	112474	19736
高等学校	Higher Education	236	3588	2669	47506	205294	55168
其他	Others	24	234	71	1552	3206	1434
按机构所属学科分	**According to the Institute of Science Division**						
自然科学	Natural science	27	888	373	16746	33732	14205
农业科学	Agricultural Science	165	4320	1157	52943	68455	23082
医药科学	Medicine Science	88	1462	655	7471	40173	16645
工程与技术科学	Engineering Science and technology	402	18240	3620	399511	422225	48323
人文与社会科学	Humanities and Social Science	53	783	312	4703	2862	187
按机构组成类型分	**According to the Mechanism Types**						
政府部门办	Government Departments	201	7810	1907	207589	114510	19940
与国内高校合办	Collaboration with Domestic Universities	10	132	58	306	1946	292
与境外机构合办	Collaboration with Foreign Institutions	1	22	22		105	
与境内注册其他企业合办	Jointly with Other Enterprises Registered within the Territory	19	242	173	2253	13776	2469
单位自办	Units of Self	504	17487	3957	271226	437111	79741
按服务的行业分	**By Service Industry**						
农、林、牧、渔业	Agriculture, Forestry, Animal Husbandry and Fishery	155	3941	1220	50588	61890	20375
采矿业	Mining	33	1706	436	62757	58541	13393
制造业	Manufacturing	275	9977	1505	153281	231653	28710
电力、燃气及水的生产和供应业	Production and Supply of Electricity, Gas and Water	27	2631	317	5395	31274	5484
建筑业	Construction	13	239	39	1954	3635	1312
交通运输、仓储和邮政业	Transport, Storage and Post	5				1599	
信息传输、计算机服务和软件业	Information Transmission, Computer Services and Software	14	112	38	2937	2839	292
金融业	Financial Intermediation	1	12		28	10	
租赁和商务服务业	Leasing and Business Services	3	1406	34	21064	4	
科学研究、技术服务和地质勘查业	Scientific Research, Technical Service and Geologic Prospecting	109	3880	1777	172360	142868	16421
水利、环境和公共设施管理业	Management of Water Conservancy, Environment and Public Facilities	11	252	64	3628	2507	959
教育	Education	37	516	294	677	10980	5996
卫生、社会保障和社会福利业	Health, Social Security and Social Welfare	48	982	389	6240	18824	9500
文化、体育和娱乐业	Culture, Sports and Entertainment	4	39	5	466	825	

17-53 黑龙江省第二次全国R&D资源清查各地区研究开发机构情况（2009年）

HEILONGJIANG PROVINCE, THE SECOND NATIONAL R&D RESOURCES INVENTORY STATISTICS ON RESEARCH AND DEVELOPMENT INSTITUTIONS BY REGION (2009)

年份 地区	Year Region	机构数（个） Number of R&D Institutions (unit)	R&D人员（人） R&D Personnel (person)	#博士和硕士 Doctor and Master	机构R&D经费支出（万元） Expenditure on R&D (10000 yuan)	科研用仪器设备原价（万元） Original Value Sci-entific Instruments and equipment (10000 yuan)	#进口 Import
全省	**Total**	**735**	**25693**	6117	**481373.6**	**567447.1**	**102442.1**
哈尔滨	Harbin	443	14694	4756	316228.3	405326.2	76057.9
齐齐哈尔	Qiqihar	47	2995	300	53672.1	38893.7	2779.2
鸡西	Jixi	17	94	5	558.7	1514.9	20.0
鹤岗	Hegang	19	89	1	572.9	890.2	1.1
双鸭山	Shuangyashan	18	957	20	1302.2	669.1	31.1
大庆	Daqing	61	4850	747	91386.2	86492.0	19097.9
伊春	Yichun	16	150	7	1048.5	1073.8	108.0
佳木斯	Jiamusi	46	763	142	6242.8	11290.5	1308.6
七台河	Qitaihe	2	10	1	37.5	135.0	
牡丹江	Mudanjiang	30	489	77	5617.5	12323.4	2862.3
黑河	Heihe	21	221	19	1583.0	1088.2	57.2
绥化	Suihua	11	307	31	2601.5	6525.5	118.8
大兴安岭	Daxinganling	4	76	13	522.7	1224.6	

17-54 黑龙江省第二次全国R&D资源清查R&D活动单位专利情况（2009年）

HEILONGJIANG PROVINCE, THE SECOND NATIONAL R&D RESOURCES INVENTORY STATISTICS ON PATENT OF R&D ACTIVITIES UNIT（2009）

单位：万元 (10000 yuan)

项目	Item	专利申请数（件）patent Applications (piece)	#发明申请 Invention Patents	有效发明专利数（件）Patents in Force (piece)	专利所有权转让及许可数（件）Patent Ownership Transfer and licenses (piece)	专利所有权转让及许可收入（万元）Income of Patent Ownership Transfer and licenses (10000 yuan)
总计	**Total**	**4432**	**2712**	**5559**	**88**	**662**
按执行部门分	**By Executive Departments**					
企业	Enterprises	1921	668	1693	54	464
工业企业	Industrial Enterprises	1797	622	1618	35	464
非工业企业	Non-industrial Enterprises	124	46	75	19	
研究与开发机构	Research and Development Institutions	243	147	158	1	
高等学校	Higher Education	2244	1885	3703	32	178
其他	Others	24	12	5	1	20
按行业分	**By Sector**					
农、林、牧、渔业	Agriculture, Forestry, Animal Husbandry and Fishery	16	9	4	1	20
采矿业	Mining	146	41	251	10	226
制造业	Manufacturing	1529	553	1299	25	238
电力、燃气及水的生产和供应业	Production and Supply of Electricity, Gas and Water	122	28	68		
建筑业	Construction	40	11	21	1	
交通运输、仓储和邮政业	Transport, Storage and Post	1				
信息传输、计算机服务和软件业	Information Transmission, Computer Services and Software	60	25	35	17	
租赁和商务服务业	Leasing and Business Services	9	4	15		
科学研究、技术服务和地质勘查业	Scientific Research, Technical Service and Geologic Prospecting	253	154	163	2	
教育	Education	2241	1885	3688	32	178
卫生、社会保障和社会福利业	Health, Social Security and Social Welfare	15	2	15		
按地区分	**By Region**					
哈尔滨	Harbin	3374	2272	4259	73	210
齐齐哈尔	Qiqihar	293	108	367		
鸡西	Jixi	15	7	5		
鹤岗	Hegang	12	7	4		
双鸭山	Shuangyashan	19	7	2		
大庆	Daqing	453	184	669	13	326
伊春	Yichun	31	8	13		
佳木斯	Jiamusi	44	11	64		
七台河	Qitaihe	24	19	6	1	
牡丹江	Mudanjiang	82	45	94		
黑河	Heihe	5	3	37		
绥化	Suihua	62	33	35	1	126
大兴安岭	Daxinganling	18	8	4		

17-55 黑龙江省第二次全国R&D资源清查R&D活动其他产出情况（2009年）

HEILONGJIANG PROVINCE, THE SECOND NATIONAL R&D RESOURCES INVENTORY STATISTICS ON OTHER OUTPUTS OF R&D ACTIVITIES (2009)

项　目	Item	形成国家或行业标准数（项）Number of National or Industry Standard(item)	发表科技论文（篇）Scientific Papers Issued (Piece)	出版科技著作（种）Publication on Science and Technology(kind)
总 计	**Total**	**341**	**41281**	**1379**
按执行部门分	**By Executive Departments**			
企业	Enterprises	302	4302	
工业企业	Industrial Enterprises	283	3908	
非工业企业	Non-industrial Enterprises	19	394	
研究与开发机构	Research and Development Institutions	29	3765	111
高等学校	Higher Education	2	32503	1167
其他	Others	8	711	101
按行业分	**By Sector**			
农、林、牧、渔业	Agriculture, Forestry, Animal Husbandry and Fishery		223	2
采矿业	Mining	14	1093	
制造业	Manufacturing	263	2212	
电力、燃气及水的生产和供应业	Production and Supply of Electricity, Gas and Water	6	603	
建筑业	Construction		59	
交通运输、仓储和邮政业	Transport, Storage and Post	2	59	
信息传输、计算机服务和软件业	Information Transmission, Computer Services and Software	17	45	
租赁和商务服务业	Leasing and Business Services	37	3993	112
科学研究、技术服务和地质勘查业	Scientific Research, Technical Service and Geologic Prospecting			
水利、环境和公共设施管理业	Management of Water Conservancy, Environment and Public Facilities		75	
教　育	Education	2	30615	1111
卫生、社会保障和社会福利业	Health, Social Security and Social Welfare		2290	151
文化、体育和娱乐业	Culture, Sports and Entertainment		14	3
按地区分	**By Region**			
哈尔滨	Harbin	73	30297	850
齐齐哈尔	Qiqihar	227	2242	163
鸡　西	Jixi		394	70
鹤　岗	Hegang	15	271	1
双鸭山	Shuangyashan		119	
大　庆	Daqing	21	4083	94
伊　春	Yichun		97	
佳木斯	Jiamusi		1526	100
七台河	Qitaihe		58	
牡丹江	Mudanjiang	3	1338	79
黑　河	Heihe		389	5
绥　化	Suihua	2	404	15
大兴安岭	Daxinganling		63	2

17-56 地方国有企事业单位五大类专业技术人员数

NUMBER OF SCIENTIFIC AND TECHNICAL PERSONNEL IN LOCAL STATE-DWNED ENTERPRISES AND INSTITUTIONS

单位：人 (person)

年份 Year	合计 Total	工程技术人员 Engineering	农业技术人员 Agriculture	卫生技术人员 Health Care	科学研究人员 Scientific Research	教学人员 Teaching
1990	394936	173781	31010	112878	4873	72394
1991	638464	171110	27951	118330	5515	315558
1992	653679	179539	28165	119707	5070	321198
1993	651420	175262	28276	118769	4767	324346
1994	655241	177594	28459	119727	4795	324666
1995	660685	176636	28672	119136	4885	331356
1996	674304	173885	29181	123875	4889	342474
1997	687448	174120	29795	126429	5107	351997
1998	704590	176209	31968	127156	5808	363449
1999	733932	183370	30466	133307	5398	381391
2000	737890	182346	31134	135295	5252	383863
2001	737459	175644	29905	132167	5069	394674
2002	716539	158157	29564	130269	5047	393502
2003	716404	155432	30731	132671	5694	391876
2004	640340	127635	28149	123452	3251	357853
2005	652998	118318	28008	132515	6244	367913
2006	659834	115626	28653	130183	7043	378329
2007	678115	116311	32285	137244	7448	384827
2008	683084	111820	34084	140072	6955	390153
2009	688324	116152	35310	141749	5898	389215
2010	676844	114200	36220	137487	5027	383910

17-57 公有经济企业专业技术人才基本情况

BASIC STATISTICS ON PROFESSIONAL AND TECHNICAL PERSONNEL IN STATE- OWNED ENTERPRISES

单位：人 (person)

类别	Category	合计 Total		#高级职称 Members with Senior Titles		#中级职称 Members with Secondary Titles	
		2009	2010	2009	2010	2009	2010
总计	**Total**	**182665**	**185111**	**18085**	**18872**	**63744**	**57648**
工程技术人员	Engineering	64182	66950	6757	6916	21880	18930
农业技术人员	Agriculture	10892	11909	514	482	2291	2206
科学技术人员	Scientific Research	210	176	34	27	9	3
卫生技术人员	Health Care	17511	17803	1971	2252	6679	6212
教学人员	Teaching	21742	21029	3025	2846	10673	10387
其它	Economy	68128	67244	5784	6349	22212	19910

17-58 事业单位专业技术人才基本情况（2010年）

BASIC STATISTICS ON PROFESSIONAL AND TECHNICAL PERSONNEL IN INSTITUTIONS (2010)

单位：人 (person)

类别	Category	学历 Academic				
		研究生 Graduate	大学本科 Undergraduate	大学专科 College	中专 Secondary	高中及以下 High school and below
总计	**Total**	**22354**	**267628**	**212908**	**96592**	**7712**
工程技术人员	Engineering	1270	19670	18513	6515	1282
农业技术人员	Agriculture	241	7333	11905	4587	245
科学技术人员	Scientific Research	1314	2952	449	129	7
卫生技术人员	Health Care	5075	38010	38506	34984	3109
教学人员	Teaching	13428	177243	126546	44122	1542
其它	Economy	1026	22420	16989	6255	1527

主要统计指标解释

普通高等学校　指按照国家规定的设置标准和审批程序批准举办的，通过全国普通高等学校统一招生考试，招收高中毕业生为主要培养对象，实施高等教育的全日制大学、独立设置的学院和高等专科学校、高等职业学校和其他机构。

大学、独立设置的学院主要实施本科层次以上教育，高等专科学校、高等职业学校实施专科层次教育，其他机构是承担国家普通招生计划任务不计校数的机构。包括普通高等学校分校和批准筹建的普通高等学校等。

成人高等学校　指按照国家规定的设置标准和审批程序批准举办的，通过全国成人高等学校统一招生考试，招收具有高中毕业或同等学历的在职从业人员为主要培养对象，利用函授、业余、脱产等多种形式对其实施高等学历教育的学校。包括职工高等学校、农民高等学校、管理干部学院、教育学院、独立函授学院、广播电视大学、其他机构等。其他机构是承担国家成人招生计划任务不计校数的机构。

小学学龄儿童净入学率　指调查范围内已入小学学习的学龄儿童占校内外学龄儿童总数(包括弱智儿童，不包括盲聋哑儿童)的比重。计算公式为：

$$\text{小学学龄儿童净入学率}=\frac{\text{已入学的小学学龄儿童数}}{\text{校内外小学学龄儿童总数}}\times 100\%$$

科技活动　指在自然科学、农业科学、医药科学、工程与技术科学、人文与社会科学领域(简称科学技术领域)中，与科技知识的产生、发展、传播和应用密切相关的有组织的活动。可分为研究与试验发展(R&D)、研究与试验发展成果应用及相关的科技服务三类活动。该定义是联合国教科文组织考虑成员国特别是发展中国家开展科技统计工作的需要，而对科技活动所作的统计界定。

科技活动人员　指直接从事科技活动、以及专门从事科技活动管理和为科技活动提供直接服务，累计的实际工作时间占全年制度工作时间10%及以上的人员。(1)直接从事科技活动的人员包括：在独立核算的科学研究与技术开发机构、高等学校、各类企业及其他事业单位内设的研究室、实验室、技术开发中心及中试车间(基地)等机构中从事科技活动的研究人员、工程技术人员、技术工人及其它人员；虽不在上述机构工作，但编入科技活动项目(课题)组的人员；科技信息与文献机构中的专业技术人员；从事论文设计的研究生等。(2)专门从事科技活动管理和为科技活动提供直接服务的人员，包括：独立核算的科学研究与技术开发机构、科技信息与文献机构、高等学校、各类企业及其他事业单位主管科技工作的负责人，专门从事科技活动的计划、行政、人事、财务、物资供应、设备维护、图书资料管理等工作的各类人员，但不包括保卫、医疗保健人员、司机、食堂人员、茶炉工、水暖工、清洁工等为科技活动提供间接服务的人员。该指标用来反映投入科技活动人力的规模。

科学家与工程师　指科技活动人员中具有高、中级技术职称(职务)的人员和不具有高、中级技术职称(职务)的大学本科及以上学历人员。该指标用来反映投入科技活动人力的素质。

研究与试验发展(R&D)　指在科学技术领域，为增加知识总量，以及运用这些知识去创造新的应用进行的系统的创造性的活动，包括基础研究、应用研究、试验发展三类活动。国际上通常采用R&D活动的规模和强度指标反映一国的科技实力和核心竞争力。

基础研究　指为了获得关于现象和可观察事实的基本原理的新知识(揭示客观事物的本质、运动规律，获得新发现、新学说)而进行的实验性或理论性研究，它不以任何专门或特定的应用或使用为目的。其成果以科学论文和科学著作为主要形式。用来反映知识的原始创新能力。

应用研究　指为获得新知识而进行的创造性研究，主要针对某一特定的目的或目标。应用研究是为了确定基础研究成果可能的用途，或是为达到预定的目标探索应采取的新方法(原理性)或新途径。其成果形式以科学论文、专著、原理性模型或发明专利为主。用来反映对基础研究成果应用途径的探索。

试验发展　指利用从基础研究、应用研究和实际经验所获得的现有知识，为产生新的产品、材料和装置，建立新的工艺、系统和服务，以及对已产生和建立的上述各项作实质性的改进而进行的系统性工作。其成果形式主要是专利、专有技术、具有新产品基本特征的产品原型或具有新装置基本特征的原始样机等。在社会科学领域，试验发展是指把通过基础研究、应用研究获得的知识转变成可以实施的计划(包括为进行检验和评估实施示范项目)的过程。人文科学领域没有对应的试验发展活动。主要反映将科研成果转化为技术和产品的能力，是科技推动经济社会发展的物化成果。

研究与试验发展人员　指参与研究与试验发展项目研究、管理和辅助工作的人员，包括项目(课题)组人员，企业科技行政管理人员和直接为项目(课题)活动提供服务的辅助人员。反映投入从事拥有自主知识产权的研究开发活动的人力规模。

研究与试验发展人员全时当量　指全时人员数加非全时人员按工作量折算为全时人员数的总和。例如：有两个全时人员和三个非全时人员(工作时间分别为20%、30%和70%)，则全时当量为2+0.2+0.3+0.7=3.2人年。为国际上比较科技人力投入而制定的可比指标。

专业技术人员　指从事专业技术工作和专业技术管理工作的人员，即企事业单位中已经聘任专业技术职务从事专业技术工作和专业技术管理工作的人员，以及未聘任专业技术职务，现在专业技术岗位上工作的人员。包括工程技术人员，农业技术人员，科学研究人员，卫生技术人员，教学人员，经济人员，会计人员，统计人员，翻译人员，图书资料、档案、文博人员，新闻出版人员，律师、公证人员，广播电视播音人员，工艺美术人员，体育人员，艺术人员及企业政治思想工作人员，共十七个专业技术职务类别。用来反映科技人力资源情况。

科技活动经费筹集　指从各种渠道筹集到的计划用于科技活动的经费，包括政府资金、企业资金、事业单位资金、金融机构贷款、国外资金和其他资金等。反映各社会经济主体对促进科技进步所做的努力。

政府资金　指从各级政府部门获得的计划用于科技活动的经费，包括科学事业费、科技三项费、科研基建费、科学基金、教育等部门事业费中计划用于科技活动的经费以及政府部门预算外资金中计划用于科技活动的经费等。

企业资金　指从自有资金中提取或接受其他企业委托的，科研院所和高校等事业单位接受企业委托获得的，计划用于科研和技术开发的经费。不包括来自政府、金融机构及国外的计划用于科技活动的资金。

金融机构贷款　指从各类金融机构获得的用于科技活动的贷款。

科技活动经费内部支出　指报告年内用于科技活动的实际支出，包括劳务费、科研业务费、科研管理费，非基建投资购建的固定资产、科研基建支出以及其他用于科技活动的支出。不包括生产性活动支出、归还贷款支出及转拨外单位支出。反映科技投入实际完成情况。

劳务费　指以货币或实物形式直接或间接支付给从事科技活动人员的劳动报酬及各种费用。包括各种形式的工资、津贴、奖金、福利、离退休人员费用、人民助学金等。反映改善科技人员待遇情况。

固定资产购建费　指报告年内使用非基建投资购建的固定资产和用于科研基建投资的实际支出额，即固定资产实际支出和科研基建投资实际完成额之和。固定资产是指长期使用而不改变原有实物形态的主要物资设备、图书资料、实验材料和标本以及其他设备和家具、房屋、建筑物。反映用于改善科研条件和科研手段方面的投入情况。

新产品　指采用新技术原理、新设计构思研制、生产的全新产品，或在结构、材质、工艺等某一方面比原有产品有明显改进，从而显著提高了产品性能或扩大了使用功能的产品。既包括政府有关部门认定并在有效期内的新产品，也包括企业自行研制开发，未经政府有关部门认定，从投产之日起一年之内的新产品。用来反映科技产出及对经济增长的直接贡献。

专利　是专利权的简称，是对发明人的发明创造经审查合格后，由专利局依据专利法授予发明人和设计人对该项发明创造享有的专有权。包括发明、实用新型和外观设计。反映拥有自主知识产权的科技和设计成果情况。

发明（专利）　指对产品、方法或者其改进所提出的新的技术方案。是国际通行的反映拥有自主知识产权技术的核心指标。

实用新型（专利）　指对产品的形状、构造或者其结合所提出的适于实用的新的技术方案。反映具有一定技术含量的技术成果情况。

外观设计（专利）　指对产品的形状、图案、色彩或者其结合所作出的富有美感并适于工业上应用的新设计。反映拥有自主知识产权的外观设计成果情况。

Explanatory Notes on Main Statistical Indicators

Regular Institutions of Higher Learning refer to educational establishments set up according to the government evaluation and approval procedures, enrolling graduates from senior secondary schools and providing higher education courses and training for senior professionals. They include full-time universities, colleges, institutions of higher professional education, institutions of higher vocational education and others.

Universities and colleges primarily provide undergraduate courses; institutions of higher professional education and institutions of higher vocational education primarily provide professional trainings; and others refer to educational establishments, which are responsible for enrolling higher education students under the State Plan but not enumerated in the total number of schools, including: branch schools of universities and colleges, and universities and colleges that have been approved and under plan for construction.

Institutions of Higher Learning for Adults refer to educational establishments, set up in line with relevant rules approved by the government, enrolling staff and workers with senior secondary school or equivalent education, and providing higher education courses in many forms of correspondence, spare time, or full time for adults. Professionals thus trained receive a qualification equivalent to graduates studying regular courses at regular universities, colleges and professional colleges. Institutions of higher learning for adults include schools of higher education for staff and workers, schools of higher education for peasants, colleges for management cadres, pedagogical colleges, independent correspondence colleges, Radio and TV universities and other educational establishments. Other educational establishments have undertakings to enrol adult students but not enumerated in the schools under the State Plan.

Enrolment Rate of Primary School Age Children refers to the proportion of school age children enrolled at schools to the total number of school age children both in and outside schools (including retarded children, but excluding blind, deaf and mute children). The formula is:

$$\text{Enrolment Rate of Primary School-age Children} = \frac{\text{Total Primary School-age Children at Schools}}{\text{Total Primary School-age Children Whether or Not Attending School}} \times 100\%$$

Scientific and Technological Activities (S&T Activities) refer to organized activities which are closely related with the creation, development, dissemination and application of the scientific and technical knowledge in the fields of natural sciences, agricultural science, medical science, engineering and technological science, humanities and social sciences (referred to as scientific and technological fields). S&T activities can be classified into 3 categories: research and development (R&D) activities, application of R&D results, and related S&T services. This statistical definition is made by UNICHIEF for scientific and technological activities to meet the need of carrying out statistical work in this field for its member countries particularly the developing countries.

Personnel Engaged in S&T Activities refer to personnel directly engaged in S&T activities, in the management of S&T activities, and in providing direct service to S&T activities, with over 10% of the total working hours in a year spent on S&T activities. (1) Personnel directly engaged in S&T activities include researchers, engineers, technicians and other related personnel engaged in S&T activities in independent-accounting R&D institutions, institutions of higher learning, and in research institutes, laboratories, technology development centres and central experiment workshops under enterprises and institutions. Also included are people working in S&T research project teams, professional and technical personnel working in S&T information archiving institutes, and graduate students working on the design of their thesis. (2) Personnel engaged in the management of S&T activities and in providing direct service to S&T activities include senior management people responsible for S&T activities in independent-accounting R&D institutions, S&T information archiving institutes, institutions of higher learning and in enterprises and institutions where S&T activities are undertaken. Also included are people responsible for the planning, administration, personnel management, financial management, logistics supply, equipment maintenance, information and library management that are related with S&T activities. People providing indirect services are excluded, such as security, medical service, drivers, plumbers, cleaners and those providing catering and related service. This indicator reflects the size of personnel engaged in S&T activities.

Scientists and Engineers refer to persons engaged in S&T activities either having obtained titles of senior and middle level professional positions, or those without such positions but have completed university or higher education. This indicator reflects the quality of personnel engaged in S&T activities.

Research and Development (R&D) refers to systematic and creative activities in the field of science and technology aiming at increasing the knowledge and using the knowledge for new application. R&D includes 3 categories of activities: basic research, applied research and experimentation for development. The scale and intensity of R&D are widely used internationally to reflect the strength of S&T and the core competitiveness of a country in the world.

Basic Research refers to empirical or theoretical research aiming at obtaining new knowledge on the fundamental principles regarding phenomena or observable facts to reveal the intrinsic nature and underlying laws and to acquire new discoveries or new theories. Basic research takes no specific or designated application as the aim of the research. Results of basic research are mainly released or disseminated in the form of scientific papers or monographs. This indicator reflects the innovation capacity for original knowledge.

Applied Research refers to creative research aiming at obtaining new knowledge on a specific objective or target. Purpose of the applied research is to identify the possible uses of results from basic research, or to explore new (fundamental) methods or new approaches. Results of applied research are expressed in the form of scientific papers, monographs, fundamental models or invention patents. This indicator reflects the exploration of ways to apply the results of basic research.

Experiments and Development refer to systematic activities aiming at using the knowledge from basic and applied researches or from practical experience to develop new products, materials and equipment, to establish new production process, systems and services, or to make substantial improvement on the existing products, process or services. Results of experiment and development activities are embodied in patents, exclusive technology, and monotype of new products or equipment. In social sciences, experiment and development activities refer to the process of converting the knowledge from basic or applied researches into feasible programmes (including conduct of demonstration projects for assessment and evaluation). There are no experiment and development activities in the science of humanities. This indicator reflects the capability of transferring the results of S&T into technique and products, and measures the realization of S&T in spearheading the economic and social development.

R & D Personnel refer to persons engaged in research, management and supporting activities of R & D, including persons in the project teams, persons engaged in the management of S&T activities of enterprises and supporting staff providing direct service to the research projects. This indicator reflects the size of personnel engaged in R&D activities with independent intellectual property.

Full-time Equivalent of R&D Personnel refers to the sum of the full-time persons and the full-time equivalent of part-time persons converted by workload. For instance, if there are 2 full-time persons and 3 part-time workers (20%, 30% and 70% of working hours respectively on R&D activities), the full-time equivalent are 2+0.2+0.3+0.7=3.2 person-years. This is an internationally comparable indicator of S&T manpower input.

Professional and Technical Personnel refer to persons engaged in professional and technical work or in the management of professional and technical activities, i.e., people with professional or technical positions who are engaged in professional and technical work or in the management of professional and technical activities, and people without professional or technical positions but are working on professional or technical posts. They include professionals and technicians working in 17 categories of technical occupations including engineering, agriculture, scientific researches, medical service, teaching, economic research and application, accounting, statistics, translation, libraries, archives, cultural and museum service, journalism and publication, lawyers, notarization service, radio and television broadcasting, handicraft and fine arts, sports, performing art, and political workers in enterprises. This indicator reflects the condition of human resources in S&T.

Funding for S&T Activities refers to funds obtained from various sources for S&T activities, including government funds, self-raised funds by enterprises, self-raised funds by institutions, loans from financial institutions, foreign funds and other funds. This indicator reflects the efforts made by various social economic entities in promoting the development of S&T.

Government Funds refer to funds obtained from government agencies at all levels to be used for S&T activities, including fund for scientific undertakings, 3 kinds of fund for S&T activities, fund for capital construction for scientific researches, science fund, funds from education expenditures by education departments for S&T activities, and extra-budget fund from government agencies for S&T activities.

Funds of Enterprises refers to funds of enterprises from their own budget; funds from other enterprises; or funds received by universities or research institutions from enterprises for scientific research or technical development projects. Excluded from this category are funds from government agencies, financial institutions or from foreign institutions.

Loans from Financial Institutions refer to loans from various financial institutions for S&T activities.

Internal Expenditure on S&T activities refer to the actual expenditure on S&T activities during the reference year, including service fees, expenditure on research activities, expenditure on research management, purchase or construction of fixed assets not included in the investment for capital construction, expenditure on capital construction for scientific researches, and other expenditure on S&T activities. Not included are expenditure on production activities, repayment of loans and transfer expenditure. This indicator reflects the net investment in S&T more accurately.

Service Fees refer to direct or indirect payment, in cash or in kind, made to personnel engaged in S&T activities as remuneration and other fees. They include, in various forms, salaries, subsidies, bonus, benefits, retirement pension, stipend, etc. This indicator reflects the improvement of the remuneration package for S&T personnel.

Purchase or Construction of Fixed Assets refers to the fixed assets purchased or constructed using funds other than the investment in capital construction, and the actual expenditure on capital construction for scientific researches. In other words, it is the sum of the actual expenditure on fixed assets and the accomplished investment in capital construction for scientific researches. Fixed assets refer to main materials and equipment, literatures and documents in libraries, materials for experiments, specimen, instruments, furniture, buildings and constructions that can be used for a long time without changing the form and shape of those articles or constructions. This indicator reflects the input in improving the condition of S&T and the means of scientific research.

New Products refer to brand new products produced with new technology and new design, or products that represent noticeable improvement in terms of structure, material, or production process for improving significantly the character or function of the older versions. They include new products certified by relevant government agencies within the period of certification, as well as new products designed and produced by enterprises within a year without certification by government agencies. This indicator reflects the direct contribution of S&T output to economic growth.

Patent is an abbreviation for the patent right and refers to the exclusive right of ownership by the inventors or designers for the creation or inventions, given from the patent offices after due process of assessment and approval in accordance with the Patent Law. Patents are granted for inventions, utility models and designs. This indicator reflects the achievements of S&T and design with independent intellectual property.

Patented Inventions refer to new technical proposals to the products or methods or their modifications. This is universal core indicator reflecting the technologies with independent intellectual property.

Patented Utility Models refer to the practical and new technical proposals on the shape and structure of the product or the combination of both. This indicator reflects the condition of technological results with certain technical content.

Designs refer to the aesthetics and industrially applicable new designs for the shape, pattern and colour of the product, or their combinations. This indicator reflects the appearance design achievements with independent intellectual property.

第十八篇　文化、体育、卫生和其他社会活动

CHAPTER 18 CULTURE, SPORTS, PUBLIC HEALTH AND OTHER SOCIAL ACTIVITIES

18-1 文化事业机构数、从业人员数

NUMBER OF INSTITUTIONS AND PERSONNEL IN CULTURE

项　目	Year	总　计 Total	艺术业 Art Institutions	图书馆业 Public Libraries	群众文化服务业 Mass Culture	艺　术教育业 Culture and Education	其他文化事　业 Other Culture Units
机构数(个)	**Number of Institutions　(unit)**						
	1980	1519	222	83	1201	3	10
	1985	1639	197	90	1338	5	9
	1990	1686	172	96	1391	4	23
	1995	1711	141	96	1417	7	50
	2000	1496	158	97	1201	10	30
	2001	1361	153	97	946	9	156
	2002	1458	157	97	1037	9	158
	2003	1491	153	97	1081	9	151
	2004	1419	146	96	1018	9	150
	2005	1408	141	96	1015	8	148
	2006	1401	142	96	1000	8	155
	2007	1521	138	98	1033	8	244
	2008	1630	142	101	1141	8	238
	2009	1804	139	100	1227	7	331
	2010	2338	138	107	1654	7	432
从业人员数(人)	**Number of Personnel　(person)**						
	1980	15089	10348	894	3425	240	182
	1985	14090	8664	1335	3550	328	213
	1990	13825	7255	1819	3811	354	586
	1995	13370	6547	2014	3561	314	934
	2000	12344	6522	1846	3167	338	471
	2001	11423	5683	1565	2621	365	1189
	2002	12768	6200	1751	3070	378	1369
	2003	12700	6196	1706	3068	347	1383
	2004	12304	6147	1664	2767	360	1366
	2005	12574	6129	1669	2947	342	1487
	2006	12704	6067	1803	2978	362	1494
	2007	14297	5997	1800	2538	354	3608
	2008	14022	5829	1819	2754	359	3261
	2009	14517	5602	1806	3387	339	3383
	2010	16245	5571	1846	4324	330	4174

18-2 艺术表演团体演出场次

NUMBER OF PERFORMANCE OF ART TROUPES

项　目	Item	国内演出场次（千场）Number of Performance (1000 shows)		#到农村演出 Shows in Rural Areas		国内演出观众人次(千人次) Audience of Domestic Performance (1000 person-times)	
		2009	2010	2009	2010	2009	2010
总　计	**Total**	**9**	**8**	**4**	**3**	**9329**	**8138**
#国有剧团	#Troupes Sponsored by State-owned Units	9	8	4	3	9329	8138
按剧种分	**Grouped by Art Troupes**						
话剧、儿童剧、滑稽剧	Drama, Plays for Children and Comedy Troupes	1	1			1027	599
歌剧、舞剧、歌舞剧团	Song and Dance Drama Troupes					220	182
歌舞团、轻音乐团	Song and Dance, Light Music Troupes	1	1			675	597
文工团、宣传队、乌兰牧骑	Cultural and Performance Troupes and Ulanmuchi (equestrian art troupes)	1	1	1	1	2249	1954
戏曲剧团	Local Opera Troupes	3	2	1	1	3298	2942
#京　剧	#Local Beijing Opera Troupes	1	1			1176	630
曲艺、杂技、木偶、皮影剧团	Recitation and Ballad Troupes, Acrobatics and Circus Troupes, Puppet Show Troupes, and Shadow Play Troupes					375	356
综合性艺术表演团体	General Art Performing Troupes	2	1	1	1	1485	1508

18-3 群众艺术馆、文化馆(站)综合情况

BASIC STATISTICS ON NATIONAL MASS ART CENTERS AND CULTURAL CENTERS (STATIONS)

指　标	Item	2005	2006	2007	2008	2009	2010
机构数（个）	Number of Institutions (unit)	1015	1000	1033	1141	1227	1654
从业人员（人）	Number of Staff and Works (person)	2947	2978	2538	2754	3387	4324
组织各类理论研讨和讲座次数（次）	Number of Theoretical Lectures (times)	527	694	729	203	280	233
举办展览（个）	Number of Exhibitions (unit)	1887	2138	1788	1989	2408	2988
组织文艺活动（次）	Art Performances and Story-Telling Sessions (times)	7720	10181	10825	10486	14454	17351
举办业余文艺训练班（次）	Number of Training Courses (times)	3546	4279	5487	5524	6586	6129
藏书(千册)	Books Collected (1000 copies)	1240	1570	1900	2190	2350	3027
本年收入合计(万元)	Revenue this Year (10000 yuan)	6584	7967	11416	11009	15394	18876
本年支出合计(万元)	Expenditure this Year (10000 yuan)	6485	7767	11680	10860	15076	17356
#基本支出	#Basic Expenditures	4662	6133	8064	9753	12071	14105
群众艺术馆、文化馆负责指导的单位（个）	Units Responsible for Guiding Mass Art Centers and Culture Centers (unit)						
馆办文艺团体	Art Performance Troupes Run by Centers	224	270	304	351	331	257
馆办老年大学	Aging College Run by Centers			28	16	31	25
农村集镇文化中心	Rural Township Cultural Centers	661	725	650	689		
文化户	Households Specializing in Cultural Activities	5502	8505	8585	9958		
群众业余演出团(队)	Part-time Art Groups	1002	1535	1194	1292	5016	5695

18-4 博物馆、文物机构业务活动

FACILITIES AND SERVICES OF MUSEUMS AND CULTURAL RELIC AGENCIES

项　目	Item	博物馆 Museums		文物机构 Cultural Relic Agencies		#文物保护管理机构 Protection and Management Agencies	
		2009	2010	2009	2010	2009	2010
机构数(个)	Number of Institutions (unit)	71	76	102	103	92	92
职工人数(人)	Number of Staff and Works (person)	1206	1245	446	458	363	373
藏品(件)	Number of Collections (piece)	183443	192158	25291	26719	21755	19696
#一级品	#Grade One	379	379	42	41	40	39
参观人次(万人次)	Number of Visitors (10000 person-times)	658.7	716.3	74.7	44.4	74.7	44.4
经费支出(万元)	Total Expenditures (10000 yuan)	13209.7	14243.1	3720.9	3454.0	3013.1	2505.9
增加值(万元)	Value Added (10000 yuan)	7828.1	7894.6	2055.8	2421.3	1497.4	1733.4

18-5 公共图书馆情况

STATISTICS ON PUBLIC LIBRARY

项　目	Item	总　计 Total		#省　级 Province Level		#县　级 County Level	
		2009	2010	2009	2010	2009	2010
机构数(个)	Number of Institutions (unit)	100	107	1	1	87	94
从业人员(人)	Number of Staff and Works (person)	1806	1846	211	211	944	989
总藏量(千册)	Total Collections (1000 copies)	15716	16439	2928	3057	4604	4923
#图书	#Books	12702	13378	2371	2434	4091	4380
#本年新购藏量	#Purchased the Year	602	708	152	129	139	244
书架单层总长度(千米)	Total Length of Bookshelves (1000 m)	216	216	40	40	79	78
累计发放有效借书证数(千个)	Number of Library Cards Distributed (1000 units)	451	764	105	143	111	119
总流通人次(千人次)	Total Number of Circulation (1000 person-times)	6166	6219	1230	1337	2626	2555
#书刊外借人次	#Number of Personnel Borrowed by the Readers	2350	2419	290	316	1199	1349
为读者举办各种活动	Service Activities Provided for Readers		1179	124	151	645	649
次数(次)	Number of Activities (times)						
参加人次(万人次)	Number of Readers Involved (10000 person-times)		54	6	11	31	21
总支出(万元)	Total Expenditures (10000 yuan)	12551	13500	3032	2786	4533	5078
公用房屋建筑面积(万平方米)	Floor Space of Public Buildings (10000 sq.m)	23.8	24.9	3.4	3.4	9.5	10.6
#书　库	#Stack Rooms	5.0	4.9	0.3	0.3	2.2	2.1
阅览室	Reading Rooms	6.2	6.5	1.0	1.0	2.8	3.1
阅览室座位数(万个)	Seating Capacity of Reading Rooms (10000 seats)	1.7	1.8	0.2	0.2	1.0	1.1
增加值(万元)	Value Added (10000 yuan)	9967	10643	2417	2385	3471	3881

18-6 广播电视事业发展情况

BASIC STATISTICS ON RADIO AND TELEVISION STATIONS

指　标	Item	2008	2009	2010
广播	**Radio**			
广播电台(座)	Number of Broadcasting Stations (set)	14	14	14
广播节目综合人口覆盖率(%)	Radio Coverage of Population (%)	98.6	98.6	98.6
公共广播节目套数(套)	Number of Public Radio Programs (set)	94	93	94
全年制作广播节目时间(小时)	Length of Radio Programs Produced (hour)	157200	161925	170420
全年公共广播节目播出时间(小时)	Length of Public Radio Programs Broadcasted (hour)	401577	407750	419096
电视	**Television**			
电视台(座)	Number of Television Stations (set)	14	14	15
电视节目综合人口覆盖率(%)	TV Coverage of Population (%)	98.8	98.8	98.8
全省有线广播电视用户数(万户)	Number of Users of Cable Radio and TV (10000 households)	446.1	498.4	509.9
#农村	#Rural	172.0	196.4	202.7
数字电视用户数	Number of Users of Digital TV	54.3	139.2	219.5
有线广播电视入户率(%)	Popularization Rate of Cable Radio and TV (%)	35.6	39.8	41.9
#农村	#Rural	30.0	34.2	36.4
公共电视节目套数(套)	Number of Public TV Programs (set)	125	124	124
全年制作电视节目时间(小时)	Length of TV Programs Produced (hour)	73333	72778	81482
全年公共电视节目播出时间(小时)	Length of Public TV Programs Broadcasted (hour)	634944	643399	661129
全年电视剧播出数(部)	Number of TV Plays Broadcasted (set)	4695	4094	4303
全年电视剧播出数(集)	Number of TV Plays Broadcasted (part)	132756	109239	112131
#进口电视剧播出数(部)	#Imported TV Plays (set)	305	213	70
进口电视剧播出数(集)	Imported TV Plays (part)	7297	4970	2384
全年动画电视播出数(部)	Number of Cartoons Broadcasted (set)	157	118	299
全年动画电视播出数(集)	Number of Cartoons Broadcasted (part)	7705	4823	13189
#进口动画电视播出数(部)	#Imported Cartoons (set)	37	31	42
进口动画电视播出数(集)	Imported Cartoons (part)	1208	705	2690
广播电视技术及其他	**TV Technology and Others**			
广播电视总收入(亿元)	Revenue of Radio and TV (100 million yuan)	29.4	35.2	39.0
广播电视从业人员数(人)	Staff and Workers of Radio and TV (person)	23186	24185	25777
中、短波转播发射台(座)	Transmission and Relaying Stations of Medium and Short Wave Broadcast (unit)	42	42	42
发射功率(千瓦)	Power of Transmitters (kw)	1503	1583	1733
调频转播发射台(座)	Relaying Stations of Frequency Modulation Broadcasting (unit)	156	150	145
发射功率(千瓦)	Power of Transmitters (kw)	344.2	331.5	417.9
电视转播发射台(座)	TV Transmission and Relaying Stations (unit)	265	254	240
发射功率(千瓦)	Power of Transmitters (kw)	558.3	509.0	539.8
有线广播电视传输干线网络总长(万公里)	Length of Transmission Trunk for Cable Radio and TV (10000 km)	14.7	14.9	15.9

18–7 广播电视节目制作情况 (2010年)

BASIC STATISTICS ON RADIO AND TELEVISION PROGRAMS PRODUCED (2010)

单位：小时 (hour)

项目	Item	总计 Total	省级 Province Level	地市级 City Level	县、区级 County Level
广播节目制作	**Production of Radio Programs**	**170420**	**44767**	**103674**	**21979**
新闻	News Programs	33289	5280	20363	7646
专题	Special Subject Programs	46606	13850	26728	6028
综艺	General Entertainment Programs	37110	3587	28536	4987
广播剧	Radio Play Programs	832	214	598	20
广告	Advertising Programs	38090	18462	18599	1029
其他	Others	14493	3374	8850	2269
电视节目制作	**Production of TV Programs**	**81482**	**15865**	**37888**	**27729**
新闻	News Programs	19790	2353	8374	9063
专题	Special Subject Programs	15303	3364	6741	5198
综艺	General Entertainment Programs	14121	4647	3766	5708
影视剧	TV Play Programs	1901	1901		
广告	Advertising Programs	17744	788	11414	5542
其他	Others	12623	2812	7593	2218

18–8 广播、电视节目播出情况 (2010年)

BASIC STATISTICS ON RADIO AND TELEVISION PROGRAMS BROADCASTING (2010)

单位：小时 (hour)

项目	Item	总计 Total	省级 Province Level	地市级 City Level	县、区级 County Level
广播	**Radio Broadcasting**				
公共节目套数（套）	Number of Public Programs (set)	94	7	27	60
平均每日播出时间	Broadcasting Hours per Day	1148	148	487	512
新闻资讯	News Programs	242	16	83	144
专题服务	Special Subject Programs	255	42	120	93
综艺益智	General Entertainment Programs	272	12	126	134
广播剧	Radio Play Programs	33	3	15	14
广告	Advertising Programs	138	63	69	6
其他	Others	208	13	74	121
电视	**Television Broadcasting**				
公共节目套数（套）	Number of Public Programs (set)	124	7	32	85
平均每周播出时间	Broadcasting Hours per Day	12714	1144	3733	7837
新闻资讯	News Programs	1397	77	378	941
专题服务	Special Subject Programs	1105	135	358	611
综艺益智	General Entertainment Programs	1072	215	242	615
影视剧	TV Play Programs	4996	463	1714	2819
广告	Advertising Programs	1242	136	656	450
其他	Others	2904	118	385	2401

18-9 出版、发行事业机构和人员数

NUMBER OF INSTITUTIONS AND PERSONNEL ENGAGED IN NEWS AND PUBLISHING UNDERTAKINGS

指　标	Item	2005	2006	2007	2008	2009	2010
机构数（个）	**Number of Institutions (unit)**	**634**	**649**	**656**	**647**	**667**	**667**
出版单位	Publishing Units	403	419	422	422	423	422
书刊印刷厂	Printing Houses	137	137	141	132	146	146
新华书店	Book Stores	94	93	93	93	98	99
人员数（人）	**Number of Personnel (person)**	**26148**	**26170**	**26222**	**30362**	**23558**	**23759**
出版单位	Publishing Units	10020	11828	12664	18248	12565	12369
书刊印刷厂	Printing Houses	10608	9964	9249	8035	6941	7314
新华书店	Book Stores	5520	4378	4309	4079	4052	4076

18-10 图书、期刊和报纸出版情况

NUMBER OF BOOKS, MAGAZINES AND NEWSPAPER PUBLISHED

年　份 Year	出版数量（种） Number of Publications (kind)			印刷数量（万册、万份） Printed Copies (10000 copies)			总印张数（万印张） Printed Sheets (10000 sheets)		
	图　书 Books	期　刊 Magazines	报　纸 Newspaper	图　书 Books	期　刊 Magazines	报　纸 Newspaper	图　书 Books	期　刊 Magazines	报　纸 Newspaper
1978	269	24	3	10512	1361	13797	33915	3325	12789
1980	246	59	9	11108	2151	15324	50301	6161	13463
1985	855	88	28	16513	2795	49649	62240	8143	31764
1990	1176	184	58	12342	5302	56480	46750	14390	37577
1995	1868	311	86	11342	6718	69115	53136	19103	72446
2000	2070	319	75	9944	7919	73571	49187	24908	119448
2001	2281	322	76	9779	7391	69783	58022	24030	114053
2002	2258	323	76	8747	6459	74244	56561	23116	141986
2003	2098	323	76	7865	5615	73639	50934	21291	143870
2004	2828	312	76	7704	4331	74339	50388	21703	159947
2005	2930	315	76	5938	3503	71410	45850	14985	261470
2006	2667	307	95	5520	3870	89458	48814	18045	267697
2007	3099	309	95	5285	4996	78166	39911	23662	290481
2008	3182	313	91	5167	5092	72667	43260	25191	238501
2009	3408	314	90	6114	5210	75726	44384	26235	229434
2010	3515	314	70	7420	5253	78219	55880	26568	256544

18-11 体育系统从业人员情况 (2010年)

STATISTICS ON STAFF AND WORKERS IN PHYSICAL EDUCATION SYSTEM (2010)

单位：人　　(person)

项　目	Item	总　计 Total	公务员 Civil Servants	教练员 Coaches	运动员 Athletes	科研人员 Scientific and Technical Personnel
总　计	**Total**	**4347**	**487**	**1010**	**482**	**85**
体育行政机关	Administrative Agencies of Physical Culture and Sports	915	484	136		2
运动项目管理部门	Sports Events Management	1147		192	482	17
本科院校	Colleges					
职业、运动技术学院	Sports Technical Institutes					
体育运动学校	Physical Education and Sports Schools	427		111		7
竞技体校	Competitive Sports School	32		16		
少儿体育运动学校	Spare-time Sports School	964	3	531		11
单项运动学校	Physical Education and Sports Schools					
训练基地	Training Bases	149		14		
体育场馆	Stadium and Gymnasium	352		5		
科研所	Science and Technology Institute	58				48
其他事业单位	Other Institutions	303		5		
其他	Others					

18-11 续表　CONTINUED

单位：人　　(person)

项　目	Item	医务人员 Medical Personnel	文化教师 Teachers	管理人员 Administrative Personnel	工勤人员 Logistics Workers	其他 Others
总　计	**Total**	**48**	**138**	**1152**	**672**	**283**
体育行政机关	Administrative Agencies of Physical Culture and Sports			181	49	63
运动项目管理部门	Sports Events Management	36		247	113	60
本科院校	Colleges					
职业、运动技术学院	Sports Technical Institutes					
体育运动学校	Physical Education and Sports Schools	9	93	122	74	11
竞技体校	Competitive Sports School	1		4	11	
少儿体育运动学校	Spare-time Sports School	2	44	231	100	52
单项运动学校	Physical Education and Sports Schools					
训练基地	Training Bases			42	68	25
体育场馆	Stadium and Gymnasium			156	176	15
科研所	Science and Technology Institute			9	1	
其他事业单位	Other Institutions		1	160	80	57
其他	Others					

18-12 体育事业发展情况

DEVELOPMENT OF SPORTS

指　标	Item	2006	2007	2008	2009	2010
举办运动竞赛会（次）	Number of Sports Meets (times)	147	178	102	112	112
参加运动会人数（万人）	Number of Participants (10000 persons)	8.5	9.0	7.0	8.2	8.2
运动员教练员裁判员人数（人）	**Number of Coaches and Referees (person)**					
等级运动员	Number of Athletes in Grades	947	1580	1662	1125	1548
等级教练员	Number of Coaches in Grades	1099	1012	202	62	30
等级裁判员	Number of Referees in Grades	1171	2057	1324	1153	425
优秀运动员	Excellent Athletes	755	965	955	1031	482

18-13 卫生机构基本情况

BASIC CONDITIONS OF HEALTH INSTITUTIONS

年 份 Year	卫生机构数（个） Number of Health Institutions (unit)	床位数（张） Number of Beds (unit)	人员数（人） Number of Personnel (person)	#卫生技术人员 Medical Technical Personnel	万人拥有卫生机构床位（张） Number of Health Institutions Beds per 10000 Persons (unit)	万人拥有卫生技术人员（人） Number of Medical Technical Personnel per 10000 Persons (person)
1980	8685	104022	175286	133527	32.5	41.7
1985	8794	107527	201065	151337	32.0	45.1
1990	8945	122328	227003	172821	34.5	48.8
1991	8878	124949	232614	178220	35.0	49.9
1992	8853	127164	237985	182368	35.2	50.5
1993	7702	127896	236793	179536	35.1	49.3
1994	7714	128390	235334	179362	35.0	48.8
1995	7637	126466	234074	178842	34.2	48.3
1996	7065	121441	230843	177663	32.6	47.7
1997	7676	121263	231589	178483	32.3	47.6
1998	7620	120470	226719	174980	31.9	46.4
1999	7653	120211	226532	176100	31.7	46.4
2000	8038	120454	222746	171252	31.6	45.0
2001	7944	118037	219624	169865	31.0	44.6
2002	8755	119547	198462	154660	31.4	40.6
2003	8469	115930	192858	149964	30.4	39.3
2004	8230	119645	190563	149274	31.4	39.1
2005	8326	119833	191172	150657	31.4	39.5
2006	8181	123308	191945	151916	32.3	39.8
2007	8464	126058	200346	158726	33.0	41.6
2008	7928	136315	203502	161927	35.6	42.3
2009	8678	146568	215412	172118	38.3	45.0
2010	8938	159957	233900	188612	41.8	49.3

18-14 卫生机构各类人员 (2010年)

EMPLOYED PERSONS IN HEALTH CARE INSTITUTIONS BY TYPE OF OCCUPATION (2010)

单位：人　　　　(person)

类 别	Category	总计 Total	医院 Hospitals	卫生院 Health Centers	疾病预防控制中心 Diseases Prevent and control Centers	其他卫生机构 Other Institutes
总 计	**Total**	**233900**	**153958**	**24455**	**7148**	**48339**
卫生技术人员	**Medical Technical Personnel**	**188612**	**122477**	**20156**	**5467**	**40512**
执业医师	Doctors on Certified Doctors	66417	43443	5416	2077	15481
执业助理医师	Assistant Doctors on Guard	10562	4067	3235	460	2800
注册护士	Registered Nurses	62617	48160	3645	289	10523
药剂人员	Pharmacists of Chinese Medicine Personnel	11089	7307	1478	96	2208
检验人员	Laboratory Technicians Personnel	7863	4862	579	964	1458
其 他	Others	30064	14638	5803	1581	8042
其他人员	**Other Personnel**	**45288**	**31481**	**4299**	**1681**	**7827**
其他技术人员	Other Technical Personnel	8794	5523	909	506	1856
管理人员	Managerial Personnel	15156	10490	1376	541	2749
工勤人员	Logistics Works	21338	15468	2014	634	3222
平均每万人拥有卫生技术人员	**Number of Medical Technical Personnel per 10000 Population**	**49.3**	**32.0**	**5.3**	**1.4**	**10.6**

18-15 卫生机构、床位、人员数 (2010年)

NUMBERS OF HEALTH INSTITUTIONS, BEDS AND EMPLOYED PERSONS (2010)

机构名称	Name of Institutions	机构数（个）Number of Institutions (unit)	床位数（张）Number of Beds (unit)	人员数（人）Number of Personnel (person)	#卫生技术人员 Medical Technical Personnel
总计	**Total**	**8938**	**159957**	**233900**	**188612**
医院	Hospitals	917	123928	153958	122477
综合医院	General Hospitals	650	92501	118167	95021
中医院	Hospitals Specialized in Traditional	120	13888	19588	15475
中西医结合医院	Hospitals Combining Chinese and Western Medicine	7	597	613	502
民族医院	National Hospitals	5	227	265	180
专科医院	Specialized Hospitals	135	16715	15325	11299
口腔医院	Hospitals of Mouth Cavity Diseases Care	17	188	674	534
眼科医院	Hospitals for Eye Care	4	254	374	256
耳鼻喉科医院	Hospitals for Ear,Nose and Throat Care	2	273	338	236
肿瘤医院	Tumor Hospitals	3	2703	2369	1781
心血管医院	Hospitals for Vas of Heart	3	465	707	582
胸科医院	Hospitals for Chest	1	534	415	312
妇产(科)医院	Hospitals of Maternity	15	894	1695	1247
儿童医院	Hospitals of Children	2	696	955	815
精神病医院	Mental hospitals	21	5558	3352	2328
传染病医院	Hospitals for Infectious Diseases	12	2216	2137	1522
结核病医院	Hospitals for Tuberculosis	1	496	295	204
骨科医院	Orthopedics Hospitals	5	304	257	210
康复医院	Rehabilitation Hospitals	11	990	683	491
其他专科医院	Other Specialized Hospitals	38	1144	1074	781
疗养院	Sanatoriums	4	2649	748	421
县（区）社区卫生服务站	Sanitation and Service Agencies of Community of County	1041	8629	17246	14593
卫生院	Health Cares	967	18486	24455	20156
县（区）卫生所、医务室	Institutions of Sanitation of County	1782		4095	3902
门诊部	Clinics	118	309	1517	1260
县（区）诊所	Cliniques of County	3418		8001	7523
急救中心	First-aid Centers	13	4	511	261
采供血机构	Institutions of Pick and Supply Blood	26		946	660
妇幼保健院(所、站)	Maternity and Child Care Centers	147	3009	6496	5331
专科疾病防治院(所、站)	Specialized Disease Prevention and Treatment Institutes	110	2943	4359	3222
疾病预防控制中心	Center for Diseases control and Prevention	188		7148	5467
卫生监督所	Medical Supervise Institutions	154		3316	2643
卫生监督检验所(站)	Medical Supervise and Test Institutions				
医学科学研究机构	Research Institutes of Medical Sciences	12		371	278
医学在职培训机构	Medical Institutions of In-service Education	9		254	78
健康教育所(站、中心)	Health Education Centers				
其他卫生机构	Other Medical Institutions	32		479	340

18-16 各地区卫生事业基本情况(2010年)

BASIC STATISTICS ON PUBLIC HEALTH BY CITY(2010)

地 区	Region	卫生机构数（个） Number of Health Institutions (unit)	#医院、卫生院 Hospital & Health Centers	#疗养院、所 Sanatoriums	#门诊部 Clinics	#疾病控制中心 Sanitation and Antiepidemic Agencies	#妇幼保健院(所、站) Maternity and Child Care Centers	#医学科学研究机构 Research Institutes of Medical Sciences
全 省	**Total**	**8938**	**1884**	**4**	**118**	**188**	**147**	**12**
哈尔滨	harbin	1697	448		54	22	20	6
齐齐哈尔	Qiqihar	780	229	1	4	18	16	
鸡 西	Jixi	589	123			10	11	
鹤 岗	Hegang	651	70		19	18	13	
双鸭山	Shuangyashan	751	86		2	17	12	1
大 庆	Daqing	777	144		6	10	9	
伊 春	Yichun	721	56		13	22	14	
佳木斯	Jiamusi	662	161		10	22	18	3
七台河	Qitaihe	183	44			5	4	
牡丹江	Mudanjiang	770	121	1		15	8	2
黑 河	Heihe	414	124	1	1	7	7	
绥 化	Suihua	653	224	1		11	10	
大兴安岭	Daxinganling	290	54		9	11	5	
农垦总局	ARB							

18-16 续表 CONTINUED

地 区	Region	卫生机构床位数（张） Number of Beds in Health Institutions (unit)	#医院、卫生院 Hospital & Health Centers	卫生机构人员数（人） Number of Persons in Health Institutions (person)	卫生技术人员数（人） Medical Technical Personnel (person)	#执业（助理）医师 Assistant Doctors on Guard	#注册护士 Registered Nurses
全 省	**Total**	**159957**	**142414**	**233900**	**188612**	**76979**	**62617**
哈尔滨	harbin	51184	46699	71643	57254	21527	20061
齐齐哈尔	Qiqihar	18522	16465	25432	20126	8154	6691
鸡 西	Jixi	9073	8191	12491	10502	4324	3826
鹤 岗	Hegang	6462	6133	9432	7338	3092	2555
双鸭山	Shuangyashan	7352	6298	9871	8099	3330	2726
大 庆	Daqing	13784	12405	22881	18568	8798	6027
伊 春	Yichun	5756	5112	8530	6898	2911	2161
佳木斯	Jiamusi	10224	8699	15919	12632	5087	4329
七台河	Qitaihe	3587	3166	4802	3825	1553	1309
牡丹江	Mudanjiang	12458	11442	19151	16220	6210	5561
黑 河	Heihe	7044	5660	9597	7646	3367	2414
绥 化	Suihua	11977	9950	19816	15998	7237	3699
大兴安岭	Daxinganling	2534	2194	4335	3506	1389	1258
农垦总局	ARB						

18-17 医疗机构运营情况 (2010年)

OPERATION OF MEDICAL INSTITUTIONS (2010)

指　标	Item	合计 Total	医院 Hospitals	卫生院 Health Centers	门诊部 Clinics	妇幼保健院 Maternity and Child Care Centers	专科疾病防治院 Specialized Disease Prevention &Treatment Institutes
门诊服务	**Service of Clinics**						
诊疗人次（万人次）	Total Number of Patients Treated (10000 person-times)	7426.0	4508.4	1059.8	52.3	176.5	57.7
#门　诊	#Clinics Patients	6744.7	4119.3	950.3	50.9	166.0	56.6
急　诊	Emergency Patients	361.0	282.1	41.0	0.8	3.6	0.2
住院服务	**Service of Clinics**						
入院人数（万人）	Hospital Admissions (10000 patients)	372.4	273.4	73.6		10.0	3.2
住院病人手术人次（万人）	Number of Operation of Patients (10000 patients)	87.3	82.3			4.7	0.3
住院危重病人抢救人次（人次）	Number of Severe Patients in First-aid (person-times)	138321	137041			708	561
#抢救成功人次	#Succeed Number of Severe Patients in First-aid	119983	118865			676	432
住院危重病人抢救成功率（%）	Succeed Rate of Severe Patients in First-aid (%)	86.7	86.7			95.5	77.0
住院病人治愈率（%）	Recovery Rate of Patients (%)	57.0	47.4	84.8	94.0	94.4	24.4
住院病人好转率（%）	Mend Rate of Patients (%)	39.8	48.5	14.5	6.0	5.1	71.5
每百门、急诊的入院人数（人）	Hospital Admissions per 100 Out-patient and Emergency Patient (person)	5.8	6.2	7.4		5.9	5.7
床位利用	**Utilization of Hospital Beds**						
平均床位周转率（次）	Average Turnover of Beds (times)	24.4	22.7	42.7	0.3	34.6	11.3
平均床位工作日（日）	Number of Days per Bed in Use in a Year (days)	264.3	278.9	208.9	11.2	190.2	315.4
床位使用率（%）	Utilization Rate of Beds (%)	72.4	76.4	57.2	3.1	52.1	86.4
出院者平均住院日(日)	Average Hospitalization Period (days)	10.1	11.8	4.3	16.2	5.2	24.1

18-18 享受补助、救济人员情况

PERSONS RECEIVING SUBSIDIES OR RELIEF FUNDS

单位：万人　　　　(10000 persons)

项　目	Item	2006	2007	2008	2009	2010
城乡居民最低生活保障人数	**Number of Persons Receiving Minimum Living Allowance in Urban Area and Rural Area**	**218.3**	**234.4**	**246.0**	**258.4**	**263.9**
城镇居民最低生活保障人数	Number of Persons Receiving Minimum Living Allowance in Urban Area	145.3	145.9	152.5	154.5	151.2
农村居民最低生活保障人数	Number of Persons Receiving Minimum Living Allowance in Rural Area	73.0	88.5	93.5	103.9	112.7
传统救济情况	**Traditional Relief**					
农村五保供养人数	Number of Persons in Rural Aears Receiving Livelihood Guaranteed in Five Aspects	12.2	10.0	10.5	10.5	14.4

18-19 社会福利事业、企业单位和工作人员数

NUMBER OF SOCIAL WELFARE INSTITUTIONS AND ENTERPRISES AND PERSONS ENGAGED

项　目	Item	机构数（个） Number of Institutions or Enterprises (unit)			工作人员（人） Number of Persons Engaged (person)		
		2008	2009	2010	2008	2009	2010
总　计	**Total**	**1673**	**1711**	**1551**	**32912**	**33158**	**34032**
社会福利事业单位	Social Welfare Institutions	724	787	755	6802	7470	7518
社会福利企业单位	Social Welfare Enterprises	722	690	609	22214	21902	23260
收容遣送站	Collecting and Repatriation Units	83	83	84	785	761	725
殡葬事业单位	Funeral and Interment Institutions	144	151	103	3111	3025	2529

18-20 社会福利事业单位基本情况 (2010年)

BASIC STATISTICS ON SOCIAL WELFARE INSTITUTIONS (2010)

项　目	Item	单位数（个） Number of Institutions or Enterprises(unit)	工作人员（人） Number of Persons Engaged (person)	床位数（张） Number of Beds (unit)	年末收养人数（人） Number of Persons Housed (year-end) (person)
总　计	**Total**	**755**	**7518**	**73969**	
优抚安置单位	Institutions for Aftercare and Martyrs	92	716	1037	147854
收养性单位	Adopting Institutions	663	6802	72932	62139
#光荣院	#Homes for Disabled Veterans	23	229	1599	1149
社会福利院	Social Welfare Homes	26	981	7083	5789

注：优抚安置单位的年末收养人数为全年接待人次数。
Note:The number of persons housed in the table of Institutions for Aftercare and Martyrs is the

18-21 社会福利企业基本情况

BASIC STATISTICS ON SOCIAL WELFARE ENTERPRISES

年　份 Year	民政部门办 Managed by Civil Affairs Departments			社会办 Managed by Society		
	单位（个） Number of Units (unit)	职工（人） Number of Staff and Workers (person)	#残疾职工 Disabled Persons	单位（个） Number of Units (unit)	职工（人） Number of Staff and Workers (person)	#残疾职工 Disabled Persons
1990	286	12681	5323	1075	25464	11558
1995	463	16320	6749	1263	30492	13876
2000	1000	27631	13023	87	1105	706
2001	1049	23623	10486	40	705	355
2002	1159	25454	11546	72	1593	749
2003	959	22609	10851	142	3014	1480
2004	1038	25603	12276	159	3420	1656
2005	873	30994	10591	133	3945	1931
2006	791	18142	9725	159	3918	1826
2007	654	22780	9200	136	3518	1824
2008	612	18262	9214	110	3952	1699
2009	568	17837	8433	122	4065	2438
2010	517	18652	8169	92	4608	1986

18-22 劳动争议案件受理和处理情况
THE DISPOSAL OF LABOR DISPUTES

单位：件 (case)

项　目	Item	2006	2007	2008	2009	2010
案件受理情况	**Cases Accepted**					
当期案件受理数	Number of Cases	5326	8386	11203	10878	9122
#集体劳动争议案件数	#Collective Labour Disputes	380	820	783	226	80
劳动者申诉案件数	Cases Appealed by Laborers	4551	6838	10083	9983	8996
劳动者当事人数(人)	Number of Laborers Involved(person)	10489	12420	15254	15334	13167
#集体劳动争议劳动者当事人数	#Laborers Involved in Collective Labour Disputes	7320	7007	5426	3626	2020
争议原因	Cause of the Disputes					
劳动报酬	Labour Remuneration	4424	6078	7686	2985	2109
社会保险	Social Insurances	132	123	543	4414	5055
变更劳动合同	Change the Labour Contract	83	804	1379	4	12
解除劳动合同	Relieve the Labour Contract	451	599	111	954	185
终止劳动合同	End the Labour Contract	123	76		37	37
其　他	Others	113	706	1484	2484	381
案件处理情况	**Cases Disposed**					
结案数	Number of Cases Settled	5521	8135	11109	9818	9033
处理方式	by Manners of Settlment					
仲裁调解	by Mediation	2606	3868	4980	3049	3799
仲裁裁决	by Arbitrition Lawsuit	2210	3611	4877	3519	4197
其　他	Other	705	656	1252	766	326
处理结果	by Result of Settlment					
用人单位胜诉	Lawsuit Won by Units	550	1706	2597	933	1177
劳动者胜诉	Lawsuit Won by Laborers	3331	4044	5223	5017	5994
双方部分胜诉	Lawsuit Partly Won by Both Parties	1640	2385	3289	1384	1862
本期未结案件数	**Number of Cases Dissettled**	**176**	**427**	**521**	**1422**	**263**
其他方式调解案件数	**Number of the Arbitrated Cases through Other Forms**	**358**	**351**	**392**	**2484**	**2742**

18-23 律师、公证、调解工作基本情况
BASIC STATISTICS ON LAWYERS, NOTARIZATION AND MEDIATION

项　目	Item	2006	2007	2008	2009	2010
律师工作	**Lawyers**					
律师事务所（个）	Number of Law Offices (unit)	551	596	615	630	652
律师（人）	Number of Lawyers (person)	3143	3379	3443	3626	3725
#专职律师	#Full-time Lawyers	3042	3175	3298	3501	3544
兼职律师	Part-time Lawyers	101	204	145	125	126
聘请担任常年法律顾问的单位（处）	Number of Units with Permanent Legal Advisors (unit)	10952	11318	10695	12245	4866
民事诉讼代理（件）	Agent of Civil Cases (case)	23868	22592	32116	30602	9654
经济诉讼代理（件）	Agent of Economic Cases (case)	11099				
行政诉讼代理（件）	Agent of Administrative Action (case)	2101	2642	3817	3922	761
刑事辩护（件）	Defender of Criminal Cases (case)	10047	17996	20946	17954	7686
非诉讼法律事务（件）	Agent of Non-Litigious Legal Affairs (case)	11770	9178	6964	7102	4177
解答法律询问（件）	Agent of Legal Advisory Services (case)	119867	136421	144746	141012	109203
代写法律事务文书（件）	Agent of Legal Documents Written on Behalf of Clients (case)	40864	24937	23589	23485	11701
公证工作	**Notarization**					
公证处（个）	Number of Notary Offices (unit)	154	154	148	148	148
#办理涉外的	#Related to Foreign	67	67	70	71	72
公证人员（人）	Notarial Personnel (person)	759	798	789	815	765
#公证员	#Notaries	437	432	433	408	402
公证员助理	Assistant Notaries	191	207	200	242	287
办理公证件数（件）	Number of Transacted Notarization (case)	332290	398158	357637	373346	390864
#国内经济合同公证	#Notarization of Domestic Economic	71607	81198	40008	52803	48705
人民调解工作	**Number of People's Mediation**					
专职司法助理员（人）	Number of Full-time Judicial Assistants (person)	2634	2671	2733	2173	2773
人民调解委员会（个）	Number of People's Mediation Committees (unit)	15608	16562	15693	15953	16089
调解人员（人）	Number of Mediators (person)	72020	68284	68491	65331	69013
调解民间纠纷（件）	Number of Civil Disputes Mediated (case)	99090	101808	98767	170886	248322

18-24 国内公证文书分类

DOMESTIC NOTARIAL DOCUMENTS BY TYPE

单位：件　　　　(piece)

分　类	Item	2009		2010	
		办理公证 Number of Notarial Documents Issued	比重(%) Percentage (%)	办理公证 Number of Notarial Documents Issued	比重(%) Percentage (%)
民事法律关系公证	**Notarized Documents on Civil Legal Relations**	**136313**	**100.00**	**154546**	**100.00**
收　养	Child Adoption	18	0.01	30	0.02
解除收养	Adoption Renouncements	450	0.33	1	
继承权	Rights of Inheritance	30408	22.31	27589	17.85
遗　嘱	Testaments	3423	2.51	3642	2.36
产　权	Property Rights	391	0.29	1306	0.85
亲属关系	Kinship Confirmation	1643	1.21	2429	1.57
死　亡	Death Certificates	255	0.19	485	0.31
房屋买卖	Purchases and Sales of Houses	932	0.68	1758	1.14
房屋租赁	House Leases	383	0.28	637	0.41
留学协议	Foreign Study Contracts	78	0.06	486	0.31
遗赠扶养协议	Donations and Family Fostering	23	0.02	22	0.01
委托书	Proxy	36818	27.01	43621	28.23
赠与书	Presentation Documents	4415	3.24	6065	3.92
声明书	Announcement	19639	14.41	17467	11.30
现场监督	Field Supervision	911	0.67	758	0.49
签名印鉴属实	Confirmation of Signatures and Seals	2191	1.61	1624	1.05
副本等与原本相符	Confirmation of Copies and Photo-offset Copies to Originals	1041	0.76	1067	0.69
宅基地使用权	Rights to Housing Site	27	0.02	198	0.13
证据保全	Evidence Preservation	1699	1.25	2172	1.41
拆迁协议	Housing Demolition Agreements	1168	0.86	1122	0.73
计划生育	Family Planning			106	0.07
赡养协议	Agreements on Supporting Parents	19	0.01	12	0.01
合伙协议	Partnership Agreements	2643	1.94	3448	2.23
夫妻财产协议	Property Agreements Between Spouses	1689	1.24	1266	0.82
其他民事协议	Other Civil Agreements	8084	5.93	5571	3.60
其　他	Others	17965	13.18	31664	20.49
经济公证	**Notarized Documents on Economic Affairs**	**52803**	**100.00**	**48705**	**100.00**
购　销	Purchases and Sales of Products	161	0.30	79	0.16
联　营	Joint Business	95	0.18	17	0.03
拍　卖	Auctions	212	0.40	217	0.45
贷　款	Loans	8928	16.91	8901	18.28
担　保	Guarantees	1904	3.61	2134	4.38
招标、投标	Bidding	4068	7.70	2761	5.67
技术合作	Scientific and Technological Contracts	149	0.28	507	1.04
供用电	Supply and Use of Electric Power	5	0.01	50	0.10
劳务合同	Labour Contracts	742	1.41	575	1.18
建筑工程承包	Construction Project Contracts	216	0.41	73	0.15
工商服务业承包	Industrial and Commercial Service Contracts			1	
农林牧副渔业承包	Agriculture, Forestry, Animal Husbandry, Sideline Production and Fishery Contracts	8010	15.17	8924	18.32
乡镇企业承包	Township Enterprise Contracts	41	0.08	42	0.09
财产租赁	Property Leases	30	0.06	104	0.21
企业租赁	Leases of Enterprise	75	0.14	61	0.13
资产经营协议	Asset Business Contracts				
还款协议	Payment Contracts	1315	2.49	488	1.00
土地使用权出让、转让	Selling or Transfer of Right of Land Utilization	2574	4.87	468	0.96
其他经济合同	Other Business Contracts	4088	7.74	1474	3.03
法人(代表人)资格	Artificial Person (agent) Identification	269	0.51	84	0.17
法人委托书	Trust Deeds of Artificial Person	1941	3.68	2383	4.89
公司章程	Corporation Constitutions	196	0.37	15	0.03
执行许可证明	Operating Permits	167	0.32	17	0.03
提　存	Drawing	186	0.35	239	0.49
抵押登记	Mortgage Registration	1943	3.68	1948	4.00
公司会议记录	Minutes of Corporation Meetings	223	0.42	1969	4.04
其　他	Others	15265	28.91	15174	31.15

18-25 涉外公证文书分类

FOREIGN-RELATED NOTARIAL DOCUMENTS BY TYPE

单位：件 (piece)

分类	Item	2009		2010	
		办证件数 Number of Notarial Documents Issued	比重(%) Percentage (%)	办证件数 Number of Notarial Documents Issued	比重(%) Percentage (%)
总计	**Total**	**182314**	**100.0**	**185628**	**100.0**
收养	Child Adoption	52		85	
遗嘱	Testaments	25		3	
出生	Births	14289	7.8	15069	8.1
死亡	Deaths	1323	0.7	1270	0.7
生存、居住	Survival and Residence	577	0.3	519	0.3
学历	Schooling	10341	5.7	7792	4.2
经历	Personal Histories	812	0.4	529	0.3
国籍	Nationality	8917	4.9	8266	4.5
婚姻状况	Marital Status	13551	7.4	13395	7.2
亲属关系	Kinship Confirmation	25911	14.2	26727	14.4
继承权	Rights of Inheritance	19		21	
受、未受刑事处分	Criminal Records	7645	4.2	8944	4.8
声明书	Announcement	2475	1.4	2380	1.3
委托书	Trust Deeds	1002	0.5	745	0.4
营业证书	Shop Card	327	0.2	1126	0.6
公司章程	Corporation Constitutions	21		37	
其他法律文书	Other Legal Documents	985	0.5	11107	6.0
职称	Professional Certificate	452	0.2	388	0.2
法人资格	Legal Person Identification	16		27	
商标注册	Trademark Registrations				
贷款	Loans	520	0.3		
担保	Guarantees	3		8	
其他经济合同	Other Business Contracts	3		31	
副本等与原本相符	Confirmation of Copies and Photo-offset Copies to Originals	54521	29.9	48679	26.2
签名印鉴属实	Confirmation of Copies and Photo-offset Copies to Originals	9084	5.0	8328	4.5
其他	Others	29443	16.2	30152	16.2

18-26 调解民间纠纷分类

NUMBER OF CIVIL DISPUTES MEDIATED BY TYPE

分　类	Item	调解纠纷(件) Civil Disputes (cases)			各种纠纷所占比重(%) Percentage (%)		
		2008	2009	2010	2008	2009	2010
总　计	**Total**	**98767**	**170886**	**248322**	**100.0**	**100.0**	**100.0**
婚姻家庭	Family Disputes	25085	33011	51478	25.4	19.3	20.7
房屋、宅基地	Housing and Housing Sites	5184	9308	19944	5.2	5.4	8.0
邻　　里	Neighbor Disputes	15179	27864	42536	15.4	16.3	17.1
损害赔偿	Compensation for Damages	9298			9.4		
其　　他	Others	44021	100703	134364	44.6	58.9	54.1

18-27 婚姻登记和离婚情况

BASIC STATISTICS ON MARRIAGES AND DIVORCES

年　份 Year	居民登记结婚（对） Registered Marriages (couple)	初　婚（人） First Marriages (person)	再　婚（人） Remarriages (person)	涉外及华侨、港澳台同胞准予登记结婚的国内居民 Registered Marriages Related to Foreign, Oversea Chinese, Hong Kong, Macao & Taiwan 合　计（人） Total (person)	#女　性 Female	准予登记离　婚（对） Registered Divorces (couple)	法院协议判决离婚（对） Agreement and Adjudged Divorces (couple)	离婚率（‰） Divorce Rate (‰)
1985	284282	547585	20979	56	39	9155	30018	2.3
1990	284720	529796	39644	173	128	17104	37224	3.1
1995	267300	490744	43856	4312	4271	19237	54733	4.0
1996	260229	473216	47242	4002	3771	20571	58705	4.3
1997	270653	498139	43167	3173	3154	20737	61855	4.4
1998	234488	416018	52958	2745	2700	19792	56600	4.0
1999	224610	403756	45464	2168	2060	22654	52976	4.0
2000	217750	384399	51101	2560	2385	23739	51137	3.9
2001	222294	392712	51876	3889	3675	24940	50925	4.0
2002	193072	335930	50214	3770	3592	26698	45552	3.8
2003	201202	348460	53944	4208	3920	35186	42388	4.1
2004	235120	410058	60182	2844	2558	49278	43733	4.9
2005	228311	395978	60644	2448	2055	53932	42065	5.0
2006	231917	409739	54095	2942	2034	55506	43026	5.2
2007	252041	438465	65617	1982	1738	66779	40340	5.6
2008	283017	486996	79038	2879	2470	79403	40044	6.2
2009	303854	519276	88432	2929	2460	91355	36961	6.7
2010	308886	529835	87937	3093	2286	104406	35272	7.3

18-28 社会保险基本情况

BASIC STATISTICS OF SOCIAL INSURANCE

项　目	Item	2007	2008	2009	2010
年末参加城镇基本养老保险人数(万人)	Number of Basic Pension Insurance Contributors at Year-end (10 000 persons)	826.8	857.8	920.4	952.2
#职工	#Staff and Workers	573.8	581.8	586.7	529.2
离退休人员	Retirees	253.0	276.0	333.7	344.2
基金收入(亿元)	Revenue(100 million yuan)	320.1	377.0	614.4	729.9
基金支出(亿元)	Expenses(100 million yuan)	242.8	307.8	527.5	705.9
累计结余(亿元)	Balance at Year-end(100 million yuan)	294.3	363.4	419.9	479.0
年末参加城镇职工基本医疗保险人数(万人)	Number of Basic Medical Care Insurance Contributors at Year-end (10 000 persons)	752.2	788.3	851.3	873.7
#职工	#Staff and Workers	550.0	572.3	594.8	595.3
离退休人员	Retirees	202.3	216.0	256.5	278.4
基金收入(亿元)	Revenue(100 million yuan)	69.9	93.2	129.2	113.3
基金支出(亿元)	Expenses(100 million yuan)	46.5	61.3	81.4	95.4
累计结余(亿元)	Balance at Year-end(100 million yuan)	73.6	105.4	157.0	174.9
年末参加失业保险人数(万人)	Number of Unemployment Insurance Contributors at Year-end (10 000 persons)	464.1	467.6	471.3	472.9
#领取失业保险金	#Beneficiaries of Unemployment Insurance Fund	15.3	10.3	18.3	14.3
基金收入(亿元)	Revenue(100 million yuan)	13.6	16.1	14.7	13.8
基金支出(亿元)	Expenses(100 million yuan)	6.2	5.4	8.2	16.3
累计结余(亿元)	Balance at Year-end(100 million yuan)	40.0	50.6	57.0	54.5
年末参加工伤保险人数(万人)	Number of Work Injury Insurance Contributors at Year-end (10 000 persons)	351.7	390.9	401.8	415.1
#享受工伤待遇	#Beneficiaries	4.9	4.5	5.6	6.2
基金收入(亿元)	Revenue(100 million yuan)	6.2	8.6	9.4	11.6
基金支出(亿元)	Expenses(100 million yuan)	4.4	6.1	6.9	9.2
累计结余(亿元)	Balance at Year-end(100 million yuan)	5.6	8.2	10.7	13.1
年末参加生育保险人数(万人)	Number of Maternity Insurance Contributors at Year-end (10 000 persons)	216.8	241.9	270.0	290.1
#享受待遇	#Beneficiaries	3.1	3.2	3.3	3.4
基金收入(亿元)	Revenue(100 million yuan)	2.1	2.5	2.6	3.0
基金支出(亿元)	Expenses(100 million yuan)	1.0	1.3	1.6	1.9
累计结余(亿元)	Balance at Year-end(100 million yuan)	3.1	4.3	5.4	6.4
年末参加农村社会养老保险人数(万人)	Number of Rural Basic Pension Insurance Contributors at Year-end (10 000 persons)	183.6	189.5	150.0	254.6
#领取养老金	#Farmer Beneficiaries	6.8	7.8	28.1	54.6

主要统计指标解释

文化事业机构　指从事专业文化工作和为专业文化工作服务的独立建制的单位。不包括这些单位另外举办独立核算的其他机构和各部门的业余文化组织。该指标主要反映文化事业机构发展规模水平。

艺术表演团体　指从事戏曲、音乐、舞蹈、杂技等专业艺术表演，有独立帐户的单位，不包括半工半艺、半农半艺和民间职业剧团。该指标主要反映全国专业艺术表演团体发展规模水平。

艺术表演观众人数（人次）　指售票、包场演出或民族地区免费演出的艺术表演观众人次数，不包括彩排审查和内部观摩演出的观看人次数。该指标主要反映全国观看专业艺术表演团体演出的效益规模。

等级运动员人数　指经考核正式批准授予等级运动员称号的人数。运动员等级分为国际级运动健将、运动健将、一级运动员、二级运动员、三级运动员、少年级运动员。该指标主要反映运动员队伍的技术质量水平。

等级裁判员人数　指经考核正式批准授予等级裁判员称号的人数。裁判员等级分为国际裁判、国家级裁判、一级裁判、二级裁判、三级裁判。该指标主要反映裁判员队伍的技术质量水平。

体育场　指有400米跑道(中心含足球场)，有固定道牙，跑道6条以上，并有固定看台的室外田径场地。体育场按看台容纳观众人数分为：甲级25000人以上，乙级15000-25000人，丙级5000-15000人，丁级5000人以下。该指标主要反映大中型体育场数量水平。

体育馆　指有固定看台，可供篮球、排球、羽毛球、乒乓球、体操等项目训练比赛活动用的室内运动场地。体育馆按看台容纳观众人数分为：甲级6000人以上，乙级4000-6000人，丙级2000-4000人，丁级2000人以下。该指标主要反映大中型体育馆数量水平 。

卫生机构　包括医疗机构、疾病预防控制中心(防疫站)、采供血机构、卫生监督及监测(检验)机构、医学科研和在职培训机构、健康教育所等。

医疗机构　包括医院、社区卫生服务中心(站)、疗养院、卫生院、门诊部、诊所(卫生所、医务室)、妇幼保健院(所、站)、专科疾病防治院(所、站)、急救中心(站)和临床检验中心。医疗机构分为非赢利性医疗机构和赢利性医疗机构。

医院　包括综合医院、中医医院、中西医结合医院、民族医院、各类专科医院和护理院。

卫生技术人员　指卫生机构中医生、护理人员 、药剂人员、检验人员等卫生技术人员。

医生　指在医疗、预防保健机构工作且取得《执业医师证书》的执业医师和执业助理医师。

社会福利事业单位　指集中收养社会孤老、残、幼的机构，包括由民政部门管理的社会福利院、儿童福利院、精神病人福利院和城镇集体举办的福利院及农村集体举办的敬老院以及优抚医院和具有收养能力的社区服务中心等。该指标主要反映我国社会福利性单位的投入水平。

社会福利事业单位收养人数　包括民政部门管理和城镇、农村集体举办的社会福利事业单位中收养的老人、少年儿童、缺乏生活自理能力的残疾人员和精神病人。该指标主要反映收养性社会福利单位的收养能力。

社会福利企业单位　指以安置城镇有一定劳动能力的盲、聋、哑和肢体残疾人员就业为目的，享受国家减免税待遇的国有或集体企业。包括福利工厂、福利商业和服务业、假肢厂和安置农场等单位。该指标主要反映我国对残疾人照顾的特殊政策。

粗离婚率　指当年离婚对数占年平均人口的比重，计算公式为：

$$粗离婚率=\frac{当年离婚对数}{年平均人口数}\times1000\%$$

律师　指依法取得律师执业证书，担任法律顾问，民事(刑事、行政)案件代理人、刑事案件辩护人、办理非诉讼业务，解答法律询问，代写法律事务文书等，为社会提供法律服务的人员。

公证人员　指在公证处工作的人员总称，包括公证处主任、副主任、公证员、公证员助理(助理公证员)和其他从事辅助性工作的人员。

公证文书　指公证处根据当事人申请，依照事实和法律，按照法定程序制作的，具有法律效力的司法证明文书。根据公证书用途和使用地，公证书分为国内公证书、国内经济公证书、涉外民事公证书、涉外经济公证书四类。

城镇居民最低生活保障人数　指在报告期末家庭平均收入在当地规定的最低生活保障线以下的城镇居民数。包括“三无”对象，失业人员和在职、下岗、退休人员等。

农村居民最低生活保障人数　指报告期末在建立农村最低生活保障制度的地区，得到当地政府或集体给予最低生活保障的农业人口家庭人数。

五保户　指无法定抚养义务人，或者虽有法定抚养义务人，但是抚养人无抚养能力的；无劳动能力的；无生活年人来源的老年人、残疾人和未成年人。

农村传统救济人数　指未开展最低生活保障制度的农村地区，仍沿用传统救济制度救济的贫困人口数量。

社会福利企业　指以集中安置有一定劳动能力的残疾人员就业为目（残疾职工占生产人员10%以上）、带有社会福利性质的企业总称。主要包括福利工厂、假肢厂和其他福利企业。

受理劳动争议案件数　指劳动争议仲裁委员会根据国家有关规定，对劳动争议当事人的申请予以审查，符合受理条件而正式立案、准备处理的劳动争议案件数。

城镇职工基本养老保险

1.（参保）职工人数：指报告期末按照国家法律、法规和有关政策规定参加基本养老保险并在社保经办机构已建立缴费记录档案的职工人数，包括中断缴费但未终止养老保险关系的职工人数，不包括只登记未建立缴费记录档案的人数。

2.（参保）离退休人员人数：指报告期末参加基本养老保险的离休、退休和退职人员的人数。

3.基本养老保险基金收入：指根据国家有关规定，由纳入基本养老保险范围的缴费单位和个人按国家规定的缴费基数和缴费比例缴纳的养老保险基金，以及通过其他方式取得的形成基金来源的收入。包括单位和职工个人缴纳的基本养老保险费、基本养老保险基金利息收入、上级补助收入、下级上解收入、转移收入、财政补贴和其他收入。

4.基本养老保险基金支出：指按照国家政策规定的开支范围和开支标准从养老保险基金中支付给参加基本养老保险的个人的养老金、丧葬抚恤补助，以及由于保险关系转移、上下级之间调剂资金等原因而发生的支出。包括离休金、退休金、退职金、各种补贴、医疗费、死亡丧葬补助费、抚恤救济费、社会保险经办机构管理费、补助下级支出、上解上级支出、转移支出、其他支出等。

5.基本养老保险基金累计结余：指截止报告期末基本养老保险基金收支相抵后的累计余额。

基本医疗保险

1.参保人数：指报告期末按国家有关规定参加基本医疗保险的人数。包括参加保险的职工人数和退休人员人数。

2.基金收入：指根据国家有关规定，由纳入基本医疗保险范围的缴费单位和个人，按国家规定的缴费基数和缴费比例缴纳的基金，以及通过其他方式取得的形成基金来源的款项，包括：单位缴纳的社会统筹基金收入、个人缴纳的个人账户基金收入、财政补贴收入、利息收入、其他收入。

3.基金支出：指按照国家政策规定的开支范围和开支标准从社会统筹基金中支付给参加基本医疗保险的职工和退休人员的医疗保险待遇支出，和从个人帐户基金中支付给参加基本医疗保险的职工和退休人员的医疗费用支出，以及其他支出。包括：住院医疗费用支出、门急诊医疗费用支出、个人账户基金支出、其他支出。

4.基金累计结余：指截止报告期末基本医疗保险的社会统筹和个人帐户基金累计结余金额。包括银行存款、财政专户、债券投资和其他。

失业保险

1.参保人数：指报告期末按照国家法律、法规和有关政策规定参加了失业保险的城镇企业事业单位的职工及地方政府规定参加失业保险的其他人员的人数。

2.失业保险基金收入：指按照规定从企业、事业及其他单位筹集的失业保险费及其他并入失业保险基金收入的总额。

包括单位和个人缴纳的失业保险费、失业保险基金利息收入、上级补助收入、下级上解收入、转移收入、财政补贴和其他收入。

3. 失业保险基金支出：指报告期内为保障失业人员和下岗职工基本生活、促进其再就业等支出的基金总额。包括失业救济金、医疗费、死亡丧葬补助费、抚恤救济费、转业训练费支出、失业保险经办机构管理费、补助下级支出、上解上级支出、转移支出和其他支出。

4. 基金累计结余：指截止报告期末失业保险基金收支相抵后的累计余额。

工伤保险

1. 参加保险人数：指报告期末依据国家有关规定参加工伤保险的职工人数。

2. 享受保险待遇人数：指劳动者因工负伤致残、死亡或因患职业病致残，根据有关规定享受工伤保险待遇职工或供养直系亲属人数。包括伤残人数、职业病人数、因工死亡人数、供养直系亲属人数。

3. 基金收入：指根据国家有关规定，由参加工伤保险的单位按国家规定的缴费基数和缴费比例缴纳的工伤保险基金，以及通过其他形式取得的形成基金来源的款项。包括：单位缴纳的社会统筹基金收入、财政补贴收入、利息收入、其他收入。

4. 基金支出：指按照国家政策规定的开支范围和开支标准从工伤保险基金中支付给参加工伤保险的人员及供养直系亲属工伤保险待遇支出及其他支出。包括工伤医疗费、伤残补助金、工亡补助金、护理费、丧葬补助费、工伤预防费用、职业康复费用和其他支出。

5. 基金累计结余：指截止报告期末工伤保险基金累计结余金额。包括银行存款、财政专户、债券投资和其他。

生育保险

1. 参保人数：指报告期末依据有关规定参加生育保险的职工人数。

2. 基金收入：指根据国家有关规定，由参加生育保险的单位按照国家规定的缴费基数和缴费比例缴纳的生育保险基金，以及通过其他方式取得的形成基金来源的款项，包括：单位缴纳的基金收入、利息收入和其他收入。

3. 基金支出：指按照国家政策规定的开支范围和开支标准，从生育保险基金中支付给参加生育保险的职工，因妊娠、分娩和计划生育手术而享受的待遇及其他支出。包括：生育津贴、医疗费用支出及其他支出。

4. 基金累计结余：指截止报告期末生育保险基金累计结余金额。包括银行存款、财政专户、债券投资和其他。

调解员　指在人民调解委员会担负调解民间纠纷工作的人员，包括调解委员会的委员和调解小组的调解员。该指标主要反映从事人民调解工作的人员数量。

调解民间纠纷　指调解委员会按照法律规定，根据自愿原则，用说服教育的方法调解民间发生的有关民事权利和义务争执的件数，包括调解成功数和调解未成功数。该指标主要反映人民调解委员会的工作量。

Explanatory Notes on Main Statistical Indicators

Cultural Institutions refer to units which have their own organizational system and independent accounting system and specialize in cultural work or service cultural work. They do not include other establishments run by these units with separate accounting system and amateur cultural groups established by various departments. The statistics reflect the scale and level of development of institutions engaged in cultural undertakings.

Art Troupes refer to the troupes which are engaged in drama, opera, music, dance, acrobatics or other art performance, have independent accounts with banks and have self-supporting accounting system. Troupes which are engaged partly in industrial or agricultural activities, partly in art performance and the professional troupes organized by the mass are not included. The statistics reflect the scale and level of development of professional art troupes nationally.

Number of Audience at Art Performance refers to the number of spectators at commercial shows, privately organized shows or free shows given in ethnic minority areas, and does not include the number of spectators at rehearsals and internal viewings. This indicator mainly reflects the scale and effects of viewing of performances given by professional art troupes across the country.

Number of Athletes in Grades refers to the number of athletes who have been given titles through examination. The titles of athletes include international masters of sports, masters of sports, first-grade, second-grade and third-grade sportsmen and young athletes. This indicator reflects skill of the athletes.

Number of Referees in Grades refers to the number of referees who have been given titles after examination. They are classified as international referees, national referees and referees of the first, second and third grades. This indicator reflects the skill of referees.

Stadiums refer to stadiums for track and field events with six lane 400-meter tracks around soccer fields, permanent track marks and permanent bleachers. Stadiums are classified according to seating capacity. They include: Class A stadiums have the capacity of seating 25000 people each. Class B stadiums have the capacity of seating 15000 to 25000 people each. Class C stadiums have the capacity of seating 5000 to 15000 people each, and Class D stadiums have the capacity of seating fewer than 5000 people. This indicator reflects numbers of large and medium-sized stadiums.

Gymnasiums refer to indoor sports grounds with permanent seats in which basketball, volleyball. badminton, table tennis and gymnastics competitions can be held. Gymnasiums are classified according to seating capacity. They include: Class A gymnasiums with seating over 6000 people. Class B gymnasiums with seating 4000 to 6000 people. Class C gymnasiums with seating 2000 to 4000 people, and Class D gymnasiums with eating fewer than 2000 people. This indicator reflects the total number of large and medium-sized gymnasiums

Health Care Institutions include: medical institutions, disease prevention and control centres (epidemic prevention stations), blood gathering and supplying institutions, health supervision and inspection (check up) institutions, medicinal scientific research and on-job training institutions, health education centres and so on.

Medical Organizations include: hospitals, health service centres (stations) in communities, sanatoria, health centres, out-patient clinics, clinics (health stations and infirmaries), maternity and child care agencies (centres and stations), special disease prevention and curing agencies (centres and stations), first aid centres (stations) and clinical inspection centres. Medical organizations are grouped by two types: profit-making and non-profit-making medical organizations.

Hospitals include: polyclinics, traditional Chinese medical hospitals, hospitals integrating traditional Chinese therapeutics and western therapeutics, ethnic hospitals, various specialist hospitals and nursing homes.

Medical Technical Personnel refers to doctors, nurses, pharmacists and laboratory technicians working in medical institutions.

Doctors refer to certified physicians and certified assistant physicians with certifications working in medical and health care and prevention agencies.

Social Welfare Institutions refer to institutions taking care of old people without children, handicapped people and orphans. They include social welfare institutions run by civil affairs departments, children welfare institutions, social welfare institutions for mental patients, collective-owned old people' s homes in rural areas, convalescent homes and community service centers with the capacity of receiving those people. This indicator reflects the input in social welfare institutions.

Number of People Accommodated by Social Welfare Institutions refers to the number of old people, children, totally dependent handicapped people and mental patients Accommodated by social welfare institutions run by civil affairs departments and those run by collective units in urban and rural areas. This indicator reflects the capacity of social welfare institutions.

Social Welfare Enterprises are collective-owned enterprises which employ the blind, deaf-mute, and physically disabled people who are able to work in cities and towns and enjoy exemption from State taxes. They include welfare plants, welfare commercial services, artificial limb plants and farms, etc. This indicator reflects the preferential policies toward disabled persons.

Crude Divorce Rate refers to ratio of divorced couples to the annual average population for the reference year, the formula is:

$$\text{Crude Divorce rate} = \frac{\begin{array}{c}\text{number of couples divorced}\\ \text{for the reference year}\end{array}}{\text{annual average population}} \times 1000$$

Lawyers are certified legal workers according to law, and who are employed by legal counselling firms to act as legal advisers; agents in criminal or civil lawsuits; and defenders in criminal lawsuits; or to handle non-litigious legal affairs, to advise on matters of law or to write legal papers for others and provide service to the public.

Notary Personnel refers to people working for notary offices including: directors, deputy directors, notaries, assistant notaries and other people providing assistance.

Notary Documents refer to the judicial notary documents drawn up at the request of the interested party and are in accordance with facts and the law and following certain legal proceedings. According to usage and locality, notary documents are divided into the following 4 types: domestic notary documents, domestic economic notary documents, foreign-related civil notary documents and foreign-related economic notary documents.

Number of Labour Disputes Cases Accepted refers to the number of cases of labour disputes submitted that, after being reviewed by the labour dispute arbitration committees in line with the relevant national regulations, are accepted and registered for treatment.

Basic Pension Insurance

1.Number of staff and workers covered refer to staff and workers participating in the basic pension insurance programme according to national laws, regulations and related policies at the end of the reference period, who have already had payment records in social security management agencies, including those who have interrupt payment without terminating the insurance programme. Those who have registered in the programme but with no payment records are not included.

2. Number of retirees participating in the basic pension insurance programme refer to the number of retirees participating in basic pension insurance programmes by the end of the reference period.

3. Revenue of the basic pension insurance programme refers to payments made by employers and individuals participating in the pension insurance programme in accordance with the basis and proportion stipulated in State regulations, and income from other sources that become source of pension insurance fund, including the premium paid by employers and staff and workers, interest income, subsidies from higher level agencies, income as transfer from subordinate agencies, transferred income, government financial subsidies and other income.

4. Expenditure of basic pension insurance programme refers to payment made on pensions and funeral subsidies to those retired and resigned people covered in pension insurance programmes according to related national policies on scopeand standard of expenditure. Also included are expenditure which arises due to shift of the insurance relationship or adjustment of funds among agencies. More specifically, included are pensions for resigned people, pensions for retired people, pension for people quitting jobs, various subsidies, medical fees, funeral subsidies, compensation payments, management fees for social security agencies, expenses on subsidies to lower subordinates, expenses as transfer to agencies at higher level, transferred expenditure and other expenditure.

5. Balance of basic pension insurance programme refers to the balance of basic pension insurance funds at the end of the reference period after deducting expenses from revenue.

Basic Medical Care Insurance

1. Number of people participating in the insurance programme refers to people participating in the basic medical care insurance programme according to related regulations as at the end of reference period, including number of staff and workers and retirees participating in this insurance programme.

2. Revenue of the insurance programme refers to payments made by employers and individuals participating in the medical care insurance programme in accordance with the basis and proportion stipulated in State regulations, and income from other sources that become source of medical insurance fund, including income of social comprehensive funds paid by employers, income from individual accounts, government financial subsidies, interest income and other income.

3. Expenditure of the insurance programme refers to payment made from social comprehensive funds to those retired and resigned people covered in basic medical care insurance within the scope and standards of expenditure according to related national policies, and medical care payment made from individual accounts to staff and workers and retirees, and other expenses, including medical expenses of hospital inpatients, medical expenses for outpatients and emergency patients, payment from individual accounts and other expenditure.

4. Balance of the basic medical care insurance programme refer to the balance of medical care insurance of social comprehensive funds and individual accounts at the end of the reference period, including bank savings, special fiscal accounts, investment in bonds and others.

Unemployment Insurance

1. Number of people covered refers to staff and workers in urban enterprises or institutions who have participated in the unemployment insurance programme according to relevant policies and regulations, and other people who have participated according to local government regulations, as at the end of reference period.

2. Revenue of the unemployment insurance programme refers to payments made by employers and individuals participating in unemployment insurance programme in accordance with relevant regulations and other income contributed to this programme, including unemployment insurance premium made by employers and individuals, interest income, subsidies from higher level agencies, income as transfer from subordinate agencies, transferred income, government financial subsidies and other income.

3. Expenditure of the unemployment insurance programme refers to total expenses during the reference period to guarantee the basic livelihood of unemployed people and laid-off staff and workers and to encourage their re-employment. Included are unemployment relief, medical fees, funeral subsidies, compensation payments, training expenses, management fees for unemployment insurance agencies, subsidies to lower level agencies, expenses as transfer to higher level agencies, transferred expenditure and other expenditure.

4. Balance of the unemployment insurance programme refers to the balance of revenue of the programme after deducting expenses at the end of the reference period.

Work Injury Insurance

1. Number of people covered refers to staff and workers who have participated in the work injury insurance programme according to relevant national regulations.

2. Number of beneficiaries refers to staff and workers and their direct dependents who can, in accordance with relevant regulations, benefit from work injury insurance, as a result of work injury leading to disability or death of the staff/worker, or occupational disease leading to disability. Included in this category are number of injured and disabled people, number of people with occupational diseases, number of deaths at work places, and number of direct dependents.

3. Revenue of the work injury insurance programme refers to payments made by employers participating in the work injury insurance programme in accordance with the basis and proportion stipulated in State regulations, and income from other sources that become source of work injury insurance fund, including income of social comprehensive funds paid by employers, government financial subsidies, interest income and other income.

4. Expenditure of the work injury insurance programme refers to payments made from work injury insurance funds to those who participated in the work injury insurance programme and their direct dependents within the scope and standards of expenditure according to related national policies, and other expenditure, including medical fees for work injury, injury and disability subsidies, death subsidies, nursing fees, funeral subsidies, injury prevention fees, occupational rehabilitation fees and other expenditure.

5. Balance of the work injury insurance programme refers to the balance of the work injury funds at the end of the reference period, including bank savings, special fiscal account, investment in bonds and others.

Maternity Insurance

1. Number of people covered refers to staff and workers who have participated in the maternity insurance programme according to relevant regulation at the end of the reporting period.

2. Revenue of maternity insurance refers to payments made by employers participating in the maternity insurance programme in accordance with the basis and proportion stipulated in State regulations, and income from other sources that become source of maternity insurance fund, including income of funds paid by employers, interest income and other income.

3. Expenditure of the maternity insurance programme refers to payments made from maternity insurance funds to staff and workers who participate in the maternity insurance programme within the scope and standards of expenditure in accordance with related national policies, expenses paid for pregnancy, child delivery or surgeries related to family planning, and other expenditure, including allowance for child bearing, medical fees and other expenditure.

4. Balance of the maternity programme refers to the balance of the maternity insurance funds at the end of reference period, including bank savings, special fiscal account, investment in funds and others.

Mediators refer to workers on people' s mediation committees responsible for mediating in civil disputes and cases of slight infraction of the law. They include members of the mediation committees and mediators of mediation groups. This indicator reflects the number of people engaged in mediation.

Mediation of Civil Disputes refers to number of cases made by mediation committees in mediating in civil disputes concerning civil rights and duties through persuasion and education in accordance with the provisions of law on a voluntary basis, so as to solve disputes by helping the parties involved come to an agreement and understanding, including those unsuccessful ones. This indicator reflects the workload of the mediation committees.

附录Ⅰ　各县、市主要指标

APPENDIX Ⅰ MAIN INDICATORS OF COUNTIES

附录Ⅰ 各县、市主要指标(2010年)

MAIN INDICATORS OF COUNTIES (2010)

县、市名称	Name	行政区域土地面积(平方公里) Total Land Area (sq. km)	年底总人口(万人) Total Population (year-end) (10000 persons)	#非农业人口 Non-agricultural	乡镇(个) Township and Towns (unit)	#建制镇 Organic Town	村民委员会(个) Villagers Committee (unit)
阿城区	Acheng	2814	58.1	23.9	10	8	108
呼兰区	Hulan	2197	62.0	16.4	13	10	168
宾县	Bin County	3845	62.9	11.0	17	12	143
依兰县	Yilan County	4616	40.8	13.0	9	6	132
方正县	Fangzheng County	2969	23.1	11.0	8	3	67
双城市	Shuangcheng City	3112	82.2	17.1	24	9	246
尚志市	Shangzhi City	8825	61.7	24.3	17	10	162
五常市	Wuchang City	7512	100.1	22.7	24	11	260
巴彦县	Bayan County	3138	70.7	11.7	18	10	116
木兰县	Mulan County	3600	27.8	6.7	8	6	86
通河县	Tonghe County	5675	23.9	10.8	8	6	82
延寿县	Yanshou County	3150	27.0	7.5	9	5	106
龙江县	Longjiang County	6200	61.2	10.9	14	5	158
依安县	Yian County	3678	49.9	8.9	15	5	148
泰来县	Tailai County	3922	32.9	8.2	10	8	83
甘南县	Gannan County	4792	39.6	13.3	10	5	95
富裕县	Fuyu County	4060	29.7	12.0	10	5	90
克山县	Keshan County	3320	50.1	11.3	15	6	122
克东县	Kedong County	2083	29.8	6.1	7	4	98
拜泉县	Baiquan County	3599	59.7	8.1	16	7	187
梅里斯区	Meilisi Daur District	2078	17.1	2.7	6	4	49
讷河市	Nehe City	6648	73.6	13.4	15	11	171
鸡东县	Jidong County	3243	29.7	10.0	11	8	123
虎林市	Hulin City	9334	29.3	18.8	11	7	85
密山市	Mishan City	7843	42.4	17.9	16	7	154
萝北县	Luobei County	2167	22.5	17.7	8	5	63
绥滨县	Suibin County	3335	19.1	9.5	9	3	109
集贤县	Jixian County	2258	31.8	12.1	8	5	153
友谊县	Youyi County	1647	12.7	11.0			
宝清县	Baoqing County	10001	42.2	19.8	10	6	145
饶河县	Raohe County	6765	14.6	7.9	9	4	79
肇州县	Zhaozhou County	2445	46.4	9.0	12	6	104
肇源县	Zhaoyuan County	4120	47.2	10.0	16	8	135
林甸县	Lindian County	3493	27.3	6.3	8	3	83
杜蒙自治县	Durbote Mongolia Autonomous County	6054	25.5	7.3	11	4	79

注：梅里斯区，五大连池风景区，加格达奇区和佳木斯郊区的主要指标数据来自当地统计局（下同）
Note: The main indicators data of Meilisi Daur District, Jiamus Suburb,Wudalianchi Scenic Spot and Jiagedaqi District come from local Statistics(the same as fouowing tables)

附录Ⅰ 续表1 CONTINUED

县、市名称	Name	行政区域土地面积（平方公里）Total Land Area (sq. km)	年底总人口（万人）Total Population (year-end) (10000 persons)	#非农业人口 Non-agricultural	乡镇（个）Township and Towns (unit)	#建制镇 Organic Town	村民委员会（个）Villagers Committee (unit)
嘉荫县	Jiayin County	6739	7.5	3.4	9	3	73
铁力市	Tieli City	6730	38.6	27.7	7	4	76
桦南县	Huanan County	4415	46.7	14.6	10	6	192
桦川县	Huachuan County	2268	22.2	5.6	9	4	105
汤原县	Tangyuan County	3416	26.8	10.5	10	4	137
抚远县	Fuyuan County	6263	9.8	5.2	9	4	68
同江市	Tongjiang City	6300	17.8	10.3	10	4	85
富锦市	Fujin City	8227	47.4	18.5	11	10	266
佳木斯郊区	Jiamusi Suburb	1748	28.1	12.6	13	5	126
勃利县	Boli County	4455	35.7	13.6	10	5	133
穆棱市	Muling City	6673	29.6	13.1	8	5	127
东宁县	Dongning County	7139	21.1	10.1	6	6	102
林口县	Linkou County	7185	38.3	12.0	11	9	176
绥芬河市	Suifenhe City	422	6.6	5.4	2	2	11
海林市	Hailin City	8814	40.7	24.7	8	8	112
宁安市	Ningan City	7924	43.7	14.7	12	7	240
北安市	Beian City	7194	46.8	28.2	9	5	62
五大连池市	Wudalianchi City	9846	36.2	19.8	11	4	108
五大连池风景区	Wudalianchi scenic spot	748	2.3	1.6	1	1	3
爱辉区	Aihui	14443	19.1	13.4	11	3	89
嫩江县	Nenjiang County	15109	50.4	26.9	14	8	147
逊克县	Xunke County	17344	10.3	4.7	9	2	74
孙吴县	Sunwu County	4319	10.4	4.9	11	2	94
安达市	Anda City	3586	51.6	19.8	14	10	117
肇东市	Zhaodong City	3905	97.6	28.3	21	11	186
海伦市	Hailun City	4667	84.9	17.6	23	7	243
北林区	Beilin	2756	89.9	28.9	20	12	148
望奎县	Wangkui County	2314	48.9	8.5	15	7	109
兰西县	Lanxi County	2499	53.7	9.5	15	4	105
青冈县	Qinggang County	2685	48.0	12.0	15	6	165
庆安县	Qingan County	5469	41.2	8.9	14	6	93
明水县	Mingshui County	2308	36.9	7.5	12	5	99
绥棱县	Suiling County	4238	33.5	13.2	11	4	76
呼玛县	Huma County	14335	5.2	2.9	8	2	54
塔河县	Tahe County	14059	9.5	8.4	3		11
漠河县	Mohe County	18432	8.6	7.9	3	2	7
加格达奇区	Jiagedaqi District	1587	15.6	13.5	2		8

附录Ⅰ 续表2 CONTINUED

县、市名称	Name	地区生产总值（万元）Gross Domestic Product (10000 yuan)	第一产业 Primary Industry	第二产业 Secondary Industry	第三产业 Tertiary Industry	地区生产总值指数（上年=100）Indices of Gross Domestic Product (preceding year=100)	人均地区生产总值（元）Per Capita GDP (yuan)
阿城区	Acheng	1999265	375800	831355	792109	114.5	
呼兰区	Hulan	1908535	254242	631224	1023069	114.5	
宾县	Bin County	1512028	328449	525264	658315	116.0	24030
依兰县	Yilan County	825228	254296	228305	342627	118.0	20572
方正县	Fangzheng County	341577	117746	90364	133467	116.1	14794
双城市	Shuangcheng City	2554315	748949	601190	1204176	113.0	31085
尚志市	Shangzhi City	1620483	332332	606336	681815	114.1	26266
五常市	Wuchang City	1934738	633448	442118	859171	116.9	19319
巴彦县	Bayan County	899895	481735	154878	263282	114.0	12725
木兰县	Mulan County	439790	151091	84285	204414	115.0	15879
通河县	Tonghe County	371284	125140	80662	165482	117.8	15516
延寿县	Yanshou County	329658	98722	94535	136401	116.1	12227
龙江县	Longjiang County	613322	308335	145849	159138	126.6	10014
依安县	Yian County	483082	222625	146070	114387	127.9	9658
泰来县	Tailai County	284635	103968	88856	91811	116.0	8655
甘南县	Gannan County	475379	186878	152634	135867	121.3	11984
富裕县	Fuyu County	376510	146622	139520	90368	124.0	12594
克山县	Keshan County	418800	189317	87942	141541	115.8	8338
克东县	Kedong County	255538	81009	116445	58084	117.8	8551
拜泉县	Baiquan County	489159	195956	122627	170576	115.6	8138
梅里斯区	Meilisi Daur District	188312	83326	60207	44779	116.2	12072
讷河市	Nehe City	763341	238146	250588	274607	117.5	10334
鸡东县	Jidong County	788988	195394	315081	278513	117.3	26571
虎林市	Hulin City	887460	482954	164216	240290	114.0	30240
密山市	Mishan City	883160	315087	260348	307725	116.3	21540
萝北县	Luobei County	516055	316531	66258	133266	116.5	22985
绥滨县	Suibin County	351923	256870	22283	72770	117.7	18547
集贤县	Jixian County	664967	212069	296306	156592	126.4	20913
友谊县	Youyi County	284528	96414	109370	78744	126.1	22676
宝清县	Baoqing County	1005231	509468	293184	202579	126.4	23860
饶河县	Raohe County	301161	207046	43879	50236	115.6	19791
肇州县	Zhaozhou County	804098	226745	445164	132189	136.6	17304
肇源县	Zhaoyuan County	887267	276271	415166	195830	138.6	18694
林甸县	Lindian County	415601	138356	210462	66783	126.5	15285
杜蒙自治县	Durbote Mongolia Autonomous County	562696	166449	279228	117019	138.5	21979

注：本表中阿城区和呼兰区GDP数据来自哈尔滨市统计局。
Note:The GDP data of Acheng and Hulan District come from Harbin of Statistics.

附录 I　续表3 CONTINUED

县、市名称	Name	地　区 生产总值 (万元) Gross Domestic Product (10000 yuan)	第一产业 Primary Industry	第二产业 Secondary Industry	第三产业 Tertiary Industry	地区生产总值指数 (上年=100) Indices of Gross Domestic Product (preceding year=100)	人均地区生产总值 (元) Per Capita GDP (yuan)
嘉 荫 县	Jiayin County	190308	110610	39285	40413	112.8	25415
铁 力 市	Tieli City	488159	207475	133449	147235	114.6	12627
桦 南 县	Huanan County	584748	259417	154406	170925	119.0	12544
桦 川 县	Huachuan County	204838	102136	51766	50936	119.0	9028
汤 原 县	Tangyuan County	424664	189326	120550	114788	118.7	15853
抚 远 县	Fuyuan County	337488	235307	27708	74473	119.0	28933
同 江 市	Tongjiang City	582622	392248	67137	123237	118.7	27433
富 锦 市	Fujin City	1095263	603316	230805	261142	119.4	23202
佳木斯郊区	Jiamusi Suburb	289300	84280	103600	101420	118.6	10286
勃 利 县	Boli County	605835	108000	329325	168510	130.0	18877
穆 棱 市	Muling City	984556	169144	562601	252811	126.9	33477
东 宁 县	Dongning County	900218	210913	230986	458319	127.9	43271
林 口 县	Linkou County	598879	221414	163815	213650	118.4	15862
绥芬河市	Suifenhe City	788071	5061	122900	660110	110.3	67988
海 林 市	Hailin City	1037484	215788	508589	313107	120.2	25576
宁 安 市	Ningan City	985702	300007	320495	365200	119.5	22422
北 安 市	Beian City	553176	202158	93964	257054	114.2	11844
五大连池市	Wudalianchi City	426588	252965	47599	126024	115.6	11780
五大连池风景区	Wudalianchi scenic spot	31168	11122	4079	15967	117.0	13640
爱 辉 区	Aihui	123062	44680	40687	37695	115.8	14487
嫩 江 县	Nenjiang County	1069627	518058	175985	375584	117.6	21219
逊 克 县	Xunke County	155316	90007	23382	41927	116.3	15063
孙 吴 县	Sunwu County	77054	30412	12029	34613	115.2	7399
安 达 市	Anda City	2002390	402419	797611	802360	127.3	38669
肇 东 市	Zhaodong City	2984026	623628	1125884	1234514	117.8	31962
海 伦 市	Hailun City	653164	325255	147808	180101	118.5	7701
北 林 区	Beilin	684446	401225	70342	212879	115.1	
望 奎 县	Wangkui County	380016	194798	94191	91027	118.8	7810
兰 西 县	Lanxi County	248308	135756	43786	68766	122.3	5031
青 冈 县	Qinggang County	274286	129137	90548	54601	128.4	5817
庆 安 县	Qingan County	390441	152266	104919	133256	115.7	9522
明 水 县	Mingshui County	250229	103141	97953	49135	119.7	6787
绥 棱 县	Suiling County	300392	175283	49861	75248	127.4	9001
呼 玛 县	Huma County	99000	55167	13666	30167	115.0	18631
塔 河 县	Tahe County	158645	68661	30093	59891	114.8	16583
漠 河 县	Mohe County	266440	89824	94833	81783	120.0	30906
加格达奇区	Jiagedaqi District	284741	54167	53202	177372	115.5	15433

注：本表中爱辉区和北林区的GDP数据来自当地统计局。
Note:The GDP data of Aihui and Beilin District come from local Statistics.

附录Ⅰ 续表4 CONTINUED

单位：人 (person)

县、市名称	Name	城镇单位就业人数 Number of Employment In Urban Units	第一产业 Primary Industry	第二产业 Secondary Industry	第三产业 Tertiary Industry	国有单位 State-owned Units	集体单位 Collective-owned Units	私营单位 Private units	其他单位 Other	在岗职工平均工资(元，不含私营) Average wage of Workers and Staff (yuan, Excluding Private)
阿城区	Acheng	52675	1922	26134	24619	29235	1693	16642	5105	26461
呼兰区	Hulan	44966	737	15281	28948	26394	1461	5314	11797	28867
宾　县	Bin County	28231	2060	10747	15424	17550	449	1268	8964	24577
依兰县	Yilan County	29189	1400	12125	15664	26172	1198	1136	683	26152
方正县	Fangzheng County	17679	6901	2581	8197	14572	900	1336	871	19154
双城市	Shuangcheng City	34973	1908	6077	26988	21150	614	8940	4269	25233
尚志市	Shangzhi City	69317	13557	7387	48373	33586	570	33566	1595	19514
五常市	Wuchang City	44813	9149	13361	22303	35266	762	2937	5848	17307
巴彦县	Bayan County	42015	12176	7420	22419	26706	1605	12645	1059	21140
木兰县	Mulan County	33886	1745	7488	24653	11498	445	18968	2975	21234
通河县	Tonghe County	21092	5487	3867	11738	16904	376	3187	625	25259
延寿县	Yanshou County	16685	2587	2954	11144	10488	249	3910	2038	23836
龙江县	Longjiang County	18487	684	3396	14407	12943	574	2042	2928	20212
依安县	Yian County	15106	169	3002	11935	10289	655	2237	1925	24982
泰来县	Tailai County	12791	640	1373	10778	10368	466	1123	834	23280
甘南县	Gannan County	11250	752	1804	8694	7876	266	1730	1378	19950
富裕县	Fuyu County	14951	73	4874	10004	9152	268	2077	3454	22829
克山县	Keshan County	17642	404	4482	12756	11496	300	1875	3971	22794
克东县	Kedong County	11761	782	2900	8079	7212	295	2407	1847	23329
拜泉县	Baiquan County	13967	120	3144	10703	9882	344	1313	2428	20893
梅里斯区	Meilisi Daur District	3726	250	473	3003	3004	44	328	350	30228
讷河市	Nehe City	20411	1054	4514	14873	15065	1484		3862	18466
鸡东县	Jidong County	17982	1475	5962	10545	15349	1483	1150		24389
虎林市	Hulin City	23445	9946	2680	10819	18931	408	1837	2269	19684
密山市	Mishan City	18516	1639	1493	15384	12766	520	3518	1712	24637
萝北县	Luobei County	16060	6990	1473	7597	12985	484	1430	1161	19789
绥滨县	Suibin County	8510	389	819	7302	7571	322	597	20	22675
集贤县	Jixian County	30675	3833	4799	22043	16855	1211	11900	709	21462
友谊县	Youyi County	7673	70	2405	5198	5524	218	688	1243	26205
宝清县	Baoqing County	28467	3303	4677	20487	17270	989	10150	58	25676
饶河县	Raohe County	8721	555	1356	6810	6949	305	1285	182	24537
肇州县	Zhaozhou County	30128	1542	9270	19316	19212	2889	3885	4142	18827
肇源县	Zhaoyuan County	18614	936	3994	13684	11742	820	5166	886	21995
林甸县	Lindian County	12176	492	2747	8937	8013	287	1979	1897	20837
杜蒙自治县	Durbote Mongolia Autonomous County	12766	333	3343	9090	8190	1173	1647	1756	23016

附录Ⅰ 续表5 CONTINUED

单位：人 (person)

县、市名称	Name	城镇单位就业人数 Number of Employment In Urban Units	第一产业 Primary Industry	第二产业 Secondary Industry	第三产业 Tertiary Industry	国有单位 State-owned Units	集体单位 Collective-owned Units	私营单位 Private units	其他单位 Other	在岗职工平均工资(元，不含私营) Average wage of Workers and Staff (yuan, Excluding Private)
嘉荫县	Jiayin County	8450	790	3189	4471	6304	168	1369	609	24097
铁力市	Tieli City	39820	23406	7380	8134	30977	455	6964	524	12760
桦南县	Huanan County	32308	9298	7232	15778	20458	1578	6196	4076	19489
桦川县	Huachuan County	11259	1509	2162	7588	8315	253	2527	164	21847
汤原县	Tangyuan County	21361	3762	2753	14846	13014	738	7149	460	18034
抚远县	Fuyuan County	7988	1770	968	5250	6314	159	1415	100	23759
同江市	Tongjiang City	12543	455	6455	5633	6379	185	5456	523	26345
富锦市	Fujin City	20338	2202	2806	15330	15364	1107	2242	1625	21674
佳木斯郊区	Jiamusi Suburb	26808	4967	10400	11441	10310		10306	6192	33949
勃利县	Boli County	19087	1722	7857	9508	12205	1619		5263	20884
穆棱市	Muling City	36590	10820	4835	20935	20023	319	11554	4694	25242
东宁县	Dongning County	40830	5121	4849	30860	13554	814	21479	4983	28660
林口县	Linkou County	43528	3856	3044	36628	12578	532	26671	3747	23900
绥芬河市	Suifenhe City	28377	117	2336	25924	6397	381	17580	4019	35696
海林市	Hailin City	51935	16185	6500	29250	25303	571	17874	8187	18349
宁安市	Ningan City	52692	8848	6601	37243	22038	825	23391	6438	21009
北安市	Beian City	24723	8080	2953	13690	22020	1365	588	750	20361
五大连池市	Wudalianchi City	28792	14620	2998	11174	20081	281	3503	4927	17776
五大连池风景区	Wudalianchi scenic spot	3119	610	304	2205	2810	13	124	172	25078
爱辉区	Aihui	9588	2780	1749	5059	7598	266	1356	368	26107
嫩江县	Nenjiang County	20942	2982	5174	12786	14084	218	1842	4798	24926
逊克县	Xunke County	6197	1028	731	4438	5504	302	376	15	26108
孙吴县	Sunwu County	7296	31	1431	5834	6102	197	542	455	23918
安达市	Anda City	25114	308	10939	13867	13867	746	4557	5944	23154
肇东市	Zhaodong City	51161	192	19587	31382	24434	1304	10274	15149	22272
海伦市	Hailun City	27064	1382	4611	21071	21300	728	1330	3706	23228
北林区	Beilin	26037	669	7027	18341	16848	1707	2228	5254	20171
望奎县	Wangkui County	16696	865	2708	13123	14690	497	392	1117	13086
兰西县	Lanxi County	18392	616	4958	12818	13638	1175	843	2736	17767
青冈县	Qinggang County	14604	277	3981	10346	10546	980	1044	2034	19245
庆安县	Qingan County	20703	7466	1673	11564	19282	268	1114	39	15341
明水县	Mingshui County	22936	551	7483	14902	14713	307	1330	6586	18487
绥棱县	Suiling County	20057	251	6334	13472	15021	871	3000	1165	17715
呼玛县	Huma County	14797	4684	871	9242	7170	121	382	7124	21027
塔河县	Tahe County	24746	12262	4164	8320	13526	99	1665	9456	19237
漠河县	Mohe County	28256	18425	3683	6148	19173	65	3361	5657	15840
加格达奇区	Jiagedaqi District	40621	2954	6737	30930	20090	177	1074	19280	31471

附录Ⅰ 续表6 CONTINUED

单位：万元 (10000 yuan)

县、市名称	Name	固定资产投资总额 Total Investment in Fixed	按类型分 Group by Ownership 国有单位 State-owned Units	城镇集体单位 Collective-owned Units	其他单位 Other	按构成分 By Use of Funds 建筑工程 Construction Engineering	安装工程 Installation Engineering	设备工器具购置 Purchase of Equipment and Instrument	其他费用 Others
阿城区	Acheng	1267662	400955	12336	854371	606672	14218	449239	197533
呼兰区	Hulan	416639	192067		224572	175106	32332	70146	139055
宾　县	Bin County	882138	227949		654189	834457	3830	29970	13881
依兰县	Yilan County	597038	187312		409726	283589	23409	284180	5860
方正县	Fangzheng County	267066	126558	350	140158	136058	3471	106280	21257
双城市	Shuangcheng City	1116312	314678	92298	709336	646914	48723	380796	39879
尚志市	Shangzhi City	904240	263725	3300	637215	840673	12496	38955	12116
五常市	Wuchang City	690171	337311	300	352560	394150	37460	244176	14385
巴彦县	Bayan County	644020	153273		490747	447206	25803	122097	48914
木兰县	Mulan County	206341	84114		122227	181428	5520	19393	
通河县	Tonghe County	309407	247317		62090	203000	53692	40017	12698
延寿县	Yanshou County	217117	95862	220	121035	144296	3448	55256	14117
龙江县	Longjiang County	191783	55869	10700	125214	120605	2533	49943	18702
依安县	Yian County	327420	133492		193928	192904	200	108783	25533
泰来县	Tailai County	252299	189582		62717	213399	210	30062	8628
甘南县	Gannan County	234514	88281	12406	133827	97083	6460	76596	54375
富裕县	Fuyu County	238032	87903	21385	128744	141826	2090	79902	14214
克山县	Keshan County	220400	46200		174200	159600	6250	28550	26000
克东县	Kedong County	235983	64006		171977	152975	2635	68823	11550
拜泉县	Baiquan County	122758	74291		48467	103312	700	16315	2431
梅里斯区	Meilisi Daur District	73280	40521		32759	73142			138
讷河市	Nehe City	543146	189451		353695	261919	18156	236595	26476
鸡东县	Jidong County	179981	76723	305	102953	104523	6896	55812	12750
虎林市	Hulin City	167010	103492	70	63448	121253	5798	20946	19013
密山市	Mishan City	192314	122458	2700	67156	110561	806	63650	17297
萝北县	Luobei County	151085	77349	146	73590	92622	8674	21171	28618
绥滨县	Suibin County	101632	64015		37617	74435	8557	11793	6847
集贤县	Jixian County	655181	88621		566560	269012	11265	368195	6709
友谊县	Youyi County	203767	162155		41612	139608	13892	41124	9143
宝清县	Baoqing County	631537	81653	3042	546842	357350	39963	38618	195606
饶河县	Raohe County	155223	127946		27277	129414		22330	3479
肇州县	Zhaozhou County	430172	218402		212070	316249	48699	33654	31870
肇源县	Zhaoyuan County	481227	193054	33505	254668	383506	1133	83290	13298
林甸县	Lindian County	324174	248772		75402	296415	1022	12399	14338
杜蒙自治县	Durbote Mongolia Autonomous County	436889	153884	5500	277505	132070	80359	181763	42697

附录Ⅰ 续表7 CONTINUED

单位：万元 (10000 yuan)

县、市名称	Name	固定资产投资总额 Total Investment in Fixed	按类型分 Group by Ownership 国有单位 State-owned Units	城镇集体单位 Collective-owned Units	其他单位 Other	按构成分 By Use of Funds 建筑工程 Construction Engineering	安装工程 Installation Engineering	设备工器具购置 Purchase of Equipment and Instrument	其他费用 Others
嘉荫县	Jiayin County	132674	58496	553	73625	110794	2196	14665	5019
铁力市	Tieli City	314115	161835		152280	227734	1820	60912	23649
桦南县	Huanan County	449109	88615	6200	354294	192991	85905	156052	14161
桦川县	Huachuan County	191904	54874		137030	66516	72896	43804	8688
汤原县	Tangyuan County	253182	95259		157923	102873	4746	135661	9902
抚远县	Fuyuan County	260262	204202		56060	252361	2436	1910	3555
同江市	Tongjiang City	304042	205250		98792	218442	23200	49760	12640
富锦市	Fujin City	424520	267342		157178	383805	1572	19543	19600
佳木斯郊区	Jiamusi Suburb	72600	31464		41136	36300	10890	18150	7260
勃利县	Boli County	241140	25182		215958	120244	32216	79650	9030
穆棱市	Muling City	569792	107361	4693	457738	301560	23671	200506	44055
东宁县	Dongning County	363792	64531	17442	281819	248367	2972	90055	22398
林口县	Linkou County	235089	57375		177714	164497	3335	50495	16762
绥芬河市	Suifenhe City	546421	102621		443800	206486	26414	288042	25479
海林市	Hailin City	868898	219692	8202	641004	594568	9163	203226	61941
宁安市	Ningan City	849436	281181		568255	342791	45272	337258	124115
北安市	Beian City	159130	83140		75990	104817	27515	20248	6550
五大连池市	Wudalianchi City	152211	48949		103262	105099	5333	25056	16723
五大连池风景区	Wudalianchi scenic spot	34051	11741		22310	13592	676	14349	5434
爱辉区	Aihui	151718	116055	4100	31563	72818	2377	68157	8366
嫩江县	Nenjiang County	495161	296880		198281	309173	22301	92252	71435
逊克县	Xunke County	118764	90059	100	28605	71627	19340	21929	5868
孙吴县	Sunwu County	47000	29725	1170	16105	37871	1981	4921	2227
安达市	Anda City	643674	5824		585150	344870	18479	280325	
肇东市	Zhaodong City	651009	166566		477743	273573	11550	300503	58683
海伦市	Hailun City	290233	107867		182366	206061	9880	73902	390
北林区	Beilin	476372	34613		441759	354043	2607	119722	
望奎县	Wangkui County	411988	140529		271459	183788	5880	154310	68010
兰西县	Lanxi County	210345	40246		170099	136141	5098	50215	18891
青冈县	Qinggang County	179273	55455		123818	112422	11122	33890	21839
庆安县	Qingan County	271507	86427		155080	170161	10511	85341	5494
明水县	Mingshui County	113045	5592		107453	108545		4500	
绥棱县	Suiling County	78318	17482		60836	60742	2873	5467	9236
呼玛县	Huma County	66454	35534	2150	28770	29042	21791	13545	2076
塔河县	Tahe County	60945	46225		14720	38785	7446	12486	2228
漠河县	Mohe County	170252	111581		58671	142511	1720	9917	16104
加格达奇区	Jiagedaqi District	130309	103163	1500	25646	81681	14685	22164	11779

附录Ⅰ 续表8 CONTINUED

单位：万元 (10000 yuan)

县、市名称	Name	农林牧渔业总产值 Gross Output Value of Farming, Forestry, Animal Husbandry and Fishery				
		合 计 Total	#农 业 Farming	#林 业 Forestry	#牧 业 Animal Husbandry	#渔 业 Fishery
阿 城 区	Acheng	435854	240173	9247	164698	9000
呼 兰 区	Hulan	762997	293241	6944	436253	18846
宾 县	Bin County	534974	195665	16458	317309	2150
依 兰 县	Yilan County	417910	304483	12063	85654	4685
方 正 县	Fangzheng County	224329	160940	21174	31934	8325
双 城 市	Shuangcheng City	1291066	672880	4910	575682	8100
尚 志 市	Shangzhi City	651332	447142	44013	142148	11308
五 常 市	Wuchang City	1135285	772654	38540	274649	22992
巴 彦 县	Bayan County	805469	464461	35594	290100	8658
木 兰 县	Mulan County	243056	170724	4881	53869	6380
通 河 县	Tonghe County	251180	183973	19805	36252	6810
延 寿 县	Yanshou County	174357	129806	5482	31205	3514
龙 江 县	Longjiang County	590628	355232	3332	224388	7116
依 安 县	Yian County	438426	270132	10839	153485	3662
泰 来 县	Tailai County	229880	130870	1863	88369	7998
甘 南 县	Gannan County	265757	172604	2758	85745	4150
富 裕 县	Fuyu County	239357	90317	1700	138000	9170
克 山 县	Keshan County	356160	244275	1392	98573	7720
克 东 县	Kedong County	152205	105572	3326	39960	3023
拜 泉 县	Baiquan County	375826	219394	9755	139882	4267
梅里斯区	Meilisi Daur District	161407	110474	896	48981	638
讷 河 市	Nehe City	644121	427629	3791	202339	9559
鸡 东 县	Jidong County	260104	166510	14512	66180	11980
虎 林 市	Hulin City	322477	256168	34751	24623	6286
密 山 市	Mishan City	349026	227875	3529	98679	14823
萝 北 县	Luobei County	135559	71313	21785	38097	840
绥 滨 县	Suibin County	120238	86313	848	29369	3312
集 贤 县	Jixian County	416648	233786	2557	177409	1036
友 谊 县	Youyi County	12903	9530		3373	
宝 清 县	Baoqing County	499268	261444	7522	225635	4117
饶 河 县	Raohe County	160498	115203	2435	40096	1894
肇 州 县	Zhaozhou County	473088	244127	1413	224009	2870
肇 源 县	Zhaoyuan County	548806	329664	3074	194413	21002
林 甸 县	Lindian County	313440	145135	2085	161608	4012
杜蒙自治县	Durbote Mongolia Autonomous County	336039	100771	3013	218508	13377

附录Ⅰ 续表9 CONTINUED

单位：万元 (10000 yuan)

县、市名称	Name	农林牧渔业总产值 Gross Output Value of Farming, Forestry, Animal Husbandry and Fishery				
		合计 Total	#农业 Farming	#林业 Forestry	#牧业 Animal Husbandry	#渔业 Fishery
嘉荫县	Jiayin County	145299	100604	18026	24373	1484
铁力市	Tieli City	355203	194841	43451	114532	1113
桦南县	Huanan County	463775	238762	13586	194614	14585
桦川县	Huachuan County	216589	157894	962	52371	5291
汤原县	Tangyuan County	317641	176166	4428	130467	6186
抚远县	Fuyuan County	186334	130684	937	20184	33727
同江市	Tongjiang City	196819	166577	1760	24117	3780
富锦市	Fujin City	682443	552589	1662	112805	14667
佳木斯郊区	Jiamusi Suburb	220861	101644	1510	110525	6862
勃利县	Boli County	200249	125873	14503	52015	2358
穆棱市	Muling City	308141	211472	18390	67782	2092
东宁县	Dongning County	330733	274547	14058	21791	2917
林口县	Linkou County	374527	305523	8495	53271	2354
绥芬河市	Suifenhe City	9698	4124	887	4366	275
海林市	Hailin City	324022	244062	39689	36419	3225
宁安市	Ningan City	476429	316562	28543	101762	10287
北安市	Beian City	185269	137000	9400	36967	1650
五大连池市	Wudalianchi City	244424	180772	27396	31023	4163
五大连池风景区	Wudalianchi scenic spot	7679	5902	96	1041	520
爱辉区	Aihui	95251	69904	7318	15730	1015
嫩江县	Nenjiang County	543615	444873	3807	83659	740
逊克县	Xunke County	127364	109919	1936	11631	1540
孙吴县	Sunwu County	60496	49632	1550	8016	241
安达市	Anda City	651512	245336	3315	386629	12958
肇东市	Zhaodong City	996737	405383	1811	558920	29685
海伦市	Hailun City	563868	413582	4471	140803	3824
北林区	Beilin	796315	380974	2899	385576	23090
望奎县	Wangkui County	383445	156432	1529	223734	1100
兰西县	Lanxi County	277888	153597	3196	115315	5200
青冈县	Qinggang County	325549	173435	1597	143160	5357
庆安县	Qingan County	332248	243398	9509	66299	7362
明水县	Mingshui County	210071	150700	1849	54010	2659
绥棱县	Suiling County	221774	154899	14184	42883	8472
呼玛县	Huma County	95851	65119	17543	10959	153
塔河县	Tahe County	106194	12049	82357	8078	1570
漠河县	Mohe County	125131	28125	66462	22653	290
加格达奇区	Jiagedaqi District	30326	21925	500	6781	520

附录Ⅰ 续表10 CONTINUED

县、市名称	Name	农民人均纯收入（元）Per Capita Annual Net Income of Rural (yuan)	化肥施用折纯量（吨）Consumption of Chemical Fertilizers (ton, Converting the gross weight into weight containing 100% effective component)	农村用电量（万千瓦时）Electricity Consumed in Rural Areas (10000 kwh)	农用机械总动力（万千瓦）Total Agricultural Machinery Power (10000 kw)	进出口总额（万美元）Total Value of Imports and Exports (USD 10000)
阿城区	Acheng	8588	15453	8261	41.9	2307
呼兰区	Hulan	8083	27765	14573	38.6	7094
宾县	Bin County	7812	54103	7762	57.9	4706
依兰县	Yilan County	9130	18928	11033	49.8	1423
方正县	Fangzheng County	7573	10173	4091	57.3	713
双城市	Shuangcheng City	8941	73253	21982	71.9	5178
尚志市	Shangzhi City	9487	28332	8331	50.4	3274
五常市	Wuchang City	8496	66065	17860	99.2	5039
巴彦县	Bayan County	6900	46564	6146	80.7	109
木兰县	Mulan County	6375	16910	5322	53.9	586
通河县	Tonghe County	8011	21445	7594	56.7	930
延寿县	Yanshou County	2328	22534	4953	30.9	1073
龙江县	Longjiang County	5988	51152	8356	121.4	627
依安县	Yian County	6811	20979	4892	52.0	56
泰来县	Tailai County	3491	34124	5495	62.9	
甘南县	Gannan County	1648	22724	3738	48.5	996
富裕县	Fuyu County	6810	13668	4245	42.9	16
克山县	Keshan County	6150	14676	3827	51.7	1429
克东县	Kedong County	1788	10054	2785	35.4	293
拜泉县	Baiquan County	1426	29304	6336	35.0	67
梅里斯区	Meilisi Daur District	6600	14657	2425	44.9	442
讷河市	Nehe City	7080	29027	9687	78.0	212
鸡东县	Jidong County	7368	7787	5836	38.6	551
虎林市	Hulin City	10178	12994	3756	55.1	20576
密山市	Mishan City	7073	18339	7887	52.1	35710
萝北县	Luobei County	9931	14836	1471	19.2	3286
绥滨县	Suibin County	1198	16555	1835	31.0	188
集贤县	Jixian County	7786	23790	8455	45.5	4871
友谊县	Youyi County		957	165		3303
宝清县	Baoqing County	8190	18864	5176	55.0	5365
饶河县	Raohe County	1508	9539	1448	18.8	81108
肇州县	Zhaozhou County	8001	29536	4259	52.7	634
肇源县	Zhaoyuan County	8024	29510	8687	40.3	21196
林甸县	Lindian County	8299	20749	4732	68.0	
杜蒙自治县	Durbote Mongolia Autonomous County	7819	16231	4513	61.5	45

注：人均用电量中的用电量指全部用电量，包括生产和生活用电.

Note: The data of electricity consumed on per capita electricity consumed refer to total electricity consumed, including electricity for production and living .

附录 I 续表11 CONTINUED

县、市名称	Name	农民人均纯收入（元）Per Capita Annual Net Income of Rural (yuan)	化肥施用折纯量（吨）Consumption of Chemical Fertilizers (ton, Converting the gross weight into weight containing 100% effective component)	农村用电量（万千瓦时）Electricity Consumed in Rural Areas (10000 kwh)	农用机械总动力（万千瓦）Total Agricultural Machinery Power (10000 kw)	进出口总额（万美元）Total Value of Imports and Exports (USD 10000)
嘉荫县	Jiayin County	8907	8385	559	13.4	8118
铁力市	Tieli City	6760	7532	2130	26.8	1234
桦南县	Huanan County	1180	26901	6271	59.4	4516
桦川县	Huachuan County	1096	25090	5788	49.3	169
汤原县	Tangyuan County	1185	17279	6526	33.5	1411
抚远县	Fuyuan County	9628	15695	1765	22.8	101662
同江市	Tongjiang City	2856	33429	2935	17.9	180352
富锦市	Fujin City	9605	52088	6124	76.5	13339
佳木斯郊区	Jiamusi Suburb	7199	15068	11389	26.5	
勃利县	Boli County	6550	10506	4664	26.2	1
穆棱市	Muling City	9003	9236	3145	20.1	13333
东宁县	Dongning County	11741	8064	5123	27.0	220830
林口县	Linkou County	8220	14770	5679	21.0	1601
绥芬河市	Suifenhe City	10187	318	240	3.1	605331
海林市	Hailin City	10005	11030	6732	21.4	12491
宁安市	Ningan City	10005	22756	9991	55.4	11773
北安市	Beian City	5807	26057	2799	33.9	53156
五大连池市	Wudalianchi City	8200	19474	5209	27.0	13829
五大连池风景区	Wudalianchi scenic spot	5167	918	191	2.4	
爱辉区	Aihui	6792	9228	1302	17.0	
嫩江县	Nenjiang County	8057	40506	4887	69.5	33391
逊克县	Xunke County	8259	13340	1147	34.0	13535
孙吴县	Sunwu County	2969	8503	1016	30.2	35115
安达市	Anda City	8112	17948	7649	31.8	41
肇东市	Zhaodong City	7898	63008	17732	42.2	3098
海伦市	Hailun City	6695	60010	9459	29.7	
北林区	Beilin	7077	39734	13023	48.9	
望奎县	Wangkui County	4789	25429	3899	25.2	
兰西县	Lanxi County	3018	34999	7420	38.4	1566
青冈县	Qinggang County	3686	34539	5107	39.5	2315
庆安县	Qingan County	8112	14066	8414	28.8	215
明水县	Mingshui County	3201	9540	6988	26.5	
绥棱县	Suiling County	4986	11755	5770	35.0	290
呼玛县	Huma County	7752	3340	541	10.5	
塔河县	Tahe County	5553	239	222	2.8	
漠河县	Mohe County	10132	150	536	2.1	4
加格达奇区	Jiagedaqi District	4586	1093	95	5.2	296

附录Ⅰ 续表12 CONTINUED

单位：公顷 (hectare)

县、市名称	Name	农作物总播种面积 Total Sown Areas of Farm Crops	主要农作物播种面积 Sown Areas of Main Farm Crops				
			粮食 Grain Crops	#谷物 Cereal	#大豆 Soja	油料 Oil-bearing Crops	甜菜 Beetroots
阿城区	Acheng	77129	72010	64480	6218	35	
呼兰区	Hulan	144070	137635	109711	21499		
宾县	Bin County	171974	164254	119701	40627	369	
依兰县	Yilan County	210005	205473	146124	56696	181	317
方正县	Fangzheng County	68107	66704	53779	12661	544	
双城市	Shuangcheng City	225393	215655	206694	5997	426	103
尚志市	Shangzhi City	157322	141787	79082	60012	2572	
五常市	Wuchang City	259169	252942	230235	20000	76	20
巴彦县	Bayan County	227004	225433	180396	41608		
木兰县	Mulan County	100712	99300	58606	39341	192	
通河县	Tonghe County	120143	117521	83977	33129	13	
延寿县	Yanshou County	107909	106586	64670	41731	88	
龙江县	Longjiang County	326519	310661	291486	5349	6995	510
依安县	Yian County	265587	243330	132267	80115	2054	18739
泰来县	Tailai County	174611	161312	149744	7169	11704	20
甘南县	Gannan County	232986	215135	152948	53466	15352	814
富裕县	Fuyu County	154750	140244	107839	25630	1629	1501
克山县	Keshan County	201803	196469	15677	171793	1845	900
克东县	Kedong County	125682	123664	3346	118403	35	
拜泉县	Baiquan County	243218	226165	92697	112684	6245	8637
梅里斯区	Meilisi Daur District	97294	83793	75867	7926	1409	1983
讷河市	Nehe City	404667	390680	111422	253446	3883	6985
鸡东县	Jidong County	95096	92467	63107	28660	207	13
虎林市	Hulin City	163131	159985	118508	40058	2155	
密山市	Mishan City	179960	172728	87224	83277	3407	42
萝北县	Luobei County	74014	73522	44588	28158	120	
绥滨县	Suibin County	86292	84219	62516	20902	314	30
集贤县	Jixian County	127140	116748	92483	23933	2329	1223
友谊县	Youyi County	9492	9017	6342	2675	300	100
宝清县	Baoqing County	160625	147299	77061	66718	7688	1761
饶河县	Raohe County	91023	89034	53918	34679	1831	
肇州县	Zhaozhou County	145874	131168	127400	2595	938	704
肇源县	Zhaoyuan County	175302	162978	135431	23364	8203	127
林甸县	Lindian County	150357	148690	141290	3296		
杜蒙自治县	Durbote Mongolia Autonomous County	137302	133777	111602	12708	2037	

附录Ⅰ 续表13 CONTINUED

单位：公顷 (hectare)

县、市名称	Name	农作物总播种面积 Total Sown Areas of Farm Crops	主要农作物播种面积 Sown Areas of Main Farm Crops				
			粮食 Grain Crops	#谷物 Cereal	#大豆 Soja	油料 Oil-bearing Crops	甜菜 Beetroots
嘉荫县	Jiayin County	81551	80213	12988	66034		
铁力市	Tieli City	99130	96988	45209	51636	246	
桦南县	Huanan County	228327	221933	104733	115867	133	330
桦川县	Huachuan County	140113	136341	101631	33313	356	184
汤原县	Tangyuan County	114391	106879	81458	24142	740	66
抚远县	Fuyuan County	163333	162866	35993	119893		
同江市	Tongjiang City	146667	142909	67865	66772	48	
富锦市	Fujin City	363758	335711	154412	167732	13737	3960
佳木斯郊区	Jiamusi Suburb	98906	94377	64502	29875	12	750
勃利县	Boli County	114433	105876	61823	41671	644	20
穆棱市	Muling City	120136	100100	36870	61991	12444	4
东宁县	Dongning County	56177	44375	18151	25897	6182	
林口县	Linkou County	118530	98274	35895	57962	10848	33
绥芬河市	Suifenhe City	3569	2537	403	2041	929	
海林市	Hailin City	75045	65540	32622	32157	4233	43
宁安市	Ningan City	156088	138020	93611	42158	1596	2107
北安市	Beian City	180737	176028	39411	132676		
五大连池市	Wudalianchi City	188638	184353	31384	128569		
五大连池风景区	Wudalianchi scenic spot						
爱辉区	Aihui	113430	109205	22169	76214	280	
嫩江县	Nenjiang County	385237	377111	157998	180447		1333
逊克县	Xunke County	155169	152739	12246	139820	54	
孙吴县	Sunwu County	117362	114559	15661	87325	144	
安达市	Anda City	122921	118595	105765	12044	143	50
肇东市	Zhaodong City	252457	247055	242870	1708	81	
海伦市	Hailun City	292190	283527	203607	71048	129	4333
北林区	Beilin	208508	197593	134407	54332		120
望奎县	Wangkui County	152003	144268	121576	13334	290	5334
兰西县	Lanxi County	166214	161421	149358	10104	173	316
青冈县	Qinggang County	157570	153545	136986	13287	1676	
庆安县	Qingan County	177289	176994	132728	43420		
明水县	Mingshui County	136699	134715	88571	42223	948	233
绥棱县	Suiling County	119315	118300	38156	78525		
呼玛县	Huma County	75248	71576	17436	51355	175	
塔河县	Tahe County	7555	6891	2196	4343		
漠河县	Mohe County	2969	2451	688	1348		
加格达奇区	Jiagedaqi District	11646	11031	1504	6839	5	

附录Ⅰ 续表14 CONTINUED

县、市名称	Name	主要农作物产量(吨) Yield of Main Farm Crops (ton)					猪牛羊肉产量(吨) Yield of Pork Beef and Mutton (ton)	水产品产量(吨) Aquatic Products (ton)
		粮食 Grain Crops	#谷物 Cereal	#大豆 Soja	油料 Oil-bearing Crops	甜菜 Beetroots		
阿城区	Acheng	574644	555016	14009	94		28965	4795
呼兰区	Hulan	1026842	937618	56596			49530	6480
宾县	Bin County	875688	784196	75566	969		63329	6400
依兰县	Yilan County	1268738	1106499	153079	219	7608	22242	2600
方正县	Fangzheng County	523922	492619	30386	1024		8381	4730
双城市	Shuangcheng City	2232728	2194123	17091	1261	2165	78544	7100
尚志市	Shangzhi City	1010665	806683	187237	7306		32801	5010
五常市	Wuchang City	2506347	2424560	63000	322	500	50101	9420
巴彦县	Bayan County	2107142	1921897	146668			133988	11161
木兰县	Mulan County	497042	416059	76510	230		16650	3300
通河县	Tonghe County	642914	574728	67098	26		12345	5368
延寿县	Yanshou County	598828	517723	80123	124		5858	2400
龙江县	Longjiang County	2580513	2536428	9715	12187	14860	83720	6104
依安县	Yian County	1001539	749951	120150	3542	609070	52650	2500
泰来县	Tailai County	579895	564579	10623	20129	1870	23018	6347
甘南县	Gannan County	1042886	928112	96781	23873	16775	33761	3700
富裕县	Fuyu County	610747	562773	34553	1822	37682	21651	5032
克山县	Keshan County	626362	165670	412341	4428	25650	21518	2500
克东县	Kedong County	274799	20967	247223	49		5848	2550
拜泉县	Baiquan County	779707	473722	212982	9458	268646	53145	3640
梅里斯区	Meilisi Daur District	456012	445925	10087	5810	55175	12384	934
讷河市	Nehe City	1637754	951291	570295	6059	230505	89373	6939
鸡东县	Jidong County	537995	475454	60196	407	340	16474	4700
虎林市	Hulin City	1000077	908389	88328	1484		6525	5300
密山市	Mishan City	863839	652703	205649	3055	1000	26774	21500
萝北县	Luobei County	307506	263661	41839	114		12928	1150
绥滨县	Suibin County	320516	297634	21048	483	1200	7420	3550
集贤县	Jixian County	855078	806289	47866	3034	37913	60918	1095
友谊县	Youyi County	41302	36219	5083	240	2900	1180	
宝清县	Baoqing County	876100	686702	177743	11794	59464	78992	3165
饶河县	Raohe County	395181	345992	48144	2289		2680	997
肇州县	Zhaozhou County	1350676	1334039	11844	3140	22292	67084	3400
肇源县	Zhaoyuan County	1350780	1265033	70092	20119	5715	41002	20000
林甸县	Lindian County	1350506	1321955	7020			37755	5800
杜蒙自治县	Durbote Mongolia Autonomous County	503967	479503	16393	2179		15291	18800

附录 I 续表15 CONTINUED

县、市名称	Name	主要农作物产量(吨) Yield of Main Farm Crops (ton)					猪牛羊肉产量(吨) Yield of Pork Beef and Mutton (ton)	水产品产量(吨) Aquatic Products (ton)
		粮食 Grain Crops	#谷物 Cereal	#大豆 Soja	油料 Oil-bearing Crops	甜菜 Beetroots		
嘉荫县	Jiayin County	207880	74852	124804			5216	722
铁力市	Tieli City	461829	339486	121684	377		22773	752
桦南县	Huanan County	1019098	792266	220147	306	9240	47162	6100
桦川县	Huachuan County	732925	671404	56632	408	7544	31844	6901
汤原县	Tangyuan County	647679	584486	56972	1809	1967	36987	5405
抚远县	Fuyuan County	505000	282685	210400			10741	2465
同江市	Tongjiang City	650707	488501	133199	96		7646	4579
富锦市	Fujin City	1750818	1359151	327840	17066	158033	35370	11000
佳木斯郊区	Jiamusi Suburb	449734	404330	45142	12	13806	56431	8730
勃利县	Boli County	501603	401092	93040	1209	768	30770	1508
穆棱市	Muling City	420686	268724	148319	24167	60	21989	1600
东宁县	Dongning County	198463	139443	57663	9074		6577	1950
林口县	Linkou County	453522	284372	145577	15967	1013	13806	1895
绥芬河市	Suifenhe City	6675	2516	3797	1081		1850	215
海林市	Hailin City	324117	253871	67636	5877	1419	10988	2510
宁安市	Ningan City	884436	763266	109966	2900	91482	33790	7500
北安市	Beian City	400025	137479	250758			4163	1800
五大连池市	Wudalianchi City	417430	124739	217715			10044	2212
五大连池风景区	Wudalianchi scenic spot	17525	1245	16280			467	660
爱辉区	Aihui	214021	50091	145797	379			
嫩江县	Nenjiang County	1075299	595033	360402		31944	25286	1040
逊克县	Xunke County	330945	32272	297099	90		3590	1200
孙吴县	Sunwu County	194024	26041	142663	348		3345	330
安达市	Anda City	1054226	1016719	33422	246	2625	67850	11050
肇东市	Zhaodong City	2691114	2674093	4307	163		177698	25136
海伦市	Hailun City	1906287	1684824	170008	316	121721	79647	7826
北林区	Beilin	1428020	1259526	136462		5400	125163	20724
望奎县	Wangkui County	1320550	1220100	33900	249	200025	127690	4965
兰西县	Lanxi County	1104586	1080921	19708	192	12128	49972	4966
青冈县	Qinggang County	1308325	1263511	28459	3091		70778	4850
庆安县	Qingan County	1308325	1211490	92220			22267	8317
明水县	Mingshui County	831810	723809	91835	1422	8750	19494	2125
绥棱县	Suiling County	503671	301325	191406			13924	6870
呼玛县	Huma County	187214	55373	122036	272		1420	260
塔河县	Tahe County	14736	3515	9984			1516	235
漠河县	Mohe County	5883	1119	2866			2201	162
加格达奇区	Jiagedaqi District	31523	4439	15387	8		2052	

附录Ⅰ 续表16 CONTINUED

县、市名称	Name	猪年底数量（头）Number of Hogs (year-end) (head)	羊年底数量（只）Number of Sheep and Goats (year-end) (head)	牛奶产量（吨）Cow Milk (ton)	大牲畜年底数量（头）Number of Large Animals (head)	#牛 Cattle and Buffaloes	#奶牛 Milch Cows
阿城区	Acheng	197397	33689	72011	151929	146634	20003
呼兰区	Hulan	358514	62017	61203	101123	94620	28567
宾县	Bin County	395468	23011	708	383104	373750	295
依兰县	Yilan County	155780	155021	4320	73658	68237	1802
方正县	Fangzheng County	45234	9878	106	15011	14279	65
双城市	Shuangcheng City	434803	76873	913954	553358	531795	290281
尚志市	Shangzhi City	168173	60633	28976	226068	206955	21050
五常市	Wuchang City	403810	48600	54560	121505	109780	17430
巴彦县	Bayan County	1161645	71305	3620	132134	118633	1745
木兰县	Mulan County	90273	27745	111	64087	61517	44
通河县	Tonghe County	102448	30372	483	29967	28672	221
延寿县	Yanshou County	70491	34040	401	54146	50852	217
龙江县	Longjiang County	527755	621110	134053	346998	329241	66214
依安县	Yian County	400479	293994	39605	130713	120818	21004
泰来县	Tailai County	191629	83850	95584	89868	72123	42180
甘南县	Gannan County	277152	288029	212381	146739	143989	105977
富裕县	Fuyu County	230265	114728	310694	178453	172294	151182
克山县	Keshan County	105400	81578	10305	43110	37598	9900
克东县	Kedong County	30510	28498	59413	66898	65848	45616
拜泉县	Baiquan County	428803	115330	5479	148076	142763	3027
梅里斯区	Meilisi Daur District	103735	96330	104000	66734	65436	53260
讷河市	Nehe City	632166	356435	24126	132244	125344	13022
鸡东县	Jidong County	168715	63575	2500	27968	24961	867
虎林市	Hulin City	29944	19235	17936	20889	20279	10781
密山市	Mishan City	149018	125021	43902	50950	50636	10815
萝北县	Luobei County	127530	14804	28653	22688	22639	14474
绥滨县	Suibin County	73111	45097	8428	15575	15531	3502
集贤县	Jixian County	579613	96273	16714	158353	157826	8620
友谊县	Youyi County	13160	7700	330	3830	3830	130
宝清县	Baoqing County	508297	427657	26376	193755	192955	12057
饶河县	Raohe County	27660	40647	880	13262	12852	286
肇州县	Zhaozhou County	450012	249488	135040	125612	117495	47015
肇源县	Zhaoyuan County	271359	297257	99642	132078	105780	40184
林甸县	Lindian County	280255	180200	403165	183553	180380	135335
杜蒙自治县	Durbote Mongolia Autonomous County	97550	163067	450129	224023	215642	180345

附录Ⅰ 续表17 CONTINUED

县、市名称	Name	猪年底数量（头）Number of Hogs (year-end) (head)	羊年底数量（只）Number of Sheep and Goats (year-end) (head)	牛奶产量（吨）Cow Milk (ton)	大牲畜年底数量（头）Number of Large Animals (head)	#牛 Cattle and Buffaloes	#奶牛 Milch Cows
嘉荫县	Jiayin County	12754	210940	1890	17900	17534	1690
铁力市	Tieli City	130970	34669	49903	57521	55823	27094
桦南县	Huanan County	273103	270558	4416	175773	170975	3029
桦川县	Huachuan County	296749	44297		43698	43400	1061
汤原县	Tangyuan County	359216	86905	69016	65985	65478	24526
抚远县	Fuyuan County	77332	57869	315	60313	59636	90
同江市	Tongjiang City	41673	52636	260	34078	34015	292
富锦市	Fujin City	328833	143753	16280	118885	118414	11316
佳木斯郊区	Jiamusi Suburb	557453	64016	22319	52354	42749	9350
勃利县	Boli County	93760	81845	24	26287	25812	72
穆棱市	Muling City	128576	72893	1810	120845	115524	578
东宁县	Dongning County	54074	27263	914	27334	26123	374
林口县	Linkou County	91123	120961	715	94438	78844	288
绥芬河市	Suifenhe City	16194	1375	251	1293	1178	73
海林市	Hailin City	74635	48639	3721	57158	54292	2034
宁安市	Ningan City	308596	97744	1552	60596	57570	490
北安市	Beian City	32374	36631	85191	50904	50666	40210
五大连池市	Wudalianchi City	30238	174907	25687	50413	49221	12022
五大连池风景区	Wudalianchi scenic spot	1031	1382	107	516	486	157
爱辉区	Aihui	9937	49349	8582	38872	36807	7468
嫩江县	Nenjiang County	201215	195197	45026	169321	163400	16612
逊克县	Xunke County	25014	117505	377	25406	23460	265
孙吴县	Sunwu County	23749	173790	1399	42148	41326	1191
安达市	Anda City	413465	207474	586062	293477	283066	182331
肇东市	Zhaodong City	1231251	264091	420839	443354	417491	156324
海伦市	Hailun City	471777	197571	121379	315556	308806	54182
北林区	Beilin	1113200	145576	29555	150507	148602	13931
望奎县	Wangkui County	1120025	81950	9333	105430	96500	4000
兰西县	Lanxi County	510566	114370	12262	72956	67809	6158
青冈县	Qinggang County	710475	163591	90883	234641	226967	75037
庆安县	Qingan County	233200	45133	588	59255	52388	324
明水县	Mingshui County	120750	426055	17071	173967	160543	22880
绥棱县	Suiling County	136300	13910	3006	29012	28448	2459
呼玛县	Huma County	6877	30276	634	6680	6149	407
塔河县	Tahe County	19976	7386	436	8929	7280	181
漠河县	Mohe County	17440	5679	600	3328	2380	258
加格达奇区	Jiagedaqi District	17999	27286	2551	5721	5528	952

附录Ⅰ 续表18 CONTINUED

单位：万元 (10000 yuan)

县、市名称	Name	企业单位数（个）Number of Enterprises (unit)	#亏损企业 Losses	工业总产值 Gross Industrial Output Value	工业销售产值 Sales Industrial Output Value	资产合计 Total Assets	流动资产合计 Total Working Capitals
		全年主营业务收入500万元及以上的工业企业 Industrial Enterprises With Annual Revenue From Principal Business Over 5 Million Yuan					
阿城区	Acheng	80	29	773509	734398	1492098	924372
呼兰区	Hulan	87	27	767040	725982	932290	525276
宾县	Bin County	71	3	676885	669099	672548	326951
依兰县	Yilan County	30	5	284519	284357	943512	164021
方正县	Fangzheng County	44	4	109249	108094	125969	37158
双城市	Shuangcheng City	59	12	851386	849722	616864	360129
尚志市	Shangzhi City	121	4	1007817	949718	428520	123647
五常市	Wuchang City	56	4	378886	374812	246361	110712
巴彦县	Bayan County	18	1	228048	219671	129223	46566
木兰县	Mulan County	19	4	85408	79660	98662	33661
通河县	Tonghe County	26	4	107152	105638	65632	36972
延寿县	Yanshou County	29	2	114619	105500	99087	57193
龙江县	Longjiang County	19		382916	375208	199485	51589
依安县	Yian County	20		473030	459004	231516	101024
泰来县	Tailai County	14	2	133485	133803	96711	46672
甘南县	Gannan County	15	1	416600	413542	183237	111043
富裕县	Fuyu County	26	1	423513	413180	291555	138354
克山县	Keshan County	17		136662	141801	126777	51449
克东县	Kedong County	16	1	346410	342643	226129	125950
拜泉县	Baiquan County	15	1	171396	164689	52596	19781
梅里斯区	Meilisi Daur District	7		113489	113935	24058	9001
讷河市	Nehe City	36	2	476389	482832	267438	136427
鸡东县	Jidong County	23	3	210007	175689	341048	208472
虎林市	Hulin City	40	6	495846	459279	278880	160684
密山市	Mishan City	39	8	342913	310913	369763	192136
萝北县	Luobei County	23	2	162909	163365	166849	46702
绥滨县	Suibin County	6	2	55199	54851	46876	17395
集贤县	Jixian County	38	5	606899	601230	523678	238032
友谊县	Youyi County	17	1	225706	222667	172465	90543
宝清县	Baoqing County	43	1	540712	533070	263554	138144
饶河县	Raohe County	13	2	61126	60880	35703	14802
肇州县	Zhaozhou County	27	6	555649	552465	433394	94546
肇源县	Zhaoyuan County	22	1	544036	524299	340941	122235
林甸县	Lindian County	14	6	277439	256655	157416	64634
杜蒙自治县	Durbote Mongolia Autonomous County	23		412922	421479	238317	74843

附录Ⅰ 续表19 CONTINUED

单位：万元 (10000 yuan)

县、市名称	Name	全年主营业务收入500万元及以上的工业企业 Industrial Enterprises With Annual Revenue From Principal Business Over 5 Million Yuan					
		企业单位数（个） Number of Enterprises (unit)	#亏损企业 Losses	工业总产值 Gross Industrial Output Value	工业销售产值 Sales Industrial Output Value	资产合计 Total Assets	流动资产合计 Total Working Capitals
嘉荫县	Jiayin County	6		42491	42491	73909	30066
铁力市	Tieli City	43	2	301842	292722	141958	75707
桦南县	Huanan County	42	2	366834	338966	547597	166916
桦川县	Huachuan County	36		267834	252245	131338	72306
汤原县	Tangyuan County	27	5	270736	270441	176898	85112
抚远县	Fuyuan County	7		50823	50292	56747	13592
同江市	Tongjiang City	20	2	142435	134989	184464	63176
富锦市	Fujin City	84	2	621872	618145	399874	129902
佳木斯郊区	Jiamusi Suburb	43	5	445754	436369	398970	201322
勃利县	Boli County	37	10	752200	650760	695477	297851
穆棱市	Muling City	72		872623	840701	265991	84390
东宁县	Dongning County	49	9	138890	142554	221203	84359
林口县	Linkou County	36		220083	217441	122315	43194
绥芬河市	Suifenhe City	28	15	196374	170200	310004	120879
海林市	Hailin City	72	6	793422	779167	361188	100175
宁安市	Ningan City	75	4	494423	487292	369365	116154
北安市	Beian City	30	5	207870	173796	217114	95894
五大连池市	Wudalianchi City	14	3	51945	49233	46069	15570
五大连池风景区	Wudalianchi scenic spot	2		2727	2590	4829	2836
爱辉区	Aihui	36	8	281833	266007	369607	128603
嫩江县	Nenjiang County	27	9	175094	153239	384471	94898
逊克县	Xunke County	10	2	55372	55362	135215	5293
孙吴县	Sunwu County	11	1	42291	40148	55998	19711
安达市	Anda City	33	7	640311	648811	480995	211142
肇东市	Zhaodong City	37	9	957824	914998	855850	318586
海伦市	Hailun City	23	7	252357	240507	261817	93018
北林区	Beilin	40	8	355541	349300	470486	172028
望奎县	Wangkui County	11		248376	236502	109563	30980
兰西县	Lanxi County	15	1	93131	85063	57191	24666
青冈县	Qinggang County	9		245257	242015	173646	87635
庆安县	Qingan County	17	1	158055	157118	165130	59619
明水县	Mingshui County	8		258234	236196	135610	64645
绥棱县	Suiling County	15	4	87491	88868	80018	19251
呼玛县	Huma County	4	1	21588	19861	67907	47982
塔河县	Tahe County	6		39275	30920	37967	19540.4
漠河县	Mohe County	11	1	134718	109595	132756	71816
加格达奇区	Jiagedaqi District	6	1	59494	40907	101035	49035

附录Ⅰ 续表20 CONTINUED

单位：万元 (10000 yuan)

县、市名称	Name	全年主营业务收入500万元及以上的工业企业 Industrial Enterprises With Annual Revenue From Principal Business Over 5 Million Yuan						
		固定资产净值 Net Value of Fixed Assets	负债合计 Total Liabilities	所有者权益 Creditors' Equity	主营业务收入 Sales Revenue	利润总额 Total Profit	利税总额 Total Profit and Tax	年平均从业人员(人) Average Employed Persons (person)
阿城区	Acheng	426616	989602	502315	718406	10889	39411	17714
呼兰区	Hulan	277392	467514	462637	710267	58286	89643	16330
宾县	Bin County	243367	250346	421765	609316	51808	71283	7751
依兰县	Yilan County	715166	659280	284232	330349	12973	33262	12051
方正县	Fangzheng County	61007	62330	63639	125583	1713	2802	2400
双城市	Shuangcheng City	219027	350963	265901	767783	57252	100126	11087
尚志市	Shangzhi City	286525	236054	191714	909859	51711	84802	11563
五常市	Wuchang City	112907	136826	108792	248765	26269	41387	7960
巴彦县	Bayan County	73896	86064	43159	221093	8235	11259	2681
木兰县	Mulan County	44224	47032	51630	76898	2472	5946	3132
通河县	Tonghe County	26406	39260	26373	102370	2361	4944	2543
延寿县	Yanshou County	30031	54411	44676	108223	6056	11216	3392
龙江县	Longjiang County	133456	125623	67960	375838	26201	39051	4139
依安县	Yian County	92833	69518	161712	472614	68384	98279	2590
泰来县	Tailai County	45387	31663	65048	135483	9850	18076	1501
甘南县	Gannan County	41453	65388	112668	404530	64343	76055	2718
富裕县	Fuyu County	121910	180241	108620	441696	43385	61642	5398
克山县	Keshan County	48562	58786	67781	140180	18304	25550	4375
克东县	Kedong County	98286	143443	80618	341291	40838	57953	4072
拜泉县	Baiquan County	26759	30178	20885	175071	15848	22836	3130
梅里斯区	Meilisi Daur District	13456	12382	11454	117344	13846	21975	957
讷河市	Nehe City	96992	122013	144386	495675	33316	73444	5152
鸡东县	Jidong County	106934	252676	88368	207863	21742	36046	5572
虎林市	Hulin City	85018	127119	151671	454193	45882	53751	4740
密山市	Mishan City	127241	244758	121904	316507	12317	27496	7213
萝北县	Luobei County	100009	115423	51427	169151	12260	19370	3353
绥滨县	Suibin County	23248	34684	12191	56155	8629	10252	947
集贤县	Jixian County	168885	276937	246309	600463	26091	46326	8693
友谊县	Youyi County	61615	130306	41723	237982	5066	16075	2811
宝清县	Baoqing County	107916	130996	132555	529413	68487	96656	6328
饶河县	Raohe County	17830	24821	10883	60935	786	1854	856
肇州县	Zhaozhou County	321693	141164	292230	569913	46146	70900	5620
肇源县	Zhaoyuan County	100683	101819	221137	516974	95478	100879	4394
林甸县	Lindian County	78110	84650	72766	255196	35627	42134	3822
杜蒙自治县	Durbote Mongolia Autonomous County	112029	121368	110423	442108	44096	58390	2340

附录 I 续表21 CONTINUED

单位：万元 (10000 yuan)

县、市名称	Name	全年主营业务收入500万元及以上的工业企业 Industrial Enterprises With Annual Revenue From Principal Business Over 5 Million Yuan						
		固定资产净值 Net Value of Fixed Assets	负债合计 Total Liabilities	所有者权益 Creditors' Equity	主营业务收入 Sales Revenue	利润总额 Total Profit	利税总额 Total Profit and Tax	年平均从业人员(人) Average Employed Persons (person)
嘉荫县	Jiayin County	20985	32587	41322	39433	2239	2677	3013
铁力市	Tieli City	49676	76500	61005	292711	47560	59967	6749
桦南县	Huanan County	336228	347779	193673	318830	49575	70221	5992
桦川县	Huachuan County	45542	74202	55564	261002	22673	23644	2070
汤原县	Tangyuan County	75619	143180	33718	270987	27877	38557	3361
抚远县	Fuyuan County	41560	33353	23395	48896	4903	8334	525
同江市	Tongjiang City	104434	125276	59187	145974	11003	13123	1605
富锦市	Fujin City	231188	242825	156726	622557	44152	60394	6345
佳木斯郊区	Jiamusi Suburb	165329	260505	138465	413772	30616	43745	7953
勃利县	Boli County	357412	317243	378174	676189	124508	145543	7975
穆棱市	Muling City	128421	63908	197078	842704	40502	75563	12017
东宁县	Dongning County	117472	136947	82958	145844	13765	26116	7459
林口县	Linkou County	68273	66126	55417	212655	31391	49230	5532
绥芬河市	Suifenhe City	100067	175963	134470	170527	18316	20574	2910
海林市	Hailin City	186801	161588	197858	804849	58340	93961	11832
宁安市	Ningan City	209725	165777	203355	493990	14508	29794	10438
北安市	Beian City	106651	170748	45626	173440	915	5126	3690
五大连池市	Wudalianchi City	22644	31370	14694	49885	2063	2687	1073
五大连池风景区	Wudalianchi scenic spot	1302	778	4051	2590	109	244	147
爱辉区	Aihui	201565	224257	145321	294559	21641	41378	8717
嫩江县	Nenjiang County	143747	177376	206995	156205	8582	19223	5879
逊克县	Xunke County	107855	91814	43401	56294	1389	3242	1812
孙吴县	Sunwu County	29161	29321	26677	43730	495	710	774
安达市	Anda City	175687	230745	230038	541369	131999	156867	6241
肇东市	Zhaodong City	456085	415117	403290	950482	61787	105290	13201
海伦市	Hailun City	154344	185750	76067	229586	33788	39017	4639
北林区	Beilin	239933	322158	147981	335624	35711	44680	9053
望奎县	Wangkui County	69645	71790	37771	242689	38201	47687	3204
兰西县	Lanxi County	31294	32951	24240	85063	2904	5789	4464
青冈县	Qinggang County	63063	112629	61017	243507	47022	59237	6307
庆安县	Qingan County	90453	75170	83960	139811	14696	19321	4118
明水县	Mingshui County	60248	86054	48556	249963	47970	65161	2657
呼玛县	Huma County	10401	46491	21416	19861	926	1946	1095
塔河县	Tahe County	17012	25701	12266	30589	763	2379.9	1446
漠河县	Mohe County	49682	92713	40043	103919	13652	28436	3558
加格达奇区	Jiagedaqi District	33402	72051	28984	40868	524	2957	3186

附录Ⅰ 续表22 CONTINUED

单位：万元 (10000 yuan)

县、市名称	Name	全年主营业务收入500万元及以上的国有控股工业企业 State-holding Industrial Enterprises With Annual Revenue From Principal Business Over 5 Million Yuan 企业单位数（个） Number of Enterprises (unit)	#亏损企业 Losses	工业总产值 Gross Industrial Output Value	工业销售产值 Sales Industrial Output Value	资产合计 Total Assets	流动资产合计 Total Working Capitals
阿城区	Acheng	13	4	142952	138562	283508	126722
呼兰区	Hulan	5	2	17771	17958	12744	3797
宾县	Bin County	3	1	98330	93333	159728	56575
依兰县	Yilan County	10	3	205009	205760	789283	124258
方正县	Fangzheng County	2	1	4238	4238	14667	2440
双城市	Shuangcheng City	3	1	21764	20886	22993	12283
尚志市	Shangzhi City	7	3	49728	57135	60052	18579
五常市	Wuchang City	5	2	25975	26636	35664	8615
巴彦县	Bayan County	3	1	28353	27896	58657	12050
木兰县	Mulan County	2	1	4703	4703	15434	2111
通河县	Tonghe County	4	2	16562	16498	17936	4445
延寿县	Yanshou County	2		10108	9558	13067	2244
龙江县	Longjiang County	2		19887	19887	54335	8720
依安县	Yian County	1		6810	6810	14290	1091
泰来县	Tailai County	3	1	71694	71650	46015	17282
甘南县	Gannan County	2	1	12715	12715	19958	3103
富裕县	Fuyu County	5		209740	204962	160781	78166
克山县	Keshan County	4		26594	26409	14512	2235
克东县	Kedong County	1		5739	5739	9239	1304
拜泉县	Baiquan County	1	1	6514	6514	13128	1622
梅里斯区	Meilisi Daur District						
讷河市	Nehe City	2	1	14669	14424	19970	3104
鸡东县	Jidong County	2		17831	16446	45221	11206
虎林市	Hulin City	4	1	109167	73868	70176	25625
密山市	Mishan City	9	2	88703	90373	108856	33738
萝北县	Luobei County	3		29828	29828	82799	12941
绥滨县	Suibin County	2	1	6538	6184	12497	2300
集贤县	Jixian County						
友谊县	Youyi County	2		34679	35668	69770	46079
宝清县	Baoqing County	2		24929	24929	48038	15291
饶河县	Raohe County	1	1	3412	3412	6476	1125
肇州县	Zhaozhou County	1	1	7947	7947	14169	1798
肇源县	Zhaoyuan County	1		29381	29381	16190	4830
林甸县	Lindian County	1	1	8440	8440	10584	1486
杜蒙自治县	Durbote Mongolia Autonomous County	5		255873	270070	87254	34424

附录Ⅰ 续表23 CONTINUED

单位：万元 (10000 yuan)

		全年主营业务收入500万元及以上的国有控股工业企业 State-holding Industrial Enterprises With Annual Revenue From Principal Business Over 5 Million Yuan					
		企业单位数（个）Number of Enterprises (unit)	#亏损企业 Losses	工业总产值 Gross Industrial Output Value	工业销售产值 Sales Industrial Output Value	资产合计 Total Assets	流动资产合计 Total Working Capitals
嘉荫县	Jiayin County	2		19426	19426	34592	14454
铁力市	Tieli City	5		26432	26308	14696	3175
桦南县	Huanan County	5	1	112605	105237	358423	85038
桦川县	Huachuan County	1		4802	4802	8760	1454
汤原县	Tangyuan County	3	3	13245	12632	49118	8290
抚远县	Fuyuan County	2		6301	6301	34823	5662
同江市	Tongjiang City	2		14266	14266	101100	12817
富锦市	Fujin City	6	1	65137	62060	103856	21439
佳木斯郊区	Jiamusi Suburb	3	1	11841	11845	51265	8107
勃利县	Boli County	3	1	11270	12362	34269	13850
穆棱市	Muling City	1		1004	1004	8373	2002
东宁县	Dongning County	5	2	20656	20251	68839	6540
林口县	Linkou County	4		86452	86397	51177	9069
绥芬河市	Suifenhe City						
海林市	Hailin City	2		27152	25422	5248	801
宁安市	Ningan City	4	2	19026	19657	59071	22280
北安市	Beian City	9	3	47779	44662	101549	18622
五大连池市	Wudalianchi City	3	1	11574	9271	13100	3125
五大连池风景区	Wudalianchi scenic spot	1		1400	1274	2053	675
爱辉区	Aihui	8	4	50942	35781	119662	42940
嫩江县	Nenjiang County	3	2	27255	27255	39182	9400
逊克县	Xunke County	1	1	3708	3708	8983	1127
孙吴县	Sunwu County	3	1	4395	3951	19744	3399
安达市	Anda City	4		134601	134400	172928	61533
肇东市	Zhaodong City	8	4	234434	231519	301254	73713
海伦市	Hailun City	5	3	41603	41459	47814	14305
北林区	Beilin	9	5	68037	66324	175633	49754
望奎县	Wangkui County	3		23607	23588	51414	10180
兰西县	Lanxi County	1		8677	8677	13106	1283
青冈县	Qinggang County	1		5733	5733	9705	241
庆安县	Qingan County	2	1	19258	18602	30497	9138
明水县	Mingshui County	3		137054	119160	43721	23178
绥棱县	Suiling County	2	2	8753	8665	22087	3615
呼玛县	Huma County						
塔河县	Tahe County	3		21845	15067	21017	10885
漠河县	Mohe County	3		72173	67090	84038	41039
加格达奇区	Jiagedaqi District	3	1	39200	28948	76596	32036

附录Ⅰ 续表24 CONTINUED

单位：万元 (10000 yuan)

县、市名称	Name	全年主营业务收入500万元及以上的国有控股工业企业 State-holding Industrial Enterprises With Annual Revenue From Principal Business Over 5 Million Yuan						
		固定资产净值 Net Value of Fixed Assets	负债合计 Total Liabilities	所有者权益 Creditors' Equity	主营业务收入 Sales Revenue	利润总额 Total Profit	利税总额 Total Profit and Tax	年平均从业人员(人) Average Employed Persons (person)
阿城区	Acheng	138678	193211	90298	131046	4276	8838	5045
呼兰区	Hulan	7225	6698	6046	17608	183	641	719
宾　县	Bin County	84663	84652	75076	114890	34512	43192	1247
依兰县	Yilan County	604063	575220	214062	247176	3040	16454	9676
方正县	Fangzheng County	1561	13429	1238	4628	-12	406	272
双城市	Shuangcheng City	8654	16906	6087	20360	171	717	797
尚志市	Shangzhi City	36803	41970	18082	54135	45	1413	2099
五常市	Wuchang City	24556	28111	7554	25716	690	1719	1140
巴彦县	Bayan County	43938	48800	9858	27896	-203	710	919
木兰县	Mulan County	12052	13832	1602	5576	-117	242	442
通河县	Tonghe County	13354	15017	2919	16346	335	1090	421
延寿县	Yanshou County	8790	10903	2164	9372	64	230	374
龙江县	Longjiang County	45615	47393	6942	20735	4171	4288	548
依安县	Yian County	12809	12967	1323	6810	1	218	278
泰来县	Tailai County	26731	15753	30261	70907	9204	14875	584
甘南县	Gannan County	13391	19262	696	12508	-212	-30	348
富裕县	Fuyu County	67509	101331	57147	220717	21064	26475	1557
克山县	Keshan County	12057	12351	2161	26864	1447	2757	868
克东县	Kedong County	7898	6965	2274	5409	59	314	297
拜泉县	Baiquan County	10236	12453	675	5530	-149	-27	280
梅里斯区	Meilisi Daur District							
讷河市	Nehe City	15430	17531	2439	15497	-345	-175	559
鸡东县	Jidong County	32753	31783	13437	16957	363	1211	578
虎林市	Hulin City	26720	40494	29682	71739	1812	2204	880
密山市	Mishan City	66844	82153	26703	93122	-1296	3241	3036
萝北县	Luobei County	69320	59279	23520	33791	2166	2826	695
绥滨县	Suibin County	7751	11685	812	7343	-25	98	449
集贤县	Jixian County							
友谊县	Youyi County	21277	56721	12615	50041	47	772	830
宝清县	Baoqing County	27958	24919	23119	24064	13	835	960
饶河县	Raohe County	3837	5639	837	3756	-113	7	193
肇州县	Zhaozhou County	9570	12484	1685	8905	-68	58	337
肇源县	Zhaoyuan County	9487	14423	1766	25858	8	977	523
林甸县	Lindian County	8665	9639	945	8033	-123	71	262
杜蒙自治县	Durbote Mongolia Autonomous County	34932	44490	42764	286937	30122	37213	1188

附录 I 续表25 CONTINUED

单位：万元 (10000 yuan)

县、市名称	Name	全年主营业务收入500万元及以上的国有控股工业企业 State-holding Industrial Enterprises With Annual Revenue From Principal Business Over 5 Million Yuan						
		固定资产净值 Net Value of Fixed Assets	负债合计 Total Liabilities	所有者权益 Creditors' Equity	主营业务收入 Sales Revenue	利润总额 Total Profit	利税总额 Total Profit and Tax	年平均从业人员(人) Average Employed Persons (person)
嘉荫县	Jiayin County	13370	15761	18831	19102	1955	2214	1526
铁力市	Tieli City	10051	9909	4787	26308	2613	3472	933
桦南县	Huanan County	252998	241522	111408	103064	27463	38503	1642
桦川县	Huachuan County	6824	8441	319	4339			94
汤原县	Tangyuan County	29357	47548	1570	12842	-3047	-2794	279
抚远县	Fuyuan County	29035	23009	11814	6301	2742	3583	106
同江市	Tongjiang City	79026	78321	22780	14388	2877	3186	139
富锦市	Fujin City	62956	79466	24067	66100	1947	4481	1731
佳木斯郊区	Jiamusi Suburb	42077	17115	34151	13011	1738	1810	783
勃利县	Boli County	15879	11491	22779	12409	84	1167	389
穆棱市	Muling City	5733	8549	-176	3071	47	74	205
东宁县	Dongning County	61526	50057	18693	20908	-691	-341	523
林口县	Linkou County	35220	32769	18408	82397	13218	22429	2205
绥芬河市	Suifenhe City							
海林市	Hailin City	4165	4850	394	29437	823	1665	227
宁安市	Ningan City	29783	49463	9609	21008	241	1050	987
北安市	Beian City	78453	87980	13569	49629	-3711	-2017	1955
五大连池市	Wudalianchi City	8652	9747	3353	9653	188	494	313
五大连池风景区	Wudalianchi scenic spot	687	97	1956	1274	46	125	77
爱辉区	Aihui	60543	108453	11209	50765	279	3348	2602
嫩江县	Nenjiang County	28712	32516	6666	26645	229	1073	792
逊克县	Xunke County	7395	8677	306	4118	-100	94	134
孙吴县	Sunwu County	10114	12013	7731	6559	181	365	228
安达市	Anda City	76440	58275	114652	132169	48183	61080	2417
肇东市	Zhaodong City	222596	137999	133965	229017	7277	27076	3647
海伦市	Hailun City	28771	42765	5049	41613	1711	3410	1506
北林区	Beilin	110093	158912	16722	62856	-220	2717	2699
望奎县	Wangkui County	39910	47477	3937	19310	3160	4151	417
兰西县	Lanxi County	10876	12902	203	8677	181	525	312
青冈县	Qinggang County	8626	9686	19	7077		18	277
庆安县	Qingan County	19153	27687	2810	17653	-335	-135	574
明水县	Mingshui County	17185	25583	17138	132927	28522	39141	860
呼玛县	Huma County							
塔河县	Tahe County	9340	13780	7237	15067	204	1237	812
漠河县	Mohe County	34315	63137	20900	62987	12174	22328	1700
加格达奇区	Jiagedaqi District	26752	59851	16744	28947	246	1961	2562

附录Ⅰ 续表26 CONTINUED

县、市名称	Name	财政收入（万元）Total Revenue (10000 yuan)	#地方财政收入 Local Financial Revenue	财政支出（万元）Total Expenditures (10000 yuan)	公路线路里程（公里）Length of Highways (km)	普通中学在校学生（人）Students in Regular Secondary Schools (person)	小学在校学生（人）Students in Primary Schools (person)
阿城区	Acheng		161828	287680	1465	14717	26395
呼兰区	Hulan		210721	342904	1230	15564	28862
宾县	Bin County	72282	63178	196486	2153	13283	26540
依兰县	Yilan County	72556	56207	180948	1717	12163	26048
方正县	Fangzheng County	30180	20000	87955	1069	6779	14688
双城市	Shuangcheng City	141559	116467	263542	2035	24655	44471
尚志市	Shangzhi City	63710	51958	174102	2434	18453	32350
五常市	Wuchang City	72646	59574	229683	3403	25296	46373
巴彦县	Bayan County	42200	29192	171715	2069	20608	38353
木兰县	Mulan County	24104	17348	108074	1145	12099	14679
通河县	Tonghe County	20640	19581	109183	1320	5898	10681
延寿县	Yanshou County	36057	21720	114275	1083	7494	16088
龙江县	Longjiang County	29810	26900	175131	2467	16440	32646
依安县	Yian County	32378	24073	152609	2488	15104	19876
泰来县	Tailai County	24286	16329	116149	2141	10713	12006
甘南县	Gannan County	21811	16133	136273	2428	10677	20139
富裕县	Fuyu County	39978	28112	126993	1931	8819	14361
克山县	Keshan County	13187	10562	118425	2239	13290	20348
克东县	Kedong County	26447	15503	106820	1248	9459	15479
拜泉县	Baiquan County	17972	15817	145829	2066	12569	19464
梅里斯区	Meilisi Daur District	4581	2728	41781	733	4707	8461
讷河市	Nehe City	32938	26319	183989	2602	21025	31549
鸡东县	Jidong County	49532	31232	120490	1666	14113	13429
虎林市	Hulin City	33821	19840	137326	2935	13372	16225
密山市	Mishan City	43474	36777	165633	2707	18731	23441
萝北县	Luobei County	33299	18213	79263	2552	9365	11020
绥滨县	Suibin County	11697	7934	96766	1855	7314	11199
集贤县	Jixian County	39770	29386	132260	1175	10285	18937
友谊县	Youyi County	18366	12782	50727	481	4171	5080
宝清县	Baoqing County	55744	35466	158129	3928	15753	22920
饶河县	Raohe County	11862	6874	74495	2475	6261	10927
肇州县	Zhaozhou County	83692	61548	147725	1243	15424	18231
肇源县	Zhaoyuan County	64675	41302	146510	1651	20366	20066
林甸县	Lindian County	48429	28147	107628	1422	8711	15118
杜蒙自治县	Durbote Mongolia Autonomous County	60555	30727	118908	1829	8562	14247

附录 I 续表27 CONTINUED

县、市名称	Name	财政收入（万元） Total Revenue (10000 yuan)	#地方财政收入 Local Financial Revenue	财政支出（万元） Total Expenditures (10000 yuan)	公路线路里程（公里） Length of Highways (km)	普通中学在校学生（人） Students in Regular Secondary Schools (person)	小学在校学生（人） Students in Primary Schools (person)
嘉荫县	Jiayin County	10886	8915	71597	1258	2998	5371
铁力市	Tieli City	18422	13188	102897	1687	11564	18394
桦南县	Huanan County	32949	20946	152425	1715	15294	33612
桦川县	Huachuan County	13349	10955	105248	1394	6935	13316
汤原县	Tangyuan County	19986	12815	111562	1651	10996	19967
抚远县	Fuyuan County	30329	20111	111959	1940	5544	12798
同江市	Tongjiang City	25613	19129	136915	2385	10740	15418
富锦市	Fujin City	51807	31820	200881	4777	25064	39474
佳木斯郊区	Jiamusi Suburb	71273	9377	71273	1012	10866	20297
勃利县	Boli County	70633	39710	138556	1456	7635	14897
穆棱市	Muling City	113482	50991	160938	1976	6501	14368
东宁县	Dongning County	81902	47246	140511	1624	7417	13441
林口县	Linkou County	52385	42072	136369	2423	8570	16492
绥芬河市	Suifenhe City	125023	100866	198248	219	4488	7642
海林市	Hailin City	158914	78302	178101	2162	9519	17264
宁安市	Ningan City	60025	44577	164720	2289	12217	26545
北安市	Beian City	40845	31102	184421	2938	17498	22368
五大连池市	Wudalianchi City	15422	16480	122813	2723	13213	20813
五大连池风景区	Wudalianchi scenic spot	69294	2565	66422	107	1258	1796
爱辉区	Aihui	29474	18358	95938	1758	7651	11572
嫩江县	Nenjiang County	81978	71000	202626	3609	18753	30374
逊克县	Xunke County	18921	17107	86600	2325	3851	6698
孙吴县	Sunwu County	7414	9505	76603	1362	4009	8440
安达市	Anda City	132621	112866	213691	1901	14966	22792
肇东市	Zhaodong City	148189	122067	322908	1999	46093	40373
海伦市	Hailun City	23375	15566	195683	3281	38154	44193
北林区	Beilin	42277	28251	183314	2073	26885	38863
望奎县	Wangkui County	29047	19562	136004	1457	16914	19699
兰西县	Lanxi County	17274	14452	123986	1692	14806	25269
青冈县	Qinggang County	15488	16666	132522	1771	16756	17292
庆安县	Qingan County	21233	21745	141262	2024	13311	24540
明水县	Mingshui County	18783	13533	112071	1391	10979	17109
绥棱县	Suiling County	11002	10655	108775	2014	14073	25188
呼玛县	Huma County	8450	5868	59434	1664	1878	3188
塔河县	Tahe County	10279	7076	36960	1327	2853	3821
漠河县	Mohe County	33772	18469	64458	1405	2222	3657
加格达奇区	Jiagedaqi District	27007	28251	183314	255	4542	6533

注：本表中爱辉区和北林区财政数据来自当地统计局。
Note:The financial data of Aihui District and Beilin District come from local statistics.

附录Ⅰ 续表28 CONTINUED

县、市名称	Name	社会消费品零售总额（万元）Total Retail Sales of Consumer Goods (10000 yuan)	城镇居民人均可支配收入（元）Per Capita Disposable Income(yuan)	城镇化率(%) Urbanization Rate (%)	实际利用域外资金（万元）Total Amount of Ecdemic Capital Actually Used (10000 yuan)
阿城区	Acheng				
呼兰区	Hulan				
宾县	Bin County	402598	11352	17.5	416701
依兰县	Yilan County	218849	15528	32.4	330123
方正县	Fangzheng County	158612	8937	51.5	74093
双城市	Shuangcheng City	564398	10473	20.9	359090
尚志市	Shangzhi City	565842	15495	39.4	375255
五常市	Wuchang City	574458	10209	22.7	248046
巴彦县	Bayan County	422021	9886	16.5	85980
木兰县	Mulan County	119605	8265	24.1	83043
通河县	Tonghe County	143012	8328	39.6	161843
延寿县	Yanshou County	144693	8035	27.9	114992
龙江县	Longjiang County	148702	8437	17.8	232108
依安县	Yian County	129637	10536	17.6	266755
泰来县	Tailai County	63162	7997	24.9	285794
甘南县	Gannan County	54491	7832	32.1	297376
富裕县	Fuyu County	86836	10710	36.2	240145
克山县	Keshan County	138461	9464	19.0	254297
克东县	Kedong County	56542	8380	20.5	302289
拜泉县	Baiquan County	110636	8652	13.6	96903
梅里斯区	Meilisi Daur District	32100	12100	24.6	92000
讷河市	Nehe City	300885	12029	18.2	227755
鸡东县	Jidong County	98153	13229	35.6	96737
虎林市	Hulin City	133291	12990	56.3	135653
密山市	Mishan City	180420	12907	34.8	160176
萝北县	Luobei County	56990	12422	45.3	74560
绥滨县	Suibin County	45200	7040	30.4	35040
集贤县	Jixian County	113990	15285	32.5	279148
友谊县	Youyi County	17945	13235	86.6	204728
宝清县	Baoqing County	117400	14397	36.7	288493
饶河县	Raohe County	26046	11482	43.8	173782
肇州县	Zhaozhou County	107998	15033	19.4	298350
肇源县	Zhaoyuan County	122123	9560	21.2	245484
林甸县	Lindian County	94079	8614	23.3	234269
杜蒙自治县	Durbote Mongolia Autonomous County	93763	9129	27.3	250009

附录Ⅰ 续表29 CONTINUED

县、市名称	Name	社会消费品零售总额（万元）Total Retail Sales of Consumer Goods (10000 yuan)	城镇居民人均可支配收入（元）Per Capita Disposable Income (yuan)	城镇化率（%）Urbanization Rate (%)	实际利用域外资金（万元）Total Amount of Ecdemic Capital Actually Used (10000 yuan)
嘉荫县	Jiayin County	33546	9969	38.5	30709
铁力市	Tieli City	120607	8550	73.5	238591
桦南县	Huanan County	298360	10951	32.2	333721
桦川县	Huachuan County	71793	8637	26.0	165720
汤原县	Tangyuan County	111815	10783	42.0	196600
抚远县	Fuyuan County	51020	13536	40.8	177255
同江市	Tongjiang City	92953	11688	47.0	196600
富锦市	Fujin City	305638	13069	44.2	330750
佳木斯郊区	Jiamusi Suburb	143000	12186	44.7	78800
勃利县	Boli County	110762	11412	38.0	590000
穆棱市	Muling City	246110	17094	44.3	360822
东宁县	Dongning County	187030	19050	47.9	284997
林口县	Linkou County	205532	11715	31.3	160244
绥芬河市	Suifenhe City	126153	19405	81.8	303140
海林市	Hailin City	254361	17128	59.3	355008
宁安市	Ningan City	273420	17019	35.4	311638
北安市	Beian City	187707	12631	53.3	124551
五大连池市	Wudalianchi City	90081	10878	41.4	113716
五大连池风景区	Wudalianchi scenic spot	8399		70.6	42900
爱辉区	Aihui				
嫩江县	Nenjiang County	192268	14331	57.1	178058
逊克县	Xunke County	34958	11136	31.7	67079
孙吴县	Sunwu County	44520	8104	38.7	29237
安达市	Anda City	510046	13527	38.5	97277
肇东市	Zhaodong City	681861	15180	30.4	110556
海伦市	Hailun City	270469	8252	20.8	65380
北林区	Beilin	386030	11056	32.0	
望奎县	Wangkui County	106416	7545	17.4	67135
兰西县	Lanxi County	110227	5836	18.3	48758
青冈县	Qinggang County	91653	5720	25.0	40085
庆安县	Qingan County	177285	11103	21.6	56925
明水县	Mingshui County	82116	5637	20.3	25900
绥棱县	Suiling County	54796	6083	21.1	38132
呼玛县	Huma County	21569	12531	55.8	74728
塔河县	Tahe County	38297	9592	88.4	77650
漠河县	Mohe County	73251	12562	91.9	96414
加格达奇区	Jiagedaqi District	153778	12178	86.7	254

附录Ⅱ 各类开发区情况

APPENDIX Ⅱ GENERAL SURVEY OF ALL DEVELOPMENT AREAS

附录 II－1 各类开发区基本情况 (2010年)

GENERAL SURVEY OF ALL DEVELOPMENT AREAS (2010)

单位：个 (unit)

项 目	Item	已批准项目数 Authorized Item	#外商投资企业 Foreign-funded Enterprises
合 计	**Total**	**697**	**40**
国务院批准	**State Department Sanctioning**		
哈尔滨经济技术开发区	Economic and Technologic Development Zone of Harbin	150	22
哈尔滨高新技术产业开发区	High and New Technology Industrial Development Zone of Harbin	47	2
哈尔滨利民经济技术开发区	Limin Economic and Technological Development Zone of Harbin	32	1
大庆高新技术产业开发区	High and New Technology Industrial Development Zone of Daqing	137	4
黑河市边境经济合作区	Economic Cooperation Zone on Frontier of Heihe	5	3
绥芬河边境经济合作区	Economic Development Zone on Frontier of Suifenhe	15	
国家有关部门批准	**The National Related Departments Sanctioning**		
黑龙江哈尔滨国家农业科技园区	National Agricultural Science and Technology Zone in Harbin of Heilongjiang		
哈尔滨东北亚经贸科技合作区	Economic and Trade Scien-tech Cooperation Area of Northeast Asia of Harbin		
大庆龙凤现代农业示范区	Longfeng Modern Agricultural Demonstration Zone of Daqing		
哈尔滨工程大学科技园	Scien-tech Garden of Harbin Engineer University		
省政府批准	**The Provincial Government Sanctioning**		
齐齐哈尔高新技术产业开发区	High and New Technology Industrial Development Zone of Qiqihar		
齐齐哈尔市龙南开发区	Longnan Development Zone of Qiqihar		
齐齐哈尔郊区铁锋乡镇小区	Tiefeng Villages and Towns in the Suburb of Qiqihar		
齐齐哈尔郊区建华乡镇小区	Jianhua Villages and Towns in the Suburb of Qiqihar		
黑龙江省富拉尔基民营科技企业示范区	Fulaerji Demonstration Area of Scien-tech Enterprise of Tractor to the Public in Heilongjiang Province		
黑龙江省阳明民营科技企业示范区	Yangming Demonstration Area of Scien-tech Enterprise of Tractor to the Public of Heilongjiang Province	62	2
佳木斯高新技术产业开发区	High and New Technology Industrial Development Zone of Jiamusi	14	
佳木斯市经济技术开发区	Economic and Technological Development Zone of Jiamusi		
双鸭山市经济技术开发区	Economic and Technological Development Zone of Shuangyashan	6	
双城经济技术开发区	Economic and Technologic Development Zone of Shuangcheng	3	
尚志经济开发区	Economic and Technologic Development Zone of Shangzhi	32	1
绥化经济开发区	Economic Development Zone of Suihua	16	
鸡西市金三角经济开发区	Jinsanjiao Economic Development Zone of Jixi	2	
哈尔滨达连河经济开发区	Dalianhe Economic Development Zone of Harbin		
哈尔滨阿城经济开发区	Acheng Economic Development Zone of Harbin		
宾西经济技术开发区	Binxi Economic Development Zone of Harbin	56	4

附录Ⅱ-1 续表1 CONTINUED

单位：个 (unit)

项　目	Item	已批准项目数 Authorized Item	#外商投资企业 Foreign-funded Enterprises
黑龙江东宁经济开发区	Dongning Economic Development Zone of Heilongjiang		
同江经济开发区	Tongjiang Economic Development Zone		
逊克边境经济合作区	Economic Development Zone on Frontier of Xunke		
密山边境经济合作区	Economic Development Zone on Frontier of Mishan		
五大连池旅游度假区	Tour Vacation Zone on Frontier of Wudalianchi	5	
亚布力滑雪旅游度假区	Tour Vacation Zone on Frontier of Yabuli		
镜泊湖旅游度假区	Tour Vacation Zone on Frontier of Jingpo Lake		
黑龙江省农垦当壁镇兴凯湖旅游度假区	Tour Vacation Zone of Xingkai Lake in Dangbi Town in ARB. of Heilongjiang Province		
虎林边境旅游经济开发区	Frontier Travel Economic Development Zone on Frontier of Hulin		
建三江绿色产业经济技术开发区	Economic & Technological Development Zone of Pollution-free Industry of Jiansanjiang		
九三绿色产业经济技术开发区	Economic and Technological Development Zone of Jiusan Pollution-free Industries		
哈尔滨生态农业开发区	Ecological Agriculture Development Zone of Harbin		
黑龙江海林经济开发区	Hailin Ecological Development Zone of Heilongjiang	25	1
黑河中俄边民互市贸易区	Trade Zone of the City Each other of Sino-Russia Inhabitant of a Border Area of Heihe		
同江中俄边民互市贸易区	Trade Zone of the City Each other of Sino-Russia Inhabitant of a Border Area of Tongjiang		
黑龙江宝泉岭经济开发区	Economic and Technologic Development Zone of Baoquanling	14	
省直有关部门批准	**The Provincial Related Departments Sanctioning**		
哈尔滨软件园	Software Centre of Harbin		
黑龙江省肇东经济技术开发区	Economic and Technological Development Zone of Zhaodong	36	
穆棱经济开发区	Muling Economic Development Zone	4	
林口朱家镇乡镇工业小区	Industrial District of Villages and Towns in Zhujia Town of Linkou		
大庆万宝工业园区	Wanbao Industrial Zone of Daqing	36	
大庆市让胡路区经济开发小区	Economic Development Zone in Ranghulu District of Daqing		

附录Ⅱ－1 续表2 CONTINUED

项　　目	Item	内资企业投资总额（万元）Total Investment of Domestic-funded Enterprises (10000 yuan)	外资企业实际投资额（万美元）Total Investment of Foreign-funded Enterprises (USD 10000)
合　计	**Total**	**5918841**	**62769**
国务院批准	**State Department Sanctioning**		
哈尔滨经济技术开发区	Economic and Technologic Development Zone of Harbin	942744	33100
哈尔滨高新技术产业开发区	High and New Technology Industrial Development Zone of Harbin	200000	5190
哈尔滨利民经济技术开发区	Limin Economic and Technological Development Zone of Harbin	2200000	4300
大庆高新技术产业开发区	High and New Technology Industrial Development Zone of Daqing	395548	9662
黑河市边境经济合作区	Economic Cooperation Zone on Frontier of Heihe	85993	1215
绥芬河边境经济合作区	Economic Development Zone on Frontier of Suifenhe	21500	
国家有关部门批准	**The National Related Departments Sanctioning**		
黑龙江哈尔滨国家农业科技园区	National Agricultural Science and Technology Zone in Harbin of Heilongjiang		
哈尔滨东北亚经贸科技合作区	Economic and Trade Scien-tech Cooperation Area of Northeast Asia of Harbin		
大庆龙凤现代农业示范区	Longfeng Modern Agricultural Demonstration Zone of Daqing		
哈尔滨工程大学科技园	Scien-tech Garden of Harbin Engineer University		
省政府批准	**The Provincial Government Sanctioning**		
齐齐哈尔高新技术产业开发区	High and New Technology Industrial Development Zone of Qiqihar	36000	
齐齐哈尔市龙南开发区	Longnan Development Zone of Qiqihar		
齐齐哈尔郊区铁锋乡镇小区	Tiefeng Villages and Towns in the Suburb of Qiqihar		
齐齐哈尔郊区建华乡镇小区	Jianhua Villages and Towns in the Suburb of Qiqihar		
黑龙江省富拉尔基民营科技企业示范区	Fulaerji Demonstration Area of Scien-tech Enterprise of Tractor to the Public in Heilongjiang Province	17273	
黑龙江省阳明民营科技企业示范区	Yangming Demonstration Area of Scien-tech Enterprise of Tractor to the Public of Heilongjiang Province	37245	300
佳木斯高新技术产业开发区	High and New Technology Industrial Development Zone of Jiamusi	50000	
佳木斯市经济技术开发区	Economic and Technological Development Zone of Jiamusi	1500	
双鸭山市经济技术开发区	Economic and Technological Development Zone of Shuangyashan	91274	
双城经济技术开发区	Economic and Technologic Development Zone of Shuangcheng	87000	1940
尚志经济开发区	Economic and Technologic Development Zone of Shangzhi		
绥化经济开发区	Economic Development Zone of Suihua	401410	
鸡西市金三角经济开发区	Jinsanjiao Economic Development Zone of Jixi	3000	
哈尔滨达连河经济开发区	Dalianhe Economic Development Zone of Harbin		
哈尔滨阿城经济开发区	Acheng Economic Development Zone of Harbin		
宾西经济技术开发区	Binxi Economic Development Zone of Harbin	508715	3978

附录Ⅱ-1 续表3 CONTINUED

项　目	Item	内资企业投资总额（万元）Total Investment of Domestic-funded Enterprises (10000 yuan)	外资企业实际投资额（万美元）Total Investment of Foreign-funded Enterprises (USD 10000)
黑龙江东宁经济开发区	Dongning Economic Development Zone of Heilongjiang		
同江经济开发区	Tongjiang Economic Development Zone	11432	
逊克边境经济合作区	Economic Development Zone on Frontier of Xunke		
密山边境经济合作区	Economic Development Zone on Frontier of Mishan		
五大连池旅游度假区	Tour Vacation Zone on Frontier of Wudalianchi	22300	
亚布力滑雪旅游度假区	Tour Vacation Zone on Frontier of Yabuli		
镜泊湖旅游度假区	Tour Vacation Zone on Frontier of Jingpo Lake		
黑龙江省农垦当壁镇兴凯湖旅游度假区	Tour Vacation Zone of Xingkai Lake in Dangbi Town in ARB. of Heilongjiang Province		
虎林边境旅游经济开发区	Frontier Travel Economic Development Zone on Frontier of Hulin		
建三江绿色产业经济技术开发区	Economic & Technological Development Zone of Pollution-free Industry of Jiansanjiang		
九三绿色产业经济技术开发区	Economic and Technological Development Zone of Jiusan Pollution-free Industries		
哈尔滨生态农业开发区	Ecological Agriculture Development Zone of Harbin		
黑龙江海林经济开发区	Hailin Ecological Development Zone of Heilongjiang	379785	3084
黑河中俄边民互市贸易区	Trade Zone of the City Each other of Sino-Russia Inhabitant of a Border Area of Heihe		
同江中俄边民互市贸易区	Trade Zone of the City Each other of Sino-Russia Inhabitant of a Border Area of Tongjiang		
黑龙江农垦哈尔滨经济开发区	ARB. Economic Development Zone of Harbin of Heilongjiang		
黑龙江宝泉岭经济开发区	Economic and Technologic Development Zone of Baoquanling	35000	
省直有关部门批准	**The Provincial Related Departments Sanctioning**		
哈尔滨软件园	Software Centre of Harbin		
黑龙江省肇东经济技术开发区	Economic and Technological Development Zone of Zhaodong	50919	
穆棱经济开发区	Muling Economic Development Zone	143203	
林口朱家镇乡镇工业小区	Industrial District of Villages and Towns in Zhujia Town of Linkou		
大庆万宝工业园区	Wanbao Industrial Zone of Daqing	97000	
大庆市让胡路区经济开发小区	Economic Development Zone in Ranghulu District of Daqing		

附录Ⅱ-2 经济技术开发区基本情况

BASIC CONDITIONS OF ECONOMIC AND TECHNOLOGIC DEVELOPMENT AREAS

开发区名称	Name	企业数（个） Number of Enterprises(unit)		从业人员（人） Number of Employed Persons (person)	
		2009	2010	2009	2010
合 计	**Total**	**5941**	**7374**	**376214**	**274367**
哈尔滨经济技术开发区	Economic and Technologic Development Zone of Harbin	4481	5586	231366	146654
哈尔滨利民经济技术开发区	Limin Economic and Technological Development Zone of Harbin	321	335	91000	47000
富拉尔基民营科技企业示范区	Fularji Demonstration Area of Scien-tech Enterprise	19	79	5675	5760
黑龙江省阳明民营科技企业示范区	Yangming Demonstration Area of Scien-tech Enterprise	400	400	4000	4000
大庆万宝工业园区	Wanbao Industrial Zone of Daqing	36	36	3200	3400
佳木斯市经济技术开发区	Economic and Technological Development Zone of Jiamusi	24	13	3300	814
双鸭山市经济技术开发区	Economic and Technological Development Zone of Shuangyashan	42	43	14650	14700
双城经济技术开发区	Economic and Technologic Development Zone of Shuangcheng	44	44	1060	1000
尚志经济开发区	Economic and Technologic Development Zone of Shangzhi		23		2400
宾西经济技术开发区	Binxi Economic Development Zone of Harbin		26		15000
绥化经济开发区	Economic Development Zone of Suihua		89		6482
鸡西市金三角经济开发区	Jinsanjiao Economic Development Zone of Jixi	426	428	8700	8750
同江经济开发区	Tongjiang Economic Development Zone	28	30	2010	2090
黑龙江海林经济开发区	Hailin Ecological Development Zone of Heilongjiang	77	84	5996	6436
穆棱经济开发区	Muling Economic Development Zone	12	80	1484	2600
黑龙江宝泉岭经济开发区	Economic and Technologic Development Zone of Baoquanling	51	54	3050	3269
黑龙江肇东经济开发区	Economic and Technologic Development Zone of Zhaodong	31	24	3773	4012

附录Ⅱ-2 续表1 CONTINUED

开发区名称	Name	总产值(万元) Gross Output Value (10000 yuan)		利润总额(万元) Total Profits (10000 yuan)	
		2009	2010	2009	2010
合 计	**Total**	**18688692**	**20751353**	**1319397**	**1507793**
哈尔滨经济技术开发区	Economic and Technologic Development Zone of Harbin	14500000	13480000	1141000	1158000
哈尔滨利民经济技术开发区	Limin Economic and Technological Development Zone of Harbin	2000000	2300000		
富拉尔基民营科技企业示范区	Fularji Demonstration Area of Scien-tech Enterprise	60000	434148	3000	81787
黑龙江省阳明民营科技企业示范区	Yangming Demonstration Area of Scien-tech Enterprise	448776	591936	49834	67376
大庆万宝工业园区	Wanbao Industrial Zone of Daqing	71200	150000	3266	9983
佳木斯市经济技术开发区	Economic and Technological Development Zone of Jiamusi	27010	13300		1500
双鸭山市经济技术开发区	Economic and Technological Development Zone of Shuangyashan	728815	1279071	77269	29618
双城经济技术开发区	Economic and Technologic Development Zone of Shuangcheng	129714	466666	19775	36053
尚志经济开发区	Economic and Technologic Development Zone of Shangzhi		287921		19182
宾西经济技术开发区	Binxi Economic Development Zone of Harbin		620000		51000
绥化经济开发区	Economic Development Zone of Suihua		187418		7971
鸡西市金三角经济开发区	Jinsanjiao Economic Development Zone of Jixi		44000		3400
同江经济开发区	Tongjiang Economic Development Zone	27900	34300	2100	3000
黑龙江海林经济开发区	Hailin Ecological Development Zone of Heilongjiang	163497	333622	10665	7299
穆棱经济开发区	Muling Economic Development Zone	316000	67632		10690
黑龙江宝泉岭经济开发区	Economic and Technologic Development Zone of Baoquanling		200848		6320
黑龙江肇东经济开发区	Economic and Technologic Development Zone of Zhaodong	215780	260491	12488	14614

附录Ⅱ-2 续表2 CONTINUED

开发区名称	Name	税收总额（万元）Total Profits and Taxes(10000 yuan)		出口总额（万美元）Total Exports (USD 10000)	
		2009	2010	2009	2010
合 计	**Total**	**747729**	**950493**	**79075**	**157771**
哈尔滨经济技术开发区	Economic and Technologic Development Zone of Harbin	590000	702000	66362	129937
哈尔滨利民经济技术开发区	Limin Economic and Technological Development Zone of Harbin	58513	48600	5580	7247
富拉尔基民营科技企业示范区	Fularji Demonstration Area of Scien-tech Enterprise	5000	24247	375	20
黑龙江省阳明民营科技企业示范区	Yangming Demonstration Area of Scien-tech Enterprise	9449	12633		
大庆万宝工业园区	Wanbao Industrial Zone of Daqing	1634	4917		
佳木斯市经济技术开发区	Economic and Technological Development Zone of Jiamusi	900	234		
双鸭山市经济技术开发区	Economic and Technological Development Zone of Shuangyashan	38458	23057		
双城经济技术开发区	Economic and Technologic Development Zone of Shuangcheng	11320	36293		89
尚志经济开发区	Economic and Technologic Development Zone of Shangzhi		5108		
宾西经济技术开发区	Binxi Economic Development Zone of Harbin		35000		4900
绥化经济开发区	Economic Development Zone of Suihua		7989		598
鸡西市金三角经济开发区	Jinsanjiao Economic Development Zone of Jixi	2200	2400		
同江经济开发区	Tongjiang Economic Development Zone	1670	2000	941	962
黑龙江海林经济开发区	Hailin Ecological Development Zone of Heilongjiang	16121	26000	2397	11367
穆棱经济开发区	Muling Economic Development Zone	6320	1015	3420	2370
黑龙江宝泉岭经济开发区	Economic and Technologic Development Zone of Baoquanling		13940		205
黑龙江肇东经济开发区	Economic and Technologic Development Zone of Zhaodong	6144	5060		76

附录Ⅱ-3 高新技术产业开发区基本情况

BASIC CONDITIONS OF HIGH-TECH DEVELOPMENT AREAS

开发区名称	Name	企业数（个）Number of Enterprises(unit)		从业人员（人）Number of Employed Persons (person)	
		2009	2010	2009	2010
合 计	**Total**	**2576**	**3379**	**96348**	**238437**
哈尔滨高新技术产业开发区	High and New Technology Industrial Development Zone of Harbin		486		123000
齐齐哈尔高新技术产业开发区	High & New Technology Industrial Development Zone of Qiqihar	88	88	9920	10258
佳木斯高新技术产业开发区	High and New Technology Industrial Development Zone of Jiamusi		45		8169
大庆高新技术产业开发区	High-Tech Development Areas of Daqing	2488	2760	86428	97010

附录Ⅱ-3 续表 CONTINUED

开发区名称	Name	总产值(万元) Gross Output Value (10000 yuan)		利税总额（亿元）Total Profits and Taxes (100 million yuan)	
		2009	2010	2009	2010
合 计	**Total**	**585.9**	**1835.5**	**55.6**	**174.5**
哈尔滨高新技术产业开发区	High and New Technology Industrial Development Zone of Harbin		1085.0		107.0
齐齐哈尔高新技术产业开发区	High & New Technology Industrial Development Zone of Qiqihar	35.7	44.3	5.1	5.7
佳木斯高新技术产业开发区	High and New Technology Industrial Development Zone of Jiamusi		6.2		1.8
大庆高新技术产业开发区	High-Tech Development Areas of Daqing	550.2	700.0	50.5	60.0

附录Ⅱ-4 边境经济合作区基本情况

BASIC CONDITIONS OF ECONOMIC DEVELOPMENT AREAS ON FRONTIER

开发区名称	Name	企业数（个）Number of Enterprises(unit)		从业人员（人）Number of Employed Persons (person)	
		2009	2010	2009	2010
合 计	**Total**	**589**	**562**	**20585**	**13428**
黑河边境经济合作区	Economic Cooperation Zone on Frontier of Heihe	420	450	1933	6841
绥芬河边境经济合作区	Economic Development Areas on Frontier of Suifenhe	33	33	500	587
黑龙江东宁经济开发区	Dongning Economic Development Zone of Heilongjiang	76	79	5102	6000
逊克边境经济合作区	Economic Development Areas on Frontier of Xunke	9		10000	
密山边境经济合作区	Economic Development Areas on Frontier of Mishan				
黑河中俄边民互市贸易区	Trade Zone of the City Each other of Sino-Russia of Heihe				
同江中俄边民互市贸易区	Trade Zone of the City Each other of Sino-Russia of Tongjiang				

附录Ⅱ-4 续表 CONTINUED

开发区名称	Name	出口总额（万美元）Total Exports (USD 10000)		进口总额（万美元）Total Imports (USD 10000)	
		2009	2010	2009	2010
合 计	**Total**	**93990**	**169318**	**10668**	**16235**
黑河边境经济合作区	Economic Cooperation Zone on Frontier of Heihe	15424	24575	4197	8489
绥芬河边境经济合作区	Economic Development Areas on Frontier of Suifenhe		662	4900	3741
黑龙江东宁经济开发区	Dongning Economic Development Zone of Heilongjiang	76420	141000	1539	4000
逊克边境经济合作区	Economic Development Areas on Frontier of Xunke	1976	3081	32	5
密山边境经济合作区	Economic Development Areas on Frontier of Mishan				
黑河中俄边民互市贸易区	Trade Zone of the City Each other of Sino-Russia of Heihe				
同江中俄边民互市贸易区	Trade Zone of the City Each other of Sino-Russia of Tongjiang				

附录Ⅱ-5 旅游度假区基本情况
BASIC CONDITIONS OF TOUR VACATION AREAS

开发区名称	Name	从业人员（人） Number of Employed Persons(person)		宾馆（饭店）（个） Number of Hotels (unit)	
		2009	2010	2009	2010
合 计	**Total**	**9242**	**9179**	**134**	**112**
亚布力滑雪旅游度假区	Tour Vacation Areas on Frontier of Yabuli	3000	3000	18	18
镜泊湖旅游度假区	Tour Vacation Areas on Frontier of Jingpo Lake				
五大连池旅游度假区	Tour Vacation Areas on Frontier of Wudalianchi	6150	6100	62	44
黑龙江省农垦当壁镇兴凯湖旅游度假区	Tour Vacation Zone of Xingkai Lake in Dangbi Town in ARB. of Heilongjiang Province	92	79	54	50
虎林边境旅游经济开发区	Frontier Travel Economic Development Zone of Hulin				

附录Ⅱ-5 续表1 CONTINUED

开发区名称	Name	接待人数（万人） Number of Tourist (10000 persons)		营业收入（万元） Takings (10000 yuan)	
		2009	2010	2009	2010
合 计	**Total**	**162**	**195**	**22496**	**25400**
亚布力滑雪旅游度假区	Tour Vacation Areas on Frontier of Yabuli	40	38	8000	7600
镜泊湖旅游度假区	Tour Vacation Areas on Frontier of Jingpo Lake				
五大连池旅游度假区	Tour Vacation Areas on Frontier of Wudalianchi	110	115	14000	16300
黑龙江省农垦当壁镇兴凯湖旅游度假区	Tour Vacation Zone of Xingkai Lake in Dangbi Town in ARB. of Heilongjiang Province	12	42	496	1500
虎林边境旅游经济开发区	Frontier Travel Economic Development Zone of Hulin				

附录Ⅱ-5 续表2 CONTINUED

开发区名称	Name	外汇收入（万美元） Foreign Exchange Earnings(USD 10000)		利税总额（万元） Total Profits and Taxes(10000 yuan)	
		2009	2010	2009	2010
合 计	**Total**	**50**	**50**	**2051**	**2772**
亚布力滑雪旅游度假区	Tour Vacation Areas on Frontier of Yabuli	50	50	500	860
镜泊湖旅游度假区	Tour Vacation Areas on Frontier of Jingpo Lake				
五大连池旅游度假区	Tour Vacation Areas on Frontier of Wudalianchi			1405	1632
黑龙江省农垦当壁镇兴凯湖旅游度假区	Tour Vacation Zone of Xingkai Lake in Dangbi Town in ARB. of Heilongjiang Province			146	280
虎林边境旅游经济开发区	Frontier Travel Economic Development Zone of Hulin				

主要统计指标解释

边境经济合作区　经省政府或国务院批准设立的，在边境地区一定范围内集中建设并享有一定优惠政策和配套设施的开发区。边境经济合作区以与毗邻国家对外贸易、经济技术合作为主。经省政府批准的即为省级开发区，经国务院批准设立的为国家级开发区。

经济技术开发区　经省政府或国务院批准设立的，设在内陆地区依托中心城市集中在一定地域建设，享有一定优惠政策和配套设施的开发区。经济技术开发区以招商引资、建立出口加工基地为主，成为本地招商引资，扩大开放的窗口和基地。

高新技术产业开发区　经省政府或国务院批准设立的，依托具有一定经济实力和科技力量的中心城市，享有一定优惠政策和配套设施，通过招商引资，扩大开放，发展高新技术产业开发区。

Explanatory Notes on Main Statistical Indicators

Border Economic Cooperation Zone Border economic cooperation zone is authorized by provincial government or the State Council, being concentrating constructed on the border, enjoying some preferential policies and corresponding establishment. Abutted countries are major foreign trade, economic and technology cooperation partners of the Border Economic Cooperation Zone . A border economic cooperation zone authorized by provincial government is a province-level development zone, authorized by the State Council is a state-level development zone. New high technology industry development district.

Economic and Technology Cooperation Development Zone Economic and technology cooperation development zone is authorized by provincial government or the State Council, locating in inland central city and being concentrating constructed, enjoying some preferential policies and corresponding establishment. The economic and technology cooperation development zone becomes local window and base of investment promotion & extended opening through promoting investment and establishing export-processing bases.

New High Technology Industry Development Zone New high technology industry development zone is authorized by provincial government or the State Council, locating in central city possessing stronger economic and technological capability, enjoying some preferential policies and corresponding establishment. New high technology industry development zone develop new high technology industry through investment promotion & extended opening.

附录 Ⅲ 东北三省一区国民经济主要指标

APPENDIX Ⅲ MAIN INDICATORS OF LIAONING, JILIN, INNER MONGOLIA AND HEILONGJIANG PROVINCE

附录Ⅲ 东北三省一区国民经济主要指标 (2010年)

MAIN NATIONAL ECONOMIC AND SOCIAL DEVELOPMENT INDICATORS OF LIAONING, JILIN ,INNER MONGOLIA AND HEILONGJIANG PROVINCE (2010)

指　　标	Item	合　计 Total	内蒙古 Inner Mongolia	辽　宁 Liaoning
国民经济核算	**National Accounting**			
地区生产总值（亿元）	Gross Domestic Product (100 million yuan)	49165.5	11672.0	18457.3
第一产业	Primary Industry	5079.4	1095.3	1631.1
第二产业	Secondary Industry	26054.9	6367.7	9976.8
第三产业	Tertiary Industry	18031.1	4209.0	6849.4
人均地区生产总值（元）	Per Capita GDP (yuan)		47712	42355
地区生产总值指数（上年=100）	Indices of Gross Domestic Product (preceding year=100)		4183.6	2055.2
第一产业	Primary Industry		728.0	578.2
第二产业	Secondary Industry		5618.2	2107.2
第三产业	Tertiary Industry		8619.3	4407.7
人　口	**Population**			
年底总人口（万人）	Population at the Year-end (10000 persons)	13303.9	2472.2	4251.7
城镇人口	Urban		1372.9	
乡村人口	Rural		1099.3	
自然增长率（‰）	Natural Growth Rate (‰)		3.8	-2.1
就　业	**Employment**			
年末就业人员（万人）	Employment (10000 persons)	6745.8	1184.7	2317.5
第一产业	Primary Industry	2640.6	571.0	703.6
第二产业	Secondary Industry	1485.1	206.2	641.5
第三产业	Tertiary Industry	2620.1	407.5	972.4
职工人数（万人）	Staff and Workers(10000 persons)	1484.7	244.9	572.8
职工平均工资（元）	Average Wage of Staff and Workers (yuan)		35507	35057
城镇登记失业人数（万人）	Registered Unemployed in Urban Areas(10000 persons)	119.3	20.8	39.5
城镇登记失业率(%)	Registered Unemployment Rate in Urban Areas (%)		3.90	3.70
固定资产投资	**Investment in Fixed Assets**			
全社会固定资产投资总额（亿元）	Total Investment in Fixed Assets (100 million yuan)	41438.1	8971.6	16043.0
#房地产开发	#Real Estate Development	6349.9	1120.0	3465.8
#国有经济	#State-Owned Units	10727.2	4191.1	3875.5
集体经济	Collective-Owned Units	870.0	108.7	504.4
个体经济	Self-employed Individuals	6250.4	105.4	5437.5
财　政	**Government Finance**			
财政收入（亿元）	Financial Revenue (100 million yuan)	9664.9		6728.2
#地方财政收入	#Local Financial Revenue	5100.9	1738.1	2004.8
地方财政支出（亿元）	Financial Expenditures (100 million yuan)	9947.4	2273.5	3195.8
物价总指数(上年＝100)	**Price Indices (preceding year=100)**			
商品零售价格指数	Retail Price Index		103.0	
居民消费价格指数	Consumer Price Index		103.2	103.0
人民生活	**People's Living Conditions**			
城镇居民人均可支配收入（元）	Per Capita Annual Disposable Income of Urban Households (yuan)		17698	17713
农村居民人均纯收入（元）	Per Capita Net Income of Rural Residents (yuan)		5530	6908
城市人均住宅建筑面积（平方米）	Per Capita Gross Living Space in Cities (sq.m)		29.8	
农村人均住房面积（平方米）	Per Capita Net Floor Space of Rural Residents (sq.m)		22.1	
城市居民的恩格尔系数（%）	Engle Coefficient of Urban Households (%)		30.1	35.1
农村居民的恩格尔系数（%）	Engle Coefficient of Rural Households (%)		37.5	38.2

附录Ⅲ 续表1 CONTINUED

指　标	Item	吉　林 Jilin	黑龙江 Heilong-jiang	黑龙江相当于四省合计% Proportion of Heilongjiang to Total (%)
国民经济核算	**National Accounting**			
地区生产总值（亿元）	Gross Domestic Product (100 million yuan)	8667.6	10368.6	21.1
第一产业	Primary Industry	1050.2	1302.9	25.7
第二产业	Secondary Industry	4506.3	5204.1	20.0
第三产业	Tertiary Industry	3111.1	3861.6	21.4
人均地区生产总值（元）	Per Capita GDP (yuan)	31599	27076	
地区生产总值指数（上年=100）	Indices of Gross Domestic Product (preceding year=100)	2382.0	1413.6	
第一产业	Primary Industry	620.7	471.5	
第二产业	Secondary Industry	3561.0	1520.3	
第三产业	Tertiary Industry	4523.3	2928.2	
人　口	**Population**			
年底总人口（万人）	Population at the Year-end (10000 persons)	2746.6	3833.4	28.8
城镇人口	Urban	1465.6	2133.7	
乡村人口	Rural	1281.0	1699.7	
自然增长率（‰）	Natural Growth Rate (‰)	2.0	2.3	
就　业	**Employment**			
年末就业人员（万人）	Employment (10000 persons)	1311.6	1932.0	28.6
第一产业	Primary Industry	567.4	798.6	30.2
第二产业	Secondary Industry	263.0	374.4	25.2
第三产业	Tertiary Industry	481.2	759.0	29.0
职工人数（万人）	Staff and Workers(10000 persons)	259.5	407.5	27.4
职工平均工资（元）	Average Wage of Staff and Workers (yuan)	29399	29603	
城镇登记失业人数（万人）	Registered Unemployed in Urban Areas(10000 persons)	22.7	36.2	30.4
城镇登记失业率(%)	Registered Unemployment Rate in Urban Areas (%)	3.80	4.27	
固定资产投资	**Investment in Fixed Assets**			
全社会固定资产投资总额（亿元）	Total Investment in Fixed Assets (100 million yuan)	9621.8	6801.7	16.4
#房地产开发	#Real Estate Development	921.0	843.1	13.3
#国有经济	#State-Owned Units	2820.1.	2660.6	24.8
集体经济	Collective-Owned Units	141.8	115.1	13.2
个体经济	Self-employed Individuals	252.8	454.7	7.3
财　政	**Government Finance**			
财政收入（亿元）	Financial Revenue (100 million yuan)	1206.0	1730.7	17.9
#地方财政收入	#Local Financial Revenue	602.4	755.6	14.8
地方财政支出（亿元）	Financial Expenditures (100 million yuan)	1787.3	2690.7	27.0
物价总指数(上年＝100)	**Price Indices (preceding year=100)**			
商品零售价格指数	Retail Price Index	104.1	103.1	
居民消费价格指数	Consumer Price Index	103.7	103.9	
人民生活	**People's Living Conditions**			
城镇居民人均可支配收入（元）	Per Capita Annual Disposable Income of Urban Households (yuan)	15411	13857	
农村居民人均纯收入（元）	Per Capita Net Income of Rural Residents (yuan)	6237	6211	
城市人均住宅建筑面积（平方米）	Per Capita Gross Living Space in Cities (sq.m)	29.0	25.7	
农村人均住房面积（平方米）	Per Capita Net Floor Space of Rural Residents (sq.m)	22.9	22.8	
城市居民的恩格尔系数（%）	Engle Coefficient of Urban Households (%)	32.3	35.4	
农村居民的恩格尔系数（%）	Engle Coefficient of Rural Households (%)	36.7	33.8	

附录Ⅲ 续表2 CONTINUED

指标	Item	合计 Total	内蒙古 Inner Mongolia	辽宁 Liaoning
农业	**Agriculture**			
播种面积（千公顷）	Sown Areas (1000 hectares)	30659.3	7003.0	4184.9
粮食产量（万吨）	Output of Grain(10000 tons)	11778.9	2158.2	1765.4
工业规模以上工业企业主要指标	**Industrial Enterprises of bove Designated Size**			
工业增加值增长速度（%）	Increase Rate of Gross Industrial Value-added (%)		19.0	17.8
利润总额（亿元）	Total Profits (100 million yuan)	6151.8	1688.4	2371.4
#国有及国有控股	#State-owned and State-holding Enterprises	2284.1	624.3	360.0
税金总额（亿元）	Total Tax (100 million yuan)	3502.7	796.8	1670.8
#国有及国有控股	#State-owned and State-holding Enterprises	2105.8	340.9	925.3
工业产品销售率（%）	Proportion of Products Sold (%)		97.5	97.9
#国有及国有控股	#State-owned and State-holding Enterprises			98.8
原煤产量（亿吨）	Coal (100 million tons)	21105.0	7.9	6641.6
原油产量（万吨）	Crude Oil (10000 tons)	5840.1	182.9	950.0
发电量（亿千瓦小时）	Electricity (100 million kwh)	5297.9	2633.9	1295.1
钢产量（万吨）	Rolled Steel (10000 tons)	7937.3	1341.4	5202.7
水泥产量（万吨）	Cement (10000 tons)	17721.9	5454.3	4785.8
汽车产量（万辆）	Motor Vehicles (10000 units)	267.2	4.2	70.8
交通运输业	**Transportation**			
公路里程（万公里）	Highways (10000 km)	49.3	15.8	10.2
#高速公路（公里）	#Expressway (km)	8628.5	2365.0	3056.0
邮电通信业	**Post and Telecommunication**			
邮电业务总量（亿元）	Business Volume of Postal and Telecommunication Services (100 million yuan)	3299.0	675.4	1159.9
本地固定电话用户数（万户）	Number of Fixed Telephone Subscribers at Year-end (10000 subscribers)	3250.5	414.0	1428.0
移动电话用户数（万户）	Number of Mobile Telephone Subscribers at Year-end (10000 subscribers)	9423.8	2034.0	3341.8
互联网用户数（万户）	Subscribers of Internet Service (10000 subscribers)	2508.2	1271.0	595.6
国内商业	**Domestic Trade**			
社会消费品零售总额（亿元）	Total Retail Sales of Consumer Goods (100 million yuan)	17737.7	3384.0	6809.6
对外贸易	**Foreign Trade**			
进出口总额（亿美元）	Total Exports and Imports (USD 100 million)	1317.4	87.2	806.7
出口总额	Total Exports	672.1	33.4	431.2
进口总额	Total Imports	645.2	53.8	375.5
利用外资	**Utilization of Foreign Capital**			
实际利用外商直接投资（亿美元）	Foreign Direct Investments Actually Utilized (USD 100 million)	280.8	33.9	207.5
旅游	**Tourism**			
国内旅游人数（万人次）	Number of Domestic Tourists (10000 person-times)	759.0	142.8	361.8
国际旅游收入（亿美元）	Foreign Exchange Earnings from International Tourism (100 million USD)	39.3	6.0	22.6
国内旅游人数（亿人次）	Number of Domestic Visitors (100 million person-times)	4482.6	4477.6	2.8
国内旅游收入（亿元）	Earnings from Domestic Tourism (100 million yuan)	4770.7	692.9	2533.4
金融	**Finance**			
金融机构人民币各项存款余额（亿元）	Deposits of National Banking System (100 million yuan)	60092.8	10278.7	27372.5
#居民储蓄存款余额	#Saving Deposit in Urban and Rural Areas	30710.4	4618.1	13690.3
金融机构各项人民币贷款余额（亿元）	Loans of National Banking System (100 million yuan)	41043.9	7919.5	18689.8

附录Ⅲ 续表3 CONTINUED

指　标	Item	吉　林 Jilin	黑龙江 Heilong-jiang	黑龙江相当于四省合计% Proportion of Heilongjiang to Total (%)
农 业	**Agriculture**			
播种面积（千公顷）	Sown Areas (1000 hectares)	5221.4	14250.0	46.5
粮食产量（万吨）	Output of Grain(10000 tons)	2842.5	5012.8	42.6
工业规模以上工业企业主要指标	**Industrial Enterprises of bove Designated Size**			
工业增加值增长速度（%）	Increase Rate of Gross Industrial Value-added (%)	19.9	15.2	
利润总额（亿元）	Total Profits (100 million yuan)	843.2	1248.8	20.3
#国有及国有控股	#State-owned and State-holding Enterprises	420.7	879.1	38.5
税金总额（亿元）	Total Tax (100 million yuan)	46.9	988.2	28.2
#国有及国有控股	#State-owned and State-holding Enterprises	12.1	827.5	39.3
工业产品销售率（%）	Proportion of Products Sold (%)	98.6	97.2	
#国有及国有控股	#State-owned and State-holding Enterprises	99.8	98.0	
原煤产量（亿吨）	Coal (100 million tons)	5190.0	9265.5	43.9
原油产量（万吨）	Crude Oil (10000 tons)	702.3	4004.9	68.6
发电量（亿千瓦小时）	Electricity (100 million kwh)	594.4	774.5	14.6
钢产量（万吨）	Rolled Steel (10000 tons)	827.2	566.0	7.1
水泥产量（万吨）	Cement (10000 tons)	3974.6	3507.2	19.8
汽车产量（万辆）	Motor Vehicles (10000 units)	167.4	24.8	9.3
交通运输业	**Transportation**			
公路里程（万公里）	Highways (10000 km)	8.1	15.2	30.8
#高速公路（公里）	#Expressway (km)	1850.0	1357.5	15.7
邮电通信业	**Post and Telecommunication**			
邮电业务总量（亿元）	Business Volume of Postal and Telecommunication Services (100 million yuan)	652.7	811.0	24.6
本地固定电话用户数（万户）	Number of Fixed Telephone Subscribers at Year-end (10000 subscribers)	595.0	813.5	25.0
移动电话用户数（万户）	Number of Mobile Telephone Subscribers at Year-end (10000 subscribers)	1805.0	2243.0	23.8
互联网用户数（万户）	Subscribers of Internet Service (10000 subscribers)	295.0	346.6	13.8
国内商业	**Domestic Trade**			
社会消费品零售总额（亿元）	Total Retail Sales of Consumer Goods (100 million yuan)	3504.9	4039.2	22.8
对外贸易	**Foreign Trade**			
进出口总额（亿美元）	Total Exports and Imports (USD 100 million)	168.5	255.0	19.4
出口总额	Total Exports	44.8	162.8	24.2
进口总额	Total Imports	123.7	92.2	14.3
利用外资	**Utilization of Foreign Capital**			
实际利用外商直接投资（亿美元）	Foreign Direct Investments Actually Utilized (USD 100 million)	12.8	26.6	9.5
旅 游	**Tourism**			
国内旅游人数（万人次）	Number of Domestic Tourists (10000 person-times)	82.0	172.4	22.7
国际旅游收入（亿美元）	Foreign Exchange Earnings from International Tourism (100 million USD)	3.1	7.6	19.4
国内旅游人数（亿人次）	Number of Domestic Visitors (100 million person-times)	0.6	1.6	0.0
国内旅游收入（亿元）	Earnings from Domestic Tourism (100 million yuan)	712.4	832.0	17.4
金 融	**Finance**			
金融机构人民币各项存款余额（亿元）	Deposits of National Banking System (100 million yuan)	9605.9	12835.7	21.4
#居民储蓄存款余额	#Saving Deposit in Urban and Rural Areas	5147.3	7254.7	23.6
金融机构各项人民币贷款余额（亿元）	Loans of National Banking System (100 million yuan)	7204.1	7230.5	17.6

附录 Ⅳ 2010年黑龙江省第六次全国人口普查主要数据公报

APPENDIX ⅣHEILONGJIANG PROVINCE SIXTH NATIONAL CENSUS MAIN DATA BULLETIN IN 2010

2010年黑龙江省第六次全国人口普查主要数据公报[1]

黑　龙　江　省　统　计　局
黑龙江省人民政府第六次
全国人口普查领导小组办公室

2011年5月5日

根据国务院的决定，我国以2010年11月1日零时为标准时点进行了第六次全国人口普查[2]。在国务院、省政府和地方各级政府的统一领导和全省各族人民的支持配合下，通过全省二十多万名普查工作人员的艰苦努力，圆满完成了人口普查的现场登记和复查任务。现将快速汇总的主要数据公布如下：

一、总人口

全省总人口为38312224人。其中：

地　　区	人口数（人）
哈尔滨市	10635971
齐齐哈尔市	5367003
鸡西市	1862161
鹤岗市	1058665
双鸭山市	1462626
大庆市	2904532
伊春市	1148126
佳木斯市	2552097
七台河市	920419
牡丹江市	2798723
黑河市	1673898
绥化市	5416439
大兴安岭行署	511564

二、人口增长

全省13个市（地）的人口，同第五次全国人口普查（2000年11月1日0时的36893576人）相比，十年共增加了1418648人，增长3.85%。平均每年增加141865人，年平均增长率为0.38%。

三、家庭户人口

全省13个市（地）共有家庭户12959910户，家庭户人口为36892642人，占总人口的96.29%；平均家庭户规模为2.85人，比2000年的3.23人减少了0.38人。

四、性别构成

全省13个市（地）的人口中，男性为19459763人，占50.79%；女性为18852461人，占49.21%。性别比(以女性为100，男性对女性的比例）由2000年第五次全国人口普查的104.54降为103.22。

五、年龄构成

全省13个市（地）的人口中，0—14岁的人口为4580422人，占11.96%；15—64岁的人口为30543478人，占79.72%；65岁及以上的人口为3188324人，占8.32%。同2000年第五次全国人口普查相比，0—14岁人口的比重下降了6.94个百分点，15—64岁人口的比重上升了4.04个百分点，65岁及以上人口的比重上升了2.9个百分点。

六、各种受教育程度人口

全省13个市（地）的人口中，具有大学（指大专及以上）程度的为3473830人；具有高中（含中专）程度的为5743296人；具有初中程度的为17271684人；具有小学程度的为9224955人（以上各种受教育程度的人包括各类学校的毕业生、肄业生和在校生）。

同2000年第五次全国人口普查相比，每10万人中具有大学程度的由4797人上升为9067人；具有高中程度的由13866人上升为14991人；具有初中程度的由38863人上升为45081人；具有小学程度的由31253人下降为24078人。

全省13个市（地）的人口中，文盲人口（指15岁及15岁以上不识字的人）为787848人，同2000年第五次全国人口普查相比，文盲人口减少1092152人，文盲率[3]由5.13%下降为2.06%，下降了3.07个百分点。

注释：

[1]本公报中数据均为初步汇总数。

[2]普查登记的对象是指普查标准时点在黑龙江省境内的自然人以及在中华人民共和国境外但未定居的中国公民，不包括居住在黑龙江省境内的现役军人和境外人员。

[3]文盲率是指15岁及以上不识字人口占总人口的比重。

中国统计出版社最新图书简目

(仅供参考,以最后出书为准)

统计资料

中国统计年鉴-2011
2011中国发展报告
中国劳动统计年鉴-2011
中国建筑业统计年鉴-2011
中国商品交易市场统计年鉴-2011
中国民政统计年鉴-2011
中国科技统计年鉴-2011
中国高技术产业统计年鉴-2011
全国农产品成本收益资料汇编-2011
大中型批发零售和住宿餐饮企业统计年鉴-2011
中国县（市）社会经济统计年鉴-2011
第二次全国R&D资源清查资料汇编－综合卷

中国统计摘要-2011
中国第三产业统计年鉴-2011
中国社会统计年鉴-2011
中国人口和就业统计年鉴-2011
中国房地产统计年鉴-2011
中国贸易外经统计年鉴-2011
中国农村统计年鉴-2011
中国教育经费统计年鉴-2010
中国科学技术协会统计年鉴-2011
中国农村住户调查年鉴-2011（中、英文）
第二次全国R&D资源清查资料汇编－工业企业卷

国际统计年鉴-2011
中国区域经济统计年鉴-2011
中国城市统计年鉴-2009
中国工业经济统计年鉴-2011
中国能源统计年鉴-2011
2011中国地区经济监测报告
中国农产品价格调查年鉴-2011
中国农村贫困监测报告-2011
工业企业科技活动资料-2011
中国城市(镇)生活与价格年鉴-2011
中国农村全面建设小康监测报告-2011
中国零售和餐饮连锁企业统计年鉴-2011
2010年中国第六次人口普查公报

2011年省级综合统计年鉴系列

北京　天津　河北　山西　内蒙古
河南　湖北　湖南　广东　广西
新疆　新疆生产建设兵团

辽宁　吉林　黑龙江　上海　江苏
海南　重庆　四川　贵州　云南

浙江　安徽　福建　江西　山东
西藏　陕西　甘肃　青海　宁夏

2011年市(县)级综合统计年鉴系列

天津滨海新区
运城　忻州　临汾　呼和浩特
上海浦东新区
杭州　宁波　绍兴　台州　温州
厦门经济特区　南昌　上饶
十堰　荆州　咸宁　长沙　广州
贵阳　昆明　庆阳　西安

石家庄　唐山　邯郸　太原　大同
包头　沈阳　大连　长春　吉林市
苏州　无锡　常州　徐州　南通
金华　嘉兴　衢州
济南　青岛　潍坊　郑州
东莞　惠州　深圳　桂林　南宁
兰州　银川　乌鲁木齐

长治　阳泉　晋城　朔州　晋中
四平　哈尔滨　黑龙江垦区
盐城　镇江　江阴　丹阳
福州　福州经济技术开发区
洛阳　三门峡　南阳　武汉　宜昌
柳州　来宾　河池　海口　成都　绵阳

“十一五”规划教材

非参数统计　医学统计学
多元统计分析　经济计量学教程
统计数据处理概论
企业经营管理统计
统计学:从数据到结论

概率论与数理统计　统计学
应用时间序列分析
质量管理统计方法　社会统计学
市场调查与预测
国民经济核算教程(国民经济统计学)

现代金融投资统计分析
统计指数理论及应用
多元统计分析实验
统计学原理（非统计专业使用）
概率论与数理统计(经济、管理类专业使用)

重点图书

挑大学选专业2011—高考志愿填报指南　　挑大学选专业2011—考研择校指南

欲购以上图书请与中国统计出版社发行部联系

电话：（010）63376907,63376908　　同样行书店电话：68783171,68783172

通讯地址：北京市西城区三里河月坛南街57号　　邮政编码：100826